LA REVUE DU VIN DE FRANCE

LE GUIDE DES MEILLEURS VINS DE FRANCE

2022

Olivier Poussier
Meilleur sommelier du monde 2000

Pierre Citerne

Caroline Furstoss

Roberto Petronio

Jean-Emmanuel Simond

Alexis Goujard

Christian Martray

Olivier Poels

Pierre Vila Palleja

Karine Valentin

AVEC LES VIGNERONS

Laurent Vaillé en Languedoc, Pascal Clairet dans le Jura, Dominique Belluard à Ayse, en Savoie...

La disparition volontaire et brutale de vignerons au sommet de leur art, reconnus par leurs pairs comme par les amateurs, a de quoi nous interpeller. Elle nous rappelle la dureté du métier de vigneron, bien réelle, profonde, tapie derrière le glamour superficiel de formules qui célèbrent un « métier passion ».

Bien sûr il y a l'incertitude des temps, bousculés à coups de révolutions technologiques intrusives et de pandémies. Mais il y a aussi, désormais, l'incertitude du temps, celui qui avec une violence accrue charrie la canicule, la grêle dévastatrice, le gel. La vigne naïve débourre trop tôt après des hivers qui n'en sont plus.

Il y a encore les pressions fiscales et successorales, qui font que la terre des ancêtres, l'outil de travail doivent sans cesse être rachetés à l'État. Et que dire de la surveillance d'une administration pointilleuse, pointilliste, qui suit le vigneron dans ses faits et gestes tout en lui faisant perdre son temps dans des paperasseries d'autant plus absconses qu'elles sont dématérialisées ?

« Crus immédiats ou éternels, accessibles ou mythifiés, modestes ou superbes, ce sont les trésors de la France viticole. »

Pour toutes ces raisons, il est urgent, vital, rassérénant de feuilleter cette 25ème édition du Guide vert. Comme vous, chers lectrices et lecteurs, nous sommes plus que jamais avec les vignerons, de leur côté, celui de la culture du vin, des paysages, du beau travail dont on est fier.

Cette édition du guide ne vous décevra pas. 7000 vins ont été soigneusement sélectionnés cette année par les dix auteurs du Guide Vert. Crus immédiats ou éternels, accessibles ou mythifiés, modestes ou superbes, ce sont les trésors de la France viticole. Cette fastueuse diversité, nous la mettons en avant avec enthousiasme. Notre amour du vin réside aussi dans l'impartialité de la critique, dans son acuité, dans la hiérarchisation des goûts, des terroirs, des talents. Amis vignerons, continuez de nous émerveiller, nous vous devons tant. Amis lecteurs, soyez certains que nous avons tout fait pour que cet émerveillement sans cesse renouvelé transparaisse dans les pages qui suivent.

Pierre Citerne

Au-delà des Millésimes rares
RECRÉER L'ANNÉE PARFAITE
N°22
CHAMPAGNE
Grand Siècle
Laurent-Perrier
GRANDE CUVÉE
98/100
JAMESSUCKLING.COM
95/100
Robert Parker
WINE ADVOCATE
18,5/20
JancisRobinson.com
Grand Siècle N°22 en magnum. En allocation. www.grandsiecle.com
#grandsiecle

SOMMAIRE

RÉDACTION
Les auteurs : Olivier Poussier, Pierre Citerne, Olivier Poels, Caroline Furstoss, Alexis Goujard, Christian Martray, Roberto Petronio, Jean-Emmanuel Simond, Karine Valentin, Pierre Vila Palleja

Conseiller éditorial : Pierre Citerne

Chef d'édition : Jean-Romain Blanc
Premier secrétaire de rédaction : Clara Delente et Justine Knapp
Assistant éditorial : Jan Roche
Organisation des dégustations : Romane Nupin et Louise Grillet
Couverture et maquette : Gilles Grman
Portrait des dégustateurs : Thierry Legay et Régis Grman (couverture)
Cartographie : Romuald Belzacq – Légendes Cartographie
Mise en page : Didier Naulevade – NRS

DIRECTION ET ÉDITION
Directeur général délégué Groupe Marie-Claire : Amalric Poncet
Éditeur délégué : Thomas Herson
Directeur de la rédaction : Denis Saverot
Rédacteur en chef : Jérôme Baudouin

FABRICATION
Directeur de la fabrication : Benoît Carlier / Christophe Bennot
Chef de fabrication adjoint : Emmanuel Dezert
Impression et façonnage : ROTOLITO, Italie

DIFFUSION
Responsable marketing-diffusion-abonnement : Ingrid Cambour
Diffusion : Interforum Editis et NAP Investissement

INTERNET ET DIGITAL
Cheffe de projet fonctionnel : Cécile Berthelon
Développeur analyse de données : Ludovic Sallet, David Kapola

PUBLICITÉ
Directeurs de clientèle : Raffaello Torricelli, Florian Muller et Sophie Steinloff
Cheffe de publicité : Aurélia Chauvin
Coordination technique : Marie-Hélène Dargouge

Le Guide des meilleurs vins de France est édité par la Société d'information et de créations (SIC) :
RCS Nanterre, 302 114 509 – SARL au capital de 3 822 000 euros – 10, boulevard des Frères-Voisin – 92130 Issy-les-Moulineaux
Tél. : 01 41 46 88 88

ISBN : 979-10-323-0650-5
N° éditeur : 38369
Imprimé en Italie
Dépôt légal : 3e trimestre 2021

Président du Groupe Marie-Claire et directeur de la publication : Arnaud de Contades

ENGAGEMENT ET INDÉPENDANCE

NOTRE MÉTHODE

L'objectif : présenter à nos lecteurs le palmarès le plus exhaustif possible de l'élite de la viticulture française. Tous les vins notés et commentés dans ce guide ont été dégustés par les auteurs (portraits pages 12 et 13) entre les mois de mars et de juin 2021, dans les locaux de La Revue du vin de France. L'immense majorité des vins nous a été fournie spontanément par les producteurs. Toutefois, certains domaines n'ayant pas souhaité nous adresser d'échantillons, les auteurs ont intégré dans ce guide des notes de vins dégustés par eux-mêmes lors de dégustations privées ou de visites dans le vignoble pour La Revue du vin de France.

LA NOTATION DES DOMAINES

Tous les domaines de ce guide sont classés de 0 à 3 étoiles.
Ce classement tient compte du potentiel de terroir, de la faculté qu'a le vigneron à l'exploiter et également de l'homogénéité de sa production sur les derniers millésimes.
Ces critères sont valables pour toutes les régions. Une étoile a donc la même valeur en Alsace, dans la Loire ou à Bordeaux.
Nous rappelons que ce guide est un palmarès. À ce titre, tous les domaines cités dans ces pages, même sans étoile, représentent à nos yeux l'excellence de la production française.

LA NOTATION DES VINS

Tous les vins sont notés sur une échelle de 100 points. Cette notation établit une hiérarchie au sein d'une appellation et d'un même millésime. Il faut en effet comprendre qu'il n'est pas cohérent de comparer un sylvaner sec d'Alsace 2019 et un liquoreux de Bordeaux 2010. Seuls les vins ayant obtenu une note supérieure ou égale à 84/100 figurent dans ce guide.

LES PRIX

Dans la mesure du possible, nous publions les prix que nous ont fournis les domaines. Il s'agit de prix TTC départ domaine.
Aux vignerons ne vendant pas de vin en direct, nous avons toutefois demandé de fournir un prix indicatif constaté chez les cavistes ou sur les sites internet de ventes de vins (mention (c), comme caviste).
Pour les grands crus de Bordeaux, nous publions des prix constatés auprès du négoce spécialisé.
Tous les prix mentionnés sont évidemment susceptibles de varier en fonction des circuits de distribution et de l'évolution de la demande.

COMMENT LIRE CE GUIDE ?

LES DOMAINES ÉTOILÉS

★★★
Ils représentent l'excellence du vignoble français. Les meilleurs terroirs exploités par les plus grands vignerons. Déguster leur vin est toujours un moment magique.

★★
Ces très grands domaines, souvent dotés de terroirs fabuleux, sont des incontournables qui, par leur régularité et l'excellence de leur production, se doivent de figurer dans la cave des amateurs.

★
Stars en devenir ou vignerons de qualité à la production de bon niveau, vous ne serez pas déçus en dégustant les vins de ces domaines.

LE BARÈME DE NOTATION

99 à 100 : vin exceptionnel
96 à 98 : grand vin
92 à 95 : très bon vin
88 à 91 : bon vin
84 à 87 : vin correct

LES SIGNES ET ABRÉVIATIONS

vin rouge
vin rosé
vin blanc
labellisé bio
labellisé biodynamique

VDN : vin doux naturel
VT : vendanges tardives
SGN : sélection des grains nobles
IGP : indication géographique protégée
VDF : vin de France

LES TARIFS

10 € : le prix TTC départ propriété de ce vin est égal à 10 €, sauf mention (c).
(c) : prix TTC relevés auprès de cavistes.
N.C. : prix non communiqué.
Les circuits de distribution étant très nombreux (domaine, caviste, restaurant, enchères, vente en ligne, etc.), les prix mentionnés le sont à titre indicatif. La plupart du temps, il s'agit de prix de vente TTC en direct au domaine pour les particuliers. Ils peuvent donc être plus élevés chez les cavistes, auprès des distributeurs et naturellement au restaurant.

DES VINS NOTÉS SUR 100

UN BARÈME UNIVERSEL

Depuis le lancement du guide en 1996, les vins ont successivement été notés de zéro à cinq verres (1996-2001) puis de 12/20 à 20/20 (2002-2020). Depuis 2021, nous avons adopté la notation sur 100 (entre 84/100, note minimale et 100/100, note maximale). Ce barème de notation sur 100 est en effet devenu la référence au niveau mondial. Les notes sur 100 attribuées par nos experts sont plus aisément compréhensibles et comparables au-delà de nos frontières. Pour le lecteur habitué à la notation sur 20, la conversion s'effectue très simplement, selon l'échelle ci-dessous.

GRILLE DE CONVERSION

NOTE SUR 20	NOTE SUR 100
12	84
12,5	85
13	86
13,5	87
14	88
14,5	89
15	90
15,5	91
16	92
16,5	93
17	94
17,5	95
18	96
18,5	97
19	98
19,5	99
20	100

COMMENT LIRE

❶ ★★★↗

❷ **LE CHÂTEAU DE MA MÈRE**

❸ Cette belle propriété provençale, édifiée sous le Second Empire par un bourgeois de Marseille au pied du Garlaban, produit des mourvèdres et surtout des rolles qui chantent dans le verre tels une compagnie de bartavelles ! Le fameux écrivain phocéen Marcel Pagnol ne s'y est pas trompé. Tombé sous le charme du lieu et de ses vins lors de vacances en famille, il a racheté le domaine et ses 30 ha en 1932, recruté une équipe de professionnels réputés (Orane Demazis à la direction et l'œnologue Lili des Bellons comme chef de cave) et entrepris de révolutionner les vinifications. Les vins, certifiés bio, sont élevés en fût de cade, dans une petite grotte lovée sous le Taoumé, gite favori des hiboux grands-ducs. Nous attribuons cette année au domaine une troisième étoile bien méritée.

❹ **Les vins :** grâce à l'accent mis sur le travail parcellaire, à l'usage de levures indigènes et à des élevages au cordeau, les vins de la propriété livrent une interprétation somptueuse de ce terroir calcaire brûlé par le soleil. La cuvée Aubagne, le lieu-dit le plus important en hectares, est un rouge plein et puissant, qui fera merveille sur des côtelettes au feu de bois. Plus fin, longiligne et tendu, le blanc Fanny sera prêt dans cinq ans : mariez-le à une belle brochette de grives chassées à la glue. Escaouprès est à boire sur son fruit gorgé de soleil, avec un pâté de lièvre. Précatori vieillira encore trois ans.

❺

(rouge)	VDF Aubagne 2019	De 32 à 40 € (c)	93
(blanc)	VDF Fanny 2018	45 €	94
(rouge)	VDF Escaouprès 2018	25 €	91

Le coup de ♥

❻

(blanc)	VDF Précatori 2016	65 €	98

❼ **Rouge :** 25 hectares.
Mourvèdre 50 %, Grenache noir 50 %
Blanc : 3 hectares.
Rolle 70 %, Grenache blanc 30 %
Production moyenne : 110 000 bt/an

❽

LE CHÂTEAU DE MA MÈRE

❾ 56, traverse de la Buzine, 13011 Marseille ♣
• marcel.lhermitte@marius.fr •

❿ Vente et visites : au domaine sur rendez-vous.
De 16h à 19h.

⓫ **Propriétaire :** Marcel Pagnol
Directrice : Orane Demazis

⓬ **Maître de chai :** Jules Muraire
Œnologue : Lili des Bellons

UN COMMENTAIRE

1. **Classement du domaine en 2022.**
Les domaines sont classés en quatre familles : sans étoile, avec une étoile, deux étoiles ou trois étoiles. La flèche ascendante signifie le gain d'une étoile.

2. **Le nom du producteur ou de la propriété.**
Il peut s'agir d'un domaine, d'une cave coopérative ou d'une maison de négoce produisant un ou plusieurs vins différents chaque année.

3. **Notre commentaire sur le domaine, la maison de négoce ou la cave coopérative.**
Nous présentons le domaine, son histoire, ses propriétaires, le style et le caractère de la production et nous donnons notre avis.

4. **Les vins sélectionnés et commentés.**
Les vins présentés ici sont les meilleurs vins disponibles soit à la propriété, soit dans le commerce. Pour certains crus majeurs, nous présentons des millésimes antérieurs, que l'amateur peut posséder dans sa cave. Prix en euros et notes sur 100. Nous avons limité à huit le nombre de cuvées notées par domaine ; nos abonnés retrouveront sur larvf.com les gammes complètes de vins notées et commentées.

5. **La couleur du vin, la cuvée, le prix et notre notation.**
Le prix : prix indicatif à la propriété communiqué par le producteur, sauf mention (c) qui indique des prix moyens relevés auprès de cavistes. S'il n'est pas communiqué (« N.C. »), c'est que le vin n'est plus disponible, ou que son prix n'est pas encore fixé.
La disponibilité : si le prix est suivi de la mention « épuisé », ce vin n'est plus disponible chez le producteur. On peut le trouver dans le commerce de détail.

6. **Le coup de cœur de l'année.**
Ce coup de cœur attribué à un vin représente pour nous la plus belle illustration du savoir-faire de chaque vigneron.

7. **La surface et l'encépagement de son vignoble.**
Nous donnons le nombre d'hectares en production et les variétés de cépages plantées pour les vins rouges et les vins blancs.

8. **Le nombre total de bouteilles produites.**
Il s'agit d'une moyenne annuelle correspondant à tous les vins produits par le domaine.

9. **Domaine bio ou en biodynamie.**
Ce logo indique si le domaine pratique une viticulture propre. Le trèfle ♣ identifie les domaines certifiés bio ; la lune ☾ identifie les domaines certifiés en biodynamie.

10. **L'adresse du producteur, son téléphone, son mail et/ou son site internet.**

11. **Les horaires de visite.**
Attention : il est toujours préférable de prendre rendez-vous au préalable avec le producteur. Lorsque celui-ci ne peut pas recevoir de visiteurs, nous l'indiquons.

12. **Le nom du propriétaire ou du responsable avec qui vous pouvez entrer en contact.**
Il peut s'agir du propriétaire, du directeur d'exploitation ou du responsable de la production, selon les domaines.

LES AUTEURS

OLIVIER POUSSIER

Vallée du Rhône Sud - Champagne

Millésime 1964. Meilleur sommelier du monde, sacré à Montréal en 2000. Dégustateur universel par excellence. Parisien, formé à La Tour d'Argent puis en Angleterre, il a consacré sa vie à explorer la diversité viticole de la planète. Capable de s'enthousiasmer pour un fief vendéen, un bordeaux classé ou un assyrtiko du Péloponnèse, Olivier se distingue par sa discipline et son intégrité.

OLIVIER POELS

Médoc - Rhône Nord

Millésime 1971. Né à Bruxelles, il a découvert enfant les caves bourguignonnes, sur la route des vacances vers la Méditerranée, son père n'omettant jamais de s'arrêter entre Nuits-Saint-Georges et Beaune. Amoureux de la Côte-d'Or, il a aussi le goût des grands bordeaux, des vins de Champagne et d'Alsace. Fine fourchette, Olivier anime des chroniques sur Europe 1 et LCI.

PIERRE CITERNE

Pomerol - Graves - Jura - Savoie

Millésime 1973. Tous les dégustateurs qui l'ont affronté lors de concours de dégustation à l'aveugle savent à quel point cet universitaire, spécialiste des peintures rupestres préhistoriques, possède un palais affûté. Établi au pied des Pyrénées, ce passionné de littérature consacre l'essentiel de sa vie à déguster, voyager et découvrir ce monde du vin qui le fascine.

JEAN-EMMANUEL SIMOND

Alsace - Chablis - Côte de Nuits - Corse

Millésime 1971. Fils et petit-fils de montagnards à Chamonix, diplômé de Sciences Po Paris où il enseigne, Jean-Emmanuel s'est très tôt passionné pour les grands vins français, mais aussi d'ailleurs. Gueule d'acteur et palais subtil, il a créé sa société d'importation de vins fins et sillonne les vignobles de l'Alsace, de la Bourgogne, de la Corse sans oublier la vaste Italie.

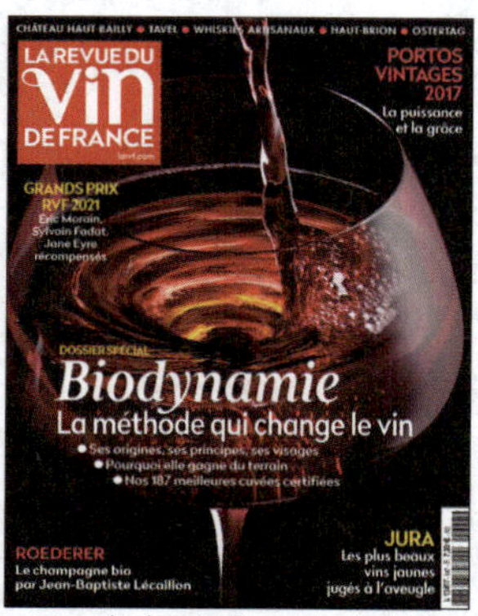

Chaque mois, dans La Revue du vin de France, retrouvez des enquêtes pointues et originales.

ALEXIS GOUJARD

Champagne - Provence - Loire

Millésime 1987. Né à Rouen, passionné de vin depuis ses 18 ans, Alexis est titulaire d'un master en commerce international du vin décroché à Avignon. Il intègre La Revue du vin de France en 2010. Suivant de près la révolution bio, allergique aux vins surboisés et aux vinifications trop techniques, il poursuit sa mise en avant des expressions les plus naturelles du vin.

DU GUIDE VERT

ROBERTO PETRONIO

Sauternes - Côte de Beaune

Millésime 1963. Un tempérament volcanique. Issu d'une famille d'origine sicilienne, élevé dans le sud de Paris, passionné de musique et de photographie, il a la fougue de Mario Cavaradossi, le peintre amant de Tosca. Les vins, il les aborde guidé par son instinct et sa passion, toujours épris de liberté. Ses jugements sans concession sont recherchés par les propriétaires.

CAROLINE FURSTOSS

Languedoc - Roussillon

Millésime 1982. Née à Colmar, Caroline grandit dans le village de Mittelwihr, dans les vignes. Les parfums des premiers jus qui fermentent bercent sa jeunesse. Devenue sommelière, elle enchaîne les beaux postes en restauration : Auberge de l'Ill, Hameau Albert Ier, Méridien Dubaï, Apicius, Shangri-La, Jean-François Piège puis crée son propre site, sommelierparticulier.com.

CHRISTIAN MARTRAY

Côte chalonnaise - Mâconnais

Millésime 1968. Élevé en Beaujolais, il a conquis dans les caves l'affectueux surnom de « petit tonneau ». Sommelier à 19 ans, Christian franchit la Saône et débute à Vonnas, chez Georges Blanc, puis s'envole vers Orlando (Floride), chez Paul Bocuse. Après la Suisse et dix ans au Hameau Albert Ier à Chamonix, il traque aujourd'hui les bonnes affaires pour le site ventealapropriété.com.

KARINE VALENTIN

Bordeaux - Saint-Émilion - Sud-Ouest

Millésime 1963. Une vigneronne journaliste, le profil est rare. Élevée au sein d'une famille de producteurs de Cogolin, Karine rêve d'une autre vie : Paris ! Ses débuts dans la banque l'ennuient : elle renoue avec le vignoble en rejoignant Cuisine et Vins de France puis La Revue du vin de France, pour lesquels elle déniche des vins à l'écart des codes de la mondialisation.

PIERRE VILA PALLEJA

Beaujolais

Millésime 1987. Sommelier et restaurateur, il a fait du restaurant de ses parents, Le Petit Sommelier, face à la gare Montparnasse, l'une des adresses du vin à Paris. Ambitieux et méthodique, passé par le Ritz, le Crillon et Lasserre, Pierre a une solide connaissance des vins étrangers. Il aime aussi la Bourgogne, le Beaujolais, le Rhône et les bordeaux qui sortent des sentiers battus.

Le Tour de France des vins de plaisir : une étape à suivre en juin dans La RVF.

Petit guide pour bien boire et acheter malin

Quels flacons mettre en cave dès aujourd'hui pour fêter les 20 ans de votre aîné ? Quelles bouteilles pour enthousiasmer la belle-famille ? Quels sont les meilleurs rapports qualité/prix/plaisir en bio ? Nos sélections d'achat assorties cette année de caves idéales sont là pour vous aider.

Shutterstock

100 vins pour se faire plaisir à prix (très) doux

Une sélection ultra-gourmande parmi les vins les moins chers de chaque région. De quoi remplir sa cave sans se ruiner !

Shutterstock

ALSACE

DOMAINE ÉTIENNE SIMONIS
Pinot Blanc Vieilles vignes 2019
7,80 €

DOMAINE JEAN-MARC BERNHARD
Riesling blanc 2019 - **8 €**

DOMAINE DU MANOIR
Crémant d'Alsace Extra-Brut blanc - **8,50 €**

SCHŒNHEITZ
Pinot Blanc Val Saint-Grégoire 2019 - **9 €**

DOMAINE ROLLY-GASSMANN
Auxerrois Moenchreben de Rorschwihr blanc 2019 - **9 €**

DOMAINE VINCENT STOEFFLER
Riesling Tradition blanc 2019
9,20 €

DOMAINE AGAPÉ
Sylvaner Expression Vieilles vignes blanc 2019 - **10 €**

BEAUJOLAIS

DOMAINE DOMINIQUE PIRON
Beaujolais-Villages rouge 2020
8,50 €

DOMAINE DE LA MADONE
Fleurie Madone rouge 2019 - **9 €**

DOMAINE JEAN-MARC BURGAUD
Beaujolais-Villages Les Vignes de Lantignié rouge 2020 - **10 €**

DOMAINES CHERMETTE
Beaujolais Cœur de Vendanges rouge 2020
11,80 €

DOMAINE DANIEL BOULAND
Morgon Corcelette Vieilles Vignes Sable rouge 2020 - **12 €**

CHÂTEAU THIVIN
Brouilly rouge 2019 - **12 €**

MANOIR DU CARRA
Fleurie Clos des Déduits rouge 2019 - **12 €**

BORDEAUX

CHÂTEAU BELLE-GARDE
Bordeaux rosé 2020 - **5,75 €**

CHÂTEAU FLEUR HAUT-GAUSSENS
Bordeaux Supérieur rouge 2019
7 €

CHÂTEAU DE BEL
Bordeaux Échappée Bel rouge
7 €

NOS SÉLECTIONS

CHÂTEAU LE PIN BEAUSOLEIL
Bordeaux Supérieur
Le Petit Soleil rouge 2018 - **8 €**

CHÂTEAU PUYGUERAUD
Francs Côtes de Bordeaux
Château Lauriol rouge 2018
9 €

CHÂTEAU TIRE PÉ
Bordeaux Tire'Vin Vite rouge
2020 - **9 €**

CHÂTEAU PENIN
Bordeaux Natur Blanc
9,10 €

BOURGOGNE

DOMAINE ALAIN MATHIAS
Petit Chablis blanc 2019 - **11 €**

DOMAINE FRANTZ CHAGNOLEAU
Mâcon-Villages
Clos Saint-Pancras blanc 2019
12 €

DOMAINE D'ÉLISE
Chablis blanc 2019 - **12 €**

DOMAINE MICHEL ET JOANNA ECARD
Savigny-lès-Beaune
Les Goudelettes blanc 2018
13 €

CHÂTEAU DE CHAMILLY
Montagny Les Bassets blanc
2019 - **13 €**

DOMAINE JEAN-CLAUDE REGNAUDOT ET FILS
Santenay rouge 2019 - **13,50 €**

DOMAINE NICOLAS DELFAUD
Mâcon-Verzé blanc 2019 - **14 €**

CHAMPAGNE

DIEBOLT-VALLOIS
Brut Blanc de Blancs - **19,75 €**

GATINOIS
Brut Grand cru Tradition blanc
- 20 €

A. MARGAINE
Brut blanc - **22,80 €**

DEHOURS ET FILS
Brut Grande Réserve blanc
26 €

ÉTIENNE CALSAC
Extra-Brut L'Échappée Belle
blanc **-26 €**

LANCELOT-PIENNE
Brut Accord Majeur blanc - **28 €**

ROBERT MONCUIT
Extra-Brut Les Grands Blancs
28 €

CORSE

DOMAINE MONDANGE
IGP Île-de-Beauté Primizia rosé
2020 - **6 €**

DOMAINE SAPARALE
Corse Sartène rouge 2019 - **9,95 €**

CLOS MARFISI
Patrimonio Les Nuits Rouges
2019 - **11 €**

CLOS D'ALZETO
Ajaccio rosé 2020 - **11 €**

DOMAINE GIACOMETTI
Patrimonio Cru des Agriate rosé
2020 - **11,50 €**

CANTINA DI TORRA - NICOLAS MARIOTTI BINDI
Patrimonio Cantina di Torra
blanc 2020 - **12 €**

CLOS NICROSI
Coteaux du Cap Corse Stecaja
blanc 2020 - **12 €**

JURA

DOMAINE ROLET PÈRE ET FILS
Arbois Tradition rouge 2018
11 €

LE CELLIER DES TIERCELINES - VINS JÉRÔME ARNOUX
Arbois Friandise rouge 2020
11 €

DOMAINE GRAND
Crémant du Jura Brut Zéro
Dosage blanc **– 12 €**

DOMAINE DE MONTBOURGEAU
L'Étoile blanc 2018 - **13 €**

DOMAINE BERTHET-BONDET
Côtes du Jura Trio rouge 2019
14 €

DOMAINE DE LA PINTE
Crémant du Jura Brut Nature
blanc 2018 - **14 €**

LUCIEN AVIET ET FILS - CAVEAU DE BACCHUS
Arbois Melon à Queue Rouge
blanc 2019 - **15 €**

LANGUEDOC

DOMAINE NAVARRE
VDF Vin d'Œillades rouge 2020
7,50 €

LA CROIX GRATIOT
Picpoul de Pinet blanc 2020
7,60 €

MAS D'ESPANET
IGP Cévennes Freesia blanc
2020 - **8 €**

DOMAINE DE SAUMAREZ
Languedoc S de Saumarez rouge
2019 - **8,50 €**

DOMAINE DE SAUMAREZ
Languedoc S de Saumarez
blanc 2020 - **9 €**

DOMAINE CANET VALETTE
Saint-Chinian Antonyme
rouge 2020 - **9 €**

DOMAINE GUILHEM BARRÉ
VDF La Peyrière rouge 2020 - **9 €**

LOIRE

DOMAINE HAUTE FÉVRIE
Muscadet Sèvre et Maine sur lie
2020 - **7,50 €**

DOMAINE DE LA CHAUVINIÈRE
Muscadet Sèvre et Maine 2020
7,80 €

DOMAINE BENOÎT MONTEL
Côtes d'Auvergne Châteaugay
rouge 2020 - **8 €**

NOS SÉLECTIONS

LES TERRES D'OCRE
Saint-Pourçain Instan T rosé 2020 - **8 €**

DOMAINE FABRICE GASNIER
Chinon rosé 2020 - **8,35 €**

DOMAINE DES CORBILLIÈRES
Touraine Les Griottines rouge 2019 - **9 €**

DOMAINES MINCHIN
Valençay Le Claux Delorme rouge 2019 - **9,10 €**

PROVENCE

CHÂTEAU VIGNELAURE
IGP Méditerranée Le Page de Vignelaure rosé 2020 - **8,50 €**

DOMAINE LES BASTIDES
Coteaux d'Aix-en-Provence rosé 2020 - **9 €**

CHÂTEAU DE ROQUEFORT
Côtes de Provence Le Bonvivant rosé 2020 - **9 €**

DOMAINE BORRELY-MARTIN
Côtes de Provence Carré de Laure rosé 2020 - **11 €**

DOMAINE GAVOTY
Côtes de Provence Cuvée Grand Classique blanc 2020 - **11,90 €**

DOMAINE DE LA RÉALTIÈRE
Coteaux d'Aix-en-Provence Cul-Sec ! rouge 2020 - **12,50 €**

DOMAINE DU DEFFENDS
Coteaux Varois en Provence Champs du Bécassier rouge 2020 - **12,90 €**

RHÔNE

CLOS DU MONT-OLIVET
IGP Gard Rive Droite rouge 2019 - **6 €**

DOMAINE DE LA JANASSE
IGP Méditerranée rosé 2020 **6 €**

DOMAINE DE LA MONARDIÈRE
VDP du Vaucluse Grenache rouge 2020 - **7 €**

DOMAINE DU BIENHEUREUX
VDF Le Bienheureux N° 20 rouge 2020 - **7 €**

DOMAINE DE LA FERME SAINT-MARTIN
Ventoux Les Vins de Thomas Sur le Fil rouge 2020 - **8 €**

DOMAINE LA BOUÏSSIÈRE
VDF Les Amis de la Bouïssière rouge 2020 - **8 €**

DOMAINE PIQUE-BASSE
Côtes du Rhône La Brusquembille rouge 2019 **8 €**

ROUSSILLON

DOMAINE SEMPER
Côtes du Roussillon-Villages Lesquerde Squerda rouge 2020 **5,90 €**

DOMAINE DES SCHISTES
IGP Côtes Catalanes Illico blanc 2020 - **7,50 €**

DOMAINE DES CHÊNES
Côtes du Roussillon-Villages L'Air du Temps rouge 2018 - **8,80 €**

DOMAINE JOREL
VDF Cuvée Seconde rouge 2019 **9 €**

MAS MUDIGLIZA
IGP Côtes Catalanes Coume des Loups blanc 2020 - **9 €**

DOMAINE VAQUER
Côtes du Roussillon Cuvée Bernard rouge 2019 **9,50 €**

DOMAINE DES SOULANES
Côtes du Roussillon-Villages Jean Pull rouge 2020 - **9,60 €**

SAVOIE

DOMAINE DE CHEVILLARD
Vin de Savoie Jacquère blanc 2019 – **9 €**

DOMAINE FABIEN TROSSET
Vin de Savoie Le Roc blanc 2020 – **9 €**

DOMAINE DUPASQUIER
Vin de Savoie Chardonnay blanc 2016 - **9,20 €**

DOMAINE JEAN MASSON ET FILS
Vin de Savoie Apremont Nicolas blanc 2019 - **10 €**

DOMAINE PASCAL ET ANNICK QUENARD
Vin de Savoie Chignin L'Épure blanc 2020 - **10 €**

DOMAINE LA COMBE DES GRAND'VIGNES
Vin de Savoie Chignin Vieilles vignes blanc 2020 - **10 €**

DOMAINE J.-P. ET J.-F. QUÉNARD
Vin de Savoie Chignin Anne de la Biguerne blanc 2020 - **11 €**

DOMAINE LA COMBE DES GRAND'VIGNES
Vin de Savoie La Coulée de Proserpine blanc 2019 - **11,50 €**

SUD-OUEST

CLOS TRIGUEDINA
Cahors La Part des Biches Rouge 2018 - **6 €**

CHÂTEAU PONZAC
Cahors Maintenant ou Jamais Rouge 2020 - **7 €**

DOMAINE MOUTHES LE BIHAN
Côtes de Duras L'Aimé Chai rouge 2016 - **7 €**

CHÂTEAU VIELLA
Madiran Tradition rouge 2019 **7,50 €**

DOMAINE DU CROS
Marcillac Lo Sang Del Païs rouge 2019 - **8 €**

CHÂTEAU LES HAUTS DE CAILLEVEL
Bergerac Fleur de Roches blanc 2019 - **8 €**

CHÂTEAU HAUT-MONPLAISIR
Cahors Tradition rouge 2019 **8 €**

20 cuvées bio autour de 20 €

De jolies bouteilles labellisées bio à sortir en toutes occasions.

DOMAINE MATHA
Marcillac Laïris rouge 2018 - **9 €**

DOMAINE NICOLAS DELFAUD
Mâcon-Verzé Le Bienheureux blanc 2019 - **14 €**

DOMAINE LABRANCHE-LAFFONT
Madiran Vieilles vignes rouge 2017 - **15 €**

CHÂTEAU DE ROQUEFORT
Côtes de Provence Les Mûres rouge 2019 - **15,50 €**

CANTINA DI TORRA - NICOLAS MARIOTTI BINDI
VDF Cantina di Torra Hors Série blanc - **16 €**

LES PIEDS SUR TERRE
Côtes du Jura Trousseau rouge 2019 - **17 €**

LA SŒUR CADETTE
Vézelay Les Saulniers blanc 2019
17,50 €

DOMAINE GAUBY
IGP Côtes Catalanes La Jasse blanc 2020 - **18 €**

DOMAINE GABIN ET FÉLIX RICHOUX
Irancy Veaupessiot rouge 2015
18 €

DOMAINE MEYER-FONNÉ
Gewurztraminer Grand cru Furstentum blanc 2019 - **19,50 €**

DOMAINE HAUVETTE
IGP Alpilles Petra rosé 2019
25 €

CLOS MARIE
Languedoc Manon blanc 2019
20 €

DOMAINE LE ROCHER DES VIOLETTES
Montlouis-sur-Loire Le Grand Clos blanc 2019 - **20 €**

DOMAINE DE RANCY
Rivesaltes blanc 2000 - **20 €**

MAS CAL DEMOURA
Terrasses du Larzac Terre de Jonquières rouge 2018
21 €

DOMAINE BOIS DE BOURSAN
Châteauneuf-du-Pape rouge 2019 - **24 €**

DOMAINE PASCAL ET ANNICK QUENARD
Vin de Savoie Mondeuse L'Étoile de Gaspard rouge 2019
24 €

CHÂTEAU YVONNE
Saumur-Champigny rouge 2018
24 €

DOMAINE DE L'ALLIANCE
VDF Déclinaison blanc 2020
25 €

DOMAINE FRANTZ CHAGNOLEAU
Saint-Véran La Roche blanc 2019
20 €

20 flacons biodynamiques à prix doux

Voilà des bouteilles délicieuses, la promesse du cosmos en plus !

DOMAINE JULIEN BROCARD
Chablis La Boissonneuse blanc 2019 - **18 €**

CAMIN LARREDYA
Jurançon sec La Part Davant blanc 2019 - **18 €**

DOMAINE OSTERTAG
Alsace L'Exutoire SVV3 blanc 2018 - **19 €**

DOMAINE SÉROL
Côte Roannaise Perdrizière rouge 2019 - **19 €**

MAS D'ALEZON
Faugères Montfalette rouge 2020 - **20 €**

DOMAINE DE BELLE-VUE
Muscadet Granit Les Perrières blanc 2019 - **20 €**

DOMAINE VINCENT GAUDRY
Sancerre Mélodies de Vieilles vignes blanc 2019 - **21 €**

DOMAINE MARCEL DEISS
Alsace Riquewihr blanc 2018 - **20 €**

CLOS PUY ARNAUD
Castillon Côtes de Bordeaux Cuvée Les Ormeaux rouge 2019
20 €

DOMAINE D'AUPILHAC
VDF (Languedoc) Le Carignan rouge 2019 - **21,60 €**

DOMAINE DE BELLIVIÈRE
Coteaux du Loir L'Effraie blanc 2019 - **22 €**

DOMAINE COMTE ABBATUCCI
VDF (Corse) Faustine Vieilles vignes rouge 2019 - **22 €**

DOMAINE GIUDICELLI
VDF (Corse) Corail blanc 2020 - **23 €**

DOMAINE LA GRANGE TIPHAINE
Montlouis-sur-Loire Les Grenouillères blanc 2019 - **23 €**

DOMAINE MARC KREYDENWEISS
Alsace Clos du Val d'Eléon blanc 2018 - **23,50 €**

DOMAINE GUILLEMOT-MICHEL
Viré-Clessé Quintaine blanc 2019 - **24 €**

DOMAINE DU PAS DE L'ESCALETTE
IGP Pays d'Hérault Ze Cinsault rouge 2019 - **24 €**

DOMAINE LE CONTE DES FLORIS
Coteaux du Languedoc Homo Habilis rouge 2017 - **25 €**

CHÂTEAU FOUGAS
Côtes de Bourg Forces de Vie rouge 2018 - **25 €**

DOMAINE WEINBACH
Alsace Gewurztraminer Laurence blanc 2019 - **25 €**

20 rouges pour scotcher vos beaux-parents

Des rouges stylés pour éviter tout impair à la table familiale.

DOMAINE DE LA MONARDIÈRE
Vacqueyras Les 2 Monardes 2019 - **13 €**

DOMAINE DE LA PETITE GALLÉE
Coteaux du Lyonnais Vieilles vignes 2019 - **13 €**

CHÂTEAU DES JACQUES
Morgon - **13,60 €**

DOMAINE DU PAS DE L'ESCALETTE
Languedoc Les Petits Pas 2020
13 €

CHÂTEAU L'ISLE FORT
Bordeaux Supérieur Cuvée Précieuse 2018 - **17 €**

MAISON E.GUIGAL
Crozes-Hermitage 2018 - **15 €**

CLOS D'ALZETO
Ajaccio 2016 - **18 €**

DOMAINE LABRANCHE-LAFFONT
Madiran Vieilles vignes 2017
15 €

DOMAINE LES CAPRÉOLES
Régnié Diaclase 2018
15,50 €

CHÂTEAU DE ROQUEFORT
Côtes de Provences Les Mûres 2019 - **15,50 €**

DOMAINE LOUIS LEQUIN
Santenay Les Charmes 2015
16,20 €

DOMAINE LÉON BOESCH
Alsace Pinot Noir Les Jardins Rouge 2019 - **17,10 €**

DOMAINE LUCIEN MUZARD ET FILS
Maranges Rouge 2019 - **17,90 €**

CHÂTEAU BELLE-VUE
Haut-Médoc 2018 - **18 €**

DOMAINE LA BOUÏSSIÈRE
Gigondas Tradition 2019
18 €

COMBEL-LA-SERRE
Cahors Au Cerisier Rouge 2019
18 €

CHÂTEAU DU HUREAU
Saumur-Champigny Les Fevettes 2019
18 €

DOMAINE MIRABEL
Pic Saint-Loup Les Éclats 2019
18 €

DOMAINE DOMINIQUE PIRON
Morgon Côte du Py 2019 **18 €**

DOMAINE OLIVIER PITHON
Côtes du Roussillon Laïs 2019
18 €

Shutterstock

Shutterstock

20 blancs à moins de 25 € pour emballer vos amis

Étonner les copains sans casser sa tirelire, c'est possible !

DOMAINE DE LA MONARDIÈRE
Vacqueyras Le Jeu de Gàrri 2020
13,50 €

DOMAINE FRANÇOIS PINON
Vouvray sec Les Déronnières 2020 - **14 €**

DOMAINE ÉMILE BEYER
Alsace Riesling Eguisheim 2018
14,60 €

DOMAINE JULIEN AUROUX
Bergerac Sans Bois ni Loi 2020
15 €

CHÂTEAU TOUR DES GENDRES
Bergerac Conti-ne Périgourdine 2019 - **16 €**

DOMAINE ANTOINE-MARIE ARENA
VDF (Corse) Bianco Gentile 2020 - **20 €**

CLOS LARROUYAT
Jurançon Phœnix 2019
17 €

LA SŒUR CADETTE
Vézelay Les Saulniers 2019
17,50 €

DOMAINE DE BRIN
VDF (Sud-Ouest) Loin de l'Œil 2017 - **18 €**

DOMAINE PIERRE LUNEAU-PAPIN
Muscadet Sèvre et Maine Vera Cruz 2019 - **18 €**

DOMAINE DE VILLAINE
Bouzeron 2019 - **18 €**

DOMAINE LANDRON
Muscadet Sèvre et Maine Le Fief du Breil 2016 - **21 €**

CLOS DE L'ÉCOTARD
Saumur 2019 - **21,70 €**

DOMAINE MÉLARIC
Saumur Clos de la Cerisaie 2018
20 €

DOMAINE BELLUARD
Vin de Savoie Altesse Grandes Jorasses 2019
20 €

DOMAINE SAINT-GERMAIN
Vin de Savoie Chignin-Bergeron 2019 - **21,50 €**

DOMAINE FRANTZ CHAGNOLEAU
Pouilly-Fuissé Pastoral 2019
22 €

DOMAINE PAUL GINGLINGER
Alsace Riesling Grand cru Eichberg 2019 - **22 €**

DOMAINE OGEREAU
Anjou Vent de Spilite 2019
22 €

20 flacons à encaver pour les 20 ans du petit

Oubliez-les sereinement en cave, ils répondront présent le jour J.

KRUG
Champagne Brut blanc 2008
230 €

CHÂTEAU HAUT-BAILLY
Pessac-Léognan rouge 2018
150 €

DOMAINE CHANDON DE BRIAILLES
Corton Grand cru blanc 2019
180 €

CHÂTEAU PICHON LONGUEVILLE COMTESSE DE LALANDE
Pauillac rouge 2018 - **215 €**

DOMAINE ROGER SABON
Châteauneuf-du-Pape Prestige rouge 2019 - **36 €**

DOMAINE ALBERT BOXLER
Alsace Pinot Gris Grand cru Sommerberg VT blanc 2017 - **45 €**

CHÂTEAU LANGOA BARTON
Saint-Julien rouge 2018
54 €

DOMAINE TEMPIER
Bandol La Migoua rouge 2019
55 €

CHÂTEAU DUCRU-BEAUCAILLOU
Saint-Julien rouge 2018 - **216 €**

DOMAINE BRUNO CLAIR
Vosne-Romanée Les Champs Perdrix rouge 2019 - **63 €**

CHÂTEAU RAYMOND-LAFON
Sauternes blanc 2017 - **40 €**

DOMAINE FOLLIN-ARBELET
Corton Grand cru rouge 2019
70 €

DOMAINE YANN CHAVE
Hermitage rouge 2019 - **100 €**

DOMAINE PEYRE ROSE
Vin de France (Languedoc) N° 3 rouge 2011 - **72 €**

CHÂTEAU BEAU-SÉJOUR
Saint-Émilion Grand cru rouge 2018 - **75 €**

MAISON M. CHAPOUTIER
Hermitage Monier de La Sizeranne rouge 2019 - **63,85 €**

PIERRE GIMONNET ET FILS
Champagne Extra-Brut Grand cru Blanc de Blancs Cramant 2014 - **84 €**

CHÂTEAU PICHON BARON
Pauillac rouge 2018 - **160 €**

POL ROGER
Champagne Brut Vintage blanc 2013 - **68 €**

Shutterstock

D.R.

20 "glou-glou" rouges à boire par tous les temps

À table ou à l'apéritif, ces rouges légers incitent à trinquer !

DOMAINE JULIEN AUROUX
Bergerac Blablabla 2020
9 €

CHÂTEAU TIRE PÉ
Bordeaux Tire'Vin Vite 2020
9 €

DOMAINE SÉROL
Côte Roannaise Originelles 2020
9,50 €

TERRA VITA VINUM
VDF (Loire) Grosse Soif de Groslot 2020 - **10 €**

DOMAINE DU DEFFENDS
Coteaux Varois en Provence Champs du Bécassier 2020
12,90 €

DOMAINE DANIEL BOULAND
Chiroubles Chatenay 2020 - **16 €**

LE LOUP BLANC
IGP Pays d'Oc Soif 2019
10 €

DOMAINE CHAMBEYRON
IGP Collines Rhodaniennes 2020
10 €

LE CELLIER DES TIERCELINES - VINS JÉRÔME ARNOUX
Arbois Friandise 2020 - **11 €**

DOMAINE PLAISANCE PENAVAYRE
VDF (Sud-Ouest) Negret Pounjut 2020 - **11 €**

DOMAINE CHARLES JOGUET
Chinon Silènes 2019 - **12 €**

DOMAINE DE L'R
Chinon Le Canal des Grandes Pièces 2020 - **12 €**

CHÂTEAU DU HUREAU
Saumur-Champigny Tuffe 2019
12,50 €

DOMAINE DES HUARDS
Cheverny Envol 2019
13 €

DOMAINE MARCEL RICHAUD
Côtes du Rhône Terre de Galets 2019
11 €

DOMAINE CHARVIN
Côtes du Rhône 2019 - **12 €**

DOMAINE MONTCY
Cheverny Tradition 2020
10 €

DOMAINE L'ENCLOS DES BRAVES
Gaillac Tombé du Ciel 2019
9,50 €

20 rosés à siroter toute l'année

Qui a dit que le rosé était seulement un vin d'été ?

CHÂTEAU PENIN
Bordeaux Clairet 2020
7,30 €

DOMAINE PIQUE-BASSE
Côtes du Rhône-Villages Roaix L'Ambigu 2020 - **9 €**

DOMAINE PATRICE COLIN
Coteaux du Vendômois Gris Bodin 2020 - **9,50 €**

MAS DES BROUSSES
Languedoc Rosée des Brousses 2020 - **11 €**

CHÂTEAU PECH-REDON
Languedoc L'Épervier 2020
12 €

DOMAINE ARRETXEA
Irouléguy 2020 - **12 €**

DOMAINE DE LA RECTORIE
Collioure Côté Mer 2020
15 €

DOMAINE YANNICK AMIRAULT
Bourgueil Rosé d'Équinoxe 2020
15 €

MAS JULLIEN
Languedoc 2020 - **15 €**

DOMAINE MAXIME MAGNON
Corbières Métisse 2019 - **15 €**

DOMAINE VINCENT DELAPORTE ET FILS
Sancerre Chavignol 2020
16 €

CHÂTEAU CRÉMADE
Palette 2019 - **17 €**

CLOS CIBONNE
Côtes de Provence Tibouren 2019
18 €

CLOS SAINT-JOSEPH
Côtes de Provence 2020
20 €

DOMAINE HENRY
Languedoc Saint-Georges-d'Orques Vin Vermeil 2019
20 €

CHÂTEAU DE PIBARNON
Bandol 2020
21 €

DOMAINE DE VACCELLI
Ajaccio Vaccelli 2019
24 €

CHÂTEAU SIMONE
Palette 2020
35 €

MAS LOU
Faugères Selva 2020
8 €

CANTINA DI TORRA - NICOLAS MARIOTTI BINDI
Patrimonio Cantina di Torra 2020
12 €

Shutterstock

Tout le monde a un endroit préféré, même les vins.
Vous avez probablement une pièce où vous vous sentez le mieux dans votre maison. Pour vos vins les plus précieux, c'est une cave à vin Liebherr. Grâce aux deux zones de température, des vins différents peuvent être stockés à leur température idéale de dégustation. Ils sont ainsi toujours prêts à régaler vos papilles. Découvrez toutes nos caves sur liebherr-electromenager.fr
LIEBHERR
Caves à vin

Shutterstock

20 bulles pour faire la fête sans complexe

Des champagnes, mais pas seulement ! Spécial soirées réussies.

DOMAINE D'ÉDOUARD
Crémant de Bourgogne Brut Nature Les Collines de Vaux blanc 2016 - **16 €**

DOMAINE GRAND
Crémant du Jura Brut Zéro Dosage blanc - **12 €**

DOMAINE MAURICE SCHOECH
Crémant d'Alsace Extra-Brut Bulles de Granite blanc 2018 - **12 €**

DOMAINES CHERMETTE
Crémant de Bourgogne Extra-Brut Blanc de Blancs - **13,80 €**

DOMAINE ALBERT MANN
Crémant d'Alsace Extra-Brut blanc 2018 - **15 €**

CHÂTEAU RIVES-BLANQUES
Crémant de Limoux Saphir blanc 2016 - **15 €**

TERRA VITA VINUM
VDF Dom nature blanc 2014 - **16 €**

LES PIEDS SUR TERRE
Crémant du Jura Brut nature blanc 2018 - **15,50 €**

CHÂTEAU DE LAVERNETTE
Crémant de Bourgogne blanc
16 €

A. MARGAINE
Champagne Brut blanc - **22,80 €**

DOMAINE ROLET PÈRE ET FILS
Crémant du Jura Cœur de Chardonnay blanc 2016 - **18 €**

CAVE DE RIBEAUVILLÉ
Crémant d'Alsace Brut Grande Cuvée blanc - **18,70 €**

DIEBOLT-VALLOIS
Champagne Brut Blanc de Blancs - **19,75 €**

DOMAINE BELLUARD
Vin de Savoie Ayse Mont-Blanc Brut Zéro blanc 2016 - **20 €**

DOMAINE SAINT-GERMAIN
Crémant de Savoie Les Bulles d'Hortense blanc - **21,50 €**

GATINOIS
Champagne Brut Grand cru Réserve blanc - **23 €**

CLOS DE L'ÉCOTARD
Saumur Brut Les Quarts Saint-Vincent 2017 blanc - **23,40 €**

DOMAINE LES HAUTES TERRES
Crémant de Limoux Brut Nature Joséphine blanc - **17 €**

GATINOIS
Champagne Brut Grand cru Tradition blanc - **25 €**

LE CELLIER DES TIERCELINES - VINS JÉRÔME ARNOUX
Crémant du Jura Brut Zéro Dosage Blanc de Blancs 2016
15 €

20 cuvées classiques et indémodables

À la fois traditionnelles et chics, le temps les rend indépassables !

DOMAINE RAY-JANE
Bandol rouge 2017 - **17,50 €**

DOMAINE BERNARD BAUDRY
Chinon Le Clos Guillot rouge 2019 - **19,50 €**

DOMAINE COLINOT
Irancy Palotte rouge 2019 - **20 €**

CLOS NICROSI
Muscat du Cap Corse Muscatellu blanc 2018 - **21,50 €**

DOMAINE JEAN-CLAUDE ET ROMAIN BESSIN
Chablis Premier cru Fourchaume La Pièce au Comte blanc 2019
27 €

CLOS DU MONT-OLIVET
Châteauneuf-du-Pape rouge 2019 - **29 €**

CHÂTEAU HAUT-MARBUZET
Saint-Estèphe rouge 2017 - **32 €**

DOMAINE DE LA JANASSE
Châteauneuf-du-Pape Tradition rouge 2019 - **33 €**

CHÂTEAU CANTEMERLE
Haut-Médoc rouge 2018 - **34 €**

CHÂTEAU DU CÈDRE
Cahors Le Cèdre rouge 2018
35 €

CHÂTEAU FIGEAC
Saint-Émilion Grand cru rouge 2015 - **210 €**

MAS AMIEL
Maury Vintage Charles Dupuy rouge 2018 - **37,60 €**

DEUTZ
Brut Classic blanc - **41 €**

DOMAINE ANDRÉ ET MIREILLE TISSOT
Arbois Vin Jaune Les Bruyères blanc 2014 - **70 €**

CHÂTEAU GRAND-PUY DUCASSE
Pauillac rouge 2018
38 €

DOMAINE SIMON BIZE ET FILS
Savigny-lès-Beaune Premier cru Les Fournaux rouge 2018
38 €

MAISON E.GUIGAL
Côte-Rôtie Brune et Blonde rouge 2017 - **41 €**

DOMAINE PEYRE ROSE
Coteaux du Languedoc Clos Syrah Léone rouge 2008
66 €

DOMAINE GAUBY
IGP Côtes Catalanes Muntada rouge 2019 - **77 €**

CHÂTEAU CAILLOU
Sauternes blanc 2018 - **37 €**

Château Figeac, un saint-émilion inscrit dans le temps.

Shutterstock

Shutterstock

20 cuvées pour un mariage gourmand

Comment régaler ses invités en tenant le budget ? Quelques idées.

CHÂTEAU LAMARTINE
Cahors rouge 2018 - **10,50 €**

CHÂTEAU THIVIN
Brouilly rouge 2019 - **12 €**

DOMAINE CHAMBEYRON
Côtes du Rhône Vieilles vignes rouge 2020 - **13 €**

CHÂTEAU PEYRABON
Haut-Médoc rouge 2018 - **13,50 €**

CHÂTEAU BELLE-VUE
Haut-Médoc Château de Gironville rouge 2018 - **14 €**

DOMAINE BERNARD MILLOT
Bourgogne rouge 2018 - **14 €**

DOMAINE DANIEL CROCHET
Sancerre rouge 2019 - **14 €**

CHÂTEAU VIELLA
Madiran Prestige rouge 2018
14 €

DOMAINE LES BRUYÈRES – DAVID REYNAUD
Crozes-Hermitage rouge 2020
14,50 €

DOMAINE ALBERT MANN
Alsace Gewurztraminer blanc 2019 - **15 €**

ERMITAGE DU PIC SAINT-LOUP
Languedoc Sainte-Agnès blanc 2019 - **15 €**

DOMAINE DIRLER-CADÉ
Alsace Riesling blanc 2019
15,50 €

DOMAINE VINCENT PINARD
Sancerre Florès blanc 2019
15,80 €

DOMAINE OLIVIER PITHON
IGP Côtes Catalanes Laïs blanc 2020 - **18 €**

DOMAINE DE L'ENCLOS
Chablis blanc 2019
16 €

DOMAINE DES SCHISTES
Côtes du Roussillon Casot d'en Gora blanc 2018
16 €

DOMAINE CASTÉRA
Jurançon sec Tauzy blanc 2019
16,80 €

VIGNOBLES CHIRAT
Saint-Joseph Les Côtes blanc 2019
18 €

DOMAINE FRANÇOISE ET DENIS CLAIR
Santenay Clos Genêt rouge 2019 - **17 €**

DOMAINE FRANÇOIS VILLARD
Saint-Péray Version blanc 2019
18 €

SPIEGELAU
DEFINITION
The New Lightness
RAVINET D'ARC
Tél.: 01 47 38 37 46
info@ravinetdarc.fr
www.ravinetdarc.fr
Retrouvez-nous sur
www.spiegelau.fr
UNE VÉRITABLE RÉVOLUTION!
L'EXTRÊME FINESSE ET LÉGÈRETÉ DU SOUFFLÉ BOUCHE EN SOUFFLÉ MÉCANIQUE.

20 flacons découvertes qui ont épaté le comité

Inattendus, parfois renversants, ils ont séduit nos experts.

DOMAINE D'ÉDOUARD
Bourgogne Côtes d'Auxerre Les Collines de Vaux Pinot Noir rouge 2019 - **14 €**

MATHIEU APFFEL
Vin de Savoie Terroir de Saint Alban blanc 2019 - **15 €**

JEUNES POUSSES
Beaujolais-Villages Aux Chânes rouge 2020 - **15 €**

CLOS LOUIE
Castillon Côtes de Bordeaux Louison et Léopoldine rouge 2013 - **25 €**

DOMAINE MICHEL BRÉGEON
Muscadet Sèvre et Maine Gorges Les Vigneaux blanc 2015 - **16 €**

DOMAINE DE LA PETITE GALLÉE
Coteaux du Lyonnais Cuvée 1896 rouge 2019 - **18 €**

ROMAIN PORTIER
Terrasses du Larzac La Petite Parcelle rouge 2018 - **20 €**

CLOS CULOMBU
VDF (Corse) Storia Di E Signore blanc 2019 - **22,80 €**

CLOS DE L'OURS
Côtes de Provence Le Chemin rouge - **24 €**

DOMAINE MAXIME COTTENCEAU
Montagny Premier cru Les Bassets blanc 2019 - **25 €**

AU PIED DU MONT CHAUVE
Saint-Aubin Premier cru Pitangerets blanc 2019 - **44 €**

DOMAINE SAPARALE
VDF (Corse) Œnoteca Carcaghjolu rouge 2017 - **45 €**

LES TERRIENS
Côte-Rôtie rouge 2018 - **50 €**

CHÂTEAU DE VAUX - VIGNOBLES MOLOZAY
Moselle Les Clos rouge 2019 **18,80 €**

DOMAINE PERRAULT-JADAUD
Vouvray La Grande Grive blanc 2018 - **19 €**

CLOS DU CAILLOU
Côtes du Rhône Esprit Nature rouge 2020 - **15 €**

CLOS DES CENTENAIRES
Costières de Nîmes Roussanne blanc 2019 - **19,80 €**

GRÉGOIRE HOPPENOT
Fleurie Les Moriers rouge 2019 **20 €**

CLOS DES REBOUSSIERS
Pic Saint-Loup rouge 2018 **22 €**

LES PIEDS SUR TERRE
Côtes du Jura blanc 2018 - **17 €**

Régis Grman

DropStop
the original ®
SERVIR
LE VIN
SANS EN
PERDRE
UNE
GOUTTE
merci
partage
ensemble
www.dropstop.fr
orcel & romieu
wine accessories

Shutterstock

Cépages oubliés : des goûts différents

On les appelle aussi cépages anciens, il faut les redécouvrir !

DOMAINE CATHERINE ET PIERRE BRETON
IGP Val de Loire Grolleau rouge 2020 - **10 €**

DOMAINE NAVARRE
VDF (Languedoc) Ribeyrenc rouge 2020 - **11 €**

LES VINS DE LA MADONE
Côtes du Forez Gamay sur Volcan rouge 2020 - **12,50 €**

DOMAINE L'ENCLOS DES BRAVES
Gaillac Duras' en passer rouge 2019 - **16,50 €**

DOMAINE PATRICE COLIN
Coteaux du Vendômois Les Vignes d'Émilien Colin rouge 2019 - **14 €**

DOMAINE ANTOINE-MARIE ARENA
VDF(Corse) San Giovanni rouge 2019 - **15 €**

LES TERRES D'OCRE
VDF (Loire) Tressallier blanc 2020
14 €

CHÂTEAU MOUTTE BLANC
Bordeaux Supérieur Moisin rouge 2019 - **16,50 €**

DOMAINE SAINT-GERMAIN
Vin de Savoie Mondeuse Blanche blanc 2020 - **16,50 €**

DOMAINE SAINT-GERMAIN
Vin de Savoie Persan rouge 2020
16,50 €

DOMAINE NICOLAS GONIN
IGP Isère Balmes Verdesse blanc 2019 - **17 €**

DOMAINE PLAGEOLES
Gaillac Prunelart rouge 2017
18,90 €

DOMAINE JONATHAN DIDIER PABIOT
Pouilly-sur-Loire blanc 2020 - **23 €**

DOMAINE LEDOGAR
VDF (Languedoc) Carignan blanc - **25 €**

DOMAINE SANT ARMETTU
IGP Île-de-Beauté Genovese blanc 2020 - **28 €**

CLOS SAINT-JOSEPH
IGP Alpes-Maritimes Grassenc rouge 2019
35 €

DOMAINE COMTE ABBATUCCI
VDF (Corse) Général de la Révolution blanc 2019
62 €

ÉTIENNE CALSAC
Champagne Brut Nature Les Revenants blanc
78 €

DOMAINE DE MONTCY
Cour-Cheverny Lucé blanc 2019 - **13 €**

20 quilles décomplexées pour coller à l'époque

Bio ou non, ces vins éclectiques toucheront tous les goûts !

DOMAINE DE LA GRAND'COUR
Fleurie Clos de la Grand Cour rouge 2020 - **24 €**

DOMAINE LE FAY D'HOMME
Muscadet Sèvre et Maine Fief des Coteaux blanc 2020 - **10,50 €**

CHÂTEAU DE COULAINE
Chinon rouge 2020 - **11 €**

DOMAINE LES TERRES PROMISES
Coteaux Varois en Provence À Bouche que veux-tu blanc 2020 - **14 €**

DOMAINE PLAISANCE PENAVAYRE
Fronton Serr Da Beg rouge 2020 - **15 €**

DOMAINE JONATHAN DIDIER PABIOT
Pouilly-Fumé Utopia blanc 2018
48 €

DOMAINE ANDRÉ KIENTZLER
Alsace À Bout de Soufre blanc 2019 - **16 €**

DOMAINE DE L'R
VDF (Loire) SO_2 rouge 2020
16 €

CHÂTEAU MONESTIER LA TOUR
IGP Périgord M rouge 2020
17 €

DOMAINE DE LA PINTE
Arbois-Pupillin Chardonnay Fonteneille blanc 2018 - **20 €**

DOMAINE NICOLAS REAU
Anjou Pompois rouge 2019
20 €

DOMAINE BARMÈS-BUECHER
Alsace Pinot Gris Rosenberg blanc 2019 - **21 €**

LESTIGNAC
VDF (Sud-Ouest) Tempête rouge 2019 - **24 €**

THOMAS BATARDIÈRE
VDF (Anjou-Saumur) Les Cocus blanc 2019 - **28 €**

DOMAINE DE L'ÉCU
VDF (Loire) Carpe Diem blanc 2018 - **36 €**

RUPPERT-LEROY
Champagne Brut Nature Fosse-Grely blanc - **51 €**

DOMAINE FRANCK BALTHAZAR
Cornas Sans Soufre Ajouté rouge 2019 - **60 €**

DOMAINE PIERRE FRICK
Alsace Gewurztraminer Grand cru Steinert blanc 2018 - **23 €**

FLEURY
Champagne Extra-Brut Sonate blanc 2012 - **70 €**

MARCEL LAPIERRE
Morgon rouge 2020 - **19,70 €**

Shutterstock

Budget serré : la cave idéale d'Alexis Goujard

48 bouteilles pour 500 euros

Gardez ces bouteilles à portée de main. Proposés à près d'une dizaine d'euros le flacon, ces vins seront destinés à être débouchés dans la jeunesse. N'hésitez pas à dédier un coin de votre cave à ces flacons que vous rangerez en fonction des moments de dégustation (pour l'apéritif, la table, un pique-nique, etc.).

6 rosés à boire toute l'année

Pour l'apéritif entre amis.

• Par exemple : les côtes-de-provence du château de Roquefort et du Clos Cibonne ou le coteaux-vendômois de Patrice Colin.

6 muscadets de coquillages

Les meilleurs blancs pour les fruits de mer.

• Parmi les beaux classiques prêts à éveiller les papilles : le domaine de la Pépière, Le Verger de Luneau-Papin, les domaines de la Chauvinière et Brégeon.

6 blancs réconfortants pour l'automne et l'hiver

Lorsqu'arrivent les premiers frimas, rien de tel qu'un beau blanc au gras rassurant.

• Par exemple : un jurançon sec du Clos Thou, un ventoux du château Pesquié, un pinot gris alsacien de Meyer-Fonné ou un bourgogne blanc de Benard Millot.

12 rouges de Loire à boire légèrement frais

Presque tous les domaines de Loire offrent un rouge joyeux sur le fruit en toutes circonstances.

• Par exemple : le chinon de Fabrice Gasnier, les bourgueils du domaine de la Chevalerie, les côtes-d'auvergne de Benoit Montel, Éclat de Granite, la côte-roannaise de Stéphane Sérol, le coteaux-du-giennois de Florian Roblin.

6 rouges gorgés de soleil

Pour les plats de Méditerranée (couscous, légumes farcis, pissaladière...), il sera bon dénicher des rouges attachants gorgés de saveurs ensoleillées de garrigue, de tapenade d'olive noire...

• Par exemple : les délicieux côtes-du-rhône du domaine Charvin, vinsobres du domaine Chaume-Arnaud, la cuvée Léandre de Borrely-Martin en Côtes de Provence, Sous les Cailloux des Grillons du Clos du Gravilhas.

6 bouteilles de cépages endémiques

Raconter l'histoire d'un cépage ancien ou presque disparu produit toujours un bel effet sur ses invités.

• Parmi les plus enthousiasmants : le ribeyrenc ou le vin d'Œillades de Thierry Navarre à Saint-Chinian, le romorantin du domaine des Huards à Cour-Cheverny, la folle blanche ligérienne du domaine Luneau-Papin.

6 bordeaux classiques

Pour les repas dominicaux en famille où il faut aussi bien faire plaisir à ses cousins qu'à ses grands-parents, quelques valeurs sûres du Bordelais.

• Par exemple : les bordeaux supérieurs des châteaux Penin, Fleur Haut-Gaussens, de Bel, le francs-côtes-de-bordeaux du château Puygueraud.

La cave éclectique et “tout-terroir” d’Olivier Poels

48 bouteilles pour 1000 euros

Pour constituer une sélection diversifiée, il s’agit d’acheter malin et de prendre les chemins de traverse. À côté des appellations prestigieuses, des vignobles moins connus produisent des vins magnifiques, empreints de leur terroir. Nous avons sélectionné des bouteilles autour d’une vingtaine d’euros. La plupart sont à boire assez rapidement. Naturellement, bien d’autres combinaisons sont possibles.

3 bouteilles de crémant de Loire

Des bulles accessibles et réjouissantes.

• Par exemple : le domaine de la Taille aux Loups ou une cuvée Ancestrale de Vincent Carême.

6 bouteilles de riesling d’Alsace

Choisies chez les meilleurs producteurs, ces cuvées accessibles font partie des meilleurs rapport qualité/prix qui soient.

• Par exemple : un Grand cru du domaine Loew ou une cuvée Saint-Jacques d’Émile Beyer.

6 bouteilles de blanc du Roussillon

Grâce à ses terroirs d’altitude, les blancs conservent ici une fraîcheur et un tonus surprenants.

• Par exemple : une côtes-catalanes d’Olivier Pithon ou un collioure de la Rectorie.

6 bouteilles d’irancy

Un vin rouge de Bourgogne méconnu et en plein progrès depuis quelques millésimes.

• Par exemple : les cuvées des Domaines Richoux ou Colinot, dont les derniers millésimes sont délicieux.

6 bouteilles de bordeaux hors des sentiers battus

En marge des grandes appellations, on choisit ici des châteaux qui élaborent des cuvées admirables

• Par exemple : Les Charmes Godard en Côte de Castillon ou l’Isle Fort, en Bordeaux Supérieur.

6 bouteilles de saint-joseph

Appellation encore sous-cotée, elle possède des terroirs d’exception, des coteaux qui engendrent des syrahs fantastiques.

• Par exemple : le domaine François Villard et sa cuvée Mairlant ou la cuvée Silice du domaine Coursodon.

6 bouteilles de rouges de caractère de Provence

Vous serez surpris par le potentiel et la tenue dans le temps des vins de Bandol.

• Par exemple : le domaine Ray-Jane ou le classique château Pradeaux.

6 rouges du Jura

Effet bluffant garanti en servant un poulsard ou un trousseau tout en finesse et en délicatesse.

• Par exemple : le domaine Pignier ou le domaine Grand.

3 bouteilles de liquoreux du Sud-Ouest

Jurançon par exemple renferme une belle offre de vins d’équilibre et de belle fraîcheur, des liquoreux de caractère

• Quelques suggestions : le château Tirecul la Gravière, reconnu pour ses monbazillacs, ou le domaine Castéra.

Un exemple de cave "sérieuse", par Alexis Goujard

48 bouteilles pour 2000 euros

Pour ces bouteilles que vous conserverez précieusement en cave, n'hésitez pas à alterner de belles étiquettes fédératrices, pour faire mouche auprès du plus grand nombre lors de vos dîners, ainsi que des vins que vous aimez par-dessus tout. Mon conseil : faites une place aux étoiles montantes.

12 bouteilles des jeunes talents que l'on veut voir grandir

Il est passionnant de voir évoluer les vins à travers le temps, un domaine qu'on aime au fil des millésimes.

• Par exemple : Baravéou à Bandol, Thomas Batardière en Anjou, Les Pieds sur Terre dans le Jura, Mathieu Apffel en Savoie, Clos Larrouyat à Jurançon, Étienne Calsac en Champagne, Morey-Coffinet à Chassagne-Montrachet.

6 bouteilles de champagne blanc de blancs

Une série de blancs de blancs ciselés par des saveurs d'agrumes, à boire fringants dans la jeunesse ou des millésimes à la patine suave qui offrent de douces notes de noisettes après quelques années.

• Par exemple : la cuvée Prestige de Diebolt-Vallois, le blanc de blancs de Deutz, le 2013 de Louis Roederer, Monts de Vertus 2014 de Veuve Fourny, L'Esprit 2016 de Pierre Péters, Le Mont Aimé 2008 de Pascal Doquet.

6 bouteilles de champagne blanc de noirs

Ces champagnes séduiront par leur vinosité.

• Par exemple : le blanc de noirs de Gonet-Médeville, ou, plus charnus, ceux de Drappier, Boréal de Clandestin ou le Papillon de Ruppert-Leroy.

6 bouteilles de sauvignon de référence

Naturellement, le Centre-Loire prend toute sa place dans l'univers des sauvignons.

• Par exemple : les sancerres de Vincent Pinard (Chêne Marchand 2019), Vincent Gaudry (Constellation 2019), Vacheron (Guignes-Chèvres 2019), à Menetou-Salon avec le domaine Pellé (Les Blanchais 2019) ou à Reuilly avec Les Poëte (Orphée).

6 bouteilles de rouges de Bandol

Pour les amoureux de rouges au caractère si intimement méditerranéen, Bandol offre des vins de grande garde tout en révélant des équilibres plus fins qu'autrefois.

• Par exemple : Terrebrune, Baravéou, La Tour du Bon, Tempier et Pibarnon proposent un style raffiné.

6 pinots noirs bourguignons contemporains

Qui peut prétendre détenir une cave sans rouges de Bourgogne ? La région nous invite à découvrir les multiples facettes du cépage pinot noir.

• Par exemple : le savigny-lès-beaune de Chandon de Briailles, le chambolle-musigny de Philippe Pacalet ou le gevrey-chambertin de Jane Eyre, ou un hautes-côtes-de-nuits de David Duband.

6 bouteilles de vin jaune du Jura

Quasi-immortelles, ces bouteilles raviront les amoureux de vins de très longue garde.

• Par exemple : ceux du domaine Grand 2014 et Rolet 2012 ou les ténors, Les Bruyères 2014 d'André et Mireille Tissot et le château-chalon de Jean Macle.

Proposition de cave de prestige, par Olivier Poels

96 bouteilles pour 5 000 euros

Une cave qui en impose, mêlant des grands classiques et des découvertes plus surprenantes, vins accessibles et cuvées plus onéreuses, vins de garde et de consommation plus rapide, avec une seule constante, le prestige des grands terroirs.

6 bouteilles de vin blanc du Jura

On choisira trois vins jaunes intemporels et trois cuvées plus accessibles en côte du Jura.

• Par exemple : les vins de chez Macle ou les grandes cuvées de Ganevat comme Les Survivants.

12 bouteilles de grands bourgognes rouges

De Vosne-Romanée à Volnay, il n'y a là que l'embarras du choix pour sélectionner les plus grands pinots noirs du monde.

• Par exemple : les cuvées du domaine de l'Arlot, de chez Arnoux-Lachaux ou Bruno Clair.

12 bouteilles de rouges de la Vallée du Rhône

Entre Côte-Rôtie et Cornas, une sélection issue des plus belles appellations.

• Par exemple : l'hermitage du domaine Sorrel, les cornas de Franck Balthazar ou le châteauneuf-du-pape du Vieux Donjon.

6 bouteilles de grands vins du Languedoc

La région recèle quelques trésors, tout à fait dignes de figurer dans une cave d'exception.

• Par exemple : la Syrah Léone de Peyre-Rose ou les cuvées du domaine d'Aupilhac.

6 bouteilles de sauternes

Vins intemporels de longue garde, les sauternes et barsacs se doivent de figurer dans toute cave d'exception.

• Par exemple : les châteaux Coutet, Climens ou Fargues.

6 bouteilles de vins de Sancerre ou de Pouilly-Fumé

Les plus nobles expressions du sauvignon sur des terroirs qui en magnifient la tension et l'éclat.

• Par exemple : Silex du domaine Dagueneau ou un sancerre de chez Cotat.

12 bouteilles de vins du Médoc et des Graves

Des grands crus classés qui constituent un fond de cave classique, que l'on pourra attendre patiemment.

• Par exemple : les châteaux Pichon Baron ou Comtesse, Pontet-Canet ou Calon Ségur.

6 bouteilles de grands vins de Saint-Émilion et de Pomerol

Des étiquettes de prestiges, des terroirs remarquables, ces vins, dans les derniers millésimes, atteignent des sommets.

• Par exemple : châteaux Figeac, Canon ou La Conseillante.

12 bouteilles de champagne

On choisira à parité des bouteilles de belles maisons classiques et des champagnes signés par des vignerons.

• Par exemple : Leclerc-Briant, Bérêche ou Veuve Fourny, des champagnes de terroir.

6 bouteilles de chablis Grand cru

Abordables, mais pas toujours faciles à trouver, ces vins ne s'expriment bien qu'avec le temps.

• Par exemple : le Grand cru Les Clos de chez Droin ou Valmur de chez Bessin.

6 bouteilles de riesling Grand cru

La quintessence de l'Alsace, surtout lorsqu'ils sont vinifiés par les artistes-vignerons de la région.

• Par exemple : la cuvée Frédéric Émile de chez Trimbach ou un Grand cru de chez Albert Boxler.

6 bouteilles de blancs de la Côte de Beaune

Meursault, puligny-montrachet, chassagne-montrachet Premiers crus, voire quelques Grands crus.

• Par exemple : les meursaults du domaine Bouzereau ou les chassagne-montrachet de Pierre-Yves Colin-Morey.

Les vignerons à suivre en 2022

Tout au long de la saison, nos dégustateurs sillonnent le vignoble, à la recherche de vins d'auteurs et d'émotions particulières. Voici les vigneronnes et vignerons qui les ont émus et qu'ils recommandent de suivre de près cette année.

Photos : R. Petronio, D. R.

Maxime Barmès-Buecher

Domaine Barmès-Buecher, à Wettolsheim

D.R.

Biodynamiste ardent en Alsace

Né en 1990, Maxime, le fils de Geneviève Buecher et de François Barmès, est en charge de la production et de la vinification de ce beau domaine de 18 hectares, situé à Wettolsheim, depuis le décès de son père en 2011. S'il s'est toujours senti impliqué au domaine, ses études d'agronomie en Alsace puis en viticulture et œnologie à Beaune lui ont donné toutes les compétences nécessaires pour relever ce défi. Aidé de sa mère et de sa sœur Sophie, il s'attache à valoriser par un travail méticuleux le patrimoine familial de vignes, dont les trois Grands crus Hengst, Steingrubler et Pfersigberg. Respect du travail manuel et humilité sont au rendez-vous chez ce vigneron perfectionniste, biodynamiste convaincu (la méthode est expérimentée ici depuis 1998). Respect des équilibres naturels, absence d'intervention et volonté de laisser aux vins tout le temps nécessaire en élevage font partie des exigences de Maxime. Dix années après ses débuts, le vigneron a produit dans les derniers millésimes des vins admirables, tant en blanc sec qu'en rouge, sans oublier bulles et liquoreux. Son talent permet cette année au domaine d'accéder au sommet de notre hiérarchie, avec une troisième étoile amplement méritée. **Jean-Emmanuel Simond**

Daniel Bouland

Domaine Daniel Bouland, à Villié-Morgon

C. Martray

À Corcelette, l'âme du Beaujolais

Depuis 1982, date de son premier millésime, ce vigneron discret et méticuleux travaille en métronome dans son chai épuré du hameau de Corcelette, entre Chiroubles et Villié-Morgon. Connues des amateurs du monde entier, ses bouteilles se transmettent sous le manteau tout en restant parmi les meilleurs rapports prix/plaisir du Beaujolais. Daniel Bouland identifie sans relâche les secteurs les plus intéressants au sein de chaque lieu-dit, en fonction des sols, poussant au plus loin la notion d'expression des parcelles. Ses 2020 en témoignent, bluffants de précision sans être solaires. Son sens aigu du détail pour la viticulture – on reconnaît ses vignes de loin car il attache ses gobelets par le haut, selon la méthode ancienne – et sa vinification, à la fois ambitieuse et douce, enfantent un style plein, énergique, de haute définition, sapide et de grande garde, où l'élevage sans bois souligne les vins sans les dénaturer. L'ensemble offre des vins infiniment digestes. Après quarante années au sommet de la région, l'âge pousse doucement Daniel Bouland vers l'horizon de la retraite. Il est donc grand temps de prendre conscience et de saluer la valeur de ce vigneron. Nous espérons que sa fille Mélanie puisse reprendre le flambeau. **Pierre Vila Palleja**

Claire Villars-Lurton

Châteaux Ferrière et Haut-Bages Libéral, à Margaux et Pauillac

D.R.

Bordeaux au naturel

Claire Villars-Lurton a le regard qui pétille lorsqu'elle sert les derniers millésimes du château Ferrière. Et elle peut être fière du travail accompli depuis qu'elle en a repris les rênes en 1992. Elle qui ne se destinait pas au vin à l'origine a su conduire avec une vision admirable Ferrière et Haut-Bages Libéral, les deux propriétés de sa famille. Engagée très tôt dans le bio et la biodynamie, elle a su, tout comme son mari Gonzague Lurton au château Durfort-Vivens, mener à bien ce projet, obtenant la certification en biodynamie dès 2015. Parallèlement, elle défend une vision du vin s'exprimant davantage sur la finesse, la texture et l'élégance que sur la puissance. Un style qui fait aujourd'hui mouche et qui colle à la demande d'un marché en pleine croissance, celui des amateurs de bordeaux digestes et sans esbroufe. Un travail que nous saluons depuis déjà quelques millésimes et qui permet à ses deux crus classés et à sa petite propriété, La Gurgue, de s'imposer comme des crus à la fois très traditionnels et novateurs dans leur approche. Les prix demeurent par ailleurs parfaitement raisonnables. Son nouveau challenge ? Trinité Estate aux États-Unis, cru californien de belle facture conduit, avec son mari, dans le même esprit. **Olivier Poels**

Anne-Marie et Jean-Marc Vincent

Domaine Anne-Marie et Jean-Marc Vincent, à Santenay

R. Petronio

Des bourgognes profonds et francs

Sa formation d'œnologue ne le destinait pas à devenir vigneron, mais la proximité de Jean-Marc Vincent avec son grand-père, homme de la terre, l'incite à s'intéresser à la culture. À ses débuts, en 1998, il n'avait jamais taillé une vigne. Pendant dix à quinze ans, avec son épouse Anne-Marie, ils apprennent le métier en autodidactes. En 2008, premier tournant : ils rencontrent Bruno Lorenzon, vigneron de la Côte chalonnaise, auprès duquel ils s'initient aux bienfaits du palissage haut. Leurs échanges avec Olivier Lamy à Saint-Aubin et Thomas Bouley à Volnay les incitent ensuite à tester les plantations à haute densité et l'utilisation modérée du soufre. Lentement mais sûrement, au prix de milliers d'heures d'efforts à la vigne, les deux vignerons accumulent ces petits plus qui font grandir leurs vins. Ils se concentrent sur une agronomie saine sans toutefois basculer en biodynamie. Ils laissent ainsi pousser l'herbe, puis la détruisent, afin de créer de la vie dans leurs sols. La méthode libère plus de minéralité dans les vins et modifie la structure de tanins. Ce travail assidu paie aujourd'hui. Leurs vins sont à notre goût : profonds et francs, ni lourds ni chétifs, sans artefacts. Des flacons qui affichent un remarquable équilibre, en rouge comme en blanc. **Roberto Petronio**

Bénédicte Ruppert et Emmanuel Leroy

Ruppert-Leroy, à Essoyes

D.R.

Dans l'Aube, un champagne délicieux

Bénédicte Ruppert et Emmanuel Leroy ont-ils été touchés par la grâce de Saint-Vincent ? Il y a quinze ans, le couple menait sa vie d'enseignants dans le collège de Bar-sur-Aube. Aujourd'hui, ces quadras dans la force de l'âge font partie des étoiles montantes de la Champagne. Depuis leur installation en 2009 sur des parcelles à Essoyes, dans la Côte des Bar, Bénédicte et Emmanuel se sont intuitivement dirigés vers une viticulture biologique (certification en 2013) puis biodynamique (2014). Des conversions indispensables pour lancer un travail le plus naturel possible en cave. La méthode : des vinifications en fûts avec les levures indigènes, aucun ajout de sulfites, fermentations malolactiques, ni collage ni filtration et pas de dosage dans leurs vins, qui illustrent l'expression d'une année et d'un lieu-dit. Nous sommes envoûtés par la spontanéité des saveurs et la vitalité de ces champagnes. Ils s'émancipent d'un cadre technique restrictif pour révéler le goût délicieux des raisins du sud de la Champagne. Pourtant jeunes, leurs 2018 se montrent déjà irrésistibles. Nous sommes heureux de récompenser cette approche contemporaine du champagne en attribuant au domaine sa première étoile cette année.

Alexis Goujard

Gilles Seroin

Domaine Sant'Armettu, à Propriano

D. R.

Renaissance en Corse du Sud

Caviste avant de devenir vigneron, Gilles Seroin (ci-dessus à droite) a repris en 1995 le domaine Sant'Armettu, peu après que son père Paul lui ait annoncé que la cave coopérative à laquelle il vendait ses raisins s'apprêtait à fermer. Il s'agit à l'origine de 11 hectares de vignes dominant le golfe de Propriano, dans le secteur nord de l'appellation Corse Sartène. Gilles s'installe donc, mais tout est à faire ou presque. Inspiré par l'histoire du saint ermite local qui guérissait avec les plantes, il donne son nom au domaine. Petit à petit, il construit sa cave, agrandit le vignoble jusqu'à 40 hectares, en privilégiant les vieux cépages corses : sciaccarellu d'abord, mais aussi genovese, riminese, minustellu et aleaticu, qui trouvent-là un environnement propice, au milieu du maquis insulaire. La large gamme de vins recevra sa certification bio effective en 2021, et Jeanne et Guillaume, ses enfants, viennent de le rejoindre. Amoureux de sa terre et du travail qui lui est dû, Gilles Seroin a également su faire monter en puissance la qualité de ses vins. Nous faisons cette année grimper son domaine dans la hiérarchie du guide. Allez à sa rencontre, il vous accueillera chaleureusement dans le joli caveau de dégustation près de la cave.

Jean-Emmanuel Simond

Romain, Julien et Charline Labet

Domaine Labet, à Rotalier

D.R.

Rigueur et liberté dans le Jura

Nous admirons la famille Labet, pionnière dans le Jura de la mise en valeur du patrimoine terrien, de petites parcelles (aujourd'hui 45 réparties sur 13 lieux-dits) qui chacune exprime – comme en Bourgogne – une personnalité, une humeur, un sentiment différents. Ce fut l'œuvre pionnière d'Alain et Josie Labet, toujours présents, même si ce sont leurs enfants, Charline, Julien et Romain, qui tiennent désormais collectivement les rênes. Grâce à leur vision, les coteaux des alentours de Rotalier livrent chaque année une mosaïque de cuvées parcellaires qui donnent à ce petit coin du Sud-Revermont la dimension d'un inépuisable univers du goût. Rien n'est ici laissé au hasard, le souci du détail est constant (les contre-étiquettes en témoignent, elles disent tout et devraient servir de modèle ailleurs). L'attention à la diversité du matériel végétal va de pair avec la curiosité et l'audace. Un exemple ? Leurs vins de passerillage et de liqueur, qui échappent souvent aux contraintes des cahiers des charges du vin de paille et du macvin, en sont d'extraordinaires représentants. Une troisième étoile vient cette année récompenser une famille qui réunit deux vertus complémentaires de l'âme vigneronne : rigueur et liberté. **Pierre Citerne**

Isabelle et Vincent Goumard

Mas Cal Demoura, à Jonquières

D.R.

Réussir sur les Terrasses du Larzac

Si les Terrasses du Larzac est aujourd'hui une appellation française très active, avec plus de 30 installations ces dix dernières années, y travailler n'est pas une sinécure et le nombre de néo-vignerons déchus y est plus élevé qu'on ne le pense. Vincent Goumard lui, y a toujours cru. Il s'est beaucoup investi au sein de l'appellation, officiellement reconnue depuis 2014, notamment pour faciliter l'arrivée de nouveaux arrivants. Et sa vision a fait bouger les lignes dans cette zone du Languedoc. Le domaine qui est le sien fut celui du père d'Olivier Jullien. Vincent y travaille en duo avec sa femme Isabelle depuis 2004, et c'est parti pour durer car "Cal Demoura" signifie "Il faut rester" en occitan ! Les 16 hectares de vieilles vignes sont situés dans le cœur de Jonquières, un plateau argilo-calcaire du Quaternaire, sur une partie plus caillouteuse. Un tri méthodique des baies est effectué à la vigne. Depuis 2014, le nouveau chai a permis de passer un cap dans la pureté des vins. Les 11 parcelles sont vinifiées à part pendant douze mois puis assemblées. En bouche, on reçoit une expression sereine et centrale des Terrasses du Larzac, avec cette sensation intense de garrigue. La belle vitalité du terroir irradie dans la cuvée Les Combariolles, que tout amateur se doit de goûter. **Caroline Furstoss**

Stéphane et Carine Sérol

Domaine Sérol, à Renaison

D.R.

Ascension en terroir volcanique

Les vins de Carine et Stéphane Sérol ne nous ont jamais autant émus que dans les derniers millésimes. Leurs gamay-saint-romain perchés jusqu'à 520 mètres, l'altitude de la Côte Roannaise, atteignent un éclat, une verve, qui les hissent parmi les grands domaines de la vallée de la Loire. Pour en arriver là, le chemin jonché de granite et de gores a été long. Stéphane Sérol a repris le domaine familial de Renaison, près de Roanne, en 1996. Longtemps, nous considérions ces cuvées comme d'agréables standards de l'appellation. Il a fallu attendre 2015 pour constater que les vins prenaient une dimension plus sincère, plus proche de leur terroir. Cette année-là, le domaine fait son entrée dans le Guide des meilleurs vins de France. Depuis, c'est l'irrésistible ascension ! Stéphane poursuit un travail hyper rigoureux à la vigne en convertissant les 35 hectares en bio et en biodynamie. Il débride sa créativité en cave vers des rouges plus précis, floraux, purs et détendus. Le domaine décroche sa première étoile en 2020, puis la deuxième cette année. Jamais la Loire volcanique n'a été aussi brillamment représentée. Nous sommes convaincus que ce couple continuera de progresser et d'inspirer les buveurs et vignerons qui croiseront le chemin de leurs vins. **Alexis Goujard**

Étienne Portalis

Château Pradeaux, à Saint-Cyr-sur-Mer

D. R.

Un somptueux parfum de Méditerranée

En un temps où la mode célèbre les rouges infusés, façon glou-glou, des vins légers à boire frais au comptoir, le château Pradeaux pourrait paraître désuet. Voire réactionnaire. Eh bien ,c'est tout l'inverse : le style haut en couleur qui a fait la réputation du château nous fait du bien. Et ce n'est pas Étienne Portalis, qui incarne la nouvelle génération revenue s'établir en 2010, qui transigera sur ce savoir-faire bien particulier qui donne des rouges d'une longueur extraordinaire. Sur ce terroir en bord de la Méditerranée, à Saint-Cyr-sur-Mer, les mourvèdres et grenaches sont récoltés tard, parmi les derniers de l'appellation. La magie opère ensuite en cave : macération longue en grappes entières suivie d'un élevage en foudres de quarante-huit mois, deux fois plus longtemps que la plupart des rouges de Bandol. La couleur sombre du vin, la densité hors du commun, la masse tannique cachent une réelle finesse. Avec les années, la puissance terrienne s'affine et exhale un magnifique parfum méditerranéen. Garrigue, cerise noire, laurier, moka, tapenade d'olive noire, réglisse... Ces nuances infinies vont s'affirmer dans le splendide 2016 du domaine, un vin qui nous a procuré l'une des plus belles émotions ressenties lors des dégustations du Guide.

Alexis Goujard

Franck Balthazar

Domaine Franck Balthazar, à Cornas

D. R.

L'énergie et la race de Cornas

Plonger son nez dans une cuvée de Cornas signée Franck Balthazar est un moment réjouissant, tant l'évidence du fruit et la race que dégagent les vins vous saisissent immédiatement. À la tête de cette propriété familiale de 4,5 hectares depuis 2002, ce vigneron discret défend le grand style classique et intemporel des vins de cette région qui, comme dans de nombreux vignobles français, ont parfois perdu, ces dernières années, leur identité historique, au profit de cuvées plus techniques et démonstratives. Très rapidement, Franck Balthazar a compris que le premier combat à mener était celui du vignoble, qu'il a converti en bio (certification en 2010). Inspiré par les grandes cuvées des domaines Auguste Clape ou Allemand, il élabore ses vins pour la longue garde, cherchant à exalter les terroirs. Levures indigènes, vendanges entières, extractions mesurées et élevages discrets, tout est ici mis en œuvre pour préserver l'énergie des terroirs et l'éclat du fruit. Toutes les cuvées sont de très haute volée (y compris le confidentiel saint-péray) et méritent nos félicitations. Les bouteilles feront, dans les années à venir, des grands classiques de l'appellation Cornas, en plein renouveau et surtout dotée d'un potentiel trop méconnu.

Olivier Poels

Cyril Fahl
Clos du Rouge Gorge, à Latour-de-France

D.R.

Pionnier en Roussillon

Arrivé de la vallée de la Loire il y a tout juste vingt ans, Cyril Fahl est un travailleur insatiable, qui a su s'intégrer avec intelligence dans ce paysage aride du secteur de Latour-de-France. D'abord en cultivant quelques bouts de vignes, toujours travaillées à la pioche dans des pentes parfois raides. Le domaine s'est ensuite agrandi, pour atteindre aujourd'hui 7 hectares, plantés sur différents sols, du gneiss jusqu'aux schistes. Côté vinification, Cyril Fahl intervient le moins possible : les raisins fermentent en grappes entières avec des extractions très douces et des élevages d'au moins un an dans une vieille cave fraîche et humide. C'est au hameau de Cuxous que le vigneron a trouvé cette cave, alors abandonnée depuis la fin des années 1990. Depuis 2017, ce lieu inspiré accueille aussi bien les vins du domaine que la production confidentielle de vins issus de négoce (10 000 bouteilles). Une activité devenue nécessaire pour les vignerons du Roussillon, vaillants, chevronnés mais bousculés par les aléas climatiques des dernières années. Ces vins issus d'achats de raisins en bio compensent les rendements trop bas et permettront aux amateurs curieux de découvrir quelques cuvées de ce vigneron d'exception. **Caroline Furstoss**

Louis Trosset

Les Fils de Charles Trosset, à Arbin

D.R.

Ses mondeuses sont un hymne à la vie

À l'heure où la Savoie connaît une effervescence inédite, où de jeunes vignerons talentueux et idéalistes apparaissent à chaque millésime, réveillant l'intérêt des amateurs les plus pointus pour cette région viticole, il est bon de se demander d'où tout cela provient. Le nom de Charles Trosset vient alors à l'esprit. Son départ de la cave coopérative en 1982 pour *« divergences qualitatives »* est un acte fondateur. Le travail de son fils Louis, seul aux commandes depuis 2013, n'est pas seulement conservatoire, ni mémoriel. Cet universitaire, professeur de biologie végétale à l'Université de Savoie, bichonne un patrimoine de petites parcelles collées au flanc du massif des Bauges. Ses mondeuses, cépage roi du cru Arbin, élaborées avec une grande simplicité mais avec un perfectionnisme de passionné sont un hymne à la vie, à la singularité montagnarde, un regard tourné vers l'avenir. Si les millésimes chauds sont favorables au cépage, si les 2018 de Louis Trosset sont d'inoubliables cornes d'abondance d'un fruit presque sudiste, la capacité de garde et l'à-propos de ces vins dans des millésimes plus difficiles doivent servir de guide. Tel était le cas de la cuvée Prestige des Arpents 2013 bue récemment, dont le fruit acidulé a encore tant de choses à nous dire. **Pierre Citerne**

Jean-Muc Matha

Domaine Matha, à Bruéjouls

D. R.

La fierté du vin d'Aveyron !

Jean-Luc Matha produit des vins qui respirent la jeunesse retrouvée des pentes de Marcillac. Son vignoble est planté de mansois (l'autre nom du fer servadou) âgés en moyenne de 45 ans. C'est son père qui lui a transmis sa passion. Pas celle du vin – il n'en était pas – celle de mener à bien un projet de vie : il deviendra vigneron. Depuis des années, Jean-Luc Matha travaille quasiment seul. Après avoir converti le domaine à l'agriculture biologique, il envisage à 68 ans une évolution vers la biodynamie. S'il a choisi le bio, c'est pour respecter les vins qui roulent les "r". Ses cuvées toujours plus profondes, d'une irréprochable régularité, offrent un jus précis qui, au vieillissement, se construit sur la fraîcheur et la sagesse. Matha a l'humilité de ses vins. « Mes vins passent à travers moi, mais ils ne viennent pas de moi. Le vin est un ensemble d'énergie de vie et d'amour, qui s'exprime par la main d'un homme. » Ses cuvées Laïris et Peïrafi sont propulsées par les rougiers, ces grès rouges identifiables entre mille dans le Sud-Ouest. Vinifiés et élevés dans le respect des équilibres des sols, les vins possèdent la profondeur des toiles de Soulages, l'artiste né pas très loin, à Rodez.. Oubliez-les quelque temps au fond de la cave, les ans révéleront leur structure authentique. **Karine Valentin**

À BOIRE OU À GARDER ?

Quand faut-il ouvrir vos belles bouteilles ? Région par région, retrouvez ici l'appréciation générale des derniers millésimes et le potentiel de garde des vins.

	2020	2019	2018	2017	2016	2015	2014	2013
Alsace	96	96	94	93	92	89	91	88
Beaujolais	96	94	98	90	90	93	93	89
Bordeaux rouge	97	97	96	92	99	97	93	86
Bordeaux blanc	95	95	94	93	92	93	92	88
Bourgogne rouge	96	98	94	93	97	96	93	92
Bourgogne blanc	96	98	97	94	96	93	94	91
Champagne				90	93	88	94	92
Corse	94	92	88	91	93	93	90	89
Jura	97	95	96	93	95	93	91	92
Languedoc	94	93	92	95	90	91	93	94
Loire rouge	93	95	93	92	97	92	93	89
Loire blanc	93	95	92	91	97	92	95	91
Provence	91	97	88	94	95	95	92	93
Rhône nord	98	96	97	94	95	93	91	90
Rhône sud	96	94	91	94	95	94	90	91
Roussillon	93	92	90	92	90	93	89	94
Savoie	97	95	96	92	90	93	91	92
Sud-Ouest	97	98	95	92	92	92	91	88

92 — À boire dans les 3 ans, millésime noté 92/100

93 — À garder de 3 à 10 ans, millésime noté 93/100

96 — À garder plus de 10 ans, millésime noté 96/100

Cavistes
Les bonnes adresses où se ravitailler

Partenaires essentiels des connaisseurs, ils pratiquent souvent des tarifs très convenables, proche de ceux de la propriété. Voici des adresses où aller en toute confiance.

AIN

LE CAVEAU
2, chemin du Journans, 01170 Cessy. 04 50 41 59 66
1 600 étiquettes. Des vins français, italiens et suisses, souvent bio et biodynamiques.

AISNE

LA FONTAINE DES SENS
27, rue Carnot, 02400 Château-Thierry. 03 23 69 82 40
300 étiquettes. Un penchant pour les vins bio, biodynamiques. Épicerie fine.

ALLIER

QUI L'EUT CRU ?
13, place du Maréchal-Foch, 03500 Saint-Pourçain-sur-Sioule. 06 63 35 84 50
300 étiquettes. Le temple des vins de Saint-Pourçain.

ALPES-MARITIMES

LA PART DES ANGES
17, rue Gubernatis, 06000 Nice. 04 93 62 69 80
400 étiquettes. La Cave de l'année 2020 de La RVF initie aux vins "nature" depuis 1998.

FLACONS DIVINS
6, rue du Docteur-Rostan, 06600 Antibes. 04 97 04 70 40
450 étiquettes. 90 références en dégustation permanente.

ARDÈCHE

L'AVEN D'ORGNAC
2240, route de l'Aven, 07150 Orgnac-l'Aven. 04 75 38 65 10
1000 bouteilles en élevage dans cette cave spectaculaire, située à... 120 mètres de profondeur.

ARIÈGE

GRANDES HALLES SAINT-VOLUSIEN
12, rue du 19-Mars-1962, 09000 Foix. 05 34 09 85 23
1 200 étiquettes. Languedoc et Sud-Ouest y sont mis en avant.

AUBE

AUX CRIEURS DE VINS
4-6, place Jean-Jaurès, 10000 Troyes. 03 25 40 01 01
500 étiquettes. Bistrot-cave aux assiettes délicieuses.

AUDE

LES VINS SUR LE FRUIT
10, place de la Halle, 11220 Lagrasse. 04 68 49 80 76
300 étiquettes. Les vins locaux et le bio en bonne place.

AVEYRON

LA CAVE DE SERGIO
11, rue du Faubourg, 12210 Laguiole. 05 65 44 98 70.
500 étiquettes. Sélection signée Sergio Calderon, figure de la sommellerie hexagonale.

BAS-RHIN

VINO STRADA
1, rue du Temple-Neuf, 67000 Strasbourg. 03 88 22 31 00
3 500 étiquettes, dont un très beau catalogue de vins de Savoie et du Jura.

BOUCHES-DU-RHÔNE

PLUS BELLE LA VIGNE
36, cours Julien, 13006 Marseille. 04 91 63 11 91
450 étiquettes. 100 % vins "nature", 130 magnums et la crème des eaux-de-vies.

CALVADOS

LES METS CHAIS
26 rue des Jacobins, 14000 Caen. 02 31 26 20 34
500 étiquettes. Parti-pris affirmé pour le bio et le nature.

P. Dorin

Olivier Labarde vous accueille à La Part des Anges, pionnier du nature à Nice.

D.R.

Olivier Leydier : à coup sûr la bonne adresse à Larche, en Corrèze.

FEUILLE DE VIGNE
24, rue du Dauphin, 14600 Honfleur. 02 31 98 78 96
800 étiquettes. Vins biodynamiques, spiritueux, coin épicerie et un bar à vin.

CANTAL

MAISON DESPRAT
10, avenue Jean-Baptiste-Veyre, 15000 Aurillac. 04 71 48 58 44
1 200 étiquettes. Une mine de cuvées de toutes les régions, des vins étrangers et une centaine de spiritueux.

CHARENTE

LA CAVE DES ROCHERS
ZE Recoux, Chemin de la Cave, 16800 Soyaux. 05 45 92 13 08
1 200 étiquettes. Bio et biodynamie sont en majesté. 150 spiritueux en rayon.

CHARENTE-MARITIME

LA CALE
1, rue de Courbiac, 17100 Saintes. 05 46 90 69 03
350 références. 1 000 spiritueux dont les cognacs de la maison Grosperrin, propriétaire de la cave.

AUX TOURS DES VINS
13, rue du Pas-du-Minage, 17000 La Rochelle. 05 46 28 64 68
650 étiquettes. Des crus de France et grands vins de Porto.

CHER

BONJOUR MARCEL
11, place des Quatre-Piliers, 18000 Bourges. 02 48 16 67 32
80 étiquettes. 50 % de références ligériennes : à emporter ou boire sur place.

CORRÈZE

LA MAISON DU VIN
7, rue du docteur-Massénat, 19100 Brives-la-Gaillarde. 05 55 24 49 16
2 000 étiquettes. On y milite pour Bordeaux, le Sud-Ouest, le Languedoc et la Loire.

LES VINS D'OLIVIER
26 Grande-Rue Alexis-Jaubert, 19600 Larche. 06 64 43 57 33
400 étiquettes. Un millier de références en plus attendent dans une cave du XVIIIe siècle non loin de la boutique.

CORSE DU SUD

LE CHEMIN DES VIGNOBLES
16, avenue Noël-Franchini, 20090 Ajaccio. 04 95 51 46 61
4 000 étiquettes. Choix bluffant de vins insulaires et de partout (400 champagnes).

L'ORRIU
5, cours Napoléon, 20137 Porto-Vecchio. 04 95 70 26 21
300 références. Que des vins corses, avec les meilleurs domaines insulaires. Bar à vins, épicerie fine aussi…

CORSE DU NORD

L'EMPREINTE DU VIN
4, avenue Maréchal-Sébastiani, 20200 Bastia. 04 95 65 31 13
2000 références. La Corse, le Rhône, le Bordelais, la Loire ou la Champagne…

AUX VENTS D'ANGES
40, avenue Paul Doumer, 20220 l'Île Rousse. 04 95 48 87 15
200 étiquettes. Christophe Talon n'a pas d'œillères, sa sélection balaie le meilleur de la Corse et du continent.

CÔTE-D'OR

L'ATHÉNAEUM
5, rue de l'Hôtel-Dieu, 21200 Beaune. 03 80 25 08 30
500 étiquettes. L'une des plus belles librairies françaises sur le vin.

LE GOÛT DU VIN
37, rue d'Auxonne, 21000 Dijon. 03 80 67 36 95
1 500 étiquettes. La Bourgogne est à l'honneur.

CAVES CARRIÈRE
12, rue de Skopje, 21000 Dijon. 03 45 81 20 20
3000 étiquettes. L'ex-footballeur va droit au but dans sa cave. Une bonne adresse.

CÔTE-D'ARMOR

LA CAVE SAINT-GRÉGOIRE
80, rue de Brest, 22100 Dinan. 02 96 39 67 44
400 étiquettes. De la petite cuvée aux grands crus, il y a de quoi faire plaisir à tout le monde !

DORDOGNE

LA CAVE D'EYMET
23, place Gambetta, 24500 Eymet. 06 22 56 19 80
300 étiquettes. Mitch O'Sullivan partage sa passion des vins bio et biodynamiques.

D.R.

Nicolas Stromboni au Chemin des Vignobles : incontournable à Ajaccio.

D.R.

Marie Jungblut-Tempé et Stéphane Jungblut vous attendent à Colmar.

VIN BLANC ROUGE
3, avenue de la Préhistoire, 24620, Les Eyzies-de-Tayac
2 000 références. Grands vins et cuvées plus confidentielles. Beaucoup de bio à l'affiche.

DOUBS

AU BON ÉCHANSON
66, rue de la République, 25300 Pontarlier.
03 81 46 52 93
1 350 étiquettes. Des cuvées de toutes les régions, et 45 références d'absinthe.

DRÔME

LE VIN EST UNE FÊTE
22, place Frédéric-Autiero, 26110 Nyons. 04 75 26 43 23
300 étiquettes. 80 % de la sélection appartient à la famille bio-biodynamie-"nature".

EURE

CAVAVIN VERNON
2, rue Sainte-Geneviève, 27200 Vernon. 02 32 21 50 16
350 étiquettes. Une belle sélection de 200 spiritueux.

EURE-ET-LOIRE

LA CAVE DU MARCHÉ
13, rue des Changes, 28000 Chartres. 02 37 21 43 10
1 500 étiquettes. Large sélection de grands vins et de séduisants vieux millésimes.

ESSONNE

CAVE D'O
1, place du Colombier, 91490 Milly-la-Forêt.
01 64 98 71 71
1 200 références. Une sélection de vins à la fois riche et éclectique (de 5 à 3 000 euros).

FINISTÈRE

SOIF DE VINS
49, rue Louis-Pasteur, 29200 Brest. 02 98 48 19 87
400 étiquettes. Ici on boit "nature" et on initie à la dégustation.

GARD

LES PLAISIRS DE LA TABLE
1, rue Racine, 30000 Nîmes.
04 66 36 26 06
1 200 références. L'institution. Une sélection passionnante.

GERS

BAR DU MARCHÉ
2, boulevard du Général-Ballon, 32800 Eauze. 06 75 24 57 65
40 étiquettes. Une cave à vins et à manger magique.

GIRONDE

AUTRES CHÂTEAUX
29, cours Portal, 33000 Bordeaux.
05 57 30 92 24
1 000 références. Vins d'artisans bio et biodynamiques.

LA CAVE D'ULYSSE
2, rue de la Trémoille, 33460 Margaux.
05 57 88 79 94
500 références. Homérique ! Les grands crus bordelais sont à l'honneur.

HAUT-RHIN

AU MONDE DU VIN
23, avenue de Bâle, 68300 Saint-Louis. 03 89 69 22 22
3 500 étiquettes. Bio et biodynamie, mais sans dogmatisme. 100 rhums et 150 whiskies.

LA SOMMELIÈRE
19, place de la Cathédrale, 68000 Colmar. 03 89 41 20 38
800 étiquettes. Sélection très inspirée des meilleurs vins alsaciens, et des autres vignobles !

HAUTE-CORSE

L'EMPREINTE
4, avenue Maréchal-Sébastiani, 20200 Bastia. 04 95 65 31 13
2 000 étiquettes. L'une des meilleures caves de l'île.

HAUTE-GARONNE

LE TEMPS DES VENDANGES
9, place de l'Estrapade, 31000 Toulouse. 05 61 42 94 66
400 étiquettes. Au chapitre bio-nature, tout simplement l'une des adresses les plus sérieuses de France. Même rigueur côté table de cette cave à manger.

QUE DU BONHEUR
62, avenue des Pyrénées, 31240 L'Union. 06 70 24 10 95
550 étiquettes. Le meilleur de la tendance "nature" est ici.

HAUTE-LOIRE

CAVES MOLIÈRE
19, avenue Georges-Clémenceau, 43200 Yssingeaux. 04 71 65 71 45
650 étiquettes. Depuis trois générations, c'est le must à Yssingeaux. Whiskies et rhums rares.

D.R.

Martin Girat mise sur les vins d'équilibre à Samoëns, au Nez en l'Air.

D.R.

Dans les Landes, Sylvain Meyer met l'accent sur les vins bio.

HAUTE-SAVOIE

LE NEZ EN L'AIR

4, route de la Piaz,
74340 Samoëns. 04 50 18 60 85
550 références dont 150 rien que pour la Savoie dans cette cave haut perchée.

LES PASSIONNÉS DU VIN

99, route des Rutys,
74370 Annecy. 04 50 57 30 65
2 000 étiquettes. Une sélection ultra-soignée de vins d'auteurs.

LA JAVA DES FLACONS

49, avenue du Petit-Port, 74940 Annecy-le-Vieux. 04 50 23 31 39
3 000 références dans cette cave gérée par Bruno Bozzer, meilleur caviste français selon La RVF en 2014.

HAUTE-VIENNE

VINOTHÈQUE DE CARNOT

54, rue de Belfort, 87100 Limoges.
05 57 77 02 20
2 400 étiquettes. Toutes les régions sont représentées, complétées de 400 spiritueux.

HAUTES-ALPES

CAVE DE LA TONNELLE

6, rue du Colonel-Bonnet,
05200 Embrun.
04 92 43 26 31
400 étiquettes. Une préférence pour la Provence, le Rhône, le Languedoc. 150 spiritueux.

HAUTS-DE-SEINE

LE CHEMIN DES VIGNES

113 bis, avenue de Verdun,
92130 Issy-les-Moulineaux.
01 46 38 90 51
650 étiquettes. Un bistrot-cave en surplomb d'une parcelle de vignes en terrasse. Unique !

HÉRAULT

VINS DU PIC ET D'AILLEURS

37, avenue Louis-Cancel,
34270 Saint-Mathieu-de-Tréviers.
04 99 58 40 36
120 références locales au coeur du terroir du Pic Saint-Loup, d'obédience bio pour la majorité.

LE GRAIN DE RAISIN

19, rue Jules-Ferry,
34170 Castelnau-le-Lez.
04 67 79 59 50
600 étiquettes. Des vins au minimum en bio ou en biodynamie. Épicerie fine.

LE CHAMEAU IVRE

15, place Jean-Jaurès,
34500 Béziers.
04 67 80 20 20
3 500 étiquettes. Le caviste de l'année 2016 de La RVF connaît chaque recoin du Languedoc.

ILLE-ET-VILLAINE

HISTOIRES DE VINS

47, rue Vasselot,
35000 Rennes.
02 99 79 18 19
700 étiquettes. Une excellente cave avec un sérieux tropisme pour le "nature".

CÔTÉ VIGNOBLE

22, place Toullier,
35120 Dol-de-Bretagne.
02 99 48 19 72
700 étiquettes. 300 spiritueux, vins bio, épicerie fine et crémerie, bières artisanales.

BREIZH CAFÉ

6, rue de l'Orme,
35400 Saint-Malo.
02 99 56 96 08
60 références de cidre, venues de Bretagne, de Normandie et d'ailleurs.

INDRE

CAVES RAFFAULT

12, rue de la Poste,
36000 Châteauroux.
02 54 27 18 75.
800 étiquettes. 450 spiritueux.

INDRE-ET-LOIRE

L'HÉDONISTE

16, rue Lavoisier, 37000 Tours.
02 47 05 20 40
150 étiquettes. Une bonne cuisine arrosée de cuvées bio-biodynamie-"nature".

ISÈRE

L'ÉCHANSON

1, rue Lakanal, 38000 Grenoble.
04 76 85 05 17
1 800 étiquettes. Outre les vins, 450 whiskies, des bas-armagnacs et de vieux rhums.

JURA

EPICUREA

5, place des Déportés,
39800 Poligny. 03 84 37 16 05
150 références. Inégalable qualité des fromages et vins du Jura.

LANDES

CAVE ARDONEO

768, avenue du Président-Kennedy, 40280 Saint-Pierre-du-Mont. 05 58 75 56 03
600 étiquettes. Belle sélection de vins bio et biodynamiques.

D.R.

Stop conseillé à Saint-Étienne : Demain les Vins, chez Mathieu Mondesert.

CAVISTES : LES ADRESSES

Studio Papi Aime Mamie

À Orvault, près de Nantes, chez Nicolas Dupont et Gérald Gasse.

LOIR-ET-CHER

LE PALAIS GOURMET
4, place de la Paix,
41200 Romorantin.
02 54 76 82 34
700 étiquettes. La Loire en haut de l'affiche. 200 spiritueux.

LOIRE

DEMAIN LES VINS
1 bis, cours Jovin-Bouchard,
42000 Saint-Etienne.
09 86 19 97 37
500 références. De toutes les régions de France, mais aussi de l'étranger.

LES VINS DE SYLVAIN
52, avenue de Paris,
42300 Roanne.
04 77 78 00 15
600 étiquettes. Cave moderne au cœur de Roanne.

LOIRE-ATLANTIQUE

LE GARAGE À VINS
20, boulevard de l'Atlantique,
44510 Le Pouliguen.
02 40 70 49 85.
600 références. Du bio et une belle sélection venue de toutes les régions de France.

LA NOUVELLE CAVE
17, quai de la Fosse,
44000 Nantes.
02 53 78 46 94
300 étiquettes. Le Top of the Pop ligérien s'y est donné rendez-vous.

VINS ET INDÉPENDANCE
8, rue Léon-Gaumont – ZAC de la Pentecôte, 44700 Orvault.
02 40 63 46 94.
550 références. Beaucoup de flacons de Loire et de vins respectueux de l'environnement.

LOIRET

L'ANGE VINS CAVE
2, rue des Trois-Maries,
45000 Orléans. 02 38 54 47 42
450 étiquettes. La Loire à l'honneur, mais aussi 90 références de vins du monde.

LOT

PLAISIRS DU VIN
548, avenue Anatole-de-Monzie,
46000 Cahors. 05 65 21 75 12
1 000 références. Un choix ultra-solide et complet de cuvées de toutes les régions.

MAINE-ET-LOIRE

LE GOÛT DES VINS
10, rue Botanique,
49100 Angers. 09 67 71 00 46
500 étiquettes. Plein de vins à moins de 10 euros ; whiskies français et bons gins.

AUX SAVEURS DE LA TONNELLE
4, rue de la Tonnelle,
49400 Saumur. 02 41 52 86 62
500 références. Cave et bar à vin se lient pour une sélection remarquable, et pas seulement ligérienne.

MANCHE

AU PLAISIR DU PALAIS
31, rue Lecampion,
50000 Granville. 02 33 51 81 69.
350 étiquettes. Toutes les régions à saisir à pleines mains !

MARNE

LES CAVES DU FORUM
10, rue Courmeaux,
51000 Reims. 03 26 19 15 15
3 000 étiquettes. Cave de l'année 2017 de La RVF. La crème des vignerons locaux.

AU 36...
36, rue Dom-Pérignon,
51160 Hautvillers.
03 26 51 58 37
300 références. N'y manquez pas les spécialités culinaires champenoises !

MAYENNE

CAVISTES DES BOZÉES
225, route de Tours,
53000 Laval. 02 43 56 27 26
700 étiquettes. Conseils pointus sur l'accord mets et vins.

MEURTHE-ET-MOSELLE

LES DOMAINES NANCY
2, rue Claude-Charles,
54000 Nancy. 03 83 30 53 39
850 étiquettes. Toutes les régions sont représentées. 350 whiskies du monde entier.

L'ÉCHANSON
9-10, rue de la Primatiale,
54000 Nancy.
03 83 35 51 58
1 000 références remarquables – et une ambiance rassembleuse côté bar à vins.

MORBIHAN

L'AMPÉLOGRAPHE
4, rue Louis-Blériot,
Zone de Toul Garros,
56400 Auray. 02 97 14 47 43
1 000 références. Une sélection bio à 95 % mais aussi "nature".

Bonne humeur garantie chez Alex et Serge Mercier à l'Échanson, à Nancy.

D.R.

Jérôme Loisel met en avant les calvados : un plus à Alençon !

CAVE PUR JUS
8, impasse Forbin, 56270 Ploemeur. 09 67 45 97 34
650 étiquettes. Brillant casting, avec quelques échappées vers l'Espagne, l'Australie, le Chili.

MOSELLE

LA VIGNE D'ADAM
105, rue des Trois-Épis, 57050 Plappeville. 03 87 30 36 68
300 étiquettes. Le vignoble français par les chemins de traverse.

NIÈVRE

UNE NOTE DE VIN
60, rue de Nièvre, 58000 Nevers. 03 86 37 79 90
100 étiquettes. Bonne charcuterie et large gamme.

NORD

CAVE DU PARVIS SAINT-MAURICE
98, rue Pierre-Mauroy, 59000 Lille. 03 20 13 76 68.
950 étiquettes. La cave garde en réserve de vieux millésimes.

OISE

IN VINO LA CAVE À BOIRE
1, place de l'Ancien-Hôpital, 60200 Compiègne. 03 44 40 60 75
400 étiquettes. priorité aux vins bio, biodynamie et "nature".

ORNE

VINS & TRADITIONS
7, rue de la Halle-aux-Toiles, 61000 Alençon. 02 33 32 15 07
600 références. Nombreux spiritueux, superbes calvados.

LA VIE EN ROUGE
31, rue Sainte-Croix, 61400 Mortagne-au-Perche
120 étiquettes, cachées derrière la façade rouge pétard. Orientation bio et nature.

PARIS

CAVES LEGRAND FILLES ET FILS
1, rue de la Banque, 75002 Paris. 01 42 60 07 12
3 000 étiquettes. L'une des plus vieilles caves de Paris organise de nombreuses dégustions.

CAVES BOSSETTI
34, rue des Archives, 75004 Paris. 01 48 04 07 77
800 étiquettes. Beaucoup de bourgognes au générique, et de très belles chartreuses.

CAVE BARRECA
21, rue du Val-de-Grâce, 75005 Paris. 01 44 27 02 32
500 étiquettes. La maison conjugue au pluriel son amour pour ses deux pays, la France et l'Italie.

CAVE VINTAGE & CIE
199, rue du Faubourg Saint-Honoré, 75008 Paris. 01 40 70 98 43
900 étiquettes. Belle sélection sur 150 mètres carrés. Vieux millésimes et eaux-de-vie de référence. 400 spiritueux en sus.

LA CAVE DE LA GRANDE ÉPICERIE
38 rue de Sèvres, 75007 Paris. 01 44 39 81 00
2 400 étiquettes. L'une des caves les plus complètes de France.

LA CAVE DU CHÂTEAU
31, avenue Franklin Delano Roosevelt, 75008 Paris. 01 82 82 33 33
2 000 étiquettes. Cette cave située au rez-de-chaussée de l'immeuble de l'hôtel Dillon, à Paris, se prolonge par un site de vente en ligne.

LA NEW CAVE
33, boulevard Malesherbes, 75008 Paris. 01 49 24 97 02
1 000 étiquettes. beaucoup de nouveaux talents. Spécialiste des terroirs de Champagne.

LE VERRE VOLÉ
67, rue de Lancry, 75010 Paris. 01 48 03 17 34
400 étiquettes. Toutes régions. Du vin naturel, à accompagner de la cuisine du jour.

CHAI SOPHIE COTTÉ SUD
22, rue de Cotte, 75012 Paris. 01 43 47 30 26
350 étiquettes. Une majorité de languedocs et roussillons.

CAVE BALTHAZAR
16, rue Jules-Guesde, 75014 Paris. 01 43 22 24 45
1 000 étiquettes. Inscrivez-vous au club d'achats de vins !

LA VIGNE AU VERRE
12, rue Saint-Ferdinand, 75017 Paris. 01 45 72 39 48.
550 étiquettes. Vins français de petits artisans, pour la plupart en biodynamie.

LE TABLIER ROUGE
40, rue de la Chine, 75020 Paris. 01 46 36 18 30
150 références. Du côté de Ménimontant, cette cave-bistrot propose une sélection de vins bio-nature-biodynamique.

D.R.

Cyril Bordorier et Thomas Vicente, piliers du Verre Volé, à Paris.

CAVISTES : LES ADRESSES

D.R.

Au Vercoquin, à Lyon, Fred Lignon aligne les flacons « bio-nature ».

PUY-DE-DÔME

LES CAVES TISSANDIER

10, boulevard Desaix,
63000 Clermont-Ferrand.
04 73 35 39 97
3 000 étiquettes. Cave riche, sélection magnifique.

MAISON DESPRAT

9, rue des Chazots,
63170 Aubière. 04 73 19 47 69
1 200 étiquettes. Large sélection de vins, sans compter les spiritueux et l'épicerie fine.

PYRÉNÉES-ATLANTIQUES

CHÉRI BIBI

50, rue d'Espagne,
64200 Biarritz.
05 59 41 24 75
120 étiquettes. Cuisine de marché et vins "nature".

VINS DE VINCENT

Villages des artisans,
RD 918, 64780 Osses.
05 59 37 76 15
1 000 références dans cette cave qui offre un panorama sur les vins modernes et les vignerons de pointe.

PYRÉNÉES-ORIENTALES

VINS D'AUTEURS

6, place du Général-Leclerc,
66190 Collioure.
04 68 55 45 22
200 étiquettes. Sélection pointue de vins du Roussillon.

EL XADIC DEL MAR

11, avenue du Puig-del-Mas,
66650 Banyuls-sur-Mer.
04 68 88 89 20
50 étiquettes. Un joli bout de cave à manger à deux pas de la mer.

RHÔNE

Ô VINS D'ANGES

2, place Bertone,
69004 Lyon.
09 51 88 20 99
1 000 étiquettes. Spécialisation dans les vins naturels, en provenance de France, d'Italie, de Slovénie et d'Autriche.

VERCOQUIN

33, rue de la Thibaudière,
69007 Lyon.
04 78 69 43 87
350 étiquettes, pour cette cave parmi les toutes meilleures en "bio-nature".

DE L'OR EN CÔTE RÔTIE

98, boulevard des Allées,
69420 Ampuis.
04 74 56 72 29
500 étiquettes. De beaux classiques en vallée du Rhône et des pépites issues d'autres régions.

LE PROMENOIR DES VINS

113, rue d'Anse.
69400 Villefranche-sur-Saône.
04 74 69 03 12
700 étiquettes. La sélection est éclectique ; des cours d'initiation à l'œnologie sont proposés.

SAÔNE-ET-LOIRE

AU PLAISIR DIT VIN

19, rue Mercière,
71250 Cluny.
03 85 59 16 29
500 étiquettes. Classiques bourguignons et pépites bio.

LA BOUTIQUE JEAN LORON

71570 La Chapelle-de-Guinchay.
03 85 36 81 20
20 étiquettes. Adossée à la Maison Jean Loron, la cave dispose de nombreux anciens millésimes rares du Beaujolais et de la Bourgogne.

SARTHE

LE BAR À VIN

3, rue du Cornet, 72000 Le Mans.
02 43 23 37 31
240 étiquettes. Cuisine rassembleuse, jolis vins.

SAVOIE

LES 400 CRUS

11, place de l'Hôtel-de-Ville,
73000 Chambéry. 04 79 85 61 65
400 étiquettes. Les amoureux des vins bio ou nature s'en donneront à cœur joie !

SEINE-ET-MARNE

CAVE ARNOLD

4, rue des Sablons,
77300 Fontainebleau.
01 64 22 26 87
1 500 étiquettes. Belle sélection bourguignonne et 300 références de spiritueux.

CAVE SEPTEMBRE

2, Les Chaises,
77160 Vulaines-les-Provins.
06 16 12 12 81
250 étiquettes. Le Bordelais, la Bourgogne et la Champagne : les régions phares de Claire Kolosa.

SEINE-MARITIME

LA CAVE DE BACCHUS

41, rue Armand-Carrel,
76000 Rouen. 09 50 70 59 98
800 étiquettes. Cette cave partage son goût pour les vins en bio, biodynamie ou "nature".

D. R.

Née à Pomerol, Claire Kolasa fait rayonner Bordeaux près de Provins.

D.R.

Giselle Garetto vous accueille à L'Enclave, un spot à Valréas.

SEINE-SAINT-DENIS

DIX-SEPT SUR VIN
1, rue du Marché, 93160 Noisy-le-Grand. 01 43 04 65 82
550 étiquettes. Cave tenue par Benoît Caranobe, médaillé de bronze en gym aux J.O. de Pékin.

LA P'TITE CAVE
76, allée de Montfermeil, 93340 Le Raincy. 09 83 79 93 48
400 étiquettes. Choix unique de grands noms dans le 93.

TARN

LA CLEF DES VINS
9 ter, place Lapérouse, 81000 Albi. 05 63 76 83 51
1 200 étiquettes. Sud-Ouest, Languedoc, Rhône... Une curiosité tous azimuts !

VAL-DE-MARNE

ARÔMES
5, rue Pierre-Leroux, 94140 Alfortville. 01 56 29 16 90
3 000 étiquettes. Large sélection de vins de France et de Navarre.

VIGNES ET SAVEURS
26, av. du Gal-Gallieni, 94340 Joinville-Le-Pont. 06 35 43 37 16
500 étiquettes. Belle gamme de vins corses. Spiritueux pointus.

LA CAVE D'IVRY
40, rue Marat, 94200 Ivry-sur-Seine. 01 46 58 33 28
900 références : des vins d'auteurs, bio ou «nature».

VAL-D'OISE

AUX CAVES D'ENGHIEN
30, bd d'Ormesson. 95880 Enghien-les-Bains. 01 34 17 59 18
700 étiquettes. Languedoc, Rhône, Loire, Bourgogne, Bordeaux sont en bonne place.

VAR

MARIE ANTOINETTE
11, rue Pasteur, 83830 Bargemon. 09 83 57 85 70
130 étiquettes. Derrière la belle vanture à l'ancienne, vins bios, biodynamiques et naturels sont mis à l'honneur.

LES QUILLES
6, place d'Armes, 83000 Toulon. 04 94 24 23 53
250 étiquettes. Une cave sous influence bio-biodynamie-"nature", rhums jamaïcains.

LES CAVES DE LA POSTE
157, avenue du 11 novembre, 83150 Bandol. 04 94 29 45 27
600 réferences, dont tous les domaines qui comptent à Bandol. Bonne humeur garantie.

VAUCLUSE

L'ENCLAVE VINOTHÈQUE
Quartier Saint-Urbain, 84600 Valréas. 06 12 95 55 12
2 000 étiquettes. Un vaste choix de 400 magnums. Le paradis pour les fans de vins du Rhône.

VENDÉE

LA CAVE SE REBIFFE
45, promenade Georges-Clemenceau, 85100 Les Sables-d'Olonne. 06 95 30 48 49
400 étiquettes. Avec vue sur la mer, une sélection 100% bio.

LE CHAI DES COPAINS
46, av. de la Plage, 85160 Saint-Jean-de-Monts. 06 16 48 43 30
300 étiquettes. Bio et "nature".

YVELINES

LE CARAFON
20, rue du Maréchal-Foch, 78110 Le Vésinet. 01 39 76 20 50
400 étiquettes. L'offre de vins est pointue, et s'assortit d'une belle gamme de produits en épicerie fine, en spiritueux... On se régale !

LA CAVE DE MAREIL
17, place du Vieux Pressoir, 78124 Mareil-sur-Mauldre. 01 30 90 66 88
250 étiquettes. Languedoc, Rhône, Loire, et de nombreuses quilles à moins de 10 €.

CAVE DE L'ÉPICERIE DE LONGUEIL
28, avenue de Longueil, 78600 Maisons-Laffitte. 01 39 62 00 50
1 500 étiquettes. Dans cette institution fondée en 1880, la gamme est éclectique.

LA VIGNERY
1, allée de la pomme, 78100 Saint-Germain-en-Laye. 01 34 51 83 39
1 500 références de vins et champagnes, 250 whiskies et rhums ainsi que 200 bières dans cette grande cabane en bois peinte en rouge !

YONNE

LES AGAPES
13, rue de Preuilly, 89000 Auxerre. 03 86 52 15 22
1 200 étiquettes. Étonnants coffrets-cadeaux, et une sélection actualisée.

D.R.

Étienne Guiraud à la tête de Marie Antoinette, belle boutique varoise.

Vente en ligne
De bons plans en un clic

Dans son numéro d'avril 2021, La RVF a mis en avant des bonnes adresses qui migrent vers le web. En voici certaines, et quelques autres...

IDEALWINE
La variété des crus proposés, telle cette collection exceptionnelle de VDN remontant jusqu'en 1874, affolera les passionnés. Toutes les bouteilles sont photographiées, expertisées et décrites avec soin. La possibilité d'acheter aux enchères ouvre la porte aux bonnes affaires.

VINS ET MILLÉSIMES
Plus de 3 500 étiquettes sont en stock chez ce spécialiste des grands vins à maturité, avec plus de 2 500 millésimes antérieurs à 2009. La moitié de son catalogue vient directement des domaines viticoles. L'autre moitié provient d'achats de caves. On peut rechercher de vieux millésimes dès la page d'accueil, c'est pratique !

LA CAVE DU MARCHÉ
Cette cave de Chartres propose de nombreux vins de Bourgogne. Et pas n'importe lesquels ! Leroy, Méo-Camuzet, Groffier sont au catalogue. On peut ici s'offrir des vieux flacons à prix attractifs (120 crus à moins de 50 euros).

SODIVIN
Avec 2 000 références de dix ans d'âge et 92 % des bouteilles affichant plus de vingt ans, Sodivin revendique d'être "le" site spécialisé dans la vente de très vieux millésimes. Aux deux-tiers bordelais, Sodivin fourmille de cuvées de prestige : Yquem 1929, Mouton-Rotschild 1945, Pétrus 1982...

MILLÉSIMA
2 000 crus de plus de dix ans, des grands bordeaux et des champagnes de grandes maisons en quantité. La traçabilité est impeccable, mais l'obligation d'acheter les vins par caisse fait vite monter la facture.

MILLÉSIMES
La traçabilité impeccable des vins, garantie par l'expert Aubert Bogé, fait la force de ce site qui propose plus de 3 500 références, souvent prestigieuses et surtout bordelaises, à prix attractifs. Les vins sont livrés rapidement.

VINS GRANDS CRUS
Les bordeaux occupent ici une place de choix : 70 % de l'offre sur 3 850 étiquettes âgées de plus de dix ans. Neuf bouteilles sur dix ont été achetées auprès de particuliers. Le site est agréable de navigation, la livraison rapide.

LAVINIA
Davantage tourné vers les jeunes talents, Lavinia reste solide sur les vieux millésimes : 900 références de plus de dix ans, une belle diversité (dont 20 % de vins étrangers). Les vins sont tous achetés en direct dans les propriétés. Le site pourrait toutefois se montrer plus facile d'accès.

LA CAVE DU CHÂTEAU
À portée de tire-bouchon du Clarence, cette cave située au rez-de-chaussé de l'hôtel Dillon, à Paris, se prolonge par un site de vente en ligne. Sélection 100 % française, assez classique. Bonne diversité des régions avec une majorité de bordeaux.

BELGIUM WINE WATCHERS
Ce site propose 1 900 références de vieux millésimes, une large palette de vins français et étrangers, de grands noms (Léoville Las Cases 1947...) et des crus beaucoup plus surprenants.

CAVES CARRIÈRE
L'ancien footballeur professionnel Éric Carrière a ouvert en 2010 cette cave forte de 4000 références (55 % Bourgogne, 10 % Rhône). Avec son équipe, il a développé un site de qualité qui propose aussi bien des cuvées prestiges que de belles découvertes.

E. Petit

Des stades à la vente de vins, Éric Carrière a réussi une très belle reconversion.

D.R.

Aubert Bogé est le visage de Millésimes, où les bordeaux sont à l'honneur.

Et aussi :

Voici d'autres sites distingués lors de nos enquêtes.

LES PASSIONNÉS DU VIN
Une sélection soignée de 2 000 références. Le site offre de nombreux vins d'auteurs (50 % en bio). Prix attractifs. Livraison en France et dans 26 pays européens.

1 JOUR 1 VIN
Site de vente privée simple d'utilisation, coloré et agréable. 2 000 références de toutes les régions. Nombreux vins bio, biodynamiques et nature. Classiques à prix doux (prix moyen d'une bouteille : 14 euros) et étiquettes plus confidentielles.

VENTE À LA PROPRIÉTÉ
10 000 références sélectionnées avec soin par deux sommeliers bien connus de nos lecteurs, Olivier Poussier et Christian Martray. Le site mise sur un éclectisme éclairé, avec des vins à prix doux : prix moyen d'un flacon : 15 euros.

CHAIS D'ŒUVRE
Club en ligne, créé par Manuel Peyrondet. Moyennant cotisation, le client reçoit chaque mois une sélection de vins signés par les meilleurs talents du vignoble. Ventes privées.

WINEANDCO
5 000 références au catalogue, prix moyen du flacon : 20 euros. Vente en direct et en primeur, vente privée et foires aux vins.

GRANDS BOURGOGNES
Catalogue riche et éclectique. Sélection de haut vol en Bourgogne, nombreuses références et millésimes. Les autres régions sont aussi représentées, à tous les prix.

VINATIS
Ce spécialiste des vins à petits prix compte 3 000 références. Très fort sur les vins de milieu de gamme (prix moyen d'une bouteille : 10 euros). Spiritueux et bières.

LA CAVE D'ULYSSE
La version online de la Cave d'Ulysse se spécialise dans la vente en ligne de vieux millésimes.

VITIS-EPICURIA
Le site est spécialisé dans l'offre de vins et de services haut de gamme.

CDISCOUNT
6 000 références annoncées, prix moyen de 10 euros. Fioles de 2 cl disponibles pour les clients qui souhaitent déguster avant d'acheter.

CHATEAUNET ET CHATEAUPRIMEUR
Les deux sites du négociant Duclot. Deux références pour les achats bordelais.

LA ROUTE DES BLANCS
Vins blancs et champagnes uniquement. Ventes privées.

VEEPEE
Offre plétorique, mais insuffisamment hiérarchisée.

LE PETIT BALLON
Deux bouteilles de vin chaque mois, fiche de dégustation et conseils.

SAMEDIVIN
Chaque samedi, des vins de qualité en vente privée.

CAVISSIMA
Ce site propose d'acheter des vins, mais aussi de gérer sa cave à distance.

LA GRANDE CAVE
Créé par les négociants bordelais Borie Manoux. Une sélection 100 % Bordeaux, un large choix de grands crus et une provenance directe propriété. Une valeur sûre.

VINS FINS DE LA CRAU
Site à l'ancienne : commande par téléphone ou e-mail, pas de paiement en ligne... Mais la sélection de Liz et Mike Berry est brillante : 615 étiquettes, livraison express, remboursement si problème.

D.R.

Manuel Peyrondet, chef d'entreprise à succès chez Chais d'œuvre.

ILS ENTRENT DANS LE GUIDE CETTE ANNÉE

Félicitations aux nouveaux lauréats !
Tous ces domaines ont particulièrement bien travaillé ces dernières années et sont ici récompensés.

LES DOMAINES QUI PROGRESSENT CETTE ANNÉE

La qualité et la régularité des vins de ces producteurs leur permettent de gagner une étoile supplémentaire.

ILS ONT DÉSORMAIS ★★★

Alsace, **Domaine Barmès-Buecher**
Bordeaux, **Château Haut-Bailly**
Bourgogne, **Domaine Bernard Dugat-Py**
Bourgogne, **Domaine Claude Dugat**
Bourgogne, **Domaine Matrot**
Jura, **Domaine Labet**

ILS ONT DÉSORMAIS ★★

Bordeaux, **Château Beychevelle**
Alsace, **Domaine Marc Kreydenweiss**
Alsace, **Domaine Trapet**
Beaujolais, **Domaine de la Grand'Cour**
Bourgogne, **Domaine François Raquillet**
Bourgogne, **Domaine Bernard Moreau et Fils**
Bourgogne, **Domaine Anne-Marie et Jean-Marc Vincent**
Bourgogne, **Domaine William Fèvre**
Bourgogne, **Domaine Joseph Colin**
Bourgogne, **Alice et Olivier De Moor**
Bourgogne, **Domaine Jeannin-Naltet**
Bourgogne, **Domaine Duroché**
Corse, **Clos Nicrosi**
Corse, **Clos Venturi**
Corse, **Domaine U Stiliccionu**
Corse, **Domaine Jean-Baptiste Arena**
Languedoc, **Domaine Le Conte des Floris**
Languedoc, **Domaine Navarre**
Loire, **Domaine Sérol**
Provence, **Château de Pibarnon**
Sud-Ouest, **Domaine Labranche-Laffont**
Vallée du Rhône, **Domaine Saint-Préfert**

ILS ONT DÉSORMAIS ★

Alsace, **Christian et Véronique Hebinger**
Alsace, **Domaine Laurent Barth**
Beaujolais, **Clos de la Roilette**
Beaujolais, **Domaine Lafarge-Vial**
Bordeaux, **Château Dalem**
Bordeaux, **Château Marsau**
Bordeaux, **Château Saint-Pierre (Pomerol)**
Bordeaux, **Château Jean Faux**
Bourgogne, **Domaine Morey-Coffinet**
Bourgogne, **Domaine Paul Pillot**
Bourgogne, **Domaine Merlin**
Bourgogne, **Domaine Roblet-Monnot**
Bourgogne, **Domaine Gérard Duplessis**
Bourgogne, **Domaine Jean Fournier**
Bourgogne, **Domaine Henri et Gilles Buisson**
Bourgogne, **Domaine Chantal Lescure**
Bourgogne, **La Sœur Cadette**
Bourgogne, **Domaine Gilles Morat**
Bourgogne, **Domaine du Cellier aux Moines**
Champagne, **Veuve Clicquot Ponsardin**
Champagne, **Ruppert-Leroy**
Champagne, **Pierre Gerbais**
Champagne, **Dehours et Fils**
Champagne, **Suenen**
Corse, **Domaine Sant Armettu**
Corse, **Clos Culombu**
Jura, **Les Pieds sur Terre**
Jura, **Domaine du Pélican**
Jura, **Domaine François Rousset-Martin**
Loire, **Domaine Paul Prieur et Fils**
Loire, **Domaine des Pothiers**
Loire, **Domaine Bonnet-Huteau**
Loire, **Domaine Claude Riffault**
Loire, **Domaine des Bérioles**
Provence, **Clos Mireille**
Provence, **Baravéou**
Roussillon, **Domaine des Chênes**
Savoie, **Domaine de Chevillard**
Savoie, **Domaine Jean Masson et Fils**
Sud-Ouest, **Domaine Julien Auroux**
Sud-Ouest, **Domaine Matha**

★★★

DOMAINES 3 ÉTOILES

L'Olympe des vins français

ALSACE

BEAUJOLAIS

BORDEAUX

BOURGOGNE

★★

DOMAINES 2 ÉTOILES

Les grands domaines de référence

ALSACE

BEAUJOLAIS

BORDEAUX

BOURGOGNE

ROUSSILLON

SAVOIE

SUD-OUEST

VALLÉE DE LA LOIRE ET CENTRE

★

DOMAINES 1 ÉTOILE

Allez-y les yeux fermés

ALSACE

BEAUJOLAIS

BORDEAUX

BOURGOGNE

CHAMPAGNE

CORSE

JURA

LANGUEDOC

PROVENCE

RHÔNE NORD

RHÔNE SUD

ROUSSILLON

SAVOIE

SUD-OUEST

VALLÉE DE LA LOIRE ET CENTRE

L'Alsace et ses vins

Par Jean-Emmanuel Simond,
en charge des vins d'Alsace au sein
du comité de dégustation de La Revue du vin de France

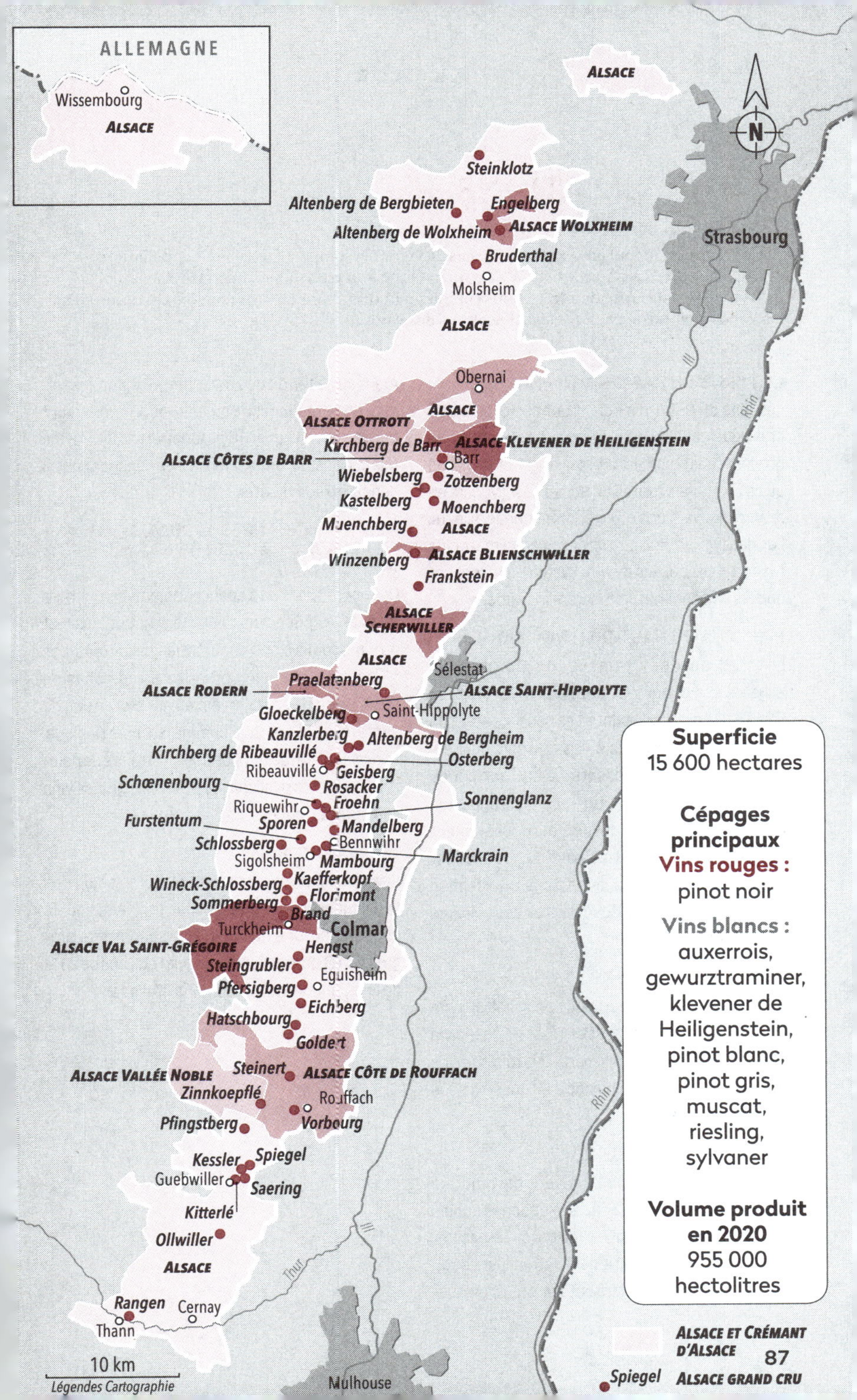
ALLEMAGNE
Wissembourg
ALSACE
ALSACE
Strasbourg
Steinklotz
Altenberg de Bergbieten
Engelberg
Altenberg de Wolxheim
ALSACE WOLXHEIM
Bruderthal
Molsheim
ALSACE
Obernai
ALSACE OTTROTT
ALSACE
ALSACE KLEVENER DE HEILIGENSTEIN
Kirchberg de Barr
ALSACE CÔTES DE BARR
Barr
Wiebelsberg
Zotzenberg
Kastelberg
Moenchberg
Muenchberg
ALSACE
Winzenberg
ALSACE BLIENSCHWILLER
Frankstein
ALSACE SCHERWILLER
ALSACE
Sélestat
Praelatenberg
ALSACE RODERN
ALSACE SAINT-HIPPOLYTE
Gloeckelberg
Saint-Hippolyte
Kanzlerberg
Altenberg de Bergheim
Kirchberg de Ribeauvillé
Osterberg
Ribeauvillé
Geisberg
Schœnenbourg
Rosacker
Froehn
Sonnenglanz
Riquewihr
Furstentum
Sporen
Mandelberg
Schlossberg
Bennwihr
Sigolsheim
Mambourg
Marckrain
Wineck-Schlossberg
Kaefferkopf
Sommerberg
Florimont
Brand
Turckheim
Colmar
ALSACE VAL SAINT-GRÉGOIRE
Hengst
Steingrubler
Eguisheim
Pfersigberg
Eichberg
Hatschbourg
Goldert
Steinert
ALSACE CÔTE DE ROUFFACH
ALSACE VALLÉE NOBLE
Zinnkoepflé
Rouffach
Pfingstberg
Vorbourg
Kessler
Spiegel
Guebwiller
Saering
Kitterlé
Ollwiller
ALSACE
Rangen
Cernay
Thann
Mulhouse
Rhin
Thur
Ill
N
10 km
Légendes Cartographie
Superficie
15 600 hectares
Cépages principaux
Vins rouges :
pinot noir
Vins blancs :
auxerrois, gewurztraminer, klevener de Heiligenstein, pinot blanc, pinot gris, muscat, riesling, sylvaner
Volume produit en 2020
955 000 hectolitres
ALSACE ET CRÉMANT D'ALSACE
Spiegel ALSACE GRAND CRU

LES APPELLATIONS

Si l'Alsace met surtout en avant ses cépages, le vignoble compte trois types d'appellations : l'AOC Alsace, l'AOC Alsace Grand Cru, qui compte 51 terroirs identifiés, et le crémant d'Alsace. Il existe enfin deux mentions complémentaires, pour les vins moelleux et liquoreux, les Vendanges tardives (VT) et les Sélections de grains nobles (SGN).

LES CRUS DU BAS-RHIN (AU NORD)

Les vins du Bas-Rhin sont, par nature, plus discrets que ceux du Haut-Rhin. Ils peuvent parfois atteindre des sommets de finesse (terroir d'Andlau) ou de puissance (terroir de Barr). Les sylvaners en retirent souvent une distinction inconnue ailleurs. Les rieslings se plaisent sur ces microclimats plus froids, tandis que les gewurztraminers manquent parfois de panache mais évitent la lourdeur.

LES CRUS DU HAUT-RHIN (AU SUD)

Le nord du département, de Bergheim à Kaysersberg, donne les vins d'Alsace les plus équilibrés et les plus séduisants. Les rieslings sont fins et racés, les pinots gris et les gewurztraminers plus élégants que puissants. Le microclimat de Colmar favorise la pourriture noble et l'opulence des textures, ce qui convient particulièrement aux gewurztraminers et aux pinots gris. Le sud est souvent trop chaud pour les rieslings, à l'exception des terroirs gréseux de Guebwiller ou des célèbres laves du Rangen, à Thann.

AOC ALSACE

Cette appellation peut être ou non suivie du nom de l'un des cépages autorisés. Dans ce cas, le vin est vinifié exclusivement à partir des raisins de ce cépage. Les vins d'assemblage sont aussi classés dans cette appellation.

AOC ALSACE GRAND CRU

Cinquante-et-un terroirs peuvent prétendre à l'appellation Grand Cru. Et quatre cépages nobles peuvent accéder à ce niveau de terroir : le riesling, le muscat, le pinot gris et le gewurztraminer. Le sylvaner peut également être autorisé, mais uniquement sur le terroir de Zotzenberg. De plus, les terroirs de l'Altenberg de Bergheim et du Kaefferkopf peuvent revendiquer l'appellation Grand Cru, même s'ils sont issus d'un assemblage de cépages nobles définis et réglementés.

ALSACE VENDANGES TARDIVES (VT) ET ALSACE SÉLECTION DE GRAINS NOBLES (SGN)

Ces appellations se placent au sommet en matière de qualité, grâce à un contrôle strict du raisin et du vin, soumis à une dégustation obligatoire. Les VT sont élaborées à partir de raisins riches en sucre naturel et conservent en général un peu de sucre résiduel. Les SGN, comme leur nom l'indique, relèvent d'un tri sélectif de raisins atteints de pourriture noble ; ils rivalisent avec les plus grands vins liquoreux du monde.

CRÉMANT D'ALSACE

Ces vins effervescents sont élaborés selon des techniques identiques à celles utilisées pour le champagne. Une appellation en constante progression et qui représente aujourd'hui près de 30 % de la production totale des vins d'Alsace.

LES CÉPAGES

L'Alsace est le seul vignoble français à mettre en avant ses cépages avec les appellations. Dix variétés de raisin sont autorisées dans l'élaboration des vins, dont un rouge.

LE RIESLING

Cépage roi d'Alsace, le riesling occupe 20 % de la production du vignoble. Il se révèle sous de multiples facettes. Le plus souvent, les vins sont nerveux et tendus, possèdent une grande fraîcheur et jouissent d'une capacité exceptionnelle à exprimer les nuances de leur terroir. Toutefois, le niveau reste très inégal, la largesse des rendements et la sous-maturité des raisins pénalisent la typicité et la grandeur de ce cépage.

LE PINOT BLANC

Représentant 25 % de la production du vignoble, il est très utilisé pour l'élaboration du crémant. Il offre une palette aromatique proche de celle du chardonnay, une bouche plus ronde et moins nerveuse que le sylvaner. Il est souvent assemblé avec l'auxerrois, mais l'étiquette ne renseigne pas sur leurs pourcentages respectifs. Les deux cépages sont de la même famille, mais l'auxerrois donne des vins plus riches et plus suaves.

LE GEWURZTRAMINER

Représentant 12 % de la production globale du vignoble, le gewurztraminer donne des vins originaux, parmi les plus parfumés d'Alsace (des plus communs aux plus raffinés). Le cépage se transfigure sous l'effet de la pourriture noble et peut donner un nectar comparable aux grands sauternes.

LE PINOT GRIS

D'origine bourguignonne, ce cépage aux grains roses est capable d'enrichir sa saveur grâce à la surmaturité ou à la pourriture noble. Il représente 17 % de la production du vignoble alsacien. Si le pinot gris est ramassé à faible maturité, il donne des vins insignifiants, mais en vendanges tardives ou en sélection de grains nobles, il peut atteindre des sommets de qualité et une longévité inimaginable.

LE PINOT NOIR

Les vins rouges alsaciens sont exclusivement issus de ce cépage qui représente 12 % de la production du vignoble. C'est avec lui que les vignerons alsaciens ont réalisé les progrès les plus notables.

LE SYLVANER

Franc, délicat, léger, le sylvaner donne des vins frais. Représentant 8 % de la production du vignoble, fréquemment banalisé, il apparaît souvent mince et dilué à cause des hauts rendements. Privilégiez les cuvées de vieilles vignes des meilleurs vignerons.

LE MUSCAT D'ALSACE ET L'OTTONEL

Occupant 2,3 % de la surface du vignoble, ce sont en fait deux muscats qui sont implantés et autorisés en Alsace : la variété à petits grains, dit muscat d'Alsace, et l'ottonel, présent en Europe centrale, qui livre des vins plus moelleux. Résultat, des cuvées aromatiques en sec, parfaites pour l'apéritif.

L'AUXERROIS

Quelques vignerons le vinifient séparément. L'auxerrois donne un vin plus ample et plus gras que le pinot blanc, avec une texture et un équilibre entre l'alcool, l'acidité et le sucre qui le rapprochent d'un pinot gris.

LE KLEVENER DE HEILIGENSTEIN

C'est un savagnin rose présent sur le village de Heiligenstein et dans ses alentours, sur environ 80 hectares.

LE TERROIR REÇOIT DE STARSBOURG À MULHOUSE

CHAMBRES D'HÔTES

LE GOURMET

Ce gîte bénéficie d'une vue exceptionnelle sur la Forêt-Noire. Entourée d'un jardin et des vignes du grand cru Froehn, la maison dispose de trois belles chambres aménagées avec goût.
4, route d'Ostheim, 68340 Zellenberg
Tél. : 06 07 39 59 06
www.vinsbecker.com

GÎTES LES BAINS

Dans l'ancien bâtiment des bains municipaux de Riquewihr, trois ravissants appartements accueillent les visiteurs. On y profite de l'architecture préservée du XVIIe siècle de la maison et d'une décoration raffinée. À partir de 60 € la nuit.
6, rue de la Première-Armée, 68340 Riquewihr
Tél. : 03 89 47 98 30
www.gites-les-bains-riquewihr.com

CAVISTES

ŒNOSPHÈRE

Ce bar à vins dispense aussi des cours d'œnologie : 30 € pour deux heures de cours, six vins dégustés à l'aveugle et des grignotages.
33, rue de Zurich, 67000 Strasbourg
Tél. : 03 88 36 10 87
www.oenosphere.com

CAVE DES GRANDS CRUS

Jean-Philippe Venck explique le vin. Ses cours prennent la forme de dégustation de six à huit vins, avec de petits plats en accords mets-vins. Compter 35 à 40 €.
Place de l'Hôtel de Ville, 68500 Guebwiller
Tél. : 03 89 76 59 31
www.cavedesgrandscrus.fr

RESTAURANTS

AU VIEUX PORCHE

C'est dans un ancien domaine viticole du XVIIIe siècle, à deux pas du centre historique d'Eguisheim, qu'Eddy Fischer et Betty Zinck accueillent les gourmets. La carte varie selon les saisons et les arrivages du marché. Une jolie terrasse fleurie ouvre dès les premiers beaux jours. Menus à partir de 28 €. Il est également possible de louer un chalet au cœur du Parc naturel des Vosges, avec une vue imprenable sur la vallée de Munster.
16, rue des Trois-Châteaux, 68420 Eguisheim
Tél. : 03 89 24 01 90
www.auvieuxporche.fr

LE BOUC BLEU

Romain Hertrich, en cuisine, et Romain Lambert, en sommellerie, ont insufflé un vent de fraîcheur à cette institution située le long de la route des vins. Des vignerons locaux, tel Jean-Christophe Bott, se prêtent au jeu des accords mets et vins lors de soirées spéciales. Comptez de 16 à 54 €.
2, rue du 5-Décembre, 68980 Beblenheim
Tél. : 03 89 47 88 21
www.aubergeleboucbleu.com

LE BISTRO DES SAVEURS

Au menu de Thierry Schwartz, chevalier du Mérite agricole, une cuisine naturelle au feu de cheminée, appuyée sur des produits de première classe, et une cave comptant 1 025 références de vins naturels. Pain et fermentations sur place. Menus à 45 (déjeuner), 75, 95 ou 120 €.
35, rue de Sélestat, 67210 Obernai
Tél. : 03 88 49 90 41
www.bistro-saveurs.fr

NOTRE COUP DE ♥

L'ALCHÉMILLE

Le chef consciencieux Jérôme Jaegle livre une cuisine contemporaine à partir des douceurs de son propre jardin maraîcher et des producteurs locaux engagés. Expérience revigorante. De 32 à 98 €.
53, route de Lapoutroie, 68240 Kaysersberg
Tél. : 03 89 27 66 41
www.lalchemille.fr

ŒNOTOURISME

VÉLO'VIGNES

Un vélo électrique fourni avec un GPS chargé de cinq circuits (de 23 à 36 km) permet d'aller de terroirs en domaines, entre Pfaffenheim, Rouffach, Westhalten et Soultzmatt, accompagné d'un audio-guide (trilingue). Des dégustations sont prévues à plusieurs endroits, et à la fin de la promenade, dans les caves du domaine Rieflé. Comptez 45 € la journée.
Tél. : 03 89 78 52 21
www.riefle.com

LA BIODYNAMIE POUR LES NULS

Quelle différence entre bio et biodynamie ? À quoi sert un préparat à base de bouse de corne ? Francine et Clément Klur, qui se sont engagés dans cette voie en 1999, vous initient aux arcanes de la biodynamie, appliquée sur le domaine depuis plus de quinze ans. Comptez 140 € par personne (dîner et nuitée).
105, rue des Trois-Épis, 68230 Katzenthal
Tél. : 03 89 80 94 29
www.klur.net

★★★ ↗ DOMAINE BARMÈS-BUECHER

Maxime Barmès, épaulé au domaine par sa mère Geneviève et sa sœur Sophie, confirme et poursuit le travail mis en place depuis près de trente ans pour maintenir la qualité des vins au plus haut niveau. Un travail rigoureux à la vigne, en biodynamie, et un bon suivi en cave font de ce domaine l'un des plus sérieux de la région. Les derniers millésimes sont exemplaires : quel que soit le cépage, les vins ont gagné en précision et les grands crus relèvent du cercle restreint des grands vins, avec une tenue exceptionnelle à l'air, capables de se bonifier sur plusieurs jours. Dans un style franc et spontané, la formidable qualité des vins du domaine permet cette année l'accession à la troisième étoile. Félicitations !

Les vins : salivant à souhait, ample et extraverti, le superbe sylvaner se livre dans tout l'éclat de ses saveurs radieuses. Rayonnant, c'est un sommet du cépage ! Floral, doté d'une noble austérité, le Clos Sand déploie ses saveurs étoffées et salines : il atteint cet équilibre doté d'umami qui le destine à la table. Deux exceptionnels riesling grand cru : quelle évidence de fruit, quelle franchise de saveurs apaisées et limpides dans le cristallin Steingrubler ! Sa finale juteuse nous donne l'impression de croquer dans un agrume frais. Profil discrètement épicé dans le très subtil Hengst, dont les petits amers de finale démultiplient l'envergure et la fraîcheur perçue. Le pinot gris se montre sec et énergique, témoignage idéal de la noblesse de ce cépage sur ce terroir généreux. Les gewurztraminers ne sont pas en reste : caractère sec, grande nervosité de sève et texture ouvragée dans le Pfersigberg. Le Steingrubler est somptueux, son acidité mûre emplit la bouche avec une rare plénitude et masque totalement les sucres qui l'équilibrent. Supplément de complexité aromatique dans le Hengst, vin brillant mais encore très immature, dont la persistance de saveurs et la délicatesse des sucres contribuent à l'harmonie sans fard. Enfin, la cuvée 4 assemble quatre terroirs en un équilibre de moelleux : très aromatique mais sans rien de variétal, il évoque le sureau, la groseille et le poivre blanc. Enfin, le pinot noir s'affirme à nos yeux comme un vin majeur : pureté et éclat du fruit infusé, délicatesse du toucher de bouche, élan floral et tanins soyeux le rendent aussi irrésistible qu'incontournable. À ne pas manquer !

Gewurztraminer 4 2017	30 €	93
Gewurztraminer Grand Cru Hengst 2019	30 €	95
Gewurztraminer Grand Cru Pfersigberg 2019	29 €	93
Gewurztraminer Grand Cru Steingrubler 2019	28 €	95
Pinot Gris Rosenberg 2019	21 €	93
Riesling Clos Sand 2019	23 €	93
Riesling Grand Cru Hengst 2019	30 €	95
Riesling Grand Cru Steingrubler 2019	28 €	95
Sylvaner Rosenberg Vieilles Vignes 2019	15 €	93

Le coup de ♥

Pinot Noir Vieilles Vignes 2019	32 €	95

Rouge : 1 hectare. Pinot noir 100 %
Blanc : 17 hectares. Riesling 32 %, Gewurztraminer 20 %, Pinot gris 18 %, Pinot blanc 11 %, Auxerrois (Lorrain/Alsacien) 10 %, Chardonnay 3 %, Muscat à petits grains blancs 3 %, Sylvaner 3 %
Production moyenne : 120 000 bt/an

DOMAINE BARMÈS-BUECHER ☾
30, rue Sainte-Gertrude, 68920 Wettolsheim
03 89 80 62 92 • www.barmes-buecher.com
• Vente et visites : sur RDV.
Propriétaire : Geneviève, Sophie et Maxime Barmès
Œnologue : Maxime Barmès

★★★ DOMAINE ALBERT BOXLER

Jean Boxler, juché sur les hauteurs de Niedermorschwihr, confirme avec les derniers millésimes sa réputation de producteur très exigeant. Il donne toute sa noblesse au grand cru Sommerberg, cirque granitique dont le coteau très pentu rend le travail particulièrement difficile. La maison en possède 4 hectares, et 1,9 hectare dans le grand cru Brand. Différentes cuvées issues de plusieurs parcelles sont proposées ; toutes atteignent désormais un niveau exceptionnel, et en explorer les nuances s'avère un exercice fascinant !

Les vins : rare complexité du muscat, avec ses notes d'eau de rose : son équilibre digeste et tendre, et sa finesse constitutive en font une référence. Brand décline une matière sapide : un vin apaisé, ciselé dans sa texture, doté d'un merveilleux éclat salivant et mentholé en finale. Sa version K se fait plus aérienne, pénétrante et pointue, avec une finale qui résonne longtemps en de gracieux amers. Les différentes versions du Sommerberg nous enchantent, à commencer par les rieslings. Tout en douceur et largeur, la cuvée classique monte en puissance et se fait explosive en finale, avec la rugosité brute d'un cristal de roche. Nez plus pointu dans le V, dont la franchise et la vibration épicée culminent en un feu d'artifice de saveurs de zestes d'agrumes. Plus épicé encore avec ses notes de coriandre, D gagne en vivacité, avec une trame tranchante très aiguisée en finale : un riesling des plus percutants. Sans la moindre lourdeur, doté d'une sève impressionnante de dynamisme, E prend de l'envergure et une vigoureuse profondeur, avec des amers effilés en finale. En pinots gris, W impressionne par son élan épicé et revigorant, parfaitement apte à équilibrer les petits sucres gourmands qui l'agrémentent, alors que sa version VT est une gourmandise idéale.

- Pinot Gris Grand Cru Sommerberg W 2019 — 50 € — 95
- Pinot Gris Grand Cru Sommerberg W VT 2017 — 45 € — 95
- Riesling Grand Cru Brand 2019 — 50 € — 95
- Riesling Grand Cru Brand K 2019 — 55 € — 98
- Riesling Grand Cru Sommerberg 2019 — 50 € — 95
- Riesling Grand Cru Sommerberg D 2019 — 55 € — 95
- Riesling Grand Cru Sommerberg E 2019 — 55 € — 96
- Riesling Grand Cru Sommerberg V 2019 — 55 € — 96

Le coup de ♥

- Muscat Réserve 2019 — 40 € — 93

Rouge : 1 hectare. Pinot noir 100 %
Blanc : 18 hectares. Riesling 38 %, Pinot blanc 20 %, Pinot gris 17 %, Gewurztraminer 15 %, Muscat à petits grains blancs 5 %, Sylvaner 5 %
Production moyenne : 60 000 bt/an

DOMAINE ALBERT BOXLER
78, rue des Trois-Épis,
68230 Niedermorschwihr
03 89 27 11 32 • domaine@albertboxler.fr •
Vente et visites : sur RDV.
Propriétaire : Jean-Marc et Jean Boxler

★★★ DOMAINE MARCEL DEISS

Mathieu Deiss succède à son père Jean-Michel à la tête de ce vénérable domaine de Bergheim. La complantation est toujours le fil conducteur, jusque sur les grands crus. Même si le procédé est ancestral dans la région, il reste très peu suivi et divise fortement les vignerons. Les Deiss avancent toujours plus loin dans cette démarche et livrent des vins convaincants, complexes, dotés d'une intensité de saveur merveilleuse et d'un équilibre incroyable. Mathieu a aussi créé le Vignoble du Rêveur à partir des vignes maternelles, situées à Bennwihr (il y produit notamment des vins oranges de haute volée). Les vins sont hors-norme pour la région, ce qui est un peu déroutant pour le consommateur, mais le résultat est magnifique. Quelques années de recul permettent d'analyser la précision des définitions de terroir et la capacité de ces vins à gérer leur propre équilibre. À découvrir au domaine : l'expérience inédite de la dégustation géo-sensorielle, qui permet de comprendre la relation unissant les caractéristiques du vin et le terroir qui l'a vu naître.

Les vins : dès les villages - Zellenberg enjoué et nourrissant, Riquewihr froid et raffiné - se dessinent des caractères hauts en couleur. Parmi les lieux-dits, Burlenberg se fait puissant et corsé, plein de sève et civilisé. Schoffweg se montre bien sec et nerveux et Rotenberg citronné avec un équilibre de demi-sec. Introverti, complexe et très étoffé, Burg mettra du temps à se livrer : une amertume sapide et solaire lui apporte une structure presque tannique, dans laquelle se complètent les 13 cépages alsaciens. Les grands crus sont brillantissimes : le flamboyant Mambourg regorge de race, incisif en finale. Majestueux Altenberg, caressant et intègre, dont la bouche moelleuse et tendre regorge de saveurs sapides interminables. L'exquis Schoenenbourg déploie une fraîcheur presque cristalline pour exalter la richesse fuselée du cru : il fascine par la multiplicité de ses nuances. Nouveauté enthousiasmante, le Schlossberg sait exprimer toute la minéralité lumineuse du terroir : avec son intensité et sa droiture austère, presque éthérée, il s'enrichit de mille nuances et creuse loin son sillon dans la roche.

- Alsace Burg (Bergheim) 2017 — 37 € — 95
- Alsace Grand Cru Altenberg de Bergheim 2018 — 59 € — 96
- Alsace Grand Cru Mambourg 2018 — 70 € — 96
- Alsace Grand Cru Schlossberg 2018 — 150 € — 97
- Alsace Riquewihr 2018 — 20 € — 94
- Alsace Rotenberg 2017 — 32,50 € — 94
- Alsace Schoffweg 2017 — 37 € — 93
- Alsace Zellenberg 2018 — 19 € — 93
- Alsace Burlenberg 2018 — 40 € — 94

Le coup de ♥

- Alsace Grand Cru Schoenenbourg 2018 — 70 € — 98

Rouge : 8 hectares.
Blanc : 24 hectares.
Production moyenne : 170 000 bt/an

DOMAINE MARCEL DEISS ☾
15, route du Vin, 68750 Bergheim
03 89 73 63 37 • www.marceldeiss.com •

Visites : sans RDV.
Propriétaire : Jean-Michel et Mathieu Deiss

★★★ DOMAINE ALBERT MANN

Le domaine, né de l'union des familles Mann et Barthelmé, deux grandes lignées de vignerons depuis le XVIIe siècle, livre depuis déjà quelques années des vins de très haute volée, emblème de ce que l'Alsace peut produire de plus grand. Maurice, biodynamiste inspiré et sourcier à ses heures, a su apporter de la pureté dans les vins, grâce à un travail méticuleux à la vigne. Jacky et son fils Antoine ont un sens de la vinification très pointu pour les blancs comme pour les rouges. L'équilibre des vins, leur côté digeste et leur profondeur en font des modèles pour tous les amateurs. Leurs quatre rouges sont au sommet de la production alsacienne et parmi les plus beaux de France. Ce succès en fait désormais des vins rares.

Les vins : le crémant est frais et précis Grand riesling Schlossberg, dont le grain roule sur la langue et dont le fruité gourmand enrichit la matière. Excellents gewurztraminers, en particulier le Furstentum, infusé de fins amers savoureux, vin harmonieux et inspiré. Les pinots noirs 2018 ne déçoivent pas : Clos de la Faille associe une chair moelleuse et suave à la vigueur de sève apportée par son terroir. Grand H est un vin mûr à la magnifique envergure veloutée, parsemée de notes d'oranges sanguines, dont la justesse de définition, la fraîcheur préservée et le soyeux des tanins forcent le respect. Plus épicé, Grand P est voluptueux dans sa texture, pourvu de tanins grenus qui apportent un relief dynamique, avec un élevage plus perceptible. Les Saintes Claires, à la matière ferme mais gracile, est sans doute le plus nuancé et profond des rouges du domaine. Deux très belles vendanges tardives, le riesling fin et délicat, proche d'un équilibre de spätlese allemand, et le pinot gris, pur et aérien.

- Crémant d'Alsace Extra-Brut 2018 — 15 € — 92
- Gewurztraminer 2019 — 15 € — 92
- Gewurztraminer Grand Cru Furstentum Vieilles Vignes 2019 — 34 € — 95
- Pinot Gris Grand Cru Hengst Vendanges Tardives 2019 — 43 € — 95
- Riesling Altenbourg Vendanges Tardives 2019 — 45 € — 95
- Riesling Grand Cru Schlossberg 2019 — 50 € — 95
- Pinot Noir Clos de la Faille 2018 — 40 € — 93
- Pinot Noir Grand H 2018 — Épuisé - 55 € — 96
- Pinot Noir Grand P 2018 — Épuisé - 55 € — 94

Le coup de ♥

- Pinot Noir Les Saintes Claires 2018 — 65 € — 96

Rouge : 4 hectares.
Blanc : 21 hectares.
Production moyenne : 120 000 bt/an

DOMAINE ALBERT MANN ☾
13, rue du Château 68920 Wettolsheim
03 89 80 62 00 • www.albertmann.com •
Vente et visites : sur RDV.
Propriétaire : Maurice et Jacky Barthelmé
Maître de chai : Jacky Barthelmé

★★★ DOMAINE OSTERTAG

2018 a signé un tournant au domaine avec la prise en mains d'Arthur, le fils d'André Ostertag. D'une sensibilité aussi aiguisée que son père pour les blancs, il a apporté sa touche dès 2016 et impulse un nouvel élan, avec une équipe renouvelée qui va se mettre en place petit à petit. La famille exploite de belles parcelles dans les terroirs de Zellberg et du Fronholz, sur le grand cru Muenchberg, sans oublier le Clos Mathis, sur le Hagel, à Ribeauvillé. Tout amateur d'Alsace se doit de connaître ce domaine, dont les vins procurent beaucoup de plaisir. La tenue dans le temps de l'ensemble des cuvées est indéniable, mais l'accessibilité du fruit reste immédiate pour la gamme Jardins, par exemple. Le résultat d'un travail de la vigne en biodynamie depuis vingt ans, complété par une vinification toujours précise et pure. Certains vins nous déçoivent un peu et ne se montrent pas tout à fait au niveau : nous espérons les retrouver l'an prochain en pleine forme.

Les vins : le pinot noir offre un profil juteux, mais perd un peu en précision avec un fruit un rien confit et sec. La macération Les Aventures de l'Agneau Masqué s'avère un peu austère, serrée et stricte en finale. Dix-huit mois de fermentation pour le sylvaner l'Exutoire, apaisé et savoureux, qui évoque l'orge et le houblon, à l'envergure charnue et aérienne. Franchise et sapidité donnent au riesling Les Jardins un joli caractère, mais nous le trouvons un peu diffus et épais en milieu de bouche. Très nuancé, mûr et éclatant de vitalité, Le Berceau est hautement nourrissant, souligné de fins amers. Structuré, profond et juteux, Heissenberg est harmonieux mais un rien chaleureux en finale. Très élégants arômes d'agrumes dans le riesling Fronholz, d'une grande délicatesse tactile, à l'allonge lancinante. Large mais ciselé, Muenchberg se développe en bouche avec une formidable intensité : son assise ferme est traversée d'une sève minérale et solaire. Saveurs de bonbon au miel et bourgeon de sapin dans le gewurztraminer Fronholz, aux saveurs pures très définies, qu'on laissera vieillir pour que ses sucres abondants se fondent.

- Alsace L'Exutoire SVV3 2018 — 19 € — 93
- Alsace Les Aventures de l'Agneau Masqué 2019 — 22 € — 89
- Gewurztraminer Fronholz VT 2018 — 48 € — 93
- Riesling Grand Cru Muenchberg 2019 — 47 € — 95
- Riesling Heissenberg 2019 — 34 € — 93
- Riesling Le Berceau 2019 — 27 € — 93
- Riesling Les Jardins 2019 — 16 € — 89
- Pinot Noir Fronholz 2019 — 42 € — 90

Le coup de ♥

- Riesling Fronholz 2019 — 32 € (c) — 95

Rouge : 2 hectares.
Blanc : 13 hectares.
Production moyenne : 80 000 bt/an

DOMAINE OSTERTAG
87, rue Finkwiller, 67680 Epfig
03 88 85 51 34 • www.domaine-ostertag.fr • Vente et visites : sur RDV.
Propriétaire : Famille Ostertag
Directeur : Arthur Ostertag

★★★ DOMAINE WEINBACH

Le Clos des Capucins fait partie de ces endroits magiques, insaisissables et hors du temps. Il est rare de trouver un lieu avec tant d'énergie et d'histoire, produisant des vins d'une telle pureté. Épaulée par ses deux fils, Eddy et Théo, Catherine Faller est à la tête du domaine, déployant une énergie rare pour conserver la qualité des vins au plus haut et garder un accueil chaleureux au domaine. Son fils Théo porte beaucoup d'attention à la vigne, conduite en biodynamie depuis 2005 sur l'ensemble du domaine, alors que Ghislain Berthiot, présent depuis quelques années, est en charge de la vinification. Eddy vient épauler sa mère sur la partie commerciale. On peut déguster ici une des plus belles expressions du grand cru Schlossberg, sur différents niveaux de maturité. Sa limpidité et sa précision nous bluffent, s'approchant souvent de la perfection. Le gewurztraminer trouve ses terroirs de prédilection aux alentours. Le domaine vient de racheter 6 hectares de vignes, dont 1 hectare en grand cru Furstentum.

Les vins : fruité, bien tendu et salivant, le sylvaner présente beaucoup de délicatesse. Cofermentation de cinq cépages au profil original, les Vignes du Prêcheur offre un beau volume et une matière savoureuse et ample. Ce vin épanoui, où quelques sucres discrets se promènent en attaque, finit sec. Très beau nez expressif, notes de fleurs, de melon et de fruit de la passion dans la cuvée Théo : bouche caressante, harmonieuse, assez tonique, qui décline une trame salivante et précise. Issu des parcelles acquises en 2019 et en conversion bio, le riesling Furstentum possède déjà une jolie profondeur et une expression de fruit sans fard. Grande pureté et raffinement aromatique dans le Schlossberg, vin énergique, très finement ouvragé, qui se présente sec mais subtilement fruité, avec une excellente allonge. Profil très harmonieux, précis et délicatement fruité dans le pinot gris Clos des Capucins : sapide, long et étoffé, c'est un excellent vin de gastronomie. Le pinot gris Saint-Catherine présente plus d'envergure et de moelleux de texture. Savoureux, ample, brillant, il atteint un équilibre admirable. Les deux gewurztraminers ont des équilibres de demi-sec : la cuvée Laurence est un vin sphérique, onctueux et caressant, très finement poivré. Sa finale apaisée est impressionnante de persistance. Épicé, mentholé, onctueux mais nerveux, l'Altenbourg loge une acidité élevée au sein de sa texture soyeuse. Un vin voluptueux sans exubérance.

- Alsace Les Vignes du Prêcheur 2019 — 15 € — 91
- Gewurztraminer Altenbourg 2019 — 35 € — 95
- Gewurztraminer Laurence 2019 — 25 € — 95
- Pinot Gris Clos des Capucins 2019 — 22 € — 94
- Pinot Gris Sainte-Catherine 2019 — 35 € — 96
- Riesling Cuvée Théo 2019 — 22 € — 93
- Riesling Furstentum 0 Intrants 2019 — Épuisé - 35 € — 92
- Riesling Grand Cru Schlossberg 2019 — 45 € — 95
- Sylvaner 2019 — Épuisé - 15 € — 92

Rouge : 2,3 hectares.
Blanc : 35,7 hectares.
Production moyenne : 145 000 bt/an

DOMAINE WEINBACH
Clos des Capucins, 25, route du Vin, 68240 Kaysersberg Vignoble
03 89 47 13 21 •
www.domaineweinbach.com • Vente et visites : sur RDV.
Propriétaire : Famille Faller
Directeur : Catherine Faller
Maître de chai : Ghislain Berthiot

★★★ DOMAINE ZIND HUMBRECHT

Infatigable ambassadeur de ses vins et de la région, Olivier Humbrecht, premier Français titulaire du Master of Wine, a compris depuis longtemps l'importance du travail à la vigne. Il a converti le domaine à la biodynamie en 1999, et il est par ailleurs président du label Biodyvin. Ce type de culture lui a permis de s'affranchir du botrytis et de réduire les degrés d'alcool. Les vins sont de style sec, et les grands foudres les patinent à plusieurs mètres sous terre. Comme tous les grands vins d'Alsace, ils prennent leur dimension après quelques années ou décennies de garde. Le Clos Windsbuhl est un incontournable et le Rangen de Thann s'impose avec le temps.

Les vins : la gamme présentée est exceptionnelle, à commencer par les rieslings. Salin et pur, le Clos Haüserer est tout en vitalité. Ferme, lancinant et subtil, le Clos Windsbuhl est magistral, tout comme le Brand, encore austère mais serein, qui creuse un sillon minéral pour juguler par de nobles amers sa puissance solaire. Nouveauté cette année, le Sommerberg, ample et mûr, dont la finale se mâche et offre l'éclat du granite. Les gewurztraminers du Hengst et du Clos Windsbuhl s'affranchissent avec brio du profil variétal en de somptueuses expressions. Enfin, le terroir volcanique du Rangen marque les trois vins de sa vigoureuse empreinte, livrant une puissance tellurique dans le riesling, une énergie fougueuse dans le gewurztraminer et culmine dans le pinot gris : l'intensité de saveurs, la précision et l'étoffe vertigineusement profonde de ce vin salin et lumineux rallieront tous les suffrages.

- Gewurztraminer Clos Windsbuhl 2019 — 69 € — 97
- Gewurztraminer Grand Cru Hengst 2019 — 69 € — 97
- Gewurztraminer Grand Cru Rangen de Thann Clos Saint-Urbain 2019 — 100 € — 95
- Riesling Clos Haüserer 2019 — 49,50 € — 96
- Riesling Clos Windsbuhl 2019 — 69 € — 97
- Riesling Grand Cru Brand 2019 — 79 € — 97
- Riesling Grand Cru Rangen de Thann Clos Saint-Urbain 2019 — 100 € — 98
- Riesling Grand Cru Sommerberg 2019 — 69 € — 95
- VDF Zind 2019 — 25 € — 92

Le coup de ♥

- Pinot Gris Grand Cru Rangen de Thann Clos Saint-Urbain 2019 — 100 € — 99

Rouge : 0,3 hectare.
Blanc : 39,7 hectares.
Production moyenne : 180 000 bt/an

DOMAINE ZIND HUMBRECHT ☾
4, route de Colmar, 68230 Turckheim
03 89 27 02 05 • www.zind-humbrecht.fr •
Vente et visites : sur RDV.
Propriétaire : Olivier Humbrecht

★★ DOMAINE ÉMILE BEYER

Vignerons passionnés, Valérie et Christian Beyer continuent à faire briller le domaine familial en produisant une excellente gamme de vins, précis et digestes comme nous les aimons. Ils œuvrent pour la reconnaissance des appellations communales et premier cru. Il faudra encore quelques années de patience avant de goûter le riesling Clos Lucas Beyer, planté plein sud dans le cœur du Pfersigberg. Ce domaine en pleine forme, avec en prime un caveau refait à neuf pour l'accueil des visiteurs, est désormais certifié en biodynamie et offre une gamme impressionnante de régularité.

Les vins : les deux pinots noirs sont assez marqués par leurs élevages. Expressif, finement fumé, le très soigné Eguisheim gagnera à être un peu attendu pour que ses tanins se détendent. Profil à la fois plus accrocheur et réglissé dans l'ambitieux Sundel, plus juteux et profond. Généreux, un peu acidulé en finale, le crémant est de bonne facture. Les rieslings sont excellents : caractère solaire et trame ferme et droite dans Eguisheim, un vin de texture franche à visée gastronomique. Saint-Jacques est plus nuancé, avec des notes de noyau et de pêche jaune. Son raffinement naturel et sa fraîcheur sont remarquables. Avec ses saveurs d'orge et son élan sapide et salin, le Pfersigberg brille de mille nuances : sa matière charnue allie profondeur et élégance. Plus timide dans sa prime jeunesse, le Eichberg semble plus étoffé et introverti : sa finale pointue et ses saveurs aiguisées prouvent sa finesse de constitution. Les deux pinots gris sont de belle facture, et nous préférons le Hohrain, dont le terroir a conféré aux raisins une maturité plus tardive. Un superbe vin raffiné et sec qui fera des étincelles avec une cuisine adaptée. Envergure solaire et nez safrané dans le gewurztraminer Pfersigberg. Son équilibre digne d'une vendange tardive se patinera avec l'âge, révélant pleinement son raffinement.

- Crémant Emile Victor 2014 — 21 € (c) — 89
- Gewurztraminer Grand Cru Pfersigberg 2018 — 31 € — 93
- Pinot Gris Eguisheim 2019 — 14,60 € — 92
- Pinot Gris Lieu-dit Hohrain 2019 — 22,50 € — 93
- Riesling Eguisheim 2018 — 14,60 € — 92
- Riesling Grand Cru Eichberg 2019 — 31 € — 94

- Riesling Grand Cru Pfersigberg 2019 — 31 € — 95
- Riesling Saint-Jacques 2019 — 22,50 € — 93
- Pinot Noir Eguisheim 2019 — 14,60 € — 91
- Pinot Noir Sundel 2019 — 32 € — 93

Rouge : 2,29 hectares. Pinot noir 100 %
Blanc : 14,7 hectares. Riesling 35 %, Pinot gris 21 %, Gewurztraminer 20 %, Pinot blanc 17 %, Sylvaner 4 %, Muscat à petits grains blancs 3 %
Production moyenne : 120 000 bt/an

DOMAINE ÉMILE BEYER ♣
7, place du Château Saint-Léon, 68420 Eguisheim
03 89 41 40 45 • www.emile-beyer.fr • Vente et visites : sur RDV.
Propriétaire : Christian et Valérie Beyer

★★ DOMAINE BOTT-GEYL

Le perfectionniste Jean-Christophe Bott fait partie des grands vignerons alsaciens. Il s'investit dans un travail rigoureux au chai comme à la vigne, cultivée en biodynamie. Alors qu'il ne comptait que 4 hectares à sa création en 1953, le domaine en possède aujourd'hui 15, répartis sur sept communes. Les vins sont ici amples et suaves, leur richesse bien maîtrisée, sans la moindre lourdeur, en particulier dans les pinots gris, qu'il faut absolument redécouvrir. Chaque cuvée possède à la fois puissance et allonge de bouche, deux qualités qui conduisent à la plénitude. Pour couronner le tout, le domaine propose à la vente des millésimes avec un peu d'âge.

Les vins : grande série de rieslings. Énergique, posé, Mandelberg se présente parfaitement sec, plein de vitalité et de relief apporté par de nobles amers. Carrure franche et profil plus tranchant dans le Schlossberg, qui n'a pas encore l'envergure des autres grands crus. Densité de chair et profondeur de saveurs dans l'admirable Furstentum, parsemé de zestes d'agrume, qui laissent la bouche rafraîchie. Grande complexité aromatique dans le Schoenenbourg, caressant et voluptueux, qui intègre parfaitement ses quelques grammes de sucre mais ne se livre pas encore pleinement. Nous avouons un faible pour le Sporen, introverti mais très intense, qui diffuse une énergie stimulante et des arômes d'amande et de fleurs blanches. Les pinots gris sont marquants, les sucres savoureux s'intègrent parfaitement dans ces deux grands vins de gastronomie et de garde : envergure moelleuse et épicée dans le Sonnenglanz, généreux mais ciselé, un rien alangui en finale ; matière sensuelle à l'opulence contenue dans le Furstentum, dont les saveurs de pêche et de noyau rebondissent en bouche avec beaucoup de tonicité. Deux versions de gewurztraminers Sonnenglanz, la première lumineuse, sapide et digeste, dotée d'une dimension assez captivante, la seconde en vendange tardive, impressionnante de pureté et de persistance, avec son envergure épicée et ses saveurs de bourgeon de sapin. Enfin, belle finesse et intensité dans le pinot noir, juteux et élancé, déjà délicieux mais apte à la garde.

- Gewurztraminer Grand Cru Sonnenglanz 2017 — 30 € — 93
- Gewurztraminer Grand Cru Sonnenglanz VT 2017 — 27 € — 95
- Pinot Gris Grand Cru Sonnenglanz 2017 — 29 € — 93
- Riesling Grand Cru Furstentum 2017 — 36 € — 95
- Riesling Grand Cru Mandelberg 2017 — 36 € — 93
- Riesling Grand Cru Schlossberg 2017 — 36 € — 92
- Riesling Grand Cru Schoenenbourg 2017 — 36 € — 95
- Riesling Grand Cru Sporen 2017 — 55 € — 96
- Pinot Noir Galets Oligocène 2017 — 30 € — 93

Le coup de ♥

- Pinot Gris Grand Cru Furstentum 2017 — 29 € — 95

Rouge : 0,7 hectare. Pinot noir 100 %
Blanc : 14,3 hectares. Riesling 36 %, Gewurztraminer 25 %, Pinot gris 20 %, Pinot blanc 16 %
Production moyenne : 80 000 bt/an

DOMAINE BOTT-GEYL ♣
1, rue du Petit-Château, 68980 Beblenheim
03 89 47 90 04 • www.bott-geyl.com • Vente et visites : sur RDV.
Propriétaire : Jean-Christophe Bott

★★ DOMAINE DU CLOS SAINT-LANDELIN-VÉRONIQUE ET THOMAS MURÉ

Ce domaine comprend le Clos Saint-Landelin, monopole de 12 hectares situé à l'extrémité sud du grand cru Vorbourg, dont il est le fleuron. Il est aujourd'hui dirigé par Véronique et son frère Thomas Muré, les enfants de René. La culture du vignoble et la maîtrise des vinifications sont exemplaires depuis longtemps, et la nouvelle génération ne s'encombre plus de sucres résiduels. Le domaine s'est recentré sur la production des vins issus de ses propres vignobles, abandonnant progressivement l'activité de négoce lancée il y a plus de trente ans. Les vignes sont certifiées en biodynamie. Une visite récente nous a permis de mieux comprendre les équilibres des vins du domaine.

Les vins : 48 mois sur lattes pour le crémant à la bulle énergique, qui reste un peu monolithique dans ses saveurs. Fumée, finement ardée, la matière large et assez moelleuse du pinot noir enrobe habilement les tanins du bois, avec une finale large et nette. Fine réduction et gaz carbonique dans le riesling Côte de Rouffach, qui séduit par sa vivacité de saveur et l'éclat de sa chair expressive : nous le préférons au Steinstuck, serré et réduit. Matière large et solaire dans le riesling Zinnkoepflé, encore assez immature : on le laissera tranquillement se mettre en place. Savoureux et épicé, doté de grands amers et de saveurs d'agrume, le pinot gris sait contenir sa générosité. Étonnant nez de camomille, de camphre et de menthe dans le riesling VT, pourvu de sucres acidulés et friands qui emportent la bouche en un élan gourmand. Plus plantureux, Oscar est original dans son équilibre de liquoreux. Enfin, le gewurztraminer VT séduit par son nez d'agrumes confits et de kumquat, sa matière opulente et solaire, nerveuse, qui emplit la bouche et signe une belle qualité de passerillage : un vin concentré et très persistant.

- Crémant d'Alsace Extra-Brut Grand Millésime 2013 — 25,20 € — 90
- Gewurztraminer Grand Cru Vorbourg Clos Saint-Landelin VT 2017 — 33,40 € — 94
- Pinot Gris Clos Saint Landelin 2016 — 26,90 € — 93
- Riesling Côte de Rouffach 2019 — Épuisé - 15,60 € — 91
- Riesling Grand Cru Vorbourg Clos Saint-Landelin VT 2017 — 47,40 € — 94
- Riesling Grand Cru Zinnkoepflé 2019 — 45,10 € — 93
- Riesling Steinstuck 2019 — 17,20 € — 88
- Sylvaner Clos Saint-Landelin Oscar 2018 — Épuisé - 22,40 € — 92
- Pinot Noir Lutzeltal 2018 — 29,10 € — 91

Rouge : 4 hectares. Pinot noir 100 %
Blanc : 21 hectares. Riesling 36 %, Gewurztraminer 32 %, Pinot gris 20 %, Sylvaner 5 %, Chardonnay 3 %, Muscat ottonel 2 %
Production moyenne : 95 000 bt/an

DOMAINE DU CLOS SAINT-LANDELIN-VÉRONIQUE ET THOMAS MURÉ
Route du Vin, 68250 Rouffach
03 89 78 58 00 • www.mure.com •
Visites : sans RDV.
Propriétaire : Véronique et Thomas Muré

★★ DOMAINE DIRLER-CADÉ

Vignerons sensibles et chevronnés, Jean Dirler et son épouse Ludivine tiennent parfaitement les rênes de ce domaine fondé en 1871, transmis de père en fils depuis cinq générations et en biodynamie depuis 1998. Quel que soit le cépage, la justesse des vins, leurs densités et maturités n'ont jamais été aussi abouties : une gamme impressionnante de grands vins blancs secs culmine avec les magnifiques expressions des grands crus Spiegel, Kessler et Kitterlé, qu'il faut absolument découvrir. Cette maison trop discrète propose un accueil remarquable, et de nombreux vins sont disponibles dans des millésimes plus anciens.

Les vins : concentrons-nous sur les blancs secs, en débutant avec le sylvaner, excellent blanc de gastronomie précis et ferme. Matière nuancée et finement fumée dans le pinot gris Schimberg, pourvu d'un éclat salin en finale. Direct, précis et droit, le simple riesling démontre amplement le niveau d'exigence et de savoir-faire du domaine. Carrure argileuse marquée dans le riesling Belzbrunnen, dont le profil à la fois mûr et tranchant crée une vraie complémentarité et lui apporte un caractère bien trempé. Les grands crus sont superbes, à commencer par le muscat : nez ravissant, très délicat de menthe et verveine, bouche infusée, millimétrée dans ses saveurs, très juste et subtile. Un rêve de muscat désaltérant, ciselé et lumineux. Pénétrant, très intense, le riesling Kitterlé se fait limpide et cristallin, doté d'une vibration hors du commun avec des saveurs de yuzu et des amers racinaires. Matière ferme et lancinante, débordante d'énergie et de puissance contenue dans l'admirable riesling Kessler : son éclat tonique et sa persistance sont impressionnants.

- Gewurztraminer Grand Cru Spiegel VT 2018 — 39,40 € — 92
- Pinot Gris Schimberg 2019 — 19,30 € — 91
- Riesling 2019 — 15,50 € — 91
- Riesling Belzbrunnen 2019 — 22,20 € — 92
- Riesling Grand Cru Kessler HW Élément Feu 2019 — 37,50 € — 96
- Riesling Grand Cru Kitterlé Élément Terre 2019 — 30 € — 95
- Sylvaner Vieilles Vignes 2019 — 15 € — 91

Crémant d'Alsace 2017 21,30 € 88
Pinot Noir 2019 25 € 90

Le coup de ♥

Muscat Grand Cru Spiegel Élément Air 2019 23,70 € 95

Rouge : 2 hectares.
Blanc : 15 hectares.
Production moyenne : 80 000 bt/an

DOMAINE DIRLER-CADÉ
13, rue d'Issenheim, 68500 Bergholtz
03 89 76 91 00 • www.dirler-cade.com •
Vente et visites : sur RDV.
Propriétaire : Jean et Ludivine Dirler

★★ JOSMEYER

C'est aujourd'hui la cinquième génération qui tient les rênes de ce domaine fondé en 1854 : Céline à la direction, et Isabelle aux vinifications. Ce duo efficace continue à porter la qualité des vins, certifiés en biodynamie, vers l'excellence : on ne négligera surtout pas ici le pinot blanc et l'auxerrois, qui brillent comme rarement. L'art est omniprésent dans la famille, avec des poèmes et des dessins des deux sœurs, tantôt sur les étiquettes ou sur les foudres... Il faut ouvrir grand les yeux pour ne rien rater lors de la visite de ce domaine modèle ! Le style des vins, tout en élégance naturelle, nous séduit, avec une gamme de haute volée qui enchantera les amateurs de vins nuancés, droits et secs. Et les grands crus Hengst et Brand s'expriment ici au sommet !

Les vins : la gamme présentée est large et de haut niveau. Retenons en priorité le croquant et suave pinot blanc, au fruit si savoureux, et le gewurztraminer Les Folastries, très parfumé et quasiment sec, qui évoque l'orge et le blé ; il sort du cadre variétal habituel et se développe en bouche avec bonheur. Auxerrois H offre sa matière charnue et tonique, d'une formidable sincérité de saveurs, infusé de saveurs de poires et d'épices. Un vin consistant et nourrissant. Les deux pinots gris sont excellents, en particulier Brand, épicé et revigorant, à l'énergie contagieuse. Très digestes, les rieslings sont brillants : Le Dragon épicé et expressif, avec son acidité mûre, Les Pierrets plein de vitalité, jus effilé qui évoque la pierre chaude. Très nuancé, Le Kottabe se fait pur, acidulé et vivace. Saveurs lumineuses d'écorces d'agrume et d'amers nobles dans le somptueux riesling Hengst Samain, doté d'un souffle rare et d'un équilibre bluffant entre sa puissance et sa finesse lancinante.

Gewurztraminer Les Folastries 2018 20,90 € 91
Pinot Blanc Mise du Printemps 2020 12,90 € 90
Pinot Gris Grand Cru Brand 2017 36,50 € 94
Pinot Gris Le Fromenteau 2018 19 € 91
Riesling Grand Cru Hengst Samain 2019 55 € 97
Riesling Le Dragon 2019 25,90 € 93
Riesling Le Kottabe 2019 19 € 94
Riesling Les Pierrets 2019 27,90 € 94
VDF Chante Pinot 2020 14,50 € 90

Le coup de ♥

Pinot Auxerrois H Vieilles Vignes 2018 24,90 € 93

Rouge : 0,5 hectare. Pinot noir 100 %
Blanc : 24,2 hectares. Riesling 28 %, Pinot blanc 24 %, Pinot gris 21 %, Gewurztraminer 19 %, Sylvaner 5 %
Production moyenne : 160 000 bt/an

JOSMEYER
76, rue Clemenceau, 68920 Wintzenheim
03 89 27 91 90 • www.josmeyer.com •
Visites : sans RDV.
Propriétaire : Famille Meyer
Directeur : Céline Meyer
Œnologue : Isabelle Meyer

★★ DOMAINE ANDRÉ KIENTZLER

Ce domaine s'impose depuis de nombreuses années comme une des références alsaciennes, notamment sur le grand cru Geisberg (qui ne compte que quatre propriétaires). Arrivé en 2000, Thierry Kientzler poursuit le travail de son père, épaulé par Éric, son frère cadet. La ligne de conduite n'a pas bougé, les vins sont de style sec, racé, et parfois marqués par l'austérité typique du secteur de Ribeauvillé ; il ne faut pas être impatient avec ces blancs, qui vieillissent bien. Le travail à la vigne est admirable et le domaine pourrait être certifié en bio, si les petites parcelles du Geisberg en terrasses n'étaient pas si difficiles à manœuvrer. La gamme est revenue au meilleur niveau avec des vins ciselés, d'une grande précision. Un vin rouge va bientôt compléter la liste grâce à un surgreffage de pinot noir sur des parcelles idéalement exposées, dont la certification bio est en cours.

Les vins : nouveauté cette année, A bout de Soufre assemble pinot gris, sylvaner et muscat. Frais et ciselé, ce vin friand est fruité est une excellente entrée en matière. Matière charnue mais svelte dans le pinot gris, très bien mis en valeur dans une expression aérienne et épurée. Les rieslings sont remarquables : Muhlforst nerveux et plein de peps, Osterberg profond et profilé, doté d'une magnifique sève minérale éclatante. Plus tranchant et serré dans sa texture, Kirchberg est un vin d'orfèvre, porté par un souffle frais, dont les contours en bouche semblent finement sculptés. Plus réservé, le très persistant Geisberg évoque les fleurs séchées et la bergamote. Avec sa grande colonne vertébrale acide, sa puissance sous-jacente préserve parfaitement sa finesse de saveurs.

- A Bout de Soufre 2019 — Épuisé - 16 € — 90
- Pinot Gris Grand Cru Kirchberg 2019 — 31 € — 92
- Riesling Grand Cru Kirchberg 2019 — 31 € — 95
- Riesling Grand Cru Osterberg 2019 — 26 € — 94
- Riesling Muhlforst 2019 — 20 € — 92

Le coup de ♥

- Riesling Grand Cru Geisberg 2019 — 35 € — 96

Blanc : 13 hectares.
Production moyenne : 80 000 bt/an

DOMAINE ANDRÉ KIENTZLER
50, route de Bergheim, 68150 Ribeauvillé
03 89 73 67 10 • www.vinskientzler.com • Vente et visites : sur RDV.
Propriétaire : Thierry Kientzler

★★ DOMAINE KIRRENBOURG

Après le rachat de la maison Martin Schaetzel, Marc Rinaldi a installé son chai à Kientzheim, et jouit d'une vue imprenable sur son terroir de prédilection : le Schlossberg. Comme l'intégralité des vins proviennent de terroirs en grand cru, notamment du lieu-dit Kirrenbourg, c'est tout naturellement que le domaine a été rebaptisé. En un peu plus de cinq ans, il a connu une ascension hors-norme, avec pour maîtres d'œuvre Ludovic Merieau, le maître de chai, et le talentueux Samuel Tottoli. 2017 a signé un tournant avec une montée en puissance de la qualité des vins, tant les rieslings que les rouges. La gamme peut encore progresser en homogénéité et régularité.

Les vins : issu du Brand, le sylvaner prend une dimension supplémentaire sur ce grand terroir : épuré, limpide, il impose sa marque, avec une vibration cristalline en finale. Note de fruits jaunes et fine réduction dans le pinot gris, au profil strict et ciselé. Cette réduction se retrouve dans certains rieslings, ce qui les amoindrit légèrement : Roche granitique est bien défini, salin et vigoureux. Intense mais peu aimable, le Schlossberg nous déçoit un peu, car nous lui décelons un caractère un peu dur et végétal. Sa version K offre plus de tension et d'intensité, vin dense et ouvragé, porté par une sève minérale et une finale bien salivante. Délicatesse de texture, saveurs de poire et notes finement exotiques dans le Brand : un grand vin ciselé, déjà très savoureux, à l'envergure juteuse et à la persistance racée. Parmi les trois rouges, la cuvée Mathieu est friande et tendre. Dommage qu'un boisé un peu strict en finale ne vienne imposer son empreinte. L'élevage est plus harmonieusement intégré dans Terroir B, dont la matière plus large s'appuie sur des tanins réglissés : un rouge moderne, assez soyeux et consensuel. Sur terroir marno-calcaire, Jardin des Oiseaux arrondit les angles et prend de délicieuses saveurs sanguines : le plus raffiné, complexe et persistant des rouges du domaine.

- Pinot Blanc 2019 — 14 € — 90
- Pinot Gris Roche granitique 2019 — 17 € — 91
- Riesling Grand Cru Brand 2019 — 39 € — 95
- Riesling Grand Cru Schlossberg 2019 — 41 € — 91
- Riesling Grand Cru Schlossberg K 2019 — 45 € — 93
- Riesling Roche Granitique 2019 — 18 € — 92
- Sylvaner Terroir B 2019 — 21 € — 91
- Pinot Noir Jardins des Oiseaux 2019 — 59 € — 93
- Pinot Noir Mathieu 2019 — 29 € — 90
- Pinot Noir Terroir B 2019 — 38 € — 92

Rouge : 2,2 hectares. Pinot noir 100 %
Blanc : 8,1 hectares. Riesling 57 %, Gewurztraminer 21 %, Pinot gris 11 %, Sylvaner 5 %
Production moyenne : 45 000 bt/an

DOMAINE KIRRENBOURG ☾
15 C, route du Vin, Ban de Kientzheim, 68240 Kaysersberg
03 89 47 11 39 • www.domainekirrenbourg.fr • Vente et visites : sur RDV.
Propriétaire : Famille Rinaldi
Directeur : Samuel Tottoli
Maître de chai : Ludovic Merieau

★★ ↗ DOMAINE MARC KREYDENWEISS

Antoine, le fils de Marc Kreydenweiss, est depuis 2007 aux commandes de ce domaine situé à Andlau, parmi les pionniers de la biodynamie en Alsace. La variété des terroirs en propriété et leur interprétation subtile a toujours été ici un point fort, renforcé par les changements mis en place par Antoine (pressurage plus lent et élevages prolongés sur lies). Les risques pris en vinifiant nombre de cuvées sans soufre (ou avec des niveaux minimes) ont pu entraîner par le passé quelques oxydations prématurées. Le pinot noir et les vins de macération (non notés) sont au plus haut niveau. Le degré d'exigence est revenu au plus haut avec des vins d'une rare vitalité. Une visite au domaine nous a convaincu de la pertinence des choix à l'œuvre. Le domaine retrouve logiquement son rang avec l'obtention cette année de la seconde étoile.

Les vins : nous apprécions le pinot blanc Kritt, qui s'exprime en liberté avec des notes de pommiers en fleur et une grande fraîcheur de constitution. Assemblage de pinot blanc et d'auxerrois, cristallin et salivant, La Fontaine aux Enfants est tout en finesse et tension, et roule avec bonheur sur la langue. Grande réussite que le Val d'Eléon – assemblage de pinot gris et riesling complantés –, vin racé et floral, dont la bouche tranchante prend des saveurs de mandarine. Nous sommes impressionnés par l'équilibre solaire mais ciselé et la qualité des amers de finale du pinot gris Moenchberg : sa grande finale séveuse et pleine de vitalité se déploie avec bonheur. En riesling, Andlau est un excellent village, nuancé et sapide, dont la matière fraîche se mâche avec gourmandise : dynamique et extrêmement appétent. Expression florale, grande vigueur et intensité de saveurs dans Clos Rebberg, qui raconte à merveille la tension de son terroir de schistes. Encore immature, il monte lentement en puissance. Texture cristalline, profil énergisant et sphérique dans l'admirable Wiebelsberg, qui transmet en finale la fine granulosité de son terroir de grès. Le nez de Kastelberg évoque la menthe, la coriandre et la réglisse. Délicatement salin, avec un grain de texture très subtil, il rayonne d'une race évidente.

Alsace Clos du Val d'Eléon 2018 — 23,50 € — 93

Alsace La Fontaine aux Enfants 2018 — 23,50 € — 93

Pinot Blanc Kritt 2019 — 15 € — 91

Pinot Gris Grand Cru Moenchberg 2018 — 37,50 € — 93

Riesling Andlau 2019 — 17,50 € — 92

Riesling Clos Rebberg 2018 — 27,50 € — 93

Riesling Grand Cru Kastelberg 2019 — 54,50 € — 96

Le coup de ♥

Riesling Grand Cru Wiebelsberg 2019 — 37,50 € — 95

Rouge : 0,5 hectare. Pinot noir 100 %
Achat de raisins.
Blanc : 13 hectares. Riesling 50 %, Pinot blanc 25 %, Pinot gris 15 %, Gewurztraminer 10 %
Achat de raisins.
Production moyenne : 120 000 bt/an

DOMAINE MARC KREYDENWEISS
12, rue Deharbe, 67140 Andlau
03 88 08 95 83 • www.kreydenweiss.com •
Vente et visites : sur RDV.
Propriétaire : Antoine Kreydenweiss

★★ DOMAINE LOEW

Depuis quelques années, ce domaine nous séduit par la régularité de sa production et le très bon niveau des vins. Étienne Loew a su trouver la clé pour appréhender les terroirs proches de Westhoffen, et défend ce vignoble un rien isolé comme un garde surveille son rempart ! Sa patte est sûre, sa réflexion ouverte et ses vins se distinguent par leur élégance, leur style spontané et naturel. Dans cette gamme toujours plus homogène au fil des ans, quelques cuvées sans soufre se démarquent et le pinot noir est très fiable.

Les vins : petite déception avec le gewurztraminer, que nous trouvons variétal et trop diffus. Assemblage de pinot blanc, pinot gris et auxerrois, la cuvée Pinots a fermenté trois ans : équilibre demi-sec, gourmandise et éclat. Puissance aromatique et franchise de saveurs dans le muscat, parfaitement sec et doté d'une acidité lancinante. En riesling, si Ostenberg se montre tendre et un peu alangui, Suessenberg offre plus d'équilibre, avec sa finale déliée, mais marquée par la densité calcaire. Plus profond et complexe, le Clos des Frères se fait juteux et scintillant : nous apprécions son intégrité et sa sincérité. Fraîcheur épicée et chair énergique dans Altenberg, assez revigorant mais encore campé sur sa finale carrée et persistante. Profil sec dans le pinot gris, même s'il comporte quelques sucres épars : sa fine trame épicée sait le tonifier et l'étirer. Matière délicate et un peu fumée dans le pinot noir : son allonge fraîche et réglissée lui apporte beaucoup de cachet.

Alsace Pinots 2017 — 16 € — 92

Gewurztraminer Ostenberg 2019 — 15,80 € — 89

Muscat Les Marnes Vertes 2019 — 14,30 € — 91

Pinot Gris Bruderbach Le Menhir 2019 — 15,80 € — 92

Riesling Grand Cru Altenberg de Bergbieten 2019 — 28 € — 94

Riesling Ostenberg 2019 — 15,80 € — 91

Riesling Suessenberg 2019 — 15,80 € — 92

Pinot Noir Westhoffen 2019 — Épuisé - 15,10 € — 92

Le coup de ♥

Riesling Bruderbach Clos des Frères 2019 — 15,80 € — 93

Rouge : 1 hectare. Pinot noir 100 %
Blanc : 12 hectares. Riesling 30 %, Pinot gris 25 %, Gewurztraminer 20 %, Sylvaner 7 %, Muscat à petits grains blancs 7 %
Production moyenne : 50 000 bt/an

DOMAINE LOEW
28, rue Birris, 67310 Westhoffen
03 88 50 59 19 • www.domaineloew.fr •
Vente et visites : sur RDV.
Propriétaire : Caroline et Étienne Loew

★★ DOMAINE JEAN-LOUIS ET FABIENNE MANN

Arrivé il y a tout juste dix ans au domaine familial, Sébastien Mann lui a donné une nouvelle impulsion. Sa patte est aujourd'hui perceptible dans les vins. Ses expériences chez Vouette et Sorbée lui ont permis de créer des bulles en brut nature, dont une partie est élevée en barriques. Un travail minutieux est mené sur ces cinquante parcelles cultivées en biodynamie : les deux grands crus Eichberg et Pfersigberg s'expriment très bien. Signalons la belle progression des vins rouges, plus structurés et très prometteurs, ainsi qu'un choix payant de pinots gris secs sur certaines parcelles en blanc. Une nouvelle structure d'accueil voit le jour en 2019 pour le plus grand plaisir des visiteurs. Les vins se montrent tous précis et intègres, ce qui a permis au domaine de gagner l'an dernier la deuxième étoile.

Les vins : le pinot noir Chemin de Pierres nous séduit par ses saveurs d'orange sanguine, assez libre dans son propos et doté d'un magnifique fruit moelleux et nuancé. Expressif, juteux et acidulé, le muscat est un régal de fruit frais, désarmant de franchise. Très bons rieslings : tonalité mûre et fraîche dans l'excellent Altengarten, parfaitement sec et salivant. Plus large et charnu dans ses saveurs de fruit bien mûr, Logelberg se fait plus complexe, prolongé d'excellents amers. Encore peu expressif dans sa jeunesse, le Pfersigberg se montre très intense et tonique, d'une grande fermeté de texture, avec des saveurs d'écorce de pamplemousse. Le pinot gris Eichberg, encore sur la réserve, est doté d'une magnifique intensité de saveurs : parfaitement sec, il déborde de vitalité et s'illustre par son allonge, entre fumé et coing frais. La gourmandise des sucres résiduels équilibre à merveille le gewurztraminer Pfersigberg, dont le fruit juteux illumine l'ensemble. Liquoreux d'exception issu de passerillage, l'extraverti Fruit de la Passion porte bien son nom : sa succulence de fruits exotiques est irrésistible et trouve le juste équilibre avec sa richesse. Impressionnante matière suave et confite dans le gewurztraminer SGN, liquoreux exubérant qu'on ne pourra boire qu'à très petites doses.

Crémant d'Alsace Brut Nature — 21 € (c) — 91

Gewurztraminer Grand Cru Pfersigberg 2018 — 30,90 € — 93

Gewurztraminer SGN 2018 — 36,30 € — 93

Muscat 2019 — 17,70 € — 91

Muscat Fruit De La Passion 2018 — 97,50 € — 95

Pinot Gris Grand Cru Eichberg 2018 — 30,90 € — 93

Pinot Gris Letzenberg 2018 — 18,70 € — 91

Riesling Altengarten 2019 — 18,70 € — 92

Riesling Grand Cru Pfersigberg 2019 — 65 € — 93

Riesling Logelberg 2019 — 25,70 € — 93

Pinot Noir Chemin de Pierres 2019 — 36,60 € — 92

Rouge : 0,8 hectare. Pinot noir 100 %
Blanc : 12 hectares. Gewurztraminer 28 %, Riesling 27 %, Auxerrois (Lorrain/Alsacien) 18 %, Pinot gris 11 %, Sylvaner 6 %, Muscat à petits grains blancs 5 %, Chardonnay 3 %, Pinot blanc 2 %
Production moyenne : 65 000 bt/an

DOMAINE JEAN-LOUIS ET FABIENNE MANN
11, rue du Traminer, 68420 Eguisheim
03 89 24 26 47 • www.vins-mann.com •
Vente et visites : sur RDV.
Propriétaire : Sébastien Mann

★★ DOMAINE MEYER-FONNÉ

En quelques années, Félix Meyer s'est forgé une solide réputation en Alsace. Ce n'est pas un hasard : la viticulture est de qualité, avec des rendements très surveillés, et les vinifications s'effectuent sur lies fines dans de grands foudres. Arrivé au domaine familial en 1992, Félix révèle avec talent les terroirs granitiques de Katzenthal. Ne négligez pas chez lui le gewurztraminer, qui n'accuse aucune lourdeur et acquiert une pureté cristalline, séduisant même les détracteurs de ce cépage trop souvent pommadé. Le domaine s'est agrandi de 3,5 hectares en 2019, et 2021 verra l'arrivée de la certification bio.

Les vins : le pinot noir est de belle qualité mais la finale toastée signe un élevage un peu appuyé. Si le pinot gris Réserve reste assez simple, Kaefferkopf est tendu, épuré et salin, doté d'une superbe précision de saveurs. Superbe série de rieslings : beaucoup d'éclat et de gourmandise de fruit dans le Pfoeller, vin structuré et tendu par sa trame calcaire. Caractère plus épicé et tendre dans Mandelberg, charnu et expressif dans son évocation de pêches au sirop, souligné par une acidité vivifiante. Nuancé, délicat, Wineck-Schlossberg ne manque pas d'élan. Joufflu, sapide et volubile, Kaefferkopf déploie une séduisante envergure. À la fois le plus sec et le plus persistant des rieslings, Schoenenbourg est aussi le plus ciselé : sa mâche raffinée en finale et sa texture racée et saline le distinguent. En gewurztraminer, le profond Furstentum porte beau ses sucres lumineux et affiche une gourmandise désaltérante : ce grand terroir sait transfigurer le cépage. Admirable pureté du botrytis dans l'exceptionnel Kaefferkopf grains nobles, un vin dont l'équilibre souverain rayonne en une myriade de saveurs affriolantes.

- Gewurztraminer Grand Cru Furstentum 2019 — 19,50 € — 94
- Gewurztraminer Kaefferkopf SGN 2017 — 45 € — 96
- Pinot Gris Grand Cru Kaefferkopf 2019 — 19,50 € — 94
- Pinot Gris Réserve 2019 — 12 € — 90
- Riesling Grand Cru Kaefferkopf 2019 — 29 € — 92
- Riesling Grand Cru Mandelberg Vieilles Vignes 2019 — 28 € — 93
- Riesling Grand Cru Wineck-Schlossberg 2019 — 23 € — 93
- Riesling Pfoeller 2019 — 21 € — 92
- Pinot Noir Altenbourg 2019 — 28 € — 91

Le coup de ♥

- Riesling Grand Cru Schoenenbourg 2019 — 31 € — 95

Rouge : 1,9 hectare. Pinot noir 100 %
Blanc : 16,8 hectares. Pinot blanc 29 %, Riesling 29 %, Pinot gris 20 %, Gewurztraminer 19 %, Muscat à petits grains blancs 3 %
Production moyenne : 110 000 bt/an

DOMAINE MEYER-FONNÉ ♣
24, Grand-Rue, 68230 Katzenthal
03 89 27 16 50 • www.meyer-fonne.com •
Visites : sans RDV.
Propriétaire : Félix et François Meyer

★★ DOMAINE SCHOFFIT

Le domaine Schoffit est installé à l'intérieur de Colmar, ce qui est inhabituel, mais s'explique par l'importance du vignoble de la Harth dans l'histoire de la ville. Entre l'extension urbaine et le maintien de la forêt, la Harth a perdu de son importance viticole. Le domaine s'est déployé au sud dès 1986, sur le célèbre grand cru Rangen, d'où il tire aujourd'hui l'essentiel de ses grands vins. Il se partage entre trois terroirs relativement distants : les cailloutis de la plaine de la Harth, le granite du grand cru Sommerberg et le sol volcanique du Rangen, à Thann. Bernard Schoffit s'est vu confier la vinification du clos de la ville de Thann, une parcelle replantée dans le haut du Rangen. Le domaine est en cours de conversion Demeter et Alexandre Schoffit, 34 ans, incarne la nouvelle génération.

Les vins : plus mûr et épicé qu'à l'accoutumée, le chasselas offre beaucoup de générosité, mais reste sapide et croquant. Petite déception avec le riesling du Harth, un peu réduit et manquant d'un peu de fraîcheur. Grande envergure de chair dans Sommerberg, ouvragé et intègre, qui transmet toute l'énergie minérale des arènes granitiques du cru : son allonge est phénoménale. Très vigoureux, le riesling du Rangen se présente tout en concentration, encore très immature : sa finale très étoffée et tonique signe son pedigree. Avec un équilibre proche d'un moelleux, le gewurztraminer du Rangen possède le tonus et la vibration de ce grand terroir. Superbe nez de pollen, d'infusion, de pêche de vigne et de bonbon au miel dans le pinot gris VT, un vin irrésistible de gourmandise dont la chair délicatement sirupeuse regorge de fraîcheur et d'un éclat mentholé en finale : magistral.

- Chasselas Vieilles Vignes 2019 — 10 € — 90

- Gewurztraminer Grand Cru Rangen Clos Saint-Théobald 2019 — 36 € — 94
- Riesling Grand Cru Rangen Clos Saint-Théobald 2019 — 36 € — 94
- Riesling Grand Cru Sommerberg 2019 — 26 € — 95
- Riesling Harth Vieilles Vignes 2019 — 15 € — 90

Le coup de ♥

- Pinot Gris Grand Cru Rangen Clos Saint-Théobald VT 2019 — 45 € — 97

Rouge : 0,9 hectare. Pinot noir 100 %
Blanc : 16,1 hectares. Pinot gris 28 %, Riesling 28 %, Gewurztraminer 20 %, Auxerrois (Lorrain/Alsacien) 10 %, Chasselas 6 %, Pinot blanc 2 %, Sylvaner 1 %
Production moyenne : 80 000 bt/an

DOMAINE SCHOFFIT ♣
68, Nonnenholzweg, 68000 Colmar
03 89 24 41 14 • domaine.schoffit@free.fr • Vente et visites : sur RDV.
Propriétaire : Famille Schoffit

★★ ↗ DOMAINE TRAPET

Épouse du célèbre vigneron bourguignon Jean-Louis Trapet, Andrée n'a jamais voulu renoncer à ses origines alsaciennes. Aussi a-t-elle choisi, depuis 2002, de reprendre les vignes familiales et de développer ce domaine, situé à Riquewihr. Leurs deux fils, Pierre et Louis, se sont beaucoup impliqués, replantant en haute densité en échalas la plupart des parcelles (12 à 16 000 pieds/ha). Culture en biodynamie, vinifications soignées dans divers contenants, les vins possèdent de forts caractères. La gamme montre la légitimité de la hiérarchisation par commune et de la mise en avant des terroirs. La progression qualitative permet cette année au domaine de décrocher la deuxième étoile.

Les vins : dominante d'auxerrois complété de sylvaner dans A Minima, désaltérant et intègre. En riesling, Beblenheim est digeste et énergique, Riquewihr plus profond et épicé. Grand raffinement aromatique dans le Schlossberg, pénétrant et intense, lumineux et déjà très nuancé, pourvu d'une énergie communicative. Le Schoenenbourg s'appuie sur de grands amers salivants et d'une allonge subtilement épicée : un vin solaire mais délicat, puissant mais juteux. Le gewurztraminer Sonnenglanz est un concentré d'énergie, un vin vitaminé que le temps saura assagir : la juste intégration des 67 grammes de sucre est une leçon d'équilibre. Très abouti, Ambre illustre les bienfaits d'une macération virtuose sur le gewurztraminer : profil sec et nerveux, éclat du fruit et persistance lancinante, complété d'arômes d'écorces d'agrumes et d'une finale un peu maltée.

- Alsace A Minima 2019 — 15 € — 91
- Gewurztraminer Ambre 2019 — Épuisé - 25 € — 93
- Gewurztraminer Grand Cru Sonnenglanz 2018 — 30 € — 93
- Riesling Beblenheim 2018 — 15 € — 92
- Riesling Grand Cru Schlossberg 2018 — 60 € — 94
- Riesling Riquewihr 2018 — 15 € — 92

Le coup de ♥

- Riesling Grand Cru Schoenenbourg 2018 — 60 € — 95

Rouge : 1 hectare.
Blanc : 14 hectares.
Production moyenne : 40 000 bt/an

DOMAINE TRAPET ☾
14, rue des Prés, 68340 Riquewihr
03 80 34 30 40 • www.trapet.fr • Vente et visites : sur RDV.
Propriétaire : Famille Trapet

★★ TRIMBACH

Maison incontournable qui s'élève fièrement dans la belle cité des ménétriers, Trimbach fait le bonheur des amateurs avec ses cuvées mythiques Frédéric-Émile et Clos Sainte-Hune. Au gré des millésimes, Pierre Trimbach vinifie le riesling dans la verticalité, toujours de style sec, sans craindre l'austérité. De l'oncle Hubert jusqu'à la fille Anne, la famille a œuvré depuis plus de trente ans au développement du domaine, avec aujourd'hui près de 60 hectares en propriété et une centaine en achat de raisins. Certains grands crus sont revendiqués depuis 2009 et directement alloués en petites quantités par Jean Trimbach aux plus belles tables du monde. De facture classique, les vins d'entrée de gamme sont de qualité mais ne peuvent prétendre au même niveau.

Les vins : tendu et très salin, le sylvaner se présente tout en rectitude et nervosité. Épicé et charnu, avec un caractère assez solaire, le gewurztraminer s'appuie sur une matière serrée parsemée de petits amers. Il mérite d'attendre encore un peu pour que sa matière se détende. La grande affaire de la maison, ce sont les rieslings : la cuvée Réserve affiche un profil tranchant, élancé et sans concession, dans la droite ligne du style de la maison. Noble évolution aromatique au nez du Frédéric-Émile, dont les saveurs de fleurs séchées et la petite mâche sapide roulent sur la langue : épanoui, il se montre délicieux à boire. Notes de talc et noix de muscade au nez de Geisberg, un vin épuré et ferme dont le profil svelte et la finale à la carrure froide et épicée indiquent le grand potentiel de garde. À l'aube de sa longue vie, Clos Saint-Hune domine la gamme avec son élégance et sa réserve aristocratique. Large mais tout en subtilité, constellée de saveurs d'agrumes, sa bouche vibre d'une intensité peu commune.

- Gewurztraminer Seigneurs de Ribeaupierre 2015 — 36 € — 92
- Riesling Clos Sainte-Hune 2016 — 195 € — 96
- Riesling Frédéric-Emile 2013 — 51 € — 93
- Riesling Grand Cru Geisberg 2016 — 52 € — 93
- Riesling Réserve 2019 — 18,90 € — 91
- Sylvaner 2019 — 11,20 € — 90

Rouge : 13 hectares. Pinot noir 100 %
Achat de raisins.
Blanc : 142 hectares. Riesling 43 %, Gewurztraminer 24 %, Pinot gris 18 %, Pinot blanc 13 %, Sylvaner 1 %
Achat de raisins.
Production moyenne : 1 100 000 bt/an

TRIMBACH
15, route de Bergheim, 68150 Ribeauvillé
03 89 73 60 30 • www.trimbach.fr •
Visites : sans RDV.
Propriétaire : Famille Trimbach
Directeur : Pierre et Jean Trimbach
Maître de chai : Pierre Trimbach

★★ DOMAINE VALENTIN ZUSSLIN

Le travail de Jean-Paul et Marie Zusslin, qui poursuivent la tradition viticole familiale née en 1691, est exemplaire depuis déjà quelques années. Installés à Orschwihr, sur un très joli vignoble, ils forment un duo passionné, charismatique et soucieux du travail bien accompli. Et multiplient les projets : agro-foresterie, mise en place de dizaines de ruches et nichoirs dans les parcelles... Chacun a son rôle : Marie à la commercialisation, Jean-Paul dans les vignes et à la cave. Une viticulture en biodynamie depuis 1997, une vinification soignée et un élevage précis résument le travail de ce domaine de référence, où l'esprit parcellaire est omniprésent, même dans les crémants. Avec quelques petits réglages, l'excellence de la gamme peut laisser présager une progression dans notre classement !

Les vins : soigné, persistant, le crémant présente hélas un peu de réduction. Le pur auxerrois Au'Rigine offre une chair sapide et un volume moelleux et caressant. Les rieslings tutoient les sommets : Clos Liebenberg raffiné et serein, d'une grande franchise, et Pfingstberg 2015 tout en énergie solaire, rayonnant et lancinant en finale. Sa version 2017 pousse les curseurs ; une intensité saline irradie sa chair ouvragée. Voici un vin de grande concentration, d'une intensité phénoménale, dont la mâche presque tannique indique le très grand potentiel de garde. Patiné et pourvu d'amers nobles, le gewurztraminer Bollenberg est un moelleux à l'allonge électrique. Macération de pinot gris assemblé au pinot noir, Ophrys se montre fringant et joyeux, à la fois tendre et accessible, salivant à souhait et éminemment désaltérant avec ses notes de grenade. Les deux pinots noirs Luft et Neuberg impressionnent, le premier plus froid et réservé, aiguisé dans ses tanins par un élevage millimétré, le second plus immédiatement éclatant, infusé et soyeux, tout en fruits rouges et texture friande.

- Auxerrois Au'Rigine 2018 — de 17,50 à 18 € (c) — 91
- Crémant d'Alsace Bollenberg 2014 — 35 € — 91
- Gewurztraminer Bollenberg VT 2015 — 40 € — 94
- Riesling Clos Liebenberg 2017 — 32 € — 94
- Riesling Grand Cru Pfingstberg 2015 — de 52 à 53 € (c) — 95
- Alsace Ophrys 2019 — de 24 à 25 € (c) — 92
- Pinot Noir Bollenberg Luft 2017 — 77 € — 94
- Pinot Noir Bollenberg Neuberg 2017 — 67 € — 95

Le coup de ♥
- Riesling Grand Cru Pfingstberg 2017 — 60 € — 96

Rouge : 3 hectares. Pinot noir 100 %
Blanc : 14 hectares. Riesling 40 %, Gewurztraminer 21 %, Auxerrois (Lorrain/Alsacien) 17 %, Pinot gris 6 %, Muscat à petits grains blancs 6 %, Sylvaner 4 %, Chardonnay 2 %, Chasselas 2 %, Pinot blanc 2 %
Production moyenne : 80 000 bt/an

DOMAINE VALENTIN ZUSSLIN ☾
57, Grand-Rue, 68500 Orschwihr
03 89 76 82 84 • www.zusslin.com • Vente et visites : sur RDV.
Propriétaire : Famille Zusslin
Directeur : Marie et Jean-Paul Zusslin

★ DOMAINE AGAPÉ

Ce domaine de 10 hectares, créé par Vincent Sipp en 2007, est désormais très régulier et doté de terroirs prestigieux : Schoenenbourg, Rosacker et Osterberg. Nous aimons le style et le profil de ses vins épurés, précis et gourmands. La gamme se répartit en trois grandes familles : les Expression, des vins qui unissent le fruit et la gourmandise, à boire dès leur prime jeunesse ; les grands crus, qui offrent une bonne lecture du terroir et s'inscrivent aujourd'hui parmi les grandes réussites du secteur de Riquewihr ; Hélios, pour les vendanges de belle maturité et les tries plus confites. La certification bio arrive avec les 2020.

Les vins : dans la gamme Expression, si le pinot noir reste un peu simple, les sylvaner, riesling et pinot gris sont nuancés et précis. Le riesling Osterberg monte en puissance en bouche et s'épanouit généreusement, pourvu d'une acidité mûre et sapide. Sur la réserve, le riesling Schoenenbourg se distingue par sa grande concentration, sa vigueur de sève et sa finale pénétrante, avec une dominante de citron confit. Beaucoup de gourmandise dans les cuvées Hélios, avec un gewurztraminer aux amers épicés et saveurs exotiques, et un pinot gris au botrytis très pur, dont les saveurs de kumquat et de mandarine confite rivalisent d'intensité en finale : c'est un merveilleux dessert à lui tout seul.

Pinot Gris Expression 2019	14 €	91
Pinot Gris SGN 2018	45 €	95
Riesling Expression 2019	14 €	91
Riesling Grand Cru Osterberg 2019	24 €	93
Riesling Grand Cru Schoenenbourg 2019	30 €	93
Sylvaner Expression Vieilles Vignes 2019	10 €	90
Pinot Noir Expression 2019	15 €	89

Le coup de ♥

Gewurztraminer Hélios VT 2018	45 €	94

Rouge : 1,65 hectare.
Blanc : 9,35 hectares.
Production moyenne : 65 000 bt/an

DOMAINE AGAPÉ ♣

10, rue des Tuileries, 68340 Riquewihr
03 89 47 94 23 • www.alsace-agape.fr • Vente et visites : sur RDV
Propriétaire : Vincent Sipp

★ ↗ DOMAINE LAURENT BARTH

Installé depuis 2004 à Bennwihr, où il a repris le petit domaine familial, Laurent Barth conduit en bio son vignoble principalement installé sur des coteaux. Certaines cuvées, telle que l'assemblage de pinots, peuvent être vinifiées avec peu ou pas de soufre. Les vins semblent être revenus au meilleur niveau, nous accordons à nouveau une étoile à ce domaine très attachant.

Les vins : deux beaux rouges, en particulier S05 P164 au nez fumé et cendré, à la bouche sapide et moelleuse, mûre et énergique, qui se prolonge en saveurs d'orange sanguine et s'exprime avec fraîcheur et sincérité. Les pinots gris sont digestes, finement acidulés, en particulier le Vignoble de Kientzheim, très friand. Le riesling Granite se montre sapide et assez profond, doté d'un volume nuancé et persistant. Nous sommes séduits par les gewurztraminers, le Kientzheim fin et délicat dans ses saveurs éclatantes, et le Marckrain au botrytis très pur, à l'opulence très contenue, qui déborde d'un fruit juteux et exubérant.

Gewurztraminer Vignoble de Kientzheim 2018	15 €	93
Pinot Gris 2019	13 €	90
Pinot Gris Vignoble de Kientzheim 2018	14 €	91
Riesling Granite 2019	24 €	91
Riesling Vignoble de Kientzheim 2019	20 €	89
Pétillant Extra-Brut	13 €	90
Pinot Noir M 2018	24 €	91
Pinot Noir S05 P164 2019	16 €	92

Le coup de ♥

Gewurztraminer Grand Cru Marckrain 2018	22 €	94

Rouge : 0,45 hectare.
Blanc : 3,25 hectares.
Production moyenne : 20 000 bt/an

DOMAINE LAURENT BARTH ♣

3, rue du Maréchal-de-Lattre, 68630 Bennwihr
03 89 47 96 06 • laurent.barth@wanadoo.fr • Vente et visites : sur RDV.
Propriétaire : Laurent Barth

★ DOMAINE JEAN-MARC BERNHARD

Trois générations se sont succédé dans ce domaine fondé en 1802 : le grand-père Germain Bernhard, le père Jean-Marc et le fils Frédéric. Ce dernier a fait monter d'un cran le niveau des vins, qui étaient déjà de bonne facture. Ils se caractérisent par leur fraîcheur et leur digestibilité, reflétant avec justesse les terroirs et le climat. Les tarifs sont doux et l'ensemble des vins est certifié en agriculture biologique depuis le millésime 2016. Sans démériter, les entrées de gamme déçoivent un peu, soignées mais un peu neutres.

Les vins : frais mais un brin terne, le pinot noir nous déçoit quelque peu, comme le vin d'assemblage Vogelgarten, légèrement végétal. Anisé, bien sec et parfumé, le muscat présente une jolie définition et vivacité. Assez subtil, Wineck-Schlossberg se montre droit mais un peu strict. Deux bons pinots gris : Hinterburg est un peu acidulé, encore sur la réserve, et l'énergique Furstentum, se présente fumé et doté d'une sève assez profonde, avec des notes un peu lactiques alourdissant la finale. Profil assez délicat et saveurs de sucres d'orge dans le gewurztraminer Kaefferkopf, doté de fins amers en finale. Très agréable cuvée issue du passerillage, le muscat Hinterbug offre des saveurs de citronnelle et une matière assez fondue, restée intense et expressive.

- Gewurztraminer Grand Cru Kaefferkopf 2018 — 15 € — 92
- Muscat Hinterburg VT 2015 — 15 € — 92
- Muscat d'Alsace 2019 — 8 € — 90
- Pinot Blanc 2019 — 7 € — 89
- Pinot Gris Grand Cru Furstentum 2017 — 18 € — 91
- Pinot Gris Hinterburg 2019 — 11 € — 91
- Riesling 2019 — 8 € — 89
- Riesling Grand Cru Wineck-Schlossberg 2019 — 18 € — 91
- Vogelgarten 2017 — 11 € — 89
- Pinot Noir Hinterburg 2017 — 14 € — 89

Rouge : 1 hectare. Pinot noir 100 %
Blanc : 10,5 hectares. Riesling 43 %, Gewurztraminer 18 %, Pinot gris 17 %, Auxerrois (Lorrain/Alsacien) 11 %, Muscat ottonel 4 %, Sylvaner 3 %
Production moyenne : 65 000 bt/an

DOMAINE JEAN-MARC BERNHARD ♣
21, Grand-Rue, 68230 Katzenthal
03 89 27 05 34 • www.jeanmarcbernhard.fr
• Vente et visites : sur RDV.
Propriétaire : Famille Bernhard
Directeur : Anne-Caroline et Frédéric Bernhard

★ DOMAINE PAUL BLANCK

Avec leur approche très originale de la vinification, Bernard et Marcel Blanck s'étaient déjà fait remarquer. La nouvelle génération, composée du volubile Philippe au service commercial et du discret Frédéric à la vinification, s'est installée en 1985. La surface du domaine dépasse aujourd'hui 35 hectares, dont 30 % sont représentés par cinq grands crus. Le vignoble est cultivé manuellement, sans désherbant ni pesticide, ni engrais chimique. Toujours habilement vinifiés, les vins de la maison expriment un style soigné, un peu clinique mais tendu et précis.

Les vins : nez de fumé et de noyau dans le pinot noir, accrocheur mais serré en finale. Richesse aromatique - notes de foin - et générosité de saveurs dans l'auxerrois, ample et épicé, séduisant dans sa dimension gourmande et fraîche. Deux beaux pinots gris, Furstentum large, poivré et moelleux, et l'élégant Wineck-Schlossberg, qui déborde d'une acidité mûre et revigorante et met en exergue un caractère aérien et des saveurs de poire et d'abricot. Les gewurztraminers sont un peu en retrait. En riesling, si Patergarten est un peu rigide, Rosenbourg est ferme et incisif. Le Schlossberg se fait précis et vigoureux, mais notre préférence va au Furstentum : grand volume, matière raffinée et nerveuse, notes citronnées et subtiles, apte au vieillissement mais déjà séducteur.

- Gewurztraminer Altenbourg 2016 — de 18 à 22 € (c) — 90
- Gewurztraminer Grand Cru Furstentum VT 2018 — de 36 à 40 € (c) — 91
- Pinot Auxerrois Vieilles Vignes 2018 — de 15 à 18 € (c) — 91
- Pinot Gris Grand Cru Furstentum 2016 — de 21 à 25 € (c) — 92
- Riesling Grand Cru Furstentum 2018 — 27 € — 93
- Riesling Grand Cru Schlossberg 2017 — de 23 à 27 € (c) — 92
- Riesling Patergarten 2018 — de 15 à 18 € (c) — 89
- Riesling Rosenbourg 2017 — 15 € — 90
- Pinot Noir F 2015 — de 23 à 27 € (c) — 90

Le coup de ♥

- Pinot Gris Grand Cru Wineck-Schlossberg 2016 — de 23 à 27 € (c) — 93

Rouge : 3 hectares.
Blanc : 21 hectares.
Production moyenne : 120 000 bt/an

DOMAINE PAUL BLANCK
32, Grand-Rue, Kientzheim
68240 Kaysersberg
03 89 78 23 56 • www.blanck.com • Vente et visites : sur RDV.
Propriétaire : Frédéric et Philippe Blanck
Maître de chai : Frédéric Blanck

★ DOMAINE LÉON BOESCH

Fervents défenseurs de la biodynamie depuis plus de dix ans, Matthieu et son épouse Marie représentent la onzième génération du domaine Léon Boesch, au cœur de la Vallée Noble. Ici, le grand cru Zinnkoepflé est maintenant voué au gewurztraminer, de manière à le hisser comme une référence dans un style sec et charpenté. Le domaine travaille en agriculture biodynamique depuis 2000, et la cave inaugurée à Westhalten en 2010 est un modèle bioclimatique. Les vins possèdent de la profondeur et expriment au mieux les terroirs du secteur. Le domaine se rapproche de la deuxième étoile.

Les vins : les vins se montrent tous parfaitement secs. Vinifiés en raisins entiers, les rouges sont mûrs et gourmands, avec un supplément de profondeur dans Luss. Le fringant pinot blanc possède du relief et du caractère. Secs et éclatants, les pinots gris rayonnent, le Coq svelte et profilé, particulièrement digeste, et Clos Zwingel élégant et étoffé avec une note de coing frais. Élancé et tout aussi sec, Les Fous se montre assez ferme, épuré et juste. Encore immature, le gewurztraminer Zinnkoepflé est très prometteur. Les rieslings ne sont pas en reste, du très sincère Les Grandes Lignes au Luss, juteux et dynamique, et au plus épicé Breitenberg, qui brille par sa chair nuancée, savoureuse et salivante.

Gewurztraminer Grand Cru Zinnkoepflé 2019	28,30 €	92
Gewurztraminer Les Fous 2019	15,20 €	91
Pinot Blanc La Cabane 2019	11,60 €	90
Pinot Gris Clos Zwingel 2019	18,30 €	92
Pinot Gris Le Coq 2019	14,90 €	91
Riesling Breitenberg 2019	19 €	93
Riesling Les Grandes Lignes 2019	12,20 €	91
Riesling Luss 2019	17,50 €	92
Pinot Noir Les Jardins 2019	17,10 €	92

Le coup de ♥

Pinot Noir Luss 2019	26,60 €	93

Rouge : 1,75 hectare.
Blanc : 13 hectares.
Production moyenne : 90 000 bt/an

DOMAINE LÉON BOESCH ☾
6, rue Saint-Blaise, 68250 Westhalten
03 89 47 01 83 • www.domaineboesch.fr •
Vente et visites : sur RDV.
Propriétaire : Gérard, Colette, Marie et Matthieu Boesch
Maître de chai : Marie et Matthieu Boesch

★ AGATHE BURSIN

Agathe Bursin compte une quinzaine de millésimes dans ce domaine familial. Depuis le début, elle n'a cessé de progresser par petites touches, toujours au service de ses terroirs qui s'étendent autour de Westhalten. Le style des vins s'affine pour arriver aujourd'hui à des rieslings secs et des expressions de sols justes. Plus du tiers de l'exploitation est situé sur le grand cru Zinnkoepflé. Un travail parcellaire méticuleux y est effectué. À la vigne ou à la cave, elle maîtrise parfaitement son sujet et ses vins. Les derniers millésimes montrent qu'elle sait s'adapter aux différents profils et aux caprices de la nature ! La certification bio en cours concrétisera le travail rigoureux à la vigne.

Les vins : nous préférons le pinot noir Lutzeltal au Strangenberg. Le premier est plus fin, structuré et nerveux, tout en fraîcheur et franchise de fruit. Droiture et pureté sont au rendez-vous avec le riesling Bollenberg, à l'expression limpide. Le riesling Zinnkoepflé déploie toute son envergure, avec beaucoup d'intensité et d'allonge dans ses saveurs d'agrumes confits et sa finale saline : un vin taillé pour la garde. Notons sa très digeste version VT, aux sucres délicats et salivants, relevés de juteux amers en finale. En SGN, le gewurztraminer Zinnkoepflé est onctueux, gourmand et frais, avec de revigorantes saveurs de gingembre et de poire confite.

Muscat Bollenberg 2019	14 €	92
Pinot Gris Dirstelberg 2019	14 €	89
Pinot Gris Grand Cru Zinnkoepflé 2019	24 €	92
Riesling Bollenberg 2019	14 €	92
Riesling Grand Cru Zinnkoepflé 2019	Épuisé - 24 €	93
Riesling Grand Cru Zinnkoepflé VT 2019	35 €	94
Pinot Noir Lutzeltal 2019	24 €	92
Pinot Noir Strangenberg 2019	24 €	90

Le coup de ♥

Gewurztraminer Grand Cru Zinnkoepflé 2019	24 €	93

Rouge : 1,03 hectare. Pinot noir 100 %
Blanc : 5,47 hectares. Riesling 29 %, Gewurztraminer 24 %, Pinot gris 20 %, Pinot blanc 8 %, Divers blanc 7 %, Sylvaner 7 %, Muscat à petits grains blancs 5 %
Production moyenne : 35 000 bt/an

AGATHE BURSIN ♣
11, rue de Soultzmatt, 68250 Westhalten
03 89 47 04 15 • agathe.bursin@wanadoo.fr
• Vente et visites : sur RDV.
Propriétaire : Agathe Bursin

★ DOMAINE PIERRE FRICK

Figurant parmi les pionniers des vins "nature" en France, le domaine est en bio depuis 1970. Aidé de son épouse Chantal et de son fils Thomas, Pierre Frick vinifie une grande partie de ses cuvées sans soufre. Sa pratique de la macération fait la signature de la maison. Ce style convient particulièrement au grand cru Vorbourg, un sol dominé par les marnes, le calcaire et le grès. Depuis 2002, tous les vins sont mis en bouteille en capsule inox. La régularité de la gamme peut varier, mais l'intensité de saveur des vins et leur tenue à l'air plusieurs jours après ouverture a mérité l'obtention de la première étoile l'an dernier.

Les vins : déception sur le crémant, un peu déviant avec une note de souris. Nez de pollen de miel, matière charnue et affriolante dans l'auxerrois, vin revigorant et lumineux dont la mâche en finale est riche de promesses. Notes de safran et de zeste d'orange dans le riesling, vin de patience dense et compact, auquel la macération apporte une certaine robustesse. Expression originale, très épicée et ferme dans Vorbourg, porté par des amers vigoureux, que l'on attendra encore deux ou trois ans. Passionnant gewurztraminer, entre loukoum et rose anglaise, aux saveurs épicées et stimulantes, solaire et clivant dans son caractère peu consensuel, mais digne d'admiration. Fruit croquant et légèrement compoté dans le pinot noir, peu protégé en soufre mais charnu et étoffé, prolongé de saveurs d'agrume en finale.

Auxerrois Carrière 2018	15 €	91
Crémant d'Alsace Brut 2017	16 €	87
Pinot Gris Grand Cru Vorbourg 2019	21 €	91
Riesling Rot Murlé 2018	16 €	91
Pinot Noir Rot Murlé 2019	19 €	91

Le coup de ♥

Gewurztraminer Grand Cru Steinert 2018	23 €	93

Rouge : 2 hectares. Pinot noir 100 %
Blanc : 10 hectares. Gewurztraminer 27 %, Riesling 25 %, Auxerrois (Lorrain/Alsacien) 14 %, Pinot gris 13 %, Sylvaner 12 %, Muscat à petits grains blancs 5 %, Chasselas 4 %
Production moyenne : 65 000 bt/an

DOMAINE PIERRE FRICK ☾
5, rue de Baer, 68250 Pfaffenheim
03 89 49 62 99 • www.pierrefrick.com •
Vente et visites : sur RDV.
Propriétaire : Chantal, Jean-Pierre et Thomas Frick

★ DOMAINE HENRY FUCHS

Paul Fuchs gère d'une main de maître ce domaine familial depuis une dizaine d'années. Épaulé par sa sœur Julie pour la commercialisation depuis peu, il profite d'un beau patrimoine de vieilles vignes dans le réputé secteur de Ribeauvillé. Puriste et consciencieux, il produit des vins précis, dans un style sec, et nous pouvons témoigner d'une belle progression depuis son arrivée au domaine. La certification Ecocert, obtenue en 2011, est le résultat d'un travail des sols rigoureux, sans trop d'interventions en cave. Le pinot noir est fort bien maîtrisé et peut produire de très grands vins selon les millésimes. Très homogène, toute la gamme des vins blancs est juste, avec des vins appétents qui relatent parfaitement les différents terroirs du secteur.

Les vins : le pinot noir offre une matière tendre et infusée, florale, aux tanins soyeux. Droiture et vivacité dans le sylvaner, très abouti et salivant. Parmi les rieslings, mentionnons le Ribeauvillé, tonique et étoffé dans sa chair profonde, et Hagel, plus ferme et tendu, qui séduit par la pureté et l'intensité de ses saveurs. Grande envergure de chair, matière ciselée et très persistante dans le Kirchberg, raffiné et déjà délicieux. Très sec, son alter ego en pinot gris s'affine et se civilise sous la force du terroir, qui l'épure et lui apporte beaucoup d'élégance. Richesse opulente dans le gewurztraminer VT, aux saveurs exotiques bien nettes. Très riche, le sélection de grains nobles se distingue par l'éclat de ses saveurs et la qualité de son botrytis, qui a concentré également l'acidité et permet d'atteindre un superbe équilibre.

Gewurztraminer VT 2018	33 €	92
Pinot Blanc Auxerrois 2019	8,40 €	89
Pinot Gris Grand Cru Kirchberg de Ribeauvillé 2019	22,50 €	93
Pinot Gris SGN 2018	51 €	94
Riesling 2019	10,60 €	90
Riesling Grand Cru Kirchberg de Ribeauvillé 2019	25 €	93
Riesling Hagel 2019	19,50 €	92
Riesling Ribeauvillé 2019	14 €	91
Sylvaner Vieilles Vignes 2019	9,60 €	90
Pinot Noir Rouge Comme Renard 2019	25 €	92

Rouge : 1 hectare. Pinot noir 100 %
Blanc : 9,5 hectares. Riesling 33 %, Pinot gris 19 %, Gewurztraminer 19 %, Auxerrois (Lorrain/Alsacien) 13 %, Sylvaner 8 %, Muscat à petits grains blancs 4 %, Pinot blanc 4 %
Production moyenne : 50 000 bt/an

DOMAINE HENRY FUCHS ♣

8, rue du 3-Décembre, 68150 Ribeauvillé

03 89 73 61 70 • www.henryfuchs.fr • Vente et visites : sur RDV.

Propriétaire : Famille Fuchs

Directeur : Paul Fuchs

★ DOMAINE PAUL GINGLINGER

Avec plus de 400 ans d'histoire, ce domaine est une des belles références de la région. C'est aujourd'hui Michel Ginglinger qui, après une expérience internationale, en tient les rênes avec rigueur et conviction. Depuis son arrivée en 2000, il approfondit avec intelligence le travail parcellaire : il faut donc être attentif aux informations sur la contre-étiquette. La régularité des vins et leur montée en gamme est patente sur les derniers millésimes, en particulier sur les grands crus.

Les vins : reflet des terroirs d'Eiguisheim, Drei Exa incarne un riesling vigoureux, énergique et salin. Nez délicat de jasmin, matière nuancée et sapide dans Hertacker, à la finale carrée et franche. Caractère plus affirmé dans Ortel Vieilles Vignes, légèrement fumé, qui gagne en volume et puissance, avec une touche exotique et une finale revigorante. Eichberg évoque le noyau de pêche et s'appuie sur une étoffe dense, avec une finale très structurée qui suggère un vieillissement nécessaire. Complexe et racé, le pinot gris Eichberg offre un nez de poire et de vanille Bourbon. Tout en sensualité crémeuse, le gewuztraminer Pfersigberg s'exprime sur la mangue et la bergamote. Au pinot noir Les Rocailles, à l'élevage un peu sec, nous préférons la friande et croquante cuvée classique.

- Gewurztraminer Grand Cru Pfersigberg 2019 — 22 € — 93
- Gewurztraminer SGN 2017 — 44 € — 92
- Muscat Caroline 2019 — 13 € — 91
- Pinot Gris Grand Cru Eichberg 2017 — 22 € — 93
- Riesling Drei Exa 2019 — 14 € — 92
- Riesling Grand Cru Pfersigberg Hertacker 2019 — 22 € — 92
- Riesling Grand Cru Pfersigberg Ortel Vieilles Vignes 2019 — 22 € — 93
- Pinot Noir 2019 — 13 € — 90
- Pinot Noir Les Rocailles 2017 — 22 € — 89

Le coup de ♥

- Riesling Grand Cru Eichberg 2019 — 22 € — 94

Rouge : 1 hectare. Pinot noir 100 %
Blanc : 11 hectares. Riesling 26 %, Gewurztraminer 23 %, Pinot blanc 18 %, Pinot gris 16 %, Chardonnay 13 %, Muscat à petits grains blancs 2 %, Sylvaner 2 %
Production moyenne : 80 000 bt/an

DOMAINE PAUL GINGLINGER ♣

8, place Charles-de-Gaulle, 68420 Eguisheim
03 89 41 44 25 • www.paul-ginglinger.fr • Visites : sans RDV.
Propriétaire : Michel Ginglinger

★ DOMAINE RÉMY GRESSER

Rémy Gresser, vigneron emblématique, dirige son vignoble sur la commune d'Andlau depuis plusieurs décennies. Travaillées avec des pratiques biodynamiques depuis 2000, les vignes sont certifiées bio depuis 2010. Le domaine recherche avant tout à produire des vins secs et la variation des trois grands crus d'Andlau est un "must have". Des sols sablonneux aux schistes, Rémy traduit au mieux ses terroirs et ne se contente pas du riesling ; c'est d'ailleurs le seul à proposer du pinot gris sur le grand cru Wiebelsberg. En plus des millésimes prêts à boire, en vente à des prix abordables, le domaine propose aussi d'excellents moelleux et liquoreux. L'ensemble des vins se montre frais et salin, d'une grande franchise.

Les vins : rectitude et précision de saveurs font du sylvaner un excellent vin de gastronomie. Aromatique, tendu et millimétré dans ses saveurs, le pinot gris réussit l'équation de la maturité et de l'absence de sucres. Le caractère ample et le confortable moelleux calcaire du riesling Moenchberg en fait un vin épanoui dont la finale reste incisive. Les délicates notes épicées du grès mettent en valeur le Wiebelsberg, vin mûr et sinueux qui prend une noble amertume dans sa finale vivace. Parfumé, le gewurztraminer évolue dans un univers de menthe poivrée, de chlorophylle et de cannelle : précis, désaltérant, il se montrera versatile à table.

- Gewurztraminer Grand Cru Moenchberg 2017 — 23,50 € — 92
- Pinot Gris Brandhof 2019 — 12,50 € — 91
- Riesling Duttenberg 2019 — 12,50 € — 91
- Riesling Moenchberg Grand Cru 2017 — 23,50 € — 92

Sylvaner Duttenberg 2019 12,50 € 91

Le coup de ♥

Riesling Grand Cru Wiebelsberg 2017 23,50 € 93

Rouge : 0,63 hectare. Pinot noir 100 %
Blanc : 9,54 hectares. Riesling 43 %, Gewurztraminer 22 %, Pinot gris 11 %, Auxerrois (Lorrain/Alsacien) 9 %, Pinot blanc 9 %, Sylvaner 3 %
Production moyenne : 60 000 bt/an

DOMAINE RÉMY GRESSER ♣
2, rue de l'École, 67140 Andlau
03 88 08 95 88 • www.gresser.fr •
Visites : sans RDV.
Propriétaire : Rémy Gresser

★ ↗ CHRISTIAN ET VÉRONIQUE HEBINGER

Denis Hebinger est une locomotive pour les vignerons de sa génération. Sa curiosité et son esprit vif l'amènent à des essais de vins sans soufre et de macération, dans un esprit non-interventionniste. Dotée de moyens performants, la maison est certifiée par Demeter depuis 2011. Partisan des appellations communales pour Eguisheim et du classement de certains terroirs en premier cru d'Alsace, ce domaine propose plusieurs lieux-dits et grands crus. La première étoile s'impose cette année au vu de la qualité des vins présentés.

Les vins : belle série de rieslings, Herrlisheim acidulé et vivifiant, Frohnenberg plus complexe et épicé avec ses amers et éclats d'agrumes. Davantage chaleureux et enrobé, le Hengst se montre aussi plus profilé, bâti sur une carrure calcaire ferme et étoffée en finale. Sommerberg est un peu végétal. Les pinots gris sont nuancés et bien secs, avec une vibration énergique dans le Saint-Jacques. Vin de macération, Persephone explore des voies singulières : sa fraîcheur de texture, sa vitalité de saveurs et ses multiples nuances en font un vin hors du commun issu du terroir du Hengst. Les trois rouges sont excellents, avec un superbe fruit juteux et éclatant dans Wintzenheim. Intégrant une moitié de vendanges entières, Eguisheim se montre plus réservé, pourvu de tanins réglissés et d'une allonge lumineuse.

Alsace Grand Cru Persephone 2019 26 € 93
Pinot Gris Eguisheim 2019 14 € 90
Pinot Gris Saint-Jacques 2019 18 € 92
Riesling Frohnenberg Vieilles Vignes 2019 17 € 92
Riesling Grand Cru Hengst 2018 22 € 93
Riesling Grand Cru Sommerberg 2019 26 € 90
Riesling Herrlisheim 2019 13,50 € 91
Pinot Noir 2019 14 € 91
Pinot Noir Eguisheim S 60 9.10 2017 24 € 93
Pinot Noir Wintzenheim S45-164 2017 23 € 92

Rouge : 2,46 hectares.
Blanc : 10,84 hectares.
Production moyenne : 55 000 bt/an

CHRISTIAN ET VÉRONIQUE HEBINGER ♣
14, Grand-Rue, 68420 Eguisheim
03 89 41 19 90 • www.vins-hebinger.fr •
Visites : sur RDV aux professionnels.
Propriétaire : Famille Hebinger

★ KUENTZ-BAS

Perché dans le village d'Husseren-les-Châteaux, Kuentz-Bas, nom historique dans le vignoble, retrouve ses lettres de noblesse depuis le rachat en 2004 par Jean-Baptiste Adam. Le label Trois Châteaux regroupe la production de vins en biodynamie, le domaine comptant également une partie en négoce. S'ajoutent depuis peu quelques crus notables du secteur de Ribeauvillé. Récompense d'un travail méticuleux et précis depuis plusieurs millésimes, les vins se montrent réguliers et sérieux dès les entrées de gamme et sont d'un très beau niveau quels que soient les terroirs.

Les vins : deux jolis sylvaners, le solaire et ferme Trois Châteaux ; la tonique et fine cuvée E qui provient du grand cru Eichberg, dont on aime la qualité tactile des amers de fin de bouche. Si le muscat Trois Châteaux peine un peu à trouver son équilibre, l'énergique Kirchberg se fait délicat et sapide, élancé et ciselé. Matière vibrante, qui vient titiller l'arrière-bouche, dans l'excellent riesling Pfersigberg : fins amers nobles et matière friande confèrent relief et allonge. Nez de pamplemousse jaune, de sucre roux dans la très juteuse Cuvée Caroline, qui se déploie avec amplitude. Gras mais aérien, il séduit par son allonge poivrée.

Alsace L'Etoile Trois Chateaux 2019 14,90 € 90
Alsace Riesling La 4e Tour 2018 11,90 € 89
Alsace Signature La 4e Tour 2019 10,90 € 91

Muscat Grand Cru Kirchberg de Ribeauvillé 2018 18,90 € 92

Muscat Trois Châteaux 2018 11,90 € 90

Riesling Grand Cru Pfersigberg Trois Châteaux 2018 24,90 € 93

Riesling Trois Châteaux 2018 14,90 € 90

Sylvaner Trois Châteaux 2018 11,90 € 90

Sylvaner Trois Châteaux "E" 2019 14,90 € 91

Le coup de ♥

Muscat Cuvée Caroline VT 2016 21,90 € 93

Rouge : 0,8 hectare. Pinot noir 100 %
Achat de raisins.
Blanc : 10 hectares. Riesling 25 %, Pinot gris 23 %, Auxerrois (Lorrain/Alsacien) 13 %, Gewurztraminer 12 %, Pinot blanc 6 %, Chardonnay 5 %, Muscat ottonel 5 %, Sylvaner 4 %
Achat de raisins.
Production moyenne : 110 000 bt/an

KUENTZ-BAS ☾
14, route des Vins,
68420 Husseren-les-Châteaux
03 89 49 30 24 • www.kuentz-bas.fr •
Visites : sans RDV.
Propriétaire : Jean-Baptiste Adam
Directeur : Olivier Raffin

★ DOMAINE JEAN-LUC MADER

Au cœur du charmant village d'Hunawihr, Jérôme Mader monte discrètement en puissance. Sa rigueur et sa volonté de produire des vins précis payent avec une gamme très attachante, éloignée de toute technicité, surtout composée de rieslings exemplaires, issus de terroirs différents, ce qui ne rend pas la dégustation monotype. Son vignoble entretenu en bio s'est légèrement agrandi au cours des derniers millésimes. La quasi-totalité de la gamme est bouchée en capsules à vis. Il reste à caler pinot gris et pinot noir pour que le domaine aille encore plus loin.

Les vins : déception avec le pinot noir, vin comprimé à la sève assez sèche, et le pinot gris Schlossberg, trop serré par son boisé. Si le riesling générique est un peu austère, Burgweg se distingue par son profil froid et nerveux. Carrure presque tannique et éclat salin intense donnent au riesling Muhlforst une dimension très salivante, presque vitaminée dans son énergie. Scintillant, très raffiné, lumineux, le riesling Rosacker impose sans rien forcer la race de son terroir. Il est bâti pour une grande garde et s'enrichit de magnifiques amers d'agrume en finale. Sur le même terroir, le gewurztraminer sait transcender l'expression variétale : encore un peu ventripotent, il vieillira avec bonheur.

Gewurztraminer Grand Cru Rosacker 2019 20 € 93

Pinot Blanc 2019 8,70 € 89

Pinot Gris 2019 10,20 € 89

Pinot Gris Grand Cru Schlossberg Sec 2019 23 € 89

Riesling 2019 11,60 € 89

Riesling Grand Cru Rosacker 2019 26,50 € 94

Riesling Lieu-Dit Burgweg 2019 14,50 € 90

Riesling Muhlforst 2019 16,80 € 92

Pinot Noir Lieu-Dit Muhlforst 2019 15,80 € 89

Rouge : 1 hectare. Pinot noir 100 %
Blanc : 10 hectares. Riesling 33 %, Pinot gris 26 %, Pinot blanc 20 %, Gewurztraminer 13 %, Muscat à petits grains blancs 5 %, Chardonnay 3 %
Production moyenne : 55 000 bt/an

DOMAINE JEAN-LUC MADER ♣
13, Grand-Rue, 68150 Hunawihr
03 89 73 80 32 • www.vins-mader.com •
Vente et visites : sur RDV.
Propriétaire : Jérôme Mader

★ MÉLANIE PFISTER

Arrivée à la tête du domaine en 2008, après des études d'ingénieur agronome et d'œnologie, Mélanie représente la huitième génération de la famille Pfister. Située à quelques kilomètres de Strasbourg, cette maison offre une gamme d'un très bon niveau, avec beaucoup de pureté, et donne l'occasion de découvrir l'Engelberg, ce grand cru signifiant "le coteau des anges". Cette jeune femme dynamique est aussi à l'initiative des Divines d'Alsace, association régionale réunissant les femmes du vin. Le domaine confirme depuis 2015 sa régularité et la montée en puissance de la qualité de ses vins.

Les vins : ils affirment un style bien à part, avec une signature calcaire stricte. Tout en justesse, les deux rouges sont très réussis, avec une matière moelleuse et caressante, un bel élevage et des notes d'oranges sanguines dans Hüt. Excellent crémant ciselé et friand. Les deux assemblages Paar et Mel sont digestes, frais et gourmands. En riesling, si Berg est un peu trop vert et acidulé, Engelberg offre un élan sapide, juteux et salivant. Son épure calcaire et l'énergie de sa finale nous enchantent. Les pinots gris présentent énergie et fraîcheur épicée, Silb plus large et intense avec une intensité pénétrante en finale.

Alsace Mel 2019	19 €	91
Alsace Paar 2019	13 €	91
Crémant d'Alsace Bréit	17 €	92
Pinot Gris Furd 2019	17 €	91
Pinot Gris Silb 2018	25 €	92
Riesling Berg 2019	17 €	89
Pinot Noir Hüt 2018	31 €	93
Pinot Noir Rahn 2018	28,50 €	92

Le coup de ♥

Riesling Grand Cru Engelberg 2018	30 €	93

Rouge : 1 hectare.
Blanc : 9 hectares.
Production moyenne : 60 000 bt/an

MÉLANIE PFISTER ♣
53, rue Principale, 67310 Dahlenheim
03 88 50 66 32 • www.melaniepfister.fr •
Vente et visites : sur RDV.
Propriétaire : Mélanie Pfister

★ DOMAINE ROLLY-GASSMANN

Pierre Gassmann signe des vins d'une rare intensité. Il ne bénéficie d'aucune certification mais a recours à la biodynamie la plupart du temps et prépare lui-même les plantes pour le traitement. Le village de Rorschwihr ne compte pas de grands crus, mais le domaine propose une diversité de lieux-dits à faire perdre la tête, dont une micro-parcelle de gewurztraminer sur l'Altenberg de Bergheim depuis 2011. Un million de bouteilles est immobilisé au domaine, permettant une offre large et précieuse de vieux millésimes. Une nouvelle cave en biothermie, creusée à flan de coteau sur 28 mètres de profondeur, permet aux visiteurs de profiter d'une vue imprenable sur le vignoble et le Haut-Kœnigsbourg. La maturité est toujours largement atteinte et le sucre résiduel souvent balancé par l'acidité présente dans les sols marno-calcaires de la région. Il faut s'armer de patience pour comprendre ces vins riches et profonds, dans le meilleur style classique.

Les vins : plusieurs cuvées d'entrée de gamme sont convenables, mais ne brillent pas vraiment. Retenons l'auxerrois, drapé dans des sucres confortables, mais pourvu d'une finale assez digeste. Les cuvées âgées se distinguent, comme le riesling vendanges tardives cuvée Yves, finement pétrolé, dont les sucres raffinés se sont parfaitement fondus, et qu'une fraîcheur acidulée et une note de citron givré viennent agrémenter. Notes de mirabelle et de fumé dans le pinot gris SGN, à l'équilibre baroque, mis en valeur par sa douceur de texture et l'intensité de ses saveurs. Sa persistance juteuse ravira les plus rétifs à ce type de vins, qu'il faut savoir apprécier dans la maturité de l'âge. La liqueur est encore très abondante dans le gewurztraminer SGN, qui évoque les agrumes confits, parsemés de notes épicées qui donnent du peps et du relief. Sa tenue est remarquable pour son âge.

Auxerrois Moenchreben de Rorschwihr 2019	9 €	89
Gewurztraminer Oberer Weingarten de Rorschwihr SGN 1994	80 €	92
Gewurztraminer Oberer Weingarten de Rorschwihr SGN 1994	80 €	94
Gewurztraminer Stegreben de Rorschwihr 2015	25 €	89
Pinot Gris Brandhurst de Bergheim 2016	16 €	89
Riesling Rorschwihr 2019	20 €	88
Riesling Rorschwihr Yves VT 2010	25 €	92
Sylvaner Réserve 2019	8 €	90
Pinot Noir Rorschwihr 2017	13 €	89

Le coup de ♥

Pinot Gris Rorschwihr SGN 2005	45 €	95

Rouge : 3,27 hectares. Pinot noir 100 %
Blanc : 51,39 hectares. Gewurztraminer 27 %, Auxerrois (Lorrain/Alsacien) 26 %, Riesling 18 %, Pinot gris 17 %, Sylvaner 8 %, Muscat à petits grains blancs 4 %
Production moyenne : 200 000 bt/an

DOMAINE ROLLY-GASSMANN
15, Grand-Rue, 68590 Rorschwihr
03 89 73 63 28 • www.rollygassmann.fr •
Vente et visites : sur RDV.
Propriétaire : Pierre Gassmann

★ DOMAINES SCHLUMBERGER

Séverine et Thomas Schlumberger incarnent la nouvelle génération de ce très ancien domaine, dont la moitié du vignoble est plantée en grands crus sur le Kitterlé, le Kessler, le Saering et le Spiegel. Adhérent à la charte Tyflo depuis 2003, le domaine pratique une viticulture respectueuse de l'environnement ; une trentaine d'hectares sont même cultivés en bio et biodynamie. Après deux décennies vouées au travail du vignoble, les propriétaires ont décidé d'investir dans un nouvel espace d'accueil, qui rappelle avec élégance les matériaux liés au vin.

Les vins : après un pinot blanc vif et croquant, deux rieslings ont été présentés. Un nez de cumin et de fleurs séchées précède la matière tonique et profonde du Saering, qui se montre aussi intense qu'immature à ce stade. Racé, plus incisif, Kessler regorge d'éclat de fruit et d'extrait sec, et se prolonge en une fine mâche salivante doublée de petits amers frais. Entre le coing frais et le miel de châtaigne, l'onctueuse cuvée Christine reste très équilibrée, persistante et portée par une grande qualité de botrytis. Surcroît de richesse dans la cuvée Anne, portée par une liqueur assez phénoménale, formidable de richesse et de concentration.

Gewurztraminer Anne SGN 2017	70 €	95
Gewurztraminer Christine 2017	42 €	94
Pinot Blanc Les Princes Abbés 2018	11 €	89
Riesling Grand Cru Saering 2016	25 €	92

Le coup de ♥

Riesling Grand Cru Kessler 2017	26 €	93

Rouge : 8,72 hectares.
Blanc : 115 hectares.
Production moyenne : 650 000 bt/an

DOMAINES SCHLUMBERGER
3, rue des Cours-Populaires,
68500 Guebwiller
03 89 74 27 00 •
www.domaines-schlumberger.com • Vente et visites : sur RDV.
Propriétaire : Famille Schlumberger
Directeur : Thomas Schlumberger et Stéphane Chaise
Maître de chai : Alain Freyburger

★ SCHŒNHEITZ

Seul vignoble alsacien classé en zone de montagne, le Val Saint Grégoire regroupe plusieurs communes de la vallée de Munster. Le domaine Schœnheitz est l'unique metteur en bouteille à Wihr-au-Val. Henri Schoenheitz, dont le père, qui s'appellait également Henri, a aidé à la replantation du vignoble après la guerre, est aujourd'hui propriétaire de parcelles exposées sud/sud-est, dont un point culminant pour l'appellation Alsace à 550 mètres. Son fils Adrien est à la tête du domaine et, diplôme d'œnologie en poche, il s'essaie à vinifier quelques cuvées en barrique bourguignonne. Un peu à l'écart de la Route des vins d'Alsace, ces coteaux escarpés, qui réussissent merveilleusement aux cépages alsaciens depuis le Moyen Âge, méritent le détour.

Les vins : un beau trio de rouges ouvre la dégustation : Saint-Grégoire précoce et tendre ; Herrenreben plus fumé, dense et ferme ; dimensions moelleuses et grande finesse de texture dans Lisenberg. Croquant, le pinot blanc offre toute la fraîcheur apportée par l'altitude. Moelleux, le pinot gris déploie ses sucres avec finesse. En riesling, Audace pourra dérouter par son élevage en fûts d'acacia et de mûrier, Lisenberg est mûr et harmonieux, doté d'une nourrissante mâche saline, et le bien sec Herrenreben est frais et consistant, marqué par l'empreinte granitique du terroir.

Pinot Blanc Val Saint-Grégoire 2019	9 €	90
Pinot Gris Holder 2018	16 €	90
Riesling Audace 2017	17 €	90
Riesling Herrenreben 2019	15 €	92
Riesling Linsenberg 2019	14 €	92
Pinot Noir Herrenreben 2019	23 €	91
Pinot Noir Saint Gregoire 2019	17 €	91

Le coup de ♥

Pinot Noir Linsenberg 2019	32 €	93

Rouge : 2,5 hectares.
Blanc : 14,5 hectares.
Production moyenne : 85 000 bt/an

SCHŒNHEITZ
1, rue de Walbach, 68230 Wihr-au-Val
03 89 71 03 96 • www.vins-schoenheitz.fr •
Vente et visites : sur RDV.
Propriétaire : Adrien, Dominique et Henri Schœnheitz

★ DOMAINE JEAN SIPP

Jean-Guillaume Sipp est à la tête du domaine depuis 2013. Sous son impulsion, le travail des sols est encore plus poussé qu'auparavant et les vins ont gagné en précision, et la certification bio est en cours. La famille possède un large choix de terroirs, situés sur cinq communes, avec les trois grands crus Kirchberg, Osterberg et Altenberg de Bergheim comme fleurons. De très belles cuvées parcellaires sont apparues en 2014, notamment le Grossberg et le Haguenau. Celles-ci offrent un bon compromis entre les cuvées génériques et les grands crus. La gamme présentée est de qualité, les rieslings étant le point fort du domaine, mais certains vins pèchent par des sucres un peu lourds.

Les vins : assez décevant, le rouge a du mal à se départir de son élevage. Citronné, assez gourmand, le crémant est de bon niveau. Jolie série de rieslings : Haguenau équilibré et nerveux ; Grossberg charnu dans ses saveurs de fruits jaunes. Salinité et tension se conjuguent dans le Kirchberg, appuyé sur de jolis amers et une finale vibrante. Finement safrané, l'Altenberg présente beaucoup de finesse, une assise large et une excellente allonge. Les pinots gris présentent des sucres mais aussi de la vigueur, en particulier l'Altenberg. Les gewurztraminers s'alanguissent dans leurs sucres et manquent un peu de fraîcheur et restent variétaux.

- Crémant d'Alsace Brut Evidence 18 € 89
- Gewurztraminer Carole 2017 25 € 90
- Gewurztraminer VT 2017 33 € 89
- Pinot Gris Grand Cru Altenberg 2016 25 € 92
- Pinot Gris Trottacker 2017 16 € 90
- Riesling Grand Cru Altenberg de Bergheim 2016 25 € 92
- Riesling Grand Cru Kirchberg Ribeauvillé 2017 23 € 92
- Riesling Grossberg 2018 16 € 91
- Riesling Haguenau 2018 16 € 90
- Pinot Noir Osmose 2017 33 € 89

Rouge : 2,68 hectares.
Blanc : 20,78 hectares.
Production moyenne : 100 000 bt/an

DOMAINE JEAN SIPP
60, rue de la Fraternité, 68150 Ribeauvillé
03 89 73 60 02 • www.jean-sipp.com •
Visites : sans RDV.
Propriétaire : Jean-Guillaume Sipp

★ DOMAINE VINCENT STOEFFLER

Vincent Stoeffler fait partie de cette poignée de vignerons résistants à Barr, coincés entre les maisons de négoce et les caves coopératives. Aux vignes familiales de cette zone prestigieuse du Bas-Rhin, s'ajoute un vignoble en coteaux dans le Haut-Rhin, autour de Ribeauvillé. Aujourd'hui, le vignoble est cultivé avec soin, certifié en bio avec beaucoup de préceptes biodynamiques et quelques cuvées sans soufre. La gamme a gagné en homogénéité et le domaine est en pleine forme. Les prix sont particulièrement doux.

Les vins : nous saluons leur qualité et régularité. Signalons le spontané et intègre pinot noir, expressif et sans fard, au fruit juteux, finement ferrugineux, mis en valeur par une petite mâche de tanins réglissés. Le Beurot est un vin de macération frais et très maîtrisé, à la note de fraise garriguette et à l'allonge aiguisée. Trilogie de rieslings avec le bon et charnu Tradition, l'épicé et ample Kronenburg, avec un équilibre de demi-sec, et notes d'orge, d'écorces d'agrume et de fleurs séchées dans le très beau Kirchberg de Barr, généreux mais tendu, pourvu d'une superbe persistance minérale. Parfumé, bien sec et subtil, le pinot gris Salzhof roule sur la langue avec bonheur, soutenu par une acidité gourmande. Enfin, le gewurztraminer du Kirchberg regorge de saveurs de gingembre, de fruits jaunes et de cardamome.

- Crémant d'Alsace Brut Chardonnay 9,60 € 90
- Gewurztraminer 2019 9,40 € 90
- Gewurztraminer Grand Cru Kirchberg de Barr 2017 17,40 € 93
- Pinot Gris Salzhof 2019 12 € 92
- Riesling Lieu-dit Kronenburg Vieilles Vignes 1/2 sec 2018 12,40 € 92
- Riesling Tradition 2019 9,20 € 90
- Alsace Pinot Gris Le Beurot 2019 14 € 92
- Pinot Noir Rotenberg 2019 13 € 93

Le coup de ♥
- Riesling Grand Cru Kirchberg de Barr 2019 17,80 € 93

Rouge : 3 hectares. Pinot noir 100 %
Blanc : 13,5 hectares. Riesling 24 %, Gewurztraminer 20 %, Pinot gris 18 %, Pinot blanc 16 %, Sylvaner 8 %, Muscat à petits grains blancs 6 %, Chardonnay 5 %, Klevner 3 %
Production moyenne : 120 000 bt/an

DOMAINE VINCENT STOEFFLER ♣
1, rue des Lièvres, 67140 Barr
03 88 08 52 50 • www.vins-stoeffler.com •
Visites : sans RDV.
Propriétaire : Vincent Stoeffler

★ DOMAINE ZINCK

En une décennie, Philippe Zinck a trouvé son chemin et son rythme. Les vignes sont concentrées autour d'Eguisheim et sur le grand cru Goldert non loin de là, en agriculture biologique depuis 2011 (certification attendue pour 2021). Son activité de négoce s'éteint petit à petit, et le vigneron se concentre sur ses 90 parcelles : un terrain de jeu qu'il maîtrise avec une petite équipe jeune et dynamique. Le style s'est affiné pour laisser place à des vins purs et francs, vinifiés en inox.

Les vins : la gamme est large et cohérente. Belle réussite du muscat, à la fois nuancé et tranchant, très juste dans sa finesse de saveurs éloignée de toute caricature variétale. Fringant et parfumé, le pinot gris est très convaincant, à la fois gras et parfaitement sec. Belle trilogie de rieslings grands crus : si l'Eichberg est amoindri par son gaz carbonique trop important, Goldert est très équilibré, à la fois large et frais, traversé d'une fine rémanence saline et prolongé de beaux amers juteux en finale. Profil plus froid et tendu dans le Pfersigberg, dont la rectitude et l'élégance naturelle s'accompagne d'une austérité de bon aloi dans sa jeunesse. Solide et structuré, le gewurztraminer Eichberg séduit par sa vitalité et sa vigueur. Sa puissance est parfaitement domptée, il impressionne par son énergie.

- Gewurztraminer Grand Cru Eichberg 2016 — 25 € — 93
- Muscat Terroir Goldert & Ortel 2019 — 15 € — 91
- Pinot Blanc Terroir Holzweg 2019 — 15 € — 89
- Pinot Gris Terroir Talmatten 2019 — 17 € — 91
- Riesling Grand Cru Eichberg 2018 — 25 € — 90
- Riesling Grand Cru Goldert 2019 — 25 € — 93
- Riesling Grand Cru Pfersigberg 2019 — 25 € — 93
- Riesling Terroir Wasserfall 2019 — 17 € — 90
- Pinot Noir 2019 — 15 € — 90
- Pinot Noir Terroir Grand "E" 2019 — 26 € — 89

Rouge : 2 hectares. Pinot noir 100 %
Blanc : 12 hectares. Gewurztraminer 31 %, Riesling 27 %, Pinot blanc 18 %, Pinot gris 15 %, Chardonnay 6 %, Muscat à petits grains blancs 3 %
Production moyenne : 100 000 bt/an

DOMAINE ZINCK
18, rue des Trois-Châteaux, 68420 Eguisheim
03 89 41 19 11 • www.zinck.fr • Visites : sans RDV.
Propriétaire : Philippe Zinck

JEAN-BAPTISTE ADAM

La famille Adam combine une activité de négoce et une production issue de ses propres vignobles. Depuis plusieurs années, Jean-Baptiste affine son travail parcellaire, accompagné de sa fille Laure et du mari de celle-ci, Emmanuel Bogen, chef de culture. La famille est engagée dans la voie de la biodynamie, certifiée Demeter pour une partie de la gamme, et tend à ajouter le moins de soufre possible dans la bouteille, tout en gardant de la netteté et de l'éclat dans les vins.

Les vins : nez de pommes, matière ample et épicée dans l'auxerrois, gourmand et persistant. Belle série de rieslings, débutant par le structuré Letzenberg, puis le Wineck-Schlossberg, salin et nerveux, qui développe une belle amplitude en finale et s'appuie sur un efficace support acide. Expressif, entre lilas et agrumes, le riesling Kaefferkopf allie avec bonheur volume et éclat minéral. Mentholé, doté de sucres déjà fondus, le gewurztraminer Kaefferkopf est bien abouti. Le Kaefferkopf est un moelleux qui assemble les vieilles vignes de gewurztraminer et riesling : précision et fraîcheur de saveurs, éclat du fruit et sucres digestes composent un joli vin à la finale nerveuse.

- Alsace Grand Cru Kaefferkopf Le Grand K 2018 — 21 € — 92
- Crémant d'Alsace Brut Les Natures — 10,50 € — 88
- Crémant d'Alsace Brut Prestige Émotion — 12,50 € — 89
- Gewurztraminer Grand Cru Kaefferkopf Vieilles Vignes 2018 — 20 € — 91
- Pinot Auxerrois Vieilles Vignes 2019 — 10,50 € — 90
- Pinot Gris Letzenberg Vin de Gastronomie 2019 — 19 € — 89
- Riesling Grand Cru Kaefferkopf Vieilles Vignes 2018 — 19,50 € — 92
- Riesling Grand Cru Wineck-Schlossberg 2018 — 19,50 € — 92
- Riesling Letzenberg 2018 — 15 € — 90
- Pinot Noir de Jean-Baptiste Adam Fût de chêne 2018 — 21 € — 87

Rouge : 3 hectares. Pinot noir 100 %
Blanc : 18 hectares. Riesling 33 %, Pinot blanc 22 %, Pinot gris 17 %, Gewurztraminer 17 %, Muscat ottonel 8 %, Sylvaner 3 %
Production moyenne : 180 000 bt/an

JEAN-BAPTISTE ADAM ♣
5, rue de l'Aigle, 68770 Ammerschwihr
03 89 78 23 21 • www.jb-adam.com • Visites : sans RDV.
Propriétaire : Jean-Baptiste Adam

DOMAINE ÉMILE BOECKEL

Installé à Mittelbergheim, ce domaine familial depuis 400 ans est aujourd'hui géré par Jean-Daniel et Thomas Boeckel. Les vignes sont certifiés bio, et le domaine complète sa production par des achats de raisin. Une large batterie de vieux foudres est employée pour l'élevage des lieux-dits et grands crus. Fierté du domaine, les vignes âgées situées sur le Zotzenberg, le seul grand cru autorisé, depuis 2005 pour le sylvaner, qui y donne un vin plein de caractère et de longévité.

Les vins : les vins de la gamme Midelberg sont très fiables et réguliers. Joli pinot blanc Truttenhausen, salin, frais et précis. Le riesling Brandluft se montre droit et sincère. Le caractère solaire du millésime est très cadré dans le riesling Wiebelsberg, dont la carrure minérale prend beaucoup de fraîcheur grâce à de fins amers. Densité de chair, tonalité de poivre et de fruits jaunes dans le sylvaner grand cru, bien équilibré entre maturité et fraîcheur : nous aimons sa personnalité affirmée. Belle série de pinots noirs : issu d'un terroir argileux, Oberpfoeller offre de la consistance, pourvu de tanins charnus et vifs. Le K est une jeune vigne du grand cru Kirchberg, au caractère floral et aérien, avec déjà beaucoup de finesse et un joli élevage. Parcelle plantée sur la veine ferrugineuse du grand cru Zotzenberg, Les Terres Rouges brille avec une matière patinée et fraîche, au relief sanguin et aux fins tanins accrocheurs, à la finale vibrante et élancée.

- Pinot Blanc Midelberg 2019 — 8,80 € — 89
- Pinot Blanc Truttenhausen 2020 — 12 € — 90
- Pinot Gris Midelberg 2019 — 11 € — 89
- Riesling Brandluft 2019 — 12 € — 90
- Sylvaner Grand Cru Zotzenberg 2018 — 22 € — 93
- Pinot Noir K 2018 — Épuisé - 26 € — 91
- Pinot Noir Les Terres Rouges 2016 — Épuisé - 36 € — 93
- Pinot Noir Midelberg 2019 — 11 € — 89
- Pinot Noir Oberpfoeller 2019 — 18 € — 90

Le coup de ♥

- Riesling Grand Cru Wiebelsberg 2018 — 22 € — 92

Rouge : 3 hectares.
Blanc : 21 hectares.
Production moyenne : 250 000 bt/an

DOMAINE ÉMILE BOECKEL ♣

2, rue de la Montagne, 67140 Mittelbergheim
03 88 08 91 02 • www.boeckel-alsace.com/ •
Vente et visites : sur RDV.
Propriétaire : Famille Boeckel
Directeur : Thomas et Jean-Daniel Boeckel

NOUVEAU DOMAINE

DOMAINE BOEHLER

Julien Boehler, 29 ans, est revenu en 2016 sur le domaine familial de 8 hectares, situé à Molsheim. Riche de diverses expériences, il entame la conversion bio, effective en 2021 : gros labeur car les vignes, toutes en coteaux, sont divisées en près de 40 parcelles. Plusieurs lieux-dits sont isolés et mis en valeur, et le fleuron du domaine reste le grand cru Bruderthal, planté en riesling et gewurztraminer. Nous apprécions la sincérité et le charme de ses vins (le riesling en particulier), élevés sur lies et fermentés en levures indigènes.

Les vins : chez les rieslings, soulignons le profil original, croquant et direct de Holderlust, vin fruité aux saveurs finement végétales ; mais aussi celui très pur et aromatique de Hahnenberg qui offre finesse, éclat et délicatesse de texture. Deux originaux vins d'assemblage : Thomen (auxerrois et sylvaner) offre un nez épicé et des saveurs larges, dans un ensemble généreux et sapide, Schaefferstein, composé de pinot gris, gewurztraminer et muscat ottonel, se montre très ferme et nerveux jusque dans ses amers, avec un boisé un peu marqué. Le pinot gris est un vin puissant et généreux. Le gewurztraminer se montre aromatique avec un profil sec, avenant et vif, et une allonge sur une note de pierre ponce. Bonne franchise de fruit frais et croquant dans le pinot noir Saint-Georges, croquant mais un rien sec en finale. Nous lui préférons Seiler, plus moelleux et profond, qui associe joliment un fruit frais et épicé à des tanins réglissés, mais lui aussi un peu asséchant en finale.

- Alsace Pinot Gris Pfann 2019 — 12 € — 90
- Alsace Gewurztraminer Grand Cru Bruderthal 2019 — 20 € — 92
- Alsace Pinot Blanc Saint-Georges 2019 — 7 € — 88
- Alsace Riesling Holderhurst 2019 — 10 € — 90
- Alsace Schaefferstein 2019 — 14 € — 89
- Alsace Sylvaner Leimen 2019 — 10 € — 89
- Alsace Thomen 2019 — 11 € — 91
- Alsace Pinot Noir Saint-Georges 2019 — 9 € — 89
- Alsace Pinot Noir Seiler 2019 — 16 € — 91

Le coup de ♥

- Alsace Riesling Hahnenberg 2019 — 14 € — 92

Rouge : 0,9 hectare. Pinot noir 100 %
Blanc : 7,8 hectares. Riesling 24 %, Pinot gris 23 %, Gewurztraminer 18 %, Sylvaner 12 %,

Auxerrois (Lorrain/Alsacien) 10 %, Pinot blanc 8 %, Muscat ottonel 3 %, Chardonnay 2 %
Production moyenne : 35 000 bt/an

DOMAINE BOEHLER
4, Place de la liberté, 67120 Molsheim
03 88 38 53 16 • www.domaine-boehler.com • Vente et visites : sur RDV.
Propriétaire : Julien Boehler

JEAN-CLAUDE BUECHER

Le crémant est ici à l'honneur depuis la création du domaine par Jean-Claude et Sylviane Buecher dans les années 1980, le seul d'Alsace à ne proposer que des bulles. Rejoignant la propriété en 2005, Franck, le fils des propriétaires, agrandit l'espace de stockage pour assurer un élevage sur lattes entre 24 et 36 mois. Les vins sont toujours dosés en extra-brut, les levures indigènes de rigueur. La plupart des vignes sont situées sur les coteaux marno-calcaires de Wettolsheim, mais aussi sur le granite de Walbach, dans la vallée de Munster. 2019 est le premier millésime certifié bio.

Les vins : les six cuvées présentées sont très convaincantes. Notre préférence va à Sang Froid, pinot noir élevé 34 mois sur lattes, qui séduit par sa retenue et sa finesse de bulle, avec une large finale crayeuse. Chardonnay élevé 45 mois sur lattes, Empreinte est bien en place dans ses saveurs patinées et désaltérantes. Pinot blanc élevé 40 mois sur lattes, Fleur de Lys joue la carte de la délicatesse, avec des saveurs finement briochées et subtiles. Cuvée d'assemblage, Reflets présente une chair crémeuse, une bulle fine et une allonge acidulée.

Crémant d'Alsace Empreinte 2016	17 €	92
Crémant d'Alsace Fleur De Lys 2016	26 €	92
Crémant d'Alsace La Petite Sauvage 2015	39 €	91
Crémant d'Alsace Reflets 2016	13 €	91
Crémant d'Alsace Sang Froid 2016	39 €	93
Crémant d'Alsace Murmure 2017	14 €	90

Rouge : 2,7 hectares. Pinot noir 100 %
Blanc : 7,3 hectares. Auxerrois (Lorrain/Alsacien) 56 %, Gewurztraminer 14 %, Pinot blanc 13 %, Chardonnay 8 %, Riesling 4 %, Pinot gris 3 %
Production moyenne : 45 000 bt/an

JEAN-CLAUDE BUECHER ♣
31, rue des Vignes, 68920 Wettolsheim
03 89 80 14 01 • www.cremant-buecher.fr • Vente et visites : sur RDV.
Propriétaire : Jean-Claude Buecher
Directeur : Franck Buecher

FAMILLE HUGEL

Grande maison de négoce, dont l'activité viticole débute en 1639, Hugel est devenu une marque importante, présente dans le monde entier. On trouve d'un côté les cuvées d'entrée de gamme, tel que le Gentil, représentant la plus grande partie de la production mais dont la qualité s'avère moyenne. Et de l'autre côté, les terroirs de Riquewihr, Sporen et Schoenenbourg qui n'ont pas de secrets pour Marc Hugel. Le temps fait la force de ces vins de coteaux, qui peuvent se montrer peu expressifs dans leur jeunesse. Nous apprécions les vins de la gamme Grossi Laüe, commercialisés après quelques années de vieillissement. Moelleux et liquoreux offrent de belles émotions et restent un point fort de la maison.

Les vins : strict et froid, le pinot noir reste austère. Les vins de la gamme Classic sont corrects mais manquent de personnalité. Le riesling et le pinot gris Estate sont soignés, nets et équilibrés. Les deux vins Grossi Laüe sont épanouis, expressifs dans leur évolution aromatique, assez salivants et gourmands. Le gewurztraminer vendanges tardives offre beaucoup de fraîcheur et de suavité de texture, mais le meilleur vin est le riesling SGN "S", au magnifique équilibre : sucre d'orge, mandarine, allonge délicate et acidulée, et des sucres parfaitement fondus.

Gewurztraminer Classic 2018	15,50 €	89
Gewurztraminer Grossi Laüe 2012	38,90 €	92
Gewurztraminer Hugel VT 2012	38 €	92
Pinot Gris Estate 2016	22,90 €	90
Riesling Classic 2019	14,40 €	89
Riesling Estate 2017	21,60 €	89
Riesling Grossi Laüe 2012	43,20 €	91
Riesling Hugel VT 2012	55,40 €	90
Riesling SGN "S" 2015	175 €	94
Pinot Noir Grossi Laüe 2013	38,90 €	89

Rouge : 1,5 hectare.
Blanc : 28 hectares.
Production moyenne : 850 000 bt/an

FAMILLE HUGEL
3, rue de la Première-Armée, 68340 Riquewihr

03 89 47 92 15 • www.hugel.com • Vente et visites : sur RDV.
Propriétaire : Famille Hugel
Directeur : Marc Hugel

VIGNOBLE KLUR

Après avoir quitté la coopération en 1999 pour se lancer dans l'aventure de la biodynamie, Clément Klur avait développé son vignoble pour atteindre environ 8 hectares de vignes. En 2017, un deuxième virage a été initié. Il a conservé seulement 1,5 hectare : de belles parcelles du Hinterburg pour le pinot noir et des vignes sur les coteaux de Katzenthal, principalement le grand cru Wineck-Schlossberg. Elisa, la fille de Clément, est arrivée en 2019 au domaine, en parallèle de sa formation d'orfèvre-bijoutière. Ici, on prend le temps de faire le vin, en menant un travail de puriste à la vigne comme en cave, sans ajout de soufre. Les cuvées montrent de l'éclat, de la pureté. Cette nouvelle voie originale et prometteuse nous réjouit.

Les vins : plusieurs vins très attachants se détachent. Les deux pinots noirs sont sains et francs, Air de Famille plus tendre et digeste ; Tack & Glou avec une jolie mâche, mais un peu diffus. Mariage de terroirs, de raisins blancs macérés assemblés au jus de pinot noir, l'iconoclaste Tête en l'Air séduit par sa finesse, son relief gourmand et sa franchise. Macération de gewurztraminer et muscat, Il y a de Or... dans l'Air est un vin vigoureux, bien en place et plus fin dans ses tanins que par le passé. Assez ferme, porté par d'énergiques saveurs d'agrumes, le riesling O Grand R allie liberté d'expression et justesse de définition.

Riesling Grand Cru Wineck-Schlossberg O Grand R 2019	24 €	92
VDF Il y a de l'Or... dans l'Air 2019	22 €	91
VDF Pet en L'Air 2019	17 €	89
Pinot Noir Air de Famille 2019	21 €	91
Pinot Noir Tack & Glou 2019	32 €	91

Le coup de ♥

VDF Tête en l'air 2019	16 €	92

Rouge : 0,6 hectare. Pinot noir 100 %
Blanc : 1,2 hectare. Riesling 71 %, Gewurztraminer 21 %
Production moyenne : 8 000 bt/an

VIGNOBLE KLUR ☾
105, rue des Trois-Épis, 68230 Katzenthal
03 89 80 94 29 • www.klur.net • Vente et visites : sur RDV.
Propriétaire : Elisa Klur
Maître de chai : Clément Klur

DOMAINE PAUL KUBLER

Philippe Kubler propose depuis quelques millésimes une gamme cohérente qui retransmet au mieux l'aspect grillé et torréfié des vins de Soulzmatt. Il gère avec efficacité son vignoble, dont quelques parcelles en grand cru Zinnkoepflé, incluant un excellent Sylvaner, la cuvée Z La Petite Tête au Soleil. La gamme K, dont les raisins proviennent de lieux-dits, regorge de belles affaires. Le style des rieslings et des pinots est ici résolument sec. Plusieurs vins manquent de maturité, nous retirons à regret l'étoile.

Les vins : nerveux et aiguisé, le rouge est sur le fil de la maturité. Trop herbacés, les rieslings manquent de maturité. Le gewurztaminer a du répondant mais reste un peu pesant et chaleureux en finale. Entre ses saveurs fumées et ses notes de fruits jaunes, La Petite Tête au Soleil se présente bien concentré, doté d'une forte personnalité, avec une allonge tonique et une note végétale en finale. Grande richesse et onctuosité dans la vendanges tardives, assez saturée par ses sucres, un vrai bonbon dont on boira difficilement plus d'un verre.

Alsace Z La Petite Tête au Soleil 2017	19 €	91
Gewurztraminer Nuances de Neroli 2018	14 €	90
Pinot Gris Grand Cru Zinnkoepflé VT 2018	30 €	92
Riesling Breitenberg 2019	20 €	89
Riesling Les Pierriers 2018	14 €	87
Pinot Noir Weingarten 2019	20 €	90

Rouge : 0,5 hectare.
Blanc : 9 hectares.
Production moyenne : 60 000 bt/an

DOMAINE PAUL KUBLER
103, rue de la Vallée, 68570 Soultzmatt
03 89 47 00 75 • www.paulkubler.com • Vente et visites : sur RDV.
Propriétaire : Philippe Kubler

DOMAINE DU MANOIR

À cheval entre les communes de Turckheim et d'Ingersheim, se trouve un trésor bien gardé par la famille Thomann : le Clos du Letzenberg. Cet ensemble de 7 hectares, tout à fait unique dans la région, embrasse à l'horizontale le mouvement élégant de la colline, qui commence à l'est et finit au sud, sur des sols d'argiles et surtout de calcaire. Les cépages nobles sont plantés sur de minuscules terrasses, qui offrent une vue vertigineuse et abrupte, et ne permettent pas de labours partout. C'est la seule contrainte qui empêche la certification en bio pour Jean, en charge du domaine depuis 2003, et son frère cadet Nicolas. On produit ici de beaux vins, toujours dans un style sec pour le riesling ; l'élevage en barrique va bien au pinot noir et au pinot gris.

Les vins : nez de cerise et de fumé dans le pinot noir, vin rond patiné par le bois. Désaltérant, le crémant fait mouche. Délicatement aromatique, le riesling se montre ample et charnu. Les deux pinots gris sont de bon niveau. Le premier dans l'équilibre d'un demi-sec, le second - Victoria - sec mais marqué par son élevage en fûts. Deux excellentes vendanges tardives, en particulier le gewurztraminer, qui séduit par son naturel et rafraîchit par la qualité de ses amers.

- Crémant d'Alsace Extra-Brut — 8,50 € — 90
- Gewurztraminer Clos du Letzenberg 2019 — 10,50 € — 89
- Gewurztraminer Clos du Letzenberg VT 2018 — 16 € — 93
- Pinot Gris Clos du Letzenberg 2019 — 10,50 € — 90
- Pinot Gris Clos du Letzenberg Cuvée Victoria 2019 — 11,50 € — 90
- Pinot Gris Clos du Letzenberg VT 2018 — 16 € — 92
- Riesling Lieu-dit Letzenberg 2019 — 10,50 € — 91
- Pinot Noir Clos du Letzenberg 2019 — 15 € — 90

Rouge : 0,8 hectare.
Blanc : 9,7 hectares.
Production moyenne : 25 000 bt/an

DOMAINE DU MANOIR

56, rue de la Promenade, 68040 Ingersheim
03 89 27 23 69 • www.domainedumanoir.fr • Vente et visites : sur RDV.
Propriétaire : Marina Thomann
Maître de chai : Jean Thomann

DOMAINE FRÉDÉRIC MOCHEL

Depuis 2001, Guillaume Mochel perpétue avec passion la tradition familiale à Traenheim. Cette belle région aux portes de Strasbourg offre des terroirs profonds et riches. La moitié des parcelles se situe à Traenheim et l'autre à Bergbieten, fameux pour son grand cru Altenberg. Rares sont les metteurs en bouteille sur la commune, en raison de la présence d'une grande cave coopérative. La certification bio est en cours.

Les vins : deux rouges de belle qualité, croquants et juteux, la cuvée Réserve plus dense et structurée par son élevage en foudres, sort du lot. Le pinot gris est sec et tonique, le crémant généreux. Les deux plus beaux vins proviennent du grand cru Altenberg : le riesling est caressant, doté d'un joli fruit ciselé et d'une allonge lancinante. Tout en générosité solaire, le gewurztraminer séduit par son envergure et la qualité de ses saveurs d'agrumes mêlées de fins amers.

- Crémant d'Alsace Brut — 11 € — 89
- Gewurztraminer Grand Cru Altenberg de Bergbieten 2018 — 17 € — 92
- Pinot Gris 2019 — 10 € — 90
- Riesling Grand Cru Altenberg de Bergbieten Cuvée Henriette 2019 — 17 € — 92
- Pinot Noir 2019 — 10 € — 91
- Pinot Noir Réserve 2019 — 17 € — 91

Rouge : 0,8 hectare.
Blanc : 9 hectares.
Production moyenne : 70 000 bt/an

DOMAINE FRÉDÉRIC MOCHEL

56, rue Principale, 67310 Traenheim
03 88 50 38 67 • www.mochel.alsace • Vente et visites : sur RDV.
Propriétaire : Guillaume Mochel

CAVE DE RIBEAUVILLÉ

La plus ancienne cave coopérative de l'Hexagone a fêté ses 125 ans en 2020. Elle offre l'une des plus grandes diversités de terroirs que l'on puisse trouver dans la région. Propriétaire de dix grands crus et de huit lieux-dits, dont le monopole du clos du Zahnacker, vignoble en complantation, la cave s'appuie sur une charte de qualité sérieuse, avec des rendements revus à la baisse par rapport au décret. C'est aussi la seule cave coopérative d'Alsace où la totalité des raisins est vendangée à la main, sur 225 hectares !

Les vins : en riesling, Mühlforst a du caractère et une allonge citronnée. Le Silberberg a plus d'envergure, de générosité et de persistance. Énergique et solaire, le Kirchberg reste dodu et campé sur ses amers. Une fois la réduction passée, Clos du Zahnacker s'exprime par des notes de safran et de fruits jaunes, avec une trame moelleuse et ample qui sait enrober sa vigueur de sève. Beaucoup de richesse et de générosité dans le gewurztraminer Altenberg, très exotique et épicé. Les crémants restent un peu techniques et le pinot noir trop terne.

- Alsace Clos du Zahnacker 2014 — 30,20 € — 92
- Crémant d'Alsace Brut Giersberger — 9,05 € — 88

Crémant d'Alsace Brut Grande Cuvée	18,70 €	89
Gewurztraminer Bergheim 2017	13,60 €	86
Gewurztraminer Grand Cru Altenberg de Bergheim 2017	22,20 €	90
Riesling Grand Cru Kirchberg 2018	20,70 €	92
Riesling Haguenau 2017	10,40 €	89
Riesling Lieu-dit Silberberg de Rorschwihr Cuvée des 125 ans 2017	16,20 €	91
Riesling Mühlforst 2018	10,40 €	90
Pinot Noir Rodern 2016	18,20 €	87

Rouge : 22 hectares.
Blanc : 213 hectares.
Production moyenne : 2 000 000 bt/an

CAVE DE RIBEAUVILLÉ
2, route de Colmar, 68150 Ribeauvillé
03 89 73 61 80 • www.vins-ribeauville.com •
Vente et visites : sur RDV.
Propriétaire : Cave de Ribeauvillé
Directeur : Yves Baltenweck
Maître de chai : Yves Ortlieb
Œnologue : Evelyne Bleger-Cognacq

DOMAINE RIEFLÉ-LANDMANN

Chez les Rieflé, c'est une histoire de famille : le premier vigneron de la lignée apparaît dès 1830. Aujourd'hui, Thomas s'occupe de la vigne, Paul assure la commercialisation et Jean-Claude, le père, vinifie. Mais c'est leur dialogue quotidien qui fait avancer le domaine. Le millésime 2011, marqué par le rachat du célèbre domaine Seppi Landmann, coïncide avec le début d'une vinification à la recherche de plus de pureté : davantage de gras et de texture, mais sans les sucres, et un élevage un peu plus long sur lies fines. Sobres et raffinés, les vins devraient bientôt permettre au domaine de décrocher une étoile.

Les vins : petite déception sur deux cuvées marquées par des notes lactiques apportées par la barrique, le pinot noir L'Étoffe et le riesling Steinstück. L'Aplomb est un vin d'assemblage précoce et charnu, le gewurztraminer Zinnkoepflé est un vin solaire, assagi et sensuel, à l'équilibre demi-sec. Deux beaux pinots gris, Côte de Rouffach sec et tonique, assez éclatant, et le très précis Steinert, ample, profond et complet, à l'intensité pénétrante en finale. Le pinot noir Strangenberg se montre sapide et assez délicat, avec des saveurs d'agrumes et des tanins très patinés, servis par un élevage adapté.

Alsace Côte de Rouffach 2019	13,50 €	91
Alsace Grand Cru Steinert 2019	26 €	93
Alsace Grand Cru Zinnkoepflé 2018	28 €	92
Alsace L'Aplomb 2019	12 €	89
Alsace Lieu-dit Steinstück 2019	21 €	90
Crémant d'Alsace Brut Formula	12 €	89
VDF Sacré Loustic 2018	18 €	90
Alsace Côte de Rouffach 2019	21 €	90
Alsace L'Étoffe 2019	15 €	89
Alsace Lieu-dit Strangenberg 2019	26 €	92

Rouge : 2 hectares.
Blanc : 21 hectares.
Production moyenne : 160 000 bt/an

DOMAINE RIEFLÉ-LANDMANN ♣
7, rue du Drotfeld 68250 Pfaffenheim
03 89 78 52 21 • www.riefle.com • Vente et visites : sur RDV.
Propriétaire : Jean-Claude Rieflé
Directeur : Paul et Thomas Rieflé

DOMAINE ÉRIC ROMINGER

Désormais seule à bord de ce domaine créé avec son mari, Claudine Rominger Sutter continue avec sa force naturelle un travail en biodynamie dans la vigne, et précise son travail en cave. Le vignoble d'une douzaine d'hectares s'articule autour de Westhalten avec des lieux-dits expressifs en riesling et pinot noir et de belles réussites sur le grand cru Zinnkoepflé.

Les vins : le pinot noir est assez tendre et facile, mais son fruit peut manquer d'éclat. Joli crémant non dosé, qui tire sa vinosité d'une petite moitié de pinot noir dans l'assemblage. Medley est un désaltérant assemblage de muscat, riesling et sylvaner, sec et précis. Le sylvaner provient du Zinnkoepflé, mais son élevage en fûts le rend un peu commun. Quatre cépages complantés entrent dans Ozmose, vin moelleux citronné et gourmand aux sucres fins et croquants. Le meilleur vin de la gamme reste le pinot gris Zinnkoepflé, à la friande richesse de sucres, généreux et crémeux, qui évoque la mirabelle confite.

Alsace Medley 2019	12 €	89
Alsace Ozmose 2019	21 €	91
Crémant d'Alsace 2016	14 €	90

- Pinot Gris Grand Cru Zinnkoepflé SGN 2018 — 45 € — 92
- Riesling 2019 — 10 € — 89
- Riesling Schwarzberg 2019 — 13 € — 90
- Sylvaner Cuvée Z 2016 — 17 € — 89
- Pinot Noir Strangenberg 2017 — 18 € — 89

Rouge : 1 hectare. Pinot noir 100 %
Blanc : 10 hectares. Gewurztraminer 27 %, Riesling 27 %, Pinot blanc 20 %, Sylvaner 13 %, Pinot gris 7 %, Muscat à petits grains blancs 6 %
Production moyenne : 60 000 bt/an

DOMAINE ÉRIC ROMINGER
16, rue Saint-Blaise, 68250 Westhalten
03 89 47 68 60 • www.domaineromingerfr/
• Visites : sans RDV.
Propriétaire : Famille Rominger
Directeur : Claudine Rominger Sutter

DOMAINE MAURICE SCHOECH

Les premiers Schoech sont arrivés d'Autriche en 1650. Ils ont été charpentiers, tonneliers puis courtiers, jusqu'à Maurice, qui a bâti sa cave au cœur du village d'Ammerschwihr en 1973. Une lignée d'artisans qui se prolonge avec deux fils, Jean-Léon, arrivé en 1989, et Sébastien, revenu six ans ans plus tard. Les parcelles du domaine sont idéalement placées en coteaux, la gamme comprend une belle variété de grands crus et de lieux-dits, toujours dans un style sec et certifié bio depuis 2014. Les entrées de gamme représentent de belles affaires et Schoech s'impose comme l'un des meilleurs producteurs sur le Kaefferkopf.

Les vins : le pinot noir est dense, mais un peu asséché par son boisé. La gamme offre deux beaux rieslings : Sonnenberg se montre bien défini et prolongé par une allonge saline ; avec sa matière nuancée, relevée de saveurs tendres et acidulées, Kaefferkopf séduira par son envergure de chair. Nous sommes sous le charme du muscat Mambourg, très précis et finement aromatique, distingué et frais, à la trame dense enrobée de quelques sucres très digestes. Joufflu et épicé, le gewurztraminer du Kaefferkopf a parfaitement contenu sa richesse, et surprend par sa finesse et la qualité de ses amers. Beaucoup de générosité et de souplesse dans le gewurztraminer Vendanges Tardives, qui reste salivant jusque dans sa finale qui évoque l'ananas confit.

- Crémant d'Alsace Extra-Brut Bulles de Granite 2018 — 12 € — 89
- Gewurztraminer Grand Cru Kaefferkopf 2019 — 16,50 € — 92
- Gewurztraminer VT 2018 — 26 € — 92
- Pinot Gris Justin 2018 — 15 € — 89
- Riesling 2019 — 9,50 € — 89
- Riesling Grand Cru Kaefferkopf 2019 — 21 € — 92
- Riesling Sonnenberg 2018 — 14 € — 92
- Pinot Noir Cuvée Arthur 2018 — 18 € — 90

Le coup de ♥
- Muscat Grand Cru Mambourg 2019 — 18 € — 93

Rouge : 1 hectare. Pinot noir 100 %
Blanc : 17 hectares. Gewurztraminer 30 %, Pinot gris 22 %, Riesling 22 %, Auxerrois (Lorrain/Alsacien) 10 %, Pinot blanc 8 %, Muscat à petits grains blancs 5 %, Sylvaner 3 %
Production moyenne : 90 000 bt/an

DOMAINE MAURICE SCHOECH ♣
4, route de Kientzheim,
68770 Ammerschwihr
03 89 78 25 78 • www.domaineschoech.com
• Visites : sans RDV.
Propriétaire : Jean-Léon et Sébastien Schoech

DOMAINE ÉTIENNE SIMONIS

Étienne Simonis a signé en 2016 son vingtième millésime à la tête de ce domaine familial. C'est sous son impulsion qu'arriva, en 2008, la certification biodynamique Demeter. Les vins sont dotés d'une belle maturité de fruit, volume et puissance n'étant pas en reste. Depuis quelques millésimes, Étienne Simonis a fait progresser les vins vers plus de pureté, mais les entrées de gamme restent encore un peu trop disparates : nous attendons mieux à ce niveau.

Les vins : le pinot blanc manque de tonus, et le pinot noir est sec en finale. Quant au sylvaner, il équilibre son fruit par un agréable tonus. Les rieslings sont un peu sur le fil de la maturité, en particulier Clos des Chats, nerveux et tendu. Caractère plus généreux dans le Kaefferkopf, vin précis et profilé sans la moindre lourdeur grâce à sa finale très énergique. Assez éclatant dans ses saveurs, sec et aromatique, le pinot gris Clos des Chats est une très belle réussite, dans un style sobre avec sa maturité très contenue. Tangerine est un peu chaleureux, et Lune Rousse, un original pinot noir récolté en surmaturité, dispense ses sucres savoureux.

- Crémant d'Alsace Extra-Brut — 11 € — 88

Pinot Blanc Vieilles Vignes 2019	7,80 €	87
Pinot Gris Clos des Chats 2019	15,60 €	92
Pinot Gris Tangerine 2019	15 €	89
Riesling Clos des Chats 2019	14,20 €	91
Riesling Grand Cru Kaefferkopf 2019	16,30 €	92
Riesling Les Moulins 2019	11 €	90
Sylvaner Vieilles Vignes 2019	7,40 €	89
Alsace Lune Rousse 2019	18 €	89
Pinot Noir Les Courbes 2019	12 €	88

Rouge : 1,21 hectare.
Blanc : 6,02 hectares.
Production moyenne : 40 000 bt/an

DOMAINE ÉTIENNE SIMONIS ☾
2, rue des Moulins, 68770 Ammerschwihr
03 89 47 30 79 • www.vins-simonis.fr • Visites : sans RDV.
Propriétaire : Étienne Simonis

LOUIS SIPP

Passionné par ses terroirs, Étienne Sipp exploite en bio un vaste vignoble dont deux jolis grands crus : le Kirchberg de Ribeauvillé et l'Osterberg, vinifiés dans un esprit de garde, toujours épurés. Le travail parcellaire mené depuis quelques années est très appréciable. Une visite récente a confirmé le bon niveau des vins, qui sont appelés à progresser.

Les vins : Steinacker, le tendu et citronné Hagel et Muehlforst, carré et incisif, sont trois jolies expressions de terroir où le riesling s'épanouit. Savoureux et sincère en 2019, Osterberg est plus solaire mais vigoureux en 2015. Nerveux et pénétrant, Kirchberg 2019 est bien réussi et conserve en 2012 une trame énergique. Si la vendange tardive manque un peu de fraîcheur, le pinot gris Sélection de Grains Nobles s'apparente à une marmelade de prunes relevée de fleur de sel.

Alsace Grand Cru Kirchberg de Ribeauvillé 2012	25 €	92
Alsace Grand Cru Kirchberg de Ribeauvillé 2019	25 €	93
Alsace Grand Cru Osterberg 2015	25 €	92
Alsace Grand Cru Osterberg 2019	25 €	92
Alsace Steinacker 2018	15 €	90
Gewurztraminer VT 2018	28 €	90
Pinot Blanc Ribeauvillé 2019	9,50 €	88
Pinot Gris Cœur de Tries SGN 2009	59 €	93
Riesling Hagel 2019	18 €	91
Riesling Muehlforst 2017	16 €	91

Rouge : 3 hectares.
Blanc : 33 hectares.
Production moyenne : 200 000 bt/an

LOUIS SIPP ♣
5, Grand-Rue, 68150 Ribeauvillé
03 89 73 60 01 • www.sipp.com • Vente et visites : sur RDV.
Propriétaire : Famille Sipp
Directeur : Étienne Sipp

NOUVEAU DOMAINE

CHÂTEAU DE VAUX - VIGNOBLES MOLOZAY

L'appellation Moselle, presque disparue dans les années 1970, connaît une belle renaissance avec presque 70 hectares de vignes aujourd'hui, sur des coteaux le long de la rivière éponyme. Norbert Molozay et son épouse Marie-Geneviève y ont repris en 1999 cette belle propriété située à proximité de Metz. Depuis 2011, le vignoble, disséminé sur 26 parcelles sur 7 communes, est certifié en biodynamie (Demeter). On trouvera ici une quinzaine de vins différents, en monocépage ou en assemblage, dont la qualité témoigne d'un beau savoir-faire. Nous avons tardé à intégrer un représentant du vignoble mosellan dans ce guide, oubli désormais réparé !

Les vins : issu du cépage müller-thurgau, Maddalena est un vin digeste et délicat. Mûrs et raffinés, les deux assemblages Les Gryphées et Septentrion sont pleins de caractère, le premier plus épicé, le second plus acidulé. Salivant, le pinot gris Pylae est servi par un bel élevage. Au pinot noir Pylae, dont l'élevage étouffe un peu le fruit, nous préférons Les Clos, frais et nuancé, au nez de griotte.

Moselle Les Gryphées 2020	9,20 €	92
Moselle Maddalena 2019	14,90 €	91
Moselle Pylae Pinot Gris 2018	21,90 €	92
Moselle Les Clos 2019	18,80 €	92
Moselle Pylae Pinot Noir 2018	24,50 €	90

Le coup de ♥

Moselle Septentrion 2019	13,30 €	93

Rouge : 7 hectares.
Blanc : 7 hectares.
Production moyenne : 80 000 bt/an

CHÂTEAU DE VAUX - VIGNOBLES MOLOZAY ♣
21, rue de Moulins, 57160 Scy-Chazelles
03 87 60 20 64 • chateaudevaux.com • Pas de visites.
Propriétaire : Marie-Geneviève et Norbert Molozay

DOMAINE WACH

Le domaine des Marronniers devient le domaine Wach : le jeune vigneron Pierre Wach représente la nouvelle génération à la tête du domaine familial depuis 2015. Il a tout d'abord enclenché les changements à la vigne, avec une certification bio en cours, puis en cave, lançant des essais de pinot noir sans soufre et sans déviance ! Un nouvel élan est donné, mais quelques petits réglages sont nécessaires en cave pour préserver toute la précision et fraîcheur des saveurs.

Les vins : au sein d'une gamme un peu disparate, nous apprécions le sylvaner Duttenberg, tonique et ample, qui allie fraîcheur et vraie personnalité. Bon équilibre dans le muscat Andlau, parfumé et juteux, attendri par une pointe de sucres. Deux beaux rieslings grand cru : le terroir de grès rose du Wiebelsberg imprime son marqueur ferme et épuré et sa fine salinité en allonge. Plus fumé et doté d'une belle rectitude, Kastelberg évolue dans un univers froid et rocheux, d'une belle distinction et persistance.

Crémant d'Alsace	10 €	88
Gewurztraminer VT 2018	26 €	91
Muscat Andlau 2019	10 €	90
Riesling Coeur de Glace 2018	24 €	92
Riesling Grand Cru Kastelberg 2016	22 €	93
Riesling Grand Cru Wiebelsberg 2016	18 €	92
Sylvaner Duttenberg 2019	8 €	90
Sylvaner Séduction 2019	9,50 €	88
Crémant d'Alsace Brut Rosé	11 €	87

Rouge : 0,7 hectare. Pinot noir 100 %
Blanc : 7,2 hectares. Riesling 35 %, Sylvaner 19 %, Gewurztraminer 18 %, Pinot gris 10 %, Pinot blanc 8 %, Chardonnay 6 %, Muscat d'Alsace 2 %, Muscat ottonel 2 %
Production moyenne : 45 000 bt/an

DOMAINE WACH
5, rue de la Commanderie, 67140 Andlau
06 70 85 48 51 • www.guy-wach.fr • Vente et visites : sur RDV.
Propriétaire : Pierre Wach

Le Beaujolais et ses vins

Par Pierre Vila Palleja,
en charge des vins du Beaujolais au sein
du comité de dégustation de La Revue du vin de France

Superficie
14 200 hectares

Cépages principaux
Vins rouges :
gamay noir à jus blanc
Vins blancs :
chardonnay

Volume produit en 2020 :
629 600 hectolitres

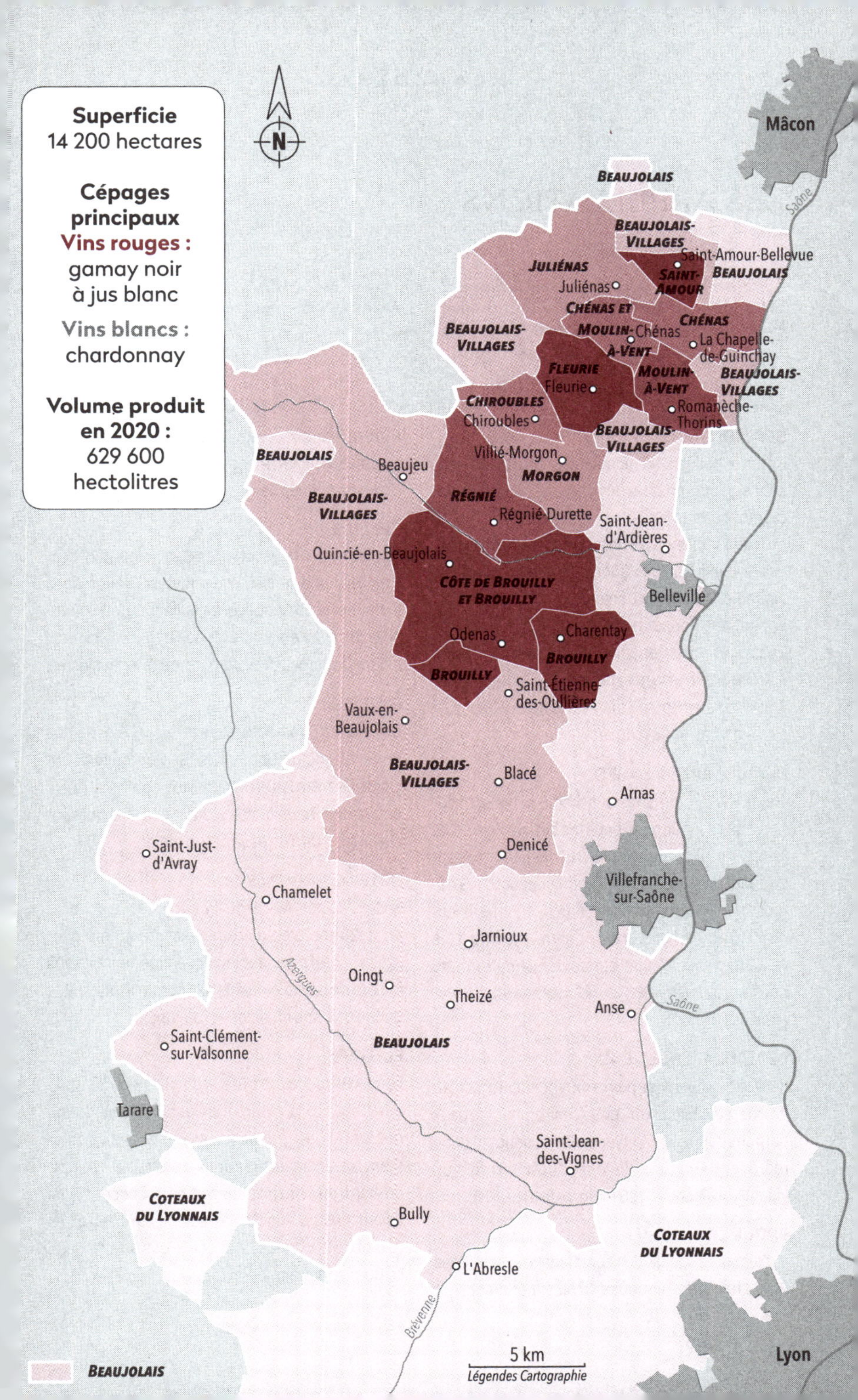

LES APPELLATIONS

Le vignoble du Beaujolais s'étend du sud de Mâcon jusqu'au nord de Lyon, sur 14 500 hectares. Si les AOC régionales sont plutôt situées dans le sud, les AOC communales (les crus) sont concentrées dans la partie septentrionale du Beaujolais.

BEAUJOLAIS

Cette appellation régionale est répartie en deux zones géographiques distinctes : la partie principale, dans le sud du vignoble, et une bande presque continue s'étirant depuis Villefranche-sur-Saône jusqu'à la Saône-et-Loire, au nord du vignoble. Par ailleurs, environ 200 hectares sont également consacrés à la production de l'AOC Beaujolais blanc. Ces parcelles de chardonnay sont situées à l'extrême nord du vignoble, aux limites du Mâconnais, et dans le sud, autour des villages de Liergues, Le Bois-d'Oingt et Bully.

BEAUJOLAIS-VILLAGES

Trente-huit communes ont droit à cette appellation. Elles sont situées dans les départements du Rhône (31 villages) et de la Saône-et-Loire (sept villages), dans trois zones produisant des vins à la typicité différente : la zone sud, adossée aux monts de la Haute-Azergue, la zone centrale, jouxtant les AOC Brouilly et Régnié, et une troisième zone, au nord, autour des AOC Fleurie, Juliénas, Chénas et Moulin-à-Vent.

BEAUJOLAIS NOUVEAU

Celle-ci se superpose aux deux précédentes appellations régionales. L'AOC Beaujolais produit les deux tiers des beaujolais nouveaux. Cette dénomination représente un tiers de la production totale du vignoble, soit environ 28 millions de bouteilles.

BROUILLY

La plus vaste appellation communale du Beaujolais (1 263 hectares) est aussi la plus méridionale et s'étend sur six communes. Brouilly ne compte qu'un seul climat, Pisse-Vieille (22 ha sur la commune de Cercié). Ses vins sont ronds et souples.

CHÉNAS

La plus petite appellation du Beaujolais (227 hectares) s'étend sur deux communes, Chénas, dans le Rhône, et La Chapelle-de-Guinchay, en Saône-et-Loire. Avec élégance et des accents épicés, il célèbre le gamay avec caractère et enthousiasme.

CHIROUBLES

Chiroubles (314 hectares) est la plus élevée des appellations du Beaujolais. Ses parcelles sont plantées entre 250 et 450 mètres d'altitude. Cette appellation beaujolaise produit des vins qui sont parmi les plus expressifs de la région.

CÔTE DE BROUILLY

Encerclée par l'AOC Brouilly, cette petite appellation (323 hectares) doit sa spécificité aux métadorites, roche d'origine volcanique, plus connue sous le nom de pierre bleue de la Côte de Brouilly. Elle donne des vins musclés et fougueux.

FLEURIE

L'appellation Fleurie s'étend sur 810 hectares, uniquement sur la commune éponyme. Elle donne des vins d'une grande finesse et compte également treize climats différents produisant autant de vins typés. Du nord au sud, se succèdent ainsi Les Labourons, Poncié, Les Moriers, La Roilette, Les Garants, Montgenas, La Chapelle des Bois, La Côte, Le Bon Cru et Champagne.

JULIÉNAS

Située sur des sols granitiques, maigres et arides, l'appellation Juliénas (554 hectares) s'étend sur quatre communes des départements du Rhône et de la Saône-et-Loire. Elle donne des vins plus tendus, davantage axés sur la fraîcheur.

MORGON

Bien que vaste (1 127 hectares), l'appellation s'étend uniquement sur la commune de Villié-Morgon, sur des roches friables de schiste pyriteux. L'AOC comporte six climats qui sont, d'est en ouest, Grand Cras, Les Charmes, Côte de Py (le plus reputé de tous), Corcelette, Les Micouds et Douby.

MOULIN-À-VENT

Cette appellation tire son nom du moulin du XVe siècle qui la domine. Moulin-à-Vent s'étend sur deux villages, Romanèche-Thorins et Chénas, et couvre 642 hectares. Ses vins complexes et puissants vieillissent avec majesté.

RÉGNIÉ

Il a fallu dix ans aux vignerons de Régnié pour faire reconnaître les spécificités de leur cru. Ils ont été entendus puisque, depuis 1988, Régnié est le dernier-né des crus du Beaujolais (428 hectares). Il s'étend principalement sur le village de Régnié-Durette.

SAINT-AMOUR

Cette petite appellation (304 hectares) est située à l'extrême nord du vignoble, sur la commune éponyme, et donne des vins délicats et fruités. Elle compte également douze climats dont certains s'accordent à merveille avec le nom de l'AOC : À La Folie ou En Paradis.

COTEAUX BOURGUIGNONS

Créée en 2011, cette appellation s'étend sur la Bourgogne et le Beaujolais. Elle permet de produire des rouges ou des rosés élaborés à partir de pinot noir ou de gamay, vinifiés seuls ou assemblés, et des blancs issus de chardonnay.

LES CÉPAGES

LE GAMAY NOIR

Le gamay a trouvé sa terre d'élection sur les sols argilo-calcaires et granitiques du Beaujolais, où 70 % de la production mondiale se concentre. Jusqu'à l'invasion du phylloxéra, à la fin du XIXe siècle, il était l'un des cépages les plus répandus dans le vignoble hexagonal et couvrait plus de 160 000 hectares, soit un dixième de la surface totale plantée de vignes en France. On le retrouve d'ailleurs encore dans le Val de Loire et dans le sud de la Bourgogne (Mâconnais). Sur les sols variés du Beaujolais, le gamay excelle à retranscrire l'identité des terroirs. C'est un cépage précoce, qui donne des vins peu colorés, mais très aromatiques. Dans le Beaujolais, il couvre 99 % du vignoble. Il exprime ses arômes de fruits rouges dans les beaujolais primeurs, mais se complexifie sur les grands terroirs communaux de la région et vieillit admirablement.

LE CHARDONNAY

Le chardonnay est également présent dans le nord du Beaujolais, mais de façon marginale. Il occupe à peine 269 hectares de vigne sur les 14500 que compte la région. Il est dédié à la confidentielle production de beaujolais blanc et de beaujolais-villages blanc. Les vins sont aromatiques, en particulier dans la zone des Terres Dorées, mais n'atteignent ni la finesse, ni la noblesse, des plus grands bourgognes blancs.

ESCAPADE GOURMANDE DANS LES COLLINES

CHAMBRES D'HÔTES

L'O DES VIGNES

Dans ce village de 350 habitants, Sébastien Chambru, Meilleur ouvrier de France en 2007, reçoit dans sa maison d'hôtes de cinq chambres. Pour goûter à sa cuisine, deux lieux : le restaurant gastronomique (menu de 27 € le midi à 72 € pour le menu cinq services) et un bar à vins pensé comme un bistrot de campagne (menu midi à 17 €) où la carte se renouvelle au fil des jours et des saisons. Un fumoir accueille les amateurs de cigare, l'autre passion du chef.

Rue du Bourg, 71960 Fuissé
Tél. : 03 85 38 33 40
www.lodesvignes.fr

AUBERGE DU PARADIS

Demeure de charme avec piscine et cuisine gastronomique. Chambres de 150 à 260 €. Petit-déjeuner : 22 €. Menu unique : 72 €.

Le Plâtre Durand, 71570 Saint-Amour-Bellevue. Tél. : 03 85 37 10 26
www.aubergeduparadis.fr

DOMAINE DU CLOS DES GARANDS

Quatre chambres dans une propriété de 6 hectares, avec vue sur les vignes du cru de Fleurie. Comptez de 107 à 127 €, petit-déjeuner compris.

Clos des Garands, 69820 Fleurie
Tél. : 04 74 69 80 01
www.closdesgarands.fr

CAVISTE

LE PROMENOIR DES VINS

Une sélection éclectique de plus de 700 cuvées, dont de nombreuses références du Beaujolais. La cave propose également des cours d'initiation à l'œnologie, en soirée, toute l'année.

113, rue d'Anse,
69400 Villefranche-sur-Saône
Tél. : 04 74 69 03 12
www.lepromenoirdesvins.com

RESTAURANTS

AUBERGE DE CLOCHEMERLE

Cette table étoilée est tenue par Delphine Barthe, sommelière, et son mari Romain, aux fourneaux. Leur cuisine raffinée met en scène les produits et les vins locaux. Sur la carte des vins, on retrouve tous les grands beaujolais, mais aussi des dizaines de références de Bourgogne et du Rhône. Menu à partir de 48 €.

173, rue Gabriel-Chevallier,
69460 Vaux-en-Beaujolais
Tél. : 04 74 03 20 16
www.aubergedeclochemerle.fr

AUBERGE DU CEP

Au cœur du vignoble de Fleurie, cette table entretient une longue tradition gastronomique et un rapport qualité-prix irréprochable. Sous la houlette de Camille et Aurélien Merot, l'auberge propose une cuisine du terroir. En cave, les crus du Beaujolais y sont bien représentés. De 16 à 60 €.

Place de l'Eglise,
69820 Fleurie.
Tél. : 04 74 04 10 77.

FÊTE VIGNERONNE

LES SARMENTELLES DE BEAUJEU DU 17 AU 21 NOVEMBRE 2021

Fête du beaujolais nouveau, ce rendez-vous international est organisé à l'honneur de la mise en consommation du nouveau millésime. Pendant cinq jours, suivez les dîners prestiges, les bals et les défilés hauts en couleur.

www.sarmentelles.com

NOTRE COUP DE ♥

EMA

La vue panoramique sur la campagne beaujolaise vaut à elle seule le détour. La cuisine gouteuse à prix d'amis incite à revenir. Les assiettes sont garnies par les producteurs locaux dont les hôtes pointent la localisation du bout du doigt depuis la terrasse. Même principe pour la carte des vins, établie avec grand soin parmi les noms régionaux. Dès le jeudi soir, les tapas accompagnent leurs cuvées. Une partie épicerie fine et caviste permet de prolonger le plaisir.
Menu midi à 22 €, vin au verre à partir de 4 €.

Le Bourg, 69430 Avenas
Tél. : 04 74 69 85 29

ŒNOTOURISME

LE HAMEAU DUBOEUF

Imaginé par le roi du beaujolais nouveau, Georges Dubœuf, ce parc thématique sur le vin permet d'explorer en famille l'univers de la vigne jusqu'à l'élaboration du précieux nectar. Installé dans une ancienne gare, ce lieu très ludique plaît tout autant aux parents qu'aux enfants. Billets : de 6 à 10 € (enfants) et de 10 à 18 € (adultes).

796, route de la Gare,
71570 Romanèche-Thorins
Tél. : 03 85 35 22 22
www.hameauduvin.com

★★★ DOMAINE LOUIS CLAUDE DESVIGNES

"Bon sang ne saurait mentir", dit l'adage. C'est le cas des enfants de Louis Claude Desvignes, Claude-Emmanuelle et Louis-Benoît. Cette huitième génération incarne l'esprit "vigneron-paysan" qui se soucie de tous les détails. Ils ne sont pas en bio certifié et alors ? Ils élèvent leurs vins sans fût, pourquoi pas ? La seule étiquette qu'ils revendiquent est d'être du Beaujolais. Beaucoup de travail aux vignes (labour, tri sévère...), peu d'intervention en cave, des élevages parcellaires longs en cuve béton donnent des vins francs, sans fard, bons à tous les âges. Des parangons de gamay. Grâce à sa représentation pure du cru Morgon, cette famille vigneronne confirme sa troisième étoile, une nouvelle fois.

Les vins : Les 2019 sont une ode à l'élégance. Issu du secteur de Douby, La Voûte Saint-Vincent est évanescent : il distille des notes de fruits à noyau, de poudre de granite et de fleurs. Montpelain offre un style réservé et frais, aux notes d'airelles. Son austérité demande a quelques années pour se dissiper. Corcelette est signé par une fine réduction, sa bouche est énergique, infusée. Côte du Py offre une magnifique énergie, sa qualité de tanin est remarquable. Javernières profite de la sapidité typique de son terroir, son allonge magnifique révèle des notes de fruits éclatants. Une grande garde lui est promise. Les Impénitents offre une classe rare, qui allie un grand terroir et des vignes apportant une sagesse inouïe. Une garde de vingt ans l'attend.

- Morgon Corcelette 2019 — Épuisé - 15 € — 93
- Morgon Côte du Py 2019 — Épuisé - 22 € — 95
- Morgon Côte du Py Javernières Les Impénitents 2019 — Épuisé - 40 € — 99
- Morgon Javernières 2019 — Épuisé - 20 € — 96
- Morgon La Voûte Saint-Vincent 2019 — Épuisé - 13 € — 92
- Morgon Montpelain 2019 — Épuisé - 15 € — 93

Rouge : 11 hectares.
Production moyenne : 50 000 bt/an

DOMAINE LOUIS CLAUDE DESVIGNES
135, rue de la Voûte, 69910 Villié-Morgon
04 74 04 23 35 •
www.louis-claude-desvignes.com • Vente et visites : sur RDV.
Propriétaire : Claude-Emmanuelle et Louis-Benoît Desvignes

★★ DOMAINE DANIEL BOULAND

Ce vigneron discret est installé dans le hameau de Corcelette, siège de l'un des meilleurs terroirs du cru morgon. Il enchante les œnophiles par une gamme de crus aux robes intenses et aux fruités imparables de velouté, qui conservent la fraîcheur et la typicité des sols. L'ensemble crée ce que l'on nomme "la digestibilité" : cette caractéristique qui transperce d'autres appellations quand le vin est servi à l'aveugle. Nous n'hésitons pas à dire que vous trouverez ici l'un des meilleurs rapports qualité-prix en vin rouge du Guide Vert. Une réservation est plus que conseillée.

Les vins : 2020 confirme une nouvelle fois la régularité et le plaisir que l'on a avec ces vins. Le côte-de-brouilly séduit par son muscle et ses nuances de pierres bleues. Sapide, excitant, salivant, juteux et délicat au regard du millésime et du cru. Bellevue Sable est un vrai délice. La cerise confite, un végétal fin et la richesse signent le nez. Bellevue Cailloux est une grande bouteille, profonde et austère à la fois. Le corcelette Sable est dense en attaque, poudré et délicat en finale. Le nez suggère la forêt noire, la réglisse, le chocolat, le végétal noble. Le corcellette Cailloux est renversant, offrant plusieurs facettes, de la fleur bleue à la cerise fraîche, en passant par l'agrume, la guigne, la mine de crayon. La bouche est dense, effilée, sapide, sérieuse. Avec Delys, les vignes de 1926 parlent. La finale est serrée, promettant une grande garde, avec un tanin millimétré, poudré et serré.

- Chiroubles Chatenay 2020 — 11 € — 92
- Côte de Brouilly Mélanie 2020 — 11 € — 94
- Morgon Bellevue Cailloux 2020 — 11 € — 95
- Morgon Bellevue Sable 2020 — 11 € — 92
- Morgon Corcelette Vieilles Vignes Cailloux 2020 — 12 € — 96
- Morgon Corcelette Vieilles Vignes Sable 2020 — 12 € — 93
- Morgon Delys Vieilles Vignes 2020 — 12 € — 95

Rouge : 9 hectares. Gamay noir à jus blanc 100 %
Production moyenne : 70 000 bt/an

DOMAINE DANIEL BOULAND
1139, route de Corcelette,
69910 Villié-Morgon
04 74 69 14 71 • bouland.daniel@free.fr •
Vente et visites : sur RDV.
Propriétaire : Daniel Bouland

★★ DOMAINE JEAN-MARC BURGAUD

Depuis la création de son domaine en 1989, Jean-Marc Burgaud est devenu une valeur sûre de notre guide. De son apprentissage bourguignon, il a retenu le travail en cuvées parcellaires, un élevage parfois allongé à deux hivers, ou encore l'égrappage adapté en fonction de l'année et du vin. Sa vinification apporte toujours un regard de velours au gamay, fixé par un élevage en fût (très peu de neuf) ajusté en fonction de chaque climat (la majorité se situant sur différents terroirs de Morgon). Il produit aussi du régnié et du beaujolais-villages sur les sols granitiques de Lantignié. Le style s'est ouvert avec le temps, sans perdre de vue l'expression du lieu.

Les vins : pour le beaujolais-villages, le niveau de soufre est très marqué, emportant le nez. Finale serrée. Lantignié oscille entre maturité et végétal, avec des notes de fruits cuits, d'herbe coupée et de poudre de roche. La bouche est dense, aux tanins serrés. Grande allonge. Les Charmes combine le caractère évanescent du lieu et le style concentré du domaine. Le nez offre de l'élégance et de la profondeur. La bouche est charnue, veloutée et allongée. Grande garde. Le régnié offre un style fougueux et fringuant se combinant avec des notes racinaires. La bouche est élancée, avec des tanins saillants. Bonne allonge. Grand Cras interpelle, avec des notes de fruits cuits, de chocolat noir et de figue. La bouche est dense, compacte, puissante. Javernières offre un impact minéral fort avec une intensité portée sur la mine de crayon, la pierre chaude et le graphite. La bouche est élancée, pure et puissante. La finale reste austère. Grande garde. James est un vin d'extrêmes : profondeur, allonge, sapidité, élevage... il faudra être patient pour que l'ensemble se fonde, mais l'équilibre et la dimension le placent parmi les grands.

Beaujolais-Villages 2019	10 €	86
Beaujolais-Villages Les Vignes de Lantignié 2020	10 €	90
Morgon Côte du Py James 2019	26 €	95
Morgon Côte du Py Javernières 2019	22 €	93
Morgon Grands Cras 2020	15 €	90
Morgon Les Charmes 2020	15 €	92
Régnié Vallières 2020	11 €	90

Rouge : 17 hectares. Gamay noir à jus blanc 100 %
Blanc : 0,8 hectare. Chardonnay 100 %
Production moyenne : 100 000 bt/an

DOMAINE JEAN-MARC BURGAUD
1060, route du Cru, 69910 Villié-Morgon
04 74 69 16 10 •
www.jean-marc-burgaud.com • Vente et visites : sur RDV.
Propriétaire : Jean-Marc Burgaud

★★ DOMAINES CHERMETTE

Le slogan du domaine, "L'art de faire le vin au plus près du raisin", reflète parfaitement la gamme de l'artisan-vigneron qu'est Pierre-Marie Chermette, aujourd'hui rejoint par Jean-Étienne, un de ses fils. L'homme a commencé son métier sur les 10 hectares de ses parents, dans le sud du Beaujolais, avant d'acquérir 20 hectares dans les crus Fleurie et Moulin-à-Vent, puis à Brouilly en 2008. Les vins tournent autour d'un noyau de fruit patiné qui charme tout en respectant l'identité des terroirs. Signe de qualité, les vins vieillissent avec grâce même dans les millésimes difficiles.

Les vins : le blanc offre clairement des accents rhodaniens sur la violette, l'abricot frais et l'amande. Dans la continuité, le crémant de Bourgogne possède dans son style vigoureux les mêmes notes d'agrumes, accompagnées d'une touche de chèvrefeuille. Les cœurs de vendange présentent toute la gourmandise que l'on attend d'eux, de la fraîcheur et du fruit. Les Clos Vieilles Vignes de Jean-Étienne Chermette suggère un fruit un peu compoté, avec une bouche riche, mais qui se raffermit un peu en finale. Nourri par sa vigne, Cœur de Vendanges est plus sage, avec un fruit d'une grande qualité et une note végétale. La bouche est sapide, dopée par des tanins qui étirent la matière. Le brouilly mérite bien son nom de Pierreux, on y perçoit la haute intensité de roche et l'élégance du fruit au second plan. Une grande garde l'attend. Cette pierre chaude ressort également du saint-amour, très belle expression de l'appellation. Enfin, le moulin-à-vent reste très marqué par le boisé, le nez rappelle des notes de moka, de burlat. La bouche est charnue. Une belle cuvée qui demandera du temps pour se fondre.

Beaujolais Chardonnay 2020	11,30 €	87
Crémant de Bourgogne Extra-Brut Blanc de Blancs	13,80 €	88
VDF En Fay Viognier 2020	11,20 €	88
Beaujolais Cœur de Vendanges 2020	11,80 €	92
Beaujolais Jean-Étienne Chermette Les Clos Vieilles Vignes 2018	9,20 €	90
Beaujolais Les Griottes 2020	8,50 €	88
Brouilly Pierreux 2020	14,20 €	92
Moulin-à-Vent La Rochelle 2018	25,70 €	93

Saint-Amour Les Champs Grillés 2020 — 15,70 € — 93

Rouge : 46,6 hectares.
Blanc : 6,6 hectares.
Production moyenne : 400 000 bt/an

DOMAINES CHERMETTE
775, route du Vissoux, 69620 Saint-Vérand
04 74 71 79 42 • www.chermette.fr • Vente et visites : sur RDV.
Propriétaire : Pierre-Marie Chermette
Directeur : Martine Chermette
Maître de chai : Jean-Étienne Chermette
Œnologue : Pierre-Marie et Jean-Étienne Chermette

★★ GEORGES DESCOMBES

Les beaujolais dits "nature" ont plusieurs maîtres. Georges Descombes est l'un d'eux. Son histoire commence en 1988 avec la reprise du domaine familial. Tout en gardant sa philosophie et son style peu interventionniste, le vigneron a fait évoluer les vins vers davantage de pureté et de franchise, chacun exprimant la dimension des crus et des terroirs : une véritable leçon. La capacité de garde est bluffante et l'on prédit de beaux jours au domaine.

Les vins : 2019 est signé par la profondeur et la définition. Le saint-amour est dans une légère phase de réduction, avec un nez contenu sur le grillé fin, les fruits cuits, le pot-pourri et la mandarine. La bouche est effilée, pure. Régnié est dans un style plus viril et sérieux : le fruit est infusé, délicat. Il sent la guigne, l'airelle, le buis. La bouche séduit par son jeu de texture sa qualité de tanins et son énergie. Une belle garde l'attend. L'énergie du morgon est superbe ! Il s'impose par sa classe et son volume. Les tanins voluptueux et caressants offrent une grande allonge sapide.

Morgon 2019	16,50 €	96
Régnié Vieilles Vignes 2019	19,50 €	94
Saint-Amour 2019	20 €	92

Rouge : Gamay noir à jus blanc 100 %
Achat de raisins.
Blanc : Chardonnay 100 %
Achat de raisins.

GEORGES DESCOMBES
131, impasse du Puits-Vermonts,
69910 Villié-Morgon
04 74 69 16 67 •
descombesgeorges@orange.fr • Vente et visites : sur RDV.
Propriétaire : Georges et Ghislaine Descombes
Œnologue : Laboratoire Le Morgon

★★ DOMAINE JULES DESJOURNEYS

Installé depuis le millésime 2007, Fabien Duperray a, dès ses débuts, mis le travail du sol en avant : pas de chimie, que de l'huile de coude ! Ce travail a un prix, plus élevé que la moyenne, mais en harmonie avec le plaisir apporté. En association avec Christophe Thibert, vigneron à Fuissé, il produit désormais une gamme restreinte, mais épurée, de mâconnais, en reprenant les principes de travail appliqués aux beaujolais. Le style des vins est millimétré, défendant une esthétique très définie, un peu austère de prime abord, mais d'une grande pureté. Les élevages tournés désormais vers la cuve, complétés par un soin méticuleux à la vigne et à la cave, ont fait progresser l'ensemble de la gamme. La deuxième étoile, attribuée l'année dernière, est confirmée.

Les vins : les derniers vins confirment que ce style a besoin de temps pour s'épanouir. Le morgon est en train de se révéler. Le fruit est infusé, précis, embaumant le racinaire, les notes de fruits rouges. La bouche est encore resserrée mais on devine une grande qualité de tanin, une tension minérale et une fraîcheur végétale. Grande garde. Saint Graal 2015 est finement réduit, compact et fringant. La bouche est tendue par une fraîcheur citronnée. Saint Graal 2016 est fermé à ce stade, mais la définition du tanin et l'allonge saline promettent une grande garde. Le viognier a des accents orientaux de thé à la menthe et de pignon de pain. La finale tannique est bienvenue. Le mâcon-verzé est signé par la pureté, la dimension saline et une grande allonge. Le puilly-loché est crayeux à souhait, avec une touche de bois blond. Le pouilly-vinzelles oscille entre les agrumes, les fruits à noyau et la roche. Le toucher est fin et épuré. Vignes Blanches est éclatant, intimement citronné et serré par son intensité crayeuse.

Mâcon-Verzé 2018	28,20 €	92
Pouilly-Fuissé 2018	48 €	93
Pouilly-Fuissé Vignes Blanches 2018	60 €	94
Pouilly-Loché 2018	45 €	93
Pouilly-Vinzelles 2018	45 €	92
VDF Ômar Viognier 2019	25 €	89
Fleurie Chapelle des Bois 2018	72 €	92
Fleurie Saint Graal 2015	80 € (c)	93
Fleurie Saint Graal 2016	80 € (c)	92

- Morgon 2015 — 36 € (c) — 93
- Moulin-à-Vent Chassignol 2018 — 84 € — 91
- Moulin-à-Vent Les Michelons 2018 — 72 € — 92

Rouge : 15 hectares. Gamay noir à jus blanc 100 %
Blanc : 13 hectares. Chardonnay 100 %
Production moyenne : 65 000 bt/an

DOMAINE JULES DESJOURNEYS ♣
75, rue Jean-Thorin, Pontanevaux 71570 La Chapelle-de-Guinchay
03 85 33 85 88 • www.julesdesjourneys.fr/ • Visites : sur RDV aux professionnels.
Propriétaire : Fabien Duperray

★★ ↗ DOMAINE DE LA GRAND'COUR

Un léger accent du cru, la main enveloppante et le regard joyeux, Jean-Louis Dutraive incarne une génération qui a appris, puis transmis. Sa sensibilité attachante lui permet d'accoucher de cuvées d'exception où la finesse du fruit le dispute à l'élégance des terroirs solaires de Fleurie. Adeptes des levures indigènes, des longues macérations, des élevages sous bois mais aussi de bio et d'un usage minimal, voire inexistant, de soufre, ses vins sont des modèles de pureté de jus. S'ils peuvent, une fois carafés, être bus jeunes, c'est après cinq ans qu'ils dispensent la noblesse de leur terroir. La production étant limitée, il faut réserver. La dégustation des 2020 a confirmé le niveau déjà atteint depuis de nombreux millésimes, entremêlant saveur et expression des parcelles, et permet l'obtention de la deuxième étoile.

Les vins : Clos de la Grand Cour est d'une envolée majestueuse, avec une légère sucrosité de l'alcool mais sans lourdeur. Le floral est magnifique, presque bouleversant, et l'extraction d'une remarquable finesse. Le Clos est sur le fil de la densité et de l'énergie. La bouche est allongée, d'un rare pedigree. Le nez est un carrousel de parfums. Champagne est élancé, grandiose, avec des tanins veloutés, rappelant avec délice la cerise confite.

- VDF Cap sur le Blanc 2020 — N.C. — 92
- Fleurie Clos de la Grand Cour 2020 — N.C. — 94
- Fleurie Terroir Champagne 2020 — N.C. — 95
- Fleurie Vieilles Vignes Le Clos 2020 — N.C. — 95

Rouge : 11,5 hectares. Gamay noir à jus blanc 100 %
Production moyenne : 30 000 bt/an

DOMAINE DE LA GRAND'COUR ♣
La Grand Cour, 69820 Fleurie
04 74 69 81 16 •
www.domainedelagrandcour.fr • Pas de visites.
Propriétaire : Jean-Louis Dutraive

★★ CHÂTEAU DES JACQUES

Depuis son acquisition en 1996 par la maison beaunoise Louis Jadot, la signature domaine est totalement acquise et "Les Jacques" rayonne comme un modèle de beaujolais de garde, tout en continuant de s'appuyer sur des méthodes bourguignonnes. Passée l'époque Guillaume de Castelnau (directeur de 2000 à 2014), Pierre-Henri Gagey a redonné les clefs en 2016 à Cyril Chirouze, ingénieur agronome et œnologue, qui y avait vinifié entre 2007 et 2013. Les cuvées parcellaires demandent un minimum de cinq ans de garde pour exprimer pleinement l'identité de leur sol. On sent que la transition vers le bio et la construction de la nouvelle cuverie ont permis de passer un nouveau cap dans la définition des crus. Nous suivrons de près cette progression.

Les vins : ces 2019 sont nés sous le signe de la cohérence et de l'élégance. Clos de Loyse affiche une belle maturité, avec des notes exotiques d'ananas au sirop et une finale légère et tannique. Le morgon est un rien marqué par son bois, rappelant le graphite et le moka, mais la touche acidulée reprend le dessus. Côte du Py offre un travail de composition ; cerise fraîche, violette, mine de crayon, chocolat noir. La bouche est infusée, avec un tanin un peu accrocheur par la fraîcheur acidulée. Moulin-à-Vent est légèrement fermé, dévoilant discrètement des notes de cerises fraîches, de sureau et de terre humide. La bouche oscille entre muscle du cru et fraîcheur de l'année. Rochegrès affiche une surprenante sensation de maturité, le nez est puissant, drapé par une touche de bois un peu démonstrative, affichant une grande richesse et finement réduit. La bouche est ample, avec une touche d'alcool un peu prenante. Clos du Grand Carquelin est encore un peu resserré : on profite d'une qualité de fruit et d'un juste élevage. La bouche est séduisante, sapide, au profil resserré. Clos des Thorins nous plonge dans le granit avec un nez porté par la mine de crayon, le grain de café et le pomelos. La bouche est étirée, pure, salivante. Le moulin est dense, riche, avec une allonge saline et une sapidité fraîche typique, mais combinée à la noblesse du lieu-dit.

- Beaujolais Clos de Loyse 2019 — 11,50 € — 89
- Morgon 2019 — 13,60 € — 91

- Morgon Côte du Py 2019 — 25,60 € — 93
- Moulin-à-Vent 2019 — 16,80 € — 91
- Moulin-à-Vent Clos de Rochegrès 2019 — 25,60 € — 93
- Moulin-à-Vent Clos des Thorins 2019 — 25,60 € — 94
- Moulin-à-Vent Clos du Grand Carquelin 2019 — 25,60 € — 94
- Moulin-à-Vent La Roche 2019 — 25,60 € — 93
- Moulin-à-Vent Le Moulin 2019 — 33 € — 94

Rouge : 69 hectares. Gamay noir à jus blanc 99 %, Syrah 1 %
Blanc : 9 hectares. Chardonnay 100 %
Production moyenne : 300 000 bt/an

CHÂTEAU DES JACQUES

Les Jacques, 147, rue des Jacques
71570 Romanèche-Thorins
03 85 35 51 64 • www.chateau-des-jacques.fr
• Vente et visites : sur RDV.
De 8h30 à 17h30.
Propriétaire : Famille Kopf
Directeur : Cyril Chirouze
Maître de chai : Alexandre Pipilis

★★ DOMAINE PAUL JANIN ET FILS

La localisation et l'âge des vignes ne font pas tout. Encore faut-il avoir le bon sens paysan et la finesse d'analyse d'un Éric Janin pour faire naître de grands gamays, concentrés et frais. Depuis sa première vendange en 1983, l'homme a conservé une vinification qui met en valeur des climats majoritairement situés sur le cru Moulin-à-Vent. Certaines vignes, comme Les Greneriers, ont connu les deux guerres mondiales. Éric Janin a créé en 2017 une activité de négoce avec des vignerons partenaires. Chénas, Brouilly et Beaujolais-Villages complètent ainsi sa gamme.

Les vins : le domaine renoue avec son niveau plus traditionnel après un millésime 2018 moins abouti. Tremblay est d'une haute définition, avec une grande sapidité et une stature musclée qui lui autorise une garde de dix ans. Héritage témoigne que les vieilles vignes permettent d'allier profondeur et sapidité. Le nez est posé, fin : la mûre, le chocolat noir et la violette s'y complaisent ; la bouche concilie richesse et élégance tannique. Argiles offre un style jovial et rhodanien : le nez lumineux sent la pêche fraîche, l'amande douce et le miel. La bouche est tendre et dynamique à la fois, grâce à l'éclat du citron vert.

- Beaujolais-Villages Argiles 2019 — 12,50 € — 89
- Moulin-à-Vent Héritage 2019 — 23 € — 95
- Moulin-à-Vent Les Vignes du Tremblay 2019 — 16,50 € — 95

Rouge : 7,85 hectares.
Blanc : 0,6 hectare.
Production moyenne : 35 000 bt/an

DOMAINE PAUL JANIN ET FILS

651, rue de la Chanillière
71570 Romanèche-Thorins
03 85 35 52 80 • www.domaine-paul-janin.fr
• Vente et visites : sur RDV.
Propriétaire : Éric Janin

★★ DOMAINE TH. LIGER-BELAIR

Par amour du gamay et aussi pour explorer de nouveaux horizons viticoles, Thibault Liger-Belair a acquis depuis 2009 quelques parcelles idéalement placées en Moulin-à-Vent, auxquelles il applique les mêmes méthodes qu'à ses grands crus de la Côte de Nuits (biodynamie, labour...). Adepte de l'égrappage et de l'élevage en pièce bourguignonne, il produit une gamme de moulin-à-vent parcellaires qui peuvent être appréciés dans leur jeunesse ou attendus pour davantage de complexité. Une récente dégustation verticale a montré la progression de la gamme. Nous sommes conquis par le respect du fruit, et la maîtrise de l'élevage dont fait preuve le vigneron, qui porte haut les couleurs du Beaujolais avec son style et son savoir-faire. Cohérence, profondeur, sapidité et potentiel de garde pour la gamme.

Les vins : le domaine signe des 2019 de grand niveau. De prime abord fougueux, Champ de Cour fait ressortir des notes de fleurs bleues, de balsamique et d'encaustique. Le nez se pose pour se laisser animer par les fruits rouges acidulés, le bois fin et les pierres chaudes. La bouche est délicate, infusée, fringuante, avec une finale ferme qui demande du temps pour se fondre. Encore en élevage, cette cuvée trouve sa grâce dans les vieilles vignes qui apportent profondeur et volupté. Le nez est posé, fin, riche, avec des notes de sous-bois et un élevage approprié. Grande garde. Encore en élevage, Vieilles Vignes trouve sa grâce dans l'âge de son matériel végétal, qui apporte profondeur et volupté. Le nez est posé, fin, riche, avec des notes de sous-bois et un bois approprié. La Roche est issu de vignes plantées en 1920 et 1945 qui donnent historiquement des vins puissants et denses : une fois encore, elles produisent un flacon d'ampleur, énorme combinaison d'élégance et de puissance. Le nez est fougueux, pris entre un fruit de grande qualité et une énergie minérale. Issu de vignes d'un haut du coteau, donc venteux, il est d'un caractère athlétique, très sapide. Le tanin est fringant, la finale rappelle la roche et les petits fruits bleus. Quelle énergie pour cette rare cuvée de vignes centenaires ! Malgré la jeunesse, on distingue volontiers une profondeur et une qualité de fruits remarquables. Le toucher est renversant, diffus, et d'une grande allonge. Un des plus grands de la région.

- Moulin-à-Vent Champ de Cour 2019 — 26 € — 93
- Moulin-à-Vent La Roche 2019 — 26 € — 95
- Moulin-à-Vent Les Vieilles Vignes 2019 — 22 € — 93
- Moulin-à-Vent Les Vignes Centenaires 2019 — 70 € — 96

Rouge : 12 hectares. Gamay noir à jus blanc 100 %
Production moyenne : 30 000 bt/an

DOMAINE TH. LIGER-BELAIR ♣
32, rue Thurot, 21700 Nuits-Saint-Georges
03 80 61 51 16 • www.thibaultligerbelair.com
• Vente et visites : sur RDV.
Propriétaire : Thibault Liger-Belair

★★ DOMAINE DES TERRES DORÉES

Depuis le pays lumineux des Pierres Dorées, Jean-Paul Brun, un des précurseurs du renouveau du Beaujolais, fait rayonner sa région, du primeur jusqu'aux crus réputés qu'il a acquis patiemment, grâce à son travail du côté des beaujolais du sud. Ici, l'identité des terroirs est aussi forte que la digestibilité de cuvées dans lesquelles on retrouve la patte de velours du vinificateur. Preuve que l'on peut faire des cuvées importantes en volume et de haute qualité. En blanc comme en rouge (et aussi en effervescent), le plaisir de l'amateur est très souvent au rendez-vous, comme la régularité des vins, l'interprétation personnelle et savoureuse des terroirs.

Les vins : Chardonnay Classic offre un style à la fois riche et sur le fil, avec des notes de fruits blancs, de beurre et de citron frais. La bouche est contenue, avec une finale un peu ferme. Fûts de Chêne est encore marqué par un boisé noble, on distingue un fruit de qualité et une empreinte minérale forte. La bouche est ample, sapide et d'une fine tannicité. Avec Le Ronsay, on profite d'un fruit infusé, rehaussé par des notes de poivre noir qui rafraîchissent l'ensemble. L'Ancien nous fait plonger dans une tombée de fruits noirs juteux, la grenadine et les épices douces, sur un air quasi rhodanien. La bouche nous ramène en Beaujolais grâce à sa fraîcheur saline et granitique qui tempère la rondeur de l'enveloppe. Le morgon, encore fermé, séduit par les notes de fruits bleus, de roche et de la datte orientale. La bouche est pleine, tout en gardant un caractère digeste et frais. La finale est cristalline et salivante. Côte de Brouilly est sérieux, avec un fruit renfermé, souligné par une touche réduite et fumée. La bouche combine une matière encore fougueuse et une trame acide qui raffermit l'ensemble, mais qui sera garante de belle garde. Belle finale désaltérante. La profondeur des Thorins resserre le vin, conférant une austérité et une qualité de fruit remarquables. La bouche est effilée, mais les tanins restent précis et étirent une matière juste. Grande garde.

- Beaujolais Chardonnay Classic 2019 — 11,50 € — 87
- Beaujolais Fûts de Chêne 2019 — 16,50 € — 91
- Beaujolais L'Ancien 2019 — 11,50 € — 90
- Beaujolais Le Ronsay 2020 — 8 € — 92
- Côte de Brouilly 2019 — 13,50 € — 91
- Fleurie 2019 — 16,50 € — 92
- Morgon 2019 — 14,50 € — 93
- Moulin-à-Vent 2019 — 17 € — 93
- Moulin-à-Vent Les Thorins 2019 — 22 € — 93

Rouge : 44 hectares. Gamay noir à jus blanc 95 %, Pinot noir 5 %
Achat de raisins.
Blanc : 9 hectares. Chardonnay 90 %, Roussanne 10 %
Achat de raisins.
Production moyenne : 300 000 bt/an

DOMAINE DES TERRES DORÉES
565, route d'Alix,
69380 Charnay-en-Beaujolais
04 78 47 93 45 • contact@terresdorees.fr •
Vente et visites : sur RDV.
Propriétaire : Jean-Paul Brun

★★ CHÂTEAU THIVIN

Derrière une étiquette au charme suranné, c'est toute une famille qui incarne le vignoble de la Côte de Brouilly et un Beaujolais traditionnel. Claude Geoffray a transmis en 2007 les rênes de la vinification à son fils Claude-Édouard, secondé par son épouse, Sonja, œnologue tout comme lui. Par petites touches, le domaine est resté au sommet avec un plus grand travail du sol (replantantion à 1,80 m, vignes palissées, taille en cordon) et des élevages allongés. Les cuvées sont devenues identitaires. L'accueil au caveau, dans un cadre à la fois rustique et romanesque, est un des meilleurs de la région. Nous sommes séduits par la constance de la gamme, l'émotion qu'elle procure.

Les vins : Thivin nous régale une nouvelle fois, confirmant son statut de grand du Beaujolais. Rochebonne est un blanc texturé réussi d'ambition gastronomique, et aux accents sudistes. Le brouilly offre élégance et salinité, avec une sève aristocrate. Les Griottes est encore réduit, mais la bouche élégante et saline est garante de la qualité du flacon. Naturellement sur la retenue, Zaccharie offre un calibre de grande envergure, où l'élevage magnifie l'impact des vieilles vignes. Godefroy est éblouissant, avec une stature juste et une fraîcheur de poivre du Timut. Un vin de grande garde. Signé par la minéralité du lieu, La Chapelle jouit d'une densité se combinant avec grâce aux tanins poudrés. Nous sommes se'duits par la constance de la gamme, l'e'motion qu'elle procure, qui nous semble provenir d'un travail viticole en progrès et d'une plus grande précision à la cave. Nous suivons le domaine de près.

- Beaujolais Clos de Rochebonne 2019 — 15,30 € — 90
- Brouilly 2019 — de 12 à 12,60 € (c) — 92
- Côte de Brouilly Godefroy 2019 — Épuisé - 19,30 € — 96
- Côte de Brouilly La Chapelle 2019 — Épuisé - 19,30 € — 96
- Côte de Brouilly Les Griottes de Brulhié 2019 — 17,30 € — 92
- Côte de Brouilly Zaccharie 2019 — 30,20 € — 96

Rouge : 25 hectares. Gamay noir à jus blanc 100 %
Blanc : 2 hectares. Chardonnay 100 %
Production moyenne : 140 000 bt/an

CHÂTEAU THIVIN
630, route du Mont Brouilly, 69460 Odenas
04 74 03 47 53 • www.chateau-thivin.com •
Vente et visites : sur RDV.
Du lundi au samedi de 9h à 12h et de 14h à 18h.
Propriétaire : Famille Claude Geoffray
Œnologue : Claude et Sonja Geoffray

★ CHÂTEAU DES BACHELARDS

Diplômée d'œnologie, Alexandra de Vazeilles a acquis cette jolie propriété en 2014. Elle a fait ses armes dans des domaines prestigieux en Bourgogne et dans le Bordelais. L'ensemble du vignoble, âgé de 60 à plus de 100 ans, est certifié en biodynamie depuis 2015. Elle recherche la densité dans les vins, tout en gardant une vraie finesse. Les vinifications, qui s'adaptent au millésime, le permettent.

Les vins : nous sommes surpris que le domaine, ne nous ait pas fait parvenir ses vins de Fleurie, malgre' la qualite' des autres vins présentés. Le saint-amour trouve un équilibre entre rondeur et gourmandise. Le nez réservé, la concentration juste et le tanin patiné lui promettent une garde d'au moins dix ans. Le moulin-à-vent surprend, avec un accent ibérique de rioja espagnol. La bouche, initialement concentrée, s'affine, puis se raffermit, avec des touches boisées un peu dissociées. Serait-il dans son adolescence ?

- Moulin-à-Vent 2017 — 28 € — 91
- Saint-Amour 2017 — 28 € — 92

Rouge : 13 hectares. Gamay noir à jus blanc 100 %
Blanc : 1 hectare. Chardonnay 100 %
Production moyenne : 36 500 bt/an

CHÂTEAU DES BACHELARDS ☾
Lieu-dit Les Bachelards, Château des Bachelards 69820 Fleurie
09 81 49 47 00 • www.bachelards.com •
Vente et visites : sur RDV.
De 10h à 18h.
Propriétaire : Alexandra de Vazeilles
Œnologue : Stéphane Derenoncourt et Simon Blanchard

★ DOMAINE GUY BRETON

Le bien nommé "P'tit Max" fait partie de cette génération de vignerons "nature" qui ont su garder un style défini, sans tomber dans les déviances extrêmes. Encouragé par Marcel Lapierre, il s'installe en 1988, avec l'envie de produire des vins respectueux des crus, dans un style plus léger et légèrement infusé. Une proposition pure, friande, et typée du vin du Beaujolais, qui a su rester régulière au travers des années.

Les vins : la fraîcheur de 2019 convient bien au style fin et infusé du domaine. La nouvelle cuvée Fleurie fait sensation grâce à sa noble origine des Garants. Elle allie grâce et volupté. Le nez très complexe rappelle la fleur d'oranger et la cerise confite. Grande salinité. P'tit Max, issu de vieilles vignes, est riche, avec des notes de chocolat, de café et de rhum-raisin. La concentration est juste, allongée, offrant une grande garde. Il s'avère plus dense que le reste de la gamme. Le morgon est raffiné, sur des notes de cerise, de guigne, d'orange sanguine. La bouche est dense pour le style du domaine. Le côte-de-brouilly est encore serré par les pierres bleues, donnant un style friand et austère à la fois.

Bouche énergique, salivante, avec une touche de cerises confites et de chocolat. Le chiroubles se montre encore serré par les pierres bleues, donnant un style friand et austère à la fois. La bouche est énergique, salivante, avec une touche de cerises confites et de chocolat. Le chiroubles s'anime par des fruits rouges, des épices douces, de l'orange sanguine. Sapide, de demi-corps, à la finale fraîche. Avec un léger gaz qui s'estompe rapidement, on sent une noble austérité pour le régnié. Groseille, fleurs fraîches et noble racinaire au menu. La bouche est élégante.

Chiroubles Léa 2019	17 €	91
Côte de Brouilly 2019	17 €	91
Fleurie 2019	23 €	94
Morgon P'tit Max 2019	20 €	93
Morgon Vieilles Vignes 2019	17 €	92
Régnié 2020	15 €	90

Rouge : 11 hectares. Gamay noir à jus blanc 100 %
Achat de raisins.
Production moyenne : 70 000 bt/an

DOMAINE GUY BRETON
252, rue Pasteur, 69910 Villié-Morgon
06 16 24 76 70 • ptitmax@sfr.fr • Vente et visites : sur RDV.
Le matin sur rendez-vous.
Propriétaire : Guy Breton

★ DOMAINE CHAMONARD

Jean-Claude Chanudet, alias Le Chat, fait partie de la première génération de producteurs de vins "nature", avec Foillard, Descombes et Lapierre. Chez lui, la maîtrise se combine à l'authenticité. Après une première carrière dans l'embouteillage, ce fils de vigneron reprend dès 1989 le domaine de son beau-père. Il veut valoriser les vieilles vignes avec son bon sens paysan, sa sensibilité vinificatrice libre et précise, de longues macérations et des élevages en vieux fûts. Le style est éclatant, précis et donne aux vins une capacité de garde insoupçonnée. Le domaine, que sa fille Jeanne, vétérinaire de formation, se destine à reprendre, regorge de vieux millésimes à la vente.

Les vins : Droit de Veto se présente dans un style spontané et fringuant dont il faut profiter dès maintenant. Dans une phase de fermeture, Madone 2018 possède ce relief minéral intense qui augure d'une grande garde. En 2019, Madone impose un abord réservé, marqué par la noblesse, avant de s'ouvrir sur une bouche énergique. Morgon 2017 se patine avec finesse, acquérant des notes rhodaniennes de poivre et de tomate séchée. Le 2018 est riche, solaire, aux notes de fruits rôtis et de cire d'abeille. La bouche joufflue est portée par des tanins serrés bien définis. Soutenu par ses notes de fleurs bleues et de balsamique, le fougueux 2019 demande encore quelque temps pour se fondre.

Fleurie Droit de Veto 2019	16,50 €	89
Fleurie Madone 2018	16 €	93
Fleurie Madone 2019	16 €	93
Morgon 2017	15 €	92
Morgon 2018	15 €	93
Morgon 2019	15,50 €	92

Rouge : 5,5 hectares.
Production moyenne : 35 000 bt/an

DOMAINE CHAMONARD
585, chemin de la Grenouille, Le Clos de Lys, Corcelette, 69910 Villié-Morgon
04 74 69 13 97 •
domainechamonard@gmail.com • Vente et visites : sur RDV.
Propriétaire : Geneviève, Jeanne et Jean-Claude Chanudet
Directeur : Geneviève Chanudet
Maître de chai : Jean-Claude Chanudet
Œnologue : Jeanne Chanudet

★ DOMAINE CHIGNARD

Depuis sa reprise du domaine familial en 2007, Cédric Chignard fait partie des "vignerons héritiers" qui font évoluer leur domaine par des ajustements de qualité. Des macérations beaujolaises, il a conservé le modèle paternel et se montre plus précis en vinification tout en poursuivant le travail des sols sur un vignoble âgé de plus de soixante ans en moyenne. Principalement issus du secteur des Moriers, au nord de l'appellation, les vins livrent des parfums très floraux qu'accompagne un grain de tanin fin. Les vins vieillissent avec noblesse en suivant la marque du millésime.

Les vins : le domaine se présente sous différents aspects cette année. Le juliénas offre une jolie puissance diffuse, avec un nez dicté par un fin végétal, malgré une finale un peu ferme. Le beaujolais-villages est un peu vieillissant, avec son fruit en retrait et sa finale courte. Les Moriers 2019 est vibrant, allongé par un tanin défini et une belle finale acidulée. En 2018, propulsé par sa grande profondeur minérale, Les Moriers affiche un style libéré, la haute maturité est juste. Les Dix Coupées est marqué par le café, avec des notes de génoise et de cerise. La bouche riche possède une pointe de fermeté qui lui sied. Le Cochonnier rappelle les vieux riojas espagnols, avec des notes de coco, de vanille et de cerise à l'eau de vie. La bouche est charnue, à l'enveloppe ronde et aux tanins fermes.

Beaujolais-Villages 2016	12,50 €	88
Fleurie Le Cochonnier 2015	24,50 €	91
Fleurie Les Dix Coupées 2016	24,50 €	89
Fleurie Les Moriers 2018	16,60 €	92
Fleurie Les Moriers 2019	16 €	91
Juliénas Beauvernay 2018	15,60 €	89

Rouge : 10 hectares. Gamay noir à jus blanc 100 %
Production moyenne : 45 000 bt/an

DOMAINE CHIGNARD
Le Point du Jour, 69820 Fleurie
04 74 04 11 87 •
domaine.chignard@wanadoo.fr • Vente et visites : sur RDV.
Propriétaire : Cédric Chignard

★ ↗ CLOS DE LA ROILETTE

Le Clos de la Roilette est aux mains de la famille Coudert depuis 1967, Alain ayant signé sa première vendange en 1982. Composé de 14 hectares, le domaine s'est agrandi en 2005, avec la reprise d'une parcelle de Brouilly, située sur le village de Saint-Lager. À Fleurie, les vieilles vignes entourent la cave. Notons également 3 hectares dans le secteur de Champagne, situé au sud-ouest du village. Le style des vins est sans fioriture. Au programme, vinification classique en vendange entière et élevage en foudre de chêne usagé. La cuvée Les Griffes du Marquis subit un élevage de douze mois en barrique. Ces vins au joli potentiel de garde se montrent denses et charnus. Une dégustation récente de millésimes anciens et la progression de la gamme nous conduisent à attribuer la première étoile cette année.

Les vins : pour le fleurie, le nez séduisant rappelle la qualité du cru, magnifié par un élevage donnant de l'amplitude et du soyeux de texture apporté par le bois sucrant. Le vin promet une grande garde. Encore serré, Griffes du Marquis aura un grand avenir. Le nez oscille entre les fruits rouges, quelques notes de végétal noble et le vieux bois. La bouche est dense, charnue, sans excès. Dix ans de cave, au bas mot, lui feront le plus grand bien.

Fleurie 2020	9,90 €	92
Fleurie Griffes du Marquis 2019	18,50 €	92

Rouge : 14 hectares. Gamay noir à jus blanc 100 %
Production moyenne : 60 000 bt/an

CLOS DE LA ROILETTE
358, route de La Roilette, 69820 Fleurie
04 74 69 84 37 •
clos-de-la-roilette@wanadoo.fr • Vente et visites : sur RDV.
De 8h à 12h et de 14h à 18h.
Propriétaire : Alain Coudert

★ DOMAINE JEAN FOILLARD

Jean Foillard fait partie des noms incontournables du paysage beaujolais. Connu pour son style "nature", Jean a fait ses armes dans le domaine familial dès 1981. D'une main ferme, il a conservé un style libre, mais sans déviance, dont découlent des vins très réguliers et très profonds. Viticulture bio, vinification sans soufre, vendange entière et élevage en fût ne sont pas les seules clés du succès, bien sûr. Car pour produire ces vins "libres" mais précis, le suivi minutieux au microscope est l'un des paramètres fondamentaux. Jean Foillard transmet doucement le témoin à son fils, Alex. Après avoir voyagé dans le monde et repris quelques hectares de vignes en son nom propre, celui-ci reprend pas à pas les rênes avec la volonté de poursuivre l'œuvre paternelle, tout en insufflant sa propre sensibilité. On sent une progression notable dans les derniers millésimes dégustés.

Les vins : Fleurie dévoile tout son potentiel sur une année qui combine chaud et froid. Le papier d'Arménie, la cerise fraîche et le graphite composent ses parfums. La fraîcheur du millésime rend le toucher effilé et ferme pour Eponym. Encore sur la retenue, le morgon Eponym a besoin de temps pour se dévoiler. Corcelette suggère la griotte, l'orange sanguine et le granite. Le toucher est dense, salivant, avec une finale légèrement ferme et austère. Côte du Py est encore fougueux, complexe, avec le balsamique, la violette et la guigne. La bouche est étirée, sapide, acidulée, très pierres bleues.

Fleurie 2019	25 € (c)	93
Morgon Corcelette 2019	25 € (c)	91
Morgon Côte du Py 2019	25 € (c)	92
Morgon Eponym 2019	26 € (c)	91

Rouge : 22 hectares. Gamay noir à jus blanc 100 %
Achat de raisins.

DOMAINE JEAN FOILLARD ♣
Le Clachet 69910 Villié-Morgon
04 74 04 24 97 • jean.foillard@orange.com • Vente et visites : sur RDV.
Propriétaire : Jean Foillard

★ DOMAINE MEE GODARD

Œnologue de formation mais sans histoire vigneronne, Mee réalise son rêve en reprenant seule en février 2013 les parcelles d'un vigneron sans suite. Son domaine de poche est composé de très vieilles vignes dans les meilleurs terroirs de Morgon (Corcelette, Grand Cras, Côte du Py). Une cuvée de moulin-à-vent est venue enrichir la gamme en 2016. Avec ses vins libres, mais bien définis, Mee Godard monte en puissance !

Les vins : une année de plus en bouteille permet de se rendre compte de la réussite des 2019. Au Michelon diffuse une belle énergie, avec un nez posé mêlant la cire de bougie, le fruit rôti, l'amande douce et l'orange sanguine. La bouche offre beaucoup d'amplitude malgré sa finesse. Grand Cras est encore marqué par son boisé, mais des arômes de grand raffinement percent. Un fruité éclatant accompagne sa minéralité délicate, le tout souligné par un fin couvert végétal très précis. Côte du Py est encore pris par une légère réduction, mais la bouche charme par son empreinte volcanique, qui apporte beaucoup de tension. Passerelle 577 distille timidement des arômes de fruits noirs et de fleurs bleues. La bouche est profonde, délicate, à la puissance diffuse, avec une grande sapidité et des tanins poudrés. Avec Corcelette, on arrive à percevoir une grande qualité de fruit malgré une intensité boisé forte. Le nez est animé par les fruits rouges, les épices douces, la boîte à cigares et l'abricot. La bouche est enveloppée d'un toucher délicatement sucrant.

Beaujolais-Villages 2019	10 €	89
Morgon Corcelette 2019	18,50 €	94
Morgon Grand Cras 2019	21 €	94
Morgon Passerelle 577 2019	32 €	96
Moulin-à-Vent Au Michelon 2019	23 €	94

Le coup de ♥

Morgon Côte du Py 2019	22 €	95

Rouge : 7,1 hectares. Gamay noir à jus blanc 100 %
Achat de raisins.
Blanc : 0,75 hectare. Chardonnay 100 %
Achat de raisins.
Production moyenne : 33 000 bt/an

DOMAINE MEE GODARD
921, route de Morgon, 69910 Villié-Morgon
06 66 47 00 64 • www.meegodard.com •
Vente et visites : sur RDV.
Propriétaire : Mee Godard

★ DOMAINE LABRUYÈRE

La famille Labruyère détient ce château depuis 1850. Également propriétaire du domaine Jacques Prieur à Meursault et du château Rouget à Pomerol, Jean-Pierre Labruyère en a confié en 2008 les clefs à son fils Édouard. La cuverie a été modernisée, le domaine agrandi. En 2000, le Clos du Moulin-à-Vent est venu s'ajouter au parcellaire. Les clefs de la cave sont confiées à Nadine Gublin et celle des vignes à Michel Rovere. La vinification dite "bourguignonne" (égrappage puis élevage en fût) donne des vins aux tanins pleins mais suaves, qui vieillissent en beauté.

Les vins : Cœur de Terroirs est encore légèrement marqué par son élevage, mais on arrive à distinguer un fruit de qualité, finement infusé, et une puissance minérale diffuse. La bouche est digeste, sapide. Champ de Cour est encore sur la retenue, il affiche une noblesse et une qualité de fruit remarquables. Le tanin, poudré et finement accrocheur, apporte un charme piémontais à l'ensemble. Carquelin s'est affiné, avec un boisé moins marqué qu'auparavant. On croque dans la roche, avec des touches de mine de crayon, complétées par la cerise rôtie et le moka. La bouche est construite, élancée, avec une fraîcheur végétale noble. Grande garde. Avec Le Clos du Moulin, l'élevage ambitieux avait pour objectif de magnifier une parcelle de grand pedigree. Le nez est élégant, avec la corbeille de fruits noirs, le kirsch et le bois précieux. La bouche est sage, délicate, un peu riche en fin, dotée de tanins encore un peu vifs. Il demande deux à trois ans pour se fondre.

Moulin-à-Vent Champ de Cour 2019	22 €	93
Moulin-à-Vent Cœur de Terroirs 2019	16 €	90
Moulin-à-Vent Le Carquelin 2019	25 €	92
Moulin-à-Vent Le Clos du Moulin Monopole 2019	36 €	93

Rouge : 14 hectares. Gamay noir à jus blanc 100 %
Production moyenne : 58 400 bt/an

DOMAINE LABRUYÈRE
310, rue des Thorins,
71570 Romanèche-Thorins
03 85 20 38 13 • www.famille-labruyere.com
• Vente et visites : sur RDV.
De 8h30 à 12h et de 14h à 17h.
Propriétaire : Famille Labruyère
Directeur : Édouard Labruyère
Maître de chai : Michel Rovere
Œnologue : Nadine Gublin

★ DOMAINE LAFARGE-VIAL

Riche d'expériences et de savoir, la famille Lafarge, du domaine éponyme de Volnay, a créé en 2014 cette propriété avec pour ambition de produire des vins à la maturité assumée et précise. Travaillé en biodynamie par Chantal et Frédéric dès sa création, le domaine acquiert pas à pas des parcelles dans les crus, donnant la part belle à Fleurie. Ceux-ci sont égrappés et élevés pendant près d'un an. Cet élevage ambitieux et précis donne des vins denses, qui séduisent par leur typicité et leur accessibilité. C'est pourquoi nous attribuons au domaine sa première étoile cette année.

Les vins : le chiroubles offre une belle expression de ce cru réputé pour plus de légèreté. Le fruit fringant, sur la cerise fraîche, est complété par la fleur de montagne et le buis. Frais comme il se doit, le fleurie sent la poudre de roche, le fruit rôti et porte une nuance torréfiée venant d'une fine réduction. Clos Vernay est encore marqué par une tonalité boisée, mais la bouche énergique et musclée offre des tanins magnifiques épousant les granites du lieu. Joie du Palais enthousiasme par sa fraîcheur et son intensité sur la mine de crayon. La bouche est dynamique, élégante, d'une juste maturité. Tout en sérieux, le côte-de-brouilly s'ouvre sur des arômes de baies sauvages et de guigne. Le tanin de grande qualité, combiné à l'élégance du toucher, promet une grande garde.

Chiroubles 2019	24 €	89
Côte de Brouilly 2019	32 €	93
Fleurie 2019	28 €	90
Fleurie Clos Vernay 2019	32 €	92
Fleurie Joie du Palais 2019	30 €	93

Rouge : 5,5 hectares.
Production moyenne : 25 000 bt/an

DOMAINE LAFARGE-VIAL
66, chemin de Propières, Bel-Air,
69820 Fleurie
0474604832 •
www.domainelafargevial.com • Visites : sur RDV aux professionnels.
Propriétaire : Chantal et Frédéric Lafarge
Directeur : Eddie Lachaux

★ MARCEL LAPIERRE

Depuis que Marcel Lapierre est décédé, sa femme Marie, son fils Mathieu et sa fille Camille pérennisent l'esprit des vins "nature" dont il fut l'un des pionniers. La force des Lapierre réside dans leur très beau parcellaire cultivé en bio depuis 1981 qui permet de créer un morgon représentatif de l'appellation, complété également par un "sans soufre" au plaisir immédiat et un julienas plus confidentiel. Pour faire face à la demande, le domaine achète également du raisin. Le vin est élevé sans soufre en moyenne neuf mois, en fûts de trois à treize ans, ainsi que dans de vénérables foudres. Le domaine est entré dans une ère permettant de produire des vins "natures" avec régularité, sans débordé.

Les vins : avec 2020, on retrouve le style fringant du domaine, à savoir du "nature" maîtrisé. Plus l'arsenal typique du cru : robe rubis, nez évanescent de cerise fraîche et de roche chaude. Une bouche délicate aux tanins quasi absents, sans que celle-ci succombe à la richesse du millésime. Un style rodé.

Morgon 2020	19,70 €	90

Rouge : 16,5 hectares. Gamay noir à jus blanc 100 %
Achat de raisins.
Production moyenne : 150 000 bt/an

MARCEL LAPIERRE ♣
Les Chênes, BP4, 69910 Villié-Morgon
04 74 04 23 89 • www.marcel-lapierre.com
• Vente et visites : sur RDV.
Propriétaire : Mathieu et Camille Lapierre

★ DOMAINE LAURENT MARTRAY

Installé en 1987, Laurent Martray peut aujourd'hui être fier du chemin parcouru. Sa formation bourguignonne a affiné des bases apprises auprès de son père qui avait un métayage sur le château de la Chaize. Ses 5 hectares sont répartis en Brouilly et Côte de Brouilly. Davantage de travail du sol devrait conduire à des cuvées d'une plus forte authenticité. Partiellement égrappés, suivant les cuvées, les raisins connaissent un élevage allongé en fût de chêne français, jamais neuf. Les vins en sortent pleins, structurés. Les brouillys sont des vins "de côte", destinés à la cave. La disparition de la cuvée Combiaty au profit de la cuvée Pierreux correspond à l'arrêt du métayage au château de la Chaize.

Les vins : les 2019 offrent un style austère, qui séduira les amateurs d'authenticité. Corentin interpelle par son nez profond, avec les fruits noirs, le sureau et l'agrume. À la fois riche et complexe, la bouche est dense, serrée, austère et promet une grande garde. Encore fougueux, La Folie exhale des notes de fleurs bleues et de fruits frais. Les tanins sont étirés et sapides, avec un toucher dense et fin, qui ouvre sur une finale salivante à souhait. Avec Les Feuillées, on plonge dans les diorites typiques du cru, avec la mine de crayon et la pierre chaude. La bouche délicate, étirée, d'une concentration juste, lance vers une finale fringante rappelant le cuir frais. Son potentiel devrait le servir lors des dix prochaines années. Sur Pierreux porte bien son nom : son nez est marqué par une intensité de roche où percent timidement des notes de pivoine, de fruits infusés et de pierre chaude.

- Brouilly Corentin 2019 — 18 € — 93
- Brouilly La Folie 2019 — 16 € — 92
- Brouilly Sur Pierreux 2019 — 16 € — 92
- Côte de Brouilly Les Feuillées 2019 — 16 € — 92

Rouge : 5 hectares. Gamay noir à jus blanc 100 %
Production moyenne : 30 000 bt/an

DOMAINE LAURENT MARTRAY
749, route du Mont Brouilly 69460 Odenas
06 14 42 04 74 •
www.domainelaurentmartray.com • Vente et visites : sur RDV.
Propriétaire : Laurent Martray

★ CHÂTEAU DU MOULIN-À-VENT

Depuis son acquisition par la famille Parinet en 2009, ce vaste domaine s'est doté de moyens humains importants afin de rajeunir les ailes du Moulin-à-Vent, comme le Château des Jacques à son époque. Dans un style de gamay moderne, avec des élevages sous bois longs et bien gérés, les nombreuses cuvées parcellaires expriment la complexité et la diversité des sols. Avec 2016 apparaissent les premières vignes blanches (4,5 hectares) du domaine en appellation Mâcon et Pouilly-Fuissé sous le nom de Roc des Boutires.

Les vins : le moulin-à-vent 2017 est dans un style évanescent et subtil. Avec des airs de pinot noir sudiste, le nez distille des notes de cerise noire, de goyave, de nectarine et de feuilles de tomate. Sa belle finale fraîche trouve le juste équilibre entre maturité et tension. Couvent des Thorins nous plonge dans une corbeille de fruits noirs pulpeux à souhait, et y ajoute une fine végétalité rafraîchissante. Les tanins délicats rendent le vin déjà très abordable. Fin et élégant, Champ de Cour incarne l'élégance du cru. La bouche offre un toucher extraordinairement fin, dans lequel des tanins imperceptibles se jouent d'une trame minérale. Certains seront perturbés par cette personnalité réservée, qui séduira les amateurs de vins raffinés.

- Moulin-à-Vent Champ de Cour 2018 — 30 € — 93
- Moulin-à-Vent Château du Moulin-à-Vent 2018 — 18,50 € — 90
- Moulin-à-Vent Clos de Londres 2018 — Épuisé - 58 € — 93
- Moulin-à-Vent Couvent des Thorins 2019 — 14,90 € — 91
- Moulin-à-Vent La Rochelle 2018 — 33,50 € — 94
- Moulin-à-Vent Les Vérillats 2018 — 28 € — 92

Rouge : 33 hectares.
Production moyenne : 100 000 bt/an

CHÂTEAU DU MOULIN-À-VENT
4, rue des Thorins,
71570 Romanèche-Thorins
03 85 35 50 68 •
www.chateaudumoulinavent.com • Vente et visites : sur RDV.
Propriétaire : Édouard et Jean-Jacques Parinet
Directeur : Édouard Parinet
Maître de chai : Brice Laffond

★ DOMAINE DOMINIQUE PIRON

Depuis son association avec Julien Revillon, le bouillonnant Dominique Piron a axé son activité sur la commercialisation et sur la politique locale, devenant en 2017 le nouveau président de l'interprofession de Beaujolais. Le duo a recruté un jeune chef de culture en la personne de Thibaud Lemaître, ce qui devenait nécessaire pour veiller sur un domaine qui représente 90 hectares et peut encore grandir. La cave est tenue par un jeune œnologue, Pierre Meunier. Ces efforts ont permis d'améliorer la qualité des raisins et la sélection parcellaire engagée commence à porter ses fruits. Nous sommes séduits par la régularité de la gamme et ses pierres angulaires : spontanéité du fruit, friandise et définition précise de chaque cru.

Les vins : ouvrons la dégustation avec le surprenant beaujolais-villages, à la bouche facile et légère qui offre différentes maturités. Le fleurie sent bon la crème de fruits noirs, la réglisse et la violette fraîche. La bouche gourmande est portée par toute la puissance du millésime, tempérée par le tanin précis. Quartz est marqué par une végétalité prenante qui se ressent en bouche, dans laquelle les tanins restent fermes. D'approche discrète, le moulin-à-vent s'ouvre sur la pierre chaude et le chocolat noir. La bouche est infusée, précise, gourmande, tramée par une fine tension minérale et citronnée. Côte du Py est marqué par les pierres bleues qui lui confèrent beaucoup de classe et une fine maturité. Le nez embaume les fruits bleus, la violette et l'orange sanguine ; la bouche concilie maturité et dynamisme. Les Pierres subit un peu son élevage, se traduisant par des notes de pruneau, de moka et de chocolat noir. La bouche enveloppée et dynamique nous projette dans un bel avenir.

- Beaujolais-Villages 2020 — 8,50 € — 88
- Chénas Quartz Domaine Piron-Lameloise 2019 — 16 € — 89
- Fleurie 2020 — 14 € — 91
- Morgon Côte du Py 2019 — 18 € — 93
- Morgon Côte du Py Les Pierres 2018 — 35 € — 91
- Moulin-à-Vent Domaine Piron-Lameloise 2019 — 16 € — 91

Rouge : 30 hectares.
Blanc : 2 hectares.
Production moyenne : 450 000 bt/an

DOMAINE DOMINIQUE PIRON
1216, route du Cru, 69910 Villié-Morgon
04 74 69 10 20 • www.domaines-piron.fr •
Vente et visites : sur RDV.
Du lundi au vendredi de 9h à 18h. Samedi sur rendez-vous.
Propriétaire : Julien Revillon

★ CHÂTEAU DE PONCIÉ

La rangée d'arbres centenaires posée sur la ligne de crête n'est pas seulement une carte postale du Beaujolais : elle matérialise le château et fixe la limite avec Moulin-à-Vent, qui s'y situait à une époque. La pente des coteaux peut atteindre 60 % et 410 mètres comme sur la parcelle des Hauts du Py. Les 49 hectares du plus vaste domaine de Fleurie ont été repris par la famille Henriot qui, depuis le millésime 2009, se donne les moyens du renouveau. Joseph Bouchard est en charge des vignes ; Frédéric Weber, en charge de la partie technique de la maison Bouchard, à Beaune, suit les vins.

Les vins : le domaine surprend avec des vins modernes, marqués par la richesse des 2019. Le blanc est riche et voluptueux, avec une touche de poire chaleureuse. Les Moriers profite de l'ambition de l'élevage et de la qualité du millésime et du terroir. Le nez condense la maturité haute de la prune, de la cerise, avec une touche boisée un peu lactée. 949, nouveau nom de la cuvée Pré Roi, se révèle timidement, sur les fruits du verger, la cerise fraîche, et le goudron. La bouche est ronde, gourmande, mais avec peu d'élan.

- Beaujolais-Villages 2019 — 13,50 € — 88
- Fleurie 949 2019 — 13 € — 90
- Fleurie Les Moriers 2019 — 23 € — 91

Rouge : 31,13 hectares. Gamay noir à jus blanc 100 %
Blanc : 2,16 hectares. Chardonnay 100 %
Production moyenne : 120 000 bt/an

CHÂTEAU DE PONCIÉ ♣
1087, Route de poncie, 69820 FLEURIE
04 74 69 83 33 • www.chateaudeponcie.fr •
Visites : sans RDV.
Propriétaire : Jean-Loup Roge
Directeur : Marion Fessy
Maître de chai : Joseph Bouchard

★ JULIEN SUNIER

Bourguignon de naissance, Julien Sunier crée son domaine dans le Beaujolais en 2008, après un long périple à parcourir les vignobles dans le monde entier, puis des passages au domaine Roumier, à Chambolle-Musigny, et chez Albert Mann, en Alsace. Trois appellations sont élaborées ici. Le chai se situe à 750 mètres d'altitude sur les hauteurs d'Avenas. Toutes les vignes sont travaillées manuellement, même dans le secteur pentu et difficile de Niagara (Fleurie). Suivant les principes de Jules Chauvet, les vins sont peu extraits et brillent par leur sapidité et leur fraîcheur. La méthode : raisins entiers en semi-macération carbonique, élevage en fût bourguignon sans bois neuf.

Les vins : La fraîcheur signe la gamme des 2019. Wild Soul est une avalanche de fruits, clinquant, lumineux et gourmand. Le régnié interpelle par son acétate et son goût de souris qui masquent le fruit. Le fleurie est finement réduit, mais on devine volontiers son fruit pur, complété par des notes de fleurs de montagne, qui lui confèrent une grande sapidité. Le morgon est encore serré, tenu par sa fraîcheur citronnée. Son style "nature" mais maîtrisé séduit.

- Beaujolais-Villages Wild Soul 2019 — de 12,50 à 15 € (c) — 90
- Fleurie 2019 — de 22 à 25 € (c) — 92
- Morgon 2019 — de 20 à 25 € (c) — 92
- Régnié 2019 — de 18 à 22 € (c) — 87

Rouge : 8,5 hectares.
Production moyenne : 60 000 bt/an

JULIEN SUNIER ♣
Les Noisetiers, 69430 Avenas
04 74 69 91 74 • www.julien-sunier.com •
Pas de visites.
Propriétaire : Julien Sunier

CHÂTEAU BELLEVUE (MORGON)

Propriété de la maison Jean Loron depuis 2009, Bellevue, autrefois nommé Château des Lumières et possédé par Louis Jadot, est un trésor bien caché dans le paysage de Morgon. Riche de 18 hectares de vignes idéalement situées, ce domaine niché dans un château du XIXe siècle est chapeauté depuis 2017 par Tristan Larsen. La viticulture est bio, sans certification. Les macérations sont volontairement longues, les raisins vendangés en partie entiers en fonction des crus ; la vinification en cuve et les extractions douces permettent de mieux faire ressortir les nuances des lieux-dits. Les cuvées parcellaires, de garde, sont élevées en fût. On prédit un bel avenir à cette propriété aux mains d'un homme aussi passionné qu'attentionné. Au regard de la minutie du domaine et de la qualité du parcellaire, le domaine pourrait passer un cap en mettant la technique de côté et en libérant les expressions.

Les vins : 2019 est signé par la réussite et la finesse du millésime. Fleurie est raffiné, avec la pierre chaude et la mine de crayon. La bouche riche affiche une tension minérale. Charmes porte bien son nom, évoquant le papier d'Arménie et la compotée de fruits. La bouche est délicate, fondue. Côte du Py est marqué par les pierres bleues, avec une dimension de roche intense. Le bois est un peu marqué, avec des notes de moka qui devraient se fondre. Morgan Grand Cras est encore sur la réserve ; son nez est subtil autour des fruits acidulés. La bouche se montre acidulée, avec des tanins en taffetas.

Fleurie Montgenas 2019	12 €	91
Morgon Côte du Py 2019	15 €	92
Morgon Grand Cras 2019	15 €	92
Morgon Les Charmes 2019	13 €	92

Rouge : 14 hectares. Gamay noir à jus blanc 100 %
Blanc : 1 hectare. Chardonnay 100 %
Production moyenne : 25 000 bt/an

CHÂTEAU BELLEVUE (MORGON)
Bellevue, 69910 Villié-Morgon
04 74 66 98 88 • www.chateau-bellevue.fr •
Vente et visites : sur RDV.
De 10h à 12h30 et de 14 à 18h.
Propriétaire : Maison Jean Loron
Directeur : Philippe Bardet
Maître de chai : Tristan Larsen

DOMAINE LES CAPRÉOLES

Cédric Lecareux fait partie de ces néo-vignerons qui font bouger le Beaujolais. Directeur technique d'un grand négociant languedocien durant six récoltes, il s'installe à Régnié avec son épouse Catherine, ingénieure agronome comme lui, sur un domaine à l'abandon. Dès leur arrivée, en 2014, ils s'engagent dans une certification biologique, confirmée en 2017. Adeptes de la maxime "La règle, c'est qu'il n'y en a pas", ils adaptent l'égrappage et l'élevage suivant chaque année. Après une série de bons millésimes, nous sommes surpris par les choix d'élevages sous bois, marquant fortement les vins.

Les vins : L'Amourgandise est exhubérant, avec des notes de banane et de fruits frais. Plaisir simple et immédiat. Alio Pacto est très impacté par un boisé marquant. On ressent des notes de caramel, de génoise au café, de mine de crayon. La bouche est arrondie par l'élevage. L'Hydrophobe réduit un peu. Le style est simple. Chamodère se montre facile et accessible. La bouche aux tanins fins est légère. Diaclase, d'esprit espagnol, affiche un élevage sur le bourbon, la coco, le balsamique et la prune. Il est très marqué par son bois. Sous la Croix est engoncé par son élevage, cachant la noblesse de son origine. Le nez rappelle la boîte à cigare, le bois blond et les fruits cuits. La bouche est riche.

Beaujolais-Villages Alio Pacto 2019	25 €	90
Beaujolais-Villages L'Amourgandise 2020	10,50 €	88
Brouilly L'Hydrophobe 2020	14 €	87
Régnié Chamodère 2019	12,50 €	88
Régnié Diaclase 2018	15,50 €	91
Régnié Sous la Croix 2019	21,50 €	90

Rouge : 6 hectares. Gamay noir à jus blanc 100 %
Achat de raisins.
Blanc : 1 hectare. Chardonnay 100 %
Achat de raisins.
Production moyenne : 35 000 bt/an

DOMAINE LES CAPRÉOLES ♣
108, impasse du Muguet, Lieu-dit La Plaigne, 69430 Régnié-Durette
04 74 65 57 83 • www.capreoles.com •
Vente et visites : sur RDV.
Propriétaire : Cédric et Catherine Lecareux

MANOIR DU CARRA

La famille Sambardier est installée depuis 1850 au cœur des Pierres Dorées. Depuis leur bastion, une grande bâtisse évoquant une ferme vigneronne toscane, deux frères, Frédéric et Damien, veillent sur le vignoble. Lutte raisonnée, égrappage et élevage en fût ou en cuve adaptés suivant chaque parcelle : tout concorde vers la qualité. Bien que large, la gamme est cohérente et d'une qualité très régulière.

Les vins : le rosé offre un plaisir simple et immédiat. Le beaujolais blanc présente un style un peu comprimé, le nez rappelle les fruits à noyau, l'allumette et le beurre frais. La bouche est riche. La vinification du non-filtré en macération carbonique attribue son style à cette cuvée, avec un nez ouvert et facile, sur le fruit rouge frais, la pivoine et les bonbons. La bouche est fluide. Terre de Combiaty offre un nez réservé distille des notes de fruits noirs frais, de poudre de granite, et de fleurs séchées. La bouche est étirée, élégante, aux tanins poudrés. Belle garde. Fleurie est encore serré et austère. On distingue une classe et une qualité de fruits. La bouche est serrée, avec des tanins précis, apportant une allonge et une puissance diffuse agréables. Belle impression saline et iodée. Le juliénas, dans un style nature et pur, suggère des notes de fruits noirs, de cacahuète et de pivoine. À ouvrir jeune. Les Burdelines est singulier pour le cru, il se veut assez léger, mais sans maigreur. La bouche est guidée par une minéralité fraîche, associée à un toucher croquant.

Beaujolais 2020	8,90 €	86
Beaujolais Rosé 2020	8 €	86
Beaujolais-Villages Non filtré 2019	8,50 €	88
Brouilly Terre de Combiaty 2019	11 €	91
Fleurie Clos des Déduits 2019	12 €	91
Juliénas Les Demi-Muits Sans Soufre 2019	15 €	90
Moulin-à-Vent Les Burdelines 2019	15 €	90

Rouge : 32 hectares. Gamay noir à jus blanc 100 %
Blanc : 8 hectares. Chardonnay 100 %
Production moyenne : 220 000 bt/an

MANOIR DU CARRA
Le Carra, 69640 Denicé
04 74 67 38 24 • www.manoir-du-carra.com
• Vente et visites : sur RDV.
Propriétaire : Damien et Jean-Frédéric Sambardier

CHÂTEAU DE LA CHAIZE

En rachetant ce domaine en 2017 Christophe Gruy a décidé de réveiller une belle endormie. Propriété historique de Brouilly, auparavant cultivée par des métayers, La Chaize profite d'un propriétaire qui en a désormais pris la mesure : de grands investissements ont été entrepris sur les plans viticole (programme de replantation et transition vers le bio), technique (les installations de vinification font l'objet d'un chantier pharaonique) et humains (Pierre-Jean Villa en conseil, le vigneron Boris Gruy, neveu de Christophe, nommé directeur) pour hisser les 150 hectares du château à leur meilleur niveau. Couronnant le tout, le nouveau propriétaire projette une production "zéro déchet". La gamme s'inscrit dans un style gourmand et spontané pour les "petites" cuvées, sérieux, profond et maîtrisé pour les parcellaires ; sa cohérence permet au domaine de renouer avec notre guide. Le Beaujolais a besoin de ce type de projets ambitieux, que nous suivrons avec attention au cours des prochains millésimes.

Les vins : le renouvellement du parc a' bois marque le mille'sime, étape marquante mais nécessaire pour maîtriser au mieux les élevages et offrir un style plus défini. La Chapelle des Bois est encore marqué par son élevage, mais le toucher sapide et salin permet de se projeter. Malgré le bois, Champagne séduit par ses notes de fruits des bois et la bouche affirme la force du cru. Les Frairies entremêle puissance du lieu et ambition de l'élevage : la bouche ronde et suave s'ouvre sur une finale énergique. Athlétique, Combiliaty est porté par ses arômes de forêt noire et d'orange sanguine, mais le bois neuf prend encore un peu le dessus. Le brouilly est facile, gourmand et patiné : il faut en profiter dès maintenant. Chavannes est sérieux, à l'extraction juste, avec une fraîcheur acidulée typique. Brûlhier, porté par ses vignes de 1950, subjugue par sa profondeur et son naturel. La cuvée domine la gamme grâce à son fond de vin supplémentaire et sa puissance diffuse qui lui assurent une grande garde.

Brouilly 2018	25 €	91
Brouilly Combiliaty 2018	22 €	91
Brouilly Les Frairies 2019	14 €	92
Côte de Brouilly Brûlhier 2018	28 €	93
Côte de Brouilly Chavannes 2019	14 €	92
Fleurie Champagne 2019	22 €	91
Fleurie La Chapelle des Bois 2019	25 €	91

Rouge : 150 hectares.
Production moyenne : 300 000 bt/an

CHÂTEAU DE LA CHAIZE ♣
Route de La Chaize 69460 Odenas
04 74 03 41 05 • www.chateaudelachaize.fr • Vente et visites : sur RDV.
Propriétaire : Famille Gruy
Directeur : Boris Gruy

FAMILLE CHASSELAY

Les Chasselay habitent sur la parcelle des Éparcieux, dans le village doré de Châtillon-d'Azergues, depuis 1418. À la tête du domaine depuis 2008, un binôme complémentaire : Claire et son frère Fabien. Leur père Jean-Gilles, figure du Beaujolais, leur a transmis ses valeurs de travail et de partage. Le domaine, certifié bio depuis 2006, travaille ses terroirs tout en respectant la biodiversité. À la cave, pas de levures, peu de sulfites (uniquement à la mise en bouteille). L'égrappage est adapté au millésime et à chaque vin. Les 2019 subissent les conditions météorologiques avec des vins perdant en précision, nous conduisant à retirer l'étoile.

Les vins : le pet'nat est imprécis, avec une douceur mal intégrée et une souris. Éparcieux offre des tonalités rhodaniennes, avec l'amande douce, le miel et les fruits à noyau. La bouche est ronde, un peu adoucie par l'alcool. Beaujolais Is Not Dead respire les fruits à noyau, la menthe marocaine et la poudre de granite. La bouche est ronde, friande, saline. Les Balloquets est marqué par une forte réduction, le vin affiche un manque de précision. La bouche est dissociée, avec une finale sèche. Le morgon est un peu dissocié, avec une puissance alcoolique et de la cerise confite. La bouche est riche, avec des accents racinaires et végétaux. Malgré sa réduction, la grande qualité de fruits du fleurie se laisse deviner, avec un dessin minéral évident. La bouche est sapide, salivante, avec des tanins poudrés, une finale fraîche et mentholée.

Beaujolais Eparcieux 2019	Épuisé - 9 €	88
VDF Pet' Nat 2020	10 €	84
Beaujolais Is Not Dead 2020	9 €	89
Brouilly Les Balloquets 2019	17 €	86
Fleurie III 2019	17 €	92
Morgon Corcelette 2019	18 €	88

Rouge : 14,5 hectares. Gamay noir à jus blanc 90 %, Pinot noir 10 %
Blanc : 2,5 hectares. Chardonnay 100 %
Production moyenne : 100 000 bt/an

FAMILLE CHASSELAY ♣

157, chemin de la Roche, 69380 Châtillon d'Azergues
06 83 88 55 45 •
www.domaine-chasselay.com • Vente et visites : sur RDV.
Propriétaire : Famille Chasselay

CLOS DE MEZ

S'il y avait un panneau au Clos de Mez, on pourrait y lire "Marie-Élodie Zighera vigneronne-artisane" ! Son vignoble (certifié bio en 2019) se divise en deux crus dont Fleurie est le centre. Pasionaria de la vendange entière, elle n'a pas acheté de raisin malgré les grêles récentes qui ont touché ses fleuries. Depuis son premier millésime, en 2006, elle a évolué vers des cuvées toujours structurées, mais laissant davantage de place à la digestibilité. Un hiver en fût, un en masse et un en bouteille, voilà pourquoi ses millésimes semblent anciens au milieu de la course au vin facile.

Les vins : La Dot 2017 s'ouvre sur nez surprenant, sentant l'abricot, le sureau, la rose et la fraise confite. La bouche entremêle la richesse généreuse du début avec une finale plus fine et digeste. Singulier, mais séduisant. La maturité du millésime signe la cuvée pour La Dot 2018. Le nez est intense, sur la cerise confite, la menthe poivrée et la réglisse. La bouche est ronde, caressante, délicate. Belle allonge salivante et chocolatée. Enfin, chez Château Gaillard 2018, nous soulignons la singularité de l'approche, avec un nez marqué par la fraise rôtie, la réglisse, le végétal et la punaise. La bouche est légère, un peu ferme, d'une longueur modeste.

Fleurie La Dot 2017	Épuisé - 22 €	91
Fleurie La Dot 2018	22 €	92
Morgon Château Gaillard 2018	22 €	88

Rouge : 5,3 hectares. Gamay noir à jus blanc 100 %
Production moyenne : 20 000 bt/an

CLOS DE MEZ ♣

467, route des Raclets, 69820 Fleurie
06 03 35 71 89 • www.closdemez.com •
Vente et visites : sur RDV.
Propriétaire : Marie-Élodie Zighera-Confuron

JULIEN DUPORT

Enfant, ce natif du Forez se voyait "pompier-vigneron". Aujourd'hui, il a réussi à éteindre la soif de gamay de nombre d'amateurs ! Julien Duport a repris en 2003 le vigneronnage qui est dans sa famille depuis 1916. Partisan du labour, même dans ses terroirs les plus pentus, comme sur le sol vertigineux de La Boucheratte, il ne fait rien à moitié. Il plante en haute densité, enherbe les rangs de vignes et passe les gamays qu'il replante en cordon de Royat double. Moitié en Brouilly et moitié en Côte de Brouilly, ses crus sont denses et dignes de vivre en cave.

Les vins : nous sommes surpris du virage stylistique pris, certains vins présentant des défauts majeurs. Les Balloquets se montre gourmand et mûr. La Folie offre une touche sauvage, avec une matière noble et de beaux tanins. Brulhie est un vin d'approche compliquée, avec des notes de pommes à cidre et une acidité marquée. Sérieux, Lieu dit Brouilly s'offre sur une approche "nature" sur le fil, avec une pointe balsamique. Est-ce un nouveau tournant pour le domaine ?

- Brouilly La Folie 2019 — 15 € — 91
- Brouilly les Balloquets 2019 — 15 € — 89
- Côte de Brouilly Brulhie 2019 — 20 € — 88
- Côte de Brouilly Lieu dit Brouilly 2019 — 15 € — 87

Rouge : 7 hectares. Gamay noir à jus blanc 100 %
Blanc : 0,5 hectare. Chardonnay 100 %
Production moyenne : 25 000 bt/an

JULIEN DUPORT
56, route de la Chapelle, Brouilly, 69460 Odenas
04 74 03 44 13 • jul.duport@wanadoo.fr •
Visites : sans RDV.
Propriétaire : Julien Duport

DOMAINE DE FA

Tandis que nombre de vignerons du Rhône nord achètent au sud, Antoine et Maxime Graillot, viticulteurs reconnus sur Crozes-Hermitage, sont partis au nord. En 2013, ils reprennent 5 hectares de coteaux très caillouteux sur granite, dans les hauteurs de Saint-Amour qu'ils conduisent en biodynamie. En parallèle, ils font l'acquisition de 3 hectares au nord de Fleurie sur le lieu-dit Roche Guillon. Vinifiés en grappe entière et en cuve béton, les vins sont ensuite élevés en foudre de 20 et 30 hl. La gamme est dictée par un style "nature" maîtrisé, rendant les vins très accessibles, mais aussi parfois un peu trop "libres".

Les vins : après des 2018 peu précis, 2019 renouent avec la pureté et la régularité. Le fleurie séduit de par la pureté de son fruit et sa fine austérité, rappelant la corbeille de fruits rouges. La bouche est athlétique, puissante, aux tanins précis. Le saint-amour offre une fine réduction, grillée, sauvage, avec les petits fruits des bois, voire une certaine froideur. Le beaujolais est pris par un CO_2 qui disparaît rapidement. La bouche est pleine, lumineuse, avec des tanins poudrés. Le saint-véran est une belle réussite alliant maturité et sapidité, rappelant la pomme rouge, la noisette, la craie.

- Saint-Véran Les Crais 2019 — 26 € — 93
- Beaujolais En Besset 2019 — 15 € — 92
- Fleurie Roche Guillon 2019 — 22 € — 92
- Saint-Amour 2019 — 24 € — 89

Rouge : 8 hectares. Gamay noir à jus blanc 100 %
Blanc : 0,6 hectare. Chardonnay 100 %
Production moyenne : 35 000 bt/an

DOMAINE DE FA ♣
974, route de Vers, Faye, 71700 Boyer
04 75 84 67 52 •
contact@domainegraillot.com • Visites : sur RDV aux professionnels.
Propriétaire : Antoine et Maxime Graillot

NOUVEAU DOMAINE

GRÉGOIRE HOPPENOT

Grégoire Hoppenot est à suivre de près. Il fait partie de ces vignerons qui, avant de s'installer en 2018, se sont enrichis d'expériences, comme aux domaines Chermette, à la Maison Trénel, ou encore à la cave des vignerons de Bel-Air. Il a su constituer un parcellaire de grand niveau parmi les meilleurs lieux-dits du cru. Les vinifications douces en grappes entières sont suivies d'élevage combinant cuve et bois déjà utilisé, permettant de refléter au mieux les nuances, mais aussi de garder un caractère digeste et fin. Les 2018 se sont avérés prometteurs, les 2019 sont particulièrement réussis. Nous avons hâte de découvrir les prochaines cuvées.

Les vins : ouvrons la dégustation des fleuries avec le pur jus de fruit d'Origines. Le nez nous plonge dans une corbeille de cerises et de mûres, qui incite à l'apprécier dans sa jeunesse. Nous sommes séduits par Indigène, spontané, fruité, à la bouche caressante et gourmande, de belle allonge. Raffinées notes de fleur d'oranger, de groseille et de fruits à noyau dans Clos de l'Amandier, qui s'affinera encore avec le temps. Encore dans la retenue, Les Moriers nécessite lui aussi du temps, mais sa noblesse parlera. Enfin, le morgon Corcelette s'offre dans un style plus resserré, et on perçoit d'abord la roche avant le fruit. La bouche effilée, aux tanins précis, impose d'attendre encore deux à trois ans pour que le vin se fonde.

- Fleurie Clos de l'Amandier 2019 — 20 € — 92
- Fleurie Indigène 2019 — 16 € — 91
- Fleurie Les Moriers 2019 — 20 € — 93
- Fleurie Origines 2019 — 14 € — 90
- Morgon Corcelette 2019 — 20 € — 92

Rouge : 9,3 hectares.
Production moyenne : 40 000 bt/an

GRÉGOIRE HOPPENOT ♣
1079, route des Roches, 69820 Fleurie
07 85 60 02 01 •
www.domainehoppenot.com • Vente et visites : sur RDV.
Propriétaire : Grégoire Hoppenot

NOUVEAU DOMAINE

JEUNES POUSSES

Ce domaine est une idée innovante de Thibault Liger-Belair. Il met le pied à l'étrier à de jeunes vignerons pendant trois années afin d'exploiter et d'expérimenter des vignes en Beaujolais Villages, tout en profitant du savoir-faire bourguignon et beaujolais de Thibault. Nous avons été séduits par l'expression franche et libre des vins, provenant d'une viticulture bio et d'une vinification douce et infusée. Un domaine à suivre de près, dont nous saluons l'initiative et félicitons pour la régularité des vins.

Les vins : La Croix séduit par l'intensité et l'éclat de son floral élégant. Une touche de fruits pure semble être infusée. La bouche est dense et construite pour un vin de l'appellation, avec un tanin serré par une sensation minérale et graphite intense. Belle allonge. Aux Chânes plaît par l'infusion et la délicatesse. Le nez distille des notes de pot-pourri, de coulis de framboise et de granite. La bouche est charnue et fraîche, dans un style libéré et pur. Belle longueur acidulée. Replat de Vavre est encore ceinturé par son gaz. Le nez est fringuant, porté par le fruit. La bouche est légère, aux tanins raffermis par les CO_2. Le vin a besoin de carafage.

Beaujolais-Villages Aux Chânes 2020	15 €	91
Beaujolais-Villages La Croix 2020	14 €	90
Beaujolais-Villages Replat de Vavre 2020	11 €	88

Rouge : 5,26 hectares. Gamay noir à jus blanc 100 %
Production moyenne : 15 000 bt/an

JEUNES POUSSES ♣
912, route de la Cime, Lieu-dit Les Rayaud
69840 Emeringes
06 82 25 54 51 •
domainejeunespousses@gmail.com • Vente et visites : sur RDV.
Propriétaire : Ivan Massonnat, Thibault Liger-Belair
Directeur : Quiblier Angela et Foizel Hugo

CHÂTEAU DE LAVERNETTE

Sur le mamelon rocheux de Chaintré, entre Beaujolais et Mâconnais, le château de Lavernette abrite une famille en or. En 1988, Bertrand de Boissieu retire de la coopération les vignes familiales. Son fils Xavier rentre en 2003 des États-Unis avec Kerrie, une œnologue qui deviendra sa femme et bras droit. Installé en 2007, il entame une double certification bio et biodynamique, validée en 2010. Dans un style concentré, moderne et sans fard, les gamays font montre d'élégance et de cette sève propre à la vinification en grappes entières. Les blancs vieillissent avec grâce.

Les vins : en blanc, Les Vignes de la Roche possède une finale tronquée, malgré un ensemble prometteur. Les deux pouilly-fuissé sont encore marqués par le bois. Vers Châne allie la bonne maturité du cru avec une dimension crayeuse savoureuse, malgré une longueur modeste. La bouche ample de Jean-Jacques de Boissieu est riche, avec un toucher plein. En rouge, le beaujolais-villages offre un nez surprenant, aux odeurs d'airelle, de punaise et sa bouche délivre une décevante finale courte et métallique. Du côté des saint-amour, Le Châtelet est encore marqué par le bois et l'acétone ; le nez d'En Chatenay oscille entre la cerise cuite et le vernis. Les deux bulles sont des vins agréables, à la bouche vive, à déguster à l'apéritif.

Beaujolais Les Vignes de la Roche 2018	de 11,90 à 14 € (c)	88
Brut Nature Granit	de 15 à 17 € (c)	88
Crémant de Bourgogne	de 13,70 à 16 € (c)	88
Pouilly-Fuissé Jean-Jacques de Boissieu 2018	de 22,40 à 25 € (c)	89
Pouilly-Fuissé Vers Châne 2018	de 23,50 à 26 € (c)	89
Beaujolais-Villages 2019	de 10,20 à 12 € (c)	86
Saint-Amour En Chatenay 2019	de 19 à 22 € (c)	88
Saint-Amour Le Châtelet 2018	de 21 à 24 € (c)	88

Rouge : 7 hectares. Gamay noir à jus blanc 100 %
Blanc : 6 hectares. Chardonnay 100 %
Production moyenne : 60 000 bt/an

CHÂTEAU DE LAVERNETTE ☾
70, chemin de la Vernette, 71570 Leynes
03 85 35 63 21 • www.lavernette.com •
Vente et visites : sur RDV.
Propriétaire : Famille de Boissieu

DOMAINE DE LA MADONE

Cette propriété familiale offre un style de vin saisissant dans le vignoble escarpé et impressionnant du Perréon. La viticulture y est héroïque ; les vins, sincères, purs, dessinés avec précision grâce aux élevages en cuve et à la vinification bourguignonne pratiqués depuis l'arrivée des trois frères Olivier, Frédéric et Bruno Bererd. Leur modestie est inversement proportionnelle à la qualité des vins, mis en lumière par des prix très intéressants.

Les vins : le beaujolais-villages 2019 offre des notes d'orange confite, d'amande douce et de macadamia avant d'ouvrir sur une bouche délicatement enveloppée dont la finale racinaire appelle la table. La Vinif à Papa ne séduit pas : ses notes de carbonara à la banane et de sureau servies par une touche fluide ne suffisent pas. Tradition porte haut l'appellation Beaujolais-Villages ; le fruit y est éclatant, enveloppé ; la bouche ronde dynamisée par des tanins de grande définition. Le Perréon combine la maturité du millésime et la fraîcheur de son terroir. Encore un peu serré, le nez distille des notes de baies et de cerise.

Beaujolais-Villages 2019	8,50 €	91
Beaujolais-Villages La Vinif à Papa 2020	9,50 €	87
Beaujolais-Villages Le Perréon Bio 2019	12 €	91
Beaujolais-Villages Tradition 2020	8 €	91

Rouge : 26 hectares.
Blanc : 2,5 hectares.
Production moyenne : 160 000 bt/an

DOMAINE DE LA MADONE
118, boulevard Crozet-Mansard, 69640 Le Perréon
04 74 03 21 85 • bruno.bererd@orange.fr •
Vente et visites : sur RDV.
Propriétaire : Famille Bererd
Directeur : Bruno Bererd

DOMAINE DE LA MADONE (FLEURIE)

Jean-Marc Després est un vigneron discret qui vous parle avec le regard... et avec ses vins ! Son fils Arnaud le rejoint en 2005. Il reprend alors les vignes de son arrière-grand-père qu'il distribue sous l'étiquette Domaine Niagara, modifie la conduite de la vigne et plante de nouvelles parcelles dont du viognier sur granite. Pour la qualité de son accueil, la franchise de ses vins et la gourmandise de son auberge, La Madone est une étape heureuse en Beaujolais.

Les vins : le viognier nous rappelle que les cépages rhodaniens se plaisent de plus en plus en Beaujolais. Le nez allie l'exubérance du cépage (abricot, pêche, miel) et une tension plus minérale. Pour Grille Midi, le côté extrême du lieu se ressent par une haute maturité, avec la fraise au sucre et la cerise burlat, malgré une végétalité assez marquée. La bouche est dense, aux tanins un peu fermes. La Madone subit la richesse du millésime, avec un côté cuit qui fait ressortir la réglisse, la tomate séchée et le goudron. La bouche demeure serrée en décalage avec des tanins un peu fermes, raccourcissant la finale. Dans 1889, l'ambition encore marquée de l'élevage est justifiée par la densité et la profondeur du vin. Le nez est riche, au fruit éclatant et un boisé de grand calibre. La bouche est enveloppée, suave, allongée par une profondeur et une grande qualité de fruit. Une figure de style.

VDF Viognier 2020	17 €	89
Fleurie 1889 2018	27 €	95
Fleurie Grille Midi 2018	12 €	90
Fleurie Madone 2019	9 €	89

Rouge : 17,4 hectares. Gamay noir à jus blanc 100 %
Blanc : 0,6 hectare. Viognier 100 %
Production moyenne : 100 000 bt/an

DOMAINE DE LA MADONE (FLEURIE)
La Madone, 69820 Fleurie
04 74 69 81 51 •
www.domaine-de-la-madone.com • Vente et visites : sur RDV.
Propriétaire : Arnaud Després
Maître de chai : Arnaud Després

DOMAINE DES MARRANS

Mathieu Mélinand a repris les 20 hectares familiaux en 2008, après des expériences dans l'hémisphère sud. Chacun de ses quatre crus avoue un âge mûr, entretenu par une replantation annuelle de pieds manquants. Tous les vins sont vinifiés avec des levures indigènes et élevés en grand foudre. Ils possèdent des textures pulpeuses, mais pas extraites.

Les vins : la gamme est un cran en-dessous, avec des expressions qui se ressemblent. Le vieilles vignes offre un fruit libéré, pur, malgré la banane. La bouche est sapide, veloutée et salivante. Le beaujolais-villages offre un style fringant, sympathique et frais. La bouche est effilée, légère. Champagne se montre serré et riche à la fois, donnant un sentiment de maturité. Légèrement ferme en finale, il demande du temps pour se fondre. Les Marrans offre un fruit libre, juteux et délicat. La bouche s'avère puissante mais avec une finale tannique ferme. Le chiroubles est lisse, peu expressif, mais avec un fruit défini. L'expression globale demeure est serrée, avec une pointe de fermeté apportée par la finale citronnée.

- Beaujolais Vieilles Vignes 2020 9 € 89
- Beaujolais-Villages 2019 10 € 89
- Chiroubles Aux Côtes 2019 14,50 € 89
- Fleurie Champagne 2019 16,50 € 91
- Fleurie Les Marrans 2019 13,50 € 92

Rouge : 19 hectares. Gamay noir à jus blanc 100 %
Blanc : 0,5 hectare. Chardonnay 100 %
Production moyenne : 100 000 bt/an

DOMAINE DES MARRANS
109, route des Marrans, 69820 Fleurie
04 74 04 13 21 •
www.domainedesmarrans.com • Vente et visites : sur RDV.
Propriétaire : Famille Mélinand
Directeur : Camille et Mathieu Mélinand

DOMAINE DES NUGUES

Au carrefour des crus, la famille Gelin produit majoritairement des beaujolais-villages (23 hectares) sur la commune de Lancié. Quelques parcelles à Morgon (1 hectare), Fleurie (5,5 hectares), Moulin-à-Vent (1,88 hectare) et Beaujolais (2,4 hectares) complètent une gamme qui va du Vin de France à la crème de cassis. Les vins, riches en couleur avec un tanin fruité, se livrent dans le temps. Le blanc est un chardonnay métronome en Beaujolais-Villages. Nous sommes surpris des derniers vins qui subissent le caractère chaleureux des millésimes précédents.

Les vins : le beaujolais-villages blanc est marqué et comprimé par son So2 ; le nez est signé par des notes de réduction, de grillé et de poire. Le beaujolais Sans Soufre oscille entre les fruits compotés, le goudron et le bonbon anglais. Il est marqué par des accents du Sud. Le beaujolais-villages est dans dans un style resserré, le nez suggère la réglisse, les fruits noirs macérés et la betterave. Avec le morgon, d'un style friand et pur, on plonge dans les fruits noirs frais, la violette et la sauge. La bouche est gourmande, éclatante, mais ponctuée par une finale chaleureuse. Le fleurie offre la combinaison des terroirs de Bel Air, Grille-Midi et Les Déduits, qui signe un vin profond, marqué par la pierre chaude, les herbes sèches et la cerise burlat. La bouche est à la fois gourmande, délivrant des tanins patinés, mais tramée par une impression granitique désaltérante. Le moulin-à-vent offre un fruit de qualité, une dimension minérale élégante et un croquant savoureux. Le tanin est précis, conférant sapidité et salinité. Il aura besoin de temps pour se fondre. Quintessence du Gamay interpelle par ses contrastes, affichant à la fois une maturité haute, des notes d'élevage (moka, viande séchée) qui rappellent des vieux riojas, et des notes végétales singulières. Elle et Lui offre des marques plus rhodaniennes que beaujolaises. Le nez suggère les fruits compotés, le poivre et la violette. La bouche est ronde, à l'alcool nappant, et les tanins un peu dissociés.

- Beaujolais-Villages 2019 12 € 86
- Beaujolais-Villages 2019 8,50 € 87
- Beaujolais-Villages Quintessence du Gamay 2015 16 € 89
- Beaujolais-Villages Sans Soufre 2020 9,50 € 88
- Fleurie 2019 15,50 € 90
- Morgon 2019 14,50 € 89
- Moulin-à-Vent 2019 15,50 € 92
- VDF Elle et Lui 2018 14 € 89

Rouge : 33,33 hectares. Gamay noir à jus blanc 98 %, Syrah 2 %
Blanc : 3,68 hectares. Chardonnay 100 %
Production moyenne : 240 000 bt/an

DOMAINE DES NUGUES
Les Pasquiers, 40, rue de la Serve, 69220 Lancié
04 74 04 14 00 •
www.domainedesnugues.com • Vente et visites : sur RDV.
Propriétaire : Gilles Gelin

DOMAINE DE LA PIROLETTE

Ancienne cadre commerciale en tonnellerie, Virginie Barbet a racheté ce domaine en 2013 avec son mari Grégory et quelques amis investisseurs. Les vinifications se font égrappées ou en raisins entiers suivant les cuvées. Elle élève ensuite en fût de chêne français et dans des œufs béton leurs différentes cuvées parcellaires qui comptent parmi les terroirs les plus identitaires du cru. Ils font aujourd'hui partie des rares domaines qui redonnent le rang de cru à Saint-Amour.

Les vins : débutons avec le saint-amour, qui séduit par la qualité de son fruit de belle maturité et ses notes végétales fines. Carjot appelle à un carafage pour s'épanouir, mais laisse transparaître une juste extraction avec un élevage mi-œuf, mi-bois judicieux. Un peu austère, quoique précis et porté par un fruit pur, La Poulette a besoin de temps pour se fondre. Les vins offrent de belles expressions du cru.

- Saint-Amour 2019 15 € 89
- Saint-Amour La Poulette 2018 20 € 89
- Saint-Amour Le Carjot 2018 20 € 90

Rouge : 15 hectares. Gamay noir à jus blanc 100 %
Production moyenne : 39 800 bt/an

DOMAINE DE LA PIROLETTE
La Pirolette, 71750 Saint-Amour-Bellevue
06 47 47 59 86 ●
www.domainedelapirolette.com ● Vente et visites : sur RDV.
Propriétaire : Grégory Barbet
Œnologue : Yoan Pitoiset

DOMAINE RICHARD ROTTIERS

Richard Rottiers fait partie de la génération qui a mis en valeur les climats du Beaujolais. Ingénieur spécialisé en agriculture et environnement, il se passionne pour la vie des sols. Après une expérience en Nouvelle-Zélande, cet enfant de Chablis pose ses valises à Romanèche-Thorins. Il vinifie en 2003 à Fleurie, puis se forme à la vigne et en cave durant trois ans au Château Thivin. En 2008, il reprend un domaine en fermage sur Moulin-à-Vent. Cependant, certains vins restent marqués par une vinification carbonique lissante, ne permettant pas de refléter intégralement le travail viticole.

Les vins : La Sambinerie embaume la banane, le bonbon anglais, et les fruits compotés. La bouche est ronde, facile. À boire dans la jeunesse. Le brouilly allie accessibilité et puissance. Le nez est marqué par des notes de fruits noirs compotés, de violettes fraîches et de poivre. La bouche est bâtie sur des tanins puissants mais intégrés. Belle allonge acidulée. Grâce à un joli travail d'assemblage, le moulin-à-vent offre une belle image de l'appellation, entre souplesse et pedigree. Le nez est évanescent, avec les fruits bleus, l'orange sanguine, et le poivre ; la bouche se montre élégante, cintrée par des tanins intenses et poudrés, et termine sur une finale saline. Belle garde à prévoir.

- Beaujolais-Villages La Sambinerie 2020 9 € 87
- Brouilly 2020 12 € 89
- Moulin-à-Vent 2020 16 € 90

Rouge : 10 hectares. Gamay noir à jus blanc 100 %
Achat de raisins.
Production moyenne : 40 000 bt/an

DOMAINE RICHARD ROTTIERS ♣
La Sambinerie, 71570 Romanèche-Thorins
03 85 35 22 36 ●
www.domainerichardrottiers.com ● Vente et visites : sur RDV.
Propriétaire : Richard Rottiers

DOMAINE CHRISTOPHE SAVOYE

C'est au centre du village de Chiroubles, sur le balcon vert du Beaujolais, que Christophe, sixième génération, exploite 16,5 hectares dont 14 situés dans son cru. Vinifiant en (classique) semi-macération carbonique, il éraflle dans les parcelles où les raisins ne sont pas à maturité. Il commercialise tout en bouteille et à un prix juste, celui auquel le chiroubles devrait être vendu. Nous sommes cependant surpris par les différences de style dans la gamme, notant des irrégularités dans les derniers millésimes.

Les vins : Loïc offre un profil modeste, avec un fruit mat. Il s'est terni depuis l'année dernière, légèrement marqué par la carbo avec la banane. La longueur est modeste, la finale chaleureuse. Régnié offre une réduction forte, rappelant le boudin, et une bouche courte. Le morgon est typique, évoquant le goudron. Son fruit s'avère pulpeux, sa bouche de demi-corps, son allonge acidulée. Prestige est lacté autour du fruit confit et affiche un boisé marqué. La bouche enveloppante manque de fondu. Cœur de Femme est dense, assez mûr. Le nez rappelle le fruit à l'eau-de-vie. Le boisé paraît adapté, la richesse du vin est sans excès. Bel exemple pour le cru.

- Chiroubles Coeur de Femme 2018 19,50 € 92
- Chiroubles Cuvée Loïc 2019 11,50 € 88
- Chiroubles Cuvée Prestige 2018 15 € 89
- Morgon Cuvée Noémie 2019 11,50 € 89
- Régnié Ma Confidence 2018 11,50 € 87

Rouge : 16,5 hectares. Gamay noir à jus blanc 100 %
Production moyenne : 55 000 bt/an

DOMAINE CHRISTOPHE SAVOYE
11, route de la Grosse-Pierre, 69115 Chiroubles
04 74 69 11 24 ● www.vins-chiroubles.com ●
Visites : sans RDV.
Propriétaire : Christophe Savoye

Bordeaux et ses vins

Par Pierre Citerne, Olivier Poels, Roberto Petronio et Karine Valentin,
en charge des vins de Bordeaux au sein du comité de dégustation de La Revue du vin de France

LES APPELLATIONS

Très vaste région viticole, Bordeaux peut être découpé en différents secteurs géographiques. Chacun d'entre eux propose des vins aux profils différents. Voici les principales zones de production.

L'ENTRE-DEUX-MERS

Cette zone est située dans ce vaste triangle très vallonné, entre la Dordogne et la Garonne. L'AOC Entre-deux-Mers produit des vins blancs secs, floraux et frais ; l'AOC Cadillac Côtes de Bordeaux, dont les vignes sont plantées sur les coteaux dominant la Garonne, depuis Bordeaux jusqu'à Cadillac, produit des vins rouges simples et fruités. Les appellations Cadillac, Loupiac et Sainte-Croix-du-Mont, situées face au Sauternais, sur la rive droite de la Garonne, livrent des vins liquoreux qui peuvent donner, dans les bonnes années, de très belles bouteilles à des prix doux. Enfin, l'AOC Bordeaux Haut-Benauge au cœur de l'Entre-deux-Mers produit des vins moelleux et quelques blancs secs et rouges.

LES CÔTES DE BORDEAUX

Cet ensemble regroupe cinq appellations situées sur les coteaux le long de la Dordogne et de l'estuaire de la Gironde. Blaye Côtes de Bordeaux, Côtes de Bourg et Castillon Côtes de Bordeaux sont les plus renommées grâce à leurs vins rouges pleins et gourmands. Les meilleurs vins de Castillon peuvent rivaliser avec les crus de Saint-Émilion. Francs Côtes de Bordeaux est un petit vignoble en progrès, où quelques domaines sont au-dessus du lot. Sainte-Foy Bordeaux se révèle petit à petit.

LE LIBOURNAIS

Les appellations situées autour de la ville de Libourne comptent, à l'ouest, Fronsac et Canon-Fronsac, dont les vins rouges charnus et profonds rappellent ceux de Pomerol au vieillissement. Les satellites de Saint-Émilion (Lussac Saint-Émilion, Montagne Saint-Émilion, Puisseguin Saint-Émilion, Saint-Georges Saint-Émilion) élaborent des vins d'un style comparable, mais moins fin que celui des crus de Saint-Émilion. Au nord de Pomerol, l'AOC Lalande de Pomerol progresse grâce à quelques producteurs dynamiques dont les vins sont très proches de bons pomerols. Les AOC Saint-Émilion et Saint-Émilion grand cru s'étendent sur 5 331 hectares au profil géographique contrasté : une partie méridionale située sur une plaine sablonneuse et une autre, plus intéressante, au nord, en côte et en plateau. À leur meilleur niveau, les vins de Saint-Émilion possèdent à la fois une structure bien définie et une chair étoffée et gourmande. Enfin, Pomerol, appellation très prestigieuse, et pourtant fort hétérogène, se situe au nord de Saint-Émilion. Mais une nouvelle dynamique amorcée par les plus prestigieux crus montre tout le potentiel de l'appellation. Les plus grands déploient un corps et un bouquet majestueux au vieillissement.

MÉDOC ET HAUT-MÉDOC

La presqu'île du Médoc compte deux vastes appellations régionales, l'AOC Médoc, située au nord de Saint-Estèphe, et l'AOC Haut-Médoc, qui se situe entre Blanquefort, à la périphérie de Bordeaux, et Saint-Estèphe. Leur qualité globale est inévitablement hétérogène. De très nombreux crus bourgeois de bon niveau s'illustrent.

LES COMMUNALES DU MÉDOC

Les appellations communales sont parmi les plus prestigieuses de Bordeaux. Les AOC Moulis →

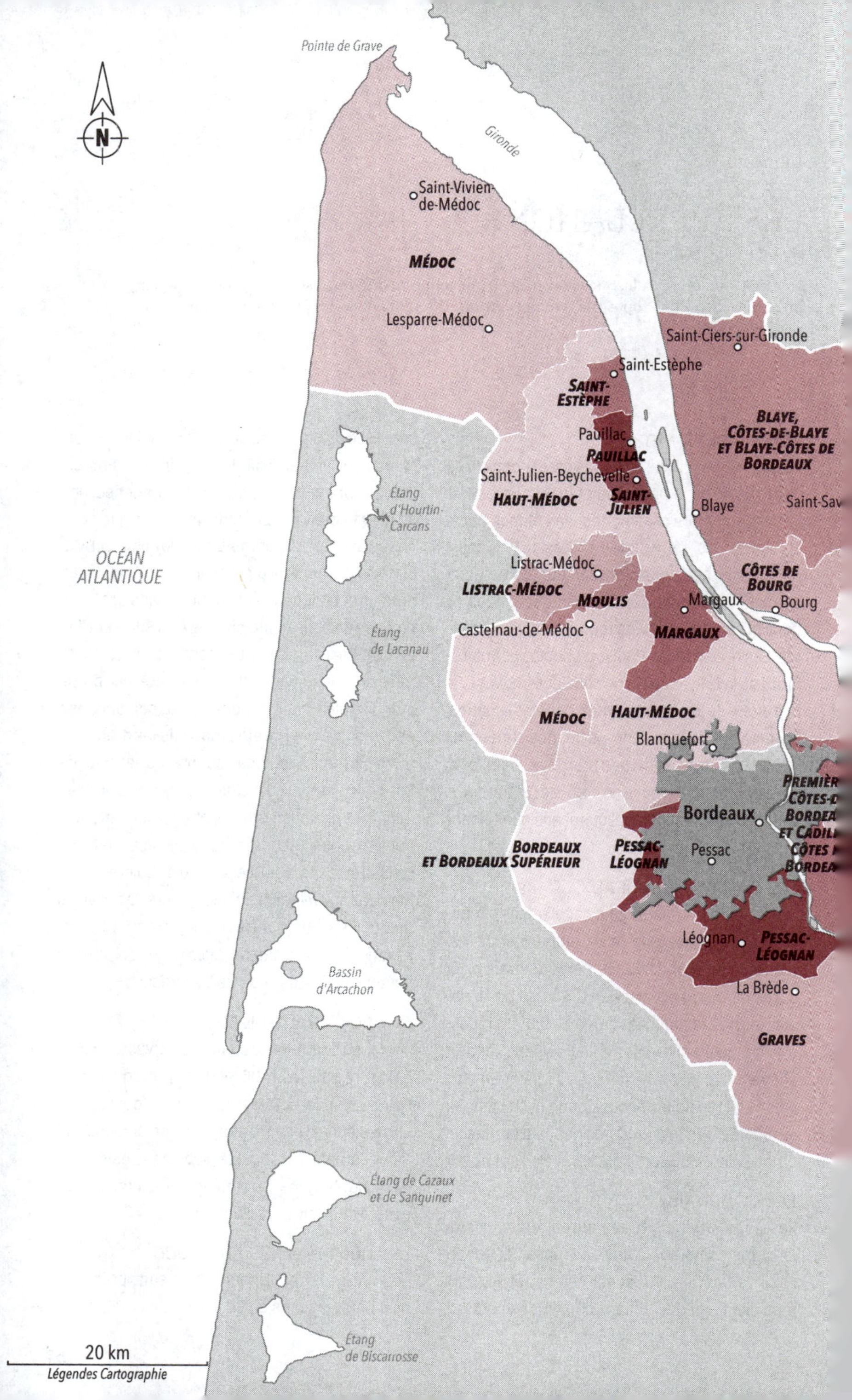

Pointe de Grave
N
Gironde
Saint-Vivien-de-Médoc
MÉDOC
Lesparre-Médoc
Saint-Ciers-sur-Gironde
Saint-Estèphe
SAINT-ESTÈPHE
BLAYE, CÔTES-DE-BLAYE ET BLAYE-CÔTES DE BORDEAUX
Pauillac
PAUILLAC
Saint-Julien-Beychevelle
SAINT-JULIEN
HAUT-MÉDOC
Blaye
Étang d'Hourtin-Carcans
OCÉAN ATLANTIQUE
Listrac-Médoc
CÔTES DE BOURG
LISTRAC-MÉDOC
MOULIS
Margaux
Bourg
Castelnau-de-Médoc
MARGAUX
Étang de Lacanau
MÉDOC
HAUT-MÉDOC
Blanquefort
Bordeaux
BORDEAUX ET BORDEAUX SUPÉRIEUR
PESSAC-LÉOGNAN
Pessac
Léognan
PESSAC-LÉOGNAN
La Brède
GRAVES
Bassin d'Arcachon
Étang de Cazaux et de Sanguinet
Étang de Biscarrosse
20 km
Légendes Cartographie

Superficie
110 000 hectares

Cépages principaux

Vins rouges :
cabernet franc, cabernet-sauvignon, carmenère, malbec, merlot, petit verdot

Vins blancs :
muscadelle, sauvignon, sémillon

Volume produit en 2020
4 400 000 hectolitres

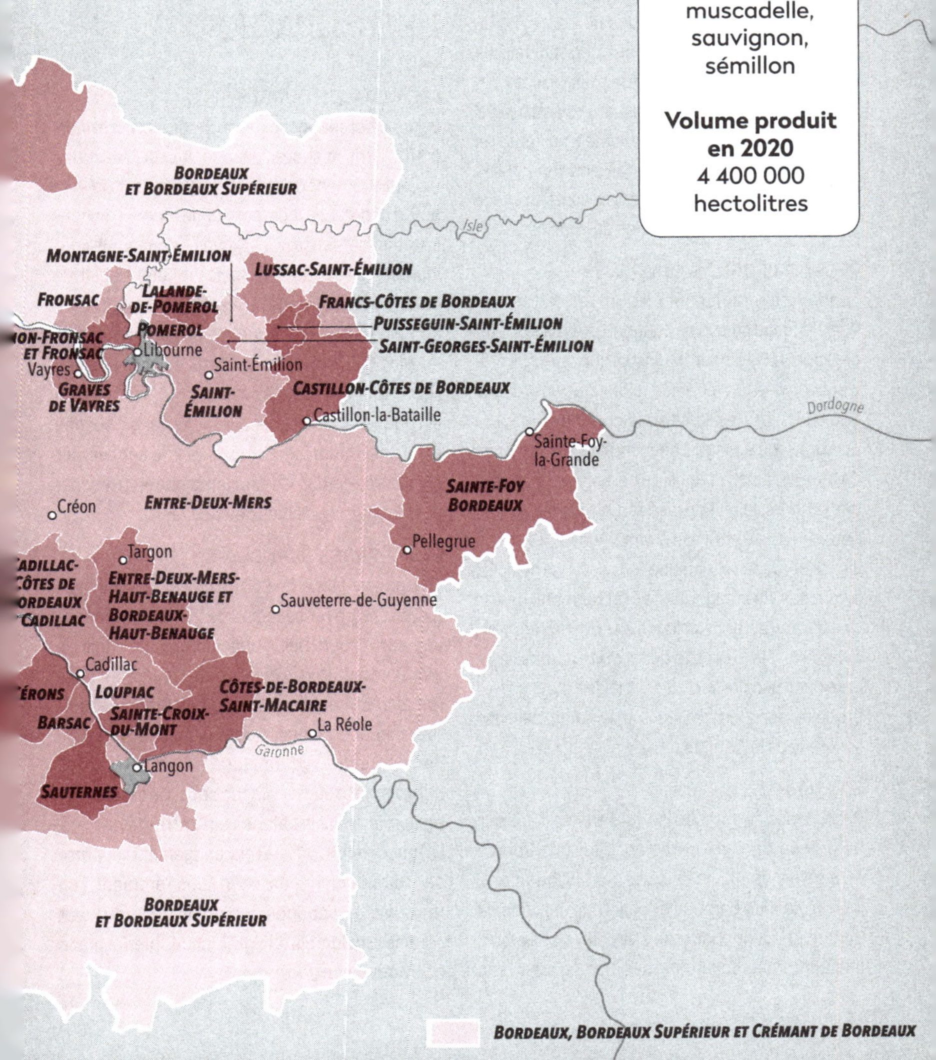

→ et Listrac, contiguës et situées un peu en retrait à l'intérieur des terres entre Margaux et Saint-Julien, produisent de bons vins, moins fins cependant que ceux des crus voisins. Du sud au nord, le long de l'estuaire de la Gironde, on découvre Margaux, réputée pour la finesse de ses vins dont les meilleurs ne manquent pas de corps ; Saint-Julien, aux cuvées structurées et harmonieuses, qui concentre une très grande majorité de crus classés ; Pauillac, ses vins de grande structure, racés et puissants, austères dans leur jeunesse ; et Saint-Estèphe, qui présente des vins charpentés, charnus et possédant, pour les meilleurs, une race similaire à celle de leurs voisins de Pauillac.

PESSAC-LÉOGNAN ET GRAVES

L'appellation régionale des Graves s'étend de Portets jusqu'au sud de Langon, à la limite du Lot-et-Garonne. Se caractérisant par son terroir de graviers appelés graves, elle produit des vins rouges équilibrés, fruités mais sans commune mesure avec ceux de Pessac-Léognan, et des vins blancs de grande qualité, pleins de personnalité. Malgré des progrès, le niveau d'ensemble demeure très hétérogène. Au nord des Graves, Pessac-Léognan jouxte Bordeaux et englobe tous ses crus classés, livrant des vins rouges sérieux et harmonieux, à la texture serrée, et des blancs en net progrès, gras, riches et frais. La petite appellation Cérons, intégrée dans une partie du vignoble des Graves, peut produire, dans les meilleurs millésimes, des vins liquoreux de belle finesse.

SAUTERNES

Cette région se caractérise par ses vins liquoreux de grande race issus des appellations Barsac et Sauternes et vieillissant magnifiquement. D'un style plus nerveux et plus frais, les vins de Barsac peuvent choisir de s'appeler soit Barsac, soit Sauternes, soit Sauternes-Barsac. Le niveau d'ensemble a très nettement progressé dans les années 1980, mais ces vins qui nécessitent des coûts et des soins de production énormes ne tolèrent pas la médiocrité.

LES CÉPAGES

LES CÉPAGES ROUGES

Le principal cépage rouge de Bordeaux est le **merlot** (66 % de la superficie viticole). On le retrouve majoritairement dans les appellations de la Rive droite et dans le Libournais, et de manière minoritaire dans le Médoc et les Graves. Le **cabernet-sauvignon** (23 % de la superficie viticole) se cultive principalement dans le Médoc et les Graves. Il confère toute leur distinction aux grands vins de Pauillac, Margaux et Saint-Julien. Le **cabernet franc** (9,5 % de la superficie) se concentre à Saint-Émilion et à Pomerol. Il est le cépage majoritaire d'Ausone et de Cheval Blanc. Plus marginaux, le **petit verdot** est planté dans le Médoc et le **malbec** reste encore présent du côté de Blaye et de Bourg.

LES CÉPAGES BLANCS

Le vignoble blanc de Bordeaux est devenu marginal et représente moins de 20 % de l'encépagement. Aujourd'hui, le principal cépage employé est le **sémillon** (47 % de l'encépagement), qui fait le charme des vins secs des Graves et surtout la grandeur des liquoreux de Sauternes. Le deuxième cépage employé est le **sauvignon**, notamment pour les blancs secs. On le retrouve également pour les blancs de l'Entre-deux-Mers. La **muscadelle** (5 % de l'encépagement) apporte des notes musquées. Enfin, plus rarement, l'on retrouve les cépages communs du Sud-Ouest comme le **colombard**, **l'ugni blanc**, le **merlot blanc** et le **sauvignon gris**.

LES CLASSEMENTS

Système hiérarchique traditionnel du vignoble bordelais, le premier classement officiel a été réalisé à l'occasion de l'Exposition universelle de Paris de 1855, à la demande de l'empereur Napoléon III. Ce classement consacre les crus du Médoc, en intégrant le château Haut-Brion, situé dans les Graves, et ceux du Sauternais. Il existe aussi le classement de Saint-Émilion créé en 1956 et révisable tous les dix ans, dont le dernier date de 2012. Enfin, le classement des vins de Graves a été créé en 1955 et révisé en 1959.

LE CLASSEMENT DU MÉDOC EN 1855

Premiers crus • Château Haut-Brion, Château Lafite Rothschild, Château Latour, Château Margaux, Château Mouton Rothschild.

Seconds crus • Château Brane-Cantenac, Château Cos d'Estournel, Château Ducru-Beaucaillou, Château Durfort-Vivens, Château Gruaud-Larose, Château Lascombes, Château Léoville-Barton, Château Léoville-Las-Cases, Château Léoville-Poyferré, Château Montrose, Château Pichon-Longueville Baron, Château Pichon-Longueville Comtesse de Lalande, Château Rauzan-Ségla, Château Rauzan Gassies.

Troisièmes crus • Château Boyd-Cantenac, Château Calon-Ségur, Château Cantenac-Brown, Château Desmirail, Château Ferrière, Château Giscours, Château d'Issan, Château Kirwan, Château La Lagune, Château Lagrange, Château Langoa Barton, Château Malescot Saint-Exupéry, Château Marquis d'Alesme-Becker, Château Palmer.

Quatrièmes crus • Château Beychevelle, Château Branaire, Château Duhart-Milon, Château Lafon-Rochet, Château La Tour Carnet, Château Marquis de Terme, Château Pouget, Château Prieuré-Lichine, Château Saint-Pierre, Château Talbot.

Cinquièmes crus • Château d'Armailhac, Château Batailley, Château Belgrave, Château Camensac, Château Cantemerle, Château Clerc Milon, Château Cos Labory, Château Croizet-Bages, Château Dauzac, Château Grand-Puy Ducasse, Château Grand-Puy-Lacoste, Château Haut-Bages Libéral, Château Haut-Batailley, Château Lynch-Bages, Château Lynch-Moussas, Château Pédesclaux, Château Pontet-Canet, Château du Tertre.

LE CLASSEMENT DU SAUTERNAIS EN 1855

Premier cru supérieur • Château d'Yquem.

Premiers crus • Château Climens, Château Clos Haut-Peyraguey, Château Coutet, Château Guiraud, Château Lafaurie-Peyraguey, Château Rabaud-Promis, Château de Rayne Vigneau, Château Rieussec, Château Sigalas Rabaud, Château Suduiraut, Château La Tour Blanche.

Seconds crus • Château d'Arche, Château Broustet, Château Caillou, Château Doisy-Daëne, Château Doisy-Dubroca, Château Doisy-Védrines, Château Filhot, Château Lamothe (Guignard), Château de Malle, Château Myrat, Château Nairac, Château Romer du Hayot.

LE CLASSEMENT DE SAINT-ÉMILION EN 2012

Premiers grands crus classés A • Château Angélus, Château Ausone, Château Cheval Blanc, Château Pavie.

Premiers grands crus classés B • Château Beauséjour (Duffau-Lagarosse), Château Beau-Séjour Bécot, Château Belair-Monange, Château Canon, Château Canon-la-Gaffelière, Château Figeac, Clos Fourtet, Château La Gaffelière, Château Larcis-Ducasse, Château La Mondotte, Château Pavie Macquin, Château Troplong-Mondot, Château Trottevieille, Château Valandraud.

Grands crus classés • Château L'Arrosée, Château Balestard-La-Tonnelle, Château Barde-Haut, Château Bellefont-Belcier, Château Bellevue, Château Berliquet, Château Cadet-Bon, Château Capdemourlin, Château Le Châtelet, Château Chauvin, Château Clos de Sarpe, Château La Clotte, Château La Commanderie, Château Corbin, Château Côte de Baleau, Château La Couspaude, Château Couvent des Jacobins, Château Dassault, Château Destieux, Château La Dominique, Château Faugères, Château Faurie de Souchard, Château De Ferrand, Château Fleur-Cardinale, Château La Fleur Morange, Château Fombrauge, Château Fonplégade, Château Fonroque, Château Franc-Mayne, Château Grand Corbin, Château Grand Corbin-Despagne, Château Grand-Mayne, Château Les Grandes Murailles, Château Grand-Pontet, Château Guadet, Château Haut-Sarpe, Clos des Jacobins, Château Jean Faure, Château Laniote, Château Larmande, Château Laroque, Château Laroze, Clos la Madeleine, Château La Marzelle, Château Monbousquet, Château Moulin du Cadet, Clos de L'Oratoire, Château Pavie-Decesse, Château Péby-Faugères, Château Petit-Faurie-de-Soutard, Château de Pressac, Château Le Prieuré, Château Quinault L'Enclos, Château Ripeau, Château Rochebelle, Château Saint-Georges-Côte-Pavie, Clos Saint-Martin, Château Sansonnet, Château La Serre, Château Soutard, Château Tertre-Daugay, Château La Tour-Figeac, Château Villemaurine, Château Yon-Figeac.

LE CLASSEMENT DES GRAVES EN 1959

En blanc: Château Bouscaut, Château Carbonnieux, Domaine de Chevalier, Château Couhins-Lurton, Château Laville Haut-Brion, Château Malartic-Lagravière, Château Olivier, Château La Tour-Martillac.

En rouge: Château Bouscaut, Château Carbonnieux, Domaine de Chevalier, Château Fieuzal, Château Haut-Brion, Château Haut-Bailly, Château Latour Haut-Brion, Château La Mission Haut-Brion, Château Malartic-Lagravière, Château Olivier, Château Pape Clément, Château Smith-Haut-Lafitte, Château La Tour-Martillac.

LES CRUS BOURGEOIS DU MÉDOC

Créé en 1932, le classement a été révisé en 2003. Contesté en justice en 2007, une nouvelle forme de classement, révisée chaque année et basée sur la dégustation en bouteille, a été mise en place depuis 2008. La plupart des crus bourgeois refusent de s'y soumettre, ce qui dévalorise cette classification annuelle.

LA VIE DE CHÂTEAUX À PORTÉE DE VERRE

CHAMBRES D'HÔTES

LE LOGIS DE LA CADÈNE

Repris en 2013 par la famille de Boüard (château Angélus), les lieux abritent une table étoilée. L'hôtel a été entièrement rénové et agrandi pour un confort haut de gamme tout en gardant le charme des maisons du village (à partir de 207 € la nuit). Menus à partir de 39 €.

3, place du Marché-au-Bois, 33330 Saint-Émilion
Tél. : 05 57 24 71 40
www.logisdelacadene.fr

LA SAUTERNAISE

Didier Galhaud, infatigable ambassadeur du Sauternais dans le monde, et son épouse, ont transformé l'ancien office de dégustation du village en une charmante maison d'hôtes. Quatre chambres toutes équipées d'un élément de spa (hammam, sauna, balnéo, etc.), et une jolie terrasse. À partir de 120 € la nuit.

22, rue Principale, place de l'Église, 33210 Sauternes
Tél. : 06 78 00 64 18
www.chambres-sauternes.com

CHÂTEAU LE PAPE

Cette chartreuse du XVIIIe siècle, appartenant depuis 2012 à Robert G. Wilmers (propriétaire de Haut-Bailly depuis 1998), compte cinq chambres de 39 à 70 m², une piscine et même une vinothèque où l'on peut déguster tranquillement les vins du château. Comptez à partir de 220 € par nuit, le petit-déjeuner et la visite-dégustation de Haut-Bailly étant inclus.

25, chemin-le-Thil, 33850 Léognan
Tél. : 05 56 64 75 11
www.chateaulepape.com

CAVISTES

L'ESSENTIEL

Créé par Jean-Luc Thunevin, le propriétaire du château Valandraud, L'Essentiel est tout autant un caviste qu'un bar à vins. On peut y déguster les principaux grands crus classés de Bordeaux au verre, et y découvrir de nombreux vins rares, français comme étrangers.

6, rue Guadet, 33330 Saint-Émilion
Tél. : 05 57 24 39 76

LA CAVE D'ULYSSE

À Margaux, cette cave tout bonnement homérique propose une bonne partie des grands crus bordelais ainsi qu'une belle sélection de vins étrangers et d'autres régions de France. Mais le caviste se décline également en ligne, avec ses spécialités comme les grands formats, sans oublier les alcools et spiritueux, tout à fait recommandables.

2, rue de la Trémoille, 33460 Margaux
Tél. : 05 57 88 79 94
www.caveulysse.com

RESTAURANTS

L'UNIVERRE

La carte des vins regroupe plus de 1 300 références et s'impose comme l'une des meilleures de Bordeaux. On y mange généreusement, sur le pouce ou à table. La cave de l'Univerre propose aussi un rayon d'épicerie fine.

40, rue Lecoq, 33000 Bordeaux
Tél. : 05 56 23 01 53
www.univerre-restaurant.com

L'AUBERGE DU PONT BERNET

Jean-Christophe Ollivier, élu meilleur sommelier de Suisse en 2011, propose 250 références de toute la France. En cuisine, Philippe Damas avance une cuisine de terroir (formule à partir de 10,50 € le midi en semaine) dans un excellent menu à 25 €. Ne manquez pas la superbe terrasse en bois, ni le parc bordé de sa rivière. À noter : l'auberge propose également 18 chambres très confortables.

1160, route de Soulac, 33290 Le Pian-Médoc
Tél. : 05 56 70 20 19
www.pont-bernet.fr

LE LION D'OR

Michaël Lemonnier revisite la cuisine du terroir qui a fait le succès de ce restaurant, dont le fameux lièvre à la royale. Menus à partir de 18 €.

11, route de Pauillac, 33460 Arcins-en-Médoc
Tél. : 05 56 58 96 79
www.leliondor-arcins.fr

NOTRE COUP DE ♥

ESCAPE GAME CHEZ RAYNE VIGNEAU

Le directeur du premier grand cru classé, Vincent Labergère, a imaginé avec Vincent Gallé, chargé du tourisme au château, une activité d'un nouveau genre à Sauternes : un "Sweet Escape". Sur le principe des "escape games" à succès, il s'agit ici de retrouver, dans le temps imparti, et grâce à des indices disséminés dans une pièce, des pierres semi-précieuses cachées par un ancien propriétaire de Rayne Vigneau. De 15 à 38 € par personne.

4, Le Vigneau, 33210 Bommes
Tél. : 05 56 76 64 05
www.raynevigneau.fr

BORDEAUX

★ CLOS DES LUNES

Ce domaine démontre la capacité des grands blancs secs dans le Sauternais. Une idée originale et singulière que nous devons à l'entreprenant Olivier Bernard et à sa famille, propriétaires du domaine de Chevalier à Léognan. Pourquoi ne pas produire, sur ce grand terroir de blanc, de grands vins secs ? C'est chose faite depuis le millésime 2011. Trois cuvées de vins blancs secs sont donc aujourd'hui sur le marché, à dominante de sémillon. Lune Blanche (élevage uniquement en cuve inox et béton), Lune d'Argent (élevage en cuve et 25 % de barrique), et enfin Lune d'Or (vinification et élevage de dix-huit mois en barrique dont un tiers de neuves). Aujourd'hui, c'est Hugo Bernard, le fils d'Olivier, qui dirige cette ambitieuse propriété.

Les vins : l'âge produit son effet miracle sur les sémillons du sauternais. Un an de plus et la cuvée Lune d'Irgent 2017 a gagné en finesse de fruit et de texture, débarrassée du superflu pour devenir encore plus cristalline. L'amplitude un peu forcée par l'élevage du 2018 dérange, mais la matière arrondie s'affine sur des parfums exotiques. Pour l'heure, c'est le bois qui construit le 2019. Toutefois, l'exceptionnelle finesse reprend le dessus en bouche, le gras s'efface devant l'énergie d'un vin cristallin. Ouvrir Lune d'Or 2017 est encore prématuré : l'éclat est assourdi par un boisé encore présent, malgré une volume puissant. Itou pour 2018, malgré une masse moins imposante. Le vin paraît plus fin et les parfums s'associent à l'exotisme dans une finale qui s'allonge.

Bordeaux Lune d'Argent 2017	13 €	90
Bordeaux Lune d'Argent 2018	13 €	89
Bordeaux Lune d'Argent 2019	12 €	91
Bordeaux Lune d'Or 2017	45 €	88
Bordeaux Lune d'Or 2018	45 €	90

Blanc : 60 hectares. Sémillon 70 %, Sauvignon blanc 30 %
Production moyenne : 250 000 bt/an

CLOS DES LUNES
Lieu-dit Cap Lanne, 33210 Sauternes
05 56 64 16 16 • www.closdeslunes.com •
Visites : sur RDV aux professionnels.
Propriétaire : Famille Bernard
Directeur : Hugo Bernard

★ CHÂTEAU FLEUR HAUT-GAUSSENS

À partir du vignoble familial de la rive droite situé à Vérac, près de Fronsac, Hervé Lhuillier a créé une vraie marque de bordeaux supérieur, dont les fondamentaux sont la profondeur, l'authenticité et un boisé soigné. De nouvelles vignes de sauvignon, malbec et petits verdot, plantées sur des calcaires affleurants (les carrières se visitent), entreront bientôt en production. Si la machine à tri densimétrique a apporté plus de précision au 2018, nous restons sur notre soif quant aux extractions et à l'élevage quelque peu caricaturaux. Laissons aux vins le temps de se poser avant d'envisager de supprimer l'étoile.

Les vins : le bordeaux 2019, en vinification intégrale, construit un vin sur une chair veloutée qu'un élevage de plusieurs mois en foudre de 400 litres vient épaissir. Le vin sort encore tout neuf gorgé de fruit. Son évolution dans le temps est à suivre. Bergeronette respire le côté floral et mentholé, mais le vin est encore sous l'emprise de son élevage et d'un boisé omniprésent. Les notes lactiques supplémentaires l'interdisent à la dégustation avant un an au moins. Enfin, le malbec La Viminière recueille notre préférence, mais là aussi, il faut savoir attendre ce jus riche au fruit dense dont le boisé est encore très appuyé.

Bordeaux Supérieur 2019	7 €	90
Bordeaux Supérieur Cabernet Franc Bergeronnette 2019	15 €	90
Bordeaux Supérieur Grand Vin 2019	27 €	90
Bordeaux Supérieur Malbec La Viminière 2019	15 €	91

Rouge : 30 hectares. Merlot 85 %, Malbec (cot) 5 %, Cabernet franc 5 %, Cabernet-Sauvignon 5 %

Blanc : 2 hectares.

Production moyenne : 220 000 bt/an

CHÂTEAU FLEUR HAUT-GAUSSENS
11, Les Gaussens, 33240 Vérac
05 57 84 48 01 •
www.chateau-fleurhautgaussens.com •
Vente et visites : sur RDV.
Propriétaire : Hervé Lhuillier
Œnologue : Vincent Dupuch

★ CHÂTEAU L'ISLE FORT

Cette propriété de 70 hectares était à l'abandon lorsque Sylvie Douce et François Jeantet l'ont rachetée en 2000. Fondateur du Salon du chocolat et du Grand Tasting, le couple évolue dans la sphère du goût. Lorsqu'il tombe sur l'Isle Fort, il entrevoit illico le potentiel de cette thébaïde, succession de prairies, de coteaux et de forêts. Le couple réintroduit des animaux, et deux lacs sont intégrés au paysage, à la fois pour favoriser la faune et la flore et pour rendre hommage au passé de pisciculture de la propriété. Stéphane Derenoncourt conseille depuis la première heure cette propriété, qui produit un bordeaux supérieur racé, vinifié en cuve béton et élevé intégralement en bois, réunissant profondeur, envergure, équilibre, douceur, finesse... Une nouvelle déclinaison d'étiquette très réussie, reprenant les codes naturels de la propriété, habille la cuvée.

Les vins : construit sur la maturité du cabernet sauvignon, le vin jaillit sur une chair fine et poivrée et pose sa puissante élégance en bouche. Belle ampleur et volume dense. Le grain de tanin légèrement sablé propose une finale croquante. Malgré un millésime chaud, le vin prend de la tension dans la fin de bouche.

Bordeaux Supérieur Cuvée Précieuse 2018 — 17 € — 91

Rouge : 8,2 hectares. Merlot 58 %, Cabernet franc 28 %, Cabernet-Sauvignon 14 %
Production moyenne : 25 000 bt/an

CHÂTEAU L'ISLE FORT
33, route de l'Entre-deux-Mers,
33360 Lignan-de-Bordeaux
06 23 30 37 50 • www.lislefort.com • Vente et visites : sur RDV.
Propriétaire : Sylvie Douce et François Jeantet
Œnologue : Stéphane Derenoncourt

★ ↗ CHÂTEAU JEAN FAUX

Après avoir développé pendant plus de vingt ans la tonnellerie Saury, Pascal Collotte est depuis 2007 installé à plein temps sur les coteaux de Saint-Radegonde où il a fait de Jean Faux un des bijoux de l'Entre-deux-Mers. La signature des terroirs est révélée par une agriculture en biodynamie, accompagnée par les conseils de Stéphane Derenoncourt. Privilégiant l'équilibre et les maturités justes, les vins, élevés dans les meilleures conditions, conservent une fraîcheur particulière et donnent à goûter l'énergie du sol. Son blanc figure dans le groupe de tête des blancs bordelais avec lesquels ils faut désormais compter : issu de sauvignons plantés sur des argiles à éboulis calcaires et vinifiés en barrique, il ouvre une nouvelle voie pour l'Entre-deux-Mers. C'est à ce titre que nous lui décernons sa première étoile.

Les vins : une savoureuse énergie émane du blanc fermenté sur lie à la pointe d'agrume, qui livre une finale tonitruante. Belle expression de la paire sauvignon-sémillon, avec une sacrée domination du premier sans que le vin ne se pique de variétal. En rouge, le 2018 offre la chair d'un rouge au fruit dense et profond, très équilibré, et affiné d'une tension sur un boisé respectueux. Si le tanin rappelle à l'ordre, c'est le millésime qui s'impose.

Bordeaux 2019 — de 19 à 21 € (c) — 91
Bordeaux Supérieur 2018 — de 19 à 21 € (c) — 91

Rouge : 10 hectares. Merlot 80 %, Cabernet franc 20 %
Blanc : 2 hectares. Sauvignon blanc 85 %, Sémillon 15 %
Production moyenne : 72 000 bt/an

CHÂTEAU JEAN FAUX ☾
Chateau Jean Faux 33350 Sainte-Radegonde
05 57 40 03 85 • www.chateaujeanfaux.com
• Vente et visites : sur RDV.
Propriétaire : Pascal Collotte
Œnologue : Stéphane Derenoncourt

★ CHÂTEAU MOUTTE BLANC

À Macau, dans le sud du Médoc, Patrice de Bortoli vinifie trois appellations : Bordeaux supérieur, provenant des paluds, Haut-Médoc et Margaux. Les vins, élaborés avec un minimum de technologie, offrent une grande personnalité et beaucoup de singularité, comme en témoigne l'excellente cuvée Moisin, un pur petit verdot. Les élevages en bois sont fort bien mesurés, sans excès, et laissent une grande place à l'expression du raisin, tout en jouant leur rôle d'affineur de tanins. Une production qui vaut le détour pour ses superbes rapports prix-plaisir, à laquelle nous avons accordé la première étoile dans notre précédente édition.

Les vins : le style du domaine domine, quelle que soit la cuvée. Le bordeaux au croquant sapide d'un fruit digeste et au tanin poudré ouvre la gamme. Le petit verdot exprime son jus dans Moisin, originale et radieuse cuvée qui coiffe Marguerite Dejean et son juteux dessin de fruits rouges. Pour clore la gamme, le margaux s'épanouit dans son corset de tanins enveloppant et sa finale au panache conquérant.

Bordeaux Supérieur 2019 — 12 € — 88
Bordeaux Supérieur Moisin 2019 — 16,50 € — 91

- Haut-Médoc Cuvée Marguerite Dejean 2019 — 15 € — 91
- Margaux 2019 — 24,50 € — 92

Rouge : 6,5 hectares. Merlot 60 %, Petit Verdot 25 %, Cabernet-Sauvignon 15 %
Production moyenne : 28 000 bt/an

CHÂTEAU MOUTTE BLANC
6, impasse de la Libération, 33460 Macau
06 03 55 83 38 • www.moutte-blanc.fr •
Vente et visites : sur RDV.
Propriétaire : Patrice de Bortoli
Œnologue : Edouard Lambert (labo Boissenot)

★ CHÂTEAU LE PIN BEAUSOLEIL

Michel Halek, le propriétaire allemand du Pin Beausoleil, a réuni autour du romantique manoir du XIVe siècle, autrefois résidence ponctuelle des ducs d'Aquitaine, un vignoble de 7,5 hectares, parmi lesquels un plateau de 4,5 hectares aux sols argilo-calcaires et à l'aération remarquables. En deuxième année de conversion en agriculture biologique, le domaine, conseillé par l'équipe Derenoncourt, profite d'un sol frais où s'épanouissent des merlots et, plus récemment, des cabernets francs, dont la proportion augmente. La classe indéniable de ce terroir permet au château de profiter de raisins de qualité qu'une vinification soignée transforme en deux cuvées toujours valorisées par d'excellentes notes.

Les vins : la cuvée de base, Le Petit Soleil 2018, rayonne comme une gourmandise de merlot fondant qui s'appuie sur une chair délicate, sombre et enrobée d'un tanin vif, simple et courtois. Le millésime 2018, aux tanins profonds légèrement crayeux, expose toute la rigoureuse prestance du cabernet franc. L'élégance se dessine dans une silhouette élancée, racée, distinguée sur une finale qui s'étage entre les tanins du bois, ceux du raisin et la fraîcheur.

- Bordeaux Supérieur 2018 — 24 € — 91
- Bordeaux Supérieur Le Petit Soleil 2018 — 8 € — 89

Rouge : 7,5 hectares. Merlot 77 %, Cabernet franc 20 %, Cabernet-Sauvignon 3 %
Production moyenne : 40 000 bt/an

CHÂTEAU LE PIN BEAUSOLEIL
Le Pin, 33420 Saint-Vincent-de-Pertignas
05 57 84 02 56 • www.lepinbeausoleil.com •
Vente et visites : sur RDV.
Propriétaire : Ingrid et Michael Hallek
Directeur : Igor Leclere

★ CHÂTEAU TIRE PÉ

Tout au bout des coteaux de Saint-Macaire, près de la Réole, le terroir de la petite propriété d'Hélène et David Barrault est une curiosité. Le sol garni de calcaire presque affleurant, sur lesquels sont plantés les très classiques merlot, malbec et cabernet franc, possède une identité remarquable. De surcroît, le couple a planté en 2012 des sélections massales de rares cépages, dénichés au plus profond de l'ampélographie girondine. Ce ne fut pas une mince affaire pour trouver les plants mais le résultat en bouteille est à la hauteur des espérances. Rien n'est ordinaire sur le domaine, pas plus cet encépagement que les modes d'élevage en demi-muid, cuve béton et jarre.

Les vins : le couple Barrault semble savoir tout faire : du sans soufre délié et fruité à la cuvée racée et follement originale. Toute la gamme du domaine est teintée de ce formidable tempérament totalement inattendu à Bordeaux. Trois ans d'élevage ne sont pas venus à bout de la jeunesse du fruit de La Côte dont la bouche enrobée d'un tanin inspiré se croque sur une finale presque saline. Les Malbecs signe l'émergence de ces nouveaux vignerons qui inventent le bordeaux de demain : très mur, légèrement épicé, le vin finit sur la rigueur tannique du raisin, et rappelle à l'ordre. Et enfin, L'Échappée, dont les saveurs défrisent n'importe quel dégustateur par l'originalité de l'assemblage de ses raisins modestes, le castets et le manseng des palus réhabilités, qui déroutent. On aime ou pas mais on ne reste pas indifférent.

- Bordeaux 2017 — Épuisé - 12 € — 94
- Bordeaux La Côte 2016 — 15 € — 93
- Bordeaux Les Malbecs 2016 — Épuisé - 17 € — 92
- Bordeaux Tire'Vin Vite 2020 — 9 € — 87
- VDF L'Échappée 2018 — 22 € — 90
- VDF La Nomade 2018 — 18 € — 92

Rouge : 12 hectares.
Production moyenne : 50 000 bt/an

CHÂTEAU TIRE PÉ ♣
1, Puderan, 33190 Gironde-sur-Dropt
0556711009 • tirepe.com • Vente et visites : sur RDV.
Propriétaire : David Barrault

AD VITAM ÆTERNAM

Né en 2005, ce micro-domaine vinifie une seule cuvée à partir d'une petite parcelle d'un peu moins de 2 hectares. C'est aux Billaux, village au cœur du vignoble du Fronsadais, que l'ancien propriétaire du château de la Rivière, Xavier Péneau, en association avec Xavier Buffo, cultive cette vigne de merlot (90 %) et de cabernet franc (10 %). Comme pour toute micro-cuvée, les rendements demeurent faibles, la recherche de maturité poussée, les extractions longues et les élevages se font en barrique (jusqu'à vingt mois pour certains millésimes).

Les vins : un 2018 chaleureux en diable. Le millésime se construit sur un muscle saillant, mais pour l'instant encore très boisé. Il faudra revoir la copie l'an prochain. Pour l'heure, le vin est en phase de fermeture. 2017 a commencé à s'ouvrir, ample et volumineux sur des notes de torréfaction et de noyau de fruit. Le vin possède une marche puissante et une structure robuste sur un tanin opulent. Le muscle et la charpente laissent le sentiment d'une belle et imposante bouteille.

Bordeaux 2017	20 €	89
Bordeaux 2018	20 €	90

Rouge : 1,9 hectare. Merlot 90 %, Cabernet franc 10 %
Production moyenne : 8 000 bt/an

AD VITAM ÆTERNAM
36, rue des Gauthiers, 33500 Les Billaux
05 57 74 66 36 • www.vin-advitam.fr •
Vente et visites : sur RDV.
Propriétaire : Xavier Buffo et Xavier Péneau

CHÂTEAU DE BEL

L'aventure d'Olivier Cazenave débute en 2003, sur un vignoble de paluds au bords de la Dordogne, à Arveyres, avant de s'étendre sur une petite surface à Pomerol. En Bordeaux, les sols légers près de la rivière mettent en valeur la sensibilité du style digeste, qui rend le fruit éclatant, précis et mélodieux. En VDF, le malbec gourmand offre une version au velouté inédit du raisin, et la muscadelle vinifiée en demi-muid met n'importe quel dégustateur au défi. Deux cuvées uniques, qui voisinent avec des étiquettes plus classiques : la gamme montre depuis longtemps que Bordeaux peut évoluer.

Les vins : parmi les bordeaux séduisants, la structure carrée du 2016 affinée d'un tanin sensuel prépare l'arrivée de La Capitane, dont l'intensité grandit avec les années, mais toujours dans la dynamique d'un tanin sablé. Franc de Bel, solera de 7 millésimes de cabernet franc, aromatique en diable, est un vin original dans un volume confortable. Solera toujours, Bel en Blanc est composé d'une très vieille muscadelle sur calcaire. À Pomerol, Clos du Canton des Ormeaux possède la sève du merlot en demi-muid.

Bordeaux Bel en Blanc	19 €	89
Bordeaux Échappée Bel	de 7 à 8 € (c)	90
Bordeaux Echappée Bel	de 7 à 8 € (c)	87
Bordeaux Supérieur 2016	de 9,50 à 10 € (c)	88
Bordeaux Supérieur La Capitane 2016	de 12 à 15 € (c)	92
Bordeaux Supérieur La Capitane 2019	15 € (c)	90
Montagne-Saint-Émilion La Veille des Landes 2016	22 €	90
Pomerol Clos du Canton des Ormeaux 2016	de 30 à 35 € (c)	91
VDF Franc de Bel	de 19 à 20 € (c)	90

Rouge : 11 hectares. Merlot 94 %, Cabernet franc 6 %
Blanc : 3 hectares. Muscadelle 70 %, Sauvignon blanc 30 %
Production moyenne : 60 000 bt/an

CHÂTEAU DE BEL
Malbatit, 33500 Arveyres
05 24 24 69 96 • www.chateaudebel.com •
Vente et visites : sur RDV.
Propriétaire : Olivier Cazenave

CHÂTEAU BELLE-GARDE

Éric Duffau démontre que les cépages bordelais vendangés à bonne maturité, vinifiés avec soin et élevés sobrement donnent des cuvées irréprochables pour un niveau de prix excellent dans les trois couleurs. Les terroirs d'argile sur socles calcaires, situés essentiellement à Génissac et Moulon, rendent toutes leurs saveurs aux cuvées, mais un boisé un peu excessif peut masquer la spontanéité du fruit.

Les vins : en blanc, l'exotisme est de mise sur un millésime variétal au nez, mais qui prend des largesses en bouche. Le rosé sent l'abricot et se profile sur une bonne fraîcheur, porté par une couleur assez commune rose-orangé. Le bordeaux 2019 enfle d'un fruit gorgé de sève sur un boisé chic, alors que le bordeaux supérieur L'Excellence possède un fruit assez profond pour supporter un bois dominant.

Bordeaux 2020	5,75 €	88

Bordeaux 2020 5,75 € 87

Bordeaux 2019 5,75 € 88

Bordeaux Supérieur L'Excellence 2019 10,10 € 89

Rouge : 41 hectares. Merlot 80 %, Cabernet franc 10 %, Cabernet-Sauvignon 10 %
Blanc : 5 hectares. Sauvignon blanc 70 %, Sémillon 20 %, Sauvignon gris 10 %
Production moyenne : 250 000 bt/an

CHÂTEAU BELLE-GARDE
2692, route de Moulon, 33420 Génissac
05 57 24 49 12 •
www.vignoble-belle-garde.com •
Visites : sans RDV.
Propriétaire : Éric Duffau
Œnologue : Denis Galabert

CHÂTEAU BOLAIRE

Dans les paluds de Macau, au lieu-dit Le Bout de l'Île, l'équipe du château Belle-Vue (Haut-Médoc) élabore un bordeaux supérieur de très belle facture. Sa spécificité tient à un apport non négligeable de petit verdot (60 % de l'assemblage), qui donne au vin un caractère épicé et mentholé tout à fait pertinent. De récolte tardive, vinifiés à basse température (extraction de couleur et d'expression fruitée) avec un élevage en barrique (bois neuf pour 30 %) parfois un peu trop dominant au détriment du fruit, les derniers millésimes, plus frais, séduisent par leur profil séducteur et leur grande longueur en bouche.

Les vins : le 2018 présente des proportions avantageuses : un jus gras auquel le petit verdot confère de la tension. Une année après une première dégustation, le vin a pris de la force : la structure du millésime s'est affinée, le boisé délicat s'est fondu dans la matière du vin. Le petit verdot porte l'élégante finale complexe et mûre.

Bordeaux Supérieur 2018 de 11 à 15 € (c) 89

Rouge : 7 hectares. Petit Verdot 60 %, Merlot 35 %, Cabernet-Sauvignon 5 %
Production moyenne : 12 000 bt/an

CHÂTEAU BOLAIRE
103, route de Pauillac, 33460 Macau
05 57 88 19 79 • www.chateau-belle-vue.com • Vente et visites : sur RDV.
Propriétaire : Héritiers Vincent Mulliez
Directeur : Yannick Reyrel
Œnologue : Christophe Coupez

DOMAINE DE COURTEILLAC

La société chinoise d'importation et de distribution de vins Daohe Wines & Spirits, basée à Guangzhou est propriétaire de ce cru qui fut une référence de l'appellation Bordeaux Supérieur. Pourtant, malgré la modernisation de l'outil de travail et la restructuration du vignoble, les vins, qui ont joui longtemps d'une excellente réputation, s'empâtent et ne prennent pas le chemin des bordeaux modernes. Ils demeurent de facture très classique et taillés pour la garde. La réputation est sauvée par la rigueur du 2016.

Les vins : la sucrosité du bois dans le milieu de bouche du 2018 s'installe. Elle allonge la dégustation, plus juteuse et cinglante, mais le vin reste cependant très classique dans sa définition boisée. Le 2016 est carré comme il se doit, sur une matière bordée de tanins sérieux. La liaison entre le bois et le vin est toutefois bien gérée et sauve l'ensemble. Le fruit noirs délicieux tire le jus sur un croquant sapide et finit sur une matière au fruit affirmé. Un bordeaux classique et sans surprise.

Bordeaux Supérieur 2016 10,50 € 91

Bordeaux Supérieur 2018 10,50 € 89

Rouge : 27 hectares. Merlot 70 %, Cabernet-Sauvignon 20 %, Cabernet franc 10 %
Production moyenne : 150 000 bt/an

DOMAINE DE COURTEILLAC
2, lieu-dit Courteillac, 33350 Ruch
05 57 40 79 48 •
www.domainedecourteillac.com •
Visites : sur RDV aux professionnels.
Propriétaire : Courteillac Vineyard Holding Company
Directeur : Emma-Xin Lebail
Maître de chai : Françoise Mainil
Œnologue : Stéphane Derenoncourt

CHÂTEAU GRÉE LAROQUE

Arnaud et Patricia Benoit de Nyvenheim ont acquis le domaine Laroque en 1981, situé tout au nord du département de la Gironde, et baptisé Grée Laroque, du nom de jeune fille de Patricia. Cette petite propriété est répartie en trois parcelles, cultivées en bio (sans certification). Elle compte une part importante de vieilles vignes sur des argiles sableuses et calcaires, ainsi que des molasses du Fronsadais. Arnaud, ancien barman, élabore un vin d'une admirable définition, avec une constitution bluffante pour cette appellation et doté d'une véritable capacité de garde. Depuis 2011, la propriété élabore un second vin baptisé Le Second de Grée.

Les vins : le nez superbe vibre d'énergie sur un palais qui s'offre à un fruit mûr, dense, original. Construit sur une grande intensité de tanins serrés, profonds et sensuels, ce 2016 a pris de la bouteille. Le tanin côtelé, caressant, presque poudré sur le bouquet floral relance le débat : les grands et bons bordeaux existent toujours.

- Bordeaux Supérieur 2016 — 18 € — 92

Rouge : 1,6 hectare.
Production moyenne : 10 000 bt/an

CHÂTEAU GRÉE LAROQUE
225, rue Laroque, 33910 Saint-Ciers-d'Abzac
06 87 23 21 14 • www.greelaroque.com •
Vente et visites : sur RDV.
Propriétaire : Patricia et Arnaud Benoit de Nyvenheim
Directeur : Arnaud Benoit de Nyvenheim

CHÂTEAU MARJOSSE

Pierre Lurton a plus d'un château à son actif : directeur d'Yquem et de Cheval Blanc, il est propriétaire d'une chartreuse construite par Victor Louis, l'architecte du Grand Théatre de Bordeaux, et de son vignoble attenant de 20 hectares. Après le rachat de l'intégralité de la propriété à sa famille, Pierre Lurton insiste maintenant sur l'évolution de la production, qui depuis 2018 lâche un ris dans la voilure. Aidés par la trilogie de rêve 18-19-20, Pierre et son équipe font grimper la marche de la finesse et de l'élégance aux différentes cuvées. Le meilleur plan de l'Entre-deux-Mers.

Les vins : gros coup de cœur pour la muscadelle de Cuvée Hirondelle, rare et belle signature du raisin sur son terroir, moulée dans un corps sapide et frais. L'autre blanc, l'entre-deux-mers classique, est un vin en devenir doté d'un beau gras. Dans le même style que la muscadelle, Les Truffiers, merlot sensuel et dynamique, s'offre sur un fruit rare et une pointe d'amertume dans un tanin racé et élégant. Le bordeaux, bien construit, signe tout autant l'élégance des vinifications de l'équipe mise en place par Pierre Lurton que les progrès réalisés sur le domaine.

- Entre-deux-Mers 2020 — 9 € — 89
- Bordeaux 2019 — 9,50 € — 91

Le coup de ♥

- VDF Anthologie de Marjosse Cuvée Hirondelle 2019 — 24 € — 91
- Bordeaux Anthologie de Marjosse Cuvée Les Truffiers 2018 — 24 € — 91

Rouge : 30 hectares. Merlot 80 %, Cabernet franc 8 %, Cabernet-Sauvignon 8 %, Malbec (cot) 4 %
Blanc : 10 hectares. Sémillon 45 %, Sauvignon blanc 35 %, Sauvignon gris 15 %, Muscadelle 5 %
Production moyenne : 250 000 bt/an

CHÂTEAU MARJOSSE
La Moulinasse, 33420 Grézillac
05 57 55 57 80 • contact@marjosse.com •
Vente et visites : sur RDV.
Propriétaire : Pierre Lurton
Directeur : Jean-Marc Domme
Maître de chai : Stéphane Guionie

CHÂTEAU PENIN

Classée HVE3, ce cru est une des belles références en Bordeaux et Bordeaux Supérieur. Penin affine sa gamme, en se rapprochant des sols de calcaire et de graves, tout en conservant la finesse d'un fruit qui plaît au plus grand nombre. Sous l'étiquette Natur', le domaine produit un rosé, un clairet et un rouge et fait quelque peu bouger les codes du bordeaux classique.

Les vins : les découvertes sont au rendez-vous à la propriété de Génissac. Le clairet, rouge clair, est l'un des meilleurs de sa génération, goûteux et sensuel. Le rouge sans soufre possède une franchise indispensable et une belle nature généreuse. L'austérité de la cuvée Les Cailloux est encore marquée, mais l'élevage ambitieux propose une mâche tenue par un tanin encore un peu sec. Donnons-lui encore quelques mois pour s'affiner. Le cabernet franc est précieux sur des parfums flamboyants, élancé et finement tendu d'un fruit rouge sapide. Le bouquet s'installe tendrement sur une touche de cacao et de cerise à l'eau de vie. Le saint-émilion grand cru mérite notre attention : malgré une petite matière, sa structure est élégante.

- Bordeaux 2019 — 9,20 € — 87
- Bordeaux 2020 — 7,20 € — 86
- Bordeaux Clairet 2020 — 7,30 € — 89
- Bordeaux Cabernet Franc 2019 — 8,30 € — 90
- Bordeaux Natur 2019 — 9,10 € — 88
- Bordeaux Supérieur Les Cailloux 2018 — 14,80 € — 87
- Saint-Émilion Grand Cru Château La Fleur Penin 2018 — 17,95 € — 88

Rouge : 42 hectares. Merlot 83 %, Cabernet

franc 12 %, Cabernet-Sauvignon 5 %
Blanc : 3 hectares. Sauvignon blanc 60 %, Sémillon 20 %, Sauvignon gris 20 %
Production moyenne : 300 000 bt/an

CHÂTEAU PENIN
39, impasse Couponne, 33420 Génissac
05 57 24 46 98 • www.chateaupenin.com •
Visites : sans RDV.
Propriétaire : Patrick Carteyron
Maître de chai : Yves Le Corre

CHÂTEAU LA RAME

Les deux propriétés dirigées par la famille Armand possèdent des expositions parfaitement opposées. La Rame jouit de coteaux superbes en pente raide face au sud : ces sols argilo-calcaires avec huîtres à fossiles sont un socle vertueux pour le sainte-croix-du-mont, qui gagne en complexité et en allure jusqu'à ressembler à un beau sauternes. A contrario, c'est sur des parcelles orientées au nord que la Caussade, première propriété de la famille, signe de jolis liquoreux et un rouge appétissant parfaitement construit. Les deux propriétés sont classées HVE3 depuis 2017.

Les vins : en 2019, la texture et la sucrosité sont parfaites, le potentiel est riche et l'avenir s'ouvre, après un 2018 plus compliqué. Déjà goûté l'an dernier, il n'a pas beaucoup évolué. Sa liqueur est irréprochable et sa vivacité sur des notes d'agrumes en finale est séduisante, rien à signaler. En rouge, idem, le même millésime que l'an dernier, qui prend le profil classique des bordeaux du millésime 2018, un peu sec avec des tanins qui reprennent le dessus sur une sensation de fruit plongeant un peu en milieu de bouche.

- Sainte-Croix-du-Mont 2018 — 17 € — 89
- Sainte-Croix-du-Mont 2019 — 17 € — 90
- Cadillac Côtes de Bordeaux Château La Caussade 2018 — 9,95 € — 86

Rouge : 25 hectares. Merlot 60 %, Cabernet-Sauvignon 40 %
Blanc : 25 hectares. Sémillon 80 %, Sauvignon blanc 20 %
Production moyenne : 200 000 bt/an

CHÂTEAU LA RAME
La Rame, 33410 Sainte-Croix-du-Mont
05 56 62 01 50 • www.chateaularame.com •
Visites : sans RDV.
Propriétaire : Famille Armand
Directeur : Angélique Armand et Olivier Allo
Œnologue : Lucien Llorca

CHÂTEAU DE REIGNAC

Yves et Stéphanie Vatelot ont fêté cette année leurs 30 ans à la tête de Reignac. Depuis le début, le couple a misé gros pour positionner leurs bordeaux supérieurs au meilleur niveau en suivant les conseils de Michel Roland. Avec l'arrivée du directeur Nicolas Lesaint en 2009, les modes de culture ont évolué pour se rapprocher du bio. Un travail qui commence à se lire dans les vins, malgré un élevage encore intrusif. Les extractions sont plus précises grâce aux six petites cuves tronconiques pour coller au parcellaire.

Les vins : élevé en amphore et en béton, le blanc croque délicieusement sous un fruit tendre, légèrement crayeux, sur une matière fine et délicieuse. Il reste toujours le plus aimable de la gamme. Le bordeaux supérieur 2016 possède une chair enrobée d'un tanin qui s'assouplit après une longue maturation de 19 mois en barrique. Les fruits du 2018 sont éclatants et le volume légèrement chocolaté dans la finale.

- Bordeaux 2019 — 21,50 € — 89
- Bordeaux Supérieur 2014 — 21,50 € — 87
- Bordeaux Supérieur 2016 — 21,50 € — 89
- Bordeaux Supérieur 2018 — 21,50 € — 87

Rouge : 75 hectares. Merlot 75 %, Cabernet-Sauvignon 20 %, Cabernet franc 5 %
Blanc : 3 hectares. Sauvignon blanc 80 %, Sauvignon gris 10 %, Sémillon 10 %
Production moyenne : 380 000 bt/an

CHÂTEAU DE REIGNAC
38, chemin de Reignac, 33450 Saint-Loubès
05 56 20 41 05 • www.reignac.com •
Visites : sans RDV.
Propriétaire : Yves Vatelot
Directeur : Nicolas Lesaint
Maître de chai : Olivier Prevot
Œnologue : Michel Rolland

CHÂTEAU REYNON

Cette propriété se situe sur les contreforts de la vallée de la Garonne, à Beguey, commune voisine de Cadillac. C'est ici que l'œnologue Denis Dubourdieu avait élaboré et défini le style de ses rouges, mais surtout de ses fameux blancs secs qui ont contribué à sa renommée dans le monde, et tout aussi largement participé à l'évolution des blancs bordelais. Son fils Jean-Jacques, épaulé par son frère Fabrice, dirige aujourd'hui Reynon, dont les vins proposent une version affinée du sauvignon de Gironde.

Les vins : la coquetterie de ce vin vient en petite part du petit verdot. La ligne de tanin se fond dans un fruit tranchant et vif, sur une pointe de cacao, le volume est fin. Le vin évolue bien en bouche sur un jus presque moelleux construit autour des tanins du bois.

Cadillac Côtes de Bordeaux 2018 13 € 89

Rouge : 20,5 hectares. Merlot 81 %, Petit Verdot 13 %, Cabernet-Sauvignon 6 %
Blanc : 12,8 hectares. Sauvignon blanc 87 %, Sémillon 13 %
Production moyenne : 50 000 bt/an

CHÂTEAU REYNON
15, Gravas, 33720 Barsac
05 56 62 96 51 • www.denisdubourdieu.fr •
Vente et visites : sur RDV.
Propriétaire : Florence Dubourdieu
Directeur : Jean-Jacques Dubourdieu
Maître de chai : Ludovic Bernard
Œnologue : Fabrice Dubourdieu

BLAYAIS ET BOURGEAIS

★ CHÂTEAU BEL-AIR LA ROYÈRE

Repris en 1992 par sa famille, le domaine est dirigé par Corine Chevrier-Loriaud depuis 2011. Elle initie en 2016 la conversion bio pour valoriser ses sols d'argilo-calcaires, de marnes à huîtres et d'argiles vertes et bleues. Depuis le rachat, les rendements ont toujours été maîtrisés. La forte proportion de malbecs, rescapée d'une époque où les autres crus les arrachaient, donne une signature aux étiquettes, dont certaines appartiennent aujourd'hui à la nouvelle vague des bordeaux savoureux à découvrir. L'ensemble de la gamme, logé en bouteilles bourguignonnes, coiffe de panache le vignoble du Blayais.

Les vins : un élevage en barrique tout en discrétion pour un sauvignon qui ne met en avant que son fruit, plus ligérien que bordelais. Dans la série des côts, on élit Justin Malbec, pure macération, délicatement épicé sur une finesse énergique. Pour la cuvée Gourmandise, les jeunes vignes infusées donnent le ton du millésime. Quant à la profondeur plus que louable de Fig 10, elle finit sur les fleurs. La belle sucrosité du blaye pose un malbec concentré sur une belle dynamique aux tanins fins et granuleux après un élevage de vingt mois. L'Esprit domine sur le merlot : la cuvée aussi stylée que le reste de la gamme, plus infusée qu'extraite, se pose, profonde en milieu de bouche, éclatante en finale.

Blaye Côtes de Bordeaux 2019 15 € 88

Blaye Côtes de Bordeaux Fig 10 2018 15 € 89

Blaye Côtes de Bordeaux Gourmandise 2020 11 € 89

Blaye Côtes de Bordeaux Justin Malbec 2020 11 € 89

Blaye Côtes de Bordeaux L'Esprit de Bel-Air La Royère 2018 15 € 90

Rouge : 11 hectares. Merlot 65 %, Malbec (cot) 30 %, Cabernet-Sauvignon 5 %
Blanc : 1 hectare. Sauvignon blanc 100 %
Production moyenne : 60 000 bt/an

CHÂTEAU BEL-AIR LA ROYÈRE ♣
1, Les Ricards, 33390 Cars
05 57 42 91 34 • chateaubelairlaroyere.com/ •
Vente et visites : sur RDV.
Propriétaire : Corinne Chevrier-Loriaud
Œnologue : Éric Delacroix

★ CHÂTEAU FALFAS

Pionnier de la biodynamie dans la région (certifié en 1989), Falfas est l'une des valeurs sûres de l'appellation. Il élabore sur ses parcelles, remarquablement situées sur un socle de calcaire à astéries, des vins toujours très capiteux et charpentés. L'addition du mode de culture et de vinification (levures indigènes) avec l'encépagement donne un caractère tout à fait singulier aux vins.

Les vins : il faut partir du principe que ce vin n'est pas du tout prêt, même si le nez développe un vrai parfum profond et sensuel, avec une touche d'encens, de fumé et un fruit mûr capiteux. Le bois tendrement lové dans les interstices du fruit participe à l'édifice charpenté de ce vin jusqu'à sa finale pointée de menthe.

Côtes de Bourg Le Chevalier 2017 — 34 € — 91

Rouge : 20 hectares. Merlot 55 %, Cabernet-Sauvignon 30 %, Cabernet franc 10 %, Malbec (cot) 5 %
Production moyenne : 70 000 bt/an

CHÂTEAU FALFAS ☾
34, route de Coudart,
33710 Bayon-sur-Gironde
05 57 64 80 41 • www.chateaufalfas.com •
Vente et visites : sur RDV.
Propriétaire : Véronique Cochran

★ CHÂTEAU FOUGAS

Acquis en 1976 par la famille Béchet, Fougas est situé sur une croupe bénéficiant d'une forte diversité de sols combinant sables, argiles (blanches et rouges), graves et molasses. L'influence de la biodynamie, certifiée depuis 2008, signe la progression constante du château. Soulignons que les millésimes de haute maturité révèlent de la meilleure manière la qualité de ce terroir et sa fraîcheur, qui sont mises en valeur par l'agriculture, en particulier dans la cuvée Forces de Vie.

Les vins : Maldoror possède la complexité d'un bouquet qui évoque les fruits très mûrs, un bois de cédrat, des touches d'olives noires, une pointe de cacao et de figue sur un palais enveloppant, croquant. Les tanins s'avèrent extra-fins, presque poudrés, et dotés d'une réserve de fraîcheur encore vibrante. Dans Forces de Vie, le cassis et la menthe se développent sur un léger floral et une juteuse structure auréolée d'un tanin presque salin.

Côtes de Bourg Forces de Vie 2018 — 25 € — 90

Côtes de Bourg Maldoror 2019 — 18 € (c) — 92

Rouge : 23 hectares. Merlot 75 %, Cabernet-Sauvignon 25 %
Production moyenne : 100 000 bt/an

CHÂTEAU FOUGAS ☾
Fougas, 33710 Lansac
05 57 68 42 15 • www.fougas.com • Vente et visites : sur RDV.
Propriétaire : Jean-Yves Béchet
Œnologue : Thomas Duclos

★ CHÂTEAU LES JONQUEYRES

À cheval sur deux communes, Saint-Paul et Saint-Martin-Lacaussade, le domaine jouit de très vieilles vignes, de plus de 50 ans, plantées à haute densité sur des argiles sableuses (vins de petite garde) et sur des argiles bleues et grises (donnant des crus généreux, taillés pour vieillir plus longtemps). Largement dominant sur la propriété, le merlot donne ici de très beaux résultats. Pourtant, les vins issus du millésime 2018 manquent d'âme et nous laissent sur notre faim... et forcément sur notre soif. Pascal Montant a vendu la propriété au Château Bonnange à Saint-Martin-Lacaussade, mais reste encore le temps de la transmission.

Les vins : produit à partir de vignes jeunes et toujours aussi juteux, If des Jonqueyres ne présente pas une grande envergure, mais offre la simplicité d'un merlot peu extrait comme il se doit en 2018. Le 2018 du château, aux tanins un peu mats, est une belle carte postale du millésime. Mi-malbec mi-merlot, À L'Enfer déploie la froideur de l'année. Manquant de chair, il compense par un style élégant, une complexité relative et un tanin qui tient plus du baryton que du ténor.

Blaye Côtes de Bordeaux 2018 — 18 € — 87

Blaye Côtes de Bordeaux If des Jonqueyres 2018 — de 9 à 10 € (c) — 87

Blaye Côtes de Bordeaux À L'Enfer 2018 — 33 € — 89

Rouge : 10 hectares. Merlot 75 %, Cabernet-Sauvignon 18 %, Malbec (cot) 7 %
Blanc : 0,22 hectare. Vermentino 45 %, Viognier 45 %, Clairette 10 %
Production moyenne : 40 000 bt/an

CHÂTEAU LES JONQUEYRES ♣
7, Courgeau, 33390 Saint-Paul-de-Blaye
05 57 42 34 88 •
www.chateaulesjonqueyres.com • Vente et visites : sur RDV.

Propriétaire : Pascal Montaut
Œnologue : Éric Delacroix

★ CHÂTEAU ROC DE CAMBES

Voici une propriété qui attise la curiosité des amateurs à la recherche d'un style bordelais singulier. Inspirée par François Mitjavile, du château Tertre Rotebœuf à Saint-Émilion, la production se compose du domaine de Cambes (Bordeaux, situé dans les paluds) et du Château Roc de Cambes (Côte-de-Bourg, sur les coteaux). Celui-ci se définit par des raisins à haute maturité, élevés classiquement, avec les meilleurs produits de la tonnellerie Radoux. Les vins, reconnaissables entre mille, aux nez intenses et très boisés dans la jeunesse, vieillissent avec charme, mais peuvent fatiguer certains palais à la recherche d'un flacon frais et désaltérant. Les "petits millésimes", avec des niveaux de maturité plus bas, ressortent souvent comme de vraies réussites, à l'image de 2007. Un style singulier, mais parfois clivant.

Les vins : le domaine de Cambes, dont les vignes, sur une veine argilo-calcaire, viennent mourir sur les bords de la Gironde, produit un 2018 d'une grande souplesse. Moderne et facile d'accès, il signale la grande et belle maturité des raisins à la profondeur de jus sanguin. De garde moyenne, il est parfait à goûter en ce moment. Une route sépare les vignes du domaine de Cambes de celles du château Roc de Cambes, où le 2018 se fonde sur la recherche des maturités automnales. La personnalité particulière du vin, sa complexité et sa puissance sont ponctuées de la belle fraîcheur de la Gironde. Le tanin de milieu de bouche arrondi par l'élevage participe à la dynamique du vin.

Bordeaux Domaine de Cambes 2018	N.C.	90
Côtes de Bourg 2018	74 € (c)	93

Rouge : 10 hectares. Merlot 80 %, Cabernet-Sauvignon 15 %, Malbec (cot) 5 %
Production moyenne : 47 000 bt/an

CHÂTEAU ROC DE CAMBES
3, Roc, 33710 Bourg-sur-Gironde
05 57 74 42 11 • www.roc-de-cambes.com •
Vente et visites : sur RDV.
Propriétaire : François Mitjavile
Directeur : Nina Mitjavile

CHÂTEAU BRÛLESÉCAILLE

Brûlesécaille jouit d'un vignoble bien situé dans l'appellation Côtes de Bourg, en surplomb de l'estuaire de la Gironde. On y produit avec régularité des vins plaisants et distingués, dotés d'une séduction immédiate grâce à un assemblage intéressant de merlot (majoritaire), de cabernet franc et de cabernet-sauvignon. La bonne exposition de ces deux derniers permet d'obtenir, sur ce terroir, une excellente maturité, ce qui explique le velouté de texture et le fondu des tanins des meilleurs millésimes du domaine. La Gravière, autre propriété de la famille Rodet, est un ton nettement en dessous.

Les vins : le blanc déjà goûté l'an dernier possède toujours ce beau fond d'agrumes qui ne parvient pas cependant à passer au-delà d'un boisé primaire. Sa puissance laisse en bouche une touche de miel et un tanin sec. Côté rouge, le côtes-de-bourg 2018 apparaît sans évolution notable après une première dégustation l'an dernier, malgré un jus sanguin et une finale intéressante compte tenu de ce millésime compliqué.

Côtes de Bourg 2019	9 €	87
Côtes de Bourg 2018	12 €	89

Rouge : 26,3 hectares. Merlot 59 %, Cabernet-Sauvignon 27 %, Cabernet franc 12 %, Malbec (cot) 2 %

Blanc : 2,35 hectares. Sauvignon blanc 75 %, Sauvignon gris 25 %

Production moyenne : 140 000 bt/an

CHÂTEAU BRÛLESÉCAILLE
29, route des Châteaux, 33710 Tauriac
05 57 68 40 31 • www.brulesecaille.com •
Vente et visites : sur RDV.
Propriétaire : Famille Rodet
Directeur : Guillaume Rodet
Maître de chai : Guillaume et Jacques Rodet
Œnologue : Stéphane Beuret

LIBOURNAIS

★★ DOMAINE DE L'A

En 1999 naissait à Sainte-Colombe le domaine de l'A, fruit du désir émis par Stéphane Derenoncourt et sa femme Christine de produire un grand vin. Plus de vingt ans après, c'est une réussite à tous les niveaux. La mise en valeur des calcaires et des coteaux par le travail des sols et la conversion bio, en route depuis 2017, apporte la preuve que le couple ne s'arrête pas en chemin, même si ce dernier les a déjà menés au sommet ! Toujours dans l'optique d'une mise en valeur du terroir bordelais, le chardonnay planté à 12000 pieds l'hectare est une exception que tout amateur doit absolument goûter.

Les vins : le rouge 2017, très différent de ses deux prédécesseurs, possède néanmoins l'élégante finesse des vinifications Derenoncourt sur un millésime qui apporte son lot de fruit simple. Un vin vibrant sur une jolie marque du terroir castillonnais dans le détail ciselé du tanin. Le blanc de chardonnay offre un profil ligérien, une partie de l'élevage en globe de verre préserve un fruit radieux. Très lumineux, finement tendu, au parfum de poire. De beaux amers tendent le vin sur une finale éclatante.

- Castillon Côtes de Bordeaux 2017 — 37 € — 93

Le coup de ♥

- VDF 2019 — N.C. — 94

Rouge : 11,8 hectares. Merlot 80 %, Cabernet franc 20 %
Blanc : 0,2 hectare. Chardonnay 100 %
Production moyenne : 40 000 bt/an

DOMAINE DE L'A ♣
11, lieu-dit Fillol, 33350 Sainte-Colombe
05 57 24 92 43 • www.domainedela.com •
Vente et visites : sur RDV.
Propriétaire : Christine et Stéphane Derenoncourt

★★ CLOS PUY ARNAUD

Depuis 2000, Thierry Valette est propriétaire de ce domaine de Castillon. Réalisé avec soin, le vin s'est imposé dès le début comme l'un des crus les plus intéressants de l'appellation, dans un style profond et éminemment racé. Le vignoble, aujourd'hui cultivé en biodynamie, confirme tous les espoirs. Thierry Valette propose en plus du premier vin, deux cuvées dites de soif (Bistrot et Rouge) qui nous réconcilient avec les bordeaux de consommation rapide. Il faut noter la cohérence de la gamme et la volonté de faire à la fois des vins de plaisir immédiat et des crus de grande profondeur.

Les vins : la luminosité des différentes cuvées, le style bien affirmé conduit par l'énergie de la biodynamie... Tout nous séduit dans les productions de Thierry Valette. Bistrot est gorgé d'un fruit tendre avec une touche de framboise et groseille, au touché velouté sur une matière fluide et digeste. Rouge offre un croquant vibrant sur un fruit rouge simple, mais tellement délicatement mis en valeur par une tanin tonique. Le castillon se carafe avant dégustation, serti d'un tanin au fruit expressif sur une matière ample et croquante à la finale légèrement iodée. Les Ormeaux, sanguin mais délicieux, évoque les fleurs, les violettes, les pivoines sur un fruit dense. Pleine d'élégance, la cuvée est construite sur une matière au tanin très frais, d'une densité parfaite.

- VDF Cuvée Bistrot 2020 — 13 € — 88
- VDF Cuvée Le Rouge 2020 — 14 € — 88

Le coup de ♥

- Castillon Côtes de Bordeaux 2017 — 33 € — 92
- Castillon Côtes de Bordeaux Cuvée Les Ormeaux 2019 — 20 € — 93

Rouge : 14 hectares. Merlot 70 %, Cabernet franc 25 %, Cabernet-Sauvignon 5 %
Production moyenne : 65 000 bt/an

CLOS PUY ARNAUD ☾
7, Puy Arnaud 33350 Belvès-de-Castillon
05 57 47 90 33 • www.clospuyarnaud.com •
Vente et visites : sur RDV.
Propriétaire : Thierry Valette
Maître de chai : Nicolas Legrand

★ CHÂTEAU D'AIGUILHE

Ce domaine connaît un succès qui ne se dément pas au fil des millésimes. Au-delà du vignoble, des fermages sont adjoints et près de 100 hectares sont vinifiés sous le nom de Château d'Aiguilhe. Voici une des rares marques de la rive droite qui s'impose par des volumes conséquents et qui peut se prévaloir de concurrencer quelques crus du Médoc ou des Graves.

Les vins : le 2018 offre un fruit construit sur l'identité de ce millésime racé et profond, des notes de bois délicatement modelées dans une bouche fine et aristocratique. L'ensemble est soutenu d'une tension délicate du fruit et porté par un tanin soyeux. La pointe fumée des Seigneurs, le second vin, sur un boisé digeste et intéressant, se fond dans une matière juteuse.

Castillon Côtes de Bordeaux Seigneurs d'Aiguilhe 2018 12 € 90

Le coup de ♥

Castillon Côtes de Bordeaux 2018 26 € 93

Rouge : 85 hectares. Merlot 80 %, Cabernet franc 20 %
Blanc : 5 hectares.
Production moyenne : 500 000 bt/an

CHÂTEAU D'AIGUILHE
Vignobles Comtes von Neipperg I Aiguilhe Sud 33350 Saint-Philippe-d'Aiguilhe
05 57 40 63 56 • www.neipperg.com • Vente et visites : sur RDV.
Propriétaire : Comtes von Neipperg
Directeur : Stephan von Neipperg

★ VIGNOBLES PAUL BARRE

Paul Barre résonne comme l'un des noms les plus emblématiques de Bordeaux. Considéré par beaucoup comme le père de la biodynamie dans la région, il a apporté ses lettres de noblesse à Fronsac et à Canon-Fronsac. Aujourd'hui repris par son fils Gabriel et sa femme Édith, le domaine s'inspire intelligemment du passé, tout en développant un style nouveau, sur la pureté du fruit, un brin libre parfois. Il faut noter l'énergie et la brillance grâce notamment à une viticulture sensible, une vinification délicate et aux élevages en vieux contenants. Les vins sont réguliers, éclatants de fruits, respectueux des terroirs et dotés d'un beau potentiel de garde.

Les vins : le 2018 bouscule un peu les codes : sanguin, épicé, au fruit dense, noir, serré. La complexité à la pointe de cannelle et la touche de fumé, juste mentholée, installent le style du domaine. La profondeur de son milieu de bouche signale la rondeur du millésime et la faible et judicieuse extraction. La belle assise de la bouche, droite, sur un tanin en dentelle, poudrée et une fraîcheur idéale apportent la preuve que le vin a évolué sous les hospices d'un élevage en cuves.

Le coup de ♥

Fronsac 2018 15 € 94

Rouge : 6,9 hectares. Merlot 63 %, Cabernet franc 35 %, Malbec (cot) 2 %
Production moyenne : 33 000 bt/an

VIGNOBLES PAUL BARRE ☾
13 B, route de Libourne Lieu-dit La Vierge 33126 Fronsac
05 57 51 31 11 • www.paulbarrevindefronsac.fr • Vente et visites : sur RDV.
Propriétaire : Edith et Gabriel Barre
Maître de chai : Gabriel Barre
Œnologue : Claire Lepage

★ FAMILLE BERROUET

Le nom de Jean-Claude Berrouet résonne dans le monde viticole comme l'un des orfèvres de Bordeaux, grâce notamment à ses plus belles interprétations de Petrus. Avec le temps, il a acquis Vieux Château Saint-André, en 1979 et Château Samion, en 1982. Tout le savoir-faire acquis à Pomerol est complété par la sensibilité de son fils, Jean-François, qui reprit les deux domaines en 2002. Mais l'une des différences, hormis l'appellation, ce sont les vieilles vignes de merlot, âgés de 40 ans à Montagne et de 50 ans à Lalande. Outre leurs appellations, les deux crus se caractérisent par la qualité de leurs sols d'argiles, plus fins pour Samion, plus frais pour Vieux Château Saint-André.

Les vins : l'éclat de Vieux Château Saint-André 2018 domine le nez, sur la tension particulière et les tanins carrés d'un vin parfaitement équilibré grâce aux argiles profondes et capable de vieillir. Le boisé est juste, il possède l'élégance racée d'un élevage fin et doux (seulement 15 % de bois neuf). La finale construite et consistante lance le vin dans l'avenir. Sur des épices délicates, Samion se précise sur un fruit fin et digeste dans un style élégant et croquant.

Le coup de ♥

Montagne-Saint-Émilion Vieux Château Saint-André 2018 15 € 93

Rouge : 16 hectares. Merlot 85 %, Cabernet franc 15 %
Production moyenne : 55 000 bt/an

FAMILLE BERROUET
2, route de Saint-Georges, 33570 Montagne
05 57 74 59 80 • vignoblesberrouet.com • Vente et visites : sur RDV.
Propriétaire : Jean-François et Olivier Berrouet
Directeur : Jean-François Berrouet
Œnologue : Jean-Claude Berrouet

★ CHÂTEAU CANON PÉCRESSE

Avant d'être directeur de Radio Classique et éditorialiste aux Échos, Jean-Francis Pécresse est vigneron. Ses aïeux, venus de Corrèze, avaient acquis un petit cru sur le plateau de Saint-Michel-de-Fronsac, dont il a toujours suivi de très près la progression. Conseillé par Hannah Fiegenschuh (pépinière Derenoncourt), le cru grimpe chaque année une marche et a entamé depuis trois ans la conversion au bio. Jadis outsider des grands fronsadais, Canon Pécresse se place à leurs côtés, avec une définition de plus en plus affirmée de son terroir de calcaires dégradés ; les vins allient charme, pureté et fraîcheur.

Les vins : 2017 pose une jolie complexité et une intensité rare pour le millésime. Le vin est raffiné, la tension croquante et les tanins assouplis par l'âge. Le millésime carré ressort de l'élevage et la tension parfaite révèle un beau vin en expansion, à la matière posée. 2018 est une année qui correspond à l'évolution de la propriété : les tanins s'affinent, la tension relève le vin, les fruits se dessinent sapides et joyeux, dans une parfaite définition du fronsac de plateau sur des calcaires qui tonifient l'ensemble du vin.

- Canon-Fronsac 2015 — Épuisé - 21 € — 93
- Canon-Fronsac 2017 — Épuisé - 18 € — 91

Le coup de ♥

- Canon-Fronsac 2016 — Épuisé - 21 € — 92
- Canon-Fronsac 2018 — Épuisé - 18,60 € — 92

Rouge : 4,1 hectares. Merlot 75 %, Cabernet franc 25 %
Production moyenne : 18 000 bt/an

CHÂTEAU CANON PÉCRESSE ♣

Chateau Canon Pécresse,
33126 Saint-Michel-de-Fronsac
05 57 24 98 67 •
www.chateau-canon-pecresse.fr • Vente et visites : sur RDV.
Propriétaire : Famille Pécresse
Directeur : Jean-Francis Pécresse
Maître de chai : Alain Joubert
Œnologue : Stéphane Derenoncourt

★ CHÂTEAU DE CARLES

Le banquier Stéphane Droulers a créé la cuvée Haut-Carles en 1994 afin d'exprimer ce que les terroirs du château de Carles, propriété venant de son épouse, Constance (née Chastenet de Castaing), pouvaient produire de mieux. Vinifiée avec soin, habillée d'un boisé raffiné, cette cuvée a d'abord constitué l'archétype du bordeaux moderne, sans tomber dans la caricature. Avec le temps, on découvre l'expression très personnelle d'un terroir racé au vieillissement harmonieux. Le premier vin du château est souple, plus en équilibre et plus intéressant que Haut-Carles, encore très boisé.

Les vins : le parcellaire du château produit Haut-Carles, étiquette de haute personnalité, qui pourrait tomber dans la caricature compte tenu de son alcool. Il se présente plus stylé sur un fruit pur aux tanins expansifs que le temps alignera dans la finesse. La densité un peu outrancière se peaufine dans une finale plus légère qui rend au vin toute sa séduction. La construction un peu massive du premier vin n'entache pas le plaisir de sa dégustation. La pulpeuse structure fruitée et les tanins vigoureux installent le vin jusqu'à une finale plus vive.

- Fronsac Haut-Carles 2018 — 32 € — 90

Le coup de ♥

- Fronsac 2018 — 17 € — 91

Rouge : Merlot 90 %, Cabernet franc 5 %, Malbec (cot) 5 %
Production moyenne : 60 000 bt/an

CHÂTEAU DE CARLES

Saillans 33141 Saillans
05 57 84 32 03 • www.hautcarles.com •
Vente et visites : sur RDV.
Propriétaire : Stéphane et Constance Droulers
Directeur : Yannick Reyrel
Maître de chai : Philippe Thomas
Œnologue : Hubert de Boüard Consulting

★ CHÂTEAU LES CHARMES-GODARD

Nicolas et Cyrille Thienpont, père et fils, naviguent de conserve à la barre de trois domaines : Alcée (Castillon) et La Prade (Francs) menés par le vaisseau amiral, Les Charmes Godart, dont le terroir en conversion bio abrite quelques uns des plus jolis sémillons et sauvignons, sur le plateau de calcaires et molasses du fronsadais des Côtes de Francs. Voici une propriété qui offre trois châteaux de haute identité, aux très bons rapports qualité-prix.

Les vins : le charme cristallin des sémillons ramassés par tries successives n'a pas pris une ride depuis l'an dernier. Le 2018 se détache toujours du lot des Francs avec son charme onduleux, vibrant et la complexité de son fruit. En 2019, même si le fruit est encore plus profond, la salinité reste dominante. En rouge, le 2017, concentré, franc et puissant, commence à assagir ses tanins musclés. Avec son profil courtois et son élégante stature, Château La Prade se profile sur des tanins pleins de velours et les notes épicées d'une finale qui s'allonge. Château Alcée, le castillon de garde du tiercé gourmand des Thienpont, associe richesse et grâce. Il mettra un peu de temps à affiner ses merlots nés des argiles profondes.

- Francs Côtes de Bordeaux 2018 — 14 € — 89
- Francs Côtes de Bordeaux 2019 — 14 € — 91
- Castillon Côtes de Bordeaux Château Alcée 2019 — 20 € (c) — 89

Francs Côtes de Bordeaux Château La Prade 2019 — 13 € — 89

Rouge : 22 hectares. Merlot 90 %, Cabernet franc 10 %
Blanc : 6,5 hectares. Sémillon 57 %, Sauvignon blanc 23 %, Sauvignon gris 20 %
Production moyenne : 110 000 bt/an

CHÂTEAU LES CHARMES-GODARD
tie 33570 Saint-Cibard
05 57 56 07 47 • www.nicolas-thienpont.com
• Vente et visites : sur RDV.
Propriétaire : Nicolas et Cyrille Thienpont
Directeur : Grégoire Pernot du Breuil
Maître de chai : Grégory Bertet
Œnologue : Julien Lavenu (Derenoncourt Consultants)

★ ↗ CHÂTEAU DALEM

Cette propriété située sur les plus beaux terroirs du Fronsadais, entre les plateaux et bords de coteaux de Saillans, n'a rien à envier à ses voisins. Largement au niveau, les vins restent à des prix doux ; ils misent sur le fruit avec des élevages fins. C'est dans ce but qu'un nouveau cuvier a été construit : les cuves inox permettent de travailler avec davantage de précision les différentes parcelles. La précision paie puisque le domaine prend sa première étoile, confirmée par un très beau 2020 goûté en primeur.

Les vins : les élégants merlots plantés sur les argiles du fronsadais et un boisé régulier donnent à la matière première du 2018 une belle expressivité. Sur un nez savoureux, floral, aux arômes de fruits rouges, la structure s'élève au-dessus d'un tanin vibrant d'énergie en un équilibre savant et une dynamique performante. Le Château de la Huste, produit sur la même commune et vinifié dans la cave de Dalem, est aussi très bien construit sur un fruit posé, mais moins profond.

Fronsac Château de la Huste 2018 — 15,50 € — 89

Le coup de ♥
Fronsac 2018 — 27 € — 92

Rouge : 35 hectares. Merlot 90 %, Cabernet franc 10 %
Production moyenne : 180 000 bt/an

CHÂTEAU DALEM
1, Dalem, 33141 Saillans
05 57 84 34 18 • www.chateaudalem.com • Vente et visites : sur RDV.
Propriétaire : Brigitte Rullier-Loussert
Directeur : Sacha Sokoloff
Œnologue : Christian Veyry

★ CHÂTEAU FONTENIL

Dany et Michel Rolland, célèbres œnologues bordelais, avaient acheté quelques hectares sur la commune de Saillans sur un coteau plein sud. C'était en 1986, Fontenil naissait, portant le nom de l'une des parcelles. Tenu avec autant de soins qu'un cru majeur de la rive droite, le vignoble de merlot est travaillé suivant les canons classique du bordelais, élevé en bois neuf. En 2019 a été produit le premier blanc, issu d'un hectare planté de sauvignon, sémillon, muscadelle et chardonnay, et vinifié séparément en œuf, barrique et cuve inox.

Les vins : après une vinification pointue épaulée d'un élevage digeste, le rouge 2018 sort éclatant d'un fruit expressif sur le cassis. Les épices et les notes de réglisse s'installent en expansion sous un tanin fondu. La matière plus séveuse affiche un profil plus moderne que les précédentes vinifications. Le blanc a le bouquet variétal des sauvignons même s'il est issu de l'ensemble des blancs du Libournais, chardonnay inclus. Très expressif et acidulé, avec un milieu de bouche sphérique relevé d'une finale plus saillante, il nous semble encore alourdi par l'élevage.

VDF 2019 — 47 € — 89
Fronsac 2018 — 31,30 € — 92

Rouge : 9 hectares. Merlot 100 %
Blanc : 1,23 hectare. Sauvignon blanc 32 %, Sémillon 26 %, Chardonnay 21 %, Sauvignon gris 16 %, Muscadelle 5 %
Production moyenne : 42 000 bt/an

CHÂTEAU FONTENIL
Cardeneau Nord, 33141 Saillans
05 57 51 52 43 • www.rollandcollection.com
• Vente et visites : sur RDV.
Propriétaire : Michel et Dany Rolland
Œnologue : Michel Rolland

★ ↗ CHÂTEAU MARSAU

Cette propriété appartenait à Jean-Marie Chadronnier ; depuis 2012, son fils Mathieu, à la partie commerciale, et sa femme Anne-Laurence, en cave, s'en occupent. Elle se situait déjà dans le peloton de tête du Libournais en 2017, année où le couple rachète la propriété. En 2018, ils lancent la conversion en agriculture biologique, mais perdent malheureusement une partie de la récolte : il ne leur restait que 9 hectolitres à l'hectare. Le millésime n'a pas été mis en primeur et sort à peine de son élevage, mais malgré le rendement peau de chagrin, il vaut le déplacement et permet au domaine d'obtenir sa première étoile.

Les vins : voici un exemple probant de la race du merlot sur de grands argiles. La vinification pointue du couple Chadronnier met en valeur la fraîcheur du terroir. Prélude permet de pointer l'univers de Marsau, on s'invite autour du vin harmonieux sur un jus sanguin à la finale carrée en 2016. Les argiles de Marsau révèlent un merlot 2014 abouti. Le bouquet de rose se dévoile, avec une pointe citronnée. Les stigmates du temps laissent une structure qui s'élève sur un tanin épicé et frais. Le touché séveux du 2016 met en valeur la chair des argiles profondes situées sur le pont culminant de l'appellation. 2017 a pris du galon, il s'affine sur un fruit rigoureux où les fleurs (violette) percent derrière l'épice douce. Enfin, 2018, lumineux d'énergie, conjugue avec brio le talent du vigneron, le fruit intense du raisin et le joli terroir de Francs. Le tout orné de trois étiquettes dessinées par l'artiste Ronan Bouroullec symbolisant la terre, le végétal et le fruit. Définitivement le bordeaux qu'on a envie d'avoir en cave.

- Francs Côtes de Bordeaux 2014 — Épuisé - 18 € — 91
- Francs Côtes de Bordeaux 2016 — 20 € — 92
- Francs Côtes de Bordeaux 2017 — 20 € — 91
- Francs Côtes de Bordeaux 2018 — 20 € (c) — 91
- Francs Côtes de Bordeaux Prélude 2016 — 12 € — 90

Rouge : 12 hectares. Merlot 100 %
Production moyenne : 60 000 bt/an

CHÂTEAU MARSAU ♣

3, lieu-dit Bernarderie, 33570 Francs
05 57 40 67 23 • www.chateaumarsau.com •
Vente et visites : sur RDV.
Propriétaire : Anne-Laurence et Mathieu Chadronnier
Directeur : Anne-Laurence Chadronnier

★ CHÂTEAU LE PUY

Détenue depuis 1610 par la famille Amoreau, cette propriété se distingue par son terroir, ses modes de vinification singuliers et surtout sa viticulture. Menée par de fervents défenseurs de la biodynamie, dont son directeur Harold Langlais, la production est souvent saluée par les amateurs de vin naturel, mais le style infusé peut dérouter les habitués du bordeaux classique. Les flacons se montrent profonds et affichent une grande capacité de garde, de la classique cuvée Émilien à la cuvée Barthélémy. Pour cette dernière sélection parcellaire, le domaine réclame à l'INAO une reconnaissance en AOC compte tenu de la géologie d'argiles rouges et calcaires, de sa position sur le point culminant de l'appellation et de la qualité bactérienne des sols qui n'ont pas vu d'intrants depuis des lustres. En attendant, la production du domaine est étiquetée Vin de France.

Les vins : le lieu possède une grande charge spirituelle, transmise et renforcée par la vinification, qui charge le vin en énergie et l'habitue à l'oxygène, ce qui apporte des variations importantes dans la nature des différents millésimes. Le jus en fermentation dans les cuves béton remonte au-delà du chapeau immergé des cuves. Une fois les sucres terminés, le vin évolue un an en foudres puis une autre année en barriques. Blancs et rosés sont vinifiés dans le bois. Rose-Marie, rosé sur la cerise et la pâte de coing, marque sa profondeur par ses épices et sa puissance. Émilien porte l'empreinte de l'ensemble du domaine. En 2017, il évolue sur une parfaite verticalité. Le millésime 2018 affiche une densité et un éclat rare, sur un tanin sensible, croquant et vibrant d'une tonicité taillée pour l'avenir. Barthélémy, encore dans ses balbutiements, présente un bouquet affolant sous une tension profonde doublée d'un tanin aux épices douces, très marqué Le Puy. Attention toutefois à la légère animalité. En 2016, les tanins de la cuvée passent derrière une acidité d'excellence, encore tout jeune. 2011 possède du coffre, un grain particulier : une exception, encore en évolution. Enfin, Retour des Îles 2018, la cuvée qui a traversé l'Atlantique en mer et en barriques, présente des notes d'infusion sur une touche iodée déroutante.

- VDF Rose-Marie 2019 — 32 € (c) — 90
- VDF Barthélémy 2011 — de 90 à 110 € (c) — 93
- VDF Barthélémy 2016 — de 90 à 100 € (c) — 94
- VDF Barthélémy 2018 — 96 € (c) — 95
- VDF Retour des Îles 2018 — N.C. — 93
- VDF Émilien 2018 — 25 € (c) — 94

Rouge : 50 hectares. Merlot 85 %, Cabernet-Sauvignon 7 %, Cabernet franc 6 %, Carmenère 1 %, Malbec (cot) 1 %
Production moyenne : 170 000 bt/an

CHÂTEAU LE PUY ☾

Le Puy 33570 Saint-Cibard
05 57 40 61 82 • www.chateau-le-puy.com •
Pas de visites.
Propriétaire : Famille Amoreau

★ CHÂTEAU PUYGUERAUD

Surplombant la vallée de la Dordogne, ce domaine en polyculture fait partie des meilleures propriétés des Côtes de Bordeaux, repris par la famille Thienpont en 1946, puis dirigé aujourd'hui par Nicolas Thienpont et Cyrille, son fils. Une viticulture engagée y est appliquée. Bienheureux seront les amateurs patients : les blancs et les rouges vieillissent à merveille.

Les vins : le blanc 2018, gorgé de sève, s'ouvre sur une large bouche au boisé sautillant, dans une dynamique qui finit sur l'anis et les notes citronnées, toujours aussi vivaces malgré une année de plus. Cela nous conforte dans l'idée que Puygueraud blanc saura très bien vieillir. La patte Thienpont présente ici l'est tout autant dans le rouge 2017. Le gel n'ayant laissé que les plus beaux raisins des meilleurs terroirs, Puygueraud rouge ne ressemble pas aux autres membres de la famille. Légèrement fumé sur un fruit radieux, avec un détail sanguin dans le bouquet, le vin s'élargit en un palais délicieusement soudé par des tanins stylés, satinés, et s'ouvre sur une finale complexe. Château Lauriol mérite moins d'éloges : il demeure très classique avec ses jeunes merlots.

- Francs Côtes de Bordeaux 2017 — 15 € — 91
- Francs Côtes de Bordeaux Château Lauriol 2018 — 9 € — 87

Le coup de ♥

- Francs Côtes de Bordeaux 2018 — 12 € — 89

Rouge : 45 hectares. Merlot 80 %, Cabernet franc 15 %, Malbec (cot) 5 %
Blanc : 5 hectares. Sauvignon blanc 54 %, Sauvignon gris 46 %
Production moyenne : 200 000 bt/an

CHÂTEAU PUYGUERAUD
Lieu-dit Puygueraud, 33570 Saint-Cibard
05 57 56 07 47 • www.nicolas-thienpont.com • Vente et visites : sur RDV.
Propriétaire : Héritiers George Thienpont
Directeur : Nicolas et Cyrille Thienpont
Maître de chai : Grégory Bertet
Œnologue : Stéphane Derenoncourt

★ CHÂTEAU LA ROUSSELLE

Depuis quatre ans, ce micro-cru est la propriété de l'homme d'affaire Enzo Ide, déjà propriétaire de Lucia à Saint-Émilion. Le domaine est riche de vieilles vignes situées sur un terroir de coteaux calcaires formant un amphithéâtre qui domine la vallée de la Dordogne. Stéphane Derenoncourt conseille le domaine dont la production ne bouge pas d'un iota et reste d'une variété et d'une finesse rares. Les bouquets gagnent en complexité et les palais texturés s'affinent en révélant la dimension calcaire du terroir de Fronsac. Le velouté des tanins est servie par des élevages judicieux.

Les vins : la dynamique des vin est intéressante, particulièrement dans le 2018 archi-respectueux du triptyque fondu-délié-séveux, signature du fronsac aux tanins bien vibrants. Le fruit s'avère délicieux et séduisant, le vin coche toutes les cases. 2020, goûté en primeur, ajuste de plus en plus le caractère précis du cru et la finesse particulière que l'on évoque chez les meilleurs vins de la rive droite.

Le coup de ♥

- Fronsac 2018 — 22 € — 93

Rouge : 3,3 hectares. Merlot 65 %, Cabernet franc 35 %
Production moyenne : 12 000 bt/an

CHÂTEAU LA ROUSSELLE
1, Rousselle, 33126 La Rivière
05 57 51 83 31 • lucia33@orange.fr • Vente et visites : sur RDV.
Propriétaire : Enzo Ide
Directeur : Daniel Garrigue
Œnologue : Julien Lavenu (Derenoncourt Consultants)

★ CHÂTEAU LA VIEILLE CURE

Avec un vignoble d'un seul tenant, réparti entre plateau et côte, et un joli patrimoine de vieilles vignes, La Vieille Cure, propriété de Jérôme Pignard, a tout pour produire de beaux merlots. Ces derniers possèdent le caractère racé et gourmand du terroir, dans un style enrobé et frais. Le cru est conseillé par l'équipe de l'œnologue Michel Rolland.

Les vins : la sève de bordeaux anime La Vieille Cure, au nez sanguin et poudré. Son fruit éclatant, son attaque douce, souple et franche s'ouvre sur un palais libre. Les tanins aristocratiques et le boisé bien construit signent le vin et sa longévité. On l'imagine dans dix ans. La Sacristie, malgré un détail un peu sec dans le tanin mordant, affiche fraîcheur et amplitude sur un fruit franc et mûr.

- Fronsac 2018 — 26 € — 92
- Fronsac La Sacristie de la Vieille Cure 2018 — 13,60 € — 89

Rouge : 35 hectares. Merlot 80 %, Cabernet franc 15 %, Cabernet-Sauvignon 5 %
Production moyenne : 100 000 bt/an

CHÂTEAU LA VIEILLE CURE

Coutreau, 33141 Saillans
05 57 84 32 05 • www.la-vieille-cure.com •
Vente et visites : sur RDV.
Propriétaire : SCEA Château La Vieille Cure
Directeur : Jérôme Pignard
Maître de chai : Frédéric Labatut
Œnologue : Jean-Philippe Fort

★ CHÂTEAU VRAI CANON BOUCHÉ

Après le rachat par la Française REM à l'homme d'affaires néerlandais Philip de Hasseth-Möllern, c'est la famille Labrune, propriétaire de la Dauphine, qui préside aux destinées de l'une des propriétés le mieux loties du fronsadais. Un nouveau cuvier gravitationnel donne encore plus de précisions aux merlots du plateau de Canon-Fronsac, installés sur des calcaires décomposés, affleurants par endroit, et les argiles légères. Le chai à barrique a aussi fait peau neuve. Guidés par les conseils de l'équipe Derenoncourt, le domaine s'installe au sommet de l'appellation. Malheureusement, sans avoir pu déguster le 2020, nous ne pouvons le proposer à la deuxième étoile, mais elle est en réflexion pour l'an prochain.

Les vins : le Tertre, souple, fin, fuselé, s'arrondit autour d'une petite matière distinguée sur un vin au fruit net et délicat, tendu d'une belle pulpe sapide. Les tanins sont modestes et c'est tant mieux, le boisé réglé au plus juste laissant vivre le fruit. Le 2018 est un bel édifice étagé en strates de fruits liées par un tanin qui se précise sur les calcaires. En milieu de bouche, la densité est enlevée par la fraîcheur d'un terroir superbe et mise en valeur par un élevage superbe, témoin de cette exceptionnalité discrète de Fronsac.

- Canon-Fronsac Le Tertre de Canon 2018 — 10 € — 90

Le coup de ♥

- Canon-Fronsac 2018 — 27 € — 93

Rouge : 12 hectares. Merlot 70 %, Cabernet franc 30 %
Production moyenne : 50 000 bt/an

CHÂTEAU VRAI CANON BOUCHÉ

1, le Tertre de Canon, 33126 Fronsac
06 75 76 62 23 •
www.chateau-vrai-canon-bouche.com •
Vente et visites : sur RDV.
Propriétaire : La Française REM
Directeur : Jean de Laitre
Maître de chai : Mathieu Hoguet
Œnologue : Stéphane Derenoncourt

DOMAINE DE L'AURAGE

Racheté en 2007 par Caroline et Louis Mitjavile, dit "Loulou", L'Aurage fait partie des valeurs sûres de l'appellation. Anciennement baptisé Château Cadet, ce vignoble de 22 hectares d'un seul tenant profite d'un sol argilo-calcaire de premier ordre. Le savoir-faire de la famille, que l'on retrouve à Bourg avec Roc de Cambes, et à Saint-Émilion avec Tertre Roteboeuf, y est facilement visible : haute maturité de vendange, élevage en fût neuf de chez Radoux, et une seule cuvée pour toute la propriété. Ces efforts donnent un vin typé, régulier, mais sans grande émotion.

Les vins : la complexité est affaire de style. Pourtant, en matière de vinification, tout est simplicité. Le merlot compose 80 % de l'assemblage et l'élevage se fait pendant 18 mois dans des fûts de même provenance. Même parfaitement intégré compte tenu de l'extrême limite haute de maturité des raisins, le bois est souligné par l'austérité du vin. Il aligne les notes de moka et la franchise du cassis sur un tanin plus bourguignon que castillonnais et ce, jusque dans une finale qui s'étire.

- Castillon Côtes de Bordeaux 2018 — 40 € (c) — 92

Production moyenne : 35 000 bt/an

DOMAINE DE L'AURAGE

3, Cadet, 33350 Saint-Genès-de-Castillon
05 57 47 95 15 • www.aurage.com/ • Vente et visites : sur RDV.
Propriétaire : Caroline et Louis Mitjavile

DOMAINE SIMON BLANCHARD

L'œnologue Simon Blanchard, associé avec Stéphane Derenoncourt, s'est lancé seul en appellation Montagne-Saint-Émilion. Une première année de gel n'a pas eu raison de sa détermination à faire des cuvées hors normes qui révèlent le style de ce terroir, qui mérite qu'on lui laisse le loisir de l'expression. La production intime de 6000 bouteilles se divise en trois cuvées parcellaires, l'une faire la part belle au merlot, l'autre met le cabernet franc en majesté et la dernière assemble les deux. Des vinifications simples, peu interventionnistes, et des élevages originaux participent à la réussite du millésime 2018.

Les vins : Village s'ouvre sur un fruit ravageur et intense, une profondeur de la chair sanguine construit sur un ensemble séveux. Tout le vin respire la parfaite maturité du raisin, le reste est de l'accompagnement : levure indigène, piégeage manuel, élevage en foudres de 400 litres. Le cabernet franc domine largement Guitard : le boisé croquant et la chair savoureuse de la bouche se posent sur le velours d'une extraction douce. Au Champ de la Fenêtre, assemblage de deux parcelles de merlots vinifiées en vendange entière, s'intensifie au fil de la dégustation sur la pulpe d'un fruit aéré d'une belle vivacité. L'ensemble de la gamme promet de vieillir avec grâce.

- Montagne-Saint-Émilion Au Champ de la Fenêtre 2018 — 21 € 92
- Montagne-Saint-Émilion Village 2018 — 16 € 90

Le coup de ♥

- Montagne-Saint-Émilion Guitard 2018 — 30 € 92

Rouge : 1,36 hectare. Merlot 67 %, Cabernet franc 33 %
Production moyenne : 6 000 bt/an

DOMAINE SIMON BLANCHARD

162, avenue Georges-Clémenceau, SCEA SB Vignobles 33500 Libourne
06 89 10 69 63 • www.domainesimonblanchard.com • Vente et visites : sur RDV.
Propriétaire : Simon Blanchard

CHÂTEAU CLARISSE

Ancien directeur du grand hôtel parisien La Réserve, Didier Le Calvez est aussi un passionné de vins. Il a acquis cette petite propriété de Puisseguin-Saint-Émilion, où il élabore deux cuvées de très belle facture : une cuvée classique, dont on peut profiter dans sa jeunesse, et une cuvée Vieilles Vignes, plus profonde (extraction par pigeages, fermentation malolactique en barrique...) et présentant une marque de terroir qui s'impose en bouche, avec un bon potentiel de garde. La production gagne en précision et en éclat.

Les vins : le 2016 est enfin prêt, exprimant tout le velours possible des vieux beaux merlots de Clarisse, délicatement pointé de fleurs sur un fruité velouté. Le vin est ourlé d'un tanin flatteur donnant au vin un style droit et élégant, légèrement ponctué de notes boisées dans la finale. Une année de plus a rendu le 2017 plus crémeux : les fruits ont conquis la matière sobre du début. Le bouquet en place s'étoffe d'un fruit plus audacieux. Le volume est plus sphérique en bouche tout en conservant l'allonge particulière du cru.

- Puisseguin-Saint-Émilion Vieilles Vignes 2016 — 45 € 93

Le coup de ♥

- Puisseguin-Saint-Émilion 2017 — 25 € 91

Rouge : 18 hectares. Merlot 80 %, Cabernet franc 17 %, Carmenère 3 %
Production moyenne : 50 000 bt/an

CHÂTEAU CLARISSE ♣

Lieu-dit Croix de Justice, Longues Reges, 33570 Puisseguin
05 57 74 76 49 • www.chateau-clarisse.com • Vente et visites : sur RDV.
Propriétaire : Olivia et Didier Le Calvez-Mathé
Directeur : Clément Simon
Œnologue : Julien Viaud

NOUVEAU DOMAINE

CLOS LOUIE

C'est en 2003 que tout commence à Castillon pour Pascal et Sophie Lucin. Pascal vinifie alors à Saint-Émilion pour d'autres et hérite d'un lopin de 80 ares de vignes préphylloxériques sur argiles rouges plantées en foule avec merlot, malbec, cabernets franc et sauvignon, qu'il travaillera seul, en bio. En 2012, le vignoble prend de l'ampleur et grimpe jusqu'à 5 hectares avec une grande partie de vieilles vignes de cabernet franc. Pascal s'investit à plein temps sur son mini domaine, passe en biodynamie, vinifie en souplesse dans le respect des équilibres et élève en foudres. Par sa fraîcheur, la production signe le retour en grâce de ce vignoble qui prolonge le saint-émilionnais.

Les vins : la cuvée Louison et Leopoldine reste un peu froide mais laisse apparaître un fruit tendre et plutôt aérien. Le terroir apporte une belle énergie et de la fraîcheur au vin et le construit sur une dynamique radieuse. Tonique en finale et moelleux en milieu de bouche, l'équilibre est parfait, la texture veloutée, précise et pure. Malbecs et vieux merlots dessinent un profil conquérant de salinité racée du grand vin en 2019, pur, floral, sur des notes de fraise et de cerise. La belle attaque concentrée se dessine ensuite dans un toucher de bouche vibrant. Les tanins sont posés, calcaires, définis et juteux. Justement équilibré, le vin est éclatant. Un castillon exemplaire, proche d'un grand cru classé par la salinité de sa texture et son ouverture sur l'avenir.

- Castillon Côtes de Bordeaux 2016 — Épuisé - 39 € 91
- Castillon Côtes de Bordeaux 2019 — de 26 à 39 € (c) 92

- Castillon Côtes de Bordeaux Louison et Leopoldine 2013 — Épuisé - 25 € — 92

Le coup de ♥

- Castillon Côtes de Bordeaux Louison et Leopoldine 2019 — Épuisé - 25 € — 93

Rouge : 4,3 hectares.
Production moyenne : 10 000 bt/an

CLOS LOUIE ♣
1, Terres Blanches,
33350 Saint-Gènes-de-Castillon
06 89 63 33 59 • clos louie@orange.fr •
Vente et visites : sur RDV.
Propriétaire : Pascal & Sophie Lucin-Douteau
Directeur : Pascal Lucin-Douteau
Œnologue : Claude Gros

CHÂTEAU DE LA DAUPHINE

La propriété acquise par Philippe Labrune en 2013 se démarque par son architecture qui l'ancre dans un vénérable passé. Son vignoble de 53 hectares sur les bords de la Dordogne possède les terroirs clefs du fronsadais. Les agiles et les calcaires à astéries produisent l'archétype du vin de Bordeaux classique largement dominé dans sa jeunesse par un boisé structurant qui s'affine avec l'âge.

Les vins : le second vin Delphis s'ouvre sur un nez mat et une structure fluette, que des tanins souples et fins ont su faire évoluer. Une cuvée traditionnelle et sans grande surprise. La jeunesse allait bien à la structure du grand vin 2019 goûté en primeur. Un an plus tard, la profondeur et la matière offrent un déroulé profond. Le fruit dense et le tanin glamour dessinent une personnalité très classique qui se définit par une matière riche et intense. La sucrosité reste très marquée par le bois.

- Fronsac 2019 — 25 € — 91
- Fronsac Delphis 2016 — 11 € — 87

Rouge : 53 hectares. Merlot 85 %, Cabernet franc 15 %
Production moyenne : 200 000 bt/an

CHÂTEAU DE LA DAUPHINE ♣
Rue Poitevine, 33126 Fronsac
05 57 74 06 61 •
www.chateau-dauphine.com • Vente et visites : sur RDV.
Propriétaire : Famille Labrune
Directeur : Stéphanie Barousse
Maître de chai : Julien Schaus

CHÂTEAU LA FLEUR DE BOÜARD

Hubert de Bouärd rachète la propriété en 1998 avec ses enfants : il la porte au sommet de l'appellation avant de la laisser à sa fille Coralie. Après des études d'œnologie à Bordeaux, et onze ans passés aux côtés de son père à l'Angélus, elle dirige La Fleur de Bouärd depuis 2013, maintenant avec talent la propriété. La gamme manque cependant de conviction et reste en retrait face à l'évolution générale de l'appellation. Trop de bois nuit à l'espérance savoureuse des derniers millésimes, l'étoile tombe.

Les vins : au jus sanguin et très mur de La Fleur de Boüard 2018 répond un écho épicé sur un tanin boisé. Dommage que le vin finisse sur un boisé prononcé, qu'il faudra laisser au repos plusieurs mois. Le Lion de la Fleur de Bouärd révèle également un boisé aigu sur une chair très concentrée. La maturité est juste, sans excès, cependant l'extraction et le boisé alourdissent l'ensemble. Le Plus de la Fleur de Bouärd a pris une année et la chair s'est amoindrie, le nez se pose plus janséniste. Le fruit s'est matifié, malgré la profondeur toujours expressive.

- Lalande de Pomerol Le Plus de La Fleur de Boüard 2016 — 110 € — 90
- Lalande-de-Pomerol 2018 — 40 € — 90
- Lalande-de-Pomerol Le Lion de La Fleur de Boüard 2018 — 15 € — 89

Rouge : 35 hectares. Merlot 85 %, Cabernet franc 12 %, Cabernet-Sauvignon 3 %
Production moyenne : 130 000 bt/an

CHÂTEAU LA FLEUR DE BOÜARD
12, Bertineau, 33500 Néac
05 57 25 25 13 • www.lafleurdebouard.com •
Vente et visites : sur RDV.
Propriétaire : Hubert de Boüard de Laforest
Directeur : Philippe Nunes
Maître de chai : Loureiro Joao

DOMAINE DE GALOUCHEY

En 2002, sur un sol vierge de toute vigne de moins d'un hectare, trois copains, Jean Terrade, Gérard Pantanacce et Marco Pelletier (ancien chef du Taillevent et du Bristol et propriétaire du restaurant Vantre à Paris), décident de planter tous les cépages rouges et blancs du Bordelais. Au fil des années, les vignes vieillissent, toujours sans engrais ni pesticides, et le profil du vin se dessine, vendangé à la main et vinifié par infusion, sans pigeage ni boisé à outrance : un pur jus de fruit, résultat d'une vinification juste et sans soufre. Ce Vin de Jardin, bordeaux différent, met la région sur une piste d'avenir.

Les vins : issu de tous les cépages blancs et rouges du bordelais, le vin possède cette présence particulière et une identité propre qui n'est pas en tout cas celle des vins de bordeaux. La légère pointe animale perceptible au début de la dégustation peut être déroutante pour les palais les plus traditionnels, mais s'oublie pour les autres compte tenu de l'extrême digestibilité du vin. Le fruit éclate pour ce vin peu protégé qui sera, de fait, réservé à une consommation rapide.

VDF Vin de Jardin 2018 — 21 € — 91

Rouge : 0,94 hectare. Merlot 70 %, Cabernet-Sauvignon 12 %, Cabernet franc 10 %, Carmenère 4 %, Petit Verdot 4 %
Blanc : Muscadelle 25 %, Sauvignon blanc 25 %, Sauvignon gris 25 %, Sémillon 25 %
Production moyenne : 4 500 bt/an

DOMAINE DE GALOUCHEY
1, route de Galouchey, Lesparre, 33750 Beychac-et-Caillau
06 21 14 07 18 • www.vindejardin.com • Vente et visites : sur RDV.
Propriétaire : Marco Pelletier

CHÂTEAU HOSTENS-PICANT

Hostens-Picant s'impose comme l'un des meilleurs vins de Sainte-Foy. Il a bénéficié du travail patient et obstiné de Nadine et Yves Hostens-Picant, qui passent doucement le relais à leurs filles Valentine et Charlotte. D'ailleurs deux nouvelles cuvées de soif ; une en blanc et l'autre rouge ont été créées à leur effigie et sous leur impulsion un nouveau chai parcellaire est en construction tout comme la conversion bio en marche. Les vins sont élaborés avec beaucoup d'ambition et bénéficient des conseils avertis de Stéphane Derenoncourt. À côté de la cuvée rouge classique, de juste extraction, la cuvée Lucullus se dévoile, ambitieuse, et propose dans les derniers millésimes un élevage beaucoup plus discret.

Les vins : le château culmine au sommet de l'appellation, non seulement par sa situation, mais aussi par la qualité de son terroir argile-calcaire et silex. Le blanc Les Demoiselles offre cette énergie savoureuse puisée au cœur d'une vinification en barriques et d'un élevage en pièces de 400 litres. Le vin s'en trouve suave et fondu, encore sous l'emprise du bois, mais tonifié par l'énergie d'un fruit vaillant. En rouge, 2016 s'ouvre doucement sur un fruit saillant et vivace, mais reste rigoureux sur un tanin fondant et cacaoté. On l'oublie encore un peu en ouvrant le 2017 dont le bois encore marqué ne parvient pas à amoindrir un fruit plus amène sous un tanin caressant, façonné par une tension presque graphite. Lucullus 2018, cuve bois doublée d'un élevage barrique, se paie le luxe des grands aux rendements réduits, légèrement poivré, en tout cas musclé sur un merlot sanguin et l'épice du cabernet franc.

Sainte-Foy Côtes de Bordeaux 2016 — 24 € — 90
Sainte-Foy Côtes de Bordeaux 2017 — 24 € — 90
Sainte-Foy Côtes de Bordeaux Cuvée d'Exception Lucullus 2016 — 36 € — 91

Le coup de ♥
Sainte-Foy Côtes de Bordeaux Cuvée des Demoiselles 2019 — 25 € — 92

Rouge : 30 hectares. Merlot 70 %, Cabernet franc 30 %
Blanc : 10 hectares. Sauvignon blanc 65 %, Sémillon 30 %, Muscadelle 5 %
Production moyenne : 220 000 bt/an

CHÂTEAU HOSTENS-PICANT
Grangeneuve Nord, 33220 Les Lèves-et-Thoumeyragues
05 57 46 38 11 •
www.chateauhostens-picant.fr • Vente et visites : sur RDV.
Propriétaire : Yves et Nadine Hostens-Picant
Directeur : Yves Hostens-Picant
Maître de chai : Jimmy Velghe
Œnologue : Simon Blanchard (Derenoncourt Consultants)

VIGNOBLES JEAN-YVES MILLAIRE

Avec aujourd'hui presque 50 hectares de vignes cultivées en biodynamie, Jean-Yves Millaire fait mentir ceux qui imaginent encore que, parce que l'on est petit, on est forcément meilleur. Les extractions un peu forcées du début ont été remplacées par des infusions. Ses élevages font aussi bouger les lignes : surtout des foudres, quelques amphores et des barriques pour coller au mieux aux différents profils de sols, qui sont capables de recevoir de vieux cépages oubliés. En attendant, sa valeur se juge à ses canon-fronsac et fronsacs, et lui vaut aujourd'hui d'intégrer ce guide. L'ensemble de la gamme goûtée en primeur affirme le style énergique et la capacité des vins de Millaire à vibrer déjà dans leur jeunesse.

Les vins : en blanc, Volcelest possède un infime pourcentage de riesling - preuve de l'audace du vigneron - qui tonifie le sauvignon élevé en œuf et foudres de 300 l. Pour un plaisir immédiat, c'est le petit Loupiot, juste franc et droit. On en pince pour Cavale, un bordeaux parmi les meilleurs, simple, profond et touchant. À Fronsac, le triptyque de contenant - foudre, amphore et barrique - apporte à La Rose Garnier sa complexité. Le fruit se mêle au bois, à moins que ce ne soit l'inverse. Peu importe, la symbiose est parfaite. Lamarche-Canon est un fronsac au nez sanguin, aux notes de pain d'épice, de poudre de cacao, d'encens. Volcelest rouge, union de deux vieilles parcelles de merlot et franc du domaine, vinifié dans des fûts de 500 l. par infusion, montre la face cachée du terroir calcaire de Canon-Fronsac : une chair ardente sur tanins profonds et fondus. Un grand vin de garde au boisé encore présent.

- Vin Mousseux Brut Jean 2016 — 9,50 € — 89
- Bordeaux Château Cavale 2019 — 9 € — 89
- Canon-Fronsac Château Lamarche-Canon 2018 — 16 € — 92
- Canon-Fronsac Volcelest 2016 — 30 € — 93
- Fronsac Château La Rose Garnier 2018 — 13 € — 91
- VDF Loupiot Rouge 2020 — 9,50 € — 88

Le coup de ♥

- VDF Volcelest 2019 — 19 € — 93

Rouge : 43,85 hectares. Merlot 69 %, Cabernet franc 9 %, Marselan 6 %, Petit Verdot 6 %, Castets 1 %, Cinsault 1 %, Manseng noir 1 %

Blanc : 4,15 hectares. Sauvignon gris 26 %, Sauvignon blanc 20 %, Riesling 17 %, Chenin 17 %, Petit Manseng 9 %, Colombard 9 %

Production moyenne : 150 000 bt/an

VIGNOBLES JEAN-YVES MILLAIRE ☾

21, Gazau Lamarche, 33126 Fronsac

05 57 24 94 99 • www.vins-millaire.fr/ • Vente et visites : sur RDV.

Propriétaire : Jean-Yves et Christine Millaire

Directeur : Jean-Yves Millaire

Maître de chai : Jérémy Duresse

Œnologue : Marc Quertinier et Julien Bell

CHÂTEAU SIAURAC

Couvrant 46 hectares, la plus grande propriété de l'appellation est passée du groupe Pinault au groupe Arkéa en même temps que le saint-émilion grand cru classé Château le Prieuré. Pénélope Godefroy (passée par Latour) a pris la direction technique et entamé une conversion vers le bio. Le cru a fait son retour dans notre guide l'an dernier, espérons qu'il y restera.

Les vins : la chair appétissante du vin le rend propre à le boire sur le champs, ce qui ne l'empêchera pas de grandir encore pour quelques années. Le fruit savoureux et le tanin poli rendent son tonus à la finale sèveuse. Un joli spécimen de gourmandise. Le second vin, Plaisir de Siaurac est sanguin, juteux, précis et sur le fruit mûr. Le vin se pose pimpant, délicatement tendu d'un tanin digeste sur une chair sensuelle.

- Lalande-de-Pomerol 2018 — 22 € (c) — 90
- Lalande-de-Pomerol Plaisir 2019 — 15 € — 90

Rouge : 46,18 hectares. Merlot 74 %, Cabernet franc 20 %, Malbec (cot) 6 %

Production moyenne : 130 000 bt/an

CHÂTEAU SIAURAC

Siaurac, 33500 Néac

05 57 51 64 58 • www.siaurac.com • Vente et visites : sur RDV.

Propriétaire : Les Terroirs de Suravenir

Directeur : Vincent Millet

Maître de chai : Pénélope Godefroy

Œnologue : Jean-Claude Berrouet

POMEROL

★★★ CHÂTEAU LAFLEUR

Avec son épouse Julie, Baptiste Guinaudeau poursuit le travail de ses parents en conduisant avec passion et méticulosité cette toute petite propriété culte de Pomerol. Un heureux caprice de la nature a accumulé sur ce carré de vignes, lui-même découpé en quatre carrés, toutes les graves des alentours, ce qui permet au cabernet franc de mûrir comme nulle part ailleurs. Ce cépage entre judicieusement pour moitié dans l'encépagement, l'autre moitié étant réservée aux somptueux merlots qui bénéficient, comme sur l'ensemble du haut plateau de Certan, d'argiles profondes directement sous les graves. Lafleur vieillit à la perfection et affiche une cohérence stylistique sans faille ces dernières années. Hélas, ce vin demeure très difficile à trouver. Issu d'une sélection décidée dès la vigne, Les Pensées offre une personnalité singulière, plus proche d'une autre interprétation du génie des lieux que d'un second vin.

Les vins : d'année en année, l'exigence de la famille Guinaudeau vise à améliorer la qualité du cru, déjà au sommet de l'appellation en termes de cohérence stylistique et de perfection formelle. En primeur, 2018, 2019 et 2020 s'imposent comme les vins les plus formidablement purs de Pomerol, surpassant peut-être une trilogie 15-16-17 déjà sans équivalent Rive droite. L'investissement humain montre ici sa supériorité esthétique et poétique sur la surenchère technologique. Le 2016 est un vin très tramé, d'une insigne finesse cependant, avec une expression intense du cabernet qui forme la stature de l'assemblage et signe son éclat aromatique incomparable. D'une jeunesse insolente, le 2017 se goûte deux ans après la mise comme un incontestable grand millésime. Dans une veine longiligne, extrêmement raffinée, il annonce le 2019. La saveur naissante s'articule avec une grâce suprême entre floralité et fumé minéral des graves.

Pomerol 2016	de 1 200 à 1 500 € (c)	99
Pomerol 2017	N.C.	98

Rouge : 4,5 hectares. Merlot 50 %, Cabernet franc 50 %
Production moyenne : 20 000 bt/an

CHÂTEAU LAFLEUR
Grand-Village, 33240 Mouillac
05 57 84 44 03 • Vente et visites : sur RDV.
Propriétaire : Jacques et Sylvie Guinaudeau

★★★ PÉTRUS

Propriété de la famille Moueix (branche Jean-François), le vin le plus mythique du monde n'a pas fini de fasciner ceux qui ont la chance de le déguster. Issu à 100 % de merlot planté sur des sols d'argiles profondes, Pétrus bénéficie d'un terroir singulier pour Pomerol. Certes, tous les millésimes produits durant les années 1980 ou 1990 ne sont peut-être pas à la hauteur de l'attente qu'un tel cru peut susciter. Mais le vieillissement du vignoble et l'attention portée ces dernières années au vin ont permis de produire quelques bouteilles de légende, comme le seront, à n'en pas douter, les 2000, 2005, 2009 et 2010 et... pratiquement tout les derniers millésimes. Olivier Berrouet, qui en assure la vinification, a parfaitement pris la mesure du terroir, et le nouveau cuvier, permettant d'affiner la précision de la vinification, constitue pour lui un outil de travail magnifique. Bénéficiant de sa propre structure de distribution, Pétrus est plus en forme que jamais !

Les vins : la sensibilité d'Olivier Berrouet dans l'extraction juste et suffisante de la structure fait merveille dans les derniers millésimes au profil riche et solaire. 2020 en primeur, par sa grâce, son évidence, le naturel avec lequel il associe la distinction de la structure et la proximité palpitante du raisin, nous a procuré la plus forte émotion du millésime. 2018 comme 2019 dominent avec majesté les débats stylistiques pomerolais. 2017 exploite brillamment les contraintes de l'année. 2016 impose comme une évidence la séduction et le velouté attendus d'un très grand pomerol. Il étonne par la pureté de son fruit et la rémanence des saveurs terriennes et pointues qui prolongent la finale. 2015 impressionne par l'onctuosité de sa chair et sa profondeur, avec une maturité de fruit exubérante mais saisie au plus juste, garante d'une évolution sereine sur le très long terme.

Pomerol 2015	de 4 000 à 4 500 € (c)	99
Pomerol 2016	de 3 600 à 4 200 € (c)	99

Rouge : 11,3 hectares.
Production moyenne : 30 000 bt/an

PÉTRUS
3, route de Lussac, 33500 Pomerol
05 57 51 17 96 • ndebono@petrus.com • Pas de visites.
Propriétaire : Jean-François Moueix
Directeur : Olivier Berrouet

★★★ CHÂTEAU TROTANOY

Le cru, situé au cœur du plateau de Pomerol, bénéficie d'un terroir composé pour moitié de graves et pour l'autre d'argiles. Exploité par la famille Moueix (branche Christian), Trotanoy livre un vin d'une profondeur immense, qui avec le temps dépasse parfois en raffinement Pétrus lui-même. Apte au très long vieillissement, toujours idéalement équilibré, sans jamais surjouer ni la maturité du fruit ni l'élevage, il est d'une régularité exemplaire. Il appartient au cercle restreint des plus grands vins de Bordeaux et d'ailleurs.

Les vins : le 2016 est un vin de haute constitution, réservé, d'une grande fraîcheur, aux tanins imposants, qui mettra longtemps à se faire. Moins doté, 2017 se montre pourtant également très tannique. Le 2018 ressemble beaucoup au 2015 ; peut-être est-il plus monumental encore. Il y a une grande pureté dans cette expression profonde, aux notes de résine et de menthe fraîche. La matière est souveraine, dans son écho terrien elle prend le dessus sur la puissance solaire du millésime. Sa vie sera d'au moins un demi-siècle. Très complet mais moins massif, moins imposant, 2019 est un grand Trotanoy, qui se déliera plus vite que son aîné.

Pomerol 2016	de 240 à 260 € (c)	98
Pomerol 2018	330 €	97

Rouge : 7,2 hectares.
Production moyenne : 20 000 bt/an

CHÂTEAU TROTANOY
54, quai du Priourat, BP 129,
33502 Libourne
05 57 51 78 96 • www.moueix.com • Pas de visites.
Propriétaire : SC du Château Trotanoy
Directeur : Christian et Edouard Moueix
Maître de chai : Laurent Descos
Œnologue : Éric Murisasco

★★★ VIEUX CHÂTEAU CERTAN

Situé au cœur du plateau de Certan, sur des parcelles tantôt graveleuses, tantôt argileuses, Vieux Château Certan possède un exceptionnel patrimoine de vieilles vignes. Alors que l'assemblage est classiquement dominé par le merlot, ce sont les cabernets qui lui donnent un cachet unique, tout en le pénalisant parfois lors des dégustations en primeur – le vin n'ayant pas le charnu immédiat de quelques-uns de ses voisins. Il ne s'amaigrit cependant pas au cours de l'élevage et gagne même en définition après cinq ans. Il vieillit ensuite comme un grand médoc, en conservant une fabuleuse fraîcheur. Depuis 2011, Guillaume Thienpont, œnologue et ingénieur, a rejoint son père Alexandre pour gérer la propriété familiale. Le cru fait preuve d'une régularité exceptionnelle et les derniers millésimes lui ont permis d'obtenir une troisième étoile plus que méritée.

Les vins : Vieux Château Certan continue son impressionnante série de succès. Juste après la mise 2019, avec sa pointe de cabernet-sauvignon, confirme sa très grande élégance ; c'est un vin hautement racé, plus en finesse qu'en déflagration de fruit, qui grandira pendant longtemps. 2018 en primeur s'affichait incontestablement dans le trio de tête de Pomerol. Il confirme en bouteille sa stature héroïque, alliant insigne finesse et présence majestueuse. Vin de longue garde, il sera passionnant pour les générations futures de le comparer au grand 2016, qui confirme son ampleur et sa richesse hors norme. 2020 en primeur affiche une stature comparable, avec une conjonction inédite de moelleux et de fraîcheur !

Pomerol 2016	de 320 à 350 € (c)	99
Pomerol 2018	294 €	98
Pomerol 2019	N.C.	96

Rouge : 14 hectares. Merlot 60 %, Cabernet franc 30 %, Cabernet-Sauvignon 10 %
Production moyenne : 55 000 bt/an

VIEUX CHÂTEAU CERTAN
1, route de Lussac, 33500 Pomerol
05 57 51 17 33 •
www.vieuxchateaucertan.com • Vente et visites : sur RDV.
Propriétaire : Famille Thienpont
Directeur : Alexandre Thienpont

★★★ CHÂTEAU L'ÉGLISE-CLINET

Esthète du vin et vigneron talentueux, Denis Durantou nous a quitté en mai 2020. Pomerol perd l'un de ses interprètes les plus singuliers, qui, en quelques lustres, a porté L'Église-Clinet au sommet de l'appellation. Noémie Durantou, en tandem avec le fidèle maître de chai Olivier Gautrat, perpétue désormais le travail et la vision de son père. Le vignoble est idéalement implanté sur un terroir d'argiles et de graves argileuses, dont une partie a résisté au terrible gel de 1956, puis à ceux de 1985 et de 1987. L'âge moyen du vignoble dépasse ainsi les 40 ans. Vinifiés avec rigueur et justesse dans un esprit qui mêle classicisme et modernité, privilégiant l'élégance, les vins sont taillés pour la garde. L'Église-Clinet commence en effet à révéler tout son potentiel à partir de dix ou douze ans d'âge. Malheureusement, les quantités produites sont faibles et le vin atteint des prix très élevés en raison de son succès. Il est toujours possible de se consoler avec l'autre pomerol du domaine, La Petite Église, qui partage l'esprit de finesse et d'élégance de son grand frère.

Les vins : les millésimes récents brillent par la pureté de leur expression aromatique et la complexité de leur saveur, avec un tranchant presque acidulé qui, parmi les grands pomerols, n'appartient qu'à L'Église-Clinet. En primeur, 2020 affiche avec un éclat singulier la permanence de ce style si personnel. 2018 et 2019 sont bien placés dans le peloton de tête de l'appellation. La puissance du 2016 est latente, rien n'est forcé : une richesse et un potentiel énormes mais beaucoup d'élan et de fraîcheur. La floralité prend place dans le verre, peu à peu, la violette perce derrière la compacité du fruit. L'assemblage de La Petite Église comporte depuis 2018 un peu de cabernet franc, les derniers millésimes sont d'une séduction totale, voici une étiquette abordable à suivre de très près.

Pomerol 2016 N.C. 98

Rouge : 5,5 hectares. Merlot 90 %, Cabernet franc 10 %
Production moyenne : 15 000 bt/an

CHÂTEAU L'ÉGLISE-CLINET
33500 Pomerol
05 57 25 96 59 • www.eglise-clinet.com •
Vente et visites : sur RDV.
Propriétaire : Famille Durantou

★★ CHÂTEAU CLINET

La famille Laborde, propriétaire du cru depuis 1999, produit un pomerol de grande plénitude, dense, coloré, toujours charmeur mais qui a su ces dernières années se faire plus élégant, collant ainsi davantage à l'air du temps après une période de "modernité" un peu outrancière. Il faut dire que le cru dispose d'un superbe terroir, au cœur du haut plateau de Pomerol, sur des sols argilo-graveleux qui confèrent au vin puissance et intensité. Autre atout, le château est doté d'un outil de vinification dernier cri.

Les vins : le style de Clinet s'est considérablement affiné dans les derniers millésimes. Droit, sincère et complet, 2016 possède un fruit intense, légèrement chocolaté, porté par une structure bien en place. 2018 le dépasse peut-être, il a en bouteille remarquablement intégré l'ampleur de sa structure tannique. C'est un pomerol intense et distingué, hédoniste, solaire, mais gardant sa part de mystère chthonien. Avec son 2019, le plus riche en cabernet-sauvignon depuis les années 1970, Ronan Laborde semble être parvenu à une synthèse idéale de la richesse crémeuse pour laquelle Clinet était renommé – volupté tant appréciée outre-Atlantique – et de l'inflexion vers davantage de finesse et de fraîcheur amorcée en 2015. C'est un des vins du millésime à Pomerol.

Pomerol 2016 de 100 à 140 € (c) 95
Pomerol 2018 N.C. 96

Rouge : 9 hectares. Merlot 85 %, Cabernet-Sauvignon 10 %, Cabernet franc 5 %
Production moyenne : 40 000 bt/an

CHÂTEAU CLINET
33500 Pomerol
05 57 25 50 00 • www.chateauclinet.com •
Vente et visites : sur RDV.
Propriétaire : Famille Laborde
Directeur : Ronan Laborde

★★ CHÂTEAU LA CONSEILLANTE

Propriété familiale en pleine forme depuis une quinzaine d'années, La Conseillante doit beaucoup à son ex-directeur technique, Jean-Michel Laporte, qui a quitté ses fonctions en 2015. Conseillé par l'œnologue Michel Rolland et comptant sur un outil de vinification à la hauteur des ambitions de ce très beau cru, La Conseillante fait partie des valeurs sûres de l'appellation. Dans un style privilégiant une admirable finesse d'expression, assez proche de Cheval Blanc finalement, certains des millésimes récents placent le château au sommet de la hiérarchie. Il faut dire qu'il peut compter sur un terroir de sables, de graves et d'argiles idéalement situé. Marielle Cazaux, la nouvelle directrice technique, a pris dès son premier millésime la pleine mesure du cru.

Les vins : le domaine ne nous a pas présenté ses vins cette année, arguant que les notes attribuées étaient trop basses. Courageusement, les propriétaires nous ont fait dire par la directrice technique que nous n'étions plus les bienvenus à La Conseillante. Il nous fut servi à cette occasion tout un jargon d'école de commerce, à base de "ranking" et autres termes anglo-saxons. Ceci prouve bien que la critique tend de plus en plus à être considérée comme un moyen publicitaire d'appoint, comme une option. Hélas, ce triste constat ne se borne ni à Bordeaux, ni au monde du vin : soit on sert bien sagement la soupe soit on dégage... Les consommateurs trancheront, et parmi eux se trouvent encore des amoureux du vin. Nous reproduisons donc les notes (vraiment catastrophiques...) attribuées l'an passé et continuerons, en privé, à prendre du plaisir avec les vins de La Conseillante.

- Pomerol 2015 de 210 à 250 € (c) 95
- Pomerol 2016 de 260 à 300 € (c) 98

Rouge : 12 hectares. Merlot 80 %, Cabernet franc 20 %
Production moyenne : 48 000 bt/an

CHÂTEAU LA CONSEILLANTE

33500 Pomerol
05 57 51 15 32 • www.la-conseillante.com • Vente et visites : sur RDV.
Propriétaire : Héritiers Nicolas
Directeur : Marielle Cazaux

★★ CHÂTEAU L'ÉVANGILE

Idéalement situé entre Pétrus et Cheval Blanc, L'Évangile, qui appartient majoritairement à la société Domaines Barons de Rothschild (Lafite), a connu une profonde restructuration et une reprise en main du vignoble ces dernières années, avec, entre autres, l'acquisition de nouvelles parcelles. Les résultats de cet important travail mené par Jean-Pascal Vazart et son équipe sont perceptibles dans la qualité des vins et les derniers millésimes produits situent le cru au plus haut niveau de l'appellation. 2018, année si éprouvante du point de vue cultural, marque le passage du vignoble en conduite biologique.

Les vins : tant le premier vin que le Blason, les 2019 en fin d'élevage impressionnent, conjuguant hédonisme et finesse avec un brio qui n'appartient qu'à L'Évangile. 2018 a finalement livré un vin de haute volée, rare et consolateur. Il s'exprime dans le style flamboyant du cru : une matière solaire, suggestive et gourmande (marmelade de fraise légèrement caramélisée, poivre fraîchement moulu...), dense, réglissée, veloutée et surtout animée par des tanins savoureux, extraits avec une judicieuse retenue. Il met en bouteille toutes les qualités décelées en primeur. Très profond, épaulé, le 2016 dégage une énergie formidable. Moins baroque que son prédécesseur, avec un fruit plus frais mais tout aussi intense, il promet énormément. Le second vin, Blason de l'Évangile, affiche en 2018 un profil velouté, opulent, civilisé, déjà très accessible, dans l'esprit suave et capiteux de son grand frère, avec une belle densité de chair mais évidemment moins de structure.

- Pomerol 2016 de 280 à 320 € (c) 97
- Pomerol 2018 N.C. 97
- Pomerol Blason de L'Evangile 2018 N.C. 92

Rouge : 22 hectares.
Production moyenne : 60 000 bt/an

CHÂTEAU L'ÉVANGILE

Pomerol 33500 Pomerol
05 57 55 45 55 • www.lafite.com • Vente et visites : sur RDV.
Propriétaire : Famille de Rothschild
Directeur : Olivier Tregoat
Maître de chai : Charbel Abboud

★★ CHÂTEAU LA FLEUR-PÉTRUS

Voisin de Pétrus et de Lafleur, comme le suggère son nom, La Fleur-Pétrus ne jouit pas du même prestige. Si le château a produit de très jolis vins, notamment dans les années 1970, il ne s'est pas toujours montré à la hauteur de son fantastique pedigree. Son terroir est désormais multiforme car composé de trois grandes parcelles aux caractéristiques pédologiques différentes. Une nouvelle impulsion a été donnée en 1995 quand le vignoble s'est agrandi par l'ajout d'une parcelle de 4 hectares de vieilles vignes provenant du château Le Gay, ce qui a renforcé la puissance du vin. Très adroitement vinifié par l'équipe de la maison Jean-Pierre Moueix, ce pomerol possède un style tout en finesse et en harmonie. Le vignoble a été restructuré récemment (2015 marque la première intégration dans l'assemblage d'une petite proportion de petit verdot) et les derniers millésimes apparaissent particulièrement brillants, avec davantage de profondeur. La deuxième étoile est aujourd'hui parfaitement justifiée.

Les vins : très prometteurs, plus complets et puissants que naguère, les derniers millésimes se positionnent dans le sillage de Trotanoy. 2018 s'est refermé, il montre néanmoins une grande finesse structurelle, la richesse alcoolique est bien contenue, la forme élégante. L'expression aromatique demeure à fleur de la structure, encore très discrète. Déjà nuancé et très complet, 2017 apparaît comme le cru le plus réussi de l'écurie Moueix dans ce millésime. 2016 possède de grandes qualités d'intensité et de finesse ; comme nombre de 2016 il s'est considérablement resserré en bouteille et demandera du temps pour exprimer son potentiel.

- Pomerol 2016 250 € 94
- Pomerol 2018 275 € 95

Rouge : 18,7 hectares.
Production moyenne : 60 000 bt/an

CHÂTEAU LA FLEUR-PÉTRUS
54, quai du Priourat, BP 129,
33502 Libourne
05 57 51 78 96 • www.moueix.com • Pas de visites.
Propriétaire : SC du Château La Fleur-Pétrus
Directeur : Christian et Edouard Moueix
Maître de chai : Laurent Descos
Œnologue : Eric Murisasco

★★ CHÂTEAU GAZIN

Gazin est le plus vaste des meilleurs crus de Pomerol, avec 26 ha situés sur les terroirs argilo-graveleux du plateau. Nicolas de Bailliencourt y produit, avec régularité, un excellent vin à la trame classique, sans aucun effet de style, qui vieillit admirablement. Les derniers millésimes nous paraissent particulièrement convaincants et Gazin s'impose comme une valeur sûre, un archétype du classicisme pomerolais, à des prix qui ont su rester raisonnables. Ce beau travail sur le fond et sur la forme, cette tension vers un idéal esthétique imperméable aux modes éphémères méritent la deuxième étoile attribuée l'année passée.

Les vins : pur, raffiné, le 2018 évolue très sereinement en bouteille. Tout est là, mais ce profil ne bombe jamais le torse. La structure est ferme sans excès, la chair qui l'entoure mobile et juteuse : garde longue et harmonieuse prévisible. De belle densité, plein et parfumé, avec de séduisantes notes aromatiques évoquant subtilement les fleurs séchées et la confiture de lait, le 2017 constitue une éclatante réussite du millésime ; c'est un vin construit, très franc, alliant velouté et équilibre, tension et distinction, qui ira loin. Gazin 2016 impressionne par sa profondeur et son envergure ; il possède tous les caractères attendus d'un grand pomerol : l'expressivité d'un fruit épicé et floral, la douceur d'une chair presque crémeuse, un support tannique ample et frais.

Pomerol 2016	de 85 à 100 € (c)	95
Pomerol 2017	65 €	94
Pomerol 2018	Épuisé - 87 €	95

Rouge : 24 hectares. Merlot 90 %, Cabernet-Sauvignon 7 %, Cabernet franc 3 %
Production moyenne : 80 000 bt/an

CHÂTEAU GAZIN
1, chemin de Chantecaille, 33500 Pomerol
05 57 51 07 05 • www.gazin.com • Vente et visites : sur RDV.
Propriétaire : Famille de Bailliencourt dit Courcol
Directeur : Mickaël Obert
Maître de chai : Rémy Beauché
Œnologue : Mickaël Obert et Thomas Duclos

★★ CHÂTEAU HOSANNA

La propriété est issue de la division de l'ancien château Certan Giraud, survenue en 1999. Rachetée par la famille Moueix, la moitié du vignoble a ainsi été rebaptisée Hosanna. Le cru associe un corps plein, une grande maturité de fruit et souvent un caractère plus torréfié que ses plus proches et très prestigieux voisins. Le temps lui permet ensuite de gagner en précision et en rectitude.

Les vins : goûté à plusieurs reprises pendant l'élevage, 2018, très intense, s'annonçait comme une réussite majeure du cru. Après un an de bouteille, c'est un vin massif, sanguin, sombre, dont la sucrosité des tanins déborde sur la chair. Presque aussi dense que Trotanoy, il se laisse aujourd'hui contrairement à ce dernier un peu dominer par le caractère solaire du millésime. Il faudra lui laisser du temps. 2016 continue à gagner en profondeur et en précision ; richement constitué, il offre tout un panorama de nuances empyreumatiques, allant du cacao à la suie en passant par le graphite.

Pomerol 2016	de 180 à 220 € (c)	92
Pomerol 2018	150 €	94

Rouge : 4,5 hectares.
Production moyenne : 18 600 bt/an

CHÂTEAU HOSANNA
54, quai du Priourat, BP 129,
33502 Libourne
05 57 51 78 96 • www.moueix.com • Pas de visites.
Propriétaire : Ets Jean-Pierre Moueix
Directeur : Christian Moueix
Maître de chai : Laurent Descos
Œnologue : Eric Murisasco

★★ CHÂTEAU NÉNIN

La famille Delon, propriétaire de l'illustre château Léoville Las Cases à Saint-Julien et du château Potensac en Médoc, a racheté ce grand domaine en 1997, mettant tout en œuvre pour renouer avec la plus haute qualité. Elle y a engagé d'importants travaux, une nouvelle étape ayant été franchie en 1999, avec l'agrandissement du vignoble par le rachat de la moitié de l'ancien château Certan Giraud (l'autre moitié appartenant à la maison Jean-Pierre Moueix, sous le nom d'Hosanna). Les vins produits ici affichent un profil droit et ferme, classique mais pas toujours dans le sens du charme particulier des grands pomerols ; ils se montrent souvent un peu stricts durant leur jeunesse, mais évoluent remarquablement. La qualité des vins ne cesse de progresser, au prix d'une sélection sévère (généralement 30 à 40 % de la production seulement entrent dans le grand vin). Les derniers millésimes sont tous recommandables, plus accessibles dans leur jeunesse sans se départir pour autant de leur droiture. Les prix restant sages.

Les vins : les sélections massales ligériennes de cabernet franc plantées entre 1998 et 2001 entrent désormais dans l'assemblage. En primeur, 2020 comme 2019 sont des vins profonds et stricts, au grain d'une grande finesse préludant à une évolution sur le long terme. Ils auront besoin de temps pour s'épanouir. Le cabernet franc occupe une place historique dans l'assemblage du 2017 : 42 %. Droit et long, élancé, il fait montre d'une légère rigidité mais l'éclat de son fruit croquant est indéniable. Le 2016 s'est refermé ; de lecture et d'accès difficile, il possède une structure longue, ferme, mentholée,paraissant presque métallique. Nous ne retrouvons pas aujourd'hui le vin qui nous avait enthousiasmé. Le second vin, Fugue de Nénin, se montre plus immédiat que son grand frère, livre davantage sans toutefois manifester beaucoup d'entrain.

Pomerol 2016	80 €	93
Pomerol 2017	N.C.	92
Pomerol Fugue de Nénin 2016	36 €	89

Rouge : 32 hectares.
Production moyenne : 100 000 bt/an

CHÂTEAU NÉNIN
66, route de Montagne, 33500 Pomerol
05 57 51 00 01 • www.domaines-delon.com • Vente et visites : sur RDV.
Propriétaire : Jean-Hubert Delon
Directeur : Pierre Graffeuille
Œnologue : Éric Boissenot

★ CHÂTEAU BEAUREGARD

Cette vaste et belle propriété a été vendue en 2013 par le groupe Banque Populaire-Caisse d'Épargne aux familles Moulin (Galeries Lafayette) et Cathiard (Smith Haut-Lafitte). Minoritaires, ces derniers en assurent néanmoins l'exploitation. Vincent Priou est toujours à la tête de ce cru qu'il maîtrise très bien, élaborant des vins de belle facture, dans un style moderne, suave et expansif, mais qui vieillissent avec bonheur.

Les vins : le millésime 2020 semble marquer un cap, tant l'échantillon primeur montrait de distinction. Privilégiant la pureté et la sobriété, 2019 indiquait déjà une inflexion vers un style plus classique, moins démonstratif. Un recentrage sur l'essentiel qui sied à ce très beau terroir. L'enrobage boisé est encore très prégnant dans le 2018 après un an en bouteille. L'exemple du 2017, déjà fondu, presque gracile, montre que le vin digère cette première phase où l'élevage semble trop démonstratif. Faisons donc confiance à cette matière dotée de tanins policés mais serrés, au milieu de bouche suave et large, en devenir. Le lalande 2018 libère son caractère parfumé avec aisance.

Lalande-de-Pomerol Château Pavillon Beauregard 2018	23 €	89
Pomerol 2017	66 €	91
Pomerol 2018	75 €	91
Pomerol Le Benjamin de Beauregard 2018	26 €	87

Rouge : 28,5 hectares.
Production moyenne : 120 000 bt/an

CHÂTEAU BEAUREGARD ♣
73, rue de Catusseau 33500 Pomerol
05 57 51 13 36 • www.chateau-beauregard.com/ • Vente et visites : sur RDV.
Propriétaire : Familles Moulin et Cathiard
Directeur : Vincent Priou
Maître de chai : Guillaume Fredoux

★ CHÂTEAU LE BON PASTEUR

Cette propriété, qui appartenait à la famille Rolland, a été vendue en 2013 à un groupe d'investissement chinois de Hong Kong. Benoît Prévot en a pris la direction technique et les célèbres œnologues Michel et Dany Rolland continuent de suivre les vinifications de très près. C'est ici qu'ils ont développé depuis de nombreuses années les techniques et les recettes qui ont fait leur succès : vendange de raisins très mûrs, rendements limités, élevage luxueux et vinification intégrale avec fermentation alcoolique des raisins dans les barriques. Une approche permettant de tirer le meilleur parti de ce terroir de graves et d'argile, situé dans le secteur de Maillet, en dehors de la zone la plus réputée de l'appellation. Séduisant dans sa jeunesse, le vin vieillit également de façon convaincante, développant de beaux arômes truffés après une dizaine d'années en cave.

Les vins : les derniers millésimes, en primeur comme en bouteille, continuent d'offrir un caractère boisé dominant qui n'est plus dans l'air du temps. Cela se ressent d'autant plus dans les dégustations collectives. Un aggiornamento s'impose pour que le domaine conserve son étoile. 2018 par exemple campe sur un profil très "barrique", avec un parfum de biscotte et de moka qui demeure univoque. La trame est nette cependant, et cette dominante aromatique n'obère pas le moelleux et la chair du fruit.

Pomerol 2018	108 €	90

Rouge : 6,6 hectares.
Production moyenne : 25 000 bt/an

CHÂTEAU LE BON PASTEUR
10, chemin de Maillet, 33500 Pomerol
05 57 24 52 58 •
www.chateaulebonpasteur.com • Vente et visites : sur RDV.
Propriétaire : Sutong Pan
Directeur : Benoit Prevot
Maître de chai : Brice Gaillot
Œnologue : Michel et Dany Rolland

★ ↗ CHÂTEAU BOURGNEUF

C'est désormais Frédérique Vayron (la fille de Dominique et Xavier) qui, après des études de philosophie, dirige cette propriété très attachante (anciennement baptisée Bourgneuf-Vayron), située non loin de Trotanoy. Sans bouleverser l'esprit qui règne ici depuis une trentaine d'années, et qui a permis d'élaborer de nombreux vins suaves et séduisants (somptueux 1985 !), elle apporte par petites touches sa patte. Un courageux programme de renouvellement du vignoble est entrepris depuis quelques années. Des prix sages et une régularité difficile à prendre en défaut font de Bourgneuf une des belles affaires de l'appellation, dans un style classique, distingué et plein, très apte au vieillissement. Les derniers millésimes ont progressé dans l'expression immédiate de l'éclat du fruit, les vins ont par ailleurs gagné en volume et profondeur. Nous sommes heureux de rendre son étoile à Bourgneuf !

Les vins : 2019 comme 2020 en primeur se montrent extrêmement prometteurs. Concentré, sérieux et pur, avec une chair étoffée, des tanins garnis, du gras autour des muscles abondants, 2018 inaugure cette séquence heureuse, se posant en pomerol complet, distingué, voué à la garde. Réservé mais très équilibré et bien construit, 2017 s'est harmonisé en bouteille ; il affiche une carrure rare dans le millésime. Partageant ce profil intense mais fin, toujours réservé dans son expression aromatique, 2016 évolue sereinement. C'est un vin tonique, racé, qui offre déjà un beau charnu mais mérite d'être patiemment attendu.

Pomerol 2016	52 €	92
Pomerol 2017	48 €	91
Pomerol 2018	50 €	94

Rouge : 9 hectares.
Production moyenne : 38 000 bt/an

CHÂTEAU BOURGNEUF
1, chemin de Bourgneuf 33500 Pomerol
05 57 51 42 03 •
www.chateaubourgneuf.com • Vente et visites : sur RDV.
Propriétaire : Famille Vayron
Directeur : Frédérique Vayron

★ CHÂTEAU CERTAN DE MAY

Fort bien située sur le plateau de Certan, cette belle propriété a tout en main pour produire des vins de haut niveau, d'autant que la famille Barreau ne manque pas d'ambition. Il manquait au cru encore un peu de constitution pour égaler les meilleurs ; les derniers millésimes comblent ce retard avec des expressions fruitées de grande fraîcheur et de grande classe, qui ont permis au château de décrocher une première étoile. L'avenir s'annonce radieux, d'autant que les important travaux (chai à barrique, cuvier) sont désormais terminés.

Les vins : 2016 et peut-être plus encore 2017 marquent un tournant, avec des fruités plus denses et plus brillants, très purs. Parfumé, expressif, d'une fraîcheur remarquable, 2016 n'est ni le plus intense ni le plus structuré de son secteur, mais c'est certainement l'un des plus séducteurs. 2018, premier millésime vinifié dans le nouveau cuvier, avec un meilleur contrôle des températures, confirme cette pente ascendante. Si le vin campe sur sa réserve, sa texture conjugue opulence et finesse, laissant entrevoir une race digne de ses prestigieux voisins. En primeur, les très convaincants 2019 et 2020 suivent cette même voie.

Pomerol 2016	de 140 à 170 € (c)	95
Pomerol 2018	N.C.	94

Rouge : 5 hectares. Merlot 70 %, Cabernet franc 25 %, Cabernet-Sauvignon 5 %
Production moyenne : 24 000 bt/an

CHÂTEAU CERTAN DE MAY
33500 Pomerol
05 57 51 41 53 • Vente et visites : sur RDV.
Propriétaire : Famille Barreau-Badar

★ CLOS L'ÉGLISE

La famille Garcin-Cathiard a totalement métamorphosé le cru en une décennie, élaborant un vin au profil moderne et flatteur, avec une volonté évidente d'obtenir une maturité maximale des raisins, quitte à tomber parfois dans l'excès. Élaborés dans un style très démonstratif, certains millésimes des années 2000 ont pu manquer de délicatesse, mais le style change depuis 2012 et les vins présentent désormais davantage d'équilibre et d'harmonie.

Les vins : le 2018, déjà floral et flatteur, délié, suave, s'annonce comme une très belle réussite. Regoûté cette année, le 2016 évolue de très belle manière, dans une ligne flatteuse, volubile et voluptueuse, assumée avec brio et parfaitement légitime à Pomerol. Prêt à boire, il montre beaucoup de crémeux en attaque avec une belle densité de matière, un caractère très doux et finement sucré en finale.

Pomerol 2016	115 €	93

Rouge : 5,9 hectares.
Production moyenne : 25 000 bt/an

CLOS L'ÉGLISE
Clos l'église, 33500 Pomerol
05 57 25 72 55 • www.closleglise.fr • Vente et visites : sur RDV.
Propriétaire : Hélène Garcin-Levêque
Maître de chai : Patrice Lévêque

★ CHÂTEAU DU DOMAINE DE L'ÉGLISE

Ce joli domaine situé non loin de l'église de Pomerol appartient à la famille Castéja. À ce titre, les vinifications sont conseillées, à l'instar des autres propriétés de la maison, par l'équipe mise en place par le regretté Denis Dubourdieu. Jamais très démonstratifs lors des dégustations primeurs, les vins possèdent néanmoins une belle race et vieillissent avec grâce, dans un esprit très classique.

Les vins : le domaine affiche une forme resplendissante. 2016 confirme la réussite du 2015, avec une magnifique fraîcheur framboisée et poivrée, des notes très distinguées de bois précieux et de graphite, un corps svelte, ferme et frais, en somme beaucoup de classe. 2017 offre une interprétation particulièrement sensible du millésime. Avec sa petite pointe chlorophyllienne bien intégrée à l'expression du fruit et son corps subtil, tout en finesse, il a développé en bouteille une harmonie distinguée dont la séduction outrepasse nos prévisions. Malgré la richesse du millésime, 2018 offre lui aussi un profil distingué, classique. Finesse et plénitude se situent au meilleur niveau. L'élevage laisse un petit sillage épicé et grillé, sans jamais prendre le pas sur l'expression nuancée de la saveur.

Pomerol 2016	40 €	95
Pomerol 2017	N.C.	93
Pomerol 2018	51 €	94

Rouge : 7 hectares.
Production moyenne : 30 000 bt/an

CHÂTEAU DU DOMAINE DE L'ÉGLISE
88, quai de Bacalan 33300 Bordeaux
05 56 00 00 70 •
www.domainedeleglise.com/ • Pas de visites.
Propriétaire : Philippe Castéja
Maître de chai : Christophe Dussutour

★ CHÂTEAU FEYTIT-CLINET

Pas de château spectaculaire ni de chai dernier cri ici. Voilà pourtant plus d'une décennie que ce cru, auparavant quelconque, s'est hissé au niveau des belles références de l'appellation. Il faut dire que son terroir de graves sur argiles est joliment situé (voisin de Clinet et de Latour à Pomerol) et que Jérémy Chasseuil, qui en a pris les rênes en 2000, soigne avec talent les vinifications. Les vins combinent distinction et profondeur, avec une certaine exubérance mais sans tapage, avec un grand respect du fruit et un bon potentiel de garde. La qualité des derniers millésimes est régulière et les prix restent accessibles.

Les vins : 2020 en primeur fait énormément de promesses et s'annonce particulièrement séduisant. 2016 est le premier millésime vinifié dans le nouveau cuvier, ce qui a permis d'affiner la sélection parcellaire et d'extraire sur de plus petits volumes. Le vin confirme sa grande réussite, avec un caractère moelleux et surtout richement épicé.

Pomerol 2016 — de 65 à 75 € (c) — 95

Rouge : 6,3 hectares. Merlot 90 %, Cabernet franc 10 %
Production moyenne : 30 000 bt/an

CHÂTEAU FEYTIT-CLINET
Chemin de Feytit, 33500 Pomerol
05 57 25 51 27 • jeremy.chasseuil@orange.fr • Vente et visites : sur RDV.
Propriétaire : Jérémy Chasseuil

★ CHÂTEAU GOMBAUDE GUILLOT

Très bien situé et doté d'un important patrimoine de vieilles vignes, voici un cru atypique, qui à première vue détonne dans l'ambiance feutrée pomerolaise, mais qui, surtout, montre des voies nouvelles du plus haut intérêt. Claire Laval, qui le conduit depuis 1983, y applique avec conviction une agriculture biologique prolongée par une approche très "naturelle" de la vinification. Son fils Olivier Techer vinifie depuis 2010, allant encore plus loin dans la voie initiée par ses parents, notamment en baissant radicalement les doses de soufre ajoutées aux vins (depuis 2014 autour de 25 mg/litre à la mise seulement). Doté d'une grande franchise d'expression, ainsi que d'un profond sens du lieu, Gombaude Guillot vieillit en outre très bien, comme l'a prouvé une récente dégustation verticale. Les derniers millésimes du cru nous semblent particulièrement intéressants et justifient (très) largement l'étoile.

Les vins : nous saluons la grande profondeur du 2018, son fruit sanguin, pénétrant, magnifique d'éclat et de naturel. Les bases tanniques sont solides et harmonieuses, la saveur laisse un emblématique sillage de violette. C'est indubitablement un grand pomerol et c'est un vin peu sulfité, de quoi à notre avis faire réfléchir l'ensemble de l'appellation. 2017 est remarquablement réussi à Gombaude Guillot, d'une belle suavité, faisant montre d'une matière très bien dotée, veloutée, enjôleuse mais fraîche, savoureuse. Élevée en jarres, la cuvée Pom n'Roll fait valoir dans la même veine libre et onctueuse un fruit encore plus immédiat, délicieux, moins dense mais d'une irrésistible gourmandise.

Pomerol 2017 — N.C. — 93

Pomerol 2018 — 69 € — 95

Pomerol Pom n'Roll 2017 — N.C. — 91

Rouge : 7,6 hectares. Merlot 65 %, Cabernet franc 30 %, Malbec (cot) 5 %
Production moyenne : 40 000 bt/an

CHÂTEAU GOMBAUDE GUILLOT ☾
4, Les Grandes Vignes, 33500 Pomerol
05 57 51 17 40 • www.chateau-gombaude-guillot.fr • Vente et visites : sur RDV.
Propriétaire : Claire Laval et Olivier Techer
Directeur : Olivier Techer

★ CHÂTEAU LATOUR À POMEROL

Ce cru, exploité en fermage par les établissements Moueix, se situe au cœur du plateau de l'appellation. Les vignes sont implantées sur deux parcelles, l'une près de l'église de Pomerol, sur des sols de graviers, l'autre sur des sols plus légers. Les amateurs, qui ont eu la chance de déguster les millésimes légendaires du cru tels que 1961, 1959 et 1947, savent à quel point ce château est ponctuellement capable de produire des vins extraordinaires, égalant les meilleurs crus classés de Bordeaux. Souvent un peu difficile à juger dans sa jeunesse, le vin évolue généralement bien, gagnant en volume et en raffinement.

Les vins : dans la foulée d'un 2018 d'une densité tannique supérieure aux mensurations habituelles du cru, Latour à Pomerol a produit un 2019 de grande envergure et de grande distinction, un de ces millésimes où le cru vient troubler l'officieuse hiérarchie des ténors du "Plateau". 2018 confirme après un an de bouteille : c'est un vin complet, intense sans être massif, délié par la finesse de son toucher, avec malgré tout un équilibre solaire qui rend compte du millésime. Longue garde prévisible, et souhaitable.

Pomerol 2018 — 100 € — 93

Rouge : 8 hectares.
Production moyenne : 30 000 bt/an

CHÂTEAU LATOUR À POMEROL

54, quai du Priourat, BP 129,
33502 Libourne

05 57 51 78 96 ● www.moueix.com ● Pas de visites.

Propriétaire : Foyer de charité de Châteauneuf-de-Galaure

Directeur : Christian et Edouard Moueix

Maître de chai : Laurent Descos

Œnologue : Éric Murisasco

★ CHÂTEAU PETIT-VILLAGE

Petit-Village est passé cette année entre les mains de la famille Moulin, déjà propriétaire, avec la famille Cathiard, du Château Beauregard. Sous la propriété précédente, AXA, qui a vu se succéder différentes équipes, le vin n'a pas toujours été au niveau de ce que son terroir, très bien situé, peut laisser espérer. Les derniers millésimes montrent toutefois une évolution positive, avec des vins plus élégants, plus déliés, moins "médocains" dans leur style. Il nous semble cependant que le cru peut encore viser plus haut, sous la houlette de Diana Berrouet-Garcia, qui a pris ses fonctions de directrice technique en 2015 et qui reste à la tête du domaine.

Les vins : le 2020 en primeur frappe un grand coup et devrait replacer Petit-Village parmi les quelques noms qui font battre plus fort le cœur des amateurs de Pomerol. À suivre avec attention ! En attendant le château nous a proposé de regoûter les mêmes vins que l'an dernier. Droit, svelte et ferme, 2017 évolue favorablement, avec une expression fumée et terrienne qui contribue à définir un profil vigoureux. Le second vin dans le même millésime s'est délié et offre beaucoup d'agrément. Avec son fruit serré, franc, sa structure bien en place, 2016 se montre stable. Il n'a guère évolué en un an, manifestant une ampleur certaine et beaucoup d'allant, mais aussi une pointe d'austérité dans les tanins qui rigidifie quelque peu le port du vin.

Pomerol 2016	89 €	92
Pomerol 2017	79 €	91
Pomerol Le Jardin de Petit-Village 2017	32 €	90

Rouge : 10,5 hectares.

Production moyenne : 30 000 bt/an

CHÂTEAU PETIT-VILLAGE

126, route de Catusseau, 33500 Pomerol
05 57 51 21 08 ● www.petit-village.com ● Vente et visites : sur RDV.
Propriétaire : Famille Moulin
Directeur : Diana Berrouet Garcia
Maître de chai : Guillaume Fredoux
Œnologue : Stéphane Derenoncourt

★ ↗ CHÂTEAU SAINT-PIERRE (POMEROL)

Ce cru rare, issu de parcelles très bien placées sur le plateau de Pomerol, propose des vins dont la profondeur et la distinction sont évidentes. Bien constitués, ils ont besoin de temps, à l'image des excellents 2008 et 2009. Axel Pradel de Lavaux entend aller encore plus loin et repositionner le cru phare de l'écurie familiale (neuf propriétés sur la Rive droite) parmi l'élite pomerolaise ; il s'en donne depuis quelques années les moyens techniques. Nous invitons les amoureux de Pomerol à suivre de près l'évolution du Château Saint-Pierre, auquel nous accordons cette année une première étoile !

Les vins : 2018 évolue magnifiquement. On l'aborde par un grand nez de fruits rôtis, relayés par des notes florales capiteuses très séduisantes. Le style est flamboyant et la matière complète ; le vin confirme pleinement les promesses entrevues en primeur et au lendemain de la mise. Corsé, intense et complet, 2017 manifeste une sève vigoureuse et devrait lui aussi très bien évoluer ; c'est une des belles réussites pomerolaises du millésime. Dense, très racé, avec un grain serré autour d'une trame tannique forte, 2016 apparaît comme un vin supérieurement construit mais sans exubérance, tendu vers l'avenir.

Pomerol 2016	70 €	95
Pomerol 2017	50 €	93
Pomerol 2018	60 €	95

Rouge : 3 hectares. Merlot 100 %
Production moyenne : 6 000 bt/an

CHÂTEAU SAINT-PIERRE (POMEROL)

64, avenue du Général-de-Gaulle,
33500 Libourne
05 57 74 05 89 ● www.pradel-de-lavaux.com ● Vente et visites : sur RDV.
Propriétaire : Famille Pradel de Lavaux
Directeur : Axel Pradel de Lavaux
Maître de chai : Frédéric Perpère
Œnologue : Stéphane Derenoncourt

★ CHÂTEAU LA VIOLETTE

Cette petite propriété au terroir de rêve, en plein cœur du plateau de Pomerol, doit sa résurrection à la regrettée Catherine Péré-Vergé, également propriétaire des châteaux Le Gay et Montviel à Pomerol, femme de tempérament et amoureuse des grands vins. Elle en avait fait un véritable laboratoire de vinification, poussant très loin le souci de chaque détail : rendements très bas, égrainage des raisins à la main, vinification intégrale en barrique. Il en résulte un vin de haute couture, pur merlot, qui va chercher sa séduction langoureuse très loin dans la maturité, et dont la production s'avère malheureusement plus que confidentielle. L'aventure continue et La Violette n'a pas fini de charmer les amateurs chanceux qui pourront y accéder.

Les vins : ces vins offrent une expérience unique à Pomerol. Un an après la mise en bouteille ce 2018 est déjà une fête ! Pur merlot hédoniste, La Violette se montre malgré tout plus subtil dans son expression que Le Gay, même s'il en partage l'exubérance aromatique. Le contact est sensuel, caressant, ludique, presque décadent mais sans lourdeur. Les tonalités sont enjôleuses, allant de la confiture de lait à la violette confite en passant par la crème brûlée, le piment rôti et le coulis de framboise. Dans la même veine extravertie, unique, enjôleuse, 2019 affiche en seconde partie de bouche une droiture et une fermeté inattendues.

Pomerol 2018	350 €	95
Pomerol 2019	N.C.	95

Rouge : 1,68 hectare.
Production moyenne : 5 100 bt/an

CHÂTEAU LA VIOLETTE
1, impasse de Bordes, 33500 Pomerol
03 20 64 49 66 •
www.vignoblespereverge.com • Vente et visites : sur RDV.
Propriétaire : Famille Parent
Directeur : Henri Parent
Maître de chai : Florian Pesquier
Œnologue : Michel Rolland

CHÂTEAU BONALGUE

Jean-Baptiste Bourotte, qui tient les rênes de cette propriété située non loin de l'hippodrome de Libourne, y produit des vins francs, faciles d'accès, mais d'une belle ampleur. Ce sont des pomerols tels qu'on les imagine, des vins veloutés, digestes et délicatement tramés. Ils s'avèrent délicieux après une petite dizaine d'années de cave, déployant alors de beaux arômes truffés.

Les vins : les derniers millésimes sont probants, le vin semble gagner en volume, tout en conservant une structure légère, enjouée. Sous l'emprise d'un boisé empyreumatique l'an dernier, le 2018 déploie aujourd'hui un grand charme aromatique, la violette pomerolaise est bien présente ! Texture et densité flattent le palais comme les arômes flattent le nez, on peut penser que le plaisir sera assez rapide. 2017 est un poids moyen harmonieux, qui vaut par sa bouche mûre et fine. 2016 se montre charnu et savoureux, bien ouvert, il garde une appréciable tonicité.

Pomerol 2016	50 €	91
Pomerol 2017	45 €	88
Pomerol 2018	45 €	92

Rouge : 9,5 hectares.
Production moyenne : 35 000 bt/an

CHÂTEAU BONALGUE
62, quai du Priourat, BP 79, 33502 Libourne
0608607502 • www.chateaubonalgue.com •
Vente et visites : sur RDV.
Propriétaire : Jean-Baptiste Bourotte
Directeur : Mathieu Bonté
Maître de chai : Mathias Lopez
Œnologue : Julien Viaud

CLOS DU CLOCHER

Voisin direct des châteaux Beauregard et Petit-Village, ce cru est dirigé par Jean-Baptiste Bourotte dont la famille est également propriétaire du château Bonalgue. Avec les conseils de Michel Rolland, le vin réalisé est très classique, bien constitué, structuré. Il a gagné en chair et en volume au cours des deux dernières décennies, affichant désormais une bonne régularité. Quelques années de garde sont nécessaires pour qu'il exprime toutes ses nuances.

Les vins : ce vignoble de plateau dominé par l'argile supporte bien les millésimes de grosse chaleur comme 2020 (aussi intense qu'affriolant en primeur !) 2018 ou 2016. Ce dernier montre aujourd'hui une matière intense, expressive, avec des notes de camphre, d'épices douces, de cacao. La texture veloutée domine la prise de bouche ; le vin est néanmoins complet et affiche un réel potentiel. Lui aussi marqué par une personnalité aromatique épicée et camphrée, le 2017 affiche une concentration notable pour les millésime, avec une chair fournie et des tanins sollicités, légèrement amers ; il faudra lui laisser le temps de s'harmoniser. Un an après la mise, le 2018 est un vin structuré, exigeant, qui digère son élevage, offrant la grande allonge d'un corps très mûr, un fruit noir, évoquant prunelle, cassis et myrtille, et dont le tanin abondant ne déborde pas la chair veloutée.

Pomerol 2016	75 €	93
Pomerol 2017	70 €	90
Pomerol 2018	78 €	93

Rouge : 5,9 hectares.
Production moyenne : 20 000 bt/an

CLOS DU CLOCHER
35, quai du Priourat, BP 79, 33502 Libourne
05 57 51 62 17 • www.closduclocher.com •
Vente et visites : sur RDV.
Propriétaire : Famille Bourotte-Audy
Directeur : Jean-Baptiste Bourotte
Maître de chai : Mathias Lopez
Œnologue : Julien Viaud

CHÂTEAU LA CLÉMENCE

Le cru appartient à Christian Dauriac, depuis 1996. Ce dernier l'exploite avec le talent et la méticulosité qu'il prodigue au château Destieux (Saint-Émilion), suivant les conseils de Michel Rolland. Issus d'un assemblage de six parcelles aux profils variés, les premiers millésimes significatifs du tournant du millénaire nous ont séduits par leur plénitude. Le style, mûr et séducteur, est très au point, et le vin vieillit avec bonheur, truffant admirablement (magnifique 1998).

Les vins : 2016 bénéficie comme son prédécesseur d'un enrobage boisé flatteur, développant la saveur de la chair dans une registre harmonieux et suave, avec une maturité poussée sans tomber dans l'excès. Il y a beaucoup de générosité, de panache dans le 2017, particulièrement corsé et solaire pour le millésime ; les contours sont nets et la saveur bien affirmée. L'élevage (100 % barriques neuves) définit la personnalité du vin sans assécher sa chair. 2018 perpétue ce style, avec une expression aromatique déjà bien en place, travaillée, fine, élégante. La matière satinée annonce un vin de plaisir, construit néanmoins sur une trame très solide, avec des tanins qui appuient de façon exigeante en finale.

Pomerol 2016	de 40 à 50 € (c)	92
Pomerol 2017	49 €	91
Pomerol 2018	58 €	92

Rouge : 2,29 hectares.
Production moyenne : 6 000 bt/an

CHÂTEAU LA CLÉMENCE
Château Destieux, 33330 Saint-Hippolyte
05 57 24 77 44 • www.vignoblesdauriac.com
• Vente et visites : sur RDV.
Propriétaire : Christian Dauriac
Maître de chai : Baptiste Munné
Œnologue : Michel Rolland

CHÂTEAU LE GAY

Héritière des Cristalleries d'Arques, Catherine Péré-Vergé, disparue en 2013, n'a pas ménagé ses efforts pour porter haut cette propriété. En quelques années et à force d'investissements, elle a réussi à faire du Château Le Gay l'une des marques reconnues de l'appellation. Les conseils de l'œnologue Michel Rolland, ainsi qu'une grande attention portée à la vigne, ont métamorphosé le cru, dont une partie est idéalement implantée non loin de Lafleur. Les vinifications sont réalisées intégralement en barrique et conduisent à des vins généreux et modernes, pour amateurs de pomerols opulents, plus en explosivité qu'en finesse. Ce cru est désormais dirigé par Henri Parent, le fils de Catherine Péré-Vergé. Les millésimes anciens, du temps de la propriété des soeurs Robin, qui possédaient également Lafleur, attestent de la grandeur du terroir.

Les vins : 2018 confirme ses belles dispositions. Le style flamboyant voulu par les propriétaires s'accorde avec bonheur à la puissance du millésime. La structure est affirmée, mais chaque ligne de tanin bien gainée, laissant le fruit très haut en couleur, épicé, un peu "Nouveau Monde", s'exprimer avec un allant enthousiasmant. Une trombe de saveur ! Le second vin, Manoir de Gay, se livre dans le même millésime avec un souffle plus solaire, une saveur piquante et fumée portée par une matière très souple, chaleureuse.

Pomerol 2018	180 €	94
Pomerol 2019	N.C.	92
Pomerol Manoir de Gay 2018	46 €	89

Rouge : 10,5 hectares.
Production moyenne : 20 000 bt/an

CHÂTEAU LE GAY
11, chemin Chantecaille, 33500 Pomerol
03 20 64 49 66 •
www.vignoblespereverge.com • Vente et visites : sur RDV.
Propriétaire : Famille Parent
Directeur : Henri Parent
Maître de chai : Florian Pesquier
Œnologue : Michel Rolland

CHÂTEAU MAZEYRES

Situé à l'entrée nord de Libourne ce grand domaine est dirigé par Alain Moueix. Il y applique la même philosophie culturale qu'à Saint-Émilion au château Fonroque. Le vignoble a donc été certifié en bio en 2015, puis en biodynamie en 2018. Portés à l'élégance et à la mesure, les vins ont franchi un palier dans les derniers millésimes. Nous sommes sous le charme de ces vins mesurés, civilisés et naturels en même temps, d'une époustouflante finesse de saveur. L'étoile est très proche.

Les vins : en 2016, l'élevage en œufs béton de 7 hectolitres fait son apparition, il sera développé dans les millésimes suivants. Parfumé, tendre, avenant, très savoureux, ce millésime développe une grande séduction dans son discours harmonieux, qui suggère, propose mais ne martèle pas. Un modèle d'élégance et de fraîcheur, qui évolue admirablement. Le 2017, frais et harmonieux, confirme au fil de son évolution en bouteille tout le bien que nous en pensions dès les dégustations en primeur. Malgré la richesse solaire du millésime, Mazeyres 2018 s'inscrit parfaitement dans cette dynamique de fraîcheur et de prédilection du fruit, qui apparaît encore plus brillant que l'an dernier. Déjà très avenant, le vin possède néanmoins un réel potentiel d'évolution. Le second vin, Le Seuil de Mazeyres s'avère également très réussi ; il permet d'appréhender Pomerol par le versant de la finesse chlorophyllienne.

Pomerol 2016	de 40 à 41 € (c)	94
Pomerol 2017	de 39 à 41 € (c)	91
Pomerol 2018	28 €	94
Pomerol Le Seuil de Mazeyres 2018	21 €	91

Rouge : 25,57 hectares.
Production moyenne : 120 000 bt/an

CHÂTEAU MAZEYRES ☾
56, avenue Georges-Pompidou,
33500 Libourne
05 57 51 00 48 • www.chateaumazeyres.net
• Vente et visites : sur RDV.
Propriétaire : SC Château Mazeyres
Directeur : Alain Moueix
Maître de chai : Thomas Cézac
Œnologue : Thomas Duclos

CHÂTEAU MONTVIEL

Situé sur deux terroirs distincts, l'un près de Clinet, sur des graves argileuses, l'autre sur des graves fines du secteur de Granc-Moulinet, Montviel a été racheté en 1985 par la dynamique Catherine Péré-Vergé. Cette dernière, disparue en 2013, l'avait remis en ordre via un programme d'investissements conséquent, incluant la réfection du cuvier. C'est son fils, Henri Parent, qui veille désormais sur le cru. Le niveau atteint aujourd'hui est celui d'un bon pomerol, gourmand et d'approche facile.

Les vins : sans dévier de leur style hédoniste reconnaissable, les 2018 de la famille Parent (Monviel, Le Gay, La Violette) évoluent favorablement en bouteille. Chaleureux, rôti, capiteux, Montviel est un vin qui joue le plaisir de la texture, très veloutée, et de la saveur, lactique, chocolatée, solaire. Le très accessible 2017 offre une saveur crémeuse et chocolatée se développant sur une matière ronde, de profondeur moyenne. Suaves, boisés, évoquant le pain grillé, les fruits noirs (mûre, cassis) et le chocolat, 2015 et 2016 s'inscrivent dans la même veine confortable et immédiate.

Pomerol 2016	51 €	90
Pomerol 2017	de 35 à 45 € (c)	89
Pomerol 2018	40 €	91

Rouge : 10,5 hectares.
Production moyenne : 22 000 bt/an

CHÂTEAU MONTVIEL
1, rue du Grand-Moulinet, 33500 Pomerol
03 20 64 49 66 •
www.vignoblespereverge.com • Vente et visites : sur RDV.
Propriétaire : Famille Parent
Directeur : Henri Parent
Maître de chai : Florian Pesquier
Œnologue : Michel Rolland

CHÂTEAU LA POINTE

Ce cru de vieille réputation, situé à l'entrée de Pomerol, a fortement progressé depuis son rachat par la société d'assurance Generali : reprise en main du vignoble, construction d'un nouveau chai. Sous l'impulsion de son directeur Éric Monneret, le vin se montre vraiment digne d'intérêt : il possède désormais le charme aromatique, la suavité, la chaleur et la persistance qu'on reconnaît à ses meilleurs voisins, ainsi qu'une finesse particulière qui, même en année chaude, le préserve de toute lourdeur. Une propriété à suivre de près !

Les vins : une addition de terroirs a permis d'élaborer un 2016 de grand relief, au profil dense et fumé, dont l'expression s'est cependant bien affinée et complexifiée au fil des mois. La bouche séveuse, sérieuse, porte avec grâce ce fruit bien dégagé. Après un millésime 2017 amputé par le gel, 2018, 2019 et 2020 annoncent des vins d'une belle ampleur, dans un style dynamique.

Pomerol 2016 — de 45 à 55 € (c) — 93

Rouge : 23 hectares.
Production moyenne : 100 000 bt/an

CHÂTEAU LA POINTE

18, chemin de Gardelle, BP
63 33500 Libourne
05 57 51 02 11 • www.chateaulapointe.com •
Visites : sur RDV aux professionnels.
Propriétaire : SCE Château La Pointe
Directeur : Éric Monneret
Maître de chai : Pierre Candelier
Œnologue : Hubert de Boüard

CHÂTEAU LA ROSE FIGEAC

Nathalie Despagne est à la tête de cette petite propriété familiale d'ancienne réputation, située au sud-est de l'appellation Pomerol, à la limite avec Saint-Émilion. Enthousiaste et passionnée, elle conduit un vignoble de 4,28 hectares certifié en agriculture biologique. Le chai, moderne et bien équipé, permet d'effectuer des vinifications précises et rigoureuses. Les derniers millésimes apparaissent très réussis. Malgré un charme assez précoce, les vins sont élaborés dans un style classique, qui privilégie l'éclat du fruit et la délicatesse des tanins.

Les vins : fin, nuancé, déjà complexe et chatoyant au nez, 2016 n'en demeure pas moins construit et intense en bouche, avec une belle finale ferme, sur la griotte. Premier millésime à être en partie élevé en fûts de 500 litres, il évolue très sereinement, conjuguant piquant et moelleux. Saluons l'adorable et précoce cuvée Le Temps de la Rose Figeac 2017, issue d'un millésime cruellement gelé. Le 2018 est en revanche encore cadenassé, avec un fruit tendu, une très belle matière, chaleureuse mais élancée de bout en bout. La trame tannique impressionne mais la chair demeure élégante. Nous y croyons ! Il faudra être plus patient que d'habitude.

Pomerol 2016 — 40 € — 94
Pomerol 2018 — 35 € — 92
Pomerol Le Temps de la Rose Figeac 2017 — N.C. — 92

Rouge : 4,28 hectares.
Blanc : 0,28 hectare.
Production moyenne : 15 000 bt/an

CHÂTEAU LA ROSE FIGEAC ♣

54, chemin de Lamberte, Pomerol
33500 Libourne
05 57 25 04 92 • www.larosefigeac.com •
Vente et visites : sur RDV.
Propriétaire : Nathalie Despagne
Maître de chai : Sébastien Xans
Œnologue : Mikaël Laizet

CHÂTEAU ROUGET

Voisin de L'Église-Clinet, Château Rouget a considérablement progressé depuis son rachat par la famille Labruyère. Édouard Labruyère, en charge du cru, ne ménage pas ses efforts pour porter la propriété vers les sommets de l'appellation. Le travail, à la vigne comme au chai, est très sérieux ; le vin possède une belle profondeur de saveur, une indéniable générosité. La politique tarifaire du château demeure raisonnable, ce qui fait de Rouget une belle affaire au sein de l'appellation, dans un style résolument moderne qui privilégie l'intensité du corps et la volupté d'un fruit flirtant avec la surmaturité.

Les vins : dans le 2018, le parti pris de grande maturité accentue sa marque. La concentration et le velouté de la chair commandent l'admiration. La stabilité, l'endurance de ce fruit qui penche vers le chocolat et le pruneau interrogent davantage... Tout aussi hédoniste, 2017 offre une expression plus nuancée, opulente dans ses parfums volubiles (piment rouge fumé, cacao, cannelle et bien d'autres épices) mais fine dans son développement moelleux. Profitez dès à présent de cette réussite majeure du millésime !

Pomerol 2017 — 45 € — 92
Pomerol 2018 — 52 € — 90

Rouge : 18 hectares.
Production moyenne : 80 000 bt/an

CHÂTEAU ROUGET

4-6, route de St-Jacques-de-Compostelle,
33500 Pomerol
05 57 51 05 85 • www.chateau-rouget.com •
Vente et visites : sur RDV.
Propriétaire : Famille Labruyère
Directeur : Edouard Labruyère
Maître de chai : Antoine Ribeiro

CHÂTEAU DE SALES

En lisière de la ville de Libourne, prolongé par la majestueuse perspective de son parc, le château de Sales est entre les mains de la même famille depuis cinq siècles. Défiant les aléas de l'histoire et la fiscalité successorale, devenue confiscatoire pour nombre de familles vigneronnes, la plus vaste propriété viticole de l'appellation n'a jamais éprouvé le besoin d'entrer dans la surenchère, dans la course à la rotondité et à l'opulence. Avec son terroir spécifique de graves fines, le Château de Sales reste fidèle à un style étiré, classique, délicat, peu marqué par la barrique, qui revient indéniablement dans l'air du temps et mérite toute l'attention des amateurs. Si le cap stylistique semble fermement maintenu, 2017 est un millésime de changement pour ce cru historique : nouvelle présidente de la société d'exploitation réunissant de nombreux cousins, Marine Treppoz, et nouveau directeur, le Libournais Vincent Montigaud.

Les vins : nous aimons la primauté accordé au fruit dans le 2018, mesuré, fin, délié... Les tanins sont fins, accompagnent la bouche sans surjouer ni le terroir ni le millésime. Malgré son profil svelte sa capacité à la longue garde ne fait aucun doute. Plus mince, le 2017 affirme sa droiture avec une indéniable élégance. Plus doté, le 2016 offre néanmoins le charme d'une trame en finesse, d'une expression mesurée dont on apprécie la qualité de fruit, qui reste vif, plus rouge que noir, souligné par une pointe mentholée.

Pomerol 2016	36 €	92
Pomerol 2017	N.C.	89
Pomerol 2018	36 €	93

Rouge : 47,61 hectares.

Production moyenne : 200 000 bt/an

CHÂTEAU DE SALES

11, chemin de Sales, 33500 Libourne

05 57 51 04 92 • www.chateaudesales.fr • Vente et visites : sur RDV.

Propriétaire : SAS Château de Sales

Directeur : Vincent Montigaud

Maître de chai : Frédéric Laborde

Œnologue : Jean-Claude Berrouet

CHÂTEAU DE VALOIS

Construit pièce à pièce par les générations précédentes, le vignoble de la famille Leydet se situe à cheval sur Pomerol, avec le Château de Valois, et Saint-Émilion, avec le Château Leydet-Valentin – en tout un peu plus de 16 hectares. Frédéric Leydet a rejoint l'entreprise en 1996, à vingt-deux ans. Volontariste, viscéralement attaché à ce terroir qui l'a vu naître (la métairie de Rouilledinat, non loin du Château Figeac), il entend produire avec son épouse Stéphanie des vins tels qu'ils aiment les boire et les partager. Saluons la belle régularité de cette production, certifiée en agriculture biologique depuis 2012, et le crescendo des derniers millésimes, des vins directs, très francs, sains, non apprêtés, qui évoluent vers l'harmonie et la gourmandise.

Les vins : confirmant l'impression très favorable laissée par la dégustation en primeur et juste après la mise, les 2018 expriment un fruit vivant autour d'une trame délicate, des arômes variés, originaux. L'Éclat se montre particulièrement intense tout en demeurant d'une admirable fraîcheur de fruit. Cette cuvée de vieilles vignes, dominée par le cabernet franc, possède tout ce qu'il faut pour évoluer favorablement sur le long terme. L'articulation de caractère et d'ambition entre les deux cuvées s'avère particulièrement judicieuse. Ce tandem en 2016 atteint un niveau d'excellence comparable, avec une cuvée principale très juteuse, fraîche et équilibré. Une cuvée L'Éclat de Valois à la fois dense et vibratoire. Loin de s'être refermés, ces 2016 enchantent dès à présent par leur expressivité.

Pomerol 2016	30 €	92
Pomerol 2018	30 €	91
Pomerol L'Éclat de Valois 2016	50 €	94
Pomerol L'Éclat de Valois 2018	50 €	93

Rouge : 16,75 hectares.

Production moyenne : 90 000 bt/an

CHÂTEAU DE VALOIS ♣

12, chemin de Rouilledinat, 33500 Libourne

06 08 93 10 03 • frederic.leydet@wanadoo.fr • Vente et visites : sur RDV.

Propriétaire : EARL des Vignobles Leydet

Directeur : Frédéric Leydet

Œnologue : Julien Gobert

CHÂTEAU VRAY CROIX DE GAY

Acquis par la famille Guichard en 1949, le domaine a vu François Pinault (via le holding Artémis) entrer dans son capital en 2013. En octobre 2020, l'assureur Suravenir l'a racheté, ainsi que les châteaux Le Prieuré et Siaurac. Dirigé comme Le Prieuré à Saint-Emilion par Pénélope Godefroy, Vray Croix de Gay bénéficie des conseils de Jean-Claude Berrouet, l'ancien vinificateur de Pétrus, aujourd'hui retraité actif. Son excellent terroir se répartit sur trois petites parcelles, dont la plus grande se situe derrière Pétrus, à côté de Lafleur. Longtemps quelconques, et bien en-deçà du potentiel du cru, les vins s'améliorent considérablement, pour atteindre aujourd'hui un bon niveau, dans un registre plus délicat que puissant. La certification bio est arrivée en 2018.

Les vins : en primeur, le 2019 exprimait une gourmandise et une subtilité de fruit inédites. Il confirme en bouteille, avec une personnalité très originale, merveilleux coulis de fraise épicé ; le cœur de bouche est solaire, la trame demeure délicate. 2020 ne se montre pas d'emblée sous un jour aussi favorable. Le difficile millésime 2013 fait valoir une matière légère mais nuancée et élégante, un vin de déjeuner comme disent les Anglais, qui s'exprimera au mieux à table. Le second vin montre de la souplesse en 2016, mais manque d'éclat aromatique.

Pomerol 2013	58 €	89
Pomerol 2019	N.C.	94
Pomerol L'Enchanteur 2016	35 €	87

Rouge : 3,67 hectares.

Production moyenne : 9 700 bt/an

CHÂTEAU VRAY CROIX DE GAY ♣

Château Siaurac, 33500 Néac

05 57 51 64 58 • www.siaurac.com • Vente et visites : sur RDV.

Propriétaire : Les Terroirs de Suravenir

Directeur : Vincent Millet

Maître de chai : Pénélope Godefroy

Œnologue : Jean-Claude Berrouet

SAINT-ÉMILION

★★★ CHÂTEAU ANGÉLUS

Promus dans le quatuor des premiers grands crus classés A lors du dernier classement de Saint-Émilion en 2012, aucun château n'aura parcouru autant de chemin dans la hiérarchie bordelaise en si peu de temps. Une prodigieuse ascension accomplie en deux décennies, signée Hubert de Boüard, vinificateur moderniste, grand communiquant et consultant international, homme de poids dans les instances de la viticulture locale et nationale. 2013 a vu la rénovation complète et l'embellissement du chai désormais surmonté d'un spectaculaire carillon. Après avoir restructuré le parcellaire du cru familial, se donnant tous les atouts pour atteindre les sommets qualitatifs de l'appellation, Hubert de Boüard passe la main. Thierry Grenié-de Boüard a rejoint en 2017 Stéphanie de Boüard-Rivoal à la tête du château. La huitième génération prend le pouvoir, et fait sensiblement bouger les lignes. Angélus illustre le meilleur de la perfection formelle et sophistiquée des grands bordeaux d'aujourd'hui. À 10 kilomètres de l'Angélus, un nouveau chai servira aux vinifications du Carillon et du N°3, second et troisième vins, dotés de parcelles dédiées. Lors du millésime 2021, le château officialisera sa labellisation bio.

Les vins : l'année 2018, première en conversion bio, marque le pas. Elle a également connu le printemps le plus odieux pour le vigneron à cause du mildiou dévastateur. Mais les équipes ont permis de sortir une belle déclinaison de fruit pour une année qui reste lumineuse. La structure racée et les épaules larges du 2017 soulèvent le raisin et ses saveurs de fruits noirs confits et mafflus. Si le vin commence à balbutier sa texture, sa vigoureuse masse ne s'offre pas encore. Les notes de ronce et les tanins dominent pour l'instant, sa longue garde ne fait que commencer. Croquant d'une belle et bonne dynamique, Carillon intègre des raisins achetés sur les sables de Figeac, d'autres venant des bordures du vignoble d'Angélus et une dernière partie sur Saint-Christophe-des-Bardes. En 2017, il affiche une construction nette et harmonieuse sur un tanin savoureux, aimable galanterie dans ce millésime qui a bien digéré son bois. Le 2018 profite d'un fruit sanguin et juteux, dense et croquant, dans un tanin frais mais construit. Un gaillard massif dans une ceinture tannique moelleuse.

Saint-Émilion Grand Cru 2017	394 € (c)	94
Saint-Émilion Grand Cru 2018	458 € (c)	94

Saint-Émilion Grand Cru Carillon de l'Angélus 2017 — 110 € (c) — 92

Saint-Émilion Grand Cru Carillon de l'Angélus 2018 — 120 € (c) — 90

Rouge : 52 hectares. Merlot 53 %, Cabernet franc 46 %, Petit Verdot 1 %
Production moyenne : 100 000 bt/an

CHÂTEAU ANGÉLUS
Angelus 33330 Saint-Émilion
05 57 24 71 39 • www.angelus.com • Vente et visites : sur RDV.
Propriétaire : Famille de Boüard de Laforest
Directeur : Stéphanie de Boüard-Rivoal
Œnologue : Hubert de Boüard de Laforest et Emmanuelle d'Aligny-Fulchi

★★★ CHÂTEAU AUSONE

Sur seulement 7 hectares idéalement situés à mi-coteaux, avec une rare collection de cabernet franc en sélection massale (qui entre au moins pour moitié dans l'assemblage final), Ausone produit un vin à la fois profond et ciselé, innervé par une grande fraîcheur et doté d'un velouté extraordinaire. Il ne révèle pleinement son potentiel qu'après une garde de dix à quinze ans et se montre alors capable, dans les grands millésimes, d'évoluer sur plusieurs décennies. Sous la conduite avisée et visionnaire de son propriétaire, Alain Vauthier, tous les millésimes depuis 1998 sont particulièrement réussis. Le légendaire 2005 atteint un niveau de perfection absolu. Hélas, presque introuvables, les vins du château atteignent des prix stratosphériques. Depuis 2005 et l'arrivée de Pauline Vauthier aux vinifications, le style d'Ausone, comme celui des autres propriétés saint-émilionnaises appartenant à la famille Vauthier, a doucement évolué vers davantage de croquant, de mise en avant de l'éclat du fruit. Bien qu'au sommet, Ausone n'est pas étranger au souffle contemporain qui bruisse dans les ruelles du village. La nouvelle génération, Édouard et Pauline Vauthier en tête, pérennise l'exemplarité du château tout en osant quelques changements.

Les vins : dans la carrière du château, les barriques profitent d'une atmosphère unique et renferment les millésimes d'Ausone qui perpétuent le style. C'est là que repose l'ultime 2020, dont l'harmonie exceptionnelle sourd derrière le profil balbutiant du vin. Fraîcheur et tension dans le 2017, qui commence à peine à exposer les prémisses de sa longue vie dans le détail d'un fruit tendre aux amers délicieux en finale. Pourvu d'une intensité massive, 2018 incarne l'élégance dans la profondeur.

Saint-Émilion Grand Cru 2017 — N.C. — 96

Saint-Émilion Grand Cru 2018 — de 900 à 1 300 € (c) — 98

Rouge : 7 hectares. Cabernet franc 55 %, Merlot 45 %
Production moyenne : 20 000 bt/an

CHÂTEAU AUSONE
Ausone 33330 Saint-Émilion
05 57 24 24 57 • www.chateau-ausone.fr/ • Pas de visites.
Propriétaire : Famille Vauthier
Directeur : Alain Vauthier

★★★ CHÂTEAU CHEVAL BLANC

Depuis son rachat par les hommes d'affaires Albert Frère et Bernard Arnault, la propriété a fait un retour fracassant au sein de l'élite saint-émilionnaise (au décès d'Albert Frère, ses héritiers continuent l'aventure). Depuis 2011, les vinifications se déroulent dans le nouveau et aérien chai signé par l'architecte Christian de Portzamparc et ses 55 cuves en ciment fabriquées sur mesure. Cet investissement spectaculaire sans être ostentatoire, fait suite à une vigoureuse reprise en main de la viticulture depuis 2008, avec sa confirmation au rang de premier grand cru classé A dans le classement 2012. La grandeur de Cheval Blanc réside dans ses exceptionnelles massales de cabernet franc, dans ses vieilles vignes dont deux parcelles centenaires, dans ses 8 hectares qui ont résisté au gel de 56 et dans ses 10 unités de sols dont les lentilles d'argiles bleues. Le tout constitue un parcellaire de 31 lopins de terre laissés par la mer lorsque qu'elle se retira. Le sol et l'outil de production au meilleur niveau, il restait à l'équipe en place à retrouver un écosystème propice à la pérennité de ce vignoble d'exception. Les années 2020 seront donc marquées par la replantation de haies, la création d'un étang et l'agro-foresterie. Quelques parcelles étant consacrées au sauvignon et au sémillon, 2014 est le premier millésime commercialisé du Petit Cheval Blanc.

Les vins : l'amplitude de 2016 se déploie en éventail, dans un registre complexe dont on ne voit pas le bout. Les chauffes douces, mais profondes, des barriques affinent ses épaules carrées et la vieille vigne de cabernet franc assure sa fraîcheur. Amputé d'une partie de ses cabernets francs à cause du gel, 2017 affiche un profil atypique. La sucrosité et le panache du 2018 sont parfaitement bordés de la vaillance du millésime, sur un parfum poudré de fleur, parfaite expression des argiles uniques et des cabernets francs. Le second vin est tout aussi marqué par la chair de l'année et développe la même tension en finale. Plantées au soleil levant, les vignes blanches surgreffées de sauvignon blanc et de sémillon du Petit Cheval exposent un grand blanc touché par la grâce, sur les agrumes et les notes de pierres à fusil.

- Bordeaux Le Petit Cheval 2018 — 100 € (c) — 96
- Saint-Émilion Grand Cru 2011 — de 580 à 700 € (c) — 97
- Saint-Émilion Grand Cru 2014 — de 550 à 750 € (c) — 97
- Saint-Émilion Grand Cru 2017 — 600 € — 94
- Saint-Émilion Grand Cru 2018 — 760 € (c) — 98
- Saint-Émilion Grand Cru Le Petit Cheval 2014 — 190 € (c) — 93

Le coup de ♥

- Saint-Émilion Grand Cru 2016 — 700 € — 98

Rouge : 39 hectares. Cabernet franc 52 %, Merlot 43 %, Cabernet-Sauvignon 5 %
Production moyenne : 100 000 bt/an

CHÂTEAU CHEVAL BLANC
1, Cheval Blanc, 33330 Saint-Émilion
05 57 55 55 55 •
www.chateau-cheval-blanc.com/
• Visites : sur RDV aux professionnels.
Propriétaire : Bernard Arnault et Famille Frère
Directeur : Pierre Lurton

★★★ CLOS FOURTET

Ce premier grand cru classé B, confirmé dans le classement 2012, est idéalement situé au bord de la cité, à quelques mètres de l'église collégiale de Saint-Émilion, ancré sur le fameux plateau calcaire à astéries. Acquis, en 2001, par la famille Cuvelier (ex-papeterie Guibert), Fourtet a retrouvé son rang et se présente aujourd'hui comme l'une des icônes de Saint-Émilion, combinant une texture profondément fruitée, des tanins à l'élégance suave et une singulière race aromatique. Avec un passage progressif du vignoble en biodynamie, le cru a arraché les cabernets francs mal implantés alors que de nouvelles sélections massales entrent en production, même si le merlot demeure ultra-majoritaire. Un travail de fond entrepris avec les conseils de l'équipe de Stéphane Derenoncourt. Un nouveau cuvier a été inauguré avec le millésime 2014. Il se décline en une batterie de petites cuves inox de 40 à 70 hectolitres. La famille Cuvelier, également propriétaire du château Poujeaux (Moulis) a acheté en mars 2013 deux belles propriétés saint-émilionnaises à la famille Reiffers : leur voisin Les Grandes Murailles (qui pourraient logiquement intégrer Clos Fourtet) et Côte de Baleau. Les derniers millésimes replacent avec autorité Clos Fourtet parmi les très grands terroirs du plateau, et donc logiquement au sommet de notre hiérarchie.

Les vins : le premier cru, qui décline sa fraîcheur aux parfums de fruits et d'épices, est libéré par un boisé subtil qui donne du souffle. L'année écoulée a permis au vin de se poser et aux tanins de reprendre une place indispensable à l'équilibre, où la fraîcheur des calcaires reprend le dessus. La propriété des Cuvelier est à la pointe de ce que le plateau saint-émilionnais peut produire, renforcé par la biodynamie qui révèle une énergie et une texture proches de la perfection.

- Saint-Émilion Grand Cru 2018 — 119 € — 98

Rouge : 20 hectares. Merlot 85 %, Cabernet-Sauvignon 10 %, Cabernet franc 5 %
Production moyenne : 70 000 bt/an

CLOS FOURTET
1, Chatelet Sud, 33330 Saint-Émilion
05 57 24 70 90 • www.closfourtet.com •
Vente et visites : sur RDV.
Propriétaire : Philippe Cuvelier
Directeur : Emmanuel de Saint-Salvy
Maître de chai : Nathan Canal Descudé
Œnologue : Stéphane Derenoncourt et Jean-Claude Berrouet

★★★ CHÂTEAU FIGEAC

À partir d'un encépagement atypique, avec une parité entre cabernet franc, cabernet-sauvignon et merlot, le style unique et personnel de Figeac représente la quintessence de l'élégance et du raffinement des vins du plateau occidental que Saint-Émilion partage avec Pomerol. Figeac possède un cachet bien à lui, souvent plus austère et compact que celui de ses voisins durant sa jeunesse. Des vins d'une race exceptionnelle, digestes et longs. Figeac brille dans les millésimes chauds (comme nous le prouve le 2005) et ne se dévoile totalement qu'après une garde de dix à quinze ans. La construction du nouveau chai achevé pour les vendanges 2020 a permis d'entrer plus encore dans le détail des parcelles, voir l'intra-parcellaire et ravit Frédéric Faye par la fonctionnalité extreme des installations. Semi-enterré, et proche du château avec lequel il partage l'élégance du grand cru, ce nouvel outil qui s'insère avec majesté mais sans ostentation dans le site rafraîchit le lieu. Le chateau confirme ainsi l'ampleur de son classicisme "moderne", de sa droiture sans artifice, de son rang : celui des rares premiers.

Les vins : Figeac trône dans son identité si particulière, renforcée d'une histoire intimement liée à celle de Saint-Émilion. La puissance sanguine du 2015 ourle voluptueusement les contours du vin. Et si l'on reste dans le profil solaire, le caractère de Figeac prend le dessus affinant l'ensemble pour encore de longues années. Élevé à 100 % dans le bois neuf, 2016 balbutie son fruit dont on imagine facilement l'intensité grandissante. Les tanins ont la race des plus grandes réussites du millésime. Le cabernet-sauvignon fait plus que pointer ses épices en 2017, et offre toute la profondeur du raisin dans une texture tannique au raffinement bâti sur des rebonds épicés en finale, dessinant une structure élégante.

Saint-Émilion Grand Cru 2015 de 210 à 250 € (c) 96

Saint-Émilion Grand Cru 2016 de 230 à 260 € (c) 98

Rouge : 41 hectares. Cabernet-Sauvignon 43 %, Merlot 29 %, Cabernet franc 28 %
Production moyenne : 120 000 bt/an

CHÂTEAU FIGEAC
Château Figeac, 33330 Saint-Émilion
05 57 24 72 26 • www.chateau-figeac.com •
Vente et visites : sur RDV.
Propriétaire : Famille Manoncourt
Directeur : Frédéric Faye
Maître de chai : Jean Albino
Œnologue : Michel Rolland

★★★ CHÂTEAU TERTRE ROTEBŒUF

Les mauvais millésimes n'existent pas dans ce vignoble en amphithéâtre, terreau du saint-émilion anticonformiste produit par la famille Mitjavile. La viticulture n'y ressemble à aucune autre : nécessitant un travailleur par hectare, elle emprunte à toutes les méthodes. La conduite très basse des vignes permet grâce à la chaleur du sol une maturation longue du raisin, et la surface folière très développée favorise la photosynthèse. La maturité étant poussée très loin, jusqu'à l'extrême, avant que les raisins ne basculent dans le chaos, le cycle végétatif du cru n'est pas le même que celui des autres propriétés ! En 2019, ils ont ainsi tout vendangé le 5 octobre. À la cave, l'unicité prévaut : un vin, c'est tout ; un tonnelier, Radoux. Des cuves en béton, ni levure, ni réfrigération, du bois neuf, du collage s'il en faut (ce qui est rare, eu égard aux longs élevages), un léger cliquage de temps en temps, pourquoi pas. François Mitjavile et sa fille Nina (qui dirige également en solo Roc de Cambes, en Côtes de Bourg) n'appartiennent à aucune chapelle ; ils empruntent à toutes, pour produire une exception.

Les vins : les maturations automnales favorisent l'affinage des peaux et des pépins, sur des vignes cultivées de telle façon que la fraîcheur perdure longtemps. L'affinage thermique se fait grâce à la conduite au ras du sol, tout en favorisant la photosynthèse sur les vignes en hauteur. L'enherbement spontané et permanent est adapté aux variations locales sur un domaine qui n'utilise pas de cuivre. L'interface en vinification se passe de levure, l'extraction lente et douce favorise l'aromatique. La subtilité radieuse du 2019 évoque un fruit dense, noir, débridé, plein et riche, miroir du millésime. Cet élan dans le milieu de bouche procède du style Mitjaville. En 2018, le vin évoque avec poésie le caractère étrange de l'année : le tanin est construit sur une force saline, de celle déjà perçue dans d'autres vins du plateau. Le moka et le café, signatures de l'élevage, sont moins convaincants mais la fraîcheur pose le vin dans une finale éclatante. Le 2017 est l'une des plus belles réussites du millésime : il sort de 18 mois d'élevage sans marque de bois, juste crémeux ; son fruit noir lumineux s'affine dans les terminaisons de réglisse et de graphite .

Saint-Émilion Grand Cru 2017 225 € 98

Saint-Émilion Grand Cru 2018 de 190 à 230 € (c) 97

Saint-Émilion Grand Cru 2019 de 190 à 230 € (c) 98

Rouge : 6 hectares. Merlot 85 %, Cabernet franc 15 %
Production moyenne : 27 000 bt/an

CHÂTEAU TERTRE ROTEBŒUF
1, lieu-dit Tertre,
33330 Saint-Laurent-des-Combes •
tertre.roteboeuf-roc.de.cambes@wanadoo.fr
• Vente et visites : sur RDV.
Propriétaire : François et Émilie Mitjavile

★★ CHÂTEAU BEAU-SÉJOUR BÉCOT

Gérard et Dominique Bécot partis à la retraite, la troisième génération, incarnée par Juliette Bécot et son mari Julien Barthe, s'approprie les rênes du domaine situé sur le plateau calcaire. Les codes du domaine s'en trouvent légèrement bousculés, Thomas Duclos succède à Michel Roland en conseiller ; les vendanges se font au moyen de petites bennes vibrantes remplies au trois-quarts ; la cave s'équipe d'un échangeur-refroidisseur pour encuver une vendange qui sera ensuite infusée grâce à des donuts (sorte de bouée trouées qui enfoncent le chapeau de marc), suivant en cela la tendance actuelle.

Beaucoup de petits détails qui permettent de magnifier l'extraordinaire potentiel de ce grand terroir, et les résultats sont probants.

Les vins : finesse et sérénité, tendresse et croquant pour la jolie chair épicée du 2018, dressé sur un tanin vertical. Bien épaulé par une mâche sérieuse, le vin a pris de l'épaisseur et se pose en édifice structuré et savoureux. La famille possède aussi une propriété située à Saint-Philippe-d'Aiguille sur le plateau castillonais : Joanin Bécot. Son bouquet évoque la chaleur du millésime 2018, la sucrosité de la bouche vient confirmer cet état de fait, mais la structure s'équilibre ensuite avantageusement et le vin reste tendu en finale.

- Castillon Côtes de Bordeaux Joanin Bécot 2018 — 23 € — 91
- Saint-Émilion Grand Cru 2018 — 75 € — 95

Rouge : 17,24 hectares. Merlot 80 %, Cabernet franc 15 %, Cabernet-Sauvignon 5 %
Production moyenne : 1 050 000 bt/an

CHÂTEAU BEAU-SÉJOUR BÉCOT

1, lieu-dit La Carte 33330 Saint-Émilion
05 57 74 46 87 • www.beausejour-becot.com
• Vente et visites : sur RDV.
Propriétaire : Famille Bécot
Directeur : Juliette Bécot et Julien Barthe
Maître de chai : Willy Bouyer
Œnologue : Thomas Duclos

★★ CHÂTEAU BEAUSÉJOUR HÉRITIERS DUFFAU-LAGARROSSE

Dans la famille Duffau-Lagarrosse depuis 1847, Beauséjour (HDL pour les initiés) a été cédé en 2021 à la famille Courtin (groupe Clarins), associée à Joséphine Duffau-Lagarosse, ingénieur agronome et œnologue, qui fut directrice technique du Château du Taillan, puis chez Bernard Magrez et enfin détachée au Mexique par Stéphane Derenoncourt. Devenu au fil des successions la propriété de 32 héritiers, et sujet de convoitises, le domaine échoit au final au groupe de cosmétique et à l'une des héritières historiques, qui en assurera la gestion, remplaçant ainsi le tandem Nicolas Thienpont-David Suire. Les deux hommes, conseillés par Stéphane Derenoncourt, ont permis au cru de retrouver la place qu'il mérite au sein des meilleurs. L'éclat des derniers millésimes 2018, 2019 et 2020 confirme que cette place n'est pas usurpée.

Les vins : situé sur les coteaux sud et en bordure de plateau, le terroir a joué pleinement son rôle de régulateur ; l'expression pure du 2018, dominé par les fruits noirs et les tanins sans accroche mais compactés, force le respect. Les marnes ont nourri l'énergie du vin et les rebonds de la finale dessinent son avenir. Ce grand terroir maîtrisé à la perfection a donné du sens au merlot de garde et débute la trilogie radieuse des trois millésimes 2018, 2019 et 2020.

- Saint-Émilion Grand Cru 2018 — 145 € — 97

Rouge : 6,8 hectares. Merlot 74 %, Cabernet franc 26 %
Production moyenne : 25 000 bt/an

CHÂTEAU BEAUSÉJOUR HÉRITIERS DUFFAU-LAGARROSSE

Beauséjour 33330 Saint-Émilion
05 57 24 71 61 • www.beausejourhdl.com •
Pas de visites.
Propriétaire : Famille Courtin (groupe Clarins)
Directeur : Joséphine Duffau-Lagarrosse
Maître de chai : Benoît Larthoma

★★ CHÂTEAU BELAIR-MONANGE

Belair a été rebaptisé Bélair-Monange en l'honneur de la grand-mère de Christian Moueix, l'entier propriétaire des lieux depuis 2008. Son fils Édouard a élu domicile dans ce premier grand cru classé B, confirmé en 2012. Le jeune directeur commercial de la Maison J.-P. Moueix a supervisé le colossal chantier de consolidation des caves troglodytiques, qui a duré trois ans. Ces travaux permettent l'accès au plateau devenu trop instable pour les engins mécaniques, et ainsi de terminer des travaux titanesques d'arrachage, remodelage et replantation d'un vignoble finement analysé par l'équipe agronomique de chez Moueix, qui gère 25 hectares à Saint-Émilion et 75 hectares à Pomerol, hors Pétrus. La côte sud, et surtout sud-est (6,5 hectares), joue un rôle prédominant dans la relance du grand vin depuis 2009. Le vignoble du château Magdelaine fait désormais partie de Bélair-Monange. 12 hectares seulement sont en production, sur 25 potentiels. Déjà doublement étoilé, le cru dispose du potentiel pour viser le sommet absolu de la hiérarchie saint-émilionnaise. Le chai en forme de bloc monolithe, semi-enterré au milieu de la côte, était encore en travaux à l'été 2021.

Les vins : expressif et doté d'une complexité jouissive, le nez devient de plus en plus mûr, sa dimension savoureuse s'assortit de touches de chlorophylle sur un boisé fondu. Le jus profond et d'une belle tension, construit sur une structure encore en devenir, expose le profil du millésime 2018. Encore en retenue, les tanins marquent une pointe d'amertume qui rend au vin sa juste fraîcheur.

Saint-Émilion Grand Cru 2018 200 € 97

Rouge : 23,5 hectares. Merlot 90 %, Cabernet franc 10 %
Production moyenne : 58 000 bt/an

CHÂTEAU BELAIR-MONANGE
54 quai du Priourat, BP 129, 33502 Libourne
05 57 51 78 96 • www.belairmonange.com •
Pas de visites.
Propriétaire : SC du Château Belair-Monange
Directeur : Édouard Moueix
Maître de chai : Laurent Descos
Œnologue : Éric Murisasco

★★ CHÂTEAU CANON

Cette propriété historique de Saint-Émilion appartient à l'écurie Chanel, également propriétaire de Berliquet et de Rauzan-Ségla, à Margaux, et depuis peu d'une des plus intéressantes propriétés provençales, le domaine de l'Île, à Porquerolles. Sur le plateau mythique, les 24 hectares d'un seul tenant ont grossi avec le rachat du château Matras, dont les vignes composent le second vin (Croix Canon). Dès son rachat, en 1996, le vignoble a été renouvelé, avec une augmentation conséquente de la part de cabernet franc. Il a désormais atteint son âge de croisière pour produire l'un des parangons de la famille des premiers crus classés. Aux commandes du vaisseau comme de la flotte Chanel, Nicolas Audebert est épaulé par Stéphane Bonnasse.

Les vins : brillamment infusé et élevé sagement, le cru ne cesse de s'améliorer. Parmi les anciens millésimes, 2010 s'avère encore musclé et s'inscrit sur le soyeux d'un fruit un peu mat. 2014, plus précis et fin, pourra durer encore longtemps. Le 2016 est encore trop jeune mais, sur une allonge parfaite, il s'étire, prend son souffle et son énergie, et évolue dans le bon sens du fruit et d'une chair racée et séveuse. Le 2017, sensible, bien construit sur un fruit intense, est composé de la totalité des raisins sans que le gel n'ait entamé l'assemblage. Sauvé du gel, il pose sa distinction sur une structure qui se verticalise proposant un tanin longiligne sur un fruit frais. En 2018, si le boisé torréfié marque encore lourdement le bouquet, la finesse éclatante du vin offre un plaisir déjà au rendez-vous.

Saint-Émilion Grand Cru 2010 180 € 96
Saint-Émilion Grand Cru 2016 de 120 à 150 € (c) 95
Saint-Émilion Grand Cru 2017 de 100 à 140 € (c) 96
Saint-Émilion Grand Cru 2018 144 € 97

Rouge : 34 hectares. Merlot 70 %, Cabernet franc 30 %
Production moyenne : 130 000 bt/an

CHÂTEAU CANON
BP 22, 33330 Saint-Émilion
05 57 55 23 45 • www.chateaucanon.com •
Visites : sur RDV aux professionnels.
Propriétaire : Chanel
Directeur : Nicolas Audebert
Maître de chai : Stéphane Bonnasse

★★ CHÂTEAU CANON-LA-GAFFELIÈRE

Le profil du vin de Canon-la-Gaffelière a considérablement évolué en l'espace de trois décennies. Stephan von Neipperg prend en 1988 les rênes du château, propriété acquise par sa famille en 1971. Le vin a connu sous sa direction, et en collaboration avec Stéphane Derenoncourt, une véritable renaissance qualitative. Pas de miracle, tout a commencé par la baisse des rendements ! Les années 90 et 2000 ont produit des vins ronds et opulents, gourmands et expressifs, d'une rare plénitude. Les évolutions culturales et œnologiques accompagnent en profondeur le changement de style actuel, tourné vers davantage de fraîcheur et de finesse. Stephan von Neipperg a plus d'un tour dans son sac. Sa vista et sa réactivité lui permettent de coller aux évolutions du goût, tout en prévoyant le long terme. Promu au rang de premier grand cru classé, certifié bio en 2014 (un exemple qui a marqué les esprits !), le château poursuit un travail de fond à partir d'une collection de sélections massales de cabernet franc et de bons choix de porte-greffe, "dans le but de construire un vignoble pour les cinquante et soixante prochaines années". Les sols chauds et précoces des pieds de coteau conviennent admirablement à ces cabernets francs, qui apportent finesse et distinction à la structure tannique du vin.

Les vins : la fraîcheur de ce grand terroir cultivé en bio construit un millésime 2018 d'un équilibre pointu. L'assemblage du merlot, dominant, et des cabernets, en petite quantité, reste un classique ; mais il apporte distinction et raffinement, sur un nez qui évoque les épices, le moka, le verger fleuri, les fruits noirs et une note de fruits secs. Souple comme le veut le millésime, sans aspérité, le vin offre un tanin crémeux, précis et dynamique, qui lui promet un bel avenir.

Saint-Émilion Grand Cru 2018 95 € 94

Rouge : 19,5 hectares. Merlot 50 %, Cabernet franc 40 %, Cabernet-Sauvignon 10 %
Production moyenne : 80 000 bt/an

CHÂTEAU CANON-LA-GAFFELIÈRE ♣
Vignobles Comtes von Neipperg, BP 34 33330 Saint-Émilion
05 57 24 71 33 • www.neipperg.com • Vente et visites : sur RDV.
Propriétaire : Comtes von Neipperg
Directeur : Stephan von Neipperg

★★ CLOS SAINT-MARTIN

Sophie Fourcade veille avec amour sur cet étonnant jardin de vignes, le plus petit des crus classés, dont elle reste l'actionnaire majoritaire après la vente des autres domaines familiaux à la famille Cuvelier en 2013. La situation est idéale, sur une petite croupe entre les deux Beauséjour. Depuis 2008, on pratique ici la fermentation en fût (et depuis 2016 en jarre de terre cuite), singularité qui permet au vin un chatoiement précoce mais n'entrave nullement son potentiel d'évolution, comme nous l'a démontré une récente dégustation verticale. Le terroir parle haut et fort. Hormis la taille très réduite du vignoble (2 hectares quand il sera entièrement replanté), on ne voit pas trop ce qui pourrait empêcher ce cru d'accéder au cénacle des Premiers.

Les vins : un profil charnu, presque sanguin, dessinait le profil de l'un des meilleurs 2017. En suivant, le millésime 2018 se goûte sur un boisé encore marquant, signature des vinifications intégrales en barriques neuves et en jarres de terre cuite pour environ 25 % de la production. En bouche, le bois s'efface au profit d'un tanin souple, concentré, mais encore puissant. L'extraction poussée du vin nous laisse un peu sur notre faim, surtout dans ce millésime de chaleur, dont on est en droit d'attendre plus de fraîcheur et d'énergie. Mais il faut reconnaître que la chair du vin gagne en puissance jusqu'à sa finale plus graphite. Avec seulement 1,36 hectare, même cultivé en biodynamie, la magie de l'assemblage bordelais ne peut révéler toute sa subtilité.

Saint-Émilion Grand Cru 2018	58 €	95

Rouge : 1,36 hectare. Merlot 80 %, Cabernet franc 15 %, Cabernet-Sauvignon 5 %
Production moyenne : 5 000 bt/an

CLOS SAINT-MARTIN ☾
BP 20017, 33330 Saint-Émilion
05 57 24 71 09 •
clossaintmartin.saintemilion@gmail.com •
Vente et visites : sur RDV.
Propriétaire : Sophie Fourcade
Maître de chai : Benoit Turbet-Delof
Œnologue : Michel Rolland et Julien Viaud

★★ CHÂTEAU LA CLOTTE

C'était une adresse d'initiés, que l'on s'échangeait comme un mot de passe. 4 hectares de terrasses exposées plein sud, proches de la cité, merveilleusement étagées dans le vallon de Fongaban. Les projecteurs se font plus insistants depuis 2014, année du rachat par la famille Vauthier, propriétaire de l'illustre château Ausone, à la barbe de plusieurs autres gros investisseurs. Après des travaux structurels rondement menés, réfection des murettes du vignoble et nouveau chai, un projet œnotouristique est en gestation. La race du terroir, conjuguant puissance et définition, était déjà évidente dans les millésimes de la période Moulièrac (1990-2013) ; elle transparaît avec un éclat de plus en plus net à chaque millésime, Pauline Vauthier prenant la mesure de ce nouvel étalon.

Les vins : le style Pauline Vauthier se précise de plus en plus dans la trame sensuelle du cru. Depuis la reprise du domaine par la famille Vauthier, le 2019 est son cinquième millésime. Peut-être le plus éclatant de la série qui deviendra vraisemblablement mythique : 2018, 2019 et 2020. La puissance sphérique du 2019 palpite dans son fruit noir séveux, sur un ensemble qui porte l'élégante signature des sols, alors que la finale se profile d'un dynamisme épanoui. Race et finesse florale pour le 2018 plus intime et posé que son aîné. Quant au 2017 extrait dans la douceur, il laisse éclater la classe du terroir.

Saint-Émilion Grand Cru 2017	N.C.	95
Saint-Émilion Grand Cru 2018	90 € (c)	95
Saint-Émilion Grand Cru 2019	80 € (c)	94

CHÂTEAU LA CLOTTE
La Clotte 33330 Saint-Émilion
05 57 24 66 85 •
chateau-la-clotte@wanadoo.fr • Pas de visites.
Propriétaire : Famille Vauthier
Directeur : Pauline Vauthier

★★ CHÂTEAU LA GAFFELIÈRE

Parallèlement à une profonde restructuration du vignoble, sous la férule de l'équipe Derenoncourt, Alexandre de Malet a largement investi dans la refonte technique du cuvier. Après les investissements dans les plantations depuis 2000 et un renouvellement du matériel de culture, l'outil de production de La Gaffelière est désormais au niveau de l'élite des premiers grands crus classés. À terme, le grand vin sera issu des vignes du coteau à 80 % (sous Belair), laissant au second vin, Clos La Gaffelière, les bas de côte, généreux mais moins racés. Défendant un style classique mais expressif, sans excès, construit sur la finesse de la deuxième partie de bouche, ce premier cru à la situation topographique exceptionnelle n'a pas fini de surprendre, d'autant qu'il pratique des prix encore compréhensibles. On est ici au cœur de ce qu'il y a de plus sensuel et singulier à Saint-Émilion ! La famille de Malet Roquefort a racheté le château Puy-Blanquet, 20 hectares à Saint-Étienne-de-Lisse, sur une croupe argilo-calcaire dominant la Dordogne, qu'elle avait cédé dans les années 1960 à la famille Jacquet pour des raisons successorales.

Les vins : en 2018, le vin se rassemble totalement sur sa fraîcheur croquante et sa tension. Une élégance saline se dégage de l'ensemble sur un tanin expressif et structuré. Avec le millésime 2019, l'assemblage passe la barre des 45 % de cabernet franc. Les tanins profonds restent frais et la prestance du vin s'en trouve renforcée dans un éclat encore jeune. Le style de La Gaffelière prend du galon grâce à ces nouvelles plantations qui approfondissent la chair des nouveaux millésimes.

Saint-Émilion Grand Cru 2018 75 € (c) 96
Saint-Émilion Grand Cru 2019 65 € (c) 96

Rouge : 38 hectares. Merlot 70 %, Cabernet franc 30 %
Production moyenne : 80 000 bt/an

CHÂTEAU LA GAFFELIÈRE
BP 65, 33330 Saint-Émilion
05 57 24 72 15 •
www.chateau-la-gaffeliere.com • Vente et visites : sur RDV.
Propriétaire : Alexandre de Malet Roquefort
Maître de chai : Franck Darricau
Œnologue : Stephane Derenoncourt

★★ CHÂTEAU LARCIS-DUCASSE

Premier grand cru classé en 2012, cette magnifique propriété occupe l'extrémité de la fameuse côte Pavie, sur la commune de Saint-Laurent-des-Combes : une merveilleuse exposition plein sud et un vignoble planté en terrasses, effectivement dignes d'un premier grand cru. Depuis 1945, Hélène Gratiot, puis son fils Jacques-Olivier, ont préservé la typicité unique de ce terroir en produisant un vin de grande race, noblement truffé et d'une vigueur surprenante dans les petits millésimes. Les millésimes tardifs, comme l'éblouissant 2008, conviennent particulièrement au caractère original du cru. Depuis 2002, en confiant la gérance à Nicolas Thienpont et en faisant appel aux conseils de Stéphane Derenoncourt, Larcis-Ducasse est entré dans une nouvelle phase. Ce travail se précise encore dans les derniers millésimes, notamment en ce qui concerne les élevages, avec l'adoption de barriques de 500 litres pour certains lots.

Les vins : le 2019, aux tanins souples mais vibrants, construit sur les argilo-calcaires de la côte, peaufine actuellement sa stature. Sanguin et chaleureux, le 2018 pose son nez encore pas débarrassé du chaleureux été, un peu confit, légèrement épicé, sur le moka et le cacao. La bouche cependant reflète les parfaites maturités du raisin, à la frontière entre la fraîcheur et la rondeur de l'année. La belle finale se fond dans le moelleux de l'élevage tout en réservant sa subtilité aromatique grâce aux contenant de 500 litres.

Saint-Émilion Grand Cru 2018 75 € 96

Rouge : 11,3 hectares. Merlot 90 %, Cabernet franc 10 %
Production moyenne : 35 000 bt/an

CHÂTEAU LARCIS-DUCASSE
1, Grottes d'Arsis,
33330 Saint-Laurent-des-Combes
05 57 24 70 84 • www.larcis-ducasse.com •
Visites : sur RDV aux professionnels.
Propriétaire : Famille Gratiot-Attmane
Directeur : Nicolas Thienpont
Maître de chai : Clément Baudon
Œnologue : Stéphane Derenoncourt

★★ LA MONDOTTE

Même s'il est déjà fait mention de la parcelle de la Mondotte dans de nombreux ouvrages centenaires, ce petit morceau de terre, voisin de Troplong Mondot et des trois Pavie, n'a pas été jugé digne d'intégrer le cadastre de Canon-la-Gaffelière lors du classement de 2006. Malicieusement, Stephan von Neipperg en a donc profité pour créer un cru à part, et faire un joli pied de nez à la commission de classement. Commission qui, en 2012, n'a pu que reconnaître l'expression puissante, dense et équilibrée de ce cru et donc l'élire premier grand cru classé. Il faut dire que le vin, issu d'un vignoble ancien désormais cultivé en bio (plus de 65 ans, 75 % merlot, au rendement bas, 100 % fût neuf), s'est montré admirable dès les premiers millésimes (à partir de 1996). La signature de fraîcheur du terroir (le pH du vin est très bas) est impressionnante ; La Mondotte est capable d'affronter le temps sans sourciller.

Les vins : 2016 est une épure de Mondotte, dans lequel l'acidité du millésime renforce la fraîcheur du terroir. 2015 offre une vision pénétrante d'un millésime de grande générosité. L'explosion aromatique du 2017 n'est qu'une façade. Sa complexité très chic distingue ce vin qui tire sa fraîcheur du sol. En 2018, construit sur la chaleur retenue du plateau, la cuvée se retient, signant l'épure d'un bouquet encore en réserve qui attend son heure pour lâcher son élégante prestance. La fraîcheur des argiles remonte dans les interstices d'une bouche à la pointe ferme, fruit radieux et finale veloutée. Grâce à l'exigence de Stephan von Neipperg, le merlot se plie à la domination d'un grand terroir, et ces superbes vins vieillissent en s'affinant. Les tanins glorieux du 2019 confirment l'exceptionnelle singularité du terroir de La Mondotte.

- Saint-Émilion Grand Cru 2015 — de 200 à 300 € (c) — 95
- Saint-Émilion Grand Cru 2016 — 300 € — 94
- Saint-Émilion Grand Cru 2017 — 185 € — 94
- Saint-Émilion Grand Cru 2018 — 235 € — 97

Rouge : 4,5 hectares. Merlot 75 %, Cabernet franc 25 %
Production moyenne : 20 000 bt/an

LA MONDOTTE ♣
Vignobles Comtes von Neipperg BP 34 33330 Saint-Émilion
05 57 24 71 33 • www.neipperg.com • Pas de visites.
Propriétaire : Comtes von Neipperg
Directeur : Stephan von Neipperg

★★ CHÂTEAU PAVIE

Acquis en 1997 par Gérard Perse, le cru vole depuis de succès en succès, en défendant un style résolument moderne de haute concentration. Rendements extrêmement bas, recherche d'une grande maturité des raisins, extraction poussée et élevage luxueux : tous les facteurs permettant l'amélioration théorique de la qualité des vins répondent présent. Et les investissements ne s'arrêtent jamais... L'impressionnante et massive extension des chais, de la cuverie et surtout la création d'une salle de réception lumineuse et versaillaise de 600 m2, inaugurée en juin 2013. La propriété ne cherche pas à élaborer des vins faciles, immédiats, mais à inscrire sa démarche dans la durée. Le terroir de la côte sud, un des tous premiers de Saint-Émilion, favorise la longévité des vins. Sans rien perdre de leur monumentalité, les derniers millésimes montrent cependant une légère inflexion dans le sens d'une plus grande flexibilité dans les premières années, avec davantage de naturel d'expression.

Les vins : à la faveur de la verticalité du millésime 2016, le style semble évoluer ; 2017, plutôt détendu, le confirme. Cependant 2018, millésime de chaleur sur les coteaux sud, puise de ce terroir une grande aptitude au vieillissement. Il est pour l'heure d'une nature exotique même si les tanins présentent une pointe de salinité en finale. À partir de parcelles dédiées, le second vin, Arômes de Pavie, logé dans un flacon de même forme que le grand vin, est encore sous la coupe du millésime de chaleur. La profondeur du fruit perce cependant derrière la structure luxueusement élevée pour moitié en barriques neuves.

- Saint-Émilion Grand Cru 2016 — de 330 à 450 € (c) — 96
- Saint-Émilion Grand Cru 2018 — 395 € — 96
- Saint-Émilion Grand Cru Arômes de Pavie 2017 — de 15 à 105 € (c) — 91
- Saint-Émilion Grand Cru Arômes de Pavie 2018 — 100 € (c) — 92

Rouge : 37 hectares. Merlot 65 %, Cabernet franc 25 %, Cabernet-Sauvignon 10 %
Production moyenne : 88 000 bt/an

CHÂTEAU PAVIE
2, Pimpinelle, 33330 Saint-Émilion
05 57 55 43 43 • www.vignoblesperse.com • Vente et visites : sur RDV.
Propriétaire : Gérard Perse

★★ CHÂTEAU PAVIE DECESSE

Comme il l'a fait avec Pavie, Gérard Perse a métamorphosé Pavie Decesse, racheté en février 1997. Ici aussi, sur ce petit parcellaire de moins de 4 hectares, tout est mis en œuvre pour porter le cru au plus haut niveau. Il faut dire que le terroir le permet. Grâce à un outil de vinification moderne, le vin ne cesse de progresser. S'il ne possède pas tout à fait le raffinement de son frère, Pavie, il s'impose comme l'un des saint-émilion les plus complets qui soient, dans le style qu'aime Gérard Perse, à savoir concentré et taillé pour la garde, nécessaire pour que les tanins aigus s'arrondissent.

Les vins : les coteaux sur calcaires affleurant donnent à Pavie Decesse une identité très particulière, parfaitement mise en valeur par une chair bien extraite en 2017. En 2018, les merlots sur calcaire ont une minéralité chevillée au corps qui tient la distance. Cette fraîcheur tendre se livre facilement sur une belle intensité. Fusante, la finale réglissée se fait discrète. 2019 se profile dans la même veine avec encore plus de profondeur.

- Saint-Émilion Grand Cru 2017 — N.C. — 95
- Saint-Émilion Grand Cru 2018 — N.C. — 95

Rouge : 3 hectares. Merlot 90 %, Cabernet

franc 10 %
Production moyenne : 8 000 bt/an

CHÂTEAU PAVIE DECESSE
Pavie Decesse 33330 Saint-Émilion
05 57 55 43 43 • www.vignoblesperse.com •
Pas de visites.
Propriétaire : Gérard Perse
Directeur : Laurent Lusseau

★★ CHÂTEAU PAVIE-MACQUIN

Une nouvelle salle d'accueil sobre, tout en verre, permet de déguster avec une vue imprenable sur le village de Saint-Émilion. Pavie-Macquin a conservé son rang de premier grand cru classé dans le classement de 2012. Une juste récompense qui vient saluer le travail remarquable réalisé au château par son gestionnaire, Nicolas Thienpont, et son conseiller Stéphane Derenoncourt. Ce duo a métamorphosé la propriété en s'inspirant largement de la biodynamie (non certifiée) depuis la fin des années 1990. Une série de vins fantastiques, combinant une magnifique intensité du fruit et une grande profondeur de bouche, est venue couronner ce travail de fond. Des vins qui se distinguent de leurs voisins Pavie et Pavie-Decesse par une matière à la fois plus en retenue et plus en souplesse, un jus profond mais toujours très vif. Valeur sûre bien connue des amateurs, Pavie-Macquin n'a commis aucune fausse note ces dernières années. Le style demeure fidèle au terroir, marqué à la fois par la puissance de la partie argileuse et la minéralité des calcaires affleurants. S'il reste un vin d'évolution lente, introspectif, exigeant, il se dirige insensiblement vers davantage d'épure.

Les vins : le terroir du plateau expose pleinement son potentiel dans ce 2018 qu'il sublime. De cette climatologie contractée, mais plutôt très chaude, les argiles et le calcaire ont su prélever l'humidité nécessaire au fonctionnement de la vigne. Dès l'attaque la profondeur est là, tendue d'une fraîcheur que seuls les grands terroirs peuvent soutenir en année chaude. Le tanin lumineux laisse percevoir la fulgurance du fruit. C'est tout Pavie-Macquin qui insuffle son énergie dans ce millésime.

- Saint-Émilion Grand Cru 2018 — 85 € — 96

Rouge : 15 hectares. Merlot 84 %, Cabernet franc 14 %, Cabernet-Sauvignon 2 %
Production moyenne : 60 000 bt/an

CHÂTEAU PAVIE-MACQUIN
Peygenestau, 33330 Saint-Émilion
05 57 24 74 23 • www.pavie-macquin.com •
Visites : sur RDV aux professionnels.
Propriétaire : Famille Corre-Macquin
Directeur : Nicolas Thienpont
Maître de chai : Philippe Dauvey
Œnologue : Stéphane Derenoncourt

★★ CHÂTEAU TROTTE VIEILLE

Premier cru traditionnel de Saint-Émilion, Trotte Vieille occupe un superbe coteau un peu à l'écart de ses pairs, capable de donner des vins fins et racés, de grande longévité. Il possède un rare capital de très vieilles vignes de cabernet franc, avec lequel le château produit une micro-cuvée non commercialisée. Philippe Castéja a engagé une évidente reprise en main au début des années 2000, s'appuyant sur les conseils avisés du regretté Denis Dubourdieu. Le cru produit un vin de facture classique, s'exprimant avec une certaine austérité en primeur, qui ne joue pas l'opulence mais davantage la fraîcheur du grain et du fruit. Depuis l'intégration des vignes du château Bergat dans le second vin, celui-ci prend du galon. Sa délicatesse est révélée par un élevage sobre, qui se déroulera dès 2021 dans le nouveau chai enterré dont l'architecture respecte les codes architecturaux élégants du cru.

Les vins : approfondi par un élevage luxueux, parfaitement bien supporté par sa matière, 2017 est construit sur une proportion importante de cabernet-sauvignon. Tout est en équilibre dans ce millésime : les tanins racés, à la distinction particulière, mettent en évidence le corps un peu austère du vin. Confirmé dans ses vertus classiques, le 2018 ne manque pas d'envergure. Dans cette année chaotique, il a su préserver sa fraîcheur pour développer un vin sur la finesse d'un fruit tapissant assez détendu. Son boisé finit sur l'harmonie d'un ensemble mûr, doux et vibrant d'un poivre et d'un tanin pleins de galanterie. Le second vin bascule sous la domination du merlot et un élevage moins pointu qui accroche en finale.

- Saint-Émilion Grand Cru 2017 — 110 € — 93
- Saint-Émilion Grand Cru 2018 — 84 € — 97
- Saint-Émilion Grand Cru Dame de Trotte Vieille 2018 — 35 € — 89

Rouge : 12 hectares. Merlot 49 %, Cabernet franc 46 %, Cabernet-Sauvignon 5 %
Production moyenne : 30 000 bt/an

CHÂTEAU TROTTE VIEILLE
88, quai de Bacalan 33300 Bordeaux
05 56 00 00 70 • www.trottevieille.com •
Vente et visites : sur RDV.
Propriétaire : Philippe Castéja
Maître de chai : Christophe Dussutour

★★ CHÂTEAU VALANDRAUD

Consécration suprême en 2012 pour Murielle Andraud, la vigneronne, et Jean-Luc Thunevin, le négociant : Valandraud, leur création, le chef de file du mouvement des vins de garage, cru aussi encensé que honni depuis sa création au début des années 1990, accède au rang tant convoité de premier grand cru classé. Une formidable "success story", comme seul l'ascenseur social de la rive droite en offre à Bordeaux, pour ce domaine bâti à partir de 0,6 hectare dans le vallon de Fongaban. Sur le plateau, le tout nouveau chai fonctionnel aux cuves inox tronconiques inversées et cuves bois, se fond dans le paysage, dans une architecture qui emprunte à la Provence. Valandraud n'aurait pu s'imposer parmi les plus chers et les plus recherchés des saint-émilion sans le sens aigu du commerce de son propriétaire. Mais c'est le contenu de Valandraud qui fait surtout courir les amateurs. Un étonnant vin assemblé par Michel Rolland, méticuleusement sélectionné à partir de merlot très sucré, velouté, exotique (100 % fût neuf), sensuel à sa naissance, et qui évolue avec suavité sur d'intenses notes de moka. Sans son bois neuf, Valandraud ne serait pas Valandraud. Plus qu'ailleurs, l'élevage fait partie intégrante du vin, il est le secret de sa profondeur soyeuse et de la sucrosité de ses tanins ; il explique sa tension particulière, l'enrichit, révèle sa fraîcheur. Certaines parcelles spécifiques et les vignes plus jeunes produisent Virginie de Valandraud depuis 1997, vendu à un prix raisonnable.

Les vins : le blanc, emprunté par un boisé puissant, pousse sa chair dure vers une dimension plus internationale. La cuvée Virginie de Valaudraud, d'une profonde intensité, possède une mâche structurante sur des tanins puissants. Le 2016 se tient sur la chair sapide de son fruit, tenu par un boisé qui s'estompe au profit de la fraîcheur. 2017, un poil plus rigoureux que d'ordinaire, reste encore campé sur son assemblage un peu ferme et réclame du temps. Le chaleureux 2018 vient ponctuer la trilogie : sa pointe de truffe, ses notes torréfiées, son moka, sa pointe grillée, son sous-bois... C'est toute la fougue des vinifications Thunevin qui compose ce millésime chaleureux en diable aux tanins un peu collants.

- Bordeaux Valandraud 2019 — 80 € — 93
- Saint-Émilion Grand Cru 2016 — 195 € — 96
- Saint-Émilion Grand Cru 2017 — 195 € — 93
- Saint-Émilion Grand Cru 2018 — 200 € (c) — 95
- Saint-Émilion Grand Cru Virginie de Valandraud 2018 — 49 € — 93

Rouge : 8 hectares. Merlot 80 %, Cabernet franc 15 %, Cabernet-Sauvignon 5 %
Blanc : 4 hectares. Sémillon 50 %, Sauvignon gris 25 %, Sauvignon blanc 25 %
Production moyenne : 38 000 bt/an

CHÂTEAU VALANDRAUD
6, rue Guadet, BP 88, 33330 Saint-Émilion
05 57 55 09 13 • www.valandraud.com •
Vente et visites : sur RDV.
Propriétaire : Jean-Luc Thunevin
Maître de chai : Rémi Dalmasso
Œnologue : Jean-Philippe Fort

★ CHÂTEAU BELLEVUE

La beauté des lieux, avec un merveilleux parc en bordure de plateau qui s'intègre à la ceinture méditerranéenne de Saint-Émilion, et la race du vin, qui ne s'exprime que par à-coups, font de Bellevue un candidat naturel au rang de premier grand cru classé. Partagé entre les familles Pradel de Lavaux et de Boüard, il est conduit par l'équipe d'Angélus. Grand vin de côte, profondément calcaire, racé, tendu, il est malheureusement parfois pris dans une gangue boisée trop insistante. La surface viticole avoisine les 7 hectares ; la décision a été prise de produire ici un pur merlot. Peut-il faire de l'ombre à Angélus ? Certainement !

Les vins : ce merlot sur argiles profondes murit sous les influences du micro-climat créé par les vents de la pointe du plateau et des essences végétales, chênes, arbousiers, pins qui favorisent l'écosystème. Travaillé en bio depuis 2019 sans le revendiquer, le domaine a produit un 2017 pointé de cacao et tapenade, original et franc, même si le fruit un peu mat se dissimule derrière un tanin solide. On descend plus en profondeur dans la trame du merlot avec le 2018 au fruit délié sur une structure croquante, tenue avec sincérité par l'acidité louable du millésime. Domaine à suivre...

- Saint-Émilion Grand Cru 2017 — 60 € (c) — 90
- Saint-Émilion Grand Cru 2018 — 60 € (c) — 93

Rouge : 6,82 hectares. Merlot 100 %
Production moyenne : 20 000 bt/an

CHÂTEAU BELLEVUE
Belleveu BP 90042, 33330 Saint-Émilion
05 57 24 71 39 • www.chateaubellevue.fr •
Vente et visites : sur RDV.

Propriétaire : Familles Pradel de Lavaux et de Boüard de Laforest

Œnologue : Hubert de Boüard de Laforest et Emmanuelle d'Aligny-Fulchi

★ CHÂTEAU BERLIQUET

Sur le plateau de Magdelaine, entre Canon et Bélair-Monange, ce cru discret dispose d'un terroir de premier ordre. Peu connu du grand public, il l'est en revanche des initiés, qui connaissent leur géographie. Le rachat en 2017 par la famille Wertheimer, propriétaire de Canon, pourrait changer la donne. Canon va-t-il manger Berliquet comme il a mangé Curé-Bon et Matras ? Qui vivra verra. Finesse, détail aromatique, tension minérale : le potentiel du cru était déjà fort bien mis en valeur sous la gestion de Nicolas Thienpont ; les deux premiers millésimes de la nouvelle équipe s'avèrent plus que prometteurs.

Les vins : Berliquet figure au palmarès des 2017 rescapés du gel. L'expressivité de son fruit reste dominante mais la finale s'assèche légèrement. Dès 2018 s'installe une vision plus moderne de l'appellation, construite sur ce millésime chaud dont la justesse du fruit et la tension du sol parviennent à s'extirper. Tous les parfums sont exacerbés par une vivacité qui porte le vin, lui donne souffle et énergie. Cette vision moderne de l'appellation se confirme avec le 2019, puis le 2020. Les trois millésimes de chaleur conviennent à Berliquet, demeure seulement un doute sur leur longévité.

- Saint-Émilion Grand Cru 2017 — 45 € — 91
- Saint-Émilion Grand Cru 2018 — 50 € — 93

Rouge : 7,5 hectares. Merlot 75 %, Cabernet franc 21 %, Cabernet-Sauvignon 4 %

Production moyenne : 25 000 bt/an

CHÂTEAU BERLIQUET

1, Berliquet, 33330 Saint-Émilion

05 57 55 23 45 • www.chateau-berliquet.com • Visites : sur RDV aux professionnels.

Propriétaire : Chanel

Directeur : Nicolas Audebert

Maître de chai : Stephane Bonnasse

★ CHÂTEAU DASSAULT

Marcel Dassault a porté son dévolu sur l'ancien château Couprie, dans les parties basses de la côte nord. Grâce au savoir-faire de Laurence Brun, qui était aux commandes depuis 1995 et vient de transmettre la direction du domaine à Romain Depons, Dassault est devenu un vin très régulier, de haute maturité, séducteur dans sa forme et dans ses parfums. Il tire le meilleur parti d'un terroir réputé froid qui, sur le papier, n'est pas le plus excitant de l'appellation... La notion de saint-émilion de plaisir est ici admirablement incarnée, même dans des millésimes difficiles comme 2013.

Les vins : l'amateur de Saint-Émilion y trouvera son compte. Ici, on retrouve un merlot dans toute son élégance, mais sans grande fantaisie. Le 2016 se termine avec un fruit riche, suave et gourmand. Dans la même veine, mais encore plus séveux, le 2018 installe son harmonieuse matière sur un tanin finement ciselé qui donne tout son relief au millésime. Le D, tout en fruit juteux, est un second vin plus que recommandable jusque dans la ponctualité sévère mais fraîche de son tanin.

- Saint-Émilion Grand Cru 2016 — 81 € — 93
- Saint-Émilion Grand Cru 2018 — 53 € — 92
- Saint-Émilion Grand Cru Le D de Dassault 2018 — 31 € — 90

Rouge : 24 hectares. Merlot 70 %, Cabernet franc 23 %, Cabernet-Sauvignon 7 %

Production moyenne : 60 000 bt/an

CHÂTEAU DASSAULT

Lieu-dit Couperie, 33330 Saint-Émilion

05 57 55 10 00 • www.dassaultwineestates.com • Vente et visites : sur RDV.

Propriétaire : Dassault Wine Estates

Directeur : Romain Depons

Maître de chai : Jérôme Gauthier

Œnologue : Jean-Philippe Fort

★ CHÂTEAU FAUGÈRES

Vaste domaine de 37 hectares acquis par l'industriel suisse Silvio Denz en 2005, Faugères est devenu, par un geste architectural volontariste (le "chai-cathédrale" signé Mario Botta) autant que par la qualité de ses vins, un des fers de lance du renouveau de l'est de l'appellation. En plateau et en coteau exposé au sud, le vignoble est aussi soigneusement conduit que celui de Péby-Faugères. Contrairement à ce qui se passe entre Fombrauge et Magrez-Fombrauge, l'écart ne s'est pas creusé entre Faugères et Péby-Faugères, le premier manifestant même un surcroît d'articulation et de vibration dans les tout derniers millésimes, enthousiasmants par leur naturel et l'élégance de leur fruit.

Les vins : le vignoble en coteaux a été épargné par le gel ; sa géographie et sa configuration ont permis de tirer le meilleur parti de ce bon millésime dans lequel Faugères se situe parmi les meilleurs. Le jus intense et calqué sur le fruit n'impose rien mais distille une saine et franche gourmandise. La finale plus savoureuse se profile derrière un tanin sablé, frais et souple.

Saint-Émilion Grand Cru 2017	55 €	93

Rouge : 37 hectares. Merlot 85 %, Cabernet franc 10 %, Cabernet-Sauvignon 5 %
Production moyenne : 70 000 bt/an

CHÂTEAU FAUGÈRES
Lieu-dit Faugères,
33330 Saint-Étienne-de-Lisse
05 57 40 34 99 •
www.chateau-faugeres.com • Vente et visites : sur RDV.
Propriétaire : Silvio Denz
Directeur : Vincent Cruege
Maître de chai : Daniel Romero
Œnologue : Michel Rolland

★ CHÂTEAU FONPLÉGADE

La famille Adams partage son temps entre les 9 hectares qu'elle cultive, depuis dix ans, en biodynamie dans la Napa Valley (ADAMVS), et le plateau de Saint-Émilion où elle a fait l'acquisition, en 2004, de Fonplégade. Denise Adams s'investit de plus en plus dans la propriété, se montrant soucieuse d'en faire un modèle de biodiversité : une ferme biodynamique (la certification a été accordée en 2019) permet au château de faire ses propres préparations. Depuis quelques millésimes, les vins témoignent d'une finesse et d'une fraîcheur nouvelles. La viticulture, respectueuse de l'environnement et des terroirs, y est pour beaucoup. Le vignoble est maintenant en place : nous avons octroyé la première étoile l'an dernier.

Les vins : 2016 est à la hauteur de son terroir. Le fruit est radieux, comme dans les millésimes antérieurs, mais le vin reflète mieux la fraîcheur de son terroir argilo-calcaire. En 2017, le vin se présente moins expansif mais harmonieux dans son détail minéral, sur une matière en demi-teinte. L'énergie savoureuse du 2018, à l'encontre de la puissance solaire du millésime, impose un profil d'un équilibre parfait et d'une droiture savoureuse. Frétillant comme un jeune premier, le second vin cherche sa finesse : la matière est encore un peu juste, mais le terroir exceptionnel et l'excellence de la viticulture commencent à donner au fruit une consistance juteuse et savoureuse.

Saint-Émilion Grand Cru 2017	68 €	92
Saint-Émilion Grand Cru 2018	39 €	93
Saint-Émilion Grand Cru Fleur de Fonplégade 2018	43 €	90

Le coup de ♥

Saint-Émilion Grand Cru 2016	68 €	93

Rouge : 18,5 hectares. Merlot 90 %, Cabernet franc 10 %
Production moyenne : 40 000 bt/an

CHÂTEAU FONPLÉGADE ♣
1, Fonplégade, 33330 Saint-Émilion
05 57 74 43 11 • www.fonplegade.com •
Vente et visites : sur RDV.
Propriétaire : Denise et Stephen Adams
Directeur : Denise Adams
Œnologue : Stéphane Derenoncourt et Corinne Comme

★ CHÂTEAU FONROQUE

Fonroque est le grand ouvrage d'Alain Moueix, aux commandes depuis 2001 et qui reste en place, malgré la vente de la propriété familiale en 2017 à l'assureur Hubert Guillard. C'est ici, sur les 17 hectares de plateau déclinant vers l'ouest, à l'écart de l'agitation touristique, qu'il a pu mettre en pratique ses convictions biodynamiques. La continuité de cette philosophie semble acquise. Fonroque livre un vin au profil cohérent, sans heurt, qui ne force pas sa nature ni ne sature le dégustateur... Un vin qui ne tonitrue jamais, qui peut passer inaperçu lors de dégustations horizontales comparatives. Il n'en demeure pas moins indispensable, exemplaire dans les grands millésimes (inoubliable 2010) comme dans les petits (délicieux 2013 véritablement "bourguignon", superbe 2017 rescapé du gel) !

Les vins : à l'extrémité ouest du plateau calcaire, le fruit joyeux et dynamique de Fonroque doit beaucoup à la biodynamie qui libère les saveurs et harmonise les équilibres. Celle-ci, associée à un millésime carré, dote le 2016 d'une allure élégante pointée d'une belle minéralité. Encore dans ses prémisses, le vin attendra. En suivant, 2017, rescapé du gel, possède une farouche détermination à produire un fruit dégagé et une floralité évidente relevée d'un tanin fin, signature de la minéralité des sols. On l'ouvrira avant le 2016. Le fruit le plus remarquable de cette trilogie est celui de 2018 construit, fin, extrême et dense. La précocité de la maturité des peaux, favorisée par la culture, accentue encore la grâce du fruit.

- Saint-Émilion Grand Cru 2016 46,50 € 94
- Saint-Émilion Grand Cru 2017 42,50 € 92
- Saint-Émilion Grand Cru 2018 44,50 € 94

Rouge : 17 hectares. Merlot 80 %, Cabernet franc 20 %
Production moyenne : 57 000 bt/an

CHÂTEAU FONROQUE
Château Fonroque, 33330 Saint-Émilion
05 57 24 60 02 • www.chateaufonroque.net
• Vente et visites : sur RDV.
Propriétaire : Famille Guillard
Directeur : Alain Moueix

★ CHÂTEAU GRAND CORBIN-DESPAGNE

François Despagne, aux commandes depuis 1996, est à la fois un homme de science (donc de doute !) et de conviction. En résulte une alliance, logique finalement, entre conscience historique du terroir (les Despagne l'exploitent depuis sept générations), réalisme économique et choix exigeant de la viticulture biologique, labellisée en 2013. Le secteur des Corbin (si durement affecté par les gelées de 2017) est un village où l'on se serre les coudes ; il en est le meneur, et pas seulement parce qu'avec 29 hectares son vignoble est le plus grand, puisqu'il préside depuis 2019 l'association des grands crus classés de Saint-Émilion. Les vins, dotés d'une belle acidité, sont structurés, parfois carrés dans leur jeunesse. Un élevage rigoureux, mais sans abus, libère le fruit d'un raisin nickel, chaque parcelle étant traitée avec le respect due à son sol et à son raisin, et plantée sur un grand terroir qui, grâce à des argiles mirobolantes, dont une bonne part de bleues, souffre moins de la sécheresse.

Les vins : dans sa suavité, le Petit Corbin-Despagne 2019 prend des airs toscans, qui nous permet d'apprécier la qualité des argiles. Différent dans la fermeté, le profil du même second vin en 2018 possède un peu plus de profondeur et de rigueur. En 2019, le grand vin a du souffle et de l'énergie, qui répondent aux argiles. Une grande garde l'attend. Davantage sur la tension, le toucher, la pointe de réglisse et les tanins poivrés, le 2018 n'est pas encore tout à fait en place mais laisse présager d'un avenir radieux. Le 2015 au jus sanguin développe une richesse de tanins francs et puissants d'une droiture stylée.

- Saint-Émilion Grand Cru 2018 de 32 à 35 € (c) 93
- Saint-Émilion Grand Cru 2019 28 € (c) 94
- Saint-Émilion Grand Cru Petit Corbin-Despagne 2018 de 19 à 22 € (c) 91
- Saint-Émilion Grand Cru Petit Corbin-Despagne 2019 de 18 à 21 € (c) 91
- Saint-Émilion Grand cru 2015 40 € 93

Rouge : 28,79 hectares. Merlot 75 %, Cabernet franc 24 %, Cabernet-Sauvignon 1 %
Production moyenne : 85 000 bt/an

CHÂTEAU GRAND CORBIN-DESPAGNE ♣
3, Barraillot, 33330 Saint-Emilion
0557510838 •
www.grand-corbin-despagne.com • Vente et visites : sur RDV.
Propriétaire : Château Grand Corbin-Despagne

★ CHÂTEAU GRAND MAYNE

Dans la famille Nony depuis 1934, ce domaine historique a été le creuset depuis 1973 de la définition, avec l'aide de Michel Rolland, d'un vin d'une grande plénitude et d'une grande séduction, résolument "moderne" et en cela précurseur. Le terroir de pied de côte, varié sur les 17 hectares du parcellaire, possède du répondant : la capacité de garde est étonnante, même dans les petits millésimes, particulièrement réussis, comme l'étonnant 1997 ! L'exubérance des derniers millésimes est à surveiller pour que les vins ne montent pas trop en puissance.

Les vins : Filia de Grand Mayne 2016 se pose sur un merlot concentré au velours soyeux, sans grande complexité mais tellement aimable dans ce millésime rigide. Presque prêt à boire, il évoque la soie sous un fruit rouge intense. Le tonus du grand vin en 2016 reste encore sous l'emprise de son bois, il lui faut encore du temps pour qu'il parvienne à le digérer. Plus ouvert et doux, moins extrait et boisé, 2017 signe un vin sur la détente qui tire son énergie de sa finale en longueur. Le 2018 croquant et sapide se plaît à évoquer les notes fumées, presque lardées, d'un fruit solaire sur un tanin encore très mûr.

- Saint-Émilion Grand Cru Filia de Grand Mayne 2016 22 € 91
- Saint-Émilion Grand Cru 2016 60 € 91
- Saint-Émilion Grand Cru 2017 45 € 90
- Saint-Émilion Grand Cru 2018 48 € 90

Rouge : 17 hectares. Merlot 80 %, Cabernet

franc 17 %, Cabernet-Sauvignon 3 %
Production moyenne : 80 000 bt/an

CHÂTEAU GRAND MAYNE
1, Château Grand Mayne, Lieu-dit le Grand Mayne 33330 Saint-Émilion
0557744250 • www.grand-mayne.com • Vente et visites : sur RDV.
Propriétaire : Jean-Antoine Nony
Œnologue : Pierre-Yves Petit

★ CHÂTEAU GRAND-PONTET

Terroir du plateau jouxtant les premiers crus Clos Fourtet et Beau Séjour-Bécot, Grand-Pontet a été repris par les familles Pourquet et Bécot en 1980. Un peu plus bas et un peu plus argileux que ses prestigieux voisins, le cru est capable de grandes choses dans les grands millésimes ; il pèche en revanche encore par irrégularité dans les petits. La vigueur minérale est toujours sous-jacente à l'intensité du fruit : elle s'exprime avec distinction mais il faut quelques années pour que le vin s'assagisse. C'est un saint-émilion pour connaisseurs, pour les amoureux du plateau calcaire. Avec l'aide du directeur Pascal Lucin, la famille Pourquet-Bécot a signé avec 2015 et 2016 le plus beau doublé de l'histoire du cru, aboutissement de l'attention accrue portée aux détails, à la vigne comme au chai. Dans le foulée, le 2018 est une belle réussite.

Les vins : totalement atypique dans l'univers du millésime, le 2016 est bien dans les canons du cru. La profondeur toastée du nez, son éclat de fruit, la sensualité de son bouquet, signent la belle évolution du vin et la capacité du cru à produire des vins parmi les meilleurs saint-émilion. La bouche en forme d'arc-en-ciel s'arrondit sous un tanin séduisant et vigoureux mais disponible. Voilà une belle échappée pour ce millésime en tension qui n'en finit pas de nous étonner. Plus solaire, donc plus fermé, légèrement bloqué encore dans son bouquet, le 2018 possède une chair à la structure parfaitement maîtrisée sous une extraction parfaite. Plus rangée mais tout aussi vibrante, la finale donne de l'allure à cet athlète.

Saint-Émilion Grand Cru 2016	45 €	94
Saint-Émilion Grand Cru 2018	44 €	93

Rouge : 14 hectares. Merlot 70 %, Cabernet-Sauvignon 15 %, Cabernet franc 15 %
Production moyenne : 50 000 bt/an

CHÂTEAU GRAND-PONTET
Lieu-dit Grand Pontet, 33330 Saint-Émilion
05 57 74 46 88 •
contact@chateaugrandpontet.com • Vente et visites : sur RDV.
Propriétaire : Famille Pourquet-Bécot
Maître de chai : Pascal Lucin
Œnologue : Michel Rolland

★ CHÂTEAU GUADET

Si le vignoble de ce petit domaine est situé sur le plateau, juste derrière la ville, le château Guadet présente la particularité d'être vinifié intra-muros. La famille Lignac, propriétaire depuis sept générations, commercialise directement, sans passer par le négoce. C'est peut-être ce qui explique le manque de notoriété du cru, outre sa petite taille. Le retour de Vincent Lignac en 2010 a certes fait évoluer le domaine, certifié biologique depuis 2013 et biodynamique depuis 2015 ; des millésimes plus anciens illustrent cependant déjà sa qualité et sa longévité. Le style peut se résumer ainsi : intensité du goût et dynamique du corps, profondément calcaires, sans gonflette ni subterfuge, des vins toujours sveltes, même dans des années de haute maturité comme 2009 et 2015, deux grandes réussites. Les derniers millésimes nous impressionnent par leur harmonie et leur vibration fraîche.

Les vins : construit sur un fruit dominateur, sanguin et juteux, le 2018 est d'une précision irréprochable. Il inscrit sa texture veloutée parmi les saint-émilion charmeurs. Le profil graphite de la bouche et son ensemble soyeux conjugue plaisir et séduction. L'éclat épuré du fruit et la justesse de l'éclat tonifient l'ensemble de la dégustation.

Saint-Émilion Grand Cru 2017	66 €	92
Saint-Émilion Grand Cru 2018	83 € (c)	93

Rouge : 4,2 hectares. Merlot 75 %, Cabernet franc 25 %
Production moyenne : 20 000 bt/an

CHÂTEAU GUADET ♣
4, rue Guadet, 33330 Saint-Émilion
05 57 74 40 04 •
www.chateau-guadet-saintemilion.fr • Vente et visites : sur RDV.
Propriétaire : Guy-Petrus et Vincent Lignac
Directeur : Vincent Lignac
Œnologue : Derenoncourt

★ CHÂTEAU JEAN-FAURE

Jean-Faure a montré une nette montée en puissance dans les derniers millésimes et plus encore l'affirmation d'un style original. On le doit à la volonté farouche d'Olivier Decelle, propriétaire depuis 2004, à sa culture du vin qui dépasse largement le cadre bordelais. Il imprime des choix forts (primauté du cabernet franc, viticulture biologique, élevage en cuves béton...), dont certains le font parfois montrer du doigt par ses voisins. Situés entre Cheval Blanc, La Dominique et Ripeau, les 18 hectares de Jean-Faure livrent un vin au fruit beaucoup plus rouge que noir, axé sur la fraîcheur et la finesse des cabernets, l'élégance déliée de la forme. On sent le domaine capable d'aller plus loin encore dans l'affirmation de sa singularité ; il serait dommage que le cadre normatif des crus classés le bride dans cet élan.

Les vins : millésime après millésime, la dimension vibratoire des vins est construite sur les cabernets francs des argiles à veines ferrugineuses et petites graves de la pointe occidentale du vignoble. Le château a produit dans les trois derniers millésimes chauds des modèles d'équilibre. Le fruit du 2018 s'expose toujours avec franchise, insistant sur la vigueur. L'équilibre parfait expose la lumière des cabernets francs. L'épure se fait plus cristalline en bouche et sur une finale au tonus avéré par des pratiques culturales irréprochables. La tension minérale, évocatrice des sols, tend le millésime et le verticalise sur une acidité bordée.

Saint-Émilion Grand Cru 2018	55 €	94

Rouge : 18 hectares. Cabernet franc 65 %, Merlot 30 %, Malbec (cot) 5 %

Production moyenne : 70 000 bt/an

CHÂTEAU JEAN-FAURE ♣

Jean Faure 33330 Saint-Émilion

05 57 51 34 86 • www.jeanfaure.com • Vente et visites : sur RDV.

Propriétaire : Olivier Decelle

Directeur : Marie-Laure Latorre

Maître de chai : Louis Gadais

★ CHÂTEAU MOULIN SAINT-GEORGES

Les amateurs de bonnes affaires seraient bien inspirés de s'intéresser de près aux vins de cette propriété, dont le terroir fait face à celui d'Ausone. Pauline Vauthier, qui vinifie les deux crus, réalise à Moulin Saint-Georges un magnifique saint-émilion intense, racé, mais jamais lourd. La régularité qualitative est impressionnante depuis plus de deux décennies et les prix demeurent raisonnables. Le seul regret concerne les quantités disponibles...

Les vins : dans la droite ligne des vins tendus et affirmés, élégamment vieillis sans que les stigmates du bois n'apparaissent dans la juteuse trame du vin, le 2018 pose un croquant suave sur une floralité réglissée, pointée d'un tanin conquérant. Sur une construction parfaite et légère, ce millésime évoque une belle emprise du sol. En suivant, l'excellent 2019 est posé sur sa puissance monolithique. Le tanin est encore pris dans son bois, mais il le propulsera dans le temps.

Saint-Émilion Grand Cru 2018	N.C.	93
Saint-Émilion Grand Cru 2019	N.C.	92

Rouge : 7 hectares. Merlot 70 %, Cabernet franc 20 %, Cabernet-Sauvignon 10 %
Production moyenne : 30 000 bt/an

CHÂTEAU MOULIN SAINT-GEORGES
Moulin Saint-Georges 33330 Saint-Émilion
05 57 24 24 57 • www.chateau-ausone.com • Vente et visites : sur RDV.
Propriétaire : Famille Vauthier
Directeur : Pauline Vauthier

★ CHÂTEAU LE PRIEURÉ

Artemis, holding de François Pinault, a cédé la propriété de ce cru autour du pittoresque vallon de Fongaban au groupe Arkéa. Composé de plusieurs îlots de vignes, son vignoble assez jeune bénéficie de terroirs solaires qui peuvent donner des vins capiteux, comme en 2015. Les derniers millésimes marquent une grande progression sous la houlette de Pénélope Godefroy, œnologue, agronome et biodynamiste convaincue. Espérons que le style mesuré, harmonieux, sans brutalité extractive, laissant parler la générosité des terroirs, perdurera malgré le changement de propriétaire.

Les vins : le fruit dense, construit, fin expose un 2017 sur un tempo haut perché. La tension et la chair riche, concentrée, offre un milieu de bouche qui a du coffre sur une finale aux tanins alertes. Beau terroir ne saurait mentir associé à la biodynamie qui met en valeur la qualité du plateau saint-émilionnais.

Saint-Émilion Grand Cru 2017 54 € (c) 93

Rouge : 6,24 hectares. Merlot 80 %, Cabernet franc 20 %
Production moyenne : 15 460 bt/an

CHÂTEAU LE PRIEURÉ ♣

Chemin de Fongaban, 33330 Saint-Émilion
05 57 51 64 58 • www.siaurac.com • Vente et visites : sur RDV.
Propriétaire : Les terroirs de Suravenir
Directeur : Frédéric Engerer
Maître de chai : Pénélope Godefroy
Œnologue : Jean-Claude Berrouet

★ CHÂTEAU QUINAULT L'ENCLOS

Au début, Pierre-Olivier Clouet, directeur technique de Cheval Blanc ne savait pas trop quoi faire de ce cru citadin de 18 hectares à l'entrée de Libourne, racheté par Bernard Arnaud et Albert Frère en 2018, dans la suite de Cheval Blanc. Mais l'équipe est parvenue à trouver sur ce terroir de graves sableuses les clefs pour produire un vin nettement moins démonstratif que par le passé, devenant même subtil. La parcelle est très homogène, mais le paradoxe est que sa situation empêche la culture bio car le passage des engins trouble le voisinage ! Le travail du sol, pratiqué depuis plus de dix ans, permet aux racines de plonger pour récupérer l'eau en profondeur et trouver la fraîcheur qui faisait défaut aux anciens millésimes.

Les vins : 2015, chaleureux entre tous, voit justement les contours du cru se dessiner sur une rondeur plus séduisante. Le soyeux et la bonne acidité du 2016 apportent encore plus de finesse. 2017, sauvé du gel par la chaleur de l'agglomération, plus velouté et volubile, est innervé par la fraîcheur du cabernet. Quant au 2018, le fruit linéaire et croquant reste salivant, l'ensemble se dote d'une chair profonde mais sans extraction autoritaire, avant de développer une finale juteuse.

Saint-Émilion Grand Cru 2015 de 36 à 46 € (c) 93
Saint-Émilion Grand Cru 2016 35 € 92
Saint-Émilion Grand Cru 2017 32 € 92
Saint-Émilion Grand Cru 2018 40 € (c) 93

Rouge : 19 hectares. Merlot 70 %, Cabernet franc 30 %
Production moyenne : 80 000 bt/an

CHÂTEAU QUINAULT L'ENCLOS

30, rue de Videlot, 33500 Libourne
05 57 55 55 55 •
www.chateau-quinault-lenclos.com • Pas de visites.
Propriétaire : Bernard Arnault et Famille Frère
Directeur : Pierre Lurton

★ CHÂTEAU ROCHEBELLE

Ce cru familial de dimensions fort modestes (3 hectares) est idéalement situé en bordure de plateau calcaire, au milieu de prestigieux voisins : Tertre Roteboeuf, Troplong-Mondot, La Mondotte... Un petit poucet au milieu des ogres ? Jusqu'à récemment le vin de la famille Faniest était avant tout destiné à une clientèle d'habitués. L'ambition est ici chose nouvelle, elle est la conséquence logique de l'engouement dont bénéficie le secteur ! On sent dans Rochebelle la vibration d'un terroir fort. La rudesse tannique qui pouvait desservir le cru est désormais assagie. Les grands millésimes de puissance sont ceux qui lui conviennent le mieux ; la matière, souveraine, particulièrement apte à la garde, encaisse un élevage parfois appuyé.

Les vins : le chaleureux 2009 nous permet de juger l'évolution du château et la préséance de son terroir. Plus coincé, mais aussi avec plus d'allure, le 2008 est posé sur un souffle régulier, une finesse sensible et revient sur un ton plus péremptoire dans la finale sur les calcaires. Le charme n'est pas qu'un effet de style, le terroir est sous-jacent. D'un pas de géant, on passe au 2018, éclatant, sanguin, séveux, au nez racé et à la bouche circonscrite entre des tanins salivants et un boisé posé sur la profondeur d'un raisin mûr à l'équilibre.

Saint-Émilion Grand Cru 2008 40 € 94
Saint-Émilion Grand Cru 2009 47 € 92
Saint-Émilion Grand Cru 2018 42 € 95

Rouge : 3 hectares. Merlot 85 %, Cabernet franc 15 %
Production moyenne : 18 000 bt/an

CHÂTEAU ROCHEBELLE

2, Le Bourg,
33330 Saint-Laurent-des-Combes
05 57 51 30 71 •
www.chateau-rochebelle.com • Visites : sans RDV.
Propriétaire : Philippe et Émilie Faniest
Directeur : Philippe Faniest
Œnologue : Émilie Faniest

★ CHÂTEAU SOUTARD

Au nord-est de Saint-Émilion, l'ancienne propriété des Lignéris, rachetée par La Mondiale en 2006, est un phare pour s'orienter dans le vignoble. Depuis 2011 et l'ouverture d'une boutique, le cru est devenu un haut lieu de l'œnotourisme libournais. De même, le vin a lui aussi évolué vers davantage d'accessibilité tout en conservant cette profondeur de style indispensable à la garde, et une signature traditionnelle. Avec l'acquisition en 2017 de Petit Faurie de Soutard, propriété mitoyenne, le foncier est redevenu, à peu de choses près, ce qu'il était en 1850. Si Soutard présente toujours une structure puissante, les derniers millésimes se sont signalés par une plus grande profondeur de saveur.

Les vins : Petit Soutard 2017, élevé en amphores et en barriques, pose le fruit délié d'un assemblage merlot et cabernet franc. La sève d'un grand raisin coule dans les tanins mûrs de ce second vin. Le grand vin 2018 prend sa revanche sur un merlot tonitruant, même si le bois dominateur emporte les premières sensations. L'ensemble reste porté par une envergure dissimulée dans la finale. Petit Faurie est lumineux dans le moindre détail de sa structure enlevée. Il est doté d'un boisé chic. Mais il donne l'impression de manquer de maturité au vu de l'amertume du tanin.

- Saint-Émilion Grand Cru 2018 — 74 € — 95
- Saint-Émilion Grand Cru Château Petit Faurie de Soutard 2017 — 43 € — 89
- Saint-Émilion Grand Cru Petit Soutard 2017 — 26 € — 91

Rouge : 30 hectares. Merlot 63 %, Cabernet franc 28 %, Cabernet-Sauvignon 7 %, Malbec (cot) 2 %

Production moyenne : 65 000 bt/an

CHÂTEAU SOUTARD

BP 4, 33330 Saint-Émilion

05 57 24 71 41 • www.chateau-soutard.com • Vente et visites : sur RDV.

Propriétaire : AG2R La Mondiale

Directeur : Bertrand de Villaines

Maître de chai : Véronique Corporandy

Œnologue : Olivier Brunel

★ CHÂTEAU TROPLONG MONDOT

Au centre de la propriété, située sur le point culminant de Saint-Émilion, les molasses de l'Agenais parsemées de cailloux, complétées de grosses pierres à silex, marquent le caractère de ce cru racheté en 2017 par le réassureur Scor. La diversité des sols et des exposit ons autour de la butte de Mondot amènent complexité et masse au vin. Aymeric de Gironde, directeur du cru depuis son rachat, s'attache à parcelliser au maximum l'intégralité de la propriété afin de donner aux vins davantage de précision. Il les fait évoluer ainsi vers la finesse alors que c'est un style plutôt massif qui s'imposait jusqu'à peu. 2019, le troisième millésime depuis le rachat, confirme le désir d'évolution vers moins d'extraction. La puissance du terroir étant gratuite, il faut la retenir plutôt que de l'extraire, quitte à éliminer cette année tous les raisins des bouts de rang trop exposés ou ceux des rangs au soleil. Le nouveau chai enfin terminé devrait permettre une précision exceptionnelle pour affiner le détail du parcellaires. Les jardins, le restaurant, sa terrasse et les chambres d'hôtes feront de Troplong-Mondot, classique et intime propriété de jadis, une outil œnotouristique de pointe.

Les vins : c'est un excellent 2018 que nous avons eu l'occasion de goûter. Si son boisé fumé domine encore le nez, la pointe mentholée dans le détail du fruit vient complex fier l'ensemble, donnant plus d'éloquence à ce terroir du plateau. Moins extrait et plus frais que son successeur 2019, il offre de belles perspectives d'évolution. 2020 goûté en primeur semble avoir fait passer un cap dans la discrétion aux vins massifs des dernières années. Mondot, pure parcelle de merlot au bord de la route, juste avant d'arriver au château composée de molasses de l'agennais, paraît toujours aussi large mais s'élance plus verticalement dans ce millésime, encore cependant tenu par le bois. Joli fruit rouge bien mûr en finale.

- Saint-Émilion Grand Cru 2018 — 20 € — 94

Rouge : 43 hectares. Merlot 85 %, Cabernet-Sauvignon 13 %, Cabernet franc 2 %
Production moyenne : 190 000 bt/an

CHÂTEAU TROPLONG MONDOT
1, lieu-dit Mondot, 33330 Saint-Émilion
05 57 55 32 05 • www.troplong-mondot.com • Vente et visites : sur RDV.
Propriétaire : Groupe Scor
Directeur : Aymeric de Gironde
Maître de chai : Rémy Monribot
Œnologue : Thomas Duclos

CHÂTEAU BARDE-HAUT

Dans un cadre déjà presque champêtre, ce beau vignoble de 17 hectares est situé un peu à l'écart, sur la commune de Saint-Christophe-des-Bardes. Depuis son achat en 2000 par Sylviane Garcin-Cathiard, le cru a beaucoup évolué. Également actifs à Pomerol et en Argentine, Hélène Garcin et son mari Patrick Lévêque élaborent des vins de belle intensité, richement dotés, qui demandent à se fondre, à intégrer un élevage parfois démonstratif. Il faudra encore sans doute quelques années pour comprendre la direction stylistique et l'originalité du terroir.

Les vins : dommage que le domaine n'ait envoyé que son 2016. Goûté il y a déjà deux ans, le vin présente une parfaite évolution dans le style des vins de Saint-Christophe-des-Bardes. Un boisé un peu sanguin enrobe le nez, avant qu'une belle texture aux tanins courtois ne vienne couvrir la dégustation. La finale plus crayeuse, pointée d'une touche de graphite, relève le vin. Cette bouteille dénote un peu dans le style des 2016, plus volubile que le millésime carré ne le laissait entrevoir ailleurs, mais la définition est intéressante et encourageante.

Saint-Émilion Grand Cru 2016 45 € 91

Rouge : 16,89 hectares. Merlot 80 %, Cabernet franc 20 %
Production moyenne : 70 000 bt/an

CHÂTEAU BARDE-HAUT
Château Barde-Haut,
33330 Saint-Christophe-des-Bardes
05 57 25 72 55 • chateaubardehaut.com/ •
Vente et visites : sur RDV.
Propriétaire : Hélène Garcin-Lévêque
Maître de chai : Patrice Lévêque

CHÂTEAU BELLEFONT BELCIER

Chine puis Malte, puis Chine à nouveau (avec l'arrivée de Peter Kwok en 2018)... Depuis 2012, le pavillon flottant sur cette très belle propriété a plusieurs fois changé. Situation sublime, plein sud, dans le prolongement de la Côte Pavie, vignoble complet, comprenant sur 13 hectares plateau, côte et pied de côte : Bellefont Belcier possède d'immenses atouts pour faire briller un vin solaire, complexe et séducteur. Certains millésimes récents sont marqués par un boisé tenace. L'avenir dira si le cru trouve sa voie.

Les vins : Le savoureux 2017 cède le siège à l'extravagant 2018, qu'on a du mal à définir si ce n'est par son caractère particulièrement rafraîchissant. Le nez tout en nuances fruitées est porté par un élan floral. Un peu rose, légèrement violette, à moins que ce ne soit le cassis qui pousse son grain. La bouche, plus simple, est tenue par une belle tonicité : elle possède l'éclat d'un vin franc aux tanins agiles.

Saint Emilion Grand Cru 2018 55 € 90

Rouge : 13,5 hectares. Merlot 72 %, Cabernet franc 17 %, Cabernet-Sauvignon 11 %
Production moyenne : 50 000 bt/an

CHÂTEAU BELLEFONT BELCIER
1, Cassevert,
33330 Saint-Christophe-des-Bardes
05 57 24 77 15 • www.vignoblesk.com •
Vente et visites : sur RDV.
Propriétaire : Peter Kwok
Directeur : Jean-Christophe Meyrou
Maître de chai : Alexandre Leblois

NOUVEAU DOMAINE

CHÂTEAU FLEUR DE LISSE

Au Château Fleur de Lisse, la famille Teychney (groupe Colisée) pianote sur une partition moderne de sables et d'argilo-calcaires. Cabernet franc, jarres, biodynamie, plantations en massales et extractions justes composent le style moderne qui prône le fruit avant tout sur une matière en équilibre. Jolie réussite pour la propriété située entre les châteaux Figeac, La Dominique et l'Étampe. Itou pour la parcelle Fontfleurie, coincée entre les meilleurs sur le plateau de saint-émilion. Mais l'atout majeur, ce sont les coteaux exposés sud de Saint-Étienne-de-Lisse où le château Fleur de Lisse se construit peu à peu sur une justesse de ton parfaite. 2016, premier millésime fut un tour de chauffe, 2017 a gelé, arrivent alors un éclatant 2018 et un savoureux 2019.

Les vins : le ton est juste et les assises du vin fondent la détermination du domaine à produire un saint-émilion racé et juteux, de facture moderne. Les meilleurs conseils sont prodigués à la famille Teycheney et le chai moderne, qui sort tout juste de terre, favorise l'expressivité d'un style moderne, construit sur le fruit à partir d'un vignoble travaillé en suivant les principe de la biodynamie (la labellisation est en cours). Le premier millésime "présentable" du château Fleur de Lisse est le 2018, droit dans ses bottes de grand cru racé, structuré, qui ne perd jamais de vue que le vin est avant tout un plaisir. Il pose une ceinture tannique veloutée sur un bouquet parfaitement ouvert. Son successeur 2019, gorgé de la sève de l'année, est encore adolescent, mais laisse imaginer une longue et juteuse garde.

Saint-Emilion Grand Cru 2018 33,80 € 91

Saint-Emilion Grand Cru 2019 33,80 € 92

Rouge : 8,65 hectares. Merlot 59 %, Cabernet franc 41 %

Blanc : Sauvignon blanc 100 %

Production moyenne : 20 000 bt/an

CHÂTEAU FLEUR DE LISSE ♣

LD Gaillard, 33330 Saint-Hippolyte

05 33 03 09 30 • www.vignoblesjade.com/ • Vente et visites : sur RDV.

Propriétaire : Famille Teycheney

Maître de chai : Nicolas Géré

Œnologue : Jean-Claude Berrouet

CHÂTEAU LE CHÂTELET

Ce tout petit cru (3,18 hectares) du plateau historique possède plusieurs singularités. Tous ses voisins sont des premiers crus classés et la commercialisation se fait directement, sans passer par la place de Bordeaux. Issu de la famille Bécot, Julien Berjal, le jeune maître des lieux, se veut jardinier et affine d'année en année le profil de son vin. La vinification s'effectue désormais en barrique, et l'élevage en carrière souterraine. Le cru est en cours de conversion officielle à l'agriculture biologique. Si certains millésimes dans le passé ont pu paraître un peu durs et marqués par le bois neuf, les derniers annoncent un classicisme, une ampleur du corps et une ambition à la hauteur de la situation topographique.

Les vins : marqué à la culotte par les calcaires du plateau, le vin se juge à ce stade sur la texture de son fondant en bouche. Le nez, un peu bousculé, est mat et respire les épices, le noyau et une pointe de cacao. C'est dans le détail concentré d'un tanin presque mordant, signature fraîche d'une vendange entière, que l'on juge la profondeur du vin et dans sa texture juteuse que l'on anticipe sa garde. Un style qui respecte à merveille les calcaires saint-émilionnais et ce premier millésime d'une trilogie chaleureuse.

Saint-Émilion Grand Cru 2018 59 € 93

Rouge : 3,18 hectares. Merlot 80 %, Cabernet franc 20 %

Production moyenne : 15 000 bt/an

CHÂTEAU LE CHÂTELET

Chateau le Chatelet, 5, lieu-dit Le Chatelet, 33330 Saint-Émilion

06 72 91 09 29 •

www.chateau-le-chatelet.com • Vente et visites : sur RDV.

Propriétaire : Julien Berjal

CLOS DE L'ORATOIRE

Situé sur un terroir assez sablonneux, entre Soutard, Balestard et Dassault, le Clos de l'Oratoire est indéniablement moins huppé que les deux autres crus saint-émilionnais de l'écurie Neipperg, Canon-la-Gaffelière et La Mondotte. Il bénéficie cependant lui aussi des efforts agronomiques entrepris par le fringant comte Stefan. Son terroir de 13 hectares s'avère pourtant plus difficile à convertir à l'agriculture biologique. Régulier, complet à défaut d'être complexe, le vin dans sa jeunesse impressionne par son intensité, par la rondeur confortable de son fruit, souvent noir, cassis, mûre et myrtille. Il peut surprendre au vieillissement, comme le remarquable 2008 .

Les vins : fringant merlot sur sables, le nez en légère demi-teinte expose une puissance poivrée, légèrement épicée, un peu terreuse sur une expression de fruit presque frivole, croquant, effronté. D'approche plutôt facile, la bouche juteuse possède du relief sur un tanin frais et franc doté d'une bonne dynamique. Un vin d'une agilité précieuse dans ce millésime.

Saint-Émilion Grand Cru 2018 40 € 91

Rouge : 13,07 hectares. Merlot 80 %, Cabernet franc 20 %

Production moyenne : 55 000 bt/an

CLOS DE L'ORATOIRE ♣

Vignobles Comtes von Neipperg, BP 34 33330 Saint-Émilion

05 57 24 71 33 • www.neipperg.com • Vente et visites : sur RDV.

Propriétaire : Comtes von Neipperg

Directeur : Stephan von Neipperg

CLOS DES JACOBINS

Depuis son rachat par la famille Decoster en 2004, ce cru bien connu, qui a longtemps appartenu à la maison Cordier, a trouvé un nouveau lustre. Le vignoble de 8,5 hectares en pied de côte permet à l'enthousiasme de Magali et Thibaut Decoster de se concrétiser en un vin d'une grande régularité, avenant, possédant beaucoup de moelleux et une fraîcheur fruitée toujours au premier plan (la patte Hubert de Boüard, qui conseille le domaine ?). Les millésimes "intermédiaires" sont très réussis : goûtez le 2014, qui ne démérite aucunement face aux très complets 2015 et 2016. Des vins trop précoces, trop faciles ? Le vieillissement dira s'ils atteignent la distinction des plus grands. Également propriétaire du château La Commanderie, dans le secteur de Ripeau, la famille Decoster a fait l'acquisition en 2017 du château Candale, à l'est de Saint-Émilion, dont le restaurant sert désormais de vitrine à la production des trois propriétés.

Les vins : en 2017, malgré le gel, la belle finesse du vin, avec sa finale un peu plongeante, reste séduisante. Les notes de cacao du 2018 signent un boisé un peu poussé, acceptable à ce niveau d'élevage, les fruits passent ensuite au-dessus. On y perçoit de légères notes d'amandes et de raisin frais sur une concentration profonde. Les amers sapides de la fin de bouche rassurent quant à la fraîcheur du vin. La finale réglisse et le beau tempérament du vin nous confortent dans l'idée que le millésime de chaleur fait du bien au cru.

- Saint-Émilion Grand Cru 2017 — Épuisé - 25 € — 92
- Saint-Émilion Grand Cru 2018 — 42 € — 92

Rouge : 8,5 hectares. Merlot 80 %, Cabernet franc 18 %, Cabernet-Sauvignon 2 %
Production moyenne : 45 000 bt/an

CLOS DES JACOBINS

BP 67, 33330 Saint-Émilion
05 57 51 19 91 • www.mtdecoster.com •
Vente et visites : sur RDV.
Propriétaire : Magali & Thibaut Decoster
Directeur : Thibaut Decoster
Maître de chai : Pascal Masset
Œnologue : Hubert de Boüard

CHÂTEAU CORBIN

Depuis vingt ans qu'elle est à Corbin, Anabelle Cruse-Bardinet replante à haute densité le vignoble familial de 13 hectares situé au cœur de l'ancienne Seigneurie Corbin, sur des sols de graves sableuses à structure légère et argiles bleues. Ce mode de conduite permet à la plupart des jeunes parcelles de composer le grand vin. Vivant sur la propriété avec ses enfants, elle soigne l'écosystème. Son cuvier, refait à neuf il y a quatre ans, assemble dix-huit petites cuves béton pour vingt parcelles. Depuis, le cru, grand vin comme second, a gagné en précision jusqu'au punctum de 2019, grande démonstration de finesse et d'équilibre. Épaulée d'un nouveau maître de chais, Annabelle, œnologue elle-même, s'affranchit du conseil de Jean-Philippe Faure pour suivre son instinct, et prouve avec brio qu'elle sait y sait faire.

Les vins : dans ce millésime 2018 au style pur et précis, les vins de Corbin prennent une nouvelle dimension au plus près du fruit. Le simple saint-émilion ne reflète pas encore la bonne évolution du domaine, il se présente un peu roide dans son style, tout en restant parfaitement digeste et savoureux. La belle construction du grand cru 2018, sur des tanins modelés par le terroir et par de nouvelles pratiques d'extraction plus douces, conserve le fruit du départ sur un tanin affûté. Une pointe lardée au nez signale la moitié de l'élevage en fûts neufs. Les équilibres subtils permettent d'envisager une belle évolution.

- Saint-Émilion 2018 — 25 € — 89
- Saint-Émilion Grand Cru 2018 — 45 € — 93

Rouge : 13 hectares. Merlot 83 %, Cabernet franc 17 %
Production moyenne : 50 000 bt/an

CHÂTEAU CORBIN

Corbin, 33330 Saint-Émilion
05 57 25 20 30 • www.chateau-corbin.com •
Vente et visites : sur RDV.
Propriétaire : Anabelle Cruse-Bardinet et Sébastien Bardinet
Directeur : Anabelle Cruse-Bardinet

CHÂTEAU CORBIN MICHOTTE

Dans les secteur des Corbin, un peu à l'écart de Saint-Émilion et si durement touché par le gel en avril 2017, l'homonymie a de quoi désorienter l'amateur, cinq châteaux se partageant le même vocable. Si le terroir sablonneux, proche de Pomerol, leur confère un air de famille, et s'ils se serrent souvent les coudes, chacun a sa personnalité. Celle de Corbin Michotte est bien trempée ! Contre vents et marées, mais sans aucun passéisme, on revendique ici une vision "traditionnelle" du vin de Bordeaux. La famille Boidron vit le vin comme une évidence. "Nous cherchons à faire des vins classiques, sans surextraction ni boisage excessif. Nous voulons faire des vins personnels, qui expriment le millésime et le terroir." Cela peut paraître si simple, mille fois entendu... Sauf qu'ici le goût du vin correspond vraiment à la pétition de principe ! À la lumière de nos dégustations, nous ne comprenons pas le déclassement du château en 2012.

Les vins : si le merlot domine dans cette partie de Saint-Émillion, le cabernet franc vient renforcer l'élégance naturelle donnée par les graves qui recouvrent les sables limoneux du domaine. Cette noblesse, signature du grand cru, s'exprime à travers ce profil classique du 2018, un peu emprunté mais tellement rassurant. Le fruit intense se voit équilibré en bouche par un tanin vertical qui pose les fondations d'un bon vin de garde. Le millésime prend la suite du séveux 2016, bien assis sur un tanin de velours.

- Saint-Émilion Grand Cru 2016 de 40 à 48 € (c) 93
- Saint-Émilion Grand Cru 2018 de 36 à 43 € (c) 94

Rouge : 7 hectares. Merlot 65 %, Cabernet franc 30 %, Cabernet-Sauvignon 5 %
Production moyenne : 40 000 bt/an

CHÂTEAU CORBIN MICHOTTE

1, Corbin Michotte, 33330 Saint-Émilion
05 57 51 64 88 • www.vin-boidron.info •
Vente et visites : sur RDV.
Propriétaire : Jean-Noël Boidron
Directeur : Emmanuel Boidron
Maître de chai : Hubert Boidron
Œnologue : Hubert et Jean-Noël Boidron

NOUVEAU DOMAINE

CHÂTEAU COUTET À SAINT-ÉMILION

C'est une thébaïde discrète, propriété restée longtemps à l'écart du bouillonnement des plus grands crus classés. Son terroir dévale la pente, du plateau aux sables, face à Bordeaux dont on aperçoit la Tour Saint-Michel par temps clair. Depuis 14 générations, la famille David Beaulieu y travaille les sols et y replante des massales qui meurent centenaires. Rien n'est jamais venu perturber le cycle naturel de ce biotope formidable où l'agro-foresterie est un mode de vie depuis toujours pour la famille, qui vit sur la propriété entre tulipes sauvages et glaïeuls de Byzance. Ce lieu unique dissimule aussi des vestiges archéologiques et historiques. Parmi les curiosités : une bouteille datant de 1750, la plus ancienne bouteille de saint-émilion bouchée, a été retrouvée dans la cave. Bouchée à l'émeri (bouchon en verre coincé dans la bouteille suivant une méthode totalement hermétique), elle n'a subi aucune évaporation. Alain, Adrien et Matthieu David Beaulieu, à la tête du domaine, ont décidé d'en produire à nouveau. Cela donne Les Demoiselles, une cuvée produite sans essence et quasi sans électricité qui met un coup de projecteur sur l'excellence du domaine longtemps dissimulé sous l'épaisseur de ses taillis.

Les vins : on entre dans l'univers Coutet avec le 2017, assemblage de trois terroirs : plateau, côte, bas de côte. Issu de massales ayant conservé en mémoire l'impact d'un gel printanier, qui retarde, de fait, leur maturité, le millésime ne fut pas touché par le gel. Il donne un exemple parfait de la profonde et radieuse complexité du jus, vinifié en cuve béton et bois sans aucun intrant. Encore plus texturée, la cuvée Les Demoiselles tente de reproduire à l'identique le vin de 1750 retrouvé dans la cave du domaine. Elle est issue des massales de merlot et bouchet (cabernet franc) du plateau n'ayant eu aucun intrant depuis 400 ans, protégée par son altitude. La cuvée en 2018, triée grain par gain, est un négatif de son sol : pure, florale, fine, complexe. Ce concentré de nature d'une délicatesse inouïe, au jus croquant la menthe poivrée, est aussi vendu en bouteille de verre soufflée et bouchée à l'émeri. Œuvre d'art intouchable.

- Saint-Émilion Grand Cru 2017 90 € (c) 92
- Saint-Émilion Grand Cru Les Demoiselles 2018 80 € (c) 95

Rouge : 12,68 hectares. Merlot 60 %, Cabernet franc 30 %, Malbec (cot) 7 %, Cabernet-Sauvignon 3 %
Production moyenne : 55 000 bt/an

CHÂTEAU COUTET À SAINT-ÉMILION

Coutet 33330 Saint-Émilion
05 57 74 43 21 • www.chateau-coutet.com •
Vente et visites : sur RDV.
Propriétaire : Famille David Beaulieu
Directeur : Adrien David Beaulieu

CHÂTEAU CÔTE DE BALEAU

Cru discret mais de dimension non négligeable, Côte de Baleau est situé sur le plateau entre zones argilo-calcaires et argilo-sablonneuse. D'une belle régularité, sans chercher à atteindre des sommets d'intensité, il développe assez rapidement un caractère type complet, expressif. Avec Les Grandes Murailles, le domaine a été vendu par la famille Reiffers à la famille Cuvelier (Clos Fourtet) en 2013. Cette dernière a depuis signé une belle brochette de millésime, profitant de la dynamique d'un cru pour la première fois classé en 2012. Cette marque bénéficie encore d'un rapport qualité-prix très favorable.

Les vins : les argilo-calcaires et argiles sableux du plateau, à l'entrée du village de La Jurade offre un saint-émilion posé au bouquet de fruit franc et doux. Assez léger, le vin n'est pas d'une complexité exceptionnelle, mais il reste bien ajouré sur un fruit mûr un peu relâché dans la fin de bouche. Les tanins manquent un peu de tonicité, signalant une maturité avancée.

Saint-Émilion Grand Cru 2018 22 € 91

Rouge : 14,9 hectares.
Production moyenne : 60 000 bt/an

CHÂTEAU CÔTE DE BALEAU

Château Côte de Baleau
33330 Saint-Émilion
05 57 24 71 09 • contact@cotedebaleau.com
• Pas de visites.
Propriétaire : Philippe et Matthieu Cuvelier
Directeur : Matthieu Cuvelier
Maître de chai : Benoît Turbet Delof
Œnologue : Michel Rolland et Julien Viaud

CHÂTEAU DESTIEUX

Ce cru excentré couvrant 8 hectares d'un seul tenant a non seulement réussi à intégrer le classement des grands crus en 2006, mais il a surtout proposé un style nouveau, hédoniste et enveloppant, qui a révolutionné les ambitions de la partie orientale de l'appellation. Tout ceci, œuvre de trois décennies, est à porter au crédit du docteur Dauriac, soutenu par l'indéfectible complicité de Michel Rolland. Il a changé ce vin réputé austère, issu d'un secteur (le plus haut de Saint-Émilion) froid et argileux, en un vin de grand charme, très mûr, ample et séducteur. Notons l'utilisation astucieuse du cabernet-sauvignon (17 % de l'encépagement), qui apporte de l'épice et de la fraîcheur.

Les vins : dommage qu'autant de bois vienne ternir le séduisant 2018, moins austère que son prédécesseur, et marqué par cette pointe de cabernet sauvignon qui donne un grain différent à ce saint-émilion plutôt exotique. La complexité est là, mais elle demeure totalement masquée par une extraction massive doublée d'un boisé dominateur.

Saint-Émilion Grand Cru 2018 44 € 89

Rouge : 8 hectares. Merlot 66 %, Cabernet franc 17 %, Cabernet-Sauvignon 17 %
Production moyenne : 30 000 bt/an

CHÂTEAU DESTIEUX

1, Destieux, 33330 Saint-Hippolyte
05 57 24 77 44 • www.vignoblesdauriac.com
• Vente et visites : sur RDV.
Propriétaire : Christian Dauriac
Maître de chai : Baptiste Munné
Œnologue : Michel Rolland

CHÂTEAU LA DOMINIQUE

Avec son bâtiment rouge repérable de loin, La Dominique a misé gros sur l'œnotourisme. Depuis la terrasse panoramique/restaurant au-dessus du chai on peut surveiller les voisins du plateau occidental proche de Pomerol. Le domaine (29 hectares de sols argilo-calcaires, argilo-sableux et de graves), qui appartient à l'entrepreneur corrézien Clément Fayat, a entamé de lourdes modifications sur les conseils de Julien Viaud (équipe Rolland) : plantation de sélections massales, utilisation d'amphores et d'œufs en verre... Longtemps, La Dominique est resté dans le ventre mou de l'appellation mais l'évolution stylistique du grand vin est perceptible depuis 2018.

Les vins : justement élevé 14 mois, majoritairement en cuves, soutenu d'un petit 15 % en barriques, le second vin Le Relais de la Dominique affiche le profil charmeur d'une jeunesse qui conjugue fraîcheur, talent et fruit juteux. Le cassis, la mûre, la cerise : du fruit et juste du fruit, que demander de plus ! Moins d'extraction, moins de bois, des amphores, des globes en verre, le style se modernise. On adhère au 2018 qui pose les bons équilibres et se conclut sur un tanin salin.

Saint-Émilion Grand Cru 2018 59 € 93
Saint-Émilion Grand Cru Relais de la Dominique 2018 19,90 € 90

Rouge : 29 hectares. Merlot 89 %, Cabernet franc 8 %, Cabernet-Sauvignon 3 %
Production moyenne : 60 000 bt/an

CHÂTEAU LA DOMINIQUE

La Dominique 33330 Saint-Émilion
05 57 51 31 36 •
www.chateau-ladominique.com • Vente et visites : sur RDV.
Propriétaire : Famille Fayat
Directeur : Gwendeline Lucas
Maître de chai : Romain Sapet
Œnologue : Julien Viaud

CHÂTEAU FRANC MAYNE

Thomas Savare, dont la société familiale Oberthur fiduciaire est l'un des premiers imprimeurs de haute sécurité au monde, a repris le domaine pour le compte de la famille, confiant la direction à Martine Cazenave, qui après avoir mis le chateau en route cède sa place à Pierre Arnald. La direction technique est toujours sous la coupe de Sophie Mage (ex du château Grillet à Condrieu). Le changement dans la trame des vin est fulgurant. Profitant d'une tripotée de parcelles sur cinq unités de terroirs, la nouvelle équipe a lancé un programme de restructuration du vignoble désormais cultivé en bio. Les cabernets francs ont été arrachés, ils seront replantés une fois les sols débarrassés des nématodes et parasites, ennemis de la vigne. Ainsi les prochains millésimes ne seront que merlot à la "bourguignonne" issu de sélections parcellaires relayées par un aménagement pointu en cave. Intime et raffiné, Franc Mayne unit l'art de recevoir à celui de la vinification d'un cru classé qui fera vite parler de lui.

Les vins : dernier millésime assemblant merlots et cabernets, avant que ces derniers ne soient arrachés, 2018 a ensuite été élevé en foudre, barrique et jarre. Un nez éloquent sur une touche lardée, croquant d'un fruit mûr mais bien extrait qui à commencer à fondre son bois dans la masse du vin. Il laisse alors la finesse structurale et la pointe harmonieuse prouver que le vin évolue dans le bon sens du fruit et de la finesse. Issu d'une sélection parcellaire de sable et d'argile en bas de coteaux, Ilex (nom du chêne vert emblème du domaine) devise haut et fort avec son premier. Il joue dans ce millésime 2018. Si le grand vin n'est pas encore prêt, celui-ci s'ouvre sur un fruit très frais, juteux et de belle concertation sur un corps assoupli par le bas de la côte.

Saint-Émilion Grand Cru 2018 — 45 € — 93

Saint-Émilion Grand Cru Ilex 2018 — 20 € — 90

Rouge : 7 hectares. Merlot 90 %, Cabernet franc 10 %
Production moyenne : 35 000 bt/an

CHÂTEAU FRANC MAYNE

14, La Gomerie, RD243, 33330 Saint-Émilion
05 57 24 62 61 •
www.chateaufrancmayne.com • Vente et visites : sur RDV.
Propriétaire : Famille Savare
Directeur : Pierre ARNALD
Maître de chai : Sophie Mage
Œnologue : Thomas Duclos

CHÂTEAU LES GRANDES MURAILLES

C'est un des symboles de Saint-Émilion : un pan de mur solitaire, vestige de l'église des Dominicains, au milieu des vignes d'un tout petit cru de 2 hectares clos de murs, en contrebas de Clos Fourtet. La famille Cuvelier, propriétaire du célèbre premier cru, l'a d'ailleurs racheté en 2012. Le vin conserve son identité particulière, forgée sous l'administration de la famille Reiffers. Malgré la qualité régulière des millésimes depuis dix ans, la rondeur flatteuse et l'élevage démonstratif de ce pur merlot, vinifié dans un exigu chai souterrain et élevé en bois neuf, ne laissent pas entrevoir toute la distinction que devrait exprimer le terroir. Les choses changent en 2018, premier millésime repris par l'équipe technique de Clos Fourtet et supervisé par ses consultants, Stéphane Derenoncourt et Jean-Claude Berrouet.

Les vins : le chais exigu dans lequel est vinifié ce mini-vignoble ne laisse par de vraies latitudes pour travailler les vins. Pourtant, la consistance presque crémeuse du 2018 apporte la preuve d'un punctum de maturité des raisins, mais il manque un petit plus pour que le vin gagne en élégance. Les tanins cependant possèdent cette austérité pointée de minéralité que l'on aime retrouver dans les vins du plateau.

Saint-Émilion Grand Cru 2018 — 50 € — 91

Rouge : 2 hectares. Merlot 100 %
Production moyenne : 8 000 bt/an

CHÂTEAU LES GRANDES MURAILLES

Château Côte de Baleau,
33330 Saint-Émilion
05 57 24 71 09 •
www.lesgrandesmurailles.com • Vente et visites : sur RDV.
Propriétaire : Philippe Cuvelier
Directeur : Matthieu Cuvelier
Œnologue : Stéphane Derenoncourt et Jean-Claude Berrouet

CHÂTEAU LARMANDE

C'est par ce cru important de la côte nord que les assurances La Mondiale ont pris pied à Saint-Émilion en 1990. Depuis leur tableau de chasse s'est bien garni (Soutard, Cadet-Piola, Petit Faurie de Soutard...). Avec sensibilité et constance, Véronique Corporandy vinifie ce cru (comme Soutard) depuis plus de dix ans. Il s'agit d'un vin classique, modérément extrait mais structuré, comportant une part non négligeable de cabernet franc, souvent discret dans sa jeunesse mais qui évolue avec subtilité et distinction. Une valeur sûre s'il en est, un archétype, plus abordable jeune dans les derniers millésimes qu'il ne l'était naguère.

Les vins : sanguin, juteux, savoureux, l'expression aromatique du 2018 révèle une juste extraction sur un fruit mené au bout d'une année périlleuse. Cette maturité signe le fondement du vin, renforcée par un élevage soigné qui permet au millésime de soigner ses équilibres.

Saint-Émilion Grand Cru 2018 — 41 € — 93

Rouge : 20 hectares. Merlot 70 %, Cabernet franc 25 %, Cabernet-Sauvignon 5 %
Production moyenne : 65 000 bt/an

CHÂTEAU LARMANDE

Lieu-dit Larmande, 33330 Saint-Émilion
05 57 24 71 41 • www.chateau-larmande.fr • Vente et visites : sur RDV.
Propriétaire : AG2R La Mondiale
Directeur : Bertrand de Villaines
Maître de chai : Véronique Corporandy
Œnologue : Olivier Brunel

CHÂTEAU LAROQUE

Majestueux domaine dominant l'est saint-émilionnais, le cru de la famille Beaumartin produit un vin calcaire, élancé, plus proche dans l'esprit des terroirs historiques qui entourent la cité que de ses voisins immédiats. Le vaste vignoble en bordure de plateau, presque entièrement consacré au merlot, est minutieusement étudié et conduit, depuis 2015 par le brillant David Suire, par ailleurs bras droit de Nicolas Thienpont. Les derniers millésimes s'avèrent particulièrement réussis, dans un style à la fois plein et ciselé, très élégant, dynamique. Les millésimes antérieurs, vinifiés par Bruno Sainson, recèlent de belles surprises (magnifique 2000).

Les vins : l'imposante masse de la bâtisse n'a aucune commune mesure avec la délicatesse du vin. Plus dynamique que concentré, le 2018 possède toujours ce grain ciselé, cette finesse croquante et sapide. Le fruit bien mûr est relevé d'un toucher de bouche tonique suivie d'une finale rafraîchissante. Également élevé en milieu réducteur, le second vin Les Tours de Laroque se maintient à un niveau remarquable sur un fruit certes plus mat mais tout aussi harmonieux et proportionné.

- Saint-Émilion Grand Cru 2018 — 36 € — 93
- Saint-Émilion Grand Cru Les Tours de Laroque 2018 — 17,75 € — 90

Rouge : 61 hectares. Merlot 92 %, Cabernet franc 8 %
Production moyenne : 135 000 bt/an

CHÂTEAU LAROQUE

Laroque 33330 Saint-Christophe-des-Bardes
05 57 24 77 28 • www.chateau-laroque.com • Vente et visites : sur RDV.
Propriétaire : Famille Beaumartin
Directeur : David Suire

CHÂTEAU LAROZE

Toujours classé depuis 1955, le domaine fondé en 1882 par la famille de Guy Meslin, l'actuel propriétaire, est reconnu comme l'une des valeurs les plus sûres de Saint-Émilion. Il tire le meilleur parti de son terroir de pied de côte, en grande partie sableux. Si certains millésimes récents présentent un caractère univoque, gourmand mais manquant de nuance, les tout derniers marquent une progression. Pleins, avenants et subtils, ils s'exprimeront précocement dans le style aimable auquel le terroir est prédisposé.

Les vins : le 2017 n'a pas vu le jour pour cause de gel. Le 2016, courtois, pour ne pas dire séduisant, est en phase d'ouverture. En revanche, pour l'heure, le 2015 reste encore mat dans ses débuts et manque de chair en milieu de dégustation. Les tanins, bien que construits, tardent à s'affiner. Si les millésimes suivants ne sont pas plus concluants, le domaine cédera sa place dans le guide.

- Saint-Émilion Grand Cru 2016 — 42 € — 92
- Saint-Émilion Grand Cru 2019 — N.C. — 93

Le coup de ♥

- Saint-Émilion Grand Cru 2015 — 40 € — 92

Rouge : 27 hectares. Merlot 65 %, Cabernet franc 30 %, Cabernet-Sauvignon 5 %
Production moyenne : 120 000 bt/an

CHÂTEAU LAROZE

BP 61, 33330 Saint-Émilion
05 57 24 79 79 • www.laroze.com • Vente et visites : sur RDV.
Propriétaire : Guy Meslin
Maître de chai : Olivier Lesur
Œnologue : Jean-Philippe Faure

CHÂTEAU LA MARZELLE

La Marzelle appartient à la famille Sioen, industriels belges, depuis 1998. Le terroir, se développant comme celui de ses prestigieux voisins dans l'ancien lit de l'Isle, a été finement analysé. Le vignoble est conduit selon les préceptes de l'agriculture biologique, avec un intérêt pour la biodynamie. Les efforts consentis ont permis au cru de retrouver son classement en 2012. 2016 a marqué les esprits. Une réussite, saluée par la critique, qui pousse loin l'affirmation d'un style reconnaissable, contemporain, exaltant un fruit très pulpeux, généreux, charnu, sombre, très mûr mais réactif. La labellisation bio commence cette année et la vinification intégrale en barriques et amphores complète une batterie de techniques permettant de tirer le meilleur d'un terroir composé pour moitié de sable et pour l'autre d'argiles bleues et de graves. L'élevage en contenant minéral apporte un grain particulier à l'équilibre du vin. Le prix toutefois pourra en rebuter quelques-uns.

Les vins : l'expressivité du fruit du 2016 est à noter. L'harmonie du nez pointe un des plus jolis fruit du millésime pour l'instant, sur une souplesse florale et fruitée. La texture vibrante de la masse tannique se développe autour des épices, du paprika, de la fève tonka, des fruit sur une finale suave et raffinée. Prieuré La Marzelle conjugue une bonne évolution et un tanin construit, concentré sur un bouquet à peine évolué. Un saint-émilion encore perché sur sa fraîcheur et à peine ridé par le temps.

- Saint-Émilion Grand Cru 2016 — 74 € — 92
- Saint-Émilion Grand Cru Prieuré La Marzelle 2011 — 32 € — 90

Rouge : 17 hectares. Merlot 80 %, Cabernet franc 15 %, Cabernet-Sauvignon 5 %
Production moyenne : 70 000 bt/an

CHÂTEAU LA MARZELLE
La Marzelle 33330 Saint-Émilion
05 57 55 10 55 • www.lamarzelle.com •
Vente et visites : sur RDV.
Propriétaire : Famille Sioen
Maître de chai : Sébastien Desmoulin
Œnologue : Jean-Philippe Fort et Marc Quertinier

CHÂTEAU DE PRESSAC

Cette vaste propriété possède indéniablement beaucoup d'allure. Son vignoble se développe en terrasses sous un éperon que domine la silhouette du corps de logis néo-gothique. Souvenons-nous que pressac est le nom local du malbec, même s'il y en a peu ici car le cépage ne donne pas satisfaction à Jean-François Quenin, propriétaire depuis 1997. Pressac produit un vin coloré, intense, démonstratif, qui s'exprime plutôt dans l'assise de ses argiles que dans la nuance aromatique, mais qui montre davantage de raffinement dans les derniers millésimes, conséquence des importants investissements consentis à la vigne comme au chai. L'évidence d'une gestion parcellaire, compte tenu de la taille du domaine, s'est imposée très vite et les investissements portent leur fruit.

Les vins : La Tour de Pressac offre une belle sinuosité tannique, notre préférence va à la subtilité du 2016 face à la dimension profonde des argiles du 2018. Pressac 2016 offre un tanin mordant sur l'équilibre austère du millésime, mais la puissance est là ; on la préfère au 2017, moins convaincant. La grande bouteille, c'est indéniablement 2018, serré, tendu et profond, belle amplitude et tension... En attendant 2019 et 2020, qui confirment la progression du domaine.

- Saint-Émilion Grand Cru 2016 — 40 € — 90
- Saint-Émilion Grand Cru 2017 — 35 € — 89
- Saint-Émilion Grand Cru 2018 — 40 € — 92
- Saint-Émilion Grand Cru Château Tour de Pressac 2016 — 20 € — 90
- Saint-Émilion Grand Cru Château Tour de Pressac 2018 — 20 € — 91

Rouge : 36 hectares. Merlot 71 %, Cabernet franc 16 %, Cabernet-Sauvignon 9 %, Carmenère 2 %, Malbec (cot) 2 %
Production moyenne : 180 000 bt/an

CHÂTEAU DE PRESSAC
Lieu-dit Pressac,
33330 Saint-Étienne-de-Lisse
05 57 40 18 02 •
www.chateaudepressac.com • Vente et visites : sur RDV.
Propriétaire : Jean-François Quenin
Directeur : Yannick Reyrel
Maître de chai : Albane Redjaimia
Œnologue : Hubert de Boüard et Alain Raynaud

CHÂTEAU QUINTUS

Les châteaux Tertre Daugay et L'Arrosée ont été réunis dés 2011 sous l'entité Quintus, constituant, aux côtés d'Haut-Brion et de La Mission Haut-Brion, le troisième domaine de la société Clarence Dillon. Son président, le prince du Luxembourg, passionné de vin et de culture romaine (d'où le nom du cru) en a confié la direction à Jean-Philippe Delmas et à François Capdemourlin, nommé maître de chai. Depuis le sommet du tertre, la sculpture monumentale du dragon (protecteur de Saint-Émilion) qui a donné son nom au second vin domine les rangs de vignes, plantés sur les plateaux et les coteaux et exposés au sud-ouest et au nord.

Les vins : la fermeté des tanins prouve la bonne évolution du cru. La belle tenue et les proportions avantageuses, presque girondes, du vin se confirment après un an de bouteille. On regrette une légère dominance du bois dans l'extrait sec du tanin, mais la sucrosité des merlots reste en mémoire après la finale de cette bouteille taillée pour la garde. Les dernières années confirment la bonne appréhension par l'équipe de Quintus des différentes expositions pour produire un ensemble en adéquation avec la qualité des parcelles. Le Dragon de Quintus s'avère encore austère en 2018 sur un tanin doté de peu de souplesse, peut-être à cause d'une extraction manquant de légèreté.

- Saint-Émilion Grand Cru 2018 140 € 93
- Saint-Émilion Grand Cru Le Dragon de Quintus 2018 45 € 89

Rouge : 28 hectares. Merlot 72 %, Cabernet franc 25 %, Cabernet-Sauvignon 3 %
Production moyenne : 38 400 bt/an

CHÂTEAU QUINTUS
1, Larosé, 33330 Saint-Émilion
05 57 24 69 44 • www.chateau-quintus.com • Vente et visites : sur RDV.
Propriétaire : Château Quintus S.A.S. (Groupe Domaine Clarence Dillon)
Directeur : Jean-Philippe Delmas
Maître de chai : Claude Diligeart

CHÂTEAU SAINT-GEORGES CÔTE PAVIE

Cette petite propriété compte 5 hectares remarquablement situés sur la côte Pavie, coincée sous Pavie Macquin, qui dévalent d'un seul tenant le coteau exposé au sud/sud-ouest. En 1873, un marchand de bois corrézien crée le domaine à partir d'une autre parcelle d'un demi-hectares située sous Ausone, à l'entrée de Saint-Émilion. Ce clos, évincé du classement de 2012 est un pépite repérée par Philippe Masson, l'actuel propriétaire, héritier du fondateur et chef de service en pédiatrie qui, conseillé par Hannah Fiegenschuh de l'équipe Derenoncourt, a isolé la parcelle pour en faire une étiquette solo : Le Clos 1873. Les derniers millésimes signent le renouveau du coteau, qui rend aux vins la profondeur de son exposition. La vinification, respectueuse des équilibres, compose une identité davantage tournée vers la finesse que la concentration.

Les vins : le nez du 2016 marque une évolution que nous jugeons un peu prématurée, mais n'entache pas la qualité de l'ensemble. La puissance et l'élégance en bouche commencent à se fondre en évoquant plus la sucrosité que la froideur des débuts. Sans surprise, le bouquet du 2018 est encore fermé, mais il signe l'ampleur des vins du plateau et de cette côte à l'exposition parfaite avec ses tanins ardents sur une finale mélodieuse au fruit rayonnant. La parcelle excentrée du domaine, Le Clos 1873 charme par des notes de graphite et un fruit construit sur des tanins savoureux.

- Saint-Émilion Grand Cru 2016 65 € 90
- Saint-Émilion Grand Cru 2018 55 € 93
- Saint-Émilion Grand Cru Le Clos 1873 2018 70 € 93

Rouge : 5 hectares. Merlot 80 %, Cabernet franc 20 %
Production moyenne : 20 000 bt/an

CHÂTEAU SAINT-GEORGES CÔTE PAVIE
Château Saint-Georges Côte Pavie
33330 Saint-Émilion
0642059575 •
www.saint-georges-cote-pavie.com • Vente et visites : sur RDV.
Propriétaire : Famille Masson
Directeur : Philippe Masson
Maître de chai : Aurélien Baylan
Œnologue : Stéphane Derenoncourt et Hannah Fiegenschuh

CHÂTEAU SANSONNET

On est en droit d'attendre beaucoup de ces 7 hectares d'un seul tenant magnifiquement situés au sommet du plateau, tout proche de Trotte Vieille. Propriétaire depuis 1999 et récemment très active dans les investissements fonciers à Saint-Émilion, la famille Lefévère a indéniablement conscience de ce potentiel. La distinction du calcaire mérite plus de doigté dans les vinifications. Nous avions mentionné une extraction un peu lourde des derniers millésimes.

Les vins : le 2017 a perdu une partie de son extravagante texture, sans pour autant que le fruit ne s'affine. Il est construit sur un tanin épicé qui a pris du galon, mais là non plus sans un fruit notable. Le 2018 manque aussi de la chaleur du millésime ; on reste sur une matière froide, dense et carrée. Le fruit noir séveux marque en finale mais le tanin demeure masqué par l'extraction. Nous ne sommes pas convaincus quant à l'extraction trop appuyée dans ce millésime qui réclamait plus de douceur. Le cru reste classique et en retrait face à l'évolution stylistique de la plupart des belles propriétés saint-émilionnaises.

- Saint-Émilion Grand Cru 2017 38 € 89
- Saint-Émilion Grand Cru 2018 44 € 89

Rouge : 7 hectares. Merlot 85 %, Cabernet franc 8 %, Cabernet-Sauvignon 7 %
Production moyenne : 28 000 bt/an

CHÂTEAU SANSONNET
1, Sansonnet, 33330 Saint-Émilion
09 60 12 95 17 •
www.chateau-sansonnet.com • Vente et visites : sur RDV.

Propriétaire : Marie Lefévère
Directeur : Jean Trias
Œnologue : Jean-Philippe Fort

CHÂTEAU LA SERRE

Le parcellaire de la famille d'Arfeuille est on ne peut mieux placé, 7 hectares exposés plein sud entre Villemaurine, La Clotte et Trotte Vieille ; depuis la salle de dégustation surplombante la vue sur le vallon de Fongaban est magnifique. Les propriétaires ont décidé de conserver contre vents et marées un profil délicat, mesuré dans l'extraction, avec des vins qui peuvent sembler minces au milieu de leurs pairs dans certains millésimes mais possèdent toujours distinction et allure. Nous nous félicitons que le château demeure fidèle à sa vision, tout en acceptant la modernité agronomique et œnologique. Le cuvier a été rénové et inauguré au printemps 2019.

Les vins : le domaine ne nous ayant pas envoyé d'échantillon, nous maintenons les notes de l'an dernier.

- Saint-Émilion Grand Cru 2014 — de 30 à 50 € (c) — 90
- Saint-Émilion Grand Cru 2015 — de 40 à 55 € (c) — 92
- Saint-Émilion Grand Cru 2016 — de 50 à 60 € (c) — 93

Rouge : 7 hectares. Merlot 80 %, Cabernet franc 20 %
Production moyenne : 35 000 bt/an

CHÂTEAU LA SERRE
La Serre 33330 Saint-Émilion
05 57 24 71 38 • www.chateaulaserre.com • Vente et visites : sur RDV.
Propriétaire : Luc d'Arfeuille
Directeur : Arnaud d'Arfeuille
Œnologue : Stéphane Toutoundji

CHÂTEAU LA TOUR FIGEAC

Issu de la division en 1879 du château Figeac, ce cru s'est imposé comme un des plus fiables et séduisants du secteur. Très soignée, la viticulture mise en place par Otto Rettenmaier, dont la famille est propriétaire du château depuis 1994, se distingue par des pratiques s'inspirant de la biodynamie. Le domaine, qui sera certifié bio en 2021, affirme une volonté de privilégier le cabernet franc en sélections massales. Une vision claire, en phase avec le potentiel du terroir des "graves de Saint-Émilion", davantage prédestiné au charme qu'à la puissance. Les derniers millésimes offrent une séduction débridée, subtilement "pomerolaise", parfois langoureuse, en équilibre sur le fil de la surmaturité mais qui manque cependant d'éclat.

Les vins : timide, retranché derrière une toute petite matière, le fruit manque d'éclat dans l'Esquisse, qui se pose sur un tanin confortable mais sans grande vigueur. Sur une structure un peu plus crémeuse et vive, le 2018 se profile assez juteux, avec un tanin en demi-teinte. Une légère coquetterie pointe dans cette bouche vertueuse et moelleuse, mais qui pèche par manque de personnalité et d'éclat.

- Saint-Émilion Grand Cru 2018 — 50 € — 91
- Saint-Émilion Grand Cru L'Esquisse 2018 — 23 € — 89

Rouge : 14,6 hectares. Merlot 65 %, Cabernet franc 35 %
Production moyenne : 50 000 bt/an

CHÂTEAU LA TOUR FIGEAC
1, lieu-dit, La Tour Figeac,
33330 Saint-Émilion
05 57 51 77 62 • www.latourfigeac.fr • Vente et visites : sur RDV.
Propriétaire : Otto Rettenmaier
Directeur : Pierre Blois
Œnologue : Julien Lavenu

CHÂTEAU VILLEMAURINE

Ce beau cru à l'est de la cité, dont le terroir de plateau, d'un seul tenant, jouxte les remparts et les fossés, avait une réputation de grande irrégularité. Le niveau a bien progressé depuis la reprise en main en 2007 par Justin Onclin, négociant belge également propriétaire dans le Médoc. Caractère distinctif du vin : la finesse veloutée de son grain tannique, qui s'intègre depuis quelques millésimes à un fruité de haute maturité, vendangé tard, parfois presque décadent, mais sans que cela n'entraîne de lourdeur.

Les vins : très boisé et pendu à une note lardée, le nez du 2018 semble lutter pour se débarrasser d'une extraction un peu forte. Fort justement, la bouche vient recentrer le vin sur une mâche juteuse, des tanins calibrés et une finale plus poudrée. Plus amène et moins sur les chaleurs de l'année, le 2017 tempère l'équilibre du cru sur une pointe mentholée et graphite en milieu de bouche et de beaux amers en finale. Les Angelots se pose avec délicatesse sur un nez au fruit en retrait derrière une touche grillée. L'agilité du fruit arrive en bouche sur un tanin gracieux et distingué. Le vin est facile, agréable, mais le fruit reste un peu juste.

- Saint-Émilion Grand Cru 2017 — 39 € — 90
- Saint-Émilion Grand Cru 2018 — 50 € (c) — 9[illegible]

Saint-Émilion Grand Cru Les Angelots de Villemaurine 2017 27 € 89

Rouge : 7 hectares. Cabernet franc 80 %, Merlot 20 %

Production moyenne : 30 000 bt/an

CHÂTEAU VILLEMAURINE

Lieu-dit Villemaurine, 33330 Saint-Émilion

05 57 74 47 30 • www.villemaurine.com • Vente et visites : sur RDV.

Propriétaire : Famille Onclin

Directeur : Cynthia Capelaere

Œnologue : Hubert de Bouard

MÉDOC

★★★ CHÂTEAU DUCRU-BEAUCAILLOU

Les amateurs de grands médocs classiques trouveront leur bonheur avec Ducru-Beaucaillou. Bruno Borie conduit ce superbe cru avec talent et détermination ; il l'a placé ces dernières années dans le peloton de tête des bordeaux. Jamais démonstratifs, ni surextraits, les vins brillent par leur distinction et le soyeux de leur matière et leur incroyable persistance. Il s'agit de grands médocs profonds, digestes et équilibrés. Attention toutefois, un Ducru-Beaucaillou ne se révélant pleinement qu'avec l'âge, il est toujours dommage de le déguster trop tôt ; sa grande fraîcheur en finale et le grain élégant de ses tanins signent l'exceptionnelle capacité du cœur de son terroir.

Les vins : le cru a refondu sa gamme, créant depuis 2018 Le Petit Ducru, anciennement Lalande Borie, et positionné comme un troisième vin, La Croix de Beaucaillou étant le second. Le Petit Ducru 2019 est tout en fraîcheur, avec une bouche de belle suavité, ronde et charmeuse. Il gère bien la chaleur du millésime. Le saint-julien 2019 est absolument incroyable de définition et de saveur, avec un fruit lumineux, de la sève et une très longue finale étirée et proche du fruit. C'est un Ducru hors norme qui est né en 2018, d'une concentration très impressionnante et porté par 14,3° d'alcool. Depuis les primeurs, il évolue dans le bon sens en se montrant finalement équilibré et capable de digérer cette matière immense. Il faudra être très patient.

Saint-Julien 2018 de 200 à 230 € (c) 97

Saint-Julien 2019 de 200 à 230 € (c) 98

Saint-Julien La Croix de Beaucaillou 2019 31 € (c) 93

Saint-Julien Le Petit Ducru 2019 23 € (c) 90

Rouge : 55 hectares. Cabernet-Sauvignon 70 %, Merlot 25 %, Cabernet franc 5 %
Production moyenne : 215 000 bt/an

CHÂTEAU DUCRU-BEAUCAILLOU
Saint-Julien 33250 Saint-Julien-Beychevelle
05 56 73 16 73 • www.ducrubeaucaillou.com • Vente et visites : sur RDV.
Propriétaire : Famille Borie
Directeur : Bruno Borie

★★★ CHÂTEAU LAFITE ROTHSCHILD

Magistral, Lafite s'impose comme le plus raffiné des vins du Médoc lorsqu'il déploie, après quelques années de vieillissement, ses arômes envoûtants de graphite et de mine de crayon. Le déguster revient à découvrir un toucher et une sève uniques. Vaste propriété de 178 hectares, dont 105 plantés de vignes, Lafite appartient à la famille Rothschild depuis 1868. Le château peut aussi se prévaloir de posséder l'un des plus riches patrimoines qui soit en matière de (très) vieux millésimes, ce qui permet de mesurer à quel point le domaine a fait preuve (à l'exception de quelques millésimes) d'une régularité vraiment exemplaire. Saskia, fille d'Éric de Rothschild, a pris en 2018 la tête des propriétés du groupe, tandis qu'Éric Kholer supervise les vinifications depuis 2016. À noter depuis quelques millésimes, les progrès réalisés par le second vin, les Carruades.

Les vins : 2018 est tout simplement l'un des Lafite les plus spectaculaires qui soient. Plus exubérant qu'à son habitude, il conserve une droiture et une fraîcheur exemplaires et se déploie en bouche avec une intensité de saveur irrésistible. Il termine sur des tanins soyeux, finement poivrés d'une classe absolue. Le vin du millésime. Peu disert à ce stade, 2019 n'en est pas moins terriblement profond, posé et ultra racé. Combinant son muscle habituel et son toucher de tanins unique, il délivre un grain fin et soyeux. Un futur très grand classique du cru.

- Pauillac 2018 — 700 € — 100
- Pauillac 2019 — 672 € (c) — 98
- Pauillac Les Carruades de Lafite 2018 — 320 € — 95
- Pauillac Les Carruades de Lafite 2019 — 300 € (c) — 93

Rouge : 116 hectares. Cabernet-Sauvignon 70 %, Merlot 25 %, Cabernet franc 3 %, Petit Verdot 2 %
Production moyenne : 300 000 bt/an

CHÂTEAU LAFITE ROTHSCHILD
Le Pouyalet, 33250 Pauillac
05 56 73 18 18 • www.lafite.com • Vente et visites : sur RDV.
Propriétaire : Famille de Rothschild
Directeur : Éric Kohler
Maître de chai : Francis Perez
Œnologue : Christophe Congé

★★★ CHÂTEAU LATOUR

Ce cru est au sommet absolu de la hiérarchie bordelaise. Il continue à se montrer d'une régularité sans faille depuis plusieurs décennies. Difficile de prendre Latour en défaut, y compris dans les petits millésimes. Il représente l'essence même du grand pauillac : plein, riche et complet, développant avec l'âge un bouquet complexe et racé. Les millésimes légendaires ne manquent pas, et tous ceux qui ont eu la chance de déguster un jour les 1945, 1947, 1961 ou 1982 savent de quoi ce fantastique terroir est capable. Le directeur actuel, Frédéric Engerer, entretient fidèlement ce style sans concession. La refonte complète des chais et des installations techniques opérée ces dernières années, ainsi qu'une sélection drastique, ont permis au cru d'atteindre de nouveaux sommets. Les Forts de Latour s'impose également comme un cru extraordinaire, surpassant en raffinement et en profondeur bien des crus classés. Enfin, une troisième étiquette, Le Pauillac de Latour, mérite aussi l'intérêt des amateurs. À noter que depuis le millésime 2012, le château ne vend plus son vin en primeur, mais uniquement "en livrable" lorsque l'équipe estime qu'il a atteint sa maturité. Une politique commerciale unique pour un premier grand cru classé en 1855.

Les vins : arrivé à maturité, le pauillac 2016 est à la fois souple et persistant. La bouche est très en place, avec une jolie gourmandise juteuse. On boira aussi Les Forts de Latour 2015, aux notes de truffe, de fruits confits, de coing, servi par une belle trame tannique élégante. Issu d'un millésime évidemment très tendre et compliqué, ce 2013 est fluide, mais agréable et savoureux. La bouche déliée n'est pas très concentrée, mais le vin séduit par une belle élégance et d'agréables notes de fruits rouges et de poivre blanc.

- Pauillac 2013 — 480 € — 94
- Pauillac 2016 — 75 € — 91
- Pauillac Les Forts de Latour 2015 — 200 € — 93

Rouge : 93 hectares. Cabernet-Sauvignon 75 %, Merlot 23 %, Petit Verdot 2 %
Production moyenne : 300 000 bt/an

CHÂTEAU LATOUR ♣
Saint-Lambert, 33250 Pauillac
05 56 73 19 80 • www.chateau-latour.fr • Vente et visites : sur RDV.
Propriétaire : Artémis Domaines
Directeur : Frédéric Engerer
Maître de chai : Hélène Genin

★★★ CHÂTEAU LÉOVILLE BARTON

Voilà près de 200 ans que Léoville Barton est une histoire de famille. L'une des plus anciennes de Bordeaux. Pas moins de dix générations s'y sont succédé depuis l'acquisition du vignoble par Hugh Barton en 1826. Aujourd'hui, autour d'Anthony, sa fille Lilian et ses petits-enfants, Mélanie et Damien, poursuivent le travail. D'une régularité exemplaire, Léoville Barton incarne à merveille l'idée que l'on se fait d'un saint-julien. Le vin est pur, toujours très digeste et équilibré, acquérant avec le temps une fantastique complexité. S'il n'est ni le plus impressionnant, ni le plus explosif, Barton est certainement l'un des crus les plus raffinés du Médoc.

Les vins : le 2018 est un pur régal et l'un des plus élégants de l'appellation. Il joue sur ce qui fait la force de Léoville Barton : une texture toujours soyeuse et surtout un fruit qui reste croquant et savoureux, avec une finale doucement saline. 2017 affiche également beaucoup de race et de distinction. Deux vins promis à un bel avenir.

Saint-Julien 2017	80 €	95
Saint-Julien 2018	90 €	97

Rouge : 50 hectares. Cabernet-Sauvignon 74 %, Merlot 23 %, Cabernet franc 3 %
Production moyenne : 200 000 bt/an

CHÂTEAU LÉOVILLE BARTON
Route des Châteaux,
33250 Saint-Julien-Beychevelle
05 56 59 06 05 • www.leoville-barton.com •
Pas de visites.
Propriétaire : Famille Barton
Directeur : Lilian Barton Sartorius
Maître de chai : François Bréhant
Œnologue : Eric Boissenot

★★★ CHÂTEAU LÉOVILLE LAS CASES

La force de ce cru mythique réside indiscutablement dans son célèbre clos, au terroir complexe et aux parcelles diverses et complémentaires. Le grand vin est d'ailleurs issu uniquement de ce terroir, qui évoque par différents aspects celui de Château Latour. Il peut présenter, en fonction des millésimes, un profil plus droit et pauillacais ou bien jouer sur une expression plus tendre, évoquant davantage un saint-julien. Le vin arbore régulièrement une robe bleue-noire impressionnante, même en année moyenne. À son apogée (qui peut atteindre plus de vingt ans), il offre un bouquet dépassant en complexité et en noblesse de saveurs celui d'un saint-julien lambda, avec les nuances aromatiques les plus fines du cabernet-sauvignon des grands terroirs médocains. Propriété de Jean-Hubert Delon, l'un des plus fins connaisseurs bordelais de grands vins français, ce cru fait preuve d'une régularité sans faille depuis les années 1970.

Les vins : départager 2019 et 2018 n'est pas évident. Il s'agit de deux immenses vins aux profils radicalement différents. 2019 est un Las Cases flamboyant et de très grande race. Taillé évidemment pour la grande garde, il fait déjà montre d'un équilibre et d'une accessibilité qui le rendent irrésistible. Sa signature tannique et la puissance domptée de son fruit le portent vers les sommets. 2018 est plus impénétrable, très solidement constitué, avec un fruit dense, noir et épicé. Voilà un vin prêt à traverser le temps. Il offre une qualité de tanins et une faculté incroyable à les digérer. Superbe finale interminable. Le Petit Lion a quant à lui bien trouvé son style depuis quelques millésimes, dans un esprit qui le rapproche du grand vin.

Saint-Julien 2018	250 € (c)	99
Saint-Julien 2019	220 € (c)	99
Saint-Julien Le Petit Lion 2018	58 € (c)	92

Rouge : 45 hectares.
Production moyenne : 160 000 bt/an

CHÂTEAU LÉOVILLE LAS CASES
. 33250 Saint-Julien-Beychevelle
05 56 73 25 26 • www.domaines-delon.com
• Vente et visites : sur RDV.
Propriétaire : Jean-Hubert Delon
Directeur : Pierre Graffeuille

★★★ CHÂTEAU MARGAUX

L'un des plus célèbres crus au monde impose son style inimitable. Philippe Bascaules qui le dirige poursuit la lignée des grands vins légendaires nés ici. Déguster un grand Château Margaux à son apogée demeure une expérience unique, tant le cru se distingue au sein de son appellation par son bouquet floral caractéristique, la profondeur de ses saveurs et le soyeux de ses tanins. Autant de particularités que le cru doit à son superbe terroir, majoritairement composé de graves, qui réussit si bien aux cabernets composant le cœur de Margaux, et qui n'a pratiquement pas évolué depuis son classement. Grâce à une amélioration de l'outil de travail et à une sélection encore plus rigoureuse, les derniers millésimes semblent être les plus complets qui soient. La propriété produit également un blanc sous le nom de Pavillon Blanc qui, grâce à une plus grande exigence dans la recherche de maturité des sauvignons, est devenu l'un des meilleurs blancs de Bordeaux.

Les vins : comme nous le pressentions, 2019 est et sera légendaire, un cru d'un équilibre souverain, porté par une trame tannique soyeuse et des saveurs fruitées intenses. La classe absolue. Une autre légende arrive : avec des notes de fruits noirs, de poivre blanc, 2018 fait montre d'une impressionnante concentration parfaitement gérée par le soyeux du vin. Enrobé par des tanins soyeux, il déroule une impressionnante finale qui dure bien plus d'une minute et laisse une impression fraîche. Le blanc du château s'est considérablement affiné depuis quelques millésimes, avec davantage d'éclat dans le fruit.

- Bordeaux Pavillon Blanc du Château Margaux 2019 — 220 € (c) — 95
- Margaux 2018 — 660 € — 99
- Margaux 2019 — 650 € (c) — 98
- Margaux Pavillon Rouge du Château Margaux 2019 — 160 € — 94

Rouge : 82 hectares.
Cabernet-Sauvignon 75 %, Merlot 20 %, Petit Verdot 4 %, Cabernet franc 1 %
Blanc : 12 hectares. Sauvignon blanc 100 %
Production moyenne : 280 000 bt/an

CHÂTEAU MARGAUX
CS 80150 33460 MARGAUX
0557888383 • www.chateau-margaux.com •
Vente et visites : sur RDV.
Propriétaire : Corinne Mentzelopoulos
Directeur : Philippe Bascaules
Œnologue : Philippe Bascaules

★★★ CHÂTEAU MOUTON ROTHSCHILD

Philippe Sereys de Rothschild préside depuis 2014 cette emblématique propriété familiale de Pauillac. Le vin, toujours flamboyant, exhalant naturellement de généreuses notes fumées, est plus en place que jamais. Si Mouton connut un passage à vide au milieu des années 1990, il a été brillamment remis en selle au début des années 2000. S'en suit depuis une série de millésimes grandioses qui continue à écrire la légende du seul cru classé de 1855 qui été promu : de second, il est logiquement passé à premier en 1973. Artisan du renouveau du cru, Philippe Dhalluin a passé la main à la tête du cru à un solide duo formé d'Ariane Khaida (directrice générale) et Jean-Emmanuel Danjoy (direction technique). Mouton, doté d'un nouveau chai depuis 2013, évolue au sommet. À noter les progrès réalisés par le blanc, plus limpide et précis que jamais.

Les vins : Mouton a toujours cultivé un style flamboyant. Dans ce millésime 2018, il explose en bouche et déroule un flot de fruits impressionnant. C'est un Mouton ample, profond et suave, avec des tanins au grain subtil qu'il va falloir attendre au moins dix ans. Le Petit Mouton est évidemment un peu plus tendre, mais ne manque ps de profondeur ni de potentiel, c'est un vin complet et racé qui a bénéficié d'un élevage exceptionnel totalement en fût neuf, ce que permettait le millésime. 2019 est un millésime de référence pour le blanc baptisé Aile d'Argent. Un vin aux notes de fruits jaunes et à la bouche épurée et très allongée.

- Bordeaux Aile d'Argent 2019 — 80 € — 94
- Pauillac 2018 — 800 € — 99
- Pauillac Le Petit Mouton 2018 — 320 € — 94

Rouge : 84 hectares.
Cabernet-Sauvignon 78 %, Merlot 18 %, Cabernet franc 3 %, Petit Verdot 1 %
Blanc : 6 hectares. Sauvignon blanc 52 %, Sémillon 37 %, Sauvignon gris 10 %, Muscadelle 1 %

CHÂTEAU MOUTON ROTHSCHILD
Lieu-dit Le Pouyalet, 33250 Pauillac
05 56 73 21 29 •
www.chateau-mouton-rothschild.com •
Vente et visites : sur RDV.
Propriétaire : Philippe Sereys de Rothschild, Camille Sereys de Rothschild et Julien de Beaumarchais de Rothschild
Directeur : Ariane Khaida
Maître de chai : Jean-Emmanuel Danjoy

★★★ CHÂTEAU PALMER

Avec Château Margaux, Palmer est l'autre grande star d'une appellation trop souvent hétérogène. Son style, fait d'opulence et de rondeur, avec un soyeux magnifique, est néanmoins très différent de celui de son voisin. L'explication tient essentiellement dans la différence d'encépagement (et donc de terroir) entre les deux crus. Château Palmer est ainsi l'un des crus classés du Médoc à intégrer la plus forte proportion de merlot dans son assemblage final (aux environs de 50 %). Palmer a écrit sa légende en produisant quelques vins absolument somptueux : les 1961, 1983 et 1989 demeurent des références incontournables. Aujourd'hui propriété des héritiers de deux grandes familles, les Mähler-Besse et les Sichel, Palmer est dirigé par le brillant Thomas Duroux, portant les derniers millésimes au sommet. Il est certifié en biodynamie depuis 2018.

Les vins : le 2019 possède un potentiel énorme, avec une texture crémeuse et juteuse à la fois, un éclat du fruit superbe et surtout une allonge tout en équilibre. Notes de poivre blanc et de cassis. L'une des plus belles réussites du château, il succède à un 2018 hautement spectaculaire : issu d'une mini-récolte de 11 hl/ha, un monstre de concentration et de puissance, qui dégage des saveurs d'épices et de fruits noirs. Il faudra être très patient pour qu'il digère sa masse tannique et se mette en place. Une future bouteille légendaire. Ne négligez pas non plus Alter Ego, une vision plus souple et ronde des vins du château, mais qui ne manque pas de fond.

Margaux 2018	556 €	98
Margaux 2019	de 550 à 550 € (c)	99
Margaux Alter Ego 2019	N.C.	94

Rouge : 66 hectares. Merlot 47 %, Cabernet-Sauvignon 47 %, Petit Verdot 6 %
Production moyenne : 200 000 bt/an

CHÂTEAU PALMER
Lieu-dit Issan, 33460 Margaux
05 57 88 72 72 • www.chateau-palmer.com •
Vente et visites : sur RDV.
Propriétaire : Familles Mähler-Besse et Sichel
Directeur : Thomas Duroux
Maître de chai : Olivier Campadieu

★★★ CHÂTEAU PICHON BARON

Ce très beau second cru classé a produit une série de vins proprement stupéfiants et il s'impose au sommet de la hiérarchie médocaine. Impossible de manquer, depuis la route des châteaux, la somptueuse demeure de "Pichon Baron", l'un des édifices les plus impressionnants du Médoc. Acquis par le groupe Axa à la fin des années 1980, cette propriété a été réaménagée de fond en comble en moins de deux décennies et l'équipe, autour de Christian Seely, réalise un travail exemplaire qui l'amène au sommet des crus du Médoc. L'outil de vinification et le chai d'élevage, ainsi que le vignoble largement replanté, lui ont permis d'atteindre, dans les derniers millésimes, un niveau de qualité historique. Le château propose en outre deux seconds vins : Les Griffons et Les Tourelles, issus d'assemblages différents.

Les vins : aucun faux pas depuis maintenant trois décennies. Et les 2018 et 2019 ajoutent encore à la légende. Il ne faudra certainement pas se presser pour déguster le 2018, encore sur la retenue. La matière est superbe, concentrée, énergique et profonde. Le vin impressionne par sa longueur et le persistance de ses arômes. Dégusté juste après la mise en bouteille, le 2019 se montre intense, puissant et tout à la fois gracile. Une fois encore, c'est un grand pauillac profond et taillé pour la garde. Admirable qualité de tanins et persistance au sommet. Les Tourelles, à dominante de merlot, joue sur la suavité, avec un côté charmeur et explosif. Plus tramé, mais aussi un peu plus austère, Les Griffons affiche une noble droiture en bouche.

Pauillac 2018	160 €	97
Pauillac 2019	160 € (c)	97
Pauillac Les Griffons de Pichon Baron 2018	40 €	93
Pauillac Les Tourelles de Longueville 2018	55 €	92

Rouge : 73 hectares. Cabernet-Sauvignon 65 %, Merlot 30 %, Cabernet franc 3 %, Petit Verdot 2 %
Production moyenne : 350 000 bt/an

CHÂTEAU PICHON BARON
Pauillac 33250 Pauillac
05 56 73 17 17 • www.pichonbaron.com •
Vente et visites : sur RDV.
Propriétaire : AXA Millésimes
Directeur : Christian Seely
Maître de chai : Jean-René Matignon

★★★ CHÂTEAU PONTET-CANET

Propriété de la famille Tesseron, Pontet-Canet doit beaucoup au travail acharné de Jean-Michel Comme, artisan du passage en biodynamie et architecte de la construction des vins depuis une trentaine d'années. Il a quitté la propriété en mai 2020, cédant sa place à Mathieu Bessonnet. Quoi qu'il en soit, le cru est lancé et rien ne laisse penser qu'il ne poursuivra pas dans la voie qu'il a tracée. Charge donc à Justine Tesseron, fille d'Alfred, et désormais aux commandes, de maintenir Pontet-Canet dans cette sphère à part. Une visite du chai, des écuries à chevaux, des installations de vinification permet de comprendre à quel point le château a poussé à l'extrême sa vision de l'excellence et du respect de la nature, n'en déplaise aux grincheux. Pionnier, Pontet-Canet a insufflé dans le Médoc un courant fort, qui fait désormais école.

Les vins : 2019 et 2018 constituent un nouveau duo magique. Si 2018 traverse une phase très fermée, il nécessite un bon passage à l'air pour se déployer ; le fruit se réveille alors et retrouve sa brillance, la texture est finement poudrée et les tanins habillés de velours. Un vin racinaire et intense. La texture du 2019 est une fois encore son atout majeur. Un soyeux de bouche envoûtant, une délicatesse dans les tanins et une sorte d'évidence dans l'extraction. L'équilibre est magistral et la finale posée.

Pauillac 2018 — 142 € — 99
Pauillac 2019 — 130 € (c) — 98

Rouge : 81 hectares. Cabernet-Sauvignon 65 %, Merlot 30 %, Cabernet franc 4 %, Petit Verdot 1 %
Production moyenne : 300 000 bt/an

CHÂTEAU PONTET-CANET
Château Pontet-Canet 33250 Pauillac
0556590404 • www.pontet-canet.com •
Visites : sur RDV aux professionnels.
Propriétaire : Famille Tesseron
Directeur : Justine Tesseron
Maître de chai : Mathieu Bessonnet
Œnologue : Michel Rolland

★★ CHÂTEAU BATAILLEY

Philippe Castéja produit un pauillac de style et de forme classiques, qui a considérablement gagné en définition et en précision ces dernières années. Le vin vieillit par ailleurs remarquablement bien, conservant un profil très typique des grands vins du Médoc, entre droiture et précision. Les prix demeurent très accessibles. La régularité et l'excellent niveau des derniers millésimes nous ravissent.

Les vins : 2019 est de forme classique au sens noble du terme, sans austérité. La bouche est droite, longiligne, mais bien enrobée par la matière. Finale juteuse et salivante. Un pauillac racé à la belle évolution annoncée. 2018 est tout aussi aristocratique. Riche mais pas exubérant, il gère bien la maturité du fruit, s'appuyant sur une bonne fraîcheur des cabernets. Le vin ne manque pas de tension ni d'allonge en finale. Deux vins de haute volée.

Pauillac 2018 — 32 € — 95
Pauillac 2019 — 41 € (c) — 96

Rouge : 60 hectares.
Cabernet-Sauvignon 70 %, Merlot 25 %, Cabernet franc 3 %, Petit Verdot 2 %
Production moyenne : 300 000 bt/an

CHÂTEAU BATAILLEY
88 Quai de Bacalan 33300 Bordeaux
05 56 00 00 70 • www.batailley.com •
Visites : sur RDV aux professionnels.
Propriétaire : Famille Castéja
Directeur : Philippe Castéja
Maître de chai : Benoît Bouchonneau

★★ ↗ CHÂTEAU BEYCHEVELLE

Depuis 2011, cette propriété emblématique de Saint-Julien appartient pour moitié à Pierre Castel et pour l'autre au groupe japonais Suntory. Il jouit d'une fort belle réputation, produisant avec régularité des vins élégants et toujours digestes. Sans être les plus démonstratifs, ils vieillissent aussi très bien. Depuis 2016, le château s'est mis "à la page" du côté des infrastructures de vinification, avec un chai flambant neuf. Les vins ont depuis encore progressé en définition, ce qui nous permet d'attribuer une seconde étoile au château.

Les vins : rien à redire sur les derniers millésimes, les plus complets qui soient. 2019 est un vin soyeux et d'une belle texture en bouche. Il n'a rien perdu de son charme et de son éclat. Très beau classique pour le cru et l'appellation. 2018 est un Beychevelle flamboyant et charmeur, avec un fruit mûr, du gras et une très grande allonge. La texture reste fine et soyeuse. L'Amiral, le second vin, est lui aussi en forme.

Saint-Julien 2018 — 100 € — 96
Saint-Julien 2019 — 72 € (c) — 95
Saint-Julien Amiral de Beychevelle 2018 — 33 € — 91

Rouge : 90 hectares.
Cabernet-Sauvignon 56 %, Merlot 40 %, Petit Verdot 3 %, Cabernet franc 1 %
Production moyenne : 480 000 bt/an

CHÂTEAU BEYCHEVELLE
Château Beychevelle 33250 Saint-Julien
05 56 73 20 70 • www.beychevelle.com •
Vente et visites : sur RDV.
Propriétaire : Pierre Castel, Groupe Suntory
Directeur : Château Beychevelle

★★ CHÂTEAU BRANAIRE-DUCRU

C'est désormais François-Xavier, fils du regretté Patrick Maroteaux qui conduit cette admirable propriété. Branaire-Ducru s'est tranquillement hissé au sommet et fait désormais partie des propriétés incontournables du Médoc. Ces dernières années, le château a bénéficié d'équipements techniques de premier plan. Par la nature de son terroir, Branaire-Ducru ne peut donner un vin aussi corsé que ceux engendrés par les trois Léoville ; il joue sur un registre différent, plus en finesse et en souplesse, tout en vieillissant admirablement. Les derniers millésimes atteignent un niveau remarquable.

Les vins : le 2018 est un vin de grand raffinement qui s'inscrit dans une lignée de beaux millésimes, avec une structure classique qui dompte la richesse du fruit. Le vin conserve élégance et raffinement. Duluc joue sur la belle gourmandise d'une bouche ronde, séduisante, mais tonique. Il s'ouvre déjà mais tiendra quelques années sans sourciller.

- Saint-Julien 2018 — 60 € — 95
- Saint-Julien Duluc de Branaire-Ducru 2018 — 60 € (c) — 91

Rouge : 60 hectares.
Cabernet-Sauvignon 65 %, Merlot 28 %, Petit Verdot 4 %, Cabernet franc 3 %
Production moyenne : 260 000 bt/an

CHÂTEAU BRANAIRE-DUCRU
1, chemin du Bourdieu,
33250 Saint-Julien-Beychevelle
05 56 59 25 86 • www.branaire.com • Vente et visites : sur RDV.
Propriétaire : Famille Maroteaux
Directeur : François-Xavier Maroteaux et Jean-Dominique Videau
Maître de chai : Laurent Buzy-Debat
Œnologue : Éric Boissenot

★★ CHÂTEAU BRANE-CANTENAC

Ce second cru classé est dirigé avec conviction et talent par Henri Lurton, qui dispose à la fois d'un fort beau terroir et d'infrastructures modernes. Il y élabore des vins très fins, dans ce que l'on pourrait qualifier de signature margalaise, sans lourdeur ni effet de style, mais avec un fruit délicat. Le cru vient de livrer une série de millésimes impressionnants qui le pousse vers les sommets de l'appellation. Il faut en profiter.

Les vins : dès le nez, le 2018 se révèle envoûtant et complexe. Il s'agit d'un vin très soyeux, mais intense en bouche, porté par un très bel équilibre et une finale dynamique. Le 2018 impose aussi sa classe et sa profondeur. Difficile de résister à ce vin complet, profond et raffiné. Un grand classique de l'appellation qui combine soyeux et intensité. Voilà un duo d'enfer !

- Margaux 2019 — 50 € (c) — 96

Le coup de ♥
- Margaux 2018 — 76 € (c) — 96

Rouge : 72 hectares. Cabernet-Sauvignon 55 %, Merlot 40 %, Cabernet franc 5 %
Blanc : 3 hectares.
Production moyenne : 150 000 bt/an

CHÂTEAU BRANE-CANTENAC
Chemin de Benqueyre, 33460 Margaux
05 57 88 83 33 • www.brane-cantenac.com • Vente et visites : sur RDV.
Propriétaire : Henri Lurton
Directeur : Christophe Capdeville
Maître de chai : Florent Cillero
Œnologue : Éric Boissenot

★★ CHÂTEAU CALON-SÉGUR

Peu de crus classés peuvent se prévaloir ces dernières années d'une aussi impressionnante progression, saluée par les amateurs qui s'arrachent désormais les bouteilles. Acquis en 2012 par le groupe d'assurances Suravenir, Calon-Ségur a désormais tous les atouts dans sa manche : un vignoble entièrement repris en main grâce à un vaste programme de replantation et d'augmentation des densités et un outil de vinification et d'élevage très performant. Promu à la tête du cru, Vincent Millet, arrivé en 2006 comme directeur technique, a beaucoup œuvré à ce renouveau. Calon fait désormais partie de la tête du peloton.

Les vins : le 2018 fait voler en éclat tous les repères du cru. Ultra riche, puissant et de très haut degré alcoolique, il offre un profil exotique. Il ne manque pas de fraîcheur, mais est actuellement impénétrable. 2017 est dans un style beaucoup de plus classique et accessible. Un bouteille de très noble élégance.

- Saint-Estèphe 2018 — 125 € — 95

Le coup de ♥
- Saint-Estèphe 2017 — 90 € — 96

Rouge : 55 hectares.
Cabernet-Sauvignon 60 %, Merlot 31 %, Cabernet franc 7 %, Petit Verdot 2 %
Production moyenne : 80 000 bt/an

CHÂTEAU CALON-SÉGUR
Domaine de Calon, 33180 Saint-Estèphe
05 56 59 30 08 • www.calon-segur.fr • Vente et visites : sur RDV.
Propriétaire : Assurances Suravenir
Directeur : Vincent Millet
Maître de chai : Philippe Curaudeau
Œnologue : Éric Boissenot

★★ CHÂTEAU CANTENAC-BROWN

La belle et imposante propriété margalaise produit avec une très belle régularité des vins de bon niveau, dignes de son classement. Son dynamique directeur, José Sanfins, formé à l'école Cazes et Axa Millésime sait élaborer des vins charmeurs, mais aussi profonds et gourmands (à l'image du blanc Alto, produit en faibles quantités). Un nouveau propriétaire, la famille Le Lous, affiche des ambitions plus élevées encore. 10 hectares supplémentaires ont été acquis en 2020 et des travaux importants de modernisation de l'outil de production sont planifiés. Le cru ne s'endort pas sur ses lauriers !

Les vins : le 2019 est très bien construit, avec une attaque soyeuse et un bon volume en bouche. Il impose un très bel équilibre et surtout une finale qui termine sur le côté acidulé du fruit. Le grain est fin et l'ensemble s'harmonise bien. Avec un nez intense de fruits noirs et une belle trame, le 2018 impose son joli fond et reste fidèle à son style, avec un toucher de tanins fin. À noter, la production d'un blanc agréable et apéritif qui se boit sur son fruit.

- Margaux 2018 — 60 € — 94
- Margaux 2019 — 38 € (c) — 94

Rouge : 57,5 hectares.
Cabernet-Sauvignon 65 %, Merlot 30 %, Cabernet franc 5 %
Blanc : 1,8 hectare. Sauvignon blanc 90 %, Sémillon 10 %
Production moyenne : 180 000 bt/an

CHÂTEAU CANTENAC-BROWN
Route d'Arsac, 33460 Cantenac
05 57 88 81 81 • www.cantenacbrown.com • Vente et visites : sur RDV.
Propriétaire : Tristan Le Lous
Directeur : José Sanfins
Œnologue : Éric Boissenot

★★ CLOS DU MARQUIS

Longtemps estampillé comme le second vin de Léoville Las Cases, le Clos du Marquis est désormais un cru à part entière, issu d'une sélection de parcelles dédiées et situées au cœur de la zone des crus classés : il bénéficie de toute l'attention et du savoir-faire de l'équipe de Las Cases. Pas étonnant que son niveau soit celui d'un troisième grand cru classé, avec, qui plus est, une régularité impeccable. Une très belle affaire.

Les vins : La Petite Marquise est un vin délicieux, porté par la jolie rondeur de ses merlots qui représentent souvent 50 % de l'assemblage. Le 2018 se referme. Clos du Marquis 2019 est un vin à la fois sexy et profond. Tenu par des cabernets de belle noblesse. Le 2018 est évidemment plus constitué, plus exubérant, une bouteille qui est partie pour une longue vie et qu'il faut attendre.

- Saint-Julien 2018 — 66 € (c) — 94
- Saint-Julien 2019 — 60 € (c) — 94
- Saint-Julien La Petite Marquise 2018 — 31 € (c) — 90

Rouge : 45 hectares.
Cabernet-Sauvignon 66 %, Merlot 24 %, Cabernet franc 9 %, Petit Verdot 1 %
Production moyenne : 180 000 bt/an

CLOS DU MARQUIS
Saint-Julien 33250 Saint-Julien-Beychevelle
05 56 73 25 26 • www.domaines-delon.com • Vente et visites : sur RDV.
Propriétaire : Famille Delon
Directeur : Pierre Graffeuille

★★ CHÂTEAU COS D'ESTOURNEL

L'homme d'affaire Michel Reybier, qui a acquis le cru en 2000, a mis de gros moyens pour doter Cos d'Estournel de tous les atouts nécessaires à l'élaboration du plus grand vin possible. La construction d'un des chais les plus performants au monde, par l'architecte Jean-Michel Wilmotte, en est l'illustration. Cos a toujours produit des vins expressifs et d'un style plutôt exubérant. Au début des années 2000, il a même parfois basculé dans la caricature, faisant passer au second plan la finesse que le terroir est capable d'exprimer. Les choses s'inversent et Cos retrouve avec les derniers millésimes une expression qui nous séduit à nouveau.

Les vins : le 2018 brillait lors des dégustations en primeur, il préserve toujours un bel éclat malgré la très grande maturité du fruit. Notes d'eucalyptus, de cassis et bonne intégration du bois. Les tanins sont nobles et soyeux. La finale est savoureuse. 2017 était aussi une grande réussite dans une style épuré et équilibré.

- Saint-Estèphe 2017 — 150 € — 95
- Saint-Estèphe 2018 — 201,60 € — 97

Rouge : 100 hectares.
Cabernet-Sauvignon 60 %, Merlot 40 %

CHÂTEAU COS D'ESTOURNEL
Saint-Estèphe 33180 Saint-Estèphe
05 56 73 15 50 • www.estournel.com • Vente et visites : sur RDV.
Propriétaire : Michel Reybier

★★ CHÂTEAU GISCOURS

Belle propriété du sud de l'appellation Margaux, Giscours a produit des vins de haute volée au début des années 1980, durant la grande époque de Pierre Tari. Il s'est ensuite quelque peu endormi à cause d'interminables querelles familiales et de quelques affaires judiciaires, avant d'être réveillé par l'homme d'affaires hollandais Eric Albada Jelgersma, disparu en 2018, qui a repris ce troisième cru classé en fermage. Sous la direction d'Alexander Van Beek, d'importants progrès ont été réalisés à la vigne et au chai, et le cru a retrouvé sa sérénité. Les derniers millésimes sont très réussis, avec des vins pleins, riches et corsés.

Les vins : nous constatons une petite évolution stylistique depuis deux ans, avec des vins un peu moins denses, mais plus fins, à l'image du 2019. Distingué en primeur, il n'a rien perçu de son éclat et de sa luminosité. Le fruit qui assume une maturité fraîche brille par son côté juteux et sa finale très salivante. Nous aimons le grain fin des tanins et la pureté du fruit. 2018 est quant à lui un Giscours à la robe sombre, intense et mûr au nez. La bouche est serrée, mais très énergique et le vin impose sa puissance dans un premier temps, puis termine sur des tanins veloutés.

Margaux 2018	62 €	95
Margaux 2019	54 € (c)	95

Rouge : 90 hectares.
Cabernet-Sauvignon 60 %, Merlot 32 %, Cabernet franc 5 %, Petit Verdot 3 %
Production moyenne : 200 000 bt/an

CHÂTEAU GISCOURS
10 route de Giscours 33460 Labarde
05 57 97 09 09 • www.chateau-giscours.fr • Vente et visites : sur RDV.
Propriétaire : Famille Albada Jelgersma
Directeur : Alexander Van Beek

★★ CHÂTEAU GRAND-PUY-LACOSTE

Ce domaine a connu deux propriétaires seulement en 75 ans : Raymond Dupin, de 1932 à 1978, puis la famille Borie, représentée aujourd'hui par François-Xavier et sa fille Emeline. Ils dirigent ce cinquième cru classé au vignoble homogène sur le plateau de graves et d'argiles de Grand-Puy, avec une bonne proportion de vieilles vignes. La régularité est sans faille depuis déjà une bonne décennie et certains millésimes plus anciens surprennent toujours. "GPL", comme on dit à Bordeaux, produit un pauillac classique, plein et nerveux, aux tanins richement épicés, de style plutôt droit. Il acquiert, dans les grands millésimes, un moelleux magnifique qui gagne à vieillir.

Les vins : le 2019 joue sur un charme très agréable, avec de la rondeur, de la suavité dans l'expression de la matière. Bien en place et très équilibré, avec une pointe de salinité en finale. En 2018, on retrouve la suavité et la séduction qui signe les vins de la propriété. Admirable qualité de tanins au grain fin et soyeux. Il possède le fond, de la forme et beaucoup de classe. Le 2017, plus prêt à boire, revêt une belle forme classique, porté par des cabernets très nobles.

Pauillac 2017	75 €	93
Pauillac 2018	70 €	95
Pauillac 2019	70 €	95

Rouge : 60 hectares. Cabernet-Sauvignon 75 %, Merlot 20 %, Cabernet franc 5 %
Production moyenne : 150 000 bt/an

CHÂTEAU GRAND-PUY-LACOSTE
Pauillac BP 82, 33250 Pauillac
05 56 59 06 66 •
www.grand-puy-lacoste.com • Vente et visites : sur RDV.
Propriétaire : François-Xavier Borie
Directeur : Emeline Borie

★★ CHÂTEAU GRUAUD LAROSE

Très bien situé, le vignoble occupe un plateau de graves profondes, d'une homogénéité parfaite, dans la partie sud de la commune de Saint-Julien, où les vignes s'épanouissent remarquablement. Connu pour avoir produit dans les années 1980 et 1990 des vins puissants, montrant souvent une définition un rien animale, le cru propose des millésimes récents plus précis dans les arômes. La famille Merlaut optimise les installations techniques que le groupe Alcatel, éphémère propriétaire, avait permis d'installer. Elle a choisi également de donner aux vins de Gruaud Larose un profil plus friand et gourmand, afin de les rendre accessibles dans leur jeunesse. Les derniers millésimes montrent un progrès en ce sens, avec des vins qui ont aussi gagné en précision. La politique tarifaire défendue par Jean Merlaut fait de Gruaud une marque toujours accessible, ce dont nous nous félicitons.

Les vins : le nez du 2018 est riche et intense, sur des notes de fruits et une pointe d'élevage. Ce dernier est encore un peu marqué en bouche, mais la matière est telle que l'ensemble va se fondre. C'est un vin à la fois solide et raffiné. Il succède à un très élégant 2017.

Saint-Julien 2017 65 € 95
Saint-Julien 2018 77 € 95

Rouge : 82 hectares.
Cabernet-Sauvignon 69 %, Merlot 29 %, Cabernet franc 2 %
Production moyenne : 350 000 bt/an

CHÂTEAU GRUAUD LAROSE
Saint-Julien 33250 Saint-Julien-Beychevelle
05 56 73 15 20 • www.gruaud-larose.com •
Vente et visites : sur RDV.
Propriétaire : Jean Merlaut
Directeur : Nicolas Sinoquet
Maître de chai : Stéphanie Lebaron
Œnologue : Éric Boissenot

★★ CHÂTEAU HAUT-MARBUZET

Aucun cru à Bordeaux ne peut se targuer de réunir une telle communauté d'amateurs inconditionnels. Depuis plus de trente ans, Haut-Marbuzet et son truculent et dynamique propriétaire, Henri Dubosq, désormais épaulé par ses fils, ont conquis le cœur des œnophiles avertis. Si l'on a longtemps considéré les vins comme charmeurs dans leur jeunesse (ce qu'ils sont indéniablement), mais limités en termes de potentiel de garde, il faut déguster des millésimes mûrs de ce cru de Saint-Estèphe pour comprendre que son terroir est surtout capable d'engendrer des vins qui vieillissent à merveille. Les vieux merlots plantés sur argile bleue confèrent au bouquet de Haut-Marbuzet de superbes notes de truffes qui évoquent certains vieux pomerols. Comme beaucoup, le cru a connu une petite baisse de régime au début de la décennie 2000, mais le retour en force ces dernières années le rend plus indispensable que jamais dans la cave des amateurs.

Les vins : allez-y en toute confiance, les derniers millésimes feront date : le 2017 n'a rien perdu de son charme et de son côté caressant. Un Haut-Marbuzet parfaitement dans les clous, suave et raffiné en diable. Il sera difficile de lui résister. 2018 est encore plus spectaculaire avec un cœur de bouche plus intense, et toujours cette belle fraîcheur en finale.

Saint-Estèphe 2017 32 € 94
Saint-Estèphe 2018 36 € 95

Rouge : 70 hectares. Merlot 55 %, Cabernet-Sauvignon 40 %, Cabernet franc 3 %, Petit Verdot 2 %
Production moyenne : 350 000 bt/an

CHÂTEAU HAUT-MARBUZET
1, rue Saint-Vincent, 33180 Saint-Estèphe
05 56 59 30 54 • infos@haut-marbuzet.net •
Vente et visites : sur RDV.
Propriétaire : GFA des Vignobles H. Duboscq et Fils
Directeur : Henri Duboscq

★★ CHÂTEAU D'ISSAN

En dehors d'un somptueux château, Issan peut se prévaloir de bénéficier d'un des rares vignobles historiques n'ayant pas été remembré, idéalement placé en bord de Gironde et contenu au sein d'un clos magnifique. Le cru appartient aujourd'hui pour 50 % à la famille Lorenzetti (Pédesclaux et Lilian Laouys) et pour l'autre moitié à la famille d'Emmanuel Cruse qui en assure la gestion. Les vins ont gagné en épaisseur, en intensité et en profondeur ces dernières années, tout en conservant un toucher très soyeux. Ils font désormais partie de l'élite de l'appellation.

Les vins : les derniers millésimes poussent Issan vers l'excellence de l'appellation. 2018 est un vin élégant et raffiné, doté d'une fine matière équilibrée et des tanins de soie. L'ensemble est fondu et vraiment séduisant.

Margaux 2018 75 € 95

Rouge : 60 hectares.
Cabernet-Sauvignon 65 %, Merlot 35 %
Production moyenne : 103 000 bt/an

CHÂTEAU D'ISSAN
Chemin de la Ménagerie, 33460 Cantenac
05 57 88 35 91 • www.chateau-issan.com •
Vente et visites : sur RDV.
Propriétaire : Famille Cruse et Jacky Lorenzetti
Directeur : Emmanuel Cruse
Œnologue : Eric Boissenot

★★ CHÂTEAU LYNCH-BAGES

C'est désormais à Jean-Charles Cazes que revient la charge de piloter ce cru prestigieux de Pauillac. Son père, Jean-Michel, personnalité médocaine exceptionnelle, infatigable ambassadeur des vins de Bordeaux et artisan de la renommée de ce cinquième cru, n'est cependant jamais très loin. La magnifique propriété familiale, excellemment située sur le plateau de Bages, a produit une impressionnante série de vins sans aucun point faible depuis le début des années 1970, imposant son style riche, séduisant et immédiatement accessible, tout en étant capable de vieillir avec grâce. Doté désormais d'un spectaculaire chai moderne flambant neuf à la pointe de la technologie, le cru est plus que jamais sur les rails et sa cote d'amour auprès de nombreux amateurs n'est qu'un juste retour des choses.

Les vins : le 2018 est un des vins les plus flamboyants de l'appellation. Le fruit est explosif, la bouche est tout en saveurs et le palais est tapissé par les beaux tanins. Impressionnant de gourmandise. Écho, le second vin, n'est pas en reste en matière de séduction, avec une bouche charnue et bien enveloppée.

- Pauillac 2018 — 140 € (c) — 95
- Pauillac Écho de Lynch-Bages 2018 — 45 € (c) — 91

Rouge : 100 hectares.
Cabernet-Sauvignon 70 %, Merlot 24 %, Cabernet franc 4 %, Petit Verdot 2 %
Blanc : 7 hectares. Sauvignon blanc 63 %, Sémillon 25 %, Muscadelle 12 %
Production moyenne : 420 000 bt/an

CHÂTEAU LYNCH-BAGES
Pauillac 33250 Pauillac
05 56 73 24 00 • www.lynchbages.com •
Vente et visites : sur RDV.
Propriétaire : Famille Cazes
Directeur : Jean-Charles Cazes
Maître de chai : Nicolas Labenne
Œnologue : Daniel Llose

★★ CHÂTEAU LÉOVILLE POYFERRÉ

Ce deuxième cru classé atteint désormais le niveau des meilleurs et pourrait bientôt prétendre à une troisième étoile. Le terroir confère au vin de Poyferré sa profondeur de robe, sa chair ample et nerveuse, son large bouquet épicé, ainsi que son potentiel de longévité. Dans un style plus opulent que son voisin Barton et plus crémeux que Las Cases, il a trouvé son style et peut désormais compter sur un vignoble d'âge respectable et sur un outil de vinification performant. Didier Cuvelier qui peut être fier du travail accompli depuis la fin des années 1970 a pris sa retraite en 2018, laissant les rênes à Sarah Lecompte-Cuvelier.

Les vins : c'est le plus démonstratif des vins de l'appellation. Doté de notes de fruits noirs mûrs et de beaucoup d'ampleur en bouche, le 2019 se montre spectaculaire. Plein et gras, il ne manque ni de charme ni de profondeur. Un vin flamboyant à la finale mentholée. 2018, taillé pour la garde, est actuellement difficile à pénétrer : la matière est dense, le fruit concentré et les tanins abondants. Il y a là de quoi faire une belle bouteille dans une décennie, dans un style très exubérant.

- Saint-Julien 2018 — 140 € — 95
- Saint-Julien 2019 — 113 € (c) — 97

Rouge : 60 hectares.
Cabernet-Sauvignon 65 %, Merlot 25 %, Petit Verdot 8 %, Cabernet franc 2 %
Production moyenne : 200 000 bt/an

CHÂTEAU LÉOVILLE POYFERRÉ
38, rue de Saint-Julien
33250 Saint-Julien-Beychevelle
05 56 59 08 30 • www.leoville-poyferre.fr •
Vente et visites : sur RDV.
Propriétaire : Famille Cuvelier
Directeur : Sara Lecompte-Cuvelier
Maître de chai : Didier Thomann
Œnologue : Isabelle Davin

★★ CHÂTEAU MALESCOT SAINT-EXUPÉRY

Ce petit cru de Margaux continue, sans faire de bruit, à élaborer quelques-uns des vins les plus attachants et originaux de l'appellation. Un succès que l'on doit à son propriétaire, Jean-Luc Zuger, désormais épaulé par sa fille, consciencieux et toujours à l'affût de nouvelles pistes à explorer. Disposant d'un remarquable terroir (en partie voisin du château Margaux), il exprime la suavité et la maturité du fruit comme nul autre : le vin brille toujours par sa texture crémeuse, presque bourguignonne, et ses tanins raffinés. La régularité des derniers millésimes est irréprochable.

Les vins : on retrouve ce petit côté décadent qui signe le cru, dans le 2018. Un fruit mûr, des tanins fins, une gestion de l'élevage très habile et au final un vin à fois digeste et doté d'une personnalité à part. Le 2017 est toujours en grande forme, suave, délié et déjà irrésistible... d'anciens millésimes récemment dégustés démontrent tout le potentiel des vins.

- Margaux 2017 — 49 € — 94
- Margaux 2018 — 53 € (c) — 95

Rouge : 23 hectares.
Cabernet-Sauvignon 50 %, Merlot 35 %, Cabernet franc 10 %, Petit Verdot 5 %
Production moyenne : 220 000 bt/an

CHÂTEAU MALESCOT SAINT-EXUPÉRY
16, rue Georges-Mandel, BP 8,
33460 Margaux
05 57 88 97 20 • www.malescot.com •

Visites : sur RDV aux professionnels.
Propriétaire : Jean-Luc Zuger
Directeur : Gilles Pouget
Maître de chai : Marie Chaballier
Œnologue : Michel Rolland

★★ CHÂTEAU MONTROSE

Les entrepreneurs Martin et Olivier Bouygues sont propriétaires de ce célèbre cru classé depuis 2006. Ils exploitent à merveille l'un des plus beaux terroirs du Médoc qui, à de nombreuses reprises par le passé, s'est distingué en produisant des vins pouvant atteindre, voire dépasser, le niveau des premiers grands crus classés. Lorsque l'année est chaude et sèche, comme ce fut le cas en 2003, 2009, 2010 ou même 2011, Montrose offre alors une distinction hors-norme. Hervé Berland, qui le dirige aujourd'hui, le porte vers un niveau de définition et de précision jamais vu ici. Il se rapproche d'une troisième étoile.

Les vins : les derniers millésimes sont irréprochables, le cru, fidèle à lui-même, engendrant des vins de garde, signe des réussites remarquables. 2019 est impressionnant de définition et d'éclat dans le fruit. Un fruit profond, vibrant et qui se déploie en bouche avec beaucoup d'intensité. La finale le porte tout en fraîcheur, avec des tanins racés. 2018 est indéniablement un vin à oublier dans la cave. Ce monstre de puissance et de concentration trouve cependant son équilibre, mais est encore très brut. Tout en muscles, il sera patiné par le temps. En attendant de déguster ces deux coureurs de fond, La Dame de Montrose, le second vin, est aussi de haute volée, dans un esprit évidemment plus accessible.

- Saint-Estèphe 2018 — 185 € — 97
- Saint-Estèphe 2019 — 150 € — 97
- Saint-Estèphe La Dame de Montrose 2019 — 30 € — 93

Rouge : 95 hectares.
Cabernet-Sauvignon 60 %, Merlot 32 %, Cabernet franc 6 %, Petit Verdot 2 %
Production moyenne : 400 000 bt/an

CHÂTEAU MONTROSE
SCEA Château Montrose
33180 Saint-Estèphe
0556593012 • www.chateau-montrose.com • Vente et visites : sur RDV.
Propriétaire : Messieurs Martin et Olivier Bouygues
Directeur : Hervé Berland
Maître de chai : Vincent Decup

★★ CHÂTEAU PICHON LONGUEVILLE COMTESSE DE LALANDE

Dans le giron depuis 2007 de la famille Rouzaud (champagnes Louis Roederer), le cru a ouvert il y a bientôt une décennie une nouvelle page de son histoire. Dirigé par Nicolas Glumineau, il se relance depuis dans la course à l'excellence et entend reprendre la place de "super second" qu'il avait dans les années 1980, grâce à la production d'une série de vins légendaires (1982, 1986, 1989). Si la décennie 2000 fut moins réussie, les derniers millésimes, livrant un vin plus précis et plus droit, davantage marqué par les cabernets, sont bien plus convaincants. Le château vient de lancer la certification bio.

Les vins : le 2019 possède un nez ouvert, il exprime un fruit frais, une pointe de réglisse. En bouche, nous retrouvons un Pichon plus droit qu'à son habitude, mais très racé et défini. Le grain du vin est magnifique, avec une texture de soie et beaucoup d'allonge. Un rien plus chaud, le 2018 n'en n'est pas moins épuré, racé et tendu, il est enrobé comme il faut. Son évolution sera passionnante.

- Pauillac 2018 — 215 € — 97
- Pauillac 2019 — N.C. — 97
- Pauillac Réserve de la Comtesse 2018 — 50 € — 92

Rouge : 72 hectares.
Cabernet-Sauvignon 64 %, Merlot 27 %, Cabernet franc 6 %, Petit Verdot 3 %
Production moyenne : 400 000 bt/an

CHÂTEAU PICHON LONGUEVILLE COMTESSE DE LALANDE
Route des Châteaux, 33250 Pauillac
05 56 59 19 40 • www.pichon-comtesse.com • Vente et visites : sur RDV.
Propriétaire : Famille Rouzaud
Directeur : Nicolas Glumineau

★★ CHÂTEAU RAUZAN-SÉGLA

Appartenant à la famille Wertheimer (Chanel), également propriétaire de Château Canon à Saint-Émilion, ce prestigieux domaine produit des vins qui n'imposent jamais leur puissance mais impriment avec délicatesse la distinction et la finesse de l'un des plus beaux terroirs de Margaux. Depuis 2000, il offre l'un des plus grands vins du Médoc, mêlant raffinement et fraîcheur, mais aussi persistance. Le vin ne sort pas toujours du lot en primeur, mais tranquillement, en cours d'élevage, la race du terroir et la noblesse du style s'affirment. Il vieillit de surcroît admirablement bien et gagne vraiment en complexité, comme en témoignent de nombreux millésimes anciens. Une référence très sûre dans l'appellation.

Les vins : le cru navigue à haut niveau. Nous sommes frappés par l'éclat de fruit du 2019 et la capacité du vin à digérer sa grande maturité. Il termine sur des tanins de taffetas, avec une acidité rafraîchissante et une pointe de menthe ; impressionnant de densité, avec un fruit plus confit qu'en 2018, mais beaucoup de charme et de profondeur. On termine sur une note de cacao, avec des tanins qui demeurent très délicats. Nous avons par ailleurs pu déguster à nouveau des millésimes plus "prêts à boire", tels que le 2010, en très grande forme, ou le 2006, fin et soyeux.

Margaux 2010	140 €	96
Margaux 2018	136 €	97
Margaux 2019	87 € (c)	96

Rouge : 71 hectares.
Production moyenne : 220 000 bt/an

CHÂTEAU RAUZAN-SÉGLA

Rue Alexis Millardet, 33460 Margaux
05 57 88 82 10 •
www.chateaurauzansegla.com • Visites : sur RDV aux professionnels.
Propriétaire : Famille Wertheimer
Directeur : Nicolas Audebert
Maître de chai : Didier Larue

★★ CHÂTEAU SAINT-PIERRE (MÉDOC)

Ce cru classé a longtemps été le plus méconnu du vignoble de Saint-Julien. Il a été racheté en 1982 par Henri Martin, propriétaire du célèbre cru bourgeois Château Gloria qui a reconstitué son terroir tel qu'il existait au moment du classement. Sa fille Françoise, l'époux de cette dernière, Jean-Louis Triaud, ancien président des Girondins de Bordeaux, désormais assistés de leurs enfants ont, avec la complicité de Rémi di Constanzo, le maître de chai, métamorphosé le cru ces dernières années. Doté d'un outil de vinification performant, il semble gagner millésime après millésime la petite pureté qui pouvait parfois lui manquer.

Les vins : le cru a progressé en matière d'élevage et ce 2018 l'illustre. Il conserve sa grande finesse, son élégance de tanins et gagne en pureté et en définition. Très belle réussite. Le 2017 est lui aussi recommandable, dans un style très fin. Le cru enchaîne les succès.

Saint-Julien 2017	65 €	94
Saint-Julien 2018	60 €	96

Rouge : 17 hectares. Cabernet-Sauvignon 75 %, Merlot 15 %, Cabernet franc 10 %
Production moyenne : 60 000 bt/an

CHÂTEAU SAINT-PIERRE (MÉDOC)

Château Gloria,
33250 Saint-Julien-Beychevelle
05 56 59 08 18 •
www.domaines-henri-martin.com • Vente et visites : sur RDV.
Propriétaire : Jean Triaud
Directeur : Rémi di Constanzo
Maître de chai : Philippe Blanchard
Œnologue : Eric Boissenot

★★ CHÂTEAU TALBOT

Cette marque forte, appréciée à juste titre par les amateurs, est fortement repartie de l'avant, élaborant désormais les vins que nous attendons d'elle. Doté d'un outil performant et moderne, habilement piloté, le vaste cru de Nancy Bignon-Cordier, conduit par Jean-Michel Laporte, renoue avec la gloire de son passé, produisant des vins plus subtils et raffinés que jamais. Un vin flamboyant, archétype du grand saint-julien classique.

Les vins : millésime du bi-centenaire de l'acquisition du cru par la famille Cordier, le 2018 est logé dans une bouteille sérigraphiée unique. Le vin y fait honneur, bien tramé, avec une bouche à la fois droite et enrobée en finale. Il ne manque ni de charme ni de profondeur, avec une finale qui reste éclatante. 2019 est aussi une belle réussite pour le château, avec un vin de style aristocratique, bien campé sur sa structure, mais avec de l'onctuosité en finale. Les amateurs du cru – et les autres – y trouveront leur compte.

Saint-Julien 2018	de 62 à 65 € (c)	95
Saint-Julien 2019	60 €	95
Saint-Julien Connétable de Talbot 2018	23,50 €	92

Rouge : 105 hectares.
Blanc : 5 hectares.
Production moyenne : 550 000 bt/an

CHÂTEAU TALBOT

LD Talbot, 33250 Saint-Julien-Beychevelle

05 56 73 21 50 • www.chateau-talbot.com • Vente et visites : sur RDV.

Propriétaire : Nancy Bignon-Cordier

Directeur : Jean-Michel Laporte

Maître de chai : Jean-Max Drouilhet

★ CHÂTEAU D'ARMAILHAC

Dirigé avec efficacité par l'équipe de Mouton Rothschild, Château d'Armailhac représente une excellente affaire pour les amateurs. Son prix très raisonnable et sa régularité font de lui un cru désormais incontournable. L'exposition sur des croupes graveleuses proches de Mouton Rothschild et de Pontet-Canet se montre de qualité, et l'encépagement comporte un bon pourcentage de cabernet-sauvignon. Sous l'impulsion de Philippe Dhalluin, qui a désormais passé la main à Jean-Emmanuel Danjoy, le vin a gagné en constitution depuis une décennie. Une valeur sûre.

Les vins : le 2018 est un vin vraiment séduisant, un pauillac charmeur et bien construit, tramé par des notes de fruits noirs. Raffiné et voluptueux, il poursuit une belle série de millésimes très réussis ici.

Pauillac 2018	65 €	93

Rouge : 70 hectares. Cabernet-Sauvignon 55 %, Merlot 38 %, Cabernet franc 8 %, Petit Verdot 2 %

CHÂTEAU D'ARMAILHAC

Pauillac 33250 Pauillac

05 56 73 34 00 • www.chateau-darmailhac.com • Pas de visites.

Propriétaire : Philippe Sereys de Rothschild, Camille Sereys de Rothschild et Julien de Beaumarchais de Rothschild

Directeur : Jean-Paul Polaert

Maître de chai : Cédric Marc

★ CHÂTEAU BELGRAVE

Voisin des châteaux La Tour Carnet, Camensac et Lagrange, à un ruisseau de l'appellation Saint-Julien, Belgrave est géré en fermage par la maison de négoce Dourthe, elle-même propriété du groupe champenois Thiénot. Le cru a effectué des progrès notoires sous la direction de Frédéric Bonnaffous. Outre d'importants efforts réalisés à la vigne, la propriété a bénéficié d'investissements importants. Le vin, d'un style charnu et épanoui mais profond, s'est particulièrement affiné et s'est installé comme l'une des valeurs sûres de l'appellation. Les derniers millésimes constituent d'excellentes affaires pour les amateurs.

Les vins : d'une belle densité, avec du charnu en bouche et un fruité expressif, le 2019 est une réussite du cru qui offre beaucoup de charme et d'allonge. Le 2018 est encore fermé, musclé, mais expressif. Il dévoile un fruit qui a su conserver de la fraîcheur. Une note mentholée signe sa finale prometteuse.

Haut-Médoc 2018	32 €	94
Haut-Médoc 2019	28 €	93

Rouge : 59 hectares. Merlot 55 %, Cabernet-Sauvignon 42 %, Petit Verdot 3 %
Production moyenne : 350 000 bt/an

CHÂTEAU BELGRAVE
Darrous, 33180 Saint-Laurent-du-Médoc
05 56 35 53 00 • www.chateau-belgrave.com • Vente et visites : sur RDV.
Propriétaire : Vignobles Dourthe
Directeur : Frédéric Bonnaffous

★ CHÂTEAU BELLE-VUE

Depuis quelques années, ce petit cru du sud du Médoc s'impose comme une valeur sûre. Les vins sont ici d'une régularité sans faille depuis déjà quelques millésimes. Particularité, l'encépagement est fortement marqué par le petit verdot, cépage qui donne d'ailleurs naissance à une cuvée originale. D'un rapport qualité-prix très intéressant, les vins produits ici ont toute leur place dans la cave des amateurs.

Les vins : exercice de style amusant, la cuvée 100 % petit verdot est intéressante. La bouche est serrée, avec une masse tannique imposante, mais le tout s'équilibre. Jolie sapidité en finale. Belle-Vue 2018 se referme doucement, il demeure impressionnant, avec beaucoup d'ampleur, une bouche charnue et un beau grain de tanins. Laissez-lui deux ou trois ans. En attendant, on boira Château de Gironville, au profil plus souple et à la bouche de bonne rondeur.

- Bordeaux Petit Verdot by Belle-Vue 2018 25 € 91
- Haut-Médoc 2018 18 € 93
- Haut-Médoc Château de Gironville 2018 14 € 90

Rouge : 14,58 hectares.
Cabernet-Sauvignon 50 %, Merlot 30 %, Petit Verdot 20 %
Production moyenne : 110 000 bt/an

CHÂTEAU BELLE-VUE
103, route de Pauillac, 33460 Macau
05 57 88 19 79 • www.chateau-belle-vue.fr •
Vente et visites : sur RDV.
Propriétaire : Héritiers Vincent Mulliez
Directeur : Yannick Reyrel
Œnologue : Christophe Coupez

★ CHÂTEAU BOYD-CANTENAC

Discrète et petite propriété d'à peine 17 hectares, Boyd-Cantenac est conduit par Lucien Guillemet, épaulé par son neveu Olivier Salques. Ici, rien de démonstratif, ni chais spectaculaires, ni château flamboyant, mais un esprit modeste et familial qui fait de ce cru un des derniers mohicans du Médoc. Le sens de la vinification, la compréhension du terroir et la définition d'un style élégant ont fait du cru une valeur sûre de l'appellation. Mais les derniers millésimes nous semblent marqués par des boisés qui ne collent plus forcément à leur époque. Bien entendu, le fond de vin est là et le temps fera sans doute son affaire. Il n'empêche, face à une concurrence très affûtée, ce petit côté anachronique nuit aux vins de Boyd.

Les vins : il faudra laisser un peu de temps au 2019 doté d'une jolie matière tendre et soyeuse, enrobée par un bois charmeur, mais pas encore fondu. Joli grain de tanins et belle suavité de texture. Difficile de résister au charme du 2018 qui offre un côté crémeux et doux en bouche, avec beaucoup d'intensité. Les notes boisées sucrent un peu la finale.

- Margaux 2018 45,60 € 93
- Margaux 2019 33,40 € (c) 93

Rouge : 17 hectares. Cabernet-Sauvignon 66 %, Merlot 30 %, Petit Verdot 4 %
Production moyenne : 70 000 bt/an

CHÂTEAU BOYD-CANTENAC
11, route de Jean-Faure, 33460 Cantenac
05 57 88 90 82 • www.boyd-cantenac.fr •
Vente et visites : sur RDV.
Propriétaire : Famille Guillemet
Directeur : Lucien Guillemet

★ CHÂTEAU BRANAS GRAND POUJEAUX

Bien situé entre Chasse-Spleen et Poujeaux, sur le plateau de Grand Poujeaux, le château connaît une nouvelle vie depuis son rachat par le belge Justin Onclin en 2002. Le domaine, qui dispose d'un terroir remarquable, s'est doté de toutes les installations techniques nécessaires à l'élaboration d'un grand vin et propose depuis déjà quelques millésimes un des moulis les plus séduisants et charmeurs qui soient.

Les vins : le 2018 est très solide, avec une grande rondeur, un milieu de bouche très fruité et sphérique et une belle définition de tanins. Il devrait aller loin ; le 2019 est tout aussi ample, mais avec une fraîcheur en finale un rien plus marquée, il s'équilibre très bien.

- Moulis 2018 de 29 à 34 € (c) 92
- Moulis 2019 de 29 à 34 € (c) 93

Rouge : 17 hectares. Merlot 50 %, Cabernet-Sauvignon 45 %, Petit Verdot 5 %
Production moyenne : 90 000 bt/an

CHÂTEAU BRANAS GRAND POUJEAUX
23, Chemin de la Raze,
33480 Moulis-en-Médoc
05 56 58 93 30 •
www.branasgrandpoujeaux.com • Vente et visites : sur RDV.
Propriétaire : Justin Onclin
Directeur : Arjen PEN
Œnologue : Hubert de Boüard

★ CHÂTEAU CANTEMERLE

Philippe Dambrine vient de passer la main à Laure Canu à la tête de cette propriété classique du Médoc. Si Cantemerle a toujours produit des vins élégants et digestes, ceux élaborés depuis une dizaine d'années ajoutent un supplément de profondeur et de définition, et le positionnent clairement comme l'un des meilleurs rapports qualité-prix de tout le Médoc. Le travail au vignoble et les choix de vinification et d'assemblage opérés depuis quelques années paient. Il faut en profiter, d'autant que le potentiel de garde est remarquable, comme nous pouvons souvent le vérifier.

Les vins : le 2019 dévoile un joli nez d'épices et de fruits rouges. C'est un bon classique du cru qui évoluera bien. Nous aimons son équilibre digeste et sa jolie trame tannique. Beau potentiel. Le 2018 ne s'est pas encore départi de son élevage. Pas d'inquiétude toutefois car la matière est jolie et le vin suffisamment constitué pour le digérer, malgré une finale toujours stricte. Il aura besoin d'un peu de temps.

Haut-Médoc 2018	34 €	93
Haut-Médoc 2019	21,50 € (c)	93

Rouge : 95 hectares.
Cabernet-Sauvignon 68 %, Merlot 23 %,
Cabernet franc 5 %, Petit Verdot 4 %
Production moyenne : 400 000 bt/an

CHÂTEAU CANTEMERLE
Macau, 33460 Margaux
05 57 97 02 82 • www.cantemerle.com •
Vente et visites : sur RDV.
Propriétaire : Groupe SMA
Directeur : Laure Canu
Œnologue : Éric Boissenot

★ CHÂTEAU CHASSE-SPLEEN

Ce cru jouit d'une excellente réputation, bien méritée d'ailleurs. Chasse-Spleen possède un très beau terroir, situé, pour une grande part, sur les magnifiques sols de graves du secteur de Grand Poujeaux. Sa richesse de constitution et sa puissance aromatique le situent en tête de l'appellation, avec des vins toujours élégants, digestes et évitant le caractère parfois un peu rustique que l'on trouve dans le secteur.

Les vins : le 2018 est un vin tout à fait dans l'esprit du cru, il possède une belle suavité et des tanins raffinés. La cœur de bouche est soyeux et l'ensemble charmeur.

Moulis 2018	40 € (c)	93

Rouge : 103,5 hectares.
Cabernet-Sauvignon 52 %, Merlot 40 %, Petit Verdot 5 %, Cabernet franc 3 %
Blanc : 3,5 hectares. Sémillon 45 %, Sauvignon blanc 45 %, Muscadelle 10 %
Production moyenne : 700 000 bt/an

CHÂTEAU CHASSE-SPLEEN
32, chemin de la Raze,
33480 Moulis-en-Médoc
05 56 58 02 37 • www.chasse-spleen.com •
Vente et visites : sur RDV.
Propriétaire : Céline Villars-Foubet

★ CHÂTEAU CLARKE

Dans cette propriété historique du Médoc, acquise en 1973 par le baron Edmond de Rothschild, le vignoble a été totalement replanté et des installations techniques de premier ordre ont été mises en place. Après le décès brutal de son fils Benjamin, le domaine est désormais dirigé par Ariane, sa femme, et l'équipe produit un vin de très belle régularité, avec une dominante de merlot, ce qui lui confère opulence et ampleur. Il a néanmoins gagné en finesse ces dernières années.

Les vins : le 2018 est un vin plein de panache. Mûr, charnu et opulent, il séduira les amateurs de vins flamboyants au profil presque exotique. Le Merle Blanc est un blanc médocain de belle facture, produit sur 3 hectares et porté par les sauvignons. Les derniers millésimes que sont 2019 et 2020 affichent une belle fraîcheur.

Bordeaux Le Merle Blanc 2019	24 €	90
Listrac-Médoc 2018	26 €	92

Rouge : 55 hectares. Merlot 70 %,
Cabernet-Sauvignon 30 %
Blanc : 3 hectares. Sauvignon blanc 70 %,
Muscadelle 10 %, Sauvignon gris 10 %,
Sémillon 10 %
Production moyenne : 250 000 bt/an

CHÂTEAU CLARKE
1, route de Listrac, 33480 Listrac-Médoc
05 56 58 38 00 •
epicerie.edmondderothschildheritage.com/fr/ • Pas de visites.
Propriétaire : Ariane de Rothschild
Directeur : Boris Bréau
Maître de chai : Mireille Segonne
Œnologue : Fabrice Darmaillacq

★ CHÂTEAU CLERC MILON

Les amateurs l'ont remarqué, depuis une dizaine d'années, ce cinquième cru classé a été métamorphosé. Acquis en 1970 par le baron Philippe de Rothschild (Mouton) qui l'a considérablement développé, il es longtemps est resté dans l'ombre de Mouton, ne bénéficiant pas de toute l'attention qu'il méritait, produisant des vins certes agréables mais n'exploitant pas tout le potentiel du cru. Depuis 2011 et le démarrage d'un vaste chantier de modernisation, le cru a pris son envol. Doté d'un cuvier et d'un chai performant, Clerc Milon qui dispose aujourd'hui de 41 hectares dont une large part de (très) vieilles vignes, est aujourd'hui en ordre de marche et les derniers millésimes sont les meilleurs produits depuis 50 ans.

Les vins : 2018, que nous avons pu déguster à nouveau, confirme son statut de très belle réussite pour le cru qui, au charnu du fruit, ajoute une belle tension et de la précision dans la trame tannique. Il évoluera fort bien, sans aucun doute.

Pauillac 2018 100 € 95

Rouge : 41 hectares. Cabernet-Sauvignon 53 %, Merlot 35 %, Cabernet franc 8 %, Carmenère 2 %, Petit Verdot 2 %

CHÂTEAU CLERC MILON

Lieu-dit Mousset, 33250 Pauillac

05 56 41 43 43 • www.chateau-clerc-milon.com • Vente et visites : sur RDV.

Propriétaire : Philippe Sereys de Rothschild, Camille Sereys de Rothschild et Julien de Beaumarchais de Rothschild

Directeur : Caroline Artaud

Maître de chai : Frédéric Faure

★ CHÂTEAU DAUZAC

Le cru est solidement dans la course depuis déjà quelques millésimes. Laurent Fortin, directeur du cru depuis 2014, multiplie les initiatives, les expérimentations et décline la gamme. Il a su donner une nouvelle impulsion au cru désormais à classer dans la catégorie des valeurs sûres. Désormais aux mains de la famille Roulleau, le cru devrait encore progresser, avec une réflexion très avancée sur les culture de la vigne.

Les vins : le 2019 confirme ses bonnes dispositions. Le vin est charnu, mais aussi juteux, porté par un beau fruit et finement enrobé par le bois. Une touche poivrée signe la finale. 2018 impressionne par le bel éclat et la pureté de son fruit qui doit finir de se fondre dans un joli boisé. Le vin est énergique, équilibré et savoureux. Dans la gamme, Aurore ou Bastide sont des interprétations différentes du terroir et des cépages de Dauzac. Des vins habilement vinifiés et délicieusement approchables.

Margaux 2019 59 € 94

Margaux Aurore de Dauzac 2018 22 € 89

Le coup de ♥

Margaux 2018 51 € 94

Rouge : 49 hectares. Cabernet-Sauvignon 70 %, Merlot 30 %

Production moyenne : 280 000 bt/an

CHÂTEAU DAUZAC

1, avenue Georges-Johnston, 33460 Labarde
05 57 88 32 10 • www.chateaudauzac.com • Vente et visites : sur RDV.

Propriétaire : Famille Roulleau
Directeur : Laurent Fortin
Maître de chai : Frédéric Benour
Œnologue : Éric Boissenot

★ CHÂTEAU DUHART-MILON

Le petit frère de Lafite Rothschild bénéficie de toute l'attention d'Éric Kohler et de son équipe. Doté d'un beau terroir de graves, situé en plein cœur de Pauillac, il a longtemps souffert du jeune âge des vignes. Les années passant, le cru est désormais bien en place. Produisant des vins sérieux, classiques et très denses, qui vieillissent à merveille, Duhart est une valeur sûre de Pauillac.

Les vins : le 2019 est délicieusement fruité et se révèle comme un pauillac classique, droit et de belle longueur. Le 2018 révèle un petit côté exotique au nez, exprimé par des merlots très mûrs. Il est séduisant, mais profond, doté d'une certaine richesse, mais sans lourdeur. Il semble même gagner en fraîcheur en bouteille. Moulin 2018 est flatteur, très suave et dense, avec des notes de cacao et de fruits noirs.

Pauillac 2018 80 € 94

Pauillac 2019 70 € (c) 93

Pauillac Moulin de Duhart 2018 40 € 89

Rouge : 65 hectares. Cabernet-Sauvignon 70 %, Merlot 30 %
Production moyenne : 240 000 bt/an

CHÂTEAU DUHART-MILON

Rue Étienne-Dieuzede, 33250 Pauillac
05 56 59 03 60 • www.lafite.com • Vente et visites : sur RDV.
Propriétaire : Famille de Rothschild
Directeur : Éric Kohler

★ CHÂTEAU DES EYRINS

Repris par Julie et Xavier Gonet-Médeville, en 2009, ce cru ne cesse de progresser et s'est désormais doté d'un outil de vinification qui lui permettra d'amplifier cette montée en puissance. Son vignoble de 2,5 hectares, très bien situé à Margaux, est capable de produire un vin raffiné et élégant, et de défier bien des crus classés. Une belle découverte en dehors des sentiers très balisés.

Les vins : le cru a trouvé une belle vitesse de croisière et les derniers millésimes sont réussis, dans un esprit de demi-garde. Le 2018 affiche une belle intensité, avec un très agréable soyeux de tanins et une finale superbe. Il exhale de beaux arômes de fruits. Un vin à l'équilibre digeste.

Margaux 2018	31 €	93

Rouge : 2,9 hectares.
Cabernet-Sauvignon 88 %, Merlot 10 %, Petit Verdot 2 %
Production moyenne : 8 800 bt/an

CHÂTEAU DES EYRINS
26, rue Général-de-Gaulle, 33460 Margaux
05 56 76 28 44 • www.gonet-medeville.com
• Vente et visites : sur RDV.
Propriétaire : Famille Gonet-Médeville

★ CHÂTEAU FERRIÈRE

Toute petite propriété, Ferrière continue de tracer sa route. Claire Villars-Lurton, qui la dirige, ne ménage pas ses efforts : construction d'un nouveau chai, opérationnel depuis les vendanges 2013, et certification du vignoble en biodynamie depuis 2015. Les vins gagnent tous les ans un peu plus en densité, proposant un style bien typé, sans jamais chercher à jouer les gros bras. C'est désormais une valeur sûre de Margaux.

Les vins : dégusté à nouveau, 2018 est un vin absolument délicieux qui cultive cette élégance et cette délicatesse qui signent le cru. On retrouve au nez comme en bouche un fruité crémeux, des notes florales et surtout, en finale, des tanins raffinés et sapides. 2019 s'annonce lui aussi grandiose, tout comme 2020, très impressionnant en primeur.

Margaux 2018	de 42 à 46 € (c)	95

Rouge : 24 hectares. Cabernet-Sauvignon 51 %, Merlot 41 %, Petit Verdot 6 %, Cabernet franc 2 %
Production moyenne : 60 000 bt/an

CHÂTEAU FERRIÈRE ☾
33, bis rue de la Trémoille, 33460 Margaux
05 57 88 76 65 • www.ferriere.com •
Visites : sans RDV.
Propriétaire : Claire Villars-Lurton
Directeur : Gérard Fenouillet
Œnologue : Eric Boissenot

★ CHÂTEAU FOURCAS HOSTEN

Les spectaculaires progrès réalisés par cette propriété de Listrac, depuis son rachat par la famille Momméja (Hermès), en font désormais une des références de l'appellation. Les frères Renaud et Laurent Momméja ne ménagent pas leurs efforts pour permettre au cru de s'exprimer pleinement. Le vignoble a été entièrement repris en main et un outil de vinification performant a été bâti. Un excellent rapport qualité-prix à ne pas laisser passer.

Les vins : le cru progresse dans l'expression du blanc aux saveurs de fruits blancs. Un vin à boire sur la fraîcheur de sa jeunesse. Les rouges sont désormais solides et réguliers : Les Cèdres d'Hosten se montre gourmand et immédiat, avec un fruit rond. 2018 est solide, bénéficiant de la richesse du millésime, sans aucun excès. Un vin de belle trame, promis à un bel avenir. 2017 est évidemment plus fin, il commence à très bien se goûter, avec une finale fondue.

Bordeaux 2019	25 €	91
Listrac-Médoc 2017	20 €	92
Listrac-Médoc 2018	23 €	93
Listrac-Médoc Les Cèdres d'Hosten 2017	12 €	88

Rouge : 38,07 hectares.
Cabernet-Sauvignon 55 %, Merlot 40 %, Cabernet franc 3 %, Petit Verdot 2 %
Blanc : 2,2 hectares. Sauvignon blanc 68 %, Sémillon 18 %, Sauvignon gris 14 %
Production moyenne : 200 000 bt/an

CHÂTEAU FOURCAS HOSTEN
5, rue Odilon-Redon, 33480 Listrac-Médoc
05 56 58 01 15 • www.fourcas-hosten.com •
Vente et visites : sur RDV.
Propriétaire : Laurent et Renaud Momméja
Directeur : Eloi Jacob
Maître de chai : Grégory Meytadier
Œnologue : Éric Boissenot (rouges) et Athanase Fakorellis (blancs)

★ CHÂTEAU GLORIA

Constitué patiemment, parcelle après parcelle, dans la deuxième moitié du XXe siècle par Henri Martin, Gloria est l'une des marques fortes des crus non classés du Médoc. Cette réputation n'est pas usurpée, loin de là, comme en témoignent les dernières cuvées. Toujours très complet, coloré et concentré, le cru a été très peu pris en défaut dans la dernière décennie. Il vieillit harmonieusement, mais les amateurs les plus pressés pourront se régaler en le buvant dès cinq ans d'âge.

Les vins : nous détectons chez Gloria, comme pour Saint-Pierre, une petite inflexion du style, avec des vins un peu moins boisés dans leur jeunesse et cela leur va très bien, d'autant que le fond est toujours là. Le 2018 est tout en élégance, avec une bouche très suave et des tanins très bien intégrés.

Saint-Julien 2018 — 43 € (c) — 93

Rouge : 50 hectares.
Cabernet-Sauvignon 65 %, Merlot 25 %, Petit Verdot 5 %, Cabernet franc 5 %
Production moyenne : 300 000 bt/an

CHÂTEAU GLORIA
Domaine Henri Martin,
33250 Saint-Julien-Beychevelle
05 56 59 08 18 • www.domaines-henri-martin.com • Vente et visites : sur RDV.
Propriétaire : Jean Triaud
Directeur : Rémi Di Costanzo
Maître de chai : Philippe Blanchard
Œnologue : Eric Boissenot

★ CHÂTEAU HAUT-BATAILLEY

Une nouvelle histoire a débuté pour ce cru longtemps géré en fermage par François-Xavier Borie (Grand-Puy-Lacoste), qui a été vendu en 2017 à la famille Cazes. Les installations techniques vont être améliorées, le vignoble va s'étendre et le cru poursuit son développement. Nous ne sommes pas inquiets quant à la capacité des nouveaux propriétaires de pousser Haut-Batailley encore plus loin.

Les vins : après un 2017 très charmeur et gourmand, doté d'un fruit suave, le 2018 est tout aussi délicieux, avec une bouche ronde et généreusement fruitée. Bonne intensité et finale gourmande.

Pauillac 2018 — 64,50 € (c) — 92

Rouge : 22 hectares.
Production moyenne : 110 000 bt/an

CHÂTEAU HAUT-BATAILLEY
Pauillac 33250 Pauillac
05 56 59 06 37 • www.jmcazes.com • Vente et visites : sur RDV.
Propriétaire : Famille Cazes
Directeur : Jean-Charles Cazes
Maître de chai : Maxime Podevin
Œnologue : Daniel Llose

★ CHÂTEAU KIRWAN

Les ambitions de la famille Schÿler pour le cru sont réelles et l'entrée en fonction avec le millésime 2015 de nouvelles installations techniques a poussé Kirwan en avant. La petite période durant laquelle le cru nous a semblé un peu en deçà semble bien révolue, et Philippe Delfaut, l'efficace directeur technique, jouit désormais de tous les outils pour replacer Kirwan au sein de l'élite.

Les vins : le cru confirme là son retour au premier plan avec deux millésimes très réussis : le 2019 est précis et éclate en bouche, délivrant des notes de fruits noirs frais très séduisantes et terminant sur des tanins nobles. 2018 se présente dans une phase un peu plus fermée, avec de la matière, de l'énergie, mais une finale serrée sur une touche de bois. Laissons-lui le temps de se faire.

Margaux 2018 — 40 € (c) — 93
Margaux 2019 — 35 € (c) — 94

Rouge : 37 hectares. Cabernet-Sauvignon 47 %, Merlot 35 %, Cabernet franc 10 %, Petit Verdot 8 %
Production moyenne : 200 000 bt/an

CHÂTEAU KIRWAN
Chemin de Kirwan 33460 Cantenac
05 57 88 71 00 • www.chateau-kirwan.com • Vente et visites : sur RDV.
Propriétaire : Famille Schÿler
Directeur : Philippe Delfaut
Œnologue : Éric Boissenot

★ CHÂTEAU LABÉGORCE

La famille Perrodo, propriétaire des châteaux Labégorce, Labégorce-Zédé et Marquis d'Alesme, a décidé d'unifier les deux crus sous le nom de Labégorce. Une réorganisation du parcellaire a été opérée et tout est mis en œuvre pour faire de cette marque une des références des crus non classés de Margaux. Les anciens millésimes, vendus sous le nom de Labégorce-Zédé, sont généralement d'un très bon niveau.

Les vins : nous avons dégusté à nouveau le très joli 2017, à la texture fine et crémeuse. Un vin aux tanins fondus et à la finale soyeuse et légèrement saline.

Margaux 2017 — 30 € — 92

Rouge : 67 hectares. Cabernet-Sauvignon 50 %, Merlot 45 %, Cabernet franc 3 %, Petit Verdot 2 %
Production moyenne : 120 000 bt/an

CHÂTEAU LABÉGORCE

Route de Labégorce, 33460 Margaux
05 57 88 71 32 • www.labegorce.com •
Vente et visites : sur RDV.
Propriétaire : Famille Perrodo
Directeur : Marjolaine Maurice de Coninck
Œnologue : Claude Gros

★ CHÂTEAU LA LAGUNE

Situé à l'entrée du Médoc, ce cru impose son style caractéristique, exprimant toujours beaucoup de finesse et d'élégance. Piloté par Caroline Frey depuis 2004, le cru a produit une série de millésimes de très bon niveau qui lui permettent de s'insérer au sommet de son appellation. Il faut dire que le château a toutes les cartes en main pour triompher : un terroir très intéressant, homogène, et un outil de vinification dernier cri. Voilà une valeur sûre qui a néanmoins été douloureusement frappée par les aléas climatiques de ces derniers millésimes.

Les vins : dégusté après mise, le 2019 est logiquement fermé au nez, mais la bouche est tenue par une belle matière, de la densité et une finale aux tanins qui devront se fondre. Agréable touche saline en finale. 2018 est un pur cabernet tendu et racé qu'il faut imaginer dans le temps, lorsque sa structure tannique aura fondu.

- Haut-Médoc 2018 — 52,20 € — 93
- Haut-Médoc 2019 — 36,60 € — 92

Rouge : 110 hectares. Cabernet-Sauvignon 51 %, Merlot 41 %, Petit Verdot 8 %
Production moyenne : 150 000 bt/an

CHÂTEAU LA LAGUNE ♣

81, avenue de l'Europe, 33290 Ludon-Médoc
05 57 88 82 77 • www.chateau-lalagune.com
• Vente et visites : sur RDV.
Propriétaire : Famille Frey
Directeur : Caroline Frey

★ CHÂTEAU LASCOMBES

Passé en 2011 sous le contrôle de la mutuelle des professions de santé, la MACSF, Lascombes est un cru classé qui a trouvé une belle vitesse de croisière. Sous la direction de Dominique Befve, le cru cultive un style plutôt moderne et charmeur, élaborant des vins au profil mûr, généreux et ample, mais qui vieillissent plutôt bien. Un peu plus de finesse dans la structure de ses vins lui permettrait de se confronter aux meilleurs.

Les vins : depuis longtemps Lascombes assume son côté flamboyant. 2018 ne manque pas de charme, avec un fruité mûr, mais pas confit, une bouche ronde et des tanins abondants et suaves. Un margaux exubérant qui évoluera bien. Le 2017 était dans la même veine, moins profond.

- Margaux 2017 — de 71 à 79 € (c) — 93
- Margaux 2018 — 130 € — 93

Rouge : 130 hectares. Merlot 50 %, Cabernet-Sauvignon 45 %, Petit Verdot 5 %
Production moyenne : 500 000 bt/an

CHÂTEAU LASCOMBES

1, cours de Verdun, 33460 Margaux
05 57 88 70 66 •
www.chateau-lascombes.com • Vente et visites : sur RDV.
Propriétaire : Groupe MACSF
Directeur : Dominique Befve
Maître de chai : Delphine Barboux
Œnologue : Michel Rolland

★ CHÂTEAU MEYNEY

Le cru est indiscutablement l'un des meilleurs "non classé" du Médoc. Il faut dire qu'il jouit d'un terroir remarquable, situé en bord de Gironde et qu'il est mené avec efficacité par les équipes de CA Grands Crus (Crédit Agricole), désormais dirigées par Anne le Naour. Un plan de restructuration du vignoble a été opéré et les derniers millésimes sont comparables à ce que furent les mythiques 61, 86 ou 89 du cru. Meyney se fait assez lentement et joue dans la catégorie des coureurs de fond ; il atteint son apogée après une bonne dizaine d'années.

Les vins : bien typé par le cru, le 2018 offre une belle droiture, avec des tanins nobles et du volume en bouche. Un vin taillé pour une longue garde. Les millésimes antérieurs sont de belle facture aussi.

- Saint-Estèphe 2018 — 29 € — 94

Rouge : 51 hectares. Cabernet-Sauvignon 50 %, Merlot 35 %, Petit Verdot 15 %
Production moyenne : 340 000 bt/an

CHÂTEAU MEYNEY

Saint-Estèphe 33180 Saint-Estèphe
05 56 59 00 40 • www.meyney.fr •
Visites : sur RDV aux professionnels.
Propriétaire : CA Grands Crus
Directeur : Anne Le Naour
Maître de chai : Fabien Faget
Œnologue : Hubert de Boüard

★ CHÂTEAU ORMES DE PEZ

Cette jolie propriété doit son nom aux beaux ormes qui ornaient jadis son jardin. Dans le giron de la famille Cazes (Lynch-Bages) depuis les années 1930, Ormes de Pez produit un vin qui séduit les amateurs par son bouquet ample, riche et séduisant. Il se boit en général assez rapidement et fait preuve d'une grande régularité depuis plus de dix ans, grâce au travail d'une équipe parfaitement rodée. Une bonne affaire.

Les vins : très charmeur, le 2018 est dans la lignée des millésimes précédents, avec un joli gras en milieu de bouche et des tanins très suaves et raffinés. Une valeur sûre.

Saint-Estèphe 2018	N.C.	93

Rouge : 40 hectares.
Cabernet-Sauvignon 48 %, Merlot 42 %, Cabernet franc 8 %, Petit Verdot 2 %

CHÂTEAU ORMES DE PEZ
Route des Ormes, 33180 Saint-Estèphe
05 56 73 24 00 • www.ormesdepez.com •
Vente et visites : sur RDV.
Propriétaire : Famille Cazes
Directeur : Jean-Charles Cazes
Œnologue : Daniel Llose

★ CHÂTEAU DE PEZ

La famille Rouzaud (champagnes Louis Roederer et château Pichon-Longueville Comtesse de Lalande à Pauillac) a magnifiquement restauré le château de Pez, l'une des plus anciennes propriétés médocaines, porte-drapeau des crus bourgeois. Il dispose d'un joli terroir d'un seul tenant et après une phase plus "merlotée", privilégie désormais le cabernet dans l'assemblage, ce qui confère au vin plus de droiture.

Les vins : le 2018 brille par sa belle texture crémeuse et son fruit explosif. Le vin se fond doucement et sera prêt d'ici deux à trois ans. Le nez du 2017 est engageant avec des notes fruitées très agréables. On retrouve une bouche à la fois souple et intense en saveurs, portée par de beaux tanins.

Saint-Estèphe 2017	40 €	91
Saint-Estèphe 2018	40 €	92

Rouge : 48 hectares.
Cabernet-Sauvignon 47 %, Merlot 44 %, Cabernet franc 6 %, Petit Verdot 3 %
Production moyenne : 200 000 bt/an

CHÂTEAU DE PEZ
Saint-Estèphe 33180 Saint-Estèphe
05 56 59 19 40 • www.chateaudepez.com •
Vente et visites : sur RDV.
Propriétaire : Famille Rouzaud
Directeur : Nicolas Glumineau

★ CHÂTEAU PHÉLAN SÉGUR

Cette très belle propriété emblématique de Saint-Estèphe, au superbe terroir au bord de la Gironde a, depuis janvier 2018, un nouveau propriétaire. C'est à l'industriel belge Philippe Van de Vyvere que revient désormais la tâche d'écrire les futures pages de ce qui est indiscutablement l'un des meilleurs crus non classés du Médoc. Il a pour cela toutes les clés en main et devrait poursuivre dans la voie empruntée depuis quelques années déjà. Phélan Ségur produit un vin noble, pas toujours démonstratif, mais racé et vieillissant bien.

Les vins : Franck Phélan 2017 est tendre, en demi-corps, un vin à savourer dans l'éclat de sa jeunesse. On change de niveau avec le grand vin, il prend de l'ampleur, se montre charmeur, exprimant un fruit tendre et une jolie allonge. Il termine sur une jolie note acidulée et s'allonge bien.

Saint-Estèphe 2017	40 €	92
Saint-Estèphe Frank Phélan 2017	26 €	89

Rouge : 70 hectares. Cabernet-Sauvignon 59 %, Merlot 39 %, Petit Verdot 1 %, Cabernet franc 1 %
Production moyenne : 350 000 bt/an

CHÂTEAU PHÉLAN SÉGUR
Rue des écoles, 33180 Saint-Estèphe
05 56 59 74 00 • www.phelansegur.com •
Vente et visites : sur RDV.
Propriétaire : Philippe Van de Vyvere
Directeur : Véronique Dausse
Maître de chai : Fabrice Bacquey
Œnologue : Michel Rolland

★ CHÂTEAU POTENSAC

Les amateurs de bonnes affaires le savent, Château Potensac est le porte-drapeau de l'appellation Médoc, grâce aux 300 000 bouteilles produites chaque année et à la régularité de sa qualité. Petit frère d'écurie de Léoville Las Cases, il bénéficie de tout le savoir-faire de l'équipe et, grâce au vieillissement du vignoble, il produit désormais le meilleur vin de son appellation. Délicieux après deux ou trois ans de bouteille, il est aussi capable de vieillir longtemps. Son style mêle générosité et précision, sans lourdeur ni vulgarité.

Les vins : d'une belle gourmandise, avec une bouche bien en place, La Chapelle 2016 est parfait à boire aujourd'hui sur un fruit qui reste juteux. Potensac 2016 peut encore patienter un peu, même si après un passage en carafe, il s'exprime désormais bien, avec un côté crémeux et gourmand en bouche. Très séduisant.

- Médoc 2016 — 30 € — 92
- Médoc La Chapelle de Potensac 2016 — 16 € — 89

Rouge : 81 hectares.
Production moyenne : 460 000 bt/an

CHÂTEAU POTENSAC

Ordonnac 33340 Lesparre-Médoc
05 56 73 25 26 • www.domaines-delon.com • Vente et visites : sur RDV.
Propriétaire : Jean-Hubert Delon
Directeur : Pierre Graffeuille

★ CHÂTEAU POUJEAUX

Propriété emblématique de l'appellation, Poujeaux appartient à la famille Cuvelier (Clos Fourtet) depuis 2008. Sous le houlette de son directeur, Christophe Labenne, conseillé par Stéphane Derenoncourt, les vins ont régulièrement progressé, atteignant une bonne vitesse de croisière, si bien que le cru demeure une référence dans l'appellation. Le style tend plutôt vers la finesse et l'élégance, ce qui convient parfaitement au cru qui vieillit néanmoins fort bien. Les derniers millésimes sont au rendez-vous.

Les vins : le 2018 se montre très agréable, ample, mûr et riche, avec une finale explosive, aux notes de fruits noirs et une bouche chaleureuse. Avec une trame plus serrée qu'en 2018, le 2019 affiche une belle race. La bouche est effilée et dotée d'une belle finesse.

- Moulis 2018 — 31 € — 93
- Moulis 2019 — 28 € — 93

Rouge : 68 hectares.
Cabernet-Sauvignon 50 %, Merlot 40 %, Cabernet franc 5 %, Petit Verdot 5 %
Production moyenne : 280 000 bt/an

CHÂTEAU POUJEAUX

450, avenue de la Gironde, 33480 Moulis-en-Médoc
05 56 58 02 96 • www.chateau-poujeaux.com • Vente et visites : sur RDV.
Propriétaire : Famille Cuvelier
Directeur : Christophe Labenne
Maître de chai : Laurent Perroteau
Œnologue : Stéphane Derenoncourt

★ CHÂTEAU PRIEURÉ-LICHINE

Le cru appartient depuis 1999 au groupe Ballande, implanté en Nouvelle-Calédonie. Depuis l'entrée en fonction, en 2013, du nouveau cuvier, nous constatons des progrès très sensibles. Les vins qui pouvaient parfois manquer de volume et de profondeur par rapport aux meilleurs se sont bien densifiés. Cette ambition nouvelle et les moyens qui ont été donnés étaient nécessaires. Les tarifs raisonnables en font une belle affaire pour les amateurs.

Les vins : le cru signe une belle réussite en 2019, un vin tout en élégance et en raffinement, mais avec du fond et de la persistance. Il succède à un autre millésime qui entrera dans l'histoire du cru, le 2018 de belle finesse, avec un côté délié et une bouche tout en délicatesse. Finement extrait, il impose un côté soyeux très agréable.

- Margaux 2018 — 45 € — 93
- Margaux 2019 — 45 € — 93

Rouge : 78 hectares.
Cabernet-Sauvignon 50 %, Merlot 45 %, Petit Verdot 5 %
Blanc : 2,2 hectares. Sauvignon blanc 70 %, Sémillon 30 %
Production moyenne : 300 000 bt/an

CHÂTEAU PRIEURÉ-LICHINE

34, avenue de la Cinquième-République, 33460 Margaux-Cantenac
05 57 88 36 28 • www.prieure-lichine.fr • Vente et visites : sur RDV.
Propriétaire : Groupe Ballande
Directeur : Étienne Charrier
Œnologue : Stéphane Derenoncourt

★ CHÂTEAU PÉDESCLAUX

C'est incontestablement l'une des plus spectaculaires progressions réalisées à Bordeaux ces dernières années. Pédesclaux, acquis par Jacky Lorenzetti en 2009, a subi un lifting complet, de la vigne aux chais, spectaculaire et à la pointe de la modernité. Sous la houlette de Vincent Bache-Gabrielsen, les vins ont progressé de manière régulière, millésime après millésime, petite touche par petite touche. Ils sont désormais largement dignes de leur classement et surtout s'imposent comme des rapports qualité-prix remarquables.

Les vins : le cru a trouvé une belle vitesse de croisière. La texture du 2018 est très agréable, avec un toucher soyeux et des tanins abondants, mais fondus. Intense et très séduisant grâce à un fruit gourmand et une finale enrobée. Fleur de Pédesclaux, le second vin, est souple et gourmand. Un vin accessible et agréable.

Pauillac 2018	50 €	94
Pauillac Fleur de Pédesclaux 2016	26 €	89

Rouge : 49 hectares.
Cabernet-Sauvignon 56 %, Merlot 37 %, Petit Verdot 4 %, Cabernet franc 3 %
Production moyenne : 300 000 bt/an

CHÂTEAU PÉDESCLAUX
Route de Pédesclaux, 33250 Pauillac
05 56 59 22 59 •
www.chateau-pedesclaux.com • Vente et visites : sur RDV.
Propriétaire : Jacky et Françoise Lorenzetti
Directeur : Vincent Bache-Gabrielsen
Maître de chai : Audrey Ricordi
Œnologue : Éric Boissenot

★ CHÂTEAU RAUZAN-GASSIES

Sans être le plus démonstratif ou le plus profond des crus classés, Rauzan-Gassies a retrouvé, depuis une décennie, un rang fort honorable, même si nous pensons qu'il peut viser encore plus haut. Le vignoble a été sérieusement repris en main et le château s'est doté d'un outil de vinification à la hauteur de ses ambitions. Il faudra suivre les prochains millésimes de près.

Les vins : le domaine ne nous ayant pas fait parvenir ses vins, nous sommes amenés à reconduire les notes de l'année dernière.

Margaux 2016	de 55 à 65 € (c)	93
Margaux 2017	de 50 à 60 € (c)	92

Rouge : 60 hectares. Merlot 60 %, Cabernet-Sauvignon 35 %, Cabernet franc 5 %
Production moyenne : 250 000 bt/an

CHÂTEAU RAUZAN-GASSIES
1, rue Alexis Millardet 33460 Margaux
05 57 88 71 88 • www.rauzangassies.fr • Pas de visites.
Propriétaire : Famille Quié
Œnologue : Éric Boissenot

★ CHÂTEAU ROLLAN DE BY

Cette propriété créée par Jean Guyon est désormais un classique du Médoc, tant avec la cuvée du domaine qu'avec l'ambitieuse cuvée Haut Condissas. Rollan de By doit son succès à un prix raisonnable, et surtout à un style séduisant dès sa prime jeunesse : le vin exprime des notes de fruits rouges mûrs, un boisé généreux parfaitement intégré, et développe un corps onctueux et savoureux, riche mais jamais dénué de fraîcheur. Il vieillit de surcroît très bien. Haut Condissas, cuvée confidentielle, se distingue par davantage de concentration et de richesse et ambitionne de se mesurer aux crus classés. Elle y parvient indéniablement.

Les vins : le médoc 2017 du château est parfaitement prêt à boire. Rond et suave, presque séducteur, il plaira au plus grand nombre. Haut Condissas offre une profondeur supplémentaire et davantage de gras. C'est un vin bien construit à la finale encore un peu marquée par le bois. Enfin, Greyssac est un vin charmeur et suave, on peut le boire dès maintenant et sans se presser.

Médoc 2017	de 18 à 19 € (c)	91
Médoc Château Greysac 2017	15 €	90
Médoc Château Haut Condissas 2017	de 52 à 55 € (c)	93

Rouge : 89 hectares. Merlot 65 %, Petit Verdot 13 %, Cabernet-Sauvignon 12 %, Cabernet franc 10 %
Blanc : 2 hectares. Sauvignon blanc 100 %
Production moyenne : 500 000 bt/an

CHÂTEAU ROLLAN DE BY
18, route de By, 33340 Bégadan
05 56 41 58 59 •
www.domaines-rollandeby.com • Vente et visites : sur RDV.
Propriétaire : Jean Guyon
Maître de chai : Jean-Luc Marteau

★ CHÂTEAU SIRAN

Ce cru fort bien situé de Margaux mériterait largement de figurer parmi les crus classés, d'autant que sous le coupe d'Édouard Miailhe, il s'est hissé à son meilleur niveau. Son remarquable terroir, situé sur la commune la plus méridionale de l'appellation (Labarde), s'étend sur un superbe plateau de graves siliceuses. La dégustation de millésimes anciens que le château a la chance de posséder au sein de sa vinothèque permet de comprendre tout le potentiel du cru. La dernière décennie le porte vers des niveaux vraiment remarquables, les vins vieilliront à merveille.

Les vins : les derniers millésimes surfent sur une vague haute. 2019 est très frais et juteux, avec un cœur de bouche plein, charnu et une finale avec des beaux tanins intégrés. 2018 et 2017 sont aussi très réussis.

- Margaux 2017 — 40 € — 93
- Margaux 2018 — 38 € — 95
- Margaux 2019 — 38 € — 94

Rouge : 25 hectares.
Cabernet-Sauvignon 44 %, Merlot 43 %, Petit Verdot 12 %, Cabernet franc 1 %
Production moyenne : 194 000 bt/an

CHÂTEAU SIRAN
13, avenue du Comte-Lynch, 33460 Labarde
05 57 88 34 04 • www.chateausiran.com •
Visites : sans RDV.
Propriétaire : Famille Miailhe
Directeur : Édouard Miailhe
Maître de chai : Marjolaine Defrance
Œnologue : Hubert de Boüard

★ CHÂTEAU SOCIANDO-MALLET

Figure de Bordeaux, Jean Gautreau a fait Sociando Mallet. Homme visionnaire, il a bousculé tous les codes et a hissé le cru en une cinquantaine d'années au sommet des vins du Médoc. Bien des millésimes de Sociando Mallet équivalent à de très bons crus classés. Jean Gautreau s'en est allé fin 2019, laissant à sa fille une propriété à la notoriété très forte auprès des amateurs. Largement diffusé en France et en Belgique, le cru demeure une valeur sûre et propose surtout un rapport qualité-prix toujours optimal. Un vaste projet de replantation a été initié depuis une dizaine d'années, contraignant le cru à élaborer des vins plus "merlotés". Il possèdent davantage de rondeur, mais probablement moins de race. Nous ne retrouvons plus tout à fait l'éclat magique des 1982, 1990 ou 1996, qui demeurent des références.

Les vins : le château a choisi de nous présenter un 2012 qui se tient bien et se montre parfait à boire aujourd'hui, témoin du bon potentiel du cru – ce dont nous ne doutons pas. Les tanins sont intégrés et possèdent un joli charme. Un vin de demi-puissance. Le grand vin en 2017 cultive un côté rond et agréable. La Demoiselle est un second vin facile et tendre à boire rapidement.

- Haut-Médoc 2017 — 32 € — 92
- Haut-Médoc La Demoiselle de Sociando-Mallet 2017 — 17 € — 87
- Haut-Médoc 2012 — 31 € — 93

Rouge : 82 hectares. Merlot 50 %,
Cabernet-Sauvignon 45 %, Cabernet franc 5 %
Production moyenne : 450 000 bt/an

CHÂTEAU SOCIANDO-MALLET
Route de Mapon,
33180 Saint-Seurin-de-Cadourne
05 56 73 38 80 • www.sociandomallet.com •
Vente et visites : sur RDV.
Propriétaire : Sylvie Gautreau
Directeur : François Hugueniot
Maître de chai : Arnaud Durand
Œnologue : Michel-Bernard Couasnon

★ CHÂTEAU DU TERTRE

Le cru vient de changer de main. Il est désormais exploité par la famille Helfrich (Grands Chais de France). Transformé et modernisé ces dernières années par la famille Albada Jelgersma, le cru est désormais en ordre de marche. Une baisse des rendements et d'importants investissements ont donné un vin plein et nerveux, qui justifie parfaitement son classement. Les derniers millésimes s'avèrent particulièrement réussis, dans un style toujours droit. Ils sont parfois un peu austères, mais vieillissent bien grâce à une part importante de petit verdot et de cabernet franc dans l'assemblage.

Les vins : le nez du 2019 exprime des notes fraîches, lardées, épicées. La bouche enchaîne dans la même veine, avec une jolie tension et une bonne allonge. Le 2018 ne manque ni de personnalité, ni de raffinement. Épicé, il se joue de la grande maturité du fruit et termine sur des tanins mentholés.

- Margaux 2018 — de 45 à 50 € (c) — 93
- Margaux 2019 — de 45 à 50 € (c) — 93

Rouge : 51 hectares. Cabernet-Sauvignon 53 %, Merlot 20 %, Petit Verdot 15 %, Cabernet franc 12 %
Blanc : 4 hectares. Chardonnay 50 %, Sauvignon blanc 27 %, Viognier 15 %, Gros Manseng 8 %
Production moyenne : 200 000 bt/an

CHÂTEAU DU TERTRE

14, allée du Tertre, 33460 Arsac

05 57 88 52 52 • chateaudutertre.fr • Vente et visites : sur RDV.

Propriétaire : CNP/ Exploitant Famille Helfrich

Directeur : Cynthia Capelaere

Maître de chai : Frederic Ardouin

CHÂTEAU D'AGASSAC

Situé sur de belles graves profondes, proche de La Lagune, ce château au passé chargé revit sous la direction du régisseur Jean-Luc Zell qui, en quelques années, a accompli un travail considérable. Grâce à un précieux capital de vieilles vignes qu'il a su valoriser et à une importante restructuration, la qualité des vins a bondi sans perdre son excellent rapport qualité-prix. Le château s'investit beaucoup dans l'œnotourisme : c'est une adresse fortement recommandable pour se plonger dans l'univers du vin.

Les vins : une série de millésimes prêts à boire nous a été soumise, exercice toujours intéressant. Le 2009 est une belle révélation, le vin est en place, avec de beaux arômes de truffes et une bouche très suave et fondue. Le 2010 est plus évolué et marqué par un bois qui sèche encore un peu la finale. Prêt à boire, le 2011 est néanmoins un peu plus serré, sa bouche garde de la fraîcheur et un bon équilibre général.

Haut-Médoc 2009	32 €	92
Haut-Médoc 2010	32 €	89
Haut-Médoc 2011	21,50 €	90

Rouge : 45 hectares. Merlot 50 %, Cabernet-Sauvignon 47 %, Cabernet franc 3 %

Production moyenne : 250 000 bt/an

CHÂTEAU D'AGASSAC

15, rue du Château-d'Agassac, 33290 Ludon-Médoc

05 57 88 15 47 • www.agassac.com • Vente et visites : sur RDV.

Propriétaire : SCA Château d'Agassac

Directeur : Jean-Luc Zell

NOUVEAU DOMAINE

CHÂTEAU ANTHONIC

Acquise par la famille Cordonnier en 1977, cette propriété doit beaucoup à l'implication de Jean-Baptiste qui en a pris les commandes en 1993. Ce passionné de bio(logique), comme il se définit, a conduit la conversion en bio depuis 2016 (certification en 2019). Mais le château peut surtout se prévaloir d'être le pionnier en Médoc de la culture de la vigne en agroforesterie. Des haies et des arbres ont été plantés en bordure des vignes pour y créer une écosystème complet. Les vins qui ont toujours été de qualité semblent encore avoir progressé ces dernières années, ils font aujourd'hui partie des meilleurs de l'appellation. Un domaine à suivre de près.

Les vins : le cru a réussi les derniers millésimes, dont un très beau 2019, ample et défini, avec une belle intensité du fruit et des tanins bien dessinés, malgré une perte de récolte de 70 % due à un violent passage de grêle. Une belle affaire. Le 2016 est actuellement en forme : sa tension et son côté juteux en finale le rendent très séduisant.

Moulis 2016	22,50 €	90
Moulis 2019	24 €	92

Rouge : 28 hectares. Merlot 62 %, Cabernet-Sauvignon 29 %, Cabernet franc 7 %, Petit Verdot 2 %

Production moyenne : 120 000 bt/an

CHÂTEAU ANTHONIC ♣

SCEA Pierre Cordonnier Route du Maliney
33480 Moulis-en-Médoc
05 56 58 34 60 •
www.chateauanthonic.com/ • Vente et visites : sur RDV.

Propriétaire : Jean-Baptiste Cordonnier
Directeur : Théophile Cordonnier
Maître de chai : Emmanuel Chety
Œnologue : Éric Boissenot

CHÂTEAU CAMBON LA PELOUSE

Désormais propriété du groupe australien Treasury Wine Estate, ce cru fort bien situé en bordure de l'appellation Margaux entend poursuivre sa belle histoire. Il faut dire que depuis longtemps, on élabore ici un vin d'un remarquable rapport qualité-prix. Il a peu à peu trouvé ses marques, et le vieillissement du vignoble lui permet désormais d'atteindre un très beau niveau, dans un style séduisant, non dénué de finesse. Un joli challenger que le nouveau propriétaire pourra pousser plus loin encore.

Les vins : premier millésime de la nouvelle équipe, le 2019 s'annonce très réussi, avec un joli charme en bouche et des tanins de belle finesse ; il succède à un autre beau vin, le 2018, tout en charme.

Haut-Médoc 2019 — 16,50 € — 93

Le coup de ♥

Haut-Médoc 2018 — 14,40 € — 93

Rouge : 64 hectares.
Cabernet-Sauvignon 52 %, Merlot 44 %, Petit Verdot 4 %
Production moyenne : 220 000 bt/an

CHÂTEAU CAMBON LA PELOUSE
5, chemin de Canteloup, 33460 Macau
05 57 88 40 32 •
www.cambon-la-pelouse.com • Pas de visites.
Propriétaire : Treasury Wine Estates
Directeur : Sébastien Long
Maître de chai : Olivier Pascaud

CHÂTEAU DE CAMENSAC

Camensac, racheté en 2005 par la famille Merlaut, est aujourd'hui géré par l'équipe de Chasse-Spleen, incarnée par Céline Villars-Foubet et Jean-Pierre Foubet. Les derniers investissements ont doté le cru d'un outil à la hauteur du défi. Depuis quelques millésimes, les progrès sont d'ailleurs substantiels et Camensac fait partie des crus que les amateurs doivent regarder de près, d'autant que les tarifs demeurent très sages, ce dont nous nous félicitons.

Les vins : le 2019 est souple, avec une bouche déliée et agréable, en demi-corps. Il termine sur des tanins fins et intégrés. 2018 signe une réussite majeure pour le cru qui trouve là un beau charnu en bouche, du volume et de la profondeur. Très charmeur.

Haut-Médoc 2018 — 30 € — 92

Haut-Médoc 2019 — 30 € (c) — 91

Rouge : 69 hectares.
Cabernet-Sauvignon 57 %, Merlot 43 %
Production moyenne : 350 000 bt/an

CHÂTEAU DE CAMENSAC
Route de Saint-Julien,
33112 Saint-Laurent-du-Médoc
05 56 59 41 69 •
www.chateaucamensac.com • Vente et visites : sur RDV.
Propriétaire : Céline Villars-Foubet et Jean Merlaut
Directeur : Jean-Pierre Foubet
Maître de chai : Christian Alquié
Œnologue : Éric Boissenot

CLOS MANOU

Cette petite propriété de 18 hectares, située au nord du Médoc, sur la commune de Saint-Christoly, est gérée avec passion par Françoise et Stéphane Dief. Le travail de la vigne soigné et les vinifications parfaitement maîtrisées offrent aux vins à la fois du charme et de la profondeur. Une belle découverte à l'écart de la route des grands crus classés et un rapport qualité-prix remarquable.

Les vins : le sans faute se poursuit. Après un délicieux 2016, 2017 affiche des notes d'eucalyptus et de café, presque une pointe exotique. La bouche est suave, tout en élégance, mais avec une finale qui s'étire bien. Un cru qui ne craint pas de séduire. Petit Manou est une cuvée délicieuse, à boire sur son côté soyeux et fruité, avec de jolis tanins.

Médoc 2017 — 22 € — 93

Médoc Petit Manou 2018 — 12 € — 89

Rouge : 18 hectares. Cabernet-Sauvignon 46 %, Merlot 46 %, Cabernet franc 4 %, Petit Verdot 4 %
Production moyenne : 120 000 bt/an

CLOS MANOU
7, rue du 19-Mars-1962,
33340 Saint-Christoly-Médoc
05 56 41 54 20 • www.clos-manou.com •
Vente et visites : sur RDV.
Propriétaire : Françoise et Stéphane Dief
Maître de chai : Stéphane Dief

NOUVEAU DOMAINE

CLOS DU JAUGUEYRON

Vous cherchez un vin du Médoc en dehors des sentiers battus ? Le Clos du Jaugueyron est fait pour vous. Michel Théron et Stéphanie Destruhaut conduisent ici un projet tout à fait original et très abouti. Le domaine est aujourd'hui constitué d'une quinzaine de parcelles en Haut-Médoc et Margaux (Arsac), conduites avec grand respect en agriculture biodynamique. Mais c'est à la cave que le domaine se démarque, avec une approche très minimaliste des vinifications : peu de soufre, peu d'extraction, des élevages menés en partie en grands contenants et en cuves afin de préserver au maximum le fruit. Il en résulte des vins à la personnalité bien affirmée et d'une grâce superbe.

Les vins : le domaine commercialise des millésimes qui commencent à être prêts. Le margaux 2016 est absolument délicieux, avec un très beau délié en bouche et un fruit posé. L'ensemble possède de l'énergie et une très grande délicatesse. Nout est une cuvée davantage dominée par le merlot, logiquement plus ronde et suave. On y retrouve ce superbe grain de tanins.

Margaux 2016	55 €	95
Margaux Nout 2016	36 €	92

Rouge : 7 hectares. Cabernet-Sauvignon 60 %, Merlot 34 %, Cabernet franc 3 %, Petit Verdot 3 %
Production moyenne : 1 800 bt/an

CLOS DU JAUGUEYRON ♣
45, rue de Guiton, 33460 Arsac
05 56 58 89 43 • www.closdujaugueyron.fr •
Vente et visites : sur RDV.
Propriétaire : Michel Théron

CHÂTEAU COS LABORY

Discret cru classé de Saint-Estèphe, Cos Labory ne manque pourtant pas d'atouts. La famille Audoy, qui le dirige, élabore un vin de facture classique, mais avec beaucoup de charme et d'équilibre. Une attachante propriété familiale qui propose des vins qui évoluent parfaitement sur une décennie, voire plus et qui, surtout, demeurent accessibles.

Les vins : 2019 est introduit par un joli nez frais et fruité, le vin se révèle délicieux, fin et gourmand. Son côté digeste et son équilibre le rendent déjà irrésistible. Finale juteuse. Le 2018 est un vin très charmeur, à la bouche de belle ampleur, charnue mais gourmande. Il termine sur des tanins bien fondus et polis.

Saint-Estèphe 2018	38 €	95
Saint-Estèphe 2019	25 € (c)	94

Rouge : 18 hectares. Cabernet-Sauvignon 58 %, Merlot 36 %, Petit Verdot 6 %
Production moyenne : 100 000 bt/an

CHÂTEAU COS LABORY
Saint-Estèphe 33180 Saint-Estèphe
05 56 59 30 22 • www.cos-labory.com •
Vente et visites : sur RDV.
Propriétaire : Famille Audoy
Directeur : Bernard Audoy
Œnologue : Sandra Duboscq

CHÂTEAU LE CROCK

Cette propriété de la famille Cuvelier (Château Léoville Poyferré) jouit d'un très beau terroir, voisin de Cos d'Estournel et de Haut-Marbuzet. Le château sort avec régularité un saint-estèphe profond, suave, appréciable dans sa jeunesse. Les derniers millésimes témoignent d'une belle régularité.

Les vins : on trouve toujours ici un saint-estèphe flamboyant et avenant. 2017 en est un bon représentant, avec une belle finesse de matière et beaucoup de charme. Le 2018 est plein, mûr, ample, mais avec un équilibre. On perçoit la générosité des fruits, mais les tanins sont soyeux.

Saint-Estèphe 2017	29 €	92
Saint-Estèphe 2018	35 €	93

Rouge : 32 hectares.
Cabernet-Sauvignon 60 %, Merlot 25 %, Cabernet franc 10 %, Petit Verdot 5 %
Production moyenne : 100 000 bt/an

CHÂTEAU LE CROCK
1, rue Paul-Amilhat, 33180 Saint-Estèphe
05 56 59 73 05 • www.chateaulecrock.fr •
Vente et visites : sur RDV.
Propriétaire : Famille Cuvelier
Directeur : Sara Lecompte-Cuvelier
Maître de chai : Yoann Lavigne
Œnologue : Isabelle Davin

CHÂTEAU CROIZET-BAGES

Comme Rauzan-Gassies à Margaux, ce cru appartient à la famille Quié. Il ne dispose pas des moyens des cadors de l'appellation, mais peut néanmoins se révéler tendre et délicieux dans les bons millésimes. Il représente alors une bonne affaire pour les amateurs, grâce à des prix très sages.

Les vins : le domaine ne nous ayant pas fait parvenir ses vins, nous sommes amenés à reconduire les notes de l'année dernière.

Pauillac 2017	de 40 à 50 € (c)	91

Le coup de ♥

Pauillac 2018	39 €	92

Rouge : 27,4 hectares. Merlot 45 %,

Cabernet-Sauvignon 45 %, Cabernet franc 10 %
Production moyenne : 150 000 bt/an

CHÂTEAU CROIZET-BAGES
33250 Pauillac
05 56 59 01 62 • croizetbages@domaines-quie.com • Vente et visites : sur RDV.
Propriétaire : Jean-Michel Quié

CHÂTEAU DESMIRAIL

Troisième cru classé de Margaux, le château a pris désormais une jolie vitesse de croisière, gagnant en intensité et en définition. Des progrès que l'on doit à Denis Lurton qui a su donner du velouté et de la suavité à ses vins, grâce à un vignoble qui s'appuie sur une généreuse proportion de merlots. Les prix demeurent très accessibles.

Les vins : en 2019, le cru a privilégié l'élégance et la finesse, ce qui lui va bien. Il n'a, en revanche, pas négligé la finale qui le porte bien et surtout s'étire tout en fraîcheur mentholée. Très réussi, le 2018 ne cesse de surprendre, avec une bouche serrée, dense, mais aussi très raffinée et d'une superbe persistance. La longue finale dévoile des tanins très fins.

Margaux 2019 — 38 € — 93

Le coup de ♥
Margaux 2018 — 40 € — 95

Rouge : 40 hectares.
Cabernet-Sauvignon 60 %, Merlot 37 %, Petit Verdot 3 %
Production moyenne : 160 000 bt/an

CHÂTEAU DESMIRAIL
28, avenue de la Ve-République,
33460 Margaux
05 57 88 34 33 • www.desmirail.com • Vente et visites : sur RDV.
Propriétaire : Denis Lurton
Directeur : Jean-Pierre Duvoisin
Maître de chai : Pierre Lafeuillade
Œnologue : Éric Boissenot

CHÂTEAU DOMPIERRE

Après une expérience à Saint-Émilion au château Plain-Point, Michel Aroldi s'est lancé un nouveau défi en 2013 dans le Médoc : celui de faire renaître Dompierre. Disposant de parcelles disséminées au sein des appellations Médoc, Haut-Médoc et Pauillac, il progresse constamment et impose le style de ses vins mûrs, dense mais pas austères. Le cru met en vente ses vins après quelques années de repos dans les caves. Une belle démarche qui permet d'accéder à des cuvées déjà prêtes à boire.

Les vins : le blanc est assez simple, droit et friand, avec une vocation apéritive, on le boira assez rapidement. Les Charmes 2018 joue sur une registre gourmand et fruité, d'un abord assez facile. Il peut patienter un ou deux ans, le temps de fondre ses tanins. En 2017, le grand vin est souple et ouvert, avec une bonne structure et une bouche droite et classique.

Bordeaux 2019 — 12 € — 88
Médoc Les Charmes 2018 — 14 € — 89
Pauillac 2017 — 58 € — 91

Rouge : 9,3 hectares.
Cabernet-Sauvignon 85 %, Merlot 15 %
Achat de raisins.
Blanc : 2 hectares. Sauvignon blanc 100 %
Achat de raisins.
Production moyenne : 55 000 bt/an

CHÂTEAU DOMPIERRE
6, Labat, 33112 Saint-Laurent-du-Médoc
05 57 75 03 35 • www.chateaudompierre.fr • Vente et visites : sur RDV.
Propriétaire : Michel Aroldi
Œnologue : Pascal Poussevin

CHÂTEAU DURFORT-VIVENS

Gonzagues Lurton porte cette propriété avec conviction et l'a transformée de fond en comble ces dix dernières années. Certifié en bio et biodynamie en 2016, le cru de 62 hectares livre aujourd'hui des vins d'une finesse fantastique, parmi les plus vibrants de l'appellation. Élevés pour 30 % en amphore et 70 % en fût neuf, à très grande dominante de cabernet sauvignon, ils séduisent par leur grain et leur droiture. À compter de 2017, la progression est très nette et 2019 et 2020 à venir s'annoncent grandioses.

Les vins : en attendant un remarquable 2020, le 2019 est un superbe vin de définition et de raffinement, avec une bouche ultra racée et complexe. Tout est en place et sa longueur est juste magique. 2017 demeure très intéressant, avec une bouche de bel équilibre et de la "jutosité". Finale sapide et fraîche.

Margaux 2017 — 55 € (c) — 93
Margaux 2019 — 44 € (c) — 95

Rouge : 30 hectares. Cabernet-Sauvignon 70 %, Merlot 23 %, Cabernet franc 7 %
Production moyenne : 140 000 bt/an

CHÂTEAU DURFORT-VIVENS
Margaux 33460 Margaux
05 57 88 31 02 • infos@durfort-vivens.com •
Vente et visites : sur RDV.
Propriétaire : Gonzague Lurton

GOULÉE BY COS D'ESTOURNEL

Derrière cette marque se cache un domaine récent qui, comme son nom l'indique, appartient aux propriétaires du célèbre cru classé de Saint-Estèphe. Issu d'un terroir situé au nord du Médoc et bénéficiant de tout le savoir-faire de l'équipe, Goulée by Cos d'Estournel s'impose comme un superbe vin très friand, immédiat, plein et accessible en termes de prix.

Les vins : le 2018 ne manque pas de charme, la bouche est la fois droite et suave, avec une très belle qualité de tanins et de la fraîcheur en finale, avec une agréable touche poivrée.

Médoc 2018 — 25 € — 93

Rouge : 26 hectares. Merlot 67 %, Cabernet-Sauvignon 23 %, Cabernet franc 10 %
Blanc : 6 hectares. Sauvignon blanc 75 %, Sémillon 25 %
Production moyenne : 100 000 bt/an

GOULÉE BY COS D'ESTOURNEL
Château Cos d'Estournel,
33180 Saint-Estèphe
05 56 73 15 50 • www.estournel.com • Vente et visites : sur RDV.
Propriétaire : Michel Reybier
Directeur : Dominique Arangoïts
Maître de chai : Angélique Vigouroux

CHÂTEAU GRAND-PUY DUCASSE

Comme Meyney, Grand-Puy Ducasse appartient à une filiale du Crédit agricole (CA Grands Crus). Si nous avons été un peu déçus par certains millésimes du début des années 2000, clairement en-dessous du niveau d'un bon cru classé, les choses bougent : l'ambition affichée par le domaine est de produire un vin digne de son rang. Anne Le Naour, qui dirige le cru et supervise les vinifications, apporte par petites touches le raffinement qui manquait souvent au cru. Depuis 2015, les progrès sont constants.

Les vins : le 2018 nous interroge : dès le nez, il donne le sentiment que le fruit a basculé dans un registre confit. La bouche est très opulente, chocolatée et chaude en finale. 2019 semble bien plus frais et tonique, avec une bouche droite et des tanins fins. Il devrait bien évoluer et ne manque pas de race.

Pauillac 2018 — 38 € — 89
Pauillac 2019 — 32 € — 93

Rouge : 40 hectares.
Cabernet-Sauvignon 60 %, Merlot 40 %
Production moyenne : 130 000 bt/an

CHÂTEAU GRAND-PUY DUCASSE
4, quai Antoine Ferchaud, 33250 Pauillac
05 56 59 00 40 • www.grandpuyducasse.fr •
Pas de visites.
Propriétaire : CA Grands Crus
Directeur : Anne Le Naour
Maître de chai : Benjamin Cassoulet
Œnologue : Hubert de Boüard

CHÂTEAU LA GURGUE

Petite propriété de 12 hectares appartenant à la famille de Claire Villars-Lurton depuis 1978, elle s'est réveillée et révélée depuis quelques années grâce à un travail au vignoble : passage en biodynamie et projet d'agroforesterie en cours, mais aussi à la vinification, qui privilégie avec bonheur la gourmandise et l'élégance. Un vin dans l'air du temps qui ravira aussi les amateurs de classicisme.

Les vins : le 2018 est un vin à la fois souple et intense en bouche, avec une texture de tanins très soyeuse. Un vin tout en raffinement.

Margaux 2018 — 32 € — 93

Rouge : 12 hectares. Cabernet-Sauvignon 52 %, Merlot 45 %, Petit Verdot 3 %
Production moyenne : 49 000 bt/an

CHÂTEAU LA GURGUE ☾
33 bis, rue de la Trémoille, 33460 Margaux
05 57 88 76 65 • www.lagurgue.com • Vente et visites : sur RDV.
Propriétaire : Claire Villars-Lurton
Directeur : Gérard Fenouillet
Œnologue : Éric Boissenot

CHÂTEAU HAUT-BAGES LIBÉRAL

Propriété de la famille Merlaut, Haut-Bages Libéral est géré par Claire Villars-Lurton, tout comme les châteaux Ferrière et La Gurgue. Elle ne néglige rien pour redonner à ce cinquième cru, qui possède une splendide parcelle toute proche de Latour, le lustre qu'il mérite, et défend avec conviction une approche qui privilégie l'élégance et le raffinement. Les derniers millésimes ne sont pas à négliger pour tous les amateurs de vins digestes et fins.

Les vins : les progrès sont nets, millésime après millésime. Le 2018 est une très grande réussite pour le cru qui conjugue finesse de texture et de tanins et très belle persistance en bouche.

Pauillac 2018 — 43 € — 94

Rouge : 30 hectares.
Cabernet-Sauvignon 80 %, Merlot 20 %
Production moyenne : 170 000 bt/an

CHÂTEAU HAUT-BAGES LIBÉRAL ♣
8, Balogues, 33250 Pauillac
05 56 59 11 88 • www.hautbagesliberal.com
• Vente et visites : sur RDV.
Propriétaire : Claire Villars-Lurton
Directeur : Thomas Bontemps
Œnologue : Eric Boissenot

CHÂTEAU LILIAN LADOUYS

Ayant connu plusieurs propriétaires ne sachant pas toujours exploiter son potentiel, le discret château Lilian Ladouys a été racheté par l'homme d'affaires Jacky Lorenzetti, en 2008. Ce dernier, qui a ensuite acquis le château Pédesclaux, à Pauillac, nourrit de grandes ambitions pour ses deux crus. Lilian Ladouys, profondément remodelé ces dernières années, a trouvé depuis quelques millésimes un rythme de croisière fort honorable. Le vin mérite l'attention des amateurs.

Les vins : le 2018 confirme son beau niveau, comme d'ailleurs les millésimes précédents. Le cru élabore un vin plein de fruit et de fraîcheur, avec un côté digeste et soyeux.

Saint-Estèphe 2018 — 25 € — 92

Saint-Estèphe Devise de Lilian 2017 — 12 € — 89

Rouge : 80,5 hectares.
Cabernet-Sauvignon 50 %, Merlot 45 %, Petit Verdot 4 %, Cabernet franc 1 %
Production moyenne : 800 000 bt/an

CHÂTEAU LILIAN LADOUYS
Blanquet, 33180 Saint-Estèphe
05 56 59 71 96 •
www.chateau-lilian-ladouys.com • Vente et visites : sur RDV.
Propriétaire : Famille Lorenzetti
Directeur : Vincent Bache-Gabrielsen
Maître de chai : Frédéric Godart
Œnologue : Éric Boissenot

CHÂTEAU LANGOA BARTON

La famille Barton exploite ce petit cru classé dont la grande majorité des vins sont vendus à l'export. Difficile de ne pas relever un air de famille avec son grand frère, Léoville Barton. Les vins sont élégants, fins mais moins constitués. Plus faciles d'accès, on peut les déguster en général au bout de trois ans. Dans les millésimes plus difficiles, il paraît parfois un peu léger, mais compense par une belle élégance.

Les vins : dans l'ombre de son grand frère Léoville, Langoa ne manque pourtant jamais d'attrait. C'est encore le cas du 2018, d'un bel équilibre gourmand et d'une texture au toucher soyeux. Il est marqué d'une belle intégration des tanins et d'un boisé subtil.

Saint-Julien 2018 — 54 € — 93

Rouge : 20 hectares.
Cabernet-Sauvignon 60 %, Merlot 35 %, Cabernet franc 5 %
Production moyenne : 90 000 bt/an

CHÂTEAU LANGOA BARTON
Route des Châteaux,
33250 Saint-Julien-Beychevelle
05 56 59 06 05 • www.langoa-barton.com •
Pas de visites.
Propriétaire : Famille Barton
Directeur : Lilian Barton Sartorius
Maître de chai : François Bréhant
Œnologue : Eric Boissenot

CHÂTEAU LYNCH-MOUSSAS

Philippe Castéja donne depuis quelques années déjà une nouvelle impulsion à ce cru classé. Les vins ont progressé et le château bénéficie d'installations techniques qui devraient permettre d'aller plus loin encore. Lynch-Moussas élabore un vin relativement fin, de constitution moyenne, que l'on peut boire assez rapidement.

Les vins : nous notons que les vins ont bien progressé dans leur précision et dans la densité de leur fruit. 2018 possède du volume, du gras et on perçoit la généreuse maturité du fruit. L'élevage n'a pas fini de se fondre. Il devrait bien évoluer.

Pauillac 2018 — 30 € — 92

Rouge : 62 hectares. Cabernet-Sauvignon 75 %, Merlot 25 %
Production moyenne : 180 000 bt/an

CHÂTEAU LYNCH-MOUSSAS
Madrac 33250 Saint-Sauveur
05 56 00 00 70 • www.lynch-moussas.com •

Visites : sur RDV aux professionnels.
Propriétaire : Famille Castéja
Directeur : Philippe Castéja (Président)
Maître de chai : Benoit Bouchonneau

CHÂTEAU MARQUIS DE TERME

Propriété de la famille Sénéclauze, ce cru discret gagne en densité en en précision. Les millésimes produits après 2009 ont sonné le réveil de cette belle endormie. Un résultat que l'on doit en partie à Ludovic David, directeur du cru, qui a repris en main le vignoble et modernisé l'outil de vinification. Le souhait de produire des vins plus charnus et, surtout, dotés de tanins plus veloutés, est clairement affiché.

Les vins : fruits noirs mûrs, réglisse, bouche très serrée et concentrée, ce 2018 est un vin pour amateurs de puissance. Il possède du fond et se montre net. Le temps domptera sa fougue. En 2019, nous retrouvons son côté mûr, suave et plein, avec une bouche aux notes de fruits noirs légèrement confits. Un vin encore serré en finale.

- Margaux 2018 — 44,40 € — 93
- Margaux 2019 — 35 € (c) — 92

Rouge : 39,5 hectares.
Cabernet-Sauvignon 60 %, Merlot 35 %, Petit Verdot 5 %
Production moyenne : 150 000 bt/an

CHÂTEAU MARQUIS DE TERME

3, route de Rauzan, 33460 Margaux
05 57 88 30 01 •
www.chateau-marquis-de-terme.com •
Vente et visites : sur RDV.
Propriétaire : Famille Sénéclauze
Directeur : Ludovic David
Maître de chai : Julien Brahmi
Œnologue : Julian Viaud

CHÂTEAU MARQUIS D'ALESME

Doté d'un outil à la pointe de l'efficacité, le cru, racheté en piteux état en 2006 par la famille Perrodo (château Labégorce), affiche ses ambitions. Côté vignoble, tout a aussi été repris en main, avec désormais un travail de la vigne digne d'un cru classé et une redistribution parcellaire. À noter que le cru propose une très belle offre œnotouristique, avec, entre autres, une table qui offre un bon prétexte pour se poser entre deux visites.

Les vins : après un 2017 de jolie facture, tout en élégance et possédant un beau fond et des tanins de belle finesse, nous sommes un peu circonspects face au 2018 dont l'évolution nous surprend : l'éclat du fruit est mat et il est dominé par un côté acétique et une acidité volatile mordante.

- Margaux 2018 — 45 € (c) — 88

Le coup de ♥

- Margaux 2017 — 40 € — 92

Rouge : 15 hectares. Cabernet-Sauvignon 63 %, Merlot 30 %, Petit Verdot 5 %, Cabernet franc 2 %
Production moyenne : 54 000 bt/an

CHÂTEAU MARQUIS D'ALESME

7, rue de la Trémoille, 33460 Margaux
05 57 81 13 20 • www.marquisdalesme.wine
• Vente et visites : sur RDV.
Propriétaire : Famille Perrodo
Directeur : Marjolaine de Coninck

CHÂTEAU MAUVESIN-BARTON

Cette propriété, qui vivotait depuis longtemps, connaît une nouvelle vie depuis son rachat par la famille Barton (Léoville Barton et Langoa Barton). C'est la petite fille d'Anthony, Mélanie Sartorius, qui la dirige. Désormais, on retrouve ici le côté velouté et suave des vins élaborés par la famille, qui ont fait leur franc succès. Des vins très accessibles et recommandables.

Les vins : encore légèrement marqué par son bois, le 2018 ne manque pas de croquant et de gourmandise en milieu de bouche, ponctuée par une jolie finale acidulée.

- Haut-Médoc Sequoia de Mauvesin Barton 2018 — 11 € — 89
- Moulis 2018 — 18 € — 92

Rouge : 47 hectares.
Production moyenne : 150 000 bt/an

CHÂTEAU MAUVESIN-BARTON

Route du Médoc, 33480 Moulis-en-Médoc
05 56 58 41 81 • www.mauvesin-barton.com
• Vente et visites : sur RDV.
Propriétaire : Famille Barton-Sartorius
Directeur : Mélanie Sartorius
Œnologue : Éric Boissenot

CHÂTEAU MAYNE LALANDE

Bernard Lartigue dirige cette propriété de Listrac avec passion et conviction. Il élabore un vin puissant, sans rusticité, dans un esprit moderne et très régulier, qui vieillit généralement bien sur quelques années. Les derniers millésimes se montrent réussis, avec un joli raffinement. Une valeur sûre du Médoc.

Les vins : après un 2017 tout en séduction, 2018 va plus loin tout en conservant cette approche très suave. Le vin possède une très belle densité et un fruit généreux. La finesse des tanins signe une jolie finale.

- Listrac-Médoc 2018 — 22 € — 92

Rouge : 22 hectares.
Cabernet-Sauvignon 60 %, Merlot 30 %, Petit Verdot 5 %, Cabernet franc 5 %
Production moyenne : 100 000 bt/an

CHÂTEAU MAYNE LALANDE
7, route du Mayne, 33480 Listrac-Médoc
05 56 58 27 63 • www.chateau-mayne-lalande.com • Vente et visites : sur RDV.
Propriétaire : Alice-Jeanne Lartigue

CHÂTEAU MONBRISON

Laurent Vonderheyden porte désormais cette jolie propriété de Margaux avec conviction et brio. Archétype du margaux raffiné et construit, Monbrison peut s'élever au niveau d'un bon cru classé, tant sur le plan du raffinement que du potentiel de garde. Les vins sont de beaux représentants de l'appellation, exprimant élégance et définition.

Les vins : Le 2018 est très charmeur, avec un velouté très agréable en bouche et une belle persistance grâce à ses tanins fins. Un très joli margaux. À l'image du grand vin, Bouquet est bien construit, plus tendre et immédiat, bien sûr, mais avec un beaucoup de charme. On le boira dans les cinq ans.

- Margaux 2018 — 38 € — 93
- Margaux Bouquet de Monbrison 2018 — 22 € — 90

Rouge : 15,5 hectares.
Cabernet-Sauvignon 50 %, Merlot 30 %, Cabernet franc 15 %, Petit Verdot 5 %
Production moyenne : 90 000 bt/an

CHÂTEAU MONBRISON
1, Allée Monbrison, 33460 Arsac
05 56 58 80 04 • www.chateaumonbrison.com • Vente et visites : sur RDV.
Propriétaire : Laurent Vonderheyden
Directeur : Alix Vonderheyden
Maître de chai : Margot Franzkowiak

CHÂTEAU MOULIN RICHE

Moulin Riche fut acquis en même temps que le château Léoville Poyferré, en 1920, par la famille Cuvelier. Ces dernières années, cette marque fut utilisée comme second vin. Depuis 2009, le cru a repris son envol et s'assume à nouveau comme un château à part entière, ce qu'il a longtemps été, puisqu'il fut même classé cru bourgeois exceptionnel en 1932.

Les vins : 2018 joue la très grande maturité, avec un fruit rond, des tanins imposants mais souples et un degré d'alcool élevé, le tout s'harmonisant. Il plaira aux amateurs de vins opulents. Le 2017 est plus prêt à boire, avec une bouche plus souple.

- Saint-Julien 2017 — 40 € — 93
- Saint-Julien 2018 — 46 € — 93

Rouge : 20 hectares.
Cabernet-Sauvignon 55 %, Merlot 28 %, Petit Verdot 17 %
Production moyenne : 90 000 bt/an

CHÂTEAU MOULIN RICHE
38, rue de Saint-Julien,
33250 Saint-Julien-Beychevelle
05 56 59 08 30 • www.leoville-poyferre.fr • Vente et visites : sur RDV.
Propriétaire : Famille Cuvelier
Directeur : Sara Lecompte-Cuvelier
Maître de chai : Didier Thomann
Œnologue : Isabelle Davin

CHÂTEAU PEYRABON

Propriété du négociant Patrick Bernard (Millésima), Peyrabon élabore deux cuvées. La première, en Haut-Médoc, est facilement accessible et de garde moyenne. La seconde, baptisée La Fleur Peyrabon, est issue de vignes bien situées à Pauillac (4 hectares), mais l'extraction et l'élevage lui confèrent parfois un caractère austère dans sa jeunesse. Ils évoluent ensuite plutôt bien.

Les vins : le haut-médoc, en 2018, est fidèle à son style, un vin plein, avec une bouche mûre et charnue et de jolis tanins en finale, qui évoluera sur quelques années sans problème. La Fleur Peyrabon fait davantage parler la cavalerie : sa bouche crémeuse est très dense et le vin s'étire longuement. Il offre un potentiel évident.

- Haut-Médoc 2018 — 13,50 € — 91

Pauillac Château La Fleur Peyrabon 2018 30 € 93

Rouge : 41,44 hectares.
Cabernet-Sauvignon 55 %, Merlot 37 %, Cabernet franc 4 %, Petit Verdot 3 %
Production moyenne : 225 000 bt/an

CHÂTEAU PEYRABON
Route du Fournas,
33250 Saint-Sauveur-en-Médoc
05 56 59 57 10 • www.chateau-peyrabon.fr • Visites : sans RDV.
Propriétaire : Millésima
Directeur : Xavier Michelet
Maître de chai : Eric Pinto Guerro
Œnologue : Eric Boissenot

CHÂTEAU PIBRAN

Avec un joli terroir de 17 hectares sur la croupe de Pauillac, Pibran qui fait partie de l'écurie des propriétés AXA Millésimes bénéficie de toute l'attention de l'équipe de Pichon Baron. Il n'est donc pas surprenant que l'on trouve ici un vin régulier au bouquet profond et au charme souvent irrésistible. Il représente un excellent rapport qualité-prix et a toute sa place dans la cave des amateurs.

Les vins : la force de Pibran réside dans son accessibilité et le charme dont il fait preuve, sans que cela hypothèque son potentiel de garde. 2018 est de cette veine, vin très gourmand et juteux à la fois.

Pauillac 2018 35 € 92

Rouge : 17 hectares. Merlot 55 %, Cabernet-Sauvignon 45 %
Production moyenne : 70 000 bt/an

CHÂTEAU PIBRAN
pauillac 33250 Pauillac
05 56 73 17 17 • contact@pichonbaron.com • Pas de visites.
Propriétaire : AXA Millésimes
Directeur : Christian Seely
Maître de chai : Jean-René Matignon

CHÂTEAU POUGET

Pouget est un tout petit et discret cru classé de Margaux, appartenant, tout comme Boyd-Cantenac, à Lucien Guillemet. Il est vinifié dans le même esprit que Boyd, sans pour autant posséder la profondeur et le potentiel de celui-ci. Il n'en reste pas moins toujours très séducteur et agréable, souvent un peu boisé. Le vin n'est pas vendu sur la place ; il n'est donc pas évident de le trouver.

Les vins : d'une agréable rondeur, avec un fruité gourmand et une légère sucrosité de bois en finale, 2019 est un vin séduisant et bien habillé. Il ne manque pas de charme. La matière du 2018 est noble, avec un fruité subtil et équilibré. Le tout est actuellement sous une chape de bois qui le comprime. Nul doute que quelques années de cave lui feront du bien.

Margaux 2018 de 45 à 55 € (c) 90
Margaux 2019 50 € (c) 91

Rouge : 10 hectares. Cabernet-Sauvignon 60 %, Merlot 30 %, Cabernet franc 10 %
Production moyenne : 35 000 bt/an

CHÂTEAU POUGET
11, route de Jean-Faure, 33460 Cantenac
05 57 88 90 82 • www.chateau-pouget.com • Vente et visites : sur RDV.
Propriétaire : Famille Guillemet

CHÂTEAU SÉNÉJAC

Situé à l'extrême sud du Médoc, ce cru appartient à la famille Bignon-Cordier depuis 1999. Modernisé et traité avec attention, il revient depuis quelques millésimes à un bon niveau : celui d'un vin accessible qui assume sont côté gourmand et facile d'accès. C'est une bonne affaire et un vin de demi-garde, à boire dans ses dix premières années.

Les vins : le cru a été métamorphosé depuis quelques années. Le duo 2018-2019 est flamboyant. Le premier offre une très belle finesse et un fruit ouvert et généreux. 2019 est ultra croquant. Un vin d'abord immédiat qui assume son côté "canaille".

Haut-Médoc 2018 18 € 90
Haut-Médoc 2019 14 € 91

Rouge : 40 hectares.
Cabernet-Sauvignon 54 %, Merlot 31 %, Cabernet franc 11 %, Petit Verdot 4 %
Production moyenne : 170 000 bt/an

CHÂTEAU SÉNÉJAC
Allée Saint-Seurin, 33290 Le Pian-Médoc
05 56 70 20 11 • www.chateau-serilhan.com •

Vente et visites : sur RDV.
Propriétaire : Famille Bignon-Cordier

CHÂTEAU LA TOUR DE BY

Les héritiers de Marc Pagès poursuivent le travail débuté ici depuis trois générations dans cette vénérable et ancienne propriété du nord du Médoc. Les vins sont réguliers et vieillissent plutôt bien. La cuvée Hommage à Marc Pagès est une sélection de très anciennes vignes du château et bénéficie d'un élevage appuyé qui en fait un vin démonstratif, taillé pour la garde. Les derniers millésimes sont réussis.

Les vins : le 2018 est un vin gourmand et de belle ampleur de bouche. Rond et séduisant, il se boira dans la décennie, sans se presser. La cuvée Marc Pagès se montre toujours aussi démonstrative, avec une matière serrée et un bois qui la marque encore. Après un bon carafage, le vin se détend et s'ouvre. Il n'en reste pas moins massif. Patience.

Médoc 2018	19 €	91
Médoc Héritage Marc Pagès 2018	36 €	92

Rouge : 76 hectares.
Cabernet-Sauvignon 60 %, Merlot 35 %, Petit Verdot 5 %
Production moyenne : 400 000 bt/an

CHÂTEAU LA TOUR DE BY ♣

5, route de la Tour-de-By, 33340 Bégadan
05 56 41 50 03 • www.latourdeby.com •
Visites : sans RDV.
Propriétaire : Frédéric Le Clerc et Benjamin Richer de Forges
Directeur : Frédéric Le Clerc
Maître de chai : Cédric Pouyteau
Œnologue : Antoine Medeville

CHÂTEAU TRONQUOY-LALANDE

Martin et Olivier Bouygues ont acquis Tronquoy-Lalande en 2006, quelques mois après avoir acheté le château Montrose, situé à quelques encablures. Ce très ancien cru de Saint-Estèphe garde son autonomie et son style. La direction du château, comme celle de Montrose, a été reprise en 2012 par Hervé Berland. À noter, la production récente d'un blanc de jolie facture, rond et séduisant. Ils représentent de très bonnes affaires.

Les vins : le 2019 est très défini et précis en bouche, avec une expression fruitée nette et une finale sur des tanins ciselés. Le 2018 est plus volumineux, plus chaleureux en bouche, avec une expression sphérique du fruit et une finale plus confite.

Saint-Estèphe 2017	25 €	92
Saint-Estèphe 2018	25 €	92
Saint-Estèphe 2019	25 €	92

Rouge : 28 hectares.
Blanc : 1,8 hectare.
Production moyenne : 140 000 bt/an

CHÂTEAU TRONQUOY-LALANDE

Saint-Estèphe 33180 Saint-Estèphe
0556596105 • www.tronquoy-lalande.com/ •
Vente et visites : sur RDV.
Propriétaire : Martin et Olivier Bouygues
Directeur : Hervé Berland et Yves Delsol

GRAVES

★★★ ↗ CHÂTEAU HAUT-BAILLY

Propriété depuis 1988 de la famille américaine Wilmers, Haut-Bailly propose un vin (rouge uniquement) d'une droiture et d'une classe uniques, harmonieux et suprêmement équilibré, respectant les usages bordelais, cultivant l'élégance et la réserve. Le terroir de graves sur crasse de fer sur lequel s'épanouit un vignoble d'élite (comprenant une historique parcelle complantée) permet aux différents millésimes d'acquérir un bouquet d'une insigne distinction, avec une chair veloutée sans équivalent dans ce secteur de Léognan. Il est bien difficile de prendre en défaut un seul millésime : tous, avec un style inimitable, long et fin, parviennent à l'excellence. Avis aux amateurs trop impatients : comme tout grand vin qui se respecte, Haut-Bailly ne se révèle véritablement qu'après quelques années de garde. La troisième étoile accordée cette année résonnera comme une évidence pour les vrais amateurs de Bordeaux.

Les vins : le second vin, La Parde de Haut-Bailly, devient en 2018 Haut-Bailly II. La qualité demeure : riche mais très nuancé, avec des notes déjà volubiles de fumé, de papier d'Arménie, il partage le grand style du premier vin. Celui-ci, derrière une robe particulièrement dense, affiche un caractère profond et complet, d'un raffinement extraordinaire dans le cadre du millésime, avec un surcroît de fraîcheur et d'harmonie qui le distingue de ses pairs.

Pessac-Léognan 2018	150 €	98
Pessac-Léognan Haut-Bailly II 2018	40 €	93

Rouge : 30 hectares.
Cabernet-Sauvignon 60 %, Merlot 34 %, Cabernet franc 3 %, Petit Verdot 3 %

Production moyenne : 160 000 bt/an

CHÂTEAU HAUT-BAILLY

103, avenue de Cadaujac, 33850 Léognan

05 56 64 75 11 • www.haut-bailly.com •
Vente et visites : sur RDV.

Propriétaire : Famille Wilmers

Directeur : Véronique Sanders

★★★ CHÂTEAU HAUT-BRION

Premier cru classé, seul château hors Médoc à avoir été rattaché au classement de 1855, Haut-Brion a la particularité d'être totalement enclavé dans la ville de Pessac, la plus proche banlieue de Bordeaux. Son terroir, comme celui de La Mission Haut-Brion, de Pape-Clément ou des Carmes Haut-Brion, est certainement le plus précoce de l'appellation et les raisins, à parts quasi égales de merlot et de cabernet-sauvignon mûrissent ici parfaitement, donnant un vin ample et riche qui déploie au vieillissement des notes fumées inimitables. Le Prince Robert de Luxembourg, propriétaire, a décidé de lancer dans les années à venir la construction d'un nouveau cuvier et d'un chai.

Les vins : délié, intense mais nerveux, Le Clarence, second vin, joue adroitement la finesse et la tension dans un millésime massif. Haut-Brion 2018 a en un an développé et précisé son registre aromatique, flamboyant, sensuel, pimenté, de grande race. Moelleuse, la chair du vin demeure paradoxalement tendue, serrée, et finit sa parade en bouche sur une impression de grâce longiligne. Le potentiel d'évolution de ce grand millésime est énorme. Second vin des deux propriétés Dillon en blanc, La Clarté offre en 2019 une parenté de style évidente avec les deux grands vins. Haut-Brion blanc dans le même millésime 2019 confirme son élégance particulière, avec une richesse presque exotique qui ne déborde jamais du cadre strict imposé à la forme de bouche. Comme le rouge, il appartient à l'avenir, qui le révèlera.

Pessac-Léognan 2019	787 €	96
Pessac-Léognan La Clarté de Haut-Brion 2019	80 €	92
Pessac-Léognan 2018	576 €	99
Pessac-Léognan Le Clarence de Haut-Brion 2018	150 €	93

Rouge : 49,89 hectares.
Blanc : 2,93 hectares.
Production moyenne : 126 600 bt/an

CHÂTEAU HAUT-BRION
135, avenue Jean-Jaurès, 33608 Pessac
05 56 00 29 30 • www.haut-brion.com •
Vente et visites : sur RDV.
Propriétaire : Domaine Clarence Dillon S.A.S.
Directeur : Jean-Philippe Delmas
Maître de chai : Florence Forgas
Œnologue : Jean-Philippe Masclef

★★★ CHÂTEAU LA MISSION HAUT-BRION

Le château dispose d'un terroir graveleux, légèrement plus riche que celui de Haut-Brion qui lui fait face. Son vin possède les mêmes qualités de souplesse, de fondu (qui n'empêchent en rien de longues et glorieuses évolutions en bouteille), ainsi que le même bouquet fumé très original. Sa forme en bouche se révèle en revanche assez différente, plus moelleuse, plus profonde en primeur, plus charmeuse, car plus facile à comprendre dès les premières années. Avec l'âge, La Mission cède à Haut-Brion en complexité de style et en finesse pure, mais surpasse son voisin en volupté de texture. Ces deux cousins, vinifiés par la même équipe depuis le rachat de La Mission par les domaines Clarence Dillon en 1983, avec autant d'exigence, sont de parfaits reflets de leurs terroirs propres et des choix d'encépagement.

Les vins : la réussite du second vin, La Chapelle de La Mission, est éclatante en 2018. C'est un vin complet, exubérant, fumé, dont l'ampleur et la fermeté garantissent l'avenir. Les proportions du rouge 2018 situent le vin dans la lignée des millésimes héroïques du cru. Sa profondeur et son allonge impressionnent. Après un an en bouteille, le propos s'est déjà précisé. Le 2018 en blanc campe sur l'assise du sémillon (70 %) ; dense et grasse, très présente, la matière attend son heure.

- Pessac-Léognan 2018 — 582 € — 94
- Pessac-Léognan 2018 — 390 € — 99
- Pessac-Léognan La Chapelle de La Mission Haut-Brion 2018 — 89 € — 94

Rouge : 25,44 hectares.
Blanc : 3,74 hectares.
Production moyenne : 70 800 bt/an

CHÂTEAU LA MISSION HAUT-BRION
67, rue Peybouquey, 33400 Talence
05 56 00 29 30 •
www.mission-haut-brion.com • Vente et visites : sur RDV.
Propriétaire : Domaine Clarence Dillon S.A.S.
Directeur : Jean-Philippe Delmas
Maître de chai : Florence Forgas
Œnologue : Jean-Philippe Masclef

★★ CHÂTEAU LES CARMES-HAUT-BRION

En cultivant un style à part, défini par des vinifications audacieuses, les Carmes Haut-Brion s'impose depuis quelques millésimes comme l'un des crus les plus originaux de l'appellation ; l'expression du fruit apparaît infusée et le toucher du tanin singulièrement fin. Il faut aussi dire que la propriété acquise par la famille Pichet en 2010 s'appuie sur un magnifique terroir, contigu à Haut-Brion et occupé par une part significative de très vieilles vignes. La modernisation de l'outil de vinification a permis au cru d'enchaîner les succès dans les derniers millésimes. Promu à deux étoiles l'an dernier, il peut viser encore plus haut.

Les vins : issu d'un vignoble distinct des Carmes, au sud de l'appellation, Le C 2017 fait preuve d'une finesse et surtout d'une liberté de ton remarquables, tout en fraîcheur et sans la moindre verdeur. Carmes 2018 partage cet esprit de finesse et de nuance, dans un millésime pourtant beaucoup plus en puissance. L'univers aromatique singulier de ce vignoble urbain épouse parfaitement un fruit riche mais très nuancé. C'est en bouche que le vin fait la différence, par l'insigne finesse de sa structure.

- Pessac-Léognan 2018 — 180 € — 97
- Pessac-Léognan Le C des Carmes Haut-Brion 2017 — 37 € — 92

Rouge : 30,75 hectares.
Production moyenne : 90 000 bt/an

CHÂTEAU LES CARMES-HAUT-BRION
20, rue des Carmes, 33000 Bordeaux
05 56 93 23 40 •
www.les-carmes-haut-brion.com • Vente et visites : sur RDV.
Propriétaire : Groupe Pichet
Directeur : Guillaume Pouthier
Œnologue : Derenoncourt Consultants

★★ DOMAINE DE CHEVALIER

La famille Bernard met tout en œuvre depuis 1983 pour maintenir cette très belle propriété dans le peloton de tête de l'appellation. Grâce à un outil technique de pointe et un vignoble qui a désormais pris l'âge nécessaire pour produire de grands raisins, les vins sont irréprochables, tant en blanc qu'en rouge. Le vignoble, situé dans l'une des zones froides de l'appellation, en bordure de la forêt des Landes, est tenu comme un jardin. Les raisins blancs sont triés avec un soin extrême et leur vinification s'est considérablement sophistiquée, sans modifier le style ni la classe de ce vin de haute réputation. Chevalier incarne la finesse et l'élégance, sans que cela hypothèque le potentiel de garde.

Les vins : intense, puissant, plus glycériné que d'habitude mais sans le moindre embonpoint inutile, le blanc 2018 possède un potentiel manifeste ; encore peu nuancé aromatiquement, c'est un vin d'attente. De longue garde lui aussi, le rouge du même millésime fait valoir un soyeux de texture absolument magnifique. Très noir, le fruit n'en possède pas moins un éclat certain ; la race du cabernet demeure pour l'heure enfouie dans le confort tactile de la chair mais le cru affirme une fois de plus son identité spécifique.

- Pessac-Léognan 2018 — 110 € — 93
- Pessac-Léognan 2018 — 85 € — 94
- Pessac-Léognan L'Esprit de Chevalier 2018 — 25 € — 88

Rouge : 60 hectares.
Blanc : 6 hectares.
Production moyenne : 120 000 bt/an

DOMAINE DE CHEVALIER

102, chemin de Mignoy, 33850 Léognan
05 56 64 16 16 •
www.domainedechevalier.com • Vente et visites : sur RDV.
Propriétaire : Famille Bernard
Directeur : Olivier Bernard

★★ CHÂTEAU MALARTIC-LAGRAVIÈRE

Illustrant parfaitement le renouveau de l'appellation, Malartic-Lagravière a spectaculairement progressé depuis son rachat, en 1998, par l'entrepreneur belge Alfred-Alexandre Bonnie. Le vignoble, superbement situé sur une croupe de graves à l'arrière du château, est parfaitement tenu, il prend de l'âge et s'enracine davantage, permettant aux rouges de gagner en ampleur et en profondeur de corps. L'arrivée en 2019 d'Éric Boissenot comme conseiller oenologique permet d'envisager une expression structurelle encore plus élégante. Les blancs affichent également un style abouti, travaillé et généreux. Un travail d'observation sur les élevages a conduit le cru à investir pour la vinification et l'élevage dans des contenants en bois de 350 et 500 litres. La famille Bonnie est également propriétaire depuis 2005 du château Gazin Rocquencourt, dont les vins ont atteint un excellent niveau de qualité, dans un style sensuel et flatteur.

Les vins : le millésime 2018 a livré un blanc démonstratif dans ses arômes, doté d'une chair étoffée. Intense lui aussi, beaucoup plus réservé, réglissé, le rouge conserve un élan qui met en valeur une forme élégante, articulant la fine tension des cabernets de graves – tension qui sera encore plus perceptible dans le très prometteur millésime 2019.

- Pessac-Léognan 2018 — 60 € — 91
- Pessac-Léognan La Réserve de Malartic 2018 — 24 € — 87
- Pessac-Léognan 2018 — 50 € — 93
- Pessac-Léognan La Réserve de Malartic 2018 — 24 € — 89

Rouge : 64 hectares.
Blanc : 9 hectares.
Production moyenne : 350 000 bt/an

CHÂTEAU MALARTIC-LAGRAVIÈRE

43, avenue de Mont-de-Marsan,
33850 Léognan
05 56 64 75 08 •
www.malartic-lagraviere.com • Vente et visites : sur RDV.
Propriétaire : Jean-Jacques et Véronique Bonnie
Directeur : Jean-Jacques Bonnie et Véronique Bonnie
Maître de chai : Cécile Bernier
Œnologue : Éric Boissenot

★★ CHÂTEAU SMITH HAUT-LAFITTE

Quel chemin parcouru par cette propriété depuis 1990, l'année du rachat par Florence et Daniel Cathiard ! D'un cru classé en ruine, d'un vignoble quasiment à l'abandon, ces deux néo-vignerons, formés à l'école de la grande distribution pour lui et de la communication pour elle, ont fait un nom qui compte. D'abord en produisant un vin qui, sans aucun doute, s'inscrit parmi l'élite de la production bordelaise ; ensuite en faisant de Smith Haut-Lafitte une étape œnotouristique incontournable. Si les vins ont été à leurs débuts parfois un peu trop mûrs et boisés, leur style s'est grandement affiné. La mesure des extractions, avec des masses tanniques plus délicates, construit des vins qui s'inscrivent dans le cadre d'un goût plus actuel, moins démonstratif. Les blancs ont également suivi cette tendance avec en particulier une influence des élevages beaucoup moins prégnante dans les derniers millésimes.

Les vins : chaleureux, suave, exotique au nez comme en bouche, genet et eau de coco, le blanc 2019 déploie une densité crémeuse de haute séduction, le vin reste pourtant alerte de bout en bout. C'est un hédoniste parfaitement maître de son déhanché. En rondeur, Les Hauts de Smith et Le Petit Haut-Lafitte participent de la même vision sensuelle du blanc bordelais. Ces mêmes cuvées en rouge, dans le millésime 2018, affichent une belle densité ; riches en alcool et en tanins, ce sont des seconds vins qu'il conviendra d'attendre. De grande prestance, Smith 2015 campe sur une trame tannique forte, il méritera une note encore plus élevée lorsque cette armature sera totalement harmonisée avec la chair. Nous saluons dès à présent l'intensité dramatique de ce vin, son fruit rôti, riche de nuances confites, de résines et d'encens... Une personnalité voluptueuse, magnifiée par une veine fraîche qui irrigue la chair.

- Pessac-Léognan 2019 — 116 € — 94
- Pessac-Léognan Le Petit Haut Lafitte 2019 — 30 € — 91
- Pessac-Léognan Les Hauts de Smith 2019 — 30 € — 90
- Pessac-Léognan 2015 — 130 € — 95
- Pessac-Léognan Le Petit Haut Lafitte 2018 — 27 € — 90
- Pessac-Léognan Les Hauts de Smith 2018 — 30 € — 89

Rouge : 67 hectares.
Blanc : 11 hectares.
Production moyenne : 200 000 bt/an

CHÂTEAU SMITH HAUT-LAFITTE
33650 Martillac
05 57 83 11 22 • www.smith-haut-lafitte.com
• Vente et visites : sur RDV.
Propriétaire : Daniel et Florence Cathiard
Directeur : Fabien Teitgen
Maître de chai : Yann Laudeho
Œnologue : Michel Rolland

★ CHÂTEAU BOUSCAUT

De gros progrès ont été réalisés par Sophie et Laurent Cogombles, qui continuent à tout mettre en œuvre pour porter ce cru classé au niveau des meilleures références de Pessac-Léognan. L'originalité du terroir apparaît dans les derniers millésimes : les vins blancs connaissent depuis 2011 une augmentation du sauvignon, toujours épaulé par quelques parcelles de très vieux sémillons bichonnés par la propriété. Les derniers millésimes sont encourageants, les vins sont réguliers dans un style charmeur et équilibré.

Les vins : construit mais harmonieux, le blanc 2017 se goûte très bien en ce moment ; l'évolution est sereine, avec une tonalité de chèvrefeuille pleine de fraîcheur et d'éclat. Le rouge 2016 n'est pas en reste ; déjà accessible il conjugue moelleux de la chair et allant de la structure, dans des tonalités fruitées oscillant entre mûre et myrtille.

- Pessac-Léognan 2016 — 40 € — 92

Le coup de ♥

- Pessac-Léognan 2017 — 35 € — 93

Rouge : 34 hectares.
Blanc : 8 hectares.
Production moyenne : 90 000 bt/an

CHÂTEAU BOUSCAUT
1477, avenue de Toulouse, 33140 Cadaujac
05 57 83 12 20 • www.chateau-bouscaut.com
• Vente et visites : sur RDV.
Propriétaire : Sophie Lurton-Cogombles
Directeur : Laurent Cogombles
Maître de chai : Patrice Grandjean
Œnologue : Édouard Massie

★ CHÂTEAU CARBONNIEUX

Les frères Éric et Philibert Perrin, avec leur sœur Christine Lescuyer, continuent de faire progresser cette importante propriété qui, en l'espace d'une dizaine d'années, a considérablement évolué, produisant avec une grande régularité un vin délicieux. La nouvelle génération arrive, le millésime 2019 a été brillamment vinifié par le jeune Andréa Perrin. Élégants et rafraîchissants, les blancs ont gagné en expressivité tout en prenant du gras en cœur de bouche. Ils ne vieillissent pas éternellement et nous vous conseillons de les déguster dans les cinq premières années après leur mise en bouteille. Cependant, quelques grandes années peuvent réserver des surprises magiques à la garde. Les rouges, sérieux et réguliers, bien que souvent austères dans leur jeunesse, ont également gagné en densité de corps. Ils ne se goûtent jamais aussi bien qu'entre cinq et dix ans d'âge. Le vignoble suit son programme de restructuration avec le remplacement des sauvignons blancs sur les beaux terroirs de graves par du cabernet-sauvignon.

Les vins : le blanc 2018 a montré à plusieurs reprises une tonalité végétale trop marquée, lorgnant vers l'asperge, la matière toutefois demeure bien en place. À surveiller. La Croix de Carbonnieux 2019, le second vin, nous rassure ; parfumé sans caricature, c'est un blanc de belle facture, évoquant la fleur d'acacia, à l'amertume bien répartie, qui prolonge la bouche et fait saliver. Le rouge 2018 affiche quant à lui un profil plein, droit et sain, avec une finale bien resserrée par les cabernets ; il est paré pour évoluer harmonieusement.

- Pessac-Léognan 2018 — 30 € — 85

Pessac-Léognan La Croix de Carbonnieux 2019 N.C 89

Pessac-Léognan 2018 35 € 91

Rouge : 50 hectares.
Blanc : 42 hectares.
Production moyenne : 350 000 bt/an

CHÂTEAU CARBONNIEUX
Chemin de Peyssardet, 33850 Léognan
05 57 96 56 20 • www.carbonnieux.com • Vente et visites : sur RDV.
Propriétaire : Famille Perrin
Directeur : Éric et Philibert Perrin
Maître de chai : Andréa Perrin
Œnologue : Christophe Ollivier

★ CLOS FLORIDÈNE

Bien connu des amateurs, ce domaine est l'œuvre du pape des vins blancs bordelais, l'œnologue Denis Dubourdieu, décédé en juillet 2016. Depuis de nombreuses années Clos Floridène fait incontestablement partie des valeurs sûres de l'appellation. Le plus étonnant dans la production réside dans le profond classicisme qu'elle exprime : bien loin des lourdes caricatures de blancs boisés et trop exubérants que l'on rencontre souvent dans les ambitieux châteaux bordelais, Floridène blanc est un vin svelte et droit, sans artifices, d'une pureté cristalline. Le rouge, expression originale du cabernet-sauvignon sur calcaire, possède la même élégance distinguée. Ces vins peuvent parfaitement vieillir plusieurs années en cave.

Les vins : très pur, le blanc 2019 brille par la transparence d'un fruit pourtant pulpeux. Il illustre avec brio le style du domaine et se déguste déjà avec beaucoup de plaisir. En rouge, le délicat millésime 2017 a été fort bien appréhendé. Fin et délié, il associe intimement l'aiguille de pin et le fruit rouge jusqu'au terme d'une finale ferme, légèrement crayeuse.

Graves 2019 21 € 92

Graves 2017 21 € 90

Rouge : 15 hectares. Cabernet-Sauvignon 74 %, Merlot 26 %
Blanc : 25 hectares. Sémillon 53 %, Sauvignon blanc 45 %, Muscadelle 2 %
Production moyenne : 160 000 bt/an

CLOS FLORIDÈNE
10, Videau, 33210 Pujols-sur-Ciron
05 56 62 96 51 • www.denisdubourdieu.fr • Pas de visites.
Propriétaire : Famille Dubourdieu
Directeur : Jean-Jacques Dubourdieu
Maître de chai : Ludovic Bernard
Œnologue : Fabrice Dubourdieu

★ CHÂTEAU COUHINS-LURTON

Ce cru méticuleusement constitué par André Lurton, disparu en juin 2019, est classé uniquement en blanc, ce qui s'explique par le socle argilo-calcaire sur lequel se développe le terroir de graves. Aujourd'hui dirigé, comme La Louvière, par son fils Jacques, il produit aussi un rouge honorable, dominé par le merlot. Si le rouge ne décolle pas vraiment, les derniers millésimes en blanc se montrent très convaincants, avec des vins qui dépassent l'expression variétale univoque, bien que construits sur le seul sauvignon.

Les vins : les blancs 2017 et 2018 ne manquent pas de caractère, ni d'intensité ou de fraîcheur. La belle tension du socle calcaire est perceptible et l'élevage laisse la parole au fruit, musqué et floral. Tendre et rond, le rouge 2017 est beaucoup plus anodin.

Pessac-Léognan 2017 35 € 92

Pessac-Léognan 2018 35 € 91

Pessac-Léognan 2017 35 € 85

Rouge : 16 hectares.
Blanc : 6 hectares.
Production moyenne : 46 000 bt/an

CHÂTEAU COUHINS-LURTON
48, chemin de Martillac,
33140 Villenave-d'Ornon
05 57 25 58 58 • www.andrelurton.com • Vente et visites : sur RDV.
Propriétaire : Famille Lurton
Directeur : Pascal Le Faucheur
Maître de chai : Sébastien Ravilly
Œnologue : Michel Rolland (rouges) et Valérie Lavigne (blancs)

★ CHÂTEAU DE FIEUZAL

Ce cru classé situé tout au sud de Léognan a produit parmi les plus grands blancs de Bordeaux dans les années 1980. Après avoir été vendu en 1994 à la Banque Populaire, Fieuzal a décliné jusqu'en 2001. C'est cette année-là que l'homme d'affaires irlandais Lochlann Quinn s'en porte acquéreur, puis embauche le Champenois Stephen Carrier comme directeur. Dès lors, le cru retrouve un excellent niveau, avec une recherche évidente de corps, de tenue et d'élégance tannique dans les rouges, et de fraîcheur désormais avec l'entrée en scène du conseiller Thomas Duclos. Avec des échecs (2013) et de grandes réussites (2008), les blancs renouent peu à peu avec leur caractère entier, intense et apte à la garde.

Les vins : 2019, 2020, les derniers millésimes possèdent une belle énergie, avec des équilibres qui vont davantage chercher le croquant du raisin. En bouteille, le rouge 2018 offre un fruit rond, compoté, très merlot, relevé d'intéressantes notes de résine et de paprika ; sans excès d'extraction, le vin demeure équilibré et même agile en bouche. Le blanc du même millésime manifeste une grande générosité aromatique, suggérant les fruits exotiques, relevée par une heureuse pointe de zeste de citron. Malgré le gras, avec une allonge appréciable et un grain ferme, c'est un vin tonique et serein.

Pessac-Léognan 2018 (blanc)	55 €	92
Pessac-Léognan 2018 (rouge)	45 €	91

Rouge : 65 hectares.
Blanc : 10 hectares.
Production moyenne : 350 000 bt/an

CHÂTEAU DE FIEUZAL
124, avenue de Mont-de-Marsan,
33850 Léognan
05 56 64 77 86 • www.fieuzal.com • Vente et visites : sur RDV.
Propriétaire : Brenda et Lochlann Quinn
Directeur : Stephen Carrier
Maître de chai : Jean-Charles Fournié

★ CHÂTEAU LARRIVET HAUT-BRION

Cette propriété, qui appartient à la famille Gervoson (groupe Andros), produit avec régularité des vins agréables et accessibles, singularisés par leur exubérance aromatique. Doté d'un beau terroir sur les hauteurs de Léognan, non loin de Haut-Bailly et de La Louvière, le cru bénéficie également d'un outil de vinification moderne avec un tout nouveau cuvier en béton. Bruno Lemoine, directeur depuis 2007, et François Gaudichon, maître de chai depuis 2015, apportent un supplément de précision dans la définition stylistique des vins.

Les vins : 2018 permet aux vins du château d'afficher leur volonté de séduire sans attendre. Les seconds vins sont particulièrement ouverts et aromatiques, tramés un peu lâche mais très sensuels, immédiats. Moins exotique, le premier vin en blanc offre une matière charnue mais fraîche. Rôti, bien mûr, déjà très expressif, le rouge fait lui aussi valoir le confort d'un fruit moelleux, relevé de notes presque méditerranéennes de zan et d'épices.

Pessac-Léognan 2018 (blanc)	39 €	90
Pessac-Léognan Les Demoiselles de Larrivet Haut-Brion 2018 (blanc)	20 €	89
Pessac-Léognan 2018 (rouge)	42 €	90
Pessac-Léognan Les Demoiselles de Larrivet Haut-Brion 2018 (rouge)	20 €	89

Rouge : 65 hectares.
Blanc : 10 hectares.
Production moyenne : 400 000 bt/an

CHÂTEAU LARRIVET HAUT-BRION
84, avenue de Cadaujac, 33850 Léognan
05 56 64 75 51 • www.larrivethautbrion.fr • Visites : sans RDV.
Propriétaire : Philippe Gervoson
Directeur : Bruno Lemoine
Maître de chai : François Gaudichon
Œnologue : Stéphane Derenoncourt

★ CHÂTEAU LATOUR-MARTILLAC

Voici un bel exemple de propriété familiale, toujours entre les mains des Kressmann, très ancienne famille de négociants bordelais. Tristan et Loïc Kressmann sont aujourd'hui aux commandes de ce cru classé très bien situé sur le plateau de Martillac. Les différentes générations ont su respecter le patrimoine transmis, tout en progressant dans la conduite de la vigne et dans les vinifications avec leur directrice, Valérie Vialard. Les vins ont conservé leur style élégant et précis ; ils gagnent cependant en densité.

Les vins : net et expressif, le second vin, Lagrave Martillac, est bien réussi dans les deux couleurs. Nous avons une préférence pour le blanc 2019, citronné et agile, très savoureux. En ce qui concerne le grand vin, ce millésime 2019 promet énormément, avec des vins racés, frais, complets. Nous avons regoûté les 2017, Latour-Martillac blanc évolue dans un registre aromatique terpénique, avec des notes de miel et de cire ; la bouche demeure ferme et décidée, sérieuse mais accessible. Déjà amène, le rouge affiche un profil svelte et distingué, aux élégantes tonalités poivrées, sans dureté ni verceur.

Pessac-Léognan 2017	35 €	90
Pessac-Léognan Lagrave Martillac 2019	de 21 à 25 € (c)	90
Pessac-Léognan 2017	35 €	91
Pessac-Léognan Lagrave Martillac 2018	de 21 à 25 € (c)	88

Rouge : 47 hectares.
Blanc : 9 hectares.
Production moyenne : 330 000 bt/an

CHÂTEAU LATOUR-MARTILLAC
8, chemin Latour, 33650 Martillac
05 57 97 71 11 • www.latourmartillac.com •
Vente et visites : sur RDV.
Propriétaire : Famille Jean Kressmann
Directeur : Tristan et Loïc Kressmann
Maître de chai : Valérie Vialard

★ CHÂTEAU OLIVIER

Ce cru classé de Graves a connu, en à peine dix ans, l'une des plus importantes mutations de l'appellation. Sous l'impulsion de Laurent Lebrun, les vins atteignent un excellent niveau et l'engagement d'Alexandre de Bethmann, le propriétaire, est indéniable. Ce dernier a mobilisé d'importants moyens financiers pour restructurer le vignoble de cette magnifique propriété. Nichée au milieu d'une zone boisée, elle s'appuie sur une splendide croupe de graves, ventilée, idéale pour produire de grands cabernet-sauvignon.

Les vins : le crescendo des derniers millésimes est saisissant. Très aromatique mais construit sur une matière ferme, étirée, sur l'assise d'un grain salin, le blanc 2019 possède tout ce qu'il faut pour s'affiner pendant au moins une décennie. Large et intense dès sa naissance, le rouge 2018 a précisé ses intentions après un an en bouteille. La saveur se diversifie, la matière se tend, la race des cabernets prend la relève du merlot. Heureuse évolution en perspective.

Pessac-Léognan 2019	32 €	93
Pessac-Léognan 2018	36 €	94

Rouge : 52 hectares.
Blanc : 8 hectares.
Production moyenne : 240 000 bt/an

CHÂTEAU OLIVIER
175, avenue de Bordeaux, 33850 Léognan
05 56 64 73 31 • www.chateau-olivier.com •
Vente et visites : sur RDV.
Propriétaire : Famille de Bethmann
Directeur : Laurent Lebrun

CHÂTEAU BROWN

Cette propriété, rachetée en 2005 par les familles Mau et Dirkzwager, est aujourd'hui gérée par Jean-Christophe Mau. Ce dernier a effectué un travail en profondeur sur ce terroir voisin du cru classé Château Olivier. Les derniers millésimes atteignent un excellent niveau dans un style classique mais étoffé qui privilégie toujours une belle finesse de tanins et la fraîcheur du fruit.

Les vins : expressif, assez riche, le blanc 2019 montre de l'entrain et de l'éclat aromatique, dans une jolie veine verveine et fleur d'acacia. Bien défini, apte à la garde, le rouge 2018 retranscrit la puissance du millésime sans tomber dans la lourdeur ; la chair est pulpeuse, expansive, très coulis de fruits rouges, relevée de notes de tabac aromatique.

Pessac-Léognan 2019	30 €	90
Pessac-Léognan 2018	31 €	92

Rouge : 26 hectares.
Blanc : 5 hectares.
Production moyenne : 120 000 bt/an

CHÂTEAU BROWN
Allée John-Lewis-Brown, 33850 Léognan
05 56 87 08 10 • www.chateau-brown.com •
Vente et visites : sur RDV.
Propriétaire : Familles Mau et Dirkzwager
Directeur : Jean-Christophe Mau
Maître de chai : Bruno Patrouilleau

CHÂTEAU DE CHANTEGRIVE

Propriété emblématique de Podensac, au cœur de l'appellation Graves, Chantegrive a été créé par Henri Lévêque. Ce courtier historique de la place de Bordeaux a démarré l'aventure en 1966, avec seulement deux hectares de vignes. Longtemps pionnier dans l'élaboration de vins ambitieux, Chantegrive a connu au début des années 2000 une période creuse. Le château, repris en main par Marie-Hélène Lévêque avec les conseils d'Hubert de Boüard depuis 2006, donne des vins qui retrouvent leur place parmi les belles références de l'appellation. Lancée en 2020, la gamme Les Oiseaux, donne une image intelligemment moderne et primesautière des vins de Graves.

Les vins : les blancs témoignent d'un indéniable savoir-faire, que ce soit Les Oiseaux 2019 (70 % sauvignon), aromatique, très agrumes, Les Oiseaux 2018 (60 % sémillon), riche, serein, exotique sans lourdeur, ou les cuvées Caroline, qui digèrent un élevage affirmé. Les rouges 2018 on su conserver l'allant du fruit. La cuvée de prestige Henri Lévêque affiche un caractère démonstratif, balsamique et confit, mais porté par une structure serrée, de belle tenue.

Graves Caroline 2017	16 €	89
Graves Caroline 2018	17 €	88
Graves Les Oiseaux de Chantegrive 2019	15 €	88
Graves 2018	16 €	88
Graves Henri Lévêque 2016	27 €	91
Graves Les Oiseaux de Chantegrive L'Origine. 2018	11 €	88

Le coup de ♥

Graves Les Oiseaux de Chantegrive 2018	N.C.	90

Rouge : 51 hectares.
Blanc : 37 hectares.
Production moyenne : 410 000 bt/an

CHÂTEAU DE CHANTEGRIVE
44, cours Georges-Clemenceau,
33720 Podensac
05 56 27 17 38 • www.chantegrive.com •
Vente et visites : sur RDV.
Propriétaire : Françoise Lévêque
Directeur : Marie-Hélène Lévêque
Maître de chai : Arnaud Dubois
Œnologue : Hubert de Boüard

CHÂTEAU CRABITEY

À la tête de 28 hectares de vignes, dont une bonne partie sur l'une des plus belles croupes de graves de Portets, Arnaud de Butler a fait en une quinzaine d'années de ce cru des Graves l'une des références de l'appellation. Il a entamé en 2008 un vaste programme de restructuration du vignoble en privilégiant le cabernet-sauvignon sur les plus belles croupes de sa propriété. Un choix judicieux, comme le montre l'importance de ce cépage dans la qualité des derniers assemblages. Crabitey est aujourd'hui une marque fiable, et ses vins vieillissent fort bien.

Les vins : 2018 et 2016 évoluent de façon très probante. Ce sont des graves rouges expressifs et savoureusement fumés, affichant un jus et un répondant dont l'ambition, le sérieux sans forfanterie, font du bien à l'appellation.

Graves 2016	14 €	91
Graves 2018	13 €	90

Rouge : 26 hectares.
Blanc : 5 hectares.
Production moyenne : 200 000 bt/an

CHÂTEAU CRABITEY
63, route du Courneau, 33640 Portets
05 56 67 18 64 • www.chateau-crabitey.fr •
Vente et visites : sur RDV.
Propriétaire : Arnaud de Butler
Maître de chai : Christophe Chaloupin
Œnologue : Christine Jacoby-Sourdes

CHÂTEAU GAZIN ROCQUENCOURT

Ce cru de Léognan était totalement inconnu jusqu'à son rachat en 2005 par la famille Bonnie, également propriétaire du cru classé Malartic-Lagravière. En moins de dix ans, les vins rouges atteignent un excellent niveau de qualité, avec un style profond, sensuel et flatteur. Le blanc, réalisé exclusivement à base de sauvignon, s'est lui aussi distingué au cours des derniers millésimes.

Les vins : Gazin Rocquencourt blanc 2018 se montre articulé et sobre dans son développement, avec un fruit appliqué, de bonne intensité, sans mollesse.

Pessac-Léognan 2018	N.C.	89

Rouge : 19,5 hectares.
Blanc : 2,5 hectares.
Production moyenne : 100 000 bt/an

CHÂTEAU GAZIN ROCQUENCOURT
43, avenue de Mont-de-Marsan,
33850 Léognan
05 56 64 75 08 •
www.gazin-rocquencourt.com • Pas de visites.
Propriétaire : Jean-Jacques Bonnie et Véronique Bonnie-Laplane
Maître de chai : Cécile Bernier
Œnologue : Éric Boissenot

NOUVEAU DOMAINE

CHÂTEAU HAUT-BERGEY

Domaine ancien de Léognan ayant connu un certain nombre de vicissitudes, Haut-Bergey appartient à la famille Garcin-Cathiard depuis 1991. Sous l'impulsion de Paul Garcin, le vignoble d'une quarantaine d'hectares est conduit en biodynamie depuis 2016. Les cuvées Paul, en rouge et en blanc, renouvellent l'idée que l'on peut se faire des vins de l'appellation Pessac-Léognan. Dès le premier contact on perçoit une approche, une esthétique différente, plus libre et sans marque d'élevage. Les cuvées du château et le très soigné Branon bénéficient de cette approche tout en conservant un sens du meilleur classicisme. Modernité de la vision et capacité à se réinventer sans trahir : Haut-Bergey symbolise la vitalité actuelle du plus historique des vignobles bordelais.

Les vins : en blanc, la Cuvée Paul 2019 fait valoir une belle vibration fraîche, sans aucune variétalité, avec une touche pralinée qui vient arrondir le fruit. Un peu plus intense, Haut-Bergey s'exprime dans le même esprit fin et nuancé. Parmi les rouges 2018, la Cuvée Paul conjugue admirablement liberté du fruit et sens du lieu. Très juste ! Jardin (merlot) et Tuilerie (cabernet-sauvignon) offrent une variation sur ce thème, avec des expressions toniques et pulpeuses. Plus travaillé par l'élevage mais disert, nuancé, réactif, Haut-Bergey affiche déjà une piquante complexité. Très fin, peu alcoolisé dans un millésime pourtant riche, Branon offre une vision singulière du grand vin de Graves, hors du temps, avec à la fois un puissant socle tannique et une saveur remarquablement nuancée.

Pessac-Léognan 2019	32 €	92
Pessac-Léognan Cuvée Paul 2019	25 €	91
Pessac-Léognan 2018	25 €	93
Pessac-Léognan Château Branon 2018	129 €	95
Pessac-Léognan Jardin 2018	30 €	91
Pessac-Léognan Tuilerie 2018	30 €	92

Le coup de ♥

Pessac-Léognan Cuvée Paul 2018	25 €	93

Rouge : 38 hectares.

Blanc : 2 hectares.

Production moyenne : 120 000 bt/an

CHÂTEAU HAUT-BERGEY ♣

69, cours Gambetta, 33850 Léognan
05 56 64 05 22 • www.haut-bergey.fr •
Vente et visites : sur RDV.
Propriétaire : Sylviane Garcin-Cathiard
Directeur : Paul Garcin

NOUVEAU DOMAINE

LIBER PATER

Sous les auspices de Liber Pater, dieu romain du vin, Loïc Pasquet, s'est installé avec sa femme Alona à Landiras en 2005. Exploitant seulement 5 hectares sur un terroir oublié mais historique de graves fines, il a signé son premier millésime en 2006. Liber Pater bouscule tous les codes, dérange les voisins mais fait rêver et réfléchir. Le cheval remplace le tracteur, les densités de plantation sont poussées à l'extrême (atteignant dans certaines parcelles 20 000 pieds à l'hectare, en franc de pied), les anciens cépages (castet, le mancin ou tarnay coulant, le saint-macaire) sont réintroduits. L'idée qui motive Loïc Pasquet est de recréer le vignoble tel qu'il existait avant la crise du phylloxera à la fin du XIXe siècle et de retrouver le goût du vin qui a fait le succès de Bordeaux à cette époque. Malgré des prix prohibitifs, nous vous conseillons vivement de déguster ces vins, ils vous donneront une image différente de Bordeaux.

Les vins : nous avons goûté cette année la gamme "démocratique" de Loïc Pasquet, Denarius. Le rouge 2015 a passé cinq ans en barrique sans soutirage. Bien que patiné par cet élevage, appointé par un fil de volatile, le fruit est admirable ; le toucher franc, grenu, alerte, témoigne d'un même originalité. Lui aussi basé majoritairement sur le cabernet-sauvignon, le 2018 n'a connu que la cuve en grès. La pureté du fruit, merveilleusement frais et floral, en sort grandie ; c'est un vin palpitant, pulpeux, porté par des tanins d'une finesse rare. Pur sémillon, le blanc 2015 (cinq ans de barrique à nouveau) développe un caractère profondément original, une oxydation lente qui fait émerger des nuances de beurre chaud et de pain d'épices fondues dans le plaisir d'une matière veloutée, grasse, rémanente.

VDF Denarius 2015	600 €	95
VDF Denarius 2015	600 €	94

Le coup de ♥

VDF Denarius 2018	600 €	96

Rouge : 4 hectares. Cabernet-Sauvignon 67 %, Divers noir 13 %, Castets 10 %, Petit Verdot 9 %, Merlot 1 %
Blanc : 1 hectare. Sémillon 96 %, Camaralet 2 %, Divers blanc 2 %
Production moyenne : 7 500 bt/an

LIBER PATER ♣
4, cours Xavier-Moreau, 33720 Podensac
06 37 20 19 58 • www.liber-pater.com •
Vente et visites : sur RDV.
Propriétaire : Loïc et Alona Pasquet

CHÂTEAU LA LOUVIÈRE

Disparu en juin 2019, André Lurton était une figure du Bordelais et l'un des principaux architectes de la création en 1987 de l'appellation Pessac-Léognan. Il avait acquis La Louvière en 1965 et n'avait eu de cesse de promouvoir ce cru populaire, accessible et régulier. Le programme de modernisation et d'amélioration du travail à la vigne se poursuit sous la houlette de Jacques Lurton, qui insuffle aussi la nouveauté au chai, avec un élevage accordant désormais une large place aux jarres de terre cuite.

Les vins : pur sauvignon, le blanc conserve une appréciable fraîcheur en 2018, avec néanmoins la belle assise glycérolée du millésime. L'équilibre devrait permettre une évolution sereine pendant quelques années. Issu d'un millésime plus chiche, le rouge 2017 offre un profil un peu austère mais sérieux, distingué, marqué par le cabernet-sauvignon (75 %).

Pessac-Léognan 2018 (blanc)	30 €	90
Pessac-Léognan 2017 (rouge)	32 €	88

Rouge : 46 hectares.
Blanc : 15 hectares.
Production moyenne : 190 000 bt/an

CHÂTEAU LA LOUVIÈRE
149, avenue de Cadaujac, 33850 Léognan
05 56 64 75 87 • www.andrelurton.com •
Vente et visites : sur RDV.
Propriétaire : Famille Lurton
Directeur : Pascal le Faucheur
Maître de chai : Jean-Marc Comte
Œnologue : Michel Rolland, Mikaël Laizet (rouges) et Valérie Lavigne (blancs)

NOUVEAU DOMAINE

CHÂTEAU MAGENCE

Situé tout au sud de l'appellation à Saint-Pierre-de-Mons, commune de très ancienne réputation, surtout pour les blancs, Magence incarne avec discrétion la haute tradition des vins fins de Bordeaux. Dans la même famille depuis le XVIIIe siècle, la propriété propose à des tarifs accessibles des vins patiemment élevés, dont l'expression a besoin de quelques années pour émerger mais qui donnent alors un sentiment de cohérence et de plénitude que les "vins d'œnologues" essayant coûte que coûte de coller aux caprices labiles du marché n'atteindront jamais.

Les vins : il faut une dizaine d'années pour que le rouge parvienne à son apogée de finesse et de fondu aromatique. En témoignent les très beaux 2011 et 2012, et plus encore le superbe 2010. Net, épicé, dynamique, le 2016 demande encore à se patiner. Plus solaire, 2015 retranscrit le millésime. La cuvée Prélude, élevée en cuve, propose un fruit plus immédiat mais également distingué. La richesse du millésime 2015 sied admirablement aux blancs, ce qui n'est pas commun à Bordeaux. Typée par le sauvignon (70 %), la cuvée classique offre la gourmandise d'un fruit qui reste alerte malgré une saveur d'agrumes très généreuse. Symphonie, vinifié en barrique, beaucoup plus doré, prend des allures de sauternes sec (une question d'actualité et un rappel historique du terroir...) ; la matière est riche, grasse, prodigue en saveurs de miel de sapin, de pignon, d'encaustique. Colorés et savoureux, légèrement pralinés, les 2016 et 2017 apparaissent plus évolués, contrairement aux 2014, résineux et fumés, très aiguille de pin.

Graves 2014 (blanc)	15 €	89
Graves 2015 (blanc)	15 €	91
Graves 2016 (blanc)	14 €	89
Graves Symphonie 2014 (blanc)	N.C.	91
Graves Symphonie 2015 (blanc)	18 €	93
Graves Symphonie 2017 (blanc)	19 €	90
Graves 2015 (rouge)	17 €	90
Graves 2016 (rouge)	20 €	91
Graves Prélude 2015 (rouge)	N.C.	88
Graves Prélude 2016 (rouge)	17 €	89

Rouge : 27 hectares.
Blanc : 12 hectares.
Production moyenne : 200 000 bt/an

CHÂTEAU MAGENCE
33210 Saint-Pierre-de-Mons
05 56 63 07 05 • www.magence.com •
Vente et visites : sur RDV.
Propriétaire : Comtesse Jacques d'Antras
Directeur : Comte Jacques d'Antras

CHÂTEAU RAHOUL

La gestion de la propriété située sur le plateau de Portets est confiée depuis 2007 à la maison Dourthe. Frédéric Bonnaffous, le directeur technique, lui a redonné du lustre, produisant un vin blanc habilement construit autour du sémillon, expressif et vieillissant bien. Le rouge a quant à lui très fortement progressé ces dernières années, gagnant en densité et en profondeur.

Les vins : les blancs sont très convaincants. Le 2019 propose une belle vivacité autour de saveurs, citron et tilleul, qui n'ont rien de forcé. Un peu moins leste, le 2018 offre une plaisante évolution miellée. Sveltes, fumés, construits sur de jolies proportions classiques, les rouges misent avec bonheur sur l'élégance et la retenue, tant dans l'extraction que dans l'élevage. Les 2017 s'en sortent bien.

Graves 2018 (blanc)	22 €	88
Graves 2019 (blanc)	22 €	89
Graves 2017 (rouge)	17 €	88
Graves 2018 (rouge)	17 €	89
Graves L'Orangerie de Rahoul 2016 (rouge)	8 €	88
Graves L'Orangerie de Rahoul 2017 (rouge)	8 €	87

Rouge : 33 hectares.
Blanc : 4 hectares.
Production moyenne : 150 000 bt/an

CHÂTEAU RAHOUL
4, route du Courneau, 33640 Portets
05 56 35 53 00 • www.chateau-rahoul.com •
Vente et visites : sur RDV.
Propriétaire : Vignobles Dourthe
Directeur : Frédéric Bonnaffous

CHÂTEAU RESPIDE MÉDEVILLE

Le château, propriété de la famille Médeville depuis les années 1980, est situé à Preignac, dans le sud des Graves, tout proche de Langon et du Sauternais. Grâce à un encépagement équilibré, les vins expriment les vertus complémentaires du merlot et du cabernet-sauvignon en rouge, du sauvignon et du sémillon et d'une petite part de muscadelle (jusqu'à 5 % dans l'assemblage selon les millésimes) en blanc. Ce dernier révèle le véritable style des vins de la région des Graves du sud : sans artifice, aux notes d'écorce d'agrumes et à la bouche sans lourdeur, avec un élevage court de trois mois en barrique. Les rouges ont bien progressé grâce aux conseils en vinification d'Olivier Dauga.

Les vins : le blanc 2018 affiche un profil un peu mollasson, grassouillet, marqué par la richesse alcoolique. Assez tendre, le rouge est plus convaincant, typé cabernet-sauvignon (60 %), fumé, bien détouré, porté par une structure fine et réactive.

Graves 2018 (blanc)	14 €	85
Graves 2018 (rouge)	17 €	89

Rouge : 8 hectares.
Blanc : 4 hectares.
Production moyenne : 70 000 bt/an

CHÂTEAU RESPIDE MÉDEVILLE
4, rue du Port, 33210 Preignac
05 56 76 28 44 • gonet-medeville.com •
Vente et visites : sur RDV.
Propriétaire : Julie et Xavier Gonet-Médeville

CHÂTEAU DE ROUILLAC

Ce cru de Canéjan, tout à l'ouest de l'appellation, était autrefois propriété du baron Haussmann. Il appartient depuis avril 2010 à Laurent et Sophie Cisneros. Cet autodidacte charentais d'origine espagnole, ancien joueur de football de deuxième division aux côtés de Zinédine Zidane, à Cannes, s'est impliqué à 100 % dans la remise en route du domaine et du vignoble. Les anciens propriétaires avaient entièrement rénové les bâtiments et replacé les vins parmi les bonnes références de l'appellation. Désormais, Laurent Cisneros tient Rouillac au cordeau, dans un souci permanent de qualité, avec une sensibilité environnementale forte (labours d'un tiers du vignoble au cheval et suppression des herbicides). Avec les conseils de l'œnologue médocain Éric Boissenot, la famille Cisneros apporte un souffle nouveau à Rouillac.

Les vins : d'un abord facile, aromatiques et coulants, les seconds vins sont très bien pensés. Rouillac blanc 2019 développe ce même style expressif et avenant. En rouge, 2018 marque un net progrès par rapport aux millésimes précédents (progrès confirmés par l'éclatant 2020 en primeur). Très expressif, ce vin associe raffinement aromatique et plaisir immédiat d'un fruit bleuté (myrtille) au velouté saisissant : l'incarnation d'une modernité intelligente.

Pessac-Léognan 2019 (blanc)	Épuisé - 29 €	88
Pessac-Léognan Le Dada de Rouillac 2019 (blanc)	18 €	87
Pessac-Léognan 2015 (rouge)	29 €	88
Pessac-Léognan 2016 (rouge)	29 €	88
Pessac-Léognan 2018 (rouge)	29 €	91

Pessac-Léognan Le Dada de Rouillac 2018 — 18 € — 88

Rouge : 23 hectares.

Blanc : 3 hectares.

Production moyenne : 150 000 bt/an

CHÂTEAU DE ROUILLAC

12, chemin du 20-Août-1949, 33610 Canéjan

05 57 12 84 63 • www.chateauderouillac.com • Vente et visites : sur RDV.

Propriétaire : Laurent Cisneros

Œnologue : Éric Boissenot

DOMAINE DE LA SOLITUDE - MARTILLAC

Exploité depuis 1993 par Olivier Bernard (Domaine de Chevalier), le domaine de la Solitude, très ancienne propriété de Martillac et appartenant à la communauté religieuse de la Sainte Famille, a atteint un très honnête niveau, avec une grande régularité. Les blancs sont accessibles et gourmands ; les rouges que l'on peut boire sur leur fruit, évoluent bien sur une décennie. Les prix demeurent très accessibles.

Les vins : ouvert, souple, déjà délié et abordable, le rouge 2018 s'offre tout en rondeur.

Pessac-Léognan 2018 — 20 € — 89

Rouge : 25 hectares.

Blanc : 7 hectares.

Production moyenne : 1 300 000 bt/an

DOMAINE DE LA SOLITUDE - MARTILLAC

10, route de la Solitude, 33650 Martillac

05 56 72 74 74 • www.domainedelasolitude.com • Vente et visites : sur RDV.

Propriétaire : Communauté religieuse de la Sainte Famille

Directeur : Olivier Bernard

SAUTERNAIS

★★★ CHÂTEAU CLIMENS

Château Climens est la propriété de la famille Lurton depuis 1971. Aujourd'hui, le cru est dirigé avec brio par Bérénice Lurton. Peu de liquoreux français se distinguent par un bouquet aussi pur et élégant que ce premier cru classé de Barsac. Il doit sa qualité transcendante à son terroir exceptionnel, qui produit des récoltes aussi riches en sucres qu'à Sauternes, mais sur une palette de parfums souvent plus complexe et diversifiée. Le savoir-faire de l'équipe n'est pas non plus étranger à cette réussite : au gré des différents lots vendangés à des degrés plus ou moins intenses de botrytis, Bérénice Lurton et son directeur Frédéric Nivelle réalisent de savants assemblages comme autant d'œuvres d'art. Consciente des changements culturaux et culturels des dernières années, Bérénice Lurton a obtenu la certification de son vignoble en biodynamie.

Les vins : dans sa version sec, Asphodèle dégage un parfum élégant qui évoque l'eau de rose. Son fruit en bouche est dense, très bien équilibré, mais détendu. On a la sensation de mâcher un raisin concentré et sapide. Superbe. Climens est pur, ciselé et gracieux. Dommage, car ce liquoreux qui ne manque pas de puissance est porté par la force qui lui provient du calcaire de Barsac, tout comme l'éclat de son fruit persistant. Sa jolie finale révèle une agréable note de citron confit avec une magnifique intégration de la liqueur. À suivre.

Barsac 2019 — N.C. — 98

Bordeaux Asphodèle 2019 — 29 € — 93

Blanc : 30 hectares. Sémillon 100 %

Production moyenne : 45 000 bt/an

CHÂTEAU CLIMENS

6, Plantey, 33720 Barsac

05 56 27 15 33 • www.chateau-climens.fr • Vente et visites : sur RDV.

Propriétaire : Bérénice Lurton

Directeur : Frédéric Nivelle

Œnologue : Lucien Llorca

★★★ CHÂTEAU COUTET

Ce premier grand cru classé est l'un des deux seigneurs de Barsac, avec Climens. Sur la majorité des parcelles, le fameux sol rouge (association d'oxyde de fer et de roche calcaire) donne au vin un supplément de nervosité par rapport à ses proches voisins à teneur en sucre équivalente. Les arômes d'agrumes et d'acacia le rapprochent de Climens, mais Coutet s'exprime en général plus rapidement et possède souvent un peu moins de liqueur, en dehors de la fameuse crème de tête connue sous le nom de cuvée Madame. L'Alsacien Philippe Bay et son frère Dominique, avec sa fille Aline, gèrent très consciencieusement le domaine depuis son rachat par leur père en 1977.

Les vins : nez somptueux entre l'orange confite et le cake au fruit. Il possède de la sève et de la profondeur grâce à une liqueur abondante mais pondérée par cette force du sol de Barsac qui donne de l'éclat au fruit. Quel équilibre, quelle matière en bouche. Il évolue sur la mirabelle et l'abricot confit. Somptueux.

➩ Barsac 2018	38 €	97

Blanc : 38,5 hectares. Sémillon 75 %, Sauvignon blanc 23 %, Muscadelle 2 %
Production moyenne : 42 000 bt/an

CHÂTEAU COUTET
33720 Barsac
05 56 27 15 46 • www.chateaucoutet.com •
Visites : sans RDV.
Propriétaire : Philippe et Dominique Baly
Directeur : Philippe Baly
Maître de chai : Laurier Girardot
Œnologue : Lucien Llorca

★★★ CHÂTEAU DE FARGUES

Copropriétaire et vinificateur d'Yquem durant plus de trente millésimes, Alexandre de Lur Saluces s'est attaché, depuis la vente du château d'Yquem, à revaloriser la production du château de Fargues, fief de sa famille. Il y applique exactement les mêmes principes qu'à Yquem (notamment des élevages très longs, jusqu'à trente-six mois), produisant ainsi un sauternes classique et complet, comparable aux plus grands et qui jouit, auprès des professionnels comme des amateurs, d'une estime largement méritée. Tous les millésimes en vente sont actuellement remarquables.

Les vins : véritable concentré de fruit, plus confit que frais avec des notes d'abricot de Damas et de poudre de fer, le 2017 possède de la densité et de l'épaisseur. Cette liqueur abondante d'un millésime riche est équilibrée par la force tellurique du terroir de Fargues. Il est préférable de le laisser s'assagir quelques années. Le 2016, racé, dense et harmonieux porte en lui la puissance raffinée du terroir de Fargues.

➩ Sauternes 2016	200 €	97
➩ Sauternes 2017	170 €	99

Blanc : 20 hectares. Sémillon 80 %, Sauvignon blanc 20 %
Production moyenne : 20 000 bt/an

CHÂTEAU DE FARGUES
8, route des Ecoles 33210 Fargues
05 57 98 04 20 •
www.chateaudefargues.com • Vente et visites : sur RDV.
Propriétaire : Alexandre de Lur Saluces
Directeur : François Amirault

★★★ CHÂTEAU D'YQUEM

Reconnu comme étant le plus célèbre vin liquoreux du monde, Yquem est la propriété, depuis 1999, du groupe LVMH dirigé par l'homme d'affaires Bernard Arnault. Le château est aujourd'hui incarné par Pierre Lurton, également à la tête du château Cheval Blanc, à Saint-Émilion. Avant lui, Alexandre de Lur Saluces a écrit, de 1967 à 2004, quelques-unes des plus belles pages de l'histoire de l'unique premier cru classé supérieur en 1855, dans la lignée de ses aïeux. Car ce vin est peut-être le plus régulier du Bordelais depuis cent ans. Même dans les petits millésimes et les périodes difficiles, Yquem a tenu son rang jusque dans son vieillissement incomparable. Il doit cet état de fait à un terroir unique, réagissant au développement du botrytis comme aucun autre, et à des hommes qui ont su comprendre et mettre en valeur ses qualités. Si Yquem n'impressionne pas forcément dans sa jeunesse, il creuse irrémédiablement l'écart avec ses voisins après quelques années de garde. Déguster un vieux millésime du château demeure une expérience que tout amateur de vin liquoreux se doit d'avoir connu dans sa vie.

Les vins : dans sa version sec, Y 2019 se montre frais avec un nez frais qui "sauvignonne". Tendu à l'attaque, il possède une belle épine dorsale en milieu de bouche. On ne sent absolument pas les six grammes de sucre. C'est un vin qui va se construire en bouteille. Avec un an de plus, Y 2018 a perdu son caractère variétal mais il a conservé toute sa puissance et cette force qu'il va chercher dans le sol d'Yquem. Un joli blanc intense et salin. Pour le liquoreux Sauternes 2018, il offre un nez fin où l'on ressent une touche de vanille. Un vin élégant qui évolue vers le citron confit. La bouche tapissante monte crescendo. Un liquoreux d'une grande amabilité, doux, posé et harmonieux. Le 2017 dégage un sentiment de force. Éclatante, lumineuse, sa matière traçante éveille les sens par sa puissance. Un liquoreux dense et sapide qui vous emporte tel un cyclone mais que l'on a envie de boire sans attendre qu'il grandisse. Magistral.

Bordeaux Y 2019	126 € (c)	94
Bordeaux Y d'Yquem 2018	150 € (c)	94
Sauternes 2017	396 €	100
Sauternes 2018	384 € (c)	98

Blanc : 100 hectares. Sémillon 75 %, Sauvignon blanc 25 %
Production moyenne : 60 000 bt/an

CHÂTEAU D'YQUEM
1, Château d'Yquem 33210 Sauternes
05 57 98 07 07 • www.yquem.fr • Vente et visites : sur RDV.
Propriétaire : LVMH
Directeur : Pierre Lurton
Maître de chai : Sandrine Garbay

★★ CHÂTEAU DOISY DAËNE

Voisin de Climens, ce cru classé de Barsac bénéficie du savoir-faire de la famille Dubourdieu, propriétaire depuis plusieurs générations. L'équipe de Denis Dubourdieu, chef de file de l'école œnologique bordelaise disparu en 2016, vinifie magistralement une vendange récoltée toujours avec précision, au moment où la pourriture noble offre le meilleur compromis entre richesse en sucre et finesse aromatique, tout en préservant de hauts niveaux d'acidité. Élevés ensuite par de courts séjours en barrique, les vins affichent ainsi une pureté et une élégance qui les rendent d'autant plus recherchés que leurs prix restent sages. La propriété produit trois vins : un blanc sec aromatique, un liquoreux raffiné et, dans les très grands millésimes, la rarissime cuvée L'Extravagant, issue d'un lot de la récolte beaucoup plus riche, équivalent local des plus sublimes trockenbeerenauslese allemands.

Les vins : deux jolies signatures de la famille Dubourdieu dont une entrée en matière avec le Cantegril. Il développe un joli parfum sur la crème pâtissière. La bouche est fine avec un fruit pur dont l'éclat minéral intense est soutenu par une liqueur qui apporte largeur et longueur de bouche. Un joli vin tout en épure. Plus racée, la cuvée du domaine 2016 offre une complexité toute barsacaise avec son fruit épuré, très minéral, relayé par de fines notes de pamplemousse.

Barsac 2016	44 €	96
Barsac Cantegril 2016	22 €	91

Blanc : 15 hectares. Sémillon 85 %, Sauvignon blanc 14 %, Muscadelle 1 %
Production moyenne : 17 000 bt/an

CHÂTEAU DOISY DAËNE
15, Gravas, 33720 Barsac
05 56 62 96 51 • www.denisdubourdieu.fr • Visites : sans RDV.
Propriétaire : Famille Dubourdieu

★★ CHÂTEAU GILETTE

Ce tout petit cru de Preignac, aujourd'hui sous la responsabilité de Julie Médeville et de son mari Xavier Gonet, est célèbre pour mettre uniquement en vente de très anciens millésimes, longuement vieillis en cuve béton (à l'abri de l'air), puis en bouteille, et issus de vendanges très riches (d'où la mention "crème de tête"). Le bouquet caractéristique de Gilette est sans doute le plus fruité du Sauternais, avec des notes de confiture d'agrumes (orange amère), renforcées par le délicat rancio apporté par l'âge et la durée de l'élevage. La méthode de conservation privilégie la réduction sans oxydation, ce qui explique l'étonnante jeunesse des vins, même plus de trente ans après leur naissance.

Les vins : il dégage un magnifique parfum de tarte au citron avec une évolution sur une touche de safran. Avec sa liqueur contenue, il offre une matière digeste avec un joli relent sur une note d'orange amère et une pointe de curry. Ce petit millésime qui semble à son apogée a encore devant lui de très longues années de garde. Exemplaire.

Sauternes Crème de Tête 1999	152 €	97

Blanc : 4,5 hectares. Sémillon 90 %, Sauvignon blanc 8 %, Muscadelle 2 %
Production moyenne : 7 000 bt/an

CHÂTEAU GILETTE
4, rue du Port, 33210 Preignac
05 56 76 28 44 • gonet-medeville.com • Visites : sans RDV.
Propriétaire : Julie et Xavier Gonet-Médeville

★★ CHÂTEAU GUIRAUD

Ce premier cru classé de Sauternes appartient aujourd'hui à quatre copropriétaires : Robert Peugeot, Olivier Bernard (domaine de Chevalier), Stephan von Neipperg (château Canon-la-Gaffelière) et Xavier Planty. Sous l'adroite direction de Luc Planty, le cru offre depuis de nombreux millésimes un parfait exemple de grand sauternes moderne, rôti, très ouvert dès ses premières années et qui a énormément gagné en finesse et en minéralité. La viticulture y est particulièrement soignée : Guiraud a été le premier des premiers crus classés de 1855 à bénéficier de la labellisation bio, en 2011. Le domaine parvient, avec énormément de volonté, à respecter le développement naturel de la pourriture noble. La vinification, quant à elle, se refuse à la moindre chaptalisation, comme cela devrait d'ailleurs être le cas pour tous les crus classés – cause pour laquelle milite ardemment Xavier Planty. Le château produit également en appellation Bordeaux un important volume d'un vin blanc sec à boire dans sa prime jeunesse.

Les vins : G de Guiraud 2019 est simple, variétal sans intérêt majeur. Petit Guiraud 2019 s'exprime par un joli parfum de mandarine avec une sensation de liqueur modérée. La perception d'un fruit acidulé porte le vin en longueur de bouche. Un sauternes digeste et fin avec un joli final sur le pamplemousse. Superbe. Entre deux âge, Guiraud 2015 est impacté par la richesse du millésime avec sa masse de fruit et une liqueur encore bien abondante. Un vin avec un fruit pur et net mais qu'il faut laisser s'affiner en cave. Une manière de basculer vers une palette tertiaire et la digestion de son sucre. Patience.

- Bordeaux Le G de Château Guiraud 2019 — 14 € — 80
- Sauternes 2015 — 55 € — 95
- Sauternes Petit Guiraud 2019 — 26 € — 92

Blanc : 128 hectares. Sémillon 58 %, Sauvignon blanc 42 %

Production moyenne : 350 000 bt/an

CHÂTEAU GUIRAUD ♣

1, Guiraud, 33210 Sauternes

05 56 76 61 01 • www.chateauguiraud.com • Visites : sans RDV.

Propriétaire : SCA Château Guiraud

Directeur : Luc Planty

★★ CHÂTEAU LAFAURIE-PEYRAGUEY

L'homme d'affaires suisse Silvio Denz (Château Faugères à Saint-Émilion) a acquis cette vénérable propriété, qui fut durant de longues années popularisée par son ancien propriétaire, la maison Cordier. Ce splendide domaine produit de grands sauternes classiques à partir de vendanges très riches, sélectionnant désormais avec davantage de rigueur le premier vin. C'est à ce prix que la propriété obtient une qualité régulière, qui perpétue sa renommée. Le raisin est évidemment récolté par tries successives ; le pressurage s'effectue sur d'anciens pressoirs verticaux, et le vin est élevé pendant trente mois en barrique (par lot correspondant aux dates de récolte), dont un tiers de bois neuf. Lafaurie-Peyraguey se distingue par une grande richesse due à son terroir, en contraste avec la finesse de son plus proche voisin, Sigalas-Rabaud.

Les vins : belle entrée de gamme avec La Chapelle de Lafaurie-Peyraguey, qui libère une petite touche pâtissière et d'ananas frais. Nous sommes séduits par son équilibre, tout en finesse, sa liqueur modérée et un fruit d'une pureté remarquable avec d'élégants amers qui évoquent le pamplemousse rose. Le sauternes 2018 nous épate : son harmonie repose sur une liqueur douce et persistante en bouche. Il possède du volume et un fruit raffiné, pur, plus étincelant que charnel mais avec une belle persistance sur les agrumes. Splendide.

- Sauternes 2018 — 60 € — 97
- Sauternes La Chapelle de Lafaurie-Peyraguey 2018 — 25 € — 92

Rouge : 4 hectares.

Blanc : 32 hectares. Sémillon 93 %, Sauvignon blanc 6 %, Muscadelle 1 %

Production moyenne : 40 000 bt/an

CHÂTEAU LAFAURIE-PEYRAGUEY

1, lieu-dit Peyraguey, 33720 Bommes

05 56 76 60 54 • www.chateau-lafaurie-peyraguey.com • Visites : sans RDV.

Propriétaire : Silvio Denz

Directeur : David Bolzan

Maître de chai : Christophe Navarro

Œnologue : Valérie Lavigne

★★ CHÂTEAU NAIRAC

Nicolas Tari-Heeter a porté ce cru classé de Barsac à son meilleur niveau. Les derniers millésimes sont splendides d'équilibre et de finesse avec des liqueurs expressives, dont les arômes traduisent à la perfection un botrytis de premier ordre. Les élevages ont eux aussi su trouver (après quelques approximations) un juste apport d'oxygénation, renforçant la capacité de vieillissement et d'évolution complexe des vins. Très séduisants dès leur prime jeunesse, les derniers-nés du château évoluent avec justesse et précision aromatique, sans jamais tomber dans des oxydations prématurées comme ce fut le cas pour ce cru dans les années 1990. Nairac fait désormais partie du cercle des très grands liquoreux de Barsac.

Les vins : deux millésimes proches mais différents, Nairac 2016 arbore un nez qui sent la tarte aux pommes et le safran. Tendre et gras, il paraît anormalement sphérique pour un barsac, avec son sucre légèrement collant. Final un peu court. Entre deux âges, Nairac 2015 n'a pas totalement perdu l'éclat de son fruit sans véritablement entrer dans la complexité tertiaire. On a un beau fruit, net et une liqueur qui pose bien le vin.

- Barsac 2015 — 32,40 € — 95
- Barsac 2016 — 31,80 € — 94

Blanc : 17 hectares. Sémillon 90 %, Sauvignon blanc 6 %, Muscadelle 4 %
Production moyenne : 16 000 bt/an

CHÂTEAU NAIRAC
81, avenue Aristide-Briand, 33720 Barsac
05 56 27 16 16 • www.chateaunairac.com •
Vente et visites : sur RDV.
Propriétaire : Nicole Tari
Directeur : Nicolas Tari-Heeter

★★ CHÂTEAU RAYMOND-LAFON

Situé à côté d'Yquem et cerné par un aréopage de crus classés, Raymond-Lafon peut rivaliser, surtout dans les grands millésimes, avec les meilleurs crus de l'appellation. Dirigé par la famille Meslier (Pierre a été directeur d'Yquem durant plusieurs années), ce cru fait preuve d'une grande régularité.

Les vins : joli parfum sur l'ananas rôti pour le Raymond-Lafon 2018 doté d'une bouche ample, pleine mais raffinée. Intense, il s'exprime par des notes de fruit confit. Sa liqueur posée et sereine lui apporte du poids et une belle énergie. Splendide. Le 2017 paraît nerveux et tendu malgré sa richesse. Il libère à la fois une sensation de liqueur abondante et des amers intenses mais intégrés. On se régalera à boire le 2018 sur le fruit tandis que le 2017 nécessite une garde prolongée afin d'apaiser sa liqueur.

- Sauternes 2017 — 40 € — 97
- Sauternes 2018 — 40 € — 96

Blanc : 20 hectares. Sémillon 80 %, Sauvignon blanc 20 %
Production moyenne : 30 000 bt/an

CHÂTEAU RAYMOND-LAFON
4, Aux Puits, 33210 Sauternes
05 56 63 21 02 •
www.chateau-raymond-lafon.fr • Vente et visites : sur RDV.
Propriétaire : Famille Meslier
Directeur : Marie-Françoise Meslier
Œnologue : Henri Boyer

★★ CHÂTEAU SIGALAS RABAUD

La famille de Lambert exploite ce magnifique terroir homogène qui permet un développement idéal de la pourriture noble. Le style du vin n'a pas d'équivalent : s'il égale les premiers crus du Haut-Sauternais en richesse de liqueur et en puissance, avec un bouquet de même nature, il révèle une finesse immédiate plus affirmée, qui ne fait que décupler au vieillissement. Au final, il s'agit bien de petits miracles qu'un noyau de connaisseurs fidèles place au firmament du Sauternais. Laure de Lambert-Compeyrot a repris la direction de Sigalas Rabaud à partir de 2013 et développe avec beaucoup d'énergie la production de blancs secs (La Sémillante de Sigalas et La Demoiselle). Elle se bat d'ailleurs pour la reconnaissance d'une nouvelle appellation sauternes sec.

Les vins : Le 5 Sans Soufre s'exprime par des notes de pomme au four et de tarte à la mirabelle. Il donne un sentiment de tendresse malgré une liqueur contenue. Un vin atypique mais pas inintéressant. Avec ses senteurs d'orange, Lieutenant de Sigalas est plein et riche avec une liqueur douce. Il est tout en suavité grâce à un sucre légèrement collant en fin de bouche. Vif, le sauternes 2018 s'affirme par un nez puissant, intense, à travers une note de citron confit. La bouche d'un bel équilibre ne manque pas de vivacité. Un vin fin, avec une belle allonge, du mordant et un fruit digeste malgré la liqueur.

- Bordeaux Supérieur Le 5 Sans Soufre Ajouté de Sigalas 2018 — 14 € — 89
- Sauternes 2018 — 39 € — 95
- Sauternes Lieutenant de Sigalas 2017 — 21 € — 90

Blanc : 14,25 hectares. Sémillon 85 %,

Sauvignon blanc 15 %
Production moyenne : 65 000 bt/an

CHÂTEAU SIGALAS RABAUD
33210 Bommes
05 57 31 07 45 •
www.chateau-sigalas-rabaud.com • Vente et visites : sur RDV.
Propriétaire : Laure de Lambert Compeyrot
Maître de chai : Marion Clauzel
Œnologue : Jacques Lurton et Éric Boissenot

★★ CHÂTEAU SUDUIRAUT

Ce très vaste domaine a été racheté en 1992 par AXA Millésimes. Grâce à un vignoble géographiquement bien réparti, Suduiraut associe la puissance des vins du Haut-Sauternais au fruité prestigieux que l'on trouve dans les crus des plateaux de Preignac et de Barsac. Le tout donne un nectar complet, très lent à vieillir, et qui, dans les grandes années, touche au génie. Si les vins naissent riches et denses, ils sont le fruit de raisins concentré et de faibles rendements. Il y a également une constante évolution du style, par la recherche de pureté comme à la vendange, obtenir un botrytis le plus frais possible et non ultra confit, afin de préserver une grande qualité du fruit et des arômes. Les derniers millésimes atteignent un très haut niveau grâce ce travail de haut vol.

Les vins : sec ou liquoreux, les vins atteignent ici un superbe niveau, à l'image du blanc sec : avec une belle sapidité, il mérite de grandir deux ou trois ans en bouteille. Pour aborder le style du domaine en douceur, Lions de Suduiraut offre un joli parfum de safran et de tarte à l'orange. Intense, avec un magnifique raffinement, il donne la sensation d'un raisin concentré à travers une liqueur profonde. Le sauternes 2018 s'impose par une note intense d'abricot confit et de tarte à l'orange. La matière est profonde mais plus puissante que charnelle, même si la liqueur est abondante. Un sauternes qui a de l'épaisseur mais également une magnifique allonge avec une énergie qu'il puise à même le sol de Preignac. Des sauternes dont la richesse peut surprendre dans la jeunesse mais qui vieillissent admirablement bien.

- Bordeaux Blanc Sec de Suduiraut 2020 — 15 € — 91
- Sauternes 2018 — 60 € — 96
- Sauternes Lions de Suduiraut 2018 — 19 € — 93

Blanc : 91 hectares. Sémillon 90 %, Sauvignon blanc 10 %
Production moyenne : 100 000 bt/an

CHÂTEAU SUDUIRAUT

Château Suduiraut, 33210 Preignac

05 56 63 61 92 • www.suduiraut.com • Vente et visites : sur RDV.

Propriétaire : AXA Millésimes

Directeur : Pierre Montégut

Maître de chai : Caroline Gendry

★★ CHÂTEAU LA TOUR BLANCHE

Ce premier cru classé de Bommes, dont l'ancien propriétaire (Daniel Iffa) a fait don à l'État en 1911, est aujourd'hui géré par le Conseil régional d'Aquitaine. Devenu une école de viticulture, le château a formé des célébrités comme l'œnologue Michel Rolland. Depuis vingt ans, La Tour Blanche n'a cessé de produire des sauternes accomplis, harmonieux, noblement bouquetés. Leur très importante teneur en sucres résiduels ne leur confère aucune lourdeur, car sur ce terroir, la pourriture noble concentre les sucres pour donner aux vins une dimension aromatique extraordinaire, tout en préservant une forme gustative aérienne. Le cru est dirigé depuis 2010 par Alex Barrau. Philippe Pélicano, ancien élève du lycée, est chargé des vinifications.

Les vins : vous ne serez pas déçus par ce très beau Les Charmilles 2018, avec son joli nez complexe et sa bouche fine. Une très belle entrée en matière pour aborder le savoir-faire de ce beau château. Plus imposant, le château La Tour Blanche 2018, avec sa robe légèrement teintée, son nez pur, sent la pierre à feu. Fin et suave, avec une liqueur enveloppante et douce, il est tout en largeur de bouche, à la fois tendre et sphérique.

- Sauternes 2018 — 45 € — 95
- Sauternes Les Charmilles de La Tour Blanche 2018 — 21 € — 91

Rouge : 3 hectares. Merlot 90 %, Malbec (cot) 10 %

Blanc : 37 hectares. Sémillon 83 %, Sauvignon blanc 12 %, Muscadelle 5 %

Production moyenne : 60 000 bt/an

CHÂTEAU LA TOUR BLANCHE

1 ter, Tour Blanche, 33210 Bommes
05 57 98 02 73 • www.tour-blanche.com •
Visites : sans RDV.
Propriétaire : Conseil Régional d'Aquitaine
Directeur : Miguel Aguirre
Maître de chai : Philippe Pelicano

★ DOMAINE DE L'ALLIANCE

Figure montante du vignoble de Sauternes, Daniel Alibrand, marin-pêcheur en Vendée auparavant, arrive par hasard à Sauternes où il s'installe en 2005. Peu interventionniste depuis ses débuts, il travaille en bio. Ses vignes sont situées sur le secteur de Fargues. Les vins se distinguent par leur équilibre et sont au niveau de bien des crus classés, à la fois pleins et digestes, dotés d'une très belle énergie. Ils méritent leur place dans votre cave.

Les vins : une belle série de blancs avec de fortes personnalités, des vins qui donnent le "la" sur le potentiel du blanc sec à Sauternes. Tout comme avec ce Déclinaison au nez somptueux, à la fine et délicate touche épicée. Son fruit est plein, on a du volume et une très belle persistance sapide. Plus vif et tout en tension, Les Joualles trouve le ton juste dans la maturité et la pureté du fruit grâce à des élevages qui laissent parler le terroir de Sauternes. Un blanc dense et une grande allonge de bouche. Définition sent le sauvignon au nez, à l'inverse, la bouche se montre épurée et saline. Une aromatique un peu simple mais un fruit étincelant en bouche. Les Clous se démarque par un fruit pur, ciselé et intense mais avec du volume. Il déploie beaucoup d'énergie avec une forte salinité et un final net et droit malgré sa richesse.

Bordeaux Définition 2020	25 €	92
Les Clous 2020	N.C.	93
Les Joualles 2020	N.C.	93
VDF Déclinaison 2020	25 €	94

Blanc : 6,14 hectares. Sémillon 78 %, Sauvignon blanc 21 %, Muscadelle 1 %
Production moyenne : 15 000 bt/an

DOMAINE DE L'ALLIANCE ♣

58, avenue Nelson-Mandela, 33210 Langon
06 73 10 27 85 • daniel.alibrand@orange.fr •
Vente et visites : sur RDV.
Propriétaire : Valérie et Daniel Alibrand

★ CHÂTEAU CAILLOU

Voici un magnifique domaine d'une grande discrétion, situé dans les beaux terroirs de Barsac. Ici, la finesse prend le pas sur la puissance. Cette propriété appartient depuis quatre générations à la famille Ballan-Bravo. Composé de 90 % de sémillon, Château Caillou fait partie de ces grands vins de Barsac, où l'on mise sur des niveaux de liqueur modérés, autour de 105 grammes, ce qui donne des vins digestes et très élancés, à l'élégance admirable.

Les vins : une belle entrée en matière avec Les Tourelles de Caillou pour aborder ce domaine. Derrière sa liqueur modérée, on ressent des notes d'agrumes et d'ananas frais. Joli vin de plaisir à boire sur la jeunesse. Plus complexe, le Château Caillou 2018 embaume la mandarine avec un fruit pur. La richesse est là mais elle est accompagnée par une belle sensation de fruit confit et acidulé à la fois, comme si le sol de Barsac venait renforcer son caractère ciselé.

Sauternes 2018	37 €	94
Sauternes Les Tourelles de Caillou 2019	15 €	90

Blanc : 16 hectares. Sémillon 90 %, Sauvignon blanc 10 %
Production moyenne : 25 000 bt/an

CHÂTEAU CAILLOU

9, Caillou 33720 Barsac
05 56 27 16 38 • www.chateaucaillou.com •
Vente et visites : sur RDV.
Propriétaire : Marie-José Pierre
Directeur : Sébastien Pierre
Maître de chai : Jean-Noël Pierre
Œnologue : Henry Boyer

★ CHÂTEAU CLOSIOT

Vigneron emblématique du Mâconnais, Jean-Marie Guffens a acheté Closiot en 2017. Fou de sauternes, qu'il considère comme l'un des plus grands vins du monde, il a jeté son dévolu sur le calcaire de Barsac, apte à donner au vin cette concentration qu'il affectionne, sans l'alourdir. Aux brouillards matinaux, il préfère les vendanges sous les premiers rayons de soleil, pour obtenir un botrytis concentré. Il a déjà planté des céréales pour concurrencer cette eau si présente en Aquitaine et souvent nuisible à la vigne. Ces liquoreux de toute beauté, et ce somptueux blanc sec. Nous sommes convaincus qu'ils s'imposeront comme des référents de l'appellation.

Les vins : quelle classe pour C de Sec ! Un vin profond, racé avec une maturité posée et juste. Il y a un réel savoir-faire qui transcende ce terroir. Assurément le plus grand blanc sec de Barsac et de ses environs. Magistral. Bonneau est porté par une grande richesse aromatique. Il évoque la tarte à la mirabelle et le fruit plus confit que frais, tout en nous surprenant par sa force, son énergie et ses notes acidulées (empreinte du sol de Barsac) qui ressortent en finale. Ce magnifique liquoreux concentré et intense déroule en bouche avec beaucoup de force.

Barsac Bonneau 2019	53 €	97
Bordeaux C de Sec 2019	19,40 €	94

Blanc : 7,54 hectares. Sémillon 95 %, Sauvignon gris 3 %, Muscadelle 2 %
Production moyenne : 35 000 bt/an

CHÂTEAU CLOSIOT
1, rue Bonneau, 33720 Barsac
05 56 76 22 21 • philo-morais.closbon@orange.fr • Vente et visites : sur RDV.
Propriétaire : Jean-Marie Guffens
Directeur : Philomène Morais
Maître de chai : Laurent Segui

★ CHÂTEAU DOISY-VÉDRINES

Issu du partage de Doisy en trois domaines, ce cru porte le nom des anciens propriétaires (jusqu'en 1846), les Védrines. Il se situe à proximité de Climens, de Coutet, ainsi que des deux autres Doisy (Daëne et Dubroca). Le château pratique des rendements bas, livrant un vin qui figure parmi les plus riches au nez et les plus liquoreux de Barsac. Il demande entre cinq et dix ans pour s'épanouir et atteint alors la distinction et l'éclat des stars de l'appellation.

Les vins : le domaine ne nous ayant pas fait parvenir ses vins, nous sommes amenés à reconduire notre note de l'an dernier.

Sauternes 2016	de 28 à 36 € (c)	95

Blanc : 36 hectares.
Production moyenne : 40 000 bt/an

CHÂTEAU DOISY-VÉDRINES
1 Védrines, 33717 Barsac
05 56 27 15 13 • doisy-vedrines@orange.fr • Vente et visites : sur RDV.
Propriétaire : Héritiers de Pierre Castéja
Directeur : Guillaume Lefebvre
Maître de chai : Frédéric Deyres
Œnologue : Hervé Romat

★ CHÂTEAU HAUT-BERGERON

Les frères Lamothe, Hervé l'aîné et Patrick, sont issus d'une vieille famille vigneronne implantée à Sauternes depuis 1820. Très bien situé, Haut-Bergeron se hisse au rang de nombreux crus classés en matière de qualité, tout en demeurant certainement l'une des meilleures affaires de Sauternes. Vinifié avec soin, ce vin brille depuis vingt ans par une régularité difficile à contester. Avec une liqueur abondante mais d'une grande pureté, ce cru peut paraître imposant dans sa jeunesse mais il vieillit harmonieusement et gagne alors en finesse. Les derniers millésimes, plus élégants, affirment le changement de cap vers des sauternes moins opulents et privilégiant l'équilibre et la distinction. La famille Lamothe possède une deuxième étiquette, le Château Farluret, installé dans le Haut-Barsac, à moins de cent mètres du célèbre premier cru Château Climens. Il est certifié bio depuis 2020. Un vignoble idéalement situé mais non classé qui donne des vins d'une rare élégance.

Les vins : si l'on recherche un vin profond avec une liqueur pure mais abondante, nous irons naturellement vers Haut-Bergeron avec son nez somptueux sur l'orange confite. Porté par sa magnifique liqueur, il est à la fois plein et élancé, profond et bien équilibré, avec une belle note de pierre à feu. À l'inverse, le supplément de fraicheur se trouvera dans Château Farluret, un beau compagnon avec son parfum de pêche blanche et de poire juteuse. Malgré sa richesse, il possède cette énergie propre au sol de Barsac et une acidité qui accompagne la liqueur généreuse.

Château Farluret 2019	20 €	95
Sauternes 2018	26 €	96

Rouge : 6 hectares. Merlot 60 %, Cabernet franc 40 %
Blanc : 31 hectares. Sémillon 80 %, Sauvignon blanc 18 %, Muscadelle 2 %
Production moyenne : 30 000 bt/an

CHÂTEAU HAUT-BERGERON
3, Piquey, 33210 Preignac
05 56 63 24 76 • www.chateauhautbergeron.com • Visites : sans RDV.
Propriétaire : Hervé et Patrick Lamothe
Œnologue : Henri Boyer

★ CHÂTEAU LES JUSTICES

Julie Médeville et son mari Xavier Gonet, également propriétaires du légendaire château Gilette, dirigent ce joli cru bien connu des amateurs de bonnes affaires à Sauternes. Le domaine produit un sauternes délicieusement bouqueté et sans excès de liqueur. Le vin se développe assez rapidement en bouteille et rivalise, dans les grands millésimes, avec les bons crus classés de l'appellation.

Les vins : un nez pur, avec une note de pierre à feu et d'agrumes confits, ouvre le nez du 2018. On apprécie la belle gestion de la liqueur dans une bouche tendue mais équilibrée par une réelle d'énergie.

Sauternes 2018 — 32 € — 94

Blanc : 8,5 hectares.
Production moyenne : 20 000 bt/an

CHÂTEAU LES JUSTICES
4, rue du Port, 33210 Preignac
05 56 76 28 44 • www.gonet-medeville.com
• Vente et visites : sur RDV.
Propriétaire : Julie et Xavier Gonet-Médeville

★ CHÂTEAU DE MYRAT

Après plusieurs décennies de sommeil, ce cru classé de Barsac a été entièrement replanté par la famille de Pontac, en 1988 (le premier millésime a été produit en 1990). Le vignoble de Myrat est désormais assez âgé pour produire des sauternes plus intenses et profonds que dans les premiers millésimes du renouveau de la propriété. Il confirme que l'accession à la première étoile, accordée l'an dernier, est entièrement méritée.

Les vins : le grand vin est de plus en plus typé Barsac, à travers l'énergie qu'il restitue. Sa liqueur est mieux contenue que par le passé, mais aussi plus digeste, et le vin explore de beaux et élégants amers type pamplemousse.

Sauternes 2018 — de 30 à 35 € (c) — 94

Blanc : 22 hectares.
Production moyenne : 30 000 bt/an

CHÂTEAU DE MYRAT
1, Myrat Sud, 33720 Barsac
05 56 27 09 06 • www.chateaudemyrat.fr •
Vente et visites : sur RDV.
Propriétaire : Famille de Pontac
Directeur : Slanie de Pontac-Ricard

★ CHÂTEAU DE RAYNE VIGNEAU

Bénéficiant d'un splendide terroir (souvent comparé à celui d'Yquem), Rayne Vigneau a été racheté en 2005 par le Crédit Agricole Grands Crus qui, pendant dix ans, a concédé de lourds investissements aux vignobles comme dans les bâtiments. Le cru a été revendu en 2015 au groupe Trésor du Patrimoine, créé en 1990 par Derek Rémy Smith. L'équipe est restée en place. Vincent Labergère, le directeur, souhaite renforcer la distribution de la marque avec ses déclinaisons (Clos L'Abeilley et Madame de Rayne) et développer la production de vin blanc sec.

Les vins : si le terroir de cette illustre propriété possède un réel potentiel de grand vin, nous sommes sceptiques sur la qualité de la production tant en sec qu'en liquoreux. Le Sec de Rayne Vigneau est variétal et n'a pas d'intérêt majeur. Si Madame de Rayne 2016 paraît vif et nerveux au nez, avec son parfum de citron confit, son attaque de bouche tendue contraste avec un final où dominent des notes de caramel et des amers prononcés. L'étoile est menacée.

Bordeaux Le Sec de Rayne Vigneau 2019 — 13 € — 83
Sauternes 2009 — 44 € — 92
Sauternes Madame de Rayne 2016 — 21 € — 89

Blanc : 84 hectares. Sémillon 75 %, Sauvignon blanc 25 %
Production moyenne : 150 000 bt/an

CHÂTEAU DE RAYNE VIGNEAU
4, Le Vigneau, 33210 Bommes
05 56 76 61 63 • www.raynevigneau.fr •
Visites : sans RDV.
Propriétaire : Financière Trésor du Patrimoine
Directeur : Vincent Labergere
Maître de chai : Guillaume Rateau
Œnologue : Henri Boyer

★ CHÂTEAU RIEUSSEC

Premier cru classé situé sur la commune de Fargues, Rieussec a toujours affiché une personnalité singulière, avec des vins d'une puissance et d'une richesse en liqueur parfois très prononcées. Quand les vins sont jeunes, la pourriture noble prend des arômes légèrement moins fins qu'ailleurs, mais le vieillissement compense ce bémol par de belles saveurs liquoreuses. Si Rieussec a pu décevoir dans des millésimes à hauts rendements, le niveau a été ajusté dans les millésimes plus récents. Une progression à suivre de près.

Les vins : R de Rieussec 2020 est un joli vin frais qui ne manque pas de fond, avec plus de volume que les années précédentes. En revanche, ne lui demandez pas d'avoir une grande complexité aromatique. Carmes de Rieussec reste assez simple dans sa palette aromatique à la note pâtissière. La bouche est fraîche sur le zeste d'agrume. Un vin de plaisir à boire sur le fruit. Quant à Rieussec 2019, il a cette signature boisée, poudrée et toujours une touche pâtissière. Si le fruit est net et élégant, la liqueur pure, cela manque un peu d'étoffe et d'énergie en bouche. Ce cru n'est pas au niveau où il devrait être, l'étoile est en danger.

Bordeaux R de Rieussec 2020	30 € (c)	86
Sauternes 2019	70 € (c)	94
Sauternes Carmes de Rieussec 2019	30 € (c)	90

Blanc : 85 hectares. Sémillon 90 %, Sauvignon blanc 7 %, Muscadelle 3 %
Production moyenne : 180 000 bt/an

CHÂTEAU RIEUSSEC

34, route de Villandraut, 33210 Fargues
05 57 98 14 14 • www.lafite.com • Vente et visites : sur RDV.
Propriétaire : Famille de Rothschild
Directeur : Jean de Roquefeuil
Maître de chai : Bertrand Roux

NOUVEAU DOMAINE

CHÂTEAU LA CLOTTE-CAZALIS

Ce domaine est la propriété de la famille Lacoste depuis 1769. La Clotte devient La Clotte-Cazalis pour se démarquer de La Clotte de Saint-Émilion. Œnologue et ingénieur agronome, Marie-Pierre Lacoste prend goût pour le sauternes dans la foulée d'un stage au château Guiraud. En 2001, elle décide avec sa mère de faire revivre la propriété familiale longtemps sous contrat de fermage, et s'oriente vers le bio dès 2012. En cave, elle fait un usage modéré du soufre, tout en utilisant uniquement les levures indigènes de ses raisins. Si son barsac, à ses débuts, était assez classique, évoluant vers des arômes tertiaires, aujourd'hui, ses vins, d'une fraîcheur et d'une vivacité incroyables, ont gagné en épure, en éclat et en luminosité mettant en valeur la forte empreinte calcaire du terroir de Barsac.

Les vins : deux magnifiques cuvées dont une entrée en matière, Cazalis de CGL, d'une belle intensité. Il est vif avec des de zestes et une plaisante amertume qui contrebalance un fruit pur et une liqueur modérée. Superbe. Le sauternes exprime sa liqueur modérée par des senteurs de pierre à feu. Il est plus sur le zeste que la pulpe des agrumes avec de fins amers. Son fruit ciselé par une impression minérale forte est d'une grande pureté.

Sauternes 2018	N.C.	95
Sauternes Cazalis de CGL 2018	N.C.	91

Rouge : 4 hectares. Cabernet-Sauvignon 50 %, Merlot 50 %
Blanc : 5 hectares. Sémillon 95 %
Production moyenne : 16 500 bt/an

CHÂTEAU LA CLOTTE-CAZALIS

10, place du Général-de-Gaulle, 33640 Portets
05 56 67 54 27 • laclotte.com • Vente et visites : sur RDV.
Propriétaire : Bernadette et Marie-Pierre Lacoste

La Bourgogne et ses vins

Par Christian Martray, Roberto Petronio et Jean-Emmanuel Simond,
en charge des vins de Bourgogne au sein du comité de dégustation de La Revue du vin de France

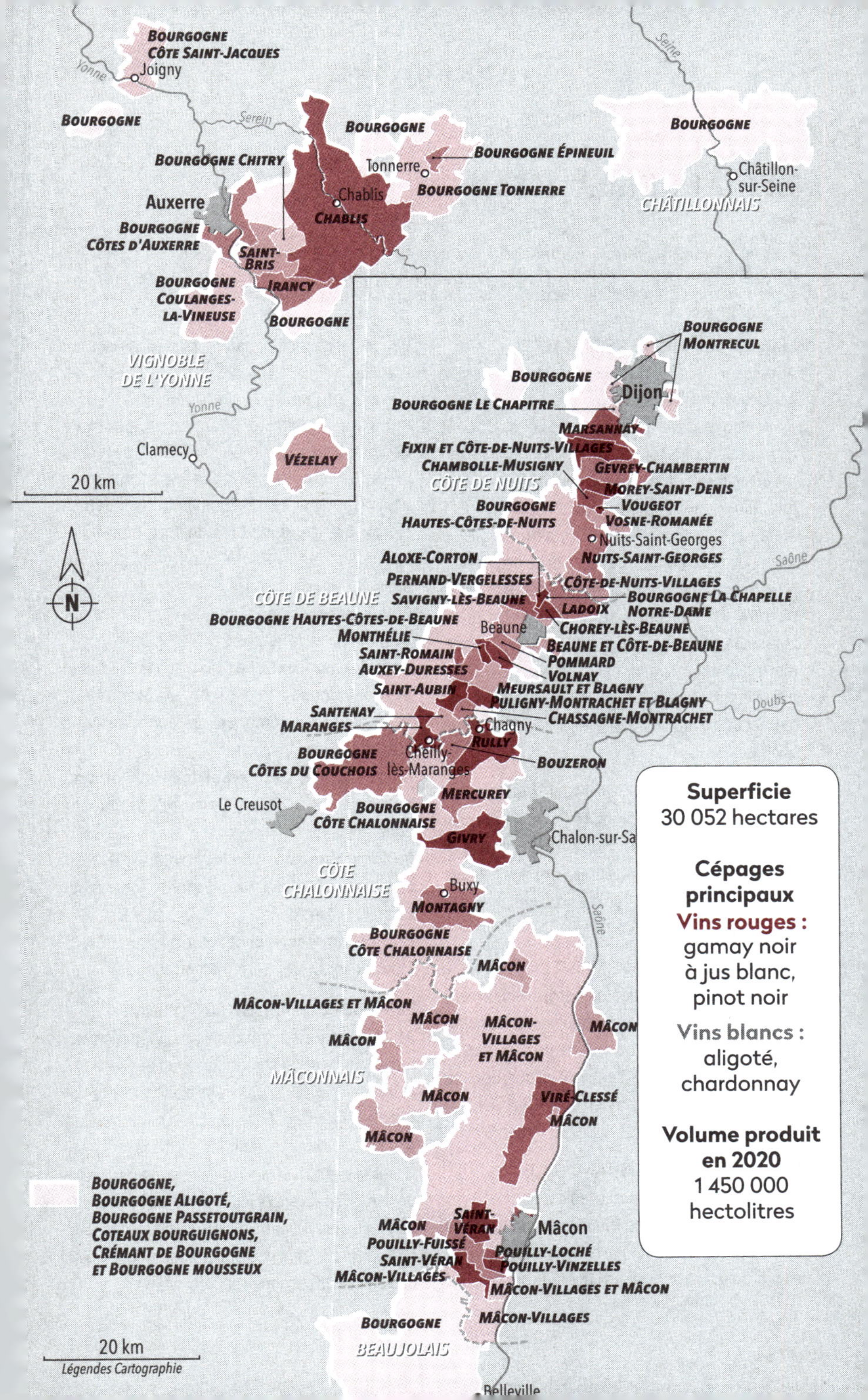

BOURGOGNE CÔTE SAINT-JACQUES
Joigny
Yonne
BOURGOGNE
Serein
BOURGOGNE
BOURGOGNE ÉPINEUIL
Tonnerre
BOURGOGNE TONNERRE
BOURGOGNE CHITRY
Chablis
CHABLIS
Auxerre
BOURGOGNE CÔTES D'AUXERRE
SAINT-BRIS
IRANCY
BOURGOGNE COULANGES-LA-VINEUSE
BOURGOGNE
Seine
BOURGOGNE
Châtillon-sur-Seine
CHÂTILLONNAIS
VIGNOBLE DE L'YONNE
Yonne
Clamecy
VÉZELAY
20 km
BOURGOGNE MONTRECUL
BOURGOGNE
Dijon
BOURGOGNE LE CHAPITRE
MARSANNAY
FIXIN ET CÔTE-DE-NUITS-VILLAGES
CHAMBOLLE-MUSIGNY
GEVREY-CHAMBERTIN
CÔTE DE NUITS
MOREY-SAINT-DENIS
BOURGOGNE HAUTES-CÔTES-DE-NUITS
VOUGEOT
VOSNE-ROMANÉE
Nuits-Saint-Georges
NUITS-SAINT-GEORGES
ALOXE-CORTON
Saône
PERNAND-VERGELESSES
CÔTE-DE-NUITS-VILLAGES
CÔTE DE BEAUNE
SAVIGNY-LÈS-BEAUNE
BOURGOGNE LA CHAPELLE NOTRE-DAME
LADOIX
BOURGOGNE HAUTES-CÔTES-DE-BEAUNE
Beaune
CHOREY-LÈS-BEAUNE
MONTHÉLIE
BEAUNE ET CÔTE-DE-BEAUNE
SAINT-ROMAIN
POMMARD
AUXEY-DURESSES
VOLNAY
SAINT-AUBIN
MEURSAULT ET BLAGNY
PULIGNY-MONTRACHET ET BLAGNY
Doubs
SANTENAY
CHASSAGNE-MONTRACHET
MARANGES
Chagny
RULLY
BOURGOGNE CÔTES DU COUCHOIS
Cheilly-lès-Maranges
BOUZERON
MERCUREY
Le Creusot
BOURGOGNE CÔTE CHALONNAISE
GIVRY
Chalon-sur-Sa
CÔTE CHALONNAISE
Buxy
MONTAGNY
Saône
BOURGOGNE CÔTE CHALONNAISE
MÂCON
MÂCON-VILLAGES ET MÂCON
MÂCON
MÂCON-VILLAGES ET MÂCON
MÂCON
MÂCON
MÂCONNAIS
MÂCON
VIRÉ-CLESSÉ
MÂCON
MÂCON
BOURGOGNE, BOURGOGNE ALIGOTÉ, BOURGOGNE PASSETOUTGRAIN, COTEAUX BOURGUIGNONS, CRÉMANT DE BOURGOGNE ET BOURGOGNE MOUSSEUX
SAINT-VÉRAN
MÂCON
Mâcon
POUILLY-FUISSÉ
POUILLY-LOCHÉ
SAINT-VÉRAN
POUILLY-VINZELLES
MÂCON-VILLAGES
MÂCON-VILLAGES ET MÂCON
MÂCON-VILLAGES
BOURGOGNE
BEAUJOLAIS
20 km
Légendes Cartographie
Belleville
Superficie
30 052 hectares
Cépages principaux
Vins rouges :
gamay noir à jus blanc, pinot noir
Vins blancs :
aligoté, chardonnay
Volume produit en 2020
1 450 000 hectolitres

LES APPELLATIONS

La Bourgogne viticole est un puzzle géologique et humain sans pareil. Le législateur a tenu à reconnaître et à préserver des appellations grâce à une hiérarchie claire, qui permet de se repérer dans le dédale des différentes communes et des usages ancestraux.

LES APPELLATIONS RÉGIONALES

Au premier niveau, l'AOC Bourgogne définit des vins simples, produits sur l'ensemble du terroir bourguignon (Yonne, Côte-d'Or, Saône-et-Loire). On peut la préciser par un nom de cépage (Bourgogne aligoté) ou par un nom de sous-région qui en limite la production (Bourgogne Côte chalonnaise...). Alors que Bourgogne Passetoutgrain (mélange de pinot noir et de gamay) est en voie de disparition, l'AOC Bourgogne Grand Ordinaire a été remplacée par l'AOC Coteaux bourguignons, qui englobe les vignobles de Bourgogne et du Beaujolais et permet d'élaborer des vins monocépages ou d'assemblage dans les trois couleurs. Cette appellation permet de commercialiser des vins de Bourgogne abordables.

LES APPELLATIONS COMMUNALES

Elles représentent environ 31 % de la production bourguignonne, avec 44 appellations Villages et premiers crus : elles portent le nom des villages dont sont issus les vins, comme par exemple Nuits-Saint-Georges ou Beaune.

LES APPELLATIONS PREMIER CRU

Il s'agit de parcelles, des climats, précisément délimitées au sein des appellations communales. Les vins y sont de qualité supérieure et le nom du premier cru est accolé à celui du village, comme par exemple gevrey-chambertin Les Cazetiers. On dénombre 562 premiers crus en Bourgogne.

LES APPELLATIONS GRAND CRU

Ce sont les meilleures parcelles cadastrées. Leur nom se suffit à lui-même, même si les grands crus dépendent aussi du village dont ils sont issus. Ils sont au nombre de 33 répartis ainsi du nord au sud.

Chablis : Blanchot, Bougros, Les Clos, Grenouilles, Preuses, Valmur, Vaudésir.

Gevrey-Chambertin : Chambertin, Mazis-Chambertin, Griotte-Chambertin, Charmes-Chambertin, Chapelle-Chambertin, Mazoyères-Chambertin, Ruchottes-Chambertin, Latricières-Chambertin, Chambertin-Clos de Bèze.

Morey-Saint-Denis : Clos de Tart, Clos Saint-Denis, Clos de la Roche, Clos des Lambrays, Bonnes-Mares.

Chambolle-Musigny : Bonnes-Mares, Musigny.

Vougeot : Clos de Vougeot.

Flagey-Échezeaux : Échezeaux, Grands Échezeaux.

Vosne-Romanée : La Tâche, La Grande Rue, Richebourg, La Romanée, La Romanée-Conti, Romanée-Saint-Vivant.

Aloxe-Corton, Ladoix-Serrigny et Pernand-Vergelesses : Corton, Corton-Charlemagne, Charlemagne.

Puligny-Montrachet : Montrachet, Bâtard-Montrachet, Bienvenues-Bâtard-Montrachet, Chevalier-Montrachet.

Chassagne-Montrachet : Montrachet, Bâtard-Montrachet, Criots-Bâtard-Montrachet.

LES VINS DE CHABLIS ET DE L'YONNE

À la limite nord de la maturité, les rouges bénéficient du réchauffement climatique avec des vins plus mûrs et mieux constitués. Les blancs sont remarquables : ils offrent finesse et nervosité, trouvent leur épanouissement dans les meilleurs terroirs de Chablis. Ils ne se révèlent vraiment qu'après cinq ans de garde et peuvent éblouir pour leurs vingt ans. En périphérie, les villages de Chitry et de Coulanges-la-Vineuse produisent des blancs et des rouges, alors que Saint-Bris est connu pour son sauvignon.

LA CÔTE DE NUITS

De Dijon à Ladoix, les vins rouges de la Côte de Nuits, particulièrement ceux de Gevrey-Chambertin et de Nuits-Saint-Georges, ont tendance à être plus robustes que ceux de la Côte de Beaune, voire un peu sévères dans leur jeunesse. Chambolle-Musigny et Vosne-Romanée, dont les vins sont plus fins, possèdent un supplément de chair et de moelleux.

LA CÔTE DE BEAUNE

En Côte de Beaune, le grand cru Corton et les meilleurs pommards donnent en principe les vins les plus corsés, alors que Savigny, Beaune et Volnay livrent les vins les plus tendres. Mais c'est en blanc, avec les vins de Montrachet (Chassagne et Puligny), Meursault et les grands crus voisins que la Côte de Beaune s'exprime le mieux.

LA CÔTE CHALONNAISE

Les vins de la Côte chalonnaise sont immanquablement influencés par ceux de la Côte de Beaune, (cépages et hiérarchie traditionnelle). Elle compte dans ses appellations communales nombre de climats classés en premier cru et cultive aussi une identité forte. C'est dans la Côte chalonnaise que l'on retrouve les meilleurs aligotés.

LE MÂCONNAIS

Les vins du Mâconnais se montrent quant à eux plus proches de leurs voisins du Beaujolais. Bien que cette région soit très majoritairement productrice de vins blancs issus de chardonnay, elle est la seule à cultiver le gamay, en plus du pinot noir, pour ses vins rouges. Le vignoble y est éparpillé sur les coteaux.

LES CÉPAGES

LE PINOT NOIR

Le pinot noir est sans doute l'un des meilleurs cépages de la production viticole, mais il est aussi l'un des plus difficiles à cultiver. Ce qui le rend si séduisant, c'est sa capacité à offrir des arômes et une structure en bouche très variables selon le terroir sur lequel il mûrit. Grâce au pinot noir, les vignerons ont pu, de manière chirurgicale, définir cette mosaïque de terroirs si caractéristique de la Bourgogne.

LE CHARDONNAY

Si le pinot noir est le cépage roi des vins rouges de Bourgogne, le chardonnay est son équivalent pour les blancs. Les terroirs de Montrachet, Meursault ou encore Chablis forment une alliance parfaite avec le chardonnay, afin de produire parmi les plus grands vins blancs de la planète. Nulle part ailleurs, le chardonnay ne s'exprime avec autant de finesse et de précision.

L'ALIGOTÉ

L'aligoté ne possède pas les mêmes qualités que le chardonnay. Il est employé dans l'élaboration de vins qui ne portent pas le nom du village où il est cultivé (une seule exception : Bouzeron). Il s'appelle légalement bourgogne aligoté et peut aussi entrer dans la composition du crémant de Bourgogne.

LE GAMAY

Le très expressif gamay est omniprésent dans le Mâconnais, au sud de la Bourgogne. Il fait aussi la renommée des vins du Beaujolais. Cultivé plus au nord, il donne des vins sans trop de relief.

HALTES VOLUPTUEUSES POUR DÉGUSTER

CHAMBRES D'HÔTES

LA MAISON BLANCHE

Une halte d'exception avec de très belles chambres d'hôtes blanches, et même un dortoir qui revisite, à sa manière, les Hospices de Beaune ! Des cours de dégustation et de cuisine sont organisés. Comptez de 160 à 360 € pour la nuit.

3, rue Marey, 21200 Beaune
Tél. : 06 60 93 51 84
www.lamaison-blanche.fr

CLOS SAINT-JACQUES

À Meursault, cette maison d'hôtes de charme permet de se sentir comme chez soi avec deux chambres et deux suites seulement. Pas de restauration sur place, mais les propriétaires s'attachent à offrir des petits-déjeuners pantagruéliques. Idéal avant d'affronter les routes à vélo. Chambres à partir de 98 €.

1, rue Pierre-Mouchoux, 21190 Meursault
Tél. : 06 08 93 25 82
www.clossaintjacques.fr

BAR À VINS

LE SOLEIL

Bar à vins à la cuisine simple et japonisante, carte des vins éclectique, et trois chambres à l'étage (de 110 à 130 € la nuit) : bravo au domaine Simon Bize, à l'origine de cette initiative bienvenue.

1, allée des Tilleuls, 21420 Savigny-lès-Beaune
Tél. : 03 80 20 21 02
www.lesoleil-savigny.fr

RESTAURANTS

LOISEAU DES VIGNES

Cette adresse beaunoise a été ouverte par le grand chef Bernard Loiseau en 2007. Fidèle à sa philosophie, le restaurant propose une carte entière de vins au verre (70 références dont certaines introuvables). Quant au chef, Mourad Haddouche, il a été récompensé d'une étoile au guide Michelin. Menus à partir de 28 €.

31, rue Maufoux, 21000 Beaune
Tél. : 03 80 24 12 06
www.bernard-loiseau.com

CASTEL DE TRÈS GIRARD

Dans le centre de Morey-Saint-Denis, cette table propose une cuisine inventive qui fait la part belle aux produits du terroirs. La carte des vins comporte plus de 1 000 références de Bourgogne et d'ailleurs. Menus compris entre 18 et 39 €.

7, rue de Très-Girard, 21220 Morey-Saint-Denis
Tél. : 03 80 34 33 09
www.castel-tres-girard.com

LE BEAU RIVAGE

Laurent Frémion est l'un des rares cuisiniers à proposer la véritable pôchouse, un plat régional à base de poissons (brochet, perche, tanche et anguille) pêchés dans la Saône et cuits dans du vin blanc, avec beaucoup d'ail. Menus à 34 et 44 €.

2, rue du Beau-Rivage, 71350 Allerey-sur-Saône
Tél. : 03 85 91 87 45
www.beaurivage.com

ŒNOTOURISME

L'ART DU TONNEAU

Pour mieux comprendre l'importance des différentes essences de bois, le travail du tonnelier et les étapes de fabrication, Frédéric Gillet Tonnelier propose des ateliers pédagogiques. Les participants seront ainsi confrontés à la délicate étape du montage d'une barrique bourguignonne.

Rue de la Citadelle, Corcelles-les-Arts, 21190 Meursault
Tél. : 03 80 21 97 20
www.art-du-tonneau.fr

LA MAISON DU GRAND SITE

En contrebas de la Roche de Solutré, la Maison du Grand Site ouvre ses portes, en été, les mardis et mercredis à 11 h. On peut y déguster gratuitement des vins issus des cinq villages de l'appellation. Le site organise des sessions de découverte des arômes du vin avec une œnologue, et propose une balade-dégustation commentée sur la Roche de Solutré avec Emmanuel Nonain, guide et viticulteur coopérateur.

Maison du Grand Site, 71960 Solutré-Pouilly
Tél. : 03 85 35 82 81
www.rochedesolutre.com

NOTRE COUP DE ♥

AUX TERRASSES

À la fois hôtel d'une vingtaine de chambres, caviste (900 références, 6000 bouteilles, privilégiant les vins bio et biodynamiques) et table étoilée, le lieu relève d'une expérience complète orchestrée avec brio par Jean-Michel et Amandine Carrette, qui perpétuent l'histoire familiale liée au lieu. Menus 40 €, 65 € et 95 €.

18, avenue du 23-Janvier, 71700 Tournus
Tél. : 03 85 51 01 74
www.aux-terrasses.com

YONNE - CHABLISIEN

★★★ DOMAINE VINCENT DAUVISSAT

Le rigoureux et passionné Vincent Dauvissat gère cette propriété mythique depuis 1989. Il a succédé à son grand-père Robert, qui mettait déjà en bouteille en 1931, et à son père René, dont les vins étaient renommés. Étiennette, la fille de Vincent, a désormais rejoint son père. Le vignoble a toujours été entretenu comme un jardin et les sages rendements méritent tous les honneurs. Depuis 2002, le domaine reçoit des préparations biodynamiques, sans revendiquer de certification. La vinification en fût (qui ne prend jamais le pas sur la matière) est peu interventionniste, permettant l'expression des divers climats, surtout au vieillissement. Des chablis d'une rare sincérité, d'un style pur, compact, vibrant, relativement peu protégés en soufre. La gamme se découvre chez les cavistes car il n'y a malheureusement plus de vin à vendre au domaine.

Les vins : charnu, finement crémeux, le chablis plein et tonique se livre avec éclat et gourmandise, avec d'excellents amers en finale. Ouvragé et nerveux, doté d'une maturité contenue, Séchet fonctionne superbement en millésime solaire, avec des saveurs d'amande grillée, de pralin et d'abricot sec. Costaud mais sans lourdeur, Vaillons tire son énergie de son ancrage racinaire, et présente une fine touche exotique au nez. Équilibré avec du volume et du tonus, Montée de Tonnerre reste élancé et doté d'une saine énergie. Une touche lactique l'amoindrit un peu. Merveilleux nez de coriandre et de menthol qui exhale le végétal frais dans La Forest, véritable boule d'énergie : vin brillant, incisif et éclatant, à la fine saveur de zestes d'agrumes en finale. Profil salin et subtil dans le sublime Les Preuses, tout en éclat lumineux, dont les sensations tactiles évoquent la peau de pêche. Ce vin renversant allie énergie hors du commun et douceur de texture. Un véritable "caillou soyeux" dixit Vincent Dauvissat. Aromatiquement réservé, Les Clos offre une bouche sphérique et acidulée, à la magnifique complexité. Lancinant, immature, ce grand vin est exceptionnel.

- Chablis 2019 — N.C. — 93
- Chablis Grand Cru Les Clos 2019 — N.C. — 97
- Chablis Grand Cru Les Preuses 2019 — N.C. — 99
- Chablis Premier Cru Montée de Tonnerre 2019 — N.C. — 93
- Chablis Premier Cru Séchet 2019 — N.C. — 95
- Chablis Premier Cru Vaillons 2019 — N.C. — 94
- Petit Chablis 2019 — N.C. — 91

Le coup de ♥

- Chablis Premier Cru La Forest 2019 — N.C. — 96

Rouge : 0,75 hectare. Pinot noir 100 %
Blanc : 12,15 hectares. Chardonnay 100 %
Production moyenne : 80 000 bt/an

DOMAINE VINCENT DAUVISSAT
8, rue Émile-Zola, 89800 Chablis
03 86 42 11 58 • domaine@dauvissatv.fr •
Pas de visites.
Propriétaire : Vincent, Ghislain et Étiennette Dauvissat

★★★ DOMAINE JEAN-PAUL ET BENOÎT DROIN

Ce beau domaine est riche d'une palette très complète de premiers et grands crus. Des raisins bien mûrs, des vins à la puissance assumée, qui expriment avec franchise leurs terroirs, sont autant de qualités à porter au crédit du travail de Benoît Droin, qui a rejoint le domaine en 1999. La précision des vins, leur générosité et les tarifs encore raisonnables (même si le domaine n'a plus rien à vendre) font de cette adresse une source incontournable de grands blancs du Chablisien. Si les cuvées savent vieillir avec équilibre et digérer leur séjour en barrique, les réductions un peu insistantes dans leur jeunesse semblent avoir disparues. En années fraîches, comme dans les millésimes plus chauds, les vins sont remarquablement constitués et armés pour la garde.

Les vins : Le petit-chablis est équilibré, vigoureux et assez gras. Généreux Chablis déjà très accessible, introduction aux premiers crus : envergure et profusion de saveurs dans l'énergique Montmains, à la finale tonique, élan froid et subtil dans Vosgros, tout en finesse et précision. Montée de Tonnerre évoque la chlorophylle et les fruits jaunes : un vin structuré, encore réservé, entre caillou et fumé. Profondeur et richesse de saveurs dans Vaulorent, dont la large finale saline résonne longtemps. Vaudésir monte en puissance avec son élégance de texture, à la fois riche et ouvragée. Il ira loin, mais quelle gourmandise ! Intenses arômes de menthe et d'agrumes dans la matière complexe et concentrée du Valmur. Chair épanouie et très joufflue dans Grenouilles, à la trame dense et serrée en finale, dont l'épanouissement solaire est perceptible. Noble austérité dans Les Clos, tout en sève et richesse de fruit mûr, tendu et hautement salivant, qui ira très loin.

- Chablis 2019 — Épuisé - 20 € — 92

- Chablis Grand Cru Grenouilles 2019 — Épuisé - 68 € — 96
- Chablis Grand Cru Les Clos 2019 — Épuisé - 70 € — 97
- Chablis Grand Cru Valmur 2019 — 58 € — 96
- Chablis Grand Cru Vaudésir 2019 — Épuisé - 58 € — 96
- Chablis Premier Cru Montmains 2019 — Épuisé - 35 € — 93
- Chablis Premier Cru Montée de Tonnerre 2019 — Épuisé - 47 € — 94
- Chablis Premier Cru Vosgros 2019 — Épuisé - 30 € — 94
- Petit Chablis 2019 — Épuisé - 16 € — 90

Le coup de ♥

- Chablis Premier Cru Vaulorent 2019 — Épuisé - 40 € — 95

Blanc : 26 hectares.
Production moyenne : 180 000 bt/an

DOMAINE JEAN-PAUL ET BENOÎT DROIN
14 bis, rue Jean-Jaurès, 89800 Chablis
03 86 42 16 78 • www.jeanpaulbenoit-droin.fr • Pas de visites.
Propriétaire : Benoît Droin

★★★ DOMAINE RAVENEAU

Alors que la technologie submergeait le vignoble chablisien, les frères Bernard et Jean-Marie Raveneau étaient les seuls, avec les Dauvissat, à rester fidèles aux vendanges manuelles, à l'élevage en fût, aux rendements contrôlés et à une maturité réelle des raisins. Désormais à leur apogée, les vins élaborés dans les années 1980 et 1990 dominent largement le reste de la production. De manière constante, ils associent la minéralité du terroir aux notes de miel de la grande maturité, le tout enrobé par l'élevage en fût, d'où un style unique qui leur assure un large succès international. Même si la concurrence dans la perfection s'avive, les vins du domaine conservent un caractère incomparable lorsqu'on sait les attendre quinze à vingt ans. Isabelle, la fille de Bernard, et son cousin Maxime sont arrivés au domaine et reprennent le flambeau. Le domaine n'a plus de vins à vendre, on dégustera donc les vieux Raveneau au restaurant (les plus grandes tables en proposent toujours) pour savoir ce qu'est la quintessence d'un grand chablis à son apogée.

Les vins : volume gourmand, matière droite et énergique dans le chablis, prolongé d'une finale saline. Nez intense qui évoque la chlorophylle, précision, amplitude de chair et matière déliée mais ferme en finale caractérisent Forêt. Notes florales et de tilleul, matière sphérique et charnue dans Montmains, déjà aimable et expressif, intense et persistant. Joufflu, puissant et solaire, Vaillons offre une touche légèrement exotique : il se mettra tranquillement en place. Séducteur, finement épicé, Butteaux associe volume et tension, généreux dans ses belles dimensions : très équilibré et doté d'une jolie mâche en finale. Le raffiné Montée de Tonnerre, doté d'une large assise, allie profondeur et tension et intensité sapide. Subtile note de cumin dans Blanchot, vin ciselé à l'admirable densité de texture. Très profond, carré mais svelte, il s'illustre par une magnifique finale fraîche et solaire à la fois. Avec sa touche iodée, Valmur possède une évidente réserve. Charnue et salivante, sa chair allie délicatesse et puissance contenue. Vin complet à l'étoffe considérable, Les Clos présente une formidable profusion de saveurs, et un nez si pénétrant de miel d'acacia et vétiver. Seigneurial, racé, il traversera les âges.

- Chablis 2019 — N.C. — 92
- Chablis Grand Cru Les Clos 2019 — N.C. — 99
- Chablis Grand Cru Vaillons 2019 — N.C. — 94
- Chablis Grand Cru Valmur 2019 — N.C. — 97
- Chablis Premier Cru Butteaux 2019 — N.C. — 95
- Chablis Premier Cru Forêt 2019 — N.C. — 93
- Chablis Premier Cru Montmains 2019 — N.C. — 94
- Chablis Premier Cru Montée de Tonnerre 2019 — N.C. — 96

Le coup de ♥

- Chablis Grand Cru Blanchot 2019 — N.C. — 99

Blanc : 9,5 hectares. Chardonnay 100 %
Production moyenne : 50 000 bt/an

DOMAINE RAVENEAU
9, rue de Chichée, 89800 Chablis
03 86 42 17 46 • Pas de visites.
Propriétaire : Jean-Marie et Bernard Raveneau

★★ DOMAINE JEAN-CLAUDE ET ROMAIN BESSIN

Désormais rejoint par son fils Romain, avec lequel il convertit progressivement le vignoble à la biodynamie, Jean-Claude Bessin a vinifié son premier millésime en 1992. Une approche peu interventionniste, des fermentations en levures indigènes et de longs élevages sur lies ont peu à peu permis aux vins de gagner en densité et en chair, tout en restant d'une minéralité remarquable. La gamme est courte mais sans faille dès la cuvée de chablis Vieilles Vignes. En premier cru, Fourchaume La Pièce au Comte, qui n'est pas produit chaque année, est l'une des meilleures sélections de ce terroir, et se bonifie avec finesse pendant dix ans. Quant au Valmur, il a atteint le niveau des meilleurs.

Les vins : vigueur et intensité dans Vieilles Vignes, finement salin, doté d'une trame ferme et très riche en extrait sec. Saveurs discrètes de fruits jaunes et de pêche blanche dans Montmains, sphérique et digeste. Plus frais et mentholé, La Forêt allie intensité et mâche subtile, encore sur la réserve. Matière vigoureuse, franche et très énergique dans Fourchaume, sans la moindre lourdeur. Plus profond et intense, La Pièce au Comte est une véritable boule de nerf de fruit mûr, tout en apesanteur et justesse de caractère. Délicatement iodé, tout en nuances, Valmur offre une considérable énergie contenue, libérant éclat et vibration en finale.

⊂⊃ Chablis Grand Cru Valmur 2019	36 €	96
⊂⊃ Chablis Premier Cru Fourchaume 2019	25 €	94
⊂⊃ Chablis Premier Cru La Forêt 2019	25 €	93
⊂⊃ Chablis Premier Cru Montmains 2019	25 €	93
⊂⊃ Chablis Vieilles Vignes 2019	17 €	92

Le coup de ♥

⊂⊃ Chablis Premier Cru Fourchaume La Pièce au Comte 2019	27 €	95

Blanc : 12,3 hectares.
Production moyenne : 45 000 bt/an

DOMAINE JEAN-CLAUDE ET ROMAIN BESSIN
5, vallée des rosiers La Chapelle Vaupelteigne 89800 Chablis
03 86 42 46 77 • dnejcbessin@gmail.com •
Vente et visites : sur RDV.
Propriétaire : Evelyne Tremblay
Directeur : Romain Bessin

★★ SAMUEL BILLAUD

Le millésime 2009 a été le premier commercialisé par Samuel Billaud, viticulteur bien connu des amateurs de Chablis, puisqu'on lui doit les vinifications des grandes années du domaine Billaud-Simon, où il a longtemps officié. Fin connaisseur des nuances du chardonnay chablisien, Samuel a monté sa propre maison en achats de vin (2009) puis en achats de raisins (2010). À partir de 2014, 4 hectares sont exploités en propre (trois premiers crus, Vaudésir et Les Clos), permettant la constitution d'une gamme fort complète (cinq premiers crus, six grands crus), dont la qualité éclate pleinement à partir de 2015. Nous ne tarissons pas d'éloges sur la fraîcheur, la précision et l'éclat des vins.

Les vins : bouche large et tendue, très fraîche dans le chablis. Matière nuancée, savoureuse, citronnée et salivante dans le très précis Les Fourneaux. Mûr et ample, très ciselé, Vaillons offre un visage épuré du cru, avec une trame encore un peu stricte mais beaucoup de profondeur et d'éclat. Notes de buis et de coriandre dans Séchet, vin très droit et ferme à la lancinante intensité de saveurs. Nez de pierre ponce et de caillou dans Mont de Milieu : sa trame ciselée et épurée présente une formidable fraîcheur et allonge le vin à l'extrême, avec une finesse admirable. Montée de Tonnerre présente des saveurs de réglisse et de caillou très nerveuses et aiguisées. Sa précision quasi-chirurgicale de saveurs s'avère bluffante. Agrumes et fleurs blanches dans Vaudésir, racé et fuselé, qui monte en puissance à l'air avec une finale vibrante. Beaucoup de délicatesse dans l'aromatique et la texture du Valmur, profond et voluptueux, qui se déploie en une matière un peu crémeuse et libère en finale un souffle hors du commun : extrait sec, vigueur et tonus irradient la finale. Très pur, Les Preuses se présente effilé mais très ferme, avec une vigueur solaire contenue, un boisé en filigrane et une allonge souveraine. Tout en volume et de richesse, le puissant et lumineux Les Clos livre des saveurs très concentrées. Sa finale tonique recèle énormément d'extraits secs.

⊂⊃ Chablis 2019	15 €	91
⊂⊃ Chablis Grand Cru Les Clos 2019	58 €	97
⊂⊃ Chablis Grand Cru Les Preuses 2019	58 €	97
⊂⊃ Chablis Grand Cru Valmur 2019	58 €	96
⊂⊃ Chablis Grand Cru Vaudésir 2019	58 €	95
⊂⊃ Chablis Premier Cru Les Fourneaux 2019	27 €	92
⊂⊃ Chablis Premier Cru Montée de Tonnerre 2019	35 €	95
⊂⊃ Chablis Premier Cru Séchet Vieilles Vignes 2019	35 €	93

- Chablis Premier Cru les Vaillons Vieilles Vignes 2019 — 27 € — 94

Le coup de ♥

- Chablis Premier Cru Mont de Milieu 2019 — 35 € — 94

Blanc : 4 hectares. Chardonnay 100 %
Achat de raisins.
Production moyenne : 90 000 bt/an

SAMUEL BILLAUD
8, boulevard Tacussel, 89800 Chablis
03 86 31 06 75 • samuel-billaud.com • Vente et visites : sur RDV.
Propriétaire : Samuel Billaud

★★ DOMAINE BILLAUD-SIMON

Ce domaine familial implanté à Chablis depuis 1815 a changé de main en 2014, passant dans le giron de la maison Faiveley, qui a ainsi agrandi son patrimoine, déjà riche de 20 hectares des plus beaux terroirs chablisiens, avec quatre grands crus : Les Clos, Les Preuses, Vaudésir et Les Blanchots ; quatre premiers crus : Montée de Tonnerre, Mont-de-Milieu, Fourchaume et Vaillons, ainsi que des chablis et petits chablis. Olivier Bailly a été nommé régisseur en 2014, et a rapidement affiné la gestion des élevages. À partir de 2016, le retour de la grande qualité est manifeste, et cette adresse est aujourd'hui une des plus sûres de Chablis.

Les vins : le simple chablis frappe par sa densité de texture et sa justesse. Plus ferme et retenu, Tête d'Or possède une excellente constitution et une allonge aux savoureuses notes d'agrumes. Touche de fleurs séchées dans l'excellent Les Vaillons, crémeux et frais, classique et charmeur. Profond, énergique et lancinant, Mont de Milieu est très complet. Il associe à merveille gourmandise de fruit et fermeté. Inspiré et subtil, Montée de Tonnerre allie droiture et justesse de saveurs : il faudra l'oublier en cave. Profil effilé et très pur du Vaudésir, raffiné et voluptueux, promis à un brillant avenir. Distingué, Les Blanchots promène sa fine austérité et une note de cannelle parmi des saveurs crayeuses. Solaire, la finale est aussi resplendissante que persistante. Les Preuses évoque l'iode et le foin, et vibre d'une intensité particulière : nous admirons sa résonance et l'éclat singulier qu'il diffuse longtemps en bouche.

- Chablis 2019 — 15 € — 91
- Chablis Grand Cru Les Blanchots 2019 — 80 € — 97
- Chablis Grand Cru Vaudésir 2019 — 65 € — 96
- Chablis Premier Cru Les Vaillons 2019 — 25 € — 93
- Chablis Premier Cru Mont de Milieu 2019 — 30 € — 94
- Chablis Premier Cru Montée de Tonnerre 2019 — 35 € — 95
- Chablis Tête d'Or 2019 — 20 € — 92

Le coup de ♥

- Chablis Grand Cru Les Preuses 2019 — 65 € — 97

Blanc : 17 hectares.

DOMAINE BILLAUD-SIMON
1, quai de Reugny, 89800 Chablis
03 86 42 10 33 • www.billaud-simon.com • Visites : sur RDV aux professionnels.
Propriétaire : Famille Faiveley
Directeur : Olivier Bailly (Régisseur)

★★ ↗ ALICE ET OLIVIER DE MOOR

Situé dans le village de Courgis, ce couple de vignerons très attachant a planté dès 1989 la plupart de ses vignes (certifiées bio). Le premier vrai millésime date de 1995. Un travail des sols minutieux et une approche au plus près de l'expression des terroirs se reflètent dans toutes les cuvées, d'une rare transparence de saveurs. Les aligotés libèrent une sapidité précieuse dans des jus dignes de crus. Leur version du sauvignon de Saint-Bris est tout aussi personnelle, souvent déclassée pour cause de sucres résiduels. Le domaine s'agrandit en 2017 de 2 hectares de Chablis premier cru, en Mont de Milieu et Vau de Vey. La pureté, le naturel et l'intensité des vins méritent cette année l'obtention de la seconde étoile.

Les vins : profil généreux, saveurs de fruits jaunes et de noyau dans l'aligoté. Idéalement gourmand, il reste désaltérant. La version 1902 est un des plus beaux aligotés que nous connaissons. Chair épurée et nerveuse, saveurs scintillantes et millimétrées, matière ferme mais raffinée : un vin élancé, essentiel et magistral. L'Humeur du Temps s'exprime avec justesse et sobriété. Sa chair large et intègre chemine au long d'une trame acide aux saveurs d'umami. Profil limpide et pénétrant dans Clardy et Rosette, dont les saveurs brillantes diffusent une énergie contagieuse qui s'accommode parfaitement de la maturité du raisin. Intègre, lumineux et friand, Vau de Vey voit ses notes de zestes d'agrumes prolonger la dimension salivante. Mont de Milieu, plus salin et éclatant, rayonne d'une myriade de saveurs limpides et crayeuses. Le sauvignon

Sans Bruit est d'équilibre demi-sec, inclassable avec ses notes de végétal mûr et l'onctuosité de son fruit solaire. À laisser vieillir !

Bourgogne Aligoté 2019	18 €	92
Chablis Clardy et Rosette 2019	40 €	94
Chablis L'Humeur du Temps 2019	30 €	93
Chablis Premier Cru Mont de Milieu 2019	60 €	94
Chablis Premier Cru Vau de Vey 2019	60 €	93
VDF Sans Bruit 2019	28 €	93

Le coup de ♥

Bourgogne Aligoté Plantation 1902 2019	27 €	94

Blanc : 10 hectares.
Production moyenne : 45 000 bt/an

ALICE ET OLIVIER DE MOOR ♣

17, rue Jacques-Ferrand, 89800 Courgis
03 86 41 47 94 • www.aetodemoor.fr • Pas de visites.
Propriétaire : Alice et Olivier De Moor

★★ ↗ DOMAINE WILLIAM FÈVRE

Propriété du groupe Henriot, ce domaine est le plus gros propriétaire en grands crus de Chablis, avec plus de quinze hectares. Son vaste vignoble et sa palette de grands terroirs sont valorisés par une organisation méticuleuse : labour des sols, vendanges manuelles à date optimale, régulation des rendements. Passionné par ses vignes, Didier Seguier, à la tête du domaine depuis 1998, produit ainsi des chablis purs, très bien définis et nets, avec un travail en bio (certification en cours), voire en biodynamie pour les premiers et grands crus. À l'exception du petit chablis, vinifications et élevages sont habilement répartis pour chaque cuvée entre fût – jamais neuf – et cuve inox. Refusant toute signature, le style séduit par le respect du terroir et l'expression de la minéralité, mieux préservés depuis que le domaine a progressivement passé entre 2005 et 2010 toute la gamme en bouchons Diam's. Une visite approfondie nous a convaincu de la justesse du travail mis en œuvre par cette adresse de référence, qui retrouve cette année sa seconde étoile.

Les vins : droit et nerveux, le chablis est mûr mais contenu, alliant fraîcheur et maturité. Concentré, large et frais, Les Lys provient d'un terroir tardif : sa finale se mâche avec persistance. Au nez très précis, Mont de Milieu est structuré et élancé, sans aucun gras, tout en tonus. Avec son marqueur de coquille d'huître, Montée de Tonnerre est iodé, tout en tension, complet et profond. Le sol marneux apporte de la densité et de la salinité au Vaulorent, qui allie fraîcheur, envergure et structure impressionnante. Finesse aromatique, nez de bergamote dans Bougros, à la transparence de saveurs millimétrée mais déjà très accessible et raffiné. Nez d'algues et de végétal mûr, grande maturité dans le baroque et concentré Valmur, presque visqueux dans sa texture. Tonalité plus pointue dans Les Preuses, tout en finesse, subtilité et élégance : scintillant dans l'éclat de son fruit nuancé. Sa finale racée s'agrémente de grands amers mentholés et frais. Véritable boule d'énergie solaire, Côte des Bouguerots est resté frais, ancré dans le caillou avec beaucoup d'extrait sec. Son éclat, son allonge lancinante, son intensité de saveurs sont phénoménales. Bouche généreuse et extravertie dans Les Clos, aux saveurs intenses et éclatantes. Cadré, profilé et agile, il allie puissance et vigueur en une harmonie à l'allonge interminable.

Chablis 2019	N.C.	91
Chablis Grand Cru Bougros 2019	N.C.	95
Chablis Grand Cru Bougros Côte de Bouguerots 2019	N.C.	98
Chablis Grand Cru Les Clos 2019	N.C.	98
Chablis Grand Cru Les Preuses 2019	N.C.	97
Chablis Grand Cru Valmur 2019	N.C.	96
Chablis Premier Cru Les Lys 2019	N.C.	93
Chablis Premier Cru Mont de Milieu 2019	N.C.	94
Chablis Premier Cru Montée de Tonnerre 2019	N.C.	95

Le coup de ♥

Chablis Premier Cru Vaulorent 2019	N.C.	95

Blanc : 77 hectares. Chardonnay 100 %

DOMAINE WILLIAM FÈVRE

21, avenue d'Oberwesel, 89800 Chablis

03 86 98 98 98 • www.williamfevre.com • Vente et visites : sur RDV.

Propriétaire : Groupe Henriot

Directeur : Richard Moreau

Maître de chai : Didier Seguier

★★ DOMAINE JEAN-HUGUES ET GUILHEM GOISOT

Depuis de nombreuses années, Ghislaine et Jean-Hugues Goisot, et désormais leur fils Guilhem, nous impressionnent par la qualité de leur production d'une régularité sans faille. Ils travaillent avec une telle exigence que ces cuvées d'appellations modestes atteignent une qualité très élevée. Pour y parvenir, un travail sans relâche permet d'obtenir de grands raisins (certifiés en biodynamie), vinifiés ensuite avec soin. Les beaux terroirs crayeux des Côtes d'Auxerre conviennent aussi bien au sauvignon (saint-bris) qu'au chardonnay ; par leur tenue et leur intensité, la plupart des vins méritent d'être cités en exemple. Très soignés et purs, certains blancs ont besoin de temps pour se révéler pleinement. Les rouges, en revanche, sont remarquables et n'ont jamais été aussi réussis et accessibles.

Les vins : tout en relief sapide et maturité contenue, l'aligoté est excellent, empreint d'une fine amertume. Les quatre blancs des Côtes d'Auxerre brillent : Corps de Garde pour sa sobriété de saveurs et son amplitude, Gondonne par sa chair épicée (muscade et poivre blanc), Gueules de Loup un peu plus exotique mais très frais, et Biaumont le plus fin, dense et énergique. Les saint-bris évitent tout caractère variétal, notre préférence va à Ronce, charmeur et délié, resté très frais. Admirables rouges, Corps de Garde intense, assez froid et tendu, encore strict en finale, grande finesse aromatique dans Le Court Vit, aux notes de framboise et à la chair affriolante. Notes de ronces et de baies dans l'admirable La Ronce, un pinot infusé à la texture élancée, parsemé de notes d'agrumes, très calibré et intègre dans son expression.

- Bourgogne Aligoté 2019 — 12 € — 91
- Bourgogne Côtes d'Auxerre Gueules de Loup 2019 — 20 € — 93
- Bourgogne Côtes d'Auxerre Biaumont 2019 — 20 € — 93
- Bourgogne Côtes d'Auxerre Corps de Garde 2019 — 16 € — 91
- Bourgogne Côtes d'Auxerre Gondonne 2019 — 20 € — 92
- Saint-Bris Corps de Garde 2019 — 16 € — 91
- Saint-Bris La Ronce 2019 — 20 € — 92
- Bourgogne Côtes d'Auxerre Le Court Vit 2019 — 24 € — 93
- Bourgogne Côtes d'Auxerre Corps de Garde 2019 — 16 € — 92

Le coup de ♥

- Bourgogne Côtes d'Auxerre Ronce 2019 — 24 € — 95

Rouge : 7,04 hectares.
Blanc : 19,58 hectares.
Production moyenne : 150 000 bt/an

DOMAINE JEAN-HUGUES ET GUILHEM GOISOT ♣
30, rue Bienvenu-Martin,
89530 Saint-Bris-le-Vineux
03 86 53 35 15 • www.goisot.com • Vente et visites : sur RDV.
Propriétaire : Guilhem Goisot

★★ DOMAINE LAROCHE

La maison de négoce ainsi que le domaine Laroche et son patrimoine exceptionnel de vignes appartiennent depuis 2009 au groupe AdVini. Grâce à une équipe technique compétente, menée par l'œnologue Grégory Viennois, le style s'est épuré, avec des élevages plus subtils pour des vins qui progressent en pureté d'expression, moins gras et opulents que par le passé. Des raisins justement mûrs sont ici vinifiés en barrique, sans jamais serrer ni maquiller les vins. L'expression des terroirs est très lisible, le style précoce ne se fait pas pour autant flatteur : une adresse en pleine forme.

Les vins : Saint-Martin est un peu enjôleur. Fraîcheur citronnée dans Vieille Voye, à la vivacité saline. Les Vaillons est épanoui et droit, à l'allonge crayeuse, appétente. Vaudevey a de belles dimensions et un profil aiguisé et frais. Fourchaumes a de l'énergie à revendre, une matière nerveuse et fraîche, assez épurée pour le cru. Élancé, vibrant, Côte de Léchet va chercher dans la craie des nuances iodées et de fins amers : son allonge est impressionnante. Plus simple, Montée de Tonnerre est un peu vanillé en finale. Finesse florale et saveurs pénétrantes dans Les Bouguerots, qui brille d'un éclat singulier. Subtiles notes épicées au nez des Blanchots, racé et solaire, dont la fraîcheur s'ouvre sur une finale large et majestueuse. Introverti, Les Clos assoit son envergure sur un large socle calcaire : la patience est requise.

- Chablis Grand Cru Les Blanchots 2019 — 65 € — 96
- Chablis Grand Cru Les Bouguerots 2019 — 60 € — 95
- Chablis Grand Cru Les Clos 2019 — 75 € — 96
- Chablis Premier Cru Les Fourchaumes Vieilles Vignes 2019 — 37 € — 93

Chablis Premier Cru Les Vaillons Vieilles Vignes 2019 32 € 92

Chablis Premier Cru Les Vaudevey 2019 32 € 93

Chablis Premier Cru Montée de Tonnerre 2019 37 € 91

Chablis Saint-Martin 2020 18 € 89

Chablis Vieille Voye 2019 22 € 92

Le coup de ♥

Chablis Premier Cru Côte de Léchet 2019 32 € 94

Blanc : 90 hectares.

DOMAINE LAROCHE
22, rue Louis-Bro, 89800 Chablis
03 86 42 89 28 • www.larochewines.com/fr
• Vente et visites : sur RDV.
Propriétaire : AdVini
Directeur : Thierry Bellicaud
Maître de chai : Stéphane Barras
Œnologue : Grégory Viennois

★★ DOMAINE MOREAU-NAUDET

Virginie Moreau a courageusement pris la suite de son mari Stéphane, décédé en 2016, aux commandes de la propriété familiale, et s'attache à poursuivre la ligne de conduite à l'œuvre. Avec un travail soigné à la vigne et des filtrations légères, les vins s'affirment dans leur caractère, en profondeur et salinité. Le domaine s'est désormais calé sur des élevages particulièrement longs pour Chablis, de 18 à 22 mois, avec une proportion maximum d'un tiers de fût sur les premiers et grands crus, et uniquement en cuve inox pour petit chablis et chablis : jamais le chardonnay local, récolté à juste maturité, ne s'en trouve alourdi ou aromatisé. Il s'épanouit au contraire dans des blancs savoureux, jamais démonstratifs mais parfaitement digestes, qui vieillissent fort bien et que nous recommandons sans réserve !

Les vins : juteux, finement exotique, le petit-chablis nous séduit. Expressif et intense, le simple chablis est brillant et consensuel. Profil mûr et joufflu dans Caractère, à la trame plus serrée, qui mérite un peu de temps pour s'exprimer. Charnu et ferme, structuré par de beaux amers, Vaillons est savoureux et plein. Nuancé et salin, Forêts affirme sa fraîcheur, avec des saveurs d'agrumes et du tonus en finale. Délicatesse d'arômes et tonalités florales dans Montmains, dont la finesse et l'intensité se combinent en une finale revigorante. Marqué par des notes de chlorophylle, Montée de Tonnerre surprend par l'alliance de sa rigueur de définition et l'amabilité de sa chair épanouie et mûre. Matière presque crémeuse, déliée et tendre en attaque, dans Valmur qui montre vite sont intensité et sa profondeur de saveurs. Intègre et revigorant, il déploie son envergure et vibre en finale avec une rare tonicité.

Chablis Caractère 2019 24,10 € 93

Chablis Grand Cru Valmur 2019 64,90 € 96

Chablis Premier Cru Forêts 2019 35,60 € 94

Chablis Premier Cru Montmains 2019 35,60 € 94

Chablis Premier Cru Montée de Tonnerre 2019 45,50 € 94

Chablis Premier Cru Vaillons 2019 35,60 € 93

Petit Chablis 2019 15,40 € 91

Le coup de ♥

Chablis 2019 19,80 € 93

Blanc : 25 hectares.
Production moyenne : 100 000 bt/an

DOMAINE MOREAU-NAUDET
4, chemin de la Vallée de Valvan, 89800 Chablis
03 86 42 14 83 •
moreau.naudet@wanadoo.fr • Pas de visites.
Propriétaire : Virginie Moreau

★★ DOMAINE PATTES LOUP

Installé à Courgis, Thomas Pico travaille depuis 2004 des vignes qu'il a immédiatement converties en agriculture biologique. Le domaine s'est progressivement agrandi et Thomas a désormais également la charge de la propriété familiale (Domaine de Bois d'Yver), dont sont issues ses vignes. Il refuse la machine à vendanger, s'impose le travail intégral des parcelles, situées sur la rive gauche du Serein (quatre premiers crus), et limite les rendements, lorsque ce n'est pas la nature qui s'en charge comme en 2015, 2016 et 2017... Vinifications en levures indigènes, construction d'un nouveau chai en 2014 : les vins ont progressé rapidement. Les derniers millésimes brillent d'un éclat singulier, avec des durées d'élevages prolongées.

Les vins : ils offrent des équilibres bluffants avec des niveaux de soufre minimes. Vent d'Ange a connu 30 mois d'élevage : nez de poire et d'orge frais dans ce vin étincelant, caressant et plein d'une saine vitalité. Le caractère solaire du millésime est admirablement intégré et renforce la constitution du vin. Matière plus charnue mais réservée dans Vaillons, superbe de rectitude et de justesse de saveurs, qui mérite quelques années de cave : sa tension saline laisse la bouche fraîche et parfumée. Subtil et citronné, Côte de Jouan se fait plus élancé, adossé à une finale lancinante. Un vin rayonnant, à la pureté éblouissante. Complexe, Butteaux diffuse une énergie contagieuse mais apaisée, regorgeant de saveurs de fruits blancs et jaunes : un régal !

- Chablis Premier Cru Butteaux 2017 — 52 € — 95
- Chablis Premier Cru Côte de Jouan 2018 — 45 € — 95
- Chablis Premier Cru Vaillons 2018 — 45 € — 94

Le coup de ♥

- Chablis Vent d'Ange 2018 — 27 € — 93

Blanc : 22 hectares. Chardonnay 100 %
Achat de raisins.
Production moyenne : 70 000 bt/an

DOMAINE PATTES LOUP ♣

2, grande rue Nicolas-Droin, 89800 Courgis
03 86 41 46 38 • www.pattes-loup.com •
Vente et visites : sur RDV.
Propriétaire : Thomas Pico

★ CHÂTEAU DE BÉRU

Après une vie parisienne dans la finance, Athénaïs de Béru a repris en 2006 les 15 hectares de vignes de la propriété familiale, rapidement convertie en bio puis, dès 2010, en biodynamie. Énergique, déterminée, elle revient aux travaux des sols, vendange exclusivement à la main, élève longuement – deux hivers – en foudre, barrique et amphore. Nourrissants, les derniers vins (y compris les quelques cuvées issues d'achats de raisins, dans la gamme Athénaïs) possèdent un éclat, une vigueur de constitution, une exigence de maturité et d'intégrité du fruit hors du commun. La précision et la maîtrise technique désormais atteintes, avec des vinifications quasiment sans soufre, devrait encore faire progresser le domaine dans les étoiles.

Les vins : nez très raffiné, floral, notes de roses dans Épineuil, suave et subtil, tout en fraîcheur et éclat de fruit, finement infusé. Quel régal ! Trois semaines de macération pour le rosé de pinot gris, aux notes de fumé et de silex, vin suave et rond, tout en gourmandise et fraîcheur, sincère et généreux, porté par une belle acidité. Matière riche et dense dans l'aligoté, plein de fruits jaunes juteux, bien mûr et marqué par sa trame calcaire. Prometteur, posé, le chablis Terroirs de Béru déploie une matière citronnée. Envergure et moelleux, volume impressionnant dans le profond Montserre, dont la matière première regorge d'énergie. La trame acide du Côte aux Prêtres tempère le côté solaire : élancé, pénétrant, il présente de la mâche en finale. Nez d'agrumes, superbe éclat de fruit, chair nerveuse, ample et tonique dans Orangerie, pur et intense, déjà expressif mais au vieillissement assuré. Avec son nez de bergamote, sa matière large et sereine, le Clos Béru Monopole, pur et éclatant, monte en puissance avec un volume hors du commun. Vin juteux, solaire, revigorant, il s'enracine dans un terroir frais qui l'illumine.

- Bourgogne Aligoté 2019 — 20 € (c) — 92
- Chablis Clos Béru Monopole 2018 — 60 € — 95
- Chablis Côte aux Prêtres 2019 — 30 € (c) — 94
- Chablis Montserre 2019 — 30 € (c) — 93
- Chablis Orangerie 2019 — 35 € (c) — 94
- Chablis Terroirs de Béru 2019 — 25 € (c) — 91
- Bourgogne Pinot Gris 2019 — 25 € (c) — 93
- Bourgogne Épineuil 2019 — 28 € (c) — 93

Blanc : 15 hectares.
Production moyenne : 65 000 bt/an

CHÂTEAU DE BÉRU ♣

32, Grande-Rue, 89700 Béru
03 86 75 90 43 • www.chateaudeberu.com •
Vente et visites : sur RDV.
Propriétaire : Athénaïs de Béru
Maître de chai : Ribe Gaëlle

★ LA CHABLISIENNE

Le plus important producteur de Chablis fait partie des meilleures coopératives de France, aussi habile commercialement qu'en matière d'œnologie. Parmi les nombreuses cuvées produites, il faut savoir faire le tri, mais tous les vins profitent aujourd'hui d'une parfaite maîtrise technique dans les pressurages et les élevages sur lies. Les nombreux premiers crus et grands crus de la gamme offrent désormais des expressions de terroir dignes de celles des bonnes caves indépendantes, avec une place particulière pour le célèbre grand cru Grenouilles, à ne pas boire trop jeune ! Les entrées de gamme ont bien progressé et ont perdu les notes de réduction qui les caractérisaient : La Chablisienne est en belle forme !

Les vins : assez simple, La Sereine présente un profil assez sec et corpulent. Supplément de fraîcheur et de nervosité dans Les Vénérables, à la texture assez dense. Parmi les premiers crus, retenons le convaincant Montmains, au nez floral, à la bouche mûre et charnue, avec du relief et de l'éclat. Fourchaume se montre plus large, assez vigoureux, avec un fond un peu menthol é. Envergure et profondeur de saveurs dans Mont de Milieu, dont la persistance s'enrichit de fins amers. Montée de Tonnerre, plus incisif, devra être oublié en cave. Grandes dimensions dans Les Clos, vin à la sève vigoureuse et à la finale vibrante. Énergique et complet, Grenouilles présente une superbe intensité de saveurs dans l'éclat préservé de son fruit : sa finale lancinante évoque la pierre chaude.

- Chablis Grand Cru Château Grenouilles 2018 — 50 € — 95
- Chablis Grand Cru Les Clos 2018 — 50 € — 94
- Chablis La Sereine 2018 — 13 € — 89
- Chablis Les Vénérables 2018 — 15 € — 90
- Chablis Premier Cru Côte de Léchet 2018 — 21,20 € — 91
- Chablis Premier Cru Fourchaume 2018 — 25,50 € — 92
- Chablis Premier Cru Les Lys 2018 — 21,20 € — 90
- Chablis Premier Cru Mont de Milieu 2018 — 25,50 € — 92
- Chablis Premier Cru Montmains 2018 — 19,90 € — 92
- Chablis Premier Cru Montée de Tonnerre 2018 — 25,50 € — 92

Blanc : 1 280 hectare.
Production moyenne : 1 bt/an

LA CHABLISIENNE ♣

8, boulevard Pasteur, BP 14, 89800 Chablis
03 86 42 89 89 • www.chablisienne.com •
Pas de visites.
Propriétaire : SCA La Chablisienne
Directeur : Damien Leclerc
Maître de chai : Cyril Gros
Œnologue : Vincent Bartement

★ DOMAINE COLINOT

Ce domaine sait apporter au pinot noir une couleur et une intensité de fruit inimitables, élevant la grande majorité des vins en cuves, sans apport de bois. Ces rouges sont dotés d'une grande aptitude au vieillissement, et intègrent souvent jusqu'à 10 % de césar, vieux cépage local, dans l'assemblage. Le rapport qualité-prix de l'ensemble, tout comme l'accueil au domaine, doivent être soulignés. Cette maison entretient mieux qu'aucune autre la flamme des grands terroirs d'Irancy, et multiplie les cuvées parcellaires : une adresse de référence pour découvrir les expressions de cette appellation très attachante.

Les vins : hormis Les Mazelots et Très Vieilles Vignes, plus secs et aux tanins très serrés, la gamme est de haut niveau : Les Cailles, mûr et réjouissant aux tanins robustes, Boudardes plus avenant, juteux et vif, Vieilles Vignes séveux et très persistant, Palotte plus froid, suave et infusé. Tendre en attaque, Côte de Moutier est assez ferme. Avec ses tanins réglissés et friands, la délicate Cuvée Soufflot est remarquable. Nous admirons les saveurs poudrées et l'éclat du fruit frais de Veaupessiot, floral, nuancé et croquant.

- Irancy Boudardes 2019 — 18 € — 92
- Irancy Cuvée Soufflot 2019 — 20 € — 93
- Irancy Côte du Moutier 2019 — 19 € — 92
- Irancy Les Cailles 2019 — 18 € — 92
- Irancy Les Mazelots 2019 — 19 € — 91
- Irancy Palotte 2019 — 20 € — 93
- Irancy Très Vieilles Vignes 2019 — 19 € — 90
- Irancy Vieilles Vignes 2019 — 18 € — 93

Le coup de ♥

- Irancy Veaupessiot 2019 — 18 € — 94

Rouge : 12 hectares.
Production moyenne : 60 000 bt/an

DOMAINE COLINOT

1, rue des Chariats, 89290 Irancy
03 86 42 33 25 • www.irancy-colinot.com •
Vente et visites : sur RDV.
Propriétaire : Anita et Jean-Pierre Colinot
Directeur : Anita Colinot

★ ↗ DOMAINE GÉRARD DUPLESSIS

Gérard Duplessis a pris la suite de son père en 1999, entamant en 2007 une conversion bio devenue effective en 2013. Ses vignes sont situées au cœur des meilleurs premiers crus de Chablis et donnent des vins rarement aimables dans leur prime jeunesse mais vieillissant remarquablement, pour atteindre vers huit-dix ans une superbe maturité. Le parti pris d'élevages longs (cuve, puis barrique et assemblages en cuve pendant au moins 18 mois) explique la capacité de garde des vins : Montée de Tonnerre, en particulier, se distingue. Une toute petite cuvée de Clos va encore plus loin en richesse de constitution et en possibilité de garde. Fort sagement, le domaine met régulièrement en vente des millésimes plus anciens, ce qui est rarissime à Chablis. La première étoile s'impose cette année.

Les vins : mûr et généreux, le chablis offre de la mâche et une belle tension. Son volume solaire ne présente aucune lourdeur, les amers de finale apportent de la fraîcheur. Riche et dense, adroitement profilé, Montée de Tonnerre est doté d'une bonne structure et de sève, construit pour la garde. Sa finale nerveuse et intense indique toute sa réserve. Montmains 2019 a progressé depuis l'an dernier, son envergure savoureuse s'appuie sur un fruit gourmand et un éclat énergique. Saveurs succulentes de poire au sirop dans le 2019, véritable boule de fruit mûr et croquant. Sa puissance est contenue et sa richesse de constitution admirable. Nez finement mentholé et floral dans Vaillons, qui offre des saveurs onctueuses et caressantes. Déjà très accessible, il séduit par l'envergure de son fruit charnu. Vin racé et pur à la trame ciselée, Les Clos présente beaucoup de nuances et de retenue. Patinée par l'élevage, sa matière complexe présente une note de chlorophylle.

- Chablis 2019 — 18 € — 91
- Chablis Grand Cru Les Clos 2019 — 56 € — 96
- Chablis Premier Cru Montmains 2018 — 26 € — 94
- Chablis Premier Cru Montée de Tonnerre 2019 — 28 € — 93
- Chablis Premier Cru Vaillons 2019 — 26 € — 93

Le coup de ♥

- Chablis Premier Cru Montmains 2019 — 26 € — 94

Blanc : 10 hectares.

Production moyenne : 40 000 bt/an

DOMAINE GÉRARD DUPLESSIS ♣

5, quai de Reugny, 89800 Chablis

03 86 42 10 35 • www.chablis-duplessis.com • Vente et visites : sur RDV.

Propriétaire : Lilian Duplessis

★ DOMAINE CORINNE ET JEAN-PIERRE GROSSOT

Le domaine Grossot brille d'abord par la qualité remarquable de ses chablis génériques. Ces derniers sont le plus souvent produits sur la rive droite du Serein, sur des pentes et des terroirs en tout point comparables à ceux d'illustres voisins classés en premier cru. Avis aux amateurs de chablis de terroir : pour ceux qui apprécient que le grain mûr du chardonnay roule longuement sur la langue, que de beaux amers évoluent vers des notes de craie sèche et fraîche après sept ou huit ans de bouteille, voici une gamme sincère et de bonne constitution. Le domaine est en cours de conversion bio.

Les vins : le chablis est précis et tendu mais La Part des Anges montre plus d'éclat et d'envergure, avec ses beaux amers citronnés. Côte de Troëmes s'appuie sur une acidité assez revigorante mais manque un peu de complexité. Froid et délicat, Vaucoupin et élégant mais austère. Générosité solaire dans Fourchaume, carré sans être massif. Joli nez de pêche dans Les Fourneaux, dont le profil très équilibré et nuancé se fait pointu en finale, porté par un souffle calcaire. Structuré par un boisé de qualité, Mont de Milieu se déploie avec douceur, volume et élan : il s'exprime avec naturel et raffinement.

- Chablis 2019 — 14,50 € — 90
- Chablis La Part des Anges 2019 — 17 € — 92
- Chablis Premier Cru Côte de Troëmes 2019 — 18,50 € — 91
- Chablis Premier Cru Fourchaume 2019 — 27 € — 91
- Chablis Premier Cru Mont de Milieu 2019 — 27 € — 93
- Chablis Premier Cru Vaucoupin 2019 — 20,50 € — 92

Le coup de ♥

- Chablis Premier Cru Les Fourneaux 2019 — 20,50 € — 93

Blanc : 17 hectares.
Production moyenne : 80 000 bt/an

DOMAINE CORINNE ET JEAN-PIERRE GROSSOT ♣

4, route de Mont-de-Milieu, 89800 Fleys
03 86 42 44 64 • www.chablis-grossot.com • Vente et visites : sur RDV.
Propriétaire : Corinne et Jean-Pierre Grossot

★ LE DOMAINE D'HENRI

Michel Laroche a cédé en 2010 ses activités à AdVini, mais il fait à nouveau l'actualité sur les rives du Serein : il épaule ses filles dans la relance, depuis 2012, d'un domaine familial bâti à partir des vignes de son père, Henri, préservées lors de la vente de son groupe. L'aînée, Cécile, supervise la vigne et Margaux, la cadette, fait ses armes au commerce. Une parcelle de 2 hectares de Fourchaume, dont les vignes les plus vénérables sont âgées de 80 ans, est destinée à la cuvée Héritage, d'une rare densité. Les premiers crus bénéficient d'élevages longs, respectant l'intégrité du fruit, et ont atteint un niveau qualitatif élevé.

Les vins : après l'excellent et frais petit-chablis, aux notes de thé matcha et à la belle douceur de texture, le chablis paraît un peu terne. Matière assez riche dans Saint Pierre, qui a conservé du tonus mais doit vieillir un peu pour mieux s'exprimer. Troesmes est un peu herbacé et juste en maturité. Plein, sphérique et très soigné, Fourchaume s'offre avec générosité, relevé par sa finale épicée. L'Homme Mort séduit par l'intégrité de ses saveurs de poire, vin profilé et très ferme destiné à être oublié en cave. Fourchaume Héritage impressionne par sa mâche et sa profondeur. Une fine note cendrée vient le titiller en finale.

- Chablis Premier Cru Fourchaume 2018 — 33 € — 93
- Chablis Premier Cru Fourchaume L'Homme Mort Vieilles Vignes 2018 — 39 € — 94
- Chablis Premier Cru Troesmes 2018 — 29 € — 90
- Chablis Saint Pierre 2018 — 23 € — 90
- Petit Chablis Les Allées du Vignoble 2019 — 16 € — 91

Le coup de ♥

- Chablis Premier Cru Fourchaume Héritage 2017 — 55 € — 95

Blanc : 23 hectares.
Production moyenne : 160 000 bt/an

LE DOMAINE D'HENRI
Route d'Auxerre, 89800 Chablis
03 86 40 65 17 • www.ledomainedhenri.fr • Vente et visites : sur RDV.
Propriétaire : Michel, Cécile et Margaux Laroche
Directeur : Michel Laroche
Maître de chai : Célia Hémard

★ DOMAINE CHRISTIAN MOREAU PÈRE ET FILS

Le fils de Christian Moreau, Fabien, œnologue, a pris les commandes de ce domaine bien implanté en grand cru, notamment sur Les Clos, dont une parcelle isolée pour la cuvée Clos des Hospices. Le vignoble est entretenu avec soin et vendangé manuellement. Les vinifications ont gagné en finesse et en précision. Le bois est utilisé partiellement, jamais à l'excès, ce qui préserve un fruit brillant et un velouté élégant dans le toucher de bouche. Saluons la régularité des vins sur les derniers millésimes.

Les vins : bon chablis d'entrée de gamme, tonique et droit. Gourmand et nerveux, Vaillon est un peu chaleureux, plus intense dans sa version Guy Moreau, séveux dans ses saveurs de végétal mûr. Matière caressante, presque onctueuse, dans Vaudésir, expressif et nourrissant. Noix de muscade et cannelle au nez du Blanchot, au profil svelte et anguleux, caractère plus tonique dans Valmur, qui synthétise force et raffinement en un vin assez extraverti et précoce. Grande complexité dans Les Clos, aux notes d'origan et de poire fraîche : pointilliste dans ses saveurs très précises, il se montre ciselé et très ferme. Retenue et délicatesse dans Les Clos des Hospices, dont la chair épanouie et suave sait enrober les aspérités du vin, avec un souffle solaire en finale.

- Chablis 2019 — 19 € — 90
- Chablis Grand Cru Blanchot 2019 — 52 € — 94
- Chablis Grand Cru Les Clos 2019 — 52 € — 95
- Chablis Grand Cru Les Clos des Hospices 2019 — 58 € — 95
- Chablis Grand Cru Vaudésir 2019 — 52 € — 93
- Chablis Premier Cru Vaillon 2019 — 32 € — 92
- Chablis Premier Cru Vaillon Guy Moreau 2019 — 40 € — 93

Le coup de ♥

- Chablis Grand Cru Valmur 2019 — 52 € — 94

Blanc : 11,8 hectares.
Production moyenne : 80 000 bt/an

DOMAINE CHRISTIAN MOREAU PÈRE ET FILS ♣
26, avenue d'Oberwesel, 89800 Chablis
03 86 42 86 34 • www.domainechristianmoreau.com • Vente et visites : sur RDV.
Propriétaire : Fabien Moreau

★ DOMAINE OLIVIER MORIN

Le petit vignoble de Chitry joue une musique à part dans le concert icaunais. Olivier Morin est actuellement le plus régulier des producteurs de cette appellation : il évite les herbicides, surveille ses rendements et cueille ses raisins à la main. Non-interventionnistes, les vinifications se déroulent en levures indigènes, sans correction d'acidité ni filtration, avec des essais sans sulfitage. Olivier Morin donne de la noblesse à de modestes bourgognes, avec une réussite longtemps plus évidente en blanc, mais la qualité des rouges (de pair avec leurs maturités) a beaucoup progressé.

Les vins : l'aligoté est mûr, croquant et nerveux. Gras et énergie cohabitent dans Constance blanc, extraverti et étoffé en finale. Supplément de fraîcheur dans le fruit mûr de la cuvée Olympe, mais sa bouche est un peu alourdie par le bois. Vivacité et fraîcheur de fruit dans le rouge Constance, nerveux et bien dessiné. Ses tanins se sont un peu durcis depuis l'an dernier, sans doute Vau du Puits rouge s'est-il refermé : le fruit juteux est toujours là en toile de fond. Nez de grenade et de cassis dans l'irancy, très harmonieux et abouti, dont les tanins affinés composent une trame ouvragée.

Bourgogne Aligoté 2020	11 €	91
Bourgogne Chitry Constance 2019	12 €	92
Bourgogne Chitry Olympe 2019	15 €	91
Bourgogne Chitry Constance 2019	12 €	91
Bourgogne Chitry Vau du Puits 2019	16 €	91

Le coup de ♥

Irancy 2019	16 €	93

Rouge : 3,75 hectares.
Blanc : 10,17 hectares.
Production moyenne : 80 000 bt/an

DOMAINE OLIVIER MORIN
2, chemin de Vaudu, 89530 Chitry
03 86 41 47 20 • www.olivier-morin.fr •
Vente et visites : sur RDV.
Propriétaire : Olivier Morin

★ ↗ LA SŒUR CADETTE

Valentin Montanet conduit en bio ce domaine de Vézelay, créé en 1987, dont le vignoble a été entretenu par ses parents, Jean et Christine. Les vinifications sont menées sans ajouts inutiles. Pas de levures, pas de chaptalisation, peu de sulfites... Élevés sur lies en cuve, parfois en fût, les vins sont droits, d'une franchise d'expression remarquable et fort réguliers. Chardonnay et pinot noir composent la majorité de l'encépagement, mais le melon est aussi présent, donnant un vin digeste et peu alcoolisé. Une petite gamme de vins de négoce du Beaujolais et du Mâconnais est également bien réussie. La qualité des vins, en progression constante, permet cette année l'obtention de la première étoile.

Les vins : maturité de fruit élevée dans le gourmand Melon, qui prend du relief et une mâche salivante. Finement acidulé, le bourgogne blanc allie vivacité et éclat du fruit mûr. Les vézelay sont excellents : Galerne bien mûr et généreux, La Châtelaine croquant et intense, avec un fruit frais et incisif, Les Saulniers plus ample et opulent, évoquant les fruits jaunes et l'amande fraîche, et Piecette vigoureux et lancinant, un peu plus marqué par le bois. Le chablis est sincère et soigné. Les deux rouges brillent par leur fraîcheur de fruit : Garance tonique et floral, Champs Cadet, tout en envergure veloutée de fruit épicé : l'intensité, la persistance et l'harmonie qui se dégagent de ce vin sont impressionnantes.

Bourgogne 2019	14 €	91
Chablis 2019	17,50 €	91
VDF Melon 2019	14 €	91
Vézelay Galerne 2019	16,50 €	91
Vézelay La Châtelaine 2019	16,50 €	92
Vézelay Piecette 2019	17,50 €	93
Bourgogne Champs Cadet 2019	Épuisé - 18 €	94
Bourgogne Garance 2019	18 €	93
Juliénas 2019	14,50 €	88

Le coup de ♥

Vézelay Les Saulniers 2019	17,50 €	93

Production moyenne : 120 000 bt/an

LA SŒUR CADETTE ♣
47, rue du Pont, 89450 Saint-Père
09 75 94 75 23 • www.lasoeurcadette.com •
Vente et visites : sur RDV.
Propriétaire : Valentin Montanet
Maître de chai : Nicolas Luquet

NOUVEAU DOMAINE

JEREMY ARNAUD

Jérémy Arnaud, jeune trentenaire installé dans le village de Viviers, a signé son premier millésime en 2017 en récupérant des vignes de son père. Travail des sols, enherbement, vendanges manuelles, levures indigènes, élevages longs : rien n'est laissé au hasard pour façonner des vins profonds et énergiques, pleins de vitalité, dont nous apprécions la consistance et la maîtrise. Les quantités sont hélas très limitées, mais la production devrait croître à l'avenir. Bienvenue dans notre guide.

Les vins : belle envergure et allonge dans le généreux Vau de Vey, qui ne manque pas de tonus : un peu appuyé sur son bois, il demande un peu de temps pour s'intégrer. Beaucoup de profondeur et d'étoffe dans Vau de Vey La Grande Chaume, mûr et vigoureux, qui a parfaitement géré son énergie solaire en de beaux amers structurants. Un vin précis, ambitieux, très en place.

- Chablis Premier Cru Vau de Vey 2019 — 32 € — 92

Le coup de ♥

- Chablis Premier Cru Vau de Vey La Grande Chaume 2018 — Épuisé - 35 € — 93

Rouge : 0,5 hectare.
Blanc : 3 hectares.
Production moyenne : 10 000 bt/an

JEREMY ARNAUD
5, Grande-Rue 89700 Viviers
06 95 95 09 33 • www.domainejeremyarnaud.com • Vente et visites : sur RDV.
Propriétaire : Jérémy Arnaud

NOUVEAU DOMAINE

DOMAINE JULIEN BROCARD

Fils de Jean-Marc Brocard, Julien Brocard a constitué son propre domaine, installé à Préhy, riche d'une gamme de chablis certifiée en biodynamie, qui vont du petit-chablis jusqu'au grand cru Les Preuses. Cette démarche sincère permet de proposer sept vins à la personnalité affirmée, vinifiés avec peu d'interventions dans une vaste cuverie équipée de grands foudres en bois. Nous suivons depuis plusieurs années cette production très qualitative, qui trouve cette année la place qui lui revient dans ce guide.

Les vins : profil mûr et élancé dans le petit-chablis, dont la franchise et la profondeur sont bien rares dans cette appellation trop négligée. Énergie et maturité gourmande dans La Boissonneuse, vin très complet, savoureux et profond, dont la persistance remarquable est digne d'un terroir plus huppé. Savoureux et précis, très équilibré en dépit d'une légère réduction, le tonique Vaudevey présente des notes légèrement racinaires et acidulées, avec une belle allonge. Saveurs minérales et aiguisées dans Côte de Léchet, au profil pénétrant et tendu, vin vertical et très bien constitué.

- Chablis La Boissonneuse 2019 — 18 € — 93
- Chablis Premier Cru Côte de Léchet 2019 — 31 € — 94
- Chablis Premier Cru Les Vaudevey 2019 — 30 € — 93
- Petit Chablis Les Plantes 2018 — 14,70 € — 91

Blanc : 22 hectares.
Production moyenne : 100 000 bt/an

DOMAINE JULIEN BROCARD ☾
3, route de Chablis, 89800 Prehy
0386414900 • l.brocard@brocard.fr • Vente et visites : sur RDV.
Propriétaire : Julien Brocard
Maître de chai : Pierre Brissy

NOUVEAU DOMAINE

DOMAINE JEAN COLLET ET FILS

Romain Collet est arrivé en 2009 dans ce dynamique domaine familial, à la vaste gamme de vins, dont une partie a été certifiée en bio en 2018. Fin dégustateur et fort d'expériences à l'étranger et dans d'autres vignobles français, il a su limiter les interventions tout en expérimentant, s'essayant à différents types d'élevage : certains vins sont ainsi vinifiés et élevés partiellement en amphores et en œufs béton. On trouvera ici des vins bien mûrs, qui reflètent fidèlement leurs terroirs. Nous accueillons avec plaisir ce domaine dans notre guide.

Les vins : précis et net, le chablis est un bon classique. Parmi les premiers crus, Montmains est sincère, mûr et soigné, Forêts se présente plus tendu, svelte et élancé. Profil plus charnu et éclatant dans le Butteaux, qui s'illustre par sa justesse de définition et une note de fruits jaunes. Note de fumé et de caillou dans Vaillons, vin ciselé et énergique, déjà très approchable. Sécher offre un nez subtil et d'un éclat plein de vitalité : les saveurs d'agrumes roulent sur la langue avec une très fine amertume en finale. Beaucoup d'intensité dans le Valmur, vin large et d'une grande franchise de saveurs, qui décline des saveurs crayeuses complexes. Nez de zeste d'agrumes et de beurre frais dans Les Clos, grand vin immature habilement construit, qui respecte la puissance du cru mais sait lui adjoindre finesse et élégance.

Chablis 2019	15 €	90
Chablis Grand Cru Les Clos 2019	55 €	94
Chablis Grand Cru Valmur 2019	50 €	94
Chablis Premier Cru Butteaux 2019	25 €	92
Chablis Premier Cru Les Forêts 2019	25 €	91
Chablis Premier Cru Mont de Milieu 2019	28 €	90
Chablis Premier Cru Montmains 2019	22,50 €	91
Chablis Premier Cru Montée de Tonnerre 2019	28 €	92
Chablis Premier Cru Vaillons 2019	25 €	92

Le coup de ♥

Chablis Premier Cru Sécher 2019	45 €	93

Blanc : 40 hectares.
Production moyenne : 200 000 bt/an

DOMAINE JEAN COLLET ET FILS ♣
15, avenue de la Liberté, 89800 Chablis
03 86 42 11 93 • domaine-collet.fr/ •
Visites : sans RDV.
Propriétaire : Collet Romain

DOMAINE BERNARD DEFAIX

Sylvain et Didier Defaix tiennent la barre du domaine familial de Milly, dont le vignoble est implanté sur la rive gauche du Serein. Leurs premiers crus, un peu moins connus que ceux de la rive droite, réservent de belles surprises dans les années chaudes, particulièrement sur le terroir de la Côte de Léchet. Grâce à des vinifications habiles et à des élevages sur lies en cuve, les vins gagnent en gras et se protègent contre l'oxydation. Les cuvées issues du négoce (premier cru Fourchaume et grands crus), plus communes, portent simplement la mention Bernard Defaix, mais s'avèrent très recommandables. Les entrées de gamme sont d'un remarquable rapport qualité-prix et les grands crus ont progressé : le domaine est en bonne forme.

Les vins : le petit-chablis et le chablis sont assez simples. Densité de chair et fine amertume salivante en finale dans Vieille Vigne. Assez tendre et épanoui, Les Lys présente un joli volume. Un peu herbacé en attaque, Vaillons a du répondant, une jolie persistance et une finale savoureuse. Profil tendu et citronné dans le Côte de Léchet, tonique et qui se resserre en finale. Plus extravertie, saline et intense, sa version Vieille Vigne est supérieure : assurément un vin de belle garde. Savoureux et ample, Vaudésir creuse l'écart avec de fines notes mentholées et une finale vibrante, presque juteuse en finale. Perception plus crayeuse dans Bougros, vin revigorant et sapide, qui brille par la persistance d'un éclat épicé en finale : un superbe vin !

Chablis 2019	18 €	89
Chablis Grand Cru Vaudésir 2019	52 €	94
Chablis Premier Cru Côte de Léchet 2019	29 €	91
Chablis Premier Cru Côte de Léchet Réserve 2019	31 €	93
Chablis Premier Cru Les Lys 2019	29 €	91
Chablis Premier Cru Les Vaillons 2019	29 €	91
Chablis Vieille Vigne 2019	20 €	91
Petit Chablis 2019	14 €	89

Le coup de ♥

Chablis Grand Cru Bougros 2019	52 €	95

Blanc : 27 hectares.
Production moyenne : 250 000 bt/an

DOMAINE BERNARD DEFAIX ♣
17, rue du Château, Milly, 89800 Chablis
03 86 42 40 75 • www.bernard-defaix.com •
Vente et visites : sur RDV.
Propriétaire : Sylvain et Didier Defaix

DOMAINE DE L'ENCLOS

Avec 29 hectares de vignes (certifiées en bio en 2018), ce domaine fondé en 2016 s'appuie sur le vignoble conservé par Romain et Damien Bouchard, les enfants de Pascal Bouchard, qui a vendu en 2015 son activité de négoce. Dans le parc d'une belle demeure de Chablis, un chai enterré a été construit pour accueillir des raisins vendangés à la main, vinifiés en levures indigènes et sans autre intrant qu'un peu de soufre après pressurage et à la mise. Avec 1,5 hectare en grands crus (Clos, Blanchot, Vaudésir), 8 hectares en premiers crus (dont Fourchaume, Mont de Milieu et Vau de Vey), et le reste en chablis et petit-chablis, cette adresse devient une valeur sûre de l'appellation. Les vins généreux et mûrs risquent de déconcerter les amateurs de chablis épurés, mais ils renouvellent le paysage local.

Les vins : le chablis est charnu et bien juteux. Sans soufre ajouté, À l'Ouest se fait précis et lumineux, avec un fruit énergique. Tendre et juteux, Beauroy s'offre sans retenue. Volume et fraîcheur dans Montmains, caressant et ample, déjà très accessible. Saveurs de fruits jaunes et d'agrumes dans Fourchaume, solaire et dense, très bien constitué. Plus floral et discret, Vau de Vey gagne en subtilité et allonge, dans l'épanouissement de son fruit salivant. Maturité du fruit plus poussée dans Mont de Milieu, plus lourd et moins bien défini. Encore réservé, Vaudésir déroule une chair mûre et épicée relevée de bons amers : vin persistant, frais et mentholé. Grain subtil et touche de cumin dans Blanchot, assez nerveux et profilé, encore un rien compact. Maturité plus poussée dans Les Clos, solaire et puissant, qu'on laissera s'affiner un peu.

Chablis 2019	16 €	90
Chablis Grand Cru Blanchot 2019	Épuisé - 49 €	93
Chablis Grand Cru Les Clos 2019	55 €	93
Chablis Premier Cru Beauroy 2019	21 €	91
Chablis Premier Cru La Fourchaume 2019	32 €	92
Chablis Premier Cru Mont de Milieu 2019	28 €	91
Chablis Premier Cru Montmains 2019	28 €	92
Chablis Premier Cru Vau de Vey 2019	25 €	93
Chablis À l'Ouest 2019	21 €	92

Le coup de ♥

Chablis Grand Cru Vaudésir 2019	49 €	94

Blanc : 29 hectares.

Production moyenne : 120 000 bt/an

DOMAINE DE L'ENCLOS ♣

1, rue du Puits, 89800 Chablis

03 86 48 29 17 • www.domainedelenclos.fr • Vente et visites : sur RDV.

Propriétaire : Romain et Damien Bouchard

DOMAINE GARNIER ET FILS

Installé à Ligny-le-Chatel, terre de chablis et petit chablis, le domaine est tenu par deux frères passionnés, Xavier et Jérôme Garnier. La gamme couvre toutes les géologies et toutes les appellations de Chablis. Les grands et premiers crus proviennent d'achat de raisin. Vinifiés en levures indigènes, les vins bénéficient d'élevages soignés en cuve ou en fût, et ne subissent pas de filtration avant la mise en bouteille. Une production cohérente de chablis d'un style généreux. Depuis 2016, les Garnier ont repris 6 hectares de vignes dans les Coteaux de Tannay, située dans la Nièvre, ce qui vient élargir la gamme du domaine.

Les vins : juteux et frais, le rouge d'Épineuil offre moelleux et gourmandise. Citronné, vif et croquant, Melon se montrera bien sympathique à l'apéritif. Parmi les chablis, Grains Dorés associe puissance solaire, fraîcheur et ampleur crayeuse. Assez juteux et vigoureux, Côte de Jouan possède beaucoup de fraîcheur. Précoce et moelleux, Montmains est appuyé sur son élevage. Supplément de finesse dans Mont de Milieu, plus profond et dense, ponctuée par une finale bien aiguisée : de loin le meilleur premier cru de la gamme. Équilibré, Vaudésir allie générosité et fraîcheur. Réservé et imposant, Les Clos possède beaucoup d'envergure, avec une densité de texture qui forme une mâche savoureuse en finale, sans aucune lourdeur.

Chablis 2019	19 €	89
Chablis Grains Dorés 2018	24 €	92
Chablis Grand Cru Les Clos 2018	65 €	94
Chablis Grand Cru Vaudésir 2018	61 €	93
Chablis Premier Cru Côte de Jouan 2019	27 €	92
Chablis Premier Cru Montmains 2019	28 €	92
IGP Coteaux de Tannay L'Instant Tannay Chardonnay 2019	10,50 €	89
VSIG L'Instant Tannay Melon 2019	10,50 €	89
Bourgogne Épineuil 2019	18 €	90

Le coup de ♥

Chablis Premier Cru Mont de Milieu 2019	28 €	93

Rouge : 1,2 hectare.

Blanc : 28,8 hectares.

Production moyenne : 180 000 bt/an

DOMAINE GARNIER ET FILS
Chemin de Méré, 89144 Ligny-le-Châtel
03 86 47 42 12 • www.chablis-garnier.com •
Pas de visites.
Propriétaire : Xavier et Jérôme Garnier

DOMAINE LONG-DEPAQUIT

Maison beaunoise bien connue, Albert Bichot est propriétaire à Chablis du domaine Long-Depaquit, établi sur une prestigieuse palette de crus, dont le grand cru La Moutonne en monopole, bénéficiant de l'exposition la plus solaire de l'appellation. Les vins expriment souvent une rondeur et une générosité qui les rendent accessibles jeunes. Si la gamme a progressé, l'expression des terroirs doit gagner en précision et pureté de saveurs, et trop de vins nous déçoivent, présentant des réductions insistantes.

Les vins : bon équilibre du chablis générique, droit mais resté un peu épais. La réduction sulfitique impacte fortement Les Lys et Les Vaillons. Profil élancé et svelte, assez froid dans Les Vaucoupins, à la finale étoffée. Saveurs anisées dans Les Blanchots, à la trame ciselée et raffinée. Densité de texture et vigueur solaire dans Les Vaudésirs, ponctué d'amers en finale. Plus ramassé, compact, Les Clos s'arc-boute pour l'instant sur son extrait sec. Matière serrée qui évoque le caillou dans La Moutonne, vin qui brillera dans vingt ans mais qui ne laisse entrevoir qu'un aperçu de ses possibilités. L'éclat crayeux de sa finale le hisse au-dessus de la mêlée.

- Chablis 2019 — 15,90 € — 89
- Chablis Grand Cru La Moutonne 2018 — 99 € — 95
- Chablis Grand Cru Les Blanchots 2018 — 44,50 € — 93
- Chablis Grand Cru Les Clos 2018 — 49,90 € — 93
- Chablis Grand Cru Les Vaudésirs 2018 — 51 € — 93
- Chablis Premier Cru Les Lys 2019 — 25,90 € — 87
- Chablis Premier Cru Les Vaillons 2019 — 25,90 € — 88
- Chablis Premier Cru Les Vaucopins 2019 — 27 € — 92

Blanc : 55 hectares.
Production moyenne : 450 000 bt/an

DOMAINE LONG-DEPAQUIT
45, rue Auxerroise, 89800 Chablis
03 86 42 11 13 • www.albert-bichot.com •
Vente et visites : sur RDV.
Propriétaire : Albéric Bichot
Directeur : Matthieu Mangenot

NOUVEAU DOMAINE

DOMAINE ALAIN MATHIAS

Tous deux œnologues, Bastien, le fils d'Alain Mathias, et son épouse Carole sont depuis 2015 à la tête de ce domaine basé à Épineuil et fondé au début des années 1980 et certifié bio depuis 2013. Semi-enterrée, la cave très fonctionnelle permet une excellente régulation thermique et des élevages longs, dix-huit mois en moyenne, dans différents contenants (inox, fûts, jarres en grès et terre cuite). Parcelle emblématique du domaine, la Côte de Grisey est plantée en chardonnay et pinot noir. Cette production de vins sincères et intègres, sans esbroufe, fait son entrée cette année dans le guide.

Les vins : tendus, précis et nerveux, le petit-chablis et le chablis sont bien en place. Vau de Vey, élevé en fûts et en jarres, est très soigné, avec envergure et maturité de chair. Légèrement fumé, le juteux bourgogne Tonnerre blanc est un régal de fruit franc et savoureux. L'épineuil 2018 est large et charnu, devancé par l'excellent Côte de Grisey 2019, au nez très friand de fruits des bois et de myrtilles, à la matière sapide et tonique. Un vin joyeux, très réjouissant et infusé.

- Bourgogne Tonnerre Côtes de Grisey 2019 — 17 € — 91
- Chablis 2019 — 15 € — 91
- Chablis Premier Cru Vau de Vey 2018 — 27 € — 92
- Petit Chablis 2019 — 11 € — 90
- Bourgogne Épineuil Tradition 2018 — 15 € — 91

Le coup de ♥

- Bourgogne Épineuil Côte de Grisey 2019 — 19 € — 93

Rouge : 5,7 hectares.
Blanc : 6,8 hectares.
Production moyenne : 50 000 bt/an

DOMAINE ALAIN MATHIAS ♣
Route de Troyes, D944 89700 Epineuil
03 86 54 43 90 •
www.domainealainmathias.com •
Visites : sans RDV.
Propriétaire : Bastien et Carole Mathias

DOMAINE LOUIS MICHEL ET FILS

Dirigé par Guillaume Michel, ce domaine fondé en 1850 s'est toujours fait le chantre des chablis premiers crus très purs et très nets, sans utilisation du bois. Discrets dans leur jeunesse, ces chardonnays sont bâtis pour évoluer de dix à vingt ans en bouteille. Le domaine développe un style de chardonnay assez direct dans l'expression du fruit. La certification bio est en cours.

Les vins : un peu épais, le simple chablis est assez robuste. Parmi les premiers crus, Séchets est fin mais un peu solaire, Montée de Tonnerre très strict et peu aimable. Montmain est assez ample, avec des notes salines et d'agrumes en finale. Saveurs de végétal mûr dans Forêts, tendre et d'accès précoce. Sphérique et nuancé, Butteaux est convaincant dans son envergure et sa profondeur, très persistant. Fruit mûr et énergique dans le Vaulorent, dont l'amplitude de saveurs le rapproche des grands crus, avec une belle finale ciselée et tonique. Trame élancée et précise dans Vaudésir, vin sapide et nuancé, ferme dans son assise. Étoffé et consistant, Grenouilles trace un sillon nerveux au cœur d'un fruit bien mûr.

- Chablis 2019 — 18 € — 89
- Chablis Grand Cru Grenouilles 2018 — 65 € — 94
- Chablis Grand Cru Vaudésir 2018 — 55 € — 93
- Chablis Premier Cru Butteaux Vieilles Vignes 2018 — 30 € — 93
- Chablis Premier Cru Forêts 2018 — 28 € — 91
- Chablis Premier Cru Montmain 2019 — 25 € — 91
- Chablis Premier Cru Montée de Tonnerre 2018 — 35 € — 91
- Chablis Premier Cru Séchets 2018 — 35 € — 91
- Chablis Premier Cru Vaillons 2019 — 35 € — 90

Le coup de ❤

- Chablis Premier Cru Vaulorent 2019 — 35 € — 93

Blanc : 25 hectares.

Production moyenne : 140 000 bt/an

DOMAINE LOUIS MICHEL ET FILS

9, boulevard de Ferrières, 89800 Chablis

03 86 42 88 55 • www.louismicheletfils.com

• Visites : sans RDV.

Propriétaire : Famille Michel

Directeur : Guillaume Michel

DOMAINE OUDIN

Ce domaine familial possède une vingtaine de parcelles sur la commune de Chichée, un secteur froid, très calcaire et caillouteux. Diplômée d'œnologie, Nathalie Oudin prend le relais en 2007, secondée depuis 2013 par sa sœur Isabelle. Le travail sérieux à la vigne bannit les désherbants et réduit au maximum les autres traitements. À la cave, les levures indigènes sont de rigueur, et les vins élevés exclusivement en cuve inox. La gamme est cohérente et fiable, et par sa constance, sa régularité, ce petit domaine s'approche d'une première étoile.

Les vins : avec sa carrure large et son profil tendu, le chablis est très équilibré et nerveux en finale. Marqué par le côté solaire du millésime, Les Serres s'appuie sur un bel extrait sec et se présente plus en densité, avec une finale saline. Enveloppe crayeuse et énergie dans Vaugiraut, doté d'une jolie mâche et de petits amers en finale. Plus de profondeur dans Vaucoupins, plus immédiatement expressif et gourmand qu'à l'accoutumée, harmonieux et racé.

- Chablis 2019 — 15 € — 91
- Chablis Les Serres 2018 — 17 € — 91
- Chablis Premier Cru Vaugiraut 2019 — 25 € — 92

Le coup de ❤

- Chablis Premier Cru Vaucoupins 2019 — 27 € — 94

Blanc : 10 hectares. Chardonnay 100 %

Production moyenne : 50 000 bt/an

DOMAINE OUDIN

5, rue du Pont, 89800 Chichée

06 42 40 71 90 • domaine.oudin@wanadoo.fr

• Vente et visites : sur RDV.

Propriétaire : Nathalie et Isabelle Oudin

Maître de chai : Nathalie Oudin

DOMAINE ISABELLE ET DENIS POMMIER

Isabelle et Denis Pommier se sont installés dans le village de Poinchy en 1990, avec 2 hectares de vignes (23 aujourd'hui). Certains premiers crus subissent une fermentation partielle sous bois, et toutes les vinifications sont effectuées en levures indigènes. L'ensemble de la production affiche une qualité irréprochable, notamment les vins d'entrée de gamme. Certifié en bio depuis 2014, ce domaine a produit de superbes vins, toujours bien mûrs, mais la fraîcheur n'est pas toujours au rendez-vous : à regret, nous retirons l'étoile, en espérant bientôt le retour à de meilleurs équilibres.

Les vins : déception avec trop de vins très mûrs, pataudes et assez épais, qui manquent de fraîcheur. L'irancy est épais et court, le bourgogne rouge plus tonique. Les entrées de gamme (pinot-beurot, petit-chablis, chablis) sont simples et manquent de peps. Les Reinettes et Croix aux Moines sont un peu lourds et alcooleux. En premier cru, Troesmes est gourmand mais alangui, avec un fruit qui paraît évolué. Fourchaume tient sur ses beaux amers et une allonge épicée. Côte de Léchet se fait ample et caressant, très mûr mais plus équilibré.

- Bourgogne Pinot Beurot Grain de Survie 2019 — 11 € — 88
- Chablis 2019 — 14,50 € — 90
- Chablis Croix aux Moines 2019 — 17,50 € — 90
- Chablis Premier Cru Côte de Léchet 2019 — 22 € — 92
- Chablis Premier Cru Fourchaume 2019 — 26 € — 92
- Chablis Premier Cru Troesmes 2019 — 22 € — 91
- Chablis les Reinettes 2019 — 17,50 € — 90
- Petit Chablis Hautérivien 2019 — 12 € — 89
- Bourgogne 2019 — 14 € — 91
- Irancy Grains de Survie 2019 — 18 € — 89

Rouge : 2 hectares.

Blanc : 21 hectares.

Production moyenne : 150 000 bt/an

DOMAINE ISABELLE ET DENIS POMMIER ♣
31, rue de Poinchy, 89800 Poinchy
03 86 42 83 04 • www.denis-pommier.com
• Vente et visites : sur RDV.
Propriétaire : Isabelle et Denis Pommier

DOMAINE GABIN ET FÉLIX RICHOUX

Ce domaine familial depuis 1620 est aujourd'hui solidement tenu par Thierry Richoux, véritable figure locale du village d'Irancy, et par ses fils Gabin et Félix. Ces vignerons chaleureux se font une haute idée de leur production, refusent levurage et enzymage, travaillent en bio depuis 2010 et ne commercialisent certaines cuvées qu'au bout de plusieurs années de garde, lorsqu'ils les jugent prêtes à boire. Les cuvées parcellaires sont ici longuement élevées, de 24 à 30 mois en cuves, foudres ou barriques. Nous sommes tombés sous le charme de ces vins sincères et sains qui ne trichent pas.

Les vins : croquant et juteux, finement acidulé, l'irancy 2017 séduira un large public. Profil plus strict et froid dans le 2016, assez salivant avec sa finale très tonique. Raffinement aromatique dans Veaupessiot : sa matière riche et veloutée décline des saveurs de végétal mûr intègres et friandes. Assez harmonieux, souple et délié en attaque, Les Cailles se présente plus pointu : son profil est strict et sa finale un peu pincée. Nez un peu épicé et poivré dans Ode à Odette, vin dense et séveux à la jolie austérité.

- Irancy 2016 — 13 € — 91
- Irancy 2017 — 12 € — 91
- Irancy Les Cailles 2014 — 17 € — 92
- Irancy Ode à Odette 2012 — 20 € — 92

Le coup de ♥

- Irancy Veaupessiot 2015 — 18 € — 94

Rouge : 21,5 hectares.
Production moyenne : 60 000 bt/an

DOMAINE GABIN ET FÉLIX RICHOUX ♣
73, rue Soufflot, 89290 Irancy
03 86 42 21 60 • irancy.richoux@orange.fr •
Vente et visites : sur RDV.
Propriétaire : Famille Richoux
Directeur : Thierry, Gabin et Félix Richoux

DOMAINE D'ÉDOUARD

Édouard Lepesme a travaillé plusieurs années dans le marketing du vin, s'est ensuite formé au lycée viticole de Beaune puis chez quelques excellents vignerons de Chablis avant de reprendre, en 2014, 13 hectares de vignes dans le secteur un peu endormi des Côtes d'Auxerre. Il a flairé le potentiel de ce terroir sur lequel pinot noir, chardonnay, aligoté, gamay et césar sont capables de donner des vins fins et fruités. La certification bio a vite suivi, et le domaine a rapidement trouvé ses marques. La régularité des vins confirme le talent de ce jeune vigneron.

Les vins : nerveux, précis, le crémant est soigné et bénéficie d'une belle maturité de fruit, avec une bulle aérienne. Bien doré, l'aligoté assume sa maturité poussée en des saveurs de fruits jaunes et de melon : de fins amers en finale viennent le titiller. Charnu et ample, le chardonnay se montre mûr et épicé. Parfumé et pulpeux, le pinot noir est un vin sérieux qui présente un aspect finement poudré et l'élan d'une dominante de vendanges entières. On adore son expression spontanée et sans fard.

- Bourgogne Aligoté 2019 — 11 € — 90
- Bourgogne Côtes d'Auxerre Les Collines de Vaux Chardonnay 2019 — 14 € — 91
- Crémant de Bourgogne Brut Nature Les Collines de Vaux 2016 — 16 € — 90

Le coup de ♥

- Bourgogne Côtes d'Auxerre Les Collines de Vaux Pinot Noir 2019 — 14 € — 92

Rouge : 7 hectares.
Blanc : 7,5 hectares.
Production moyenne : 50 000 bt/an

DOMAINE D'ÉDOUARD ♣
43, rue de Vallan Vaux 89290 Auxerre
06 87 20 77 27 • www.domaine-edouard.fr •
Vente et visites : sur RDV.
Propriétaire : Édouard Lepesme

DOMAINE D'ÉLISE

Installé sur les hauteurs de Milly, face à Chablis, Frédéric Prain a su créer un style personnel de chablis élégants, digestes, loin des chardonnays démonstratifs ou techniques. Ce vigneron trop discret, au caractère affirmé, a clairement gagné aujourd'hui son statut de référence à Chablis. Sur un domaine d'un seul tenant, sa production de chablis et de petit-chablis, ainsi qu'un peu de premier cru en Côte de Léchet, est régulière et hors du commun. Le vignoble est progressivement replanté en clones moins productifs.

Les vins : équilibré, doté d'une texture assez charnue, le petit-chablis est bien réussi. Expressif, chablis associe fraîcheur et tonus. Enrichie par son élevage sur lies, la cuvée Galilée offre plus de profondeur de chair et de complexité, avec une finale salivante. Tension minérale et profil très frais pour le millésime dans l'excellent Côte de Léchet, vin profilé à la fermeté racée.

- Chablis 2019 — 12 € — 90
- Chablis Galilée 2018 — 15 € — 91
- Petit Chablis 2019 — 9 € — 89

Le coup de ♥

- Chablis Premier Cru Côte de Léchet 2018 — 18 € — 93

Blanc : 13,5 hectares.
Production moyenne : 80 000 bt/an

DOMAINE D'ÉLISE
Chemin de la Garenne, Carrefour Poinchy, 89800 Milly
03 86 42 40 82 • frederic.prain@wanadoo.fr
• Vente et visites : sur RDV.
Propriétaire : Frédéric Prain

CÔTE DE NUITS

★★★ DOMAINE DE L'ARLOT

Le Clos de l'Arlot a donné son nom au domaine, propriété d'AXA Millésimes depuis 1987. Ce clos exploité en monopole entoure le bâtiment et donne un des blancs les plus originaux et séducteurs de la Côte de Nuits. L'autre vedette est le Clos des Forêts Saint-Georges, lui aussi exploité en monopole, qui associe puissance et élégance dans un équilibre presque parfait. Jacques Devauges s'est occupé des millésimes 2011 à 2013 et a vendangé et vinifié le 2014, son plus beau. Désormais conduit en bio, le domaine a accompli de grands progrès dans la compréhension des terroirs et dans leur mise en valeur. À partir de 2014, les vins sont élevés par la nouvelle directrice, Géraldine Godot, qui vinifiait au préalable pour la maison Alex Gambal, et qui a formidablement réussi les derniers millésimes. La justesse de définition, l'élégance intemporelle des vins et leur transparence de saveurs incarnent un style que nous souhaitons défendre.

Les vins : forte maturité du fruit dans le dense Arlot blanc, vin vigoureux et plein de tonus qui sait rebondir en bouche en évitant la moindre lourdeur. L'élevage généreux est bien intégré. Nez très fin de Clos de l'Arlot rouge, qui s'illustre par ses saveurs nerveuses et très équilibrées, combinant très adroitement nervosité de chair et maturité du fruit en une allonge construite par la vendange entière. Légère réduction dans Clos des Forêts, qui livre des notes d'humus et d'écorce d'une réjouissante fraîcheur. Sève et puissance se combinent pour rendre ce vin imposant mais très complet, étiré et racé. Expression très mûre dans le fruit des Suchots, ample et structuré, qui a su préserver de la fraîcheur. Ses tanins très denses sont un peu sévères. Raffinement floral dans la romanée-saint-vivant, vin de texture ciselée et soyeuse, pourvu d'un support acide éclatant et juteux en finale. Son intensité et sa maturité se combinent harmonieusement.

- Nuits-Saint-Georges Premier Cru Clos de l'Arlot 2019 — 93 € — 94
- Nuits-Saint-Georges Premier Cru Clos de l'Arlot 2019 — 90 € — 94
- Romanée-Saint-Vivant Grand Cru 2019 — 490 € — 97
- Vosne-Romanée Premier Cru Les Suchots 2019 — 140 € — 95

Le coup de ♥

- Nuits-Saint-Georges Premier Cru Clos des Forêts Saint-Georges Monopole 2019 — 90 € — 96

Rouge : 12,2 hectares. Pinot noir 100 %
Blanc : 2,7 hectares. Chardonnay 100 %
Production moyenne : 60 000 bt/an

DOMAINE DE L'ARLOT ♣
14, RD 974, 21700 Prémeaux-Prissey
03 80 61 01 92 • www.arlot.com • Vente et visites : sur RDV.
Propriétaire : AXA Millésimes
Directeur : Christian Seely
Maître de chai : Géraldine Godot

★★★ CLOS DE TART

François Pinault a racheté la propriété au printemps 2018 à la famille Mommessin. Jacques Devauges, qui a pris de 2015 jusqu'à début 2019 la suite de Sylvain Pithiot comme régisseur, a approfondi le travail parcellaire, et a généralisé la culture biologique. Il a également affiné les choix de chauffes des barriques, et diminué la proportion de fût neuf, qui était invariablement de 100 %. Alessandro Noli, auparavant régisseur du Château-Grillet dans la vallée du Rhône, est arrivé au printemps 2019 et souhaite poursuivre dans la même voie : orienter le Clos de Tart vers un vin plus en finesse, avec des tanins plus suaves, sans pour autant sacrifier la légendaire profondeur de saveurs qu'offre ce cru historique. La certification en biodynamie débutera avec le millésime 2020. Une cuverie rénovée, une chambre froide pour refroidir les raisins et de nouvelles installations pour accueillir les visiteurs sont en cours d'achèvement.

Les vins : le domaine ne nous ayant pas fait parvenir ses vins, nous sommes amenés à reconduire les notes de l'année dernière.

- Clos de Tart Grand Cru 2018 — de 600 à 650 € (c) — 96
- Morey-Saint-Denis Premier Cru La Forge de Tart 2018 — de 230 à 275 € (c) — 94

Rouge : 7,53 hectares. Pinot noir 100 %
Production moyenne : 25 000 bt/an

CLOS DE TART ♣
7, route des Grands-Crus,
21220 Morey-Saint-Denis
03 80 34 30 91 • www.clos-de-tart.com •
Vente et visites : sur RDV.

Propriétaire : Artémis Domaines
Directeur : Frédéric Engerer
Maître de chai : Alessandro Noli

★★★ DOMAINE JACK CONFURON-COTETIDOT

Ce domaine est l'un des rares à pratiquer la vinification intégrale des raisins par grappe entière, quel que soit le millésime, et en vendangeant tard des raisins très mûrs. Mais Jean-Pierre, l'aîné, et Yves, le cadet, tous deux œnologues, n'ont plus cette approche systématique qu'avaient leurs parents, toujours présents dans les vignes à leurs côtés. Aujourd'hui, c'est la dégustation des raisins, parcelle après parcelle, qui leur dicte le rythme des vendanges. Le domaine produit des vins baroques, des vins de texture portés par des maturités souvent élevées, et le parti pris d'une vendange entière intégrale peut apporter une dose de rusticité. Fougueux dans leur jeunesse, ils peuvent prendre avec l'âge une complexité magnifique, mais ne vieillissent pas toujours aussi bien que nous le souhaiterions. Une visite approfondie au domaine nous a permis de mieux appréhender le style singulier ici à l'œuvre, mais nous continuons à nous interroger sur la pertinence de vendanger aussi tardivement en année solaire des raisins aux saveurs parfois figuées.

Les vins : mûr et juteux, ouvragé, l'aligoté regorge de saveurs et d'allonge. Sa maturité le distingue mais il préserve tout son caractère. Très mûr, buriné, tonique, le vosne regorge de tanins vifs mais serrés. Matière plus large et stricte dans le nuits, tenu par une trame dense de tanins mûrs et mentholés : un vin encore dans les limbes, qui doit trouver ses marques. Nez de framboise séchée dans Craipillot 2018, assez moelleux, qui se structure autour d'une trame très vigoureuse et énergique, solaire mais patinée. Plus élancé et nerveux, vigoureux et frais, le Lavaut s'appuie sur une sève de tanins burinés et nobles. Il se présente assez austère mais son équilibre est difficile à prendre en défaut. Notes de menthol et d'écorce dans Les Suchots, vin à l'impressionnante densité de sève, qui ne se livre pas à ce stade : on le reverra dans dix ans au moins. Saveurs de fraises écrasées et de ronces dans le-clos-de-vougeot, dont le fruit mûr, presque confit, se montre trop chaleureux. Assez austère, racé et très profond, le mazis est traversé d'éclats minéraux. Très mûr, il reste revigorant.

- Bourgogne Aligoté 2019 — N.C. — 91
- Bourgogne Passetoutgrain 2018 — N.C. — 91
- Bourgogne Pinot Noir 2018 — 20 € — 90
- Clos de Vougeot Grand cru 2019 — 200 € — 92
- Gevrey-Chambertin Premier Cru Craipillot 2018 — N.C. — 93
- Mazis-Chambertin Grand Cru 2019 — 350 € — 95
- Nuits-Saint-Georges Premier Cru Aux Vignerondes 2019 — 70 € — 92
- Vosne-Romanée 2019 — 40 € — 92
- Vosne-Romanée Premier Cru Les Suchots 2019 — 85 € — 94

Le coup de ♥

- Gevrey-Chambertin Premier Cru Lavaut Saint-Jacques 2019 — 120 € — 95

Rouge : 10,7 hectares. Pinot noir 100 %
Blanc : 0,7 hectare.
Production moyenne : 18 000 bt/an

DOMAINE JACK CONFURON-COTETIDOT
10, rue de la Fontaine,
21700 Vosne-Romanée
03 80 61 03 39 •
domaine-confuron-cotetidot@wanadoo.fr •
Vente et visites : sur RDV.
Propriétaire : Jack Confuron-Cotetidot

★★★ ↗ DOMAINE CLAUDE DUGAT

Plébiscité par les amateurs du monde entier, Claude Dugat a fait preuve d'une humilité sans pareil tout au long de sa carrière. Aujourd'hui, ses trois enfants ont la charge du domaine : Bertrand et Laetitia se sont formés auprès de leurs parents, et Jeanne est revenue depuis peu. La nouvelle génération évolue brillamment vers des vins plus précis, avec des élevages moins présents, des tanins affinés et des vendanges plus précoces pour préserver fraîcheur et caractère digeste. Ces raisins travaillés amoureusement expriment avec une grande justesse l'identité de chacun de leurs terroirs. Et si leurs vins racontent toujours ce plaisir immédiat, lié au fruité éclatant du pinot, ils sont également taillés pour la garde et dévoilent à merveille toute la beauté et la force des terroirs de Gevrey-Chambertin. Les derniers millésimes sont d'exceptionnelles réussites et incarnent à merveille la sincérité vigneronne que nous avons à cœur de défendre. La troisième étoile vient logiquement récompenser cette année ce parcours sans faute.

Les vins : expressif, moelleux et frais, le simple bourgogne atteint un niveau enviable. Jus svelte et énergique dans le gevrey, au fruit assez profond et très digeste : un vin sphérique et complet, déjà accessible. Volume et densité de chair dans La Marie, à la matière plus riche et pulpeuse. Trame plus minérale, dense mais

BOURGOGNE

apaisée dans le premier cru, aux notes de mûres et de myrtille : ce vin sans aspérités, épicé et racé, offre une fine mâche en finale. Intense et délicat, Lavaux Saint-Jacques est un grand vin civilisé, tout en équilibre, moelleux de fruit, allonge minérale et tanins ultra-fins. Grande fraîcheur dès le premier nez du charmes, avec des notes de roses et de lilas. Sa matière juteuse et nuancée est structurée par un tapis de tanins très fins et mûrs, jusque dans une superbe finale épicée et brillante. Tonalité plus froide dans le chapelle, qui évoque la ronce et la prunelle. Détendu, sapide, son fruit mûr et finement crémeux s'organise autour de tanins vifs et raffinés. Avec ses magistrales dimensions, ce vin à la noble austérité est exceptionnellement long. Délicatement épicé, le griotte est un véritable kaléidoscope aromatique qui décline, entre autres, pivoine, rose anglaise, bois de santal. Parfaitement harmonieux, il touche au sublime.

- Bourgogne 2019 — de 40 à 50 € (c) — 92
- Chapelle-Chambertin Grand Cru 2019 — de 700 à 750 € (c) — 99
- Gevrey-Chambertin 2019 — de 55 à 65 € (c) — 94
- Gevrey-Chambertin La Marie 2019 — N.C. — 95
- Gevrey-Chambertin Premier Cru 2019 — de 120 à 160 € (c) — 96
- Gevrey-Chambertin Premier Cru Lavaux Saint Jacques 2019 — de 200 à 240 € (c) — 97
- Griotte-Chambertin Grand Cru 2019 — de 720 à 780 € (c) — 100

Le coup de ♥

- Charmes-Chambertin Grand Cru 2019 — de 400 à 450 € (c) — 98

Rouge : 6 hectares. Pinot noir 100 %
Production moyenne : 24 000 bt/an

DOMAINE CLAUDE DUGAT

1, place de la Cure, 21220 Gevrey-Chambertin
03 80 34 36 18 • Pas de visites.
Propriétaire : Claude Dugat

★★★ ↗ DOMAINE BERNARD DUGAT-PY

Loïc, formé par son père Bernard Dugat-Py, a longtemps travaillé en famille mais affirme désormais son style, moins interventionniste en vinification. Les vins gardent leur puissance et leur élégance, mais ont gagné en délicatesse. Le vignoble est conduit comme un jardin, avec un rare savoir-faire, une attention aux moindres détails. Issus de vieilles vignes de sélection massale, les raisins confèrent aux vins une densité singulière. Vinifiés sans aucun artifice, avec une proportion importante de vendange entière, ils sont colorés, avec une forte empreinte du terroir, plus fins que par le passé et ne se révèlent qu'après un vieillissement de plusieurs années. Le domaine est certifié en bio à partir de 2015. Nous avons émis quelques réserves concernant les élevages trop appuyés, mais le domaine ne nous a pas attendus pour corriger le tir, et les exceptionnels 2018 et 2019 reviennent au plus haut niveau : la troisième étoile revient cette année pour consacrer le niveau magistral des vins.

Les vins : chair poudrée, fraîche et florale dans Les Evocelles, dont l'intensité de saveurs et l'énergie contenue apportent un caractère désaltérant. Un peu plus marqué par le toasté de l'élevage, Fonteny reste juteux, sapide et assez fringant. Large matière calcaire, chair déliée et florale très intense dans Champeaux : volume sphérique et élégance se combinent harmonieusement. Grande mâche moelleuse et supplément de fraîcheur dans Petite Chapelle, porté par une note d'écorce et de fruits rouges, très persistant et finement marqué par l'élevage. Le nez du Lavaux Saint-Jacques évoque le noyau, l'encens et la cerise noire : sa chair pulpeuse et fraîche se livre avec beaucoup de naturel. Grande envergure de saveurs dans le charmes, vin séveux et friand, dont les tanins fins forment une gangue protectrice qui encapsule le fruit : il diffuse une énergie contagieuse. Plus corsé, le mazoyères livre des saveurs plus froides, et lorgne vers le noyau, la ronce et les épices : tout en sève, très vigoureux, tapissant et délicat, c'est un grand vin pour l'avenir. Réservé au nez, le mazis possède une maturité de fruit très contenue, profilé par une trame dense et millimétrée de petits tanins étoffés. Ce grand vin de texture est armé pour un long vieillissement, sa finale lumineuse laisse la bouche parfumée et fraîche. Phénoménale intensité des vieilles vignes dans le rarissime chambertin : fleurs séchées, écorce, puissance et volume considérable irradient dans ce vin hors du commun. Dommage que le bois neuf marque un peu trop, mais nous connaissons la difficulté de vinifier un aussi petit volume (environ 200 litres).

- Chambertin Grand Cru 2018 — N.C. — 97
- Charmes-Chambertin Grand Cru 2019 — N.C. — 97
- Gevrey-Chambertin Les Evocelles 2019 — N.C. — 94
- Gevrey-Chambertin Premier Cru Champeaux 2019 — N.C. — 95
- Gevrey-Chambertin Premier Cru Fonteny 2019 — N.C. — 94

Gevrey-Chambertin Premier Cru Lavaux Saint-Jacques 2019 N.C. 96

Gevrey-Chambertin Premier Cru Petite Chapelle 2019 N.C. 95

Mazis-Chambertin Grand Cru 2019 N.C. 98

Le coup de ♥

Mazoyères-Chambertin Grand Cru 2019 N.C. 98

Rouge : 12,5 hectares.
Blanc : 1,5 hectare.
Production moyenne : 35 000 bt/an

DOMAINE BERNARD DUGAT-PY ♣
Rue de Planteligone, BP 31, Cour de l'Aumonnerie 21220 Gevrey-Chambertin
03 80 51 82 46 • www.dugat-py.fr • Pas de visites.
Propriétaire : Loïc Dugat

★★★ DOMAINE DES LAMBRAYS

Cette propriété de renom possède la quasi-totalité du grand cru Clos des Lambrays, d'où elle produit des vins exceptionnels. Sans être revendiquée, la viticulture est ici foncièrement bio, avec une grande partie du vignoble travaillée au cheval. Les jeunes vignes ainsi que les cuvées les moins réussies sont systématiquement déclassées en Morey-Saint-Denis premier cru (cuvée Les Loups). Le domaine est partisan d'une récolte précoce, mais avec un tri sévère ; la vinification s'effectue en général en vendange entière. Le domaine possède également deux belles parcelles à Puligny, l'une sur le Cailleret, l'autre sur Les Folatières, mais dont les vins n'atteignent pas le niveau des rouges. La famille Arnault (LVMH) a racheté le domaine en avril 2014. Succédant à Boris Champy, qui avait lui-même pris la suite de Thierry Brouin, Jacques Devauges est arrivé au printemps 2019, ayant quitté le Clos de Tart. Il va s'employer à faire encore progresser les vins, avec un travail plus précis du parcellaire, le passage en biodynamie et la rénovation de la cuverie.

Les vins : assez floral, agrémenté d'une note de camomille, Les Folatières a bien progressé en pureté et précision de saveurs, débarrassé de la réduction grillée qui l'a longtemps marqué. Très soigné, il est aujourd'hui pleinement digne de son rang. Aérien et frais dans ses arômes de lilas et de fleur de vigne, Le Clos du Cailleret se montre dense et nerveux, très intense et salivant. Sa trame verticale et limpide, rehaussée de fins amers en finale, signe un grand blanc, digne de bien des grands crus. Généreux et ample, doté d'une belle vigueur de sève, le morey village s'affiche bien mûr et carré. Attendez-le un peu pour qu'il s'attendrisse. Assise moelleuse et grand volume de fruit, mûr mais plein de fraîcheur, dans les Loups. Les tanins confortables apportent un enrobage savoureux et assurent une très belle évolution. Supplément de fraîcheur dans le grand cru, dont l'éblouissante pureté de saveurs se déploie avec un naturel déconcertant. La complexité de ce très grand vin à l'élevage millimétré éclate à l'aération, et persiste en une finale émouvante, interminable et à notre sens inégalée ici depuis les millésimes glorieux du milieu du XXe siècle.

Puligny-Montrachet Premier Cru Le Clos du Cailleret 2019 150 € 96

Puligny-Montrachet Premier Cru Les Folatières 2019 120 € 94

Morey-Saint-Denis 2019 65 € 92

Morey-Saint-Denis Premier Cru Les Loups 2019 95 € 94

Le coup de ♥

Clos des Lambrays Grand Cru 2019 480 € 100

Rouge : 11 hectares.
Blanc : 0,7 hectare.
Production moyenne : 40 000 bt/an

DOMAINE DES LAMBRAYS
31, rue Basse, 21220 Morey-Saint-Denis
03 80 51 84 33 • www.lambrays.com • Visites : sur RDV aux professionnels.
Propriétaire : LVMH
Directeur : Jacques Devauges

★★★ DOMAINE LEROY

Les vins produits par Lalou Bize-Leroy ne cessent d'enthousiasmer et de fasciner. Cette dégustatrice hors pair possède l'une des visions les plus personnelles de toute la Bourgogne. La conduite de ses vignes en biodynamie, qui ne sont plus rognées depuis 1999, ne souffre à ses yeux d'aucun compromis, quoi qu'il lui en coûte. Qu'importe si la nature lui fait parfois payer cher ses choix : cette grande dame ne change rien au cap fixé. À cela s'ajoute une expérience unique de la vinification, là encore dans le respect de principes stricts, comme le non-égrappage des raisins. Tout cela a permis à Lalou Bize-Leroy, dont le domaine est à la tête d'une collection unique de grands terroirs, de produire quelques-uns des plus grands vins au monde. Les rendements infimes donnent ici des raisins d'une concentration inégalée de parfums et de saveurs.

Les vins : pulpeux et épicé, Les Frémières décline des parfums très nobles et une trame sanguine ouvragée : un vin rayonnant à la présence envoûtante. Saveurs de myrtilles et d'épices douces dans la texture suave et florale du Boudots, vin radieux et affriolant déjà suprêmement harmonieux. Aromatique exotique et poivrée dans Aux Brûlées, serti de tanins abondants et juteux, qui développe une intensité lancinante en finale. Vin pur et serein, Les Combottes offre une trame soyeuse relevée de tanins d'une admirable finesse. Sa fraîcheur et sa distinction sont mémorables. Immense finesse florale et note de fraise de bois dans ce monumental vin éthéré qu'est la romanée-saint-vivant, inspirant et radieux, incroyablement lumineux. Le musigny est un vin étincelant à la majestueuse intensité, poudré et pulpeux, dont le souffle unique vous emporte dans un tourbillon de saveurs. Finesse exquise et douceur de texture poudrée incroyable dans le clos-de-la-roche, dont les tanins fins sont serrés en une allonge verticale. Pureté aromatique et énergie minérale infusent le latricières, qui trace une ligne élancée et lancinante jusque dans sa finale. Vigoureux, impérial, le chambertin est un vin d'esprit, nourrissant et radieux, dont la sève terrienne se déploie avec une autorité inflexible.

- Chambertin Grand Cru 2019 — de 7 500 à 8 500 € (c) — 100
- Chambolle-Musigny Les Fremières 2019 — N.C. — 97
- Clos de la Roche Grand Cru 2019 — de 3 500 à 5 000 € (c) — 99
- Gevrey-Chambertin Premier Cru Les Combottes 2019 — N.C. — 98
- Latricières-Chambertin Grand Cru 2019 — de 5 500 à 7 000 € (c) — 100
- Musigny Grand Cru 2019 — N.C. — 100
- Nuits-Saint-Georges Premier Cru Boudots 2019 — N.C. — 97
- Vosne-Romanée Premier Cru Aux Brûlées 2019 — N.C. — 98

Le coup de ♥

- Romanée-Saint-Vivant Grand Cru 2019 — de 3 500 à 5 000 € (c) — 100

Rouge : 18,13 hectares. Pinot noir 100 %
Blanc : 3,86 hectares. Aligoté 71 %, Chardonnay 29 %
Production moyenne : 40 000 bt/an

DOMAINE LEROY ☾
15, rue de la Fontaine, 21700 Vosne-Romanée
03 80 21 21 10 • www.domaineleroy.com • Visites : sur RDV aux professionnels.
Propriétaire : Lalou Bize-Leroy

★★★ DOMAINE JACQUES-FRÉDÉRIC MUGNIER

Le domaine a radicalement changé d'allure en 2004, passant de 4 à 14 hectares avec la réintégration du Clos de la Maréchale à Nuits-Saint-Georges, qui était en fermage depuis cinquante-trois ans, sur lequel une production confidentielle de blanc a vu le jour. Ce monopole complète les autres vignes situées sur les meilleurs terroirs de Chambolle-Musigny : Musigny, en plein centre du Grand-Musigny, Bonnes-Mares, Les Amoureuses, Les Fuées. Frédéric Mugnier privilégie avant tout la finesse pour exprimer le terroir sans aucune fioriture, avec une constance digne d'éloges et une précision qui l'a logiquement installé en deux décennies parmi les producteurs majeurs de la Bourgogne. Le musigny est conservé en vieillissement en bouteilles dans les caves du domaine, jusqu'à ce qu'il ait atteint une évolution suffisante pour mériter sa mise sur le marché. Nous saluons cette décision qui illustre à nos yeux l'exigence de qualité que s'est fixée le vigneron et propriétaire du domaine.

Les vins : deux vins seulement ont été présentés, mais quels vins ! Superbe raffinement aromatique dans le chambolle, vin de texture à la fois très ferme et subtil : pulpeux et profond, sérieux et charmeur, il s'est affiné et se présente sous un visage gracieux, mais bâti pour l'avenir. Notes de menthe et petits fruits rouges dans le Clos de la Maréchale : matière tout en carrure et très large assise calcaire, finement soulignée par un boisé blond. La qualité des tanins, très abondants, confirme les promesses à venir.

- Nuits-Saint-Georges Premier Cru Clos de la Maréchale 2018 — N.C. — 96

Le coup de ♥

- Chambolle-Musigny 2018 — N.C. — 95

Rouge : 13 hectares.
Blanc : 1 hectare.
Production moyenne : 60 000 bt/an

DOMAINE JACQUES-FRÉDÉRIC MUGNIER
Château de Chambolle-Musigny,
21220 Chambolle-Musigny
03 80 62 85 39 • www.mugnier.fr • Pas de visites.
Propriétaire : Jocelyne et Frédéric Mugnier

★★★ DOMAINE PERROT-MINOT

Le domaine Perrot-Minot possède un superbe patrimoine de vins en villages, premiers crus et grands crus, issus de vieilles vignes, qu'ils complètent par quelques achats de raisin, entre autres en Chambertin et en Clos de Bèze. Vigneron perfectionniste, Christophe Perrot-Minot produit des vins moins démonstratifs et plus raffinés que par le passé, laissant parler le terroir avec bien plus de naturel. Sur de très vieilles vignes telles La Richemone et La Combe d'Orveau, les cuvées de Vignes Centenaires (anciennement Ultra) expriment la quintessence du terroir. Avec une régularité de métronome, ses vins ont beaucoup gagné en finesse sur les derniers millésimes : immédiatement approchables, fédérateurs mais jamais démonstratifs, ils ont fait l'objet de tous les soins, dans un style prodigue, luxueux mais séducteur en diable.

Les vins : quelques déceptions avec les 2019. Certains vins n'ont pas l'éclat attendu et les élevages manquent un peu de finesse. Matière un peu grillée et toastée au nez du nuits villages. Tonalités florales et matière suave, poudrée et patinée dans le chambolle : expressif, moelleux et séducteur, il sera difficile de lui résister. Notes d'écorces et d'humus au nez du morey La Riotte, vin velouté et profond dont les tanins se présentent légèrement en relief. Beaucoup de complexité et de nuances florales dans le vosne Les Beaux Monts, à la trame acidulée et aux tanins mûrs et croquants. Très intense, raffiné et marqué par des notes de violette, La Richemone se montre assez opulent mais sans la moindre lourdeur, avec une trame très travaillée et affinée : fruit mûr et pulpeux, voluptueux. La Combe d'Orveau offre une touche exotique dans son fruit mais manque un peu d'éclat et de tonus. Large et épicé, le charmes-chambertin est très mûr, un peu compoté : il emplit la bouche mais manque un peu de fraîcheur de fruit, et s'appuie un peu trop sur son boisé. Plus tonique, le mazoyères va chercher des saveurs d'orange sanguine. Son fruit sphérique et onctueux se montre sans aspérités, mais un peu alangui et épais en finale. Raffiné, velouté, le clos-de-bèze présente des tanins enfouis dans une matière saturée, assez large : marqué par son élevage, il n'offre pas la fraîcheur et l'allonge souhaitée. Beaucoup plus frais, savoureux et sapide dans ses tanins, le chambertin a conservé plus de tonus et une allonge réglissée du meilleur aloi. Très abouti et complexe, digne de son rang.

- Chambertin Grand Cru 2019 — Épuisé - 1 200 € — 97
- Chambertin-Clos-de-Bèze Grand Cru 2019 — Épuisé - 1 200 € — 95
- Chambolle-Musigny Orveaux des Bussières 2019 — Épuisé - 140 € — 93
- Chambolle-Musigny Premier Cru La Combe d'Orveau Ultra 2019 — Épuisé - 400 € — 94
- Charmes-Chambertin Grand Cru 2019 — Épuisé - 480 € — 94
- Mazoyères-Chambertin Grand Cru 2019 — Épuisé - 480 € — 95
- Morey-Saint-Denis Premier Cru La Riotte 2019 — Épuisé - 180 € — 93
- Nuits-Saint-Georges Les Murgers des Cras 2019 — Épuisé - 130 € — 93
- Nuits-Saint-Georges Premier Cru La Richemone Ultra 2019 — Épuisé - 400 € — 95

Le coup de ♥

- Vosne-Romanée Premier Cru Les Beaux Monts 2019 — Épuisé - 280 € — 96

Rouge : 10 hectares.
Production moyenne : 35 000 bt/an

DOMAINE PERROT-MINOT
54, route des Grands-Crus,
21220 Morey-Saint-Denis
03 80 34 32 51 • www.perrot-minot.fr •
Vente et visites : sur RDV.
Propriétaire : Christophe Perrot-Minot

★★★ DOMAINE PONSOT

Assistée d'Alexandre Abel, Marie-Rose Ponsot est désormais gérante, à la suite du départ de son frère Laurent Ponsot début 2017. Si le domaine a perdu, à partir du millésime 2016, plusieurs vignes (Chambolle premier cru Charmes, Griotte-Chambertin, Chambertin et Clos Saint-Denis), il ne lui reste pas moins de six grands crus, dont le Clos de la Roche, fleuron de la gamme, et l'étonnant premier cru blanc de Morey Clos des Monts-Luisants, exclusivement composé d'aligoté. Si les raisins sont vendangés un peu moins mûrs que par le passé, les autres choix stylistiques de la nouvelle équipe ne changent pas : vins vinifiés en foudre, élevés longuement sans bois neuf, avec peu ou pas de soufre, et un total respect de l'identité des sols. Les vins se montrent charnels, d'un grand volume, même s'ils peuvent flirter avec une pointe d'acidité volatile (compensant ainsi la maturité généreuse du raisin) et semblent parfois dans leur jeunesse standardiser un peu l'expression des terroirs. Mais ils savent retrouver au vieillissement leur pleine identité, et apportent une vision singulière à la famille des grands vins de Bourgogne.

Les vins : nez de talc et de sésame dans le blanc Clos des Monts Luisants, extraverti, lumineux, tout en mâche et texture, avec un superbe volume en milieu de bouche. Juteux, avec un joli tonus, le morey Cuvée des Grives est équilibré, marqué par sa trame calcaire. Très parfumé, avec des notes de graphite et de pépins de raisin, la Cuvée des Alouettes se présente souple et séveux, intense et énergique. Tonalité fraîche et nez de noyau de cerise dans le corton, sapide et finement acidulé. Friand, il évolue vers plus de finesse et de digestibilité immédiate. Nez floral et épicé, assez oriental dans le charmes, assez tendre mais étoffé et pulpeux : il est très séduisant. Un peu austère avec ses notes d'épices et d'écorce, le clos-de-vougeot offre une expression nuancée et terrienne, soutenu par des tanins fins et poudrés. chapelle affiche un profil riche et dense, avec une carrure inhabituelle. Assez introverti, ce vin mûr est soutenu par une belle acidité mûre : il se mettra tranquillement en place. Le clos-de-la-roche présente un peu de maturité de fruit en moins que dans les années précédentes, ce qui lui va plutôt bien. Avec un nez frais de cerise burlat, il se montre nuancé et expressif, assez pulpeux mais retenu et très fin, tout en harmonie.

Morey-Saint-Denis Premier Cru Clos des Monts Luisants
2019 de 120 à 150 € (c) 95

Chapelle-Chambertin Grand Cru
2019 de 350 à 400 € (c) 95

Charmes-Chambertin Grand Cru
2019 de 300 à 360 € (c) 95

Clos de Vougeot Grand Cru
2019 de 350 à 400 € (c) 95

Clos de la Roche Grand Cru
2019 de 450 à 500 € (c) 97

Corton Grand Cru Cuvée du Bourdon
2019 de 240 à 280 € (c) 94

Morey-Saint-Denis Cuvée des Grives
2019 de 420 à 480 € (c) 92

Le coup de ♥

Morey-Saint-Denis Premier Cru Cuvée des Alouettes 2019 de 110 à 150 € (c) 95

Rouge : 7 hectares. Pinot noir 100 %
Blanc : 1 hectare. Aligoté 100 %
Production moyenne : 45 000 bt/an

DOMAINE PONSOT

21, rue de la Montagne,
21220 Morey-Saint-Denis
03 80 34 32 46 • www.domaine-ponsot.com
• Pas de visites.
Propriétaire : Rose-Marie Ponsot
Œnologue : Alexandre Abel

★★★ DOMAINE DE LA ROMANÉE-CONTI

Le domaine est au cœur de ce qui fait le mythe de la Bourgogne. Peu d'étiquettes suscitent une telle admiration et une telle passion (hors de toute raison, diront certains). Bien sûr, les bouteilles sont rares et terriblement chères, mais la magie qui s'en dégage, à condition de donner aux vins le temps de prendre forme en bouteille, ne peut laisser personne indifférent. Les vignes atteignent désormais un âge moyen très élevé. Leur culture, largement inspirée par la biodynamie (mais sans jamais s'en revendiquer), permet à chaque terroir d'exprimer à travers les raisins ses particularismes avec une force insurpassable. Les vinifications sont d'une simplicité quasi biblique : le raisin est peu ou pas du tout égrappé, les températures ne sont jamais manipulées pour obtenir davantage de couleur ou des arômes plus marqués ; l'élevage s'effectue en bois neuf et le logement, en première année, dans l'admirable cave des anciens moines de Saint-Vivant, permet de gagner en fraîcheur aromatique. Dernier-né, le corton s'affirme cohérent, terrien et généreux. L'échézeaux et le grands-échézeaux jouent sur la finesse et la délicatesse des textures. La romanée-saint-vivant, issue d'une sélection impitoyable des meilleures parcelles, a considérablement progressé et atteint une sublime élégance. Le richebourg possède ampleur et puissance féline. Toujours fidèle à lui-même, la tâche donne le vin le plus complet de la Bourgogne, tandis que la romanée-conti a complètement retrouvé les secrets de son bouquet unique au monde, et la plénitude si divinement légère de son corps. Le montrachet naît avec une grande intensité de saveurs, et prend, après huit à dix ans de vieillissement, un équilibre réellement sublime qui rend, en comparaison, tous les autres vins de l'appellation bien pâles.

Les vins : notes de myrtille et de cassis frais, caractère précoce et tendre dans le corton, mûr et énergique, très abouti. L'échézeaux offre un nez de papier d'Arménie et de pot-pourri, une chair onctueuse en attaque, avec une trame ferme et épicée et une superbe mâche en finale. Profond, un peu fumé et mentholé, le grands-echézeaux montre ses muscles : la maturité des rafles amène de la sapidité en finale et un grain de tanin très fin. Un vin consistant, conquérant, sûr de lui. Un supplément de fraîcheur, avec une touche de menthe poivrée et une trame délicate mettent en valeur la romanée-saint-vivant, plus robuste qu'à l'accoutumée avec une abondance de tanins fins qui corsètent un peu sa finale. Enveloppant, étoffé, ce vin bâti pour défier le temps s'épurera au vieillissement. Des touches d'anis, de poivre blanc et de violette annoncent le richebourg, dont les tanins tapissants encadrent une chair sanguine, tendre en attaque, un rien décadente dans sa maturité. Grand soyeux de texture, admirable persistance et fraîcheur préservée se combinent dans ce vin grandiose. Plus introverti et réservé, la tâche se présente sous un visage terrien, avec sa somptueuse étoffe mais avec une carrure apparente qui encadre les vastes dimensions de sa chair à la maturité poussée. Sa finale est réglissée avec une fine note grillée. Sans être opulent, il se présente légèrement moins en place que le richebourg, mais s'épure à l'air et s'harmonisera au cours de son long vieillissement. Délicate et pulpeuse dans ses saveurs très proches du raisin et son ineffable parfum de rose poivrée, la romanée-conti impose sa supériorité avec une aisance déconcertante et une finesse envoûtante. Son fruit très mûr s'enveloppe d'une magnifique fraîcheur réglissée, et sa persistance est immense. Nez pur et pénétrant de fleur de vigne dans le montrachet, dont le matière mûre et solaire, onctueuse et savoureuse, se décline en notes de poivre blanc, de pollen et de gelée royale. Tout en allonge suave et caressante, il indique par sa finale une fermeté et une structure légèrement tannique.

- Montrachet Grand Cru 2018 — N.C. 100
- Corton Grand Cru 2018 — N.C. 96
- Echezeaux Grand Cru 2018 — N.C. 96
- Grands-Echezeaux Grand Cru 2018 — N.C. 98
- La Tâche Grand Cru 2018 — N.C. 99
- Romanée-Conti Grand Cru 2018 — N.C. 100
- Romanée-Saint-Vivant Grand Cru 2018 — N.C. 97

Le coup de ❤

- Richebourg Grand Cru 2018 — N.C. 99

Rouge : 26,5 hectares. Pinot noir 100 %

Blanc : 0,85 hectare. Chardonnay 100 %

Production moyenne : 80 000 bt/an

DOMAINE DE LA ROMANÉE-CONTI

1, place de l'Église 21700 Vosne-Romanée

03 80 62 48 80 • contact@romanee-conti.fr • Pas de visites.

Propriétaire : Famille de Villaine et Famille Leroy

★★★ DOMAINE GEORGES ROUMIER

Christophe Roumier s'impose au sommet de la Côte de Nuits par des vins d'un équilibre magistral. Tantôt fins, tantôt puissants, ils ne se révèlent qu'après quelques années de vieillissement. Le domaine possède un important patrimoine de vieilles vignes et quelques terroirs magnifiques en Bonnes-Mares (0,5 hectares supplémentaires en 2016), Musigny, ou sur le cru Les Amoureuses, en Chambolle-Musigny. Le Clos de la Bussière, acquis en 1953 et replanté dans les années 1980, constitue, sur les derniers millésimes, une très bonne introduction aux vins du domaine. Peu de producteurs signent des vins d'une telle grâce, quel que soit le millésime. Les derniers sont d'indéniables réussites, même si le bois prend du temps pour s'intégrer pleinement : les (chanceux) amateurs doivent s'armer de patience.

Les vins : le chambolle est rond, moelleux et juteux, pourvu de tanins réglissés de grande qualité. Fraîcheur épicée dans la chair droite et ample du très persistant morey, dont les tanins charnus et énergiques prennent une carrure argileuse mais affinée. Saveurs moelleuses et énergiques de griotte et d'épices douces dans le rayonnant chambolle Les Cras, étiré par l'apport de vendange entière. Nez expressif d'épices et de petits fruits, patine fraîche et douce formée de petits tanins délicats et friands : le ruchottes est un vin fuselé et suprêmement élégant. Caractère sanguin, bouche sphérique et volumineuse dans le brillant bonnes-mares dont l'éclat calcaire transperce une mâche racée et burinée. Avec une touche de graphite et de cacao, il atteint la plénitude et est porté par un souffle frais en dépit de la masse tannique. Chair moelleuse et ciselée, empreinte de formidables nuances qui vont du thé fumé à l'orange sanguine, Les Amoureuses est un vin magnifique qui brille de mille feux, drapé dans une magistrale étoffe. Sans la moindre aspérité, c'est un vin éclatant, à la vitalité contagieuse. Notes de vanille et de fleur de vigne dans la bouche droite et élancée du corton-charlemagne. Complet, structuré comme un rouge, il encadre son fruit mûr dans une trame de vaste dimension.

- Corton-Charlemagne Grand Cru 2019 — N.C. 96
- Chambolle-Musigny 2019 — de 200 à 230 € (c) 93
- Chambolle-Musigny Premier Cru Les Amoureuses 2019 — de 2 500 à 3 000 € (c) 100
- Chambolle-Musigny Premier Cru Les Cras 2019 — de 380 à 450 € (c) 96
- Morey-Saint-Denis Premier Cru Clos de La Bussière 2019 — de 150 à 200 € (c) 95

- Ruchottes-Chambertin Grand Cru 2019 de 450 à 550 € (c) 97

Le coup de ♥

- Bonnes-Mares Grand Cru 2019 de 1 500 à 1 800 € (c) 98

Rouge : 11,67 hectares. Pinot noir 100 %
Blanc : 0,2 hectare. Chardonnay 100 %
Production moyenne : 40 000 bt/an

DOMAINE GEORGES ROUMIER
Rue de Vergy, 21220 Chambolle-Musigny
03 80 62 86 37 • www.roumier.com • Vente et visites : sur RDV.
Propriétaire : Christophe Roumier

★★★ DOMAINE ARMAND ROUSSEAU

Ce domaine, un des fleurons de la viticulture bourguignonne, a été précurseur dès les années 1920 des mises en bouteilles à la propriété. Après une période, dans les années 1980-1990, durant laquelle le style des vins pouvait sembler léger et manquer de densité par rapport aux exigences d'extraction et de concentration qui prévalaient à l'époque, les bouteilles du domaine sont devenues aujourd'hui des objets de culte et l'incarnation d'un nouveau classicisme. Les vins ont pourtant conservé leurs fondamentaux, même si Éric Rousseau (et maintenant sa fille Cyrielle) les ont fait progresser par petites touches et ont trouvé leurs marques avec un subtil mélange d'élégance, de noblesse, de densité, mais aussi de soyeux et de notes tendrement épicées qui rendent les vins du domaine reconnaissables entre tous. La régularité de la qualité, bien servie par un patrimoine de vignes exceptionnel, compte tenu de la disparité des cuvées et des millésimes, est proprement époustouflante.

Les vins : fraîcheur et finesse de texture dans le gevrey, un modèle d'épure et de précision dans ce type de millésime solaire. La finesse de Lavaux Saint-Jacques se fait lancinante : fruit revigorant, tension fraîche et éclat minéral rayonnent au long d'une superbe finale. Le ruchottes déploie toute sa sève élancée. Sa finesse de texture s'appuie sur une fraîcheur intrinsèque et devient vibrante en finale. Incroyable qualité de fruit de Clos Saint-Jacques : matière de taffetas mûre et friande qui prend un volume admirable à l'air. Radieuse, la finale nous subjugue et fait oublier la concentration. La noblesse d'expression du clos-de-bèze s'impose tout en douceur. Très étoffé, sans aspérités, ce vin à la trame si concentrée réussit le tour de force de rester aimable et lumineux dès sa prime jeunesse, livrant un aperçu des immenses promesses à venir, avec la qualité tactile calcaire de sa finale qui va crescendo. Nez de fève de cacao, de zan et de mûres dans l'immense chambertin, plus réservé et vigoureux : sa noblesse d'expression, si complémentaire de celle du clos-de-bèze, recèle une envergure exceptionnelle, où la fraîcheur tellurique affleure.

- Chambertin Clos de Bèze Grand Cru 2019 Épuisé - de 2 000 à 2 400 € (c) 100
- Gevrey-Chambertin 2019 Épuisé - N.C. 93
- Gevrey-Chambertin Premier Cru Clos Saint-Jacques 2019 Épuisé - N.C. 99
- Gevrey-Chambertin Premier Cru Lavaux Saint-Jacques 2019 Épuisé - N.C. 95
- Ruchottes-Chambertin Grand Cru Clos des Ruchottes Monopole 2019 Épuisé - N.C. 97

Le coup de ♥

- Chambertin Grand Cru 2019 Épuisé - N.C. 100

Rouge : 15 hectares.
Production moyenne : 65 000 bt/an

DOMAINE ARMAND ROUSSEAU
1, rue de l'Aumônerie
21220 Gevrey-Chambertin
03 80 34 30 55 •
www.domaine-rousseau.com • Pas de visites.
Propriétaire : Éric Rousseau

★★★ DOMAINE JEAN TRAPET PÈRE ET FILS

Producteur attentif et sensible, adepte convaincu de la biodynamie, Jean-Louis Trapet a positionné très haut le domaine familial. Une succession lui a fait perdre une partie de ses vignes au profit de ses cousins Rossignol, mais il dispose toujours d'un beau patrimoine avec trois grands crus et deux premiers crus. Toutes les cuvées sont également abouties, en grand comme en petit millésime, avec un respect du terroir digne d'éloges et dans un style qui fait honneur à la Bourgogne. Les enfants de Jean-Louis, également très investis dans le domaine alsacien, commencent à seconder leur père. Les vins des derniers millésimes comportent des réussites d'anthologie.

Les vins : franchise de fruit charnu dans le bourgogne, vin gourmand mais sérieux. Nez de groseilles dans le marsannay, ample et nerveux, assez profond, précis et salivant, mais qui doit intégrer son léger boisé. Superbe gevrey aux tanins ciselés, vin joyeux et inspiré à la tonalité vive et florale. Supplément de fraîcheur aromatique et note de menthe dans Ostrea, dont la bouche svelte et nerveux est étirée par le végétal mûr, avec des tanins présents mais raffinés. Premier millésime pour Cuvée 1859, qui provient de la parcelle En Dérée. Assez épicé et sphérique, ce vin juteux et poivré présente des tanins un peu plus en relief. Matière ronde et charnue dans Clos Prieur, encore réservé mais déjà très gourmand. Nez de violette, réglisse et poivre du Sichuan, fruit délicat et ciselé dans Petite Chapelle, vin étoffé aux notes de zan en finale. Finement acidulé, il se montre plein de peps. Notes d'églantine, de fumé et de thé de Chine dans le caressant chapelle-chambertin. Nez de ronces d'un extrême raffinement avec une note sauvage dans l'exquis latricières : tout en distinction naturelle, délicatesse de petits fruits sapides, il est interminable et provoque un frisson. Nez de cacao, d'épices et de fruits noirs dans le magistral chambertin, vin voluptueux qui prend un volume inouï en bouche avec la force du terroir, tout en douceur de texture et tanins soyeux.

- Bourgogne 2019 N.C. 92
- Chambertin Grand Cru 2019 500 € 100
- Chapelle-Chambertin Grand Cru 2019 300 € 98
- Gevrey-Chambertin 2019 N.C. 94
- Gevrey-Chambertin Cuvée 1859 2019 N.C. 94
- Gevrey-Chambertin Ostrea 2019 N.C. 95
- Gevrey-Chambertin Premier Cru Clos Prieur 2019 120 € 95
- Gevrey-Chambertin Premier Cru Petite Chapelle 2019 120 € 96
- Marsannay 2019 N.C. 92

Le coup de ♥

- Latricières-Chambertin Grand Cru 2019 300 € 99

Rouge : 17 hectares.
Blanc : 2 hectares.
Production moyenne : 65 000 bt/an

DOMAINE JEAN TRAPET PÈRE ET FILS ☾

53, route de Beaune,
21220 Gevrey-Chambertin
03 80 34 30 40 • www.trapet.fr • Vente et visites : sur RDV.
Propriétaire : Famille Trapet
Directeur : Pierre & Louis Trapet

★★ DOMAINE ARLAUD

Le domaine Arlaud s'impose comme l'une des valeurs montantes de Morey-Saint-Denis. Bertille Arlaud, la sœur, est aux labours avec son cheval, son frère Cyprien intervient en cave comme dans les vignes. Certifié en biodynamie depuis 2014, le domaine a perçu rapidement qu'il n'y avait pas besoin d'élaborer des vins extraits pour viser l'excellence : des raisins sains et de haute qualité suffisent. Avec un travail des sols portant ses fruits, des élevages de mieux en mieux maîtrisés et des notes boisées mieux intégrées, les vins sont d'une grande pureté, fins et très élégants, incluant quatre grands crus vinifiés en vendange partiellement égrappée, et une superbe entrée de gamme avec le bourgogne Roncevie. Les élevages des derniers millésimes sont particulièrement bien intégrés.

Les vins : délicatesse de fruit et élan floral dans le bourgogne, juteux à souhait et finement élancé, un peu strict en finale. Passé la fine réduction, le chambolle livre une trame assez franche, dont les tanins moelleux forment un bel écrin à la texture travaillée. Finement fumé, assez élégant, Les Ruchots livre une sève sanguine, svelte mais ferme, qui se déploie en tanins poudrés et friands. Notes de cuir, de cendres froides et de pivoine dans Les Sentiers. Ce vin ouvragé offre un fruit assez onctueux, bien mûr, épicé et persistant. Fruit délicat et subtil dans Les Combottes, vin aux notes de framboise, à l'élégance de tanins notable : laissons-lui le temps d'exprimer toute la finesse qu'il recèle. Matière très fine et pulpeuse, proche du raisin, qui a conservé beaucoup de fraîcheur dans le charmes-chambertin à la superbe allonge minérale aux notes de graphite et de fusain qui aiguisent sa finale. Matière encore plus épurée et élancée dans le clos-saint-denis, dont la très fine trame juteuse et persistante imprime sa marque lancinante. Agrémenté d'une note de violette, le bonnes-mares rayonne d'un fruit bien mûr mais très pur, qui respecte les dimensions terriennes et toute la sève du cru au sein d'une chair finement crémeuse et sensuelle.

- Bonnes-Mares Grand Cru 2019 280 € 98
- Bourgogne Roncevie 2019 19 € 91
- Chambolle-Musigny 2019 53 € 92
- Chambolle-Musigny Premier Cru Les Sentiers 2019 82 € 94
- Charmes-Chambertin Grand Cru 2019 160 € 96
- Clos de la Roche Grand Cru 2019 170 € 96
- Gevrey-Chambertin Premier Cru Aux Combottes 2019 88 € 94

- Morey-Saint-Denis Premier Cru Les Ruchots 2019 73 € 93

Le coup de ♥

- Clos Saint-Denis Grand Cru 2019 210 € 97

Rouge : 13,8 hectares.
Blanc : 1,2 hectare.
Production moyenne : 60 000 bt/an

DOMAINE ARLAUD
41, rue d'Épernay, 21220 Morey-Saint-Denis
03 80 34 32 65 • www.domainearlaud.com •
Vente et visites : sur RDV.
Propriétaire : Famille Arlaud

★★ DOMAINE ARNOUX-LACHAUX

Charles Lachaux, 32 ans, vinifie depuis 2012 au domaine familial, qui possède un patrimoine impressionnant avec, entre autres, trois premiers crus de Vosne et pas moins de quatre grands crus. En quelques années, il a radicalement changé le style des vins qu'affectionnait son père Pascal : fini, les extractions et les élevages qui graissent les vins, on recherche maintenant des cuvaisons courtes, et la proportion de fûts neufs a drastiquement diminué. Grand admirateur des vins du domaine Leroy, le jeune vigneron s'en inspire à la vigne avec des palissages hauts, l'arrêt complet du rognage et l'emploi intégral de la vendange entière. Il en résulte des vins infusés, riches de textures délicates issues de raisins pulpeux, d'une grande noblesse aromatique, mais les rendements, comme en 2019, sont minuscules. Des efforts considérables ont été fournis par ce domaine, un des plus excitants du paysage bourguignon actuel.

Les vins : fruit frais, fin et sapide, d'une belle intégrité de fruit dans le bourgogne. Nez de framboise dans le chambolle, au profil élancé et au fruit pur, doté de tanins soyeux, dans un profil très subtil. Matière scintillante, ample et moelleuse dans Les Procès, vin profond et éclatant au fruit pulpeux et à la finale saline. Vin dynamique, lumineux et parfumé, le Clos des Corvées Pagets se distingue par ses tanins suaves et sa finale lancinante. Fraîcheur mentholée et petits fruits des bois dans le latricières, très subtil et d'un grand raffinement naturel : un vin virtuose, élancé et d'une précision de saveurs millimétrée. Ravissant nez de fruits rouges, grande envergure de chair dans Les Grands Suchots, doté d'une délicieuse mâche réglissée et très persistante. Nez envoûtant, chair de taffetas tout en séduction dans la romanée-saint-vivant, très habilement cadrée par un léger boisé blond qui souligne son volume et l'allonge. Transparence aromatique et note d'églantine très noble dans Les Reignots, dont le raffinement de texture et la délicatesse lumineuse crée l'émotion, et mérite de passer après la saint-vivant.

- Bourgogne Pinot Fin 2019 24 € 92
- Chambolle-Musigny 2019 55 € 93
- Nuits-Saint-Georges Premier Cru Clos des Corvées Pagets 2019 N.C. 95
- Nuits-Saint-Georges Premier Cru Les Procès 2019 70 € 94
- Romanée Saint-Vivant Grand Cru 2019 N.C. 98
- Vosne-Romanée Premier Cru Les Reignots 2019 N.C. 98
- Vosne-Romanée Premier Cru les Grands Suchots 2019 N.C. 97

Le coup de ♥

- Latricières-Chambertin Grand Cru 2019 280 € 97

Rouge : 14 hectares.
Production moyenne : 40 000 bt/an

DOMAINE ARNOUX-LACHAUX
3, RD 974, 21700 Vosne-Romanée
03 80 61 08 41 • www.arnoux-lachaux.com •
Vente et visites : sur RDV.
Propriétaire : Famille Lachaux
Directeur : Charles Lachaux

★★ DOMAINE BRUNO CLAIR

Petit-fils de Joseph Clair, le fondateur du célèbre domaine Clair-Daü, Bruno Clair élabore avec l'aide de ses enfants des bourgognes classiques, souvent vifs et tranchants ; quelques années de garde leur sont indispensables. Ils sont immédiatement reconnaissables à leur matière épurée et leur belle persistance. Le domaine a mis en valeur les terroirs de Marsannay et de Gevrey-Chambertin, dont le magnifique Clos Saint-Jacques et la pièce maîtresse du domaine : l'élégant et raffiné clos-de-bèze. En 2014, le domaine a récupéré 1 hectare de bonnes-mares dans la commune de Morey-Saint-Denis. Les blancs, plus méconnus, sont tout aussi remarquables. Le domaine est d'une régularité digne d'éloges et ne nous a jamais semblé aussi en forme.

Les vins : petite déception avec les 2019 très mûrs, qu'il faudra attendre pour qu'ils se patinent. Précis et citronné, le marsannay blanc est un peu chaleureux en finale. Supplément de fraîcheur, chair moelleuse et tendre dans le morey blanc, allongé par sa finale crayeuse. Profil ciselé et pénétrant dans le corton-charlemagne, intense et solaire, qu'on laissera sagement vieillir pour que son feu intérieur s'assagisse. Grande finesse de texture dans le marsannay rouge, mûr et pourvu de tanins poudrés, encore strict en finale. Profil plus tendu et frais dans le morey rouge, qui livre des saveurs de cannelle et de griotte : un peu enrobé, il n'a rien perdu de son élan. Fruits très mûrs et notes mentholées dans le vosne, doté de tanins assez juteux, mais alangui et chaleureux en finale. Assez immature, le chambolle se fait compoté et crémeux, avec un peu de sécheresse en finale. Notes de liqueur de cassis dans Cazetiers : si la maturité du fruit est très poussée, le vin garde du tonus et un support acide sous-jacent et des tanins bien denses. Très mûr, le fruit du Clos Saint-Jacques irradie en bouche : ce grand terroir a su préserver plus de fraîcheur et de nervosité dans sa matière réglissée, sirupeuse mais brillante. Notes terriennes, humus et bois de santal dans le bonnes-mares, buriné et ombrageux, dont la noble austérité et la tension en finale équilibrent la richesse solaire.

- Corton-Charlemagne Grand Cru 2019 — Épuisé - 115 € — 95
- Marsannay Source des Roches 2019 — 23 € — 90
- Morey-Saint-Denis En la Rue de Vergy 2019 — Épuisé - de 46,50 à 75 € (c) — 91
- Bonnes-Mares Grand Cru 2019 — 250 € — 97
- Chambolle-Musigny Premier Cru Les Charmes 2019 — Épuisé - 105 € — 92
- Gevrey-Chambertin Premier Cru Cazetiers 2019 — Épuisé - 108 € — 94
- Gevrey-Chambertin Premier Cru Clos Saint-Jacques 2019 — Épuisé - 170 € — 95
- Marsannay Les Grasses Têtes 2019 — 32 € — 91
- Morey-Saint-Denis En la Rue de Vergy 2019 — 50,50 € — 92
- Vosne-Romanée Les Champs Perdrix 2019 — 63 € — 92

Rouge : 19,42 hectares.
Blanc : 4,03 hectares.
Production moyenne : 110 000 bt/an

DOMAINE BRUNO CLAIR
5, rue du Vieux-Collège,
21160 Marsannay-la-Côte
03 80 52 28 95 • www.bruno-clair.com •
Vente et visites : sur RDV.
Propriétaire : Famille Clair
Directeur : Bruno Clair
Maître de chai : Edouard et Arthur Clair

★★ DOMAINE COMTE GEORGES DE VOGÜÉ

Implanté à Chambolle-Musigny, ce domaine est l'une des propriétés majeures de la Côte-d'Or. Il possède la plus grande superficie en Musigny, complétée par quelques crus magnifiques comme le chambolle-musigny Les Amoureuses, le bonnes-mares, ainsi qu'un rare musigny blanc (déclassé en bourgogne blanc entre 1993 et 2015, suite à la replantation). Les vignes de Musigny (rouge) de moins de 25 ans sont repliées en Chambolle-Musigny premier cru. Les vins de cette propriété ont toujours été cités en exemple, à la fois pour leur régularité, leur raffinement et leur longévité. Ils donnent une lecture très épurée du terroir, avec un fruit d'une grande netteté, des vins tout en délicatesse et en nuances, jamais démonstratifs. Leur beauté froide est aussi le reflet de la vision que François Millet, qui vinifie depuis 1985 au domaine, s'est forgé de ces terroirs d'exception. Nous sommes sensibles à ses choix avisés, à l'élégance innée qu'il sait imprimer à ces vins hors des modes.

Les vins : le domaine ne nous ayant pas fait parvenir ses vins, nous sommes amenés à reconduire les notes de l'année dernière.

- Bonnes-Mares Grand Cru 2018 — de 500 à 600 € (c) — 97
- Chambolle-Musigny Premier Cru 2018 — de 250 à 300 € (c) — 96
- Chambolle-Musigny Premier Cru Les Amoureuses 2018 — de 800 à 850 € (c) — 98

Le coup de ♥

- Musigny Grand Cru 2018 — de 750 à 900 € (c) — 99

Rouge : 11,84 hectares. Pinot noir 100 %
Blanc : 0,66 hectare. Chardonnay 100 %
Production moyenne : 36 000 bt/an

DOMAINE COMTE GEORGES DE VOGÜÉ
Rue Sainte-Barbe, 21220 Chambolle-Musigny
03 80 62 86 25 • Vente et visites : sur RDV.
Propriétaire : Baronne B. de Ladoucette

★★ DOMAINES DAVID DUBAND - FRANÇOIS FEUILLET

Depuis 1991, date à laquelle il a repris le domaine familial, David Duband a parcouru bien du chemin. Il a débuté, comme les vignerons de sa génération, en produisant des vins denses et concentrés, souvent marqués par des notes boisées dominant le fruit. Petit à petit, il s'est éloigné de ce style pour aller vers la finesse. À partir du millésime 2008, s'amorce un virage avec l'arrivée de vinifications en raisins non égrappés. Propriétaire de très beaux terroirs en Côte de Nuits, l'homme d'affaires François Feuillet (dont les vins sont aussi sous son nom) a misé juste en confiant ses vignes à David Duband. Aujourd'hui, ses cuvées précises et gracieuses font honneur à la Bourgogne. Cette production soignée et élégante vieillit fort bien et possède de grandes qualités : les 2019 sont ici une superbe réussite.

Les vins : finesse et délicatesse de fruit dans la cuvée Louis-Auguste, mûre et friande. Délié et assez élégant, le morey atteint un ciselé de texture enviable. Trame calcaire large et ferme dans Clos Sorbè, cadré de tanins fins qui roulent sur la langue avec un éclat minéral. Nez de cassis et beaucoup de moelleux dans Les Procès, vin enrobé et profond à la finale étoffée et sapide. Marqué par l'apport de vendange entière, Les Sentiers offre une sève vigoureuse et une allonge florale et suave. Ce vin sérieux mais séducteur a un bel éclat en finale. Complexité aromatique, notes d'agrumes et d'épices dans l'échézeaux, doux et profond, assez distingué et subtil, à la matière luxuriante et à la finale de réglisse et cerise noire. Sève fraîche et profil nerveux dans le latricières, dont la puissance s'enfouit dans un moelleux de petits fruits compotés. Caractère onctueux, caressant et séducteur dans le très soigné et profilé chambertin : sa chair de très grande envergure soutient pleinement la maturité du fruit, avec une persistance énergique.

- Bourgogne Hautes-Côtes de Nuits Louis Auguste 2019 — 22,50 € — 90
- Chambertin Grand Cru 2019 — 310 € — 98
- Chambolle-Musigny Premier Cru Les Sentiers 2019 — 108 € — 94
- Latricières-Chambertin Grand Cru 2019 — 270 € — 97
- Morey-Saint-Denis 2019 — 40 € — 92
- Morey-Saint-Denis Premier Cru Clos Sorbé 2019 — 67,50 € — 93
- Nuits-Saint-Georges Premier Cru Les Procès 2019 — 70 € — 94

Le coup de ♥

- Echezeaux Grand cru 2019 — 180 € — 96

Rouge : 20 hectares. Pinot noir 100 %

Blanc : 0,5 hectare. Chardonnay 100 %

Production moyenne : 120 000 bt/an

DOMAINES DAVID DUBAND - FRANÇOIS FEUILLET ♣

12, rue du Lavoir, 21220 Chevannes

03 80 61 41 16 • www.domaine-duband.com • Vente et visites : sur RDV.

Propriétaire : David Duband et François Feuillet

★★ DOMAINE DUJAC

Le domaine Dujac incarne une vision affirmée du grand bourgogne, très marqué par la vinification en raisins entiers. Ces derniers exaltent la finesse aromatique unique du pinot même si, sur un vin très jeune, le tanin apparaît végétal et un rien rigide. Le long vieillissement (vingt ans ou plus) rend pleinement justice au parti pris d'élaboration, avec l'apparition de bouquets tertiaires souvent sublimes. Doté d'un superbe patrimoine de terroirs, le domaine s'est encore agrandi en 2005 de parcelles prestigieuses (Malconsorts, Romanée-Saint-Vivant, Chambertin) et en 2014 de vignes à Puligny-Montrachet. Comme de nombreuses propriétés qui connaissent le succès et ne peuvent répondre aux sollicitations, il a décidé de créer une petite structure d'achat de raisin. Aux superbes vins du domaine, s'ajoute désormais la production issue d'un petit négoce baptisé Dujac Fils et Père. Jérémy Seysses, sa femme Diana, œnologue, et son frère Alec sont aujourd'hui solidement aux commandes.

Les vins : une grande complexité aromatique dès le morey villages, qui regorge d'épices, de fleurs séchées et de fruits noirs : assez exubérant dans sa prime jeunesse, il se distingue déjà par sa gourmandise de chair. Avec ses notes de griotte et de cannelle, Aux Combottes se montre ravissant, bien mûr mais très sapide, paré d'éclats minéraux et de notes de zan en finale. Matière de grande envergure, caressante et voluptueuse dans Aux Malconsorts : sa justesse de saveurs, l'élégance innée de sa texture et son intensité en finale signent un très grand vin. Fleurs séchées, grenade et cerises confites rivalisent d'intensité au nez du Clos de la Roche. Sa trame d'étoffe précieuse, son envergure réglissée se fondent harmonieusement : une bouteille d'une distinction incroyable.

- Gevrey-Chambertin Premier Cru Aux Combottes 2019 — Épuisé - 123,50 € — 95
- Morey-Saint-Denis 2019 — Épuisé - 49 € — 93

- Vosne-Romanée Premier Cru Aux Malconsorts 2019 — Épuisé - 205,90 € — 97

Le coup de ♥

- Clos de la Roche Grand cru 2019 — Épuisé - 229,70 € — 99

Rouge : 14,3 hectares.
Blanc : 3,15 hectares.
Production moyenne : 70 000 bt/an

DOMAINE DUJAC ♣
7, rue de la Bussière,
21220 Morey-Saint-Denis
03 80 34 01 00 • www.dujac.com • Pas de visites.
Propriétaire : Famille Seysses
Directeur : Jérémy et Alec Seysses
Œnologue : Jérémy, Diana et Alec Seysses

★★ ↗ DOMAINE DUROCHÉ

Vigneron à Gevrey-Chambertin, Gilles Duroché vendait beaucoup au négoce. L'arrivée en 2005 de son fils Pierre fait évoluer le domaine qui met désormais en bouteille la totalité de sa petite production. Le vignoble du domaine fait la part belle à différents villages et premiers crus de Gevrey, mais comprend aussi en grand cru Charmes, Latricières et Chambertin Clos de Bèze, ainsi qu'une microscopique vigne en Griotte-Chambertin. Le travail est des plus sérieux à la vigne (travail intégral des sols, entretien d'un patrimoine de vignes âgées, parfois centenaires, replantées avec les sélections massales du domaine) comme en cave – levures indigènes, élevages longs sans soutirage, pas de collage ni de filtration. Il en résulte des vins d'une grande finesse, avec des textures délicates, et une recherche avouée d'acidité et d'énergie. Vigneron discret, talentueux, Pierre Duroché affirme un style des plus convaincants, et progresse à chaque millésime, permettant cette année l'obtention de la deuxième étoile.

Les vins : le gevrey respire la fraise, vin précis au volume moelleux et charnu, qui conserve dans son fruit une forme de sucrosité très intégrée. Grande finesse aromatique dans le gevrey Etelois, suave et éclatant, dont la dimension juteuse et friande révèle des saveurs de grenade et d'orange sanguine. Nez assez sauvage, ronces et menthe, et une fraîcheur épicée dans le Lavaux Saint-Jacques. Sa bouche raffinée s'adosse à des tanins friands, en un volume sans aspérités, prolongé d'une finale très pure. Taffetas de petits tanins friands dans le radieux latricières, délicat et élancé mais sans la moindre minceur, avec des notes de fruits des bois. Plus lent à se livrer, le-clos-de-bèze livre des notes de violette et de fruits cristallisés. Le grand volume de chair juteuse est porté par une trame tannique précise et droite. Le moelleux charnel du millésime sert admirablement le caractère du cru.

- Chambertin-Clos-de-Bèze Grand Cru 2019 — N.C. — 98
- Gevrey-Chambertin 2019 — 60 € (c) — 92
- Gevrey-Chambertin Aux Etelois 2019 — N.C. — 94
- Latricières-Chambertin Grand Cru 2019 — N.C. — 97

Le coup de ♥

- Gevrey-Chambertin Premier Cru Lavaux Saint-Jacques 2019 — 225 € — 95

Rouge : 8,1 hectares.
Blanc : 0,4 hectare.
Production moyenne : 30 000 bt/an

DOMAINE DUROCHÉ
5-7, place du Monument,
21220 Gevrey-Chambertin
03 80 34 19 10 •
pierre@domaine-duroche.com • Pas de visites.
Propriétaire : Pierre Duroché

★★ DOMAINE HENRI GOUGES

Depuis près d'un siècle, la famille Gouges défend la qualité des vins de Nuits-Saint-Georges en général, et ceux du domaine familial en particulier. En 1929, ce dernier fut parmi les tout premiers à mettre en bouteille à la propriété. Il est aujourd'hui entre les mains de Christian Gouges, secondé par Grégory et Antoine Gouges. Le patrimoine de vignes comprend six premiers crus en Nuits-Saint-Georges rouges, et un premier cru blanc, le confidentiel mais fascinant La Perrière, issu d'une mutation du pinot noir. Avec une régularité sans faille, le domaine donne naissance à des vins francs, droits et profonds, qui ont su conquérir le goût d'amateurs exigeants. Aucun artifice d'élevage ni effet de style n'est utilisé. S'il faut toujours savoir être patient pour capter toute la complexité d'un grand Saint-Georges, Les Vaucrains ou Les Pruliers, les vins ont, depuis quelques millésimes, gagné en finesse et en soyeux avec des extractions plus douces, et un fruit plus tendre et immédiat, sans renier pour autant leur vigueur ni leur capacité de garde.

Les vins : vif et frais, le hautes-côtes-de-nuits se livre sur le fruit. Notes anisées, de pomme et de fleurs blanches dans l'original nuits La Perrière, vin peu acide doté de gras et d'une belle allonge. Énergique, le nuits villages offre un fruit ample et charnu, précis et juteux. Très intense et mûr, le fruit réglissé du Clos des Porrets s'enrobe de gros tanins charnus. Il est encore un peu compact et demande à vieillir. Nez de cerise noire dans Les Pruliers, vin intense, précis, dont le fruit resplendit avec beaucoup de fraîcheur et une finesse de tanins inhabituelle pour ce terroir. Cassis, cuir et coulis de mûres sont présents dans Les Vaucrains, énergique et plein de nerf, véritable boule de fruit compact et acidulé. Vibrant, tenu par sa trame serrée et sa chair musclée, l'imposant saint-georges présente des tanins très policés : majestueux, ce grand vin possède une finale lancinante qui regorge de tonus et de sève.

- Bourgogne Hautes-Côtes de Nuits les Dames Huguette 2019 — 29 € — 90
- Nuits-Saint-Georges Premier Cru La Perrière 2019 — 86 € — 94
- Nuits-Saint-Georges 2019 — 48 € — 92
- Nuits-Saint-Georges Premier Cru Clos des Porrets Saint-Georges 2019 — 58 € — 94
- Nuits-Saint-Georges Premier Cru Les Saint-Georges 2019 — 145 € — 97
- Nuits-Saint-Georges Premier Cru Les Vaucrains 2019 — 99 € — 96

Le coup de ♥

- Nuits-Saint-Georges Premier Cru Les Pruliers 2019 — 79 € — 95

Rouge : 13,2 hectares.
Blanc : 1,3 hectare.
Production moyenne : 60 000 bt/an

DOMAINE HENRI GOUGES
7, rue du Moulin, 21700 Nuits-Saint-Georges
03 80 61 04 40 • www.gouges.com • Pas de visites.
Propriétaire : Famille Gouges

★★ DOMAINE JEAN GRIVOT

Ce domaine possède un superbe patrimoine de vins, dont pas moins de douze premiers crus et trois grands crus. Vigneron emblématique de Vosne-Romanée, Étienne Grivot aime les maturités fraîches et cela se sent dans la qualité de ses vins. Un style classique dans le meilleur sens du terme, épuré et vif, qui a ses adeptes mais qui, parfois, par une certaine forme d'austérité, a pu dérouter des amateurs de vins plus généreux. Depuis quelques millésimes, coïncidant avec l'arrivée de Mathilde et Hubert, les enfants d'Étienne, les vins possèdent davantage de chair et de richesse, et témoignent de maturités plus justes, avec des élevages plus adaptés, dont jamais plus d'un tiers de fût neuf. Toutes les cuvées en ont tiré profit : elles offrent davantage de soyeux et de volume, sont désormais approchables plus jeunes, sans trahir cette fraîcheur qui signe leur succès mondial. Depuis 2015, la qualité est en progression constante, avec des 2018 et 2019 particulièrement exceptionnels.

Les vins : vin pur, éclatant, d'une grande précision de saveurs, Aux Lavières a des tanins poudrés et suaves. Notes florales délicates dans le vosne Bossières, vin radieux et raffiné. Merveilleux raffinement aromatique dans Aux Boudots, infusé et serein, porté par un souffle frais lumineux : nous sommes en admiration devant la justesse et la persistance de ce vin. Floral, aérien, doté d'une petite pulpe de fruit irrésistiblement gourmande, Les Beaux Monts est un rêve de vosne-romanée, somptueux dans sa texture, précis et voluptueux. Vigoureux, empreint d'une énergie terrienne, l'échezeaux est un vin sphérique et profond qui prend des dimensions hors du commun. Large et moelleux, le clos-de-vougeot est un grand vin buriné et fumé, qui intègrera tranquillement son élevage, encore assez marqué à ce stade. Son volume conquérant en fait un vin seigneurial.

- Clos de Vougeot Grand Cru 2019 — 183,30 € — 96
- Echezeaux Grand Cru 2019 — 245,40 € — 97
- Nuits-Saint-Georges Aux Lavières 2019 — 42,10 € — 93
- Nuits-Saint-Georges Premier Cru Aux Boudots 2019 — 106,40 € — 95
- Vosne-Romanée Bossières 2019 — 58,40 € — 94

Le coup de ♥

- Vosne-Romanée Premier Cru Les Beaux Monts 2019 — 146,30 € — 96

Rouge : 14,6 hectares.
Blanc : 0,22 hectare.
Production moyenne : 75 000 bt/an

DOMAINE JEAN GRIVOT
6, rue de la Croix-Rameau,
21700 Vosne-Romanée
03 80 61 05 95 • www.domainegrivot.fr • Vente et visites : sur RDV.
Propriétaire : Famille Grivot
Directeur : Étienne, Marielle, Mathilde et Hubert Grivot

★★ DOMAINE ROBERT GROFFIER PÈRE ET FILS

Ce domaine prisé depuis fort longtemps par les amateurs du monde entier voit la nouvelle génération lui impulser un nouveau souffle. Nicolas Groffier, né en 1984, et sa jeune sœur Julie, sont désormais aux commandes. Implanté à Morey-Saint-Denis, le domaine possède l'essentiel de ses vignes à Chambolle-Musigny, avec entre autres, une magnifique parcelle dans Les Amoureuses. Des villages aux grands crus, les vins se révèlent fins, avec ce soyeux de texture qui symbolise à merveille le style du domaine. Comme le précise Nicolas Groffier, la recherche du domaine est axée sur "la concentration par les raisins et non en cave". Pari réussi sur toute la gamme. À partir du millésime 2014, le domaine ne commercialise plus que la moitié du dernier millésime, et préfère désormais ressortir des vins à maturité, conscient que nombre d'entre eux sont sans doute bus trop tôt et sujets à spéculation. Nous saluons ce souci louable, dont d'autres domaines seraient bien avisés de s'en inspirer.

Les vins : le Passetoutgrain est vif, assez nerveux et un rien végétal dans sa finale. Subtil et parfumé, le bourgogne prend le parti du croquant du raisin, avec une matière très affinée. Élegant et floral, Les Seuvrées se mortre raffiné : c'est un vin précis et élégant dans sa texture comme dans ses saveurs de petits fruits rouges. Encore assez réservé, Les Sentiers s'enrichit d'une sève moelleuse étirée par la vendange entière. Très bien constitué, c'est un vin à attendre impérativement. Très belle dimension florale dans Les Hauts Doix, vin soyeux et rayonnant dont la trame délicate se prolonge avec persistance. Nez de fleurs séchées et d'épices douces dans Les Amoureuses, radieux dans l'éclat somptueux de son fruit : la fraîcheur et l'émotion suscités par cet immense terroir sont au rendez-vous dans ce vin brillant et énergique. Grande expression aromatique de petits fruits noirs, de terre fraîche et une note fumée dans le bonnes-mares, tonique, véloce et profond, dont la mâche de tanins réglissés regorge de vitalité. Petits fruits des bois et menthe sauvage dans l'admirable Clos de Bèze, épuré et limpide, qui va à l'essentiel. Sa sève incroyablement racée s'épanouira progressivement dans les prochaines décennies.

- Bonnes-Mares Grand Cru 2019 — de 400 à 580 € (c) — 97
- Bourgogne 2019 — 49 € (c) — 90
- Bourgogne Passetoutgrain 2019 — 30 € (c) — 89
- Chambolle-Musigny Premier Cru Les Amoureuses 2019 — de 375 à 550 € (c) — 97
- Chambolle-Musigny Premier Cru Les Hauts Doix 2019 — de 170 à 220 € (c) — 95
- Chambolle-Musigny Premier Cru Les Sentiers 2019 — de 170 à 230 € (c) — 94
- Gevrey-Chambertin Les Seuvrées 2019 — de 60 à 100 € (c) — 93

Le coup de ♥

- Chambertin Clos de Bèze 2019 — de 450 à 650 € (c) — 98

Rouge : 8 hectares. Pinot noir 100 %
Production moyenne : 43 000 bt/an

DOMAINE ROBERT GROFFIER PÈRE ET FILS
3, route des Grands-Crus,
21220 Morey-Saint-Denis
06 33 61 16 72 • domaine.groffier@gmail.com • Pas de visites.
Propriétaire : Famille Groffier
Directeur : Nicolas Groffier

★★ ALAIN HUDELOT-NOËLLAT

Depuis 2008, le domaine Hudelot-Noëllat a été pris en charge par Charles Van Caneyt, petit-fils d'Alain Hudelot. Ce dernier lui a confié les clefs du domaine, alors qu'il sortait tout juste de l'école, et Charles a signé ses premiers vins en 2008. Le domaine possède un très bel éventail de premiers crus et un trio de grands crus comprenant un richebourg, une romanée-saint-vivant et un clos-de-vougeot. Si on a toujours produit ici de bons vins de facture classique, l'arrivée de la nouvelle génération impulse une évolution plus qu'une révolution. Au programme : la remise en labour des sols, la baisse des rendements et des raisins moins triturés en cave avec l'utilisation très partielle de vendanges non égrappées. Cette multitude de petits détails apporte aux vins un supplément de finesse, de soyeux et de profondeur, du simple village jusqu'au cru le plus magnifique du domaine, la romanée-saint-vivant.

Les vins : Les Beaumonts s'exprime avec beaucoup de richesse, équilibré et pénétrant : il se présente très mûr mais la fraîcheur gustative est omniprésente. Notes d'encens et de fleurs exotiques dans le très expressif Les Suchots, charnu et raffiné, doté d'une mâche savoureuse et d'une élégante rémanence mentholée. Avec son nez cendré et de fruits noirs, le clos-de-vougeot se montre assez introverti, richement doté en sève et assez pénétrant, mais sa finale épicée est encore serrée. Vin épuré, long et ferme, admirablement proportionné et élancé, la saint-vivant déploie sa trame très droite et regorge de fruits noirs frais et délicatement épicés. Étoffé et velouté, le richebourg éblouit par les dimensions moelleuses et la profondeur abyssale de sa chair précise et brillante. Le millésime lui convient admirablement.

- Clos de Vougeot Grand cru 2019 Épuisé - 200 € 95
- Romanée-Saint-Vivant Grand Cru 2019 Épuisé - 600 € 97
- Vosne-Romanée Premier Cru Les Beaumonts 2019 Épuisé - 200 € 94
- Vosne-Romanée Premier Cru Les Suchots 2019 Épuisé - 200 € 95

Le coup de ♥

- Richebourg Grand Cru 2019 Épuisé - 600 € 98

Rouge : 10 hectares.
Blanc : 0,7 hectare.
Production moyenne : 60 000 bt/an

ALAIN HUDELOT-NOËLLAT
5, ancienne RN 74,
21220 Chambolle-Musigny
03 80 62 85 17 • www.domaine-hudelot-noellat.com/ • Pas de visites.
Propriétaire : Alain Hudelot-Noëllat
Directeur : Charles Van Caneyt

★★ DOMAINE THIBAULT LIGER-BELAIR

Devenu une référence incontournable, Thibault Liger-Belair a brillamment repris le domaine familial en 2001. Les vignes sont cultivées en bio et les rendements très maîtrisés. En matière de vinification, Thibault alterne matière et finesse en fonction des cuvées et effectue un travail très important de sélection des bois en partenariat avec ses deux tonneliers attitrés, se limitant à un maximum de 50 % de fût neuf. Suivant les cuvées et les millésimes, la proportion de raisins entiers varie sans dogmatisme. Installé depuis peu dans une nouvelle cuverie alimentée par géothermie et énergie solaire, Thibault Liger-Belair est un vigneron sincère qui affirme un style élégant et raffiné, et ses vins, vinifiés avec sensibilité, ne cessent de nous enthousiasmer.

Les vins : l'aligoté assume sa fraîcheur et son raffinement, finement mentholé et d'une grande douceur de texture. Délicat et infusé, le bourgogne est un délice de saveurs d'agrumes et de fruit pur et friand. Matière très mûre dans le côtes-de-nuits, assez robuste et dense, un peu en retrait à ce stade. La sucrosité du fruit frais emplit le chambolle, encore bien jeune mais déjà assez succulent. Avec son nez de bonbon à la violette et de myrtille, La Charmotte est désarmant de naturel et de franchise. Matière plus lâche et ouvragée dans Les Belles Croix, sapide et floral, idéalement désaltérant. Proche du raisin, velouté et pourvu d'une mâche charnue tout en gourmandise pulpeuse, Les Saint-Georges est un vin captivant, récolté très mûr mais parfaitement harmonieux. Exquises senteurs de cassis frais dans le charmes-chambertin, dont l'intégrité du fruit et la suave envergure s'accompagnent d'un souffle frais en finale. Notes de fleurs exotiques et d'épices orientales dans le clos-de-vougeot : ce vin voluptueux, empreint d'une rare vitalité de sève, brille déjà de mille feux dès sa prime jeunesse, avec une matière gracieuse et étoffée. Le raisin frais irradie le richebourg, un vin aux dimensions intimidantes, à la fois aérien et vigoureux, tout en puissance contenue, qui impose son pedigree avec une autorité naturelle et joyeuse. Magique !

- Bourgogne Aligoté Clos des Perrières la Combe 2019 17 € 92
- Bourgogne Les Grands Chaillots 2019 19 € 92
- Chambolle-Musigny Les Vieilles Vignes 2019 64 € 93
- Clos de Vougeot Grand Cru 2019 207 € 98
- Côte de Nuits-Villages Au Leurey 2019 30 € 91
- Nuits-Saint-Georges La Charmotte 2019 50 € 93
- Nuits-Saint-Georges Les Belles Croix 2019 50 € 93
- Nuits-Saint-Georges Premier Cru Les Saint-Georges 2019 120 € 97
- Richebourg Grand Cru 2019 525 € 99

Le coup de ♥

- Charmes-Chambertin Grand Cru 2019 180 € 98

Rouge : 8 hectares. Gamay noir à jus blanc 50 %, Pinot noir 50 %
Blanc : Aligoté 100 %
Production moyenne : 35 000 bt/an

DOMAINE THIBAULT LIGER-BELAIR ♣
32, rue Thurot, 21700 Nuits-Saint-Georges
03 80 61 51 16 • www.thibaultligerbelair.com • Vente et visites : sur RDV.
Propriétaire : Thibault Liger-Belair

★★ DOMAINE HUBERT LIGNIER

Le domaine Hubert Lignier fait partie des domaines de référence de Morey Saint-Denis, voire de la Côte de Nuits. À sa retraite, Hubert Lignier avait laissé ses vignes aux mains de son fils Romain, disparu en 2004, qui n'a eu de cesse de produire des vins comptant parmi les plus réguliers et les plus aboutis de Bourgogne. À partir de 2006, c'est Laurent Lignier, le fils aîné d'Hubert, qui a repris le domaine et récupéré en 2014 la totalité des vignes, dont une partie était louée à l'épouse de Romain. Travail en bio depuis 2011 (certification attendue pour les 2019), adjonction d'un peu de vendange entière, élevages particulièrement longs, jusqu'à 22 mois : Laurent est un vigneron sage qui respecte le style entier des vins du domaine, mais apporte ces dernières années plus de finesse, de l'éclat de fruit et une régularité sans faille à l'ensemble de la vaste gamme pour des vins nuancés du meilleur classicisme.

Les vins : beaucoup de fraîcheur dans Trilogie, tonique et équilibré. Association de fruit éclatant et de sève charnue dans Les Baudes, vin nerveux et ferme, aux tanins fins et abondants. Saveurs de noyau et de cerise dans La Riotte, vin sapide et frais, superbe de gourmandise et de plénitude. Chaffots est toujours d'une grande régularité, avec son profil svelte et frais, qui allie profondeur et allonge, soutenu par une acidité énergique. Intense sève minérale dans le morey Vieilles Vignes, qui offre un supplément de mâche et de complexité, avec une finale étoffée persistante. Grande garde prévisible. Notes florales et de cerise griotte dans Combottes, vin vivace aux tanins burinés d'une grande intensité en finale. Mûr et vigoureux, le charmes provient d'une parcelle située dans les Mazoyères. Sa trame tannique étoffée et ouvragée persistance signent un grand vin. Bonbon à la violette, myrtilles et airelles viennent agrémenter la bouche éclatante du clos-de-la-roche, tout en profondeur et intensité. Ensorcelante, la finale fait la queue de paon.

- Chambolle-Musigny Premier Cru Les Baudes 2019 — N.C. — 94
- Charmes-Chambertin Grand Cru 2019 — 220 € — 97
- Clos de la Roche Grand Cru 2019 — 300 € — 98
- Gevrey-Chambertin Premier Cru Combottes 2019 — 180 € — 96
- Morey-Saint-Denis Premier Cru Chaffots 2019 — 110 € — 95
- Morey-Saint-Denis Premier Cru La Riotte 2019 — N.C. — 94
- Morey-Saint-Denis Trilogie 2019 — 70 € — 92

Le coup de ♥

- Morey-Saint-Denis Premier Cru Vieilles Vignes 2019 — 140 € — 96

Rouge : 8,8 hectares. Pinot noir 97 %, Gamay noir à jus blanc 3 %
Achat de raisins.
Blanc : 0,7 hectare. Aligoté 100 %
Achat de raisins.
Production moyenne : 50 000 bt/an

DOMAINE HUBERT LIGNIER ♣
45, Grande-Rue, 21220 Morey-Saint-Denis
03 80 51 87 40 • www.hubert-lignier.com •
Vente et visites : sur RDV.
Propriétaire : Hubert et Laurent Lignier
Directeur : Laurent Lignier

★★ DOMAINE GEORGES MUGNERET-GIBOURG

Depuis le décès en 1988 du docteur Georges Mugneret, le domaine est géré avec sérieux et passion par ses deux filles, Marie-Christine et Marie-Andrée, qui ont chacune deux filles, dont certaines ont commencé à travailler en famille. Le style éminemment classique et pur des vins reflète, avec une régularité exceptionnelle, des expressions saines, raffinées et particulièrement attachantes des grands terroirs de la Côte de Nuits. Le domaine produit un excellent vosne-romanée, prêt assez jeune et d'une finesse rare, ce qui permettra d'attendre les dix ans nécessaires pour apprécier les splendides échezeaux, clos-de-vougeot et autres ruchottes-chambertin. Le domaine a récemment récupéré quelques vignes supplémentaires, permettant l'arrivée dès 2018 d'une nouvelle cuvée, le vosne-romanée nommé La Colombière, et a agrandi sa cave, pour travailler avec plus d'efficacité et de confort.

Les vins : merveilleux arômes floraux dans le vosne, un vin dont l'élégance naturelle s'impose avec la simplicité de ce qu'il y a de meilleur. Fruits noirs écrasés et note de poivre dans Les Chaignots, à la matière sphérique et moelleuse restée éclatante et nuancée : un modèle de nuits, envoûtant et voluptueux, qui possède un inimitable cachet. Note de graphite et de violette dans le ruchottes : sa maturité élevée s'accommode parfaitement de cette trame de petits tanins serrés et juteux, au sein de laquelle se loge l'expression ferme et raffinée du terroir.

- Nuits-Saint-Georges Premier Cru Les Chaignots 2019 — Épuisé - 80 € — 96

Vosne-Romanée 2019	Épuisé - 60 €	94

Le coup de ♥

Ruchottes-Chambertin Grand Cru 2019	230 €	98

Rouge : 7,5 hectares.
Production moyenne : 30 000 bt/an

DOMAINE GEORGES MUGNERET-GIBOURG
5, rue des Communes,
21700 Vosne-Romanée
03 80 61 01 57 • www.mugneret-gibourg.com
• Vente et visites : sur RDV.
Propriétaire : Marie-Christine Teillaud et Marie-Andrée Nauleau

★★ LAURENT PONSOT

Laurent Ponsot n'est pas vraiment un nouveau venu : après avoir passé trente-six ans au domaine Ponsot, il l'a quitté début 2017 mais a gardé en propriété (ou en métayage) 3 hectares (dont les grands crus Griotte-Chambertin et Clos Saint-Denis), à partir desquels il a reconstitué, en s'associant avec son fils Clément, une activité portant son nom et regroupant des vins issus du négoce comme de ses propres vignes. Laurent Ponsot s'attache à produire des vins "haute couture", sans chimie à la vigne, ni bois neuf en élevage, pour moitié en blancs issus de la Côte de Beaune et pour moitié en rouge. Les innovations (bouchons obturateurs technologiques, puces connectées sur les capsules...) sont fort astucieuses. Trop peu distribuée en France, cette nouvelle source de grands vins bourguignons nous a éblouis, gagne ses galons et confirme ses promesses. 4 hectares de vignes ont été rachetés en 2019 sur Gevrey et Chambolle, de nouveaux vins arrivent cette année, dont un magnifique bonnes-mares.

Les vins : plein et mûr, le meursault a un goût de noisette et une excellente acidité. Racé et tendu, Genevrières séduit par son nez de poivre vert et sa carrure athlétique. Expressif et parfumé, l'harmonieux et avenant corton-charlemagne est particulièrement charnu et complet : un grand blanc sûr de lui. Beaucoup de finesse aromatique dans le beaune premier cru, dont la structure est enfouie sous des saveurs veloutées et fraîches de fraise et framboise. Délicat et infusé, le soyeux et frais vosne se montre racé et consistant. Nerveux et frais, Les Sentiers se présente sans fard, avec une succulence de fruit et des tanins enrobés. Sensuel et rayonnant, le clos-de-bèze est un grand vin radieux, mentholé en finale, aux saveurs de fleurs séchées et de fruit cristallisé. Admirable griotte, exubérant dans la sensualité de son fruit qui évoque la fraise des bois. Aucune dureté dans le bonnes-mares, dont les tanins raffinés dessinent un vin félin, tout en puissance contenue. Somptueux nez poudré aux nuances d'agrumes, de bois précieux et de fleurs séchées dans le clos-saint-denis nourrissant et dense mais lumineux, pourvu de tanins tapissants : la plus grande expression de ce terroir que nous connaissons.

Corton-Charlemagne Grand Cru 2019	144 €	97
Meursault 2019	42 €	93
Meursault Premier Cru Genevrières 2019	108 €	96
Beaune Premier Cru 2019	42 €	93
Bonnes-Mares 2019	360 €	98
Chambertin-Clos-de-Bèze Grand Cru 2019	384 €	97
Chambolle-Musigny Premier Cru les Sentiers 2019	102 €	96
Clos Saint-Denis Grand Cru 2019	420 €	100
Vosne-Romanée 2019	46 €	93

Le coup de ♥

Griotte-Chambertin Grand Cru 2019	360 €	98

Rouge : 2 hectares. Pinot noir 100 %
Achat de raisins.

LAURENT PONSOT
10, rue des Cerisiers, ZA Petite Champagne,
21640 Gilly-lès-Cîteaux
03 80 41 03 27 • laurent-ponsot.webnode.fr/
• Pas de visites.
Propriétaire : Laurent Ponsot

★★ DOMAINE CÉCILE TREMBLAY

En quelques millésimes, cette talentueuse vigneronne a su s'imposer comme l'une des figures montantes de la nouvelle génération. En 2003, Cécile Tremblay a récupéré les vignes de ses arrière-grands-parents, des parcelles à la surface très limitée mais idéalement situées, à Vosne-Romanée, Morey-Saint-Denis, Chambolle-Musigny ou encore Gevrey-Chambertin, qu'elle a converties naturellement en bio. Adepte des vinifications en raisins non égrappés, cette vigneronne vise avant tout l'équilibre et obtient dans ses vins des textures extrêmement veloutées. Du vosne-romanée au chapelle-chambertin, ils sont devenus des références incontournables. Le domaine a évolué vers plus de pureté et de définition des terroirs, avec des vins qui n'ont jamais été aussi précoces d'accès, détendus et fins.

Les vins : beaucoup de fraîcheur dans le bourgogne, vin très fin, délicat et infusé. D'une rare précision de saveurs, le chambolle se fait éclatant et lumineux, fin dans ses tanins qui encadrent un fruit intègre. Saveurs pulpeuses et pointillistes dans le vosne-romanée, vin délicat mais ferme, floral, très friand mais sérieux. Très distingué, racé, les Feusselottes présente des notes de framboise et une allonge épicée. Persistant, complexe, son boisé est très intégré. Éclat minéral au nez, extrême pureté de saveurs dans Les Beaumonts : tel un déroulé de soie, ce vin gracieux est magistral de finesse. Vin ciselé, large mais vertical, l'échezeaux se montre brillant, tout en suavité de texture et envergure : un vin sans fard, une beauté froide. Avec son caractère plus retenu, fascinant dans ses nuances, le chapelle offre une matière épurée et lumineuse, d'un incroyable spectre aromatique jusque dans sa finale acidulée et lancinante.

- Bourgogne Côte d'Or 2019 — de 100 à 150 € (c) — 91
- Chambolle-Musigny Les Cabottes 2019 — de 300 à 350 € (c) — 94
- Chambolle-Musigny Premier Cru Les Feusselottes 2019 — de 500 à 550 € (c) — 95
- Chapelle-Chambertin Grand Cru 2019 — de 950 à 1 050 € (c) — 99
- Echezeaux Grand Cru Du Dessus 2019 — de 1 100 à 1 300 € (c) — 97
- Vosne-Romanée 2019 — de 250 à 300 € (c) — 94

Le coup de ♥

- Vosne-Romanée Premier Cru Les Beaumonts 2019 — de 600 à 650 € (c) — 96

Rouge : 4 hectares. Pinot noir 100 %

Production moyenne : 15 000 bt/an

DOMAINE CÉCILE TREMBLAY ♣

1, rue de la Fontaine, 21700 Vosne-Romanée

03 45 83 60 08 • www.domaine-ceciletremblay.fr • Vente et visites : sur RDV.

Propriétaire : Cécile Tremblay

★★ DOMAINE DE LA VOUGERAIE

Le domaine de la Vougeraie, créé en 1999 par la réunion des plus beaux terroirs de la maison Boisset, a désormais atteint un rythme de croisière de très haut niveau. Les 67 parcelles sur 34 hectares sont travaillées en biodynamie depuis 2001. Bénéficiant d'infrastructures modernes et d'une approche très respectueuse des terroirs en matière de vinification, le domaine s'impose comme un des plus prometteurs du paysage bourguignon actuel, et collectionne les succès. Pierre Vincent, qui était régisseur du domaine depuis 2006, est parti en 2017 au domaine Leflaive, mais la directrice Sylvie Poillot assure avec talent la continuité, avec des vins d'une régularité sans faille.

Les vins : nez de talc, d'amande et de fleur de vigne dans Vougeot blanc, jus scintillant et mûr à l'énergie salivante. Assez subtil et mûr, le puligny offre une note dominante de poire fraîche et se montre à la fois tendu et frais. Onctueux et caressant, le corton-charlemagne respecte le fruit mûr avec une chair douce et expressive. Légèrement fumé et beurré, le bâtard présente un volume admirable, avec une densité de mâche presque huileuse et de grands amers qui font vibrer la bouche. Plus gras, presque opulent, le bienvenues-bâtard déploie majestueusement sa chair onctueuse. Sa personnalité solaire reste harmonieuse grâce à son acidité enfouie, qui éclate en finale. Profil épicé et ample, trame déliée mais volume et ampleur dans le gevrey Evocelles, doté de tanins croquants et d'une finale désaltérante. Fruit vif et matière nerveuse dans le clos-de-vougeot, vin direct et tendu, qui va à l'essentiel et qui exprime une noble austérité. Vin symétrique, serein et civilisé, le charmes-chambertin sait se montrer pénétrant, floral et très énergique, prolongé d'une touche d'agrumes en finale. D'abord réservé, le bonnes-mares offre une bouche enlevée et dynamique, sa beauté froide irradie. Également réservé, plus enrobé, le musigny livre une attaque soyeuse avant d'exhiber sa somptueuse matière racée et profonde. Même s'il n'exprime à ce stade qu'un soupçon de sa formidable envergure, sa munificence s'impose avec évidence.

- Bienvenues-Bâtard-Montrachet Grand Cru 2019 — 263 € — 98
- Bâtard-Montrachet Grand Cru 2019 — 253 € — 97
- Corton-Charlemagne Grand Cru 2019 — 131 € — 95
- Puligny-Montrachet Premier Cru Champ Gain 2019 — 81 € — 93
- Vougeot Premier Cru Le Clos Blanc de Vougeot 2019 — 90 € — 94
- Bonnes-Mares Grand Cru 2019 — 248 € — 98

- Charmes-Chambertin Grand Cru Les Mazoyères 2019 — 191 € — 97
- Gevrey-Chambertin Les Evocelles 2019 — 55 € — 92
- Musigny Grand Cru 2019 — 500 € — 99

Le coup de ♥

- Clos de Vougeot Grand Cru 2019 — 159 € — 96

Rouge : 33,8 hectares.
Blanc : 13,8 hectares.
Production moyenne : 160 000 bt/an

DOMAINE DE LA VOUGERAIE ♣
7 bis, rue de l'Église, 21700 Prémeaux-Prissey
03 80 62 48 25 • www.domainedelavougeraie.com • Pas de visites.
Propriétaire : SCA Domaine de la Vougeraie
Directeur : Sylvie Poillot

★ DENIS BACHELET

Un peu comme au domaine Dugat-Py, Denis Bachelet possède en majorité des vignes âgées, parfois centenaires, d'où il tire des vins riches et intenses, qui possèdent une sève et une profondeur de chair peu communes. Désormais secondé par son fils, ce vigneron discret, qui passe un temps considérable dans ses vignes, vinifie et élève le plus simplement du monde et recherche avant tout la finesse, soulignée par des élevages toujours subtils. Sur à peine plus de 3 hectares, la gamme comprend un côtes-de-nuits villages, un gevrey-chambertin, un gevrey-chambertin les Evocelles, un gevrey premier cru Les Corbeaux et un charmes-chambertin. La grande majorité de la production part à l'international, et Denis Bachelet est une véritable star dans les pays anglo-saxons : il sera donc sans doute plus simple de dénicher quelques bouteilles à l'étranger qu'en France ! Élaborés sans artifices, ses vins profonds et intègres nous enthousiasment, plus immédiats depuis 2013 car vinifiés avec moins de pigeage.

Les vins : plénitude de saveurs et tanins croquants, encore vifs mais mûrs, dans le côtes-de-nuits villages, dont la bouche dense et structurée reste charnue. Notes de fumé et de cerise noire dans le gevrey, vin sur la retenue à la mâche séveuse et au grand volume, qui a préservé beaucoup de fraîcheur. Les Corbeaux affirme son grand volume et son intensité kirchée : le tanin a gardé le croquant du pépin, l'extraction est très mesurée et la finale exhale des saveurs de zan frais. Véritable boule de fruit noir et de réglisse, le charmes déploie une chair onctueuse à la densité sphérique, sertie de tanins accrocheurs mais parfaitement mûrs : un grand vin à laisser patiemment vieillir.

- Charmes-Chambertin Grand Cru 2018 — de 450 à 550 € (c) — 97
- Côte de Nuits-Villages 2018 — N.C. — 92
- Gevrey-Chambertin 2018 — 90 € (c) — 93

Le coup de ♥

- Gevrey-Chambertin Premier Cru Les Corbeaux 2018 — 160 € (c) — 95

DENIS BACHELET
3, rue de la Petite-Issue, 21220 Gevrey-Chambertin
03 80 51 89 09 • Pas de visites.
Propriétaire : Denis Bachelet

★ DOMAINE BART

Il y a une cinquantaine d'années, le domaine André Bart ne possédait que 6 hectares de vignes. Sa surface a été notablement étendue avec l'apport par héritage d'une partie du célèbre domaine Clair-Daü. Arrivés à la propriété en 1982, les deux enfants, Martin et Odile, ont fondé un Groupement agricole d'exploitation en commun (GAEC) en 1987, pour continuer l'exploitation, avec des vins de style classique. Toujours de bonne facture, ces vins ont, depuis quelques années, gagné en régularité et en franchise d'expression. Les prix sont restés raisonnables et ce domaine discret est très vite dévalisé. Le niveau actuel atteint par les cuvées du domaine est élevé, mais nous avons le sentiment que les vins pourraient gagner en précision et intensité. La concurrence à Marsannay s'avive, et nous attendons mieux à ce niveau. À regret, nous retirons une étoile cette année.

Les vins : finement aromatique, le marsannay blanc se livre en des saveurs de citrons de Sicile et de poires. Fruit souple et accessible dans le simple marsannay rouge, au profil friand et assez acidulé. Léger nez de champignon dans Les Echézots, équilibré mais un peu terne, manquant d'un peu d'énergie. Bon fruit sain mais un peu mâché : Les Grandes Vignes n'a pas l'allonge ni la pureté souhaitée. Profil plus cendré et floral dans La Montagne, plus pulpeux dans son fruit mais toujours un peu sec en finale. À l'inverse, caractère assez pulpeux, large et épicé dans Au Champ Salomon, assurément le plus fin des marsannays : très juteux, il présente du nerf et de la fraîcheur. Matière riche, dense, de belle envergure dans le fixin : le fruit évoque un coulis de petits fruits et la fraîcheur porte l'ensemble. Encore peu expressif, Les Hervelets se montre floral et suave, bien fin dans le grain de ses tanins : un vin moelleux à la fraîcheur préservée. Écorces, agrumes et épices se mélangent au nez du bonnes-mares, vin large et généreux, un peu confit dans sa maturité de fruit, dont nous aimons l'opulence contenue, mais qui pourrait aller plus loin en précision et intensité.

Marsannay Les Etalles 2019	18 €	91
Bonnes-Mares Grand Cru 2019	150 €	95
Fixin 2019	23 €	92
Marsannay 2019	13 €	90
Marsannay Au Champ Salomon 2019	26 €	92
Marsannay La Montagne 2019	20 €	91
Marsannay Les Echézots 2019	20 €	91
Marsannay Les Grands Vignes 2019	20 €	91

Le coup de ♥

Fixin Premier Cru Les Hervelets 2019	38 €	93

Rouge : 18 hectares.
Blanc : 3 hectares.
Production moyenne : 100 000 bt/an

DOMAINE BART
23, rue Moreau, 21160 Marsannay-la-Côte
03 80 51 49 76 • domaine.bart@wanadoo.fr •
Vente et visites : sur RDV.
Propriétaire : Famille Bart

★ DOMAINE GHISLAINE BARTHOD

Ce remarquable petit domaine familial, situé entièrement à Chambolle-Musigny, accueille désormais, aux côtés de ses parents Ghislaine Barthod et Louis Boillot, Clément, 24 ans, qui a vinifié les 2018. Il s'attache à réduire un peu la proportion de fût neuf et à allonger la durée des élevages. On trouvera ici pas moins de onze premiers crus vinifiés individuellement et tous de caractères différents. Consistants, classiques dans le meilleur sens du terme, les vins privilégient la finesse et ont gagné en intensité de couleur. Parfois un peu fermes dans leur jeunesse, ils récompensent ceux qui savent les attendre dix à quinze ans. Ce domaine en pleine forme mérite toute l'attention des amateurs.

Les vins : équilibré et mûr, le chambolle assemble sept parcelles. Saveurs de griotte et cerise à l'eau-de-vie dans Les Sentiers, vin nerveux et assez minéral, dont la structure se rapproche de celle des vins de Morey. Élégance naturelle et caractère froid dans le salivant et volumineux Les Charmes. Les Gruenchers est un premier cru confidentiel qui brille par sa finesse aérienne : véritable dentelle ouvragée de pinot noir, il se distingue par sa pureté de fruit et sa fraîcheur exquise. Matière florale et mûre dans Aux Beaux Bruns : un vin ouvert, assez tendre, à la trame plus lâche et moins acide. Fruit floral et délicat dans Les Véroilles, un monopole – non revendiqué – du domaine. La fraîcheur de ses notes de griotte et sa persistance en font un vin singulier. Plus en retrait, Les Cras est aussi, comme souvent, le plus complet : encore sévère à ce stade, il offre un profil strict et svelte : le sol blanc imprime sa marque.

Chambolle-Musigny 2019	35 €	92
Chambolle-Musigny Premier Cru Aux Beaux Bruns 2019	120 € (c)	94
Chambolle-Musigny Premier Cru Les Charmes 2019	64 €	95
Chambolle-Musigny Premier Cru Les Cras 2019	62 € (c)	96
Chambolle-Musigny Premier Cru Les Sentiers 2019	62 €	94
Chambolle-Musigny Premier Cru les Gruenchers 2019	100 € (c)	96

Le coup de ♥

Chambolle-Musigny Premier Cru Les Véroilles 2019	62 €	95

Rouge : 6,5 hectares. Pinot noir 100 %
Blanc : Aligoté 100 %
Production moyenne : 30 000 bt/an

DOMAINE GHISLAINE BARTHOD
Rue du Lavoir, 21220 Chambolle-Musigny
03 80 62 80 16 • Vente et visites : sur RDV.
Propriétaire : Famille Barthod-Noëllat

★ DOMAINE BERTHAUT-GERBET

La septième génération incarnée par Amélie Berthaut-Gerbet, ingénieur agronome et œnologue, s'est installée au domaine depuis 2013, et aide son père Denis Berthaut à maintenir un bon niveau. Le domaine regroupe des vignes sur Fixin et Vosne-Romanée, avec une parcelle en Clos de Vougeot. Pendant longtemps, les vins étaient tanniques et robustes ; ils ont ensuite changé de style grâce à une maturité plus poussée des raisins et à des extractions moins fortes ; quelques petits réglages d'élevage leur permettront encore de progresser. Saluons la belle évolution de ce domaine qui trouve ses marques.

Les vins : passé une légère réduction, le hautes-côtes-de-nuits s'offre avec générosité dans l'envergure de son fruit assez friand et mûr. Léger nez de cendre froide dans le fixin Les Crais, très moelleux et tendre, déjà accessible mais très bien constitué. Un peu assis sur son élevage, Les Arvelets présente plus de fond et de densité, mais la finale reste marquée à ce stade par un boisé très mentholé. Pulpeux, le vosne-romanée prend des saveurs de framboises un peu confites, structuré par un élevage prégnant qui alourdit la finale. Encore en retrait, le nez est dominé par les épices et le cassis. Juteuse, la bouche présente beaucoup d'intensité, portée par une petite mâche dynamique et salivante. Il faudra patienter pour que ce vin un peu extrait et encore immature s'équilibre. Volume plus prononcé dans le-clos-vougeot, aux saveurs de fruits rouges très mûrs. Racé, encore un peu serré, il possède l'étoffe et l'envergure pour s'harmoniser parfaitement.

- Bourgogne Hautes-Côtes de Nuits 2019 — 14,50 € — 91
- Clos de Vougeot Grand Cru 2019 — 128 € — 95
- Fixin Les Crais 2019 — 24 € — 92
- Fixin Premier Cru Les Arvelets 2019 — 42 € — 93
- Vosne-Romanée 2019 — 42 € — 92

Le coup de ♥

- Vosne-Romanée Premier Cru Les Petits Monts 2019 — 72 € — 94

Rouge : 17,5 hectares. Pinot noir 100 %
Blanc : 0,5 hectare. Chardonnay 100 %
Production moyenne : 80 000 bt/an

DOMAINE BERTHAUT-GERBET
9, rue Noisot, 21220 Fixin
03 80 52 45 48 • www.berthaut-gerbet.com
• Vente et visites : sur RDV.
Propriétaire : Amélie Berthaut-Gerbet et Denis Berthaut

★ MAISON JEAN-CLAUDE BOISSET

Jean-Claude Boisset est à la tête d'un empire en Bourgogne regroupant plus d'une trentaine de marques. Longtemps associé à la production de vins moyens, voire médiocres, il a engagé depuis 1999 un changement de cap avec la création du domaine de la Vougeraie. Une seconde étape a été franchie en 2002 avec le repositionnement sur le créneau haut de gamme de sa marque phare : Jean-Claude Boisset. Pour y parvenir, il en a confié les rênes à un vinificateur de talent formé chez Lalou Bize-Leroy, Grégory Patriat. La production a été divisée par dix, un nouvel outil de vinification ultra-moderne a été construit et une politique intelligente et exigeante d'achat de raisins est désormais menée. Le résultat est spectaculaire et les vins font aujourd'hui partie de l'élite bourguignonne.

Les vins : bien mûr, le santenay reste digeste et gourmand dans le moelleux de sa chair ample. Élevage plus perceptible dans le beaune blanc, plus frais et nerveux. Finement grillé, le meursault possède une jolie onctuosité de texture et beaucoup de relief dans son fruit bien mûr. Plus épicé, le puligny est aussi plus tendu, avec une fraîcheur mentholée provenant en partie de l'élevage. Généreux, très charnu, le pommard ne manque pas de volume mais son fruit est un peu alangui et chaleureux. Affiné par la proportion de vendange entière, le savigny présente de la finesse et une belle tension de sève. Fruit plus mûr empreint d'un peu de sucrosité dans le chambolle, équilibré et élégant, à la finale réglissée. Grand volume caressant dans l'aloxe, dont les tanins très mûrs et suaves se font salivants. On aime sa profondeur et sa sincérité. Magnifique nez floral et notes d'agrumes dans le nuits, vin intègre à la persistance raffinée, dont la chair ciselée et ample s'appuie sur des tanins très fins et ouvragés. Nez de poivre noir et de terre dans le corton, racé et très savoureux, dont les tanins policés soulignent l'élan sanguin et friand.

- Beaune Premier Cru Les Vignes Franches 2019 — 45 € — 92
- Meursault Le Limozin 2019 — 47 € — 93
- Puligny-Montrachet Le Trezin 2019 — 47 € — 93
- Santenay Premier Cru Passetemps 2019 — 35 € — 92
- Aloxe-corton Premier Cru Les Valozières 2019 — 43 € — 93
- Chambolle-Musigny 2019 — 56 € — 93
- Corton-Renardes Grand Cru 2019 — 120 € — 96
- Pommard 2019 — 44 € — 90
- Savigny-lès-Beaune Premier Cru Aux Guettes 2019 — 34 € — 92

Le coup de ♥

- Nuits-Saint-Georges Premier Cru Clos des Argillières 2019 — 52 € — 94

Production moyenne : 450 000 bt/an

MAISON JEAN-CLAUDE BOISSET ♣
Les Ursulines, 5, chemin des Plateaux, 21700 Nuits-Saint-Georges
03 80 62 61 61 • www.jeanclaudeboisset.fr • Vente et visites : sur RDV.
Propriétaire : Jean-Claude Boisset
Directeur : Grégory Patriat

★ DOMAINE RENÉ BOUVIER

Ce domaine familial depuis trois générations possède un rare patrimoine de vignes âgées, avec une moyenne d'âge d'environ 50 ans. Bernard Bouvier, 53 ans, a signé son premier millésime en 1986 et fait partie de cette génération de vignerons qui ont apporté du sang neuf à la Bourgogne. Après avoir, comme beaucoup d'autres, cédé aux sirènes des vins modernes et très extraits, il a corrigé le tir pour produire des cuvées plus fines. 2010 marque le début de l'emploi de la vendange entière, en moyenne à 50 % sur l'ensemble des vins. Un usage plus modéré du bois neuf et des choix de maturité plus précis ont produit ces dernières années des vins beaucoup plus aboutis.

Les vins : assez réduit, l'aligoté peine à s'exprimer mais offre droiture et acidité. Citronné, ferme et tendu, le marsannay blanc est tonique. Son profil élancé reste un peu strict mais il est équilibré. Friand, assez vif, le bourgogne se montre encore un peu serré mais sera croquant l'an prochain. Nez un peu fumé et lardé dans En Ouzeloy : sa trame assez svelte s'appuie sur des tanins fins et nerveux. Dimension plus florale dans Longeroies, charmeur et plus délicat dans sa texture. Plus épicé et complexe, le Clos du Roy confirme son statut de star de Marsannay : trame veloutée, fruit charnu et frais, envergure et finesse de tanins. Profil assez ferme et dense dans le fixin, sapide et moelleux, à la juste maturité. Le gevrey La Justice présente un profil très doux, autant dans ses tanins que dans sa matière patinée. Nez de pot-pourri et d'orange sanguine dans Les Jeunes Rois, vin précis et sain, assez profond et structuré. Les vieilles vignes de Racines du Temps imposent leur autorité avec une matière de grandes dimensions, parée d'un bois blond discret, stimulant dans l'énergie et la trame calcaire de la finale.

- Bourgogne Aligoté Vieilles Vignes 2019 — 16 € — 89
- Marsannay Le Clos 2019 — 28 € — 91
- Bourgogne Montre Cul 2019 — 24 € — 89
- Fixin Crais de Chêne 2019 — 35 € — 92
- Gevrey-Chambertin La Justice 2019 — 49 € — 92
- Gevrey-Chambertin Les Jeunes Rois 2019 — 59 € — 93
- Gevrey-Chambertin Racines du Temps Très Vieilles Vignes 2019 — 66 € — 94
- Marsannay En Ouzeloy 2019 — 33 € — 92
- Marsannay Longeroies Vieilles Vignes 2019 — 34 € — 92

Le coup de ♥

- Marsannay Clos du Roy Vieilles Vignes 2019 — 38 € — 93

Rouge : 25 hectares.
Blanc : 5 hectares.
Production moyenne : 100 000 bt/an

DOMAINE RENÉ BOUVIER
Chemin de Saule, Brochon,
21220 Gevrey-Chambertin
03 80 52 21 37 • www.renebouvier ;com •
Pas de visites.
Propriétaire : Bernard Bouvier

★ DOMAINE ROBERT CHEVILLON

Depuis quatre générations, la famille Chevillon cultive la vigne à Nuits-Saint-Georges. Aujourd'hui, ce sont les frères Bertrand et Denis, fils de Robert, qui entretiennent 13 hectares de vignes, à la moyenne d'âge élevée, dont 8 hectares dans certains des meilleurs premiers crus (au nombre de huit). Le travail respecte ici quelques principes simples : vendanges manuelles, tris sévères, élevages longs jusqu'à dix-huit mois, jamais plus de 30 % de fût neuf, puis mise en bouteille par gravité. On trouvera à cette adresse des vins intègres, toujours énergiques, qui vieillissent avec grâce et comptent parmi les plus aboutis du secteur.

Les vins : profil juteux et séveux, tanins très fins dans Les Bousselots, vin précoce, tendu et frais, au boisé discret. Trame acidulée et éclat plus végétal dans Les Perrières, auquel une matière dense et compacte apporte beaucoup de caractère. Fraîcheur réglissée et saveurs argileuses dans Les Roncières, à la structure de tanins fermes et fins. Sanguin, séveux, Les Pruliers se montre dense mais très équilibré, traversé d'une sinueuse note ferreuse qui allonge superbement la bouche. Nous avouons un faible pour Les Cailles, vin caressant et sensuel, qui sait transmettre sa vigueur naturelle. De très grandes dimensions, il s'appuie sur des tanins très fins. Matière onctueuse et douce en attaque dans les saint-georges, offrant une trame athlétique et profonde, soulignée de tanins très ouvragés. Caractère plus froid et sauvage dans Les Vaucrains, dont la chair crémeuse et ample est tenue par une trame minérale et une éclatante mâche réglissée en finale.

- Nuits-Saint-Georges Premier Cru Les Bousselots 2019 — N.C. — 93

- Nuits-Saint-Georges Premier Cru Les Pruliers 2019 N.C. 95
- Nuits-Saint-Georges Premier Cru Les Saint-Georges 2019 N.C. 97
- Nuits-Saint-Georges Premier Cru Les Vaucrains 2019 N.C. 97
- Nuits-Saint-Georges Premier Cru Perrières 2019 N.C. 93
- Nuits-Saint-Georges Premier Cru Roncières 2019 N.C. 94

Le coup de ♥

- Nuits-Saint-Georges Premier Cru Les Cailles 2019 N.C. 96

Rouge : 12,6 hectares. Pinot noir 100 %
Blanc : 0,5 hectare. Chardonnay 100 %
Production moyenne : 60 000 bt/an

DOMAINE ROBERT CHEVILLON
68, rue Félix-Tisserand,
21700 Nuits-Saint-Georges
03 80 62 34 88 •
www.domainerobertchevillon.fr •
Visites : sur RDV aux professionnels.
Propriétaire : Bertrand et Denis Chevillon

★ DOMAINE BRUNO CLAVELIER

Bruno Clavelier n'est pas un nouveau venu, il s'est installé en 1987, prenant la suite de ses grands-parents, secondé par son épouse Valérie. Ce vigneron discret, passionné par la géologie et l'expression de ses terroirs, a certifié en bio le domaine et est un biodynamiste convaincu, travaillant dans cette voie depuis 1996. Le domaine possède une proportion élevée de vignes très âgées, et de superbes terroirs, essentiellement à Vosne, mais aussi Nuits, Chambolle et Gevrey, et un grand cru avec le corton Rognet. La finesse, la précision et l'identité très affirmée de chaque vin est digne d'éloges.

Les vins : le bourgogne présente un fruit éclatant et une finale assez carrée, avec un profil très nuits-saint-georges. Matière large et argileuse dans Hautes Maizières, qui associe notes épicées et tanins vifs. Vin bouqueté et sapide à la chair profonde, Les Corbeaux se fait juteux, avec un cœur de bouche dense et une trame saline. Il se patinera et gagnera en élégance. Profil élancé, délicat et raffiné dans Les Brûlées, qui va à l'essentiel. Tonique, il présente une forte personnalité. Attaque large et épicée, profil sphérique et élégant dans Les Beaumonts, vin très complet à la finale charnue. Vin harmonieux et floral, la Combe d'Orveaux possède un caractère très ferme, et une tension qui porte loin. Formidable suavité de chair en attaque dans Les Cras, regorgeant de petits fruits noirs acidulés, de mûres et de myrtilles. Sa matière intense et veloutée déborde d'énergie lumineuse : un grand vin très persistant, digne d'un grand cru. Un nez sauvage et mentholé, presque méditerranéen, annonce le corton Rognet. Svelte et enveloppante, sa bouche forme une spirale de fruit qui culmine en une finale saline et croquante.

- Bourgogne les Champs d'Argent 2019 30 € 91
- Chambolle-Musigny Premier Cru Combe d'Orveau 2019 99 € 96
- Corton Grand Cru Le Rognet 2019 99 € 96
- Gevrey-Chambertin Premier Cru Les Corbeaux 2019 87 € 94
- Vosne-Romanée Hautes Maizières 2019 56 € 93
- Vosne-Romanée Premier Cru Les Beaumonts 2019 90 € 95
- Vosne-Romanée Premier Cru Les Brûlées 2019 90 € 96

Le coup de ♥

- Nuits-Saint-Georges Premier Cru Aux Cras 2019 87 € 97

Rouge : 5,9 hectares. Pinot noir 87 %, Gamay noir à jus blanc 13 %
Blanc : 0,6 hectare. Chardonnay 67 %, Aligoté 33 %
Production moyenne : 28 000 bt/an

DOMAINE BRUNO CLAVELIER ♣
RN 74, 21700 Vosne-Romanée
03 80 61 10 81 • www.bruno-clavelier.com •
Vente et visites : sur RDV.
Propriétaire : Bruno et Valérie Clavelier
Directeur : Bruno Clavelier

★ DOMAINE PIERRE DAMOY

Pierre Damoy est en charge de ce prestigieux domaine depuis 1992. Il exploite la plus grande surface en propriété individuelle du fameux grand cru Clos de Bèze (plus de 5 hectares, dont une partie réservée pour le négoce), ce qui lui permet de procéder à des sélections sévères pour ses mises en bouteille, et de présenter deux cuvées. Son autre point fort : une très vieille vigne sur Chapelle-Chambertin, plus souple et plus tendre que son propre chambertin. La viticulture est raisonnée depuis de nombreuses années, sans apports d'engrais. Le domaine produit des vins classiques, assez puissants qui, depuis quelques millésimes, traduisent mieux l'expression des terroirs.

Les vins : le domaine ne nous ayant pas fait parvenir ses vins, nous sommes amenés à reconduire les notes de l'année dernière.

- Bourgogne 2017 de 20 à 30 € (c) 91
- Chambertin Grand Cru 2017 de 350 à 400 € (c) 97
- Chambertin-Clos de Bèze Grand Cru 2017 de 300 à 400 € (c) 97
- Chapelle-Chambertin Grand Cru 2017 de 180 à 270 € (c) 95
- Fixin Les Mogottes 2017 de 55 à 75 € (c) 92
- Gevrey-Chambertin Clos Tamisot 2017 de 100 à 140 € (c) 93

Rouge : 12,4 hectares. Pinot noir 100 %
Achat de raisins.
Blanc : 0,6 hectare. Chardonnay 100 %
Achat de raisins.
Production moyenne : 40 000 bt/an

DOMAINE PIERRE DAMOY
11, rue du Maréchal-de-Lattre-de-Tassigny,
21220 Gevrey-Chambertin
03 80 34 30 47 •
www.domaine-pierre-damoy.com • Pas de visites.
Propriétaire : Famille Damoy
Directeur : Pierre Damoy

★ DECELLE ET FILS

Fondé en 2009 par deux grands messieurs du vin, Olivier Decelle (Mas Amiel en Roussillon et Jean Faure à Saint-Émilion), et Pierre-Jean Villa, vigneron dans le nord de la vallée du Rhône, ce domaine a arrêté en 2017 les achats de raisins. Précédemment nommé Decelle-Villa, il devient en 2020 Decelle et Fils. Basé à Nuits-Saint-Georges, il s'appuie sur des vignes en propriété sur les côtes de Beaune et de Nuits, cultivées en bio. Le fin technicien Jean Lupatelli a façonné ici des vins d'excellent niveau, avec 20 à 50 % de vendange entière dans les rouges, mais il vient de quitter le domaine au printemps 2021.

Les vins : les blancs se montrent assez frais, particulièrement le savigny, juteux et moelleux. En rouge, le chorey est rond, ferme et assez dense en finale. Stimulant, affiné dans sa texture, le savigny rouge est excellent, mûr et frais, accrocheur en finale. Nerveux et ferme, le côtes-de-nuits villages présente du tonus, de l'épaisseur en finale et de l'allonge. Épicé, un peu plus marqué par l'élevage, le beaune Les Teurons est un régal de fruit savoureux, nerveux et assez profond. Floral, un peu cendré, le Clos du Roi évolue vers des saveurs pulpeuses, toujours infusées, d'une grande noblesse aromatique. Armé pour la garde, il ira loin. Profond et moelleux, très harmonieux, Aux Bousselots impressionne par sa précision et sa justesse de définition. La fraîcheur de ses tanins réglissés en finale le hisse au premier rang.

- Bourgogne Chardonnay 2018 19 € 89
- Bourgogne Hautes-Côtes de Beaune Les Champlains 2018 24 € 90
- Savigny-lès-Beaune 2018 35 € 92
- Beaune Premier Cru Clos du Roi 2018 48 € 94
- Beaune Premier Cru Les Teurons 2018 48 € 93
- Bourgogne Pinot Noir 2018 22 € 90
- Chorey-lès-Beaune Les Beaumonts 2018 31 € 91
- Côte de Nuits-Villages La Berchère 2018 29 € 91
- Nuits-Saint-Georges Premier Cru Aux Bousselots 2018 71 € 94
- Savigny-lès-Beaune Les Gollardes 2018 31 € 93

Rouge : 5 hectares.
Blanc : 2 hectares.
Production moyenne : 50 000 bt/an

DECELLE ET FILS ♣
3, rue des Seuillets
RD974 21700 Nuits-Saint-Georges
03 80 53 74 35 •
www.domaine-decellefils.fr/ • Vente et visites : sur RDV.
Propriétaire : Olivier Decelle

★ DOMAINE SYLVIE ESMONIN

Depuis 1998, ce petit domaine est entièrement géré par la scrupuleuse Sylvie Esmonin, ingénieure agronome, qui l'a porté au sommet. Son savoir-faire à la vigne, son sens de la vinification combiné à l'utilisation des fameux fûts du négociant Dominique Laurent imprime à ses vins une signature bien particulière. Le fleuron de la gamme est le fameux gevrey-chambertin premier cru Clos Saint-Jacques. Représentants d'un style concentré et mûr, capables de très bien vieillir, les vins ont besoin de temps ou d'aération pour que l'élevage épouse pleinement leur chair généreuse, mais les boisés restent trop pesants.

Les vins : nez de mûres et de fruits noirs dans le gevrey, un vin mûr et nerveux qui se montre assez revigorant, tendu par une sève vigoureuse. Zan et cerise noire confite emplissent le nez du

Vieilles Vignes, vin puissant mais contenu, à la trame tannique dense, un peu alangui et à la fraîcheur enfouie. Légèrement collante, la finale s'appesantit. Le vieillissement devrait servir ce vin. Plus de fraîcheur et de pulpe de fruit au nez du Clos Saint-Jacques, qui doit intégrer son boisé généreux, vin luxuriant et un peu saturé de saveurs ultra-mûres : sans lourdeur, il emplit le palais mais représente un goût que nous avons du mal à défendre.

- Gevrey-Chambertin 2019 — 55 € — 92
- Gevrey-Chambertin Premier Cru Clos Saint-Jacques 2019 — 110 € — 94
- Gevrey-Chambertin Vieilles Vignes 2019 — 65 € — 93

Rouge : 7,29 hectares. Pinot noir 100 %
Blanc : 0,37 hectare.
Production moyenne : 25 000 bt/an

DOMAINE SYLVIE ESMONIN
Clos Saint-Jacques, 1, rue Neuve,
21220 Gevrey-Chambertin
03 80 34 36 44 • sylvie-esmonin@orange.fr • Pas de visites.
Propriétaire : Sylvie Esmonin

★ DOMAINE FAIVELEY

Aidé de son directeur technique Jérôme Flous, Erwan Faiveley a pris la suite de son père début 2005 et pratique depuis une révolution discrète dans ce vaste domaine au patrimoine de vignes exceptionnel, qui s'est agrandi au cours des dernières années. Le style des vins a subtilement évolué : solidement bâtis autour d'une matière dense et moins austère que par le passé, ils affirment un fruit franc à l'expression désormais plus précoce. Si les boisés étaient autrefois un peu verts, ils prennent aujourd'hui des saveurs toastées. De meilleures maturités, les raisins depuis quelques millésimes tendent toutefois à mieux s'intégrer. L'ensemble des vins, particulièrement en rouge, a beaucoup progressé. Une spectaculaire nouvelle cuverie a été utilisée pour la première fois pour la vendange 2018. Ce domaine a su faire progresser ses vins avec justesse et intelligence.

Les vins : en blanc, si le rully reste technique, le ladoix est un vin juste et sobre. Belle générosité et volume dans le bâtard-montrachet, vin expressif, sérieux et profond, mais dont les saveurs sont encore sous l'emprise d'un élevage assez épais. En rouge, le mercurey doit encore intégrer son élevage, comme le nuits-saint-georges, vin nerveux et frais au grain de tanin assez fin. Matière assez ample et moelleuse dans Les Cazetiers, qui peine à se départir du marqueur du bois très présent en finale. Tonalité plus fraîche et pointue dans Lavaux Saint-Jacques, à la matière souple, dont les tanins assez soyeux respectent fort bien le caractère du cru. Nous sommes très confiants quant à son évolution. Grand volume dans la chair douce, ouvragée et sanguine du clos-de-vougeot, dont le boisé sait s'intégrer, mais qu'on laissera vieillir au moins dix ans. Grand moelleux de texture, matière burinée et profonde, très étoffée et intégrée à un boisé de qualité : le Clos des Cortons se livre lentement mais se fait très profilé, adossé à une grande assise de tanins savoureux.

- Bâtard-Montrachet Grand Cru 2019 — 350 € — 94
- Ladoix Les Marnes Blanches 2019 — 20 € — 91
- Rully Les Villeranges 2019 — 15 € — 89
- Clos de Vougeot Grand Cru 2019 — 190 € — 95
- Corton Grand Cru Monopole Clos des Cortons Faiveley 2019 — 190 € — 96
- Gevrey-Chambertin Premier Cru Lavaux Saint-Jacques 2019 — 105 € — 94
- Gevrey-Chambertin Premier Cru Les Cazetiers 2019 — 105 € — 92
- Mercurey Premier Cru Clos du Roy 2019 — 30 € — 90
- Nuits-Saint-Georges Premier Cru Les Porêts-Saint-Georges 2019 — 70 € — 92

Production moyenne : 800 000 bt/an

DOMAINE FAIVELEY
8, rue du Tribourg,
21700 Nuits-Saint-Georges
03 80 61 04 55 • www.domaine-faiveley.com • Vente et visites : sur RDV.
Propriétaire : Famille Faiveley
Directeur : Erwan et Eve Faiveley
Œnologue : Jérôme Flous

★ ↗ DOMAINE JEAN FOURNIER

Ce domaine exploite aujourd'hui des vignes majoritairement plantées en pinot noir à Marsannay, Fixin et en Côte de Beaune, complétées de chardonnay, pinot blanc et aligoté. Viticulteur consciencieux, Laurent Fournier, dont les ancêtres sont vignerons depuis le XVIIe siècle, est un fervent partisan de l'agriculture biologique, et a obtenu dès 2008 la certification. Les rouges intègrent une proportion d'un tiers à 50 % de vendange entière. Nous suivons depuis quelques années sa production, et le niveau qualitatif est désormais élevé, faisant entre autre rayonner l'appellation Marsannay. Une adresse très sûre, en rouge comme en blanc, qui mérite cette année d'accéder à la première étoile.

Les vins : l'aligoté déborde d'énergie et de fraîcheur, son caractère sapide est évident. Dense mais nuancé, doté d'un relief à la fraîcheur citronné, Les Longeroies est un blanc profond et plein de vitalité. Profil tonique et boisé un peu présent dans le Clos du Roy, plus ramassé et trapu. En rouge, carrure et franchise dans Es Chezots, bien mûr mais resté sapide et savoureux. Les Longerois est floral et élégant, porté par son allonge savoureuse et digeste. Succulence du fruit de petites baies et notes acidulées dans le Clos du Roy, dont la fraîcheur constitutive et l'équilibre nous impressionnent. Fruit réglissé et croquant dans Le Chapitre, tonifié par la sève issue des vieilles vignes. Nez de mûres et bouche sapide, ample et charnue dans Les Croix Violettes, dont la matière crémeuse et policée signe un remarquable travail de vinification et d'élevage : il se montre immédiatement gourmand. Notes finement grillées au nez du marsannay Trois Terres : sa chair pulpeuse et sa profondeur de saveurs l'imposent parmi les meilleurs marsannay actuels.

- Bourgogne Aligoté Aux Boutières Vieilles Vignes 2019 — 21,50 € — 92
- Marsannay Clos du Roy 2018 — 28 € — 91
- Marsannay Les Longeroies 2018 — 28 € — 92
- Bourgogne Le Chapitre 2018 — 21,50 € — 92
- Côtes de Nuits-Villages Les Croix Violettes Vieilles Vignes 2018 — 45 € — 93
- Marsannay Clos du Roy 2018 — 28 € — 93
- Marsannay Es Chezots 2018 — 28 € — 92
- Marsannay Les Longerois 2018 — 28 € — 92
- Marsannay Trois Terres Vieilles Vignes 2018 — 45 € — 94
- Pernand-Vergelesses Premier Cru Les Vergelesses Vieilles Vignes 2018 — 45 € — 90

Rouge : 17,7 hectares.
Blanc : 4,5 hectares.
Production moyenne : 105 000 bt/an

DOMAINE JEAN FOURNIER ♣

29, rue du Château, 21160 Marsannay-la-Côte
03 80 52 24 38 •
domaine.jean.fournier@orange.fr •
Visites : sans RDV.
Propriétaire : Laurent Fournier
Œnologue : Benoît Pagot

★ DOMAINE JÉRÔME GALEYRAND

Originaire de la Loire, formé chez Alain Burguet et Vincent Geantet, Jérôme Galeyrand s'est installé en 2001 et exploite un peu plus de 5 hectares, entre achats de vignes et locations. Le travail à la vigne est le plus respectueux possible, bio sans certification depuis 2010, utilisant uniquement du cuivre, du soufre et des tisanes. Les vins sont précis, recherchent la finesse du fruit et l'expression sans fard des terroirs. Enthousiasmants, les derniers vins nous enchantent par leur fraîcheur et leur pureté de fruit, tant en blanc qu'en rouge, avec une justesse et une précision rares dans les cuvées vinifiées sans soufre.

Les vins : charnu mais sobre, précis et salin dans sa texture, l'aligoté Le Cran est de haut niveau, bien supérieur au Poirossot, au boisé vert et asséchant. Acidulé et éclatant, le bouzeron offre de la mâche et de l'envergure, et beaucoup de nerf en finale. Vif et citronné, le marsannay blanc est un vin ciselé et mûr, nourrissant et élancé. Son allonge et sa fraîcheur le distinguent. Magnifique fraîcheur et éclat du fruit dans le marsannay rouge, vin intense et appétent, tellement gourmand dans la succulence de son fruit mûr et frais ! Matière ample et moelleuse, très soignée et tout en finesse tactile : le fixin est très civilisé, précoce et harmonieux. Saveurs poudrées, pulpeuses et bien mûres dans En Billard, persistant et souligné par un élevage judicieux. Plus floral et délicat, La Justice propose un visage plus friand et nuancé, très proportionné avec une allonge désaltérante. Charnu et juteux, En Croisette est délicieux, étoffé et pourvu de petits tanins abondants et nets. Supplément de profondeur et de vitalité dans Les Retraits, vin admirable à l'étoffe en filigrane, formidablement gourmand et traversé d'un jus sanguin énergique.

- Bourgogne Aligoté Le Cran 2019 — 33 € — 92
- Bourgogne Aligoté le Poirossot 2019 — 33 € — 88
- Bouzeron Vieilles Vignes 2019 — 30 € — 92
- Marsannay Champs Perdrix 2019 — 36 € — 92
- Côte de Nuits-Villages Les Retraits 2019 — 72 € — 95
- Fixin Champs des Charmes 2019 — 72 € — 93
- Gevrey-Chambertin En Billard 2019 — 70 € — 93
- Gevrey-Chambertin En Croisette Vieilles Vignes 2019 — Épuisé - 72 € — 93

- Marsannay La Combe du Pré 2019 — 39 € — 93

Le coup de ♥

- Gevrey-Chambertin La Justice 2019 — 70 € — 94

Rouge : 4,7 hectares.
Blanc : 1,2 hectare.
Production moyenne : 25 000 bt/an

DOMAINE JÉRÔME GALEYRAND ♣
Brochon, 21220 Gevrey-Chambertin
06 61 83 39 69 • www.jerome-galeyrand.fr •
Vente et visites : sur RDV.
Propriétaire : Jérôme Galeyrand

★ DOMAINE LAURENT PÈRE ET FILS

Connu et reconnu pour ses vins de négoce, Dominique Laurent a démarré, depuis 2006, une nouvelle aventure avec son fils. Ils ont créé une petite structure dans laquelle ils sont producteurs et éleveurs. Jean s'occupe de la vigne, vinifie et élève les vins avec son père. Idéalement implantées, la plus grande partie des vignes qu'ils cultivent sont louées à un ancien vigneron de Vosne-Romanée du domaine Haegelen-Jayer. Les Laurent aiment vinifier à partir de raisins non égrappés et élever leurs vins sans soufre. Le bois neuf maison est de rigueur. Dans l'ensemble, les blancs manquent souvent de fraîcheur mais les rouges sont profonds et solides : il faudra toutefois juger de l'intégration du bois neuf à mesure que les vins vieilliront, car certains ne surmonteront peut-être pas tout à fait ce régime parfois invasif. Mais les meilleurs s'inscriront sur la durée et parmi les plus beaux vins que compte la Bourgogne.

Les vins : le domaine ne nous ayant pas fait parvenir ses vins, nous sommes amenés à reconduire les notes de l'année dernière.

- Meursault Premier Cru Le Poruzot Premier Jus 2018 — de 55 à 65 € (c) — 91
- Bourgogne Cuvée MCMXXVI 2018 — de 20 à 30 € (c) — 91
- Bourgogne Passe-tout-grains 2018 — de 10 à 15 € (c) — 90
- Clos de Vougeot Grand Cru Sui Generis La Plante l'Abbé 2018 — de 130 à 180 € (c) — 96
- Monthélie Sous Roche 2018 — N.C. — 92

Le coup de ♥

- Pommard Premier Cru Les Rugiens 2018 — de 40 à 50 € (c) — 95

Rouge : 10 hectares. Pinot noir 100 %
Blanc : 1 hectare. Chardonnay 100 %
Production moyenne : 30 000 bt/an

DOMAINE LAURENT PÈRE ET FILS
3, place de l'Église 21640 Flagey-Échézeaux
03 80 61 49 94 • jrdlaurent@live.fr ou dominiquelaurent12@orange.fr • Pas de visites.
Propriétaire : Jean et Dominique Laurent
Directeur : Jean Laurent

★ DOMAINE PHILIPPE ET VINCENT LECHENEAUT

Les frères Philippe et Vincent Lécheneaut pratiquent une viticulture honnête, sans esbroufe. Ils produisent des bourgognes de type classique, sans excès de corps ni de couleur, dotés d'une belle densité de matière et surtout proposant des expressions fidèles des terroirs. L'égrappage est partiel suivant les millésimes, conservant parfois jusqu'à 50 % de vendange entière, suivi de fermentations en levures indigènes. Une proportion d'un tiers de fût neuf est renouvelée chaque année, marquant certains vins d'un boisé de qualité, parfois un rien sec, mais qui finit toujours par s'intégrer. Ce domaine est en excellente forme sur les derniers millésimes.

Les vins : les 2019 sont sérieux et structurés, il faudra les laisser vieillir. Matière charnue et bien mûre dans le morey, un vin aux tanins fins et à l'allonge minérale. Précis, bien structuré, le nuits villages est encore assez ferme mais devrait se détendre assez vite. Au Chouillet se présente dense et assez profond, bien cadré par une trame tannique séveuse. Supplément de vigueur et de concentration dans Les Pruliers, un vin viril et énergique construit autour d'un fruit riche et moelleux. Fruit éclatant et juteux dans Les Damodes, dont la finesse n'est pas oblitérée par la myriade de petits tanins encore vifs. Le chambolle séduit par sa chair déliée et nuancée, mais encore corsetée en finale par le boisé de l'élevage, qui apporte une note un peu vernissée.

- Chambolle-Musigny Premier Cru Les Borniques 2019 — 80 € — 93
- Morey-Saint-Denis Clos des Ormes 2019 — 60 € — 92
- Nuits-Saint-Georges 2019 — 40 € — 91
- Nuits-Saint-Georges Au Chouillet Vieilles Vignes 2019 — 60 € — 92
- Nuits-Saint-Georges Premier Cru Les Damodes 2019 — 80 € — 95
- Nuits-Saint-Georges Premier Cru Les Pruliers 2019 — 80 € — 95

Rouge : 11 hectares.
Blanc : 1 hectare.
Production moyenne : 60 000 bt/an

DOMAINE PHILIPPE ET VINCENT LECHENEAUT
14, rue des Seuillets,
21700 Nuits-Saint-Georges
03 80 61 05 96 •
www.domaine-lecheneaut.fr • Vente et visites : sur RDV.
Propriétaire : Philippe et Vincent Lécheneaut
Œnologue : Pierre Milleman

★ ↗ DOMAINE CHANTAL LESCURE

L'efficace François Chavériat est depuis 1996 à la tête de ce beau domaine situé à Nuits-Saint-Georges, propriété d'Aymeric et Thibault Machard de Gramont, et dont les vignes sont réparties entre la côte de Nuits et la côte de Beaune. Grâce à un travail énergique à la vigne, désormais conduite en bio depuis plus de quinze ans, il produit sans aucune concession des vins solides et expressifs qui ont gagné en finesse ces dernières années et méritent plusieurs années de garde. Cette patience est payante car les vins évoluent bien en bouteille. Les vins ont gagné en amabilité, peut-être grâce à des mises en bouteilles plus soignées. La première étoile arrive cette année.

Les vins : les 2019 offrent un fruit très mûr mais la fraîcheur est préservée grâce à l'apport de la vendange entière. Chair ample dans le blanc, plus minéral et complexe qu'il n'y paraît. Très savoureux et tendre, le volnay est séducteur et énergique. Sucrosité gourmande du fruit et caractère svelte dans le beaune, mûr et friand, doté d'une jolie tension. Large et plein, Les Vaumuriens offre une chair un peu alanguie. Plus tendu, encore un peu marqué par son élevage, Les Vignots allie tension et fraîcheur. Éclat du fruit et vigueur rendent Les Bertins fort appétent, complet et débordant d'un fruit gourmand. Nez de framboise confite dans Les Damodes, voluptueux et soigné, très juste dans la précision de ses saveurs et l'élan désaltérant de son fruit. Trame calcaire plus fine et élancée dans Les Vallerots, vin subtil et assez pur. Les Suchots tient son rang avec l'expression burinée et sensuelle qui émane de sa matière : un vin harmonieux, ample mais vertical, à la texture assez somptueuse. Envergure, fruit mûr et épicé dans le clos-de-vougeot, vin riche et un peu opulent.

Côte de Beaune La Grande Châtelaine 2019	28 €	91
Beaune Premier Cru Les Chouacheux 2019	50 €	93
Clos de Vougeot Grand Cru 2019	200 €	93
Nuits-Saint-Georges Les Damodes 2019	60 €	93
Nuits-Saint-Georges Premier Cru Les Vallerots 2019	70 €	92
Pommard Les Vaumuriens 2019	55 €	92
Pommard Les Vignots 2019	50 €	92
Pommard Premier Cru Les Bertins 2019	66 €	93
Volnay 2019	48 €	92
Vosne-Romanée Premier Cru Les Suchots 2019	140 €	95

Rouge : 15,4 hectares.
Blanc : 3,6 hectares.
Production moyenne : 80 000 bt/an

DOMAINE CHANTAL LESCURE ♣
34, rue Thurot, 21700 Nuits-Saint-Georges
03 80 61 16 79 • www.domaine-lescure.com
• Vente et visites : sur RDV.
Propriétaire : Aymeric et Thibault Machard de Gramont
Directeur : François Chavériat

★ DOMAINE LIGNIER-MICHELOT

Virgile Lignier travaille dur pour hisser son domaine parmi l'élite bourguignonne. Ses efforts lui permettent d'obtenir des vins épurés et droits, d'une grande transparence de saveurs, toujours avec un grand respect du fruit. Peu charnus, ses vins privilégient la finesse au volume de bouche, manquant parfois d'un rien d'épaisseur, mais leur caractère digeste, infusé et délicat s'avère très convaincant. La dernière décennie a comporté de fort belles réussites, avec des équilibres enthousiasmants, mais certains 2017 ont renoué avec des élevages plus présents, et plusieurs 2018 manquent de fraîcheur : nous espérons que 2019 corrigera le tir.

Les vins : les boisés un peu mentholés mériteraient d'être affinés. Saveurs de fruits noirs, amples et veloutées, matière sapide et digeste : le morey Vieilles Vignes est très en place. Le caractère vif et floral du terroir est patent dans En la Rue de Vergy : trame de tanins soyeux, fraîcheur de fruit pulpeux et sapide, profil précoce. Cassis et de mûres dans Aux Chezeaux, vin précis et sphérique, dont l'abondance de tanins mûrs constitue la solide architecture. Matière plus stricte, serrée et un peu mâchée dans Aux Charmes, plus massif et moins élégant. Beaucoup de finesse aromatique dans les Genavrières, doté d'une note de grenade, dont la trame calcaire friande offre un festival de saveurs fraîches et de petits tanins aiguisés. Fruit plus mat et épais dans Les Chenevery, très mûr et large, qui manque un peu de fraîcheur et de finesse. Notes d'écorces et de fumé dans Les Faconnières : sa généreuse envergure reste contenue, et son fruit un peu mat s'intègre dans une trame énergique. Dimension florale et savoureuse trame élancée, assez infusée, dans l'excellent charmes-chambertin. Des saveurs de thé noir et de cerise confite se diffusent avec persistance au-delà de sa petite mâche tannique. Si le boisé marque un peu le nez du clos-de-la-roche, sa délicatesse et pureté de fruit nous enchantent. Ce vin très intense et stimulant impose sans effort ni apprêts sa présence et sa classe. Le rarissime clos-saint-denis (300 bouteilles) est encore très réservé, mais la délicatesse épicée de sa chair, son étoffe moelleuse et aérienne sont superbes. Dommage que le boisé soit assez appuyé à ce stade.

- Charmes-Chambertin Grand Cru 2019 Épuisé - 200 € 94
- Clos Saint-Denis Grand Cru 2019 Épuisé - 210 € 95
- Clos de la Roche Grand Cru 2019 Épuisé - 200 € 95
- Morey-Saint-Denis En la Rue de Vergy 2019 43 € 92
- Morey-Saint-Denis Premier Cru Aux Charmes 2019 Épuisé - 75 € 92
- Morey-Saint-Denis Premier Cru Aux Chezeaux 2019 Épuisé - 75 € 93
- Morey-Saint-Denis Premier Cru Les Chenevery 2019 Épuisé - 75 € 92
- Morey-Saint-Denis Premier Cru Les Faconnières 2019 Épuisé - 75 € 93
- Morey-Saint-Denis Vieilles Vignes 2019 Épuisé - 43 € 91

Le coup de ♥

- Morey-Saint-Denis Premier Cru Les Genavrieres 2019 Épuisé - 75 € 95

Rouge : 12 hectares.
Blanc : 0,5 hectare.
Production moyenne : 60 000 bt/an

DOMAINE LIGNIER-MICHELOT

39, rue du Jardins, 21220 Morey-Saint-Denis
06 07 31 24 07 •
Domainevirgilelignier michelot.fr •
Visites : sur RDV aux professionnels.
Propriétaire : Virgile Lignier
Directeur : Laure Lignier

★ MAISON FRÉDERIC MAGNIEN – DOMAINE MICHEL MAGNIEN

Frédéric Magnien a longtemps fait partie de ces vignerons dit "modernistes" qui vinifiaient des pinots sombres dans lesquels le terroir s'exprimait souvent plus par la puissance que par la finesse. Pendant longtemps, il a produit des vins très colorés, parfois concentrés à la limite de la surextraction, avec des boisés dominateurs. Nous intégrons sous la même entrée dans ce guide les vins que Frédéric Magnien vinifie au domaine de son père, Michel Magnien. Désormais converti à la biodynamie (certification biodyvin 2019), le domaine a opéré un tournant stylistique majeur avec, à partir de 2015, des élevages partiels en jarre de terre cuite, qui affinent les expressions des vins et en respectent mieux le fruit. Ce travail ambitieux a permis d'accomplir de grands progrès, avec des résultats brillants, mais aussi des vins plus communs : la gamme est encore un peu trop hétérogène.

Les vins : grande séduction au nez des Climats d'Or, un rien chaleureux en finale. Sensualité aromatique dans Les Goulots, porté par des notes d'encens et de fleurs séchées. Plus sévère, un peu engoncé dans sa trame calcaire, Les Sentiers se montre assez brut de décoffrage : à revoir au vieillissement. Frais et nuancé, Les Ruchots est intègre, affiné et friand, avec un fruit très revigorant. Envergure et sève vigoureuse dans Les Borniques : si les tanins se montrent suaves, la fruit mûr manque un peu d'éclat et la finale reste un peu épaisse. Petite Chapelle impose son raffinement aromatique sans fard : ce vin rayonnant et mûr offre une transparence de saveurs assez rare pour être soulignée. Assez fermé, le clos-de-la-roche met du temps à se livrer. Son fruit doux se montre assez épais et manque un peu de fraîcheur. Notes de fruits noirs confits, de cannelle et de cuir frais dans le clos-saint-denis : il respecte la finesse du cru et affirme son caractère bien trempé. Élevé exclusivement en fûts mais sans bois neuf, le clos-de-bèze est irrésistible, floral et sanguin, très délicat et infusé. Ce vin en apesanteur se montre parfaitement harmonieux, soigné mais très sincère : c'est une réussite majeure.

- Chambolle-Musigny Premier Cru Les Borniques 2019 100 € 92
- Chambolle-Musigny Premier Cru Les Sentiers 2019 100 € 91
- Clos Saint-Denis Grand Cru 2019 250 € 94
- Clos de la Roche Grand Cru 2019 230 € 93
- Gevrey-Chambertin Premier Cru Les Goulots 2019 150 € 94

- Gevrey-Chambertin Premier Cru Petite Chapelle 2019 — 100 € — 96
- Morey-Saint-Denis Premier Cru Les Climats d'Or 2019 — 70 € — 91
- Morey-Saint-Denis Premier Cru Les Ruchots 2019 — 75 € — 93

Le coup de ♥

- Chambertin-Clos-de-Bèze Grand Cru 2019 — 300 € — 97

Rouge : Pinot noir 100 %
Achat de raisins.
Blanc : Chardonnay 100 %
Achat de raisins.
Production moyenne : 250 000 bt/an

MAISON FRÉDERIC MAGNIEN - DOMAINE MICHEL MAGNIEN ♣

26, route Nationale,
21220 Morey-Saint-Denis
03 80 51 82 98 •
www.domaine-magnien.com • Vente et visites : sur RDV.
Propriétaire : Frédéric Magnien

★ DOMAINE MÉO-CAMUZET

Désormais également vigneron en Oregon, Jean-Nicolas Méo est propriétaire de ce domaine de référence, dont les qualités sont largement reconnues par le marché mondial, et dont les collectionneurs s'arrachent la moindre bouteille. Une petite activité de négoce vient compléter la gamme du domaine. Il a su habilement pérenniser le style des vins, de grands bourgognes parfumés, policés par des élevages luxueux mais dotés d'une étoffe et d'une profondeur de texture admirables, entre classicisme et modernité. Les parfums s'épanouissent avec quelques années de bouteille et les vins gagnent en profondeur. Nous apprécions ces vins sérieux et soignés, mais les élevages un peu ostentatoires les polissent et peuvent ternir légèrement le fruit. Les 2019 reviennent au meilleur niveau, et la seconde étoile reviendra logiquement l'an prochain si les 2020 confirment ce niveau.

Les vins : vigueur et sève minérale dans le fixin, tonique et crémeux, doté de tanins fins et d'un bon équilibre. Séducteur, Aux Boudots propose des notes florales et d'écorce d'agrume : son fruit suave à la fine sucrosité s'appuie sur une trame élancée. Bouche structurée et veloutée dans le très abouti corton, tout en nuances, dominé par la terre fraîche et la truffe. Attaque onctueuse, notes de menthe et de fruits rouges dans le clos-de-vougeot, très juste dans sa définition de saveurs et son équilibre, encore un peu marqué par l'élevage. Noblesse aromatique, entre épices et bois précieux dans l'echezeaux, dont le caractère somptueux et extraverti a su préserver beaucoup de fraîcheur. Luxuriance aromatique dans le très sensuel Aux Brûlées, tout en finesse de texture et exubérance de fruit très mûr mais sapide. Difficile de lui résister ! Orange sanguine et poudre de riz au nez du richebourg, construit autour d'une sève juteuse, puissante et retenue. Très mûr, le fruit de Cros Parentoux est aussi délicat, avec une superbe fraîcheur aromatique : framboises, poivre noir, cannelle. Il justifie pleinement son statut de vin culte.

- Clos de Vougeot Grand Cru 2019 — 225,60 € — 95
- Corton Grand Cru Clos Rognet 2019 — N.C. — 95
- Echezeaux Grand Cru Rouge-du-Bas 2019 — N.C. — 96
- Fixin Premier Cru Clos du Chapitre 2019 — 58 € — 93
- Nuits-Saint-Georges Premier Cru Aux Boudots 2019 — 75,60 € — 95
- Richebourg Grand Cru 2019 — de 1 450 à 1 850 € (c) — 97
- Vosne-Romanée Premier Cru Cros Parantoux 2019 — N.C. — 98

Le coup de ♥

- Vosne-Romanée Premier Cru Aux Brûlées 2019 — 378 € — 96

Rouge : 14,5 hectares. Pinot noir 100 %
Achat de raisins.
Blanc : 3,6 hectares. Chardonnay 100 %
Achat de raisins.
Production moyenne : 70 000 bt/an

DOMAINE MÉO-CAMUZET

11, rue des Grands-Crus,
21700 Vosne-Romanée
03 80 61 55 55 • www.meo-camuzet.com •
Visites : Pas de visites.
Propriétaire : Famille Méo
Directeur : Jean-Nicolas Méo
Œnologue : Peer Reiss

★ DOMAINE PHILIPPE NADDEF

Philippe Naddef a débuté en 1983 en reprenant un vignoble de 2,5 hectares légué par son grand-père. Il a depuis fait du chemin avec des vins solides, colorés et tanniques, qui vieillissent fort bien. L'empreinte du terroir est très marquée, avec le grand cru Mazis-Chambertin, mais aussi Les Cazetiers ou Les Champeaux en premiers crus de Gevrey, où le domaine possède beaucoup de vieilles vignes. Michel, le fils de Philippe, est arrivé en 2008 et a repris les vinifications en rouge, réduisant le bois neuf et cherchant à rendre les vins plus accessibles dans leur jeunesse, avec des tanins plus fondus. Les vins n'ont pas perdu leur identité et nous encourageons ces efforts.

Les vins : grillé, très mûr, le blanc est pâtissier, un peu lourd et fatigant. Saveurs de cerise burlat dans le marsannay rouge, précis et juteux, bien en place, mûr et croquant. Notes cendrées et fumées dans Champs Perdrix, robuste et généreux, pourvu d'une chair assez pulpeuse. Fruit velouté, profond et frais dans les Genelières, au caractère sain et étoffé. Large, profond mais plus ouvragé dans sa texture, le fixin est plein d'allant et de vigueur. Boisé un peu lardé et épicé dans le gevrey En Songe, resté bien éclatant et gourmand : un très beau village. Avec sa matière souple et charnue, le gevrey Vieilles Vignes manque un peu de complexité. Caractère sanguin dans Les Champeaux, précis et tonique, au fruit mûr et finement compoté. Notes fumées assez prononcées et cerise noire dans Les Cazetiers, très profond et velouté, très dense mais accessible. Le rare mazis-chambertin impressionne par sa concentration : pulpeux, épicé, il déploie des saveurs de zan et se présente tout en muscles, proportionné et ultra-persistant. Garde de dix à quinze ans impérative.

- Marsannay Vieilles Vignes 2019 — 20 € — 88
- Fixin 2019 — 24 € — 92
- Gevrey-Chambertin En Songe 2019 — 44 € — 93
- Gevrey-Chambertin Premier Cru Les Cazetiers 2019 — 90 € — 94
- Gevrey-Chambertin Vieilles Vignes 2019 — 54 € — 91
- Marsannay 2019 — 20 € — 91
- Marsannay Champs Perdrix 2019 — 26 € — 92
- Marsannay Les Genelières 2019 — 25 € — 92
- Mazis-Chambertin Grand Cru Vieilles Vignes 2019 — 200 € — 96

Le coup de ♥

- Gevrey-Chambertin Premier Cru Les Champeaux Vieilles Vignes 2019 — 70 € — 94

Rouge : 5 hectares.
Blanc : 1 hectare.
Production moyenne : 30 000 bt/an

DOMAINE PHILIPPE NADDEF
30, route des Grands-Crus, 21220 Fixin
03 80 51 45 99 •
www.bourgogne-naddef.com • Vente et visites : sur RDV.
Propriétaire : Philippe Naddef

★ DOMAINE SYLVAIN PATAILLE

Sylvain Pataille se révèle un des plus ardents défenseurs des terroirs de Marsannay et de Chenôve, avec le méconnu Clos du Chapitre, situé aux portes de l'agglomération dijonnaise. Engagé en bio depuis 2008, le domaine de 17 hectares perd en 2016 la certification suite à l'usage d'un traitement prohibé, choix douloureux pour sauver le peu de raisins qui subsistait. Exigeant, le vigneron travaille ses vignes au cheval, intervient le moins possible, conserve une proportion de vendange entière et s'attache à élever longuement ses vins, parfois plus de deux ans, quasiment sans soufre. Les vins affirment des personnalités sincères, attachantes et pleines de vitalité ; ils méritent d'être plus amplement découverts, notamment pour ses merveilleux aligotés (dont sept crus différents sont produits en 2018 !).

Les vins : fraîcheur et éclat du fruit sont manifestes dès le simple aligoté, un peu serré mais juteux. Saveurs de fruits jaunes, de sésame et grand volume salivant dans l'aligoté Clos du Roy. Sa douceur et son envergure de chair accueillent aisément son caractère un peu solaire. Intense, très précis, Charme aux Prêtres se montre plus stimulant mais aussi plus persistant : il évoque un caillou frais qui roule sur la langue. Vin sapide, sobre et nourrissant, le bourgogne blanc affiche une structure et une allonge enviables à ce niveau. Doté d'une assise très ferme et d'une chair vigoureuse, le marsannay blanc a toutes les qualités pour le vieillissement. Plus clairet que rosé en 2018, Fleur de Pinot regorge de fruits frais : vin convivial, structuré et dynamique, il viellira avec bonheur. Floral et poudré, le bourgogne rouge se présente assez ferme, tenus par des petits tanins serrés. Tanins vifs mais soyeux, chair moelleuse et souple dans le très beau Longeroies, accessible et bâti pour durer. Nez de zan, de cuir et cassis dans le Clos du Roy, vin séveux et profilé, bien dense et vertical : à attendre 4 ou 5 ans pour un épanouissement complet. L'Ancestrale est un concentré de fruits noirs, peu aimable à ce stade, mais la finesse de sa trame, son équilibre et sa persistance signent un vin de très haut niveau.

- Bourgogne Aligoté 2019 — 14 € — 91
- Bourgogne Aligoté Clos du Roy 2019 — 34 € — 93
- Bourgogne Clos du Chapitre 2018 — N.C. — 92
- Marsannay Les Charmes aux Prêtres 2018 — 54 € — 93
- Marsannay Fleur de Pinot 2018 — 33 € — 93
- Bourgogne Le Chapitre 2018 — 38 € — 91
- Marsannay Clos du Roy 2018 — 38 € — 94
- Marsannay L'Ancestrale 2018 — 74 € — 95
- Marsannay Longeroies 2018 — 38 € — 92

Le coup de ♥

- Bourgogne Aligoté Les Charmes aux Prêtres 2019 — 34 € — 94

Rouge : 12,06 hectares.
Blanc : 5,42 hectares.
Production moyenne : 100 000 bt/an

DOMAINE SYLVAIN PATAILLE ♣
14, rue Neuve, 21160 Marsannay-la-Côte
03 80 51 17 35 •
domaine.sylvain.pataille@wanadoo.fr •
Vente et visites : sur RDV.
Propriétaire : Sylvain Pataille

★ DOMAINE CHANTAL REMY

L'ancien domaine Louis Remy, rebaptisé Chantal Remy par le jeu des successions, a perdu une bonne partie de ses vignes. Peu interventionniste, Chantal Remy, qui transmet depuis 2014 à son fils Florian, a produit des vins très classiques, gracieux et charnels, qui évoluent merveilleusement bien. Le domaine possède de très vieilles vignes dans le Clos de La Roche, en Latricières-Chambertin et en Chambertin. Notons aussi le Clos des Rosiers, des vignes plantées derrière le domaine, en bas du Clos des Lambrays. Déception avec les 2019, le style a totalement changé, les vins sont moins précis, le bois neuf a beaucoup augmenté : nous retirons une étoile cette année.

Les vins : le bourgogne présente un fruit très évolué, un peu déviant. Avec sa sève un peu vernissée, le gevrey se présente strict, très sec en finale : à revoir. Assez froid et extrait, Clos des Ormes s'appuie sur des tanins secs et un caractère monolithique, sans nuances. Forte réduction au nez, saveurs de fraises et trame droite, un peu serrée, dans Clos des Rosiers, qui manque un peu de finesse. Très mûr, un peu confituré, le clos-de-la-roche manque de finesse et de fraîcheur, avec des tanins assez épais. Plus harmonieux, le latricières affiche une maturité élevée du fruit, et des tanins assez serrés au sein d'une trame corsée et dense.

- Bourgogne 2019 — 15 € — 87
- Clos de la Roche Grand Cru 2018 — 132 € — 91
- Gevrey-Chambertin Les Seuvrées 2018 — 35 € — 89
- Latricières-Chambertin Grand Cru 2018 — 168 € — 93
- Morey-Saint-Denis Clos des Rosiers 2018 — 54 € — 91
- Morey-Saint-Denis Premier Cru Clos des Ormes 2018 — 60 € — 90

Rouge : 1,25 hectare. Pinot noir 100 %
Achat de raisins.
Production moyenne : 5 000 bt/an

DOMAINE CHANTAL REMY
1, place du Monument,
21220 Morey-Saint-Denis
03 80 34 32 59 •
www.domaine-chantal-remy.com • Vente et visites : sur RDV.
Propriétaire : Chantal Remy

★ DOMAINE ROSSIGNOL-TRAPET

La division en 1990 des vignes du domaine Trapet a donné naissance aux domaines Rossignol-Trapet d'un côté, et Jean Trapet de l'autre. Moins connus que leur cousin Jean-Louis Trapet, les frères Rossignol, Nicolas l'aîné et David le cadet, ont toujours accordé une grande importance à la culture de la vigne. Ils passent à la biodynamie en 1997 et reconvertissent tout le domaine en 2004. La gamme comporte un superbe chambertin et des chapelle et latricières-chambertin de haute volée. Du simple gevrey-chambertin jusqu'aux grands crus, Nicolas et David produisent des vins remarquables, sincères et pleins, qui intègrent une moitié de vendange entière et ont régulièrement progressé en pureté et en élégance, accessibles jeunes sans renier leur capacité de garde.

Les vins : beaucoup de complexité au nez du beaune Les Teurons, à la matière poudrée tout en finesse et délicatesse de texture. Juteux et épicé, le gevrey vieilles vignes offre une magnifique chair ouvragée, charnue et élancée : délicieux dès à présent. Raffinement floral dans Clos Prieur, vin profond et velouté d'une grande élégance naturelle. Son élevage doit se patiner un peu mais il est déjà admirable. Assez épicé au nez, Petite Chapelle gagne en profondeur et fraîcheur, très nuancé, pourvu de tanins d'une magnifique finesse. Fleurs séchées et bois de santal dans le chapelle, tout en fraîcheur et moelleux subtil de chair. Son allonge radieuse et son intensité en font un merveilleux vin classique dans le meilleur sens du terme. Somptueux nez de rose poivrée et de grenade dans le latricières, parfaitement sapide et caressant.

- Beaune Premier Cru Les Teurons 2019 — 42 € — 93
- Chapelle-Chambertin Grand Cru 2019 — 135 € — 96
- Gevrey-Chambertin Premier Cru Clos Prieur 2019 — 80 € — 94
- Gevrey-Chambertin Vieilles Vignes 2019 — 36 € — 93
- Latricières-Chambertin Grand Cru 2019 — 135 € — 96

Le coup de ♥

- Gevrey-Chambertin Premier Cru Petite Chapelle 2019 — 80 € — 95

Rouge : 13 hectares.
Production moyenne : 60 000 bt/an

DOMAINE ROSSIGNOL-TRAPET ☾

4, rue de la Petite-Issue,
21220 Gevrey-Chambertin
03 80 51 87 26 • www.rossignol-trapet.com •
Vente et visites : sur RDV.
Propriétaire : David et Nicolas Rossignol
Œnologue : Pierre Milleman

DOMAINE AMIOT-SERVELLE

Christian et Élisabeth Amiot ont été rejoints en 2011 par leur fille Prune, diplômée d'œnologie. Situé pour l'essentiel sur les meilleurs premiers crus de Chambolle (pas moins de sept crus différents), le domaine s'est enrichi en 2010 de vignes en Morey-Saint-Denis, Clos-Saint-Denis et Charmes-Chambertin. Orienté depuis 2003 vers une viticulture bio (et certifiée à partir de 2008), le respect de l'environnement a permis aux vins de gagner en précision et en profondeur, avec une proportion de vendange entière. Les vins sont désormais très consistants, réguliers, et expriment avec justesse et sensibilité leurs terroirs respectifs, même si quelques petits réglages dans les élevages peuvent améliorer les équilibres.

Les vins : le domaine ne nous ayant pas fait parvenir ses vins, nous sommes amenés à reconduire les notes de l'année dernière.

- Bourgogne 2018 — N.C. — 88
- Chambolle-Musigny 2018 — de 55 à 65 € (c) — 90
- Chambolle-Musigny Les Bas-Doix 2018 — N.C. — 91
- Chambolle-Musigny Premier Cru Les Amoureuses 2018 — N.C. — 95
- Chambolle-Musigny Premier Cru Les Charmes 2018 — de 100 à 120 € (c) — 93
- Chambolle-Musigny Premier Cru Les Plantes 2018 — de 90 à 100 € (c) — 92

Rouge : 6 hectares. Pinot noir 100 %
Blanc : 1 hectare. Chardonnay 100 %
Production moyenne : 30 000 bt/an

DOMAINE AMIOT-SERVELLE ♣

34, rue Caroline-Aigle,
21220 Chambolle-Musigny
03 80 62 80 39 • www.amiot-servelle.com •
Vente et visites : sur RDV.
Propriétaire : Prune et Antoine Amiot

DOMAINE HERESZTYN-MAZZINI

Florence Heresztyn a repris une partie des vignes de sa famille, et a signé en 2012 avec son mari Simon le premier millésime du domaine. Les vignes, souvent âgées et situées sur Gevrey, Morey et Chambolle, sont fort sagement travaillées, et la conversion bio sera effective avec les 2019. Depuis 2017, la plupart des vins intègrent une proportion d'au moins 50 % de vendange entière. La qualité a rapidement progressé.

Les vins : nous avons le sentiment que les élevages pourraient être affinés. Faiblement extrait, le bourgogne est friand, doux et patiné. Marqueur discret de la vendange entière dans Vieilles Vignes : dommage que le boisé un peu chocolaté et lactique alourdisse la fin de bouche. Profil élégant, finement épicé, dans Clos Village, marqué par sa douceur de texture et un fruit moelleux. Porté par une trame ouvragée, Les Millandes livre un fruit très mûr : son expression chaleureuse se régulera dans l'apport de sa sève énergique. La Perrière s'appuie sur une assise terrienne solide, avec de la mâche et de la sève : sa finale s'alanguit un peu sur le bois. Le caractère pulpeux du fruit est perceptible dans Les Goulots, le plus harmonieux des vins présentés, qui séduit par la douceur savoureuse et raffinée de sa chair : un vin de belle distinction.

- Bourgogne 2019 — 15 € — 89

- Gevrey-Chambertin Clos Village 2019 — 55 € — 92
- Gevrey-Chambertin Premier Cru La Perrière 2019 — 55 € — 92
- Gevrey-Chambertin Premier Cru Les Goulots 2019 — 55 € — 94
- Gevrey-Chambertin Vieilles Vignes 2019 — 35 € — 90
- Morey-Saint-Denis Premier Cru Les Millandes 2019 — 55 € — 92

Rouge : 5,3 hectares.
Blanc : 0,2 hectare.
Production moyenne : 30 000 bt/an

DOMAINE HERESZTYN-MAZZINI ♣
27, rue Richebourg,
21220 Gevrey-Chambertin
06 22 77 14 44 •
www.heresztyn-mazzini.com • Vente et visites : sur RDV.
Propriétaire : Florence Heresztyn-Mazzini et Simon Mazzini

DOMAINE HUGUENOT PÈRE ET FILS

Héritier d'une dizaine de générations de vignerons établis à Marsannay, Jean-Louis Huguenot a produit pendant longtemps des vins techniquement irréprochables qui glanaient de nombreuses médailles dans les concours. Plus discret, son fils Philippe est un jeune vinificateur ambitieux qui a su donner davantage de personnalité aux vins, sans pour autant obérer leurs qualités fondamentales. L'ensemble de la gamme se révèle très homogène, avec des vins précis et solides qui se sont affinés depuis quelques millésimes. Les élevages trop prégnants amoindrissent les nuances des expressions de terroir avec des finales sèches et lactiques : nous retirons l'étoile.

Les vins : le marsannay blanc est généreusement boisé, un peu strict en finale. Plus d'envergure et de volume dans le fixin blanc, peu aromatique mais bien droit. Matière assez énergique dans Héritage, vin équilibré et consensuel à la finale un peu épaisse. Plus de fraîcheur dans Montagne, vin assez tonique, lactique et cendré. Élevage assez appuyé dans Champs-Perdrix, vin dont la finesse est amoindrie par un boisé qui l'assèche en finale. Fruit plus expressif et posé dans La Charme aux Prêtres, vin assez élégant structuré autour de tanins réglissés et savoureux. Un peu lardé, serré par un boisé froid et sec, le fixin offre une matière épaisse et pommadée en finale. Nez de cendres froides, bouche mâchée et tanins un peu verts dans le gevrey : un vin assez convenu. Le Vieille Vignes voit son fruit comprimé par le bois. Le premier cru est lardé, massif, avec un fruit fardé.

- Fixin 2019 — 24 € — 91
- Marsannay Collection 2019 — 21 € — 89
- Fixin 2019 — 25,50 € — 89
- Gevrey-Chambertin 2019 — 32 € — 89
- Gevrey-Chambertin Premier Cru 2019 — 52 € — 89
- Gevrey-Chambertin Vieilles Vignes 2019 — 37 € — 90
- Marsannay Champ-Perdrix 2019 — 26,50 € — 91
- Marsannay Heritage 2019 — 24 € — 90
- Marsannay La Charme aux Prêtres 2019 — 26,50 € — 92
- Marsannay Montagne 2019 — 26,50 € — 91

Rouge : 19,2 hectares.
Blanc : 3,8 hectares.
Production moyenne : 120 000 bt/an

DOMAINE HUGUENOT PÈRE ET FILS ♣
7, ruelle du Carron, 21160 Marsannay-la-Côte
03 80 52 11 56 • www.domainehuguenot.com
• Vente et visites : sur RDV.
Propriétaire : Philippe Huguenot
Œnologue : Pierre Millemann

NOUVEAU DOMAINE

LA MAISON ROMANE

Parisien d'origine, Oronce de Beler est un fin connaisseur de la Bourgogne, où il a effectué plusieurs stages et monté une première entreprise de labour à cheval. Il a acheté ses premiers raisins – en bio ou en biodynamie – en 2005, vinifiant dans une cave fraîche à Nuits-Saint-Georges tout en raisins entiers, avec aussi peu de soufre et d'interventions que possible. Il en résulte des vins soignés, d'un grand naturel d'expression, qui sont à la fois d'une grande précision de saveurs et libres, s'exprimant avec un naturel déconcertant et sans fard. Bières artisanales, cidre, élevage d'animaux complètent la production viticole. Nous accueillons avec plaisir ce petit négoce haute couture dans notre guide.

Les vins : Éclat du fruit mûr et superbe fraîcheur dans le côtes-de-nuits, qui forme un vin digeste, évolutif, à la fois vivant et très en place. Dimension florale dans le jus pulpeux et très mûr du marsannay, au fruit succulent, sapide et onctueux. Un vin parfumé, serein, joufflu et frais, d'une grande gourmandise, aux tanins très fins. Chair aérienne dans le gevrey, dont la bouche délicate s'emplit de saveurs d'agrumes, d'orange sanguine avec des amers raffinés, servi par une acidité volatile noble. Le niveau est impressionnant pour un village.

- Côte de Nuits-Villages 2019 — 38 € 92
- Gevrey-Chambertin La Justice 2019 — 66 € 94
- Marsannay Longeroies 2019 — 39 € 93

Rouge : 4 hectares.
Blanc : 1 hectare.
Production moyenne : 22 000 bt/an

LA MAISON ROMANE
14, rue Thurot, 21700 Nuits-Saint-Georges
06 09 84 97 14 • www.lamaisonromane.fr/ •
Vente et visites : sur RDV.
Propriétaire : Oronce De Beler

DOMAINE BERTRAND ET AXELLE MACHARD DE GRAMONT

À la suite d'une séparation avec ses frères, Bertrand Machard de Gramont a créé son domaine en 1983. Il a replanté les spectaculaires terrasses des Vallerots, un coteau très raide en terrasses sur les hauteurs de Nuits-Saint-Georges. C'est sur cette appellation que se trouve la majorité des vignes de ce petit domaine. Après une autre vie, la fille de Bertrand, Axelle, est revenue au domaine en 2004. Elle y a initié la transition bio (certifiée en 2014) et un travail en douceur, tel que le foulage au pied en cuve tronconique en bois après égrappage. Les choix de cette vigneronne énergique s'avèrent payants et les vins livrent des expressions denses et sans fard de leurs terroirs respectifs, parfois un peu marqués par la macération à froid. Les élevages s'affinent et le domaine a encore une marge de progression.

Les vins : bien mûr, charnu et plein, Les Grands Chaillots s'approche d'un nuits-village. Les Terrasses des Vallerots présente un jus délié, assez nerveux, pourvu d'une belle mâche de tanins denses, et un fruit bien mûr et sain. Supplément de dimension et de volume dans Les Vallerots, vin intègre dont le fruit gourmand rappelle le cassis. Trame vigoureuse, sanguine dans le tonique Les Hauts Pruliers, à l'ossature anguleuse pleine de caractère. Beaucoup de séduction et de densité charnue dans Aux Allots, qui lorgne vers Vosne-Romanée dans son profil aromatique et sa séduction. Matière veloutée, énergique, beaucoup de plénitude dans la chair crémeuse et mûre du vosne-romanée.

- Bourgogne Les Grands Chaillots 2019 — 18 € 91
- Nuits-Saint-Georges Aux Allots 2019 — 39 € 93
- Nuits-Saint-Georges Les Hauts Pruliers 2019 — 42 € 93
- Nuits-Saint-Georges Les Terrasses des Vallerots 2019 — 31 € 92
- Nuits-Saint-Georges Les Vallerots 2019 — 37 € 93
- Vosne-Romanée 2019 — Épuisé - 42 € 93

Rouge : 5,4 hectares.
Blanc : 0,6 hectare.
Production moyenne : 20 000 bt/an

DOMAINE BERTRAND ET AXELLE MACHARD DE GRAMONT ♣
13, rue de Vergy, 21700 Nuits-Saint-Georges
03 80 61 16 96 •
www.bertrand-macharddegramont.com •
Vente et visites : sur RDV.
Propriétaire : Bertrand Machard de Gramont
Directeur : Axelle Machard de Gramont

DOMAINE ALAIN MICHELOT

Élodie Michelot, fille d'Alain, a désormais en charge la production des vins de ce domaine qui possède plusieurs premiers crus de Nuits-Saint-Georges, et exploite depuis 2010 une parcelle de Clos de Vougeot. Elle a rejoint le domaine familial en 1996, suivie par son mari en 1998, et a su faire progresser les vins en finesse et élégance, sans pour autant perdre en puissance. Intégrant jusqu'à un quart de fût neuf, les élevages semblent mieux intégrés depuis 2016 : les vins apparaissent moins secs que les années précédentes.

Les vins : bien mûr, le nuits blanc se montre trop adossé à un élevage qui l'épaissit et l'alourdit. Généreuse, concentrée, la cuvée Vieilles Vignes est un vin cossu, profond et équilibré, à la fraîcheur et aux tanins réglissés foisonnants. Dense et étoffé, Aux Champs-Perdrix conserve de la sécheresse en finale mais ne manque pas de sève. Nez de cacao et d'orangette confite dans Aux Chaignots, assez moelleux et tendre en attaque mais doté d'une assise tannique importante. Surcroît de fraîcheur au nez des Cailles, un vin qui regorge de fruits noirs et d'une ample chair veloutée. Notes d'écorce et de terre dans le très ferme Les Vaucrains, dont la vigueur sanguine et la densité de tanins le destinent à une décennie de garde.

- Nuits-Saint-Georges Premier Cru En la Perrière Noblot 2019 — 40 € 89
- Nuits-Saint-Georges Aux Champs-Perdrix 2018 — 40 € 91

- Nuits-Saint-Georges Premier Cru Aux Chaignots 2018 — 43 € — 92
- Nuits-Saint-Georges Premier Cru Les Cailles 2018 — 43 € — 93
- Nuits-Saint-Georges Premier Cru Les Vaucrains 2018 — 46 € — 93
- Nuits-Saint-Georges Vieilles Vignes 2018 — 29 € — 92

Rouge : 7,7 hectares.
Blanc : 0,3 hectare.
Production moyenne : 35 000 bt/an

DOMAINE ALAIN MICHELOT
6, rue Camille-Rodier,
21700 Nuits-Saint-Georges
03 80 61 14 46 •
domalainmichelot@orange.fr • Vente et visites : sur RDV.
Propriétaire : Alain Michelot
Directeur : Élodie Michelot

DOMAINE HENRI ET GILLES REMORIQUET

Ce domaine familial propose des cuvées élaborées dans un style plutôt classique, qui vieillissent bien. Gilles Remoriquet, œnologue diplômé de l'Université de Dijon, est engagé dans la viticulture bourguignonne ; il conduit le domaine pour en faire un modèle, avec labours, contrôle des rendements, vendanges manuelles et élevages en fût. Le domaine possède une belle palette de nuits-saint-georges, dont de nombreux premiers crus vinifiés séparément. Les vins sont soigneusement élaborés, riches et denses, présentant une belle vinosité, mais nous avons le sentiment que des élevages plus fins leur rendraient justice.

Les vins : boisé prégnant et vin assez pâtissier dans le blanc qui manque un peu de fraîcheur. Profil très mûr dans Les Allots avec des saveurs de mûres et de confiture de framboise. Trapu, costaud, il manque de finesse. Sucrosité du fruit un peu pesante dans Rue de Chaux : il possède de la profondeur et de l'allonge et pourrait s'épurer au vieillissement. Sphérique et concentré, Les Bousselots affiche un fruit un peu mâché et terne : on aimerait plus d'éclat et de fraîcheur. Matière juteuse, texture affinée et fraîcheur préservée dans Les Damodes. Encore un peu robuste, il affiche une trame acide qui le prolonge en finale. Le fruit assez compoté s'accompagne d'une trame plus lissée par l'élevage dans Les Saint-Georges : ce vin opulent mais sérieux mérite six à huit ans de garde. Surcroît de finesse et d'allonge dans le vosne-romanée, dont les tanins plus fins composent un vin assez charmeur et consensuel.

- Bourgogne Hautes-Côtes de Nuits 2018 — 14 € — 88
- Bourgogne Hautes-Côtes de Nuits 2019 — 14 € — 89
- Nuits Saint-Georges Premier Cru Rue de Chaux 2019 — 38 € — 91
- Nuits-Saint-Georges Les Allots 2019 — 28,50 € — 90
- Nuits-Saint-Georges Premier Cru Les Bousselots 2019 — 38 € — 90
- Nuits-Saint-Georges Premier Cru Les Damodes 2019 — 39 € — 92
- Nuits-Saint-Georges Premier Cru Les Saint-Georges 2019 — 65 € — 93
- Vosne-Romanée Premier Cru Au-Dessus des Malconsorts 2019 — 65 € — 93

Rouge : 9 hectares.
Blanc : 0,5 hectare.
Production moyenne : 40 000 bt/an

DOMAINE HENRI ET GILLES REMORIQUET
25, rue de Charmois,
21700 Nuits-Saint-Georges
03 80 61 24 84 •
contact@domaine-remoriquet.com • Vente et visites : sur RDV.
Propriétaire : Gilles Remoriquet

DOMAINE HENRI RICHARD

Henri Richard était l'un des premiers vignerons de Gevrey-Chambertin à vendre ses vins en bouteille. Plus tard, sa fille livrera ses raisins au négoce. La nouvelle génération (Sarah Bastien, sur place, et Richard Bastien, œnologue au Canada) fait le choix d'une production de vin fini. Les vins sont travaillés à partir de raisins non égrappés. Le domaine progresse dans l'expression de chacun de ses terroirs, et les amateurs recherchant des vins plus fins et élégants qu'opulents trouveront ici leur bonheur.

Les vins : large et mûr, le blanc manque un peu de charme mais se montre bien solide. Le marsannay possède beaucoup de volume et se présente déjà gourmand et souple. Concentré, charnu, Aux Corvées est très séducteur et épanoui, plein de fraîcheur réglissée. Plus tendre, un peu alangui, Les Tuileries présente moins d'énergie mais sa matière est soignée et persistante. Envergure et profondeur composent un charmes-chambertin très complet, tenu par des tanins réglissés et juteux. Profil un peu plus tendu et frais dans le mazoyères, à la vigueur de sève plus affirmée : vieillissement garanti.

- Côtes de Nuits-Villages Vignois 2018 — 20 € 89
- Charmes-Chambertin Grand Cru 2018 — 120 € 93
- Gevrey-Chambertin Aux Corvées 2018 — 40 € 92
- Gevrey-Chambertin Les Tuileries 2018 — 45 € 92
- Marsannay Au Larrey 2018 — 28 € 91
- Mazoyères-Chambertin Grand Cru 2018 — 130 € 94

Rouge : 4,15 hectares.
Blanc : 0,43 hectare.
Production moyenne : 12 000 bt/an

DOMAINE HENRI RICHARD
75, route de Beaune,
21220 Gevrey-Chambertin
09 62 08 00 17 •
www.domainehenririchard.com • Vente et visites : sur RDV.
Propriétaire : Famille Bastien
Directeur : Sarah Bastien
Maître de chai : Guillaume Berthier

DOMAINE MARC ROY

Une viticulture soignée valorise au plus haut niveau ce domaine. Alexandrine Roy produit de très beaux vins profonds, charnus et raffinés, et perpétue un savoir-faire familial qui a toujours misé sur le travail des sols. Depuis son arrivée en 2003, le domaine a progressé. Les vins sont égrappés, les fûts neufs en proportion importante, jusqu'à 50 %. Si ses villages sont chers, ils sont largement au-dessus de bien des premiers crus qui n'atteignent pas un tel niveau de concentration et de complexité.

Les vins : saveurs grillées et élevage bois marqué dans le marsannay Les Champs Perdrix. Fruit assez moelleux et frais dans le Vieilles Vignes, pourvu de tanins fins, dont le boisé est bien en place. Matière bien mûre et tendre, moelleuse mais sans lourdeur dans La Justice, vin très bien constitué. Plus immature, Clos Prieur impose sa chair large et sapide. Les traces de l'élevage disparaîtront mais il faudra un peu de patience. Texture pulpeuse et délicate dans Cuvée Alexandrine, vin assez franc et raffiné : sa richesse de constitution est bien intégrée.

- Marsannay Les Champs Perdrix 2019 — 40 € 89
- Gevrey-Chambertin Clos Prieur 2019 — 80 € 93
- Gevrey-Chambertin Cuvée Alexandrine 2019 — 95 € 94
- Gevrey-Chambertin La Justice 2019 — 80 € 93
- Gevrey-Chambertin Vieilles Vignes 2019 — 70 € 92

Rouge : 3,3 hectares.
Blanc : 0,5 hectare.
Production moyenne : 15 000 bt/an

DOMAINE MARC ROY
8, avenue de la Gare,
21220 Gevrey-Chambertin
03 80 51 81 13 •
www.facebook.com/domainemarcroy •
Vente et visites : sur RDV.
Propriétaire : Alexandrine Roy

CÔTE DE BEAUNE

★★★ DOMAINE D'AUVENAY

Lalou Bize-Leroy est seule propriétaire de ce petit domaine qui porte le nom de sa ferme fortifiée située sur les hauteurs de Saint-Romain. Avec deux grands crus en Côte de Nuits mais surtout de remarquables parcelles dans les grands terroirs de blancs de la Côte de Beaune, ce domaine applique les mêmes principes de culture et de vinification qu'au domaine Leroy, avec pour conséquence des vins peut-être encore plus inoubliables, car les tout petits rendements leur donnent une texture absolument unique, et une longueur en bouche phénoménale. À l'encontre de la mode actuelle, les blancs d'Auvenay sont vendangés très mûrs, vieillissent à la perfection et constituent une révélation pour tous ceux qui ont la chance d'y goûter un jour. Comme on s'en doute, le monde entier s'en arrache la moindre goutte.

Les vins : une série de toute beauté, modèle absolu de raffinement, d'une intensité sapide sans équivalent. La Macabrée s'ouvre sur une touche florale, qui annonce un vin tout en élégance et nuancé, dont l'attaque souple s'appuie sur un fruit soyeux. Exemplaire. Force et énergie caractérisent Les Boutonniers 2019, un vin sculpté en profondeur avec une longue finale saline. Narvaux 2019 se profile par une fine réduction relayée par une intense et agréable note de citron confit. Il déploie une magnifique énergie qui monte crescendo. Splendide. Les Enseignères semble avoir gagné en largeur d'épaules grâce à ce millésime, qui lui confère du relief et un raffinement majeur. Goutte d'Or se démarque par un nez somptueux. Lumineux, son rayonnement calcaire en bouche forge une intense minéralité qui le destine à la longue garde. Ce bâtard-montrachet surprend par une finesse peu coutumière pour ce grand cru, tout en restant dense et long en bouche. Pureté et finesse caractérisent le criots-bâtard-montrachet, dont le fruit juteux et finement épicé se déploie avec une magnifique ampleur de bouche. Magistral. Le chevalier-montrachet possède quant à lui un fort élan minéral traçant en bouche, avec une vigueur qui vous emporte par son étincelant fruit tout en épure. Le mazis-chambertin offre une mâche et une étoffe incroyable. Il rayonne par sa densité, avec cette impression de croquer à même un raisin à la peau épaisse. Somptueux. Le bonnes-mares affirme la finesse du terroir de Chambolle-Musigny par son parfum aux senteurs de fleur de vigne et un fruit profond mais doux comme la soie, pur et intense.

Auxey-Duresses La Macabrée
2019 de 1 100 à 2 500 € (c) 99

Auxey-Duresses Les Boutonniers
2019 de 500 à 600 € (c) 99

Bâtard-Montrachet
2019 de 2 500 à 3 500 € (c) 100

Criots-Bâtard-Montrachet Grand Cru
2019 de 4 000 à 6 000 € (c) 100

Meursault Les Narvaux
2019 de 2 000 à 4 000 € (c) 99

Meursault Premier Cru Goutte d'Or
2019 de 2 000 à 2 500 € (c) 100

Puligny-Montrachet les Enseignères
2019 de 1 500 à 2 000 € (c) 99

Bonnes-Mares Grand Cru
2019 de 4 000 à 6 000 € (c) 100

Mazis-Chambertin Grand Cru
2019 de 2 500 à 3 500 € (c) 100

Le coup de ♥

Chevalier-Montrachet Grand Cru
2019 N.C. 100

Rouge : 0,5 hectare. Pinot noir 100 %
Blanc : 3,4 hectares. Chardonnay 90 %, Aligoté 10 %
Production moyenne : 8 000 bt/an

DOMAINE D'AUVENAY
000 000 21190 Meursault
03 80 21 23 27 • 000 • Vente et visites : sur RDV.
Propriétaire : Lalou Bize-Leroy

★★★ DOMAINE MICHEL BOUZEREAU ET FILS

Nous sommes enchantés par la régularité et le style précis des vins de ce domaine. Digestes, élégants et profonds, ils vieillissent avec harmonie. La propriété possède de petites parcelles sur de beaux crus du secteur. Jean-Baptiste Bouzereau vinifie ses blancs avec une grande précision et sait s'adapter avec souplesse au caractère de chaque millésime. Il recherche avant tout l'élégance et la pureté ; on rencontrera donc rarement dans ses vins les notes fortement grillées et réduites que certains amateurs associent au meursault.

Les vins : en rouge, le beaune premier cru Les Vignes Franches 2019 est une explosion de fruits rouges au nez pur, intense, d'un équilibre souverain, entre un fruit croquant et des tanins mûrs. Un vin détendu fort agréable à boire sur le fruit. Le bourgogne Chardonnay 2019 est somptueux. Il trouve son équilibre grâce à un fruit gourmand et riche avec une jolie finale sur le fruit acidulé. Dans la série des meursaults, Les

Tessons 2019 sent la pierre froide avec une touche de fleur blanche type jasmin. Un vin tout en tension avec de la densité et de la puissance, d'où ressort une intense salinité. Les Charmes-Dessus explore des notes plus minérales que fruitées avec une fine réduction. Un vin épuré mais dense avec une intensité qui le porte en longueur de bouche. C'est le plus beau des premiers crus. Malgré un nez introverti, le puligny-montrachet Le Cailleret 2019 évoque la fleur, son fruit pur et précis est encore dans sa gangue. Laissons-le mûrir en bouteille. Le meursault Perrières 2019 se démarque par un sentiment de richesse tant au nez qu'en bouche, avec une sensation de pierre qui arrive dans un deuxième temps. Sa richesse du fruit lui donne du volume et une amabilité inhabituelle pour un vin jeune. Une gamme de vins d'une profondeur et d'une pureté remarquables. Une mention spéciale pour le rouge.

- Bourgogne Chardonnay 2019 — 25 € — 90
- Meursault Les Tessons 2019 — 85 € — 94
- Meursault Premier Cru Les Charmes-Dessus 2019 — 100 € — 98
- Meursault Premier Cru Perrières 2019 — 120 € — 97
- Puligny-Montrachet Premier Cru Le Cailleret 2019 — 120 € — 97
- Beaune Premier Cru Les Vignes Franches 2019 — 60 € — 93

Rouge : 1,7 hectare. Pinot noir 100 %
Blanc : 11 hectares. Chardonnay 100 %
Production moyenne : 65 000 bt/an

DOMAINE MICHEL BOUZEREAU ET FILS

5, rue Robert-Thénard, 21190 Meursault
03 80 21 20 74 •
www.michelbouzereauetfils.com • Pas de visites.
Propriétaire : Jean-Baptiste Bouzereau
Œnologue : Guillaume Lebras

★★★ DOMAINE CHANDON DE BRIAILLES

Propriété familiale depuis 1834, Chandon de Briailles est un des rares domaines de ce rang à avoir converti l'intégralité de ses 14 hectares à la culture biodynamique sans transition (en 2011). Les vinifications sont ici très traditionnelles, avec une forte proportion de vendange entière pour les vins rouges et une utilisation très modérée du fût de chêne neuf. Ces vins peuvent parfois dérouter durant leur jeunesse, mais ils révèlent leur expressivité après quelques années en cave. Le vieillissement leur rend grâce et ils déploient alors toute la complexité des grands pinots floraux et raffinés. Ce domaine s'inscrit au sommet de la production des vins de la côte de Beaune.

Les vins : François de Nicolay nous fait toucher du doigt l'excellence avec ses vins frais mais intenses, au fruit libre mais précis. Des vins pleins et juteux, plaisants jeunes, mais avec un réel potentiel de garde, à l'image du très beau Les Saucours, un blanc pur, vif et ciselé, qui déploie une vitalité incroyable malgré sa maturité et sa densité. Son fruit acidulé le porte en bouche avec de beaux amers en finale. Le corton blanc est sapide, avec une dynamique de bouche surprenante vu la densité et l'épaisseur de son fruit. En rouge, le somptueux Aux Fournaux est tout en élégance avec sa touche florale. Sa matière douce et tendre est dotée d'un beau fruit mûr, porté par des tanins fins et soyeux mais solides. Les Lavières, plein et juteux, embaume la pêche de vigne et la fraise des bois. Sa chair épaisse confirme la richesse du millésime, tout autant que son volume sa densité et son amplitude de bouche. Encore dans l'empreinte du raisin, Ile de Vergelesses a des senteurs de fraise des bois, qui font écho à une matière pulpeuse et gracieuse, dotée d'un fruit charnu. Avec son profil charnel, Les Bressandes offre un admirable fruit libre, mais pur et profond, canalisé par cette assise propre au terroir. Son équilibre souverain convertirait les plus sceptiques aux crus de Corton. Somptueux. Plus introverti et épuré, Clos du Roi puise sa persistance à travers un fruit vif et un muscle long, dont la trame serrée lui confère droiture et longévité.

- Corton Grand Cru 2019 — 180 € — 97
- Savigny-lès-Beaune Les Saucours 2019 — 49 € — 92
- Corton Grand Cru Clos du Roi 2019 — 225 € — 98
- Corton Grand Cru Les Bressandes 2019 — 180 € — 98
- Pernand-Vergelesses Premier Cru Ile des Vergelesses 2019 — 74 € — 94
- Savigny-lès-Beaune Aux Fournaux 2019 — 49 € — 93
- Savigny-lès-Beaune Premier Cru Les Lavières 2019 — 60 € — 94

Rouge : 12 hectares. Pinot noir 100 %

Blanc : 2 hectares. Chardonnay 100 %

Production moyenne : 55 000 bt/an

DOMAINE CHANDON DE BRIAILLES ☾
1, rue Sœur-Goby, 21420 Savigny-lès-Beaune
03 80 21 52 31 •
www.chandondebriailles.com • Vente et visites : sur RDV.
Propriétaire : François de Nicolay

★★★ DOMAINE COCHE-DURY

La famille Coche-Dury continue de travailler ses vignes sans relâche et de suivre ses vinifications avec la plus grande attention. Désormais, Raphaël dirige seul le domaine. Il n'a cessé de le faire progresser malgré le haut niveau de notoriété. Il s'est imposé un retour au labour systématique mais aussi une diminution des rendements. En cave, par des pressurages distincts de ceux que faisait son père, il est allé chercher de la texture et des tanins dans ses blancs. Ses élevages sur lies ne vont plus explorer cette réduction aux notes grillées si caractéristiques des vins du domaine. À l'arrivée, ses blancs ont gagné en densité, en pureté et en complexité. Le revers de la médaille : il faut les attendre au moins quinze ans. Ils possèdent de la profondeur, une sapidité et une allonge absolument uniques. Nous sommes ici au sommet de ce que peut produire le chardonnay d'une puissance redoutable. Hélas, toute la production est vendue avant même la récolte, et il est impossible au domaine d'accepter de nouveaux clients. On peut en revanche trouver des vins de ce domaine à la carte de grands restaurants.

Les vins : très grande entrée en matière avec ce bourgogne qui n'est pas un simple blanc mais déjà un vin de haut vol, une sorte de petit meursault. Dans la série des meursaults, le village est un beau vin musclé tout en allonge de bouche et porté par la richesse du millésime, avec un sentiment presque tannique. Les Rougeots s'exprime par une note de beurre frais à l'ouverture. Un vin tout en volume, archétype du meursault ample aux formes généreuses. Caillerets est à la fois large et long. Il embaume l'amande fraîche. Puissant, doté d'un fruit concentré, il possède une matière sculptée en profondeur. Derrière une touche beurrée avec Genevrières, apparaît une note florale. Vif, ciselé, tout en épure, véritable souffle frais, il s'étire en longueur mais avec un milieu de bouche plein. Superbe. Perrières mêle des senteurs de pierre froide et d'amande fraîche. Doté de cette intense énergie propre au secteur du haut et du charnu du millésime, il donne une magnifique lecture de ce grand terroir. Magistral. Quant au corton-charlemagne, avec son énergie, sa sérénité, sa douceur et ses notes de fleurs d'oranger, il paraît plus impressionnant que le meursault Perrières du domaine, c'est tout dire. Pour les rouges, on se régalera avec le fruit croquant de l'auxey-duresses, tout autant qu'avec le volnay aux notes de fruits noirs et d'épices, un vin juteux mais profond.

Bourgogne 2019	N.C.	91
Meursault 2019	de 350 à 400 € (c)	93
Meursault Les Rougeots 2019	de 900 à 950 € (c)	94
Meursault Premier Cru Caillerets 2019	de 1 100 à 1 250 € (c)	95
Meursault Premier Cru Genevrières 2019	de 1 600 à 1 800 € (c)	96
Meursault Premier Cru Perrières 2019	N.C.	99
Auxey-Duresses 2019	N.C.	91
Volnay Premier Cru 2019	de 200 à 230 € (c)	94

Le coup de ♥

Corton-Charlemagne Grand Cru 2019	N.C.	99

Rouge : 2,5 hectares. Pinot noir 100 %
Achat de raisins.
Blanc : 7,8 hectares. Chardonnay 94 %, Aligoté 6 %
Achat de raisins.
Production moyenne : 45 000 bt/an

DOMAINE COCHE-DURY
25, rue Charles-Giraud, 21190 Meursault
03 80 21 24 12 • 000 • Vente et visites : sur RDV.
Propriétaire : Raphaël Coche-Dury

★★★ DOMAINE DES COMTES LAFON

Dominique Lafon n'a cessé d'améliorer sa production malgré la notoriété du domaine. Depuis une bonne dizaine d'années, le style des blancs a évolué vers davantage de fraîcheur et de race, sans perdre ni en poids, ni en ampleur de bouche. Le style de vinification a aussi changé : les vins vont davantage vers la réduction, ils sont plus élancés, moins crémeux. La large gamme de meursaults s'est étoffée depuis 2011 de deux premiers crus : Les Bouchères et Poruzots. Sans perdre en densité, les rouges ont gagné en équilibre par un travail plus délicat durant la phase d'extraction, d'où des tanins plus souples et moins massifs. La meilleure gestion des élevages donne plus de place à la dimension du fruit. Rouges comme blancs sont d'un très haut niveau sur toute la gamme.

Les vins : les blancs sont d'un magnifique équilibre ; profonds, denses, charnus et d'une élégance magistrale. Les rouges affichent un bon niveau mais demeurent un ton en dessous. Le meursault-villages présente l'archétype du grand meursault, à la fois dense, plein et raffiné. Avec Clos de la Barre, nous montons en intensité : la minéralité est plus présente, avec un fruit mûr à souhait. Le raffiné Charmes sent bon et séduit par sa densité et son volume, avec une belle persistance sur d'élégants amers. Perrières offre un fruit mûr tout en nous plongeant à même la roche mère par sa force saline. En rouge, le volnay Clos des Chênes respire le grain de café, son fruit pulpeux s'appuie sur des tanins d'une grande souplesse. Marqué par une note graphite, Santenots du Milieu se livre avec parcimonie. Dense, il possède des tanins puissants et une assise solide. Si Clos Chêne offre un fruit gourmand, Santenots demandera une ou deux décennies de patience pour se livrer pleinement.

- Meursault 2018 Épuisé - 70 € 93
- Meursault Clos de la Barre 2018 Épuisé - 93 € 94
- Meursault Premier Cru Charmes 2018 Épuisé - 164 € 96
- Meursault Premier Cru Perrières 2018 Épuisé - 185 € 98
- Volnay Premier Cru Clos des Chênes 2018 Épuisé - 110 € 93
- Volnay Premier Cru Santenots du Milieu 2018 Épuisé - 110 € 94

Rouge : 5,8 hectares. Pinot noir 100 %
Blanc : 10,6 hectares. Chardonnay 100 %
Production moyenne : 80 000 bt/an

DOMAINE DES COMTES LAFON ♣

5, rue Pierre Joigneaux, 21190 Meursault
03 80 21 22 17 • www.comtes-lafon.fr • Pas de visites.
Propriétaire : GFA des Comtes Lafon
Directeur : Dominique Lafon

★★★ DOMAINE DE COURCEL

Le domaine fait incontestablement partie des références de la Bourgogne pour les amateurs de pinots raffinés et racés. Il faut dire qu'Yves Confuron et Gilles de Courcel forment un sacré duo de perfectionnistes, soignant la viticulture et les vinifications en vendange entière, qui expriment avec bonheur les subtilités des terroirs de Pommard. Comme la plupart des grands vins, les crus de la maison ont besoin de temps pour acquérir toute leur noblesse. Dans une Bourgogne où les amateurs se tournent de plus en plus vers des vins infusés et prêts à boire, s'engager dans la voie des vins de garde peut sembler une démarche à contre-courant. Pourtant, il suffit de boire un vin âgé du domaine de Courcel pour se persuader que le temps est un allié précieux, tant en termes de complexité que d'un point de vue aromatique.

Les vins : il faudra attendre au moins cinq ans pour aborder le bourgogne rouge 2019, à la matière pulpeuse mais solide comme un roc. La haute maturité du fruit assurera au pommard 2019 un beau potentiel de garde avec sa matière juteuse équilibrée par des tanins souples et fins. Il faudra davantage de patience avec Les Croix Noires, dont la mâche puissante nous donne l'impression de manger des raisins avec une peau épaisse mais mûre. Musclé et dense, Fremiers surprend par sa fraîcheur. Clos des Epenots 2019 offre un parfum somptueux sur le végétal noble avec une touche d'orangette, charnu, profond et d'une magnifique sapidité. Le 2011 tend un fruit doux et tendre mais avec un cœur de bouche encore solide ; quant au 2008, plus frais dans son fruit, il a une matière plus fine et moins charnue. Déjà abordable, il peut grandir pendant dix ans et plus. Encore dans sa gangue, Rugiens dégage un parfum épicé. Sa puissance raffinée est contenue dans un cœur de bouche serré dont la masse tannique est enrobée par un fruit dense et concentré. Il faut attendre vingt ans de garde pour l'aborder, cinquante ans et plus pour le voir s'épanouir pleinement. Quant au bourgogne blanc, mûr et harmonieux, il a cette densité de matière de raisins issus de petits rendements.

- Bourgogne 2019 de 40 à 50 € (c) 90
- Bourgogne 2019 N.C. 90
- Pommard Premier Cru Clos des Epenots 2008 de 150 à 170 € (c) 94
- Pommard Premier Cru Clos des Epenots 2011 de 130 à 150 € (c) 95
- Pommard Premier Cru Fremiers 2019 de 90 à 100 € (c) 94
- Pommard Premier Cru Les Croix Noires 2019 de 90 à 100 € (c) 93
- Pommard Premier Cru Rugiens 2019 de 130 à 150 € (c) 97
- Pommard Vaumuriens 2019 de 70 à 80 € (c) 92

Le coup de ♥

- Pommard Premier Cru Grand Clos des Epenots 2019 de 110 à 130 € (c) 98

Rouge : 9 hectares. Pinot noir 100 %
Blanc : 1 hectare. Chardonnay 100 %
Production moyenne : 25 000 bt/an

DOMAINE DE COURCEL
Place de l'Église, 21630 Pommard
03 80 22 10 64 • courcel@domaine-de-courcel.com • Vente et visites : sur RDV.
Propriétaire : Famille de Courcel
Œnologue : Yves Confuron

★★★ DOMAINE LEFLAIVE

Anne-Claude Leflaive, infatigable ambassadrice des grands vins authentiques, militante biodynamiste de longue date, n'est plus depuis avril 2015. Tous les grands amateurs de chardonnay ont en mémoire au moins un de ses merveilleux vins de Puligny-Montrachet. Avec leur droiture exemplaire, leur côté cristallin et la définition parfaite du terroir dont ils sont issus, les blancs de cette grande dame figurent parmi les plus passionnants de la Bourgogne. Son neveu, Brice de la Morandière, lui a succédé à la tête du domaine et en préserve l'esprit. Ce dernier perpétue sa gestion du vignoble en biodynamie et le travail réalisé sur les sols lui permet d'atteindre, depuis une bonne décennie, malgré quelques millésimes touchés par des phénomènes d'oxydation prématurée, un niveau de grande perfection. Rien n'est vendu en direct, il faut donc se tourner vers les bons cavistes.

Les vins : la dégustation débute par de beaux vins de la Côte mâconnaise dont Le Monté ; un vin charnu avec un fruit qui ne manque pas d'épaisseur. Il se livre par une belle sensation d'onctuosité en bouche. D'une grande précision, Les Chênes possède un fruit vif qui nous mène vers les agrumes. Le pouilly-fuissé sent l'amande et le beurre frais. En bouche, son attaque onctueuse contraste avec la finale longue et saline. La Chaneau est marqué par l'empreinte solaire du millésime qui s'exprime à travers un fruit aux notes exotiques. Il tapisse littéralement la bouche avec sa matière ample et cette jolie finale sur le citron confit. Le puligny-montrachet est doté d'une belle matière épurée, presque incisive, avec des touches d'agrumes qui accompagnent sa belle énergie en bouche. Derrière une pointe de réduction, Le Clavoillon a un fruit en limite de maturité, d'où son tempérament traçant et cette sensation d'être à même le caillou ; le tout renforcé par une acidité prononcée. Les Combettes est très floral au nez, son fruit est mur à point, avec juste ce qu'il faut de poids en bouche. La sensation minérale, jamais agressive, l'équilibre à merveille, splendide. Les Pucelles se démarque par un nez délicat et fin, entre fleur et amande fraiche. Le vin s'étire en longueur porté par un fruit d'une pureté exemplaire avec une final à la fois tendre et consistante. Le bâtard-montrachet est élégant, racé, raffiné et intense. Sa puissance est enrobée par un fruit ample et mûr, qui lui donne ce profil aimable en début de vie. Il est étonnamment accessible grâce à sa belle alternance de plein et de délié en bouche.

Bâtard-Montrachet Grand Cru 2018	451 €	98
Mâcon-Verzé Le Monté 2018	32 €	90
Mâcon-Verzé Les Chênes 2018	32 €	90
Pouilly-Fuissé 2018	42 €	90
Pouilly-Fuissé La Chaneau 2018	47 €	91
Puligny-Montrachet 2018	76 €	92
Puligny-Montrachet Premier Cru Le Clavoillon 2018	116 €	94
Puligny-Montrachet Premier Cru Les Combettes 2018	179 €	95
Puligny-Montrachet Premier Cru Les Pucelles 2018	214 €	96

Blanc : 24 hectares. Chardonnay 100 %
Production moyenne : 120 000 bt/an

DOMAINE LEFLAIVE
Place du Pasquier de la Fontaine, 21190 Puligny-Montrachet
03 80 21 30 13 • www.leflaive.fr • Pas de visites.
Propriétaire : Famille Leflaive
Directeur : Brice de La Morandière
Maître de chai : Pierre Vincent

★★★ ↗ DOMAINE MATROT

Réputé pour ses magnifiques meursaults, ce domaine produit des vins de très longue garde dans les deux couleurs. Les entrées de gamme, comme le bourgogne, servent à déboiser l'arrivée des nouveaux fûts neufs, utilisés ensuite pour l'élevage des vins plus prestigieux. Thierry et son épouse ont cédé la place à deux de leurs filles, Adèle, l'aînée, et Elsa, la cadette, déjà à leurs côtés depuis longtemps. Aujourd'hui, elles sont aux commandes du domaine et ont produit leur premier millésime en 2016. Complémentaires et autonomes, elles vinifient ensemble et ont préservé la philosophie du domaine. Les vins sont très précis et nous saluons la qualité des extractions et des élevages qu'elles ont un peu allongés. Ce domaine a toujours produit de grands vins en utilisant peu ou pas de bois neuf. Ils mettent un peu de temps à se révéler. Très réguliers, ils évoluent de surcroît admirablement bien. Les sœurs Matrot ont trouvé leur rythme de croisière et excellent désormais aussi bien en blanc qu'en rouge – ces derniers ayant progressé tant en termes de maturité que de qualité de tanins. La génération actuelle a réussi à préserver le style du domaine tout en apportant un surcroit de finesse, tant en rouge qu'en blanc, les rendant plus accessibles jeunes sans altérer leur potentiel de garde. Les rouges n'explorent ni cette mode du style infusé ni celle de l'extraction à outrance : ils font le pari du juste milieu. Les blanc affichent une densité et une intensité remarquables, d'où l'attribution de la troisième étoile.

Les vins : pure gourmandise, le bourgogne rouge offre un fruit net et tendre. Déjà plaisant, à boire sur la jeunesse du fruit. Un peu plus trapu en début de vie, Monthélie se montre dense avec de l'étoffe tout en conservant un fruit gourmand. Plus charnel, l'auxey-duresses sent la cerise fraîche tandis que son toucher de bouche gracieux s'appuie sur une matière pulpeuse libérant une belle acidité et des tanins profonds mais fins. Santenots, distingué avec son jus précis et soyeux, ne manque ni de charme ni de fond. Quant au blagny rouge, il offre un fruit éclatant et sculpté en profondeur avec des tanins d'une grande précision. Un vin de relief et de mâche, magistralement équilibré. En blanc, le bourgogne impressionne par sa puissance et son intensité. Un vin mûr et frais à la fois. Le meursault délivre un fruit vibrant et étincelant avec une force et une persistance incroyable. Son jus dense et concentré est splendide. Les Chalumeaux s'affirme par une forte impression minérale. Véritable souffle frais, il s'impose tout autant par son élégance que par sa force interne qui lui donne un bel élan en bouche. Frais et puissant, Charmes se démarque par une masse et cette ampleur de fruit propre à ce beau terroir. Allonge sapide et soyeuse. Avec ses notes d'amandes, Blagny est doté d'une puissante salinité. Il puise sa persistance et sa longueur à travers une intense perception minérale.

Bourgogne Chardonnay 2019	15 €	91
Meursault 2019	45 €	93
Meursault Premier Cru Blagny 2019	60 €	97
Meursault Premier Cru Charmes 2019	70 €	97
Puligny-Montrachet Premier Cru Chalumeaux 2019	70 €	95
Auxey-Duresses 2019	25 €	92
Blagny Premier Cru La Pièce sous le Bois 2019	45 €	96
Bourgogne Pinot Noir 2019	20 €	89
Monthélie 2019	25 €	91
Volnay Premier Cru Santenots 2019	45 €	95

Rouge : 10,48 hectares. Pinot noir 100 %
Achat de raisins.
Blanc : 13,77 hectares. Chardonnay 100 %
Achat de raisins.
Production moyenne : 150 000 bt/an

DOMAINE MATROT
12, rue de Martray, 21190 Meursault
03 80 21 20 13 • www.matrot.com • Vente et visites : sur RDV.
Propriétaire : Famille Matrot
Directeur : Adèle et Elsa Matrot

★★★ DOMAINE ROULOT

Les amateurs de meursaults purs, droits et minéraux ont depuis longtemps consacré ce domaine. Jean-Marc Roulot s'impose comme l'un des vinificateurs les plus adroits de l'appellation, grâce à son style que nous défendons avec conviction, tant les vins qu'il élabore vieillissent avec grâce. L'agriculture biologique, commencée en 1998, a fait place à la biodynamie au début des années 2000. L'élevage sur lies d'un an en fût et de six mois en cuve uniquement à partir de levures naturelles suit cette logique. Pouvant apparaître austères et "sur le fil du rasoir" dans leur jeunesse, les vins prennent une formidable ampleur avec l'âge. Hélas, la demande est telle pour ses vins qu'il est très difficile pour le domaine d'accepter de nouveaux clients ; on les trouve, en revanche, à la carte de très nombreux restaurants.

Les vins : marqué par une réduction intense, Les Vireuils s'épure à mesure qu'il prend l'air. Son fruit lumineux ne manque pas de poids en bouche avec une longue finale saline. Les Meix Chavaux est un véritable souffle frais, il joue sur les amers intenses mais posés et une sensation crayeuse et minérale prégnante. Avec son joli nez sur l'amande fraîche Les Luchets a un fruit très précis. Son attaque souple contraste avec une fin de bouche qui se resserre. Un blanc fin, longiligne et pur et salin. À Mon Plaisir Clos du Haut Tesson s'offre minéral et pierreux au nez et possède la densité d'un premier cru. Il joue sur les amers avec un fort impact salin en final. Un vin qui vous soulève par son énergie. Superbe. Quant au Clos des Bouchères, vif tout en épure cristalline, il a une matière tendue. Son allonge fraîche et sapide s'appuie sur une belle note d'agrumes. Un vin peu séducteur mais énergique et étincelant malgré la richesse de l'année.

Meursault Les Luchets 2018	N.C.	93
Meursault Les Meix Chavaux 2018	N.C.	93
Meursault Les Vireuils 2018	N.C.	93
Meursault Premier Cru Clos des Bouchères 2018	N.C.	97
Meursault À Mon Plaisir Clos du Haut Tesson 2018	N.C.	94

Rouge : 1 hectare. Pinot noir 100 %
Blanc : 14,5 hectares. Chardonnay 94 %,

Aligoté 6 %
Production moyenne : 80 000 bt/an

DOMAINE ROULOT ♣
1, rue Charles-Giraud, 21190 Meursault
03 80 21 21 65 • roulot@domaineroulot.fr •
Pas de visites.
Propriétaire : Jean-Marc Roulot
Maître de chai : Éric Bodin

★★ DOMAINE DU COMTE ARMAND

Ce domaine réputé a toujours produit ces vins puissants et riches. Fermes et tanniques durant leurs premières années de vie, les célèbres pommards de la maison (dont le Clos des Epeneaux en monopole) ont gagné en raffinement depuis le début des années 2000. Paul Zinetti, présent au domaine depuis 2010, en a repris les rênes en 2014. Si les grands millésimes apparaissent très réussis, les plus petites années engendrent des vins durs et parfois un peu secs. Sur les derniers millésimes riches, le domaine a gagné en finesse de texture dans ses vins, sans perdre en densité. Il ne faut surtout pas rater les blancs, d'un niveau remarquable.

Les vins : en blanc, entre épicé et fruit bien mûr, l'aligoté déploie une belle palette aromatique : le fruit est net, précis, équilibré par un jus tendu avec de jolis amers sur la fin de bouche. Condemaine s'exprime par un fruit riche et mûr, légèrement exotique, type mangue mais aussi le citron confit. Un blanc tout en volume, travaillé avec de magnifiques et fins amers qui apportent de la vie dans ce vin gourmand et vivant. En rouge, sur une note de cassis, l'auxey-duresses s'ouvre sur une bouche savoureuse et tendre à l'attaque mais avec cette densité qui le fera grandir sereinement. Le volnay accuse une petite réduction qui ternit légèrement le fruit à l'ouverture ; à l'inverse, en bouche, il brille par un fruit éclatant et dense à travers une matière puissante. Encore dans sa gangue, il aura besoin de temps pour se livrer. Le Clos des Épenaux 2016 s'exprime par une note sanguine suivie d'une touche d'épices douces et une sensation de bois précieux. Pur et charpenté, c'est un bébé qu'il faut oublier une à plusieurs décennies en cave. Le 2018 embaume le fruit frais et offre une très belle texture, avec de la finesse mais aussi la solidité issue de son lieu de naissance. Un vin de mâche au fruit net et intense issu d'un raisin concentré et équilibré.

Bourgogne Aligoté 2019	24 €	89
Bourgogne Condemaine 2018	40 € (c)	90
Auxey-Duresses Premier Cru 2018	56 € (c)	92
Pommard Premier Cru Clos des Epeneaux 2016	158 €	94
Pommard Premier Cru Clos des Epeneaux 2018	160 €	94
Volnay 2017	54 € (c)	91

Rouge : 9 hectares. Pinot noir 100 %
Blanc : 1 hectare.
Production moyenne : 42 000 bt/an

DOMAINE DU COMTE ARMAND ♣
7, rue de la Mairie, 21630 Pommard
03 80 24 70 50 •
www.domaine-comte-armand.com • Vente et visites : sur RDV.
Propriétaire : Olivier Armand
Directeur : Paul Zinetti

★★ DOMAINE JEAN-CLAUDE BACHELET ET FILS

Jean-Baptiste et Benoît Bachelet gèrent ce domaine familial avec brio. Jean-Claude, leur père, leur a cédé un beau vignoble, composé des plus beaux terroirs de Saint-Aubin, ainsi que de quelques notables parcelles à Chassagne-Montrachet (comme le fameux Blanchot-Dessus, proche voisin du grand cru Bâtard-Montrachet) et une parcelle en appellation Bienvenues-Bâtard-Montrachet. Les vins passent deux hivers en cave. Ils arborent un profil plus que tendu, mais les harmonies s'avèrent parfaitement gérées. Les rouges jouissent d'une efficace réalisation mais n'atteignent pas la dimension des blancs. Les frères Bachelet sont de brillants vignerons qui produisent des vins intenses et racés avec des maturités profondes. Si leurs vins sont bâtis pour la garde, un rien de bois en moins leur serait profitable.

Les vins : précis, intense et ciselé, Le Charmois 2018 a du poids, avec une sensation saline prononcée et une perception tannique bien intégrée qui assoit le vin en largeur de bouche. Les Murgers des Dents de Chien paraît plus solaire dans ses parfums. La richesse laisse rapidement une sensation de cailloux qui saisit le palais malgré la profondeur d'un fruit charnu et une finale légèrement chaleureuse. Les Aubues est lumineux et étincelant au nez ; la bouche à l'inverse se montre dense, presque épaisse, portée par une maturité élevée mais équilibrée par une belle énergie. Il faut l'oublier au moins cinq ans. Raffiné et élégant, Sous le Puits s'exprime par une fine note pâtissière et de zeste. Un vin concentré, intense, puissant, avec une belle dynamique. Très ouvert, Les Encégnières offre une belle attaque. La matière généreuse puise sa densité à travers des raisins concentrés. Puissant, racé et ramassé, tonique, La Boudriotte est bien dans le style du domaine : il présente une sève profonde, malgré une légère touche boisée qui se fondra dans le temps. Les Blanchots-Dessus délivre une note pâtissière voire de croûte de pain. D'un bloc en bouche, il fait jaillir une matière tellurique et puissante qui pousse fort. Véritable coureur de fond, il faut l'oublier au moins dix ans. Tandis que le bienvenues-bâtard-montrachet sent le cake aux fruits. Son fruit est ciselé mais concentré, avec une jolie finale sur le zeste. Il regorge d'énergie avec une très longue persistance. Superbe.

- Bienvenues-Bâtard-Montrachet Grand Cru 2018 — 205 € 97
- Chassagne-Montrachet Les Encégnières 2018 — 42 € 92
- Chassagne-Montrachet Premier Cru Blanchot-Dessus 2018 — 98 € 94
- Chassagne-Montrachet Premier Cru La Boudriotte 2018 — 58 € 93
- Puligny-Montrachet Les Aubues 2018 — 42 € 92
- Puligny-Montrachet Premier Cru Sous le Puits 2018 — 68 € 94
- Saint-Aubin Premier Cru Le Charmois 2018 — 32 € 92
- Saint-Aubin Premier Cru Les Murgers des Dents de Chien 2018 — 39 € 92
- Chassagne-Montrachet Premier Cru La Boudriotte 2018 — 45 € 93

Rouge : 2,5 hectares. Pinot noir 100 %
Blanc : 7 hectares. Chardonnay 100 %
Production moyenne : 48 000 bt/an

DOMAINE JEAN-CLAUDE BACHELET ET FILS

15, rue de la Chatenière, hameau de Gamay, 21190 Saint-Aubin
03 80 21 31 01 • www.domainebachelet.fr •
Vente et visites : sur RDV.
Propriétaire : Benoît et Jean-Baptiste Bachelet

NOUVEAU DOMAINE

★★ DOMAINE SIMON BIZE ET FILS

Référence à Savigny, Patrick Bize défendait depuis son installation en 1972 une vision classique de la Bourgogne, loin des modes et des effets de style. Sa sœur Marielle Grivot a repris le flambeau après sa disparition brutale en 2013. Les rouges, vinifiés avec une proportion importante de vendange entière, possèdent un cachet superbe et une texture de grands pinots qui nous ravissent. Il faut savoir les attendre : dégusté en 2015, Les Serpentières premier cru 2007 offrait ainsi un raffinement exemplaire. Les blancs sont précis et floraux et vieillissent également bien. Les prix demeurent raisonnables pour le niveau de qualité atteint. Les tout petits volumes de production des derniers millésimes limitent la disponibilité au domaine.

Les vins : en rouge, le savigny-lès-beaune 2018 offre un nez somptueux, dans le cœur du fruit. La bouche, riche d'une chair juteuse, vous tapisse littéralement le palais par un fruit plein de vie à la fois épais mais tenu par des tanins délicats. Un vin qui grandira sur une à plusieurs décennies. Les Fournaux 2018 délivre un parfum marqué par un fruit solaire avec des notes de prune (quetsche). À l'air, il s'épure, mais sans esquiver la richesse de l'année. À l'inverse, la bouche nous surprend par son fruit frais et croquant doté de tanins solides mais mûrs. C'est vivant et vif, et il faut le laisser s'assagir au moins cinq ans. Aux Vergelesses 2018 exhale un parfum plus floral, sur une touche de violette. Son élégance aromatique se double d'un toucher de bouche gracieux et fin. Le fruit est parfaitement équilibré, entre fraîcheur et maturité. Splendide ; son élégance le classe sans contestation au sommet de la gamme. En blanc, le savigny-lès-beaune 2018 sent le pain d'épices et le fruit bien mûr. La bouche pleine de vie et profonde s'appuie sur un fruit tonique avec une fine salinité et beaucoup de sapidité. Tout est équilibré. Superbe.

- Savigny-lès-Beaune 2018 — 22 € 94
- Savigny-lès-Beaune 2018 — 22 € 91
- Savigny-lès-Beaune Premier Cru Aux Vergelesses 2018 — 42 € 95
- Savigny-lès-Beaune Premier Cru Les Fournaux 2018 — 38 € 94

Rouge : 17 hectares. Pinot noir 100 %
Blanc : 5 hectares. Chardonnay 100 %
Production moyenne : 100 000 bt/an

DOMAINE SIMON BIZE ET FILS

12, rue du Chanoine-Donin, 21420 Savigny-lès-Beaune
03 80 21 50 57 • www.domainebize.fr •
Vente et visites : sur RDV.
Propriétaire : Famille Bize
Directeur : Chisa Bize

★★ DOMAINE BONNEAU DU MARTRAY

Ce mythique et ancien domaine familial a été racheté il y a trois ans par l'Américain Stanley Kroenke, par ailleurs propriétaire du célèbre domaine Screaming Eagle en Californie et, hors du vignoble, du club de football londonien d'Arsenal. Le domaine, qui ne produit que deux cuvées, un corton et un corton-charlemagne, s'est taillé une solide réputation auprès des amateurs dans les années 1980. S'il a été, comme bien d'autres, affecté ensuite par des soucis d'oxydation prématurée, il a retrouvé la voie du succès depuis quelques millésimes déjà. Nous continuerons à suivre son évolution de près. L'équipe en place poursuit la culture en biodynamie tout en pratiquant des expériences en homéopathie. Un travail parcellaire de la vigne permet de mieux construire les futurs vins par des vendanges et des élevages adaptés et qui ont été prolongés mais aussi grâce à une utilisation plus modérée du soufre.

Les vins : fruit d'un élevage assez long, le corton-charlemagne 2019 est encore dans l'expression juvénile de son fruit. Un vin plein qui doit encore fusionner avec un boisé un rien présent en ce début de vie. Attendez au moins un an pour découvrir sa vraie nature. Pour preuve, avec un an de bouteille, le 2018 développe une plaisante et fine réduction. Dense, il paraît presque tannique et regorge d'une belle énergie avec une salinité prononcée. Un peu engoncé par son élevage, le corton rouge 2018 révèle des amers intenses qui masquent un peu le plaisir du fruit. Attendons de le voir évoluer. À l'inverse, le tout jeune corton 2019 est une explosion de fruit en bouche. Un vin net et pur avec du fond.

Corton-Charlemagne Grand Cru 2018	N.C.	95
Corton-Charlemagne Grand Cru 2019	321 €	94
Corton Grand Cru 2018	N.C.	91
Corton Grand Cru 2019	350 €	94

Rouge : 1,7 hectare. Pinot noir 100 %
Blanc : 6,5 hectares. Chardonnay 100 %
Production moyenne : 25 000 bt/an

DOMAINE BONNEAU DU MARTRAY

2, rue de Frétille, 21420 Pernand-Vergelesses
03 80 21 50 64 •
www.bonneaudumartray.com • Pas de visites.
Propriétaire : Stanley Kroenke
Directeur : Thibault Jacquet

★★ DOMAINE BUISSON-CHARLES

Dirigé par Catherine Buisson-Essa, la fille de Michel Buisson, et son mari Patrick Essa, le domaine s'est étoffé d'une petite activité de négoce depuis 2011, qui leur permet de vinifier des cuvées de Puligny, Chassagne et Chablis. Toute la production est désormais réunie sous la marque Buisson-Charles. La force du vignoble, qui a toujours été labouré et n'a jamais connu de désherbant, consiste en une large palette de meursault-villages et premiers crus. Ils étaient jadis souvent riches et réduits dans leur jeunesse ; le style insufflé par Patrick Essa tend vers plus d'ouverture et de finesse, tout en conservant le potentiel de vieillissement. Désormais travaillés en vendange entière, les rares rouges ont gagné en bouquet, en personnalité, et continuent leur progression.

Les vins : l'aligoté 2019 exprime un fruit mûr, qui s'exprime par une note gourmande, mais sa bouche fine et précise est ciselée par un fruit vif allant vers le zeste d'agrumes. La Vigne de 1945 sent la pâte d'amande. La bouche est légèrement graissée par un fin boisé mais cela reste gracieux car il possède du volume, de la chair et une belle sapidité. Les Tessons 2019 sent la pierre froide, pure sensation minérale. La bouche vive ne manque ni d'ampleur ni de profondeur ; elle explore des parfums de citron confit au sel. Un vin bien enraciné. En premier cru, Bouches-Chères 2019 est marqué par une note beurrée qui ne domine pas un fruit mûr et juteux, mais frais. Sa jolie finale, sur de fins amers, évoque le zeste de pamplemousse ainsi qu'une légère perception tannique. Goutte d'Or 2019 s'exprime par une note de mangue annonçant une maturité élevée. La bouche nous le restitue par son épaisseur, sa densité et sa sève. Un vin volumineux et plein avec une belle assise tellurique. Plus réservé avec une fine réduction, Charmes 2019 s'impose davantage par sa force que par son charnu. Un charmes tout en muscle et mûr à souhait. En rouge, le bourgogne 2019 est marqué par une forte réduction masquant la pureté du fruit. La bouche est dense mais avec des tanins rêches, beaucoup d'amertume. Santenots offre un parfum élégant, une bouche gracieuse. Le toucher est délicat mais un rien de chair en plus aurait conforté son assise et enrobé des tanins légèrement saillants. Si l'on apprécie sa délicatesse de Clos du Roi 2019, il lui manque cette sève de milieu de bouche que l'on attend d'un grand cru. Le chapelle-chambertin 2019 se démarque par une belle richesse olfactive. Une maturité du fruit que l'on retrouve dans une bouche plus élancée que volumineuse. À l'inverse des blancs, de belle facture, les rouges ne sont pas au niveau des deux étoiles. Ils accusent un manque de maturité et se montrent étriqués.

- Bourgogne Aligoté Hors Classe 2019 — 30 € — 89
- Meursault La Vigne de 1945 2019 — 75 € — 91
- Meursault Les Tessons 2019 — Épuisé - 85 € — 93
- Meursault Premier Cru Bouches-Chères 2019 — 120 € — 94
- Meursault Premier Cru Charmes 2019 — 110 € — 95
- Meursault Premier Cru Goutte d'Or Th. J. 2019 — 120 € — 94
- Bourgogne 2019 — 30 € — 87
- Chapelle-Chambertin Grand Cru 2019 — de 220 à 260 € (c) — 95
- Corton Grand Cru Clos du Roi 2019 — 110 € — 92
- Volnay Premier Cru Santenots 2019 — 100 € — 91

Rouge : 2,5 hectares. Pinot noir 100 %
Blanc : 6,5 hectares. Chardonnay 92 %, Aligoté 8 %
Production moyenne : 45 000 bt/an

DOMAINE BUISSON-CHARLES
3-5, rue de la Velle, Clos de La Velle
21190 Meursault
03 80 21 22 32 • www.buisson-charles.com •
Vente et visites : sur RDV.
Propriétaire : Catherine Buisson-Essa
Directeur : Patrick Essa
Maître de chai : Patrick Essa
Œnologue : Louis Essa

★★ DOMAINE FRANÇOIS CARILLON

Depuis 2010, François Carillon a pris son indépendance. Le vignoble familial a été partagé entre lui et son frère Jacques (voir domaine Jacques Carillon). François exploite aujourd'hui un peu plus de 14 hectares de vignes, essentiellement sur Puligny-Montrachet, où il constitue une très belle référence. La force du domaine Carillon a toujours été un énorme travail à la vigne : avec une si belle matière première, on ne peut faire que de beaux vins.

Les vins : le bourgogne 2018 est dense et plein. Il se montre aussi bien frais dans ses parfums que tramé en bouche par des tanins sérieux et solides qui demanderont un ou deux ans pour se détendre. Le saint-aubin Pitangeret sent le raisin bien mûr et évoque le fruit noir. La bouche le retranscrit par une certaine épaisseur du fruit mais avec des tanins fermes. En blanc, plus épicé que fruité, L'Aligoté 2018 offre une attaque vive sur une note citronnée. La Cuvée des Cinq Siècles sent la poudre de pierre avec une bouche plus dense qui allie tension, fins amers mais aussi une jolie sève. Le puligny-montrachet 2018 est un peu replié sur lui-même mais son fruit cristallin marqué par une très légère sous-maturité lui confère une belle l'énergie au détriment de la profondeur de la sève, comme si le vin avait du mal à se libérer. Dans la série des premiers crus, Champ-Gain 2018 est doux et tendre mais sapide, avec une jolie finale sur le zeste. Les Combettes 2018 sent la pierre froide. Puissant et riche, doté d'une belle énergie mais peu épais, il donne une sensation crayeuse, voire tannique, et saline intense. Il aura besoin de temps pour canaliser son énergie. Finement grillé avec une note anisée, Les Folatières 2018 est tout en élégance, fin, précis avec une maturité juste. Un vin élégant et serein comme si le fruit était plus libre que pour les autres cuvées. Complexe, Les Perrières 2018 offre une fine note pâtissière et une touche florale. Il se démarque par sa force et une puissance saline et calcaire. Oubliez-le au moins dix ans. Des blancs joliment épurés mais peut-être un peu contenus, comme si le fruit manquait de liberté.

- Bourgogne Aligoté 2018 — 12,30 € — 88
- Bourgogne Chardonnay Cuvée des 5 Siècles 2018 — 17,40 € — 90
- Puligny-Montrachet 2018 — 39 € — 91
- Puligny-Montrachet Premier Cru Champ Gain 2018 — 64 € — 92
- Puligny-Montrachet Premier Cru Les Combettes 2018 — 81 € — 93
- Puligny-Montrachet Premier Cru Les Folatières 2018 — 75 € — 94
- Puligny-Montrachet Premier Cru Les Perrières 2018 — 81 € — 94
- Bourgogne 2018 — 14,80 € — 89
- Saint-Aubin Premier Cru Pitangeret 2018 — 30 € — 90

Rouge : 1 hectare. Pinot noir 100 %
Blanc : 15 hectares. Chardonnay 88 %, Aligoté 8 %
Production moyenne : 130 000 bt/an

DOMAINE FRANÇOIS CARILLON
3, place de l'Église, 21190 Puligny-Montrachet
03 80 21 00 80 • www.franoiscarillon.com •
Pas de visites.
Propriétaire : François Carillon
Maître de chai : Thomas Pascal

★★ MAISON CHANSON PÈRE ET FILS

Fondée en 1750, détenue par Bollinger depuis 1999, cette classique maison beaunoise a désormais pleinement trouvé ses marques et son style. Elle rivalise avec les meilleurs grâce à des vins précis et purs, en blanc et en rouge. Vincent Avenel a pris les rênes de la maison, succédant à Gilles de Courcel à qui l'on doit sa redynamisation. Une cuverie dernier cri et les conseils pertinents donnés jusqu'en juin 2020 par Jean-Pierre Confuron, à la vigne comme en vinification, expliquent la netteté d'expression de la large gamme du domaine jusqu'au millésime 2019, millésime sur lequel nous percevons de fins élevages sur certaines cuvées, un ton en-dessous des millésimes antérieurs. Nous attendrons de déguster les 2020 en bouteille pour juger si cette grande maison évolue dans le bon sens avec sa nouvelle équipe.

Les vins : en blanc, le rully est frais mais avec du fond, de la densité et des amers intenses. Les Caradeux accuse un léger boisé et une fine réduction. Plus large que long, il est plus tendre que vif mais avec un joli fruit charnu. Les Hauts Marconnets affiche une belle concentration avec de la sève et une jolie finale sur les agrumes. Clos des Mouches sent le zeste. Il est concentré et puissant mais d'une finesse magistrale. Les Chenevottes est un ton en-dessous. La verdeur de son boisé le rend douceâtre. Une belle gamme de blancs avec de la densité et de la concentration, même si le chassagne pâtit d'un élevage moins bien adapté. En rouge, Beauregard se montre tendre et souple mais avec un léger boisé vanillé auquel cette maison ne nous avait pas habitué. Si nous apprécions la maturité et la finesse de ses tanins, cela reste moins plein et dense que de coutume. Les Vergelesses sent le caoutchouc à l'ouverture, tandis que son fruit paraît dense et compact mais un rien séchant, larguant de puissants amers. Dominode est doté d'un fruit plein et charnu avec des tanins gras et puissants qui le porteront dans le temps malgré une pointe de rusticité. Le gevrey-chambertin sent la vendange entière avec une touche d'orangette. Le fruit est de belle élégance, juteux, long et large en bouche. Superbe. Clos des Fèves sent le végétal noble, avec un fruité intense et pur. La bouche se montre dense et fine mais sculptée en profondeur. Racé, il montre du relief avec ses tanins serrés mais mûrs. C'est un beau vin, avec une très légère amertume en finale, mais rien de grave. Dans l'ensemble, les vins se montrent d'un très bon niveau en terme de densité mais inégaux en matière d'élevage.

- Chassagne-Montrachet Premier Cru Les Chenevottes 2019 — 85 € — 90
- Pernand-Vergelesses Premier Cru Les Caradeux 2019 — 50 € — 90
- Rully 2018 — 22 € — 88
- Savigny-lès-Beaune Premier Cru Hauts Marconnets 2019 — 39 € — 92
- Beaune Premier Cru Clos des Fèves 2019 — 91 € — 95
- Gevrey-Chambertin 2019 — 59 € — 93
- Pernand-Vergelesses Premier Cru Les Vergelesses 2019 — 49 € — 89
- Santenay Premier Cru Beauregard 2019 — 43 € — 89
- Savigny Premier Cru Dominode 2019 — 51 € — 91

Le coup de ♥

- Beaune Premier Cru Clos des Mouches 2019 — 109 € — 96

Rouge : 30 hectares. Pinot noir 100 %
Blanc : 13 hectares. Chardonnay 100 %
Production moyenne : 180 000 bt/an

MAISON CHANSON PÈRE ET FILS
10, rue Paul-Chanson, 21200 Beaune
03 80 25 97 97 •
www.domaine-chanson.com • Vente et visites : sur RDV.
Propriétaire : Société Jacques Bollinger
Directeur : Vincent Avenel

★★ DOMAINE BRUNO COLIN

Installé à son compte depuis le millésime 2004, Bruno Colin défend une vision nette et pure des chardonnays de Bourgogne. Son domaine est essentiellement réparti entre Chassagne-Montrachet, Puligny-Montrachet et Saint-Aubin, soit une très belle collection de terroirs de chardonnays parfaitement exploités et vinifiés, avec une gestion de l'élevage et une tension remarquables. Les rouges progressent. Une adresse très sûre.

Les vins : en rouge, Les Gravières 2019 sent le raisin bien mûr, flirtant avec la prune noire. La bouche garde une belle dynamique avec une densité tannique qui demandera quelques années pour se détendre. Le chassagne-montrachet Vieilles Vignes 2019 a un fruit légèrement mat à l'ouverture, mais il se rafraîchit et gagne en noblesse d'arômes avec une maturité toute solaire. La bouche gourmande nous emporte par sa pulpe dissimulant des tanins gras qui le porteront dans le temps. Malgré sa richesse, La Maltroie s'étire avec des tanins longilignes qui lui octroient puissance et longueur de bouche. Du côté des blancs, Les Charmois s'exprime par sa touche pâtissière et un fruit plus confit que frais, tandis que son attaque ample contraste avec sa tonicité. Dans la série des premiers crus de chassagne-montrachet, Morgeot ne manque ni de sève ni de vie mais il faut le laisser grandir afin qu'il se pose. Les Chaumées se démarque par un parfum délicat et fin allant vers les agrumes. Sa vigueur en bouche prend appuis sur des notes de citron mûr. Blanchot Dessus, marqué par un boisé vanillé, a de la densité mais il faut lui laisser le temps que son fruit fusionne avec le fût car il ne manque pas de profondeur. Patience. En Remilly sent l'éclat de caillou au nez : c'est le plus lumineux de la série avec un élevage mettant en évidence le caractère minéral de ce grand terroir. Fort réduit, La Truffière possède un fruit au tempérament acidulé mais mûr. Il est construit sur une allonge dense et épurée. En grand cru, le chevallier-montrachet sent la croûte de pain. On retrouve le style du domaine avec une belle profondeur, du charnu, mais un boisé qui n'est pas totalement intégré. Attendons de le voir grandir.

- Chassagne-Montrachet Premier Cru Blanchot Dessus 2019 — 85 € — 93
- Chassagne-Montrachet Premier Cru En Remilly 2019 — 72 € — 94
- Chassagne-Montrachet Premier Cru Les Chaumées 2019 — 57 € — 93
- Chassagne-Montrachet Premier Cru Morgeot 2019 — 60 € — 93
- Chevalier-Montrachet Grand Cru 2019 — 405 € — 95
- Puligny-Montrachet Premier Cru La Truffière 2019 — 93 € — 93
- Saint-Aubin Premier Cru Les Charmois 2019 — 43 € — 91
- Chassagne-Montrachet Premier Cru La Maltroie 2019 — 38 € — 92
- Chassagne-Montrachet Vieilles Vignes 2019 — 27 € — 91
- Santenay Premier Cru Les Gravières 2019 — 27 € — 91

Rouge : 3 hectares. Pinot noir 100 %
Achat de raisins.
Blanc : 6 hectares. Chardonnay 96 %, Aligoté 4 %
Achat de raisins.
Production moyenne : 70 000 bt/an

DOMAINE BRUNO COLIN
3, impasse des Crêts,
21190 Chassagne-Montrachet
03 80 24 75 61 • www.domaine-bruno-colin.com ou www.41-maufoux-bruno-colin.com • Vente et visites : sur RDV.
Propriétaire : Bruno Colin

★★ ↗ DOMAINE JOSEPH COLIN

Jusqu'en 2016, Joseph Colin travaillait avec son frère et sa sœur au domaine Marc Colin. Mais la taille du domaine (20 hectares) lui semble trop importante pour mener à bien toute ses envies. Il quitte en bon accord le nid familial pour créer sa propre histoire avec un domaine à taille humaine. Il ne travaille pas moins de 19 appellations sur 6,5 hectares, avec des vignes en partie louées, dont un grand nombre de premiers crus en Saint-Aubin, ainsi qu'en Chassagne-Montrachet et en Puligny-Montrachet. Pour cause d'allergie, il vinifie ses vins sans soufre, ce qui lui permet d'écourter les élevages, mais en utilise à la mise en bouteille. Sans dogme et n'appartenant à aucune caste, il revendique son statut de vigneron libre. Libre de travailler avec la lune et les marées, libre d'utiliser des produits bio ou pas, libre de vendanger des raisins mûrs, avec un seul but : révéler chacun de ses terroirs avec force et précision. Des blancs merveilleux d'équilibre avec de la personnalité, purs et denses. Le rouge est quant à lui franc et gourmand. Voilà un domaine qui mérite amplement sa deuxième étoile.

Les vins : tout en élégance, La Combe 2019 est profond mais fin. Quelle pureté de fruit ! Le vin est posé et juste. Le chassagne-montrachet 2019 sent le fruit mûr, une richesse que l'on retrouve dans le corps du vin. Il est onctueux mais toujours d'une grande précision avec une jolie finale citronnée. Sur le Sentier du Clou s'exprime par un nez doux et racinaire. Un vin vif, fougueux et dense avec une fine oxydation lui conférant une belle complexité tout autant que sa forte salinité. En Remilly 2019 développe un parfum sur une note pâtissière. Large à l'attaque mais doté d'une finesse extraordinaire, il est pur et complexe. Quelle beauté de fruit, avec cette finale acidulée et vive ! Entre fruit et fleur, La Garenne exprime toute l'élégance de ce beau terroir par une matière vive, ciselée par de fins mais agréables amers et un souffle frais minéral. En Cailleret sent le caillou à plein nez. Il tapisse littéralement la bouche par son énergie minérale tout en jouant sur de subtils amers. Un vin qui regorge d'énergie et tout en allonge, d'une précision millimétrique tant en terme de maturité que d'élevage. Vide Bourse est sur le fruit jaune, tout en muscle et intense, avec un air de petit bâtard-montrachet. Large, profond et d'un bloc, il se démarque par son assise, gage de sa longévité. En rouge, Vieilles Vignes 2019 s'exprime par un fruit solaire dans ses parfums tandis qu'en bouche il paraît frais mais gourmand, avec des tanins souples et fins. Un vin plein de charme et digeste.

- Bourgogne La Combe 2019 Épuisé - 26 € 90
- Chassagne-Montrachet 2019 56 € 91
- Chassagne-Montrachet Premier Cru En Cailleret 2019 36 € 95
- Chassagne-Montrachet Premier Cru Vide Bourse 2019 86 € 95
- Puligny-Montrachet Premier Cru La Garenne 2019 93 € 95
- Saint-Aubin Premier Cru En Remilly 2019 52 € 93
- Saint-Aubin Premier Cru Sur le Sentier du Clou 2019 47 € 92
- Chassagne-Montrachet Vieilles Vignes 2019 35 € 91

Rouge : 0,3 hectare. Pinot noir 100 %
Achat de raisins.
Blanc : 6 hectares. Chardonnay 95 %, Aligoté 5 %
Achat de raisins.
Production moyenne : 45 000 bt/an

DOMAINE JOSEPH COLIN
32, rue des Lavières, 21190 Saint-Aubin
03 80 21 98 76 • contact@josephcolin.fr •
Vente et visites : sur RDV.
Propriétaire : Joseph Colin

★★ DOMAINE MARC COLIN ET FILS

Voici un domaine de référence pour les amateurs de grands blancs classiques. Dans l'esprit insufflé par leur père, Caroline et Damien Colin perpétuent le mode de vinification de ces cuvées célèbres pour leur pureté et leur délicatesse. Les rouges ont aussi beaucoup progressé : les vins issus de vieilles vignes de pinot noir de Santenay et de Chassagne-Montrachet surprennent par leur vigueur. Avec une gamme complète sur les meilleurs terroirs de Saint-Aubin, c'est une adresse sûre et hautement recommandable. Aujourd'hui, les vins de Damien ont des maturités de raisins et des élevages plus précis. Aujourd'hui, avec des raisins plus mûrs, l'apport de fût neuf a diminué et les vins y ont gagné en harmonie.

Les vins : Le Charmois s'exprime par un fruit pur, délicat et intense. La Chatenière évoque la pierre et offre un vin tendu qui donne la sensation de sucer un caillou, avec un final sur le zest d'agrume et une grande pureté du fruit. En Remilly évoque l'amande fraîchement émondée. Véritable coureur de fond, avec son fruit dense et puissant, il offre une sensation pierreuse et d'agrumes. Notes d'ananas frais et fruit doux dans le chassagne-montrachet, qui livre une bouche confortable et déjà ouverte. Tendu par une minéralité fine et un fruit plus vif que généreux Les Caillerets est tout en épure, avec des amers qui évoquent le zest de pamplemousse, mais avec une véritable résonance crayeuse. Vide-Bourses sent le raisin mûr et possède cette masse propre à son terroir, avec une assise large, profonde et puissante. On pourra aimer le côté lumineux des Caillerets mais si vous cherchez un vin large d'épaule, dirigez-vous vers Vide-Bourses. Quelle que soit la cuvée, les blancs sont des références incontournables.

- Chassagne-Montrachet 2019 Épuisé - 45 € 91
- Chassagne-Montrachet Premier Cru Les Caillerets 2019 Épuisé - 75 € 95
- Chassagne-Montrachet Premier Cru Les Vide-Bourses 2019 Épuisé - 75 € 95
- Saint-Aubin Premier Cru En Remilly 2019 Épuisé - 40 € 93
- Saint-Aubin Premier Cru La Chatenière 2019 Épuisé - 40 € 92
- Saint-Aubin Premier Cru Le Charmois 2019 Épuisé - 36 € 92

Rouge : 1 hectare. Pinot noir 100 %
Achat de raisins.
Blanc : 11 hectares. Chardonnay 90 %, Aligoté 10 %
Achat de raisins.
Production moyenne : 80 000 bt/an

DOMAINE MARC COLIN ET FILS
9, rue de la Chatenière, 21190 Saint-Aubin
03 80 21 30 43 • www.marc-colin.com •
Vente et visites : sur RDV.
Propriétaire : Caroline et Damien Colin

★★ DOMAINE PIERRE-YVES COLIN-MOREY

Pierre-Yves Colin est l'un des vinificateurs les plus doués de sa génération. Il a travaillé au domaine familial Marc Colin jusqu'en 2005, date à laquelle il a pris son indépendance. En 2001, il avait déjà lancé une petite activité de négoce. Un tiers de sa production provient d'achat de raisins. Les vignes sont travaillées et les vins élevés sans bâtonnage (majoritairement en demi-muid de 350 litres), et longuement, pour éviter collage et filtration. Il a également réduit les doses de soufre afin d'obtenir des vins plus sereins, si bien qu'ils sont moins marqués par des réductions prononcées. La gestion des élevages est le point fort du domaine. Mais chaque détail a ici son importance comme, par exemple, augmenter le diamètre des bouchons pour combattre les problèmes d'oxydation. Un bel exemple à suivre.

Les vins : Pierre-Yves Colin est un brillant vinificateur et il le prouve avec ses 2019, dont Haute Côte de Beaune, une belle entrée en matière pour découvrir le style du domaine. Dans la série des saint-aubin, Le Banc est marqué par une sensation tannique à travers un fruit ciselé aux notes d'agrumes. Hommage à Marguerite offre un supplément de volume tout en restant dans un style épuré. Champlots est un terroir froid qui sent le caillou, un vin salin et pur. La Chatenière présente un boisé et une réduction plus marquées ; le terroir à l'abri du vent confère un fruit plus flatteur et généreux. En Remilly s'impose par sa puissance. Il dégage une forte énergie avec un souffle frais et percutant. Il faut l'attendre. Pour les chassagne-montrachet, issus d'un sol profond, Les Encenières est tout en suavité de bouche. Il est tendre et séduisant. Les Chenevottes, avec sa fraîcheur végétale et ses notes d'agrumes, vous réveille les sens par sa tonicité. Les Caillerets est vif, pur et salin, un vin tout en allonge minérale avec une sensation marquée sur le zeste. Superbe. Quant au bâtard-montrachet, le millésime lui va comme un gant car il n'exhibe pas sa puissance mais sa finesse, son volume et son raffinement. Il s'affirmera avec l'âge. Une très belle gamme cohérente avec des vins moins réduits que par le passé mais plus purs et intenses.

- Bourgognes blancs Haute Côte de Beaune 2019 — N.C. — 89
- Bâtard-Montrachet Grand Cru 2019 — N.C. — 96
- Chassagne-Montrachet Les Encenières 2019 — N.C. — 92
- Chassagne-Montrachet Premier Cru Les Chenevottes 2019 — de 150 à 200 € (c) — 94
- Saint-Aubin Le Banc 2019 — de 30 à 50 € (c) — 91
- Saint-Aubin Premier Cru Champlots 2019 — 110 € (c) — 92
- Saint-Aubin Premier Cru En Remilly 2019 — de 85 à 105 € (c) — 93
- Saint-Aubin Premier Cru Hommage à Marguerite 2019 — de 60 à 80 € (c) — 92
- Saint-Aubin Premier Cru La Chatenière 2019 — de 90 à 100 € (c) — 92

Le coup de ♥

- Chassagne-Montrachet Premier Cru Les Caillerets 2019 — N.C. — 95

Rouge : 2 hectares. Pinot noir 100 %
Blanc : 9 hectares. Chardonnay 100 %
Production moyenne : 70 000 bt/an

DOMAINE PIERRE-YVES COLIN-MOREY
2, chemin du Puits-Merdreaux,
21190 Chassagne-Montrachet
03 80 21 90 10 •
contact@pierreyvescolinmorey.fr • Vente et visites : sur RDV.
Propriétaire : Pierre-Yves Colin

★★ DOMAINE DES CROIX

Après avoir été la cheville ouvrière de la relance du négoce beaunois Camille Giroud depuis 2002, le Tourangeau de Montlouis David Croix en est parti en 2016. Il entend se consacrer pleinement au domaine des Croix, avec l'appui de financiers passionnés, et le rachat de l'ancien domaine Duchet. L'ensemble de la gamme est d'une grande cohérence : les rouges beaunois brillent par leur fruité attractif, leur mâche jamais dénuée de finesse et un délicat équilibre entre la maturité sucrée et la finesse des amers. Ce domaine produit certainement les plus beaux vins du terroir de Beaune et son corton-charlemagne est un magnifique référent.

Les vins : magnifique entrée en matière avec le beaune 2019, encore dans l'empreinte du raisin mais d'une pureté magistrale. Volumineux, mûr et sapide, il tenu par des tanins d'une réelle finesse. Splendide. Les Cents Vignes, au parfum élégant évoquant le bois de rose et le pot pourri, nous envoûte. Tout en délicatesse de texture, son jus délicat semble comme infusé. Un vin délié, fin et précis. Plus plein et dense, Les Bressandes est lui aussi dans l'empreinte d'un raisin, mais gorgé de soleil bien qu'il paraisse frais. Un vin voluptueux, riche d'une belle sève avec des tanins parfaitement mûrs garants de son avenir pour un demi-siècle. Cru majeur, Les Grèves va de la pêche blanche à la rose. Une véritable main de fer dans un gant de velours. Profond, avec un très beau toucher de bouche, il est destiné à la très longue garde. Si l'on est séduit par le parfum floral de La Vigne au Saint, malgré des tanins mûrs, ce vin d'un bloc est encore dans sa gangue. Attendez-le une à deux décennies au moins. Réussite magistrale pour le corton-charlemagne 2018, somptueux avec son fruit bien mûr et sa fine note de badiane. Juteux, sapide, large mais gracieux, il sonne juste tant du point de vue de la maturité que de l'élevage. Il fera date. David Croix est assurément l'un des très grands vignerons de la Côte de Beaune.

- Corton-Charlemagne Grand Cru 2019 — 148 € — 98
- Beaune 2019 — 33 € — 91
- Beaune Premier Cru Les Bressandes 2019 — 55 € — 94
- Beaune Premier Cru Les Cents Vignes 2019 — 43 € — 95
- Beaune Premier Cru Les Grèves 2019 — 70 € — 96
- Corton Grand Cru La Vigne au Saint 2019 — 114 € — 94

Rouge : 6,5 hectares. Pinot noir 100 %
Blanc : 1,25 hectare. Chardonnay 100 %
Production moyenne : 30 000 bt/an

DOMAINE DES CROIX
2, rue Colbert 21200 Beaune
03 80 22 41 81 • contact@domainedescroix.com • Vente et visites : sur RDV.
Propriétaire : TMF & C
Directeur : David Croix

★★ MAISON JOSEPH DROUHIN

Cette maison est désormais dirigée par Frédéric Drouhin, épaulé par sa sœur Véronique pour les vins et par son frère Philippe aux vignes. Depuis juillet 2013, elle a ouvert une œnothèque au cœur de Beaune. Elle a trouvé sa vitesse de croisière et s'impose comme une valeur sûre. La maison s'appuie sur un vignoble biodynamique particulièrement bien pourvu en grands blancs, en côte-de-beaune mais aussi à Chablis (vins vendus sous la marque Drouhin-Vaudon), dont le célèbre Clos des Mouches.

Les vins : en rouge, le volnay est souple et doux à l'attaque mais ferme sur la fin de bouche, à cause de tanins pointus d'où ressort une légère amertume. Clos des Mouches est plus longiligne que plein, avec des tanins peu enrobés. Le chambolle-musigny s'affirme avec virilité. Plus dense que raffiné, son élevage comprime le fruit. Tendu, voire légèrement fermé, Clos Prieur est dominé par une note beurrée qui masque un peu le fruit à ce stade. Laissons-le digérer son bois. Dans l'ensemble, les rouges sont bien vinifiés mais ne jouissent pas forcément des meilleurs élevages. Leurs boisés sont soit trop présents, soit inadaptés. Ce choix esthétique est assumé par cette grande maison, mais il nous semble que l'expression des terroirs en pâtit un peu. En blanc, le saint-romain est un joli vin tendre et souple mais peu consistant. Plus qu'un simple vin de soif, le côte-de-beaune possède du fond et de la vivacité, avec de belles sensations de zeste. Clos des Mouches est plus vif que concentré mais son boisé, qui sèche légèrement son fruit, l'étire en longueur par une belle vivacité. Délicat et tout en finesse, Folatières est plus délié qu'intense en bouche, mais néanmoins gracieux. Genevrière sent l'amande fraîche. Il est porté par un fruit délicat avec une belle persistance sur la finesse, et une jolie finale acidulée et mûre.

- Beaune Premier Cru Clos des Mouches 2019 — 97,30 € — 91
- Côte de Beaune 2019 — 33,90 € — 89
- Meursault Premier Cru Genevrière 2019 — 88,60 € — 93
- Puligny-Montrachet Premier Cru Folatières 2019 — 75,70 € — 92
- Saint-Romain 2019 — 23,80 € — 88
- Beaune Premier Cru Clos des Mouches 2019 — 75,70 € — 91
- Chambolle-Musigny Premier Cru 2019 — 74,20 € — 91
- Gevrey-Chambertin Premier Cru Clos Prieur 2019 — 95,80 € — 91
- Volnay 2019 — 34,60 € — 89

Rouge : 30 hectares. Pinot noir 100 %
Achat de raisins.
Blanc : 50 hectares. Chardonnay 100 %
Achat de raisins.
Production moyenne : 3 600 000 bt/an

MAISON JOSEPH DROUHIN
7, rue d'Enfer, 21200 Beaune
03 80 24 68 88 • www.drouhin.com • Vente et visites : sur RDV.
Propriétaire : Famille Drouhin
Directeur : Frédéric Drouhin
Maître de chai : Jérôme Faure-Brac
Œnologue : Véronique Drouhin

★★ MAISON JANE EYRE

Piqué au virus du pinot noir en travaillant chez un caviste à Melbourne, Jane Eyre a quitté son Gippsland natal, voyagé en vinifiant (Nouvelle-Zélande, Allemagne), étudié l'œnologie et fait des allers-retours en Bourgogne, avant de revenir à Beaune en 2004. Après s'être formée aux domaines Chevrot, Thierry Matrot et chez Dominique Lafon, elle rejoint en 2006 Chris Newman (voir Domaine Newman) qu'elle assiste toujours aujourd'hui. En 2011, forte de son expérience, elle lance une micro-activité en achat de raisins, principalement à Savigny, Gevrey, Aloxe-Corton (depuis 2013), sans oublier un grand cru Corton-Renardes. Son style ? Un pinot fin, infusé, peu boisé, avec une volonté de préserver un fruité mûr et délicat en milieu de bouche. On peut boire les vins dans leur jeunesse. Tous les vins sont une grande réussite, profonds, sapides tout en gardant beaucoup de naturel et d'élégance.

Les vins : le bourgogne blanc 2019 est riche d'une belle sève. On se régale grâce à un fruit mûr et précis, gourmand mais énergique, avec de belles notes d'agrume en fin de bouche. En rouge, derrière une fine réduction, le côte-de-nuits-villages 2019 délivre un fruit qui monte crescendo. Savoureux avec un jus plein et des tanins souples et mûrs, il nous régale par son fruité gourmand et juvénile. Très foral, le savigny-lès-beaune 2019 s'impose par sa densité et sa solidité mais avec un fruit net. Un vin qui mérite de grandir en bouteille quelques années. Plus réservé dans son aromatique, le volnay 2019 possède un cœur de bouche un peu replié sur lui-même. Plus en allonge qu'en volume, il doit s'assouplir pendant au moins quatre à cinq ans pour livrer la finesse de ce beau terroir. Intense et sauvage, Les Bondues 2019, sculpté en profondeur, est charpenté mais porté par la richesse du millésime. Un vin à oublier une bonne décennie en cave. Superbe. Cents Vignes 2019 possède une matière tendre et fine avec un joli fruit lumineux et vif mais une trame serrée. Attendez-le. Solaire, le gevrey-chambertin est un concentré de fruits noirs. Il possède l'allonge des grands millésimes de garde. Un village qui prend des airs de premier cru par sa sapidité et sa profondeur de bouche. Superbe. Les Corbeaux 2019 est ciselé mais avec de l'étoffe et du fond. Pointu, incisif et pur, ce vin superbe a tout pour bien grandir. Quant au corton, il offre ce parfum floral des vins peu sulfités. Un vin tout en allonge avec du fond et du soyeux, posé et précis. Une pure merveille.

Bourgogne 2019	Épuisé - 20 €	89
Beaune Premier Cru Cents Vignes 2019	40 €	94
Chassagne-Montrachet Premier Cru Les Bondues 2019	60 €	92
Corton Grand Cru 2019	120 €	96
Côte de Nuits-Villages 2019	26 €	89
Gevrey-Chambertin 2019	40 €	93
Gevrey-Chambertin Premier Cru Les Corbeaux 2019	90 €	94
Savigny-lès-Beaune 2019	38 € (c)	90
Volnay 2019	Épuisé - 30 €	91

Rouge : Pinot noir 78 %, Gamay noir à jus blanc 22 %
Achat de raisins.
Production moyenne : 18 000 bt/an

MAISON JANE EYRE ♣

Château de Bligny, 14, Grand-Rue, 21200 Bligny-lès-Beaune
06 72 81 43 13 • jeyre21@gmail.com • Vente et visites : sur RDV.
Propriétaire : Jane Eyre

★★ MAISON VINCENT GIRARDIN

Cette maison fait partie des valeurs sûres de la Bourgogne. Elle doit cette position à Vincent Girardin, qui l'a créée en 1992 avant de la céder vingt ans plus tard. C'est désormais la Compagnie des Vins d'Autrefois, implantée entre Bourgogne et Beaujolais, qui poursuit son développement avec le projet d'élaborer des vins de grande qualité. Éric Germain élabore des cuvées toujours très nettes, précises, vieillissant bien. Même si les rouges de ce domaine peuvent encore grandir en termes de maturité, les blancs sont d'un très haut niveau.

Les vins : on apprécie l'éclat lumineux et tranchant du Cailleret, même s'il possède moins de corps que Blanchot Dessus, d'un bloc et persistant. Les amateurs de vins plus pleins se dirigeront vers La Romanée. Parmi les meursaults, Les Genevrières s'impose par un nez délicat et une bouche dotée d'un fruit très doux mais avec une minéralité fine. Charmes-Dessus sent le caillou et déroule en bouche un fruit plein et posé, de la densité et une belle accroche minérale. Les Perrières est un concentré de salinité offrant la sensation d'avoir une barre calcaire. Il s'équilibre par un fruit pur, élancé et vivant. En grand cru, tout en élégance florale, le bienvenues-bâtard-montrachet se montre intense, vif mais gracieux, pur et ciselé et doté d'une maturité équilibrée par de fins amers et une belle acidité. Puissant, le bâtard-montrachet est d'un bloc, avec un léger boisé pas totalement intégré au fruit. Il possède une assise incroyable et un fort impact en bouche. Le chevalier-montrachet s'exprime par une touche vanillée. Il file telle une ligne droite, très salin et jouant sur les amers et avec la sensation de sentir la roche mère. Quant au montrachet, il se montre discret au nez bien qu'il possède la force de ce cru plus minéral que fruité et avec une intense sapidité.

Bienvenues-Bâtard-Montrachet Grand Cru 2018	500 €	97
Bâtard-Montrachet Grand Cru 2018	540 €	96
Chassagne-Montrachet Premier Cru Blanchot Dessus 2018	100 €	94
Chassagne-Montrachet Premier Cru La Romanée 2018	de 80 à 95 € (c)	93
Chassagne-Montrachet Premier Cru Le Cailleret 2018	de 85 à 100 € (c)	94

- Chevalier-Montrachet Grand Cru 2018 — 580 € — 96
- Meursault Premier Cru Charmes-Dessus 2018 — 90 € — 95
- Meursault Premier Cru Les Genevrières 2018 — 71 € (c) — 94
- Meursault Premier Cru Les Perrières 2018 — 120 € — 94
- Montrachet Grand Cru 2018 — 850 € — 96

Rouge : 10 hectares. Pinot noir 100 %
Achat de raisins.
Blanc : 20 hectares. Chardonnay 85 %, Aligoté 15 %
Achat de raisins.
Production moyenne : 450 000 bt/an

MAISON VINCENT GIRARDIN
5, impasse des Lamponnes, 21190 Meursault
03 80 20 81 00 • www.vincentgirardin.com • Pas de visites.
Propriétaire : Jean-Pierre Nié
Directeur : Éric Germain

★★ MAISON CAMILLE GIROUD

Cette maison beaunoise acquise en 2001 par les Colgin, Américains passionnés, compte aujourd'hui onze associés et propose une gamme des plus recommandables. Elle rencontre le succès et affiche une grande régularité depuis quelques millésimes. On les doit à l'œnologue ligérien David Croix, qui a tenu à conserver une taille de micro-négoce et un esprit de facture classique, avec des élevages comportant 15 à 20 % de fût neuf. Il a été remplacé en 2016 par Carel Voorhuis.

Les vins : beau début avec Aux Cloux, au nez somptueux sur la rose et la pivoine et le fruit bien mûr. Malgré la maturité, il est délicat et délié avec un cœur de bouche à la trame tannique solide. Entre une touche florale et de végétal noble, Aux Cras est plein avec un jus concentré mais gourmand et raffiné. Un peu moins passionnant, Les Borniques s'exprime par un fruit capiteux à l'accent solaire, un vin plus épais que fin mais doté de tanins soyeux. Clos des Godelles offre un bouquet somptueux. Son fruit, nourri par une chair épaisse et douce, a un grain soyeux. Superbe. Avec une fine note de bois précieux, Lavaut-Saint-Jacques possède de l'assise et une énergie soulignée par un fruit aux notes acidulées. Un vin pur avec du volume. Les Renardes est dense mais sa texture ferme bride l'expression du fruit avec une pointe d'amertume en finale. À revoir. Le chambertin balance entre le bois précieux et les épices douces. Solide, avec un cœur de bouche à la trame serrée, mais nourri par un jus sapide, il gagnera en élégance avec le temps. En blanc, le bourgogne est vif, plus porté sur l'amer que le fruité. Idem pour Les Vergers en limite de maturité, d'où son caractère étroit avec des amers intenses et une pointe de verdeur, malgré la richesse de l'année. Un peu introverti, le corton-charlemagne donne la sensation de prise de soufre prononcée. Là aussi, l'amertume est prononcée type de peau de citron. Attendons qu'il se remette de sa mise en bouteille. Si nous adorons l'élégance des rouges, les blancs manquent un peu de maturité.

- Bourgogne 2019 — 18 € — 88
- Chassagne-Montrachet Premier Cru Les Vergers 2019 — 74 € — 90
- Corton-Charlemagne Grand Cru 2019 — 190 € — 92
- Beaune Premier Cru Aux Cras 2019 — 75 € — 92
- Chambertin Grand Cru 2019 — 450 € — 97
- Chambolle-Musigny Premier Cru Les Borniques 2019 — 150 € — 93
- Corton Grand Cru Les Renardes 2019 — 135 € — 93
- Gevrey-Chambertin Premier Cru Lavaut-Saint-Jacques 2019 — 135 € — 95
- Morey-Saint-Denis Premier Cru Clos des Godelles 2019 — 80 € — 94
- Savigny-lès-Beaune Premier Cru Aux Clous 2019 — 41 € — 91

Rouge : 1,3 hectare. Pinot noir 100 %
Achat de raisins.
Blanc : Chardonnay 100 %
Achat de raisins.
Production moyenne : 120 000 bt/an

MAISON CAMILLE GIROUD
3, rue Pierre-Joigneaux, 21200 Beaune
03 80 22 12 65 • www.camillegiroud.com • Vente et visites : sur RDV.
Propriétaire : Famille Colgin
Directeur : Carel Voorhuis

★★ ANTOINE JOBARD

Antoine Jobard produit des meursaults de haut niveau dans un style classique, avec des élevages très longs et sans aucun effet de style. Jamais lourds ni outrageusement boisés, les vins brillent par leur précision. Le Genevrières fait indiscutablement partie des meilleurs. Une valeur sûre pour les amateurs de grands blancs éternels. Ces dernières années, le domaine semble produire des vins un rien moins austères dans leur jeunesse et plus accessibles. Et si la réduction est moins prononcée en début de vie sur l'ensemble des vins, toute la production garde une très belle aptitude au vieillissement.

Les vins : le bourgogne blanc est fortement réduit mais cela ne nuit nullement à son fruit plein, juteux et gourmand. Il exprime avec harmonie la richesse de l'année. Vin pulpeux et long avec un beau délié en bouche. On se régale déjà. Dans la série des meursaults 2019, Clos le Meix Tavaux est marqué par une pointe de réduction avant que n'apparaisse une note de cédrat dans un jus plein et mûr. Il conjugue volume et densité avec un bel étirement sur les agrumes confits. En La Barre 2019 sent la poudre de pierre et l'amande grillée. Fin et complexe, il possède une magnifique énergie, avec du délié et une jolie finale sur le pamplemousse rose. Superbe. Blagny 2019 est plus racinaire. La bouche est pure, ciselée, avec un sentiment de maturité fraîche, bien qu'il possède de la profondeur et une belle salinité. Avec le Charmes apparaît une note lactée et une touche d'amande torréfiée. Il s'impose par son volume et son charnu, tout en conservant beaucoup d'élégance. Un vin riche avec de la sève et un jolie finale sur les agrumes. L'élégant et floral Genevrières sent l'amande fraîche. Gracieux, fin et tout en nuances, ce blanc raffiné possède un fruit mûr et pur. Une très jolie série de blancs avec une belle interprétation du millésime tant dans sa maturité que dans sa profondeur, avec des élevages qui valorisent à merveille l'identité de chaque terroir.

- Bourgogne 2019 — 30 € — 89
- Meursault Blagny 2019 — 100 € — 94
- Meursault Charmes 2019 — 120 € — 93
- Meursault Clos le Meix Tavaux 2019 — 65 € — 92
- Meursault En La Barre 2019 — 65 € — 92
- Meursault Premier Cru Genevrières 2019 — 130 € — 95

Rouge : 6 hectares. Pinot noir 100 %
Blanc : 6,5 hectares. Chardonnay 100 %
Production moyenne : 60 000 bt/an

ANTOINE JOBARD ♣
2, rue de Leignon, 21190 Meursault
03 80 21 21 26 • antoine@antoinejobard.com • Pas de visites.
Propriétaire : François et Antoine Jobard
Directeur : Antoine Jobard

★★ DOMAINE MICHEL LAFARGE

Ce domaine traditionnel de Volnay élabore des vins classiques qui mettent du temps à se révéler, mais expriment dans la durée une précision et une expression magnifiques des terroirs, sans aucun artifice. Les raisins sont vendangés à bonne maturité sans pratiquer d'extraction violentes et les élevages précis accompagnent à merveille l'expression des terroirs. Cela se traduit par des vins d'une grande élégance, à la fois pleins et dotés de tanins mûrs et fins. Le domaine produit une belle gamme de volnays et de pommards ainsi qu'un beaune, Grèves, somptueux. Malheureusement, seules deux cuvées nous été présentées cette année. Ainsi va la Bourgogne.

Les vins : le volnay Vendanges Sélectionnées affiche une réelle élégance au nez. Il évoque la cerise au chocolat, et sa douceur à l'attaque est renforcée par un cœur de bouche dense, construit autour de tanins solides mais mûrs. Un village qui mérite au moins dix ans de garde. Le Clos des Chênes est plein de fruits noirs : un parfum qui traduit la richesse du millésime. On le retrouve dans une bouche dotée de tanins mûrs et gourmands mais avec beaucoup de droiture. Une délicate petite note de réglisse se présente en finale. À boire tout jeune pour le plaisir de la découverte, mais il sera à son meilleur dans vingt ans, ou plus.

- Volnay Premier Cru Clos des Chênes 2019 — 120 € — 95
- Volnay Vendanges Sélectionnées 2019 — 50 € — 93

Rouge : 9,5 hectares. Pinot noir 100 %
Blanc : 2,5 hectares.
Production moyenne : 60 000 bt/an

DOMAINE MICHEL LAFARGE ☾
15, rue de la Combe, 21190 Volnay
03 80 21 61 61 • www.domainelafarge.com • Pas de visites.
Propriétaire : Famille Lafarge
Directeur : Frédéric Lafarge

★★ DOMAINE HUBERT LAMY

Ambassadeur des vins de Saint-Aubin, Olivier Lamy continue de renforcer la réputation de cette appellation encore trop méconnue. Sa palette de terroirs et son talent pour en exprimer toutes les nuances permettent de comprendre à quel point tout amateur peut trouver ici des vins magnifiques, de vraies propositions alternatives aux chassagnes ou aux meursaults. Les blancs, issus de longs pressurages, sont élevés en demi-muid de 600 l avec peu de bois neuf, ce qui les rend, dans leur jeunesse, moins attrayants. C'est pourquoi ils passent, une fois sortis d'élevage, plus de six mois en cuve. Olivier Lamy ne se revendique pas bio mais il laboure ses sols et passe de longues heures dans ses vignes afin d'obtenir des raisins plus concentrés et surtout des vins mieux équilibrés. Avec un usage du fût bien plus modéré aujourd'hui qu'à ses débuts, il produit des vins un brin austères jeunes, mais que leur densité de texture et leur matière profonde destinent à la garde. Il débourbe peu ses jus afin de limiter les doses de soufre, tandis que ses élevages longs patinent lentement ses vins. Un travail qui paie car, avec des lies plus belles, les vins, moins réduits, sont bien plus précis.

Les vins : Clos des Gravières développe une magnifique palette aromatique sur le fruit noir bien mûr. La bouche est charnelle, avec des tanins soyeux, enrobés par un fruit pulpeux et libre mais intense et profond. Pour les blancs, Clos de la Chatenière 2018 est légèrement réduit mais son fruit dense est sapide en bouche. Il regorge d'énergie avec un sentiment crayeux prégnant. En Remilly 2018 sent le caillou et sa matière longiligne, tout en épure offre une salinité intense et une vivacité s'exprimant par de jolies notes de cédrat. Les Murgers des Dents de Chien 2018 s'appuie sur une note pâtissière, une aromatique équilibrée par un fruit mûr et solaire. Ce sentiment est confirmé par sa douceur et sa finesse de texture, tandis que sa minéralité semble comme englobée par ce fruit charnu mais éclatant avec de belles nuances en bouche. Des trois saint-aubin, Clos de la Chatenière est le plus souple et le plus accessible. Les Dents de Chien affine une belle douceur et une belle sérénité tandis qu'En Remilly est un vin puissant et tonique avec un souffle minéral très intense.

- Saint-Aubin Premier Cru Clos de la Chatenière Vieilles Vignes 2018 — Épuisé - 66 € — 93
- Saint-Aubin Premier Cru En Remilly 2018 — Épuisé - 66 € — 93
- Saint-Aubin Premier Cru Les Murgers des Dents de Chien 2018 — Épuisé - 80 € — 93
- Santenay Premier Cru Clos des Gravières Vieilles Vignes 2018 — Épuisé - 60 € — 91

Rouge : 3 hectares. Pinot noir 100 %
Blanc : 15,5 hectares. Chardonnay 100 %
Production moyenne : 100 000 bt/an

DOMAINE HUBERT LAMY

20, rue des Lavières, 21190 Saint-Aubin
03 80 21 32 55 •
www.domainehubertlamy.com • Pas de visites.

Propriétaire : Karine et Olivier Lamy

★★ DOMAINE DE MONTILLE

Étienne de Montille a uni sous le nom du domaine De Montille les vins du domaine éponyme à ceux du Château de Puligny-Montrachet. Les vins de son négoce sont ainsi estampillés Maison De Montille. Depuis 2019, Étienne est seul aux commandes de ce domaine historique de Volnay. Entouré d'une équipe compétente, il produit des blancs magnifiques, d'une grande pureté. Des vins racés et vibrants. Ses rouges sont moins rigides même s'ils peuvent encore progresser en matière de profondeur et de maturité de tanins. Comme s'il leur manquait ce petit lâcher-prise par rapport à l'héritage paternel, marqué par des rouges austères. Si le volnay Taillepieds et le pommard Rugiens ont fait la réputation de cet illustre domaine, les blancs sont aux niveaux des plus grands producteurs de la côte de Beaune. Le simple bourgogne comme l'exceptionnel meursault Perrières : ne les ratez pas.

Les vins : si ce domaine majeur de la Côte de Beaune est reconnu pour ses vins rouges de garde, nous considérons que ses blancs sont un à deux crans au-dessus, d'un niveau trois étoiles. Ce qui n'est pas le cas pour les rouges, qui doivent encore grandir en matière d'équilibre. Pour les blancs, régalez-vous avec l'excellent bourgogne blanc Clos du château. Franchissez une marche avec le saint-aubin aux notés épicées : un blanc dense et profond avec des amers gracieux. Ou optez pour le raffinement du Cailleret, légèrement gainé par son élevage mais d'une extrême élégance avec sa matière ciselée tel un souffle frais qu'il puise dans la roche mère. Le meursault premier cru Perrières 2019 est un vin tranchant et profond, doté de notes de pierres qui vous réveillent par leur salinité minérale. Magnifique persistance sur les agrumes. Somptueux. Réussite exceptionnelle pour le corton-charlemagne qui embarque par son attaque ample, riche d'un fruit mûr avec de la mâche. Cela contraste avec la vivacité présente dès le milieu de bouche. Magistral. En rouge, d'une belle élégance, le beaune Les Grèves possède une épine dorsale forte qui lui donne sa droiture, tandis que son fruit légèrement sucré, presque confit, vient enrober des tanins denses. Fin au nez, le volnay Champans est dans l'empreinte du raisin : dense, malgré une belle sève, il s'affirme par une structure solide. Avec son parfum distingué, son toucher de bouche soyeux, le pommard Pezerolles trouve un équilibre grâce la richesse du millésime. Vinifié totalement en grappe entière, Rugiens s'affirme par cette densité propre à ce terroir. Solide, il a de la mâche et son final évoque la cerise au chocolat. Quant au clos-vougeot, bien représentatif de l'expression de ce grand terroir, il est sur la retenue, avec de l'assise et une matière serrée, dont l'élégance ne se dévoilera qu'après un long vieillissement.

- Bourgogne Le Clos du Château 2018 — 28 € — 89
- Bourgogne Le Clos du Château 2019 — N.C. — 89
- Corton Charlemagne 2019 — N.C. — 98
- Meursault Premier Cru Perrières 2019 — 120 € (c) — 98
- Puligny-Montrachet Premier Cru Le Cailleret 2018 — 135 € — 96
- Puligny-Montrachet Premier Cru Le Cailleret 2019 — 110 € (c) — 96
- Saint-Aubin 2019 — N.C. — 91
- Beaune Premier Cru Les Grèves 2019 — 75 € (c) — 94
- Beaune Premier Cru Sizies 2018 — 49 € — 93
- Clos Vougeot 2019 — 210 € (c) — 96
- Pommard Premier Cru Pézerolles 2019 — N.C. — 95
- Pommard Premier Cru Rugiens 2019 — 125 € (c) — 95
- Volnay Premier Cru Champans 2019 — 109 € (c) — 94
- Volnay Premier Cru Les Taillepieds 2018 — 120 € — 95

Rouge : 20 hectares. Pinot noir 100 %
Blanc : 17 hectares. Chardonnay 100 %
Production moyenne : 180 000 bt/an

DOMAINE DE MONTILLE ♣
Rue de Pied-de-la-Vallée, 21190 Volnay
03 80 21 39 14 • www.demontille.com •
Vente et visites : sur RDV.
Propriétaire : Étienne de Montille
Maître de chai : Brian Sieve

★★ ↗ DOMAINE BERNARD MOREAU ET FILS

Cette propriété de Chassagne-Montrachet produit des vins profonds et équilibrés, qui vieillissent de surcroît admirablement bien. Alexandre, le fils aîné de Bernard Moreau, travaille au domaine depuis 1995. Il supervise les vinifications tandis que son frère, Benoît, arrivé en 2002, s'épanouit dans les vignes, dans lesquelles il mène depuis peu des essais en biodynamie. Le domaine n'utilise plus de levures depuis 1998. Grâce à des élevages allongés, les vins ne sont plus filtrés. Les deux frères se sont séparés à l'automne 2020 ; Alexandre a gardé le domaine familial, tandis que Benoît va créer son propre domaine avec une partie des vignes du domaine. Mais dans un premier temps, il fera un peu de négoce pour lancer son activité. Nous attendons avec impatience de déguster ses vins. Quoi qu'il en soit, tous les vins sont remarquables : en dehors d'une belle série de premiers crus en blanc, ce domaine produit deux somptueux rouges, un chassagne-montrachet gourmand à souhait et un premier cru, La Cardeuse, qui vous surprendra par son potentiel de garde. Le domaine mérite amplement de recevoir cette année sa deuxième étoile.

Les vins : voici un domaine qui excelle dans les deux couleurs, avec des rouges d'un grand raffinement, mûrs et profonds, et des blancs équilibrés et posés. En rouge, le chassagne-montrachet Vieilles Vignes 2019 est marqué par une pointe de réduction et un fruité intense qui embaume l'orangette. La bouche est précise, sans excès de maturité, mais mûre, avec des tanins fins et soutenant le vin sur la longueur. La Cardeuse 2019 sent le beau végétal noble suivi d'un joli fruit. On a la juste dimension de la maturité du millésime, de la texture mais surtout une grande finesse dans le toucher de bouche et une magnifique précision du jus. Un vin équilibré et raffiné qui grandira sur plusieurs décennies. En blanc, le chassagne-montrachet 2019 est tout en délicatesse à l'attaque mais avec juste ce qu'il faut de poids en bouche. Il monte en puissance sur la finale par d'intenses et agréables amers. Les Chenevottes 2019 se démarque par une note de pierre et de fruit à chair blanche. Sa bouche offre une belle sève. Beaucoup de précision et de pureté dans le fruit et une sensation prégnante de mâche, comme si l'on mâchait la peau du raisin. Jolie finale citronnée. La Maltroie 2019 paraît plus mûr au nez, il sent la pâte d'amande. La bouche semble un rien portée par des tanins de bois, sans que cela n'entrave l'identité de ce beau terroir. Le vin y prend appui pour gagner en force interne et en allonge.

- Chassagne-Montrachet 2019 — Épuisé - 40 € — 91
- Chassagne-Montrachet Premier Cru La Maltroie 2019 — Épuisé - 65 € — 93
- Chassagne-Montrachet Premier Cru Les Chenevottes 2019 — Épuisé - 65 € — 94
- Chassagne-Montrachet Premier Cru La Cardeuse 2019 — Épuisé - 50 € — 94
- Chassagne-Montrachet Vieilles Vignes 2019 — Épuisé - 17 € — 91

Rouge : 3,45 hectares. Pinot noir 100 %
Blanc : 11,55 hectares. Chardonnay 100 %
Production moyenne : 90 000 bt/an

DOMAINE BERNARD MOREAU ET FILS
21, route de Santenay,
21190 Chassagne-Montrachet
03 80 21 33 70 •
domainebernardmoreau@gmail.com •
Vente et visites : sur RDV.
Propriétaire : Alexandre Moreau
Maître de chai : Alexandre Moreau

★★ MAISON PHILIPPE PACALET

Adepte des vins vinifiés sans soufre en vendange entière, mais sans dogmatisme, Philippe Pacalet a travaillé avec son oncle Marcel Lapierre dans le Beaujolais, de 1985 à 1991, avant d'arriver au domaine Prieuré-Roch où il vinifie et découvre ses repères en Bourgogne. Il y restera jusqu'en 2001, date à laquelle il décide de développer sa propre activité de négoce. Il a commercialisé jusqu'à 27 appellations différentes, en rouge comme en blanc. Si le propre du négoce est l'achat de raisins, Philippe Pacalet passe un temps important à trouver des sources de qualité. Pour lui, l'élevage reste un moment crucial pour faire grandir les vins, il y apporte le plus grand soin possible. En plus de faire parler leur terroir, ses vins d'une douceur et d'une complexité incroyables se révèlent délicieux dès leur prime jeunesse et savent vieillir parfaitement.

Les vins : le meursault s'ouvre sur les épices avec une belle sensation de fruit solaire. La bouche est toute en suavité, aimable mais généreuse, avec le ressenti d'un fruit posé. Le moulin-à-vent offre un bouquet somptueux, floral et fruité. La bouche est dans la même veine, juteuse à souhait, portée par des tanins mûrs et granuleux qui porteront le vin sur plusieurs décennies. Le pommard captive par sa belle évolution aromatique. Il faut le laisser s'assouplir quelques années. Le gevrey-chambertin embaume le végétal noble, relayé par une belle touche florale. Dense et ferme mais sapide, il propose un fruit savoureux et libre. Porté par son bouquet floral, le chambolle-musigny exprime toute la finesse de ce terroir. À l'air, on retrouve l'expression du raisin. Une pure merveille. Du côté des grands crus, l'echezeaux possède une chair peu épaisse ; ses tanins auront besoin de temps pour s'assouplir. Le corton-bressandes s'impose au sommet de la gamme : il distille un nez élégant où la touche florale s'unit à la sensation d'un raisin frais. Juteux et ramassé avec sa chair profonde, il est pulpeux malgré une solidité qui lui permettra de défier le temps. Splendide.

Meursault 2019	76,50 €	92
Chambolle-Musigny Premier Cru 2018	129,50 €	96
Corton-Bressandes Grand Cru 2018	233 €	97
Echezeaux Grand cru 2018	271,50 €	94
Gevrey-Chambertin 2019	64 €	92
Moulin-à-Vent 2019	39 €	92
Pommard 2018	65 €	93

Rouge : 12,5 hectares. Pinot noir 92 %, Gamay noir à jus blanc 8 %
Achat de raisins.
Blanc : 3,5 hectares. Chardonnay 100 %
Achat de raisins.
Production moyenne : 70 000 bt/an

MAISON PHILIPPE PACALET
12, rue de Chaumergy 21200 Beaune
03 80 25 91 00 • www.philippe-pacalet.com
• Vente et visites : sur RDV.
Propriétaire : Philippe Pacalet

★★ ÉTIENNE SAUZET

Domaine de grande réputation créé à l'orée du XXe siècle, la maison Étienne Sauzet associe, depuis le début des années 1990, le négoce et la production d'une palette de pulignys rares. Le style des chardonnays allie finesse et élégance, sans pour autant manquer de potentiel de vieillissement. Ce producteur majeur a toujours produit des vins de qualités mais avec la génération montante (Benoît Riffaut et Émilie Boudot) les vins se sont épurés tout en gagnant en intensité. Hormis, le montrachet et le chevalier-montrachet, la majeur partie des vins est produite à partir des raisins du domaine où l'on pratique une viticulture en biodynamie. Le domaine a fait un pas de géant en produisant en 2019 des vins moins fermés, plus libres, avec du poids et de la sève en bouche, même si le fruit paraît moins bien compris que lors des millésimes antérieurs. Certaines cuvées frôlent la troisième étoile.

Les vins : avec ses senteurs d'épices, Jardin du Calvaire se livre par un fruit aimable, juteux et mûr. Un beau vin charnu et sapide. Doté d'un nez profond embaumant le fruit gorgé de soleil, le puligny-montrachet est distingué, ample avec une note de pamplemousse rose bien mûr, et offre un fruit bien plus libre et détendu que les années précédentes. Marqué par un fin grillé et une note boisée, Champ-Canet est ciselé par un fruit à la fois vif et plein en bouche, dense et juteux. Les Folatières En la Richarde confirme sa belle minéralité de nez à travers un fruit pur et précis, avec une allonge saline et sapide d'une magnifique persistance. Un vin vivifiant qui réveille les sens. Les Perrières sent l'amande fraîche, avec cette fine note boisée qui disparaît rapidement à l'air. Il regorge de vie et d'énergie avec des notes de citron confit au sel.

- Bourgogne Hautes-Côtes de Beaune Jardin du Calvaire 2019 32 € 89
- Puligny-Montrachet 2019 60 € 92
- Puligny-Montrachet Premier Cru Champ-Canet 2019 120 € 94
- Puligny-Montrachet Premier Cru Les Folatières En la Richarde 2019 150 € 95
- Puligny-Montrachet Premier Cru Les Perrières 2019 110 € 95

Blanc : 15 hectares. Chardonnay 100 %
Achat de raisins.
Production moyenne : 80 000 bt/an

ÉTIENNE SAUZET ♣
11, rue de Poiseul, 21190 Puligny-Montrachet
03 80 21 32 10 • www.etiennesauzet.com •
Pas de visites.
Propriétaire : Famille Boudot
Directeur : Emilie Boudot et Benoît Riffault

★★ ↗ DOMAINE ANNE-MARIE ET JEAN-MARC VINCENT

Jean-Marc Vincent a affiné son style et présente désormais des vins d'une classe et d'une harmonie hors pair à Santenay. Leur naturel d'expression pourrait servir de modèle à bien des vignerons mieux dotés en grands terroirs. Hélas, les quantités disponibles sont minimes – heureusement, une activité de négoce vient compléter la gamme. Les deux couleurs se montrent remarquables, particulièrement Le Beaurepaire, santenay incontournable. Le domaine décroche cette année sa deuxième étoile.

Les vins : en rouge, Le Passetemps est tout en volume et en suavité, d'une belle gourmandise solaire. Le Beaurepaire embaume la cerise noire bien mûre. Une richesse qui trouve écho dans une matière généreuse avec des tanins fins et parfaitement enrobés. Tout en élégance, Les Gravières évoque l'orangette avec un fruit d'une grande délicatesse de texture. Dans ces trois vins de grande profondeur, la richesse du millésime a été bien restituée, tout en préservant beaucoup de fond et d'élégance. En blanc, le bourgogne allie fraîcheur et maturité dans une bouche précise et savoureuse. Le montagny développe un parfum sur les agrumes. Un vin tout en allonge mais plein et juteux. Dans la série des santenays, Les Vignes Denses paraît vif mais profond avec une touche citronnée. Un vin ciselé, pur, et bien mûr. Superbe. Le Beaurepaire est quant à lui épuré, avec une belle allonge saline. Derrière un nez légèrement poudré, Les Gravières offre une belle vivacité citronnée en bouche. Vin majeur, Les Hautés 2019 se révèle, racé avec une tension magnifique mais long en bouche. Splendide. Corvées des Vignes séduit par sa profondeur, tout en préservant la finesse de son lieu de naissance.

- Auxey-Duresses Les Hautés 2019 45 € 93
- Bourgogne 2019 25 € 88
- Montagny Premier Cru 2019 30 € 90
- Puligny-Montrachet Corvées des Vignes 2019 60 € 93
- Santenay Les Vignes Denses 2019 38 € 91
- Santenay Premier Cru Le Beaurepaire 2019 45 € 92
- Santenay Premier Cru Les Gravières 2019 45 € 92
- Santenay Premier Cru Le Beaurepaire 2019 45 € 92
- Santenay Premier Cru Le Passetemps 2019 45 € 90

Le coup de ♥
- Santenay Premier Cru Les Gravières 2019 48 € 92

Rouge : 2,5 hectares. Pinot noir 100 %
Blanc : 3,5 hectares. Chardonnay 100 %
Production moyenne : 33 000 bt/an

DOMAINE ANNE-MARIE ET JEAN-MARC VINCENT
3, rue Sainte-Agathe, 21590 Santenay
03 80 20 67 37 • vincent.j-m@wanadoo.fr •
Vente et visites : sur RDV.
Propriétaire : Anne-Marie et Jean-Marc Vincent

★ DOMAINE BACHELET-RAMONET

Ce domaine régulier possède l'une des plus complètes palettes d'appellations de Chassagne-Montrachet avec, en rouge comme en blanc, les meilleurs premiers crus et deux grands crus. En premier cru, les terroirs s'enchaînent, chacun portant une définition bien affirmée. Il y a des profils et équilibres de bouche pour tous les goûts dans ces vins de style classique. Les dernières millésimes, années riches et solaires, ont permis d'apporter un supplément de profondeur à des vins dont les prix demeurent raisonnables : aucune raison de se priver.

Les vins : en blanc, le chassagne-montrachet village est plein et bien équilibré, avec une jolie finale crayeuse. Puissant et dense, Morgeot 2019 a de la mâche en bouche. Derrière une réduction prononcée, La Grande Montagne donne la sensation d'un boisé qui empâte le fruit, comme si cela gommait l'éclat de ce terroir d'altitude. D'une belle élégance aromatique, Les Grandes Ruchottes 2019 alterne largeur et longueur de bouche par un jus épais et vif, légèrement dominé par une touche boisée. À surveiller. Quant au bienvenues-bâtard-montrachet, il s'exprime par une petite touche pâtissière et de fleur blanche. Il est fin et vif mais dense, avec une jolie finale sur le pamplemousse. En rouge, Clos Saint-Jean 2019 s'offre par un fruit légèrement confit, tout en préservant de la fraîcheur et une trame tannique fine qui le portera dans le temps. Une belle gamme de vins, avec des matières profondes tant en rouge qu'en blanc. Même si deux des premiers crus accusent une prise de bois un rien prononcée, ce sont de beaux classiques qui grandiront avec harmonie.

- Bienvenues-Bâtard-Montrachet Grand Cru 2019 — 74 € — 94
- Chassagne-Montrachet 2019 — 26 € — 90
- Chassagne-Montrachet Premier Cru La Grande Montagne 2019 — 33 € — 90
- Chassagne-Montrachet Premier Cru Les Grandes Ruchottes 2019 — 33 € — 92
- Chassagne-Montrachet Premier Cru Morgeot 2019 — 33 € — 91
- Chassagne-Montrachet Premier Cru Clos Saint-Jean 2019 — 23 € — 92

Rouge : 7 hectares. Pinot noir 100 %
Blanc : 10 hectares. Chardonnay 100 %
Production moyenne : 35 000 bt/an

DOMAINE BACHELET-RAMONET

11, rue du Parterre,
21190 Chassagne-Montrachet
03 80 21 32 49 • www.bachelet-ramonet.fr •
Vente et visites : sur RDV.
Propriétaire : Famille Bonnefoy
Directeur : Marie-Paule Bonnefoy-Bachelet
Maître de chai : Alain Bonnefoy
Œnologue : Terrelis

★ DOMAINE BALLOT MILLOT ET FILS

Cette maison, qui offre un très beau panorama des vins de Meursault, est conduite par Charles Ballot. Depuis 2000, il a régulièrement produit une série de blancs de belle facture à des tarifs raisonnables. Les vins sont classiques dans leur forme, vous trouverez ici des meursaults amples et juteux. Pour les rouges, il faut saluer l'évolution de ce domaine qui travaille privilégie l'infusion à l'extraction, avec une partie de vendange entière lors des vinifications. Cela se traduit par des vins dotés de belles palettes aromatiques, de tanins plus mûrs et fins, et d'un toucher de bouche fort soyeux, notamment pour les pommards exempts de toute rusticité.

Les vins : le meursault 2019 sent la pierre et l'iode. Dense, avec du poids en bouche, malgré un fruit vif, il joue sur des amers évoquant le zeste de pamplemousse. Doté d'un fruit pulpeux, Les Criots explore tout autant les amers, malgré la richesse de l'année, d'où son volume et son ampleur de bouche. Vif et plein, Les Narvaux évoque le zeste dans une bouche élancée mais dont la richesse fait ressortir une finale un rien chaleureuse. Plus racinaire que fruité, Genevrières possède une attaque souple. C'est un vin d'une grande finesse même s'il a du poids en bouche. Charmes est l'archétype du meursault par sa forme et sa générosité. Perrières est tout en éclat calcaire. Un vin droit et intense qui s'étire en longueur avec une forte sensation crayeuse. Il faudra l'oublier au moins dix ans en cave. Les rouges nous impressionnent par leur évolution, qui va dans le bon sens : voici des vins gracieux, dotés d'une belle maturité du fruit. L'apport de la vendange entière s'exprime dans Charmots par un nez somptueux, avec une petite touche très florale. Son jus délicat paraît infusé et son toucher de bouche est d'une réelle finesse. Avec sa robe pâle, Pézerolles est tout aussi fin mais nuancé et floral, avec un fruit qui monte doucement. Généreux et mûr à souhait, il retranscrit à merveille l'équilibre du millésime. Grande réussite. Classique dans sa forme avec son fruit immédiat, Santenots est pour sa part marqué par des tanins plus abrupts. Un vin viril encore dans sa gangue.

- Meursault 2019 — 36 € — 90
- Meursault Les Criots 2019 — 40 € — 91
- Meursault Les Narvaux 2019 — 50 € — 92
- Meursault Premier Cru Charmes 2019 — 80 € — 93
- Meursault Premier Cru Genevrières 2019 — 90 € — 93
- Meursault Premier Cru Perrières 2019 — 100 € — 94
- Pommard Premier Cru Charmots 2019 — 45 € — 92
- Pommard Premier Cru Pézerolles 2019 — 55 € — 94
- Volnay Premier Cru Santenots 2019 — 45 € — 92

Rouge : 2,5 hectares. Pinot noir 100 %
Blanc : 7,5 hectares. Chardonnay 100 %
Production moyenne : 60 000 bt/an

DOMAINE BALLOT MILLOT ET FILS
9, rue de la Goutte-d'Or, 21190 Meursault
03 80 21 21 39 • www.ballotmillot.com •
Vente et visites : sur RDV.
Propriétaire : Charles Ballot

★ DOMAINE DE BELLENE

Ce domaine, installé dans les très belles caves de l'ancien réfectoire de l'abbaye de Cîteaux, à Beaune, a été créé en 2005 par Nicolas Potel à la suite de la vente de la maison de négoce qui portait son nom au groupe Cottin Frères. Il a acheté diverses parcelles en Côte de Beaune et Côte de Nuits (qui ont toutes entre 50 et 110 ans d'âge. À cela s'ajoute une activité florissante de négoce (Roche de Bellene, environ 350 000 bouteilles, non noté ici). Vignes et vins sont travaillés selon les méthodes biologiques, vinifiés sans aucun adjuvant œnologique, sans chaptalisation ni acidification. Nous avons une belle gamme de blancs gourmands et équilibrés avec du poids en bouche. Les rouges, à l'inverse, sont plus contrastés, avec des équilibres valorisant certes une belle maturité du fruit et une gourmandise qui nous séduisent mais en fonction du millésime, ils peuvent basculer dans un petit excès de richesse. Rien de grave car le temps les remettra dans le droit chemin.

Les vins : plein et juteux, Bourgogne Côte d'Or possède cette belle enveloppe charnelle du millésime. Un vin gourmand avec de l'étoffe. Le nuits-saint-georges vieilles vignes a du gras et du volume, un fruit généreux et des tanins mûrs, qui le destinent à la cave. Quartiers de Nuits est légèrement lardé, mais le fruit se défend bien, à l'inverse l'élevage semble sécher la bouche malgré une matière dense et trapue. Gourmand avec un fruit solaire, Hommage à Françoise Potel tapisse la bouche. Doux et onctueux, avec une belle chair profonde, il est doté de tanins mûrs. Superbe. Les Grèves se démarque par son parfum entre le fruit noir et les épices. Avec ce cœur de bouche serré typique des Grèves, il ne se détendra qu'après une garde prolongée. Aux Chaignots est marqué par un fruit un peu mat au nez, qui respire la prune ou le pruneau. On retrouve la sensation d'un fruit riche et épais en bouche, certes pulpeux, mais statique et roboratif à ce stade. Les Suchots est dominé un boisé lardé. Dommage, car on sent qu'il y a de la profondeur dans cette matière épaisse, mais plus massive que raffinée avec de l'amertume, comme un trop plein de tanins en final. Attendons le voir grandir. En blanc, le savigny-lès-beaune se montre plus épicé que fruité. Un vin charnu avec du gras, gourmand et suave, plus en épaisseur qu'en allonge de bouche. Les Charmes Dessus affiche un fruit solaire avec une touche de mangue. La bouche se montre vive et tendue, mais avec de la densité et une sensation crayeuse. Perrières sent les agrumes et par effet de contraste son fruit doux et juteux paraît presque sucré. Voilà un beau blanc équilibré, plein et fin à la fois.

- Bourgogne Côte d'Or 2019 — N.C. — 88
- Santenay Les Charmes Dessus 2019 — 28,50 € — 91
- Savigny-lès-Beaune 2019 — 28,50 € — 90
- Beaune Premier Cru Les Grèves 2019 — 95 € — 93
- Nuits-Saint-Georges Premier Cru Aux Chaignots 2019 — 105 € — 90
- Nuits-Saint-Georges Vieilles Vignes 2019 — 48 € — 90
- Vosne-Romanée Premier Cru Les Suchots 2019 — 171 € — 91
- Vosne-Romanée Quartiers de Nuits 2019 — 95 € — 90

Le coup de ♥

- Beaune Premier Cru Perrières 2019 — 76 € — 93
- Beaune Premier Cru Hommage à Françoise Potel 2019 — 63 € — 92

Rouge : 17,25 hectares. Pinot noir 100 %
Blanc : 5,45 hectares. Chardonnay 100 %
Production moyenne : 100 000 bt/an

DOMAINE DE BELLENE
39-41, rue du Faubourg-Saint-Nicolas, 21200 Beaune
03 80 20 67 64 •
www.domainedebellene.com • Vente et visites : sur RDV.
Propriétaire : Nicolas Potel
Maître de chai : Sylvain Debord

★ ↗ DOMAINE HENRI ET GILLES BUISSON

Frédéric, vinificateur, et Franck, commercial, gèrent un des plus vastes domaines du sud de la Côte de Beaune. De la culture biologique, certifiée depuis 2009, ils sautent le pas vers la biodynamie à partir de 2018. Depuis dix ans déjà, ils suivaient le calendrier lunaire pour leur mise en bouteille. Un travail sérieux à la vigne et au chai leur permet de produire des vins profonds et racés, qui vieillissent bien. Voilà un domaine qui valorise à merveille l'appellation Saint-Romain en rouge comme en blanc, les vins sont fins précis et élégants. Une gamme de vins qui mérite amplement sa première étoile.

Les vins : Parmi les saint-romain blancs, Sous Le Château offre un fin boisé et s'appuie sur de beaux et délicats amers. Sous la Velle livre une fine note grillée, due à une légère réduction qu'il porte bien. La bouche regorge d'une grande vitalité avec un final sur les agrumes donnant un bel éclat au fruit avec un élevage finement équilibré. Le Jarron offre un nez distingué, avec une légère note de croûte de pain sans que le fruit en pâtisse. La bouche est dense, mais posée. Tout en énergie, Orange se démarque par la sensation de raisin macéré. C'est un beau vin qui a du relief et du caractère. Superbe. Absolu 2018 arbore un nez plus miellé et une richesse accrue. En bouche, il est tout en épaisseur et en volume avec un supplément de gras qui tapisse littéralement la bouche. Il faut le laisser s'affiner tranquillement en cave. Les blancs sont distingués, équilibrés et d'une grande régularité d'un millésime à l'autre. En rouge, Sous Roches offre un nez élégant et intense, qui va vers le floral. Ce sentiment de raffinement se prolonge par un toucher de bouche fin avec une belle assise et une fermeté tannique en finale. Un vin qu'il faut laisser grandir en cave. Absolu 2019 s'affirme par une maturité plus élevée avec un parfum qui va plus vers le fruit confit que frais. À l'air, il gagne en finesse aromatique, tandis qu'en bouche, il possède un surcroit de chair et de profondeur avec des tanins parfaitement enrobés. Une garde de dix ans s'impose. Le beaune monte lui aussi dans les tours en terme de maturité. Cela se traduit par un fruit plus confit que vif. En bouche, sa chair pleine et onctueuse fera merveille sur une belle viande. Le Rognet et Corton va de la fleur au fruit noir. Le fruit est magnifiquement respecté grâce à une belle maturité. Ample et juteux, il dispose de tanins mûrs et fins. Les Renardes s'exprime sur un parfum floral, tandis que son attaque délicate contraste avec ce cœur de bouche serré et des tanins fermes. Il faut le laisser se détendre en cave.

- Saint-Romain Absolu 2018 — 39 € — 92
- Saint-Romain Le Jarron 2018 — 32 € — 90
- Saint-Romain Orange 2018 — 39 € — 91
- Saint-Romain Sous la Velle 2019 — 35,60 € — 90
- Saint-Romain Sous le Château 2019 — 38 € — 89
- Beaune 2019 — 30 € — 90
- Corton Grand Cru Le Rognet et Corton 2019 — 120 € — 94
- Corton Grand Cru Les Renardes 2019 — 130 € — 93
- Saint-Romain Absolu 2019 — 39 € — 92
- Saint-Romain Sous Roches 2019 — 35,30 € — 90

Rouge : 12 hectares. Pinot noir 100 %
Blanc : 7 hectares. Chardonnay 100 %
Production moyenne : 60 000 bt/an

DOMAINE HENRI ET GILLES BUISSON
2, impasse du Clou, 21190 Saint-Romain
03 80 21 22 22 • www.domaine-buisson.com
• Vente et visites : sur RDV.
Propriétaire : Franck et Frédérick Buisson
Directeur : Franck Buisson

★ DOMAINE JACQUES CARILLON

Les deux frères Carillon ont séparé le domaine historique familial Louis Carillon en deux entités en 2010. Jacques exploite de son côté 5,5 hectares de vignes, dont une parcelle de Bienvenues Bâtard-Montrachet de 0,5 hectare. Il propose avec régularité des vins au profil moderne, très droits et aptes à un long vieillissement. L'excès de soufre, qui les comprime trop, a conduit au retrait de la deuxième étoile dans notre édition précédente.

Les vins : dans la série des puligny-montrachet 2018, le village se montre vif avec des senteurs d'amande fraîche et de fleurs blanches. Son fruit paraît frais et tendu mais mûr, avec du poids en bouche et de fins amers. En premier cru, Les Champs Canet semble sur la retenue malgré une attaque douce, qui contraste avec un fruit acidulé et une finale sur des amers intenses. Les Perrières sent la pierre à feu ; son fruit tout en tension se montre plus ciselé que profond, valorisant davantage les amers que la gourmandise.

- Puligny-Montrachet 2018 — 46 € — 90
- Puligny-Montrachet Premier Cru Les Champs Canet 2018 — 85 € — 91
- Puligny-Montrachet Premier Cru Les Perrières 2018 — 85 € — 91

Rouge : 0,5 hectare. Pinot noir 100 %
Blanc : 5 hectares. Chardonnay 100 %
Production moyenne : 30 000 bt/an

DOMAINE JACQUES CARILLON
1, impasse Drouhin,
21190 Puligny-Montrachet
03 80 21 01 30 • www.jacques-carillon.com •
Pas de visites.
Propriétaire : Jacques Carillon

★ DOMAINE JEAN CHARTRON

Ce domaine est l'un des plus anciens de Puligny-Montrachet. Il possède un joli patrimoine de vignes habilement exploité. Depuis 2004, à la suite de son père, Jean-Michel Chartron travaille ses vignes en agriculture biologique sans chercher la certification.

Les vins : le santenay Les Pierres Sèches sent le pain frais. Son fruit juteux est quelque peu engoncé dans un boisé pas encore fondu. Patience. Avec une note lactée, le chassagne-montrachet accuse lui aussi un boisé pas totalement fondu même si ce beau terroir l'encaissera dans le temps, par cette matière pleine et tendue. Clos de la Pucelle sent la fleur à l'ouverture, tandis que sa bouche fine est dotée d'une belle sève mais légèrement sucrée par son boisé. Plus beau vin de la série, Clos du Cailleret est dominé par une note de citron confit. Son fruit éclatant et lumineux s'exprime par une sensation caillouteuse. Un élégant vin avec une magnifique gestion de l'élevage. Clos des Chevaliers se montre plus en finesse qu'en puissance avec des amers dus à son élevage, qui ressortent en finale. Attendons de le voir grandir. Si les vins cette année ne manquent pas de sève, il y a encore une marge de progression en terme d'élevage pour éviter des boisés amers sur les fins de bouche.

- Chassagne-Montrachet 2019 — de 46 à 51 € (c) — 89
- Chevalier-Montrachet Grand Cru Clos des Chevaliers 2019 — de 350 à 390 € (c) — 93
- Puligny-Montrachet Premier Cru Clos de la Pucelle 2019 — de 70 à 90 € (c) — 91
- Puligny-Montrachet Premier Cru Clos du Cailleret 2019 — de 70 à 90 € (c) — 94
- Santenay Les Pierres Sèches 2019 — de 25,90 à 29 € (c) — 88

Rouge : 0,74 hectare. Pinot noir 100 %
Achat de raisins.
Blanc : 13,75 hectares. Chardonnay 100 %
Achat de raisins.
Production moyenne : 90 000 bt/an

DOMAINE JEAN CHARTRON

8 bis, Grande-Rue, 21190 Puligny-Montrachet
03 80 21 99 19 • www.jeanchartron.com •
Vente et visites : sur RDV.
Propriétaire : Jean-Michel et Anne-Laure Chartron

★ DOMAINE CHEVROT ET FILS

Ce domaine exploite des vignes dans le sud de la Côte de Beaune depuis 1830. Plusieurs générations s'y sont succédé. Aujourd'hui, les deux frères Pablo et Vincent Chevrot travaillent avec une passion communicative, en agriculture biologique. Depuis deux millésimes, ils se sont lancés dans le labour à cheval et envisagent d'en acquérir un second.

Les vins : derrière une pointe de réduction, le bourgogne Hautes Côtes de Beaune 2019 va vers le fruit noir et les épices. Sa bouche dense, sapide et profonde possède du charnu et de l'équilibre. Sur le Chêne 2019 se montre dense et pulpeux, mais avec une belle structure qui le tiendra deux décennies. Poudré et floral, Le Croix Moines 2019 se démarque par une attaque soyeuse à travers une matière consistante et gourmande, voire légèrement sucrée par son élevage sans que cela dénature son fruit. Un beau vin en devenir. Les Clos Roussots 2019 sent la vanille. Plein, juteux, avec une attaque soyeuse et tout en allonge, il offre un joli toucher de bouche même si le boisé reste un rien trop présent. À suivre. Le santenay 2019 sent les épices. Racé, dense et râblé, son fruit mûr est équilibré par un cœur de bouche compact, garant de sa longévité. Le Clos Rousseau 2019 balance entre le fruit noir, presque confit, et une touche de menthe. Un vin gras, tout en suavité, malgré des tanins pas totalement enrobés. En blanc, Tilleul 2019 sent bon le raisin mûr et concentré avec une jolie note de pierre à feu. Dense et mûr, ce beau vin gourmand a un fruit appétent. Le maranges sent le beurre. Son fruit épais tapisse littéralement la bouche même si, sur la finale, on a une légère sensation tannique qui vient raffermir le tout et apporter une pointe d'amertume. Il faut le laisser s'assagir. La Fussière 2019 affirme sa richesse par une note exotique d'ananas et de mangue. À l'inverse, en bouche, il paraît plus en allonge qu'en volume, même si la maturité est au rendez-vous. Son support boisé lui confère son allonge et une finale sucrée. Comme Dessus 2019 sent la pierre à feu avec un fruit qui va vers les agrumes. Ciselé, épuré et salin, c'est un vin qui reste fin et intense. Superbe.

- Bourgogne Aligoté Tilleul 2019 — 20,10 € — 89
- Maranges 2019 — 22,90 € — 90
- Maranges Premier Cru La Fussière 2019 — 39 € — 91
- Santenay Comme Dessus 2019 — 26,30 € — 90
- Bourgogne Hautes-Côtes de Beaune 2019 — 16,60 € — 89
- Maranges Premier Cru Le Croix Moines 2019 — 39,40 € — 91
- Maranges Premier Cru Les Clos Roussots 2019 — 27,40 € — 90
- Maranges Sur le Chêne 2019 — 20,50 € — 90
- Santenay 2019 — 23,80 € — 90
- Santenay Premier Cru Clos Rousseau 2019 — 27,40 € — 92

Rouge : 13,5 hectares. Pinot noir 100 %
Blanc : 4,5 hectares. Chardonnay 65 %,

Aligoté 35 %
Production moyenne : 80 000 bt/an

DOMAINE CHEVROT ET FILS ♣
19, route de Couches,
71150 Cheilly-les-Maranges
03 85 91 10 55 • www.chevrot.fr • Vente et visites : sur RDV.
Propriétaire : Pablo et Vincent Chevrot

★ DOMAINE FRANÇOISE ET DENIS CLAIR

Jean-Baptiste Clair a su porter le domaine familial à un niveau tout à fait recommandable. Leurs grands terroirs de Saint-Aubin (En Remilly, Les Murgers des Dents de Chien, Sur Gamay...) conjuguent des notes de craie sucrées, de la maturité et de la densité, sans perdre en fraîcheur, signature de Saint-Aubin. Les blancs sont fins et cristallins. Les rouges font partie des plus séduisants de Santenay. La famille Clair a été précurseuse dans la compréhension des avantages du refroidissement des raisins pour en extraire le maximum de potentiel aromatique.

Les vins : profond et fin, Clos Genêt offre un fruit riche, gracieux, équilibré par des tanins souples. Il conjugue le plaisir chaleureux du millésime et un très beau toucher de bouche. Volumineux mais toujours avec un grain de tanin souple, Clos des Mouches arbore un fruit gorgé de soleil. Clos de la Comme s'ouvre par une note de cerise noire bien mûre. Sa matière dense et pulpeuse est toute en ampleur de bouche. Quant au Clos de Tavannes, il est marqué par un boisé légèrement fumé qui prend forme en bouche par un fruit frais et longiligne. Le bois accompagne le fruit sans le dominer. Voilà une série de rouges qui met en valeur avec élégance et gourmandise les terroirs de Santenay. Du côté des blancs : Sous Roche Dumay offre un parfum apaisé mais racinaire. La bouche se montre douce et tendre, mais un peu courte. Les Frionnes se démarque par un fruit vif et épuré, mais mûr, avec une finale presque crayeuse regorgeant d'énergie. Les Murgers des Dents de Chien sent la badiane. Pur et cristallin, il possède une fine minéralité qui le porte. Un vin dense et lumineux. D'une belle richesse olfactive, La Garenne joue sur de jolis amers type pamplemousse, trouvant un équilibre souverain entre maturité et acidité. Son cœur de bouche ample contraste avec la finale puissante. Voici un domaine qui, en rouge comme en blanc, propose des vins d'un magnifique rapport prix/plaisir.

- Puligny-Montrachet Premier Cru La Garenne 2019 — 51 € — 93
- Saint-Aubin Premier Cru Les Frionnes 2019 — 21 € — 91
- Saint-Aubin Premier Cru Les Murgers des Dents de Chien 2019 — 29 € — 92
- Saint-Aubin Premier Cru Sous Roche Dumay 2019 — 24 € — 90
- Santenay Clos Genêt 2019 — 17 € — 90
- Santenay Premier Cru Clos de la Comme 2019 — 24 € — 92
- Santenay Premier Cru Clos des Mouches 2019 — 22 € — 91
- Santenay Premier Cru Le Clos de Tavannes 2019 — 25 € — 92

Rouge : 8,5 hectares. Pinot noir 100 %
Blanc : 5,5 hectares. Chardonnay 100 %
Production moyenne : 65 000 bt/an

DOMAINE FRANÇOISE ET DENIS CLAIR
14, rue de la Chapelle, 21590 Santenay
03 80 20 61 96 • fdclair@orange.fr • Vente et visites : sur RDV.
Propriétaire : Famille Clair
Directeur : Jean-Baptiste Clair

★ DOMAINE FOLLIN-ARBELET

Depuis plus de vingt ans, Franck Follin-Arbelet poursuit l'élaboration de beaux vins de terroir indifférents aux modes. L'accent est mis sur le travail des vignes qui, sans relever d'une culture biologique, s'en approche. Son style de vinification classique respecte à la fois le raisin et la nature du millésime. Une mise en bouteille sans collage ni filtration l'a fait évoluer.

Les vins : l'aloxe-corton 2019 a un nez frais sur la cerise juteuse, la bouche se montre délicate et tout en délié, avec du fond et un grain de tanin fin. Clos du Chapitre 2019 sent le fruit noir avec une touche boisée mais bien intégrée au fruit juteux précis, avec le charnu du millésime d'où des tanins riches et gras. Un vin gourmand doté d'un beau potentiel de garde. Les Vercots 2019 est très légèrement rétréci par la présence du bois qui donne une fin de bouche un rien sèche et sucrée. À suivre. Si le corton grand cru 2019 offre un agréable parfum, son fruit est totalement dominé par un boisé qui sèche la finale malgré un joli grain de tanin. Pourquoi autant de bois dans ce cru ? Cela ne se justifie pas. En blanc, le pernand-vergelesses 2019 est finement boisé tandis que son fruit juteux joue sur des notes de pamplemousse jaune avec des amers gracieux. D'une belle complexité aromatique, En Caradeux 2019 ne manque ni de chair ni de fond ; il possède une belle vigueur. Elle s'exprime par une jolie note d'agrume. On a la sensation de mâche, voire de tanins en bouche. Le corton-charlemagne 2019 sent la vanille, avec une note boisée perceptible tant au nez qu'en bouche mais avec suffisamment de matière et de largeur d'épaule pour qu'elle soit absorbée malgré une pointe d'amertume en finale.

- Corton-Charlemagne Grand Cru 2019 85 € 93
- Pernand-Vergelesses 2019 30 € 90
- Pernand-Vergelesses Premier Cru En Caradeux 2019 40 € 92
- Aloxe-Corton 2019 35 € 89
- Aloxe-Corton Premier Cru Clos du Chapitre 2019 40 € 91
- Aloxe-Corton Premier Cru Les Vercots 2019 40 € 90
- Corton Grand Cru 2019 70 € 91

Rouge : 3,5 hectares. Pinot noir 100 %
Blanc : 1 hectare. Chardonnay 100 %
Production moyenne : 25 000 bt/an

DOMAINE FOLLIN-ARBELET
Les Vercots 21420 Aloxe-Corton
03 80 26 46 73 •
franck.follin-arbelet@wanadoo.fr • Vente et visites : sur RDV.
Propriétaire : Franck Follin-Arbelet

★ DOMAINE EMMANUEL GIBOULOT

Ce domaine défend avec conviction une vision stylistique personnelle de ses vins. Tendres, digestes, jamais extraits ni boisés, ils offrent un naturel de fruit confondant, avec parfois l'impression, pour les blancs, d'être à la limite de la couverture en soufre. Pionnier de la biodynamie depuis trente ans, Emmanuel Giboulot a beaucoup fait parler de lui en 2013 et 2014 pour avoir été condamné, puis relaxé, après avoir refusé de traiter ses vignes contre la maladie de la flavescence dorée.

Les vins : en blanc pour les côtes-de-beaune 2018, La Grande Châtelaine offre un fruit ciselé plus sur la fraîcheur végétale que le fruit mûr. Un vin épuré jouant sur de fins amers mais peu volumineux, sans pour autant manquer d'allonge. Les Pierres Blanches offre un supplément de profondeur, un vin dans un style plus tendu que plein. Avec la Combe d'Eve, on retrouve une petite sensation de fraîcheur végétale au nez. La bouche, à l'inverse, dispose d'un joli volume s'appuyant sur des amers type zeste. Côté rouge, Terres Beaujolaises 2019 est tout en délicatesse de texture et valorise la fraîcheur du fruit, dans un style certes fin et digeste mais où il manque l'épaisseur du millésime. D'une belle expression aromatique, Sous le Mont 2019 s'impose par un fruit riche et mûr. La bouche tout en épure est plus suspendue qu'enracinée, avec un joli fruit et une chair digeste mais peu épaisse, accusant des tanins anguleux et stricts faisant ressortir des amers puissants. En Grégoire 2018 affiche une robe soutenue et un fruit plus profond, marqué par une note de prune et de menthol. La bouche dense et compacte a un rien de chair en plus mais l'acidité mordante domine l'ensemble. En rouge comme en blanc, on comprend la volonté de produire des vins épurés, mais on a également le sentiment d'absence de chair et de maturité dans les tanins, ce qui ne nous donne pas tout le plaisir espéré pour des vins à ce niveau du classement. L'étoile est en danger.

- Côte de Beaune Combe d'Eve 2018 45,50 € 90
- Côte de Beaune La Grande Châtelaine 2018 29,75 € 89
- Côte de Beaune Les Pierres Blanches 2018 37 € 90
- Beaujolais-Villages Terres Beaujolaises 2019 21,10 € 88
- Bourgogne Hautes-Côtes de Nuits En Grégoire 2018 26 € 88
- Bourgogne Hautes-Côtes de Nuits Sous le Mont 2019 22 € 88

Rouge : 3,91 hectares. Pinot noir 100 %
Achat de raisins.
Blanc : 6,37 hectares. Chardonnay 100 %
Achat de raisins.
Production moyenne : 40 000 bt/an

DOMAINE EMMANUEL GIBOULOT ☾
4, rue de Seurre, 21200 Beaune
03 80 22 90 07 •
domaine-giboulot-beaune.com/ • Vente et visites : sur RDV.
Propriétaire : Emmanuel Giboulot

★ MAISON LOUIS JADOT

Cette prestigieuse maison de négoce est tenue avec une grande efficacité par Pierre-Henry Gagey, très impliqué en Bourgogne. La maison possède une gamme des plus étendue et une très belle collection de terroirs, qui inclut les principales appellations bourguignonnes. Frédéric Barnier, en charge des vinifications depuis 2012, impose petit à petit sa patte en épurant les vins. La régularité est l'un des points forts de cette maison. Si les blancs affichent de beaux équilibres, les rouges sont stricts et sévères, avec des boisés qui dominent le fruit voire des notes d'acétate qui, cette année, perturbent la lecture de certaines cuvées. Espérons que cela soit passager car l'étoile est menacée.

Les vins : en blanc, le santenay Clos de Malte 2018, avec sa belle sève, donne déjà du plaisir. Le beaune Grèves 2018 accuse une légère verdeur dans les parfums. Il est ferme avec un support boisé qui détourne la pureté du fruit. Le puligny-montrachet Folatières 2018 sent les épices assorties d'une touche florale. Long, fin et tout en tension, il est épuré avec une jolie finale sur un fruit acidulé type agrumes. Derrière une fine réduction, le meursault Charmes 2018 se montre net et pur. Son joli fruit est tout en allonge grâce à un élevage qui le porte en longueur sans l'écraser. Superbe. Puissant, dense et racé le corton-charlemagne 2018 arbore un fruit bien équilibré et tout en muscle, lui assurant une belle longévité. En rouge, le marsannay Clos du Roy 2018 "pinote" au nez avec un fruité agréable. La bouche est soyeuse et tendre malgré des tanins solides. Clos des Guettes 2018 est réduit : son fruit solaire et savoureux est tenu par une trame tannique serrée. Il aura besoin de temps pour s'assouplir en bouteille. Patience. Plus on monte en gamme, plus les vins paraissent durs avec des élevages inadaptés, à l'image de Clos Saint-Jacques 2018 qui sent le vernis à ongle à l'ouverture. Malgré un fruit plus dense et profond il est étriqué par un boisé mal intégré. On attend plus d'un tel terroir. Quant au clos-de-vougeot 2018, il respire le chêne neuf à plein nez, avec des notes disgracieuses. On cherche le fruit derrière des tanins secs, comme si le vin ne possédait ni le volume ni la densité espérés pour un tel niveau de cru.

Beaune Premier Cru Grèves Clos Blanc Domaine Gagey 2018	51 €	89
Corton-Charlemagne Domaine des Héritiers Louis Jadot 2018	188 €	94
Meursault Premier Cru Charmes 2018	73 €	92
Puligny-Montrachet Premier Cru Folatières 2018	78 €	91
Santenay Clos de Malte 2018	25 €	87
Beaune Premier Cru Clos des Guettes 2018	40 € (c)	88
Clos de Vougeot Grand Cru 2018	163 €	89
Gevrey-Chambertin Premier Cru Clos Saint-Jacques 2018	155 €	89
Marsannay Clos du Roy 2018	26 €	88
Savigny-lès-Beaune Premier Cru Clos des Guettes 2018	32 €	89

Rouge : 131 hectares. Pinot noir 75 %
Achat de raisins.
Blanc : 69 hectares. Chardonnay 25 %
Achat de raisins.
Production moyenne : 8 000 000 bt/an

MAISON LOUIS JADOT
21, rue Eugène-Spuller, 21200 Beaune
03 80 22 10 57 • www.louisjadot.com •
Vente et visites : sur RDV.
Propriétaire : Famille Kopf
Directeur : Pierre-Henry Gagey
Maître de chai : Frédéric Barnier

★ CHÂTEAU DE LA MALTROYE

Ce château, dont les caves datent du XVe siècle, est la propriété de la famille Cournut, depuis 1940. Ancien ingénieur en aéronautique, Jean-Pierre Cournut a magnifiquement revitalisé ce vignoble. Il possède un patrimoine de crus exceptionnel tant en rouge qu'en blancs dont une belle palette de premiers crus de Chassagne-Montrachet, idéalement situés. D'importants travaux ont permis au domaine de se doter d'un outil de vinification très performant. Les rouges sont dans un style viril alors que les blancs, tout aussi profonds, sont parfois marqués par une forte réduction. Ce style est totalement assumé par le maître des lieux, plus tourné vers l'export que vers le marché français désireux de plus de raffinement et de nuances.

Les vins : en rouge, le santenay a un beau parfum sur la cerise juteuse que l'on retrouve dans une matière dense, sapide et volumineuse. Les tanins sont légèrement saillants et pas totalement enrobés, mais l'ensemble reste de belle facture. La Boudriotte sent le fruit noir, dopé d'une note presque sanguine. Son fruit est pur et intense avec une trame tannique puissante qui raffermit la fin de bouche. Un vin qui doit s'affiner en bouteille. Dominé par la cerise, le Clos du Château de la Maltroye a une pointe poissée qui porte le fruit. La bouche se montre puissante avec des tanins rugueux qui déséquilibrent le vin, d'où des amers qui ressortent sur le final. En blanc, le Clos du Château de la Maltroye a un parfum élégant, puis conjugue avec adresse densité et finesse. Malgré une réduction qui perturbe le fruit, La Romanée paraît plus énergique que sphérique avec sa matière profonde. Un blanc puissant, tout en tension. Les Grandes Ruchottes associe trois qualités, profondeur, puissance et énergie, grâce à ce fruit net et éclatant qui se prolonge par une séduisante salinité. La Dent de Chien est marqué par une réduction très prononcée qui n'anoblit ni l'expression de fruit ni celle du terroir. À l'inverse, en bouche, sa matière est tout en épure. Malgré une réduction tout aussi prononcée dans le bâtard-montrachet, nous sommes séduits par sa nature gourmande et généreuse tout autant que par son binôme puissance-tendresse. Laissons-le grandir une bonne dizaine d'années car il ne manque pas de charme.

- Bâtard-Montrachet Grand Cru 2019 — 200 € (c) 95
- Chassagne-Montrachet Premier Cru Clos du Château de la Maltroye 2019 — 40 € (c) 93
- Chassagne-Montrachet Premier Cru La Dent de Chien 2019 — 145 € (c) 94
- Chassagne-Montrachet Premier Cru La Romanée 2019 — 80 € (c) 94
- Chassange-Montrachet Premier Cru Les Grandes Ruchottes 2019 — 65 € (c) 94
- Chassagne-Montrachet Premier Cru Clos du Château de la Maltroye 2019 — 38 € 89
- Chassagne-Montrachet Premier Cru La Boudriotte 2019 — 35 € 90
- Santenay Premier Cru La Comme 2019 — Épuisé - 30 € 89

Rouge : 5,5 hectares. Pinot noir 100 %
Blanc : 9 hectares. Chardonnay 100 %
Production moyenne : 50 000 bt/an

CHÂTEAU DE LA MALTROYE

16, rue de la Murée,
21190 Chassagne-Montrachet
03 80 21 32 45 • chateau.maltroye@wanadoo.fr • Visites : sur RDV aux professionnels.
Propriétaire : Jean-Pierre Cournut

★ ↗ DOMAINE MOREY-COFFINET

C'est en l'an 2000 que Thibault Morey a commencé à travailler aux côtés de son père dans le domaine familial sis à Chassagne-Montrachet. À partir de 2005, il prend peu à peu la main, et s'oriente en 2014 vers une viticulture axée sur les principes de la biodynamie. Il n'utilise plus de soufre à la vendange, pratique des pressurages plus forts et plus longs, tout en débourbant peu ou pas en fonction des jus. Quant aux élevages (fûts de 350 à 400 litres, 30 % de barriques neuves maximum), ils ont été prolongés pour durer autour de quinze à seize mois. Autant d'ajustements qui donnent aujourd'hui des vins magnifiquement équilibrés, livrant une expression juste de chaque terroir. Ce domaine a fait un pas de géant entre 2018 et 2019 en terme d'élevage. Les vins donnent une lecture des terroirs toujours plus juste. Il fait partie de l'élite de Chassagne-Montrachet nous lui accordons sa première étoile, même si la production s'approche des deux.

Les vins : le bourgogne rouge possède un beau fruit gourmand et sapide, mais il a encore besoin de se détendre. Somptueux, le bourgogne blanc n'a rien à envier à bien des villages de par son d'intensité. En Cailleret est pur et ciselé comme un diamant, avec une acidité et une minéralité vivifiantes, intenses et dynamiques en bouche. Profonde, La Romanée 2019 offre une sensation de grande maturité : elle est sphérique et aérienne avec une persistance toute en élégance ; une véritable boule d'énergie rayonnante. Avec un an de plus, La Romanée 2018 est d'un haut niveau, mais son élevage n'est pas aussi abouti que pour le 2019, d'où des amers un rien plus prononcés. Les Pucelles s'affirme avec élégance malgré une sensation tannique qui ternit un rien son éclat. Derrière une fine réduction, Blanchot Dessus est d'un bloc : large d'épaule, il est doté d'un fruit pur et d'une puissance redoutable. Il faut l'oublier au moins dix ans en cave. Gracieux et nuancé, Dent de Chien déploie une sensation toute minérale ; son allonge sapide évoque l'eau de roche. Cuvée de référence, le bâtard-montrachet dégage une fine note grillée à l'ouverture, puis trouve son équilibre par sa densité et sa richesse. Son élevage sonne juste, magnifiant un fruit pur, intense et persistant. Exemplaire.

- Bourgogne Côte-d'Or 2019 — Épuisé - 25 € 89
- Bâtard-Montrachet Grand Cru 2019 — Épuisé - 250 € 97
- Chassagne-Montrachet Premier Cru Blanchot Dessus 2019 — Épuisé - 90 € 95
- Chassagne-Montrachet Premier Cru Dent de Chien 2019 — Épuisé - 90 € 95
- Chassagne-Montrachet Premier Cru En Cailleret 2019 — Épuisé - 70 € 94
- Chassagne-Montrachet Premier Cru La Romanée 2018 — de 60 à 70 € (c) 94
- Chassagne-Montrachet Premier Cru La Romanée 2019 — Épuisé - 70 € 94
- Puligny-Montrachet Premier Cru Les Pucelles — N.C. 93
- Bourgogne Côte-d'Or 2019 — Épuisé - 20 € 89

Rouge : 2 hectares. Pinot noir 100 %
Achat de raisins.
Blanc : 6,5 hectares. Chardonnay 100 %
Achat de raisins.
Production moyenne : 60 000 bt/an

DOMAINE MOREY-COFFINET ♣

6, place du Grand-Four,
21190 Chassagne-Montrachet
03 80 21 31 71 • www.domainemoreycoffinet.com • Pas de visites.
Propriétaire : Thibault Morey

★ DOMAINE LUCIEN MUZARD ET FILS

Les frères Claude et Hervé Muzard maîtrisent leur sujet. Ils exploitent de belles vignes en Maranges et en Santenay mettant en valeur ces terroirs qui méritent toute notre attention, d'autant que la montée des maturités sur les derniers millésimes a permis de gommer quelques aspérités propres à leur ADN. Voici une bonne adresse pour les amateurs à la recherche de cuvées digestes, florales mais gourmandes. Les vins ne manquent ni de fond ni de potentiel de garde. Aujourd'hui, Hervé, le cadet, et Claude Muzard, accompagné de sa fille Capucine, préparent la transition avec la génération montante.

Les vins : la bouche du bourgogne est charnue avec des tanins qui doivent se patiner encore un an ou deux. Le maranges évoque le fruit noir et les épices. La bouche, dotée d'un fruit juteux et souple, est d'une réelle gourmandise, mais avec un fond solide. Après un nez sur le fruit noir, Champs Claude vieilles vignes découvre une matière en bouche ample, graissée par un joli fruit mûr et solaire. Le superbe Clos Faubard est marqué par une pointe de réduction, mais en bouche son fruit séduit par sa gourmandise et une souplesse de texture acquise grâce à des tanins gras et mûrs. Maladière a une matière fine à l'attaque mais avec du fond et de l'allonge, voire un rien de fermeté. Rien de grave pour autant. Riche et profond, Gravières sent le fruit mûr. La chair et le volume de la bouche le confirment avec un final sur la réglisse. Beau vin dans un style hédoniste. La Cuvée du Lulu évoque la fraise et la framboise écrasée avec cette maturité des 2019 tempérée d'une touche florale et beurrée. Sa matière est d'une magnifique douceur et son milieu de bouche est plein, velouté et soyeux avec des tanins enrobés par le fruit onctueux. En blanc, Champs Claude est dominé par une note de poire bien mûre et juteuse. La bouche retranscrit cette idée de gourmandise avec un équilibre souverain entre richesse et vivacité. Maladière est légèrement emporté par un boisé qui domine à l'ouverture. On le retrouve en bouche par une légère raideur tannique en finale. Dommage. Le chassagne-montrachet intègre mieux son boisé dans le fruit. Plein et généreux, il développe une belle allonge avec une matière légèrement tannique mais sapide. Dans l'ensemble, nous préférons l'équilibre des rouges aux blancs, ces derniers ont des boisés qui prennent parfois l'ascendant sur le fruit.

- Chassagne-Montrachet 2019 — 36,50 € — 90
- Santenay Champs Claude 2019 — 22,50 € — 90
- Santenay Premier Cru Maladière 2019 — 29 € — 90
- Bourgogne 2019 — 13,50 € (c) — 87
- Maranges 2019 — 17,90 € — 89
- Santenay Champs Claude 2019 — 21 € — 90
- Santenay Premier Cru Clos Faubard 2019 — 27,50 € — 92
- Santenay Premier Cru Gravières 2019 — 27,50 € — 92

Le coup de ♥

- Santenay Premier Cru Beauregard La Cuvée du Lulu 2019 — 27,50 € — 92

Rouge : 14,4 hectares. Pinot noir 100 %
Blanc : 3,6 hectares. Chardonnay 100 %
Production moyenne : 100 000 bt/an

DOMAINE LUCIEN MUZARD ET FILS
11, rue de la Cour-Verreuil, 21590 Santenay
03 80 20 61 85 • www.domainemuzard.com
• Vente et visites : sur RDV.
Propriétaire : Claude et Hervé Muzard

★ ↗ DOMAINE PAUL PILLOT

Implanté à Chassagne-Montrachet, le domaine Paul Pillot possède une belle série de chassagne-montrachet villages et de premiers crus dont une magnifique Romanée, des santenays et des saint-aubin, soit au total dix-sept appellations. Thierry Pillot a rejoint le domaine en 2007. Aujourd'hui seul aux commandes, en rupture avec le style de son père, il est adepte pour ses blancs d'un usage modéré du fût neuf (10 % au maximum) avec des élevages plus longs que par le passé. Il pratique de longs pressurages, pas de débourbage ni de bâtonnage, avec une utilisation a minima du soufre. Il travaille selon les principes de l'agriculture biologique sans chercher à être labellisé. En blanc comme en rouge, ce domaine produit des vins sans artifice, raffinés et intenses, épurés sans pour autant être maigres, rendant hommage à la personnalité de chaque terroir. Le domaine mérite amplement sa première étoile, accordée cette année.

Les vins : réussite magistrale pour ce grand vigneron qui produit des vins raffinés et posés, exprimant à merveille les nuances de chaque terroir. La Grande Montagne est un vin d'altitude qui, derrière une fine réduction, sent le caillou. Son jus fin et pur possède de la densité, tout en nous soulevant par son énergie intérieure avec un équilibre souverain. Magnifique. Les Grandes Ruchottes dégage une sensation d'harmonie avec une bouche finement épicée et un impact minéral fort. Un vin granuleux dont le fruit pur vous cisèle le palais par son énergie toute saline. Porté par une belle maturité, La Romanée sent l'amande fraîche malgré une fine réduction. Un vin à l'enveloppe charnelle propre à ce beau terroir mais dont le fruit est d'une finesse magistrale. Splendide. En rouge, Clos Saint-Jean évoque la cerise noire juteuse. Il est tenu par une trame serrée mais sapide : un vin plus viril que gracieux.

- Chassagne-Montrachet Premier Cru La Grande Montagne 2019 N.C. 94
- Chassagne-Montrachet Premier Cru Les Grandes Ruchottes 2019 N.C. 95
- Chassagne-Montrachet Premier Cru Clos Saint-Jean 2019 N.C. 92

Le coup de ♥

- Chassagne-Montrachet Premier Cru La Romanée 2019 N.C. 96

Rouge : 4 hectares. Pinot noir 100 %
Blanc : 9 hectares. Chardonnay 90 %, Aligoté 10 %
Production moyenne : 80 000 bt/an

DOMAINE PAUL PILLOT
3, rue Clos Saint-Jean,
21190 Chassagne-Montrachet
03 80 21 31 91 •
contact@domainepaulpillot.com • Pas de visites.
Propriétaire : Thierry Pillot et Chrystelle Pillot-Mortet
Maître de chai : Thierry Pillot

★ DOMAINE RAPET PÈRE ET FILS

Ce très vieux domaine familial a été créé en 1765. Vincent Rapet, qui en tient les rênes aujourd'hui, élabore des vins de style moderne, bien vinifiés et représentatifs de leur terroir. Quelques années de garde leur conviennent parfaitement et les prix des différentes cuvées demeurent tout à fait raisonnables.

Les vins : en rouge, l' aloxe-corton embaume le raisin avec une sensation d'un fruit plus noir que rouge. Un vin ferme plus en allonge qu'en volume. Les Vergelesses pinote avec sa note de cerise juteuse. Son élégance s'exprime à travers une matière dense, charnue et compacte. Laissez-le s'assouplir au moins cinq ans. Grèves est un rien plus replié sur lui-même tant au nez qu'en bouche. Il est dense et profond avec une trame tannique solide qui le portera dans le temps. Le corton offre un nez délicatement poudré et un grillé fin avec un beau respect du fruit. En bouche, derrière une texture fine, il se montre plein, soyeux et long. Un beau vin racé. En blanc, le puissant corton-charlemagne offre une sensation minérale forte, malgré un boisé qui n'est pas encore totalement digéré. Musclé et intense, il a cette largeur de bouche propre à ce beau terroir.

- Corton-Charlemagne Grand cru 2019 83 € 95
- Aloxe-Corton 2019 34,50 € 91
- Beaune Premier Cru Grèves 2019 44 € 93
- Corton Grand cru 2019 71 € 94
- Pernand-Vergelesses Premier Cru Les Vergelesses 2019 34,50 € 91

Rouge : 12,5 hectares. Pinot noir 100 %
Blanc : 9,25 hectares. Chardonnay 100 %
Production moyenne : 90 000 bt/an

DOMAINE RAPET PÈRE ET FILS
2, place de la Mairie,
21420 Pernand-Vergelesses
03 80 21 59 94 • www.domaine-rapet.com •
Vente et visites : sur RDV.
Propriétaire : Vincent Rapet

★ DOMAINE JEAN-CLAUDE REGNAUDOT ET FILS

La famille Regnaudot est vigneronne depuis quatre générations. Didier, le fils de Jean-Claude, a repris le domaine en 2000. Les vins affichent une bonne dimension, les fruits sont justes. Les rouges sont élevés quinze mois (30 % de fût pour les premiers crus). Nous avons été doublement convaincus par le niveau de concentration des vins ainsi que par la volupté et les touchers de bouche vraiment délicieux. Nous apprécions la profondeur et la gourmandise des blancs, les rouges nous ont malheureusement déçus car trop gainés par des boisés qui couvrent le fruit et les nuances du terroir. Certes, il y a de la densité, mais ces élevages nous semblent inadaptés. La première étoile pourrait être remise en question.

Les vins : en rouge, le bourgogne est dense et riche. Il possède du fond et un fruit mûr qui tapisse la bouche par sa matière pulpeuse. Dans la série des maranges, le village affiche un parfum lardé et poudré avec une note de café. Clos des Loyères accuse aussi un boisé qui couvre le vin. Quel dommage, car les nuances de la chair et de la sève sont gommées par l'élevage. La Fussière sent l'encre de chine. La bouche s'appuie sur des tanins fins, mais le fruit est engoncé par son élevage. Espérons que cela soit passager. Le Clos Rousseau est dominé par une note de fusain, son fruit offre une belle pulpe gourmande. Là aussi, il y a un excès de bois, même s'il ne manque de profondeur pour, espérons, le digérer dans le temps. Le santenay offre un nez de graphite et une bouche plus en allonge, mais avec ce boisé qui vient charger le palais. Où sont le fruit et l'empreinte du terroir ? Les Clos Roussots sent la prune : le fruit riche et solaire emplit la bouche avec des tanins gras.

Si l'on apprécie sa générosité et sa structure soyeuse son boisé reste là aussi un marqueur dominateur. En blanc, le bourgogne sent les épices, tandis qu'en bouche, il se montre tendu et mûr. Le santenay se démarque par une note de croûte de pain. En bouche, le fruit se montre gourmand, avec un joli final sur les agrumes confits.

Bourgogne 2019	Épuisé - 8,50 €	90
Santenay 2019	Épuisé - 14 €	90
Bourgogne 2019	8 €	88
Maranges 2019	12,50 €	87
Maranges Premier Cru Clos des Loyères 2019	16,50 €	88
Maranges Premier Cru La Fussière 2019	16,50 €	88
Maranges Premier Cru Les Clos Roussots 2019	16,50 €	89
Santenay 2019	13,50 €	88
Santenay Premier Cru Clos Rousseau 2019	Épuisé - 19,50 €	89

Rouge : 5,85 hectares. Pinot noir 100 %
Blanc : 0,9 hectare. Aligoté 80 %, Chardonnay 20 %
Production moyenne : 30 000 bt/an

DOMAINE JEAN-CLAUDE REGNAUDOT ET FILS

6, Grande-Rue, 71150 Dezize-lès-Maranges
03 85 91 15 95 • regnaudot.jc-et-fils@orange.fr • Vente et visites : sur RDV.
Propriétaire : Jean-Claude Regnaudot

★ ↗ DOMAINE ROBLET-MONNOT

Pascal Roblet a créé son propre domaine en 1990 à partir de vignes familiales. Comme tous les vignerons installés à cette époque, il débute en produisant des vins puissants pour coller à la mode du moment. S'il aime toujours les vins de matière, il ne cherche plus aujourd'hui la structure, mais la plénitude. Proche de la biodynamie, mais certifié en agriculture biologique, il a repensé tous ses travaux dans les vignes, du labour à la taille en passant par l'enherbement, en acceptant que les résultats ne soient visibles qu'après de longues années. En cave, il extrait plus doucement, mais plus longuement et allonge la durée de l'élevage. S'il vinifie sans soufre, celui-ci est utilisé lors de la mise en bouteille. Tous ses vins sont denses et profonds ; ils doivent tranquillement vieillir en cave. Les vins ont de la personnalité et du fond, tant en blanc qu'en rouge. Ils méritent amplement la première étoile.

Les vins : ce domaine produit des vins denses avec une concentration provenant de petits rendements. Pas étonnant que le bourgogne aligoté, doté d'un parfum épicé, prenne sa source dans un fruit riche, concentré et plein de vie. Un aligoté singulier mais de haut vol et sans artéfact. Superbe. Dans un esprit similaire, Nerthus se montre solaire avec une touche d'ananas frais. Son fruit, à la fois gourmand et vif, porte une sapidité et une persistance incroyables. En rouge, le bourgogne embaume les épices avec un léger accent méridional. En bouche, il regorge d'un fruit frais croquant mais tenu par des tanins mûrs. Il grandira cinq à dix ans sans souci. Le volnay Saint-François 2018 se démarque par un fruit libre, ample, mais d'une grande précision. Il est tenu par une main de fer : des tanins fins mais puissants. Laissez-le grandir au moins cinq ans. Le volnay Pitures apparaît dans un esprit nature et élégant, précis. Pulpeux, il est tramé par des tanins gras mais sculptés en profondeur. Un vin corpulent dont la finesse ira crescendo à mesure qu'il prendra de l'âge. Superbe. Pour clôturer, le volnay Brouillards évoque presque la prune noire. Une richesse que l'on retrouve dans son attaque, avec des tanins puissants et une concentration qui cadenasse le fruit en début de vie. Il faudra patienter au moins dix ans afin qu'il s'assagisse.

Bourgogne Aligoté Côte de Nantoux Nerthus 2019	18 €	90
Bourgogne Hautes-Côtes de Beaune Nerthus 2019	24 €	91
Bourgogne Vieilles Vignes 2018	20 €	90
Volnay Brouillards 2018	90 €	94
Volnay Saint-François 2018	52 €	92

Le coup de ♥

Volnay Premier Cru Pitures 2018	110 €	94

Rouge : 6 hectares. Pinot noir 100 %

Blanc : 3,5 hectares. Aligoté 80 %, Chardonnay 20 %

DOMAINE ROBLET-MONNOT ♣

11, rue de la Combe, 21190 Volnay

03 80 21 22 47 • robletmonnot@yahoo.fr • Vente et visites : sur RDV.

Propriétaire : Pascal Roblet

★ DOMAINE NICOLAS ROSSIGNOL

Nicolas Rossignol a créé sa propre structure en 1997. Sa nouvelle cuverie à Beaune, qui date de 2011, lui a permis d'éviter toute trituration et de pratiquer des élevages plus fins. Vendanges en caissettes, table vibrante, puis table de tri affinent les cuvées. Il est passé, selon ses mots, "de l'extraction à l'infusion" tout en ajustant chacune de ses vinifications afin de trouver l'équilibre de chacun de ses terroirs ; selon les cuvées, la vendange peut être entière ou éraflée. À Pommard ou Volnay, il produit des vins corpulents et denses, mais pas exempts de finesse.

Les vins : Nicolas Rossignol persiste et signe en nous envoyant pour la troisième année consécutive quasiment les mêmes 2017. Le savigny-lès-beaune est longiligne avec un fruit peu épais mais pur et des tanins pointus. Malgré un fruit épuré, Les Petits Noizons possède des tanins accusant un léger manque d'enrobage, d'où une petite dureté en finale. Le volnay s'affirme par un cœur de bouche serré et un fruit certes d'une grande pureté mais un rien chétif. Clos des Angles possède davantage de volume mais ses tanins stricts le cadenassent. Son élevage respecte toutefois avec justesse le fruit. Santenots s'impose par son bel équilibre, du volume et de l'allonge. Élégant et racé, il a du poids et de la densité. Floral et épicé, Chevret se montre pulpeux à souhait, avec un beau volume et des tanins mûrs. Dans l'ensemble, les vins sont d'une grande pureté avec des élevages qui respectent à merveille le fruit, mais nous aimerions des tanins un peu plus enrobés à l'image du très beau Santenots et surtout Chevret.

- Pommard Les Petits Noizons 2017 — 64 € — 90
- Savigny-lès-Beaune 2017 — 32 € — 89
- Volnay 2017 — 58 € — 90
- Volnay Premier Cru Chevret 2017 — 100 € — 94
- Volnay Premier Cru Clos des Angles 2017 — 72 € — 92
- Volnay Premier Cru Santenots 2017 — 90 € — 95

Rouge : 18 hectares. Pinot noir 100 %
Blanc : 2 hectares. Aligoté 50 %, Chardonnay 50 %
Production moyenne : 110 000 bt/an

DOMAINE NICOLAS ROSSIGNOL
22, rue Jean-François-Champollion,
21200 Beaune
03 80 24 35 62 • www.nicolas-rossignol.com
• Vente et visites : sur RDV.
Propriétaire : Nicolas Rossignol

★ DOMAINE TOLLOT-BEAUT ET FILS

Ce vaste domaine, qui possède une jolie palette de terroirs, propose des vins de belle facture, dans un style moderne qui privilégie l'éclat du fruit et la juste expression du pinot. Les équilibres en matière d'extraction et de gestion du bois sont bien affirmés. Une maison de confiance.

Les vins : si nous apprécions beaucoup la qualité de texture des trois vins présentés, les élevages ne sont à ce stade pas bien intégrés au fruit. À l'exception du chorey-lès-beaune, un joli vin qui "pinote" avec une petite note beurrée. Son jus fin, tout en délicatesse de texture, paraît comme infusé. Avec Chevrey, on a un boisé-lardé un peu entêtant. Dommage, car il y a un joli jus, des tanins fins, même si cela sèche légèrement en fin de bouche. Attendons de le voir grandir. Nous sommes plus inquiets pour Bressandes dont les notes boisées dominent malgré une belle texture de bouche. L'équilibre fruit/élevage n'est pas atteint et le bois remonte en fin de bouche. À suivre. L'étoile est menacée.

- Chorey-lès-Beaune 2019 — 25 € — 89
- Corton Grand Cru Bressandes 2019 — 90 € — 91
- Savigny-lès-Beaune Premier Cru Champ Chevrey 2019 — 40 € — 90

Rouge : 23 hectares. Pinot noir 100 %
Blanc : 2 hectares. Chardonnay 100 %
Production moyenne : 130 000 bt/an

DOMAINE TOLLOT-BEAUT ET FILS
Rue Alexandre-Tollot,
21200 Chorey-lès-Beaune
03 80 22 16 54 • domaine@tollot-beaut.com
• Vente et visites : sur RDV.
Propriétaire : Famille Tollot-Beaut
Directeur : Nathalie, Jean-Paul et Olivier Tollot

★ JOANNES VIOLOT-GUILLEMARD

Petit vignoble familial conduit depuis 1980 par Thierry Violot-Guillemard, ce domaine possède une belle collection de terroirs et élabore des vins francs au style classique, sans levures, avec un élevage long de seize à vingt mois. Le vignoble est certifié bio depuis 2014, date à laquelle est arrivé le fils Joannes. Ce dernier a pris en main le domaine avec le millésime 2019. Il s'oriente vers une viticulture où l'on va limiter les labours pour ménager la vigne et l'aider à produire de plus beaux fruits. En cave, on fait le choix d'extractions plus douces afin d'apporter de l'élégance dans les vins. Une évolution positive et perceptible avec le millésime 2019.

Les vins : en blanc, Clos des Mouches développe une fine réduction qui donne un bel éclat au fruit qui va sur le grillé. La bouche se montre dense et vive avec de beaux amers sur le zeste de pamplemousse. Dans la série des rouges, tout en élégance, le beaune Clos des Mouches délivre en bouche un jus tout en souplesse. Un vin gracieux d'un beau raffinement. La Platière possède l'assise de Pommard. Son toucher de bouche reste fin, entre charnu et délicatesse. Les Fremiers embaume la fleur avec une touche de végétal noble qui provient de la vendange entière. Il est plus en allonge qu'en volume de bouche, mais avec un grain de tanin fin et ferme à la fois. Les Arvelets sent la pêche de vigne. Il a du fond, de la densité et une belle enveloppe charnelle qui enrobe une structure solide Vinifié avec 100 % de raisin entier, Epenots est une grande réussite qui s'exprime par un végétal noble suivi d'une fine réduction. La bouche livre un fruit pur d'une grande élégance de texture avec des tanins veloutés et une belle allonge. Un vin tout en harmonie qui se révélera sur plusieurs décennies. Rugiens, entre fleur et fruit, nous séduit par un bel éclat au nez. Un rien de chair en plus lui eut été profitable : même si l'on apprécie la finesse d'un grain serré, cela manque un rien d'enrobage. Un ensemble cohérent, même si une pointe de maturité supplémentaire apporterait de l'étoffe sans nuire à l'élégance des vins.

- Beaune Premier Cru Clos des Mouches 2019 — 70 € — 91
- Beaune Premier Cru Clos des Mouches 2019 — 50 € — 93
- Pommard Premier Cru Epenots 2019 — 70 € — 94
- Pommard Premier Cru La Platière 2019 — 50 € — 90
- Pommard Premier Cru Les Arvelets 2019 — 45 € — 91
- Pommard Premier Cru Les Fremiers 2019 — 50 € — 91
- Pommard Premier Cru Rugiens 2019 — 70 € — 95

Rouge : 5,2 hectares. Pinot noir 100 %
Blanc : 1,8 hectare. Chardonnay 100 %
Production moyenne : 45 000 bt/an

JOANNES VIOLOT-GUILLEMARD ♣

7, rue Sainte-Marguerite, 21630 Pommard
03 80 22 49 98 • www.violot-guillemard.fr •
Vente et visites : sur RDV.
Propriétaire : Violot-Guillemard

NOUVEAU DOMAINE

AU PIED DU MONT CHAUVE

Propriété, entre autres, de la famille Picard, le domaine est riche de belles parcelles à la fois à Chassagne-Montrachet, mais également à Saint-Aubin et à Puligny-Montrachet. En 2019, Francis Picard, qui a en charge le domaine familial, fait appel à Antoine Le Petit de la Bigne, un spécialiste de la biodynamie ayant fait ses classes au domaine Leflaive. D'abord consultant, il devient rapidement le directeur technique attitré, où son approche globale lui permet de gérer la production depuis la terre jusqu'à la bouteille. Dès son arrivée, il intensifie les pratiques en biodynamie afin d'améliorer la qualité des sols. En cave, les derniers millésimes chauds lui font abandonner la barrique classique, au profit de fûts de grande taille pour préserver au mieux le fruit. Pari réussi : les blancs sont précis et d'une grande pureté, les rouges, travaillés plus en infusion qu'en extraction, sont magnifiques avec des touchers de bouche d'une rare élégance.

Les vins : pour les blancs, Le Charmois 2018 est marqué par une petite touche boisée d'où ressort une note de pistache. À l'inverse, en bouche, son fruit charnu absorbe son enveloppe charnelle et sa belle dynamique. Plus rocailleux, Pitangerets sent le fruit jaune. Ses amers puissants mais gracieux le portent sur la longueur de bouche. Le Charmois 2019 s'exprime sur la noisette grillée. Puissant avec un fruit vif, ce vin plein et vivant s'affirme par une belle acidité. En Pimont offre un nez pur, malgré une note vanillée. Un vin juteux et vif avec d'agréables notes de zestes d'agrumes. Puissant et salin, Les Macherelles prend la bouche par une sensation minérale prononcée. La Maltroie sent la mie de pain et le beurre frais, son boisé se fondera dans le temps. Plus pâtissier dans son expression aromatique, Clos Saint Jean s'affirme en bouche par un fruit pur et ciselé avec juste ce qu'il faut de poids en bouche et de fins amers. En rouge, Le Charmois s'offre délicat et gracieux, son fruit est comme en apesanteur avec un toucher de bouche fin et pur. Dans Les Chauméees, la richesse s'exprime par un fruit plus confit, des tanins mûrs, avec une réelle finesse de grain. La gamme est belle, cohérente, avec des élevages qui doivent encore se fondre, mais rien de grave. Mention spéciale pour les rouges gracieux et mûrs à souhait.

- Chassagne-Montrachet En Pimont 2019 — 55 € — 91
- Chassagne-Montrachet Premier Cru Clos Saint Jean 2019 — 81 € — 92

- Chassagne-Montrachet Premier Cru La Maltroie 2019 — 81 € — 92
- Chassagne-Montrachet Premier Cru Les Macherelles 2019 — 76 € — 92
- Saint-Aubin Premier Cru Le Charmois 2018 — 36 € — 91
- Saint-Aubin Premier Cru Le Charmois 2019 — 38 € — 91
- Saint-Aubin Premier Cru Pitangerets 2019 — 44 € — 92
- Chassagne-Montrachet Premier Cru Les Chaumées 2019 — 59 € — 93
- Saint-Aubin Premier Cru Le Charmois 2019 — 38 € — 92

Rouge : 15 hectares. Pinot noir 100 %
Blanc : 20 hectares. Chardonnay 100 %
Production moyenne : 160 000 bt/an

AU PIED DU MONT CHAUVE
5 rue du Château
21190 Chassagne-Montrachet
03 80 21 98 57 • www.famillepicard.fr •
Visites : sans RDV.
Propriétaire : Famille Picard
Directeur : Francine Picard
Maître de chai : Antoine Le Petit de la Bigne

ALBERT BICHOT

Cette maison historique de Beaune, dirigée depuis 1996 par Albéric Bichot, n'a pas toujours brillé par la régularité et la qualité de ses vins. Les choses ont désormais bien changé. Sous le blason Albert Bichot, on retrouvera les vins de six domaines : Long-Depaquit à Chablis (voir cette adresse), le Clos Frantin et Château-Gris en Côte de Nuits, le domaine du Pavillon, le domaine Adélie en Côte chalonnaise et le domaine de Rochegrès en Beaujolais. Chacune de ces structures possède son propre outil de vinification et des équipes dédiées, placées sous la houlette du directeur technique général, Alain Serveau.

Les vins : en blanc, le meursault est dominé par une touche boisée dès l'ouverture. À l'inverse, la bouche restitue avec élégance un fruit juteux qui conjugue densité et vivacité. Le Clos des Mouches affiche une belle maturité, son parfum s'exprime sur une note de fruit exotique, avec une légère remontée du bois. Dense et plein, il dispose d'une belle sève et une généreuse épaisseur de fruit, encaissant bien son élevage avec une agréable finale sur les agrumes. Quant au corton-charlemagne, son premier nez se livre sur une note de croûte de pain et d'amande. La bouche se montre puissante et intense avec du volume, mais aussi une acidité qui étire son fruit en longueur. Pour les rouges, le fixin Clos de la Perrière offre un parfum délicat. Sa bouche tout en épure ne manque pas pour autant d'intensité. Clos des Ursulines possède de l'assise et un fruit vif. Il mérite qu'on le laisse grandir quelques années afin d'absorber un boisé prégnant qui revient en finale. Château Gris a un nez poudré et de croûte de pain. Même si l'on apprécie sa sève et ses tanins civilisés, un rien de bois en moins eut été appréciable. Les Chabiots se démarque par joli parfum floral et un fruit généreux. Il se retrouve dans une matière gourmande lui donnant un profil plus charnel que fin et élancé. Les Malconsorts est lardé et, même si le vin ne manque ni de fond ni de densité, le boisé domine le fruit et assèche en finale. Du côté des deux grands crus, l'echezeaux est lui aussi poudré, son fruit en bouche est vif et tendu, mais cela manque de vie car gainé par un élevage où les tanins du bois s'imposent en finale. C'est regrettable car il y a une jolie matière sous-jacente. Pour finir, le clos-de-vougeot affiche la même signature olfactive avec un nez poudré, mais sa bouche possède cette belle assise du Clos avec un fruit à la fois frais et mûr. Espérons qu'il absorbera son boisé luxueux.

- Beaune Premier Cru Clos des Mouches 2019 — 77 € (c) — 90
- Corton-Charlemagne Grand Cru Domaine du Pavillon 2019 — 192 € — 93
- Meursault 2019 — 56 € (c) — 89
- Chambolle-Musigny Premier Cru Les Chabiots 2019 — 112 € — 90
- Clos de Vougeot Grand Cru Domaine du Clos Frantin 2019 — 250 € — 93
- Echezeaux Grand Cru Domaine du Clos Frantin 2019 — 250 € — 92
- Fixin Premier Cru Clos de la Perrière 2019 — 64 € — 89
- Nuits-Saint-Georges Premier Cru Monopole Château Gris 2019 — 86 € — 89
- Pommard Clos des Ursulines Domaine du Pavillon 2019 — 64 € — 89
- Vosne-Romanée Premier Cru Les Malconsorts Domaine du Clos Frantin 2019 — 195 € — 90

Rouge : 33 hectares. Pinot noir 100 %
Achat de raisins.
Blanc : 72 hectares. Chardonnay 100 %
Achat de raisins.
Production moyenne : 650 000 bt/an

ALBERT BICHOT ♣
6, boulevard Jacques Copeau, 21200 Beaune
03 80 24 37 37 • www.albert-bichot.com •
Visites : sur RDV aux professionnels.

Propriétaire : Famille Bichot
Directeur : Albéric Bichot
Maître de chai : Alain Serveau

DOMAINE RODOLPHE DEMOUGEOT

Rodolphe Demougeot a créé son domaine en 1992. Il produit surtout des vins rouges énergiques et denses, qui vieillissent très bien. Ils se montrent aujourd'hui harmonieux, affranchis des finales dures qui marquaient les millésimes passés.

Les vins : le bourgogne est franc, bien équilibré en terme de maturité. Un joli vin de plaisir qui a de la vivacité et du fond. Le Clos Saint-Désiré est légèrement poudré. Si quelques tanins sont perceptibles, ils étirent ce joli jus en longueur. Laissez-le grandir deux ou trois ans pour que son léger boisé fusionne avec le fruit. Le meursault 2019 sent la croûte de pain avec une fine note boisée. Il s'impose par sa puissance et sa densité. Malgré une belle maturité, il conserve un bel éclat de fraîcheur avec son final sur le zeste de citron. Trois blancs de belle facture avec un parti pris sur l'élevage : une signature où domine une note de croûte de pain, mais avec suffisamment de vin pour être encaissé. En rouge, le bourgogne dégage une petite note fumée tandis que son fruit gourmand est soutenu par des tanins souples et mûrs. Une belle sève traduit la richesse de l'année. Les Clous est marqué par un boisé-lardé : dommage car le fruit est charnu avec des tanins mûrs et sans sècheresse du bois. Avec Les Beaux Fougets on retrouve la même signature boisée, ce côté poudré et fumé. Le fruit en bouche l'encaisse par son étoffe et sa droiture. Les Bourgeots dégage une belle harmonie entre maturité, finesse et qualité de texture. Avec son parfum larcé, le pommard nous laisse dubitatif au nez. À l'inverse, son joli jus tendre et infusé, et sa délicate texture nous séduisent pleinement. Trame dense avec des tanins fermes, Les Vignots accuse une pointe d'amertume en final, dommage. Si les vins offrent de jolis jus, ils peuvent grandir en terme d'élevage.

Beaune Clos Saint-Désiré 2019	24 €	89
Bourgogne 2019	14 €	87
Meursault 2019	38 €	90
Auxey-Duresses Les Clous 2019	20 €	88
Beaune Les Beaux Fougets 2019	24 €	90
Bourgogne 2019	14 €	87
Pommard 2019	30 €	90
Pommard Les Vignots 2019	38 €	90
Savigny-lès-Beaune Les Bourgeots 2019	20 €	90

Rouge : 5,8 hectares. Pinot noir 100 %
Blanc : 2 hectares. Chardonnay 100 %
Production moyenne : 50 000 bt/an

DOMAINE RODOLPHE DEMOUGEOT
2, rue du Clos-de-Mazeray, 21190 Meursault
03 80 21 28 99 •
www.rodolphedemougeot.fr • Vente et visites : sur RDV.
Propriétaire : Rodolphe Demougeot

DOMAINE MICHEL ET JOANNA ECARD

Descendant du domaine familial Maurice Ecard, Michel Ecard a créé sa propre propriété viticole en 2004, avec son épouse Joanna. Comme souvent en Bourgogne, l'amateur doit être vigilant quant aux homonymies : le domaine Maurice Ecard et Fils existe toujours, mais est exploité par une maison de négoce de Beaune. L'ensemble de la production se montre fidèle aux différentes identités de terroirs. Un ensemble de vins cohérent où l'on va chercher la maturité du fruit sans ternir l'équilibre des vins, tant en blanc qu'en rouge. Les rouges ont des tanins d'un grand soyeux, même si une trace d'élevage est perceptible sur une ou deux cuvées. Cela s'estompera dans le temps.

Les vins : un bel ensemble cohérent. En blanc, Les Goudeletttes s'exprime sur le fruit jaune, offrant un vin élégant, mais puissant et énergique. Il s'épure à l'air sans perdre en profondeur ni en intensité. Pour les rouges, Vieilles Vignes 2018 s'équilibre par des tanins fins et mûrs. Déjà plaisant à boire, il grandira plusieurs années. Les Rouvrettes affirme sa richesse par une note de prune. Gourmand et généreux avec des tanins gras, ce beau vin de chair se montre juteux. Les Serpentières paraît plus frais dans ses parfums. Sa matière le confirme par une acidité acrue et une vivacité plus prononcée avec un joli fruit qui "pinote". Les Peuillets s'exprime par un fruit doux et mûr, mais sans excès. Plein et serré, son cœur de bouche est ferme, mais bien enveloppé par un joli fruit qui trouve son équilibre entre acidité et maturité. Les Gravains est dense et ample, mais massif avec son assise tannique prégnante. Il aura besoin de s'affiner en bouteille. Quant aux Narbentons, il est encore dans l'empreinte du raisin, frais dans son parfum, tout en conservant la richesse de l'année. Malgré son joli jus, on perçoit une légère note de vernis. Dommage car la qualité de tanins est là, et la maturité de raisins s'avère bien équilibrée.

- Savigny-lès-beaune Les Goudelettes 2018 13 € 91
- Savigny-lès-Beaune Premier Cru Les Gravains 2018 19 € 91
- Savigny-lès-Beaune Premier Cru Les Narbentons 2018 25 € 91
- Savigny-lès-Beaune Premier Cru Les Peuillets 2018 20 € 92
- Savigny-lès-Beaune Premier Cru Les Rouvrettes 2018 20 € 91
- Savigny-lès-Beaune Premier Cru Les Serpentières 2018 21 € 90
- Savigny-lès-Beaune Vieilles Vignes 2018 15 € 89

Rouge : 3,7 hectares. Pinot noir 100 %
Blanc : 0,3 hectare.
Production moyenne : 20 000 bt/an

DOMAINE MICHEL ET JOANNA ECARD
3, rue Boulanger-et-Vallée, 11, rue Chanson Maldant 21420 Savigny-lès-Beaune
06 30 18 28 13 • ecard.michel.joanna@orange.fr • Vente et visites : sur RDV.
Propriétaire : Michel Ecard

DOMAINE ANTONIN GUYON

Créé en 1960 par Antonin Guyon, ce domaine est aujourd'hui administré par son fils Dominique, passionné par la vinification, et suivi par l'œnologue grec Kyriakos Kynigopoulos. La gamme proposée est large, avec comme points forts, en Côte de Nuits, un remarquable chambolle Clos du Village et, en Côte de Beaune, quatre superbes cortons dont un corton-charlemagne.

Les vins : En blanc, Sous Frétille 2019 a une réduction prononcée. La bouche est puissante, portée par cette réduction qui n'entrave pas l'énergie du fruit. Le vin a besoin d'air afin de libérer son fruit. Le meursault Les Charmes Dessus 2019 se démarque par sa profondeur et sa vivacité. Il offre une finale construite sur des amers soutenus mais bien intégrés à son fruit acidulé et à la salinité du vin. Le corton-charlemagne 2019 est volumineux mais marqué par un boisé lardé dû à un élevage mal assimilé. En rouge, Les Fournières 2019 se distingue par son nez beurré, sa bouche dense et séveuse mais cadenassée par un boisé asséchant qui domine le fruit. Les Vergelesses 2019 affiche des notes de fusain mais la bouche, malgré sa concentration, est totalement dominée par l'élevage, avec une finale astringente. Clos des Chênes 2019 se distingue par une belle finesse de grain même si l'on retrouve les caractéristiques d'un boisé pas toujours gracieux que nous espérons voir s'intégrer avec le temps. Clos du Village 2019 profile le soyeux de Chambolle-Musigny et révèle un joli fruit pulpeux, doux et onctueux, enrobé par de légères notes fumées. La Justice 2019 est lui aussi écrasé par son élevage avec un fruit gainé par une finale boisée, sucrée et manquant de digestibilité. Où sont les nuances du terroir et l'éclat du pinot ? Corton-Bressandes 2019 pinote légèrement. La bouche est riche et juteuse mais imprégnée par des tanins rugueux et asséchants. Clos du Roy 2019 est le vin le plus précis et le plus équilibré de la série avec son jus élégant, sa belle allonge de bouche et son grain fin et précis. Les vins ne restituant pas toutes les nuances et l'élégance de leurs terroirs et les élevages qui dans bien des cas écrasent le fruit et justifient la perte de l'étoile.

- Corton-Charlemagne Grand Cru 2019 150 € 92
- Meursault Premier Cru Les Charmes Dessus 2019 80 € 93
- Pernand-Vergelesses Premier Cru Sous Frétille 2019 38 € 89
- Aloxe-Corton Premier Cru Les Fournières 2019 45 € 87
- Chambolle-Musigny Clos du Village 2019 55 € 91
- Corton Grand Cru Clos du Roy 2019 90 € 92
- Corton-Bressandes Grand Cru 2019 83 € 90
- Gevrey-Chambertin La Justice 2019 45 € 89
- Pernand-Vergelesses Premier Cru Les Vergelesses 2019 35 € 87
- Volnay Premier Cru Clos des Chênes 2019 53 € 89

Rouge : 41,44 hectares. Pinot noir 100 %
Blanc : 4,08 hectares. Chardonnay 100 %
Production moyenne : 200 000 bt/an

DOMAINE ANTONIN GUYON ♣
2, rue de Chorey, 21420 Savigny-lès-Beaune
03 80 67 13 24 • www.guyon-bourgogne.com • Vente et visites : sur RDV.
Propriétaire : Michel et Dominique Guyon
Directeur : Dominique Guyon
Maître de chai : Vincent Nicot
Œnologue : Kyriakos Kynigopoulos

DOMAINE LOUIS LEQUIN

Implanté à Santenay, le domaine Louis Leuquin produit des vins un peu hors du temps et hors des modes. Avec des robes souvent peu soutenues, les rouges misent sur la délicatesse. En blanc, le domaine produit des vins denses avec de belles maturités. Les deux grands crus Corton-Charlemagne et Bâtard-Montrachet sont des vins profonds et en harmonie avec leur élevage. À l'inverse, le premier cru, qui ne manque pas de chair, mériterait un élevage plus judicieux pour en tirer le meilleur. On lui accorde encore une marge de progression, mais il s'affirme comme une source qualitative pour acheter des vins à prix doux.

Les vins : si les blancs accusent des élevages sous bois pas toujours adaptés, les rouges sont en dents de scie en fonction des millésimes et des crus, comme s'il n'y avait pas un fil conducteur dans le choix des maturités. Dans la série des blancs, Morgeot s'exprime sur une fine note boisée d'où ressort une touche d'amande fraîche. Le corton-charlemagne se montre gras, un rien porté par son élevage. Le bâtard-montrachet s'exprime sur une fine touche boisée avec une pointe de verdeur. La bouche offre un jus fin et précis tout en tension. Un vin à oublier en cave. En rouge, le santenay Vielles Vignes offre un fruit doux et gracieux avec des tanins d'une grande suavité. Sous une robe pâle, Les Charmes affiche une belle évolution olfactive. La bouche se montre repliée avec des tanins un rien fermes et un fruit en retrait. Un vin entre deux âges qu'il faut laisser grandir. La Comme se montre dense avec un cœur de bouche ferme. Le pommard a un nez puissant qui embaume le cassis. L'attaque de bouche est soyeuse, mais la structure reprend le dessus. Toujours avec une dominante de cassis, mais plus cohérent, Morgeot possède un fruit pulpeux et fin à souhait. Les Brûlées se démarque par une attaque soyeuse, confortée par un fruit doux et gras qui enrobe des tanins souples. Ce joli vin équilibré est déjà fort agréable à déguster. En grand cru, Les Languettes s'exprime par un parfum élégant avec une touche florale, tandis que sa bouche dense est repliée mais pas austère. Un corton qui mérite quelques années de garde pour s'assouplir.

- Bâtard-Montrachet Grand Cru 2018 — 220 € — 95
- Chassagne-Montrachet Premier Cru Morgeot 2019 — 48 € — 90
- Corton-Charlemagne Grand Cru 2017 — 82 € — 94
- Chassagne-Montrachet Premier Cru Morgeot 2017 — 31,30 € — 91
- Corton Grand Cru Les Languettes 2014 — 50 € — 94
- Nuits-Saint-Georges Les Brûlées 2017 — 32 € — 91
- Pommard Les Noizons 2017 — 35 € — 90
- Santenay Les Charmes 2015 — 16,20 € — 90
- Santenay Premier Cru La Comme 2019 — 22,20 € — 91
- Santenay Vieilles Vignes 2018 — 17,90 € — 91

Rouge : 6,4 hectares. Pinot noir 100 %
Blanc : 0,87 hectare. Chardonnay 100 %
Production moyenne : 40 000 bt/an

DOMAINE LOUIS LEQUIN
2, rue du Pasquier-de-Pont, 21590 Santenay
03 80 20 63 82 • www.louis-lequin.com •
Vente et visites : sur RDV.
Propriétaire : Famille Lequin
Directeur : Cécile Lequin
Maître de chai : Antoine Lequin

BENJAMIN LEROUX

Talentueux vinificateur du célèbre domaine du Comte Armand, à Pommard, Benjamin Leroux a lancé en parallèle de sa fonction première une activité de négoce qui débute en 2007 par l'achat de raisin. Définitivement tourné vers sa propre activité, il achète en 2009 sa première vigne. Aujourd'hui, il en possède 7,39 dont pas moins de quatre ouvrées de Bâtard-montrachet. Mais il vinifie l'équivalent de 32 hectares depuis Gevrey-Chambertin jusqu'à Chassagne-Montrachet. Il s'approvisionne aussi bien en raisins issus de l'agriculture biologique que conventionnelle, car d'après ses mots le négoce lui a ouvert l'esprit. Il produit 50 % de rouge et 50 % de blancs, dont les deux tiers proviennent de la Côte de Nuits. En cave, il élève une bonne partie de ses vins dans des contenants de grand taille type foudre ou demi-muid. En vinification, il marche suivant son inspiration pour chaque millésime, il érafle ou pas selon son ressenti. Si les cuvées d'entrée gamme peuvent pécher par une très légère sous-maturité, l'ensemble de la production est d'un bon niveau avec une grand pureté du fruit tant en rouge qu'en blanc.

Les vins : le bourgogne est davantage construit sur le croquant du fruit que sur la maturité solaire du millésime, d'où une matière un rien serrée. Idem avec Les Vergelesses qui, malgré une touche florale au nez et un joli jus, accuse une pointe d'amertume en finale. Il faut monter à La Pièce Sous le Bois pour trouver une belle richesse de fruit, de la sève et des tanins solides, la maturité lui donnant du charnu. Les Caillerets offre un toucher de bouche fin et une minéralité où il puise sa droiture. Un vin pur vinifié au deux tiers en grappe entière. Véritable boule de fruit avec des tanins mûrs et fins, le corton est doté d'une belle richesse aromatique. Avec son parfum de rose et de fruits mûrs, le vosne-romanée se livre par un fruit soyeux avec du fond et une jolie finale chocolatée. Grand vin de la série, Les Cazetiers 2019 offre un bouquet somptueux avec une note de bois de rose, relayée par du fruit noir mûr. Malgré une belle assise, il est tout en suavité grâce à des tanins gras mais fins. Splendide. En blanc, Les Vireuils puise son tempérament ciselé dans le terroir calcaire. Un vin pur et intense avec une granulosité toute crayeuse. Les Charmes possède une force interne redoutable, un vin presque tannique à oublier au moins dix ans en cave. Le bâtard-montrachet s'exprime quant à lui par une note de citron confit et de croûte de pain. Charnu et plein avec de la finesse, il est confortable et aimable en bouche. Si les entrées de gamme accusent une légère sous-maturité, d'où des tanins un rien anguleux, dès que l'on monte en catégorie, l'équilibre est atteint, avec de très belles cuvées à l'image du splendide Les Cazetiers.

Bâtard-Montrachet Grand Cru 2019	520 € (c)	96
Meursault Les Vireuils 2019	70 €	92
Meursault Premier Cru Les Charmes 2019	N.C.	94
Blagny Premier Cru La Pièce Sous le Bois 2019	69 € (c)	92
Bourgogne 2019	33 € (c)	88
Corton Grand Cru 2019	150 € (c)	93
Gevrey-Chambertin Premier Cru Les Cazetiers 2019	N.C.	95
Savigny-lès-Beaune Premier Cru Les Vergelesses 2019	46 € (c)	89
Volnay Premier Cru Les Caillerets 2019	114 € (c)	91
Vosne-Romanée 2019	90 €	91

Rouge : 1,5 hectare. Pinot noir 100 %
Achat de raisins.
Blanc : 6 hectares. Chardonnay 100 %
Achat de raisins.
Production moyenne : 180 000 bt/an

BENJAMIN LEROUX ♣

5, rue Colbert, 21200 Beaune
03 80 22 71 06 • www.benjamin-leroux.com
• Visites : sur RDV aux professionnels.
Propriétaire : Benjamin Leroux

DOMAINE BERNARD MILLOT

Émilien Millot travaille avec son père au domaine familial de Meursault depuis 2010. Dans la vigne, il veut valoriser la vie dans les sols. Il n'hésite pas à faire ses derniers traitements estivaux en soirée, afin de réduire les doses de produits, profitant d'une végétation que la nuit rend moins recroquevillée. Il élève ses vins avec un usage modéré du fût neuf, ce que nous apprécions tout particulièrement. Adepte des raisins mûrs, il vendange à pleine maturité. Ce jeune et talentueux vigneron produit de jolis rouges profonds et sans artefact, et une jolie gamme de blancs dont une belle déclinaison de meursaults villages qui mettent l'accent sur l'expression de lieux-dits singuliers. Nous n'avons pas eu la chance de déguster ses meursaults premier cru Perrières et Goutte d'Or. Les vins sont à des prix ultra doux. Une adresse à ne pas manquer. Attention toutefois à l'aligoté qui est marqué par une pointe de soufre.

Les vins : le bourgogne 100 Noms est doté d'un fruit profond, mûr et gourmand, pulpeux et bien bâti. Il appelle un plat. Marqué par une petite réduction, le bourgogne 2018 est doté d'un fruit riche, avec une belle sève, et des tanins solides mais mûrs. On peut le laisser grandir encore deux ou trois ans. En blanc, le bourgogne 2019 embaume la fleur et l'amande grillée. Si le nez est appétent, la bouche est dans la même veine, franche et intense, avec de la consistance. Le Buisson Certaut est légèrement marqué par son élevage avec une note de croûte de pain. On le retrouve dans la "sucrosité" d'un fruit d'où ressort une très légère amertume. Le vin ne manque pas d'étoffe pour l'encaisser mais il a besoin de le digérer. Les Vireuils offre un fruit solaire et exotique avec une petite note de pierre en arrière plan. Net, pur et intense, il est ciselé et séduit par son côté étiré et cristallin avec son fruit ramassé en bouche. Petits Charrons explore des senteurs plus minérales que fruitées. La bouche le confirme par son énergie saline à travers une matière épurée et un fruit précis. Terres Blanches sent l'éclat calcaire, avec une fine note épicée. Il conjugue habilement fraîcheur, vivacité, gourmandise et soyeux. Avec une magnifique finale crayeuse et granuleuse. Quant au meursault Goutte d'Or, il s'exprime par une note beurrée mais évolue rapidement vers l'amande fraîche. Dense, volumineux mais élégant, ce vin à l'élevage bien fondu valorise un fruit d'une belle amplitude en bouche. Bémol sur le puligny-montrachet, qui sent le pain d'épice et les herbes infusées. Replié sur son austérité, il est probablement marqué par une pointe de soufre et devra être oublié en cave. Dans l'ensemble, les vins sont d'un très beau niveau tant en rouge qu'en blanc.

Bourgogne 2019	14 €	88

- Meursault Le Buisson Certaut 2019 — 32 € — 90
- Meursault Les Vireuils 2019 — 32 € — 92
- Meursault Petits Charrons 2019 — 32 € — 92
- Meursault Premier Cru Goutte d'Or 2019 — 45 € — 94
- Meursault Terres Blanches 2019 — 32 € — 92
- Puligny-Montrachet 2018 — 32 € — 90
- Bourgogne 2018 — 14 € — 89
- Bourgogne Passetoutgrain 100 Noms 2019 — 10 € — 89

Rouge : 1,5 hectare. Pinot noir 98 %, Gamay noir à jus blanc 2 %
Blanc : 6,5 hectares. Chardonnay 90 %, Aligoté 10 %
Production moyenne : 35 000 bt/an

DOMAINE BERNARD MILLOT
27, rue de Mazeray, 21190 Meursault
03 80 21 20 91 • www.domaine-millot.com •
Vente et visites : sur RDV.
Propriétaire : Émilien Millot

MAISON DE MONTILLE

Cette jeune maison créée en 2003 par Alix de Montille et son frère Étienne, les enfants d'Hubert de Montille, continue sa route avec bonheur grâce à une politique d'achat intelligente et un parfait suivi des vinifications. Ces très beaux bourgognes vieillissent bien. Aujourd'hui, Étienne est seul au commande. Les vins sont plus un complément de gamme aux vins du domaine de Montille que le cœur d'activité d'Étienne. Bien qu'honorables, ces cuvées ne sont pas au niveau des meilleurs domaines positionnés à une étoile, d'où la perte de cette distinction.

Les vins : une gamme de vins cohérente qui joue sur la franchise du fruit, mais cela reste simple et pas au niveau d'une étoile. Le saint-romain blanc 2019 est tendre et gourmand, un vin avec un fruit juteux et immédiat. Plus vif, le rully 2019 tire sur les agrumes avec une acidité qui le porte en longueur de bouche. Quant au pommard premier cru Pomone, il "pinote" gentiment à travers un fruit assez délicat manquant un rien d'enrobage dans ses tanins. On pourra le boire jeune mais sans urgence.

- Rully 2019 — 22 € — 89
- Saint-Romain 2019 — 26 € — 88
- Pommard Premier Cru Pomone 2019 — 90 € — 90

Blanc : Chardonnay 100 %
Achat de raisins.
Production moyenne : 30 000 bt/an

MAISON DE MONTILLE
1, rue de But, 21190 Puligny-Montrachet
03 80 21 39 14 • www.demontille.com •
Vente et visites : sur RDV.
Propriétaire : Étienne de Montille
Maître de chai : Brian Sieve

DOMAINE SYLVAIN MOREY

Installé depuis 2002 dans le Luberon, à la Bastide du Claux, Sylvain Morey a récupéré en 2014 les quelques hectares de vignes familiales en Bourgogne (ex-domaine Jean-Marc Morey), en appellations Chassagne-Montrachet, Saint-Aubin et Santenay. Il y produit des vins au style classique, bien enrobés et jamais lourds. Ses premiers millésimes ont été très encourageants. Aujourd'hui il évolue vers des vins fins et élégants aussi bien en blanc qu'en rouge, avec pour ces derniers des élevages qui mettent en avant un fin boisé poudré mais d'où ressortent également de belles notes florales.

Les vins : belle entrée en matière avec l'aligoté 2019, un vin plein en bouche, qui respecte bien les équilibres du millésime. Le chassagne-montrachet 2019 a gardé l'empreinte d'un boisé pas totalement fondu au nez. Un vin de chair et de matière qui encaissera son élevage grâce à un fruit mûr et dense. Finement épicé, Les Charmois 2019 évolue à l'air vers l'amande fraîche. Épuré et puissant, il est porté par un fruit vif et salin. D'une belle finesse aromatique, Les Champs-Gains 2019 paraît plus élancé que charnu et son fruit net a du poids en bouche. Belle réussite. Les Caillerets 2019 se démarque par une note de pierre. Un vin plus effilé que juteux avec une intense salinité et un boisé fin, bien intégré. Une belle gamme de blancs cohérente, trouvant de beaux équilibres entre maturité et fraîcheur, avec des élevages bien ajustés au fruit. En rouge, le bourgogne 2019 offre un parfum délicat, peu épais mais fin et tendre. Il est déjà bien ouvert. Le coteaux-bourguignons 2019 se démarque par une maturité solaire, d'où son volume et ses tanins gras. Un beau vin charnel et gourmand. Entre fleur et fruit, avec une fine note boisée, Grand Clos Rousseau 2019 livre un parfum somptueux. Il tire son assise plantureuse d'une maturité élevée mais avec une belle allonge en bouche. Le chassagne-montrachet est un rien poudré mais derrière se dévoile un jus dense au grain fin malgré une pointe d'amertume. Attendons qu'il digère son bois. Une belle gamme de rouges avec un vrai parti pris dans le choix des élevages, certes légèrement poudrés, mais apportant aussi une belle complexité aromatique avec d'élégantes notes florales.

- Bourgogne Aligoté 2019 — 19 € — 89
- Chassagne-Montrachet 2019 — 55 € — 90

- Chassagne-Montrachet Premier Cru Les Caillerets 2019 — 80 € — 93
- Chassagne-Montrachet Premier Cru Les Champs-Gains 2019 — 45 € — 92
- Saint-Aubin Premier Cru Les Charmois 2019 — 45 € — 91
- Bourgogne 2019 — 20 € — 88
- Chassagne-Montrachet 2019 — 30 € — 90
- Coteaux Bourguignons 2019 — 16 € — 89
- Santenay Premier Cru Grand Clos Rousseau 2019 — 42 € — 92

Rouge : 2 hectares. Pinot noir 90 %, Gamay noir à jus blanc 10 %
Blanc : 2 hectares. Chardonnay 95 %, Aligoté 5 %
Production moyenne : 25 000 bt/an

DOMAINE SYLVAIN MOREY
3, rue Principale,
21190 Chassagne-Montrachet
06 99 70 26 05 •
www.domaine-sylvainmorey.fr • Pas de visites.
Propriétaire : Sylvain Morey

DOMAINE AGNÈS PAQUET

C'est pour éviter la vente de la parcelle familiale d'Auxey-Duresses qu'Agnès Paquet, diplômée d'une école de commerce, a choisi d'épouser le métier de vigneronne. Depuis son premier millésime en 2001, elle a toujours privilégié un style franc et frais, ce dont nous nous réjouissons. Les blancs sont une merveille de pureté, vifs mais avec un joli fruit mûr. Les rouges sont un rien plus sur la retenue ; certes on aime leur épure, mais un supplément d'étoffe serait appréciable et les rendrait certainement moins austères.

Les vins : en blanc, Le Clou et la Plume offre un nez vif sur les agrumes et une note de pierre à feu. Un aligoté plein d'énergie, mais avec un fruit mûr à souhait qui en fera aussi bien un vin de soif qu'un vin pour accompagner un repas. Avec l'auxey-duresses, on sent un élevage plus présent et ambitieux, mais cohérent. Il s'exprime par une note de mie de pain. La bouche est belle, dense et intense, jouant sur de beaux amers avec une sensation presque tannique sur la finale. Un vin qui aura besoin de grandir deux ou trois ans en bouteille. En rouge, le hautes-côtes de beaune s'exprime par une note de cuir avec une pointe de réduction, il n'est pas d'une grande noblesse aromatique. À l'inverse, son fruit en bouche est pur, ciselé, mais avec ce qu'il faut de poids et de fond. L'auxey-duresses dispose d'un joli parfum sur la cerise fraîche. Son fruit est incisif, mais mûr, avec une trame tannique serrée et fine. Il est destiné aux amateurs de vins plus élancés que charnus. Si l'on aime sa pureté, cela reste un rien strict.

- Auxey-Duresses 2019 — 23 € — 90
- Bourgogne Aligoté Le Clou et la Plume 2019 — 14 € — 88
- Auxey-Duresses 2019 — 23 € — 89
- Bourgogne Hautes-Côtes de Beaune 2019 — 19 € — 87

Rouge : 7 hectares.

Blanc : 6 hectares.

Production moyenne : 60 000 bt/an

DOMAINE AGNÈS PAQUET

10, rue du Puits Bouret, 21190 Meloisey

03 80 26 07 41 • www.vinpaquet.com • Vente et visites : sur RDV.

Propriétaire : Agnès Paquet

CHALONNAIS

★★ DOMAINE VINCENT DUREUIL-JANTHIAL

Céline et Vincent Dureuil ont repris en 1994 le domaine familial, principalement sur Rully mais aussi Mercurey, puis par le retour dans le giron familial de vignes à Puligny-Montrachet et Nuits-Saint-Georges. Tous les vins sont vinifiés avec la même exigence et une méticulosité que l'on retrouve dans peu de domaines. Le couple, partisan d'une viticulture saine, a fait passer le domaine en bio certifié de 2009 à 2016. Issus de vieilles vignes et élevés longuement, les vins se montrent homogènes et maintiennent un très haut niveau, avec une réelle capacité à traverser le temps. Une verticale de 25 millésimes de Meix Cadot blanc premier cru nous a confirmé en avril 2021 son impressionnante régularité. Les boisés sont adaptés à chaque terroir en fonction du millésime. Le travail de Vincent, de la vigne à la cave, ce souci constant du détail qui signe les grands vins, est salué unanimement par les amateurs et les professionnels. Après les épisodes de gel successifs, le domaine ne souhaite communiquer aucun prix sur les 2019 avant leur sortie en septembre.

Les vins : 17 vins présentés cette année. Citons l'excellence du bourgogne blanc (secteur Puligny, vieilles vignes et 20hl/ha) qui, à l'aveugle, blufferait tous les amateurs de chardonnay. Le rully est apprécié pour son aspect tranchant, digeste et épuré. Maizières livre un ensemble mûr et concentré, le tout souligné avec un boisé plutôt chic. Rully Chêne, coquillié comme un chablis, séduit pour sa chair ferme et son boisé fin. Chapitre affiche une tension acidulée et un sillage minéral fort, il demandera du temps. Meix Cadot se profile avec une belle énergie. Concentré et frais, il est apprécié pour sa pureté. Les Margotés n'a produit que 9 fûts au lieu de 13 en raison du gel, il est crémeux et concentré, et prendra de l'amplitude avec le temps. Grésigny offre un caractère côte-d'orien, il rappelle la pierre blanche, son boisé souligne, le minéral prend l'ascendant. Meix Cadot Vieilles Vignes touche au sublime, c'est le plus minéral de la série des premiers crus, son boisé très adapté épaule la trame du vin. Les rouges sont éblouissants : Maizières est un pinot fin, juteux, précis, au boisé idoine, il se gardera dix ans. Une nouvelle cuvée : En Guesne Wadana, vigne de plus de 50 ans, les raisins ont été éraflés à la main en gardant le pédicelle intact, la bouche est d'une rare élégance et pureté, les tanins sont entre soie et velours. En somme, le raffinement suprême d'un pinot en Bourgogne, le toucher de bouche est magique.

- Bourgogne 2019 — N.C. 93
- Rully Chêne 2019 — N.C. 93
- Rully Maizières 2019 — N.C. 93
- Rully Premier Cru Chapitre 2019 — N.C. 92
- Rully Premier Cru Grésigny Vieilles Vignes 2019 — N.C. 96
- Rully Premier Cru Le Meix Cadot 2019 — N.C. 93
- Rully Premier Cru Les Margotés 2019 — N.C. 93

Le coup de ♥

- Rully Premier Cru Le Meix Cadot Vieilles Vignes 2019 — N.C. 97
- Rully En Guesnes Wadana 2019 — N.C. 96
- Rully Maizières 2019 — N.C. 92

Rouge : 7,86 hectares. Pinot noir 99 %, Gamay noir à jus blanc 1 %
Blanc : 12,37 hectares. Chardonnay 95 %, Aligoté 5 %
Production moyenne : 100 000 bt/an

DOMAINE VINCENT DUREUIL-JANTHIAL
10, rue de la Buisserolle, 71150 Rully
03 85 87 26 32 • www.dureuil-janthial.fr •
Vente et visites : sur RDV.
Propriétaire : Vincent Dureuil

★★ ↗ DOMAINE JEANNIN-NALTET

Benoît Eschard, ingénieur des Arts et Métiers trouve à 35 ans sa vocation : devenir vigneron. Il décide de reprendre l'ancienne propriété familiale de l'oncle de son épouse en 2013. Après un retour sur les bancs du lycée viticole de Beaune, le jeune quadra diplômé est conscient que les 9 hectares de vignes dont 7 classés en mercurey premier cru ont un potentiel unique, à commencer par le Clos des Grands Voyens, un monopole de 5 hectares, le joyau du domaine. Rigoureux et perfectionniste de nature, il arrête les herbicides, maîtrise les rendements, vinifie et isole chaque parcelle puis adapte l'élevage et le choix des fûts en fonction du caractère de chaque cuvée. Voilà un domaine fort recommandable avec un patrimoine de vignes qui lui permet de poursuivre son ascension et d'obtenir une deuxième étoile cette année.

Les vins : le domaine nous a présenté la série complète de ses mercureys 2019. Vieilles Vignes offre la parfaite interprétation de l'appellation : accessible, fruité, mûr et toujours élégant. Les Naugues hausse le ton en termes d'intensité ; c'est un pinot très charnu, remarquablement exécuté, avec une carrure maîtrisée tant en fraîcheur qu'en boisé. Clos l'Evêque, premier cru parmi les plus étendus, s'exprime dans un style très fin et mûr, il a tout pour bien évoluer dans le temps. Les deux versions du Clos des Grands Voyens touchent au sublime : monopole de 4.9 ha, cette pépite du domaine allie perfection de maturité et d'élevage. Sa trame exquise, pleine et veloutée, sa concentration naturelle et sa carrure le destinent à une longue garde. Les plus chanceux accèderont à la cuvée Jeanne, 1800 bouteilles issues de ce clos. C'est une étoffe veloutée avec un tissage plus serré, il peut concourir au plus grand vin de l'appellation sur ce millésime.

- Mercurey Premier Cru Clos des Grands Voyens 2019 22 € 95
- Mercurey Premier Cru Clos des Grands Voyens Cuvée Jeanne 2019 27 € 96
- Mercurey Premier Cru Clos l'Evêque 2019 21 € 92
- Mercurey Premier Cru Les Naugues 2019 23 € 93
- Mercurey Vieilles Vignes 2019 17 € 91

Rouge : 7,6 hectares. Pinot noir 100 %
Blanc : 1 hectare. Chardonnay 70 %, Aligoté 30 %
Production moyenne : 40 000 bt/an

DOMAINE JEANNIN-NALTET
4, rue de Jamproyes, 71640 Mercurey
03 85 45 13 83 • www.jeannin-naltet.fr •
Vente et visites : sur RDV.
Propriétaire : Benoît Eschard

★★ DOMAINE THEULOT JUILLOT

Nathalie et Jean-Claude Theulot ont repris le domaine familial en 1987. Les patientes replantations s'avèrent judicieuses, les vins gagnent en finesse et en élégance. Les vignes labourées, l'absence de pesticide, les tris, la vendange entière mesurée : tout est fait pour obtenir des jus purs, pleins et gourmands. Nous apprécions quand l'effet boisé est présent sans jamais être prégnant. De grands 2018 coïncident avec la deuxième étoile attribuée l'an dernier. Les 2019 emboitent le pas, bien gérés, nous succombons à la tentation des rouges par leur approche stylistique. Quant aux prix, ils sont toujours aussi sages.

Les vins : Saumonts est une belle définition de chardonnay mûr et finement pâtissier. Nous avons une préférence pour Champs Martin face à la Cailloute ; bien qu'un peu plus marqué par son élevage, sa fraîcheur naturelle l'équilibre, vous le garderez dix ans. La série des rouges est très relevée. Citons d'abord Vieilles Vignes, issu de trois parcelles, qui réunit le must du pinot noir sur mercurey : la densité d'un cœur juteux, une dose de fraîcheur et un boisé chic. Les Combins conserve un haut relief, une trame serrée et veloutée, le tout donne écho à une matière précise remarquable et d'une grande fraîcheur. Le point de maturité de Champs Martin est parfait, un pinot de ce niveau est rarissime. Dans le même style, Croichots lui aussi ira loin, essayez de le garder cinq ans au moins. La Cailloute est le joyau du domaine, 1,7 ha en monopole, il offre une aromatique sublime. On touche aussi le caillou, allié à un boisé noble, il est harmonieux et élégant.

- Mercurey Premier Cru Champs Martins 2019 23,50 € 91
- Mercurey Premier Cru La Cailloute 2019 26 € 90
- Mercurey Premier Cru Les Saumonts 2019 23,50 € 93
- Mercurey Château Mipont 2019 19,50 € 91
- Mercurey Premier Cru Champs Martins 2019 22 € 93
- Mercurey Premier Cru La Cailloute 2019 26,50 € 96
- Mercurey Premier Cru Les Combins 2019 22,50 € 93
- Mercurey Premier Cru Les Croichots 2019 22 € 93
- Mercurey Vieilles Vignes 2019 18,50 € 93

Rouge : 9,5 hectares. Pinot noir 100 %
Blanc : 2,2 hectares. Chardonnay 100 %
Production moyenne : 70 000 bt/an

DOMAINE THEULOT JUILLOT
4, rue de Mercurey, 71640 Mercurey
03 85 45 13 87 • www.theulotjuillot.eu •
Visites : sans RDV.
Propriétaire : Nathalie et Jean-Claude Theulot

★★ DOMAINE LORENZON

Avant de reprendre le domaine familial en 1997, le premier métier de Bruno Lorenzon était consultant en tonnellerie, ce qui lui a permis de sélectionner ses bois et de concevoir ses propres barriques, maîtrisant ainsi plus que tout autre l'ensemble de l'élaboration de ses vins. Haute densité dans les vignes, petits rendements au pressoir et élevages civilisés, il cisèle ainsi des vins précis avec rigueur et minutie sur les deux couleurs. Sa production est constituée des meilleurs terroirs de mercurey et montagny en premiers crus. La régularité et le souci du détail apporté à chaque vin lui ont valu de décrocher une deuxième étoile dans notre guide. Il fait partie des leaders du chalonnais dont nous suivons attentivement la marge de progression.

Les vins : trois sérieux premiers crus de montagny parfaitement ciselés. Le Mont Laurent brille par sa précision, salin et persistant ; Truffières, plus crayeux, avec son élevage modéré ; Choix du Roi allie énergie, maturité et minéral. Les blancs de mercureys impressionnent. Clos des Barraults et Champs Martin sont similaires en termes de concentration et de potentiel. Le premier, issu d'une vigne de 75 ans, séduit par son boisé noble et sa texture épatante. Champs Martin est plus serré, sans manquer de fraîcheur, les coutures sont parfaites et le boisé est juste. Croichots se montre frais et parfumé, crayeux et citronné, il offre pureté et persistance, un vin très harmonieux. Des trois mercureys rouges nous préférons Carline Clos des Champs Martin, plus charnu, sa maturité de fruit est plus aboutie. Les tanins sont enrobés et fins, le boisé très bien géré. L'ensemble est mûr et frais, promis à un grand avenir.

- Mercurey Premier Cru Champs Martin 2019 — 35 € — 92
- Mercurey Premier Cru Clos des Barraults 2019 — 35 € — 93
- Montagny Premier Cru Le Choix du Roi 2019 — 37 € — 93
- Montagny Premier Cru Le Mont Laurent 2019 — 31 € — 91
- Montagny Premier Cru Les Truffières 2019 — 29 € — 92
- Mercurey Le Chapitre 2019 — 29 € — 91
- Mercurey Premier Cru Champs Martin 2019 — 35 € — 91

Le coup de ♥

- Mercurey Premier Cru Croichots 2019 — 35 € — 93
- Mercurey Premier Cru Carline Clos des Champs Martin 2019 — 38 € — 94

Rouge : 5 hectares. Pinot noir 100 %
Blanc : 6 hectares. Chardonnay 100 %
Production moyenne : 45 000 bt/an

DOMAINE LORENZON
14, rue du Reu, 71640 Mercurey
03 85 45 13 51 • www.domainelorenzon.com
• Vente et visites : sur RDV.
Propriétaire : Bruno Lorenzon

★★ DOMAINE FRANÇOIS LUMPP

Ce domaine familial est géré dans la continuité par la nouvelle génération. Pierre est responsable du vignoble, sa sœur Anne-Cécile ainsi qu'Antoine, son conjoint, assurent la vinification ; ce trio s'appuie de l'expérience et des conseils bienveillants de François et Isabelle. Cette équipe solide et soudée nous propose des givrys de haute volée et d'une grande régularité. Les blancs sont portés par un fil conducteur minéral qui permet de les apprécier jeunes mais aussi de les garder en cave de nombreuses années. Les rouges font partie des plus grands, ils témoignent d'une capacité rare à digérer leur élevage boisé et conservent un fruit d'une grande fraîcheur.

Les vins : pas de grands changements si ce n'est que les vins restent dorénavant en masse plus longtemps après les élevages, entre 4 et 6 mois en attendant les mises. Clos des Vignes Rondes s'apprécie pour son caractère floral, agrémenté d'un boisé noble et d'un cœur de bouche généreux. Petit Marole est très ouvert, avec ce twist de réduction des lies, un bel équilibre maturité-minéralité. Avec Marole on croque dans les dragées et le beurre frais, la bouche offre une belle vivacité, il est paré pour dix ans. Nous adorons toujours La Paulée, un pinot très coloré, au nez flamboyant suivi d'un boisé fin ; plus dense que 2018, il surprend par sa texture si juteuse et son énergie. Marole exprime un concentré de jus de griotte très pur. C'est un jus précis et mûr, son boisé participe à son style contenu. La Brûlée est plus extrait, fine réduction de cerises noires ; la bouche est puissante, corsée, les tanins restent fins et enrobés.

- Givry Clos des Vignes Rondes 2019 — 33 € — 91
- Givry Premier Cru Crausot 2019 — 30 € — 92
- Givry Premier Cru Petit Marole 2019 — 27 € — 93
- Givry Premier Cru La Brûlée 2019 — 27 € — 94
- Givry Premier Cru Marole 2019 — N.C. — 93

Le coup de ♥

- Bourgogne La Paulée 2019 — 16 € — 92

Rouge : 8 hectares. Pinot noir 100 %
Blanc : 2,5 hectares. Chardonnay 100 %
Production moyenne : 50 000 bt/an

DOMAINE FRANÇOIS LUMPP
36, avenue de Mortières, Le Pied du Clou, 71640 Givry
03 85 44 45 57 • www.francoislumpp.com • Vente et visites : sur RDV.

Propriétaire : Isabelle, François, Pierre et Anne-Cécile Lumpp
Directeur : François, Pierre et Anne-Cécile Lumpp
Œnologue : Guillaume Lebras

★★ ↗ DOMAINE FRANÇOIS RAQUILLET

François Raquillet excelle sur les terroirs de Mercurey depuis 1990, nous offrant des vins d'une qualité exemplaire et d'une régularité sans faille. Motivé comme jamais, il se réjouit de l'arrivée de sa fille Jeanne au domaine. La transmission se met en place et le passage en bio fait partie de leurs prochains challenges. Après de grands 2018 salués dans notre guide, les 2019 se distinguent logiquement. Il les compare aux 2005, les équilibres sont là, les jus sont mûrs, profonds et aériens, ils portent la signature des grands vins de garde. Quant aux blancs ils gagnent en précision. La deuxième étoile tant attendue est donc amplement méritée.

Les vins : Brigadière dévoile une trame de vin vive et suave à la fois, de fins amers et le vanillé noble complètent cet équilibre. Clos des Barraults allie concentration, tension minérale et les arômes grillés nobles de son élevage. Les rouges sont à nouveau au sommet. Carabys impressionne par l'abondance de fruit qu'il dégage, le boisé est bien dompté, c'est un grand 2019 qui séduira tous les amateurs de pinot noir gourmand et charnu. Vieilles Vignes montre une belle consistance et pureté. Il mériterait de figurer à l'aveugle au milieu de vins de la Côte de Nuits ! Les Vasées brille aussi par son fruit et son élevage calibré, son grain de premier cru assurera la garde. Veleys livre une partition des plus complexes, un vin de grande garde, droit et pur. Plus solaire, les Naugues affiche sa virilité, il est taillé pour la garde. Chazeaux porte le prénom de Suzanne. C'est le plus abouti et extrait de la gamme, il va nous éblouir dans les prochaines années.

- (blanc) Mercurey La Brigadière 2019 — 21 € — 93
- (blanc) Mercurey Premier Cru Clos Barraults 2019 — 32 € — 93
- (blanc) Mercurey Premier Cru Les Veleys 2019 — 32 € — 93
- (blanc) Mercurey Vieilles Vignes 2019 — 19 € — 91
- (rouge) Mercurey Les Carabys 2019 — 20 € — 92
- (rouge) Mercurey Les Chazeaux 2019 — 22 € — 94
- (rouge) Mercurey Premier Cru Les Naugues 2019 — 32 € — 93
- (rouge) Mercurey Premier Cru Les Vasées 2019 — 28 € — 94
- (rouge) Mercurey Premier Cru Les Veleys 2019 — 32 € — 95

Le coup de ♥

- (rouge) Mercurey Vieilles Vignes 2019 — 21 € — 93

Rouge : 10,46 hectares. Pinot noir 100 %
Blanc : 3,63 hectares. Chardonnay 100 %
Production moyenne : 70 000 bt/an

DOMAINE FRANÇOIS RAQUILLET
19, rue de Jamproyes, 71640 Mercurey
03 85 45 14 61 • www.domaine-raquillet.com
• Visites : sans RDV.
Propriétaire : François Raquillet

★ DOMAINE STÉPHANE ALADAME

Stéphane Aladame a créé son domaine en 1992, à l'âge de dix-huit ans. Depuis, ce producteur très perfectionniste a progressé régulièrement et propose une gamme très cohérente de montagnys blancs qui sont des modèles de finesse et de fraîcheur, de bonne garde et proposés à des tarifs raisonnables. Quelques parcelles voisines sont en cours d'acquisition et une nouvelle cuverie fait également partie des projets. Ce domaine est très présent sur les meilleures tables gastronomiques françaises et exporte seulement la moitié de sa production.

Les vins : Découverte est le bel exemple de tension minérale, sans artifice boisé, toujours fin et crayeux, il offre une trame épurée et finement acidulée. Les Burnins livre un jus peu boisé, très raffiné et pur. Son sillon minéral désaltère, c'est une vieille vigne avec plus de fond et une salinité toute particulière. La forte minéralité de Vignes Derrière exprime cependant un peu plus de rondeur. Très floral et charmeur, il se destine à la table. Les Maroques est ample, généreux, il s'ouvrira tranquillement d'ici un à cinq ans. Les Coères offre la belle expression du lieu, élégant et frais, en un chardonnay très digeste.

- (blanc) Montagny Premier Cru Découverte 2019 — 18 € — 90
- (blanc) Montagny Premier Cru Les Coères 2019 — 25 € — 91
- (blanc) Montagny Premier Cru Les Maroques 2019 — 22 € — 92
- (blanc) Montagny Premier Cru Les Vignes Derrière 2019 — 22 € — 91

- Montagny Premier Cru Sélection Vieilles Vignes 2019 22 € 90

Le coup de ♥

- Montagny Premier Cru Les Burnins 2019 25 € 93

Blanc : 7,7 hectares. Chardonnay 100 %
Production moyenne : 40 000 bt/an

DOMAINE STÉPHANE ALADAME
20, rue du Lavoir, 71390 Montagny-lès-Buxy
03 85 92 06 01 • aladame.fr/ • Vente et visites : sur RDV.
Propriétaire : Stéphane Aladame

★ ↗ DOMAINE DU CELLIER AUX MOINES

Ce domaine fut la propriété des moines cisterciens de l'abbaye de la Ferté jusqu'en 1789. Il est repris en 2004 par Catherine et Philippe Pascal. Ces derniers ont patiemment restauré l'édifice inscrit à l'inventaire des monuments historiques sans oublier l'essentiel : se doter d'une cave et d'outils fonctionnels. Depuis 2014, Guillaume Marko, qui a fait ses classes à la Romanée-Conti, mène la vinification et fait désormais partie de la cogérance du domaine. Principalement installée sur Givry, la propriété est constituée de prestigieuses parcelles de blancs en Côte de Beaune, une vieille vigne sur Montagny ainsi qu'un aligoté planté en 1945 que nous avons hâte de découvrir. La conversion à la biodynamie, entamée en 2018, poursuit son cours et l'étoile récompense cette année la régularité et la gestion des élevages.

Les vins : fin et sapide, Les Combes illustre le bon exemple d'un montagny sobrement élevé en foudres. Les Margotons donne la place au terroir, l'absence de fût neuf l'explique, beaucoup de fraîcheur, un chardonnay poudré de craie. Beauregard est très réussi, un jus stylé, son acidité et de fins amers donnent du relief et de la persistance. Les Chaumées gagne en équilibre, l'ensemble est bien géré, suave, mais toujours frais et sa minéralité l'affine. Les Pucelles exprime le floral et le minéral, il va se peaufiner avec le temps. Les rouges suivent la même progression : Petit Clos dévoile un pinot fin d'une évidente gourmandise, c'est une pépite au fruit mûr et juteux, prêt à croquer. Cellier aux Moines nous accompagne de tanins mûrs, d'un grain fin, qui assureront sa longue garde. Clos Pascal est parfumé de multiples roses et baies rouges, il séduit par la précision de son fruit, par son boisé adapté et il se hisse haut la main au niveau d'un premier cru.

- Chassagne-Montrachet Premier Cru Les Chaumées 2018 80 € 93
- Mercurey Les Margotons 2018 22 € 92
- Montagny Premier Cru Les Combes 2018 28 € 92
- Puligny-Montrachet Premier Cru Les Pucelles 2018 100 € 94
- Santenay Premier Cru Beauregard 2018 40 € 92
- Givry Le Petit Clos du Cellier 2018 25 € 91
- Givry Premier Cru Clos du Cellier aux Moines 2018 40 € 94

Le coup de ♥

- Givry Clos Pascal 2018 120 € 95

Rouge : 6,2 hectares. Pinot noir 100 %
Blanc : 2,2 hectares. Chardonnay 100 %
Production moyenne : 30 000 bt/an

DOMAINE DU CELLIER AUX MOINES
Clos du Cellier aux Moines, 71640 Givry
03 85 44 53 75 • www.cellierauxmoines.fr • Vente et visites : sur RDV.
Propriétaire : Famille Pascal
Directeur : Philippe et Catherine Pascal
Maître de chai : Guillaume Marko

★ CHÂTEAU DE CHAMILLY

Ce charmant château du XVIIe siècle au nord de Mercurey, propriété de la famille Desfontaine depuis 1840, est géré depuis 1995 par Véronique Desfontaine, secondée depuis 2007 par ses deux fils, Arnaud et Xavier. Le cœur de leur production s'appuie sur les appellations Mercurey et Montagny. Leurs vignes sont en conversion en bio. Le niveau des 2019 est convaincant, plus homogène et mieux géré que les 2018.

Les vins : un sans-faute pour les montagny. Floral et minéral, frais et ciselé, Les Bassets fait honneur à l'appellation. Les Reculerons livre une minéralité sans concession, pierre à fusil et fleurs blanches, tranchant et épuré. Les Jardins réunit une combinaison fût et cuve qui privilégie la tension, le ciselé minéral, on se croirait à Chablis. Très calcaire, léger et crémeux, Les Burnins offre un chardonnay qui trace, bien équilibré et salivant, un premier cru de bonne garde. Les Marcoeurs est un mercurey fin et accessible, au bon support de craie. La bouche est séduisante, élégamment boisée, toujours sur la fraîcheur. Les rouges ne déméritent pas, nous apprécions les saveurs de cette côte chalonnaise juteuse, chaque année remarquable pour son prix doux. Des trois mercureys rouges nous préférons Monthelons, frais, si fin, au boisé délicat, déjà bien en place. Les Puillets, plus prêt que Grand Clos Rousseau, est un premier cru dense et bien élevé, issu d'un terroir en relief, une valeur sûre de l'appellation.

- Mercurey Les Marcoeurs 2019 — 16 € — 92
- Montagny Les Bassets 2019 — 13 € — 89
- Montagny Les Reculerons 2019 — 14 € — 90
- Montagny Premier Cru Les Burnins 2019 — 20 € — 91
- Montagny Premier Cru Les Jardins 2019 — 19 € — 90
- Bourgogne Côte Chalonnaise 2019 — 12 € — 91
- Mercurey Les Monthelons 2019 — 18 € (c) — 92
- Mercurey Premier Cru Les Puillets 2019 — 22 € — 92
- Santenay Premier Cru Grand Clos Rousseau 2019 — N.C. — 92

Rouge : 16 hectares. Pinot noir 100 %
Achat de raisins.
Blanc : 14 hectares. Chardonnay 80 %, Aligoté 20 %
Achat de raisins.
Production moyenne : 170 000 bt/an

CHÂTEAU DE CHAMILLY
7, allée du Château, 71510 Chamilly
03 85 87 22 24 •
www.chateaudechamilly.com • Visites : sans RDV.
Propriétaire : Véronique, Xavier et Arnaud Desfontaine

★ PAUL ET MARIE JACQUESON

La famille Jacqueson a beaucoup œuvré pour la réputation de l'appellation Rully, avec Henri, puis Paul, et désormais Marie et son frère Pierre. Ces trois générations n'ont cessé de faire progresser la qualité, produisant avec régularité des vins qui figurent parmi les plus fins de Bourgogne. Le domaine fait preuve d'une égale réussite en blanc et en rouge comme l'attestent les 2019 dégustés cette année.

Les vins : Les Cordères, aligoté doré issu d'une vigne de 1937, est épuré, mûr et précis, profondément minéral, il se gardera bien. Le rully donne le ton, issu de deux terroirs la Barre et Fromanges, peu boisé, il brille par son éclat salin, sa juste maturité, ciselé et pur. Grésigny est une vigne de 1950 où l'équilibre entre tension et minéralité se ponctue d'une finale légèrement amère. La Pucelle est plus avenant, finement minéral, très bien équilibré, avec un boisé très noble qui l'habille avec élégance. La série des rouges offre des vins de consistance et de longévité : Chaponnières concentre en sa chair des saveurs de fruits rouges, le jus est ferme et méritera de la patience. Les Cloux, entre Préaux et Raclot, est un très beau jus plein, un pinot mûr, charnu, d'une grande fraîcheur et amplitude. Les Velleys, plus fin en tanins, issu de vignes des années 1960, est à ce jour sur la réserve et l'austérité, il méritera quelques années de bouteilles pour s'exprimer.

- Bouzeron Les Cordères 2019 — 12 € — 92
- Rully 2019 — 18 € — 91
- Rully Premier Cru Grésigny 2019 — 21 € — 92
- Rully Premier Cru La Pucelle 2019 — 21 € — 92
- Mercurey Premier Cru Les Velley 2019 — 21 € — 91
- Rully Les Chaponnières 2019 — 21 € — 91

Le coup de ♥
- Rully Premier Cru Les Cloux 2019 — 21 € — 94

Rouge : 10,22 hectares. Pinot noir 97 %, Gamay noir à jus blanc 3 %
Achat de raisins.
Blanc : 8,16 hectares. Chardonnay 81 %, Aligoté 19 %
Achat de raisins.
Production moyenne : 100 000 bt/an

PAUL ET MARIE JACQUESON
12, rue Saint-Laurent, 71150 Rully
03 85 43 26 05 • www.jacqueson-vins.fr •
Vente et visites : sur RDV.
Propriétaire : Marie, Paul et Pierre Jacqueson

★ DOMAINE DE VILLAINE

Aubert et Paméla de Villaine ont acheté ce domaine à Bouzeron en 1971. Leur neveu Pierre de Benoist en assure la gérance et les vinifications depuis son arrivée en 2001. Certifié bio depuis 1986, le domaine a participé activement au maintien et à la promotion du cépage aligoté : un bel encouragement pour l'appellation. Près de 70 000 bouteilles de bouzeron dans les grandes années sont produites avec un niveau remarquable et une aptitude au vieillissement avérée. Par l'achat de 10 hectares sur Rully, le domaine est présent sur six premiers crus renommés. Nous serons attentifs à la gestion de ces nouvelles parcelles, nous publions ci-dessous les meilleures cuvées recommandées.

Les vins : le bouzeron fait partie des meilleurs aligotés de toute la bourgogne, mettez-en de côté, il vieillit à merveille ! Notre préféré parmi la série des premiers crus blancs de rully est Rabourcé ; bien qu'ayant une prise de bois marquée, il en a la carrure, c'est un chardonnay mûr et crémeux, ample et racé, il vieillira bien et plaît par son allure côte-d'orienne. Grésigny et Margotés sont appréciés pour leur minéralité, la gestion des boisés et leur potentiel de garde. Raclot, parcelle située au nord de Rully, diffuse ses parfums d'amandes, la texture est très bien gérée, entre un boisé fin et une acidité qui fait saliver. La vieille vigne de Grésigny offre un vin de temps ample et généreux. Deux rouges 2018 de bonne garde, Passetemps est un pinot noir très extrait. Au palais, il reste massif, la fraîcheur ne manque pas mais il lui faudra du temps pour mieux s'exprimer. Les Champs Cloux est un pinot cossu et athlétique, concentré, ses tanins s'affineront avec quelques années de cave.

- Bouzeron 2019 — Épuisé - 18 € — 93
- Rully Premier Cru Grésigny 2018 — 39 € — 92
- Rully Premier Cru Les Margotés 2018 — 39 € — 92
- Rully Premier Cru Rabourcé 2018 — 39 € — 93
- Rully Premier Cru Raclot 2018 — 39 € — 92
- Rully Premier Cru Les Cloux 2018 — 39 € — 92
- Santenay Premier Cru Passetemps 2018 — 39 € — 91

Rouge : 9,6 hectares. Pinot noir 100 %
Blanc : 20 hectares. Chardonnay 55 %, Aligoté 45 %
Production moyenne : 140 000 bt/an

DOMAINE DE VILLAINE ♣

2, rue de la Fontaine, 71150 Bouzeron
03 85 91 20 50 • www.de-villaine.com •
Vente et visites : sur RDV.
Propriétaire : Pierre de Benoist et Aubert de Villaine
Directeur : Pierre de Benoist

CHÂTEAU DE CHAMIREY

Cette propriété majestueuse du hameau de Chamirey appartient à la famille Devillard depuis 1934 et bénéficie d'une très belle collection de parcelles à Mercurey, dont six premiers crus. Elle dispose d'un espace dégustation ainsi qu'un gîte de charme très prisé : une piscine vous y attend au pied des vignes du Clos du Roi. Le niveau des 2019 n'est pas homogène et suit hélas ! le lot de déceptions constatées avec les vins de 2018, l'an dernier.

Les vins : des trois mercureys blancs nous préférons Pierrelet pour son style ciselé, précis, peu boisé ainsi que le premier cru La Mission, au-dessus du Clos des Roi, un premier cru de garde, apprécié pour sa pureté. Trois villages rouges de mercurey : Hors Ligne est le plus réussi, issu de la vigne les Chavances (1,15 ha) plantée en 1988, un pinot noble, mûr et concentré, il se goûte déjà aujourd'hui. Quatre premiers crus majoritairement décevants, seul Clos des Ruelles est digne de figurer dans nos lignes, il a la profondeur et l'éclat d'un grand pinot, reconnu pour sa pureté. C'est une belle infusion de fruit et son boisé l'épaule sans surjouer.

- Mercurey 2019 — 26,20 € — 89
- Mercurey En Pierrelet 2019 — 30,60 € — 90
- Mercurey Premier Cru La Mission 2019 — 40,90 € — 92
- Mercurey 2019 — 27 € — 89
- Mercurey Clos de la Maladière 2019 — 30,60 € — 88
- Mercurey Cuvée Hors Ligne 2019 — 83,30 € — 91
- Mercurey Premier Cru Clos des Ruelles 2019 — 38,40 € — 92

Rouge : 24 hectares. Pinot noir 100 %
Blanc : 12,8 hectares. Chardonnay 100 %
Production moyenne : 190 000 bt/an

CHÂTEAU DE CHAMIREY

1, rue du Château, Chamirey 71640 Mercurey
03 85 45 21 61 • www.chamirey.com •
Visites : sans RDV.
Propriétaire : Bertrand, Aurore et Amaury Devillard
Directeur : Carole Briffox
Maître de chai : Carole Briffox

CLOS SALOMON

Le domaine doit son nom à la famille Salomon qui l'a acquis en 1538 et transmis, un peu moins d'un siècle plus tard, en 1632, à la famille Gardin de Séveirac. Depuis 2016, il est géré par Ludovic du Gardin. Le vignoble est constitué d'un clos, monopole historique en Givry rouge premier cru, complété de deux parcelles de chardonnay : La Grande Berge, premier cru de Givry (0,40 hectare) et 2 hectares en Montagny. Petits rendements, travail et respect des sols, tout est mis en œuvre pour obtenir la meilleure résonance des terroirs. Nous saluons sa régularité.

Les vins : les 2019 sont très réussis ; Le Clou nous livre une partition plus mûre que l'an dernier, sa générosité l'emporte loin dans la persistance, un montagny prometteur au bon rapport prix-plaisir. Grande Berge affiche une minéralité élevée, mûr, frais et précis. Nous saluons également l'équilibre apporté par l'élevage boisé qui ne masque pas l'énergie et le caractère très digeste de ce givry blanc. Clos Salomon est le joyau du domaine, une expression de pinot noir très bien gérée, appréciée aussi pour son boisé noble et fin.

- Givry Premier Cru La Grande Berge 2019 — 27 € — 92
- Montagny Le Clou 2019 — 17 € — 91
- Givry Premier Cru 2019 — 27 € — 92

Rouge : 7 hectares. Pinot noir 100 %
Blanc : 2,5 hectares. Chardonnay 100 %
Production moyenne : 50 000 bt/an

CLOS SALOMON
16, rue du Clos Salomon, 71640 Givry
03 85 44 32 24 • www.du-gardin.com •
Vente et visites : sur RDV.
Propriétaire : Ludovic du Gardin

NOUVEAU DOMAINE

DOMAINE COTTENCEAU MAXIME

Le jeune domaine Maxime Cottenceau est une nouvelle adresse à suivre de près. Né en 1996 et titulaire d'un BTS œnologie, Maxime a un cursus qui ne nous a pas échappé. Il a appris durant deux années aux côtés de son mentor, l'excellent vigneron Vincent Dureuil à Rully, ce qui lui a permis de poser des bases solides pour se lancer à son tour, en marge de ses parents coopérateurs de la cave de Buxy. Il reprend ainsi petit à petit les vignes familiales avec une gamme variée de montagny, givry et mercurey. Le domaine, en conversion bio depuis 2020, couvre 7,5 ha dont une bonne partie de vieilles vignes. Ses débuts sont prometteurs, son talent et la précision de ses vinifications lui valent de faire son entrée dans notre guide.

Les vins : après nous avoir présenté ses premiers 2018 d'une qualité remarquable, la série des 2019 était très attendue. L'aligoté est d'une parfaite cristallinité, tranchant, sans manquer de maturité, bien au contraire. Il sera parfait sur cinq ans. Une série de montagnys bien ciselés : Sous la Roche, floral et frais, campé sur un boisé noble, ce toasté l'habille sans peser. Vigne du Soleil est issu d'un secteur très calcaire, il offre une minéralité affirmée, un fruit mûr, dense, équilibré et une belle persistance. Les Bassets, vigne de 40 ans, est taillé pour durer, nous en apprécions la rectitude, la pureté, il est haut en degré mais ne perd pas l'équilibre. Les deux rouges, le givry Champ Pourot et le mercurey La Chagnée, affichent une parfaite maturité, des tanins fins et un élevage bien adapté ; l'ensemble semble prêt pour une garde confortable.

- Bourgogne Aligoté 2019 — Épuisé - 12 € — 91
- Montagny Premier Cru Vigne du soleil 2019 — 24 € — 92
- Montagny Village Sous Les Roches 2019 — Épuisé - 20 € — 91
- Givry Champ Pourrot 2019 — 20 € — 89
- Mercurey La Chagnée 2019 — 20 € — 89

Le coup de ♥

- Montagny Premier Cru Les Bassets 2019 — 25 € — 92

Rouge : 2,75 hectares. Pinot noir 100 %
Blanc : 4,75 hectares. Chardonnay 95 %, Aligoté 5 %
Production moyenne : 15 000 bt/an

DOMAINE COTTENCEAU MAXIME
Chemin des Chaumettes 71390 Buxy
06 78 05 37 52 •
cottenceau.maxime@gmail.com • Vente et visites : sur RDV.
Propriétaire : Maxime Cottenceau

DOMAINE MICHEL JUILLOT

L'histoire de la famille Juillot est étroitement liée à la notoriété et la qualité de l'appellation Mercurey. Le domaine, aujourd'hui porté par Laurent Juillot et son fils, couvre une trentaine d'hectares entre la Côte chalonnaise et la Côte de Beaune. Laurent vinifie ses vins en conservant fidèlement l'empreinte du terroir, enregistrant plus de réussite sur les blancs que sur les rouges. Aux côtés de la kyrielle de premiers crus de Mercurey, n'oublions pas de mentionner l'exquis corton-perrières rouge et le rarissime corton-charlemagne, les deux joyaux du domaine.

Les vins : la série des blancs dévoile des vins concentrés mais avec quelques déséquilibres en termes de boisés. Nos préférences vont sur Les Thivaux, crémeux et doté d'une belle énergie ; Clos des Barraults devra intégrer son élevage, le charlemagne a la carrure d'un grand cru et devra lui aussi gérer son boisé qui nous paraît sucrant. Les rouges offrent diverses fortunes : le bourgogne est mûr mais confit, Les Combins profite de sa densité pour nous faire oublier momentanément son élevage. Champs Martins est taillé pour la garde, saluons son équilibre Clos des Barraults, intense et mûr, offre une grande carrure et un boisé marqué. Clos du Ro[illegible] et le corton-perrières nous rassurent : ils ont la race et la puissance pour traverser le temps.

- Corton-Charlemagne Grand Cru 2019 — 110 € — 9[illegible]
- Mercurey Premier Cru Clos des Barraults 2019 — 28 € — 9[illegible]
- Mercurey Premier Cru Les Champs Martins 2019 — 28 € — 8[illegible]

- Rully Les Thivaux 2019 17 € 91
- Bourgogne 2019 12 € 88
- Corton-Perrières Grand Cru 2018 75 € 95
- Mercurey Premier Cru Clos des Barraults 2019 28 € 92
- Mercurey Premier Cru Les Champs Martins 2019 25 € 92
- Mercurey Premier Cru Les Combins 2019 24 € 92

Le coup de ♥

- Mercurey Premier Cru Clos du Roi 2019 30 € 93

Rouge : 20,5 hectares. Pinot noir 100 %
Blanc : 9,5 hectares. Chardonnay 100 %
Production moyenne : 180 000 bt/an

DOMAINE MICHEL JUILLOT
59, Grande-Rue, 71640 Mercurey
03 85 98 99 89 •
www.domaine-michel-juillot.fr • Visites : sur RDV aux professionnels.
Propriétaire : Laurent Juillot

DOMAINE JEAN-BAPTISTE PONSOT

Ce domaine a été créé par le grand-père de Jean-Baptiste Ponsot, Lucien. À partir d'un peu plus de 8 hectares sur Rully en propriété, dont deux tiers en belles parcelles de premiers crus, Jean-Baptiste réalise une gamme soignée et homogène à prix sages. Les vignes sont en culture raisonnée, les sols travaillés et les rendements maîtrisés. Les 2019 confirment cette belle adresse.

Les vins : des blancs épurés et précis ; En Bas de Vauvry, floral et fin, peu élevé, est une belle expression d'un rully accessible en tout point. Montpalais, sobre en boisé et cristallin, livre sa richesse contenue et une belle fraîcheur qui accompagne la finale. Molesme, plus de garde, exprime de fines essences de fleurs, un boisé plus appuyé, tout en étant serré et gracieux. La série des rouges est rondement menée. Citons nos préférés : La Fosse, à la forte personnalité qui demande de le garder en cave, et Molesme, qui s'était déjà fait remarquer avec la meilleure note de tous les rullys rouges de 2019 dans notre numéro de juin 2021. Ce pinot abordable et concentré est un jus d'une grande classe et profondeur, au boisé judicieux.

- Rully En Bas de Vauvry 2019 18 € 92
- Rully Premier Cru Molesme 2019 22 € 93
- Rully Premier Cru Montpalais 2019 22 € 92
- Rully 2019 19 € 92
- Rully Premier Cru la Fosse 2019 25 € 92

Le coup de ♥

- Rully Premier Cru Molesme 2019 23 € 96

Rouge : 2,7 hectares. Pinot noir 100 %
Blanc : 5,8 hectares. Chardonnay 100 %
Production moyenne : 60 000 bt/an

DOMAINE JEAN-BAPTISTE PONSOT
26, Grande-Rue, 71150 Rully
03 85 87 17 90 •
www.domaine-ponsot-rully.fr • Vente et visites : sur RDV.
Propriétaire : Jean-Baptiste Ponsot

DOMAINE SAINT-JACQUES

Une dynastie de Christophe règne depuis trois générations dans cette propriété familiale rullyotine créée par le grand-père Christophe-Amédée en 1955. Les vins sont vinifiés par Christophe-Jean qui s'est installé en 1991 après un cursus très bourguignon. D'abord "la viti" à Beaune, puis Mercurey et le Château de Monthélie, où il prend conscience que la vie du sol est essentielle autant pour laisser s'exprimer le terroir que pour pérenniser cette activité viticole et la transmettre à la génération future. Aujourd'hui, le domaine compte près de 10 ha en appellation Rully, essentiellement en blanc, avec deux premiers crus proches du village. Son fils Christophe-Andréa est déjà présent au domaine dont il reprend les rênes en 2021. La maîtrise des vinifications, la sagesse des élevages et des prix ont été appréciés ; ils feront le bonheur des amateurs.

Les vins : des trois blancs du domaine nous préférons Marissou, un premier cru finement extrait, floral et délicat, mûr et élégamment boisé. Nous avons là un modèle de rully, digeste et parfait à table. L'aligoté est graissé par un boisé fin, plaisant et équilibré. La Fosse exprime la fraîcheur d'un pinot fin, encore serré mais ses tanins et son élevage vont s'affiner. Marissou rouge, voisine de La Fosse, pourrait offrir un peu plus de fond. Cela étant, il séduit pour sa vivacité et son infinie sapidité.

- Rully 2019 16 € 92
- Rully Premier Cru Marissou 2019 20 € 93
- Rully Premier Cru La Fosse 2019 19 € 91

Rully Premier Cru Marissou 2019 19 € 93

Le coup de ♥

Bourgogne Aligoté 2019 12 € 92

Rouge : 2,67 hectares. Pinot noir 100 %
Blanc : 6,87 hectares. Chardonnay 92 %, Aligoté 8 %
Production moyenne : 20 000 bt/an

DOMAINE SAINT-JACQUES
11, rue Saint-Jacques, 71150 Rully
09 65 04 01 54 •
www.christophe-grandmougin.fr • Vente et visites : sur RDV.
Propriétaire : Christophe-Jean Grandmougin
Œnologue : Laurent Michelet

NOUVEAU DOMAINE

DOMAINE TUPINIER-BAUTISTA

Repéré dans nos dégustations à l'aveugle du magazine, le domaine familial de Manu Bautista et ses 11 ha de vignes excellent sur les terroirs de Mercurey. Il élabore depuis 1997 des vins profonds, au fruit d'une grande concentration et pureté. Nous avons décelé un rare équilibre où le fruit et le terroir s'expriment de concert. Blancs et rouges brillent par des choix justes de maturité, des élevages bien intégrés et gérés. Le boisé est au service du vin et pas l'inverse. Ces beaux terroirs de premiers crus illustrent à la perfection le talent de ce vigneron prometteur.

Les vins : deux blancs ouvrent la dégustation. En Sazenay, marqué par les fleurs, à l'élevage boisé sans excès, possède la chair noble d'un premier cru ; Les Vellées exprime par son énergie le crémeux vanillé du chardonnay. Il est ample et persistant. Les rouges offrent de véritables pépites. Deux villages prêts à aborder : Clos de Touches, brillant par sa pureté, l'élevage boisé l'accompagne avec sobriété ; quand aux Vieilles Vignes, nous saluons l'harmonie, tout est patiné, les tanins sont au diapason du fruit et de son boisé. La série des premiers crus est convaincante : En Sazenay, précis, mûr, est un pinot charnu, très bien géré en élevage. Vellées a du fond, généreux, avec des tanins précis et délicats, prêt pour cinq à huit années de cave. Clos du Roy est la pièce de résistance du domaine, un très beau jus fin d'une profondeur inouïe et à la texture suave.

Mercurey Premier Cru En Sazenay 2019 25 € 92

Mercurey Premier Cru Les Vellées 2019 30 € 93

Mercurey Clos de Touches 2019 20 € 92

Mercurey Premier Cru En Sazenay 2019 24 € 93

Mercurey Vieilles Vignes 2019 17 € 92

Le coup de ♥

Mercurey Premier Cru Clos du Roy 2019 32 € 94

Rouge : 8,5 hectares. Pinot noir 100 %
Achat de raisins.
Blanc : 2,5 hectares. Chardonnay 100 %
Achat de raisins.
Production moyenne : 50 000 bt/an

DOMAINE TUPINIER-BAUTISTA
30 ter, rue du Liard, Touches
71640 Mercurey
03 85 45 26 38 •
www.domaine-tupinier-bautista.com • Vente et visites : sur RDV.
Propriétaire : Manu Bautista

MÂCONNAIS

★★★ DOMAINE GUFFENS-HEYNEN

Jean-Marie Guffens maîtrise l'art de vinifier et de sublimer le chardonnay. Déguster une de ses cuvées, même après dix ans, constitue toujours un grand moment. Il partage son temps entre les vinifications haute couture de ce domaine, la gestion de son négoce Verget, sa propriété du château des Tourettes dans le Luberon et le château Closiot, à Barsac où il réalise de grands vins secs et liquoreux quand l'année le permet. Il a révélé le potentiel des meilleurs terroirs du Mâconnais et développé l'intérêt à leur égard. Ses grands vins font l'unanimité, traversent le temps et impressionnent. Les rendements très faibles du millésime 2019 n'ont permis de réaliser que trois vins, les presses se retrouveront dans la cuvée Triangle. Les vins du domaine sont vendus en primeur. Notre conseil est de tenter sa chance tout en n'oubliant pas de s'intéresser aux autres propriétés de ce vigneron d'exception.

Les vins : Jean-Marie Guffens recherche à la fois la richesse et la tension, c'est pour lui la clef des plus grands vins. Les 2019 ne manquent pas de concentration : 1/2 récolte soit 21 hl/ha pour le Premier jus de Chavigne qui transcende le chardonnay, un mâcon d'exception qui tiendra vingt ans. Sa trame acidulée, pure et minérale allonge le vin. Le saint-véran Premiers Jus est d'un équilibre parfait, suave et savoureux, avec un boisé des plus nobles. Le fuissé Premiers Jus rassemble les caractères de Croux et Crays. Actuellement, il est emporté par la puissance et la richesse du millésime. C'est un vin évolutif, dont l'aromatique n'est pas encore cadrée. La bouche est ample et racée, avec une finale sur les saveurs d'orange sanguine. Un vin précis, pur, très long, la finale démontre que le minéral reprend l'ascendant. Dix ans lui permettront de s'exprimer à son plus haut niveau.

- Pouilly-Fuissé Premiers Jus 2019 — N.C. — 94
- Saint-Véran Premier Jus 2019 — N.C. — 93

Le coup de ♥

- Mâcon-Pierreclos Premier jus de Chavigne 2019 — N.C. — 96

Blanc : 6 hectares. Chardonnay 100 %
Production moyenne : 20 000 bt/an

DOMAINE GUFFENS-HEYNEN
Le Bourg, 71960 Sologny
03 85 51 66 00 • www.verget-sa.fr • Vente et visites : sur RDV.
Propriétaire : Jean-Marie Guffens

★★ DOMAINE BARRAUD

Julien Barraud et sa sœur Anaïs ont repris les rênes du domaine, sous l'œil bienveillant de Daniel et Martine, désormais jeunes retraités. La conversion bio est en cours pour les 11 hectares, qui représente treize cuvées en bouteilles, dont onze parcellaires. Équilibre, maturité, terroirs bien marqués et boisés en demi-muid s'adaptent chaque fois aux vins et sont les clefs de leur succès. C'est une des adresses les plus sûres et incontournables du Mâconnais. Les vins y sont d'une grande régularité comme en témoignent les 2019 présentés cette année.

Les vins : la petite empreinte boisée du mâcon marque à l'ouverture, l'amplitude et la concentration l'absorbent partiellement. Les Pommards se montre le plus mûr des deux saint-véran, plus impacté par son élevage. C'est un vin qui sent la craie, concentré, mûr et frais, il fait partie des grandes réussites de l'appellation. La série de six fuissés élève le débat : Les Chataigniers exprime son terroir très pierreux, il dévoile son caractère mûr, profond et un élevage boisé noble. En France, futur premier cru, développe une trame de vin riche, calé pour durer. Soyez patients. Bien qu'ayant élevé le curseur de maturité, Les Crays tranche dans ce jus pur. Il montre sa belle carrure et son élevage bien intégré. Verchère délivre un vin ciselé qui amène une grande sapidité. L'effet vieille vigne régule et équilibre. En Buland recueille notre préférence : issu d'une vigne de 1934, à l'aromatique complexe, il déploie un sillage crayeux intense et un boisé idoine. Un challenger pour la Côte-d'Or.

- Mâcon Vergisson La Roche 2019 — 17 € — 90
- Pouilly-Fuissé En France 2019 — 22 € — 93
- Pouilly-Fuissé La Verchère 2019 — 26 € — 93
- Pouilly-Fuissé Les Chataigniers 2019 — Épuisé - 19,50 € — 94
- Pouilly-Fuissé Les Crays 2019 — 26,50 € — 94
- Pouilly-Fuissé Sur La Roche 2019 — 26 € — 93
- Saint-Véran En Crèches 2019 — 17,50 € — 91
- Saint-Véran Les Pommards 2019 — 20 € — 93

Le coup de ♥

- Pouilly-Fuissé En Buland Vieilles Vignes 2019 — Épuisé - 32 € — 97

Blanc : 11 hectares. Chardonnay 100 %
Production moyenne : 70 000 bt/an

DOMAINE BARRAUD
3, place de la Mairie, 71960 Vergisson
03 85 35 84 25 • www.domainebarraud.com • Vente et visites : sur RDV.

Propriétaire : Julien Barraud

★★ DOMAINE J.-A. FERRET

Audrey Braccini, brillante œnologue, est reconnue pour son talent de vinificatrice et sa compréhension des différents terroirs dont elle a la charge après l'acquisition en 2008 du domaine par Jadot (propriété de la famille Kopf). Elle a su faire évoluer les pratiques culturales par le travail des sols et la conversion bio sera d'ailleurs acquise pour la récolte 2023. La majorité des vignes est issue de Fuissé, complétée de belles parcelles sur Vergisson. Vignes âgées, rendements faibles et boisés adaptés contribuent à l'exceptionnelle qualité des vins. Le classement des premiers crus concernera l'an prochain la quasi-totalité des fuissés du domaine, à l'exception du Clos de Prouges. 2019 a été fort bien gérée, une vendange millerandée dont les faibles rendements rappellent 2012 et 2013 ; les presses ont été soignées pour ne pas aller chercher les extractions ni les amertumes.

Les vins : le mâcon-fuissé offre un duo de tension et précision, apprécié pour sa rectitude et sa minéralité, à la fois vif et frais. Offrez-vous également le mâcon-solutré, excellent et très abordable. Épuré, crayeux, le fuissé est exemplaire. Il épouse un jus d'une bonne densité, intense et vivifiant, et son boisé est sobre et intégré. Autour de la Roche réunit douze parcelles toutes situées sur Vergisson. Le trio œuf, cuve et fût respecte le fruit, assurant fraîcheur et tension. Tournant de Pouilly, petite parcelle de 78 ares, montre un jus pur et longiligne qui vieillira bien. Les Ménétrières est d'une grande précision, il s'équilibre grâce à un support minéral et un boisé bien calés, une empreinte mâconnaise affirmée. Les Perrières est ample, minéral et crayeux. C'est un 2019 concentré, pur, sa garde dépassera dix ans. Clos des Prouges, 2 hectares sur Fuissé, est mûr et très équilibré, il forme un ensemble puissant et persistant. Le Clos, petite parcelle entre la maison Ferret et l'église nous séduit par son énergie, il allie maturité et minéral fin.

- Mâcon-Fuissé 2019 — 15,20 € — 91
- Pouilly-Fuissé 2019 — 25,40 € — 91
- Pouilly-Fuissé Autour de la Roche 2019 — 25,40 € — 91
- Pouilly-Fuissé Hors Classe Les Ménétrières 2019 — 43,20 € — 94
- Pouilly-Fuissé Hors Classe Tournant de Pouilly 2019 — 43,20 € — 93
- Pouilly-Fuissé Tête de Cru Clos des Prouges 2019 — 33,30 € — 94
- Pouilly-Fuissé Tête de Cru Le Clos 2019 — 33,30 € — 93
- Pouilly-Fuissé Tête de Cru Les Perrières 2019 — 33,30 € — 94

Blanc : 18,5 hectares. Chardonnay 100 %
Production moyenne : 90 000 bt/an

DOMAINE J.-A. FERRET
61, rue du Plan, 71960 Fuissé
03 85 35 61 56 • www.domaine-ferret.com •
Vente et visites : sur RDV.
Propriétaire : Famille Kopf
Directeur : Audrey Braccini

★★ DOMAINE GUILLEMOT-MICHEL

Marc Guillemot et Pierrette Michel quittent en 1985 la cave coopérative pour créer leur domaine à Clessé consitué de vieilles vignes, dans le hameau de Quintaine. Ici, tout est conduit en bio depuis plus de trente ans, et en biodynamie certifiée depuis 1992. Leur fille Sophie les a rejoints en 2013, après un passage chez Hennessy qui l'a conduite à distiller leur propre production sur deux alambics de 1942 au feu de bois. Elle élève ainsi en fûts depuis 2012 un marc et une fine de Bourgogne absolument remarquables, rectifiés à l'eau de pluie ! Gautier Roussille, l'époux de Sophie, est arrivé à son tour au domaine après deux ans au domaine de Montille. Doublement étoilé depuis l'an dernier, la propriété est saluée unanimement pour sa régularité et sa précision. Le gel du 11 avril 2019 sur le hameau de Quintaine a réduit de moitié la récolte ; les petits rendements qui en découlent ont donné des vins très concentrés avec un extrait sec énorme et une grande tension.

Les vins : né d'un chardonnay planté voilà 40 ans, élaboré en méthode ancestrale (seuls les sucres naturels du raisin sont utilisés pour la prise de mousse), sur lattes durant 17 mois, Une Bulle, sans aucun dosage, brille par sa finesse offrant un aspect croquant et désaltérant sur fond de saveurs de poire fraîche. Quintaine exprime un raisin mûr, un chardonnay ciselé, concentré, d'une rare élégance, à l'aise en version apéritive ou à table. Retour à la Terre, vinifiée en jarre, est gracieux, subtilement riche et concentré en son cœur, il sera de très bonne garde mais peut aussi s'approcher dès aujourd'hui. Charleston, vinifié et élevé en vieux fût demi-muid, se savoure par son amplitude et son boisé modéré doublé d'une sensation aérienne très agréable au palais.

- Viré-Clessé Charleston 2019 — 46,50 € — 93
- Viré-Clessé Quintaine 2018 — 23,50 € — 93

Viré-Clessé Quintaine 2019 24 € 93

Le coup de ♥

Vin Mousseux Méthode Ancestrale Une Bulle 2019 23,50 € 93

Viré-Clessé Retour à la Terre 2019 36,50 € 94

Blanc : 6,5 hectares. Chardonnay 100 %
Production moyenne : 40 000 bt/an

DOMAINE GUILLEMOT-MICHEL

664, route de Quintaine, 71260 Clessé
03 85 36 95 88 • www.domaineguillemotmichel.net • Vente et visites : sur RDV.
Propriétaire : Pierrette et Marc Guillemot, Sophie et Gautier Roussille

★★ DENIS JEANDEAU

Denis Jeandeau est propriétaire d'un unique hectare en Viré-Clessé, il le complète par des achats de raisins, principalement issus de vieilles vignes, qu'il vendange puis vinifie avec minutie. Les viré-clessé, saint-véran et mâcon sont labellisés bio. Ses progrès constants et son sens du travail bien fait l'ont placé parmi l'élite des vignerons de l'appellation. En toute décontraction, Denis laisse parler le terroir, l'accompagne et ses boisés agissent en exhausteur de goût. Ses vins se savourent sur plusieurs années, en tout format. Denis multiplie les projets : après sa nouvelle cave, il a réalisé avec le domaine savoyard Jérémy Dupraz une cuvée de jacquère (10 barriques), labellisée Vin de France et issue de vignes en bio sur Apremont.

Les vins : En Serre ne manque pas de fraîcheur ni de concentration, un mâcon de cuve aux angles arrondis, déjà prêt pour un plaisir immédiat. Cornillaux, parcelle sur Leynes, est apprécié pour son très fin toucher de bouche, un relief frais et serré, adapté pour garantir la garde. Viré-Clessé présente un boisé soft qui respecte le fruit et sa minéralité, un travail efficace adapté au terroir. Vieilles Vignes offre la parfaite combinaison d'un chardonnay mûr, d'un élevage réfléchi, une petite part de cuve pour équilibrer. La poire au sirop et la craie s'en échappent. Secret Minéral et sa note de réduction fine, une trame gracieuse, montre la richesse du millésime 2019 mais étonne par son équilibre. Encavez des magnums !

Mâcon-Chardonnay En Serre 2019 15,90 € 91

Pouilly-Fuissé Vieilles Vignes 2019 25,90 € 93

Saint-Véran Les Cornillaux 2019 22,90 € 92

Viré-Clessé 2019 22,90 € 93

Le coup de ♥

Pouilly-Fuissé Secret Minéral 2019 39,90 € 95

Blanc : 1 hectare. Chardonnay 100 %
Achat de raisins.
Production moyenne : 40 000 bt/an

DENIS JEANDEAU

161, rue du Bourg, 71960 Fuissé
03 85 40 97 55 • www.denisjeandeau.com • Vente et visites : sur RDV.
Propriétaire : Denis Jeandeau

★★ DOMAINE JACQUES SAUMAIZE

Créé au début des années 1980, ce domaine s'est agrandi au fil des ans avec l'acquisition régulière d'une majorité de vieilles vignes. Jacques et Nathalie Saumaize ont été rejoints en 2012 par leur fils Anthony. La conversion bio est entamée, ils signent avec une grande régularité des vins blancs au style impeccable, finement minéraux, parfaitement équilibrés en acidité et au boisé complètement maîtrisé n'excédant pas 20 %. Quant aux futurs premiers crus, seulement une partie des parcelles Sur la Roche est classée : 86 ares se trouvent au-dessus de 400 m et resteront en Pouilly-Fuissé-Villages. Avec leurs voisins également concernés, ils renommeront ces parcelles Le Haut de la Roche.

Les vins : Montbrison dévoile un haut niveau de mâcon, un jus pur, au boisé juste, l'ensemble prend du gras à l'aération. Parmi les cinq saint-véran présentés, Poncetys détonne par sa haute maturité et un boisé qui paraît luxueux ; Les Cras est fait pour vieillir, d'aspect plus calcaire mais tout aussi généreux et boisé, il révèle une énergie due à une acidité bienvenue sur la finale. Les Crèches allie concentration des arômes et saveurs, un boisé intégré et un potentiel de garde assuré pour ce vin très abordable. Les pouilly-fuissé brillent par leur précision et des équilibres remarquables : Vieilles Vignes exprime la quintessence de Solutré, on retrouve une grande vitalité minérale et un boisé marié au chardonnay ; Creuzettes, toujours sur Solutré, s'exprime avec une fraîcheur bienvenue, sur fond de craie. Il laisse sur le palais des saveurs citronnées et toniques ; Courtelongs offre la minéralité d'un jus racé, si cristallin qu'il n'en finit pas de parfumer nos verres. Enfin, les deux futurs premiers crus : Maréchaude réunit tous les atouts d'un grand vin, un jus crémeux et harmonieux, au boisé millimétré ; Sur la Roche, Vergisson dans toute sa splendeur, dégage une telle énergie que son boisé s'efface.

- Mâcon-Bussières Montbrison 2019 — 14 € — 92
- Pouilly-Fuissé La Maréchaude 2019 — Épuisé - 23 € — 94
- Pouilly-Fuissé Les Courtelongs 2019 — 22 € — 93
- Pouilly-Fuissé Les Creuzettes 2019 — 21 € — 93
- Pouilly-Fuissé Les Vieilles Vignes 2019 — 22 € — 92
- Pouilly-Fuissé Sur la Roche 2019 — Épuisé - 22 € — 95
- Saint-Véran Les Cras 2019 — 18 € — 92
- Saint-Véran Poncetys 2019 — 18 € — 91

Le coup de ♥

- Saint-Véran La Vieille Vigne des Crèches 2019 — 17 € — 93

Blanc : 12 hectares. Chardonnay 100 %
Production moyenne : 70 000 bt/an

DOMAINE JACQUES SAUMAIZE
746, route des Bruyères, 71960 Vergisson
03 85 35 82 14 • www.saumaize.com • Vente et visites : sur RDV.
Propriétaire : Jacques, Nathalie et Anthony Saumaize
Directeur : Nathalie Saumaize
Maître de chai : Jacques et Anthony Saumaize

★★ VERGET

Jean-Marie Guffens a mis tout son talent et son exigence dans cette maison de négoce haute couture créée en 1990. Julien Desplans, brillant œnologue formé à la Romanée-Conti, est le maître à bord de la maison Verget depuis 2012. Sacré négoce de l'année par le jury de la RVF en 2020, il est unanimement salué pour ses vinifications hors pair, les choix très pointus des approvisionnements et la précision des pressurages et des élevages. Saluons ces 2019 de grande maîtrise.

Les vins : finesse et fraîcheur résument bien Le Clos Saint-Pierre. Précis dans les arômes, il montre que le chardonnay sait briller sans élevage boisé ! La Roche, très typé Vergisson, est crayeux à souhait, frais et précis. La magie opère, la minéralité tranche dans la trame du vin. Vignes de Saint-Claude est un saint-véran limitrophe de Vergisson qui séduit par sa puissance : une ossature minérale forte, une pureté et une concentration de fruit remarquables. Initialement cadastré en Côte-Rôtie, Lieu (Inter)dit signe la précision même de la maturité et de l'élevage, tous les marqueurs d'un grand chardonnay. Les Combes Vieilles Vignes offre la finesse d'un grand pouilly. Son boisé l'accompagne sans surjouer, la trame du vin vibre sans faillir. Sur la Roche hausse le ton ; proche de la craie, il exprime une minéralité XXL d'une précision diabolique. Son élevage boisé souligne sans excès, la bouche n'est que finesse, fins amers : un vin complet et raffiné. Tout en haut de la colline de Puligny, Sous le Puits rassemble le vanillé d'un boisé fin, pureté et éclat. La trame du vin est d'une grande élégance, loin des stéréotypes de l'appellation.

- Chablis Cuvée de la Butte 2019 — 22,40 € — 91
- Mâcon-Bussières Vignes de Montbrison 2019 — Épuisé - N,C, — 92
- Mâcon-Charnay Le Clos Saint-Pierre 2019 — 14,30 € — 92
- Mâcon-Vergisson La Roche 2019 — Épuisé - N,C, — 93
- Puligny-Montrachet Premier Cru Sous Le Puits 2019 — 67,40 € — 93
- Saint-Véran Lieu (Inter)dit 2019 — Épuisé - N,C, — 93
- Saint-Véran Vignes de Saint-Claude 2019 — 19,35 € — 92

Le coup de ♥

- Pouilly-Fuissé Les Combes Vieilles Vignes 2019 — Épuisé - N,C, — 95
- Pouilly-Fuissé Sur La Roche 2019 — Épuisé - N,C, — 96

Blanc : Chardonnay 100 %
Achat de raisins.
Production moyenne : 200 000 bt/an

VERGET
Le Bourg, 71960 Sologny
03 85 51 66 00 • www.verget-sa.com • Vente et visites : sur RDV.
Propriétaire : Jean-Marie Guffens
Maître de chai : Julien Desplans

★ DOMAINE DE LA BONGRAN

S'appuyant sur une tradition ancienne de vins moelleux ("levroutés", disait-on autrefois), Jean Thévenet et son fils Gautier ont beaucoup œuvré pour faire perdurer la tradition des vins à sucres résiduels dans cette partie de la Bourgogne. La mention "levroutée" a été officialisée pour les 400 hectares de l'appellation Viré-Clessé en mai 2018 : elle autorise une sucrosité résiduelle entre 8 et 18 g/l. Actuellement, la production du domaine se spécialise dans les vins blancs de style sec-tendre. Leur ampleur, leur richesse et l'absence de boisé les singularisent dans ce secteur de la Bourgogne. En dehors de la Bongran, les Thévenet produisent également des vins sur les domaines de Roally (Mâcon-Villages) et Émilian Gillet (Viré-Clessé). Les vins sont certifiés bio depuis le millésime 2012.

Les vins : trois cuvées et millésimes de viré-clessé présentés, le 2018 parfume nos verres de chèvrefeuille en fleur et nougat. La bouche s'exprime en rondeur, suave et fraîche, très pure, avec une petite note saline et amère en finale. Le 2016 nous rappelle les dragées et la poire au sirop. La bouche souple s'apprécie pour sa fraîcheur, un vin sec et délicat. Le nez du 2017 levrouté déploie la surmaturité du chardonnay, des notes d'amandes fraîches, de mirabelles, le tout sans artifice boisé. La bouche suave intègre très bien sa sucrosité. L'ensemble est ample, sapide et élégant, de belle persistance.

- Viré-Clessé Cuvée E. J. Thévenet 2016 — de 23 à 28 € (c) — 92
- Viré-Clessé Cuvée Emilian Gillet 2018 — 17 € — 93
- Viré-Clessé Domaine Emilian Gillet Levroutée 2017 — 25 € — 93

Blanc : 17 hectares. Chardonnay 100 %
Production moyenne : 60 000 bt/an

DOMAINE DE LA BONGRAN ♣

199, rue des Gillet, 71260 Clessé
03 85 36 94 03 • www.bongran.com • Vente et visites : sur RDV.
Propriétaire : Gautier Thévenet
Directeur : idem
Maître de chai : idem

★ DOMAINE FRANTZ CHAGNOLEAU

Originaire de Charente-Maritime, Frantz Chagnoleau a débuté sa carrière chez Olivier Merlin. Avec son épouse Caroline Gon, elle aussi œnologue (en charge du domaine Héritiers du Comte Lafon), ils ont réuni près de 7 hectares principalement à Saint-Albain, Chasselas, Prissé et Vergisson. Les vins sont issus de vignes âgées en moyenne de 50 ans, toutes labourées, et le domaine s'approche des pratiques de la biodynamie par l'utilisation de tisanes et de levures indigènes. Ils sont adeptes des vinifications et élevages en fût complétés d'un passage en cuve inox pour retendre les vins avant les mises. Nous apprécions la justesse des maturités qui transparaît dans toute la gamme ainsi que la capacité des vins à traverser le temps. La deuxième étoile n'est plus très loin !

Les vins : Clos Saint-Pancras, suave, ample, équilibré est finement boisé, une belle entrée en matière pour découvrir le mâcon du domaine. Cinq saint-véran illustrent brillamment l'appellation : Fournaise, une parcelle sur Prissé, se développe avec amplitude, soutenu par sa minéralité et un boisé très fin. Pré Jaux, à l'élevage précis, profite d'une belle tension, sapide, élancé, c'est un vin qui aura une bonne capacité de garde. A la Côte est une vigne sur Mont Pouilly à Chasselas ; sa délicate empreinte de craie et son boisé noble et fin forment un ensemble qui s'ouvre déjà. La Roche est un vin séduisant, finement minéral, son énergie l'emmènera dans le temps. Prélude, avec ses notes de poires juteuses, au boisé légèrement fumé, nous offre le galbe d'un vin plutôt riche mais équilibré. Raspillères, petite parcelle sur Viré, est étonnant par sa tension, une acidité bienvenue qui vient corseter ce jus précis et pur. Pastoral séduit par sa grande pureté et l'empreinte des sols de Vergisson, l'élevage mesuré accompagne un jus généreux, salin. Un vin de garde et de gastronomie. Toujours sur Vergisson, Madrigal exprime le crémeux-minéral de deux parcelles en Carementrant et Sabotier. La bouche est mûre, large, et l'élevage toasté-grillé lui va bien.

- Saint-Véran Pré Jaux 2019 — 20 € — 93
- Mâcon-Villages Clos Saint-Pancras 2019 — Épuisé - 12 € — 92
- Pouilly-Fuissé Madrigal 2019 — Épuisé - 26 € — 95
- Saint-Véran A la Côte 2019 — 20 € — 93
- Saint-Véran La Fournaise 2019 — 20 € — 92
- Saint-Véran Prélude 2019 — 17 € — 92
- Viré-Clessé Les Raspillères 2019 — Épuisé - 18 € — 92

Le coup de ♥

- Pouilly-Fuissé Pastoral 2019 — 22 € — 94
- Saint-Véran La Roche 2019 — 20 € — 94

Blanc : 8,5 hectares. Chardonnay 100 %
Production moyenne : 45 000 bt/an

DOMAINE FRANTZ CHAGNOLEAU ♣

Le Carruge, 18, chemin des Prés,
71960 Pierreclos
06 80 65 13 19 •
www.domainefrantzchagnoleau.fr • Vente et visites : sur RDV.
Propriétaire : Frantz Chagnoleau et Caroline Gon
Directeur : Frantz Chagnoleau

★ ÉRIC FOREST

Éric Forest exploite quelques-uns des meilleurs terroirs de Vergisson, ainsi qu'une parcelle sur les hauteurs de Davayé et plus récemment un Clos monopole au fort potentiel. Il s'est formé auprès de son grand-père, dont il a repris les vignes en 1999. Il y a du génie chez ce vigneron instinctif et précis qui fait partie des plus réguliers et talentueux de sa génération. Les choix sont justes de la vigne à la cave, nous maintenons cependant que les boisés peuvent gagner en précision et parfois en modération. Ajoutons sa passion pour les vins blancs du Valais suisse : il réalise depuis trois millésimes une cuvée de petite arvine rarissime qui montre son appétence à vinifier et magnifier les grands cépages blancs !

Les vins : nouvelle et vieille vigne, le Clos des Charmes, monopole de 1,50 ha est la petite fierté du domaine. Ce mâcon, très épuré à l'ouverture, avec une touche d'eugénol, ne manque pas de fond, cependant l'élevage prend l'ascendant et prédomine dans la trame du vin. Mâcon Sur la Roche restitue l'empreinte terrienne de Vergisson, à la maturité très bien gérée. La concentration et l'énergie du millésime sont là, c'est un vin puissant et persistant. Terre Noire, vigne bientôt centenaire, livre un saint-véran concentré, mûr et précis. Son boisé graisse ce jus équilibré et son potentiel de garde sera confortable. Renommée maintient son aspect bien mûr, il ne manque pas de volume, tous les curseurs sont élevés jusqu'à sa persistance. Ame Forest brille sur les pas de Vergisson avec une forte personnalité. Il mêle cédrat frais et élevage stylé. La bouche très dense séduit par sa tension minérale et son boisé idoine. Les Crays est un grand terroir futur premier cru. Déjà bien en place, il offre un jus mûr et concentré, élégamment boisé, ample et d'une grande longueur. L'aromatique de crème vanillée du fuissé La Roche flirte avec un boisé toasté. Le fond minéral soutient et apporte la finale vivifiante d'un grand vin.

- Mâcon-Pierreclos Le Clos des Charmes 2019 — 24 € — 90
- Mâcon-Vergisson Sur la Roche 2019 — Épuisé - de 19 à 24 € (c) — 92
- Pouilly-Fuissé Ame Forest 2019 — 21 € — 93
- Pouilly-Fuissé Les Crays 2019 — 29 € — 94
- Saint-Véran La Renommée 2019 — 20 € — 93
- Saint-Véran Terre Noire 2019 — 27 € — 92

Le coup de ♥

- Pouilly-Fuissé La Roche 2019 — 32 € — 94

Blanc : 7,5 hectares. Chardonnay 100 %
Production moyenne : 40 000 bt/an

ÉRIC FOREST
56, rue du Martelet, 71960 Vergisson
06 22 41 42 55 • www.ericforest.fr • Vente et visites : sur RDV.
Propriétaire : Éric Forest

★ DOMAINE GUILLOT-BROUX

Le domaine Guillot-Broux, certifié bio, est lún des plus réguliers de la région mâconnaise. Les vieilles vignes, parfaitement tenues, donnent aux vins un style résolument classique. Le domaine s'appuie sur des raisins bien mûrs et évite tout élevage boisé sophistiqué. Patrice et Emmanuel perpétuent ainsi l'œuvre de leur père, et en conservent l'esprit. Nous sommes très satisfaits par leurs blancs, toujours très maîtrisés et cristallins. Les rouges 2019 ont eu cette année moins de réussite, hormis le gamay Beaumont.

Les vins : les 2019 offrent un niveau remarquable pour les blancs. Combettes est suave et généreux, terminant par une empreinte minérale intense. Les Genièvrières est un vin de garde, il affiche une fermeté tout en livrant un galbe élégant et peu boisé. Perrières, au diapason, est un vin salué pour son équilibre, sa gestion du boisé et une finale aux saveurs de noisettes grillées. Clos de la Mollepierre, 0,85 ha, posé sur une dalle calcaire, libère sa minéralité, associée à un boisé juste. Plessys, non présenté cette année, goûté en marge du guide, est un pouilly-fuissé également recommandable. Les pinots noirs ont déçu ; gardons donc en mémoire le gamay Beaumont, très mûr, rappelant les cerises noires. Il nous fait profiter de la jovialité et du fruit gourmand du cépage.

- Mâcon-Chardonnay Les Combettes 2019 — 25 € — 92
- Mâcon-Cruzille Clos de la Mollepierre 2019 — 39 € — 92
- Mâcon-Cruzille Les Perrières 2019 — 39 € — 92
- Pouilly-Fuissé les Metertières 2019 — 25 € — 92
- Mâcon-Cruzille Beaumont 2019 — 25 € — 88

Le coup de ♥

- Pouilly-Fuissé Les Plessys 2019 — 20 € — 92

Rouge : 6 hectares. Pinot noir 50 %, Gamay noir à jus blanc 50 %
Achat de raisins.
Blanc : 9 hectares. Chardonnay 100 %
Achat de raisins.
Production moyenne : 85 000 bt/an

DOMAINE GUILLOT-BROUX ♣
42, route de Martailly, 71260 Cruzille
03 85 33 29 74 • www.guillot-broux.com •
Vente et visites : sur RDV.
Propriétaire : Patrice et Emmanuel Guillot

★ DOMAINE HÉRITIERS DU COMTE LAFON

Caroline Gon gère depuis 2006, sous l'œil bienveillant de Dominique Lafon, les 26 hectares de vignes de ce domaine, une belle locomotive des terroirs du mâconnais. Toutes les vignes sont labellisées bio et biodynamie. Près de 170 000 bouteilles sont ainsi produites avec une grande régularité de qualité, dans un style pur et ciselé, sans boisé ostentatoire, combinant élevages en foudres et demi-muid. Sur le millésime 2019, le gel et la grêle ont frappé le domaine ; bien qu'habitué aux petits rendements, il a vu sa récolte diminuer de 40 %. Il n'y a donc pas de mâcon-prissé et très peu saint-véran, cette année. Les acidités sont un peu plus fortes qu'en 2018, mais les équilibres sont trouvés. Le millésime est globalement plus accessible et d'excellente qualité. Certains vins méritent un temps de repos en cave : apprenez à les attendre.

Les vins : les 2019 sont très séduisants et la gamme homogène. Mâcon-Milly-Lamartine fait partie de nos coups de cœur, il associe fine minéralité, précision et un parfait niveau de maturité. L'élevage est au cordeau, il soutient un jus étiré, sapide et persistant. Clos du Four est le vin signature du domaine, déjà très ouvert, au fruit fin et au boisé élégant. Le saint-véran est ample, il profite d'une belle énergie, graissé par un élevage bien conduit, au sillage frais et tranchant de fin de bouche. Récolté sur Viré, le viré-clessé repose sur un bel équilibre ; la fraîcheur innée de ce chardonnay mûr, incisif sur la finale, est plaisante. En Chatenay est issu de deux parcelles sur Vergisson. On y retrouve la minéralité du lieu, son profil frais, droit, qui en fait un fuissé déjà très équilibré.

Mâcon Clos de la Crochette 2019	19 €	90
Mâcon-Milly-Lamartine 2019	17 €	93
Mâcon-Uchizy Les Maranches 2019	19 €	90
Saint-Véran 2019	22 €	93
Viré-Clessé 2019	24 €	92

Le coup de ♥

Macon-Milly-Lamartine Clos du Four 2019	21 €	93
Pouilly-Fuissé En Chatenay 2019	29 €	94

Blanc : 26 hectares. Chardonnay 100 %
Production moyenne : 170 000 bt/an

DOMAINE HÉRITIERS DU COMTE LAFON ♣
4, rue Lamartine, 71960 Milly-Lamartine
03 80 21 22 17 • comtes.lafon@gmail.com •
Vente et visites : sur RDV.
Propriétaire : Famille Lafon
Directeur : Dominique Lafon
Maître de chai : Caroline Gon

★ ↗ DOMAINE MERLIN

Corinne et Olivier Merlin ont débuté en 1987, passant par la location de vignes, le métayage puis une activité d'achats de raisins sur de beaux secteurs du Mâconnais. En 2006, ils se procurent 2 hectares en Moulin-à-Vent, dont une partie sur le terroir de La Rochelle, ce qui coïncide avec une diminution du négoce. Théo et Paul, leurs deux fils, se sont joints à eux fin 2017 avec la reprise de 8 hectares de vieilles vignes en Mâcon, Saint-Véran et Pouilly-Fuissé. Nous récompensons la progression du domaine et l'homogénéité de la gamme des 2019 en décernant logiquement la première étoile.

Les vins : le domaine a brillamment réussi ses 2019. La Roche Vineuse exprime une grande maturité allié à un boisé juste ; il est doté d'une bonne amplitude en bouche, dans la moyenne haute de l'appellation. Les Cras est une version complexe d'un mâcon de temps, un jus concentré, mûr, avec une bonne acidité qui contrecarre la richesse du vin. En Crèche a une belle énergie, le gras s'estompe, on a une belle minéralité sous-jacente, il réunit tonicité et digestibilité. Le Grand Bussière fait écho à la puissance du millésime. La bouche est ferme, son boisé est mesuré. Pour l'anecdote c'était la vigne du poète Lamartine. Dans la série des futurs premiers crus, Les Chevrières est une vigne sur Chaintré, crayeux, au boisé sobre et bien intégré, fruit d'un élevage long. C'est un vin qui irradie le palais par son énergie et sa longueur. Sur la Roche, tiré d'une vigne à 370 m d'altitude, est un concentré de minéralité, il digère son boisé avec aisance, le calcaire dépasse le vin. Le moulin-à-vent est une vieille vigne sur Chénas exprimant la finesse des granites, il va bien évoluer.

Mâcon-La Roche Vineuse Les Cras 2019	23 €	91
Mâcon-La Roche Vineuse Vieilles Vignes 2019	17 €	90
Pouilly-Fuissé Sur la Roche 2019	31 €	96
Saint-Véran En Crèche 2019	22,50 €	91
Saint-Véran La Côte Rotie 2019	22,50 €	92
Bourgogne Les Cras 2019	17 €	92

Moulin-à-Vent La Rochelle
2019 21,50 € 92

Le coup de ♥

Pouilly-Fuissé Clos de France
2019 34 € 94

Pouilly-Fuissé Les Chevrières
2019 31 € 93

Saint-Véran Le Grand Bussière
2019 22,50 € 92

Rouge : 3,31 hectares. Pinot noir 60 %, Gamay noir à jus blanc 40 %
Blanc : 19,6 hectares. Chardonnay 100 %
Production moyenne : 160 000 bt/an

DOMAINE MERLIN
305, route de la Boisserole, 71960 La Roche-Vineuse
03 85 36 62 09 • www.merlin-vins.com •
Vente et visites : sur RDV.
Propriétaire : Olivier Merlin

★ ↗ DOMAINE GILLES MORAT

Gilles Morat, natif de Vergisson, a créé le domaine en 1997 avec son épouse Joëlle. 2020 marque une nouvelle ère avec l'arrivée de leur fils Pierre, œnologue ayant multiplié les expériences à l'étranger et en France. Ils signent ensemble des vins de caractère, fruit d'un travail rigoureux de la vigne et des sols. Les intrants chimique sont bannis depuis 2001, et le domaine poursuit sa conversion bio. La famille Morat révèle avec talent le potentiel et la diversité des terroirs de Vergisson à travers une approche artisanale en élaborant des vins d'une grande pureté. Saint-véran et pouilly-fuissé (dont deux premiers crus) composent la gamme. Sa régularité lui permet d'acquérir cette année la première étoile.

Les vins : nous saluons les 2019 notamment pour la sobriété des élevages, le terroir en est ainsi mieux marqué. Issu d'En Buland, Terres du Menhir, largement supplanté par le minéral, signe un vin poudré de calcaire ; sa finale suave, acidulée et gourmande nous ravit. Bélemnites, au nez très pur, finement toasté et mûr, présente un jus concentré, tendu et minéral, typé Vergisson. Aux Vignes Dessus offre une bouche très aérienne : son style charnu, son boisé-toasté fin l'épaulent gracieusement, l'ensemble profite d'un bel équilibre et surtout d'une belle énergie. Sur La Roche, futur premier cru, allie concentration et maturité, toujours bien imprégné des sols caillouteux. Il ne manque pas d'amplitude, sa belle carrure séduit tout autant que son boisé idoine. Une gamme de très bonne garde.

Pouilly-Fuissé Bélemnites
2019 de 21 à 24 € (c) 93

Pouilly-Fuissé Climat Aux Vignes Dessus
2019 de 23 à 25 € (c) 93

Pouilly-Fuissé Terres du Menhir
2019 de 19 à 22 € (c) 91

Saint-Véran 2019 de 16 à 18 € (c) 92

Le coup de ♥

Pouilly-Fuissé Climat Sur La Roche
2019 de 26 à 28 € (c) 94

Blanc : 6,5 hectares. Chardonnay 100 %
Production moyenne : 40 000 bt/an

DOMAINE GILLES MORAT
595, route des Bruyères, 71960 Vergisson
03 85 35 85 51 • www.gillesmorat-vins.fr •
Vente et visites : sur RDV.
Propriétaire : Gilles Morat
Maître de chai : Gilles et Pierre Morat

★ CHÂTEAU DES RONTETS

Claire et Fabio Gazeau-Montrasi, architectes reconvertis en viticulteurs passionnés, ont acquis une reconnaissance méritée grâce à l'excellence de leurs vins. Sur ce terroir unique qui culmine à 360 mètres d'altitude, ils produisent des pouilly-fuissé racés et complexes. Grâce à des élevages longs (près de deux ans pour les cuvées Birbettes et Pierrefolle), les vins acquièrent une maturité et des équilibres hors du commun. Le domaine en bio, certifié depuis 2005, est composé principalement de vignes de chardonnay sur Fuissé. L'INAO n'a hélas pas inclus le hameau des Rontets dans les futurs premiers crus. Nous nous consolerons donc avec leur délicieux gamay, le saint-amour Côte de Besset 2019 !

Les vins : Bourgogne du Sud mêle les notes de dragées et crème épaisse, il digère son boisé avec aisance : son aspect mûr mais fin va plaire, le plaisir immédiat est là. Clos Varambon change d'étiquette mais pas de style, la photo de l'artiste Spencer Tunick ne manquera pas d'interpeler. Ce chardonnay abricoté, sans boisé ostentatoire, est un vin charmeur que l'on dégustera avec délectation. Pierrefolle se déploie tranquillement, encore en retrait, doté d'un relief et d'une énergie admirables, son élevage boisé le graisse aimablement. Ne vous précipitez pas, c'est un achat judicieux, un vin de garde de grande classe. Les Birbettes suit un élevage long, il mérite lui aussi de la patience. Nous saluons l'éclat et cette dimension qui son apportés au chardonnay pour en sublimer les contours. La bouche passionne par sa maturité, doublée d'un élevage ad hoc : un vin énergique, sensuel et d'une grande persistance.

- Bourgogne du Sud 2019 — 17 € — 90
- Pouilly-Fuissé Clos Varambon 2019 — 24 € — 93
- Saint-Amour Côte de Besset 2019 — 22 € — 92

Le coup de ♥
- Pouilly-Fuissé Les Birbettes 2019 — 40 € — 94
- Pouilly-Fuissé Pierrefolle 2019 — 31 € — 92

Rouge : 0,5 hectare. Gamay noir à jus blanc 100 %
Blanc : 6,2 hectares. Chardonnay 100 %
Production moyenne : 30 000 bt/an

CHÂTEAU DES RONTETS ♣
814, chemin des Rontés, 71960 Fuissé
03 85 32 90 18 • www.chateaurontets.com •
Vente et visites : sur RDV.
Propriétaire : Claire et Fabio Gazeau-Montrasi

★ DOMAINE SAUMAIZE-MICHELIN

Toujours régulier, les vins de ce domaine expriment avec une grande justesse les beaux terroirs du Mâconnais. La recette est simple : travailler les sols, maîtriser les rendements, chercher des maturités abouties et ne pas dépasser 15 % de fût neuf dans les élevages. En 2006, le domaine s'est tourné vers la biodynamie, aujourd'hui la certification est en cours. Christine et Roger Saumaize transmettent en douceur depuis 2020 les rênes à leurs enfants Vivien et Lisa. Rappelons que le domaine possède quelques bijoux, parmi lesquels le Clos sur la Roche (sols calcaires) et Les Ronchevats (sols argileux). Au total, la mosaïque de 29 parcelles forme une gamme de vins dont certains rivalisent sans complexe avec bien des premiers crus de la Côte-d'Or. Les chanceux s'offriront aussi le rarissime mâcon rouge Les Bruyères, micro-parcelle de pur gamay sur silice, à faire pâlir les vignerons du Beaujolais. Rappelons qu'à Vergisson en 1892, il se récoltait plus de gamay que de chardonnay !

Les vins : honneurs aux futurs premiers crus : Maréchaude exprime la minéralité de Vergisson, le crayeux calcaire, presque iodé. L'élevage est partiellement absorbé par cet aspect minéral et la concentration du chardonnay. Les Crays est un parfait duo minéral et pâtissier. La bouche offre un caractère ample mais frais, sa richesse maîtrisée et son boisé sont bien cadrés par le terroir. La parcelle phare du domaine, le Clos sur la Roche, 1,65 hectare, nous livre un concentré de la roche de Vergisson. On effleure le caillou, si pur, il montre son côté solaire affirmé, un boisé noble. Les calcaires sont les bienvenus pour équilibrer et sa persistance est affolante.

- Mâcon-Vergisson Sur la Roche 2019 — 16,50 € — 92
- Pouilly-Fuissé Ampélopsis 2017 — 31,50 € — 94
- Pouilly-Fuissé En Tillier 2019 — 19,50 € — 91
- Pouilly-Fuissé La Maréchaude 2019 — 26,50 € — 94
- Pouilly-Fuissé Les Courtelongs 2019 — 24,50 € — 94
- Pouilly-Fuissé Les Crays 2019 — 26,50 € — 93
- Pouilly-Fuissé Les Ronchevats 2019 — 23 € — 93
- Pouilly-Fuissé Pentacrine 2019 — 18,50 € — 93
- Saint-Véran Les Crèches 2019 — 17,50 € — 92

Le coup de ♥
- Pouilly-Fuissé Clos sur la Roche 2019 — 26,50 € — 96

Rouge : 0,2 hectare. Gamay noir à jus blanc 100 %
Achat de raisins.
Blanc : 10,8 hectares. Chardonnay 100 %
Achat de raisins.
Production moyenne : 72 000 bt/an

DOMAINE SAUMAIZE-MICHELIN
Le Martelet 51, impasse du puits
71960 Vergisson
06 03 22 94 15 • saumaize-michelin.com •
Vente et visites : sur RDV.
Propriétaire : Christine et Roger Saumaize-Michelin
Maître de chai : Vivien et Roger Saumaize-Michelin

★ DOMAINE LA SOUFRANDIÈRE

Acquis par Jules Bret en 1947, La Soufrandière a vu débuter à Vinzelles les frères Bret, Jean-Philippe et Jean-Guillaume à partir du millésime 2000. Le domaine est certifié en biodynamie dès 2006. Ils ne cessent d'expérimenter tant à la vigne qu'à la cave avec notamment une nouvelle cuvée de chardonnay en macération carbonique nommée Carbonnode. Les étiquettes des cuvées avec peu ou pas de soufre sont ornées de la mention "Zen". Les 2019 offrent une gamme homogène et cohérente, donnant ainsi toute confiance aux amateurs.

Les vins : Le Clos de Grand-Père est un mâcon à pleine maturité, au nez brioché, charnu, qui reste dans la bonne limite de fraîcheur. Nous aimons Aligato Zen : la maturité de cet aligoté né à Prissé, au style crémeux, offre une belle amplitude et est apprécié pour la sobriété de son élevage. Les trois pouilly-vinzelles nous séduisent, la version village, ample et tactile, livre la richesse d'un chardonnay bien maîtrisé, pur, au boisé fin et apte à la garde ; Les Quarts est généreux, ponctué d'une finale amère et minérale ; Les Quarts Millerandée exprime le beurre frais, son boisé est intégré, un vin de haut relief. Parmi le trio de saint-véran nous préférons La Bonnode Ovoïde avec son supplément de tension, un style désaltérant, frais, digeste et épuré ; La Combe Desroches évoque les abricots, une trame de bouche ample et riche, un chardonnay gras, doté d'une belle énergie. En Chatenay Cuvée Zen est très pur, floral, légèrement safrané, sapide. Il réunit une belle fraîcheur, l'amer minéral et un boisé sobre.

- Bourgogne Aligoté Aligato Zen 2019 — 18 € 90
- Mâcon-Vinzelles Le Clos de Grand-Père 2019 — 21 € 91
- Pouilly-Fuissé Climat En Chatenay Cuvée Zen 2019 — 34 € 92
- Pouilly-Vinzelles 2019 — 26 € 92
- Pouilly-Vinzelles Climat Les Longeays 2019 — 32 € 91
- Pouilly-Vinzelles Climat Les Quarts 2019 — 36 € 92
- Pouilly-Vinzelles Cuvée Zen Climat Les Quarts 2019 — 36 € 90
- Saint-Véran Climat La Bonnode Cuvée Ovoïde 2019 — 27 € 91
- Saint-Véran La Combe Desroches 2019 — 22 € 92
- VDF La Carbonnode 2019 — 27 € 91

Le coup de ♥

- Pouilly-Vinzelles Climat Les Quarts Millerandée 2019 — 44 € 93

Blanc : 11,5 hectares. Chardonnay 96 %, Aligoté 4 %
Production moyenne : 65 000 bt/an

DOMAINE LA SOUFRANDIÈRE ☾

125, rue aux Bourgeois, 71680 Vinzelles
03 85 35 67 72 • www.bretbrothers.com •
Vente et visites : sur RDV.
Propriétaire : Jean-Guillaume et Jean-Philippe Bret

★ DOMAINE THIBERT PÈRE ET FILS

Créé en 1967, le domaine couvre près de 30 hectares répartis sur les appellations de Pouilly, Mâcon-Fuissé, Mâcon-Prissé, Mâcon-Verzé et Saint-Véran. Il est géré en famille par Christophe Thibert et sa sœur Sandrine, en collaboration avec le méthodique Fabien Duperray (voir Domaine Jules Desjourneys, en Beaujolais). Le domaine monte en puissance. La majorité de la gamme reflète la précision des maturités et la maîtrise des élevages, ainsi qu'un grand potentiel de garde, les derniers millésimes le prouvent. Nous sommes proches d'une deuxième étoile.

Les vins : minéralité et élevage s'allient avec élégance avec Bois de la Croix, une des plus belles expressions de mâcon, un vin bluffant, finement toasté, qui vieillira bien. Le bourgogne chardonnay, issu des hauteurs de Leynes, est une bouteille remarquable, par sa pureté, son style salin, mûr et frais. Son boisé très modéré le rend irrésistible. Le pouilly-loché impressionne par sa minéralité, son boisé (20 % de fût neuf) reste en retrait. Les Longeays dévoile un caractère corsé, doté d'une belle énergie, le minéral prend lui aussi le dessus. Frais et épuré, le saint-véran offre une bouche d'une finesse et d'une fraîcheur inouïes, salué pour sa concentration et son potentiel de garde : un vin idéal pour crustacés et fruits de mer. Vignes Blanches et la vieille vigne Les Cras seront l'an prochain premiers crus. Ce sont deux exemples de chardonnays du millésime 2016 bien élevés, aux profils purs et à l'équilibre remarquable ; deux vins de longue garde.

- Bourgogne Chardonnay 2018 — 16 € 92
- Mâcon-Fuissé Bois de la Croix 2018 — 18 € 92
- Mâcon-Verzé Vers la Croix Jarrier 2017 — 18 € 91
- Pouilly-Fuissé Les Cras 2016 — 35 € 94
- Pouilly-Fuissé Vignes Blanches 2014 — 36 € 89
- Pouilly-Fuissé Vignes Blanches 2016 — 35 € 93
- Pouilly-Loché 2018 — 26 € 92
- Pouilly-Vinzelles Les Longeays 2016 — 28 € 93
- Saint-Véran 2018 — 24 € 93
- Saint-Véran Champ Rond 2014 — 26 € 90

Rouge : 0,8 hectare. Gamay noir à jus blanc 5 %
Blanc : 28 hectares. Chardonnay 95 %
Production moyenne : 160 000 bt/an

DOMAINE THIBERT PÈRE ET FILS
20, rue Adrien-Arcelin, 71960 Fuissé
03 85 27 02 66 • www.domaine-thibert.com
• Vente et visites : sur RDV.
Propriétaire : Christophe Thibert et Sandrine Thibert-Needham
Maître de chai : Christophe Thibert

BRET BROTHERS

Ce négoce a été créé en 2001 par les frères Bret, également propriétaires du domaine de la Soufrandière. Ils proposent un vaste choix de vins de qualité du Mâconnais, plus récemment quelques beaux terroirs du Beaujolais sont venus compléter la gamme. Ils ont fait le choix de la qualité : vendanges manuelles, raisin bio, vieilles vignes, levures indigènes et élevage sobre dans des fûts âgées de 7 à 20 ans ; des choix qui laissent ainsi la place au terroir et à l'effet millésime. Depuis le millésime 2019, 100 % des achats de raisins sont certifiés bio ou en conversion bio par Ecocert, soit 14 micro-cuvées commercialisées de 900 à 6 000 bouteilles. Nous saluons la qualité des vins cette année et la réussite du millésime 2019.

Les vins : un beau trio de mâcons de cette série des 2019. Terroirs du Mâconnais est un jus ample et cossu qui appelle à passer à table, un vin prêt à boire sur 2 à 3 ans ; Les Vernayes, de bon équilibre, livre la minéralité du lieu, crayeux, plein, sans manquer d'intensité. Les Crays est le plus dense, sobre en boisé, offrant un ensemble riche et salin. En Carementrant délecte nos sens par ses notes de cédrat confit, exprimant un grand terroir et un boisé idoine. La minéralité du terroir de Vergisson donne du relief au pouilly La Roche, à la bouche équilibrée. C'est un grand vin de garde. Le brouilly offre la pureté et la profondeur d'un grand gamay, il nous a enthousiasmés par ses tanins de velours ; quant au fleurie Poncié, il est lui aussi très réussi : juteux, sapide, souple en tanins, avec des fines saveurs de bacon grillé.

- Mâcon-Chardonnay Climat Les Crays 2019 — 17 € — 91
- Mâcon-Igé Climat Les Vernayes 2019 — 15 € — 90
- Mâcon-Villages Terroirs du Mâconnais 2019 — 13 € — 91
- Pouilly-Fuissé Climat La Roche 2019 — 30 € — 94
- Fleurie Climat Poncié 2019 — 23 € — 92

Le coup de ♥

- Pouilly-Fuissé Climat En Carementrant 2019 — 30 € — 94
- Brouilly 2019 — 20 € — 93

Rouge : 2 hectares. Gamay noir à jus blanc 100 %
Achat de raisins.
Blanc : 7 hectares. Chardonnay 100 %
Achat de raisins.
Production moyenne : 45 000 bt/an

BRET BROTHERS ♣
125, rue aux Bourgeois, 71680 Vinzelles
03 85 35 67 72 • www.bretbrothers.com •
Vente et visites : sur RDV.
Propriétaire : Jean-Guillaume et Jean-Philippe Bret

DOMAINE NICOLAS DELFAUD

C'était le rêve un peu fou d'un jeune de vingt ans... réalisé vingt ans plus tard. Le domaine Nicolas Delfaud s'est créé à l'automne 2015 avec la prise en fermage de 4 hectares de vignes en Saône-et-Loire, en appellation Macon-Verzé. Après avoir officié comme sommelier à Paris, il se lançe en 2009 et décide de s'installer dans le Mâconnais pour y passer un BTS viticulture œnologie au CFPPA de Mâcon Davayé. De 2010 à 2017, il intègre le Château des Rontets (domaine bio à Fuissé) comme ouvrier agricole tout en démarrant la création de son propre domaine. Il entreprend alors la conversion en agriculture biologique de l'ensemble de ses parcelles. Verzé s'avère un excellent terroir aux vues des dégustations de ses premiers millésimes. Soulignons tout particulièrement les bons rapport prix-plaisir des vins de ce jeune domaine.

Les vins : les deux mâcon-verzé nous ont séduits. Le village reste très délicat, floral, sans apport boisé, avec une texture suave qui offre un vin sec et finement acidulée. Le Bienheureux, issu d'une vieille vigne, exprime une élégante complexité complétée par un élevage sobre bien adapté, qui souligne et accompagne son caractère crémeux. Le saint-véran La Boisserole se montre généreux en bouche, effleuré par son élevage boisé.

- Mâcon-Verzé 2019 — de 12,50 à 14 € (c) — 92
- Mâcon-Verzé Le Bienheureux 2019 — de 14 à 16 € (c) — 93
- Saint-Véran La Boisserole 2019 — de 15 à 17 € (c) — 91
- Mâcon-Verzé 2019 — de 12,50 à 14 € (c) — 90

Rouge : 1,31 hectare. Gamay noir à jus

blanc 100 %
Blanc : 3,5 hectares. Chardonnay 100 %
Production moyenne : 25 000 bt/an

DOMAINE NICOLAS DELFAUD ♣
Rue de l'Ancienne-Cure, 71960 Sologny
06 16 77 06 18 • domainenicolasdelfaud@orange.fr • Vente et visites : sur RDV.
Propriétaire : Nicolas Delfaud

CHÂTEAU DE FUISSÉ

Ce domaine historique appartient à la famille Vincent depuis 1862. Le château est doté de nombreuses vieilles vignes, sur les appellations majeures du Mâconnais, ainsi que d'un petit vignoble de 3 hectares à Juliénas. Antoine Vincent, qui incarne la cinquième génération, vinifie ici depuis 2003. Les maturités des raisins sont toujours très abouties et les élevages généreux en termes de boisé ; l'arrivée des premiers crus est proche avec les parcelles Les Brûlées et le Clos, ce dernier aura la particularité d'être en monopole. La richesse et la mosaïque de leurs terroirs peuvent prétendre à une plus grande homogénéité dans les prochaines années.

Les vins : frais, doté d'une belle vivacité, le saint-véran est un bel exemple de chardonnay non boisé, équilibré, accessible dès aujourd'hui. Tête de Cuvée est apprécié pour la pureté de ses arômes. Le boisé est présent, noble, épaulant un chardonnay minéral et précis à la finale toastée et crayeuse. Cela représente 40 parcelles de 25 à 40 ans, une belle cuvée signature, soit près de 60 000 bouteilles. Le Clos est une vieille vigne qui sera premier cru en monopole l'an prochain. Intense en boisé, très crémeux, riche : une bouteille qui s'adresse à un public d'amateurs de chardonnay complexe, gras, enveloppé et surtout bien "chêné". Les Brûlées développe une aromatique très côte-d'orienne, marqué par un élevage toasté et pur. La bouche est chaleureuse, s'y ajoute une maturité élevée et un boisé imposant. Nous préférons Les Combettes, mieux géré, plus élégant et digeste.

- Pouilly-Fuissé Le Clos Monopole 2019 — 45 € — 91
- Pouilly-Fuissé Les Brûlés 2019 — 39,50 € — 91
- Pouilly-Fuissé Les Combettes 2019 — 36 € — 93
- Pouilly-Fuissé Tête de Cuvée 2019 — 25 € — 93
- Saint-Véran 2019 — 16 € — 91

Rouge : 3 hectares. Gamay noir à jus blanc 100 %
Blanc : 37 hectares. Chardonnay 100 %
Production moyenne : 160 000 bt/an

CHÂTEAU DE FUISSÉ
419, rue du Plan, 71960 Fuissé
03 85 35 61 44 • www.chateau-fuisse.fr • Vente et visites : sur RDV.
Propriétaire : Famille Vincent
Directeur : Antoine Vincent
Œnologue : Antoine Vincent

DOMAINE DE LA JOBELINE

Pierre Maillet hérite en 2004 de vignes appartenant à sa famille depuis trois générations. Après avoir restructuré le domaine et replanté, il quitte la coopérative en 2014, se construit un cuvier et crée le domaine de la Jobeline. Le travail de la vigne est mené en agriculture raisonnée, les vinifications sont longues et peu interventionnistes. Le domaine propose une gamme qui met à l'honneur les terroirs de Verzé. Les vins sont équilibrés, façonnés avec soin et proposés à des prix particulièrement raisonnables ; certains ont déjà séduit les restaurants étoilés de la région, comme Les Terrasses à Tournus ou la Mère Brazier à Lyon.

Les vins : l'aligoté, pur et floral, nous séduit par sa suavité et fraîcheur. Finement concentré et mûr, il réunit les caractères d'élégance et d'appétence. De la série des mâcons, retenons tout particulièrement le Clos des Chanaux, au nez minéral fin et épuré. L'absence de boisé lui va très bien ; équilibré, il offre sa richesse naturelle, mûr, frais, avec une fine dose de tonicité. La maîtrise du gamay et sa pertinence sur ce secteur nous enthousiasment. 16 Ares est une vieille vigne au jus très coloré, offrant une des plus belles expressions de gamay du secteur. Son boisé lui donne du relief sans peser, la bouche est remarquable, juteuse et fraîche et il peut tenir quelques années en cave.

- Bourgogne Aligoté 2019 — 12 € — 90
- Mâcon-Verzé 2019 — 13,50 € — 89
- Mâcon-Verzé Clos des Chanaux 2019 — 16,50 € — 90
- Mâcon-Verzé En Prévisy 2019 — 17,30 € — 86
- Mâcon-Villages 2019 — 12,50 € — 89
- Mâcon-Verzé 2019 (rouge) — 12,30 € — 89

Le coup de ♥

- Macon-Verzé 16 Ares 2019 (rouge) — 15,80 € — 92

Rouge : 0,7 hectare. Gamay noir à jus blanc 100 %
Blanc : 12 hectares. Chardonnay 89 %,

Aligoté 11 %
Production moyenne : 30 000 bt/an

DOMAINE DE LA JOBELINE
887, route de la Roche-Vineuse, 71960 Verzé
03 85 22 98 03 •
www.domainedelajobeline.com • Vente et visites : sur RDV.
Propriétaire : Pierre Maillet
Directeur : Laurent Alexandre

NICOLAS MAILLET

Ce domaine familial embouteille sa production depuis 1999. Nicolas Maillet poursuit avec une grande régularité l'œuvre de son père, en se concentrant principalement sur ses vieilles vignes du village de Verzé. Il propose une gamme de vins (certifiés bio depuis 2008) très purs et séduisants, dont la particularité est de se passer de tout artifice boisé. La gamme des blancs 2019 mérite toute votre attention.

Les vins : l'aligoté est issu de vieilles vignes, sa bouche stylée exprime finesse et rectitude, avec un léger côté salin, à croquer dès aujourd'hui. Délicat et épicé, le mâcon-verzay blanc est suave, finement acidulé. Le Chemin Blanc est issu d'une vigne de 80 ans offrant un très beau profil de chardonnay sapide, ample, sans fard ni richesse, suave et minéral. Mâcon-Igé est tout en finesse, poudré d'orgeat, très pur. Ce chardonnay au relief consistant et précis est très bien géré, sans aspect boisé ; un vin désaltérant et équilibré.

Bourgogne Aligoté 2019	16 €	90
Mâcon-Igé 2019	16 €	91
Mâcon-Verzé 2019	16 €	92
Mâcon-Verzé 2019	16 €	89

Le coup de ♥

Mâcon-Verzé Le Chemin Blanc 2019	23 €	93

Rouge : 0,8 hectare. Gamay noir à jus blanc 100 %
Achat de raisins.
Blanc : 6,7 hectares. Chardonnay 89 %, Aligoté 11 %
Achat de raisins.
Production moyenne : 50 000 bt/an

NICOLAS MAILLET ♣
291, route d'Igé, 71960 Verzé
03 85 33 46 76 •
www.vins-nicolas-maillet.com • Vente et visites : sur RDV.
Propriétaire : Aline et Nicolas Maillet

DOMAINE DU ROC DES BOUTIRES

La famille Parinet, propriétaire du Château du Moulin-à-Vent, a acquis en 2016 ce domaine de 4,2 hectares dans le village de Pouilly. La gestion, de la vigne aux vinifications, a été confié à Brice Laffond, déjà en charge de leur propriété en Beaujolais. Leur vignoble est constitué d'une majorité de vieilles vignes, travaillées en viticulture biologique sans certification, les élevages longs sont une des clefs de leur réussite. Nous voyons dans ce domaine l'irruption d'un nouveau et sérieux compétiteur en Mâconnais. Parmi leurs différentes parcelles, seuls Chailloux et Bouthières accèderont au rang de premiers crus en Pouilly-Fuissé dès le millésime 2020.

Les vins : le mâcon-solutré, au nez épuré et crayeux, offre un profil mûr et frais. Savoureux, sa minéralité conforte la tension et l'ensemble est équilibré, un très bel exemple à suivre. En Bertillonne charme par sa pureté et sa franchise, très minéral et doté d'une bonne fraîcheur et d'un boisé mesuré. Il est aussi apprécié grâce à son support frais et acidulé. Un vin très complet. Aux Bouthières, futur premier cru, est très vanillé : il rappelle la fine viennoiserie, charnu et mûr, tendance beaunoise. La finale est superbe, il séduit par son équilibre minéral, on a le nez et le palais sur les cailloux. Quelle pureté et persistance !

Mâcon-Solutré 2019	17 €	92
Pouilly-Fuissé Aux Bouthières 2019	36 €	93
Pouilly-Fuissé En Bertillonne 2019	29 €	93

Rouge : Gamay noir à jus blanc 100 %
Blanc : 4,2 hectares. Chardonnay 100 %
Production moyenne : 20 000 bt/an

DOMAINE DU ROC DES BOUTIRES
4, rue des Thorins,
71570 Romanèche-Thorins
03 85 35 50 68 •
contact@rocdesboutires.com • Vente et visites : sur RDV.
Propriétaire : Édouard et Jean-Jacques Parinet
Directeur : Édouard Parinet
Maître de chai : Brice Laffond

La Champagne et ses vins

Par Alexis Goujard et Olivier Poussier,
en charge des vins de Champagne au sein
du comité de dégustation de La Revue du vin de France

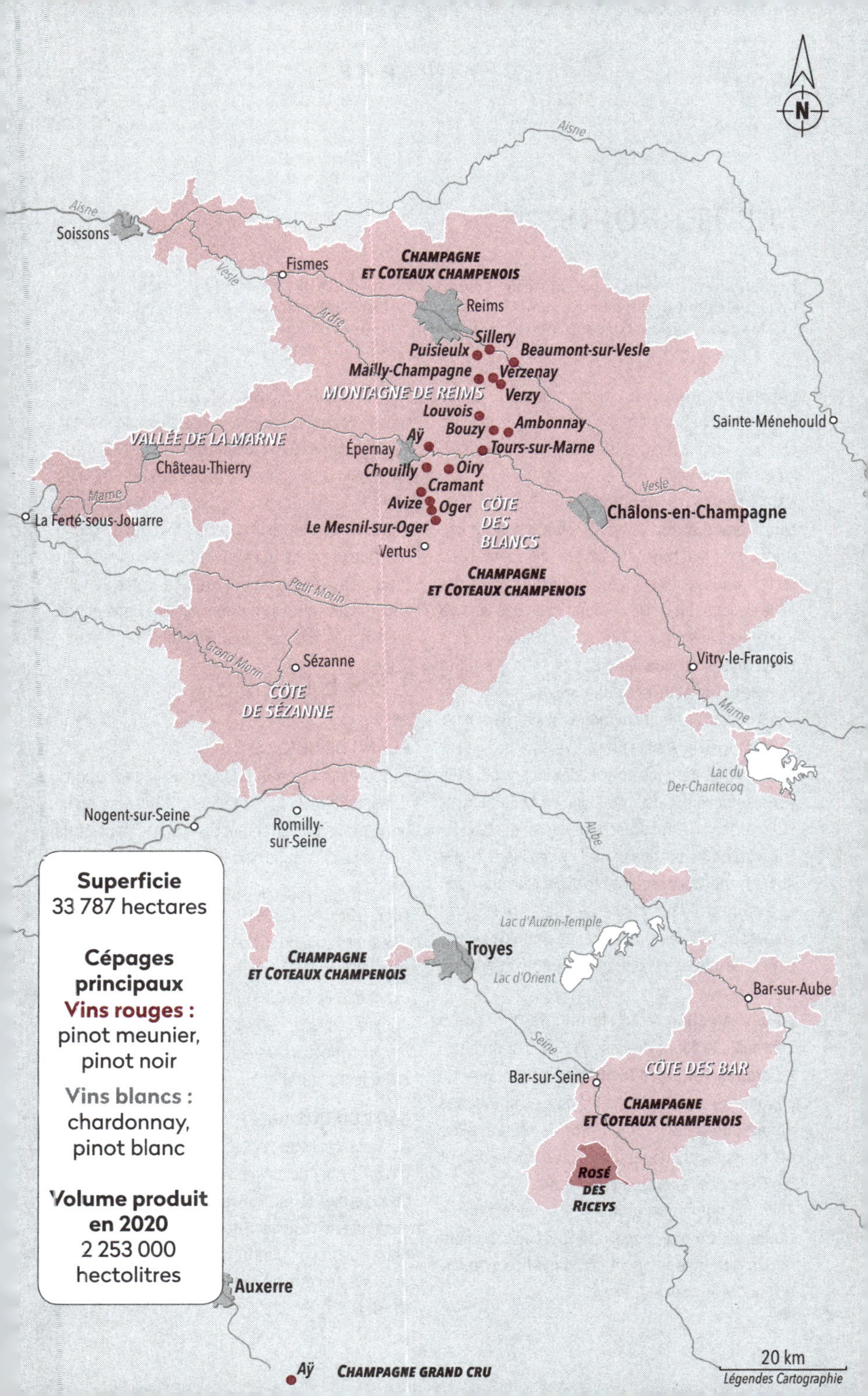
Superficie
33 787 hectares
Cépages principaux
Vins rouges :
pinot meunier, pinot noir
Vins blancs :
chardonnay, pinot blanc
Volume produit en 2020
2 253 000 hectolitres
Aisne
Soissons
Fismes
Vesle
Ardre
Reims
CHAMPAGNE ET COTEAUX CHAMPENOIS
Sillery
Puisieulx
Beaumont-sur-Vesle
Mailly-Champagne
Verzenay
MONTAGNE DE REIMS
Verzy
Louvois
Ambonnay
Bouzy
Aÿ
Épernay
Tours-sur-Marne
VALLÉE DE LA MARNE
Château-Thierry
Chouilly
Oiry
Cramant
Avize
Oger
CÔTE DES BLANCS
Le Mesnil-sur-Oger
Vertus
Marne
La Ferté-sous-Jouarre
Châlons-en-Champagne
Sainte-Ménehould
Petit Morin
Grand Morin
Sézanne
CÔTE DE SÉZANNE
Vitry-le-François
Lac du Der-Chantecoq
Nogent-sur-Seine
Romilly-sur-Seine
Aube
Lac d'Auzon-Temple
Troyes
Lac d'Orient
Bar-sur-Aube
Seine
Bar-sur-Seine
CÔTE DES BAR
ROSÉ DES RICEYS
Auxerre
Aÿ CHAMPAGNE GRAND CRU
20 km
Légendes Cartographie

LES TERROIRS

Le vignoble champenois, très morcelé, s'étend sur le territoire de plus de 300 communes, principalement sur les départements de la Marne, de l'Aube et de l'Aisne. On peut considérer que la Champagne est découpée en six grandes régions de production.

L'Aisne : élaborés avec une dominante de pinot meunier, les vins ont ici progressé. Ils sont souples et légers. Mais la majorité des récoltants-manipulants manque encore de technique.

L'Aube : cette région produit des vins réguliers, bien charpentés, souvent plus mûrs et donc moins frais, à fort caractère de terroir. Dans le secteur des Riceys, le pinot noir trouve une finesse exceptionnelle égalant, au vieillissement, celle des vins de la vallée de la Marne.

La Côte des Blancs : elle est reconnue pour la finesse et l'éclat de ses chardonnays, grâce auxquels on produit les champagnes blancs de blancs.

La Montagne de Reims : le sud, vers Ambonnay et Bouzy, donne des vins, surtout de pinot noir, corsés et de caractère, plus harmonieux à Ambonnay et plus terriens à Bouzy. Verzy et Verzenay, terroirs froids, produisent des pinots noirs plus nerveux et moins parfaits si on ne les assemble pas avec une proportion de raisins blancs. Vers Chigny-lès-Roses et Ludes, un encépagement équilibré engendre des vins universels, bons de l'apéritif au dessert.

La petite vallée de la Marne : de Dormans à Venteuil, elle donne des vins à peine plus corsés.

La grande vallée de la Marne : de Cumières à Mareuil-sur-Aÿ, elle donne les plus somptueuses cuvées de pinot noir. En grande année, elles atteignent leur apogée entre six à douze ans, et bien davantage dans certains cas.

Enfin, la Champagne produit également des vins tranquilles portant l'appellation Coteaux champenois (rouge, rosé et blanc), comme le bouzy rouge, ou encore le rosé des Riceys.

PREMIER CRU ET GRAND CRU

Les meilleures communes ont été classées selon leur prix de vente de raisins entre 90 et 100 % du prix maximal du cépage. Si le prix se situe entre 90 et 99 %, les villages sont classés Premier Cru et si le prix est à 100 %, ils portent la mention Grand Cru. Deux termes qui peuvent être apposés sur l'étiquette. Relativement précise, cette échelle englobe toutefois la production du village et non pas les meilleurs coteaux de chacun d'entre eux.

LES STYLES

BLANC DE BLANCS

C'est un champagne produit exclusivement à partir de raisins blancs de chardonnay. À l'inverse, blanc de noirs désigne un champagne produit à partir de raisins noirs de type pinot noir et pinot meunier.

NON DOSÉ, EXTRA-BRUT, BRUT, DRY, DEMI-SEC, SEC

Ces mots désignent des champagnes qui ont reçu différentes proportions de liqueur de dosage avant l'expédition des bouteilles. "Non dosé", "brut intégral" ou "brut nature", ces mentions indiquent l'absence de toute liqueur (et donc les champagnes les moins sucrés).

L'ART DU DOSAGE

Avant de commercialiser les bouteilles, le vigneron ou le chef de cave peut ajouter une liqueur de dosage, dite aussi "liqueur d'expédition". Celle-ci est souvent composée de sucre de canne dissous dans du vin. La quantité de liqueur ajoutée dans la bouteille varie en fonction du type de vin que l'on désire :

extra-brut : entre 0 et 6 grammes de sucre par litre,
brut : moins de 12 grammes de sucre par litre,
extra-dry : entre 12 et 17 grammes de sucre par litre,
sec : entre 17 et 32 grammes de sucre par litre,
demi-sec : entre 32 et 50 grammes de sucre par litre,
doux : plus de 50 grammes de sucre par litre.

Si le vin n'a pas reçu de liqueur de dosage ou si sa teneur est inférieure à 3 grammes de sucre par litre, on peut utiliser la mention "brut nature", "non dosé" ou "dosage zéro".

LE CHAMPAGNE MILLÉSIMÉ

Dans les grandes années, il est possible de millésimer le champagne. Le vin contenu dans la bouteille est alors issu d'une seule et même année. En moyenne, cinq à six années sont millésimées par décennie, mais cette tendance est en augmentation substantielle.

LE CHAMPAGNE ROSÉ

La Champagne est la seule région française où il est autorisé de produire du rosé en mélangeant du vin rouge de Coteaux champenois (entre 10 et 15 %) à du blanc, avant champagnisation. L'autre technique consiste à champagniser un vin issu d'un pressurage un peu plus appuyé des raisins rouges ou par une courte vinification avec les peaux noires du raisin (saignée). Cette dernière technique produit un champagne à la teinte soutenue.

LES CÉPAGES

LE PINOT NOIR

Cépage le plus planté en Champagne (38 % des surfaces viticoles), le pinot noir donne des vins plus corsés, légèrement plus délicats à presser pour éviter que le jus soit coloré, peu acide, et souvent médiocre en petite année. Dans les assemblages, il apporte de la puissance et du corps. Il est surtout présent dans l'Aube, sur la Montagne de Reims et au cœur de la vallée de la Marne. Lorsque le vin est issu uniquement des deux pinots (noir ou meunier) ou d'un seul, il peut s'appeler blanc de noirs.

LE PINOT MEUNIER

Vigoureux, le pinot meunier donne des vins fruités et peu acides. Dans un assemblage, il apporte de la souplesse et sert surtout à lier les qualités dissemblables des deux autres cépages. Ses lieux de prédilection sont les coteaux de l'Aisne et ceux du début de la vallée de la Marne, car il s'exprime plutôt sur les terroirs argileux. Il compte pour 32 % de l'encépagement du vignoble.

LE CHARDONNAY

Cépage emblématique de la Côte des Blancs, le chardonnay se caractérise par ses arômes délicats. Il apporte de la fraîcheur, de la finesse et du nerf dans les assemblages. Vinifié seul, c'est sous la dénomination blanc de blancs qu'il peut être commercialisé. On le trouve également sur la rive gauche de la Marne, avec des îlots privilégiés sur la Montagne de Reims, où il produit des champagnes plus charpentés. Il représente 30 % du vignoble.

EFFERVESCENTES TABLÉES

CHAMBRES D'HÔTES

CLOS 1753

Un gîte de huit personnes au domaine du vigneron Nicolas Maillart, à Écueil. L'armoire à vins est bien garnie, notamment de champagnes à prix doux. Comptez 280 euros la nuit.

5, rue de Villers-aux-Nœuds,
51500 Écueil
Tél. : 03 26 49 77 89
www.champagne-maillart.fr

LE CLOS DES TERRES SOUDÉES

Le couple de vignerons formé par Éric et Isabelle Coulon propose six superbes chambres d'hôtes au mobilier des années 1950. Comptez 245 € pour la nuit, petit-déjeuner inclus.

25, rue Saint-Vincent, 51390 Vrigny
Tél. : 03 26 03 97 62
www.closdesterressoudees.fr

BAR À VINS

L'ÉPICERIE AU BON MANGER

Aline et Éric Serva servent salaisons, fromages fermiers et assiettes consciencieuses pour accompagner les vins et champagnes naturels. On repart sous le bras avec les produits d'épicerie fine et les belles bouteilles proposées dans ce lieu hybride.

7, rue Courmeaux,
51100 Reims
Tél. : 03 26 03 45 29
www.aubonmanger.fr

THE GLUE POT

Ses allures de pub cachent des cuvées de toute la France, à accompagner d'un burger ou d'une planche de charcuterie.

49, place Drouet-d'Erlon,
51100 Reims
Tél : 03 26 47 36 46

RESTAURANTS

AUX CRIEURS DE VINS

Cuisine bistrotière généreuse (bœuf fermier de Charolles, cochons de chez Éric Ospital) arrosée de vins naturels à prix modérés. Voici l'adresse la plus vivante de la Champagne. La formule à 11,80 € le midi en semaine est imbattable. Il faudra marcher quelques mètres pour profiter de la cave et ses pépites, aux Halles.

4, place Jean-Jaurès,
10000 Troyes
Tél. : 03 25 40 01 01
Halles de l'Hôtel de ville
10000 Troyes
Tél. : 03 25 43 20 20
www.auxcrieursdevin.fr

SYMBIOSE

Une cuisine raffinée et ciselée pour dynamiser le centre d'Épernay. Formules déjeuner (de 21 à 26 €), menus dégustation (de 40 à 53 €), ou à la carte (environ 45 €).

5, rue de Reims, 51200 Épernay
Tél. : 03 26 54 75 20
www.symbiose-restaurant.com

L'ASSIETTE CHAMPENOISE

Cuisinier de l'année en 2014, triplement étoilé au guide Michelin, Arnaud Lallement signe l'une des cuisines les plus sensibles de la région. Chambres et suites sont également proposées sur place. Menus de 95 € à 295 €.

40, avenue Paul-Vaillant-Couturier,
51430 Tinqueux
Tél. : 03 26 84 64 64
www.assiettechampenoise.com

LE GARDE CHAMPÊTRE

Un restaurant-ferme dans un ancien entrepôt de marchandises de la SNCF : le potager d'1 hectare approvisionne les tables, du jeudi au dimanche. De belles assiettes (comptez 22 € pour le menu déjeuner) et de superbes bouteilles d'ici et d'ailleurs.

5, rue de Reims, 51200 Épernay
Tél. : 03 26 54 75 20
www.symbiose-restaurant.com

NOTRE COUP DE ♥

LA VILLA BISSINGER

Haut lieu de la connaissance du champagne, espace incontournable du vignoble, la Villa Bissinger abrite l'Institut international des vins de Champagne qui permet de se former à la dégustation des champagnes, depuis l'initiation jusqu'aux formations à l'intention des professionnels. Tous les premiers samedis du mois, la Villa Bissinger propose une dégustation découverte de quatre champagnes pour 25 € par personne. D'autres formations sont ouvertes à partir de 75 €.

15, rue Jeanson, 51160 Aÿ
Tél. : 03 26 55 78 78
www.villabissinger.com

CAVISTE

AU 36...

Une maison de village transformée en cave où l'on déguste simultanément deux ou trois flûtes pour en saisir les différences aromatiques. On y sert des spécialités culinaires champenoises (gâteau de pomme de terre au jambon de Reims, lentillon de champagne…)

36, rue Dom-Pérignon,
51160 Hautvillers
Tél. : 03 26 51 58 37
www.au36.net

★★★ AGRAPART

La famille Agrapart, dans la région depuis la fin du XIXe siècle, possède un superbe patrimoine de chardonnay en grand cru à Avize, Cramant, Oger et Oiry, valorisé par des méthodes de culture et de vinification artisanales. Pascal Agrapart et son fils Ambroise revendiquent haut et fort leur appartenance aux récoltants-manipulants. La gamme met en lumière des cuvées parcellaires (fermentations malolactiques faites). Les champagnes vinifiés en fût ancien s'inscrivent parmi les références régionales, grâce à leur expression appuyée de la minéralité champenoise. Les finales se révèlent claires (peu ou non dosées), les saveurs sapides, persistantes, sur des notes d'oxydation ménagées et salines. Le vieillissement en cave aidant, la finesse des bulles est remarquable. Nous ne retrouvons pas toute la magie et la plénitude attendues dans les champagnes présentés cette année. Peut-être est-ce l'effet d'un millésime impactant le rendu.

Les vins : Complantée se montre effilé et ciselé avec un grain dynamique, mais il mérite deux ans de cave pour se révéler. La complexité viendra avec des vignes plus âgées de chardonnay, pinot noir, meunier, pinot blanc, arbanne et petit meslier. Systématiquement millésimées, les cuvées parcellaires s'attaquent à la périlleuse année 2015, marquée par un excès antinomique de richesse et de caractère végétal. On le perçoit dans Minéral, particulièrement large et puissant, dynamisé par une finale saline et posée. Un champagne d'une belle envergure vineuse pour une table d'automne. Encore compact et saillant de jeunesse, L'Avizoise est davantage touché par les stigmates végétaux du millésime, avec une richesse plantureuse, emmenée toutefois par la dimension profonde du terroir. Vénus renoue avec la fraîcheur aromatique éclatante qu'on lui connaît. Pour lui aussi, la bouche reste campée sur une structure vigoureuse et ample qui mérite de se détendre en cave encore trois à quatre ans. L'Exp 15, dont la prise de mousse se fait avec du moût de raisin et non du sucre, s'élance avec un certain clinquant, mais l'épure de sa matière et de ses saveurs demeure particulièrement marquée.

- Brut Nature Grand Cru Blanc de Blancs Exp. 15 — 210 € — 93
- Brut Nature Grand Cru Blanc de Blancs Vénus 2015 — 135 € — 93
- Extra-Brut Grand Cru Blanc de Blancs L'Avizoise 2015 — 86 € — 93
- Extra-Brut Grand Cru Blanc de Blancs Minéral 2015 — 65 € — 95
- Extra-Brut Grand Cru Complantée — 47 € — 92

Rouge : 1 hectare. Pinot noir 100 %
Blanc : 9 hectares. Chardonnay 100 %
Production moyenne : 90 000 bt/an

AGRAPART
57, avenue Jean-Jaurès, 51190 Avize
03 26 57 51 38 •
www.champagne-agrapart.com • Pas de visites.
Propriétaire : Pascal Agrapart

★★★ BOLLINGER

S'il est une marque à la personnalité bien trempée et au style très reconnaissable, c'est bien Bollinger. Cette maison d'Aÿ, toujours familiale, cultive un goût pour les vins à large dominante de pinot noir, vineux et profonds. L'histoire de Bollinger est d'une richesse incroyable : une plongée dans les millésimes anciens de la maison permet de mesurer à quel point l'excellence a toujours été au cœur de ses préoccupations. On peut regretter une sortie parfois prématurée des cuvées R.D. (récemment dégorgées), qui ne sont jamais meilleures qu'après quelques années supplémentaires de cave, et peut-être quelques millésimes de Grande Année pas tout à fait au rendez-vous de ce que nous attendions, Bollinger demeure une référence pour les amateurs de grands champagnes d'expression et de table.

Les vins : Spécial conserve sa belle complexité apportée par les vins de réserve ; c'est un brut sans année qui affirme bien le caractère de la maison. Sur les rosés, la maison affiche son savoir-faire : le brut sans année possède un fruit scintillant, certes encore jeune et primaire, mais le vin se montre cossu et parfait pour la table. Que dire du rosé La Grande Année qui frôle la perfection par sa qualité, sa complexité et son jus savoureux en bouche ? Ne vous précipitez pas pour les boire. En blanc, La Grande Année impose sa race et sa belle dimension de bouche : là aussi, nous ne sommes qu'à l'aube de ses expressions, c'est un vin qui va gagner en profondeur avec le temps. Le R.D. 2007 est bluffant, le vin possède la patine du millésime solaire sans en avoir les inconvénients. Il est pâtissier et possède une belle autolyse des levures. Le jus est fin et doté d'une belle allonge fraîche. Ce n'est pas le plus puissant des R.D. mais il possède une grâce exaltante.

- Brut La Grande Année 2012 — 140 € — 97
- Brut PN VZ16 — 90 € — 93
- Brut Special Cuvée — 49 € — 92

- Extra-Brut Bollinger R.D. 2007 — 300 € — 97
- Brut Rosé — 65 € — 92
- Brut Rosé La Grande Année 2012 — 180 € — 98

Rouge : 133 hectares. Pinot noir 79 %, Pinot meunier 21 %
Achat de raisins.
Blanc : 45 hectares. Chardonnay 100 %
Achat de raisins.

BOLLINGER
20, boulevard du Maréchal-de-Lattre-de-Tassigny, 51160 Aÿ
03 26 53 33 66 •
www.champagne-bollinger.com/ •
Visites : sur RDV aux professionnels.
Propriétaire : Société Jacques Bollinger
Directeur : Charles-Armand de Belenet
Chef de cave : Gilles Descôtes

★★★ ÉGLY-OURIET

Une formule résume la vision de Francis Égly : "Les vignes, c'est comme les chevaux : si tu veux bien les maîtriser, il faut les faire naître." En bon cavalier-éleveur, ce producteur dispose d'un vignoble approchant les 40 ans d'âge, construit par sa famille autour de sélections massales remarquables, à l'origine de la saveur rare de ses raisins et donc de ses champagnes. Depuis trois générations, la famille a édifié un patrimoine de vignes en grand cru à Bouzy, Verzenay et surtout Ambonnay, au cœur du terroir. En premier cru, elle dispose de pinot meunier sur le terroir de Vrigny, dans la vallée de la Marne. À rebours d'une Champagne qui vend ses bouteilles de plus en plus jeunes, Francis Égly, à la suite de son père Michel, construit patiemment un trésor qui lui permet de commercialiser ses bruts après quatre ans de vieillissement, et ses millésimés au-delà de six ans. Tous les vins sont vinifiés en barrique (depuis 1995), sans fermentation malolactique (depuis 1999), afin de conserver davantage de fraîcheur.

Les vins : ouvrons le bal avec la nouvelle cuvée Les Prémices (base 2016), issue des trois cépages dans le massif de Saint-Thierry. Le résultat est un brut posé à la robe dorée et au fruit juteux. Venu de vieilles vignes de meunier, Les Vignes de Vrigny (50 % de 2016 et des vins de réserve jusqu'à 2014) exprime le caractère dynamique du cépage dans ce coin de la Montagne de Reims. On franchit une étape avec le Brut Grand Cru (base 2015), une cuvée davantage construite par son élevage que par une réelle maturité vineuse de raisin. Heureusement, la bulle cisèle la matière avec élégance. Le rosé dévoile davantage d'intensité de saveurs d'épices avec une allonge plantureuse digne de son terroir jusqu'à une finale bien structurée. Un réel champagne de repas. Le blanc de noirs (60 % 2013 et 40 % 2012), issus des pinots plantés en 1946 au lieu-dit les Crayères à Ambonnay, nous offre une puissance vineuse hors norme avec une patine lardée, signature de son élevage. Une cuvée profonde, racée et taillée pour la garde. L'emblématique cuvée VP (2011 et 2012), au vieillissement prolongé de 87 mois, n'est pas le tirage le plus ambitieux que l'on a connu. Une part de 2012 accompagne l'exécrable 2011 dans cet assemblage bien peaufiné par l'élevage, qui offre une finale savoureuse sans le relief éclatant attendu. Concluons avec le coteaux-champenois, d'une concentration exceptionnelle, enveloppé par un boisé lardé séduisant. Une puissance et une profondeur phénoménales se mêlent dans ce pinot septentrional qui a l'étoffe des plus grands.

- Brut Grand Cru — 56 € — 93
- Brut Grand Cru Les Crayères Blanc de Noirs Vieilles Vignes — 130 € — 95
- Extra-Brut Grand Cru VP — 72 € — 93
- Extra-Brut Les Prémices — 34 € — 90
- Extra-Brut Premier Cru Les Vignes de Vrigny — 42 € — 92
- Brut Rosé Grand Cru — 72 € — 94
- Coteaux Champenois Ambonnay Les Grands Côtés 2019 — 150 € — 96

Rouge : 13 hectares. Pinot noir 70 %, Pinot meunier 30 %
Blanc : 3 hectares. Chardonnay 100 %
Production moyenne : 140 000 bt/an

ÉGLY-OURIET
15, rue de Trépail, 51150 Ambonnay
03 26 57 00 70 • contact@egly-ouriet.fr •
Pas de visites.
Propriétaire : Francis Egly

★★★ JACQUESSON

Nous sommes ici dans ce que la Champagne peut produire de meilleur en matière de vins de terroir à la personnalité affirmée. Le mérite en revient aux frères Chiquet, Jean-Hervé au commerce et Laurent aux vinifications, deux passionnés de grands vins du monde entier qui ont porté ici le niveau d'exigence à la vigne et en cave au sommet. Malgré le succès, les volumes n'enflent pas, au contraire : la maison se recentre sur des cuvées parcellaires à forte personnalité. Les vinifications sur lies en foudre sont maintenues, le dosage est faible ou absent, comme les filtrations. Cette maison d'artisan produit un champagne intense, robuste, racé. Le nom du brut non millésimé est un numéro qui change à chaque nouveau tirage. Cette cuvée s'appuie sur les caractéristiques de l'année de base, avec une moitié de chardonnay et deux quarts de pinot noir et meunier, uniquement issus de grands crus et de premiers crus.

Les vins : la cuvée 744, issue d'une base 2016, se montre réussie et retient notre préférence ! Même si le chardonnay est minoritaire sur cet assemblage il impose sa finesse et son crémeux. La 743 (base 2015) est aboutie, mais ne possède pas le même éclat. La cuvée dégorgement tardif 739 évolue positivement sur un millésime qui n'est pas des plus faciles. Une belle prouesse qui reste timide en termes d'envergure. Les cuvées Terres Rouges sont fidèles aux millésimes. Le 2013 est tendu, avec une matière plus engoncée et reste un beau vin qui n'est pas impacté par l'effet de l'année. 2012 est un grand vin qui épouse la maturité et la consistance de son année. L'ampleur et l'harmonie dégagées sont délicieuses.

Extra-Brut Cuvée N° 739 DT	80 €	93
Extra-Brut Cuvée N° 744	50 €	94
Extra-Brut Dizy Terres Rouges 2012	120 €	97
Extra-Brut Dizy Terres Rouges 2013	120 €	96

Rouge : 14 hectares. Pinot noir 60 %, Pinot meunier 40 %
Achat de raisins.
Blanc : 14 hectares. Chardonnay 100 %
Achat de raisins.
Production moyenne : 250 000 bt/an

JACQUESSON
68, rue du Colonel-Fabien, 51530 Dizy
03 26 55 68 11 •
www.champagnejacquesson.com • Pas de visites.
Propriétaire : Jean-Hervé et Laurent Chiquet

★★★ KRUG

Dans le giron du groupe LVMH, Krug incarne le haut de gamme de la Champagne et produit uniquement des cuvées de prestige, à commencer par la Grande Cuvée, désormais numérotée, qui incarne l'esprit de la maison. Cette dernière résulte d'un savant assemblage de plusieurs dizaines de vins issus de millésimes complémentaires, puis d'un vieillissement supplémentaire de sept ans au minimum. Un code sur la bouteille permet d'en percer la composition. Mais Krug, c'est aussi une équipe solide avec, autour de sa pétillante présidente Margareth Henriquez, Olivier Krug, directeur général, et Julie Cavil au poste de chef de cave. Cette œnologue qui a déjà passé plus de dix ans au sein de la maison remplace, depuis janvier 2020, Éric Lebel, avec pour mission de perpétuer le style Krug, signature majeure de la Champagne.

Les vins : le Krug 2008 exprime bien toute la fraîcheur de ce millésime, c'est un 2008 classique sans excès de puissance. Son aromatique subtile est marquée par les raisins noirs et domptée par un fond minéral. La bouche est certainement une des plus épurées et longilignes parmi les Krug millésimés. Ce vin impressionne par sa finesse de bouche. La cuvée pour le 169ᵉ anniversaire est conçue sur une base 2013 ; la signature de ce millésime d'octobre est bien définie tant dans les arômes que dans les saveurs. Une belle tension anime ce vin dans un registre de fruits secs, de céréales, de mie de pain. La bouche nous semble moins en puissance que dans la 168ᵉ édition. Elle se définit par une trame de bouche plus froide et plus ciselée. C'est une version très élégante.

Brut Grande Cuvée 169ᵉ Édition	160 €	96

Le coup de ♥

Brut 2008	230 €	98

Rouge : Pinot noir 89 %, Pinot meunier 11 %
Achat de raisins.
Blanc : Chardonnay 100 %
Achat de raisins.

KRUG
5, rue Coquebert, 51100 Reims
03 26 84 44 20 • www.krug.com •
Visites : sur RDV aux professionnels.
Propriétaire : LVMH
Directeur : Margareth Henriquez et Olivier Krug
Chef de cave : Julie Cavil

★★★ POL ROGER

Pol Roger est une icône authentique de la Champagne, exemplaire par la précision, la générosité et la régularité de sa gamme. Le vignoble est planté notamment sur les coteaux d'Épernay, en Côte des Blancs, ainsi qu'à Mareuil et à Ambonnay ; autant de terroirs sources de haute qualité et de régularité. Les trois cépages sont présents par tiers, comme pour les achats (un équilibre qui se retrouve dans les cuvées) ; les fermentations malolactiques sont systématiques (ce qui apporte de la rondeur) ; les débourbages se font à froid (pour l'intensité aromatique). Pol Roger est la dernière maison de cette taille à remuer manuellement sur pupitre ses 1,8 million de bouteilles annuelles dans ses 7,5 km de caves sparnaciennes. Les cuvées se différencient à travers le vieillissement des vins de réserve, ainsi que par l'origine des crus. Pol Roger a retrouvé le style et la générosité des vins qui ont fait sa gloire.

Les vins : le brut Réserve affiche un joli volume de bouche et de la richesse pour cette catégorie. Cependant, il nous semble que le dosage lui donne un coté consensuel en bouche. L'extra-brut est plus complexe et laisse les pinots se démarquer davantage. Le blanc de blancs 2013 nous séduit par son niveau de maturité et son ampleur de bouche. C'est un chardonnay typé Pol Roger, c'est-à-dire avec des muscles. Le rosé 2012 possède une belle envergure, avec le fond et la charpente pour bien vieillir. Le 2013 est certes plus froid que le 2012, mais c'est un vin qui ne subit pas, dans les arômes et les saveurs, la rigueur de ce millésime tardif. Concluons avec la somptueuse cuvée Churchill 2012 qui touche au sublime, proposant un niveau de maturité et une élégance rarement atteints.

Brut Blanc de Blancs 2013	85 €	93
Brut Réserve	41 €	92
Brut Vintage 2013	68 €	94
Demi Sec Rich	41 €	92
Extra-Brut Pure	48 €	93
Brut Rosé Vintage 2012	85 €	95

Le coup de ❤

Brut Sir Winston Churchill 2012	225 €	98

Rouge : 95 hectares. Pinot noir 60 %, Pinot meunier 40 %
Achat de raisins.
Blanc : 90 hectares. Chardonnay 100 %
Achat de raisins.
Production moyenne : 1 800 000 bt/an

POL ROGER
1, rue Winston-Churchill, 51200 Épernay
03 26 59 58 00 • www.polroger.com • Pas de visites.
Propriétaire : Famille de Billy
Directeur : Laurent d'Harcourt
Chef de cave : Damien Cambres

★★★ LOUIS ROEDERER

Voici un des plus beaux porte-étendards de la Champagne. Cette maison familiale s'appuie sur un vignoble de 420 parcelles à majorité pinot noir et classé en grand cru à 70 %. La viticulture est ici une réelle priorité, notamment via le passage en biodynamie. Le travail des sols se généralise. Seul un vignoble aussi exceptionnel explique le niveau d'harmonie et de concentration unique sur des volumes aussi importants. Ce n'est pas un hasard si le chef de cave, Jean-Baptiste Lécaillon, est œnologue mais aussi agronome, tout comme Jean-Claude Rouzaud, qui a bâti l'empire actuel des grands vignobles internationaux Roederer. En bonne intelligence, il a confié tôt les rênes du groupe à son fils, Frédéric Rouzaud, actuel président. Ici, les fermentations malolactiques ne sont que partielles et aléatoires (entre 25 % et 50 %). Les jus sont travaillés sur lies en cuve et en foudre de chêne, afin de leur donner de l'épaisseur. Quelques changements vont intervenir cette année avec l'apparition de la nouvelle cuvée Collection 242, issue d'une base 2017, qui remplacera définitivement le célèbre Brut Premier. Ce n'est pas la première maison à vouloir donner la tonalité d'un millésime dominant sur un brut sans année, un tournant qui mérite d'être salué. La collection 243 trouvera son équilibre entre une dominante de 2018 et un assemblage savant de vins de réserve.

Les vins : avec son cœur de bouche assez large, le dernier des Brut Premier s'affirme comme un vin de repas. Il faut lui laisser le temps de se fondre davantage et de mieux intégrer son dosage. Les amoureux de blancs de blancs seront aux anges avec ce 2014, à la palette finement grillée. Quelques notes d'agrumes amènent de la complexité. Cristal 2013 s'inscrit dans une aromatique et un style plus froid, logique dans ce millésime vendémiaire - dernière année vendangée fin septembre et début octobre en date. Nous aimons son nez épuré, cette belle tension et salinité. Le vin se montre longiligne avec un tactile racé et élégant. La Cristal Vinothèque 2000 est à boire, sa palette est plus évoluée et vire vers un aspect plus pâtissier, avec une fine oxydation ménagée. Nous avons connu Vinothèque dans de plus grandes années : la bouche possède la patine du temps, mais c'est plus un vin de milieu de bouche que de persistance. Le Cristal Rosé 2015 est une belle réussite pour ce millésime : il offre une palette florale et sur les griottines. Les 45 % de chardonnay amènent de l'harmonie à la bouche fine et crémeuse. 20 % de l'assemblage est vinifié sous bois, en toute subtilité.

Brut Blanc de Blancs 2014	82 €	92
Brut Cristal 2013	200 €	96
Brut Cristal Vinothèque 2000	1 000 €	92
Brut Premier	42 €	90
Brut Rosé 2012	148 €	95
Brut Rosé Cristal 2015	400 €	95

Rouge : 141,6 hectares. Pinot noir 53 %, Pinot meunier 6 %
Achat de raisins.
Blanc : 98,4 hectares. Chardonnay 41 %
Achat de raisins.
Production moyenne : 3 500 000 bt/an

LOUIS ROEDERER ♣
21, boulevard Lundy, CS 40014, 51722 Reims Cedex
03 26 40 42 11 • www.louis-roederer.com • Visites : sur RDV aux professionnels.
Propriétaire : Famille Rouzaud
Directeur : Frédéric Rouzaud
Chef de cave : Jean-Baptiste Lécaillon

★★★ SALON

Propriété du groupe Laurent-Perrier depuis 1988, cette petite maison mythique, parangon du blanc de blancs, possède une activité bien autonome dans le groupe. Son champagne provient d'un seul cépage, le chardonnay, d'un seul cru, le Mesnil-sur-Oger et d'un seul millésime. Comme Delamotte, Salon est dirigé par Didier Depond et les vinifications sont pilotées par le chef de cave de Laurent Perrier, Michel Fauconnet. Les chardonnays de Salon ne font pas leur fermentation malolactique pour préserver une plus haute acidité et favoriser la garde. Salon ne se déguste pleinement qu'après quelques années de garde supplémentaires en cave.

Les vins : le 2007 n'est pas loin d'être l'archétype de ce qu'on peut attendre d'un grand cru de blanc de blancs dans ce millésime. Le vin reste jeune et fin. Le jus se montre longiligne, épuré et cristallin et progresse sur une mousse crémeuse et porteuse d'une belle énergie. C'est un vin délicat qui possède une belle sapidité.

➩ Brut Blanc de Blancs 2007 Épuisé - 550 € 97

Blanc : 10 hectares. Chardonnay 100 %
Production moyenne : 25 000 bt/an

SALON
5-7, rue de la Brèche-d'Oger, 51190 Le Mesnil-sur-Oger
03 26 57 51 65 • www.champagne-salon.fr • Pas de visites.
Propriétaire : Groupe Laurent-Perrier
Directeur : Didier Depond
Chef de cave : Michel Fauconnet

★★★ JACQUES SELOSSE

Une nouvelle page s'est tournée dans ce domaine légendaire d'Avize. Lors de la vendange 2018, Anselme Selosse a laissé les rênes du vignoble à son fils Guillaume. Le jeune et discret vigneron reprend le flambeau de l'œuvre initiée par son père au milieu des années 1970. Grâce à une réflexion profonde sur la viticulture, un raisin récolté à pleine maturité et une vinification sous de multiples origines de bois (en assemblage façon solera, chaque millésime ancien éduque les plus jeunes dans l'esprit des grands jerez), les vins ont une interprétation singulière, presque artistique des chardonnays de la Côte des Blancs, répartis essentiellement entre Avize, Cramant, Oger et le Mesnil-sur-Oger, avec quelques délicieux pinots noirs d'Aÿ, Ambonnay et Mareuil. La cuvée Initial (33 000 bouteilles par an) incarne le style incomparable des champagnes du domaine Selosse, maniant l'oxydatif avec la profondeur crayeuse des saveurs. La concentration en extraits secs et la vibration des notes salines en bouche n'ont pas d'équivalent dans la région ni ailleurs dans le monde. Une grande réflexion sur les rouges s'est ouverte, avec notamment un pinot noir d'Ambonnay (Le Bout du Clos), une infusion au parfum étourdissant d'eau de rose.

Les vins : venu de coteaux de plus 15 % d'Avize, Cramant et Oger, alliant trois années successives, Version Originale (dégorgé le 28 mai 2020) livre un bouquet unique combinant une intense oxydation ménagée avec des tonalités florales, d'amande et de craie. D'une force encore phénoménale en bouche, il sera bon de le garder un an de plus pour profiter pleinement de son panache et de sa vinosité baroque sculptée par des saveurs aussi déroutantes qu'évidentes. Promis à une garde de plus de quinze ans. Immense interprétation des Carelles (dégorgé le 3 février 2020) : un chardonnay du Mesnil-sur-Oger, brillant par sa salinité crayeuse, mêlant une richesse magnifique de saveurs de raisins frais, croûte, vieux comté, grillé... Ce champagne est un canon esthétique à la matière, à la profondeur et à la longueur prodigieuses. Plus démonstratif, Substance (dégorgé le 27 juillet 2020) pousse plus loin le caractère oxydatif et l'opulence de la soléra débutée en 1986 jusqu'en 2012. Un très beau champagne à l'amertume andalouse et la richesse immense en rétro-olfacation pour une table d'hiver. Pourquoi pas avec un beau gibier à plume ? Des vins au sommet.

➩ Brut Grand Cru Blanc de Blancs Substance Épuisé - 180 € 98

➩ Extra-Brut Blanc de Blancs Version Originale Épuisé - de 78 à 90 € (c) 95

➩ Extra-Brut Grand Cru Blanc de Blancs Les Carelles Épuisé - 120 € 100

Rouge : 1 hectare.
Blanc : 7,66 hectares. Chardonnay 88 %, Pinot noir 12 %
Production moyenne : 57 000 bt/an

JACQUES SELOSSE
59, rue de Cramant, 51190 Avize
03 26 57 53 56 • www.selosse-lesavises.com • Pas de visites.
Propriétaire : Guillaume Selosse

★★ AR LENOBLE

Frère et sœur, Antoine et Anne Malassagne ont porté par légères touches cette petite maison vers de hauts niveaux qualitatifs. Les vins s'orientent d'ailleurs davantage vers un style "vigneron" que "maison". Élevages sous bois pour certaines cuvées et dosages faibles permettent de produire des vins vibrants et profonds, marqués par leurs origines. La gamme est complète et très cohérente. La mention MAG suivie d'un chiffre, qui figure désormais sur une partie des bouteilles renseigne sur l'année de base de la cuvée, à laquelle sont ajoutés des vins de réserve conservés en magnum sous liège. Un détail qui n'en n'est pas un, et confère aux vins une touche de complexité supplémentaire. Ces bouteilles s'épanouissent particulièrement bien à table.

Les vins : les MAG 17 ne possèdent pas l'envergure et le niveau de maturité des MAG 16. C'est notamment le cas de la cuvée Intense où les amertumes de fin de bouche nous montrent la limite de cette base de millésime. Le blanc de blancs présente une finale plus élégante. Le Brut Zéro se montre juste, possédant une belle envergure de bouche. Le blanc de noirs est vineux pour un millésime d'octobre, mais il reste assez marqué par le bois et cela l'alourdit un soupçon. Gentilhomme 2013 respire son millésime avec fraîcheur et tension. Le millésime 1996 se montre avec des fortunes diverses : après une première bouteille fanée, la deuxième séduit par son grillé, le sésame et les fruits secs. La bouche est de bonne facture, portée par la belle acidité du millésime en finale. Chouilly 2012 est une superbe bouteille qui possède la race et l'élégance attendues d'un blanc de blancs. Nous terminons en beauté avec cet assemblage abouti des Aventures (2008-2009), proposant une palette finement briochée, beurrée et une profondeur crayeuse. Un vin qui possède une belle tenue capable de bien évoluer.

- Brut Nature Dosage Zéro MAG 16 — 32 € — 92
- Extra-Brut Grand Cru Blanc de Blancs Chouilly 2012 — 54 € — 94
- Extra-Brut Grand Cru Blanc de Blancs Gentilhomme 1996 — 400 € — 91
- Extra-Brut Grand Cru Blanc de Blancs Gentilhomme 2013 — 69 € — 93
- Extra-Brut Grand Cru Blanc de Blancs Les Aventures — 100 € — 97
- Extra-Brut Grand Cru Blanc de Blancs MAG 17 — 37 € — 92
- Extra-Brut Intense MAG 17 — 31 € — 91
- Extra-Brut Premier Cru Blanc de Noirs 2013 — 53 € — 90
- Extra-Brut Rosé Terroirs Mag 14 — 40 € — 92

Rouge : 5 hectares. Pinot noir 83 %, Pinot meunier 17 %
Achat de raisins.
Blanc : 13 hectares. Chardonnay 100 %
Achat de raisins.
Production moyenne : 320 000 bt/an

AR LENOBLE
35, rue Paul-Douce, 51480 Damery
03 26 58 42 60 •
www.champagne-arlenoble.com • Vente et visites : sur RDV.
Propriétaire : Anne et Antoine Malassagne

★★ FRANÇOISE BEDEL ET FILS

La sagesse et la sérénité que dégagent les champagnes de Françoise Bedel et de son fils Vincent Desaubeau ne vous laisseront jamais indifférents. Le tandem familial s'attache à une viticulture en biodynamie, essentiellement du meunier, sur les terroirs variés de la porte occidentale de la Marne (limoneux, argileux, calcaires, garnis de pierres meulières). La récolte parfaitement mûre des raisins et un temps prolongé en cave donnent naissance à des vins automnaux extrêmement savoureux, à la fois posés et énergiques, d'une sincérité rare. Leur effervescence cajole le corps, leurs notes oxydatives subtiles nourrissent l'esprit. Certifié bio depuis 1998 et biodynamie depuis 2001.

Les vins : Dis, Vin Secret (80 % meunier, quatre ans de lattes) séduit par ses notes de mirabelle mûre avec toutefois la marque végétale de son année de base 2015. Ses notes d'évolution et sa bulle évanescente invitent à le boire dès cet automne 2021. Entre Ciel et Terre (50 % meunier, 30 % pinot noir, 20 % chardonnay), parfaitement défini, offre bien plus de fraîcheur, jusqu'à une finale crayeuse insistante et extrêmement sapide. Sa réserve lui promet un avenir radieux dans les sept, huit ans. Jouvence 2012 est une magnifique interprétation d'une cuvée vinifiée sans soufre ajouté (95 % meunier, 6 ans de latte), s'exprimant avec ces nuances à la fois libres et précises de pomme au four et de poivre blanc. Un grand champagne posé, serein et très salivant qui affiche une vitalité de saveurs et de salinité très rares. Marqué par la sensation végétale de 2005, Comme Autrefois (40 % pinot noir, 30 % chardonnay et 30 % meunier) est plus évolué, avec une réelle vinosité automnale et une finale un peu abrupte Il est temps de le boire.

- Brut Dis, Vin Secret — 42,40 € — 91
- Brut Jouvence 2012 — 120 € — 96

Extra-Brut Comme Autrefois 2005 — 99 € — 92

Le coup de ♥

Extra-Brut Entre Ciel et Terre — 50,80 € — 94

Rouge : 7,84 hectares. Pinot meunier 92 %, Pinot noir 8 %
Blanc : 1,27 hectare. Chardonnay 100 %
Production moyenne : 45 000 bt/an

FRANÇOISE BEDEL ET FILS ☾

71, Grande-Rue, 02310 Crouttes-sur-Marne
03 23 82 15 80 • www.champagne-bedel.fr •
Vente et visites : sur RDV.
Propriétaire : Françoise Bedel

★★ BILLECART-SALMON

Installée à Mareuil-sur-Aÿ, dotée d'un joli vignoble sur des terroirs prestigieux, la Maison Billecart-Salmon perpétue son histoire familiale. Son indépendance lui permet d'afficher une marge de progression d'année en année, tout en agrandissant les volumes de production. La maison continue d'innover en cave avec la création en 2018 de chai foudres qui vient compléter un chai barriques réalisé en 2010. Mathieu Roland-Billecart, de la septième génération, conduit la maison, épaulé par Antoine Roland-Billecart. Denis Blée s'occupe du vignoble et Florent Nys est le chef de cave. Sans oublier le travail exceptionnel qu'effectue Alexandre Bader auprès de la grande restauration et des sommeliers pour faire connaître cette belle maison.

Les vins : une vraie différence se fait sentir sur les bruts sans année ; la réserve est bien définie en termes de complexité mais le dosage la rend bien consensuelle. Le brut nature est très bien géré, avec une autolyse différente, pour un rendu équilibré. Le brut sous-bois nous ravit par son ouverture aromatique. Moins engoncé, il laisse place à plus de liberté en bouche. Le blanc de blancs grand cru est noble et affiche une envergure digne de ce classement. Coup de cœur pour le blanc de blancs, pour son beau grillé et sa touche finement beurrée. Le vin affiche une belle dimension et une trame ouatée. Nicolas François 2007 se montre ouvert et savoureux. Clos Saint-Hilaire 2003 nous semble un peu sur le déclin, affichant la maturité et la richesse du millésime mais une bouche bien avachie. Le rosé brut reste un grand classique avec ce côté noyau et floral. Le rosé Elizabeth Salmon 2008 est une belle cuvée avec un joli fruit posé, sur la mara des bois, la cerise macérée, l'écorce d'agrume confite. La bouche possède une belle énergie et une tension fidèle à ce millésime.

Brut Clos Saint-Hilaire 2003	390 €	93
Brut Louis Salmon 2007	160 €	94
Brut Nature	46 €	91
Brut Nicolas François 2007	150 €	94
Brut Réserve	43 €	89
Brut Sous Bois	63 €	92
Extra-Brut Vintage 2009	65 €	94
Brut Elisabeth Salmon 2008	170 €	96
Brut Rosé	64 €	91

Le coup de ♥

Brut Grand Cru Blanc de Blancs — 63 € — 92

Rouge : 80 hectares. Pinot meunier 50 %, Pinot noir 50 %
Achat de raisins.
Blanc : 10 hectares. Chardonnay 100 %
Achat de raisins.
Production moyenne : 2 000 000 bt/an

BILLECART-SALMON

40, rue Carnot, 51160 Mareuil-sur-Aÿ
03 26 52 60 22 •
www.champagne-billecart.fr • Vente et visites : sur RDV.
Propriétaire : Familles Roland-Billecart et Frey
Directeur : Mathieu Roland-Billecart
Chef de cave : Florent Nys

★★ LECLERC BRIANT

Acquise en 2012 par un couple d'Américains passionnés, cette petite maison qui était tombée dans l'oubli trace sa route et renaît de ses cendres grâce à des vins de très belle personnalité. Les cultures sont menées en biodynamie et les achats s'opèrent auprès de vignerons en bio ou biodynamie. Élevages partiels sous bois, doses de soufre et dosages bas, les cuvées produites ici sont dans l'air du temps.

Les vins : cette maison tient son rang et la dégustation des entrées de gamme nous conforte dans cette idée. La bonne constitution et l'harmonie du brut Réserve en font un vin tactilement gracieux, dont la bouche reste fine. Premier Cru montre plus de vinosité, tout en restant équilibré. Les vins millésimés de 2014 sont à leurs place : le Clos des Trois Clochers est finement boisé, mais la bouche ciselée offre une jolie effervescence ouatée. L'extra-brut 2014 affiche plus de richesse tout en restant fin et délicat. Désaltérant, La Croisette est un chardonnay d'Épernay à la persistance plus limitée. Abyss nous déçoit quelque peu : le 2015 n'est pas aussi abouti que le 2014, une pointe terreuse et végétale, marqueur du millésime, ressort. Le rosé est un exercice de style concentré, mais un soupçon rustique.

- Brut Nature La Croisette 2015 135 € 92
- Brut Réserve 40 € 92
- Brut Zéro Abyss 2015 140 € 91
- Brut Zéro Le Clos des Trois Clochers 2014 145 € 94
- Extra-Brut 2014 53 € 94
- Extra-Brut Premier Cru 50 € 93
- Extra-Brut Rosé de Saignée 54 € 90

Rouge : 6 hectares. Pinot noir 53 %, Pinot meunier 47 %
Achat de raisins.
Blanc : 8 hectares. Chardonnay 100 %
Achat de raisins.
Production moyenne : 200 000 bt/an

LECLERC BRIANT ♣
67, Chemin de la Chaude-Ruelle,
51200 Épernay
03 26 54 45 33 • www.leclercbriant.fr •
Vente et visites : sur RDV.
Propriétaire : Denise Dupré
Directeur : Frédéric Zeimett
Œnologue : Hervé Jestin

★★ BÉRÊCHE ET FILS

Ce domaine du nord-ouest de la Montagne de Reims se singularise par une viticulture exemplaire, proche du bio, au service de champagnes expressifs, de caractère, issus de sélections et de vinifications parcellaires. C'est le résultat d'un travail familial rigoureux, effectué par Raphaël Bérêche, le vinificateur, et son frère cadet Vincent, responsable du vignoble, qui s'inscrivent parmi les vignerons les plus ambitieux de Champagne. Initiés par leur père Jean-Pierre (il y a plus de vingt ans), les élevages en fût et en demi-muid n'ont pas été délaissés par les frères Bérêche. Sur un terroir à dominante de pinot noir et de meunier, à l'expression naturellement solide, la recherche de la maturité ne se fait jamais au détriment de la tension en bouche. Les dosages sont impalpables. Nous vous recommandons de laisser ces champagnes un à deux ans en cave avant de les ouvrir.

Les vins : le brut Réserve dévoile de façon immédiate le niveau de la maison. C'est un champagne sérieux, vineux, qui affiche une bonne tenue et une gestion de l'équilibre convaincante pour un vin qui a peu de vieillissement sur latte. Le Cran 2013 est bien dans son style avec une petite austérité de bouche, ce qui est logique par rapport au millésime tardif. Nous saluons la gestion des blancs de noirs 2015 car les vins ne possèdent pas les traces végétales de fin de bouche qu'il est courant de retrouver sur le millésime. Le Mailly, issu du secteur le plus froid de la montagne, se montre raffiné et doté d'une belle énergie. Ambonnay est plus large et rond, mais sans la finesse du terroir précédent. La cuvée Campania Remensis 2016 est une belle réussite, la finesse et la précision du fruit nous transportent. Le jus est élancé, portée par une belle fraîcheur et une franche sapidité.

- Brut Réserve 39 € 92
- Coteaux Champenois Premier Cru Les Monts Fournois 2017 60 € 92
- Extra-Brut Grand Cru Ambonnay 2015 120 € 93
- Extra-Brut Grand Cru Blanc de Noirs Mailly-Champagne 2015 120 € 94
- Extra-Brut Le Cran 2013 79 € 92
- Extra-Brut Rosé Campania Remensis 2016 68 € 93

Rouge : 7 hectares. Pinot meunier 57 %, Pinot noir 43 %
Achat de raisins.
Blanc : 4 hectares. Chardonnay 100 %
Achat de raisins.
Production moyenne : 110 000 bt/an

BÉRÊCHE ET FILS
Le Craon de Ludes, 51500 Ludes
03 26 61 13 28 • www.bereche.com • Vente et visites : sur RDV.
Propriétaire : Famille Bérêche

★★ DEUTZ

Au fil des ans et sous la houlette de Fabrice Rosset, son président, cette vénérable maison, dans le giron de la famille Rouzaud (champagnes Louis Roederer), trace son sillon et impose la régularité de sa gamme toujours impeccable. Deutz colle à son terroir pour produire des champagnes à dominante de pinots harmonieux, pleins et déliés (fermentations malolactiques faites), sans artifice. La gamme homogène épouse son époque avec moins de vins de réserve dans l'assemblage du brut. Maîtresse des raisins noirs, Deutz se fait aussi une spécialité d'un vineux blanc de blancs avec le brillantissime Amour de Deutz. Le style du Brut Classic (86 % des volumes produits par Deutz), l'un des meilleurs en Champagne, a été rajeuni tout en demeurant singulier, bien typé pinot. Les rosés sont dans une forme resplendissante.

Les vins : nous avons beaucoup de respect pour le jus cohérent de Brut Classic, une belle entrée de gamme. Le rosé s'avère plus simple, avec une identité portée sur les fruits rouges plus évanescente. Le rosé 2014 dévoile son profil juteux sur le fruit avec une matière fidèle à un vin millésimé. Le Brut 2014 est crémeux, brioché, porteur de la belle dimension du millésime. En revanche, nous sommes très déçus par Amour de Deutz : le vin affiche le côté terreux et végétal du millésime 2011, ce qui malheureusement banalise cette grande cuvée. Pour conclure, William Deutz 2008 se montre de bonne constitution, complexe, vineux, puissant, avec une bouche qui possède une belle personnalité.

Brut Amour de Deutz Blanc de Blancs 2011	160 €	89
Brut Classic	41 €	91
Brut Millésime 2014	59 €	93
Brut William Deutz 2008	140 €	96
Brut Rosé 2014	62 €	92
Brut Rosé	53 €	90

Rouge : Pinot noir 65 %, Pinot meunier noir 35 %
Achat de raisins.
Blanc : Chardonnay 100 %
Achat de raisins.
Production moyenne : 2 500 000 bt/an

DEUTZ
16, rue Jeanson, 51160 Aÿ
03 26 56 94 00 •
www.champagne-deutz.com • Vente et visites : sur RDV.
Propriétaire : Famille Rouzaud
Directeur : Fabrice Rosset
Œnologue : Michel Davesne

★★ DOM PÉRIGNON

Le 1er janvier 2019, après vingt-neuf ans passés à la tête de la plus prestigieuse maison de champagne, Richard Geoffroy a cédé sa place à son second, Vincent Chaperon, qui a en charge de faire perdurer la légende. Un style unique, une régularité impressionnante et des volumes qui permettent une très large diffusion mondiale, "Dom Pé" est plus qu'une simple marque de champagne : un emblème du luxe à la française et une formidable locomotive pour toute la région. Que l'on soit fan ou non de son goût reconnaissable entre tous, avec ses délicates notes beurrées et grillées, Dom Pérignon demeure une référence incontournable.

Les vins : le millésime 2012 impose plus de caractère et de race que le 2010. C'est un vin plus opulent dans le cœur de bouche à qui l'on promet une belle garde. Le P2 2003 a beau être issu d'un millésime solaire et de petits rendements, le vin reste un peu figé et engoncé, grillé dans les arômes. La bouche est plus lisible avec un gras et une richesse supérieure. Le rosé 2008 est la grande bouteille de la dégustation, à la fois complexe et subtile. La bouche confirme cette osmose entre puissance et finesse, notamment grâce à une rétro-olfaction des saveurs envoûtante. Un joli vin qui possède encore une belle capacité d'évolution.

Brut Plénitude 2 2003	330 €	93
Brut Vintage 2012	150 €	94
Brut Vintage Rosé 2008	300 €	96

Rouge : Pinot noir 100 %
Achat de raisins.
Blanc : Chardonnay 100 %
Achat de raisins.

DOM PÉRIGNON
20, avenue de Champagne, 51200 Épernay
03 26 51 20 00 •
www.domperignon.com/fr-fr/ • Visites : sans RDV.
Propriétaire : LVMH
Directeur : Berta de Pablos-Barbier
Œnologue : Vincent Chaperon

★★ PASCAL DOQUET

Installé à Vertus, Pascal Doquet cultive ses vignes en bio sur de magnifiques terroirs de la Côte des Blancs (en grand cru au Mesnil-sur-Oger et en premier cru à Vertus, Bergères-les-Vertus et au Mont Aimé) et dans les Côtes du Perthois, dans le secteur de Vitry-le-François. Le style de ses chardonnays est résistant (levures indigènes), la vinification se fait partiellement en vieux fût, la fermentation malolactique est généralement effectuée, le dosage est a minima (de 3,5 à 6 g/l) après des vieillissements long en cave. Quel domaine peut prétendre proposer des rayonnants 2008 ? Ses champagnes sont entiers, sincères, précis dans la restitution des saveurs, dotés de longues finales crayeuses et racées. Des airs du Jura avec une identité champenoise hors du commun.

Les vins : dès Horizon (50 % 2017 dégorgé en octobre 2019), le style bien mûr et savoureux des blancs de blancs du domaine s'affirme avec panache. Arpège (66 % 2015) affiche naturellement plus d'évolution, avec une crémosité de la bulle, un élan salin aux fins amers rythmés. Né en 2015, le rosé haut en couleurs Anthocyanes est victime des stigmates végétaux de l'année qui assèchent une cuvée que nous avons connue bien plus voluptueuse. Passons ensuite en grand cru avec Diapason, typique de sa part de 2014 (52 %, le reste en 2013 et 2012), au caractère crayeux filiforme et raffiné du terroir du Mesnil. Intense persistance de saveurs pour ce beau vin de table. Voyageons dans le temps avec les vivifiants et admirables 2008 : Le Mont Aimé à la sensation saine d'un raisin bien mûr et une évolution aux airs oxydatifs à la manière d'un grand blanc andalou, signé par une finale profondément crayeuse ; laissez respirer Vertus, d'une densité supérieure et d'un caractère plus automnal (évoquant des morilles à la crème et au vin jaune), puissant et conclu d'une finale vivante et interminable.

- Brut Nature Cœur de Terroir Le Mont Aimé 2008 — 58 € — 95
- Brut Nature Premier Cru Arpège — 39 € — 92
- Extra-Brut Blanc de Blancs Horizon — 33 € — 91
- Extra-Brut Cœur de Terroir Vertus 2008 — 60 € — 95
- Extra-Brut Grand Cru Le Mesnil sur Oger Diapason — 50 € — 94
- Extra-Brut Rosé Premier Cru Anthocyanes — 43 € — 89

Rouge : 0,46 hectare. Pinot noir 100 %
Blanc : 8,23 hectares. Chardonnay 100 %
Production moyenne : 70 000 bt/an

PASCAL DOQUET ♣
44, chemin du Moulin de la Cense Bizet, Vertus 51130 Blancs-Coteaux
03 26 52 16 50 •
www.champagne-doquet.com • Vente et visites : sur RDV.
Propriétaire : Famille Pascal Doquet
Directeur : Pascal Doquet

★★ VEUVE FOURNY ET FILS

Charles-Henry et Emmanuel Fourny, cinquième génération à la tête de cette petite maison de Vertus, maîtrisent parfaitement leur sujet. Il y a, bien entendu, le Clos du Faubourg Notre-Dame, monopole de la famille bichonné comme il se doit, mais il y a surtout une gamme de vins au style aérien, précis et parfaitement ciselé. La maison produit des rosés de caractère sur ce terroir propice. Le travail des sols est en place depuis de nombreuses années. En cave, les foudres prennent de plus en plus de place pour les élevages des vins de réserve.

Les vins : les blancs de blancs affichent une très belle tension de bouche, et dessinent des vins ciselés mais sans austérité. Nous avons eu un coup de cœur pour la cuvée R, issue d'un assemblage 2014 et 2015. Cette cuvée fait grimper d'un palier la chair et l'opulence, tout en restant crémeux comme un chardonnay bien mûr. Le Monts de Vertus 2014 se dévoile avec une patine et une trame de bouche épurée. C'est bien le profil du millésime que nous attendions. Les rosés affichent tous les marqueurs du terroir de Vertus : ce sont des vins assez denses avec une trame de tanins qui s'impose. Le premier cru reste jeune et un peu anguleux sur la fin de bouche. Vinothèque 2014 nous semble plus posé, tant sur le fruit que sur l'harmonie de bouche. Les Monts de Vertus est un vrai rosé de repas avec de la mâche et de la densité, qui lui promettent une belle garde.

- Brut Nature Premier Cru Blanc de Blancs — 34 € — 91
- Extra-Brut Premier Cru Blanc de Blancs — 33 € — 90
- Extra-Brut Premier Cru Blanc de Blancs Monts de Vertus 2014 — 53 € — 93
- Extra-Brut Premier Cru Grande Réserve — 32 € — 91
- Extra-Brut Premier Cru Les Monts de Vertus — 53 € — 94
- Extra-Brut Premier Cru Rosé — 37 € — 91
- Extra-Brut Premier Cru Rosé Vinothèque 2014 — 54 € — 93

Le coup de ♥

- Extra-Brut Premier Cru Blanc de Blancs Cuvée R — 48 € — 93

Rouge : 2 hectares. Pinot noir 100 %
Achat de raisins.
Blanc : 21 hectares. Chardonnay 100 %
Achat de raisins.
Production moyenne : 200 000 bt/an

VEUVE FOURNY ET FILS
5, rue du Mesnil, Vertus, 51130 Blancs-Coteaux
03 26 52 16 30 •
www.champagne-veuve-fourny.com • Vente et visites : sur RDV.
Propriétaire : Emmanuel et Charles Fourny

★★ GOSSET

La plus ancienne maison de vins de Champagne, fondée en 1584, est la propriété depuis 1994 du groupe Renaud-Cointreau. Désormais sous la houlette d'Odilon de Varine et de Gabrielle Bouby-Malagu en cave, elle se distingue par la production régulière de vins à la fois intenses, puissants et portés par une belle tension qui les équilibre et leur permet des vieillissements harmonieux.

Les vins : cette maison se distingue par des rosés racés. Dès Grand Rosé, on ressent cette palette assez sophistiquée pour un non millésimé, une belle évolution et un aspect maîtrisé. Celebris 2007 est subtil, avec ce bon côté décadent du pot-pourri et de la rose fanée. Ce jus garde sa cohérence en bouche même si la bulle est plus éphémère. Le rosé extra-dry est bien en place. Sur le blanc de blancs, le vin est certes doté d'une belle énergie, mais le style est engoncé avec une finale stricte et serrée. Les douze ans de cave a minimia affirment un style qui correspond bien à cette maison, où le temps confère patine et complexité. Le Brut Grand Millésime 2012 offre une très belle concentration harmonieuse. Déjà abordable, ce vin à vocation de table évoluera sereinement. Celebris 2007 affiche une belle complexité mais le profil de bouche nous laisse penser que nous devons profiter de ce vin dès maintenant. Attention de ne pas surestimer son potentiel d'évolution.

Brut Douze ans de Cave A Minima	85 €	92
Brut Grand Blanc de Blancs	55 €	91
Brut Grande Réserve	44 €	92
Extra-Brut	36 €	90
Extra-Brut Celebris Vintage 2007	140 €	93
Brut Grand Rosé	55 €	93
Extra-Brut Rosé Celebris 2007	160 €	95
Extra-Dry Petite Douceur Rosé	55 €	92

Le coup de ♥

Brut Grand Millésime 2012	57 €	94

Blanc : Chardonnay 55 %, Pinot noir 35 %, Pinot meunier blanc 10 %
Achat de raisins.
Production moyenne : 1 000 000 bt/an

GOSSET
12, rue Godart-Roger 51200 Épernay
03 26 56 99 56 • www.champagne-gosset.com • Visites : sur RDV aux professionnels.
Propriétaire : Groupe Renaud Cointreau
Directeur : Jean-Pierre Cointreau
Chef de cave : Odilon de Varine

★★ CHARLES HEIDSIECK

Cette petite maison fondée en 1851 à Reims, bien connue des amateurs avisés, doit son succès au style de ses champagnes vineux et arrondis. Avec une proportion très importante de vins de réserve dans l'assemblage (40 %) et un dosage assumé à 8 g/l, le brut sans année de Charles-Heidsieck cultive un style original, un peu à l'encontre de certaines modes, mais à la personnalité incontestable. Depuis le rachat de la maison en 2011 par la famille Descours, une nouvelle ère s'est ouverte pour la maison qui, sans perdre son âme, revient au devant de la scène avec une gamme de vins complète et de haut niveau.

Les vins : nous sommes toujours séduits par le niveau de ce brut réserve, qui prend ici toute sa signification. Étant donné l'apport et la dimension du vin, nous pensons qu'un dosage légèrement inférieur lui serait encore plus profitable. Le rosé est mieux géré de ce côté-là, car l'apport tannique des vins rouges lui donne une harmonie différente. C'est un joli rosé posé et fin. Le blanc de blancs est classique, doté d'un style grillé conféré par la réduction. Le millésime 2012 est un vin large, dominé par les raisins noirs. C'est un joli vin à l'aube de son expression. Le rosé 2008 est subtil et gracieux dans les arômes, de baies rouges, d'agrumes confits, de sous-bois en fine note. La bouche se montre élancée avec une bulle qui tapisse sans excès. Les saveurs de fruit rouge finalisent la dégustation.

Brut Blanc de Blancs	62 €	90
Brut Réserve	42 €	91
Brut Vintage 2012	84 €	93
Brut Rosé Réserve	53 €	91

Le coup de ♥

Brut Rosé 2008	95 €	95

Rouge : Pinot meunier 50 %, Pinot noir 50 %
Achat de raisins.
Blanc : Chardonnay 100 %
Achat de raisins.
Production moyenne : 1 000 000 bt/an

CHARLES HEIDSIECK
12, allée du Vignoble 51100 Reims
03 26 84 43 00 • www.charlesheidsieck.com • Pas de visites.
Propriétaire : Groupe EPI
Chef de cave : Cyril Brun

★★ BENOÎT LAHAYE

Benoît Lahaye est une référence à Bouzy depuis plusieurs années. Il a choisi de traiter son vignoble en biodynamie par les plantes et les minéraux. "Il faut se réapproprier la terre", affirme ce vigneron pragmatique, passé de la mécanique à la traction animale, cultivant à cheval ses vignobles de Bouzy, Ambonnay et Tauxières-Mutry. Vinifiés en fût, fermentation malolactique faite, sans dosages dissimulateurs, ses champagnes blancs et rosés restituent des saveurs intenses de raisins mûrs (fruits blancs au sirop), avec une approche de plus en plus aérienne. Ces champagnes, qui vont au-delà de la dimension fruitée des pinots noirs, construisent patiemment la dimension minérale et profonde que l'on attend d'un grand cru.

Les vins : prendre le temps de laisser respirer ou une garde de deux à trois ans en cave seront le clef pour profiter pleinement de ces champagnes. Toujours pourvu d'une touche de son élevage, le blanc de blancs (2017-2016) déploie une intensité libérée, et une finale sapide. À ouvrir à partir de fin 2022. Spécialité du domaine, le blanc de noirs nous enchante toujours par sa vitalité et sa profondeur de saveurs de griotte jusqu'à une finale éclatante. Nous avons connu la cuvée Violaine bien plus harmonieuse et éclatante que ce millésime 2015, malheureusement marqué par le caractère végétal de l'année. Tout comme le millésime 2015, très marqué au nez mais d'une bouche plus profonde et saline. Vieilli sous bouchon liège, le 2012 nous montre la concentration du millésime avec une fine patine vineuse mais semble un peu plus âgé. Il est à boire dès maintenant.

- Brut Nature Blanc de Blancs 65 € 93
- Brut Nature Violaine 2015 65 € 92
- Extra-Brut Blanc de Noirs 38 € 94
- Extra-Brut Grand Cru 2012 68 € 92
- Extra-Brut Grand Cru 2015 45 € 92
- Extra-Brut Rosé de Macération de 22,10 à 27 € (c) 94

Rouge : 4,2 hectares. Pinot noir 100 %
Blanc : 0,8 hectare. Chardonnay 100 %
Production moyenne : 40 000 bt/an

BENOÎT LAHAYE

33, rue Jeanne d'Arc, 51150 Bouzy
03 26 57 03 05 • lahaye.benoit@orange.fr •
Vente et visites : sur RDV.
Propriétaire : Valérie et Benoît Lahaye

★★ LARMANDIER-BERNIER

Si sa famille est originaire de Cramant, Pierre Larmandier s'est installé à Vertus et vinifie des parcelles réparties en grands crus de la Côte des Blancs, à Cramant (somptueuse cuvée Vieilles Vignes du Levant), Chouilly, Oger et Avize. À la clé, un magnifique Les Chemins d'Avize depuis 2009. L'inox, et dans une moindre mesure les fûts, ont laissé la place aux foudres de chêne dans lesquels les vinifications s'opèrent sans levurage. La gamme valorise un travail soutenu dans le vignoble et le suivi des traitements biodynamiques. Nous saluons la franchise, l'intensité de goût et la puissance de saveurs de cette gamme peu ou non dosée.

Les vins : Longitude (base 2017) donne le tempo du haut niveau des cuvées : un blanc de blancs finement exotique, à la fois gourmand et pur. À ouvrir à partir de fin 2021. Terre de Vertus 2014 monte d'un cran dans la complexité et l'éclat. Pourvu d'un grillé de haut raffinement et d'une bouche immensément soyeuse, le vin termine sur une finale portée par les agrumes et crayeuse à souhait. Un grand millésime pour cette cuvée parfaitement ancrée dans son terroir. Dans un registre plus droit et moins démonstratif, Les Chemins d'Avize 2013 s'élance avec une minéralité subtilement enveloppée par une vinosité intense. C'est la première année que nous le dégustons à ce niveau avec une telle vibration du fruit. Un grand champagne de table. Malgré tout le soin apporté à Vieille Vigne du Levant 2011, ce blanc de blancs de Cramant est marqué par le caractère végétal du millésime tant au nez qu'à la bouche, qui finit avec une certaine rectitude. Nous avons connu cette cuvée bien plus rayonnante. Deux rosés haut en couleur et en saveur sont à découvrir : Rosé de Saignée, d'une parcelle complantée de pinot noir et pinot gris, offre une chair extrêmement juteuse et parfumée, tout juste sertie de tannins croquants sans rusticité. Rosé de Maturation, issu de vieux pinots noirs élevés onze mois en fût et en œuf béton, se montre plus raffiné, digeste et aérien.

- Brut Nature Premier Cru Blanc de Blancs Terre de Vertus 2014 62 € 95
- Extra-Brut Grand Cru Blanc de Blancs Les Chemins d'Avize 2013 102 € 95
- Extra-Brut Grand Cru Blanc de Blancs Vieille Vigne du Levant 2011 87 € 91
- Extra-Brut Premier Cru Blanc de Blancs Longitude 52 € 91
- Extra-Brut Premier Cru Rosé de Maturation 2014 90 € 94
- Extra-Brut Premier Cru Rosé de Saignée 67 € 92

Rouge : 1,6 hectare. Pinot noir 90 %, Pinot gris 10 %

Blanc : 16,4 hectares. Chardonnay 100 %

Production moyenne : 150 000 bt/an

LARMANDIER-BERNIER ♣

19, avenue du Général-de-Gaulle, 51130 Vertus

03 26 52 13 24 • www.larmandier.fr • Vente et visites : sur RDV.

Propriétaire : Pierre et Sophie Larmandier

★★ GEORGES LAVAL

Vincent Laval a repris le domaine familial de Cumières et y poursuit dignement la culture biologique mise en place par son père depuis 1971. Sa petite production de champagnes, sans chaptalisation, vinifiés en fût, est celle d'un artisan d'art qui s'adresse à nos papilles sans artifice et restitue l'expression sudiste des coteaux de ce village de la rive droite de la Marne dans des champagnes vineux, d'une densité et d'une salinité incroyables.

Les vins : n'hésitez pas à garder ces cuvées un à deux ans après la date de dégorgement indiquée sur la contre-étiquette (mars 2021) pour profiter pleinement de ces champagnes riches en saveurs. Cumières (base 2018, 50 % chardonnay) en est exemple : encore juvénile, sa vinosité est pleine de relief et de sincérité, ponctuée par une touche d'oxydation ménagée. Uniquement produit en magnum, Les Chênes 2017 offre une définition intense du chardonnay, portée par une magnifique sensation séveuse avec une allonge vineuse. Les meuniers Les Hautes Chèvres souffre malheureusement du caractère végétal (bâton de réglisse) du millésime 2015 qui durcit le nez et la fin de bouche de ce champagne intense. Le deuxième millésime Les Longues Violes, parcelle historique de la famille Laval, arrive en 2013. L'assemblage de sélections massales de pinot noir (1964 et 1984) vieilli plus de sept ans sur lattes, est d'une fraîcheur époustouflante. Cette puissance est canalisée par une bulle énergisante qui laisse la sensation si rare de croquer dans le raisin frais, sans la rigidité du millésime tardif. Un grand champagne identitaire produit en micro-cuvée (1200 bouteilles).

- Brut Nature Premier Cru Cumières — 80 € — 92
- Brut Nature Premier Cru Les Chênes 2017 — 600 € — 94
- Brut Nature Premier Cru Les Hautes Chèvres 2015 — 220 € — 91
- Brut Nature Premier Cru Les Longues Violes 2013 — 620 € — 95

Rouge : 2,14 hectares. Pinot meunier 50 %, Pinot noir 50 %
Blanc : 0,92 hectare. Chardonnay 100 %
Production moyenne : 20 000 bt/an

GEORGES LAVAL ♣
16, ruelle du Carrefour, 51480 Cumières
03 26 51 73 66 • www.georgeslaval.com •
Vente et visites : sur RDV.
Propriétaire : Vincent Laval

★★ PHILIPPONNAT

Entrée dans le groupe Lanson-BCC en 1997, cette maison de taille moyenne est autonome dans ses approvisionnements et dans son élaboration. Elle retrouve un rayonnement dans les champagnes haut de gamme grâce à la personnalité retrouvée de son Clos des Goisses. La montée de la marque est aussi la récompense des choix opérés dans toute la gamme par son président Charles Philipponnat, en poste depuis 2000. Il a amené le froid dans les vinifications, a réorienté les assemblages vers davantage de pinot noir, a augmenté la capacité de vinification sous bois sur lies sans bâtonnage et sans fermentation malolactique. Son but ? Intégrer l'esprit millésimé dans les non-millésimés.

Les vins : cette belle maison a fait le choix de millésimer chaque année Clos des Goisses, une initiative respectable mais à la fortune diverse en fonction des années. Si le rosé Clos des Goisses 2009 est un vin sublime et doté d'une race incroyable, l'extra-brut Clos des Goisses 2011 affiche les limites du millésime. Alors, oui, il est fidèle à l'année, mais cela reste terreux et un soupçon rustique. La parcellaire Les Cintres 2010 montre une belle complexité et une allonge remarquable. Le blanc de noirs 2015 possède le marqueur du millésime avec une maturité phénolique pas forcement aboutie. 1522 2013 est un vin délicieux qui nous semble une jolie prouesse pour ce millésime vendémiaire tardif. Sur une base 2016, Brut Royale joue dans la cour des grands bruts sans année des plus belles maisons. Le brut Non Dosé, construit sur la même base de millésime mais avec un peu plus de pinot, se montre éloquent grâce à sa belle dimension et sa sapidité. Sur le fruit, le rosé est facile d'accès.

- Brut Royale Réserve — 37,50 € — 91
- Extra-Brut 1522 2013 — 76,50 € — 94
- Extra-Brut Blanc de Noirs 2015 — 56,50 € — 89
- Extra-Brut Clos des Goisses 2011 — 177 € — 88
- Extra-Brut Grand Blanc 2010 — 56,50 € — 92
- Extra-Brut Les Cintres 2010 — 340 € — 96
- Brut Royale Réserve Rosé — de 48,90 à 49,90 € (c) — 90
- Extra-Brut Juste Rosé Clos des Goisses 2009 — 295 € — 96

Le coup de ♥

- Brut Nature Royale Réserve Non Dosé — 37,50 € — 93

Rouge : 14,5 hectares. Pinot noir 98 %, Pinot

meunier 2 %
Achat de raisins.
Blanc : 2,5 hectares. Chardonnay 100 %
Achat de raisins.
Production moyenne : 600 000 bt/an

PHILIPPONNAT
13, rue du Pont, Mareuil-sur-Aÿ, 51160 Aÿ
03 26 56 93 00 • www.philipponnat.com •
Vente et visites : sur RDV.
Propriétaire : Groupe Lanson-BCC
Directeur : Charles Philipponnat
Chef de cave : Thierry Garnier

★★ PIERRE PÉTERS

Rodolphe Péters s'est hissé, sans nul doute, parmi les plus grands stylistes de blancs de blancs. Avec la plus grande rigueur et une régularité de métronome, il magnifie le fabuleux patrimoine de chardonnay essentiellement situé au Mesnil-sur-Oger. La parfaite connaissance des terroirs et des vinifications exemplaires en cuve inox apportent deux qualités essentielles pour un champagne : une élégance inimitable pour séduire le plus grand nombre conjuguée à l'expression profondément saline, nuancée, florale et crayeuse résultant des terroirs calcaires. Aucun détail n'est laissé au hasard et chaque cuvée est élaborée avec minutie, de Cuvée de Réserve jusqu'aux cuvées de lieux-dits vieillies six ans en cave. L'Étonnant Monsieur Victor est quant à lui le fruit d'un assemblage intuitif et brillant de deux années consécutives vieillis sous bouchon liège. Un virtuose de dentelle et délicatesse.

Les vins : encore juvénile, Cuvée de Réserve (base 2017) incarne l'expression précise, fraîche et raffinée de ce que nous attendons d'un blanc de blancs contemporain. Le niveau de ce brut sans année est tout à fait impressionnant. L'extra-brut grand cru va plus loin dans la profondeur soyeuse et la finesse de la bulle (80 % d'Esprit 2017, le reste avec Réserve Oubliée base 2016). Un champagne à la fois posé et doté d'une belle trame dynamique. Assemblage judicieux des quatre crus de la Côte des Blancs, L'Esprit déploie une force saline et crémeuse remarquable, avec une ampleur profonde. Racé et taillé pour la garde. La patine noisettée et la douceur de la bulle de L'Étonnant Monsieur Victor MK.14 donnent un style à part à cette cuvée sereine, posée par une allonge interminable sur l'amande grillée, summum de la grâce. Les deux cuvées de lieux-dits sont deux modèles de raffinement issus du millésime frais 2014. Les Montjolys éblouit par son ampleur profonde, sa sensation d'austérité et une finale citronnée rayonnante. Un grand champagne de terroir. De même, Les Chétillons, plus retenu à ce stade, mais qui réserve un équilibre lumineux, hautement civilisé et touché par une sagesse sereine, longue et persistante. La gamme est au sommet de sa forme même si l'ultramaîtrise technique bride parfois l'émotion que nous aimerions davantage ressentir.

- Brut Blanc de Blancs Cuvée de Réserve — 37 € — 91
- Brut Grand Cru Blanc de Blancs Les Chétillons 2014 — 95 € — 96
- Brut Grand Cru Blanc de Blancs Les Montjolys 2014 — 120 € — 96
- Brut Grand Cru Blanc de Blancs L'Étonnant Monsieur Victor MK.14 — 200 € — 96
- Brut Grand Cru L'Esprit 2016 — 55 € — 94
- Extra-Brut Grand Cru Blanc de Blancs — 42 € — 93

Rouge : 1 hectare. Pinot noir 100 %
Blanc : 19 hectares. Chardonnay 100 %
Production moyenne : 160 000 bt/an

PIERRE PÉTERS
9, rue de l'Église, 51190 Le Mesnil-sur-Oger
03 26 57 50 32 •
www.champagne-peters.com • Vente et visites : sur RDV.
Propriétaire : Famille Péters
Directeur : Rodolphe Péters

★★ ÉRIC RODEZ

Issu d'une longue lignée de vignerons, Éric Rodez, maire du village d'Ambonnay, cultive un peu plus de 6 hectares dans ce village classé en grand cru. Réputé pour la générosité et la rondeur de ses pinots noirs, Ambonnay produit également des chardonnays savoureux et virils dont les Rodez savent remarquablement tirer la finesse et un éclat particulier. Les vinifications s'effectuent en cuve et en fût, les fermentations malolactiques sont partielles, les dosages légers puisque les vins sont naturellement riches et sains. Éric, qui a converti son vignoble en bio, a été rejoint par son fils Mickaël, neuvième génération familiale, en 2014. Les derniers millésimes nous enchantent par leur clarté et précision. Les deux étoiles restent bien accrochées.

Les vins : encore sous le choc de son dégorgement de mars 2021, le blanc de noirs, pur pinot noir d'Ambonnay, joue avec une fine oxydation ménagée l'expression dense du cépage. Bien plus qu'un champagne d'apéritif. Le travail judicieux des vins de réserve est toujours passionnant dans Cuvée des Grands Vintages (70 % pinot noir, de 2012 jusqu'à 2007) livrant une patine et une vinosité profondes qui le destinent à la table. Les Genettes 2014 illumine le verre de la fraîcheur crayeuse de ce millésime frais en

Champagne : une magnifique interprétation épurée de blanc de blancs d'Ambonnay, tout comme Les Beurys, un pinot noir intense en saveurs de fruits rouges frais et d'un puissance vineuse qu'il faudra assagir. Assemblage de cinq lieux-dits de chardonnay, Empreinte Blanche 2008 dévoile une patine tourbée et des notes de curry. La bouche élancée et traçante est typique de son millésime, sans pour autant posséder l'éclat des millésimes plus récents. Même constat pour Empreinte Noire 2008 à l'expression saillante du pinot noir, ciselée par une bulle précise. N'hésitez pas à ouvrir ces vins à l'avance.

Extra-Brut Grand Cru Cuvée des Grands Vintages	64 €	93
Extra-Brut Les Genettes 2014	83 €	94
Extra-Brut Parcellaire Les Beurys 2014	83 €	95
Extra-Brut Terroir Empreinte Blanche 2008	115 €	93
Extra-Brut Terroir Empreinte Noire 2008	115 €	93
Extrat-Brut Grand Cru Blanc de Noirs	37 €	92

Rouge : 4,16 hectares. Pinot noir 100 %
Blanc : 1,96 hectare. Chardonnay 100 %
Production moyenne : 50 000 bt/an

ÉRIC RODEZ ♣

4, rue d'Isse, 51150 Ambonnay
03 26 57 04 93 • www.champagne-rodez.fr •
Vente et visites : sur RDV.
Propriétaire : Famille Rodez
Directeur : Éric Rodez
Chef de cave : Mickaël Rodez
Œnologue : Aurélie Rodez

★ AYALA & CO

Cette vénérable marque d'Aÿ, créée en 1860, appartient au voisin Bollinger depuis février 2005. La marque, dirigée par Hadrien Mouflard et son équipe, dont l'œnologue cheffe de cave Caroline Latrive, se relance autour d'un style de champagne plus frais, décliné en faible dosage (6 g/l) et en non-dosé, les fermentations malolactiques permettant d'arrondir les angles. Ayala a aujourd'hui clairement trouvé son style, très différent de celui, plus vineux et marqué pinot noir, de sa maison mère.

Les vins : le blanc de blancs est le grand classique de la gamme, d'une définition fraîche et désaltérante. Nous sommes un peu déçus par le dosage de Brut Majeur : le vin affiche un bon fond, mais il est sucré dans ses contours. Le vin affiche une meilleure gestion en rosé car la trame tannique du vin rouge contrebalance. Le brut nature se montre épuré ; les vins de réserve et sa belle patine en font un des bruts natures de grandes maisons les plus aboutis. La Perle 2012 est un joli vin, défini par sa mousse ouatée, mais sans mollesse. C'est juste, précis et doté d'une belle allonge gustative.

Brut Blanc de Blancs 2014	55 €	91
Brut Majeur	33 €	89
Brut Nature	37 €	91
Brut Perle d'Ayala 2012	96 €	93
Brut Rosé Majeur	42 €	90

Rouge : 18 hectares. Pinot noir 72 %, Pinot meunier 28 %
Achat de raisins.
Blanc : 1 hectare. Chardonnay 100 %
Achat de raisins.
Production moyenne : 1 000 000 bt/an

AYALA & CO

1, rue Edmond de Ayala, 51160 Aÿ
03 26 55 15 44 • www.champagne-ayala.fr •
Vente et visites : sur RDV.
Propriétaire : Société Jacques Bollinger
Directeur : Hadrien Mouflard
Chef de cave : Caroline Latrive

★ CHARTOGNE-TAILLET

Le vignoble de Merfy, à 8 km de Reims, est installé sur le versant sud du massif de Saint-Thierry, dans la "petite" Montagne de Reims, où la présence importante de sables et de silices dans les sols procure aux vins des textures fines. Héritier d'une longue lignée de vignerons, Alexandre Chartogne a repris l'exploitation en 2006. Il a fait évoluer le style classique productiviste de la maison, l'orientant vers une meilleure compréhension des sols grâce à des sélections parcellaires poussées (entre six et dix cuvées selon les années de vendange) et la plantation de vignes franches. La texture soyeuse inimitable de l'effervescence de ses champagnes souligne la magnifique salinité d'une matière première. Une grande sérénité se dégage de ce domaine en pleine forme.

Les vins : encore sur la réserve de la jeunesse, Saint Thierry (90 % chardonnay, 2016) revêt une vinosité suave, enveloppée d'une bulle ouatée qui laisse une sensation irrésistiblement saline. Avec une part de pinot plus importante (40 %), Les Couarres se montre plus expressif, avec une structure saillante et ferme, mais quel éclat en finale ! Laissez-le reposer encore un à deux ans en cave. Un bémol pour Hors Série (chardonnay d'Avize et Merfy), qui reste marqué par le caractère végétal de 2015 : le champagne est suave, mais perturbé par une évolution prématurée.

- Extra-Brut Hors Série — 90 € — 89
- Extra-Brut Les Couarres 2016 — Épuisé - 65 € — 93
- Extra-Brut Saint Thierry — Épuisé - 65 € — 94

Rouge : Pinot meunier 57 %, Pinot noir 43 %
Blanc : 5 hectares. Chardonnay 100 %
Production moyenne : 90 000 bt/an

CHARTOGNE-TAILLET
37, Grande-Rue, 51220 Merfy
03 26 03 10 17 • www.chartogne-taillet.com •
Vente et visites : sur RDV.
Propriétaire : Alexandre Chartogne

★ ↗ VEUVE CLICQUOT PONSARDIN

Le groupe de luxe LVMH, propriétaire depuis 1987, a fait de Veuve Clicquot la deuxième marque de champagne en volume avec son célèbre brut Carte Jaune (premier champagne vendu aux États-Unis). La maison possède des vignobles en premier et en grand cru, surtout destinés aux cuvées millésimées et à La Grande Dame. Marqués par le pinot noir, les vins de Clicquot sont historiquement réputés pour leur bouche vineuse et structurée. Didier Mariotti, venu de G. H. Mumm, a succédé à Dominique Demarville comme chef de cave. Nous accordons la première étoile au domaine cette année.

Les vins : cette maison affiche son savoir-faire historique sur les rosés. Si le brut sans année reste fédérateur sans être pommadé, le millésime 2012 marque les pinots sur la maturité et le coté scintillant du cépage. Une cuvée vineuse et capable de bien vieillir. La Grande Dame 2008 en rosé est une belle bouteille, posée, avec une texture de bouche longue et subtile. Sur les blancs, le brut reste assez comprimé et dosé sur la finale de bouche. Le millésime 2012 tient son rang ; le vin affiche une bonne trame, mais il est encore jeune. Le 2012 Grande Dame s'avère plus profond et plus large. Enfin, le 2008 affiche une pointe de fatigue dans les arômes.

- Brut Carte Jaune — 38 € — 88
- Brut La Grande Dame 2008 — 160 € — 93
- Brut La Grande Dame 2012 — 190 € — 94
- Extra-Brut Extra Old — 53 € — 90
- Brut Rosé — 46 € — 89
- Brut Rosé La Grande Dame 2008 — 350 € — 94
- Brut Rosé Vintage 2012 — 59 € — 93

Rouge : 215 hectares. Pinot noir 64 %, Pinot meunier 36 %
Achat de raisins.
Blanc : 175 hectares. Chardonnay 100 %
Achat de raisins.

VEUVE CLICQUOT PONSARDIN
12, rue du Temple, 51100 Reims
03 26 89 54 40 • www.veuve-clicquot.com •
Vente et visites : sur RDV.
Propriétaire : LVMH
Chef de cave : Didier Mariotti

NOUVEAU DOMAINE

★ DE SOUSA

Chez les De Sousa, le champagne est une histoire de Famille. Erick de Sousa est entouré de ses enfants depuis quelques année : Charlotte s'occupe de la partie commerciale, Julie est en charge des vignes et de la conduite des chevaux et Valentin est en cave. Le domaine est composé de 14 hectares de vigne dont 4 en fermage. Certifié bio en 2010 et en biodynamie en 2013, le domaine peut s'appuyer sur une grande majorité de terroir grand cru et un potentiel de vieilles vignes qui dépassent la moitié du domaine. L'évolution constante permet aujourd'hui une bien meilleur gestion des boisés. Nous sommes séduits par le niveau du domaine que nous accueillons à nouveau dans le Guide avec une étoile.

Les vins : La cuvée réserve blanc de blancs grand cru nous installe d'entrée dans le savoir-faire de cette maison. Une base 2017 et un chardonnay de belle envergure pour un excellent rapport qualité/prix. La cuvée des Caudalies Grand Cru est plus affirmée portée par la patine du bois et sa belle dimension sapide. La trilogie des 2012 est vraiment aboutie et notamment Umami qui impose sa puissance. C'est le champagne le plus vineux du lot : les 40 % de raisins d'Ambonnay amène un cœur de bouche incroyable. Avize se montre plus crémeuse avec cette distinction finement beurrée et ce coté onctueux de la bouche. Le Mesnil sur le terroirs des Chétillons est le grand vin du domaine, mais il reste jeune et doit encore poser sa fougue et son élevage. La bouche donne vraiment la dimension d'un grand cru.

- Brut Caudalie — 53 € — 91
- Brut Grand Cru Blanc de Blancs Cuvée des Caudalies 2012 — 150 € — 94
- Brut Réserve — 40 € — 91
- Extra-Brut Cuvée 3A — 58 € — 93

Extra-Brut Cuvée des Caudalies Le Mesnil 2012 150 € 95

Extra-Brut Cuvée des Caudalies Le Mesnil N.C. 92

Extra-Brut Umami 2012 150 € 94

Rouge : 2 hectares. Pinot noir 67 %, Pinot meunier 33 %
Achat de raisins.
Blanc : 8 hectares. Chardonnay 100 %
Achat de raisins.
Production moyenne : 100 000 bt/an

DE SOUSA
12, place Léon-Bourgeois, 51190 Avize
03 26 57 53 29 • www.champagnedesousa.com • Vente et visites : sur RDV.
Propriétaire : Famille De Sousa

★ DEHOURS ET FILS

Installée depuis quatre générations à Cerseuil, petit village des coteaux sud de la vallée, la maison dirigée par Jérôme Dehours a su diversifier les cuvées et les styles, à partir d'un vignoble très morcelé sur les deux rives de la Marne. Ses champagnes de caractère, majoritairement construits autour du meunier, offrent une balance de jus sapide tout en jouant sur le fil d'une fine oxydation ménagée venue des vinifications en fût ancien. Le travail sous bois ne nous a jamais paru aussi bien maîtrisé que dans les tirages présentés. Une précision au service de l'éclat du fruit et de la suavité des textures que ces champagnes peuvent nous offrir dès la prime jeunesse. Nous sommes enchantés d'attribuer une étoile à ce domaine.

Les vins : pourtant si jeune, le brut Grande Réserve (base 2018) nous épate par le crémeux de sa bulle mettant en lumière une dominante séduisante et vibrante du meunier. Dans la même veine, l'extra-brut 2013 conserve une superbe fraîcheur élancée, sans aucune dureté de ce millésime d'octobre, tout en assumant son évolution automnale. Il appelle un beau brie ou un camembert. La réserve perpétuelle (2013-2014-2015) de la Croix Joly pousse loin l'expression oxydative presque andalouse des saveurs automnales : massala, curry, bourbon whisky, fruits secs... admirablement menée par un soyeux en bouche riche et apaisé. Très belle cuvée racée.

Brut Grande Réserve de 26 à 31 € (c) 90

Extra-Brut 2013 45 € 93

Extra-Brut La Croix Joly de 58 à 59 € (c) 94

Rouge : 11,6 hectares.
Blanc : 2,9 hectares.
Production moyenne : 75 000 bt/an

DEHOURS ET FILS
2, rue de la Chapelle, 51700 Mareuil-le-Port-Cerseuil
03 26 52 71 75 • www.champagne-dehours.fr • Vente et visites : sur RDV.
Propriétaire : Famille Dehours
Directeur : Jérôme Dehours

★ DELAMOTTE

Les amateurs doivent s'intéresser de près à cette belle maison du Mesnil-sur-Oger, en pleine Côte des Blancs, fondée en 1760, et acquise par Laurent-Perrier en 1988, la même année que la marque haut de gamme Salon. Les deux sont dirigées par le globe-trotter Didier Depond. On pourra regretter que la maison reste très discrète, alors que la qualité des vins se tient à un très beau niveau, particulièrement le blanc de blancs millésimé, d'un rapport qualité-prix incontournable.

Les vins : le style de la maison est porté par le blanc de blancs non millésimé. La réduction conditionne le profil d'un chardonnay grillé. En bouche, le vin conserve l'élégance d'un blanc de blancs, mais nous trouvons l'ensemble un peu engoncé, manquant de gras et de séduction. En 2012, le vin épouse la maturité du millésime et s'avère bien plus démonstratif grâce à ses nuances briochées. La bouche dévoile une envergure fidèle au millésime.

Brut Blanc de Blancs 2012 52 € 93

Brut Blanc de Blancs 42 € 90

Blanc : 5 hectares. Chardonnay 100 %
Achat de raisins.
Production moyenne : 750 000 bt/an

DELAMOTTE
5-7, rue de la Brèche-d'Oger, 51190 Le Mesnil-sur-Oger
03 26 57 51 65 • www.champagne-delamotte.com • Pas de visites.
Propriétaire : Groupe Laurent-Perrier
Directeur : Didier Depond
Chef de cave : Michel Fauconnet

★ DIEBOLT-VALLOIS

Fin vinificateur, assisté de ses enfants, Jacques Diebolt donne à son vignoble, principalement situé sur Cramant et Cuis (Côte des Blancs), une expression tout en élégance et en énergie, dans une gamme logiquement dominée par le chardonnay. Ce sont des modèles de champagnes gracieux, fermes et de très bonne garde (en témoigne le mythique Cramant 1953), notamment la cuvée Fleur de Passion, vinifiée en fût sans fermentation malolactique. Une maison de référence aux blancs de blancs soyeux et posés, d'une grande sérénité, loin de la mode des champagnes étriqués et austères. Un champagne sûr et rassurant dont le style classique séduira aussi bien les amateurs que les amoureux de beaux blancs de blancs.

Les vins : le blanc de blancs s'avère un bel ambassadeur, friand de fraîcheur et doté d'une touche briochée très avenante. Après un 2012 voluptueux, le 2013 renoue avec l'austérité naturelle de ce millésime tardif, bien balancée par une bulle ouatée et la sensation confortable du dosage, ponctué d'une finale aux amers nobles insistants. Quel panache, cette Fleur de Passion 2012 ! Issue des plus vieilles vignes de Cramant (65-75 ans) du domaine, cette cuvée nous envoûte par sa concentration en extraits secs, d'une superbe densité crayeuse, posée et enveloppée par une bulle ronde. Un champagne de grand confort pour l'hiver et la garde.

Brut Blanc de Blancs 2013	35 €	92
Brut Blanc de Blancs	19,75 €	90
Brut Blanc de Blancs Fleur de Passion 2012	70 €	94

Rouge : 4 hectares. Pinot noir 90 %, Pinot meunier 10 %
Achat de raisins.
Blanc : 10 hectares. Chardonnay 100 %
Achat de raisins.
Production moyenne : 150 000 bt/an

DIEBOLT-VALLOIS
84, rue Neuve, 51530 Cramant
03 26 57 54 92 • www.diebolt-vallois.com •
Vente et visites : sur RDV.
Propriétaire : Famille Diebolt

★ DOYARD

Cette famille met en lumière des champagnes vigoureux et percutants. La gamme est principalement construite autour des chardonnays de Vertus, où se trouve le domaine, mais cette vieille lignée champenoise bénéficie également de vignes dans des grands crus de la Côte des Blancs (Le Mesnil-sur-Oger, Oiry, Cramant, Avize et Oger) et de quelques pinots noirs à Aÿ. Le style de ces champagnes est très affirmé grâce à une récolte bien mûre, une vinification en partie ou intégrale en fût, une fermentation malolactique bloquée et des dosages faibles selon les cuvées. Les blancs de blancs vieillissent au minimum quatre ans pour s'étendre avec force et beaucoup de caractère.

Les vins : construit avec 50 % de 2015, Vendémiaire accuse une trame végétale perturbant la vinosité de fond de ce blanc de blancs saillant, au fort tempérament. Le travail d'assemblage (50 % de 2013, 30 % de 2012 et 20 % de 2011) est salutaire sur Révolution, uniquement issu de grands crus de la Côte des Blancs qui lui confèrent une fine patine toastée sculptée avec une tension ébouriffante. Un beau champagne que plusieurs années de garde apaisera. Nous sommes en revanche perplexes quant au Clos de l'Abbaye, dont le caractère végétal et artichaut s'avère très marqué. Tout comme Œil de Perdrix 2015, bien marqué par les saveurs de fruits rouges, mais avec une certaine rigidité. Retrouvons un souffle avec le blanc de blancs 2012, d'une belle patine noisettée, et d'une intensité profondément séveuse. Un beau blanc de blancs taillé pour la table. Pénétrons en univers andalou avec Les Lumières 2008, d'une grande intensité de saveurs épicées, de curry et de Jerez. Un champagne évolué, mais qui conserve une allonge très salivante et un panache fou.

Brut Nature Grand Cru Blanc de Blancs Révolution	47 €	92
Extra-Brut Grand Cru Blanc de Blancs 2012	75 €	93
Extra-Brut Grand Cru Les Lumières 2008	220 €	93
Extra-Brut Premier Cru Blanc de Blancs Clos de l'Abbaye 2015	75 €	88
Extra-Brut Premier Cru Blanc de Blancs Vendémiaire	38 €	90
Extra-Brut Grand Cru Œil de Perdrix 2015	75 €	89

Rouge : 1 hectare. Pinot noir 100 %
Blanc : 10 hectares. Chardonnay 100 %
Production moyenne : 45 000 bt/an

DOYARD
39, avenue du Général-Leclerc, 51130 Vertus
03 26 52 14 74 • www.champagnedoyard.fr •
Visites : sur RDV aux professionnels
Propriétaire : Yannick et Guillaume Doyard

★ DRAPPIER

La famille Drappier remonte au XVIIe siècle. Jadis occupé par les moines cisterciens de Clairvaux, le siège de la maison comprend des caves voûtées du XIIe siècle. À la suite de son père, Michel Drappier suit les vinifications depuis 1979. La famille dispose d'un vaste vignoble à Urville (dont un tiers en culture biologique), complété par des approvisionnements issus de la Montagne de Reims, de Bouzy et d'Ambonnay. Les chardonnays proviennent de l'Aube et de Cramant. Drappier, ce sont des champagnes colorés, généreux dans leurs arômes, cui s'expriment en bouche par leur vinosité terrienne. On retrouve ici une dimension de terroir franche et sans fard, vinifiée avec des doses minimales de soufre.

Les vins : le brut sans année reste une valeur sûre portée par un pinot qui le rend fédérateur dès sa prime jeunesse. Le brut Zéro Dosage reste dans son jus plus vineux et assez large, mais de bonne profondeur. Le blanc de blancs 2015 subit un peu les stigmates de son millésime, la maturité n'est pas aboutie et le vin se montre tendu et engoncé. La cuvée Quattuor possède une envergure et une complexité de qualité, c'est un joli vin qui montre une vraie classe et persistance. La cuvée Charles de Gaulle nous laisse un peu sur notre faim, avec un cœur de bouche rond, ponctué d'une finale courte. Le millésime 2012 est doté d'un jus plein et digne de cette année. C'est un vin encore jeune, mais qui possède un fond pour bien évoluer.

Brut Carte d'Or	33 €	89
Brut Charles de Gaulle	43 €	90
Brut Grand Cru Blanc de Blancs 2015	55 €	89
Brut Millésime Exception 2012	55 €	94
Brut Nature Zéro Dosage	37 €	90
Brut Quattuor Blanc de 4 Blancs	73 €	92
Coteaux Champenois Perpétuité	45 €	90
Extra-Brut Clarevallis	43 €	92

Rouge : 50 hectares. Pinot noir 84 %, Pinot meunier 16 %
Achat de raisins.
Blanc : 10 hectares. Chardonnay 88 %, Arbane 4 %, Blanc vrai 4 %, Petit Meslier 4 %
Achat de raisins.
Production moyenne : 1 500 000 bt/an

DRAPPIER ♣
14, rue des Vignes, 10200 Urville
03 25 27 40 15 •
www.champagne-drappier.com • Vente et visites : sur RDV.

Propriétaire : Michel Drappier

★ FLEURY

Pionnier de la biodynamie en Champagne depuis 1989, la famille Fleury élabore à partir de ses vignobles et des achats de raisins bio de savoureux champagnes à dominante de pinot noir. Leur vignoble barséquanais prend de l'âge et la viticulture mise en place apporte un supplément de saveurs à des jus vinifiés en partie sous bois, sous liège (Boléro, extra-brut millésimé) et sans soufre pour certaines cuvées. Atypique dans l'univers champenois, cette maison visionnaire exprime dans une gamme savoureuse la rondeur et la maturité du pinot de l'Aube. Sébastien Fleury a repris avec brio le flambeau de son père Jean-Pierre, biodynamiste respecté par ses pairs.

Les vins : un blanc de noirs (pur pinot) toujours impeccablement pulpeux, étiré par une fruit dynamique et sapide. Tout comme le Rosé de Saignée intense (2015) aux saveurs bien mûres et pleine de vitalité. Il faut passer outre le nez oxydatif du Sonate 2012 et se concentrer sur la bouche d'une pulpe énergique remarquable et une vitalité qui procure beaucoup de bien au palais. La maison exhume de sa cave un fascinant 1993 Symphonie d'Europe, vieilli sous bouchon liège et dégorgé en janvier 2020. Évolution enivrante (curry, masala, poivre blanc...) qui retrouve de la jeunesse dans une bouche extrêmement sapide tout en restant posée. Le Bolero 2009 est ambitieux, mais aux saveurs andalouses un peu trop riches. Une gamme cohérente, toutefois la rectitude de l'ensemble donne le sentiment que les cuvées peuvent gagner en spontanéité.

Brut Nature Notes Blanches 2014	53 €	91
Extra-Brut Sonate 2012	70 €	92
Extra-Brut Symphonie d'Europe 1993	106 €	93
Brut Rosé de Saignée	38 €	91

Le coup de ♥

Brut Blanc de Noirs	30 €	90

Rouge : 12,5 hectares. Pinot noir 98 %, Pinot meunier 2 %
Achat de raisins.
Blanc : 2,7 hectares. Chardonnay 77 %, Pinot blanc 15 %, Pinot gris 8 %
Achat de raisins.
Production moyenne : 200 000 bt/an

FLEURY ☾
43, Grande-Rue, 10250 Courteron
03 25 38 20 28 • www.champagne-fleury.fr

• Vente et visites : sur RDV.
Propriétaire : Morgane, Jean-Sébastien & Benoît Fleury
Directeur : Benoît Fleury
Chef de cave : Jean-Sébastien Fleury

★ ↗ PIERRE GERBAIS

Sous la houlette de Pascal Gerbais et de son fils Aurélien, le domaine Pierre Gerbais s'est inscrit parmi les plus singuliers de la Côte des Bar. Cette originalité réside notamment dans la présence du pinot blanc, vinifié seul ou à hauteur de près d'un tiers, accompagnant les classiques pinot noir et chardonnay. Ces champagnes de marnes kimméridgiennes n'ont pas l'envergure des grands crus, mais nous ravissent par leur caractère sudiste bien trempé et leur chair entière que vous saurez apprécier à table. Ce domaine qui ne cesse de progresser mérite la première étoile.

Les vins : le parfum finement exotique et pur de Grains de Celle de Celles (2017, 50 % pinot noir, 25 % chardonnay, 25 % pinot blanc) convient parfaitement à ce brut fringant et digeste, sans esbroufe. Voilà ce que nous attendons d'un brut sans année. La version rosée se montre tout aussi dynamique, quoiqu'un peu plus simple, avec d'étourdissantes notes de fruits rouges. Seul le chardonnay compose L'Osmose (2016), au bouquet savoureux d'amandes grillée et à la structure tout en rondeur, plus bourguignonne que champenoise. Un fort tempérament aubois. Aurélien pousse l'originalité plus loin avec le pur pinot blanc L'Originale (2016), particulièrement énergique, déroulant un gras subtile et énergique avec une belle spontanéité du fruit. L'Audace (2016) assume la couleur généreuse et la structure franchement goûteuse du pinot. Nous l'avions rarement goûté à ce niveau d'éclat et de panache. La marge de progression est encore grande pour affiner le style riche de ce rosé 2016 qui pousse loin l'exercice de la macération. Une belle vibration de fruit se dégage du coteaux-champenois, établi en concentration et douceur de texture. Une définition de plus en plus précise qu'il convient de suivre de près.

Extra-Brut Blanc de Blancs L'Originale 60 € 91
Extra-Brut Blanc de Blancs L'Osmose 40 € 91
Extra-Brut Grains de Celles 35 € 90
Brut Nature Rosé de Saignée 50 € 88
Extra-Brut Grains de Celles Rosé 40 € 89
Coteaux Champenois 2019 40 € 92

Le coup de ♥
Brut Nature L'Audace 40 € 93

Rouge : 10 hectares. Pinot noir 100 %
Blanc : 8 hectares. Chardonnay 50 %, Pinot blanc 50 %
Production moyenne : 160 000 bt/an

PIERRE GERBAIS
13, rue du Pont, 10110 Celles-sur-Ource
03 25 38 51 29 • www.gerbais.com • Vente et visites : sur RDV.
Propriétaire : Famille Gerbais

★ PIERRE GIMONNET ET FILS

Peu de vignerons champenois peuvent prétendre, comme Didier et Olivier Gimonnet, composer avec un vignoble en propriété de 28 hectares de vignes en Côte des Blancs dont 12 en grand cru à Cuis, Vertus, Cramant, Chouilly et Oger. Les deux frères poursuivent la culture d'assemblage des terroirs en perpétuant leur style raffiné, sage, sans aucune dureté (fermentation malolactique faite) et jamais dans l'exubérance ; ils séduisent aussi bien les novices que les amateurs de grands blancs de blancs. Les Gimonnet parviennent à dompter avec brio les chardonnays de Cuis, souvent froids et austères.

Les vins : assemblage judicieux de 2017 (73 %) avec des vins de réserve dans Cuis Premier Cru, un ambassadeur fin, fringant et posé du domaine. L'Extra-Brut (67 % de 2015), judicieusement accompagné par des vins de réserve jusqu'à 2010, offre une fine patine et une bulle ouatée, millimétrée. Un vin tout en douceur et persistance. Bien plus jeune (base 2018), Rosé de Blancs mérite encore un an de cave avant de révéler tout son raffinement (95 % chardonnay et une touche de pinot noir de Cumières). Un très beau rosé en dentelle. Nous retrouvons ce caractère juvénile dans Oger (90 % 2018), exprimant le gras suave de son cru avec une belle élégance profonde. Fleuron est marqué par le caractère végétal du millésime 2015. Une recherche de vinosité douce qui se termine, tout comme Oger Special Club, sur une finale un peu sèche. Ensuite, on renoue avec le beau classicisme champenois des 2014 : Chouilly, raffiné avec une sensation de suavité, délicatement citronné et sphérique en finale ; Cramant se montre plus ample avec une structure d'envergure qui se posera tranquillement dans les vingt prochaines années. Œnophile est un magnifique assemblage de Chouilly, Cramant, Cuis, Oger et Vertus. Un vin intense, au raffinement inimitable de la bulle exprimant toute l'élégance de ce millésime. Sa très belle persistance lui promet une grande garde.

- Brut Grand Cru Oger Blanc de Blancs 32,60 € 92
- Brut Premier Cru Blanc de Blancs Cuis 29,50 € 90
- Brut Premier Cru Blanc de Blancs Fleuron 2015 43 € 90
- Brut Spécial Club Grands Terroirs de Chardonnay 2014 58 € 93
- Extra-Brut Blanc de Blancs Special Club Oger Grand Cru 2015 78 € 89
- Extra-Brut Grand Cru Blanc de Blancs Chouilly 2014 78 € 93
- Extra-Brut Grand Cru Blanc de Blancs Cramant 2014 Épuisé - 84 € 93
- Extra-Brut Premier Cru Blanc de Blancs 32,50 € 91
- Brut Premier Cru Rosé de Blancs de 35 à 35,50 € (c) 92

Le coup de ♥

- Brut Nature Premier Cru Blanc de Blancs Œnophile Non Dosé 2014 48 € 94

Rouge : 0,5 hectare. Pinot noir 100 %
Blanc : 28,9 hectares. Chardonnay 100 %
Production moyenne : 250 000 bt/an

PIERRE GIMONNET ET FILS

1, rue de la République, 51530 Cuis
03 26 59 78 70 •
www.champagne-gimonnet.com • Vente et visites : sur RDV.
Propriétaire : Olivier et Didier Gimonnet

★ GONET-MÉDEVILLE

Xavier Gonet s'est installé à son compte à Bisseuil premier cru de la vallée de la Marne, avec son épouse Julie, née Médeville, du château Gilette, à Sauternes. Ils disposent d'une palette de vignes originales : l'apport familial de grands chardonnays du Mesnil-sur-Oger (Louvière, Champ d'Alouette), de bons crus en pinot meunier (Mareuil) et en pinot noir (Ambonnay et Bisseuil). Afin d'assurer au vin une meilleure vivacité au vieillissement, les fermentations malolactiques sont bloquées. Une partie de plus en plus importante de vins clairs fermente par ailleurs en barrique, ce qui soutient la finesse des bulles. Nous apprécions la parfaite homogénéité d'une gamme personnelle, juste récompense d'efforts synchrones en viticulture et en vinification.

Les vins : Le brut sans année, confectionné sur une base 2017, se montre séduisant. Il a beau s'appuyer sur le chardonnay, il reste un champagne de repas par excellence. Un vin abouti. Si tous les bruts non millésimés pouvaient atteindre ce niveau et rester raisonnables dans les prix comme celui-ci... Le blanc de noirs, sur une base de 2016, est une bouteille à mettre en cave. Un vin plein et savoureux qui saura vieillir. Le blanc de blancs Grand Cru 2007 commence à montrer ses limites : la finale de bouche perd de son éclat. L'Extra-Brut Rosé porte les stigmates du millésime 2015, la maturité phénolique des raisins n'ayant pas été optimale. Les tanins sont en relief et durcissent la finale. Nous saluons la densité et la matière de ce coteaux-champenois rouge. Attention toutefois au boisé qui déborde quelque peu. Un vin à laisser reposer en cave pour le moment.

- Brut Premier Cru Blanc de Noirs 32 € 93
- Brut Premier Cru Tradition 28 € 91
- Extra-Brut Grand Cru Louvière 2007 72 € 92
- Extra-Brut Premier Cru Rosé 36 € 89
- Coteaux Champenois Grand Cru Ambonnay Cuvée Athénaïs 2018 40 € 92

Rouge : 5 hectares. Pinot noir 100 %
Blanc : 5 hectares. Chardonnay 100 %
Production moyenne : 90 000 bt/an

GONET-MÉDEVILLE

1, chemin de la Cavotte, 51150 Bisseuil
03 26 57 75 60 • www.gonet-medeville.com
• Vente et visites : sur RDV.
Propriétaire : Xavier et Julie Gonet

★ ALFRED GRATIEN

Depuis 2001 propriété du groupe allemand Henkell (détenteur du groupe Freixenet et leader des vins mousseux en Europe), la maison Alfred Gratien, fondée à Épernay en 1864, est plus en forme que jamais et trace sa route avec une certaine discrétion. Ses vins, qui s'appuient sur une forte proportion de chardonnay, avec blocage des fermentations malolactiques, ravissent par leur tension, leur précision, leur éclat et leur rayonnement. La maison ne possède que 1,63 hectares de vignes. Nicolas Jaeger, chef de cave depuis 2007, perpétue une longue tradition familiale : il est la quatrième génération à occuper ce poste, gage d'une belle stabilité.

Les vins : le brut Classique de la maison se montre bien géré pour une base 2015, seul le dosage nous semble un peu fort. Le brut Nature nous séduit par sa fraîcheur et le style droit et épuré de la base 2014. Il se révèle un brut nature convaincant. Nous sommes moins enthousiastes sur Blanc de Blancs 2015, qui met en évidence les côtés racinaire et végétal du millésime 2015. Paradis 2013 est précis, avec ses 65 % chardonnay qui lui confèrent de l'éclat. C'est un vin à la fois ample en milieu de bouche et vif sur la fin. Ce petit décalage nous informe qu'il ne faudra pas se précipiter pour l'ouvrir. Le rosé est juteux, avec une belle palette de fruit rouge, mais aussi une base de chardonnay dominante. Ce vin encore jeune trouvera son harmonie totale d'ici deux années.

Brut Grand Cru Blanc de Blancs 2015	51 €	87
Brut Nature	33,95 € (c)	91
Classique	33,95 € (c)	88
Brut Rosé	37 €	90

Le coup de ♥

Brut Paradis 2013	83 €	93

Rouge : Pinot meunier noir 100 %
Achat de raisins.
Blanc : Chardonnay 100 %
Achat de raisins.
Production moyenne : 300 000 bt/an

ALFRED GRATIEN
30, rue Maurice-Cerveaux, BP 3,
51201 Épernay
03 26 54 38 20 • www.alfredgratien.com •
Visites : sans RDV.
Propriétaire : Henkell
Chef de cave : Nicolas Jaeger

★ HURÉ FRÈRES

François et Pierre Huré ont pris la suite de leur père, Raoul, en donnant une orientation typée du terroir à des champagnes issus principalement de Ludes et Ville-Dommange, des premiers crus de la Montagne de Reims. À la tête de 10 hectares et d'une activité de négoce, ils produisent des vins au fruité tranchant, fournis, élancés, sans fermentation malolactique. Nous avons beaucoup misé sur le travail précis du domaine. Toutefois, les deux frères poussent loin le curseur de la tension et de l'austérité que peuvent révéler les champagnes de leur terroir. Nous aimerions un peu plus de douceur dans les textures pour apporter davantage de charme à ces cuvées.

Les vins : toujours mené avec précision et franchise, Invitation (base 2016, déjà dégusté l'année dernière), plein de saveurs, peine toutefois à apaiser sa bulle fougueuse. Tout comme Inattendue (2016), un blanc de blancs doté d'un élevage fin soulignant une matière traçante. Une fois la bulle assagie dans le verre, L'Instantanée 2014 révèle une version élégante et goûteuse du blanc de noirs. Le rosé L'Insouciance (base 2018) offre, malgré sa jeunesse, une définition précise de saveurs de fruits à noyaux et une trame juteuse. À ouvrir dès le printemps 2022. Nous attendons un peu plus de concentration et d'envergure pour Terre Natale qui nous laisse un peu sur notre faim. La soléra débutée en 1982 avec Mémoire séduit pour sa douce patine vineuse plus sage, qui l'invite avec sérénité à table.

Brut Blanc de Blancs Inattendue 2016	39 €	90
Brut Invitation	30 €	89
Extra-Brut 4 Éléments Pinot Noir La Perthe 2015	72 €	92
Extra-Brut L'Instantanée 2014	41 €	92
Extra-Brut Mémoire	54 €	92
Extra-Brut Terre Natale 2012	50 €	[illegible]
Brut Rosé L'Insouciance	37 €	[illegible]

Rouge : 8 hectares. Pinot meunier 50 %, Pinot noir 50 %
Blanc : 2 hectares. Chardonnay 100 %
Production moyenne : 90 000 bt/an

HURÉ FRÈRES
2, impasse Carnot, 51500 Ludes
03 26 61 11 20 •
www.champagne-hure-freres.com •
Visites : sur RDV aux professionnels.
Propriétaire : François et Pierre Huré

★ LAHERTE FRÈRES

Aurélien Laherte a repris avec rigueur et sensibilité le domaine familial dans le ravissant village de Chavot, sur les coteaux sud d'Épernay. Le vignoble s'étale également du côté du Breuil, de Boursault et de la côte des Blancs. Les trois quarts des vins sont vinifiés sous bois, en barrique. L'apport du chêne se trouve ici bien géré, sans outrance, souvent sans fermentation malolactique. Issue des sept cépages autorisés dans la région, la cuvée Les 7 explore une facette originale de la Champagne et démontre la complémentarité des raisins lors des années ensoleillées que nous connaissons. Si nous reprochions il y a quelques années une certaine froideur dans les vins, il faut avouer que le caractère juteux, la sensation crayeuse et l'impression de croquer dans un raisin mûr des derniers tirages nous enchantent. L'étoile reste solidement accrochée.

Les vins : Ultradition (60 % meunier), toujours goûteux et automnal (pomme cuite), ouvre la dégustation. Le délicieux blanc de blancs brut nature est l'archétype du chardonnay salin et crayeux, tout en exprimant un raisin mûr. Quel éclat ! Les Empreintes 2014 va plus loin dans la définition crayeuse. L'un des secrets de son parfum inimitable ? Une part généreuse de chardonnay muscaté qui accompagne le pinot noir. Le chardonnay Les Grandes Crayères s'avère plus profond, porteur d'une austérité vineuse pour la table. Les Longues Voyes 2016 mérite de se poser tranquillement en cave encore un à deux ans pour révéler toute la race de ce pinot noir dense et crayeux. Une franche expression du raisin. Les 7, une soléra de 2005 à 2017, est naturellement plus patiné, ample et doté d'une fine amertume.

Brut Nature Blanc de Blancs	36 €	91
Brut Ultradition	33 €	89
Extra-Brut Les 7	77 €	93
Extra-Brut Les Empreintes 2014	55 €	93
Extra-Brut Les Grandes Crayères 2016	57 €	93
Extra-Brut Premier Cru Les Longues Voyes 2016	57 €	93

Rouge : 5,2 hectares. Pinot meunier 87 %, Pinot noir 11 %, Divers noir 2 %
Achat de raisins.
Blanc : 6,5 hectares. Chardonnay 93 %, Petit Meslier 5 %, Divers blanc 2 %
Achat de raisins.
Production moyenne : 160 000 bt/an

LAHERTE FRÈRES

3, rue des Jardins, 51530 Chavot
03 26 54 32 09 • www.champagne-laherte.com • Vente et visites : sur RDV.
Propriétaire : Thierry Laherte

★ LAURENT-PERRIER

Le groupe Laurent-Perrier (Delamotte, Salon, De Castellane, Jeanmaire, etc.), cinquième groupe de Champagne, a été le plus innovant sous l'ère de son fondateur Bernard Nonancourt, disparu en 2010 et auquel ont succédé ses filles. L'historique chef de cave, Michel Fauconnet, gardien du goût "L.-P." construit autour du chardonnay, a tiré sa révérence. Le vignoble propre ne couvre que 10 % des approvisionnements. Aromatique, vive, à la fermentation malolactique faite partiellement, la gamme est pour beaucoup dans le succès mondial du champagne apéritif, en blanc comme en rosé.

Les vins : même si La Cuvée nous apparaît moins engoncé que dans un passé proche, ce vin peine toujours à se libérer car la réduction le contient. Ultra Brut est plus ouvert, le nez se montre plus bavard et la bouche impose un joli gras. Le blanc de blancs s'affiche de façon classique avec ses notes de pain brioché ; la bouche séduira par son style fédérateur. Grand Siècle N° 24, issu d'un assemblage des années 2004, 2006 et 2007, est une version vraiment jeune dans l'expression du fruit. La bouche se montre ample et doit encore intégrer son dosage et gagner en complexité. La sempiternelle cuvée Alexandra 2004 est un délice : le vin affiche une superbe finesse. C'est un rosé qui se suffit à lui même par sa complexité et sa délicatesse de style.

Brut Grand Siècle N°24	150 €	93
Brut La Cuvée	39 €	88
Brut Nature Blanc de Blancs	90 €	91
Ultra Brut	50 €	90
Brut Alexandra Grande Cuvée Rosé 2004	290 €	96
Brut Cuvée Rosé	75 €	90

LAURENT-PERRIER

32, avenue de Champagne, 51150 Tours-sur-Marne
03 26 58 91 22 • www.laurent-perrier.com/fr/les-vins/ • Pas de visites.
Propriétaire : Famille de Nonancourt
Directeur : Stéphane Dalyac

★ MAILLY GRAND CRU

Illustrant à merveille ce que la coopérative peut produire de mieux, cette structure de petite taille rayonne sur les pinots noirs de la grande Montagne de Reims. Dans les grands crus Mailly, Verzenay et Verzy, le génie humain de la Champagne permet de faire mûrir des raisins exposés plein nord. Ces pinots noirs aromatiques évoluent plus lentement, sur des notes acidulées. La coopérative vinifie presque le tiers des 230 hectares du village, qui s'assemble bien avec les chardonnays (25 %) du même cru, s'exprimant davantage dans le volume et la chair que dans la finesse et la fraîcheur. Les cuvées issues de sélections parcellaires (L'Intemporelle, Les Échansons) égalent le niveau des grandes de la maison, à prix accessible. Le niveau est régulier.

Les vins : le brut sans année affirme son style vineux, mais la fin de bouche est un peu sèche. L'extra-brut 2013 montre sur un millésime d'octobre une certaine austérité de style. La cuvée L'Intemporelle 2013 est plus détendue avec une présence de 40 % de chardonnay qui amène un peu de crémeux sur le cœur de bouche. L'Intemporelle rosé se distingue du 2011 par sa pleine maturité, incomparable dans la dimension du fruit et l'envergure de bouche. Les Échansons

2009 possède le fond et la matière digne d'un grand cru, mais le jus se dévoile avec une finale un peu comprimée.

Brut Grand Cru Blanc de Noirs	38 €	90
Brut Grand Cru L'Intemporelle 2013	65 €	92
Brut Grand Cru Les Échansons 2009	100 €	88
Brut Grand Cru Réserve	32 €	87
Brut Nature Grand Cru 2013	49 €	89
Brut Grand Cru L'Intemporelle Rosé 2012	75 €	92

Rouge : 50 hectares. Pinot noir 100 %
Blanc : 20 hectares. Chardonnay 100 %
Production moyenne : 500 000 bt/an

MAILLY GRAND CRU
28, rue de la Libération,
51500 Mailly-Champagne
03 26 49 41 10 •
www.champagne-mailly.com • Pas de visites.
Propriétaire : Xavier Muller
Chef de cave : Sébastien Moncuit

★ A. MARGAINE

Arnaud Margaine possède toutes ses vignes à Villers-Marmery, un premier cru au sud-est de la Montagne de Reims. Le secteur est réputé pour ses chardonnays puissants, savoureux, qui ont la particularité de donner des champagnes charnus et accessibles jeunes. Beaucoup de maisons en raffolent. Une identité à part dans l'univers du chardonnay. Nous saluons les matières premières, mais le brut mériterait un vieillissement un peu plus long pour s'avérer vraiment abouti et conserver l'étoile.

Les vins : aussi bien le brut (68 % de 2018) que l'extra-brut (tirage 05/2018) méritent d'attendre jusqu'au printemps 2022 pour assagir leur bulle fougueuse et laisser place au caractère finement sauvage des chardonnays de ce secteur. À l'inverse, ouvrez dès maintenant le rosé 2013, franchement goûteux, saupoudré de belles notes de cerise et de pivoine. Une très belle identité profonde de rosé.

Brut	22,80 €	88
Extra-Brut	30,90 €	89
Brut Rosé de Saignée 2013	43 €	91

Rouge : 1 hectare. Pinot noir 100 %
Blanc : 6 hectares. Chardonnay 100 %
Production moyenne : 60 000 bt/an

A. MARGAINE
3, avenue de Champagne,
51380 Villers-Marmery
03 26 97 92 13 • champagnemargaine.com •
Visites : sans RDV.
Propriétaire : Arnaud Margaine

★ MARGUET

Depuis quelques années, Benoît Marguet incarne l'une des plus fulgurantes progressions de la Champagne. Ce jeune homme zen est un adepte de géobiologie dans sa cave et de biodynamie dans son vignoble situé exclusivement en grand cru, à Ambonnay et Bouzy, où le pinot noir (48 %) domine les chardonnays. Une autre gamme (identifiable grâce à une collerette verte) s'illustre avec une petite activité d'achat de raisins bio, principalement en Côte des Blancs (Cramant, Avize et Chouilly). Les fermentations se font sous bois, impulsées par les levures naturelles, les sulfitages sont minimes et les dosages proscrits. Pourtant, grâce la parfaite maturité des raisins, le champagne y revêt une douceur incroyable, ainsi qu'un équilibre en dentelle. Il n'accuse jamais de dureté et se montre toujours plein de vitalité. Il laisse en bouche une étrange sensation entre énergie et apaisement qui ne vous laissera pas indifférent. La deuxième étoile sera décernée lorsque l'empreinte boisée de l'élevage sera parfaitement intégrée.

Les vins : le rosé Shaman séduit par son fruit scintillant – sur le noyau et la fraise des bois – et sa justesse de bouche. Avec sa dominante de chardonnay, le vin est tactilement gracieux, souligné finement par son boisé. Un joli jus agréable et posé en bouche. Shaman blanc 17 a été dégorgé en février 2021, on perçoit une jolie bouche volumineuse. Seule la bulle nous semble décalée pour le moment. Le grand cru Ambonnay 2016 est vraiment une belle bouteille à mettre en cave, marquée par le côté pinot finement kirsché et épicé. La bouche est plus équilibrée avec une gestion des bois parfaite. C'est vineux et crémeux à la fois. Beurys 2016 est davantage dans un registre dominé par le chardonnay grillé. Le boisé souligne les arômes mais la bouche l'a très bien intégré. Nous sommes moins loquaces sur Sapience 2011 que sur le 2010. Les marqueurs racinaires du millésime ôtent un peu de grâce aux arômes. Un joli travail de volume de bouche pour ce millésime difficile, mais même dans les saveurs finales de bouche, on ressent cette pointe d'austérité végétale.

Brut Nature Grand Cru Les Beurys 2016	89 €	93
Brut Nature Grand Cru Shaman 17	45 €	91
Brut Nature premier cru Sapience 2011	165 €	89

Brut Nature Grand Cru Shaman 17 — 45 € 93

Le coup de ♥

Brut Nature Grand Cru Ambonnay 2016 — 65 € 95

Rouge : 4,6 hectares. Pinot noir 100 %
Achat de raisins.
Blanc : 3,4 hectares. Chardonnay 100 %
Achat de raisins.
Production moyenne : 90 000 bt/an

MARGUET ♣

1, place Barancourt, 51150 Ambonnay
03 26 53 78 61 •
www.champagne-marguet.fr • Vente et visites : sur RDV.
Propriétaire : Benoît Marguet

★ CHRISTOPHE MIGNON

Installés près des villages de Leuvrigny et de Festigny, Laurence et Christophe Mignon donnent ses lettres de noblesse au meunier de la vallée de la Marne. Cette cinquième génération cultive avec exigence son vignoble. Leurs champagnes, 100 % meunier à l'exception de la cuvée Coup de Foudre, peu ou non dosés, impressionnent par la pureté et la force de leurs saveurs. Petit bémol toutefois, on dénote une certaine rusticité dans la bulle juvénile. N'hésitez pas à garder ces champagnes un à deux ans de plus en cave.

Les vins : d'entrée de jeu, ADN de Meunier (2015 et 2016) nous enchante par le caractère fringant et dynamique du cépage, malgré une bulle encore vivace qui mérite d'être assagie dans le verre. Il en va de même pour l'extra-brut ADN de Meunier 2015, plus étoffé, mais toujours aussi tonique, sans le caractère végétal si courant dans le millésime. La gamme ADN de Foudre, en référence à ces contenants en bois pour l'élevage, arrondit les angles du Meunier 2016 en apportant une fine patine sans rien ôter à l'élan sanguin. Même constat pour la version pinot noir bien goûteux avec une structure saillante bien typée ou 3 Cépages, d'une belle harmonie, plein de panache et d'énergie. Tous les vins se montrent parfaitement digestes et appellent à boire le verre suivant à partir de la fin 2022. Rosé de Saignée s'affirme avec une vinosité et une sensation juteuse à souhait, à boire désormais.

Brut Nature ADN de Foudre Meunier — 49 € 92

Brut Nature ADN de Foudre Pinot Noir 2015 — 64 € (c) 91

Brut Nature ADN de Meunier — 34 € 90

Extra-Brut ADN de Foudre 3 Cépages — 46 € 91

Extra-Brut ADN de Meunier 2015 — 56 € 90

Extra-Brut ADN de Meunier Rosé de Saignée — 49 € 91

Rouge : 5,6 hectares. Pinot meunier 89 %, Pinot noir 11 %
Blanc : 0,5 hectare. Chardonnay 100 %
Production moyenne : 45 000 bt/an

CHRISTOPHE MIGNON

4 La Boulonnerie, Le Mesnil-le-Huttier
51700 Festigny
03 26 58 34 24 •
www.champagne-christophe-mignon.com •
Vente et visites : sur RDV.
Propriétaire : Christophe Mignon

★ BRUNO PAILLARD

Issu d'une famille de vignerons et de courtiers en bouteilles, Bruno Paillard a créé sa propre maison en 1981 et pratique une viticulture qui se rapproche de l'éthique bio sans en revendiquer la certification. Nous retrouvons avec plaisir cette maison et l'esprit de ses cuvées typées chardonnay : aromatiques, expressives, étayées en bouche par des acidités fines et des bulles délicates.

Les vins : nous confortons l'étoile de ce domaine ; les bruts sans année se démarquent par un bon volume et un dosage bien géré. L'extra-brut se montre complexe et la patine ainsi que l'autolyse des levures lui donnent plus de personnalité. Cuvée 72 est un vin sérieux qui, grâce à son vieillissement, affiche une complexité supérieure. C'est un vin de repas. Le blanc de blancs dévoile un chardonnay précis sur une texture longiligne et sérieuse, c'est une base 2014. Le 2012 est aux prémices de sa vie, c'est un vin étoffé, bien mûr avec une trame qui doit se fondre encore. Nec Plus Ultra est typé par ce millésime 2008, c'est un vin cristallin qui possède cette belle allonge ciselée, un brin de noble austérité pour le moment.

Brut Cuvée 72 — 52 € 90

Brut Nature Dosage : Zéro — 50 € 91

Extra-Brut Assemblage 2012 — 65 € 92

Extra-Brut Grand Cru Blanc de Blancs — 60 € 90

Extra-Brut Nec Plus Ultra 2008 — 200 € 94

Extra-Brut Première Cuvée 39 € 89

Le coup de ♥

Extra-Brut Rosé Première Cuvée 49 € 92

Rouge : Pinot noir 70 %, Pinot meunier 30 %
Achat de raisins.
Blanc : Chardonnay 100 %
Achat de raisins.
Production moyenne : 400 000 bt/an

BRUNO PAILLARD
Avenue de Champagne, 51100 Reims
03 26 36 20 22 •
www.champagnebrunopaillard.com •
Visites : sur RDV aux professionnels.
Propriétaire : Bruno Paillard
Chef de cave : Laurent Guyot

★ PIERRE PAILLARD

Dans le village de Bouzy, Benoît Paillard et ses deux fils, Antoine et Quentin, disposent d'une dizaine d'hectares fractionnés sur ce grand cru de pinot noir. Ils possèdent aussi des chardonnays qui donnent des blancs de blancs solidement constitués. Le brut sans année s'exprime sous l'étiquette Les Parcelles avec une base de millésime indiqué en chiffres romains. Deux parcelles de chardonnay et de pinot noir sont judicieusement déclinées dans Les Mottelettes et Les Maillerettes, qui s'attachent à livrer une identité élancée des terroirs de Bouzy. Les derniers tirages (à partir de la base 2015) gagnent en relief de saveurs et expriment un fruité plus éclatant.

Les vins : Les Parcelles (base 2016, 70 % pinot noir, le reste en chardonnay) s'annonce d'un très beau niveau, pulpeux, enveloppé par une bulle évanescente. Les Terres Roses (base 2017) joue dans un registre fruité bien typé par le pinot noir juteux. Une certaine fermeté végétale en fin de bouche, sans être rédhibitoire, demande d'attendre février 2022 pour le boire. Les Mottelettes (chardonnay de Bouzy) livre un début d'évolution douce avec une intensité qui évoque les pinots noirs savoureux. L'allonge précise peut encore gagner en éclat. On retrouve cet élan savoureux dans Les Maillerettes, un pur pinot noir froid et persistant. Lui aussi réclame une ouverture à partir de début 2022. La Grande Récolte 2012 affirme une belle intensité concentrée, joliment fumée, qui file vers une évolution tranquille. Un champagne vineux pour la table moins éclatant que les derniers tirages. Derrière les arômes boisés et lardés de son élevage, le coteau-champenois 2019 montre une belle intensité de matière, extraite en douceur. Une expression juteuse et précise du fruit qui pourrait gagner en éclat final.

Extra-Brut Grand Cru Bouzy Blanc de Blancs Les Mottelettes 2016 60 € 92

Extra-Brut Grand Cru Bouzy Blanc de Noirs Les Maillerettes 2016 60 € 93

Extra-Brut Grand Cru Bouzy La Grande Récolte 2012 70 € 92

Extra-Brut Grand Cru Bouzy Les Parcelles XVI 39 € 9[illegible]

Extra-Brut Rosé Grand Cru Bouzy Les Terres Roses XVI 48 € 90

Coteaux Champenois Bouzy Les Mignottes 2019 50 € 91

Rouge : 7,5 hectares. Pinot noir 100 %
Blanc : 3,5 hectares. Chardonnay 100 %
Production moyenne : 92 000 bt/an

PIERRE PAILLARD
2, rue du Vingtième-Siècle, 51150 Bouzy
03 26 57 08 04 •
www.champagne-pierre-paillard.fr •
Visites : sur RDV aux professionnels.
Propriétaire : Antoine et Quentin Paillard

★ PERRIER-JOUËT

Comme Mumm, Perrier-Jouët appartient depuis 2005 au groupe Pernod-Ricard. La maison propose des champagnes très chardonnay, du fait d'un vignoble majoritairement situé sur Cramant et Avize, au style ample et baroque défendu par le chef de cave Hervé Deschamps, arrivé chez Perrier-Jouët en 1983. Sa célèbre Belle Époque, conçue et signée en 1902 par Émile Gallé, a engendré de très belles bouteilles, mais aussi quelques déceptions sur des millésimes intermédiaires. Hélas, les prix, eux, se sont envolés.

Les vins : le blanc de blancs Belle Époque offre un nez marqué par la réduction grillée et des fruits secs, et une bouche charnue et volumineuse. Le rosé Belle Époque 2010 ne possède pas l'éclat du 2012, l'équilibre de bouche un peu anguleux lui enlève de la finesse. Blason Rosé adopte un style gourmand, avec une bouche assez douce et fédératrice, mais sans envolée magique... Le blanc de blancs se révèle tout aussi aimable, avec une belle fraîcheur et une fine sapidité. Mais là encore, le dosage fade un peu la finale. Belle Époque 2013 se présente comme un vin longiligne et ciselé, rendu un peu austère par l'acidité. 2008 adopte le même style, mais le potentiel est là, avec une bouche de belle facture.

Brut Belle Epoque 2008 125 € 93

Brut Belle Epoque 2012 126 € 93

Brut Belle Epoque 2013 140 € 92

- Brut Belle Epoque Blanc de Blancs 2006 — 350 € — 91
- Brut Blanc de Blancs — 60 € — 90
- Brut Blason Rosé — 60 € — 88
- Brut Rosé Belle Epoque 2012 — 250 € — 95
- Brut Rosé Belle Époque 2010 — 125 € — 92

Rouge : Pinot noir 63 %, Pinot meunier 37 %
Achat de raisins.
Blanc : Chardonnay 100 %
Achat de raisins.
Production moyenne : 2 500 000 bt/an

PERRIER-JOUËT
28, avenue de Champagne, 51200 Épernay
03 26 53 38 00 • www.perrier-jouet.com •
Pas de visites.
Propriétaire : Pernod-Ricard
Directeur : César Giron
Chef de cave : Hervé Deschamps et Séverine Frerson

★ R. POUILLON ET FILS

La maison Pouillon a été fondée en 1947. Le vignoble, implanté à Mareuil-sur-Aÿ et Aÿ, s'est étendu jusqu'à la Côte des Blancs. Fabrice, petit-fils de Roger, cultive aujourd'hui les 6,5 hectares répartis en 36 parcelles. Le caractère bien trempé et puissant du pinot noir de la vallée de la Marne structure des champagnes pleins de goût, qui assument leur carrure vineuse et leur patine légèrement oxydative venant de l'élevage des vins de réserve sous bois. La gamme s'est étoffée des cuvées Les Valnons (parcellaires d'Aÿ, pur chardonnay) et Les Blanchiens (50 % chardonnay, 50 % pinot noir de Mareuil-sur-Aÿ). Nous avons été enthousiasmés par les tirages précédents, la gamme se montre malheureusement plus hétérogène cette année.

Les vins : encore un peu brouillon, le brut (65 % pinot noir, 55 % 2018, 20 % 2017), a besoin d'un an de plus pour poser sa matière ronde. Le rosé, pur pinot noir de macération (80 % 2018), s'étend avec richesse perdant un peu de l'élégance qui le caractérisait. Le meunier de Festigny Les Châtaigniers nous livre une matière finement rustique, une belle finale automnale et vineuse qui s'invitera pour la table. En chardonnay de Tauxières, Les Terres Froides continue dans la recherche oxydative, avec une chair ample, toutefois un peu pesante et massive. Nous attendions les Valnons 2014 à meilleur niveau, il accuse ici un caractère végétal autour d'une carrure vineuse. Les Blanchiens 2014, quant à lui, affiche une dense puissance, étonnante dans ce millésime de tension. Le Montgruguet 2017 dévoile plus d'éclat de l'expression du pinot noir, étirée et franchement goûteuse. Toutes les cuvées devraient aller dans cette direction.

- Brut Nature Premier Cru Les Blanchiens 2014 — 70 € — 92
- Brut Réserve — 35 € — 89
- Extra-Brut 1er Cru Solera — 55 € — 92
- Extra-Brut Grand Cru Les Valnons 2014 — 70 € — 90
- Extra-Brut Le Montgruguet 2017 — 55 € — 94
- Extra-Brut Les Châtaigniers 2016 — 55 € — 91
- Extra-Brut Premier Cru Les Terres Froides — 45 € — 90
- Brut Premier Cru Rosé — 30 € — 88

Rouge : 5 hectares. Pinot noir 75 %, Pinot meunier 25 %
Blanc : 2 hectares. Chardonnay 100 %
Production moyenne : 55 000 bt/an

R. POUILLON ET FILS
17, rue d'Aÿ, Mareuil-sur-Aÿ 51160 Aÿ
03 26 52 63 62 •
www.champagne-pouillon.com • Vente et visites : sur RDV.
Propriétaire : Fabrice Pouillon

★ ↗ RUPPERT-LEROY

Dans leur ancienne vie, Bénédicte Ruppert et Emmanuel Leroy étaient au collège à Bar-sur-Aube. Ils ont repris en 2009 des vignes que louait la famille de la première à la commune d'Essoyes. Leur rencontre avec le conseiller Pierre Masson les conduit naturellement à la biodynamie l'année suivante. Chaque lieu-dit est vinifié séparément, en fût, sans soufre ajouté et sans blocage de la fermentation malolactique. La pureté du fruit mûr est immédiate, comme la sagesse crémeuse de la texture, malgré l'absence de dosage. Une quête de pureté déjà très convaincante. Cette approche contemporaine et vivante du champagne, très singulière, mérite l'étoile cette année.

Les vins : deux cuvées issues de la récolte 2018 à la bulle encore vivace qu'il faudra apaiser jusqu'en décembre 2021 dans votre cave. Toutefois, une sensation franchement pulpeuse et éclatante se dégage de l'assemblage chardonnay/pinot noir de Fosse Grely, sur le fil de l'éclat et de l'oxydation. Une empreinte séveuse plus profonde et structurée marque le pur pinot de Papillon, encore plus précis et vineux pour passer à table. Deux cuvées aériennes et dotées d'une grande énergie. Magnifique !

Le coup de ♥
- Brut Nature Fosse-Grely — 50 € — 92

Brut Nature Papillon 55 € 94

Rouge : 2,7 hectares.
Blanc : 1,1 hectare.
Production moyenne : 25 000 bt/an

RUPPERT-LEROY ♣
La Bergerie, 10360 Essoyes
03 25 29 81 31 •
champagne-ruppert-leroy.com • Visites : sur RDV aux professionnels.
Propriétaire : Bénédicte et Emmanuel Leroy

★ FRÉDÉRIC SAVART

À 10 kilomètres à l'ouest de Reims, Écueil est un village historique pour le pinot noir, "un pinot fin réputé dans les années 1960 alors que les villages aux alentours sont plantés surtout en meunier", explique Frédéric Savart. Il a repris avec passion le vignoble de son père et élabore des champagnes jeunes, aromatiques, fruités, tendus et nuancés dans l'expression variétale. Les fermentations en demi-muid sont parfaitement maîtrisées et la distinction de la bulle dessine des jus épurés en finesse, ponctués de fines notes d'oxydation ménagée. De formidables compagnons d'apéritif et de table, après quatre à cinq ans de garde. Les vins pourraient toutefois gagner en sagesse et confort pour séduire les palais délicats.

Les vins : L'Ouverture, pur pinot dégorgé en décembre 2020, est toujours une belle entrée en matière pour comprendre le style épuré et goûteux du domaine. Derrière la réduction grillée, façon bourguignonne, L'Accomplie s'affirme avec une vinosité ciselée, en laissant une belle sensation crayeuse. Il pourra passer à table. Les vins qui suivent vieillissent tous sous bouchon liège dans le but de trouver une fine oxydation ménagée et une bulle plus crémeuse. Mont des Chrétiens 2017, blanc de blancs d'Écueil, encore sous le choc de son dégorgement en février 2021, offre des airs grillés bourguignons et une trame savoureuse dynamique. Attendez l'hiver 2022. Le Mont Benoît 2017, dominé par le pinot noir, n'a pas le même éclat profond mais se montre tout à fait équilibré et devrait évoluer plus rapidement sur des tonalités épicée et oxydatives. Le rosé Expression 2017 (dégorgé en janvier 2021) mérite encore deux ans de cave pour assagir sa bulle vivace et ses contours anguleux. Un rosé pour les amoureux de non dosés saillants ! Haute Couture blanc de blancs du Mesnil-sur-Oger n'a pas l'énergie des autres cuvées mais révèle une expression du chardonnay finement oxydative de ce grand cru.

Brut L'Ouverture 30 € 89
Extra-Brut Grand Cru Haute Couture 2016 130 € 92
Extra-Brut Le Mont Benoît 2017 80 € 92
Extra-Brut Mont des Chrétiens 2016 180 € 92
Extra-Brut Mont des Chrétiens 2017 70 € 93
Extra-Brut Premier Cru L'Accomplie 60 € 9[illegible]
Brut Nature Expression 2017 110 € 91

Rouge : 3,5 hectares. Pinot noir 100 %
Achat de raisins.
Blanc : 0,5 hectare. Chardonnay 100 %
Achat de raisins.
Production moyenne : 55 000 bt/an

FRÉDÉRIC SAVART
1, chemin de Sacy, 51500 Écueil
03 26 84 91 60 •
www.champagne-savart.com • Visites : sur RDV aux professionnels.
Propriétaire : Frédéric Savart

★ ↗ SUENEN

Aurélien Suenen a quitté les parquets de basket de Châlons-en-Champagne pour retrouver la craie des vignes familiales de la Côte des Blancs en 2009. À la suite de son père, le jeune homme prend ses marques en changeant progressivement les méthodes culturales (abandon des herbicides et des insecticides dès 2012) et en restructurant le vignoble, composé de 3 hectares à Oiry, Cramant et Chouilly pour les chardonnays, et d'un îlot de 20 ares planté de meuniers francs de pieds, dans la vallée de la Vesle. L'intuition judicieuse conduit le vigneron à des assemblages de parcelles dans ses cuvées non millésimées telles Oiry (vignes de bas de coteaux) et C+C (Cramant et Chouilly) et de contenants (cuves acier émaillé, inox, barriques et œufs béton). La profondeur de ses blancs de blancs, établis tout en finesse, gagne du terrain au fil des années.

Les vins : les bases 2017, Oiry et C+C, ont réellement passé un cap dans la pureté et l'énergie crayeuse. Nous sentons l'expérience et une viticulture précise porter leurs fruits. Oiry enchante par sa spontanéité fraîche et C+C pour son allonge raffinée et son insistante sensation saline. Les cuvées parcellaires 2014 reflètent admirablement le soin apporté au crémeux de la bulle et aux soyeux de la texture avec une réelle profondeur d'expression, sans toutefois l'éclat des derniers tirages. La Cocluette séduit par sa finesse nuancée, Le Mont-Aigu s'exprime en deux temps, sur une une attaque acidulée et un cœur de bouche crémeux et Les Robarts avec davantage de puissance liée à la fraîcheur plus marquée du millésime. N'hésitez pas à le garder en cave. La Grande Vigne, pur meunier, affiche une belle évolution automnale dont la fraîcheur franche en finale se révèle à l'aération.

- Extra-Brut Grand Cru Blanc de Blancs C+C 50 € 92
- Extra-Brut Grand Cru Blanc de Blancs La Cocluette 2014 80 € 92
- Extra-Brut Grand Cru Blanc de Blancs Le Mont-Aigu 2014 100 € 92
- Extra-Brut Grand Cru Blanc de Blancs Les Robarts 2014 100 € 93
- Extra-Brut Grand Cru Blanc de Blancs Oiry 45 € 91
- Extra-Brut La Grande Vigne 2014 75 € 92

Blanc : 3,2 hectares. Chardonnay 94 %, Pinot meunier blanc 6 %
Production moyenne : 25 000 bt/an

SUENEN
53, rue de la Garenne, 51530 Cramant
03 26 57 54 94 • www.champagne-suenen.fr • Vente et visites : sur RDV.
Propriétaire : Aurélien Suenen

★ TAITTINGER

Vitalie Taittinger a pris la présidence de la maison en janvier 2020, succédant ainsi à son dynamique père, Pierre-Emmanuel, auquel on doit le retour de cette belle marque dans le giron familial. Autour d'une équipe solide, la jeune femme poursuit le développement de cette marque au style tourné vers l'élégance, avec des vins très marqués par le chardonnay, signature de la maison. La cuvée Comtes de Champagne qui coiffe la gamme est une des grandes cuvées les plus régulières ; elle exprime parfaitement le goût Taittinger et vieillit de surcroît admirablement bien. Les autres vins ont gagné en intensité ces dernières années.

Les vins : les bruts sans année sont fédérateurs, accessibles, dotés d'un joli crémeux, même si le cœur de bouche reste encore parfois un peu trop enrobé. Le rosé est marqué par le fruit rouge : il est juteux, mais primaire. Le 2014 est fidèle au millésime : ciselé et doté d'une belle allonge. Nous devons l'attendre un peu pour qu'il se libère en bouche. Nous sommes passés à côté de Prélude, dont nous avons dégusté par le passé des bases de maturité plus abouties. Dans Comtes de Champagne, le millésime 2008 est dans son jus et libère un vin plus longiligne que gras avec cette retenue de la réduction qui le recroqueville. Nous vous conseillons de le garder encore un peu. Comtes de Champagne Rosé est une jolie bouteille que l'on peut apprécier dès maintenant : sa complexité sur le noyau, les épices et le pot pourri est superbe. La bouche posée propose cette élégante allonge des rosés élaborés sur des bases de chardonnay.

- Brut 2014 58 € 92
- Brut Blanc de Blancs Comtes de Champagne 2008 de 162 à 170 € (c) 95
- Brut Prélude Grands Crus 48 € 89
- Brut Réserve 40,50 € 88
- Brut Comtes de Champagne Rosé 2007 170 € 97
- Brut Rosé Prestige 51 € 87

Rouge : 187,2 hectares. Pinot noir 76 %, Pinot meunier 24 %
Achat de raisins.
Blanc : 100,8 hectares. Chardonnay 100 %
Achat de raisins.
Production moyenne : 6 700 000 bt/an

TAITTINGER
9, place Saint-Nicaise, 51100 Reims
03 26 85 45 35 • www.taittinger.com • Visites : sans RDV.
Propriétaire : Vitalie Taittinger
Œnologue : Alexandre Ponnavoy

★ TARLANT

Au cœur de la rive gauche de la vallée de la Marne et de celle du Surmelin, Benoît Tarlant (le vinificateur) et sa sœur Mélanie (au commerce et à la communication) ont succédé à leurs parents. Leur viticulture se révèle exigeante, adaptée à la mosaïque de sols et de sous-sols qu'ils exploitent : des sables au silex, des argiles et calcaires à la pure craie. Sans levurage ni enzymage, les deux tiers des vinifications se font sous bois. Ces champagnes ont du volume, de la mâche et ils conservent une grande fraîcheur du fait d'un dosage léger. La politique de conserver longuement les vins en cave est salutaire. Le vignoble passe progressivement en bio.

Les vins : aussi bien en blanc (2012) qu'en rosé (2014), les deux bruts Zéro impressionnent par leurs saveurs saillantes et leur vinosité structurée. À ne pas offrir à des palais en quête de champagnes doucereux. On retrouve cette trame puissante dans les millésimés, à l'image de Lutétienne 2005, aux courbes rondes et aux notes mélifères. À boire dès maintenant. La Vigne d'Antan 2004, à la puissance structurée, promet pour accompagner un repas d'hiver. La cuvée Louis se montre plus roborative et automnale, ponctuée par des amers vigoureux.

- Brut Nature Cuvée Louis 2004 120 € 92

Brut Nature La Vigne d'Antan 2004	162 €	93
Brut Nature Prestige Lutétienne 2005	75 €	92
Brut Nature Zéro	39 €	91
Brut Nature Rosé L'Aérienne 2004	90 €	93
Brut Nature Rosé Zéro	47 €	91

Rouge : 9,1 hectares. Pinot noir 75 %, Pinot meunier 25 %
Blanc : 3,9 hectares. Chardonnay 80 %, Petit Meslier 10 %, Pinot meunier blanc 5 %, Arbane 5 %
Production moyenne : 100 000 bt/an

TARLANT
21, rue Principale, 51480 Œuilly
03 26 58 30 60 • www.tarlant.com • Vente et visites : sur RDV.
Propriétaire : Famille Tarlant
Directeur : Benoît et Mélanie Tarlant

★ YANN ALEXANDRE

Situé à Courmas, petit village du nord-ouest de la Montagne de Reims, le vignoble, issu d'un héritage familial, s'étend sur 30 parcelles et neuf communes où les meuniers et pinots noirs sont particulièrement fringants et savoureux. La marque de la maison ? La combinaison d'un raisin mûr, nourri tranquillement par cinq à sept ans sur lattes et par un dosage très modéré. Cette quiétude découlant du vieillissement en cave permet aux vins de la maison de se distinguer de nombreux champagnes commercialisés trop jeunes et trop vifs.

Les vins : le végétal marque aussi bien le nez que la fin de bouche de Roche mère, un brut nature (base 2014) vineux qui nous a habitués à un équilibre plus abouti. Le brut Noir (65 % de 2015) s'ouvre avec la tendresse du meunier (45 %), un dosage présent ciselé par une bulle précise, mais marqué par une touche de dureté en finale. On retrouve le crémeux joliment patiné dans Grande Réserve à la concentration naturelle de l'année de base (60 % 2012). Un beau champagne de repas. Montons encore d'un cran avec un superbe extra-brut 2012 (60 % chardonnay), pulpeux et d'une magnifique intensité de saveurs séveuses. Étonnamment, le rosé Terres Blanches (60 % 2014) est dominé par le chardonnay, mais évoque généreusement la fraise écrasée avec une finale un peu compacte. Gardez encore un an Terres des Clos 2019, à la structure tannique encore saillante, pour révéler un jus intense et soigné.

Brut Nature Roche Mère	35 €	87
Brut Noir	31 €	89
Brut Premier Cru Grande Réserve	37 €	91
Extra-Brut Premier Cru 2012	45 €	93
Brut Premier Cru Blanches Terres	39 €	89
Coteaux Champenois Terres des Clos 2019	40 €	90

Rouge : 4,6 hectares. Pinot meunier 75 %, Pinot noir 25 %
Blanc : 1,7 hectare. Chardonnay 99 %, Divers blanc 1 %
Production moyenne : 30 000 bt/an

YANN ALEXANDRE
8, chemin des Jardins, 51390 Courmas
06 81 03 81 79 •
www.champagneyannalexandre.fr • Vente et visites : sur RDV.
Propriétaire : Yann Alexandre

BARRAT-MASSON

Ce jeune domaine du Sézannais est né de l'union de Loïc Barrat et Aurélie Masson. Leurs vignes à Villenauxe-la-Grande et Betton, plantées principalement de chardonnay, alimentaient jusqu'en 2010 la cave coopérative locale, Le Brun de Neuville. Le tournant est pris dès 2009 avec le démarrage de la conversion en bio. En 2011, les premiers jus des quinze parcelles sont vinifiés avec rigueur, séparément, en cuve ou en fût. Des cuvées de plus en plus abouties, sans exubérance, mais dotées d'un équilibre fin et élancé malgré l'absence de dosage. Un domaine en pleine progression.

Les vins : une fine touche exotique se dégage du chardonnay Fleur de Craie, établi toute en finesse discrète, sans démonstration et parfaitement digeste. Toujours en blanc de blancs, Les Margannes s'affirme avec plus de profondeur et une trame plus ciselée typique de son année 2014. Nuances de Cornoię (60 % chardonnay, 40 % en pinot noir) s'offre avec une identité plus crémeuse et persistante jusqu'à une superbe finale élancée.

Brut Nature Fleur de Craie	36 €	90
Brut Nature Les Margannes	44 €	91
Brut Nature Nuances de Cornoie	60 €	90

Rouge : 0,7 hectare. Pinot noir 100 %
Blanc : 6,3 hectares. Chardonnay 100 %
Production moyenne : 20 000 bt/an

BARRAT-MASSON ♣

20, rue Jaillard, 10370 Villenauxe-la-Grande
03 25 39 17 98 •
champagne-barrat-masson.com • Vente et visites : sur RDV.
Propriétaire : Aurélie et Loïc Barrat

ÉTIENNE CALSAC ♣

128, allée Augustin-Lorite, 51190 Avize
06 11 83 69 49 •
www.champagne-etienne-calsac.com •
Vente et visites : sur RDV.
Propriétaire : Étienne Calsac

ÉTIENNE CALSAC

La cave d'Étienne Calsac, héritée de sa famille, se situe dans la commune d'Avize. À quelques encablures de là, ce trentenaire plein d'espoir cultive quelques hectares de chardonnay, dont le Clos des Maladries, dans ce village grand cru prisé par les amateurs de grands blancs de blancs. Le reste du vignoble se trouve dans la vallée de la Marne, à Bisseuil. Ces champagnes qui font leur fermentation malolactique expriment pour autant une droiture précise, sans esbroufe d'élevage. Sa cuvée Les Revenants, assemblage des cépages confidentiels pinot blanc, arbane et petit meslier, chante avec panache des goûts oubliés en Champagne. La sensibilité et la rigueur de ce vigneron laisse entrevoir une marge de progression encore grande.

Les vins : nous sommes toujours enchantés par la précision du travail du vigneron, tant dans l'éclat de la matière que dans la finesse des vinifications. Construits sur les bases 2018, les blancs de blancs L'Échapée Belle et Les Rocheforts en témoignent. Toutefois, tous deux mériteraient un vieillissement prolongé sur lattes pour gagner en harmonie et complexité. L'expérience et les moyens financiers le permettront dans le futur. On sent la réelle dimension vineuse recherchée dans Les Revenants et ses vieux cépages champenois, digne des plus belles cuvées identitaires de la région. La puissance du terroir du clos des Maladries s'affirme avec persistance avec cependant une bulle un peu fuyante. Le coteaux-champenois offre une très belle densité malheureusement trop marquée par le toast de son élevage.

- Brut Nature Grand Cru Blanc de Blancs Clos des Maladries 2016 — 78 € — 91
- Brut Nature Les Revenants — 78 € — 92
- Coteaux Champenois 2019 — 40 € — 90
- Extra-Brut L'Échappée Belle — 26 € — 89
- Extra-Brut Premier Cru Blanc de Blancs Les Rocheforts — 37 € — 90
- Extra-Brut Rosé de Craie — 32 € — 89

Rouge : 0,15 hectare.
Blanc : 2,85 hectares. Chardonnay 95 %, Pinot noir 5 %
Achat de raisins.
Production moyenne : 30 000 bt/an

NOUVEAU DOMAINE

CLANDESTIN

Faut-il nécessairement posséder des hectares de vignes pour exprimer ses talents de vinificateur ? Surtout dans une Champagne où le foncier reste inabordable... Benoît Doussot nous prouve le contraire. Parti sans un lopin de terre à 24 ans, le jeune homme s'affirme pourtant comme l'un des plus talentueux de sa génération. Son projet ? Acheter avec soin des raisins bio ou en conversion bio, exclusivement venus de de la Côte des Bar, essentiellement de marnes kimméridgiennes, pour ciseler des champagnes sincères, non dosés et très goûteux. À découvrir, deux pinots noirs : Boréal (parcelles orientées au nord) et Austral (orientées au sud) ainsi que deux chardonnays, Les Grandes Lignes (calcaire du Portlandien, exposé au sud) et Les Revers (parcelles orientées au nord). Son beau-père, Bertrand Gautherot, de l'emblématique Vouette et Sorbée, lui est de bon conseil. Bienvenue dans le guide !

Les vins : nous sommes impressionnés par la sagesse et la délicatesse de ces champagnes si jeunes. Boréal 2018, à la jolie robe tachée empreinte de la peau du pinot noir, nous enchante déjà par son fruit chic, évoquant les saveurs de fruit à noyaux. Un champagne pulpeux, détendu et extrêmement savoureux. Subtilement enveloppé par son élevage, Austral 2018 se dévoile avec plus d'ampleur vineuse, mais toujours avec ce parfum de fruit à noyaux, jusqu'à une finale suave gourmande. Quel beau duo libre et précis ! La sincérité continue avec Les Grandes Lignes 2018, un chardonnay à l'aromatique plus simple pour lequel il faudra apaiser la bulle pour laisser place à la chair affriolante. Les Revers se montre plus profond, avec une floralité et une matière savoureuse nourrissante. Nous préférons toutefois les deux versions de pinot noir qui s'inscrivent parmi les plus ambitieux de la région.

- Brut Nature Austral 2018 — Épuisé - 55 € — 93
- Brut Nature Boréal 2018 — Épuisé - 51 € — 92
- Brut Nature Les Grandes Lignes 2018 — Épuisé - 60 € — 90
- Brut Nature Les Revers 2018 — Épuisé - 68 € — 91

Production moyenne : 45 000 bt/an

CLANDESTIN ♣

12, rue de Vaux, 10110 Buxières-sur-Arce
0643432715 • www.champagneclandestin.fr
• Pas de visites.
Propriétaire : Benoît Doussot

COESSENS

Ce producteur de la Côte des Bar (Aube) livre des champagnes mûrs, puissants, enrobés, vineux, qui séduiront les plus réfractaires à l'acidité. Ils sont issus d'une partie du vignoble familial cadastré Largillier qui tire son nom de la richesse des argiles de son sol de marnes kimméridgiennes. Cette petite production soignée, 100 % pinot noir, livre sa pleine dimension dans le cadre d'un repas ou d'un apéritif dînatoire. Jérôme Coessens a fait appel au Bourguignon Yves Confuron, talentueux vigneron du domaine Confuron-Cotetidot, adepte de la vinification en grappes entières, pour élaborer un coteaux-champenois rouge.

Les vins : l'essentiel des non-millésimés sont construits autour de la récolte 2016, affirmant toujours la puissance du cru, à l'image du blanc de noirs, un brin marqué par son dosage. Nous préférons l'épure du brut nature, un champagne non dosé bien vineux. Le 2015 s'affirme plus en largeur, confortable, avec une dureté en finale, prêt pour accompagner les apéritifs d'hiver. Très belle réserve perpétuelle de 2006 à 2014 dans Exogyre, impeccablement tissée par une bulle élégante. Il faudra apaiser jusqu'au printemps Les Sens Boisés, dont l'élevage en fût marque l'équilibre, et le rosé, intense, mais à la bulle envahissante.

- Brut Largillier Blanc de Noirs 46 € 88
- Brut Nature Largillier 53 € 90
- Extra-Brut Largillier 2015 63 € 90
- Extra-Brut Largillier Exogyre 68 € 91
- Extra-Brut Largillier Les Sens Boisés 57 € 89
- Brut Largillier Rosé de Saignée 53 € 89

Rouge : 5,8 hectares. Pinot noir 100 %
Blanc : 0,7 hectare. Chardonnay 100 %
Production moyenne : 20 000 bt/an

COESSENS

6, chemin des Farces, 10110 Ville-sur-Arce
03 51 63 70 48 •
www.champagne-coessens.com • Vente et visites : sur RDV.
Propriétaire : Jérôme Coessens
Œnologue : Philippe Narcy

NOUVEAU DOMAINE

DE SAINT GALL

Saint-Gall est une cave coopérative qui fait partie des caves de L'Union Champagne. Créée en 1966, elle compte plus de 200 adhérents et un large vignoble de 1 400 hectares dont 90 % de premier et grand cru – 500 hectares sont en grand cru de chardonnay. Cette cave accompagne également des vignerons en viticulture. Cédric Jacoutin, le chef de cave arrivé en 2000 s'est doté d'une cuvier de foudre de bois en 2012 pour les vins de réserve. Sa cave, située à Avize, affiche sa passion pour les grands chardonnays. Les blancs de blanc sont marqués par cette fine réduction grillée et les mousses crémeuses. La cuvée Orpale, fleuron de la cave, est un pur chardonnay issu de quatre grands crus de la Côte des Blancs : Mesnil-sur-Oger, Cramant, Avize et Oger. Les fermentations malolactiques sont partielles et les dégorgements atteignent plus de dix ans. Le 2008 fut dégorgé en 2020.

Les vins : Le Blanc de Blancs Premier Cru est défini par ce chardonnay qui oscille entre la fraîcheur du vin de base et les vins de réserves qui atteignent 40 %. Son nez frais sur les fruits blancs est supplanté par quelques touches de fruit sec et de pain grillé. Le dosage enrobe un peu la bouche dans son milieu. Le blanc de blancs Grand Cru Extra Brut est davantage marqué par la réduction grillée et ce côté brioché. Le vin impose une belle bouche ample et désaltérante. C'est un vrai vin de chardonnay à vocation apéritive. La cuvée Orpale 2008 possède la pointe réduite, ces notes pâtissières et de pain grillé, mais le vin n'est pas contenu seulement dans ce registre, la bouche affirme une belle adéquation entre le côté crémeux et la tension du millésime 2008. Pour l'heure à l'aube de ses expressions, voici un joli vin racé.

- Brut Grand Cru Orpale 2008 110 € 94
- Brut Premier Cru Le Blanc de Blancs 32,65 € 88

Le coup de ♥

- Extra-Brut Grand Cru Le Blanc de Blancs 38 € 90

Rouge : 600 hectares.
Blanc : 800 hectares. Chardonnay 100 %
Production moyenne : 1 000 000 bt/an

DE SAINT GALL

7, rue Pasteur, CS80019 51190 Avize
03 26 57 94 22 • www.de-saint-gall.com •
Vente et visites : sur RDV.
Propriétaire : Dominique Babé

DEVAUX

Fondé en 1846 et installé au cœur de la Côte de Bar, Devaux est la marque référence de l'Union auboise, qui vend des vins de base à de nombreuses grandes maisons de la Marne et sélectionne une centaine d'hectares pour sa marque Veuve Devaux et la gamme D de Devaux, la plus intéressante. Le chef de cave Michel Parisot donne la priorité au pinot noir, élevé en foudre, dans un style digeste.

Les vins : la cave n'a malheureusement pas présenté ses cuvées d'entrée de gamme. Débutons avec le Cœur des Bar, un blanc de blancs de chardonnay déjà miellé et manquant nettement de fond. Les deux Cuvées D vieilliront tranquillement cinq ans en cave avant d'être libérées. Nous préférons l'expression juteuse au croquant acidulé du rosé à celle du blanc. Un peu plus de détente et des dosages plus modérés seraient préférables dans des champagnes élevées tant d'années, tout comme le 2009, qui conserve une belle fraîcheur dans ce millésime solaire. En collaboration avec Michel Chapoutier, figure emblématique de la vallée du Rhône, Sténopé a joliment évolué sur un caractère fumé et de crème brûlée, et une texture à la vinosité séduisante, un peu bourguignonne.

Brut Cuvée D 2009	69 €	90
Brut Cuvée D	40 €	89
Brut Cœur des Bar	38 €	88
Brut Sténopé 2010	95 €	91
Brut Rosé Cuvée D	54 €	90

Rouge : 67 hectares. Pinot noir 100 %
Blanc : 20 hectares. Chardonnay 100 %
Production moyenne : 700 000 bt/an

DEVAUX
Hameau de Villeneuve, 10110 Bar-sur-Seine
03 25 38 30 65 •
www.boutique.champagne-devaux.fr •
Visites : sans RDV.
Propriétaire : Union Auboise
Chef de cave : Michel Parisot

DUVAL-LEROY

Maison familiale fondée à Vertus en 1859, Duval-Leroy doit son essor récent à la dynamique Carol Duval-Leroy et ses enfants, Julien et Charles. La gamme est vaste, avec notamment une série de champagnes parcellaires et une cuvée réalisée en partenariat avec les Meilleurs Ouvriers de France. Les ambitions affichées de monter en gamme et de se rapprocher de la belle gastronomie sont très louables, mais les derniers tirages nous ont laissés sur notre faim.

Les vins : si Réserve affiche une complexité et une dimension supérieure, il le doit à ses vins de réserve. Le vin est trop primaire et manque de complexité, sans doute à cause d'un dosage trop impactant. L'extra-brut Prestige joue son rôle, brioché à souhait et crémeux : un vin séducteur et facile d'approche. Le rosé Prestige dévoile une jolie définition aromatique et une bouche consensuelle. Nous sommes un peu déçus par la dimension de Femme 2002, son évolution se confirme et la perte de fraîcheur est évidente. Clos des Bouveries est à boire, le vin exprime cette largeur légitime due à la faible acidité de ce millésime, mais il ne s'est pas avachi pour autant.

Brut Grand Cru Blanc de Blancs Prestige	55 €	91
Brut Grand Cru Femme de Champagne 2002	de 250 à 260 € (c)	91
Brut Grand Cru Femme de Champagne	de 89 à 90 € (c)	89
Brut Réserve	de 30 à 30,77 € (c)	87
Extra-Brut	de 36,36 à 38 € (c)	89
Extra-Brut Précieuses Parcelles Clos des Bouveries 2006	84 € (c)	90
Brut Rosé Prestige	17 € (c)	89

Rouge : 60 hectares.
Blanc : 100 hectares.
Production moyenne : 2 000 000 bt/an

DUVAL-LEROY ♣
69, avenue de Bammental, 51130 Vertus
03 26 52 10 75 • www.duval-leroy.com •
Vente et visites : sur RDV.
Propriétaire : Carol Duval-Leroy
Chef de cave : Sandrine Logette-Jardin

GATINOIS

Ce domaine familial dispose de parcelles remarquablement situées dans le village d'Aÿ : 27 parcelles, toutes en coteaux et à 90 % plantées de pinot noir. Les cuvées Tradition et Réserve soulignent le compromis entre puissance et finesse vineuse, avec des saveurs confites et grillées ainsi qu'une ovalité généreuse en bouche.

Les vins : les derniers tirages de bruts sans année accusent la qualité moyenne des dernières récoltes, en reflétant toutefois l'expression dense des raisins et particulièrement des pinots noirs d'Aÿ. Le brut Tradition se montre tendre en évoluant rapidement. Il est temps de le boire. Un peu plus profond et enrobé par un dosage prégnant, Réserve est toutefois marqué d'une note végétale qui le durcit. Tout comme Rosé, qu'il ne faudra pas tarder à ouvrir. À l'inverse, le

2012 excelle dans la concentration majestueuse du millésime. Une grande bouteille racée, parée pour plus de dix ans de garde.

- Brut Grand Cru 2011 — de 34 à 40 € (c) — 87
- Brut Grand Cru Réserve — de 23 à 27 € (c) — 88
- Brut Grand Cru Tradition — de 20 à 25 € (c) — 88
- Brut Rosé Grand Cru — de 25 à 29 € (c) — 87

Le coup de ♥

- Brut Grand Cru 2012 — de 35 à 42 € (c) — 93

Rouge : 6 hectares. Pinot noir 100 %
Blanc : 1 hectare. Chardonnay 100 %
Production moyenne : 50 000 bt/an

GATINOIS
7, rue Marcel-Mailly, 51160 Aÿ
03 26 55 14 26 •
www.champagnegatinois.com • Vente et visites : sur RDV.
Propriétaire : Louis Cheval-Gatinois

RENÉ GEOFFROY

Ce domaine d'Aÿ, dirigé par Jean-Baptiste Geoffroy, est le meilleur représentant du vignoble solaire et très pinot de Cumières. En aval d'Épernay, sur la rive droite de la Marne, ce cru simplement classé en "premier" est digne d'un grand quand le millésime est de la fête. Ici les vignes sont de plus en plus travaillées. Les vins naturellement plantureux ne font pas leur fermentation malolactique et les dosages sont légers. Leurs bulles dociles se montrent très expressives, aromatiques, généreuses en saveur de pinot (fruits rouges), toujours d'une excellente fraîcheur malgré leur vinosité et leur expression terrienne. Certaines cuvées s'avèrent en pleine forme comme Pureté et Empreinte.

Les vins : Expression (2015-2016) offre d'emblée une rondeur séduisante, avec une touche végétale durcissant la finale. Bien plus épuré et élancé, Pureté (2013-2014) séduit par son équilibre revigorant. En 2014, Empreinte exprime la fraîcheur droite du millésime jusqu'à une finale goûteuse. Volupté présente le 2013, un chardonnay froid, mené par une bulle précise jusqu'à une finale fuselée par de beaux amers. Un champagne ciselé et profond. Les Houtrants, cépages complantés et vins conservés en magnums, se trouve marqué par le boisé et offre une patine qui adoucit la structure amère. Un champagne de table puissant et précis qui peut toutefois gagner en liberté de ton. Le 2008 semble d'une époque où les vins étaient plus bridés, avec un équilibre vineux plus carré et une allonge manquant d'éclat. Non millésimé, le coteaux-champenois semble avoir quelques années devant lui en offrant des notes froides et une trame en demi-corps, pour les adeptes de rouges à l'austérité champenoise.

- Brut Nature Premier Cru Les Houtrants Complantés — 130 € — 91
- Brut Nature Premier Cru Pureté — 35 € — 91
- Brut Premier Cru Empreinte 2014 — 36,50 € — 92
- Brut Premier Cru Expression — 28,50 € — 88
- Brut Premier Cru Volupté 2013 — 47,50 € — 91
- Extra-Brut Premier Cru Terre 2008 — 86 € — 89
- Ratafia de Champagne — 25 € — 88
- Coteaux Champenois Cumières — 26 € — 88

Rouge : 11 hectares. Pinot noir 56 %, Pinot meunier 44 %
Blanc : 3,5 hectares. Chardonnay 100 %
Production moyenne : 110 000 bt/an

RENÉ GEOFFROY
4, rue Jeanson, 51160 Aÿ
03 26 55 32 31 •
www.champagne-geoffroy.com • Vente et visites : sur RDV.
Propriétaire : Karine et Jean-Baptiste Geoffroy

GUIBORAT

Richard Fouquet a 18 ans lorsqu'il revient au domaine familial de Cramant, en 1993. Il est rejoint par sa femme, Karine, œnologue, en 2012. Le couple de vignerons bénéficie d'un patrimoine de vignes situées en Côte des Blancs, principalement sur les grands crus de Cramant et de Chouilly. Vinifiés en cuve et partiellement sous bois pour les millésimés, leurs blancs de blancs dosés a minima (extra-brut ou brut nature) sont sans esbroufe, finement exotiques, et dotés de la profondeur généreuse de leurs terroirs. Un domaine à suivre de près.

Les vins : Thétys.17 est une délicieuse expression du chardonnay (base 2017, Chouilly, Cramant et Oiry), dont la sensation crémeuse est ciselée par une fraîcheur élancée. Une réelle réussite. Une sensation végétale de la base 2015 se dégage de Prisme.15. Dommage, car on sent une réelle recherche de douceur et de profondeur d'expression. Il est temps de l'ouvrir. De Caurés à Mont Aigu 2014 s'affirme avec panache. L'évolution naturellement toastée révèle la trame aiguisée et austère du millésime. Il séduira les amateurs de champagnes fermes. À laisser respirer tranquillement.

- Brut Nature De Caurés à Mont Aigu 2014 — 69 € — 93
- Extra-Brut Blanc de Blancs Prisme.15 — 38 € — 88
- Extra-Brut Blanc de Blancs Téthys.17 — 33 € — 91

Blanc : 8 hectares. Chardonnay 100 %
Production moyenne : 30 000 bt/an

GUIBORAT
99, rue de la Garenne, 51530 Cramant
03 26 57 54 08 •
www.champagne-guiborat.fr • Vente et visites : sur RDV.
Propriétaire : Richard Fouquet

LALLIER

En 2019, le géant italien des spiritueux Campari a mis ainsi la main sur les 15 hectares de vignes de la maison fondée en 1906 par René Lallier. Brillamment relancée par Francis Tribaut qui en a repris les rênes en 2004, Lallier a su faire évoluer ses vins et s'est installé dans la gastronomie française. Les deux cuvées parcellaires d'Ay, Les Sous et Loridon, sont indiscutablement le point fort de la maison et la cuvée Ouvrage met également à l'honneur un vin de belle dimension et d'envergure. Il faut désormais que les bruts sans année montent d'un cran et que la gamme gagne en homogénéité.

Les vins : R.016 s'ouvre sur un nez d'une jolie complexité aromatique, suivi d'une bouche harmonieuse : l'ensemble séduit par sa trame digeste. En revanche, Grand Cru Blanc de Blancs ne possède pas le même éclat, le nez se montre mat et la finesse n'est pas au rendez-vous. Le blanc de noirs possède l'étoffe et la mâche d'un grand cru, mais nous regrettons le dosage qui le farde un peu en fin de bouche. Tout en distinction, Ouvrage est porté par sa tension et une belle acidité : c'est un vin jeune qui a encore besoin de se mettre en place, mais il est à la hauteur de sa noble origine. Le rosé possède une jolie robe cuivrée, le nez se montre déjà sur l'évolution avec des nuances de fruits macérés, la bouche est vineuse et tactilement crémeuse. Nous n'avons pas dégusté cette années les parcellaires Loridon et Les Sous.

- Brut Grand Cru Blanc de Blancs — 42 € — 87
- Brut Grand Cru Blanc de Noirs — 40 € — 88
- Brut R.016 — 35 € — 91
- Extra-Brut Grand Cru Ouvrage — 60 € — 93
- Brut Grand Cru Grand Rosé — 40 € — 89

Rouge : 30 hectares. Pinot noir 87 %, Pinot meunier 13 %
Achat de raisins.
Blanc : 20 hectares. Chardonnay 100 %
Achat de raisins.
Production moyenne : 800 000 bt/an

LALLIER
4, place de la Libération, 51160 Aÿ
03 26 55 79 83 •
www.champagne-lallier.com • Vente et visites : sur RDV.
Propriétaire : Laurence Brunet

LANCELOT-PIENNE

Située dans le centre du village de Cramant, la propriété s'étend sur un parc verdoyant qui offre une vue exceptionnelle sur le vignoble de la Côte des Blancs. C'est un domaine familial très marqué par les chardonnays en grand cru (Avize, Chouilly, Cramant) et le pinot meunier des coteaux Sud d'Épernay (Accord Majeur). Gilles Lancelot, œnologue, travaille ses vins clairs en cuve (pas de bois) pour accentuer leur expression minérale et a fait le choix des fermentations malolactiques. Les cuvées ont gagné en finesse, profondeur, sérénité et sont signées par des dosages plus subtils.

Les vins : Accord Majeur (base 2014) s'annonce comme un brut plutôt posé à la fraîcheur haletante, sans démonstration et dans un style fédérateur. Suit le blanc de blancs Instant Présent, construit plus en largeur charmeuse qu'en longueur et marqué par le caractère végétal de son année de base 2015. Contrairement à Table Ronde, un beau chardonnay ouaté et savoureux. En 2014, Marie Lancelot renoue avec l'évolution crémeuse du terroir de Cramant et profite de la fraîcheur franche du millésime. Un beau champagne de garde.

- Brut Accord Majeur — de 28 à 31 € (c) — 89
- Brut Instant Présent — de 28 à 32 € (c) — 88
- Extra-Brut Grand Cru Blanc de Blancs Table Ronde — de 32 à 35 € (c) — 92

Le coup de ♥

- Extra-Brut Grand Cru Marie Lancelot 2014 — de 48 à 52 € (c) — 92

Rouge : 4,5 hectares. Pinot meunier 75 %, Pinot noir 25 %
Blanc : 4,5 hectares. Chardonnay 100 %
Production moyenne : 70 000 bt/an

LANCELOT-PIENNE
1, place Pierre-Rivière, 51530 Cramant
03 26 59 99 86 •
www.champagne-lancelot-pienne.fr • Vente et visites : sur RDV.
Propriétaire : Gilles Lancelot

LANSON

La marque fondée en 1760 est, depuis son rachat en 2006, le vaisseau amiral du groupe coté en bourse Lanson-BCC. Depuis 2018, la maison qui exporte plus de 80 % de sa production, est présidée par François Van Aal. Le chef de cave, Hervé Dantan, perpétue le style Lanson avec des champagnes à dominante de pinot, dont le blocage de la fermentation malolactique n'est plus systématique, marqués par une fraîcheur tendue et bâtis pour la garde.

Les vins : certes fruité avec ses nuances de griotte, Black Rosé, sur une base 2015, n'offre pas la bouche la plus aboutie en termes de maturité. Black est fidèle aux raisins noirs dans ses arômes et saveurs, mais le dosage final le farde quelque peu. Black Réserve bénéficie de plus de complexité grâce à une meilleure autolyse. Le blanc de blancs reste vif et pointu : un chardonnay à vocation désaltérante. Le Clos Lanson 2007 se livre en deux temps, d'abord par une palette expressive et évoluée, puis via une bouche qui nous semble légèrement engoncée.

Brut Black Label	31 €	87
Brut Black Réserve	39 €	89
Brut Blanc de Blancs	49 €	90
Brut Vintage 2009	59 €	91
Extra-Brut Le Clos Lanson 2007	185 €	90
Brut Rosé	39 €	89

Rouge : Pinot noir 100 %
Achat de raisins.
Blanc : Chardonnay 100 %
Achat de raisins.
Production moyenne : 5 000 000 bt/an

LANSON
66, rue de Courlancy, 51100 Reims
03 26 78 50 50 • www.lanson.com •
Visites : sans RDV.
Propriétaire : Groupe Lanson-BCC
Directeur : François Van Aal
Chef de cave : Hervé Dantan

LELARGE-PUGEOT

Dominique Lelarge, propriétaire historique, et son épouse, Dominique Pugeot, ont contribué à la renaissance de ce domaine. Les vignes sont plantées exclusivement dans la commune de Vrigny, à l'ouest de Reims. Un territoire aux sols argilo-limoneux, où le meunier prend une tournure suave et fuselée. Hormis le coteaux-champenois élevé en fût, les champagnes ne voient que la cuve et affirment un caractère automnal fringant et savoureux. Il sont posés, sans acidité crispante. Inutile de percuter le palais pour impressionner.

Les vins : Tradition (base 2017), non dosé, se montre tendre et plaisant, sans grande complexité, et affiche une légère rusticité des saveurs. On retrouve cette trame anguleuse dans Les Meuniers de Clémence 2017, qui conserve une belle spontanéité de fruit malgré une finale un peu courte. Tout comme Le Gueux 2017, aux amers appuyés mais possédant une réelle sincérité de fruit. Finissons avec un passionnant coteaux-champenois rosé, à base de meunier, un peu brut de décoffrage, mais dont le naturel d'expression fruitée nous enchante.

Brut Nature Les Meuniers de Clémence 2017	45 €	88
Extra-Brut Gueux 2017	49 €	89
Extra-Brut Premier Cru Tradition	33 €	87
Coteaux Champenois Rosé 2018	35 € (c)	90

Rouge : 7,2 hectares. Pinot meunier 65 %, Pinot noir 35 %
Blanc : 1,5 hectare. Chardonnay 100 %
Production moyenne : 65 000 bt/an

LELARGE-PUGEOT
30, rue Saint-Vincent, 51390 Vrigny
03 26 03 69 43 •
www.champagnelelarge-pugeot.com •
Vente et visites : sur RDV.
Propriétaire : Dominique Lelarge

MOUZON-LEROUX ET FILS

Sébastien Mouzon est issu d'une longue lignée de vignerons de la Montagne de Reims. En 2008, il quitte le modèle familial conventionnel pour voler de ses propres ailes avec ses 55 parcelles du superbe grand cru de Verzy, fief du pinot noir. Une rencontre avec l'alsacien Pierre Frick oriente le vigneron trentenaire vers la biodynamie et une certaine approche de la vinification (fermentation malolactique effectuée, vinification partielle ou complète en fût, dosages a minima, etc.), pour être au plus proche du goût finement austère des argilo-calcaires de Verzy. En quelques millésimes, les champagnes atteignent un bon niveau : équilibrés, dotés d'allonges toniques sans être nerveux. Mais la marge de progression est encore grande.

Les vins : L'Atavique (50 % 2016, complété de 2015 et 2014) annonce le style profondément ciselé par une bulle tendre et savoureuse. La concentration naturelle et la sérénité de ce vin permettent de se passer de dosage. L'Angélique reflète la fine austérité de Verzy et la tension du millésime 2014. Un blanc de blancs au fruit vibrant et élancé. Tout aussi éclatant, L'Ineffable dévoile une grande concentration de fruit dans ce millésime froid, avec sagesse, sans dureté. Haut en couleur, le rosé de saignée L'Incandescent dévoile une densité impressionnante, tout en conservant la finesse ciselée de son terroir. À servir avec un canard saignant.

Extra-Brut Grand Cru Blanc de Blancs L'Angélique 2014	45 €	92
Extra-Brut Grand Cru Blanc de Noirs L'Ineffable 2014	45 €	91
Extra-Brut Grand Cru L'Ascendant	38 €	90
Extra-Brut Grand Cru L'Atavique	30 €	91
Extra-Brut Grand Cru L'Incandescent	35 €	91

Rouge : 5 hectares. Pinot noir 96 %, Pinot gris 2 %, Pinot meunier 2 %
Blanc : 3 hectares. Chardonnay 94 %, Arbane 2 %, Petit Meslier 2 %, Pinot blanc 2 %
Production moyenne : 60 000 bt/an

MOUZON-LEROUX ET FILS ♣

16, rue Basse des Carrières, 51380 Verzy
03 26 97 96 68 •
www.champagne-mouzon-leroux.com •
Vente et visites : sur RDV.
Propriétaire : Sébastien Mouzon

MOËT ET CHANDON

LVMH est le plus puissant des acteurs champenois par l'étendue de son vignoble (environ 1 200 hectares, seulement un quart de ses besoins !) et la diffusion de ses marques (Moët, Veuve Clicquot, Ruinart, Krug, Mercier). Dans cette galaxie, Moët est le champagne le plus vendu au monde, avec comme porte-drapeau le brut Impérial qui représente 85 % de sa production. Sous la houlette de l'excellent chef de cave Benoît Gouez, Moët fait preuve d'une régularité vraiment impressionnante, au regard des volumes produits. Des vins au crémeux, aux notes grillées et citronnées qui rassurent les consommateurs où qu'ils soient dans le monde. Aux côtés du brut Impérial, la maison livre des Grand Vintage qui gagnent millésime après millésime en définition et en profondeur.

Les vins : le changement de style amorcé il y quelques années se vérifie sur les tirages récents. Le brut Impérial se montre bien plus ouvert sur le fruit et ne possède plus ce grillé de la réduction qui le figeait un peu. Le vin est large, ample, crémeux, bénéficiant d'un dosage cohérent. Par ses arômes et ses saveurs, Grand Vintage 2013 dévoile cette identité particulière du millésime tardif. Il s'affiche plus crayeux et plus rigide dans la texture de bouche. La maison offre toujours des rosés de caractère vineux et intenses en fruit. Le millésime 2013 est une réussite, même s'il ne possède pas l'amplitude et la race du 2012.

Brut Impérial	34 €	89
Extra-Brut Grand Vintage 2013	54 €	91
Brut Rosé Impérial	41 €	90
Extra-Brut Grand Vintage Rosé 2013	57 €	92

Rouge : Pinot noir 50 %, Pinot meunier 50 %
Achat de raisins.
Blanc : Chardonnay 100 %
Achat de raisins.

MOËT ET CHANDON

20, avenue de Champagne, 51200 Épernay
03 26 51 20 00 • www.fr.moet.com •
Visites : sans RDV.
Propriétaire : LVMH
Directeur : Berta de Pablos-Barbier
Œnologue : Benoît Gouez

PALMER ET CO

La marque Palmer appartient à une coopérative champenoise de Reims. Dominés par les apports des grands noirs de la Montagne de Reims, ses assemblages favorisent le corps plus que la finesse. Avec le temps, l'ensemble se fond avec harmonie. Depuis quelques années, les vins restent vineux, mais moins rustiques qu'auparavant et on note une certaine adresse dans la production de blanc de blancs.

Les vins : le brut sans année se montre ouvert dans un style assez vineux. Nous lui préférons la cuvée Extra Réserve qui affiche une complexité et une allonge supérieures. Un excellent rapport qualité-prix. Le blanc de blancs possède une vraie personnalité avec des chardonnays de la petite montagne de Reims qui lui confèrent un style bien différent de la Côte des Blancs, tout en conservant l'esprit blanc de blancs. Le rosé Solera se montre juteux, porté par un fruit bien défini et une bouche bien gérée. Une légère déception avec le 2012 qui, au-delà de la réduction grillée, possède un fond de bouche un peu simple pour un tel millésime. La cuvée Amazone, parité de chardonnay et pinot noir, se montre crémeuse et élégante. Un vin à part, car il est plus longiligne et fin que marqué par la force des pinots noirs, signature de la cave Palmer.

Brut Amazone	100 € (c)	92
Brut Blanc de Blancs	40 €	91
Brut Blanc de Noirs	40 €	87

- Brut Réserve 30 € 88
- Brut Vintage 2012 44 € 90
- Extra-Brut Extra Réserve 34 € 90
- Brut Rosé Solera 37 € 91

Rouge : 197 hectares. Pinot noir 80 %, Pinot meunier 20 %
Blanc : 233 hectares. Chardonnay 100 %
Production moyenne : 900 000 bt/an

PALMER ET CO
67, rue Jacquart, 51100 Reims
03 26 07 35 07 • www.champagnepalmer.fr
• Visites : sur RDV aux professionnels.
Propriétaire : SCA des Producteurs des Grands Terroirs de la Champagne
Directeur : Rémi Vervier
Chef de cave : Xavier Berdin

FRANCK PASCAL

Depuis vingt ans, ce domaine s'est engagé dans la culture bio puis biodynamique pour produire "des champagnes bio-compatibles digestes que le corps reconnaît et assimile facilement, procurant un plaisir en toute simplicité et une sensation de bien-être". Le vignoble est à dominante de meunier et de pinot noir, sur argiles à silex et meulière, morcelé sur cinq communes de la rive droite de la vallée de la Marne. Franck Pascal donne naissance à des champagnes de caractère pour un public à la recherche de vinosité et de goût du terroir. Toutefois, le manque de précision des derniers tirages nous contraint à retirer son étoile au domaine.

Les vins : le brut nature Reliance (2013-2014) se montre tout en tendresse de fruit, avec une évolution qui invite à l'ouvrir dès maintenant. Fluence (2014-2015) affiche une certaine austérité végétale. Dommage car une belle énergie finale donne du souffle à cette cuvée. Il est temps de boire le 2009 à l'évolution confortable, typique du millésime, évoquant désormais la mirabelle. Nous attendons la fraîcheur juvénile du millésime suivant. Parmi les deux coteaux-champenois, l'original blanc (assemblage de 2014, 2015, 2017, 2019) offre un gras exotique séduisant, mais sans grande profondeur ; le rouge 2018 à la texture fringante et suave est malheureusement marqué par une acescence.

- Brut Nature Fluence 35 € 89
- Brut Nature Reliance 39 € 89
- Coteaux Champenois Confiance 36 € 87
- Extra-Brut Nature Quinte-Essence 2009 64 € 90

Rouge : 5,6 hectares. Pinot meunier 60 %, Pinot noir 25 %
Blanc : 1,4 hectare. Chardonnay 15 %
Production moyenne : 50 000 bt/an

FRANCK PASCAL ♣
1 bis, rue Valentine-Régnier, 51700 Baslieux-sous-Châtillon
03 26 51 89 80 • www.deschampagnespourlavie.com • Vente et visites : sur RDV.
Propriétaire : Isabelle et Franck Pascal

JOSEPH PERRIER

Maison emblématique de Châlons-en-Champagne, Joseph Perrier est dans le giron du groupe Thiénot depuis 1998. Les vins, qui nous ont ravis depuis une vingtaine d'années, semblent accuser un creux... Nous ne retrouvons pas la fraîcheur et la profondeur qui en faisaient des références et, à regret, nous lui retirons l'étoile, en attendant les vins à venir. Benjamin Fourmon, qui est aujourd'hui aux commandes, saura, nous en sommes convaincus, réinjecter l'impulsion nécessaire pour que Joseph Perrier brille à nouveau.

Les vins : la gestion des dosages sur les bruts sans année est plutôt intéressante, mais une meilleure gestion des vins de réserve est primordiale pour atteindre une complexité supplémentaire. C'est le reproche que nous pouvons faire sur Brut Royale. La comparaison avec Brut nature le démontre. Le rosé est franc, un peu plus pommadé à ce stade par le dosage. La série des millésimés 2012 est convaincante, les vins affichés se montrent digne du millésime. Notre coup de cœur va au blanc de noirs 2012, dont la qualité du pinot noir est sublimée dans ce millésime. Joséphine est longiligne et plus gracieux, mais le dosage demeure un peu fort pour le millésime.

- Brut Joséphine 2012 125 € 92
- Brut Nature Royale 38 € 89
- Brut Royale 35 € 88
- Brut Royale Vintage 2012 55 € 90
- Brut Royale Rosé 43 € 87

Le coup de ♥
- Brut Blanc de Noirs 2012 55 € 92

Rouge : 17 hectares. Pinot meunier 57 %, Pinot

noir 43 %
Achat de raisins.
Blanc : 6 hectares. Chardonnay 100 %
Achat de raisins.
Production moyenne : 800 000 bt/an

JOSEPH PERRIER
69, avenue de Paris,
51016 Châlons-en-Champagne
03 26 68 29 51 • www.josephperrier.com •
Vente et visites : sur RDV.
Propriétaire : Groupe Thiénot
Directeur : Benjamin Fourmon
Chef de cave : Patrick Martin
Œnologue : Nathalie Laplaige

PIPER-HEIDSIECK

La famille Descours, qui possède la maison depuis 2011, n'a de cesse de la remettre dans la course à la qualité. Émilien Boutillat, son chef de cave, joue par petites touches et fait progresser des vins qui conservent toutefois un côté très consensuel et facile, encore trop souvent portés par des dosages marqués qui "sucrent" et alourdissent les finales.

Les vins : nous constatons les efforts effectués avec l'impact des vins de réserve dans les bruts, mais le dosage et la finesse de la bulle restent des points à ajuster. La critique est similaire à propos de Rosé Sauvage. Sur les Essentiels, il faut prendre garde à ce que le côté grillé de la réduction ne fige pas les vins. Blanc de Blancs en est un parfait exemple : la réduction durcit la bouche. Le magnum Essentiel, mis en cave 2013, apporte plus de jovialité et possède la bonne dimension. Le millésime 2012 évolue positivement, alors que le millésime 2014 est en toute logique plus rectiligne et possède moins de chair dans son cœur de bouche.

Brut	29 €	87
Brut Sublime	40 €	87
Brut Vintage 2012	44 €	91
Brut Vintage 2014	46 €	90
Extra-Brut Essentiel Blanc de Blancs	54 €	88
Extra-Brut Essentiel Cuvée Réservée	36 €	89
Extra-Brut Essentiel Magnum	68 €	90
Brut Rosé Sauvage	37 €	88

Rouge : Pinot meunier 50 %, Pinot noir 50 %
Achat de raisins.
Blanc : Chardonnay 100 %
Achat de raisins.

PIPER-HEIDSIECK
12, allée du Vignoble, 51100 Reims
03 26 84 43 00 • www.piper-heidsieck.com
• Visites : sur RDV aux professionnels.
Propriétaire : Groupe EPI
Chef de cave : Emilien Boutillat

RARE CHAMPAGNE

Longtemps présentée comme la cuvée haut de gamme de la maison Piper-Heidsieck, Rare est désormais une entité à part entière (comme l'est Dom Pérignon vis-à-vis de Moët et Chandon). Objectif : positionner cette marque dans l'univers des champagnes de luxe et des cuvées d'exception produites exclusivement dans les grandes années. Pour mener à bien ce projet, la famille Descours, propriétaire de la marque, a confié les commandes à un chef de cave brillant et expérimenté : Régis Camus. Ce dernier a un défi : faire briller l'iconique couronne qui habille la bouteille au firmament champenois.

Les vins : sur le millésime 2008, le rosé affiche une belle personnalité. Nous pensons que le style de bouche, plus étiré que le blanc, est plus fidèle à l'identité du millésime. Le blanc, donc, se présente sur une bonne fraîcheur aromatique, mais se livre dans un cœur de bouche plus large et opulent. Un vin moins longiligne. Le 2006 s'avère assez fédérateur, porté par sa palette briochée. La bouche est large et la bulle peine à amener de l'énergie à ce millésime un peu rondouillard. Il est à boire dès maintenant. Servi en magnum, le 1998 se cantonne dans un style plus réducteur, les notes grillées et toastées en témoignent. Si la palette aromatique garde une certaine rigueur, la bouche nous a semblé plus avachie et enrobée. La tenue de bulle éphémère participe également à cette sensation tactile générale.

Brut 2006	175 €	91
Brut 2008	180 €	92
Brut Magnum 1998	350 €	92
Brut Rosé 2008	395 €	94

RARE CHAMPAGNE
12, allée du Vignoble, 51100 Reims
03 26 83 61 71 • www.rare-champagne.fr/ •
Visites : sur RDV aux professionnels.
Propriétaire : Groupe EPI
Directeur : Damien Lafaurie
Chef de cave : Régis Camus

ROBERT MONCUIT

Avec la majeure partie de la production vendue à l'étranger, le champagne Robert Moncuit se montre bien plus discret que son cousin Pierre Moncuit. Au pied du village du Mesnil-sur-Oger, le petit-fils de Robert Moncuit, Pierre Amillet, cisèle des blancs de blancs grand cru goûteux, nés sur 6 hectares au Mesnil-sur-Oger et 2 hectares d'Oger. Tous les vins assument une maturité optimale, à travers une fermentation en fût (350 litres), fermentation malolactique systématique, un vieillissement de trois ans pour le brut et cinq ans pour les millésimés, vieillis pour leur part sous bouchon liège. L'identité des crus s'affirme avec une puissance finement patinée et une vinosité tranchante. De formidables compagnons de table qui peuvent toutefois se détendre un peu.

Les vins : une certaine vinosité se dégage dès Les Grands Blancs (2015-2016), toutefois marqué par la touche végétale si caractéristique de 2015. La Réserve Perpétuelle livre une fine patine d'évolution du chardonnay avec une trame droite et longue, bien ancrée dans son terroir de la côte des Blancs. Les Chétillons 2015 évolue malheureusement sur le caractère végétal et amer du millésime. On ne retrouve pas la profondeur de ce grand cru. Renouons avec le classicisme champenois en 2014, bien cadré, un peu bridé mais d'une allonge profonde. Un champagne taillé pour la garde. Tout comme Les Vozémieux dans un registre plus austère et pointu, avec une évolution tranquille. Il révèlera le panache de son terroir dans le temps.

Extra-Brut Blanc de Blancs 2014	52 €	92
Extra-Brut Les Chétillons 2015	76 €	88
Extra-Brut Les Grands Blancs	28 €	89
Extra-Brut Les Vozémieux 2013	62 €	92
Extra-Brut Réserve Perpétuelle	36 €	90

Blanc : 8 hectares. Chardonnay 100 %

Production moyenne : 78 000 bt/an

ROBERT MONCUIT

2, place de la Gare, 51190 Le Mesnil-sur-Oger

03 26 57 52 71 • info@robertmoncuit.com • Vente et visites : sur RDV.

Propriétaire : Pierre Amillet

RUINART

La première maison de Champagne, créée en 1729, jouit en France d'une réputation très forte grâce à un travail remarquable réalisé tout d'abord en matière de marketing puis de style des vins. Le chardonnay, la fine réduction sur lie et le côté crémeux des vins font mouche auprès d'une clientèle attachée à la marque. Sous la houlette de Frédéric Panaïotis, le chef de cave, les vins ont gagné en pureté et en précision.

Les vins : nous sommes un peu dubitatifs quant à la légitimité de cette maison de revendiquer une année comme 2011, qui affiche trop les stigmates terreux et racinaires du millésime. Nous sommes par ailleurs enchantés par la gestion la cuvée Dom Ruinart 2009 qui ne subit pas le millésime solaire et qui garde de la finesse et de la grâce que nous sommes en droit d'attendre de cette cuvée. Le rosé Dom Ruinart, rosé de méditation, est une grande cuvée. Il faut absolument que cette noble maison puisse donner une dimension supérieure à ses bruts sans année. Si le blanc de blancs se montre citronné, crémeux et empreint de fraîcheur, le brut sans année est trop consensuel, large, rond, presque enrobé. Nous attendons mieux de cette maison sur ce style de vin. Le rosé est juteux, marque de cette intensité de fruit rouge gourmande, mais là aussi la trame est axée sur le cœur de bouche et non sur la plénitude.

Brut 2011	70 €	87
Brut	47 €	89
Brut Blanc de Blancs	70 €	91
Brut Blanc de Blancs Dom Ruinart 2009	195 €	95
Brut Rosé	70 €	88
Brut Rosé Dom Ruinart 2007	230 €	96

Rouge : Pinot noir 90 %, Pinot meunier 10 %

Achat de raisins.

Blanc : Chardonnay 100 %

Achat de raisins.

RUINART

4, rue des Crayères, 51100 Reims

03 26 77 51 51 • www.ruinart.com • Vente et visites : sur RDV.

Propriétaire : MHCS

Chef de cave : Frédéric Panaïotis

J-M SÉLÈQUE

Revenu au domaine familial à Pierry en 2008, Jean-Marc Sélèque a fait ses gammes avec son père avant de voler de ses propres ailes. Le trentenaire compose avec des vignes réparties dans ce village, principalement dans la vallée de la Marne à Pierry, Moussy, Épernay, Mardeuil, Dizy et Boursault, et à Vertus dans la Côte des Blancs. Son approche épurée, contemporaine, n'exclut pas une profonde réflexion : ce vigneron cherche une harmonie vineuse à travers des assemblages judicieux de vins vinifiés en cuve, fût et œuf béton, avec ou sans fermentation malolactique. Nous fondons beaucoup d'espoir sur ce jeune prometteur dont la marge de progression est encore grande. La première étoile est imminente.

Les vins : les Solessence (base 2018) annoncent d'emblée la concentration saine et l'éclat de la matière première, menée par des bulles crémeuses au millimètre. La version brut nature, élevée plus longtemps, est toutefois durcie par le caractère végétal de la dominante de 2015. Tout comme Partition 2015, à la bulle ouatée, que l'on attend toutefois plus harmonieux. Le trio de Soliste impressionne par sa précision et son élan vineux, particulièrement le meunier, absolument énergique ; le pinot noir demeure encore un peu ferme, mais voué à se détendre ; enfin, le chardonnay est séveux, mais encore généreusement toasté par son élevage. Quelle montée en puissance !

Brut Nature Solessence Nature	39 €	88
Extra-Brut Blanc de Blancs Quintette	42 €	91
Extra-Brut Partition 2015	70 €	90
Extra-Brut Solessence	32 €	90
Extra-Brut Soliste Chardonnay 2016	67 €	91
Extra-Brut Soliste Meunier 2016	67 €	93
Extra-Brut Soliste Pinot Noir 2016	67 €	93
Extra-Brut Rosé Solessence	38 €	90

Rouge : 4,2 hectares. Pinot meunier 75 %, Pinot noir 25 %
Blanc : 4,8 hectares. Chardonnay 100 %
Production moyenne : 75 000 bt/an

J-M SÉLÈQUE
9, allée de la Vieille-Ferme, 51530 Pierry
03 26 55 27 15 • www.jmseleque.fr • Vente et visites sur RDV.
Propriétaire : Jean-Marc Sélèque

La Corse et ses vins

Par Jean-Emmanuel Simond,
en charge des vins de Corse au sein
du comité de dégustation de La Revue du vin de France

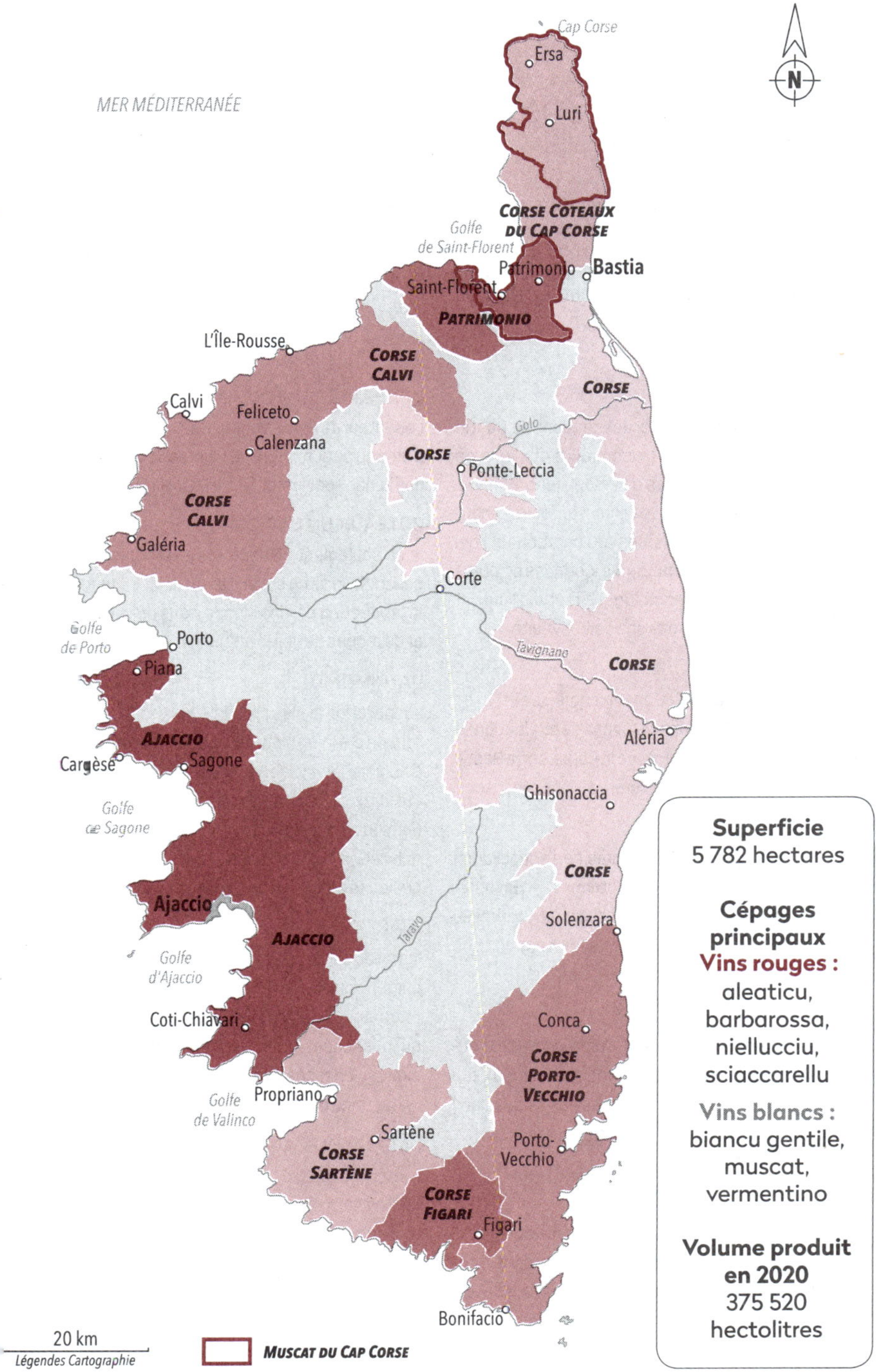

Superficie
5 782 hectares

Cépages principaux
Vins rouges :
aleaticu, barbarossa, niellucciu, sciaccarellu
Vins blancs :
biancu gentile, muscat, vermentino

Volume produit en 2020
375 520 hectolitres

LES APPELLATIONS

Le vignoble corse compte aujourd'hui neuf appellations d'origine contrôlée (AOC) et une IGP. La hiérarchie des appellations est similaire à celle que l'on trouve en Languedoc et dans le Rhône, avec une appellation régionale, cinq appellations de type "villages" et, au sommet de la hiérarchie, deux appellations communales. Enfin, il existe également une appellation de vin doux naturel, le muscat du Cap Corse.

IGP ÎLE DE BEAUTÉ

La grande plaine côtière, descendant de Bastia jusqu'au sud d'Aléria, se consacre aux vins de pays, issus de cépages à la mode (chardonnay, merlot, cabernet, etc.). Le climat venteux et ensoleillé convient parfaitement au chardonnay, qui n'affiche pas ici les caractères lactiques et lourds de nombre de ses homologues méridionaux, et retrouve sur ces terroirs une belle vivacité.

CORSE

La plus vaste appellation régionale de l'île, avec 1353 hectares. La principale zone de production se situe sur la côte orientale de la Corse, entre Bastia et Solenzara, au pied des arêtes rocheuses.

CORSE CALVI

D'une superficie de 229 hectares, cette appellation s'étend sur les coteaux et plateaux de la Balagne, au nord-ouest du massif montagneux. Calvi, avec ses étroites vallées côtières au sous-sol granitique et argilo-calcaire, possède du potentiel.

CORSE FIGARI

À l'extrême sud de l'île, l'AOC Corse Figari (129 hectares) est un terroir granitique et siliceux qui domine une multitude de petits golfes dessinés par la Méditerranée. Le climat très venteux est l'un des plus arides de l'île.

CORSE SARTÈNE

L'appellation représente 224 hectares et englobe deux secteurs distincts, Tizzano, situé sur le littoral, et la vallée de l'Ortolo, qui s'enfonce dans les terres et englobe Propriano et sa région.

CORSE PORTO-VECCHIO

Le secteur de Porto-Vecchio (86 hectares) souffre d'un trop petit nombre de vignerons. Seuls quatre domaines sont installés sur l'appellation.

COTEAUX DU CAP CORSE

Avec seulement 28 hectares en production, l'appellation se situe sur un terroir calcaire propice à la production de vins blancs issus de vermentino et de rouges de garde moyenne.

PATRIMONIO

L'appellation la plus prestigieuse de l'île (437 hectares) s'étend au pied du Cap Corse, autour du golfe de Saint-Florent. Les vignes sont plantées sur des coteaux calcaires produisant des vins rouges dominés par le nielluccio, au caractère puissant, riche et fin. Les vignerons y produisent également quelques grands blancs, gras et complexes.

AJACCIO

Installée sur des sols granitiques dans des vallées perpendiculaires à la côte, l'appellation de 356 hectares produit des vins rouges issus du sciaccarellu qui possèdent, dans les grands millésimes, une expression racée. Les blancs élaborés à partir de vermentino progressent, avec des notes florales.

MUSCAT DU CAP CORSE

Au nord de l'île, y compris à Patrimonio, on élabore de très harmonieux vins doux naturels à partir de muscats, dont les atouts premiers sont le parfum, l'équilibre et la finesse. Les vignes (65 hectares) se trouvent sur de minces terrasses suspendues au-dessus de la mer.

LES CÉPAGES

L'une des grandes richesses du vignoble corse est son patrimoine ampélographique. La Corse compte plus d'une trentaine de cépages autochtones, une richesse considérable qui fait la typicité des vins locaux : nielluccíu, sciaccarellu, vermentino, biancone, barbarossa, murisco, riminese font partie de l'héritage local, millénaire, préservé à merveille par les vignerons insulaires. Ces cépages sont très bien adaptés au climat local. Hélas, tous ne sont pas intégrés au sein du système des AOC et certains doivent être vendus en Vin de France, comme le carcajolu.

LE NIELLUCCIU

Son nom provient du mot niellu qui veut dire noir. En toute logique, il donne des vins à la robe soutenue d'un rouge profond. À l'origine de la renommée des vins de Patrimonio, ce cépage rouge, le plus important de Corse, est planté sur plus de 2 000 hectares, mais reste surtout présent dans le nord de l'île.

LE SCIACCARELLU

Son nom signifie "croquant sous la dent". Planté sur 600 hectares, il occupe surtout les terroirs granitiques de l'ouest de l'île, notamment autour d'Ajaccio, et sert à l'élaboration des vins rouges et rosés d'AOC.

L'ALEATICU

Très expressif, ce cépage sert, quant à lui, à l'élaboration des IGP rouges de la côte orientale. Il est également prisé pour l'élaboration des rosés aux notes exotiques.

LE MUSCAT BLANC À PETITS GRAINS

Ce cépage blanc, très aromatique, n'est planté que sur quelques dizaines d'hectares. Il permet de produire un vin doux naturel, le muscat du Cap Corse.

LE BARBAROSSA

Assez marginal, mais prometteur en raison de ses qualités organoleptiques, ce cépage entre dans l'élaboration des vins rouges d'Ajaccio.

LE BIANCU GENTILE

Planté du côté de Patrimonio, de Figari et de Sartène, il engendre des vins blancs cristallins, aux notes de pamplemousse, voire d'abricot, selon le degré de maturité à partir duquel il est récolté.

LE VERMENTINO

Ce cépage est également surnommé la malvoisie de Corse. On le retrouve aussi en Provence. Sur l'île, le vermentino est le principal cépage blanc : on le retrouve dans toutes les appellations, sur 1 200 hectares. Il livre des vins blancs expressifs.

ESPRIT INSULAIRE ENTRE MAQUIS ET BAIES SPLENDIDES

CHAMBRES D'HÔTES

DOMAINE PERO LONGO

Ce domaine mené en biodynamie se pare également d'un restaurant, d'une aire naturelle de camping (on peut même dormir dans un œuf !), de chambres d'hôtes et d'une très belle Maison des Vignes, bâtie au cœur du vignoble, qui abrite cinq chambres et un vaste salon-cuisine, avec piscine. De 85 à 125 € la nuit.
Route de Bonifacio, 20100 Sartène
Tél. : 04 95 77 07 11
www.chambredhotesartene.com

CASTEL BRANDO

Direction le Cap Corse pour un séjour dans cette demeure du XIXe siècle. Deux piscines, bain à remous, spa et parc ombragé au programme. Chambres de 105 à 270 €.
Erbalunga, 20222 Brando
Tél. : 04 95 30 10 30
www.castelbrando.com

DOMAINE DE MURTOLI

Adresse cinq étoiles emblématique, le domaine de 2 500 hectares face à la mer n'a pas d'égal. Situées sur plusieurs kilomètres, une vingtaine de bergeries et demeures du XVIIe siècle accueillent luxueusement les visiteurs. Trois restaurants gastronomiques dont un étoilé, terrain de golf ou pêche en mer font partie des réjouissances. À partir de 170 €.
Vallée de l'Ortolo, 20100 Sartène
Tél. : 04 95 71 69 24
www.murtoli.com

A PIGNATA

Cette confidentielle ferme-auberge, située à proximité du site archéologique de Cucuruzzu, vous accueille autant pour une halte gastronomique (menu à 53 € accompagné de vins insulaires de haute volée) que pour un séjour plus long. Chambres rénovées ou, plus exotiques, des cabanes isolées, dont une perchée à 4 mètres dans un chêne. À partir de 240 €.
Route du Pianu, 20170 Levie
Tél. : 04 95 78 41 90
www.apignata.com

RESTAURANTS

SOLE E MONTE

Un hôtel-restaurant classique suspendu dans un village attachant. Sur la table, on trouvera une cuisine traditionnelle nourrie d'excellents produits et arrosée d'une carte des vins de 250 étiquettes, à 90 % corse. Les cuvées des meilleurs vignerons de la région sont là ! 35 à 40 € à la carte.
20167 Cuttoli-Corticchiato
Tél. : 04 95 25 61 41
www.hotelsoleemonte.fr

FERME DE CAMPO DI MONTE

Dans cette ferme du XVIe, la cuisine traditionnelle et authentique corse est à l'honneur, signée par Pauline Juillard. L'une des tables les plus réputées et un indispensable voyage culinaire pour découvrir l'île. Menu unique à 56 €.
20239 Murato
Tél. : 04 95 37 64 39
www.fermecampodimonte.com

A CASARELLA

Avec une vue imprenable sur la mer et la Balagne, la terrasse offre un cadre idyllique. On se régale des tapas et glaces artisanales proposés par la maison. Goûtez au flan à la farine de châtaigne.
Stretta Di de Franchi, 20220 Pigna
Tél. : 04 95 61 78 08

NOTRE COUP DE ♥

DOMAINE SAPARALE

Gros coup de foudre pour la paisible vallée de l'Ortolo ! Ici, quelques domaines viticoles vivent joliment cachés dans une nature superbe. Dormir sur place ? C'est possible au domaine Saparale qui a eu le très bon goût de rénover un hameau entre vignes et maquis. Charme exquis et prestation haut de gamme. Comptez entre 1 440 et 1 690 € la semaine.
Vallée de l'Ortolo, 21000 Sartène
Tél. : 04 95 77 15 52

BARS À VINS

LE CHEMIN DES VIGNOBLES

Nicolas Stromboni connaît sur le bout des doigts la Corse, ses vins et ses produits culinaires : sa boutique est la caverne d'Ali-Baba de l'île, très fournie aussi en vins de la métropole.
16, avenue Noël-Franchini, 20090 Ajaccio
Tél. : 04 95 51 46 61

L'ORRIU

À la fois épicerie de produits corses, bar à vins et restaurant. À table, accoudé au zinc ou à emporter, une belle sélection de vins corses dans laquelle se niche la plupart des meilleurs domaines de l'île.
5, cours Napoléon, 20137 Porto-Vecchio
Tél. : 04 95 70 26 21

★★★ DOMAINE COMTE ABBATUCCI

L'histoire de ce domaine débute au XXe siècle avec un visionnaire, Antoine Abbatucci, le fondateur de cette pépinière viticole, véritable conservatoire des cépages autochtones corses. Jean-Charles Abbatucci, le fils d'Antoine, a placé le domaine à un niveau supérieur (sélections massales, biodynamie exigeante, porte-greffes adaptés au sol et au climat...). Toute la gamme est remarquable, à commencer par un étonnant vin pétillant, et se déploie dans de magnifiques assemblages, intégrant toujours les vieux cépages. Chacun d'entre eux amène des arômes, de la fraîcheur, de la matière ou de la consistance : les vins sont digestes et fins, grâce au refus d'un interventionnisme excessif, et les élevages se sont affinés avec l'apport de foudre et d'œuf béton. Un incendie accidentel a détruit le chai d'élevage en juin 2021, et certaines cuvées du millésime 2020 ont hélas disparu.

Les vins : Faustine rosé est friand, croquant et parfumé. Floral et délicat avec une note de lilas, Faustine blanc offre beaucoup de douceur et de finesse de texture, tout en fraîcheur. Général de la Révolution est un grand blanc harmonieux, svelte et tonique, un peu anisé et marqué par des notes de chlorophylle et de menthe poivrée. Vin de texture à la noble austérité, Diplomate s'appuie sur de fins amers et des arômes racinaires, avec une touche de noix de muscade. Faustine rouge offre un nez admirable de maquis et de myrte : moelleuse et éclatante, sa bouche bien mûre brille par son fruit pur et précis. Magistrale expression du sciaccarellu que Monte Bianco, intense et serein, à la texture aérienne étoffée, aux tanins poudrés. On sera ébloui par son nez de zeste de clémentine et d'huiles essentielles. Thym, romarin, aromates, groseille au nez de Ministre, Impérial dont la matière de grande envergure, sérieuse et séveuse, joue sur la finesse et la précision de ses tanins ciselés, avec une finale sur la grenade et le bois de santal. Nouvelle cuvée, Valle di Mare se montre épuré, tout en nuances, serein et apaisé, très accessible et doté d'une note iodée très subtile.

VDF Diplomate d'Empire 2019	62 €	95
VDF Faustine Vieilles Vignes 2020	22 €	92
VDF Général de la Révolution 2019	62 €	95
VDF Faustine Vieilles Vignes 2020	20 €	91
VDF Faustine Vieilles Vignes 2019	22 €	93
VDF Ministre Impérial 2019	64 €	97
VDF Valle di Mare 2019	100 €	93

Le coup de ♥

VDF Monte Bianco 2019	53 €	97

Rouge : 15 hectares. Sciacarellu 70 %, Nielluciu 20 %, Divers noir 10 %
Blanc : 5 hectares. Vermentino 75 %, Bourboulenc 15 %, Divers blanc 10 %
Production moyenne : 100 000 bt/an

DOMAINE COMTE ABBATUCCI
Pont de Calzola, 20140 Casalabriva
04 95 74 04 55 •
www.domaine-abbatucci.com • Visites : sur RDV aux professionnels.
Propriétaire : Jean-Charles Abbatucci

★★★ CLOS CANARELLI

Yves Canarelli s'affirme comme le grand vigneron du sud de la Corse. Passionné d'ampélographie, il a agrandi son chai semi-enterré et son vignoble, travaillé en biodynamie, a vu la replantation de vieux cépages (biancu gentile, carcaghjolu neru et minustellu). En 2009, il a repris une parcelle de vignes préphylloxériques sur le village d'Orasi (cuvée Tarra d'Orasi) et vinifie deux superbes cuvées dans de grandes amphores d'argile (Amphora). Associé à Patrick Fioramonti, directeur et sommelier de l'Hôtel Cala Rossa, Yves Canarelli a replanté à partir de 2010 le premier clos de Bonifacio sur un plateau en surplomb de la ville, riche d'un calcaire rare sur l'île : baptisés Tarra di Sognu, les vins (un blanc et un rouge) qui en sont issus révèlent un immense terroir et montent en puissance au fur et à mesure que les vignes prennent de l'âge. Ce domaine écrit les plus belles pages de la nouvelle viticulture insulaire : la large gamme, affinée par petites touches, brille au firmament des vins corses.

Les vins : fenouil et éclat frais dans le blanc 2020, millimétré dans ses saveurs : un modèle de blanc méditerranéen, tonique, suave et raffiné. Plus d'envergure et de profondeur dans l'immense Tarra di Sognu, intense et persistant, qui s'impose dans la délicatesse de ses amers et le souffle anisé qui irradie en finale. Magnifique série de rouges, à commencer par le frais et pulpeux Figari, qui se donne déjà voluptueusement. Expression plus libre et vivace dans Amphora, dont la qualité de fruit, l'étoffe moelleuse et la finesse de tanins nous bluffent. Le raffinement aromatique et dynamisme des saveurs radieuses et acidulées d'Alta Rocca sera pour beaucoup une révélation. Le carcaghjolu neru de Costa Nera, très équilibré, affiche sa personnalité séveuse et sanguine. Matière soyeuse et florale dans Tarra di Sognu, somptueux rouge infusé, dont la pétulante vitalité suscite l'émotion. Difficile de trouver les mots pour décrire la justesse, la vibration minérale et la grâce qui imprègne Tarra d'Orasi, dans lequel parlent les ceps préphylloxériques.

- Corse Figari 2020 — 27 € (c) — 93
- VDF MPG 2015 — de 36 à 44 € (c) — 95
- VDF Tarra di Sognu 2020 — 48 € (c) — 97
- Corse Figari 2019 — 24 € (c) — 92
- Corse Figari Amphora 2019 — 42 € (c) — 95
- VDF Costa Nera 2016 — 45 € (c) — 93
- VDF Tarra d'Orasi 2018 — N.C. — 98
- VDF Tarra di Sognu 2019 — 48 € (c) — 97

Le coup de ♥

- Corse Alta Rocca 2017 — 49 € (c) — 96

Rouge : 25 hectares.
Blanc : 8 hectares.

CLOS CANARELLI
Tarabucetta BP3 20114 Figari
04 95 71 07 55 • www.closcanarelli.com • Vente et visites : sur RDV.
Propriétaire : Yves Canarelli
Maître de chai : Mayeul Beauvais
Œnologue : Antoine Pouponneau

★★ DOMAINE ANTOINE ARENA

Depuis le millésime 2014, les enfants d'Antoine Arena produisent leurs propres vins. Antoine et Marie ont gardé la vigne paternelle de Morta Maïo et le cépage biancu gentile. Saluons le travail accompli depuis des années par ce couple, précurseur dans ses combats (viticulture saine, définition des terroirs...) et qui ont tant fait pour Patrimonio et la réputation du vignoble corse. Les enfants sont sur des bons rails, et les anciens toujours dans la course avec des vins qui n'ont jamais autant rayonné.

Les vins : le domaine ne nous ayant pas fait parvenir ses vins cette année, nous sommes amenés à reconduire les notes de notre édition précédente.

- Muscat du Cap Corse 2017 — de 14,50 à 23 € (c) — 94
- Patrimonio Carco 2018 — de 13,80 à 20 € (c) — 93
- Patrimonio Morta Maïo 2018 — de 13,80 à 20 € (c) — 93

Rouge : 1,5 hectare. Nielluciu 100 %
Blanc : 2,5 hectares. Vermentino 34 %, Biancu gentile 33 %, Muscat à petits grains blancs 33 %
Production moyenne : 16 000 bt/an

DOMAINE ANTOINE ARENA ♣
Morta Maïo, 20253 Patrimonio
04 95 37 08 27 • antoine.arena@wanadoo.fr • Vente et visites : sur RDV.
Propriétaire : Antoine et Marie Arena

★★ DOMAINE ANTOINE-MARIE ARENA

Antoine-Marie Arena a produit ses premiers vins sous son nom en 2014. Le fils cadet d'Antoine Arena signe maintenant ses propres cuvées prenant en charge les Hauts de Carco en blanc et le Carco en rouge. La lecture des vins et la sensibilité des nouvelles cuvées issues d'assemblages confirment son talent. Leur cohérence et leur finesse, objets de toutes les attentions dès la vigne jusqu'en élevage, sont manifestes, renforcées par le confort de travail dans une nouvelle et vaste cave reprise il y a deux ans.

Les vins : vin effilé, croquant, pur, Bianco Gentile est doté d'une superbe précision dans ses saveurs ciselées, avec notes d'agrumes et de fleurs. Le rouge San Giovanni se décline cette année en deux versions : un pur morescone suave et peu alcoolisé, vin léger et joyeux immédiatement désaltérant dans la franchise de son fruit, et un pur carcaghjolu neru aux notes balsamiques, de thé pu-erh et d'écorce, au caractère bien trempé et à la persistance séveuse. Carco déploie une élégance sans fard dans sa matière fraîche et épicée, ses tanins salivants et sa note de cacao en finale. Avec sa myriade de saveurs fraîches et réglissées qui rebondissent en bouche, Memoria est remarquable, bâti sur une assise de tanins tapissants.

- VDF Bianco Gentile 2020 — 20 € — 93
- Patrimonio Carco 2019 — 20 € — 93
- VDF San Giovanni 2019 — 15 € — 92
- VDF San Giovanni 2020 — 15 € — 91

Le coup de ♥

- Patrimonio Memoria 2019 — 30 € — 95

Rouge : 2,92 hectares. Nielluciu 78 %, Carcaghjolu neru 11 %, Morescone 11 %
Blanc : 3,32 hectares. Biancu gentile 45 %, Vermentino 35 %, Muscat à petits grains blancs 20 %
Production moyenne : 25 000 bt/an

DOMAINE ANTOINE-MARIE ARENA ♣
Morta Maïo, 20253 Patrimonio
06 20 92 28 29 • antoinemarie.arena@gmail.com • Vente et visites : sur RDV.
Propriétaire : Antoine-Marie Arena

★★ ↗ DOMAINE JEAN-BAPTISTE ARENA

Jean-Baptiste, fils aîné d'Antoine Arena, exploite désormais le terroir de Grotte di Sole. Tous ses vins sont encore vinifiés au domaine familial. Depuis 2003, il secondait son père à la vigne et a ainsi pu acquérir une solide expérience. Jean-Baptiste affirme son style au travers de vins énergiques, lumineux et convaincants, qui ne cessent de progresser, et méritent l'accession à la deuxième étoile cette année.

Les vins : sapide, salin, Grotte di Sole est un blanc harmonieux et profond, dont la finale s'avère mentholée et vibrante. Magnifique gourmandise de fruit et saveurs de poires dans Morta Maïo, dont l'envergure savoureuse s'agrémente de la tension apportée par les sols de schistes. Plein de fougue juvénile, Grotte di Sole rouge offre une trame effilée : on le reverra l'an prochain lorsqu'il sera plus en place. 17/19 assemble deux millésimes et séduit par son fruit finement compoté et sa fraîcheur préservée. Toujours un ravissement que le muscat du Cap Corse, au nez de fleur d'oranger, tout en éclat et succulence de fruits.

- Patrimonio Grotte di Sole 2019 — 22 € — 93
- Patrimonio Morta Maïo 2019 — 22 € — 93
- Patrimonio Grotte di Sole 2018 — 22 € — 92
- Patrimonio Grotte di Sole 2020 — 22 € — 91
- Patrimonio Grotte di Sole 17/19 — 22 € — 92

Le coup de ♥

- Muscat du Cap Corse Grotte di Sole 2017 — 25 € — 94

Rouge : 2 hectares.
Blanc : 3 hectares.
Production moyenne : 16 000 bt/an

DOMAINE JEAN-BAPTISTE ARENA ♣
Morta Maïo, 20253 Patrimonio
06 23 89 74 79 • domainearena.com • Vente et visites : sur RDV.
Propriétaire : Jean-Baptiste Arena

★★ CANTINA DI TORRA - NICOLAS MARIOTTI BINDI

Après avoir travaillé comme chef de culture au domaine Leccia, Nicolas Mariotti Bindi a repris en 2015 une vieille cave abandonnée sur la route d'Oletta. Il a effectué un travail de forçat pour remettre sur pied cet outil de travail qui lui permet de mieux gérer sa production et de travailler par gravité. Le vignoble est certifié bio et les sols sont travaillés dans les règles de l'art. Les vinifications se font en cuve inox et en œuf-ciment de 16 hl. Ces vins intègres, toujours charnus et veloutés, offrent une grande franchise de saveurs et se montrent délicieux dans leur jeunesse, mais savent aussi vieillir.

Les vins : fraîcheur et digestibilité dans Zinzinu : croquant, plus mûr que l'an dernier, très facile à boire. Macération courte pour préserver le fruit de Les Soiffards, un rouge sympathique et friand. En blanc, Cantina di Torra offre un fruit croquant et mûr, bien pur et savoureux. Magnifique matière charnue et juteuse dans Mursaglia, vin expressif et pur. Supplément d'envergure dans Vieillissement Prolongé, doté de notes un peu racinaires. Assemblage de deux millésimes, Hors Série adosse à de fins amers sa matière patinée, dont la fine oxydation ménagée amène un caractère affirmé. Finement compoté avec ses notes de tomates séchées et de cerises confites, Mursaglia rouge est structuré et persistant. Velouté et profond, empli d'un fruit séveux et riche, Hors Série rouge affiche une belle et profonde ambition.

- Patrimonio Cantina di Torra 2020 — 12 € — 91
- VDF Mursaglia 2020 — 24 € — 93
- VDF Mursaglia Vieillissement Prolongé 2019 — 33 € — 93
- VDF Zinzinu 2020 — 15 € — 89
- Patrimonio Cantina di Torra 2020 — 12 € — 89
- Patrimonio Cantina di Torra 2020 — 12 € — 89
- VDF Cantina di Torra Hors Série 2017 — 15 € — 93
- VDF Les Soiffards 2020 — 14 € — 88
- VDF Mursaglia 2018 — 24 € — 91

Le coup de ♥

- VDF Cantina di Torra Hors Série — 16 € — 93

Rouge : 11,2 hectares.
Blanc : 5,7 hectares.
Production moyenne : 60 000 bt/an

CANTINA DI TORRA - NICOLAS MARIOTTI BINDI ♣
Lieu-dit Torra, Route de Saint-Florent, 20232 Oletta
04 95 47 89 70 • www.cantinaditorra.com • Vente et visites : sur RDV.
Propriétaire : Nicolas Mariotti Bindi

★★ ↗ CLOS NICROSI

Ce vignoble historique a été fondé par Dominique Nicrosi en 1850. Aujourd'hui, Jean-Noël Luigi, son fils Sébastien et sa fille Marine en sont à la tête. Situé en bordure de mer, dans la zone la plus septentrionale de l'île, dans le village de Rogliano, les parcelles sont soumises aux vents marins sur des sols de schistes qui "minéralisent" les blancs, évitant tout élevage sous bois. À la clé : un très prisé muscat du cap Corse et un blanc sec toujours très original. Leur capacité de vieillissement est inégalée sur l'île. La régularité des vins et leur singularité permettent au domaine de décrocher cette année la deuxième étoile.

Les vins : une fine réduction ne fait pas d'ombre au plaisir dans Stecaja, séveux, traversé de fins amers et doté d'une structure affirmée. Notes de poire et de badiane dans le magnifique Coteaux du Cap Corse 2020, à l'envergure pulpeuse et fraîche : un vin parfaitement harmonieux, prolongé d'une formidable persistance saline. Tout en intégrité de saveurs et puissance contenue, le Muscatellu se développe autour d'une liqueur lancinante, dans un fascinant éventail d'arômes méditerranéens en finale (miel de fleur, kumquat, immortelles, romarin...).

- Coteaux du Cap Corse Stecaja 2020 — 12 € — 91
- Muscat du Cap Corse Muscatellu 2018 — 21,50 € — 95

Le coup de ♥

- Coteaux du Cap Corse 2020 — 16 € — 95

Rouge : 2 hectares.
Blanc : 7 hectares.
Production moyenne : 25 000 bt/an

CLOS NICROSI
Vignale, 20247 Rogliano
06 11 91 12 15 • www.closnicrosi.fr •
Visites : sans RDV.
Propriétaire : Jean-Noël, Sébastien et Marine Luigi
Directeur : Sébastien et Marine Luigi

★★ ↗ CLOS VENTURI

À Ponte Leccia, village d'altitude situé au carrefour des routes menant à Bastia, Ajaccio et Calvi, le Clos Venturi est l'un des domaines les plus récents de Corse. Il provient du détachement, en 2005, des meilleurs terroirs du domaine Vico, où Jean-Marc et Manu Venturi produisent également, sur 77 hectares, des vins d'un bon rapport qualité-prix qui ont beaucoup gagné en caractère et précision. Sur les deux domaines, que nous réunissons ici, un ambitieux travail a été mené : sélections parcellaires, replantation de cépages autochtones, culture en bio et utilisation de levures indigènes, et la certification Demeter arrive en 2020. Le chai est remarquablement équipé (fût, cuve et œuf, bois, béton, inox). La qualité irréprochable et en constante progression de la gamme permet cette année au domaine d'obtenir la deuxième étoile.

Les vins : Le Bois du Cerf blanc, vermentino sur schistes, possède tonus et chair précise et franche. Encore un peu réservé, 1769 présente plus de finesse et de gras, juteux et profilé. En 2020, Clos Venturi blanc se distingue par la fine amertume de saveurs végétales mûres, et sa version 2015 est un grand vin à maturité, débordant d'une myriade de saveurs de garrigues, d'épices et d'amers nobles. Brama Biancu Gentile se montre droit et très juste dans sa maturité, nerveux en finale. Notes de fruits jaunes dans A Mina, dense et solaire, mais qui a préservé fraîcheur et énergie. Chiesa Nera assemble les vieux cépages : supplément de complexité aromatique et envergure de chair doté d'un souffle hors du commun. En rouge, Brama Sciaccarellu se fait tendre, souple et un peu chocolaté. Cantinone présente beaucoup de caractère et une finale moelleuse, charnue et fraîche. La plénitude de saveurs friandes et vives d'Altare rouge vient former un vin serein à l'élevage raffiné.

- Corse 2015 — de 40 à 50 € (c) — 94
- Corse 2020 — de 33 à 35 € (c) — 92
- Corse 1769 2020 — 16 € — 91
- Corse Le Bois du Cerf 2020 — 13 € — 90
- Corse Les Parcellaires A Mina 2018 — 36 € — 93
- IGP Île-de-Beauté Brama Biancu Gentile 2020 — 23 € — 92
- Corse Altare 2019 — 78 € — 94
- Corse Brama Sciaccarellu 2019 — de 23 à 25 € (c) — 92
- Corse Les Parcellaires Cantinone 2019 — 36 € — 93

Le coup de ♥

- VDF Chiesa Nera 2018 — 80 € — 96

Rouge : 14 hectares.
Blanc : 15 hectares.
Production moyenne : 150 000 bt/an

CLOS VENTURI ♣
Route de Corte, 20218 Piedigriggio
04 95 47 61 35 • Manuventuri@icloud.com •
Vente et visites : sur RDV.
Propriétaire : Famille Acquaviva-Venturi
Directeur : Venturi Manu
Maître de chai : Guillermier Fabien

★★ DOMAINE GIUDICELLI

Muriel Giudicelli, exigeante et intègre, et son époux exploitent depuis 1997 ce domaine certifié en biodynamie sur les terroirs de Poggio d'Oletta, où ils s'efforcent de produire des vins précis et fidèles au terroir. Issus de vignes en gobelets, les vins sont élevés en foudre Stockinger et en cuve inox. Le rouge y séjourne presque deux années, puis est commercialisé trois ans après la vendange. Le domaine brille aussi dans l'élaboration des muscats. Tous les vins, infusés, s'expriment avec finesse et naturel.

Les vins : original Corail rouge, dont la vinosité le place à l'intersection d'un rosé de saignée et d'un rouge léger. Corail blanc se montre plein et croquant, hautement désaltérant, très juste dans ses saveurs et son aromatique de genêt et d'anis. Le Patrimonio blanc rejoint l'élite des plus grands blancs de France. Son équilibre forgé par des raisins mûrs, sa fraîcheur et douceur de texture, son allonge finement mellifère le distinguent. Finement compoté, parsemé de petits tanins accrocheurs, le Patrimonio rouge a préservé une grande acidité et évite tout excès de chaleur : étoffé, digeste, il incarne un visage du rouge éminemment méditerranéen et frais.

VDF Blanc de Noirs 2019	Épuisé - de 32 à 40 € (c)	91
VDF Corail 2020	de 23 à 30 € (c)	92
Patrimonio 2017	de 30 à 36 € (c)	94
VDF Corail 2020	de 23 à 26 € (c)	91

Le coup de ♥

Patrimonio 2019	de 32 à 40 € (c)	95

Rouge : 4 hectares.
Blanc : 1,5 hectare.
Production moyenne : 33 000 bt/an

DOMAINE GIUDICELLI

Lieu-dit Poretto, 20253 Patrimonio
06 11 56 36 24 •
muriel.giudicelli@wanadoo.fr • Vente et visites : sur RDV.
Propriétaire : Muriel Giudicelli

★★ DOMAINE U STILICCIONU

Après avoir vinifié à Cahors, en Nouvelle-Zélande et à Tokaj, Sébastien Poly a repris en 2006 ce petit domaine familial au patrimoine de vieilles vignes plantées dans les années 1960 dans la vallée granitique et argileuse du Taravo. Il cultive son vignoble en biodynamie, vinifie sans levurage et quasiment sans soufre, vient de planter un hectare de vieux cépages en échalas et propose des vins d'une gourmandise et d'une digestibilité rares en Corse, avec une identité très affirmée. Après quelques réglages inhérents à ce type de vinification peu protégée, les vins se montrent brillants, et le domaine se voit récompensé cette année d'une deuxième étoile.

Les vins : avec son nez de poire fraîche, le blanc est une juteuse gourmandise, prolongé d'une noble amertume. Chair moelleuse et tonique avec une pointe de sucrosité dans Antica, vin apaisant aux saveurs de grenade et réglissé en finale. Plus d'éclat et de limpidité dans Damianu, épuré mais étoffé, porté par une trame juteuse irrésistible. Densité, carrure et profondeur dans Kalliste, issu de sols de schistes : ce vin de texture à la mâche ample offre des tanins plus aiguisés et une fraîcheur mentholée. Vin de garde déjà accessible, Sottu Scala offre une matière tendre et juteuse, affinée par l'élevage en foudre.

Ajaccio Emy-Lidia 2019	50 €	93
Ajaccio Antica 2017	40 €	93
Ajaccio Kalliste 2017	60 €	95
Ajaccio Sottu Scala 2018	100 €	95

Le coup de ♥

Ajaccio Damianu 2017	45 €	94

Rouge : 4 hectares.
Blanc : 2 hectares.
Production moyenne : 20 000 bt/an

DOMAINE U STILICCIONU

Stiliccione, 20140 Serra-di-Ferro
04 95 22 41 19 •
domaine-u-stiliccionu@orange.fr • Vente et visites : sur RDV.
Propriétaire : Sébastien Poly-Casabianca

★★ DOMAINE DE VACCELLI

La famille Courrèges exploite depuis 1961 le terroir d'arènes granitiques de la vallée du Taravo. Après des études d'œnologie à Nîmes et une formation au Clos Capitoro (Ajaccio), Gérard, fils d'Alain Courrèges, prend la responsabilité des vinifications et montre l'étendue de son talent. Gamme variée avec des vins déclinés dans les trois couleurs : les cuvées du domaine, fruitées et accessibles ; les cuvées Granit, sélections de terroir et de nouveaux parcellaires, dont l'exceptionnel 174, vieille vigne de haut de coteaux exposés nord. La richesse de la gamme, l'élégance et la justesse des vins placent le domaine dans la petite élite de la viticulture corse.

Les vins : charnu et gourmand, le rosé est sérieux, et se destine pour la table. En blanc, Vaccelli offre une matière franche et caressante, le profond Granit allie puissance et éclat de saveurs, avec l'intensité de zestes d'agrumes en finale. Complantation de quatre vieux cépages dans Quartz, dont le nez exprime de très délicates notes racinaires, et qui se déploie en bouche en de très vastes dimensions. Intense, harmonieux, scintillant, c'est un vin magistral. Chioso Novo est une sélection parcellaire de vermentino, tout en nuances et naturel, très intense et parfumé. Belle vitalité des rouges, Vaccelli épicé, sapide et très savoureux, et Granit un peu serré par son élevage dans le difficile millésime 2018. Intense, délicatement confit dans son fruit aux accents de grenade, Granit 60 brille par sa fraîcheur et sa suavité de texture. Nez de violette et de fruits cristallisés dans Granit 174, dont la matière en filigrane offre une délicatesse émouvante.

Ajaccio Chioso Novo 2019	66 €	94
Ajaccio Granit 2019	49 €	94
Ajaccio Vaccelli 2019	31 €	92
Ajaccio Vaccelli 2019	de 19 à 24 € (c)	91
Ajaccio Granit 2018	49 €	92
Ajaccio Granit 174 2018	78 €	95
Ajaccio Granit 60 2018	50 €	94
Ajaccio Vaccelli 2018	31 €	92

Le coup de ♥

IGP Île-de-Beauté Quartz 2019	49 €	95

Rouge : 11,21 hectares.
Blanc : 9,26 hectares.
Production moyenne : 80 000 bt/an

DOMAINE DE VACCELLI ♣
Lieu-dit Aja-Donica,
20123 Cognocoli-Monticchi
04 95 24 35 54 • vaccelli@aol.com • Vente et visites : sur RDV.
Propriétaire : Nathalie et Gérard Courrèges
Maître de chai : Gérard Courrèges
Œnologue : Emmanuel Gagnepain

★ CLOS CANERECCIA

À Rotani, sur la route de Corte, Christian Estève a repris en main le vignoble de son père. Le domaine possède 21 hectares de vignes, dont 9 sont vinifiés par Christian Estève lui-même ; le reste des raisins part à la coopérative. Il lui a fallu peu de temps et de millésimes pour démontrer son savoir-faire et ses compétences, à force de travail et de justes interrogations. L'ensemble des vins produits montre la pertinence et la cohérence de la gamme, et les cuvées vinifiées en amphore (parlons plutôt de jarre) sont d'une grande précision. La plus belle aventure récente de la côte orientale !

Les vins : commençons avec la belle série des vins en amphore. Le niellucciu possède une jolie mâche et une finale pulpeuse, campée sur des tanins un peu serrés. Trame juteuse et sanguine, finale réglissée restée fraîche : le carcaghjolu neru est très équilibré. Matière nuancée et chair dense mais ouvragée dans le minustellu, complexe et velouté, qui s'affranchit du caractère parfois rustique du cépage. En 2017 comme en 2018, la Cuvée Sophie rouge offre moelleux et envergure onctueuse. En blanc, le biancu gentile est précis et sensuel, un peu mentholé, et la macération de vermentinu en amphore est brillante, sa fraîcheur épicée de saveurs fait écho aux petits amers de la finale. Les blancs Clos Canereccia et Cuvée Sophie gardent des stigmates de leur élevage en bois.

Corse 2019	26 €	91
Corse Biancu Gentile 2019	28 €	93
VDF Amphore Vermentinu 2019	40 €	94
VDF Cuvée Sophie 2018	50 €	91
Corse 2020	18 €	89
Corse 2017	26 €	89
VDF Amphore Minustellu 2018	40 €	93
VDF Amphore Niellucciu 2018	40 €	92
VDF Cuvée Sophie 2017	50 €	93

Le coup de ♥

VDF Amphore Carcaghjolu Neru 2018	40 €	94

Production moyenne : 65 000 bt/an

CLOS CANERECCIA ♣
180, chemin d'Arena Rotani, 20270 Aleria
04 95 34 17 85 • www.closcanereccia.com • Visites : sans RDV.
Propriétaire : Christian Estève

★ CLOS SIGNADORE

Marseillais d'origine, formé notamment au château de Pibarnon (Bandol), Christophe Ferrandis s'est installé en 2002 près de Saint-Florent dans le village de Poggio d'Oletta. Il vinifie à l'étroit dans une ancienne bergerie mais projette de construire un nouveau chai. Son vignoble fait face au domaine Leccia à Morta Piana. Les rendements sont faibles, la culture est en bio, les vendanges se font en caissettes. Le style concentré et extrait de ses débuts évolue vers davantage de finesse. Aptes à un excellent vieillissement, les rouges sont plus harmonieux, en particulier la cuvée du Clos Signadore et A Mandria, produite dans les trois couleurs. Inizia est une nouvelle cuvée de négoce.

Les vins : belle réussite pour les cuvées de négoce Inizia. Le blanc large et tonique tire son originalité de l'assemblage des vieux cépages, tout comme le rouge à dominante de minustellu, complété d'aleatico et de vermentino : un vin friand, léger et digeste, doté d'un souffle frais, au fruit croquant et précis, finement accrocheur. A Mandria rouge est construit sur un fruit frais, la finesse de ses tanins et le croquant de la matière livrent un rouge désaltérant et précoce.

Franc, droit, un peu strict dans son profil fin et tendu, A Mandria blanc gagnera en saveurs au vieillissement. L'ambitieux Clos Signadore blanc affiche clarté de saveurs et caractère longiligne, servi par un élevage très soigné en demi-muid, qui nous semble moins marqué que par le passé. Avec son nez de cuir frais et de bois précieux, le rouge 2016 prend l'ascendant : fraîcheur de fruit, matière séveuse, trame élancée, tanins patinés, il est parfaitement structuré, saura vieillir avec grâce et s'affirme plus fin que le 2015.

- Patrimonio A Mandria Di Signadore 2019 — 25 € — 92
- Patrimonio Clos Signadore 2019 — 55 € — 92
- VDF Inizia 2020 — 18 € — 91
- VDF A Mandria di Signadore 2020 — 15 € — 91
- Patrimonio Clos Signadore 2016 — 50 € — 94
- VDF Inizia 2020 — 18 € — 91

Le coup de ♥

- Patrimonio A Mandria Di Signadore 2019 — 25 € — 92

Rouge : 6,5 hectares.
Blanc : 3,2 hectares.
Production moyenne : 35 000 bt/an

CLOS SIGNADORE ♣
Morta-Piana, 20232 Poggio d'Oletta
06 15 18 29 81 • www.signadore.com • Vente et visites : sur RDV.
Propriétaire : Christophe Ferrandis

★ ↗ CLOS CULOMBU

Cerné de forêts et de prairies lui appartenant, ce domaine majeur des environs de Calvi connaît un nouveau souffle avec l'arrivée récente de Paul-Antoine, fils d'Étienne Suzzoni, qui déborde de projets et d'énergie. La conversion à la biodynamie (certification Demeter en 2019) est effective, et une impressionnante nouvelle cave enterrée, conçue pour un travail intégral par gravité, a accueilli la vendange 2020. Avec la montée en puissance des cuvées haut de gamme et les expressions des vieux cépages, affinées par des élevages en œuf béton et jarre, ce domaine a intégré les valeurs montantes de l'île et accède cette année à la première étoile.

Les vins : dans les trois couleurs, les cuvées domaine sont parfaitement calibrées, fraîches et florales. Envergure et moelleux dans Ribbe Rosse blanc, un rien pâtissier dans son élevage. Ribbe Rosse rouge se livre avec facilité et offre une jolie mâche de tanins friands et polis. Pur vermentino, Storia Di Truvigna affiche une belle maturité de fruit et une chair ample, déliée et épicée, aux saveurs gourmandes prolongée d'une note d'amande fraîche. Six vieux cépages viennent compléter le vermentino dans la cuvée Storia Di E Signore, minéral et nerveux, pourvu d'amers nobles, qui possède réserve et complexité, et une finale assez ferme et incisive. Très parfumé, Storia Di Scelta voit les épices du minustellu chahuter le velouté du sciaccarellu. Storia di Ecce Fructus est judicieusement construit : l'aleaticu apporte ses parfums, le carcaghjolu son caractère juteux et le minustellu sa vigueur et sa carrure en finale.

- Corse Calvi Le Clos 2020 — 13,20 € — 91
- Corse Calvi Ribbe Rosse 2019 — 26,40 € — 90
- Corse Calvi Storia Di Truvigna 2019 — 26,40 € — 93
- Corse Calvi Le Clos 2020 — 13,20 € — 90
- Corse Calvi Ribbe Rosse 2020 — 18 € — 88
- Corse Calvi Le Clos 2020 — 13,20 € — 91
- Corse Calvi Ribbe Rosse 2018 — 26,40 € — 92
- VDF Storia Di Scelta 2019 — 30 € — 92
- VDF Storia di Ecce Fructus 2019 — 22,80 € — 93

Le coup de ♥

- VDF Storia Di E Signore 2019 — 22,80 € — 93

Rouge : 42 hectares.
Blanc : 22 hectares.
Production moyenne : 315 000 bt/an

CLOS CULOMBU ♣
Chemin San-Petru, 20260 Lumio
04 95 60 70 68 • www.closculombu.fr • Vente et visites : sur RDV.
Propriétaire : Étienne Suzzoni
Maître de chai : Paul-Antoine Suzzoni

★ DOMAINE LECCIA

En 2015, Lisandru, le fils d'Yves Leccia, est revenu au domaine auprès de sa tante Annette Leccia tandis que Nicolas Mariotti Bindi, qui était en charge des vinifications, s'est installé à son compte. Les blancs sont toujours épurés, cristallins, et d'une belle aptitude au vieillissement. C'est l'un des seuls domaines à être resté fidèle à son style de rosés colorés et goûteux. Les muscats du cap Corse sont de très haut niveau, avec une recherche permanente de surmaturité du raisin. Précis et fins, rouges et blancs ont beaucoup progressé ces dernières années.

Les vins : le rosé est bon, précis et rehaussé de fins amers. Croquant, frais et épicé, le blanc a tout pour plaire, avec son allonge salivante et sobre et sa sincérité de saveurs. Notes sanguines et tanins accrocheurs dans le patrimonio

2018, encore bien jeune. Plus complexe, le 2017 évoque le poivre et la garrigue, avec des tanins encore en relief. Belle réussite des cuvées Pettale, très tonique et nerveux en 2018, plus patiné et profond en 2017 avec des notes de fève de cacao et de réglisse. Frais, calibré, harmonieux, le muscat séduit par sa finesse et la justesse d'intégration de ses sucres.

Muscat du Cap Corse 2019	30 €	93
Patrimonio 2020	30 €	92
Patrimonio 2020	16 €	90
Patrimonio 2017	25 €	93
Patrimonio 2018	25 €	92
Patrimonio Pettale 2018	30 €	93

Le coup de ♥

Patrimonio Pettale 2017	30 €	94

Rouge : 10 hectares.
Blanc : 5 hectares.
Production moyenne : 60 000 bt/an

DOMAINE LECCIA ♣

Lieu-dit Morta Piana, 20232 Poggio d'Oletta
04 95 37 11 35 • www.domaine-leccia.fr •
Vente et visites : sur RDV.
Propriétaire : Lisandru Leccia

★ YVES LECCIA

Yves Leccia et Sandrine, sa compagne, exploitent un vignoble essentiellement situé sur les parcelles d'E Croce et de Partinelone. L'ensemble est labouré et travaillé, et les amendements sont organiques. Le domaine a beaucoup innové ces dernières années avec de nouveaux vins, tels que O Bà, Biancu Marinu et L'Altru Biancu. Très soignés, les vins restent de bons ambassadeurs du vignoble corse, mais attention à ne pas trop gommer leur individualité : certains vins, plus formatés que par le passé, font la part belle à la technicité.

Les vins : dans l'ensemble, les blancs sont plus aboutis. Envergure et expression moelleuses dans le patrimonio, mais une touche légèrement herbacée en finale le rend un peu strict. YL séduit par sa générosité et sa précision de saveurs gourmandes, à la finale saline. Le muscat Biancu Marinu est droit et précis, un peu épicé en finale, et le biancu gentile Altru Biancu large mais profilé, pourvu d'une belle acidité et de fins amers en finale. En rouge, O Bà ! est un peu sec et campé sur l'amertume, et YL assez poudré et pulpeux, bien mûr, tenu par des tanins un peu sévères. Énergique mais strict, le patrimonio rouge se destine au vieillissement. Nerveux, le muscat du Cap Corse est bien proportionné.

IGP Île-de-Beauté Biancu Marinu 2019	21 €	92
IGP Île-de-Beauté L'Altru Biancu 2019	23 €	93
Muscat du Cap Corse 2017	26 €	91
Patrimonio 2020	29 €	91
VDP de l'Île-de-Beauté Cuvée YL 2020	21 €	92
IGP Île-de-Beauté O Bà ! 2017	33 €	90
IGP Île-de-Beauté YL 2020	21 €	91
Patrimonio 2019	24 €	92

Production moyenne : 100 000 bt/an

YVES LECCIA ♣

Lieu-dit Morta Piana, 20232 Poggio d'Oletta
04 95 30 72 33 • www.yves-leccia.com •
Vente et visites : sur RDV.
Propriétaire : Yves et Sandrine Leccia
Directeur : Yves Leccia

★ ↗ DOMAINE SANT ARMETTU

Le "domaine du Saint Ermite" (qui d'après la légende soignait par les plantes) occupe des coteaux qui dominent le golfe de Propriano. Gilles Seroin a construit son chai en 1996 et la certification bio est actuellement en cours. Ce vigneron passionné et attachant est doué d'un grand talent de vinificateur et d'éleveur, désormais rejoint par ses enfants Jeanne et Guillaume. Dans les trois couleurs, les vins ont bien progressé, se montrent sincères et généreux, et le domaine rejoint désormais le peloton des meilleurs de l'île de Beauté : amplement méritée, la première étoile vient récompenser ces efforts.

Les vins : le style du domaine est très affirmé, avec des matières tendres et florales, et beaucoup de douceur de texture. Matière charnue, très souple, finement épicée dans Myrtus rosé. La réduction brouille un peu le message du Myrtus blanc, assez comprimé, mais nous apprécions sa fraîcheur. Noix de muscade et romarin au nez du Burghese blanc au fort caractère, plein et ferme, construit sur un relief charnu. Chair moelleuse et poudrée dans Rosumarinu, infusé et sain, précis et juteux, délicieux, séduisant par son élégance naturelle. À boire sans attendre. Grenache parfumé et floral, Elegante offre fraîcheur et grande délicatesse de texture. Un vin de demi-corps, mais tellement digeste ! Nez très séduisant, matière déliée et souple dans Myrtus rouge, au fruit très frais, qui forme un ensemble sapide, précoce et très velouté. Touche d'orange sanguine dans le très ample Burghese rouge, qui déploie tous ses charmes, encadré de tanins très fins apportés par un élevage soigné. Pur sciacarellu, L'Ermite est un vin très enjôleur, au fruit tendre et finement épicé, qui se distingue par son envergure et son caractère digeste.

- IGP Île-de-Beauté Burghese 2019 59 € 93
- IGP Île-de-Beauté Genovese 2020 28 € 92
- IGP Île-de-Beauté Myrtus 2020 29 € 91
- IGP Île-de-Beauté Myrtus 2020 22 € 90
- Corse Sartène Elegante 2019 19,50 € 91
- Corse Sartène Myrtus 2019 28 € 92
- Corse Sartène Rosumarinu 2020 16 € 91
- IGP Île-de-Beauté L'Ermite 2019 59 € 93
- IGP Île-de-Beauté Sensa Zolfu 2020 17 € 89

Le coup de ♥

- IGP Île-de-Beauté Burghese 2018 59 € 94

Rouge : 30 hectares.
Blanc : 10 hectares.
Production moyenne : 200 000 bt/an

DOMAINE SANT ARMETTU
9, avenue Napoléon, 20110 Propriano
04 95 76 05 18 • www.santarmettu.com • Vente et visites : sur RDV.
Propriétaire : Gilles Seroin
Œnologue : Emmanuel Gagnepain

DOMAINE D'ALZIPRATU

Ce vignoble est né dans les années 1970 de l'association entre Maurice Acquaviva et le baron de La Grange, propriétaire du couvent d'Alzipratu. Avec 40 hectares, Alzipratu s'impose comme un domaine de premier ordre en Balagne, un secteur compliqué où il se distingue par l'équilibre de ses vins. La conversion bio est en cours. De nouvelles cuvées parcellaires, très réussies augurent du meilleur pour ce domaine en pleine forme, appelé à progresser dans notre hiérarchie.

Les vins : le domaine ne nous ayant pas fait parvenir ses vins cette année, nous sommes amenés à reconduire les notes de notre édition précédente.

- Corse Calvi Pumonte 2018 22,20 € 91
- Corse Calvi Pumonte 2019 de 12 à 19 € (c) 92
- Corse Calvi Fiume Seccu 2018 11,04 € 90
- Corse Calvi Fiume Seccu 2019 de 8 à 9 € (c) 92
- Corse Calvi Pumonte 2018 N.C. 92

Rouge : 38 hectares.
Blanc : 10 hectares.
Production moyenne : 200 000 bt/an

DOMAINE D'ALZIPRATU
Route de Zilia, 20214 Zilia
04 95 62 75 47 • www.domaine-alzipratu.com • Vente et visites : sur RDV.
Propriétaire : Pierre Acquaviva
Maître de chai : Vincent Grepin

CASTELLU DI BARICCI

Créé en 2000, ce domaine situé dans le cadre enchanteur de la vallée de l'Ortolo a été intégralement planté de 12 hectares de vignes entourées de garrigues, et le premier millésime certifié bio fut ici le 2005. Elisabeth Quilichini ne ménage pas ses efforts pour faire progresser la qualité des vins. Son travail porte ses fruits et offre un rosé, un blanc et deux rouges de très bonne qualité, élevés en foudre et capable de très bien vieillir. Le domaine a su évoluer avec bonheur vers des rouges au caractère infusé et parfumé, et est appelé à progresser dans notre hiérarchie.

Les vins : profil élancé, assez épicé et fin dans le rosé, un vrai vin subtil. Crémeux et ample, le blanc a développé un caractère épicé et des saveurs de fenouil en finale, mais il est alourdi par son élevage en fût. Nez de sariette et de romarin dans le très beau rouge 2019, dont la matière veloutée se déroule en bouche avec aisance. Réserve Perpétuelle est très charnu, sensuel et épicé, d'une vitalité exceptionnelle. Trame très délicate, esprit méditerranéen et grande fraîcheur de sève, allonge sinueuse et persistance : on s'incline devant ce grand vin.

- Corse Sartène 2019 27 € 90
- Corse Sartène 2020 16 € 90
- Corse Sartène 2019 25 € 93

Le coup de ♥

- VDF Réserve Perpétuelle 28 € 95

Rouge : 11 hectares.
Blanc : 4 hectares.
Production moyenne : 70 000 bt/an

CASTELLU DI BARICCI ♣
Castellu di Baricci, Haute Vallée de l'Ortolo, 20100 Sartène
09 88 99 30 62 • www.castelludibaricci.com • Visites : sans RDV.
Propriétaire : Élisabeth Quilichini

CLOS FORNELLI

Le Clos Fornelli est installé au village de Tallone, sur le piémont du massif de la Castagniccia. Entre mer et montagne les vignes y bénéficient d'un microclimat idéal pour la maturation des raisins. Josée Vanucci-Couloumere a repris avec son mari Fabrice le domaine de son père en 2005. En 2009, elle plante du biancu gentile et du minustellu. Dans un style sincère, les vins du domaine sont francs et séduisants, plus aboutis en blanc qu'en rouge.

Les vins : en rouge, La Robe d'Ange est frais et tendre mais un peu diffus en 2020, et un peu rustique en 2019. Stella Rose se présente assez nerveux et profilé : il aurait pu profiter d'un peu de maturité supplémentaire dans ses tanins. Vini Navigati sèche un peu au vieillissement. Le robuste minustellu ne passe pas inaperçu, avec son caractère terrien, corsé et séveux. En blanc, La Robe d'Ange se montre juteux et croquant, le biancu gentile sincère et dynamique. Assez mellifère, Stella Rose 2013 évolue vers des notes d'infusion, avec une fine amertume et une énergie inattendue. Le genovese impose sa personnalité originale : matière finement miellée, notes de glycine et d'immortelle, éclat et tonus le distinguent en 2020, un peu plus riche en 2019.

Corse La Robe d'Ange 2020	15 €	90
VDF Biancu Gentile 2020	16 €	91
VDF Genovese 2019	18 €	93
VDF Genovese 2020	18 €	93
Corse La Robe d'Ange 2019	15 €	89
Corse La Robe d'Ange 2020	15 €	89
Corse Stella Rose 2018	18 €	90
Corse Vini Navigati 2017	25 €	90
VDF Minustellu 2020	16 €	91

Le coup de ♥

Corse Stella Rose 2013	25 €	92

Rouge : 14,2 hectares. Sciacarellu 53 %, Nielluciu 35 %, Minustellu 12 %
Blanc : 6,8 hectares. Vermentino 80 %, Biancu gentile 12 %, Genovese 8 %
Production moyenne : 70 000 bt/an

CLOS FORNELLI
Pianiccia, 20270 Tallone
06 61 76 46 19 • www.closfornelli.com •
Vente et visites : sur RDV.
Propriétaire : Josée Vanucci-Couloumère et Fabrice Couloumère

CLOS MARFISI

Ce domaine familial de 15 hectares créé il y a un siècle est aujourd'hui entre les mains de Mathieu et Julie Marfisi, frère et soeur. Les vins progressent vite et s'inscrivent dans la nouvelle vague qualitative de Patrimonio. Proche de Nicolas Mariotti Bindi, Mathieu Marfisi partage avec son ami une vision du vin au plus près du raisin mais sans déviances, avec un travail en cave qui s'affine, et des rouges presque débarrassés de la réduction qui les marquait.

Les vins : trois jolis blancs, Grotta Di Sole subtil, suave et nuancé, qui s'exprime tout en finesse et délicatesse de texture ; Ravagnola se livre avec douceur, son fruit moelleux et caressant rebondissant sur la langue ; et Nos Petits Grains, plus en amplitude et onctuosité. Avec sa forte personnalité, le rouge Uva intègre les vieux cépages minustellu et carcaghjolu neru, revigorant coulis de fruits noirs, à la sève tonique et fine amertume en finale. Soigné et intègre, le croquant Les Nuits Rouges s'exprime en liberté. Fruit bien mûr, lumineux et éclatant dans le Gritole, un rouge salivant et frais, tendre et expressif, désarmant de naturel et de sincérité.

Patrimonio Ravagnola 2019	17 €	92
VDF Grotta Di Sole 2019	17 €	9[illegible]
Patrimonio Gritole 2019	14 €	92
Patrimonio Les Nuits Rouges 2019	11 €	92
VDF Uva 2019	14 €	92

Le coup de ♥

Patrimonio Nos Petits Grains 2019	30 €	93

Rouge : 8,5 hectares.
Blanc : 5,7 hectares.
Production moyenne : 50 000 bt/an

CLOS MARFISI ♣
Clos Marfisi 20253 Patrimonio
04 95 37 07 49 •
mathieu.marfisi@gmail.com • Vente et visites : sur RDV.
Propriétaire : Julie et Mathieu Marfisi

CLOS D'ALZETO

Alexis Albertini poursuit l'œuvre de son père Pascal dans ce vignoble, le plus haut de Corse, sur un site exceptionnel dominant la mer au pied d'une falaise, à 500 mètres d'altitude. La vaste cave est équipée de toutes les options technologiques et les vins se montrent d'un très bon niveau, avec une mention spéciale pour les excellentes nouvelles cuvées parcellaires de blanc Cardillone et Moretelle, entrées en production en 2016. Majoritaire dans les rouges, le sciaccarellu donne ici des vins colorés et sérieux. Les entrées de gamme sont fiables mais peuvent progresser.

Les vins : très précis, suave et vif, le rosé est excellent, loin de toute technicité. Le blanc nous paraît plus simple que l'an dernier, mais sa fraîcheur désaltérante conviendra au plus grand nombre. Belle complexité aromatique et notes de cerises confites dans le rouge 2016, vin juteux et finement cacaoté qui est resté fringant et doté de tanins fins.

- Ajaccio 2020 — 18 € — 89
- Ajaccio 2020 — 11 € — 91
- Ajaccio 2016 — 18 € — 92

Rouge : 40 hectares. Sciacarellu 70 %, Grenache noir 15 %, Nielluciu 10 %, Cinsault 5 %
Blanc : 15 hectares. Vermentino 70 %, Biancu gentile 20 %, Genovese 10 %
Production moyenne : 200 000 bt/an

CLOS D'ALZETO
Lieu-dit Alzeto, 20151 Sari-d'Orcino
04 95 52 24 67 • www.closdalzeto.com •
Vente et visites : sur RDV.
Propriétaire : Pascal Albertini
Maître de chai : Renaud Chaudière
Œnologue : Alexis Albertini

DOMAINE GIACOMETTI

Simon Giacometti, 32 ans, a vinifié son premier millésime il y a dix ans au domaine familial, aux côtés de son père Christian et de sa sœur Sarah. Situé au cœur du désert des Agriates, dans un environnement préservé et sauvage, le vignoble est désormais certifié bio. Les vins atteignent aujourd'hui un excellent niveau, avec une grande franchise de saveurs et un usage très limité du bois.

Les vins : dans les trois couleurs, les cuvées Cru des Agriate sont gourmandes, équilibrées et parfumées. Finesse de texture, matière droite et quelques amers agrémentent Sempre Azezzu, dont le profil se montre un peu sauvage et rustique. Floral et croquant, le tout jeune Sempre Cuntentu doit encore trouver ses marques, mais sa fraîcheur de fruit et sa franche énergie en font un vin très réjouissant et dynamique. La nouvelle cuvée Le Vin Coule dans nos Veines offre une trame dense et droite, avec des tanins poudrés qui se fondront. Seule déception, la Cuvée Sarah, qui présente de la sécheresse en finale.

- Patrimonio Cru des Agriate 2020 — 12,50 € — 91
- Patrimonio Cru des Agriate 2020 — 11,50 € — 90
- Patrimonio Cru des Agriate 2019 — 12,50 € — 91
- Patrimonio Cru des Agriate Cuvée Sarah 2018 — 16 € — 90
- VDF Le Vin Coule dans nos Veines 2020 — 15 € — 91
- VDF Sempre Azezzu 2017 — Épuisé - 18 € — 90

Le coup de ♥

- VDF Sempre Cuntentu 2020 — 15,10 € — 92

Rouge : 20,5 hectares.
Blanc : 4,5 hectares.
Production moyenne : 90 000 bt/an

DOMAINE GIACOMETTI ♣
Casta, 20217 Saint-Florent
04 95 37 00 72 •
www.domainegiacometti.com • Vente et visites : sur RDV.
Propriétaire : Christian Giacometti
Directeur : Simon et Sarah Giacometti

NOUVEAU DOMAINE

DOMAINE MONDANGE

À proximité de Ghisonaccia, dans la plaine orientale, ce jeune domaine (premier millésime en 2017) est mené par Andria Mondange et sa sœur Laura, constitué à partir des meilleures parcelles des terrasses argileuses du vignoble de leur père Jean, coopérateur. Très soignés, les premiers vins se sont vite faits remarquer, et peuvent progresser dans l'affirmation de leur identité. Nous accueillons avec plaisir ce domaine dans notre guide.

Les vins : bon rosé tendre et assez flatteur. Parfumé, Primizia, salin et droit, se montre très cohérent. Laudria est un vermentino frais, très précis dans ses saveurs, pourvu d'une jolie allonge aux saveurs d'amande. Le blanc Spargolato doit se mettre en place, marqué par des notes un peu beurrées et lactiques de l'élevage. En rouge, Laudria est épicé et poudré, et embaume le laurier et les fleurs séchées. Spargolato, plus ample et délié, se présente nerveux, avec un relief salivant et pointu : un excellent rouge plein de caractère.

- Corse Laudria 2019 — de 13 à 15 € (c) — 91
- Corse Spargolato 2019 — de 20 à 24 € (c) — 91
- IGP Île-de-Beauté Primizia 2020 — de 7 à 8 € (c) — 90

IGP Île-de-Beauté Primizia 2020	de 6 à 7 € (c)	89
Corse Laudria 2019	de 13 à 15 € (c)	91
Corse Spargolato 2019	de 18 à 21 € (c)	92

Rouge : 32 hectares.
Blanc : 8 hectares.
Production moyenne : 60 000 bt/an

DOMAINE MONDANGE
Saint-Antoine, 20240 Ghisonaccia
06 17 05 34 79 • contact@domainemondange.com • Vente et visites : sur RDV.
Propriétaire : Andria et Laura Mondange

NOUVEAU DOMAINE

DOMAINE COMTE PERALDI

Les enfants de Guy de Poix entretiennent ce grand domaine réputé proche d'Ajacccio, le plus vaste de l'appellation. La réputation s'est construite sur la cuvée rouge Clos du Cardinal qui donne une expression du cépage sciaccarellu tout à fait classique avec ces nuances de framboise et de fraise écrasée, sachant vieillir avec grâce. Avec la rénovation de la cuverie et le passage des vignes en bio, le domaine est en belle forme et mérite sa présence dans notre guide.

Les vins : le blanc est assez technique, et la Cuvée Clémence manque un peu de fraîcheur. Très bon rosé croquant et finement poivré. Expressif et savoureux, l'ajaccio rouge est bien gourmand et facile d'accès. Un peu rustique, la Cuvée Guillaume pâtit de la présence d'une syrah un peu végétale. Le meilleur vin est sans conteste la Cuvée du Cardinal rouge, sélection des vieilles vignes de sciaccarellu, qui forment un vin poudré, aux notes de muscade et de cannelle. Il incarne un classicisme très abouti, avec une excellente persistance et un élevage qui se fondra aisément.

Ajaccio 2020	18 €	88
Ajaccio Cuvée Clémence 2018	19 €	89
Ajaccio 2020	15 €	90
Ajaccio 2019	17 €	90
Ajaccio Cuvée du Cardinal 2016	42 €	92
Vin de Corse Cuvée Guillaume 2018	18 €	88

Rouge : 40 hectares.
Blanc : 10 hectares.
Production moyenne : 200 000 bt/an

DOMAINE COMTE PERALDI
Chemin du Stiletto, 20167 Mezzavia
04 95 22 37 30 • www.domaineperaldi.com
• Vente et visites : sur RDV.
Propriétaire : Famille Tyrel de Poix
Œnologue : Christophe George

NOUVEAU DOMAINE

DOMAINE SAPARALE

Situé sur le terroir de Sartène, ce beau domaine propriété de Philippe Farinelli s'appuie sur un vignoble planté au cœur d'une arène granitique dans la vallée de l'Ortolo. Le domaine produit trois gammes de vins : ceux portant le nom du domaine, techniquement bien vinifiés et mettant le fruit en avant, les cuvées Casteddu, plus complexes et ambitieuses dans leurs élevages, et les rares cuvées Oenoteca, différentes chaque année, toujours issues de vignes âgées de 60 ans minimum, qui consacrent des expressions très identitaires et originales. Nous sommes heureux de faire revenir dans notre guide ce domaine, qui n'a jamais aussi bien travaillé qu'aujourd'hui.

Les vins : excellents rosés, en particulier Casteddu, charnu et ample, qui possède beaucoup de caractère et de de finesse. En blanc, le sartène est nerveux et précis, frais et épicé comme Casteddu, qui pâtit un peu de la marque de son élevage en demi-muid. Le blanc Oenoteca déploie son envergure crémeuse avec fraîcheur : un vin consistant, complexe, assez persistant. Les rouges sont très en place, du sartène bien parfumé, charmeur et gourmand, au Casteddu équilibré, épicé et droit. Les trois rouges Oenoteca sont très aboutis : aromatique et élégant avec une chair profonde pour le Sciaccarello ; le minustellu porté par le caractère bien trempé de son cépage, sa chair moelleuse et sa finale carrée. Belle complexité aromatique du carcaghjolu, vin frais et détendu, dont la finale sapide et friande roule sur la langue en une belle expression de fruits rouges.

Corse Sartène 2020	de 9,95 à 15 € (c)	90
Corse Sartène Casteddu 2020	de 16,20 à 20 € (c)	90
VDF Oenoteca Vermentino 2015	de 34,40 à 45 € (c)	92
Corse Sartène 2020	de 9,95 à 15 € (c)	90
Corse Sartène Casteddu 2020	de 13 à 16 € (c)	91
Corse Sartène 2019	de 9,95 à 15 € (c)	91
Corse Sartène Casteddu 2018	de 16,20 à 20 € (c)	91

VDF Oenoteca Carcaghjolu 2017 de 34,40 à 45 € (c) 93

VDF Oenoteca Minustellu 2017 de 34,40 à 45 € (c) 92

VDF Oenoteca Sciaccarello 2018 de 34,40 à 45 € (c) 93

Rouge : 20 hectares. Sciacarellu 40 %, Nielluciu 40 %, Carcaghjolu neru 10 %, Minustellu 10 %
Blanc : 10 hectares. Vermentino 90 %, Genovese 5 %, Biancu gentile 5 %
Production moyenne : 250 000 bt/an

DOMAINE SAPARALE
Vallée de l'Ortolo, D250 20100 Sartène
04 95 77 15 52 • www.saparale.com •
Visites : sans RDV.
Propriétaire : Philippe Farinelli
Maître de chai : Patrick Daney
Œnologue : Philippe Farinelli

DOMAINE DE TORRACCIA

Sur un site enchanteur dominant la mer, le légendaire Christian Imbert a constitué ce domaine à la fin des années 1960, au nord de Porto-Vecchio. Il a cédé sa place en 2008 à son fils Marc, vigneron cultivé et intuitif, qui entretient les 42 hectares de ce vignoble planté dans des arènes granitiques, à la moyenne d'âge élevée et certifié bio, et améliore sa gestion parcellaire. En cave, Marc reste fidèle aux cuves béton et inox, affine les assemblages et innove avec de nouvelles cuvées, comme Salvaticu, vermentino fermenté et élevé en barrique.

Les vins : juteux et vif, le rosé se montre assez vineux. Plutôt strict, le blanc s'appuie sur ses amers mais manque un peu de caractère. Fine réduction et notes de mandarine dans Oriu blanc, dont la mâche et la profondeur assureront le bon vieillissement. Profond, finement kirsché, Oriu rouge est sudiste et plein, bâti sur une trame de tanins assez dense mais qui saura s'assouplir.

Corse Porto-Vecchio 2020 16 € 88

Corse Porto-Vecchio Oriu 2020 29 € 91

Corse Porto-Vecchio 2020 16 € 89

Corse Porto-Vecchio Oriu 2015 30 € 92

Rouge : 34 hectares.
Blanc : 8 hectares.
Production moyenne : 130 000 bt/an

DOMAINE DE TORRACCIA ♣
Lecci, 20137 Porto-Vecchio
04 95 71 43 50 • torracciaoriu@wanadoo.fr •
Vente et visites : sur RDV.
Propriétaire : Christian, Christophe et Marc Imbert
Directeur : Marc Imbert

DOMAINE ZURIA

Christian Zuria a commencé en 2013 à planter des vignes sur le secteur de Bonifacio. Aidé de son épouse Nadine et de son fils Ivan, il a accompli un travail titanesque : ce jeune domaine certifié bio est en plein développement et entame sa conversion à la biodynamie. Christian Zuria devrait écrire dans les années qui viennent un chapitre marquant de l'histoire des vins insulaires sur ce terroir en plein renouveau. Le cépage sciaccarellu, complété du rare cépage autochtone morescone, démontrent ici un potentiel énorme. Un chai spectaculaire au pied des vignes, avec un caveau de dégustation, voit le jour en 2021, et permettra au domaine d'atteindre sa vitesse de croisière.

Les vins : fraîcheur et souplesse dans Initiale blanc, sphérique, crémeux et expressif, dont on se régalera dès maintenant. Fruit bien mûr et éclatant qui raconte les saveurs iodées de Bonifacio dans le blanc Crocci, un peu vanillé par son élevage, mais resté gourmand et bien constitué. Une fois la réduction passée, Initiale rouge, pur sciaccarellu sur calcaires exhale un nez de cendre froide et une matière élancée, réglissée et accrocheuse. Finesse et allonge sanguine dans le superbe Stintinu, parcellaire haut en couleurs, assez luxuriant et serti dans un élevage ambitieux : il évoluera à merveille.

IGP Île-de-Beauté Crocci 2020 46 € 91

IGP Île-de-Beauté Initiale 2020 30 € 92

IGP Île-de-Beauté Initiale 2019 29 € 91

IGP Île-de-Beauté Stintinu 2019 51 € 93

Rouge : 7,5 hectares.
Blanc : 4,5 hectares.
Production moyenne : 25 000 bt/an

DOMAINE ZURIA ♣
Spinella 20169 Bonifacio
0622588192 • domainezuria@gmail.com •
Vente et visites : sur RDV.
Propriétaire : Christian et Nadine Zuria
Directeur : Nadine Zuria
Maître de chai : Douhay Romain
Œnologue : Aurélie Patachini

Le Jura et ses vins

Par Pierre Citerne,
en charge des vins du Jura au sein
du comité de dégustation de La Revue du vin de France

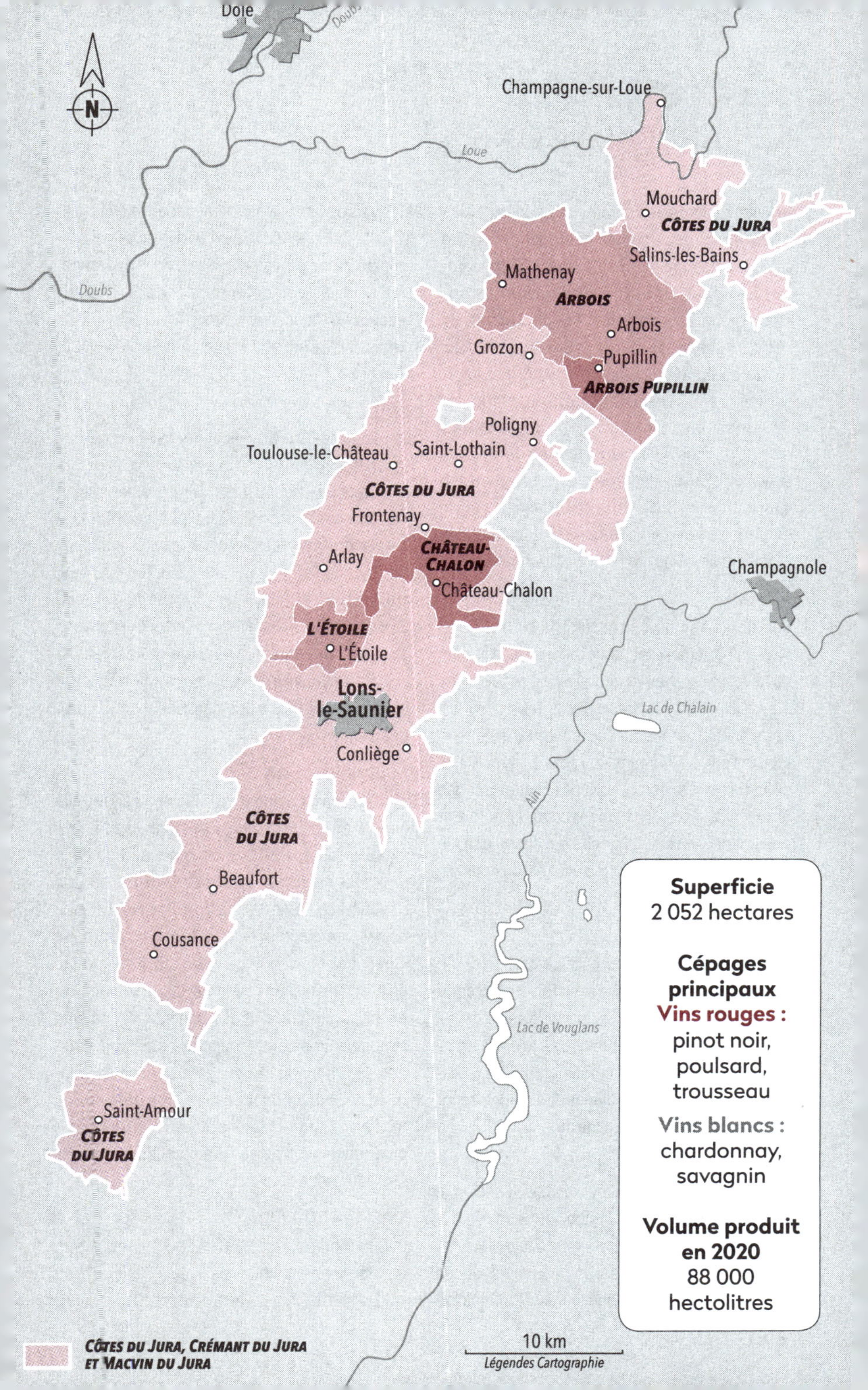
Dole
Doubs
N
Champagne-sur-Loue
Loue
Mouchard
CÔTES DU JURA
Salins-les-Bains
Doubs
Mathenay
ARBOIS
Arbois
Grozon
Pupillin
ARBOIS PUPILLIN
Poligny
Toulouse-le-Château
Saint-Lothain
CÔTES DU JURA
Frontenay
CHÂTEAU-CHALON
Arlay
Château-Chalon
Champagnole
L'ÉTOILE
L'Étoile
Lons-le-Saunier
Lac de Chalain
Conliège
Ain
CÔTES DU JURA
Beaufort
Cousance
Lac de Vouglans
Saint-Amour
CÔTES DU JURA
Superficie
2 052 hectares
Cépages principaux
Vins rouges :
pinot noir, poulsard, trousseau
Vins blancs :
chardonnay, savagnin
Volume produit en 2020
88 000 hectolitres
CÔTES DU JURA, CRÉMANT DU JURA ET MACVIN DU JURA
10 km
Légendes Cartographie

LES APPELLATIONS

Le vignoble jurassien compte sept appellations divisibles en deux grandes catégories. Quatre appellations sont en réalité des AOC "géographiques". C'est-à-dire qu'elles délimitent un territoire de production défini. Il s'agit d'Arbois, de Château-Chalon, de L'Étoile et des Côtes du Jura. L'autre catégorie regroupe trois AOC "produits", qui définissent des méthodes de production de vin particulières au sein du vignoble jurassien. Il s'agit du macvin du Jura, du crémant du Jura et du marc du Jura (eau-de-vie qui a obtenu son appellation en 2015). Enfin, n'oublions pas le vin de paille qui ne dispose pas d'une appellation propre, mais d'une mention traditionnelle.

ARBOIS

Son nom, issu du celte, signifie terre fertile. Aujourd'hui, Arbois est l'appellation la plus grande du Jura. Elle couvre 776 hectares et produit à peu près 70 % de vins rouges et 30 % des vin blancs. Son vignoble s'étend sur une mosaïque de terroirs répartis sur 12 communes au nord du Jura. Elle se définit à travers des vins blancs, jaunes, rouges et rosés généreux, richement bouquetés, fins et universels. Les cinq cépages autorisés dans le Jura peuvent être employés pour produire du vin d'Arbois.

CÔTES DU JURA

Cette appellation s'apparente plutôt à une AOC régionale puisqu'elle s'étend en fait sur 105 communes et 564 hectares, tout au long des coteaux jurassiens et jusqu'aux confins de la Bourgogne. L'appellation couvre un grand nombre d'expressions diverses, dont des blancs de savagnin étonnants du côté de la commune de Voiteur.

CHÂTEAU-CHALON

Sur 54 hectares, au cœur du vignoble jurassien, la commune de Château-Chalon permet d'admirer un impressionnant vignoble voué à la production exclusive de vins jaunes, un peu moins jaunes de robe qu'ailleurs, et d'une longévité inégalable (des vins de deux siècles sont encore buvables !). Il mérite largement son appellation propre et son rang parmi les plus grands vins blancs de France. D'ailleurs, les producteurs ont parfois préféré renoncer à l'appellation quand la récolte ne leur paraissait pas satisfaisante comme en 1974, 1980, 1984 et 2001.

L'ÉTOILE

Le village de L'Étoile, où est située cette appellation, tire son nom du fait que les cinq collines qui entourent le village forment une étoile. Son origine viendrait des pentacrines, étoiles fossilisées que l'on retrouve en nombre dans les sols viticoles. Plus concrètement, L'Étoile est située au sud près de Lons-le-Saulnier, et compte 73 hectares de vignes, qui produisent uniquement des blancs d'une grande subtilité, à partir de chardonnay : la plupart sont vinifiés en mousseux et une très petite quantité en vin jaune finement bouqueté, à partir de savagnin.

MACVIN DU JURA

Appellation d'origine contrôlée depuis 1991, elle couvre en fait l'ensemble des vignobles jurassiens et représente 6 % de la production de la région. Le macvin du Jura est ce que l'on appelle une mistelle, un vin de liqueur. Mais à la différence de ses homologues, le macvin n'est pas produit à partir d'eau-de-vie de vin, mais d'eau-de-vie de jus de raisin non fermenté. Cette liqueur titre en moyenne entre 16 et 22° d'alcool. Les cinq cépages jurassiens, trousseau, poulsard, pinot noir, chardonnay et savagnin, sont tous autorisés dans la production de moûts destinés au macvin du Jura. Le macvin du Jura peut donc être blanc ou rouge, bien que la plupart des vignerons le produisent en blanc.

CRÉMANT DU JURA

Depuis l'obtention de l'AOC en 1995 (325 ha), la production de crémant ne cesse de croître, au point d'atteindre aujourd'hui 18 % de la production totale de vins du Jura. Élaboré à partir de poulsard, de pinot noir, de trousseau, de chardonnay et de savagnin, il est produit à présent par la quasi-totalité des vignerons. Les raisins, obligatoirement vendangés à la main, sont transportés en caisses percées et pressurés par grappes entières.

VIN DE PAILLE

Le vin de paille dispose d'une mention traditionnelle qui traduit une méthode d'élaboration très particulière. On retrouve cette mention pour les AOC Côtes du Jura, Arbois et L'Étoile. Spécialité du Jura, le vin de paille est élaboré à partir de raisins cueillis à parfaite maturité et mis à sécher, parfois sur des claies à l'air libre, mais le plus souvent en chambre avec soufflerie artificielle. Ce séchage augmente naturellement la concentration en sucre et en extraits secs ; il en résulte des vins liquoreux au parfum plus puissant que subtil.

LES CÉPAGES

EN ROUGE :

LE PINOT NOIR

Cultivé depuis des siècles dans le Jura, ce cépage représente 8 à 10 % de l'encépagement total du vignoble.

LE POULSARD

Appelé aussi ploussard à Arbois et Pupillin, ce cépage est typiquement jurassien. Il est le deuxième cépage le plus répandu dans ce vignoble et représente 80 % des cépages rouges du Jura.

LE TROUSSEAU

C'est un cépage rouge très exigeant à cultiver. S'il ne représente que 5 % de l'encépagement total du vignoble jurassien, il donne des vins puissants, tanniques et plus colorés.

EN BLANC :

LE CHARDONNAY

C'est le cépage le plus répandu. Il représente 45 % de l'encépagement total. Le chardonnay est également appelé melon, moular ou gamay blanc dans le vignoble jurassien.

LE SAVAGNIN

Représentant 15 % de l'encépagement, il se révèle exceptionnel, riche en alcool naturel et en acidité, et susceptible de prendre le voile. Les bactéries locales forment un voile bénéfique dans la barrique, qui va le protéger pendant six longues années et permettre au vin jaune d'acquérir sa saveur inimitable de noix et de morilles. Les barriques ayant servi à l'élaboration du vin jaune sont réutilisées pour apporter un peu de ce goût prestigieux à d'autres vins blancs, plus accessibles.

NOS BONNES ADRESSES

CHAMBRES D'HÔTES

LES JARDINS SUR GLANTINE
30, Grande-Rue,
39800 Poligny
Tél. : 03 63 86 50 78
www.jardinsurglantine.natidees.com

L'ENTRE-CŒUR
192, rue de l'Église,
Lieu-dit Les Vergers,
39210 Menetru-le-Vignoble
Tél. : 06 95 08 73 54

CAVISTE

EPICUREA
5, place des Déportés,
39800 Poligny
Tél. : 03 84 37 16 05

RESTAURANTS

LA BALANCE METS ET VINS
47, rue de Courcelles,
39600 Arbois
Tél. : 03 84 37 45 00
www.labalance.fr

LES CAUDALIES
20, avenue Pasteur, 39600 Arbois
03 84 73 06 54
www.lescaudalies.fr

LE GRAPIOT
Rue Bagier, 39600 Pupillin
Tél. : 03 84 37 49 44
www.legrapiot.com

LE BISTROT DE LA TOURNELLE
5, petite Place, 39600 Arbois
Tél. : 06 43 54 54 94
www.domainedelatournelle.com

★★★ DOMAINE GANEVAT

Jean-François Ganevat est revenu en 1998 dans le Jura, dans la combe de Rotalier, après de longues années à Chassagne-Montrachet, chez Jean-Marc Morey. Proche de la philosophie des vins naturels sans pourtant s'en revendiquer, le vigneron maîtrise parfaitement la biodynamie. Il s'est forgé une image très personnelle de ce que doit être un grand vin : chaque sélection parcellaire possède une personnalité singulière, avec une variation des harmonies et des tensions qui reflète chaque terroir. Grâce à des rendements faibles, un travail considérable à la vigne, les rouges, élevés de plus en plus en jarres de terre cuite, atteignent désormais un fantastique niveau d'expression. Citons également le sublime vin jaune et l'incomparable Les Vignes de mon Père, savagnin élevé pendant dix ans. Les vins n'ont jamais été aussi bons que dans les derniers millésimes. Il y a quelque-chose en eux qui vibre à fleur de peau. Si le vigneron prend des risques, c'est bien à la recherche d'un idéal esthétique, au service de l'émotion. N'est-ce pas l'une des meilleures définitions d'un grand vin ? Ce domaine devenu emblématique serait en passe d'être acquis par un investisseur, Jean-François Ganevat restant à sa tête. Une troisième étoile est venue il y a quatre ans récompenser l'ampleur et la qualité du travail accompli. Elle ne concerne que les vins du domaine car l'activité de négoce, qui livre ponctuellement des cuvées passionnantes, ne saurait prétendre au même niveau d'ensemble.

Les vins : Les rouges 2020 se situent dans la lignée des 2019, avec davantage de corps cependant, une attache peut-être plus terrienne. Ce sont néanmoins des vins qui s'expriment avant tout par le parfum. En témoigne la finesse aérienne du pinot noir Grusse en Billat, sublime ; la Cuvée Julien se montre pour l'heure plus charnelle et solaire. Structuré, solaire lui-aussi, le trousseau Plein Sud alterne plénitude et délicatesse charmante du détail. Strict, structuré, anis et noyau de griotte, le poulsard se montre comme d'habitude plus réservé. Longuement élevés pour assagir des matières opulentes et profondes, les chardonnays 2018 émergent avec une force de caractère peu commune, mue par des acidités souveraines. Déjà fort riche, la Cuvée Florine conjugue miel et tabac. Très expressive, Marguerite monte encore d'un cran en intensité et en vivacité. Très pur et très jeune, Chalasses atteint des sommets de brillance et de profondeur minérale. Les savagnins du même millésime renforcent encore l'impression de souveraineté des matières, que ce soit le vibrant Les Grands Teppes ou Grusse en Billat, plus riche, plus moelleux tout en conservant une extraordinaire fraîcheur. Les Vignes de mon Père 2009 est certes patiné par le long élevage, mais la vitalité du fruit demeure irrépressible, renversante. Le vin jaune 2011 affiche un profil flamboyant, très andalou, avec sa richesse épicée et l'intensité des notes fumées, tourbées, qui parent une matière à la fois tranchante et de puissante mâche.

- Côtes du Jura Chardonnay Cuvée Florine 2018 — N.C. 93
- Côtes du Jura Chardonnay Grusse En Billat 2018 — N.C. 96
- Côtes du Jura Cuvée Marguerite 2018 — N.C. 95
- Côtes du Jura Savagnin Les Vignes de mon Père 2009 — N.C. 98
- Côtes du Jura Vin Jaune 2011 — N.C. 97
- Côtes du Jura Pinot Noir Cuvée Julien 2020 — N.C. 92
- Côtes du Jura Pinot Noir Les Grands Teppes 2020 — N.C. 96
- Côtes du Jura Poulsard L'Enfant Terrible 2020 — N.C. 92
- Côtes du Jura Trousseau Plein Sud 2020 — N.C. 95

Le coup de ♥

- Côtes du Jura Chardonnay Les Chalasses Vieilles Vignes 2018 — N.C. 96

Rouge : 3,5 hectares. Pinot noir 40 %, Poulsard (ploussard) 30 %, Trousseau 25 %, Divers noir 5 %
Blanc : 9,5 hectares. Chardonnay 75 %, Savagnin 25 %
Production moyenne : 40 000 bt/an

DOMAINE GANEVAT ☾
La Combe, 39190 Rotalier
03 84 25 02 69 • anne@ganevat.fr • Vente et visites : sur RDV.
Propriétaire : Jean-François Ganevat

★★★ ↗ DOMAINE LABET

Julien Labet, aidé par sa sœur Charline et son frère Romain, a repris les vignes de son père Alain, aujourd'hui regroupées au sein d'une seule entité : le domaine Labet. Situées dans le Sud-Revermont, région bénéficiant d'une géologie complexe et qui aujourd'hui renaît, lesdites vignes ont été converties à la plus saine des agricultures. De nombreuses micro-parcelles (entre 15 et 80 ares, souvent plantées de vieilles vignes) sont vinifiées par Julien, donnant naissance à des blancs (tous ouillés à l'exception bien entendu du vin jaune) extrêmement individualisés et expressifs ainsi qu'à des rouges parmi les plus exceptionnels à naître aujourd'hui dans la région. Les niveaux de soufre sont très faibles mais les équilibres quasiment impossibles à prendre en défaut. Une troisième étoile vient cette année récompenser l'audace, la volonté d'aller au bout des choses et la sensibilité poétique d'une famille, d'un domaine qui est plus que jamais l'un des catalyseurs de l'âge d'or que le vignoble jurassien vit aujourd'hui.

Les vins : pourtant si jeunes, les rouges 2020 sont inoubliables, conjuguant la générosité d'un fruit très mûr, un croquant à fleur de peau et une identité très affirmée dans chaque cuvée. Pimpant, parfumé, agreste, l'assemblage Métis est un "vin de soif" royal. Tendre, un peu volatil, mais porté par un ravissant détail tannique, le poulsard interprète avec une grande finesse l'originalité du cépage. Suprêmement aérien et parfumé, le trousseau témoigne de la réussite miraculeuse d'une très jeune vigne, un moment de pur bonheur... Avec davantage de trame et de profondeur, une complexité qui grandit vertigineusement à l'air, le pinot partage la grâce et la vibration du trousseau. Assagis, épurés par des élevages de 29 mois, les riches chardonnays 2018 livrent des saveurs subtiles et patinées ; le fil de volatile fréquent dans le millésime est perceptible, surtout dans La Bardette. Tranchant, intense mais tellement gracieux, le savagnin du même millésime a besoin d'air pour exprimer toute sa subtilité. Par leur contraste (de méthode, de forme, de goût), les deux savagnins macérés Sur Charrière illustrent la liberté d'esprit et le talent protéiforme de la famille Labet. Macéré deux semaines en vendanges entières, le 2019 (qui comporte 30 % de chardonnay) est un véritable délice abricoté, épicé, à la séduction provocante et immédiate. Le 2018, dont le raisin égrappé a macéré un an en jarres, arbore un tout autre style ; introspectif, austère, tannique, racinaire et tourbé, il évoque d'emblée les productions les plus ambitieuses de la région frontalière du Collio dans le Frioul. Un mot sur le macvin : il est divin ! Avec un fruit encore frais, un alcool des plus discrets, une interminable finale évoquant les boiseries amoureusement encaustiquées...

- Côtes du Jura Sur Charrière 2018 — 50 € — 94
- Côtes du Jura Sur Charrière 2019 — N.C. — 96
- Côtes du Jura Chardonnay La Bardette 2018 — 50 € — 91
- Côtes du Jura Chardonnay La Reine 2018 — 50 € — 93
- Côtes du Jura Fleur de Savagnin En Chalasse 2018 — 50 € — 94
- Côtes du Jura Pinot Noir Les Varrons Sélection Massale 2020 — 40 € — 96
- Côtes du Jura Poulsard En Billat 2020 — 40 € — 93
- VDF Métis 2020 — 40 € — 92

Le coup de ♥

- Macvin du Jura 2007 — 75 € — 97
- Côtes du Jura Les Chaseaux 2020 — 35 € — 96

Rouge : 3 hectares.
Blanc : 11 hectares.
Production moyenne : 70 000 bt/an

DOMAINE LABET ♣
14, montée des Tilleuls, 39190 Rotalier
03 84 25 11 13 • domaine.labet@wanadoo.fr •
Vente et visites : sur RDV.
Propriétaire : Romain, Julien et Charline Labet

★★★ DOMAINE JEAN MACLE

Figure éminente du vignoble jurassien, Jean Macle nous a quitté cet hiver. Goûter un château-chalon du domaine qui porte son nom est plus que jamais un moment d'une intensité particulière. Un véritable "jaune", droit, pointu, harmonieux et digeste, dont la complexité ne procède pas seulement de l'élevage sous voile levurien. Aujourd'hui entre les mains de Laurent Macle, ce domaine traverse les millésimes avec une telle constance et une telle identité qu'il force unanimement le respect. Créé en 1850, il possède des terroirs parmi les plus pentus du cru, pouvant atteindre 50 % de déclivité. Le choix de planter des vignes sur des terres où personne à une certaine époque ne voulait s'aventurer souligne la détermination et la passion de cette famille vigneronne, devenue consubstantielle au vignoble de Château-Chalon.

Les vins : la régularité dans l'excellence ne se dément pas ! Déjà goûté l'an passé, le chardonnay 2015, élevé sous voile pendant trois ans, brille par sa souplesse et sa sapidité. Le côtes-du-jura 2015, où 20 % de savagnin viennent complexifier le chardonnay, prend le relais du brillant 2016 ; il développe son caractère sotolon et fumé avec une allonge admirable. Porté par une acidité percutante, vibrant et tonique mais déjà richement nuancé, le château-chalon 2013, millésime froid et tardif, a notre préférence, alors que Laurent Macle préfère le subtil et élégant 2012. Le Macvin constitue lui aussi un brillant archétype, une finale patinée prenant avec le plus grand naturel le relais de la gourmandise fruitée, confite, acidulée, qui électrise le milieu de bouche.

- Côtes du Jura 2016 — 20 € — 93
- Côtes du Jura Chardonnay Sous Voile 2015 — 18 € — 92

Macvin du Jura 19 € 92

Le coup de ♥

Château-Chalon 2013 57 € 97

Blanc : 12 hectares.
Production moyenne : 40 000 bt/an

DOMAINE JEAN MACLE

15, rue de la Roche, 39210 Château-Chalon
03 84 85 21 85 • Néant • Vente et visites : sur RDV.
Propriétaire : Famille Macle

★★★ MAISON PIERRE OVERNOY

Pierre Overnoy a commencé à cultiver les vignes familiales dès les années 1950 et à vinifier sans soufre au milieu des années 1980. Bienveillant, modeste, animé par une inlassable curiosité, le personnage est devenu un mythe, l'icône tutélaire du "vin nature". Toute les cuvées de la maison Pierre Overnoy sont quant à elles devenues l'objet d'un désir désormais planétaire. Toujours présent au domaine, Pierre a passé la charge des quelques hectares de vigne dans le merveilleux finage de Pupillin à Emmanuel Houillon, qui travaille à ses côtés depuis 1990. Une succession opérée de la façon la plus harmonieuse et filiale qui soit. Les vins du domaine ont inspiré plusieurs générations de vignerons (ceux qui font aujourd'hui rayonner l'image du Jura vinicole aux quatre coins du monde et qui collectionnent les étoiles dans notre guide). Au-delà de l'importance historique de la Maison Pierre Overnoy, la qualités des vins réalisés par Emmanuel Houillon, des vins qui continuent à évoluer (diversification de l'élevage des vins jaunes, arrivée en 2018 du trousseau dans l'assemblage du rouge), justifie la troisième étoile enthousiaste accordée il y a deux ans.

Les vins : chaque bouteille est un voyage vers l'évidence de goûts fortement individualisés. À nouveau dégusté, le chardonnay 2015 confirme sa stature. Porté par une acidité vibrante, qui défie la richesse du millésime, il possède une profondeur et un relief fabuleux, quintessence de l'esprit du chardonnay jurassien. Son successeur, le 2016, bénéficie d'un support acide encore plus tranchant mais jamais dur. Encore très jeune dans son expression malgré un élevage long (trois ans sous bois et un an supplémentaire en cuve béton), lacté, butyrique, il offre cependant déjà son ampleur de bouche avec une évidence admirable. Le poulsard 2018 devra lui aussi être attendu, c'est un millésime de grande structure, campé sur la matière, sur le solide, un peu atypique, à la manière du 1990. Quel contraste avec la gourmandise, le charme irrésistible du 2020 dégusté à la cuve !

Arbois Pupillin Chardonnay 2016 N.C. 95

Arbois Pupillin Poulsard 2018 N.C. 93

Le coup de ♥

Arbois Pupillin Chardonnay 2015 Épuisé - de 25 à 60 € (c) 96

Rouge : 1,5 hectare.
Blanc : 3,5 hectares.
Production moyenne : 20 000 bt/an

MAISON PIERRE OVERNOY ♣

32, rue du Ploussard, 39600 Pupillin
03 84 66 24 27 • emmanuel.houillon@wanadoo.fr • Vente et visites : sur RDV.
Propriétaire : Emmanuel Houillon Overnoy

★★★ DOMAINE ANDRÉ ET MIREILLE TISSOT

Quel parcours réalisé par Stéphane et Bénédicte Tissot depuis 1990 ! La conversion en bio du vignoble (près de 50 hectares...) s'est amorcée en 1999, il est aujourd'hui en culture biodynamique. Quel que soit le type de vin – classique jurassien, réinvention ou invention – chaque cuvée (35 différentes chaque année !) est pensée avec autant de volontarisme que de talent, de sensibilité innée que de rigueur. L'intention et les saveurs vont très loin. Les blancs ouillés, "à la bourguignonne", ont été les premiers à attirer l'attention mondiale sur le domaine. Les rouges et les vins oxydatifs ont acquis une finesse et une liberté de ton inoubliables. Les savagnins macérés en jarre de terre cuite sont de grands vins retrouvés, et font désormais école. Les crémants, passerillés et macvins dominent leurs catégories respectives. La monumentalité du travail accompli et la profondeur kaléidoscopique de la gamme placent incontestablement le domaine au sommet de la production régionale.

Les vins : le rythme ne faiblit pas ! Millésime après millésime, la puissance de goût et d'évocation de chaque cuvée demeure stupéfiante. Les rouges 2019 sont peut-être moins extravertis, moins volcaniques que les 2018, ils n'en demeurent pas moins des vins de très haute expression, allant jusqu'au bout de ce que les cépages endémiques jurassiens peuvent conter. Grenade, épices, fourrure... Le poulsard sensuel et organique se montre loquace jusqu'au bout des tanins. Le trousseau Singulier, noblement veiné de rose et de griotte, fait valoir le moelleux d'une chair magnifique. Tout en finesse malgré une réelle carrure tannique, la cuvée Amphore offre un parfum floral encore plus prégnant. Par sa tenue et la complexité rassise de sa finale ranciotée, le crémant manifeste, une fois de plus, une classe à part parmi ses pairs. Les chardonnays 2018 sont de grand style, leur texture presque huileuse artistement vivifiée par une acidité volatile qui devient un atout. Remarquablement pur et d'une richesse extravagante, Le Clos de la Tour de Curon impressionne ; esthètes fortunés, amusez-vous à la comparer aux plus opulents grands crus de la Côte de Beaune ! Les vins jaunes 2014 ponctuent cet inoubliable voyage. Nous avouons un faible pour La Vasée, à l'équilibre captivant, leste et tendre à la fois, à l'inoubliable finale de morille fraîche. Les Bruyères se montre également très suggestif, mais un peu plus marqué par la puissance alcoolique. Plus réservé, bien sûr, le château-chalon attend son heure ; sa tension est cristalline, sa fin de bouche chargée en énergie, d'une vigueur étonnante.

- Arbois Chardonnay Le Clos de la Tour de Curon 2018 — 85 € — 96
- Arbois Chardonnay Les Bruyères 2018 — 33 € — 92
- Arbois Vin Jaune Les Bruyères 2014 — 70 € — 93
- Château-Chalon Vin Jaune 2014 — 75 € — 96
- Crémant du Jura BBF — 25 € — 92
- Côtes du Jura Chardonnay Sursis 2018 — 35 € — 93
- Arbois Poulsard Amphore 2019 — 30 € — 93
- Arbois Trousseau Amphore 2019 — 39 € — 94
- Arbois Trousseau Singulier 2019 — 26 € — 93

Le coup de ♥

- Arbois Vin Jaune La Vasée 2014 — 67 € — 96

Rouge : 21,1 hectares.
Blanc : 28,04 hectares.
Production moyenne : 150 000 bt/an

DOMAINE ANDRÉ ET MIREILLE TISSOT ☾

Quartier Bernard,
39600 Montigny-lès-Arsures
03 84 66 08 27 • www.stephane-tissot.com
• Vente et visites : sur RDV.
Propriétaire : Bénédicte et Stéphane Tissot

★★ DOMAINE DES MARNES BLANCHES

Jeunes trentenaires diplômés en œnologie et originaires de la région, Pauline et Géraud Fromont ont repris en 2006 une dizaine d'hectares de vignes situées dans le Sud-Revermont. Certifiés en bio, ils ont fait le choix de l'enherbement, du travail des sols et d'interventions minimales en vinification. Bien leur en a pris, car les vins se présentent d'emblée vigoureux et sains, reflets des beaux terroirs de ce sud du Jura en pleine renaissance. La régularité est désormais au rendez-vous, au sein d'une gamme qui aborde toutes les spécialités jurassiennes et s'illustre dans chacune d'elle avec une aisance déconcertante. Le naturel et la profondeur de goût des cuvées présentées dans les derniers millésimes continuent de nous éblouir, au point de justifier l'année dernière l'attribution, rapide, certes, d'une deuxième étoile. Le futur du Jura s'écrit ici.

Les vins : séduction, doigté, justesse... Une dégustation de très haut vol, qui confirme pleinement la deuxième étoile attribuée l'an dernier ! Purs, veloutés, savoureux, les chardonnays 2018 se jouent de la richesse capiteuse du millésime, Les Normins se montrant un peu plus intense et beurré que la cuvée En Quatre Vis. Les deux savagnins 2019 brillent de mille feux : En Quatre Vis, élevé en grands contenants, magistralement aérien, naturel, salivant, En Jensillard, fidèle à sa légende, exotique et musqué comme un grand gewürztraminer, tranchant comme un grand savagnin... Aux Bois 2018, richement patiné, s'appuie sur un élevage plus prégnant. Empreinte 2016 est un savagnin sous voile qui vous prend par la main, vous berce et vous asticote tour à tour en vous faisant découvrir son univers aromatique chamarré. On retrouve cette forme de douceur, d'aménité, dans le vin jaune 2013, malgré une puissance de parfum extraordinaire ; quelle vibration ! Dans un style à part, maîtrisé et artiste, les très pâles rouges 2019 imposent leur grâce unique, une finesse arachnéenne, qui permet aux nuances florales les plus fines de s'exprimer.

- Côtes du Jura Chardonnay En Quatre Vis 2018 — 23 € — 92
- Côtes du Jura Chardonnay En Quatre Vis 2019 — N.C. — 94
- Côtes du Jura Chardonnay Les Normins 2018 — 29 € — 93
- Côtes du Jura Savagnin Aux Bois 2018 — 31 € — 92
- Côtes du Jura Savagnin Empreinte 2016 — 37 € — 94
- Côtes du Jura Savagnin En Jensillard 2019 — 33 € — 94
- Côtes du Jura Pinot Noir 2019 — 26 € — 93
- Côtes du Jura Trousseau 2019 — 29 € — 94

Le coup de ♥

- Côtes du Jura Vin Jaune 2013 — 58 € — 97

Rouge : 3 hectares.
Blanc : 9 hectares.
Production moyenne : 45 000 bt/an

DOMAINE DES MARNES BLANCHES ♣
3, Les Carouges, 39190 Sainte-Agnès
03 84 25 19 66 •
contact@marnesblanches.com • Vente et visites : sur RDV.
Propriétaire : Pauline et Géraud Fromont

★★ DOMAINE PIGNIER

En biodynamie depuis 1998, certifié Demeter depuis 2003, ce vieux domaine familial créé au XVIIIe siècle est installé dans le village de Montaigu, surplombant Lons-le-Saunier, avec des vignobles en coteaux sur les marnes du Lias et du Trias. Foudres, barriques, cuves ovoïdes en béton et mêmes jarres remplissent les très anciennes caves voûtées du XIIIe siècle des moines Chartreux, fierté de la famille Pignier. Les vieux cépages rouges ont encore ici droit de cité, tel l'argant, le petit béclan ou encore l'enfariné, assemblés dans la surprenante cuvée À Table avec Léandre. Il faut découvrir ces vins identitaires produits avec passion par une fratrie (Jean-Étienne, Antoine et Marie-Florence Pignier) qui a compris que la réinvention d'une tradition passait par la nécessité de l'expérimentation et de la curiosité. La deuxième étoile est arrivée il y a deux ans, récompensant la plénitude, la profondeur, la spontanéité et le charme d'une production qui s'impose parmi les meilleures ambassadrices du Jura.

Les vins : la maîtrise de la famille Pignier est impressionnante. Toutes les cuvées montrent une pureté et une élégance parfaites, même si la richesse des raisins, issus d'une viticulture des plus méticuleuses, déborde parfois le caractère de certains cépages (trousseau, chardonnay) dans des millésimes solaires tel 2018. Nuancé, fin, nimbé de senteurs de rose, le remarquable trousseau 2019 clôt sur une note ferme une dégustation hédoniste. Les blancs ouillés témoignent d'une grande harmonie malgré l'intensité des matières ; les élevages assez courts, en fût pour le Chardonnay de la Reculée, en cuve béton ovoïde pour le gamay blanc et le Sauvageon, semblent idéalement calibrés. Cellier des Chartreux 2017 et Savagnin 2016 (deuxième tirage) explorent en finesse la typicité des élevages sous voile avec le confort, l'aménité de matières toujours intenses et veloutées. Le souci du détail est constant, y compris dans les crémants – juteux, toniques, remarquablement savoureux et libre en ce qui concerne L'Autre, non dosé et sans sulfites – et dans le macvin vieilli dix ans, admirable de fondu et de délicatesse.

- Crémant du Jura 2018 — 14,50 € — 89
- Crémant du Jura L'Autre — 19 € — 91
- Côtes du Jura Cellier des Chartreux 2017 — 26 € — 92
- Côtes du Jura Chardonnay de la reculée 2019 — 21 € — 92
- Côtes du Jura Gamay Blanc 2018 — 26 € — 91
- Côtes du Jura Sauvageon 2018 — 31 € — 91
- Côtes du Jura Savagnin 2016 — 32 € — 93
- Côtes du Jura Trousseau 2019 — N.C. — 92

Le coup de ♥

- Macvin du Jura 10 ans d'âge — 31 € — 92

Rouge : 5 hectares.
Blanc : 9 hectares.
Production moyenne : 52 000 bt/an

DOMAINE PIGNIER ☾
11, place Rouget-de-Lisle, 39570 MONTAIGU
0684161928 • www.domaine-pignier.com •
Vente et visites : sur RDV.
Propriétaire : Famille Pignier
Maître de chai : Antoine Pignier

★ LUCIEN AVIET ET FILS - CAVEAU DE BACCHUS

Lucien Aviet dit Bacchus, personnage incontournable du vignoble jurassien, nous a quittés en mai 2021. Le faire-part de décès précisait "selon la volonté de Lucien, pensez à apporter votre verre pour trinquer à la Vie". Tout est dit. C'est désormais Vincent, son fils, qui perpétue seul la production traditionnelle de cuvées issues d'une mosaïque de vieilles vignes situées autour du merveilleux village vigneron de Montigny-les-Arsures. Tenant d'un style classique mais éloigné de toute routine, le domaine élabore des vins d'une grande sincérité, profondément enracinés, qui culminent avec le vin jaune et les superbes trousseaux déclinés par terroirs (rappelons que Montigny est l'épicentre du trousseau, berceau du fameux trousseau à la dame, aux grains très aérés).

Les vins : le trousseau 2019 est encore juvénile ; apte à la garde il a besoin de détendre son fruit serré évoquant le cassis et la groseille. La cuvée issue du lieu-dit Nonceau affiche tout autant de caractère, mais une maturité plus moelleuse, allant jusqu'à une pointe florale de rose, portée par des tanins bien étagés. Melon à Queue Rouge participe du même esprit ; élevé en foudre, c'est un blanc franc et large, juteux, imposant sa présence grenue et son évidence

- Arbois Melon à Queue Rouge 2019 — 15 € — 89

Arbois Trousseau Ruzard/Rosières Cuvée des Géologues 2019 20 € 89

Le coup de ♥

Arbois Trousseau Nonceau Cuvée des Géologues 2018 21 € 91

Rouge : 3 hectares.
Blanc : 3 hectares.
Production moyenne : 24 000 bt/an

LUCIEN AVIET ET FILS - CAVEAU DE BACCHUS
4, rue de la Boutière, 39600 Montigny-lès-Arsures
03 84 66 11 02 • caveaubacchus39@gmail.com • Vente et visites : sur RDV.
Propriétaire : Vincent Aviet

★ DOMAINE BERTHET-BONDET

Chantal et Jean Berthet-Bondet, tous deux ingénieurs agronomes, ont délaissé la ville en 1985 pour créer ce domaine certifié en bio de 11 hectares, situés à parité en appellation Château-Chalon et en Côtes du Jura. Hélène, la fille de Jean, est désormais aux commandes. La qualité progresse dans le sens de l'expression et de la pureté du fruit. De nouvelles cuvées et étiquettes de vins ouillés ont été intelligemment redéfinies, même si les cuvées élevées sous voile demeurent les vedettes incontestées du domaine, avec un château-chalon pouvant servir de modèle à la prestigieuse appellation.

Les vins : confirmant la réussite du 2018, le rouge Trio (où le trousseau domine) offre en 2019 une expression typée, tendre, nuancée, au fruit délicatement offert. Les blancs ouillés du même millésime sont bien dotés et très propres mais un peu ennuyeux. Il en va tout autrement des vins élevés sous voile ! Tant la cuvée Tradition (en rondeur) que le savagnin (plus piquant et tonique) 2016 détaillent une captivante richesse aromatique au fil d'une matière très harmonieuse. Encore réservé, affichant une tenue et une complexité de haut vol, le château-chalon 2013 a beaucoup gagné en ampleur en seulement quelques mois. Ces vins prennent leur temps, ils évoluent avec beaucoup de race et un équilibre parfait, comme en témoigne un sublime 2006 goûté récemment.

Château-Chalon 2013 42 € 94
Côtes du Jura La Poirière 2019 14 € 87
Côtes du Jura Savagnier 2019 14 € 87
Côtes du Jura Tradition 2017 15 € 91
Côtes du Jura Trio 2019 14 € 90

Le coup de ♥

Côtes du Jura Savagnin 2016 20 € 92

Rouge : 3 hectares.
Blanc : 10 hectares.
Production moyenne : 50 000 bt/an

DOMAINE BERTHET-BONDET ♣
7, rue de la Tour, 39210 Château-Chalon
03 84 44 60 48 • www.berthet-bondet.com • Vente et visites : sur RDV.
Propriétaire : Hélène Berthet-Bondet

★ DOMAINE PHILIPPE CHATILLON

Philippe Chatillon a été pendant dix-huit ans le régisseur du domaine de la Pinte. Début 2013, il crée son domaine, dont une partie est déjà cultivée en biodynamie. Les vignes sont travaillées à la pioche et à l'atomiseur à dos ; bouse de corne et thé de compost sont employés pour revitaliser les sols. Les vins sont ensuite élevés dans une cave du XVIIe siècle à Poligny ; une harpe en cristal et des bols chantants sont censés les harmoniser en cave, grâce aux vibrations du son... Nous sommes tombés sous le charme de ces vins éclatants et personnels, vibrants en effet, parfois un peu trop volatils mais qui témoignent des soins jaloux que leur prodigue ce nouveau styliste majeur du Jura. Une étoile est venue il y a deux ans traduire l'émotion ressentie à la dégustation, elle vacille aujourd'hui.

Les vins : si Philippe Chatillon est capable de fulgurances atteignant le pinacle du Jura vineux, tels le sublime vin jaune 2010 ou le savagnin macéré 2017, les vins goûtés cette année (comme ceux goûtés l'année dernière) laissent parfois un sentiment d'inachevé. C'est d'autant plus dommage que la qualité du fruit est patente et l'originalité de saveur indiscutable. On sent que Hari Om (pinot noir) et La Grande Chaude (assemblage dominé par le pinot et le trousseau) 2020 sont des rouges capables de procurer un plaisir considérable, si leur caractère encore heurté daigne s'assagir quelque peu... et si l'on accepte un niveau de volatile qui reste élevé. La cuvée Amphore (jarre de 300 litres) est enthousiasmante, avec son tanin frémissant qui égrise une chair sensuelle. On retrouve une touche acétique dans la bouche des savagnins 2019, qui manifestent par ailleurs de très belle tonalités aromatiques : mousseron et beurre frais pour Les Nouvelles, noisette grillée pour le Sage Vagnin. Pâle, gras, réservé, Puits Saint-Pierre, terroir réputé de Château-Chalon, pos-

JURA

sède une profondeur supérieure, qui lui permettra certainement d'évoluer favorablement. Toutes les contre-étiquettes prônent une garde de "2 à 5 ans", cela traduit-il un manque d'ambition ou la crainte de voir les vins s'effondrer ?

- Arbois Savagnin Les Nouvelles 2019 — 30 € — 89
- Côtes du Jura Puits Saint-Pierre 2019 — 48 € — 91
- Côtes du Jura Hari Om 2020 — 18 € — 89
- Côtes du Jura La Grande Chaude Pinot Noir 2020 — 26 € — 90

Le coup de ♥

- Côtes du Jura Amphore 2020 — 48 € — 92

Rouge : 0,55 hectare.
Blanc : 2,95 hectares.
Production moyenne : 5 000 bt/an

DOMAINE PHILIPPE CHATILLON ♣
8 bis, rue du Collège, 39800 Poligny
06 45 39 17 63 • www.vins-philippechatillon.com • Vente et visites : sur RDV.
Propriétaire : Philippe Chatillon
Maître de chai : Anatole et Philippe Chatillon

★ ↗ LES PIEDS SUR TERRE

Avant était le domaine Morel-Thibaut, association de deux vignerons qui a fonctionné pendant 24 ans au cœur du vignoble jurassien, à Poligny. En 2014 l'entité s'est scindée en deux et Valentin Morel à pris la suite de son père Jean-Luc. Il ne s'est pas contenté de changer le nom du domaine, il a en quelques millésimes efficacement modifié l'image et la personnalité des cuvées. Les six hectares de vignes sont cultivés en agriculture biologique, avec une vive attention portée à la biodynamie et aux techniques de conservation des sols. Ancré dans les différentes parcelles que possède la famille (secteurs des Trouillots et de Saint-Savin), le jeune vigneron équilibre intuitivement tradition jurassienne (savagnin sous voile, remarquables poulsard et trousseau, superbes macvins) et propositions originales (blancs macérés, cuvée issue de cépages résistants...).

Les vins : le crémant pur chardonnay titre à 11° seulement ; sa saveur abricotée et fumée se déploie pourtant avec un entrain rare. Associant beurre frais et fleurs des champs, le chardonnay 2018 se joue brillamment du caractère opulent du millésime, grâce à une acidité cristalline. Merveilleusement épicé et volubile (la cuvée comporte 30 % de savagnin rose), le savagnin En Bois d'Arnaux du même millésime offre une démonstration hédoniste et maîtrisée de l'adéquation entre le grand cépage jurassien (lorsqu'il est particulièrement mûr) et la technique de macération de parties solides (en l'occurrence un mois en grappes entières). Quant aux rouges, ce sont de magistrales interprétations de leurs cépages respectifs. Interprétation encore un peu réticente mais très subtile pour le poulsard, conjuguant à un très haut niveau de finesse des parfums et une suavité capiteuse pour l'inoubliable trousseau. Peu de gammes jurassiennes nous ont offerts cette année un tel niveau de plaisir, cela mérite bien une étoile !

- Crémant du Jura Brut nature 2018 — de 15,50 à 22 € (c) — 90
- Côtes du Jura 2018 — de 17 à 25 € (c) — 92
- Côtes du Jura Savagnin En Bois d'Arnaux 2018 — de 18,50 à 30 € (c) — 94
- Côtes du Jura Poulsard Les Trouillots 2019 — de 17,50 à 25 € (c) — 92

Le coup de ♥

- Côtes du Jura Trousseau 2019 — de 17 à 25 € (c) — 95

Rouge : 3 hectares.
Blanc : 3,5 hectares.
Production moyenne : 25 000 bt/an

LES PIEDS SUR TERRE ♣
8, rue Jacques-Coittier, 39800 Poligny
03 84 52 62 55 • www.vinlespiedssurterre.com/ • Vente et visites : sur RDV.
Propriétaire : Valentin Morel
Maître de chai : Valentin Morel

★ DOMAINE DE MONTBOURGEAU

Encore trop méconnue, l'appellation L'Étoile peut donner naissance à des expressions d'une grande finesse, pourvu que le producteur fasse preuve de tact et de sensibilité. Nicole Deriaux, aidée par son fils César, possède sans aucun doute ces qualités. Nous apprécions particulièrement le style du domaine, sans frou-frou ni artifice, offrant des vins droits et intenses qui s'inscrivent sans aucun passéisme dans la meilleure tradition jurassienne. D'une superbe expressivité, la Cuvée Spéciale, chardonnay longuement élevé sous voile, et le vin jaune sont les plus réguliers dans l'excellence. La nouvelle cuvée Montangis semble être de la même trempe, tout comme le savagnin Les Budes, premier blanc ouillé du domaine. Ce travail attentif et discret mérite davantage de reconnaissance et toute l'attention des aficionados du Jura. L'étoile est solidement accrochée.

Les vins : floraux, séveux, champêtres, les blancs ouillés 2019 sont bien réussis, témoignant de la capacité du domaine à évoluer vers de nouveaux horizons. Les cuvées élevées sous voile, égales à elles-mêmes, regorgent de caractère. Le 2018, noix grillée et pomme séchée, caramel, traduit la générosité du millésime. Vibrant et savoureux, En Banode 2017 a gagné de la tension et de la cohésion en un an. Riche, solaire (15°) mais très serein, Montangis attend une belle viande blanche. Quant à la Cuvée Spéciale 2016, elle offre une expression particulièrement nuancée et fine de l'évolution du vin sous voile. Sa vive acidité lui confère beaucoup d'agilité.

- L'Etoile 2018 — 13 € — 89
- L'Etoile Chardonnay La Chaux 2019 — 16 € — 90
- L'Etoile Savagnin Ouillé Les Budes 2019 — 19 € — 90
- L'Étoile En Banode 2017 — 16 € — 91
- L'Étoile Montangis 2017 — 18,50 € (c) — 91

Le coup de ♥

- L'Etoile Cuvée Spéciale 2016 — 18 € — 92

Rouge : 0,8 hectare.
Blanc : 10,2 hectares.
Production moyenne : 50 000 bt/an

DOMAINE DE MONTBOURGEAU

53, rue de Montbourgeau, 39570 L'Étoile
03 84 47 32 96 •
www.domaine-de-montbourgeau.fr • Vente et visites : sur RDV.
Propriétaire : Famille Deriaux

★ ↗ DOMAINE DU PÉLICAN

Propriété de François d'Angerville, du célèbre domaine éponyme de Volnay, et de François Duvivier, son régisseur, le domaine du Pélican est une création récente. Outre un vignoble jeune, replanté à partir de 2001, l'exploitation basée à Montigny-lès-Arsures a repris en fermage les vignes de Jacques Puffeney, figure historique de la viticulture arboisienne. Les premiers vins faisaient montre d'une grande maîtrise technique, des interprétations abouties mais un peu lisses des grands classiques de la région. La montée en puissance des derniers millésimes et la diversification des cuvées, dans lesquelles on perçoit une sensibilité plus "jurassienne", justifient l'étoile que nous accordons cette année. Nous attendons avec impatience les premières cuvées élevées sous voile de cette propriété appelée à jouer un rôle majeur dans le paysage arboisien.

Les vins : du côté des rouges, si le pinot noir demeure remarquable, aussi fin qu'expressif, on sent avec le millésime 2019 une meilleure compréhension des cépages endémiques. Le poulsard offre un profil strict mais distingué. Provenant d'une parcelle rendue célèbre par Jacques Puffeney, le trousseau trouve ses marques, s'affranchissant de l'élevage pour offrir une puissance contenue, l'éclat d'un fruit porté par une trame tannique de grande qualité. Plus immédiate, la croquante cuvée Trois Cépages synthétise ces belles qualités de finesse et d'harmonie, en conservant un esprit bourguignon. Les deux cuvées parcellaires de chardonnay sont de haut vol, En Barbi plus opulente, riche, lactée, Grand Curoulet, issue de très jeunes vignes, portée par une acidité rémanente qui met en valeur la qualité tonique de la chair. Civilisés sans être aucunement châtrés, les savagnins ouillés nous ont enthousiasmés, Grand Curoulet s'offrant avec une générosité aromatique particulière, une chair riche mais affriolante. La version macérée, élégante, complexe, presque introspective bien que sans dureté, confirme le succès du mémorable 2018, avec toutefois un tempérament moins extraverti.

- Arbois Chardonnay 2019 — 35 € — 89
- Arbois Chardonnay En Barbi 2019 — 45 € — 91
- Arbois Chardonnay Grand Curoulet 2019 — 40 € — 92
- Arbois Savagnin Macération Pelliculaire 2019 — 40 € — 93
- Arbois Savagnin Ouillé 2019 — 35 € — 92
- Arbois Clos Saint-Laurent Pinot Noir 2019 — 35 € — 93
- Arbois Poulsard 2019 — 38 € — 90
- Arbois Trois Cépages 2019 — 35 € — 91
- Arbois Trousseau Béranger 2019 — 50 € — 91

Le coup de ♥

- Arbois Savagnin Ouillé Grand Curoulet 2019 — 45 € — 94

Rouge : 4 hectares.
Blanc : 11 hectares.
Production moyenne : 60 000 bt/an

DOMAINE DU PÉLICAN ☾

Clos Saint-Laurent
39600 Montigny-lès-Arsures
03 80 21 61 75 • fd@domainedupelican.fr •
Vente et visites : sur RDV.
Propriétaire : Guillaume d'Angerville et François Duvivier

★ ↗ DOMAINE FRANÇOIS ROUSSET-MARTIN

François Rousset-Martin a repris en 2007 cette exploitation familiale, longtemps coopératrice au sein de la fruitière vinicole de Voiteur, dont il vinifie une partie de plus en plus importante des raisins pour son propre compte. Œnologue de formation, biologiste, ce vigneron s'attache, en privilégiant le savagnin, à illustrer l'expression parcellaire de terroirs réputés autour de Château-Chalon. Les matières sont exceptionnelles, le non-interventionnisme qui préside à leur transformation aboutit parfois à des résultats déstabilisants. Tout le contraire de vins standardisés ou même canalisés, ce sont des expressions uniques qui interpellent le dégustateur. S'adressant autant aux puristes qu'aux audacieux, ils enrichissent le panorama des hautes incarnations jurassiennes et méritent la première étoile que nous leur accordons aujourd'hui. Produits depuis longtemps en quantités infimes pour la consommation familiale, les château-chalon sont admirables.

Les vins : 2018 livre de grands blancs, parfois débordés par leur richesse (sucres résiduels perceptibles) mais d'une profondeur de goût et d'une originalité rares. Malgré leur opulence, les chardonnays font claquer la langue : La Chaux semble sculpté dans le calcaire ; encore plus long et intense, Terres Blanches continue de travailler en bouteille... Les mémorables savagnins doivent être attendus pour que s'apaise leur fougue. Puits Saint-Pierre possède un gras presque crémeux, parfaitement animé par une acidité tranchante. Le célèbre terroir de la Vigne aux Dames livre un vin doré, suave, presque sucré, attachant et profond. La Cuvée du Professeur (Sous Roche) impressionne quant à elle par son intensité, sa tension, sa longueur portée par la matière sèche ; on est bien à Château-Chalon ! Poulsard ou pinot, les rouges 2019 offrent un fruit bien mûr animé par un grain vibrant ; ils retranscrivent pleinement l'originalité des cépages et nécessitent comme les blancs un vigoureux carafage pour harmoniser une vitalité encore brouillonne.

- Côtes du Jura La Chaux 2018 — 25 € — 91
- Côtes du Jura Puits Saint-Pierre 2018 — 30 € — 93
- Côtes du Jura Terres Blanches 2018 — 25 € — 91
- Côtes du Jura Vigne aux Dames 2018 — 30 € — 94
- Côtes du Jura Pinot Noir Cuvée 909 2019 — de 30 à 34 € (c) — 90
- Côtes du Jura Poulsard Les Vignasses 2019 — 25 € — 89

Le coup de ♥

- Côtes du Jura Cuvée du Professeur Sous Roche 2018 — 30 € — 96

Rouge : 1 hectare.
Blanc : 8 hectares.
Production moyenne : 25 000 bt/an

DOMAINE FRANÇOIS ROUSSET-MARTIN
54, rue du Moulin, 39210 Nevy-sur-Seille
03 84 25 95 12 • francoisrousset@wanadoo.fr
• Vente et visites : sur RDV.
Propriétaire : François Rousset-Martin

DOMAINE GRAND

Ce domaine historique basé à Passenans a connu une deuxième naissance lorsque Emmanuel Grand et sa compagne Nathalie, fille de vignerons arboisiens, le reprennent en 2015 réduisant considérablement la superficie du vignoble et décidant de le convertir en agriculture biologique. Les résultats ne se font guère attendre et la gamme, qui embrasse toutes les spécialités jurassiennes, progresse chaque année. "J'aime maîtriser, pour connaître", affirme le rigoureux Emmanuel Grand : son credo s'illustre parfaitement dans des vins très nets, pleins d'éclat, de gourmandise et de caractère. L'avenir leur appartient.

Les vins : ce tour d'horizon très complet ne témoigne d'aucun point faible. Crémant fin et délicat ; vin de paille intense, pur, suggérant la châtaigne et le kaki ; macvin fondu et harmonieux. Si elles n'apparaissent pas particulièrement audacieuses, ces spécialités jurassiennes sont parfaitement exécutées. Bien mûr, presque torréfié, riche mais de très belle tenue, le trousseau 2020 confirme pleinement la main heureuse du domaine avec ce cépage rouge. Parmi les blancs ouillés nous retiendrons en priorité le très joli savagnin 2019, qui en un an s'est libéré et complexifié. Les vins élevés sous voile sont encore plus convaincants. Particulièrement harmonieuse, étagée dans sa construction de bouche, la cuvée Tradition 2016 sera un compagnon de table aussi enjoué que versatile. Fin et nuancé, le vin jaune 2013 confirme sa grande réussite dans un millésime de fraîcheur. Si le château-chalon 2014 est encore introverti, il possède l'éclat et la pureté nécessaire pour évoluer dans la veine du somptueux 2009, modèle de plénitude et d'élégance.

- Arbois Savagnin Guille Bouton 2019 — 16 € — 91

- Arbois Savagnin Guille Bouton 16 € (c) 91
- Château-Chalon En Beaumont 2014 40 € 93
- Crémant du Jura Brut Zéro Dosage 12 € 88
- Côtes du Jura Chardonnay La Grande Chaude 2018 17 € 89
- Côtes du Jura Savagnin 2015 21 € 90
- Côtes du Jura Tradition 2016 15 € 91
- Côtes du Jura Vin de paille 2014 25 € 90
- Macvin du Jura 19 € 89
- Côtes du Jura Trousseau 2020 16 € 91

Le coup de ♥

- Côtes du Jura Vin Jaune 2013 33 € 93

Rouge : 2 hectares.
Blanc : 7,5 hectares.
Production moyenne : 35 000 bt/an

DOMAINE GRAND
139, rue du Savagnin, 39230 Passenans
06 75 78 28 32 • www.domaine-grand.com •
Vente et visites : sur RDV.
Propriétaire : Emmanuel et Nathalie Grand

LE CELLIER DES TIERCELINES - VINS JÉRÔME ARNOUX

Natif de Montigny-les-Arsures Jérôme Arnoux en est à sa vingt-cinquième vinification dans le Jura. Après avoir été le bras droit de Stéphane Tissot, dirigé le château de Chavannes et vinifié les cuvées du valeureux négoce du Caveau de la Reine Jeanne, l'homme de l'ombre revendique désormais son nom ! À compter du millésime 2015 ses initiales ornent en majuscules les bouteilles issues des 17 hectares de vignes qu'il exploite directement, en parallèle à son activité de négoce. C'est sur cette gamme que se porte notre attention. Épaulé par l'oenologue vigneron Emmanuel Lançon, il produit des cuvées (13 références) fines et expressives, emblématiques du renouveau jurassien contemporain, sans revendiquer de label ni de chapelle. Une gamme à découvrir d'autant plus impérativement que les tarifs demeurent des plus sages.

Les vins : il convient de souligner l'intelligence d'une gamme qui explore les nombreuses possibilités jurassiennes, jetant parfois des ponts entre les typologies bien établies. Les crémants se signalent une nouvelle fois par leur intensité et leur richesse de saveur. Retenons en particulier Le blanc de blancs ZD, à la jolie persistance évoquant la brioche chaude et l'amande grillée. Notre préférence parmi les blancs va aux vins ayant connu le voile, tel l'arbois Nuance 2018 conjuguant moelleux d'un fruit jaune pulpeux et complexité aromatique du sotolon. Le savagnin Authentique du même millésime force l'admiration, profondément typé, il nous emporte dans un tourbillon aromatique (carvi, croûte de comté, fumée, graphite, olive verte...) tout en conservant lui aussi une rondeur caressante. Les rouges 2020 semblent un peu plus disparates, pas tout à fait en place. Le pinot noir 2018 offre en revanche une belle interprétation du cépage, chaleureuse et sensuelle, mais soigneusement construite. Un mot du macvin : articulé autour de la pâte de coing et du pruneau, légèrement rancioté, il a très bien assimilé sa part de marc, fondue dans la patine du fruit, un délice à redécouvrir !

- Arbois Macvin 18 € 92
- Arbois Nuance 2018 12 € 90
- Arbois Savagnin Entre Deux 2019 15 € 88
- Crémant du Jura Brut Zéro Dosage Blanc de Blancs 2016 15 € 89
- Crémant du Jura Élégance 12,50 € 87
- Arbois Friandise 2020 11 € 86
- Arbois Pinot Noir Révélation 2018 15 € 90

Le coup de ♥

- Arbois Savagnin Authentique 2018 16 € 93

Production moyenne : 160 000 bt/an

LE CELLIER DES TIERCELINES - VINS JÉRÔME ARNOUX
23, route de Villeneuve 39600 Arbois
03 84 37 36 09 • vins.cdt@gmail.com •
Vente et visites : sur RDV.
Propriétaire : Jérôme Arnoux

LULU VIGNERON

Ce domaine confidentiel, également connu sous le nom des Chais du Vieux Bourg, a été créé en 2003 par Ludwig Bindernagel, architecte d'origine munichoise passionné par le vin, et quelques amis. Les vins sont issus de vieilles vignes situées au Vernois et à Quintigny. Nous aimons le naturel de ces cuvées qui laissent s'exprimer la richesse et la profondeur du raisin, sans interventionnisme ni parti pris stylistique. Vinifiées et élevées dans les caves situées sous la maison du vigneron (Lulu Vigneron, comme l'attestent en gros caractères les étiquettes), elles personnifient la richesse et l'individualité de ces productions artisanales qui font la force du Jura et entretiennent l'aura singulière de ce vignoble.

Les vins : voici trois blancs ouillés au fort caractère. BB1 2019, chardonnay complété par 10 % de savagnin, arbore une vigoureuse acidité ; l'expression semble pour l'heure bloquée sur la réduction, il faut attendre. Les 2018, très attachants et richement constitués, se goûtent aujourd'hui plus facilement. Il convient cependant de les aérer. Profitant du corps crémeux conféré par le millésime, L'Étoile Chardonnay au levant offre une gourmandise particulière ; l'acidité demeure brillante : la caresse avant le petit coup de badine ! Porté par une acidité volatile assez soutenue, L'Etoile QV d'Étoiles offre lui aussi un bel équilibre entre saveurs rassises et fraîcheur.

- Côtes du Jura Chardonnay BB1 2019 — 20 € (c) — 88
- L'Étoile QV d'Étoiles 2018 — 23 € — 91

Le coup de ♥

- L'Étoile au levant 2018 — 21 € — 91

Rouge : 1 hectare.
Blanc : 3 hectares.
Production moyenne : 12 000 bt/an

LULU VIGNERON
30, Grande-Rue, 39800 Poligny
03 63 86 50 78 • l.bindernagel@gmail.com • Vente et visites : sur RDV.
Propriétaire : Ludwig Bindernagel

DOMAINE DE LA PINTE

Ce vaste domaine sis sur les communes d'Arbois et de Pupillin a été fondé par le Bourguignon Roger Martin, qui, en plantant 14 hectares de savagnin, en a fait dans les années 1950 le plus important vignoble du Jura consacré à ce cépage. Pierre, son fils, et Vincent, son petit-fils, en ont aujourd'hui la charge. On pratique ici une viticulture biologique depuis 1999, et biodynamique depuis 2009. Samuel Berger, actuel régisseur, s'attache à affiner les élevages (en foudre, demi-muid et fût). De nombreux millésimes anciens sont encore disponibles à prix doux.

Les vins : ceux dégustés cette année sont francs, généreux, sains, parfois capiteux du fait des maturités poussées. Des deux chardonnays 2018, nous préférons légèrement le melon à queue rouge, plus frais, porté par un grain presque tannique. Le savagnin 2017 est avenant, crémeux, il peut même sembler un peu rondouillard. Le poulsard 2020 offre un joli détail dans sa saveur, évoquant l'orange sanguine, comme dans sa structure, qui reste fraîche malgré un millésime solaire. Très parfumée, la cuvée d'assemblage possède en 2019 une appréciable vibration fruitée, malgré (ou grâce à...) une acidité volatile bien présente. Nous regrettons de ne pas goûter plus régulièrement les vins jaunes.

- Arbois Melon d'Arbois 2018 — 28 € — 89
- Arbois Savagnin Ouillé 2017 — 25 € — 89
- Arbois-Pupillin Chardonnay Fonteneille 2018 — 20 € — 88
- Crémant du Jura Brut Nature 2018 — 14 € — 88
- Arbois Poulsard de l'Ami Karl 2020 — 19 € — 89

Le coup de ♥

- Arbois La Capitaine 2019 — 22 € — 90

Rouge : 8 hectares.
Blanc : 22 hectares.
Production moyenne : 100 000 bt/an

DOMAINE DE LA PINTE ♣
Route de Lyon, 39600 Arbois
03 84 66 06 47 • www.lapinte.fr • Vente et visites : sur RDV.
Propriétaire : Pierre Martin
Directeur : Vincent Martin
Maître de chai : Emmanuelle Goydadin

DOMAINE ROLET PÈRE ET FILS

L'appellation Arbois doit beaucoup au domaine Rolet. S'il a su au fil des ans conserver un style propre, alliance d'une facture classique ancrée dans le goût jurassien et d'une bonne maîtrise technique, le domaine ne parvient pas à l'homogénéité dans l'étendue de sa gamme. Les vins typés par l'élevage sous voile (en particulier les vins jaunes d'Arbois) sont les plus régulièrement réussis. Au printemps 2018 le domaine et son vignoble ont été acquis par la famille Devillard, bien connue pour sa production bourguignonne, avec d'autres actionnaires.

Les vins : un peu étroits mais fidèles aux archétypes, poulsard et trousseau 2018 offrent un profil sérieux, suffisamment dynamique pour évoluer favorablement. Le trousseau paraît beaucoup moins boisé que l'an dernier, un retour à une vision plus arboisienne du cépage ? Les crémants sont des effervescents de bonne tenue, doux, crémeux, mais sans mollesse. Les blancs ouillés présentés se montrent eux aussi convaincants. En 2018, le chardonnay de L'Étoile présente un profil plus austère, plus minéral et élancé que celui d'Arbois. Le savagnin ouillé 2019 séduit par son fruité direct, sa tension enrobée par une chair veloutée. Plein et savoureusement fumé, expansif mais tranchant, le vin jaune 2012 confirme tout ce que nous écrivions sur lui l'an passé ; c'est un modèle du genre.

- Arbois Chardonnay 2018 — 13,30 € — 88

- Arbois Savagnin Ouillé 2019 — 15 € — 90
- Arbois Tradition 2014 — 18 € — 89
- Crémant du Jura Brut — 11,70 € — 87
- Crémant du Jura Cœur de Chardonnay 2016 — 18 € — 88
- L'Etoile Chardonnay 2018 — 15,30 € — 90
- Arbois Poulsard Vieilles Vignes 2018 — 11,50 € — 88
- Arbois Tradition 2018 — 11 € — 87
- Arbois Trousseau 2018 — 12,50 € — 89

Le coup de ♥

- Arbois Vin Jaune 2012 — 37 € — 93

Rouge : 24 hectares.
Blanc : 40 hectares.
Production moyenne : 320 000 bt/an

DOMAINE ROLET PÈRE ET FILS

Montesserin, Route de Dole, 39600 Arbois
03 84 66 00 05 • www.rolet-arbois.com •
Vente et visites : sur RDV.
Propriétaire : Familles Devillard, Flambert et Dupuis
Directeur : Cédric Ducoté

NOUVEAU DOMAINE

DOMAINE DE LA TOURAIZE

Cela fait plusieurs années que les vins de ce domaine arboisien se démarquent avec une grande régularité lors de nos dégustations à l'aveugle. Le domaine est historique, puisque André-Jean Morin incarne la huitième génération d'une lignée vigneronne à Arbois. L'affirmation est cependant récente, puisqu'il ne quitte la coopération qu'en 2009 pour tenter avec son épouse Héléana l'aventure indépendante. Les vins sont issus d'un vignoble de neuf hectares bien équilibré entre raisins blancs et rouges, certifié en biodynamie depuis 2020 ; leur style s'inscrit à la fois dans la typicité arboisienne et dans le meilleur de ce que la mouvance "nature" a apporté au Jura : finesse du propos aromatique et sensualité de matières très complètes.

Les vins : ayant sagement passé deux hivers en foudre, le très beau chardonnay 2018 fait valoir son corps velouté et son charme aromatique grâce à une acidité brillamment préservée. Très parfumé, le poulsard 2020 nous ravit par sa spontanéité, son fruit brillant et sa fraîcheur délicieuse : groseille, fraise des bois... Il est très représentatif de ce que ce millésime particulièrement favorable et ce cépage capricieux mais passionnant ont enfanté de meilleur, de plus gourmand. Un peu plus serré et contenu, le trousseau 2019 n'en manifeste pas moins dans la même veine beaucoup d'aplomb et de générosité.

- Arbois Chardonnay Arces 2018 — 21 € — 92
- Arbois Trousseau 2019 — 24 € — 91
- Arbois Trousseau Les Corvées 2019 — N.C. — 91

Le coup de ♥

- Arbois Poulsard la Cabane 2020 — 19 € — 93

Rouge : 4 hectares.
Blanc : 5 hectares.
Production moyenne : 30 000 bt/an

DOMAINE DE LA TOURAIZE ♣

7, route de Villette, 39600 Arbois
06 09 69 24 55 • www.domaine-touraize.fr •
Vente et visites : sur RDV.
Propriétaire : Héléana et André-Jean Morin
Directeur : idem

Le Languedoc et ses vins

Par Caroline Furstoss,
en charge des vins du Languedoc au sein
du comité de dégustation de La Revue du vin de France

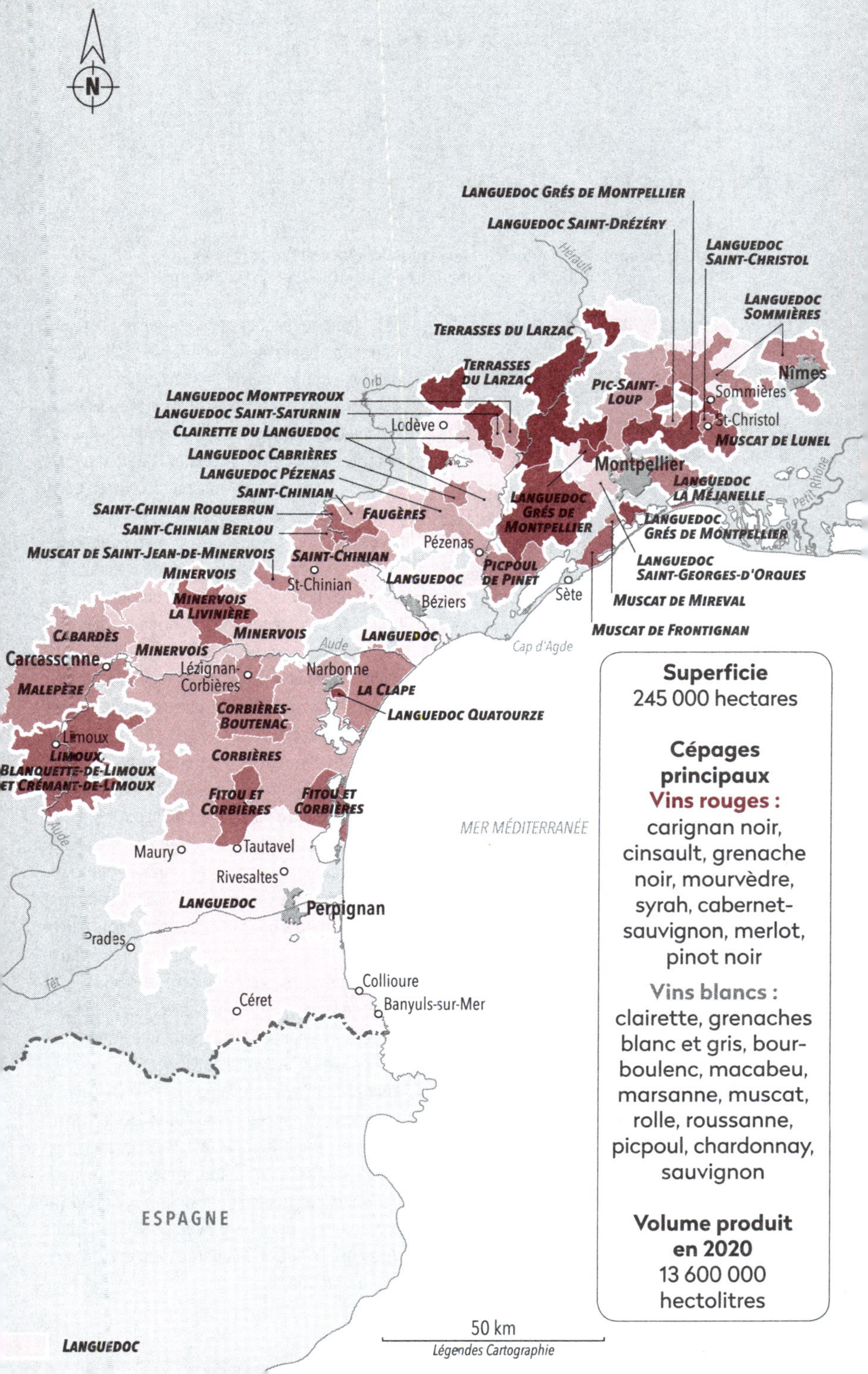

Légendes Cartographie

Superficie
245 000 hectares

Cépages principaux

Vins rouges :
carignan noir, cinsault, grenache noir, mourvèdre, syrah, cabernet-sauvignon, merlot, pinot noir

Vins blancs :
clairette, grenaches blanc et gris, bourboulenc, macabeu, marsanne, muscat, rolle, roussanne, picpoul, chardonnay, sauvignon

Volume produit en 2020
13 600 000 hectolitres

LES APPELLATIONS

En trente ans, le vignoble languedocien s'est profondément restructuré, passant de 450 000 hectares à 245 000. Aujourd'hui, il se décline en cinq grandes catégories.

LES VINS SANS INDICATION GÉOGRAPHIQUE

Autrefois prépondérante, cette catégorie ne représente plus que 7 % de la production. Certains vignerons, qui souhaitent sortir du système des appellations, y élaborent des vins parfois très onéreux.

LES IGP D'OC

Cette catégorie représente près de 78 % de la production. Elle regroupe les vins qui ne bénéficient pas d'une AOC. S'il existe une dénomination générique Pays d'Oc, IGP couvrant tout le Languedoc, il y a une subdivision pour chaque département (IGP Hérault, IGP Aude...). Enfin, le Languedoc bénéficie d'une kyrielle de dénominations locales : IGP Haute Vallée de l'Orb, IGP Côtes de Thau...

L'APPELLATION RÉGIONALE

Depuis 2007, il existe une nouvelle grande appellation régionale qui couvre l'ensemble du vignoble, l'AOC Languedoc. Elle est destinée à des vins d'entrée de gamme et remplace également l'ancienne dénomination : AOC Coteaux du Languedoc.

LES DÉNOMINATIONS DE L'AOC LANGUEDOC

Accolées au nom de l'AOC Languedoc, ces dénominations identifient douze secteurs. On trouve ainsi les AOC Languedoc-Quatourze, Languedoc-Pézenas, Languedoc-Grés de Montpellier, Languedoc-Sommières, Languedoc-Cabrières, Languedoc-Saint-Saturnin, Languedoc-Montpeyroux, Languedoc-Saint-Georges-d'Orques, Languedoc-La Méjanelle, Languedoc-Saint-Drézéry, Languedoc-Saint-Christol.

LES AOC

Cabardès : appellation de rouges et de rosés, qui marie les cépages "atlantiques" (cabernet, merlot, malbec) aux cépages "méditerranéens" (syrah, grenache). Quelques domaines se distinguent, mais beaucoup de travail reste à accomplir.

Malepère : reconnue depuis 2007, cette appellation requiert dans ses rouges au moins 50 % de merlot. Les caves coopératives dominent très largement avec une production de masse. Deux ou trois bons domaines émergent depuis peu.

Limoux : crémant, blanquette ou méthode ancestrale constituent la majeure partie de la production. Les rouges doivent encore faire leurs preuves. Les blancs de chardonnay, mauzac ou chenin peuvent être remarquables sur les secteurs d'altitude.

Picpoul de Pinet : petite appellation littorale de vins blancs, d'un style tonique et parfois perlant, dédiés aux huîtres de Bouzigues.

Pic Saint-Loup : situé au nord de Montpellier, adossée aux contreforts cévenols, Pic Saint-Loup est une appellation à part entière depuis 2016, reconnue pour ses vins rouges structurés et fins élaborés principalement à partir de syrah et de grenache.

Saint-Chinian : ce vignoble du Haut-Languedoc est construit autour des hommes et non de la réalité du terroir. Il n'y a rien de commun entre les rouges de la zone des schistes du nord, très tendres, et ceux de la partie sud argilo-calcaires, denses et structurés. Depuis 2004, les secteurs de Berlou et de Roquebrun sont individualisés.

Faugères : il existe ici un potentiel intéressant pour des vins rouges sur schistes, plus élégants que la moyenne des crus régionaux. L'appellation progresse beaucoup autour d'assemblages souvent dominés par la syrah, mais où carignan et mourvèdre s'expriment avec panache. Depuis 2004, l'appellation Faugères peut produire du blanc sous son nom.

Minervois : la production est aujourd'hui homogène, mais ces dernières années, quelques domaines sortent du lot. On souhaiterait parfois davantage de fraîcheur et d'originalité, et un encépagement moins focalisé sur la syrah.

Minervois La Livinière : cette distinction, à l'intérieur de l'appellation Minervois, concentre un certain nombre de vignerons de qualité, dont les vins s'affichent dans un style rond et suave.

Fitou : divisée en deux parties bien distinctes (littoral et intérieur), cette appellation ancienne possède de véritables atouts pour produire des vins rouges profonds et structurés. Malgré quelques exceptions, la qualité globale demeure prévisible, dans un style méditerranéen. Les caves coopératives sont omniprésentes.

Corbières : cette vaste appellation produit beaucoup, et pas toujours le meilleur. On y trouve des domaines très dynamiques, qui proposent des vins rouges de mieux en mieux construits, notamment dans des secteurs comme la Montagne d'Alaric. On note aussi l'émergence de secteurs d'altitude pour les blancs et les rosés.

Corbières-Boutenac : cette appellation se distingue avec quelques vignerons de talent.

Terrasses du Larzac : terroir d'altitude situé au nord-ouest de Montpellier, cette nouvelle AOC (créée en 2014) concentre un bon nombre de vignerons ambitieux.

La Clape : créée en 2015, cette appellation, située entre Narbonne et la mer, produit essentiellement des vins rouges (80 %) et une petite minorité de vins blancs (20 %).

Les muscats : dans cet ensemble, on retrouve les AOC historiques de Muscat de Frontignan (603 hectares), Muscat de Lunel (320 hectares), Muscat de Mireval (290 hectares) et Muscat de Saint-Jean-de-Minervois (200 hectares).

Clairette du Languedoc : la plus petite appellation du Languedoc produit des vins blancs tranquilles à partir du cépage clairette.

LES CÉPAGES

LES CÉPAGES ROUGES

Le Languedoc est largement dominé par les cépages rouges (75 % du vignoble). Plus de cinquante d'entre eux sont cultivés. La **syrah** arrive en tête avec plus de 40 000 hectares plantés, devant le **grenache noir** (38 300 hectares), le carignan (29 900 hectares) et le merlot (28 100 hectares). Et aussi, toujours par ordre d'importance : **cabernet-sauvignon, cinsault, mourvèdre, cabernet franc, pinot noir, marselan, alicante, caladoc...**

LES CÉPAGES BLANCS

Les cépages blancs ne représentent que 9 % des vignes du Languedoc, avec une profonde mutation ces dernières années et la montée en puissance des cépages extérieurs. La star incontestée des cépages blancs de la région n'est autre que le **chardonnay**, celui qui a fait la réputation des grands vins blancs de Bourgogne, passé d'un millier d'hectares à 14 400 en vingt ans.

À part le chardonnay, on trouve également de nombreux cépages blancs : **sauvignon**, **muscat (à petits grains** et **d'Alexandrie)**, **viognier**, **grenaches blanc et gris**, **macabeu**, **vermentino**, **piquepoul**, **colombard**, **roussanne**, **mauzac**, **ugni blanc**, **marsanne**...

UN PETIT PARADIS DE NÎMES À PERPIGNAN

CHAMBRES D'HÔTES

VILLAGE CASTIGNO

Ce concept unique propose des hébergements magnifiques dans différents lieux du village, ainsi que plusieurs restaurants et bars à vins. Le Village Castigno propose également une foule d'activités, qui vont de la dégustation des vins de la propriété à la cueillette d'herbes sauvages... De 100 à 650 € la nuit.
Rue des Écoles, 34360 Assignan
Tél. : 04 67 24 26 41
www.villagecastigno.com

RELAIS CHANTOVENT

Accroché aux falaises qui surplombent les gorges du Brian, le relais Chantovent est une étape de charme. D'un côté, des chambres chaleureuses, d'un rapport qualité-prix imbattable ; de l'autre, un restaurant à la vue imprenable, qui met en avant les produits locaux (cochon cuit vingt-quatre heures) arrosés d'une carte des vins pertinente, avec une priorité donnée aux crus régionaux — parmi lesquels on trouvera les plus belles références du Minervois. Menus de 21 à 51 €.
17, Grand-Rue, 34210 Minerve
Tél. : 04 68 91 14 18
www.relaischantovent-minerve.fr

BAR À VINS

GRAND CAFÉ OCCITAN

Au cœur du Minervois, ce bar à vins fait vivre les cuvées du Château Maris. L'occasion de déguster des millésimes affinés agrémentés dune cuisine familiale et locale, disponible à partir de 16 €.
7, rue d'Occitanie, 34210 Félines-Minervois. Tél. : 04 30 16 62 72.
www.grandcafeoccitan.com

CAVISTES

L'ENTRE DEUX VERRES

Une cave au pied du Pic Saint-Loup ! On trouvera ici une soixantaine de références locales, mais aussi des étiquettes des Terrasses du Larzac ou des Grès de Montpellier. Des cuvées à emporter ou à déguster sur place, avec de la cochonnaille ou du pélardon (un petit fromage de chèvre) en accompagnement. La cave est ouverte le vendredi, le samedi, le dimanche et les jours fériés. Ateliers de dégustation.
Le Village, 34270 Cazevieille
Tél. : 04 67 66 00 48
www.lentredeuxverres.fr

CAVES QUARANTE ET UN

Philippe Puech est devenu en une quinzaine d'années la référence pour s'approvisionner en découvertes de toute la France et en valeurs sûres du Languedoc grâce à ses formules groupées. Saluons en particulier un service client tout à fait réactif.
191, chemin du Mas-de-Cheylon, 30900 Nîmes
Tél. : 04 66 36 20 36
www.cavesquaranteetun.fr

RESTAURANTS

MATTHIEU DE LAUZIN

Le restaurant gastronomique de Matthieu de Lauzun est particulièrement recommandable pour ses accords mets et vins. Il brille ainsi en mariant un viognier de Pierre Vaïsse avec une pastilla de volaille aux épices marocaines.
Menus : 60, 77 et 105 €.
Prieuré de Saint-Jean de Bébian, Route de Nizas, 34120 Pézenas
Tél. : 04 99 47 63 91
www.restaurant-delauzun.com

OCTOPUS

Ex-Top Chef, Franck Radius propose en plein cœur de Béziers une cuisine gastronomique sous influence méditerranéenne, à base de produits de saison ; le sommelier Bruce l'épaule de quilles justes. Menus de 23 à 90 €. Accords mets-vins avec quatre, six, ou huit verres.
12, rue Boieldieu, 34500 Béziers
Tél. : 04 67 49 90 00
www. octopus-beziers.fr

BOURDASSO

Fabio Antonini et sa tribu romaine se sont installés dans les Corbières où ils servent une cuisine italienne à partir de la mozzarella produite sur place, avec le lait de leurs bufflonnes. Carte de 15 à 18 €.
11220 Pradelles-en-Val
Tél. : 04 68 78 08 31
www.bourdasso.com

NOTRE COUP DE ♥

PASTIS RESTAURANT

Tout fraîchement étoilé par le Guide Michelin, ce restaurant chic et décontracté est situé dans le pittoresque quartier Sainte-Anne, à Montpellier. La cuisine aux accents méditerranéens — avec notamment un veau du Ségala à tomber — est splendide. Tout ce qu'il y a de plus raffiné. La carte de vins, dotée des plus belles cuvées de la région, est très travaillée. Menus de 38 à 56 €, sans les vins.
3, rue Terral, 34000 Montpellier.
Tél. : 04 67 66 37 26.
www.pastis-restaurant.com

★★★ DOMAINE LES AURELLES

Depuis 1995, Basile Saint-Germain et son épouse Caroline travaillent avec une exigence écologique confinant au sacerdoce (sans engrais, ni désherbant, ni pesticide) ce vignoble situé sur les croupes villafranchiennes des environs de Nizas. Des rendements faibles, une attention aiguë portée à chaque détail, une volonté rare de ne commercialiser les bouteilles qu'à l'issue d'élevages très longs dans des cuves émaillées : tout concourt ici à élaborer des vins civilisés, digestes, au fruit subtil, polis et lentement assagis par le temps. Cependant, le plaisir n'est pas toujours immédiat : même avec quelques années en bouteilles, les vins sont sensibles à la température et au service. Nous suivons avec attention l'évolution de ce domaine.

Les vins : en 2015, Solen se montre plus solaire qu'à son habitude, le grain de tanins est fin, mais la finale nous conduit à une certaine sécheresse. Porté par des tanins fermes, Aurel traduit son caractère méditerranéen encore rigoureux.

- Languedoc Pézenas Aurel 2014 — 55 € — 92
- Languedoc Pézenas Solen 2015 — 40 € — 93

Rouge : 7,5 hectares. Grenache noir 39 %, Carignan 34 %, Mourvèdre 19 %, Syrah 8 %
Blanc : 0,95 hectare. Roussanne 100 %
Production moyenne : 21 000 bt/an

DOMAINE LES AURELLES
8, chemin des Champs-Blancs, 34320 Nizas
04 67 25 08 34 • www.les-aurelles.com •
Vente et visites : sur RDV.
Propriétaire : Basile Saint-Germain
Œnologue : Margarethe Chapelle

★★★ MAS JULLIEN

Plus qu'aucun autre vigneron du Languedoc, Olivier Jullien recueille l'admiration et le respect de ses pairs. Depuis les terrasses du Larzac, il est l'un des principaux artisans de la renaissance d'une viticulture rigoureuse, en quête de combinaisons et de nuances entre la variété des sols et l'usage de cépages autochtones. La sincérité de ce visionnaire fuyant la compétition se transmet à ses vins profonds, digestes et généreux, sudistes par l'intensité et la diversité de leurs saveurs, plus que par la simple maturité du raisin et son illusoire richesse en alcool. Des rouges frais et complets, à l'élevage millimétré, capables de briller sur plus de quinze ans de vieillissement, mais aussi un magnifique blanc hors des modes, font de ce domaine une référence.

Les vins : une réussite que ce rosé, croquant et poivré, à la bouche enveloppante mais sans superflu, dotée d'une belle persistance de fruits rouges ! Le blanc offre aussi un grand plaisir, par son éclat de fruits et de garrigue, et sa touche miellée. Il est fluide et croquant ; un beau vin blanc du sud à la fraîcheur édifiante. Avec ses tanins souples, Autour de Jonquières est un rouge délicieux qui offre une définition précise et fine de la Méditerranée. La Brune nous transporte avec sa robe fine et translucide. C'est un vin fluide, floral, avec une belle envolée. On reste bien ancrés dans des parfums sudistes, mais sa fraîcheur nous transporte. Enfin, Carlan est un monument : un vin complet aux notes de cerise, de cade, d'épices et une bouche onctueuse, qui va s'affiner dans les dix prochaines années. Un MUST !

- IGP Pays d'Hérault 2019 — 35 € — 92
- Terrasses du Larzac Autour de Jonquières 2018 — 35 € — 95
- Terrasses du Larzac Carlan 2019 — 35 € — 98
- Terrasses du Larzac La Brune 2018 — 34 € — 94

Le coup de ♥

- Languedoc 2020 — 15 € — 91

Rouge : 16 hectares. Carignan 30 %, Mourvèdre 30 %, Syrah 20 %, Cinsault 10 %, Grenache noir 10 %
Blanc : 4 hectares. Carignan 70 %, Chenin 30 %
Production moyenne : 70 000 bt/an

MAS JULLIEN ♣
Route de Saint-André, 3, chemin du Mas Jullien, 34725 Jonquières
04 67 96 60 04 • masjullien@free.fr • Vente et visites : sur RDV.
Propriétaire : Olivier Jullien

★★★ DOMAINE PEYRE ROSE

L'œuvre de Marlène Soria est unique en Languedoc et elle perdure depuis plus de quarante ans ! Ses vins sont indissociables de la volonté et du charisme de leur créatrice. Mystérieux, magiques, inexplicables parfois, ils imposent une unité stylistique et une capacité à vieillir rarissimes, tout particulièrement les blancs, véritables ovnis pour la région. La cuvée Oro, à base de rolle, de roussanne et de viognier, élevée près de dix ans en cuve et en bouteille et qui puise ses origines sur les hauteurs de Saint-Pargoire depuis le début des années 1990, relève d'une production aussi restreinte que convoitée. Les rouges se déclinent en trois cuvées, classées en vin de France à partir du millésime 2011, Ciste, Belle Léone et N°3. La syrah a le rôle principal, récoltée à petits rendements et les élevage longs nous libèrent les vins après dix années. Un exercice de style réussi et atypique.

Les vins : une belle réussite pour Ciste en 2011 qui affiche une belle couleur rouge rubis brillante. Son nez de ciste et sous-bois est à la fois frais et réconfortant ; la bouche d'une extrême onctuosité est marquée par la garrigue. Sur le même millésime, Syrah Léone offre un profil un peu plus riche, dans une aromatique dense de mine de crayon, de réglisse et de poivre. La bouche est intense, marquée par l'orange amère et une finale sudiste. N°3 se montre plus fermé. Ce sol noir plus évolué nous donne une impression de cigare et de tabac blond, tout en étant poudré avec des tanins fins et longilignes. Des millésimes antérieurs disponibles, Léone 2008 se montre aujourd'hui à son avantage : un équilibre gourmand avec des notes de cannelle et une belle longueur de cacao, tandis que les tanins sont bien intégrés. Dans un registre plus frais, Clos des Ciste 2004 garde aussi beaucoup de gourmandise, avec un fruité légèrement acidulé, un côté ciste et nigelle, ainsi qu'une belle allonge. En 2006, Marlène N°3 apparaît avec de fines notes de rancio, de curry et de tabac blond avec une sensation pierreuse en bouche. Mis en bouteille en avril 2021, Oro 2006 livre un nez de miel de bruyère, une bouche racée et complexe. Un blanc au relief incomparable !

- Vin de France Oro 2006 — 72 € — 94
- Coteaux du Languedoc Clos Syrah Léone 2008 — de 54 à 66 € (c) — 94
- Coteaux du Languedoc Clos des Cistes 2004 — 55 € — 96
- Coteaux du Languedoc Marlène N°3 2006 — 65 € — 94
- Vin de France Belle Léone 2011 — 72 € — 93
- Vin de France Ciste 2011 — 72 € — 95
- Vin de France N°3 2011 — 72 € — 94

Rouge : 21 hectares. Syrah 80 %, Grenache noir 15 %, Mourvèdre 5 %
Blanc : 3 hectares. Rolle 65 %, Roussanne 33 %, Viognier 2 %
Production moyenne : 30 000 bt/an

DOMAINE PEYRE ROSE ♣

Saint-Pargoire 34230 Saint-Pargoire
04 67 98 75 50 • peyrerose@orange.fr •
Vente et visites : sur RDV.
Propriétaire : Marlène Soria

★★ DOMAINE D'AUPILHAC

Pour Sylvain Fadat, la recette est simple : "On essaie de tout faire avec plaisir, sachant que notre outil (ndlr. les terroirs de Montpeyroux) est bon." Force est de constater que chacune des cuvées du domaine d'Aupilhac recèle une âme et dégage une énergie peu commune, qui ne laisse aucun amateur insensible. Son travail est un vrai bijou artisanal languedocien. Alors que le vigneron natif de ce village d'altitude fête son trentième millésime, on ne peut qu'être admiratif du travail accompli, sans concession, avec pour seule priorité la vigne. Pour le vigneron, convaincu – et certifié – par la biodynamie, il faut toute une vie pour comprendre et observer la meilleure adaptation des cépages par rapport aux terroirs. Tout a commencé avec les premières parcelles héritées de sa famille, ce terroir qui a nommé le domaine. Quelle audace d'avoir défriché cet amphithéâtre exposé nord, caché au beau milieu des bois et de la garrigue, nommé Cocalières', où l'altitude rafraîchissante plaît à la syrah. N'oublions pas non plus le combat mené il y a 30 ans par ce vigneron passionné pour le carignan, qui s'exprime avec justesse sur les marnes bleues dans la cuvée Le Clos. Une gamme entière qui nous fait palpiter depuis longtemps.

Les vins : en rouge, on commence le bal avec le délicieux Aupilhac, représentatif du style du domaine : des tanins soyeux, des fines épices qui se mêlent aux fruits noirs et une impression de velours. Les Cocalières s'axe autour des fruits des bois, de la bruyère blanche et fait preuve de dynamisme en bouche, avec une belle allonge qui fait saliver ! Parmi les monocépages, le cinsault est friand, les petits fruits rouges acidulés égayent la bouche, tandis que le carignan est un vin plus construit et épais, sans manquer d'équilibre. La bouche offre un juteux très proche du fruit, on lui trouve des notes de myrtille et d'arbouse en finale. Plus juvénile, La Boda est musclé avec des notes d'orange sanguine, des tanins solidement tenus, il faut l'encaver. Le Clos s'est patiné presque trois ans en demi-muid, il offre de la race, un côté épineux et épicé dans une enveloppe très élégante, soutenue par une finale fraîche. Un grand vin de patience ! En blanc, Aupilhac livre de la mâche, avec une belle aromatique de thym citron, mandarine et une finale qui appelle les épices à table. Des notes de prunelle sauvage pour Les Cocalières en blanc, du volume en bouche bien balancé par le peu d'agrumes en finale qui apporte complexité, fins amers et vivacité.

- Languedoc Aupilhac 2020 — 14 € — 92
- Languedoc Les Cocalières 2020 — 19,60 € — 94
- Languedoc Montpeyroux Aupilhac 2018 — 16 € — 91
- Languedoc Montpeyroux La Boda 2018 — 27,40 € — 94
- Languedoc Montpeyroux Le Clos 2017 — 41,60 € — 97
- Languedoc Montpeyroux Les Cocalières 2019 — 19,60 € — 94

VDF Le Carignan 2019 — 21,60 € — 92
VDF Le Cinsault 2019 — 16 € — 90

Rouge : 21,5 hectares.
Blanc : 4 hectares.
Production moyenne : 110 000 bt/an

DOMAINE D'AUPILHAC
28-32, rue du Plô, 34150 Montpeyroux
04 67 96 61 19 • www.aupilhac.com • Vente et visites : sur RDV.
Propriétaire : Sylvain Fadat

★★ DOMAINE LÉON BARRAL

Didier Barral a parcouru un long chemin depuis son installation sur les schistes paternels de Lenthéric, au début des années 1990. En quête d'une expression authentique de son terroir, il ne ménage pas sa peine à la vigne. Aidé par son frère Jean-Luc, ce vigneron obstiné et visionnaire a mis en place un mode de culture permettant de respecter l'écosystème, de favoriser les interactions entre les règnes végétal et animal, et de renforcer l'immunité de la vigne. Côté cave, comme la vendange est très saine et les raisins d'excellente constitution, l'élevage est d'une simplicité "biblique". S'il n'y a pas de vente directe à la propriété, les Barral communiquent volontiers les adresses de leurs cavistes fidèles. Par leur singularité, leur caractère profondément original et noblement paysan, les vins de Didier Barral font partie des références essentielles du Languedoc.

Les vins : Faugères 2017 prend son temps pour s'ouvrir. Les notes intenses poivrées et florales font place à une bouche incisive et bien construite. Jadis est un vin structuré avec des notes de muscade et de zan très puissantes. La bouche offre une texture granuleuse et veloutée. Valinière se montre poudré et racé. Encore très serré, il va avoir besoin de quelques années pour se détendre mais il promet un avenir radieux.

Faugères 2017 — 22 € — 92
Faugères Jadis 2017 — 32 € — 92
Faugères Valinière 2017 — 50 € — 93

Rouge : 32 hectares. Carignan 33 %, Mourvèdre 27 %, Syrah 20 %, Grenache noir 17 %, Cinsault 3 %
Blanc : 4 hectares. Terret blanc (terret bourret) 80 %, Viognier 10 %, Roussanne 10 %
Production moyenne : 85 000 bt/an

DOMAINE LÉON BARRAL
Lenthéric, 34480 Cabrerolles
04 67 90 29 13 •
www.domaineleonbarral.com • Vente et visites : sur RDV.
Propriétaire : Didier Barral

★★ DOMAINE ALAIN CHABANON

Anticonformiste, exigeant et réservé, le Cévenol Alain Chabanon vient d'inaugurer sa toute nouvelle cave enterrée, en fêtant les vingt-cinq ans du domaine. Il a fait ses classes chez Alain Brumont (château Montus) à Madiran et en Corse, avant d'installer sa cave à Montpeyroux, en 1992. Nous nous inclinons devant la qualité du travail accompli ici, tant à la vigne (viticulture saine, petits rendements) qu'en cave (jusqu'à trente-six mois d'élevage sur les grandes cuvées). Peu de domaines de la région offrent une ligne aussi aboutie et précise. Nous saluons la capacité de vieillissement des vins, qui a peu d'équivalent. Toujours en décalage d'un à deux millésimes avec la production régionale, l'ensemble de la gamme se distingue par sa richesse de goût et son originalité, ce qui place le domaine parmi l'élite de la région.

Les vins : le rosé est tout en friandise et en fruit : de l'éclat, de la légèreté et une bouche élancée, sans complication. En blanc, Petit Trélans est pimpant, frais et subtil, avec un fruité pulpeux. Dans un autre registre, Trélans offre à la fois de la patine et du gras, apportés par un élevage en bois discret et une bouche cristalline. En rouge, Le Petit Merle aux Alouettes est un merlot épicé, rond et volumineux avec une belle énergie poivrée en finale. Le Merle aux Alouettes est plus suave et satiné : ce 2017 est subtil avec des notes de mûre et d'épices et une bouche en filigrane. À la robe légère, Les Boissières est un vin fin et suave, à l'aspect gouleyant, alors que Campredon est d'une expression méditerranéenne, juteuse, florale et finement épicée. Saut de Côte provient d'une majorité de mourvèdre élevé en œuf béton. C'est un vin aux notes de poivre, apportées avec raffinement par le cépage. L'élevage a parfaitement patiné le vin avec cette sensation de jus frais en finale. L'Esprit de Font Caude reflète à merveille le caractère racé et languedocien du secteur de Montpeyroux : ses notes de thym, de cade offrent une bouche onctueuse et suave.

IGP Pays d'Oc Petit Trélans 2019 — 17 € — 91
IGP Pays d'Oc Trélans 2017 — 27 € — 92
IGP Saint-Guilhem-le-Désert Rose Tremier 2020 — 11 € — 91
IGP Pays d'Oc Le Merle aux Alouettes 2017 — 31 € — 92

- IGP Pays d'Oc Le Petit Merle aux Alouettes 2019 — 16 € — 91
- Languedoc Les Boissières 2017 — 29 € — 92
- Languedoc Montpeyroux L'Esprit de Font Caude 2016 — 30 € — 95
- Languedoc Saut de Côte 2017 — 37 € — 94
- Terrasses du Larzac Campredon 2019 — 16 € — 91

Rouge : 15 hectares. Mourvèdre 30 %, Syrah 30 %, Merlot 16 %, Grenache noir 14 %, Cinsault 10 %
Blanc : 3 hectares. Chenin 63 %, Vermentino 37 %
Production moyenne : 60 000 bt/an

DOMAINE ALAIN CHABANON
1, chemin de Saint-Étienne, 34150 Lagamas
04 67 57 84 64 • www.alainchabanon.com •
Visites : sur RDV aux professionnels.
Propriétaire : Alain Chabanon

★★ CLOS MARIE

Depuis leur installation en 1995 dans la zone du Pic Saint-Loup, Christophe Peyrus et Françoise Julien ont enchaîné à un rythme soutenu les expériences, indispensables pour saisir toutes les nuances de leurs terroirs. Le travail effectué au vignoble, le matériel végétal très qualitatif et une densité de plantation plus élevée ont contribué à améliorer la finesse des vins du domaine. L'importance des lieux et des parcelles donnent le tempo. Pour le comprendre, il suffit de visiter la très belle parcelle de Simon, terrasses caillouteuses situées dans une faille, en complantation depuis 2002. L'ensemble de la gamme, cohérente et complémentaire, situe ce domaine dans l'élite du secteur ; des nuances aromatiques personnelles étoffent désormais les cuvées Simon et Les Glorieuses, qui possèdent le potentiel de garde et la silhouette des grands vins du Rhône, sans les singer.

Les vins : Manon est un blanc fin et délicat : on est happé par ses notes délicates d'infusion de plantes et la structure saline apporté par ce petit caractère méditerranéen. En rouge, L'Olivette est un vin charmant qui distille des notes de pivoine, de violette, de tapenade. C'est toute l'élégance du Pic Saint-Loup avec une matière fine et onctueuse. Simon offre un profil plus fluet et longiligne en 2018, déjà prêt à boire ! Enfin, Les Métairies du Clos a du coffre et une consistance remarquable, des notes de fleurs séchées et une touche lardée en finale.

- Pic Saint-Loup L'Olivette 2019 — 20 € — 93
- Pic Saint-Loup Les Métairies du Clos 2018 — 30 € — 93
- Pic Saint-Loup Simon 2018 — 30 € — 91

Le coup de ♥

- Languedoc Manon 2019 — 20 € — 94

Rouge : 20 hectares. Syrah 50 %, Grenache noir 20 %, Carignan 20 %, Mourvèdre 10 %
Blanc : 3 hectares. Grenache gris 20 %, Grenache blanc 20 %, Carignan gris 15 %, Roussanne 15 %, Clairette 10 %, Vermentino 10 %, Muscat à petits grains blancs 5 %
Production moyenne : 80 000 bt/an

CLOS MARIE ♣
2 Route de Cazeneuve, 34270 Lauret
04 67 59 06 96 • clos.marie@orange.fr •
Vente et visites : sur RDV.
Propriétaire : Françoise Julien et Christophe Peyrus

★★ ↗ DOMAINE LE CONTE DES FLORIS

C'est en 2000 que Daniel Le Conte des Floris, ancien journaliste, a franchi le pas en créant ce petit et passionnant domaine de Pézenas. Sa formation bourguignonne se ressent dans son goût pour la déclinaison des terroirs, la gestion délicate de l'élevage en barrique et, in fine, dans des vins privilégiant la complexité aromatique et la fraîcheur. Le bouche-à-oreille a fait de ses blancs des stars du Languedoc, précurseurs par leur style intense, précis et gourmand, au souffle préservé. En rouge, la finesse domine, signalons une superbe trilogie autour des déclinaisons du terroir avec les cuvées Villafranchien (grenache), Carbonifère (syrah) et Basaltique (carignan) ; les vins ont parfois besoin d'un ou deux ans de garde pour trouver leurs marques. Depuis peu, il produit une excellente cartagène en limitant la sucrosité, pour renouveler une tradition. Nous récompensons la régularité de la gamme par l'accession méritée à la deuxième étoile.

Les vins : Six Rats Noirs reste dans un registre de cannelle, d'épices et de fruits bien mûrs et de cassis. La bouche encore un peu stricte le destine pour la table. Villafranchien possède une belle expression florale, complexe et décomplexée de grenache, avec un petit supplément épicé qui lui donne du relief en bouche et des tanins polis. Homo Habilis s'ouvre délicatement sur des parfums de baie de genièvre, d'encens et de rose séchée. En bouche, la sensation de mûre et de thym met en valeur des tanins bien intégrés et une finale fraîche. Le vin orange affiche une robe jaune dorée aux reflets paille. On lui trouve des notes de foin et de fleur d'oranger, et en bouche, de la vigueur et de fins amers qui constituent son léger apport de tanins fins, résultat de la macération de clairette et carignan. Pleine Lune est un blanc plein d'énergie. Il est encore jeune dans son approche de fruits et de fleurs, mais distille déjà une belle fraîcheur en bouche avec une finale qui rappelle les céréales. Cartagène arbore des notes fumées alliées à l'orange sanguine. La sucrosité onctueuse fait ensuite place aux épices et à une empreinte tactile qui rappelle le sous-bois. La finale reste encore portée par l'alcool.

- Languedoc Pleine Lune 2017 — 20 € — 90
- Languedoc Pleine Lune 2019 — 22 € — 92
- Languedoc Cartagene 2014 — 17 € (c) — 90
- Coteaux du Languedoc Homo Habilis 2017 — 25 € — 93
- Coteaux du Languedoc Six Rats Noirs 2018 — 12 € — 89
- Coteaux du Languedoc Villafranchien 2019 — 20 € — 92

Le coup de ♥

- Languedoc Vin Orange 2019 — 40 € — 90

Rouge : 4,5 hectares. Grenache noir 30 %, Syrah 30 %, Mourvèdre 20 %, Cinsault 10 %, Carignan 10 %
Blanc : 2,5 hectares. Carignan 40 %, Marsanne 35 %, Roussanne 10 %, Bourboulenc 10 %, Divers blanc 5 %
Production moyenne : 20 000 bt/an

DOMAINE LE CONTE DES FLORIS

21, avenue Émile-Combes, 34120 Pézenas
07 68 51 29 49 • www.domainelecontedesfloris.com • Vente et visites : sur RDV.
Propriétaire : Daniel Le Conte des Floris

★★ ERMITAGE DU PIC SAINT-LOUP

La famille Ravaille est une belle référence de l'appellation Pic Saint-Loup. Le célèbre pic se trouve d'ailleurs, comme les ruines de l'Ermitage, dans l'enceinte de la propriété. Le domaine est allé loin dans l'exigence culturale, notamment en ce qui concerne la sélection du matériel végétal. Le style charnu des blancs, travaillés à merveille, préserve la fraîcheur du fruit. Les rouges déroulent également cette chair à la fois soyeuse et d'une grande fraîcheur ; le parfum prend le pas sur la matière, jamais pesante. La grande cuvée Guilhem Gaucelm, longuement élevée en foudre, est une des plus brillantes expressions languedociennes actuelles.

Les vins : Tour de Pierres offre un petit jus délicieux aux notes florales et dont le fruité persistant ouvrent sur des tanins onctueux. Sainte Agnès a un côté plus strict et serré, des notes de coriandre fraîche et une finale élancée et salivante. En blanc, Sainte Agnès est équilibré : les notes d'amande fraîche goûtent une bouche enveloppante sans fatiguer le palais. Le 2017 Guilhem Gaucelm évolue tranquillement, toujours dans une structure salivante, avec une belle matière épicée et florale et une finale gourmande et pulpeuse. Un vin qui a de la tenue et de la race pour durer.

- Languedoc Sainte-Agnès 2019 — 15 € — 89
- Pic Saint-Loup Guilhem Gaucelm 2017 — 41 € — 95
- Pic Saint-Loup Sainte Agnès 2018 — 20 € — 90
- Pic Saint-Loup Tour de Pierres 2019 — 13 € — 91

Rouge : 30 hectares.
Blanc : 10 hectares.
Production moyenne : 110 000 bt/an

ERMITAGE DU PIC SAINT-LOUP ♣

Rue Cami Lou Castellas, Domaine de Sainte Agnès 34270 Saint-Mathieu-de-Tréviers
04 67 54 24 68 • www.ermitagepic.fr • Visites : sans RDV.
Propriétaire : Famille Ravaille
Maître de chai : Pierre Ravaille

★★ MAS CAL DEMOURA

Depuis la reprise du domaine en 2003, nous avons pu mesurer l'étendue du talent et de la détermination d'Isabelle et Vincent Goumard. Ces qualités font d'eux des acteurs remarqués du très dynamique secteur des Terrasses du Larzac. L'équilibre précis de leurs cuvées multicépages s'exprime dans des profils de vins élancés, lisses, fruités et vigoureux. S'ils peuvent s'apprécier jeunes, les rouges méritent au moins deux à quatre ans de vieillissement. Les derniers millésimes ont donné des vins remarquables, qui progressent à la fois en profondeur, en finesse et en vitalité. La précision des vins acquise depuis 2014 place ce domaine parmi les meilleurs.

Les vins : L'Etincelle est une expression délicate de fleur d'oranger et d'amande, à la bouche ample, soutenue par des notes de céréales et de fruits blancs. Un nez parfumé et floral pour Terre de Jonquières qui offre une texture suave, des tanins très fins dans un contexte de flore méditerranéenne. Plus complexe, Les Combariolles délivre des notes intenses et complexes de garrigue où se mêlent romarin, quetsche et cannelle. Un vin à la fois gourmand et épicé. La bouche très longiligne met en avant la vitalité de ce terroir.

- IGP Saint-Guilhem-le-Désert L'Etincelle 2020 — 19 € — 92
- Terrasses du Larzac Les Combariolles 2018 — 29 € — 96

Le coup de ♥

- Terrasses du Larzac Terre de Jonquières 2018 — 21 € — 94

Rouge : 12,8 hectares. Syrah 30 %, Grenache noir 25 %, Mourvèdre 20 %, Carignan 15 %, Cinsault 10 %
Blanc : 3,2 hectares. Chenin 55 %, Grenache blanc 25 %, Roussanne 10 %, Carignan 5 %, Viognier 3 %, Petit Manseng 2 %
Production moyenne : 45 000 bt/an

MAS CAL DEMOURA ♣

125, route de Saint-André, 34725 Jonquières
04 67 44 70 82 • www.caldemoura.com • Vente et visites : sur RDV.
Propriétaire : Isabelle et Vincent Goumard
Maître de chai : Vincent Goumard

★★ MAS D'ALEZON

Catherine Roque a créé deux domaines majeurs dans le panorama des vins languedociens, Clovallon, à Bédarieux, dans la Haute Vallée de l'Orb, et le Mas d'Alezon, à Faugères. Architecte de formation, passionnée par la vigne, elle a démarré en 1989 en plantant des cépages inattendus, notamment le pinot noir dont elle fut la pionnière dans la région. Cette autodidacte, mère de trois filles, reprend ensuite en 1997 un vignoble oublié au plus haut de l'appellation Faugères, le Mas d'Alezon. À force d'un travail méticuleux, le plus naturel possible, et en augmentant peu à peu la proportion de mourvèdre, elle vinifie aujourd'hui l'une des plus belles interprétations du cru, la confidentielle cuvée Montfalette. L'ensemble des vins place ce domaine au sommet de l'appellation depuis quelques années. N'hésitez pas à carafer les vins si besoin et attention aux chocs de température qui pourraient leur porter atteinte.

Les vins : Presbytère est un vin à la couleur violine, intensément fruité avec la framboise sauvage et la myrte, puis arrivent l'arbouse et le thym. Un vrai délice. Montfalette est complexe et racé, porté par des notes envoûtantes de fruits des bois et de cannelle. La bouche minéralise avec une belle enveloppe, le tout est bien calé entre la gourmandise et la structure.

- Faugères Le Presbytère 2020 — de 13 à 15 € (c) — 92
- Faugères Montfalette 2020 — 20 € — 95

Rouge : 8 hectares.
Blanc : 2 hectares.
Production moyenne : 20 000 bt/an

MAS D'ALEZON ☾

1, route de Pézenas, 34600 Faugères
04 67 95 19 72 • mas@alezon.fr • Vente et visites : sur RDV.
Propriétaire : Catherine Roque

★★ MAS DES BROUSSES

C'est en 1997 que Géraldine Combes crée cette exploitation à Puéchabon, avec Xavier Peyraud (de l'illustre famille propriétaire du domaine Tempier, à Bandol). Le secteur tempéré permet à ces vignerons discrets d'élaborer des vins rouges équilibrés, francs et toujours empreints d'une remarquable finesse de texture. Ces qualités se retrouvent dans le Chasseur des Brousses (merlot et grenache), ainsi que dans le plus profond Mas des Brousses (syrah et mourvèdre). Bon sang ne saurait mentir : ce dernier cépage trouve ici l'une de ses plus magistrales expressions languedociennes. Délicieux dès leur jeunesse, ces vins sont capables de bien évoluer, spécialement la cuvée confidentielle Mataro.

Les vins : le rosé appelle la figue, avec ce côté enrobant, sans trop de force, alors que le blanc, plus gras et opulent, se rapproche de l'abricot et des fleurs blanches. Chasseur des Brousses s'allonge dans une gourmandise de figue, grâce à des tanins onctueux, combinaison d'un assemblage de vieilles vignes de merlot et de jeunes vignes de mourvèdre. Terrasses du Larzac est filiforme, il offre des notes de feuilles de figuier, avec un petit fumé caressant et une persistance dans les arômes de garrigue, tout en souplesse. À l'inverse, Mataro offre une expression profonde, dense, texturée et complexe. Ce mourvèdre sur cailloutis calcaire, complété par la syrah et le grenache, propose des notes de cerise amarena avec un bois de cade intense.

- IGP Saint-Guilhem-le-Désert 2019 — 16,50 € — 89
- Languedoc Rosée des Brousses 2020 — 11 € — 88
- IGP Saint-Guilhem-le-Désert Chasseur des Brousses 2019 — 10 € — 91
- Terrasses du Larzac 2018 — 18,50 € — 92
- Terrasses du Larzac Mataro 2018 — 36 € — 94

Rouge : 8 hectares. Mourvèdre 43 %,

Merlot 20 %, Syrah 20 %, Grenache noir 17 %
Blanc : 1 hectare. Chardonnay 15 %, Chenin 15 %, Roussanne 15 %, Sauvignon blanc 15 %, Viognier 15 %, Clairette 10 %, Vermentino 10 %, Muscat à petits grains blancs 5 %
Production moyenne : 30 000 bt/an

MAS DES BROUSSES ♣
2, chemin du Bois, 34150 Puéchabon
04 67 57 33 75 • www.masdesbrousses.fr •
Vente et visites : sur RDV.
Propriétaire : Géraldine Combes et Xavier Peyraud
Directeur : Géraldine Combes
Maître de chai : Xavier Peyraud

★★ DOMAINE LES MILLE VIGNES

Valérie Guérin défend avec passion depuis presque vingt ans ce petit domaine du secteur de La Palme (dans la partie maritime de l'appellation Fitou, au bord des étangs). Jacques Guérin, originaire de la vallée du Rhône septentrional et enseignant en viti-œno à Orange, qui l'a lancée à la fin des années 1980, garde un œil bienveillant sur le travail de sa fille. Sélections massales, rendements extrêmement bas, à moins de 20 hl/ha (qui expliquent les prix élevés), cuvaisons longues, sont pour elle les maîtres-mots. De multiples passages dans les parcelles font naître un rosé de table, trois cuvées de rouge et trois cuvées de vin de liqueur. Pour ces dernières, les cépages (mourvèdre, grenache et carignan) sont vinifiés séparément ; ces trois cuvées de caractère présentent une concentration unique, qui peut paraître massive dans la jeunesse mais qui s'affine merveilleusement bien avec le temps.

Les vins : Le Pied des Nymphettes est un blanc tonique et profond, une expression franche, caillouteuse et florale de carignan blanc. Il laisse une impression de menthe poivrée et de pamplemousse en finale. Le muscat de Rivesaltes est d'un équilibre un peu plus rond sur ce millésime, ce qui fait davantage ressortir de beaux amers et des notes de fruits jaunes. Dans les rouges, Cadette est salivant avec un aromatique de poivre et de fleurs, de la souplesse et un grain de tanins fin. Atsuko est une expression majoritaire de grenache, très gourmand et ample, avec des fruits noirs et des tanins encore stricts en finale, il lui faudra un peu de temps. Dennis Royal offre une expression de myrtille et de garrigue, une bouche élancée, sans trop de puissance avec une bonne gestion de l'alcool. Il laisse une impression très gourmande et fine. Beaucoup de pureté et d'élan minéral dans Les Vendangeurs de la Violette, un vin nourrissant et velouté au caractère sanguin et finement épicé. L'Idyllique est déjà délicieux. Un vin pulpeux, fin et racé avec des notes de garrigue et de fruits noirs, ainsi qu'une belle patine de tanins. Les Vins de Liqueur sont déclinés sur trois cépages, Noir de Mourvèdre 2019 est une belle réussite, une sucrosité bien balancée par un caractère plus épicé et rugueux qui en fera un compagnon idéal autour de fromages de caractère. Notes de pruneau et de café.

IGP Aude Le Pied des Nymphettes 2020	55 €	92
Muscat de Rivesaltes 2020	35 €	91
Fitou Atsuko 2019	45 €	90
Fitou Dennis Royal 2019	45 €	92
Fitou L'Idyllique 2019	75 €	93
Fitou La Cadette 2019	27 €	91
Fitou Les Vendangeurs de la Violette 2019	55 €	91
VDL Noir de Mourvèdre 2019	89 €	91

Rouge : 9 hectares. Grenache noir 40 %, Mourvèdre 30 %, Carignan 20 %, Lladoner pelut 10 %
Blanc : 2 hectares. Divers blanc 75 %, Muscat à petits grains blancs 25 %
Production moyenne : 25 000 bt/an

DOMAINE LES MILLE VIGNES
24, avenue San-Brancat, 11480 La Palme
04 68 48 57 14 • www.lesmillevignes@free.fr
• Vente et visites : sur RDV.
Propriétaire : Valérie Guérin
Œnologue : Laboratoire Dejean

★★ DOMAINE DE MONTCALMÈS

Vigneron chevronné, Frédéric Pourtalié connaît une réussite amplement méritée depuis son premier millésime, en 1999. Ce natif de Puéchabon est aussi considéré comme un mentor pour bon nombre de vignerons qu'il a formés avant qu'ils ne s'installent dans la région. Situé entre Puéchabon, Aniane, Saint-Jean-de-Fos et Saint-Saturnin-de-Lucian, le vignoble (35 hectares de vignes familiales) est composé de syrah et grenache implantés sur un plateau de calcaire lacustre orienté nord, ainsi que de mourvèdre sur un terroir de galets roulés qui évoque Châteauneuf-du-Pape. La finesse des tanins provient d'un élevage en barriques de 24 mois dans une cave humide creusée par ce vigneron ingénieux. Les vins se reposent ensuite une année supplémentaire en cuve et en bouteille. Ce sont donc trois récoltes qui s'affinent sous terre, ce qui est assez rare et en fait la signature de ce domaine de référence.

Les vins : cuvée emblématique du domaine, le rouge Terrasses du Larzac 2018 est gracieux, svelte et racé à la fois, sur des notes de pin et d'épices. Assemblage de syrah (60 %), grenache (20 %) et mourvèdre (20 %) au toucher de bouche délicat et suave, il présente des tanins et un élevage intégrés à merveille. Les amateurs de la patte Montcalmès ne seront pas déçus ! Le blanc est formé par un duo de marsanne et de roussanne, enveloppant et gras, avec des notes d'acacia, une bouche équilibrée et une belle finale à la fois saline et méditerranéenne.

- Coteaux du Languedoc 2018 28 € 92
- Coteaux du Languedoc Terrasses du Larzac 2018 28 € 95

Rouge : 16,55 hectares. Syrah 48 %, Grenache noir 25 %, Mourvèdre 21 %, Cinsault 5 %
Blanc : 4,53 hectares. Roussanne 41 %, Marsanne 25 %, Chenin 13 %, Chardonnay 9 %, Courbu 4 %, Gros Manseng 4 %, Petit Manseng 4 %
Production moyenne : 70 000 bt/an

DOMAINE DE MONTCALMÈS ♣
Chemin du Cimetière, 34150 Puéchabon
04 67 57 74 16 • www.domainedemontcalmes.fr • Vente et visites : sur RDV.
Propriétaire : Frédéric Pourtalié et Muriel Fabre

★★ ↗ DOMAINE NAVARRE

Thierry Navarre cultive avec grand soin son vignoble sur les beaux coteaux schisteux du village pittoresque de Roquebrun. Il privilégie le grenache et le carignan pour ses saint-chinian profonds et complexes, qui évoluent en finesse sur des notes de laurier, de thym et d'épices. Le domaine travaille aussi à la pérennité de cépages locaux oubliés tels l'œillade (raisin de table, cousin du cinsault) ou le ribeyrenc. La gamme est régulière et irréprochable, une belle référence de l'appellation, qui mérite cette année l'accession à la deuxième étoile.

Les vins : assemblage d'anciens cépages blancs du Languedoc, Lignières offre une approche fraîche, sur le vétiver, et s'ouvre sur une bouche pure, conclue par sa finale de fruits blancs. Vin d'Œillades est un pur vin de plaisir, friand. Joyeusement floral, Ribeyrenc se livre avec une trame fine en bouche. Cuvée Olivier tape dans le mille de la partie schisteuse de l'appellation avec ses notes grillées et florales et un toucher de bouche soyeux. Un très beau vin parti pour durer !

- VDF Lignières 2020 12,50 € 90
- Saint-Chinian Cuvée Olivier 2019 de 13 à 15 € (c) 93
- VDF Ribeyrenc 2020 11 € 92
- VDF Vin d'Œillades 2020 de 7,50 à 9,50 € (c) 90

Rouge : 13 hectares.
Blanc : 1 hectare.
Production moyenne : 35 000 bt/an

DOMAINE NAVARRE
15, avenue de Balaussan, 34460 Roquebrun
04 67 89 53 58 • www.thierrynavarre.com • Vente et visites : sur RDV.
Propriétaire : Thierry Navarre

★★ DOMAINE DU PAS DE L'ESCALETTE

Après une longue expérience chez Henri Pellé, à Menetou-Salon (Cher), Julien et Delphine Zernott se sont installés en 2003 dans un vignoble d'altitude (entre 350 et 400 mètres) à Poujols, au pied du Larzac. Bien irriguées par les sources qui en descendent et parcourues de vents frais, les vignes y sont, pour moitié, âgées de plus de 60 ans. L'homogénéité de la gamme depuis quelques années, mais aussi ses grandes réussites (Mas Rousseau en blanc, Le Grand Pas et Les Frieys en rouge), font de ce domaine un incontournable du secteur. Nous apprécions la finesse des vins, sans que la structure soit décharnée. Un bel exercice de style, également apte à traverser le temps.

Les vins : Les Petits Pas offre un beau jus éclatant et immédiat, avec des notes de petits fruits rouges et des tanins tout en souplesse. Ze Cinsault est aérien, floral et longiligne tandis que Les Clapas trouve sa place entre le fruit bien juteux, le soyeux des tanins et une petite pointe d'épices réconfortante. Un ensemble très élégant. Le Pas de D. développe des notes de cerise et de thym : un vin au charme envoûtant doté de tanins fins et d'un dynamisme salivant en finale. On monte d'un cran avec Les Grands Pas, la force tranquille qui s'ouvre dans un registre profond de fruits noirs, de thé, d'orange sanguine et une bouche construite autour de tanins onctueux et enveloppants. Une bouteille à mettre de côté ! Les Frieys est un vin de grande classe, amené par le trio grenache, carignan et mourvèdre. Ses tanins fins et graciles, dopés de notes de réglisse et une bouche subtilement poivrée méritent encore quelque temps pour se délier. Les blancs sont tout aussi remarquables : Les Clapas est un vin fin et vif, digeste avec ses notes d'agrumes et d'herbes aromatiques ; le carignan blanc Mas Rousseau, longiligne et fin, demeure encore discret.

- IGP Pays d'Hérault Mas Rousseau 2019 — 30 € — 93
- Languedoc Les Clapas 2019 — 24 € — 93
- IGP Pays d'Hérault Ze Cinsault 2019 — 24 € — 93
- Languedoc Les Petits Pas 2020 — 13 € — 90
- Terrasses du Larzac Le Grand Pas 2019 — 28 € — 94
- Terrasses du Larzac Le Pas de D. 2019 — 24 € — 92
- Terrasses du Larzac Les Frieys 2019 — 40 € — 95

Le coup de ♥

- Terrasses du Larzac Les Clapas 2019 — 17 € — 93

Rouge : 18 hectares.
Blanc : 2 hectares.
Production moyenne : 80 000 bt/an

DOMAINE DU PAS DE L'ESCALETTE
Le Champ de Peyrottes, 34700 Poujols
04 67 96 13 42 • www.pasdelescalette.com • Vente et visites : sur RDV.
Propriétaire : Julien et Delphine Zernott

★★ ROC D'ANGLADE

Rémy Pédréno est un vigneron exigeant, idéaliste, qui cultive 9 hectares de vignes autour du village de Langlade. Ce Nîmois au regard pétillant a créé ce domaine en 1999, devenu en vingt ans l'un des meilleurs de la région. Le style est original, tendu vers une recherche de fraîcheur et d'élégance. Toutes les cuvées valent le détour, et provoquent l'émotion chez l'amateur. Les vins traversent le temps sans vaciller, et se révèlent fins et complexes. Les élevages en foudre ont fait progresser la qualité des vins et la tenue du vignoble est impeccable.

Les vins : on commence avec un rosé épicé qui rappelle les baies rouges, la menthe poivrée et offre une bouche pleine et fluide. Le blanc se fond dans une palette de fenouil, de céréales et dispose d'une bouche qui a du relief. La tension et les fins amers tiennent ce vin fin et aromatique. Le 2019 en rouge est un vin de patience : il divulgue des arômes de romarin et la cerise bien juteuse, sous des tanins caressants. Le 2007 nous permet de prendre du recul, il présente une évolution parfaite qui nous transporte dans un registre de cuir et d'encens, avec une impression sanguine et florale en bouche. Les tanins sont polis par le temps et offrent une longueur salivante.

- IGP Gard 2019 — Épuisé - 40 € — 93
- IGP Gard 2020 — Épuisé - 20 € — 91
- IGP Gard 2007 — Épuisé - 55 € — 92
- IGP Gard 2011 — Épuisé - 53,50 € — 94
- IGP Gard 2019 — Épuisé - 40 € — 95

Rouge : 7 hectares. Carignan 55 %, Mourvèdre 25 %, Divers noir 20 %
Blanc : 2 hectares. Chenin 65 %, Chardonnay 20 %, Carignan 5 %, Grenache blanc 5 %, Grenache gris 5 %
Production moyenne : 36 000 bt/an

ROC D'ANGLADE ♣
700, chemin de Vignecroze, 30980 Langlade
04 66 81 45 83 • www.rocdanglade.fr • Pas de visites.
Propriétaire : Rémy et Martine Pédréno
Directeur : Rémy Pédréno
Œnologue : François Serres

★ BARDI D'ALQUIER

Sophie et Thibaud Bardi de Fourtou ont repris ce domaine historique de Faugères en 2017. La volonté du couple ? Pérenniser le style de la maison, dont le vignoble est dominé par de vieilles syrah, issues de sélections massales (parmi les premières plantées en Languedoc dans les années 1960 par Gilbert Alquier) complétées de mourvèdre et de grenache. Nous restons attentifs à ce nouveau tournant prometteur.

Les vins : d'emblée, la syrah sur schistes s'impose au nez chez Les Premières. Suivent des notes de poivre, fruits rouges et épices sous cette agréable touche fumée. La bouche est onctueuse et friande, un vin prêt à boire ! La Maison Jaune affiche une belle expression souple, onctueuse et florale, emportée par le grenache. Plus ferme, structuré et racé, Les Bastides s'articule autour d'une syrah marquée par des notes de santoline.

- Faugères La Maison Jaune 2018 — 24 € — 93
- Faugères Les Bastides d'Alquier 2018 — Épuisé - 33 € — 92
- Faugères Les Premières 2018 — 18 € — 90

Rouge : 11 hectares. Syrah 55 %, Grenache noir 30 %, Carignan 10 %, Mourvèdre 5 %
Blanc : 1 hectare. Sauvignon blanc 50 %, Marsanne 20 %, Grenache blanc 15 %, Roussanne 15 %
Production moyenne : 40 000 bt/an

BARDI D'ALQUIER
2, rue de Vieux-Château, 34600 Faugères
04 67 23 07 89 • www.bardi-alquier.fr •
Visites : sans RDV.
Propriétaire : Sophie et Thibaud Bardi
Directeur : Thibaud Bardi

★ CHÂTEAU LA BARONNE

Médecins et vignerons de père en fils : telle pourrait être la devise de la famille Lignères, qui se consacre avec passion à son vaste vignoble des Corbières, dans le secteur frais de la montagne d'Alaric. Conseillés par l'œnologue toscan Stefano Chioccioli depuis 2002, les propriétaires conduisent désormais leur domaine en agriculture biodynamique. La gamme se décline en sélections de terroirs (assemblages) ainsi qu'en cuvées de cépages purs (vieux carignan, roussanne, mourvèdre), souvent impressionnantes. L'élevage sous bois a acquis une plus grande précision, exaltant les saveurs profondes des vins. Ayant rejoint l'élite de la région, ce domaine, toujours à la recherche d'une production idéaliste, ne cesse de se remettre en question.

Les vins : Les Lanes est un beau jus pulpeux et fruité dotée d'une touche de fines épices. Suit Les Chemins, la cuvée de référence du domaine, dont on apprécie le velouté et les fruits rouges bien mûrs. Il est charnu avec une finale sans lourdeur. Pour les amateurs de mourvèdre, Las Vals est dense, le nez doit encore s'affirmer. Il se présente avec des notes animales pour le moment. La bouche est intense et vive avec des tanins sveltes et épicés. Notre préférence revient au pur carignan Pièce de Roche, avec ses notes intenses de fleurs séchées, de myrtille et une bouche suave et onctueuse, conclu par une belle persistance de fruits noirs et une finale gourmande. Les blancs ne manquent pas de tension : avec le vermentino et ses notes d'agrumes et fleurs blanches et une tension sur le fil en finale, on le placerait plus au nord ! Le Grenache Gris de Jean, à la robe saumonée, rappelle la muscade et la framboise. La bouche est ronde et onctueuse avec une belle dynamique de fruits rouges en finale.

VDF Le Grenache Gris de Jean 2019	19 €	91
VDF Vermentino NW 2020	18 €	90
Corbières La Baronne Les Lanes 2019	12 €	89
Corbières Les Chemins 2019	15 €	91
VDF Las Vals 2018	23 €	91
VDF Pièce de Roche 2018	34 €	92

Rouge : 78 hectares.
Blanc : 12 hectares.
Production moyenne : 250 000 bt/an

CHÂTEAU LA BARONNE
21, rue Jean-Jaurès, 11700 Moux
04 68 43 90 07 •
www.chateaulabaronne.com • Vente et visites : sur RDV.
Propriétaire : Famille Lignères
Directeur : Jean Lignères

★ DOMAINE CANET VALETTE

Enfant de la coopération, Marc Valette est un vigneron languedocien pur jus, entier et sans concession. Bousculant les convenances, il a opté pour la cave particulière ; ses rouges, sombres et puissants, ont d'emblée interpellé confrères et consommateurs. Les élevages très longs (trois ans pour la cuvée Maghani) accompagnent des matières "brutes", comme on parle d'art brut. Avec le temps, les vins peuvent cependant acquérir un réel velouté de tanins. Si le vieillissement est leur allié, les derniers vins présentés nous semblent plus précoces et expressifs dans leur jeunesse ; en un mot, plus civilisés que par le passé. Une et Mille Nuits se boit sur cinq ans, alors que Maghani s'ouvre après six ou huit ans, demeurant le saint-chinian de terroir argilo-calcaire le plus puissant et le plus sincère de sa génération (de vieux millésimes sont toujours à la vente). Un domaine qui n'a jamais été aussi en forme qu'aujourd'hui.

Les vins : le piquepoul est associé au bourboulenc pour le blanc ; un vin aux parfums d'olive verte, de camomille, une belle ligne droite en bouche et une impression de caillou en finale. Antonyme est un vrai jus de raisins, frais, facile et fringuant. Idéal pour un apéritif improvisé ! Une et Mille Nuits se montre racé, avec des notes d'épice, d'arbouse ; le croquant des tanins se fondant dans un ensemble plein de gourmandise. Une belle identité de Saint-Chinian. Ivresses est un vin plus simple, fin, sur une trame de petits fruits des bois, de cerise et un côté acidulé sur la finale qui en fait un rouge de soif léger. Maghani dispose d'une étoffe hors du commun, à la fois poudré et épicé mais sans rugosité. C'est un vin qui nous laisse dans le cœur une sensation de plaisir, avec une belle force salivante. Il pourra se tenir une décennie.

VDF Une et Mille Nuits 2020	11 €	91
Saint-Chinian Antonyme 2020	9 €	89
Saint-Chinian Ivresses... 2020	17 €	90
Saint-Chinian Maghani 2018	26 €	93
Saint-Chinian Une et Mille Nuits 2019	13 €	91

Rouge : 20 hectares. Grenache noir 30 %, Syrah 30 %, Mourvèdre 20 %, Carignan 10 %, Cinsault 10 %
Blanc : 1,5 hectare. Picpoul blanc 75 %,

Bourboulenc 25 %
Production moyenne : 75 000 bt/an

DOMAINE CANET VALETTE ♣
1497, avenue de Causses-et-Veyran, 34460 Cessenon-sur-Orb
04 67 89 51 83 • www.canetvalette.com • Vente et visites : sur RDV.
Propriétaire : Marc Valette
Œnologue : Alix Jojot

★ CLOS CENTEILLES

Cette propriété originale, située dans l'environnement poétique du causse de Siran, est dirigée par Cécile Boyer-Domergue, toujours aidée par sa mère Patricia. Leurs vins résultent d'un travail d'une exemplaire probité, tourné vers la culture de cépages rares ou oubliés. L'expression du fruit au nez est toujours un peu confite alors qu'en bouche les vins manifestent une rare élégance et une grande finesse de texture, notamment les purs cinsaults. Les grandes cuvées ne sont vendues qu'à leur apogée. Le domaine produit un joli blanc sec à base de variétés oubliées : araignan blanc, riveyrenc blanc et gris, ainsi qu'une vendange passerillée, Erme, dans l'esprit des "vins nobles" jadis élaborés en Minervois. Il faut saluer la singularité et la force de cette démarche, vigneronne et mémorielle, qui offre un point de repère capital, non seulement pour le Minervois, mais pour le Languedoc tout entier.

Les vins : le blanc se distingue par sa palette riche : fleurs, herbes séchées et une fine évolution truffée. La bouche est large et salivante, une belle réussite ! Du côté des rouges, Campagne de Centeilles est un cinsault frais et souple, avec un côté zan et cerise. Le C de Centeilles est raffiné, soutenu par de fines épices. Sa finale fumée dévoile un éclat de fruits noirs et une certaine légèreté. On monte d'un cran avec Le Clos Centeilles, qui déploie une suavité et un soyeux sans pareil en 2015. Des notes de tabac blond, de petits fruits secs et une allonge d'épices s'y répondent.

- IGP Côtes du Brian Le C de Centeilles 2017 — 22 € — 92
- Minervois-La-Livinière Le Clos Centeilles 2015 — 27 € — 93
- Minervois Campagne de Centeilles 2016 — 15 € — 89
- Minervois Le C de Centeilles 2015 — 17 € — 91

Rouge : 10,5 hectares. Cinsault 25 %, Carignan 20 %, Divers noir 15 %, Syrah 10 %, Mourvèdre 10 %, Ribeyrenc 7 %, Picpoul noir 7 %, Grenache noir 4 %, Œillade noire 2 %
Blanc : 1,5 hectare. Araignan Blanc 24 %, Grenache gris 20 %, Ribeyrenc gris 14 %, Ribeyrenc 12 %, Clairette rose 6 %, Picpoul Gris 6 %, Divers blanc 5 %, Clairette 4 %, Picardan 4 %, Terret gris 2 %, Carignan gris 2 %
Production moyenne : 56 000 bt/an

CLOS CENTEILLES
Chemin de Centeilles, 34210 Siran
04 68 91 52 18 • www.closcenteilles.com • Vente et visites : sur RDV.
Propriétaire : Patricia et Cécile Domergue

★ CLOS MAÏA

Géraldine Laval a repris en 2009 quelques parcelles de vignes d'altitude (350 à 400 mètres) dans les Terrasses du Larzac, sur le secteur de Pégairolles-de-l'Escalette. Après une solide formation et de nombreux stages chez de grands vignerons français, elle s'attache à retrouver les équilibres naturels de la vigne pour produire des vins digestes, droits et fins, d'une précision et d'une maîtrise remarquables. Les parcelles sont plantées de vieux grenaches, de cinsault, de carignan, de syrah, de terret et de chenin (depuis 2014). Nous sommes tombés sous le charme de cette production singulière et cohérente, emblématique de la nouvelle vague languedocienne.

Les vins : le blanc est plus que convaincant. On lui trouve des notes de feuille de citron, de bruyère blanche ; toujours cette touche florale et un équilibre salivant. Les rouges sont bien calés également. Gouleyant, Le Petit Clos rappelle le clou de girofle, ses tanins soyeux sont appuyés par des petits fruits rouges. Le terrasses-du-larzac s'avère pulpeux et équilibré avec des notes subtiles de myrte et un grain velouté, tout en équilibre. Une belle réussite !

- IGP Pays d'Hérault 2019 — 25 € — 91
- IGP Pays d'Hérault Le Petit Clos 2019 — 13 € — 90
- Terrasses du Larzac 2019 — 25 € — 93

Rouge : 4,8 hectares. Grenache noir 60 %, Carignan 15 %, Cinsault 13 %, Syrah 10 %, Divers noir 2 %
Blanc : 1,2 hectare. Grenache gris 40 %, Chenin 40 %, Roussanne 15 %, Terret blanc (terret bourret) 5 %
Production moyenne : 26 500 bt/an

CLOS MAÏA ♣
1, Grand-Rue, 34520 La Vacquerie
06 12 83 42 89 • www.closmaia.fr • Vente et visites : sur RDV.
Propriétaire : Géraldine Laval

★ LES CLOS PERDUS

Le duo constitué par l'Australien Paul Old, ancien danseur, et Hugo Stewart, précédemment fermier en Angleterre, est à l'origine de ce projet original qui, depuis 2003, fait vivre avec passion de vieilles vignes réparties entre Corbières et Roussillon. Paul Old est désormais seul aux commandes. Culture en biodynamie et approche minimaliste en cave (sans rien laisser au hasard cependant) permettent de proposer une série de cuvées de haute volée, conservant intacts le naturel du fruit et l'intensité des saveurs, en particulier sur le voluptueux et fin corbières Prioundo. Les vins savent vieillir et l'aération leur est bénéfique. Nous croyons beaucoup en ce domaine artisanal, un de ceux par lesquels passe la renaissance des vins des Corbières.

Les vins : L'Extrême est un blanc du Roussillon marqué par des notes de céréales et un côté rancio. La bouche est pleine, avec des notes d'agrumes confits et une belle enveloppe, soutenue par une fine acidité et des amers filiformes. En rouge, Prioundo affiche, dans une puissance mesurée, des notes de kirsch et de poivre sauvage. Sa finale encore un peu stricte et anguleuse nous invite à le laisser se poser. Mire La Mer est totalement envoûtant, avec des notes de coriandre et de fruits noirs. Sa race et sa finesse se mêlent dans cette belle structure élancée.

- IGP Côtes Catalanes L'Extrême 2019 — 37 € — 91
- Corbières Mire la Mer 2017 — 26 € — 93
- Corbières Prioundo 2017 — 21 € — 92

Rouge : 15 hectares. Grenache noir 40 %, Carignan 30 %, Mourvèdre 20 %, Cinsault 5 %, Syrah 5 %

Blanc : 4 hectares. Grenache blanc 60 %, Macabeu 20 %, Muscat à petits grains blancs 10 %, Terret blanc (terret bourret) 10 %

Production moyenne : 30 000 bt/an

LES CLOS PERDUS

17, rue du Marché, 11440 Peyriac-de-Mer

04 68 48 30 05 • www.lesclosperdus.com • Vente et visites : sur RDV.

Propriétaire : Paul Old

★ CLOS DU GRAVILLAS

Grâce à des vignerons comme Nicole et John Bojanowski, le carignan a pleinement retrouvé sa place comme élément constitutif de l'identité viticole de la région. Les Bojanowski, producteurs artisans installés depuis 1999 sur le causse blanc et aride de Saint-Jean-de-Minervois, aiment ce cépage qui s'exprime à foison dans la gamme du domaine. Ces rouges intenses et attachants trouveront aisément leur place à table, où leur rusticité justement domptée devient velours. Les vins montent en puissance, en particulier les blancs. La régularité du domaine depuis quelques années, couplée à l'audace d'aller toujours plus loin, le placent parmi les références du Minervois.

Les vins : Mademoiselle Lily est un blanc charnu, doté de subtiles notes de fleurs blanches et d'une finale sur la mandarine et la verveine. L'Inattendu nous oriente vers les fruits blancs et les plantes aromatiques. Un vin pur et précis, salivant et doté de jolis amers en finale. Le muscat est décliné avec brio en trois styles : Jour de Teuf, avec ses bulles généreuses et festives, qui rappelle la fleur d'oranger ; À Fleur de Peau est une macération réussie qui tend vers le thé Earl Grey ; enfin, Douce Providence est marqué par le raisin sec. Dans les rouges, Sous les Cailloux des Grillons est un vin friand aux notes de fruits noirs et rouges. Rendez-Vous sur la Lune s'ouvre sur la fleur, avec une expression fluide et gourmande tout en conservant une structure fine et tonique. Pour finir, Lo Viehl propose de la finesse avec des notes subtiles de laurier et de thym. Le grain de tanins est fin et la finale suave portée par l'éclatante sensation de fruits rouges.

- IGP Côtes de Brian Mademoiselle Lily 2020 — 14 € — 91
- Minervois L'Inattendu 2019 — 19 € — 92
- Muscat de Saint-Jean de Minervois Douce Providence 2019 — 12 € — 89
- VDF A Fleur de Peau 2019 — 19 € — 92
- VDF Jour de Teuf 2020 — 14 € — 89
- IGP Côtes du Brian Lo Vielh de 100 Ans 2019 — 19 € — 92
- IGP Côtes du Brian Sous les Cailloux des Grillons 2020 — 12 € — 92
- Minervois Rendez-Vous Sur La Lune 2019 — 15 € — 91

Rouge : 4,5 hectares. Carignan 45 %, Syrah 30 %, Cabernet-Sauvignon 11 %, Cinsault 8 %, Counoise 3 %, Mourvèdre 3 %, Grenache noir 2 %, Picpoul noir 1 %, Terret noir 1 %

Blanc : 4,2 hectares. Terret gris 30 %, Muscat à petits grains blancs 28 %, Grenache gris 18 %, Carignan 6 %, Grenache blanc 5 %,

Roussanne 3 %, Viognier 3 %, Macabeu 3 %, Picpoul Gris 2 %, Picpoul blanc 1 %, Clairette 1 %
Production moyenne : 35 000 bt/an

CLOS DU GRAVILLAS ♣
15, route de Bize,
34360 Saint-Jean-de-Minervois
04 67 38 17 52 • www.closdugravillas.com •
Vente et visites : sur RDV.
Propriétaire : Nicole et John Bojanowski
Directeur : Nicole Bojanowski
Maître de chai : John Bojanowski
Œnologue : Claude Gros

★ DOMAINE DE CÉBÈNE

Après une riche expérience professionnelle dans le monde du vin bordelais, Brigitte Chevalier a posé ses valises à Faugères en 2007. Femme du sérail mais néo-vigneronne, elle possède indéniablement de l'ambition, une vista, un sens de l'élégance "septentrionale" qu'elle veut donner à ses vins. En choisissant des vignes d'altitude, en majorité exposées au nord, puis en creusant un chai enterré sous les schistes, au milieu des vignes, elle s'est donné les moyens d'atteindre ses objectifs. La gamme est bien articulée entre vins de cuve et élevage en barrique de 500 l (cuvée Felgaria, dominée par le mourvèdre). Le plaisir procuré par ces vins depuis quelques années se confirme et le domaine fait désormais partie de l'élite faugéroise.

Les vins : seul Felgaria a été présenté. Déjà prêt à boire, il se présente sur des notes de rose, de poivre et un fruité pulpeux qui nous amène à une finale racée. On est bien sur le schiste : une texture onctueuse, des tanins fins et une fraîcheur épicée.

Faugères Felgaria 2018	39 €	93

Rouge : 11 hectares. Grenache noir 30 %, Syrah 27 %, Carignan 25 %, Mourvèdre 18 %
Production moyenne : 35 000 bt/an

DOMAINE DE CÉBÈNE ♣
Route de Caussiniojouls, BP 72,
34600 Faugères
06 74 96 42 67 • www.cebene.fr • Vente et visites : sur RDV.
Propriétaire : Brigitte Chevalier

★ DOMAINE DE DERNACUEILLETTE

Impavide "vigneron d'altitude", Guillaume Boussens sonne, depuis le début des années 2000, le réveil des Hautes Corbières. Miraculeusement préservés, ces terroirs bénéficient d'une fraîcheur climatique exceptionnelle, ainsi que d'une diversité géologique tout aussi étonnante – sur ces sols bigarrés, dont la couleur change d'une parcelle à l'autre, il n'est pas rare de découvrir de magnifiques cristaux. À cheval sur trois communes (Dernacueillette, Maisons et Montgaillard) le domaine ne produit, pour l'instant, que des rouges, basés sur la trilogie carignan, grenache, syrah ; leur caractère aromatique, très puissant, mentholé et épicé, entre garrigue et maquis, est inoubliable. Grâce à la volonté d'un homme, grâce à sa vision et à sa force de travail, s'exprime un grand terroir méconnu.

Les vins : Le Petit Derna est fin, frais et soyeux avec des notes de fruits rouges et une finale finement poivrée. Le corbières 2017 est fin et élancé, la bouche est encore un peu stricte, avec des tanins secs et Les Hauts de Dernacueillette est à la fois dense et fin, avec un fruit noir persistant, des notes de ciste et de mûre et une bouche encore ferme. On change de cap avec Anne Fleur, un vin subtil et floral, soutenu par sa bouche sapide et longiligne et des petits fruits rouges qui animent les papilles. Frais et entraînant, Jacques présente un nez sur les notes de petits fruits rouges et d'épices fines. La syrah persiste en finale avec ses notes de violette et de poivre.

Corbières 2016	16 €	91
Corbières 2017	17 € (c)	90
Corbières Cuvée Anne Fleur 2017	22 €	92
Corbières Cuvée Jacques 2018	35 €	92
Corbières Les Hauts de Dernacueillette 2016	26,50 €	90
IGP Pays de Cucugnan Le Petit Derna 2017	13 €	90

Rouge : 25 hectares.
Production moyenne : 35 000 bt/an

DOMAINE DE DERNACUEILLETTE
15, rue Fleurie, 11330 Dernacueillette
06 70 79 38 46 •
www.domainededernacueillette.fr • Vente et visites : sur RDV.
Propriétaire : Guillaume Boussens
Œnologue : Marc Quertinier

★ DOMAINE DE LA GARANCE

Enfant du pays, Pierre Quinonero a pour objectif de produire des vins au caractère méditerranéen, taillés pour la garde. Il a grandi dans les 1,5 hectare de vignes de son grand-père maternel, à quelques kilomètres de Pézenas, au milieu des vignes et de la garrigue. Et c'est à ce même endroit qu'il a bâti de ses mains sa cave et son mas dès 1991. Autodidacte, il travaille seul, sans œnologue, et a replanté grenache et syrah, issus de sélections massales. Il a pour lui un terroir de basalte mais aussi des parcelles plus fraîches avec des galets roulés en sous-sol. Ses blancs, travaillés sur l'oxydatif, pourront trouver leur public. Ses vins rouges offrent relief et de personnalité, à l'instar d'Armières, qu'il est recommandé de carafer. Les vins n'étant pas protégés par le soufre, il est impératif de stocker les bouteilles dans de bonnes conditions.

Les vins : Les Armières est un rouge élancé et subtil, qui rappelle la framboise sauvage avec des notes de vétiver. La bouche sapide présente des tanins fins et une touche saline en finale qui donne envie d'y revenir ! In Fino se montre très fruité (notes d'orange amère et de pêche). Un joli rancio net, à la bouche est enveloppante, sec avec une texture grasse et salé en finale. Son élevage en fûts de cognac lui donne un supplément de gourmandise avec des notes de fruits secs et de tabac blond.

VDF In Fino 2009	N.C.	92
VDF Les Claviers 2011	34 €	94
Languedoc Les Armières 2018	22 €	92

Rouge : 4 hectares. Carignan 90 %, Syrah 10 %
Blanc : 2,5 hectares. Ugni blanc (trebbiano) 80 %, Grenache gris 20 %
Production moyenne : 25 000 bt/an

DOMAINE DE LA GARANCE ♣

Chemin de Sallèles, 34720 Caux
06 30 42 97 46 •
quinonero-pierre@wanadoo.fr • Vente et visites : sur RDV.
Propriétaire : Pierre Quinonero

★ DOMAINE LES HAUTES TERRES

Depuis plusieurs années, la production de Gilles Azam est centrée autour de quelques cuvées bien définies. Fruits d'une viticulture attentive, consciente de la valeur du lieu et du socle historique, ses vins possèdent un caractère affirmé et de fraîches matières toujours intenses qui s'épanouiront au contact de l'air. Ils apprécient la compagnie de nourritures riches en saveurs. Le domaine s'affirme comme un point de référence pour toute l'appellation Limoux.

Les vins : le crémant a beaucoup d'allure, porté par des parfums de fleurs de printemps et de poire avec un côté juteux et une bulle fine et vive. Parmi les vins tranquilles, Louis est un blanc bien travaillé sur le fruit et les céréales avec une bouche qui rappelle le caillou. Céleste est plus fermé, mais on lui reconnaît déjà une certaine finesse et sapidité.

Limoux Céleste 2019	26 €	92
Limoux Louis 2019	16 €	90

Le coup de ♥

Crémant de Limoux Brut Nature Joséphine	17 €	91

Rouge : 3 hectares. Merlot 50 %, Malbec (cot) 30 %, Cabernet-Sauvignon 10 %, Cabernet franc 10 %
Blanc : 12 hectares. Chardonnay 50 %, Chenin 25 %, Mauzac vert 25 %
Production moyenne : 90 000 bt/an

DOMAINE LES HAUTES TERRES ♣

4, rue du Château, 11300 Roquetaillade
04 68 31 63 72 •
www.domaineleshautesterres.com • Vente et visites : sur RDV.
Propriétaire : Gilles Azam
Directeur : Geneviève Azam

★ CHÂTEAU DE JONQUIÈRES

Domaine viticole et familial depuis le XIIe siècle, le château de Jonquières compte une longue lignée de 32 générations de vignerons, ce qui est plutôt rare pour la région ! Les vins de cette propriété, à l'empreinte classique, restent toujours digestes et harmonieux – un classicisme que la nouvelle génération, qui dirige désormais l'exploitation, n'entend pas remettre en cause mais préciser. Son dynamisme et sa vision claire semblent ouvrir la voie du renouveau.

Les vins : Lansade blanc est simple, avec des notes de fruits blancs, de mirabelle et une bouche gourmande. Les rouges sont plus convaincants. Porté par son joli grain de tanins, Lansade se montre fin, aux notes de myrte et de fleurs. La Baronnie est plus dense, il est taillé pour la garde avec ses épices et son fruit rouge mûr en bouche, structuré et racé. Pensé comme une édition limitée, White Label en 2020 est un vin translucide, très gourmand : une explosion de fruits rouges et un caractère sudiste en bouche.

IGP Saint-Guilhem-le-Désert Lansade 2020	12 €	88
Terrasses du Larzac La Baronnie 2018	18 €	92
VDF White Label 2020	11 € (c)	90

Le coup de ♥

Terrasses du Larzac Lansade 2019	13 €	92

Rouge : 6,5 hectares. Carignan 25 %, Cinsault 25 %, Syrah 20 %, Mourvèdre 20 %, Grenache noir 10 %
Blanc : 1,5 hectare. Chenin 60 %, Grenache

blanc 40 %
Production moyenne : 30 000 bt/an

CHÂTEAU DE JONQUIÈRES ♣
Route de Saint-Saturnin, 34725 Jonquières
06 66 54 22 66 •
www.chateau-jonquieres.com • Visites : sans RDV.
Propriétaire : Charlotte et Clément de Béarn

★ DOMAINE LEDOGAR

Poussée par une nouvelle génération incarnée par les fils Xavier et Mathieu, la famille Ledogar a reconverti, courant 1998, le domaine coopératif en cave particulière (anciennement domaine Grand Lauze). Le vignoble, d'une vingtaine d'hectares, s'étend sur les argiles et les calcaires mêlés de galets roulés et de grès rouges du terroir de la jeune appellation Corbières-Boutenac, dont les sols peu fertiles sont très favorables à la pleine expression aromatique des vieux carignans. En bio depuis 2009, au prix d'un gros travail, le vignoble compte deux tiers de carignan et de grenache, dont l'âge est compris entre 60 et 120 ans. Les blancs, de grand caractère, sont issus de macabeu et de carignan blanc. Les vins affichent ce petit supplément de vie et ce grain de fantaisie qui déclenchent l'émotion.

Les vins : franc et enveloppant, le macabeu affiche son côté floral et fin, soutenu par des amers nobles. Le carignan blanc est un assemblage de trois vieilles vignes, un vin élancé à la forte puissance salivante, doté d'un côté légèrement toasté et une belle envolée d'aubépine et de bruyère blanche. Carignan et mourvèdre sont assemblés dans Roug'É-Clair, un rouge très léger, aux notes de noyau de cerise et de fruits rouges, avec une bouche gourmande et une finale un peu chaude. La Mariole a un caractère primeur, des notes de fruits noirs intenses et de poivre sauvage, avec une certaine rusticité en finale qui devrait se détendre à table. Plus posé, Les Brunelles est un cinsault gourmand et intense, une expression de pivoine, un végétal noble avec une finale marquée par le cranberry. La Compagnon est la cuvée la plus aboutie de la gamme, elle livre une aromatique de thym, de fruits rouges et de girofle, aux tanins soyeux et gourmands.

VDF Carignan Blanc 2019	25 €	92
VDF Maccabeu 2020	16 €	90
VDF Roug' É-Clair 2020	13 €	88
VDF La Mariole 2020	10 €	88
VDF Les Brunelles 2020	15 €	89

Le coup de ♥

Corbières La Compagnon 2020	13 €	91

Rouge : 15,5 hectares. Carignan 40 %, Syrah 15 %, Grenache noir 15 %, Mourvèdre 15 %, Cinsault 10 %, Marselan 5 %
Blanc : 4,5 hectares. Carignan 60 %, Macabeu 30 %, Grenache blanc 5 %, Grenache gris 5 %
Production moyenne : 60 000 bt/an

DOMAINE LEDOGAR ♣
Rue du Stade, 11200 Ferrals-les-Corbières
06 81 06 14 51 • xavier.ledogar@orange.fr •
Vente et visites : sur RDV.
Propriétaire : Xavier, Mathieu et Benoît Ledogar

★ DOMAINE MAXIME MAGNON

Installé depuis plus de dix ans à son compte, Maxime Magnon a été influencé par l'école beaujolaise (macérations à froid, utilisation minimale du soufre). Il a su intelligemment garder le meilleur de cette approche pour définir un style aujourd'hui parfaitement en place, toujours caractérisé par sa grande digestibilité, doté d'une finesse de texture et d'une précision de saveurs remarquables. Ce style demeure unique en Corbières, même si les vins expriment les caractères du terroir avec davantage de profondeur que naguère. Maxime Magnon ne cesse de peaufiner les détails qui pourront lui permettre d'aller encore plus loin.

Les vins : Porté par un élevage élégant, La Bégou a des parfums d'herbes séchées, d'aubépine, de kumquat confit, pour un équilibre gourmand. En rosé, la couleur soutenue et éclatante de Métisse renvoie au nez, qui rappelle les fruits rouges confits et les épices. Un vin très croquant avec une persistance fruitée et florale. Rozeta est une expression pulpeuse de fruits rouges aux tanins soyeux. Campagnès s'est poli avec ce 2018 : son côté onctueux se révèle avec un fond d'épices et de fruits noirs. La cuvée la plus complexe et aboutie de la gamme !

Corbières La Bégou 2019	de 26 à 28 € (c)	92
Corbières Métisse 2019	de 15 à 18 € (c)	90
Corbières Campagnès 2018	de 26 à 28 € (c)	93
Corbières Rozeta 2019	de 22 à 24 € (c)	92

Rouge : 9 hectares. Carignan 50 %, Grenache

noir 28 %, Cinsault 20 %, Syrah 2 %
Blanc : 7 hectares. Grenache gris 50 %, Grenache blanc 35 %, Carignan gris 15 %
Production moyenne : 45 000 bt/an

DOMAINE MAXIME MAGNON ♣
125, avenue des Corbières
11360 Durban-Corbières
04 68 45 84 71 • maxime.magnon@orange.fr
• Vente et visites : sur RDV.
Propriétaire : Maxime Magnon

★ MAS BRUGUIÈRE

Xavier Bruguière a pris la suite de son père Guilhem dans ce domaine historique du Pic Saint-Loup. Les vignes sont impeccablement tenues dans le secteur de l'Hortus. Les rouges sont ronds, aromatiques, dominés par la syrah mais toujours bien équilibrés par le grenache. Ils transmettent avec justesse ces terroirs frais, portés toujours par beaucoup d'élégance et une grande capacité de vieillissement des grandes cuvées aux élevages longs.

Les vins : Les Mûriers est un blanc frais et vif, emporté par le vermentino et son registre finement herbacé, conclu par une finale citronnée. Une petite eau de Cologne, en somme ! L'Arbouse est une belle référence de Pic Saint-Loup, avec son nez entraînant de garrigue fraîche, de pivoine, et sa bouche salivante aux tanins bien intégrés, tout en élégance.

- Coteaux du Languedoc Les Mûriers 2020 — 18 € — 90

Le coup de ♥

- Pic Saint-Loup L'Arbouse 2019 — 18 € — 92

Rouge : 10 hectares.
Blanc : 1,5 hectare.
Production moyenne : 60 000 bt/an

MAS BRUGUIÈRE ♣
La Plaine, 34270 Valflaunes
04 67 55 20 97 • www.mas-bruguiere.com •
Visites : sans RDV.
Propriétaire : Xavier Bruguière

★ MAS CHAMPART

La transition est en cours pour Isabelle et Matthieu Champart, qui ont élevé ce beau domaine de Saint-Chinian. La vente de leur petit bijou a fait arriver Nicolas Gaignon (aussi co-créateur du vignoble voisin du Loup Blanc dans le Minervois). Cette entente dans la continuité s'affirme avec l'élaboration d'une gamme lumineuse qui porte l'empreinte des grands terroirs argilo-calcaires du sud de l'appellation Saint-Chinian. Des vins d'intuition, denses, tendus et structurés, qui puisent dans la garrigue calcaire un supplément de finesse minérale.

Les vins : le blanc rappelle l'aubépine et les fruits blancs et s'ouvre sur une bouche plaisante à l'équilibre gourmand. En rouge, Côte d'Arbo traduit à merveille la face fluide et gourmande de Saint-Chinian, avec un éclat de fruits et d'épices en finale, sans manquer de structure. Causse du Bousquet affiche quant à lui le caractère légèrement piquant et épicé de la syrah : la bouche est éclatante de fruits noirs et d'épices, avec un beau soyeux de tanins, qu'on pourra oublier quelques années en cave. Clos de la Simonette met à l'honneur le mourvèdre grâce à son abord poudré, finement épicé avec un grain de tanins fin et une persistance sur les épices. Un vin tout en élégance avec un excellent potentiel de garde.

- Saint-Chinian 2019 — 14 € — 89
- Saint-Chinian Causse du Bousquet 2017 — 15 € — 9[illegible]
- Saint-Chinian Clos de la Simonette 2017 — 23 € — 93

Le coup de ♥

- Saint-Chinian Côte d'Arbo 2018 — 10 € — 90

Rouge : 9,5 hectares.
Blanc : 2,5 hectares.
Production moyenne : 45 000 bt/an

MAS CHAMPART
Bramefan, 34360 Saint-Chinian
04 67 38 05 59 • www.mas-champart.com •
Vente et visites : sur RDV.
Propriétaire : Nicolas Gaignon

★ MAS HAUT-BUIS

Olivier Jeantet est un vigneron exigeant, suivant sans relâche une voie difficile (sa cave est installée en altitude, sur le Causse du Larzac, et ses vignes dans les vallées de Pégairolles et de Lauroux) pour atteindre un haut niveau de qualité et de régularité avec des vins de grand caractère, en blanc comme en rouge. Les élevages sont désormais bien maîtrisés, avec des contenant plus grands et des matière diverses qui apportent plus de précision sur les fins de bouche. On peut tout de même apprécier le potentiel de garde de la cuvée Costa Caoude, dont de vieux millésimes sont disponibles !

Les vins : une belle réussite pour Les Carlines en 2019, qui dégage des parfums de cade et de framboise sauvage. Les tanins sont souples, le vin affiche une demi-puissance qui oscille entre les fruits rouges bien juteux et la fraîcheur des baies de genièvre. Dans ce même millésime, on monte d'un cran avec Costa Caoude, qui se révèle dans un registre très épicé, presque sur le piment, et des tanins biens fondus dans cette structure élancée qui offre beaucoup de relief. Le 2012 est dans une plénitude évolutive, des notes subtiles de tabac blond, genièvre et vétiver. Les tanins sont fondus, et la finale poivrée reste gourmande.

- IGP Pays d'Hérault Les Agrunelles 2018 — 19 € — 91
- Terrasses du Larzac Costa Caoude 2012 — 36 € — 94
- Terrasses du Larzac Costa Caoude 2019 — 25 € — 96
- Terrasses du Larzac Les Carlines 2019 — 13 € — 92

Rouge : 10 hectares.
Blanc : 2 hectares.
Production moyenne : 48 000 bt/an

MAS HAUT-BUIS ♣
52, Grand Rue, 34520 La Vacquerie
06 13 16 35 47 • www.mashautbuis.com •
Vente et visites : sur RDV.
Propriétaire : Olivier Jeantet

★ MAS DE DAUMAS GASSAC

Aimé Guibert fut l'un des pionniers de la quête de l'excellence dans le Languedoc. Il a révélé, à la fin des années 1970, ce terroir calcaire de la haute vallée du Gassac, dans ces contreforts cévenols où les nuits fraîches sont propices à l'épanouissement du cabernet-sauvignon. Outre sa production personnelle, il a su mettre en valeur le travail des vignerons locaux au travers d'une activité de négoce à grande échelle, qu'il faut considérer comme une production bien distincte de celle du Mas. Les fils d'Aimé, Samuel, Gaël, Roman et Basile, ont pris les rênes de l'exploitation. Peut-être davantage que tout autre rouge languedocien, Daumas Gassac a la capacité de résister au temps. Comme un médoc, dont il partage le cépage dominant, il lui faut souvent une dizaine d'années pour s'exprimer. Désormais, les meilleurs domaines languedociens multiplient les grandes cuvées alliant rigueur du travail vigneron et conscience stylistique affirmée ; aussi la comparaison peut s'avérer difficile pour ce vin rigoureux qui conserve son originalité, envers et contre tout.

Les vins : le rosé Frizant est un effervescent obtenu par méthode Charmat. On y retrouve la fraise, des bulles crémeuses pour ce vin festif et coloré à seulement 11° d'alcool. En blanc, le 2019 est d'un équilibre plus sec que le 2018 et s'ouvre sur des notes de noyau d'abricot et de fruits blancs, vers une bouche cristalline et pure. Le rouge, porté par ses notes de tapenade et encore marqué par l'aromatique du cabernet sauvignon, offre une bouche aux tanins encore fermes qui vont encore s'affiner. Il ira loin.

- IGP Saint-Guilhem-le-Désert 2019 — 47 € — 90
- Vin Mousseux Frizant 2019 — 15 € — 88
- IGP Saint-Guilhem-le-Désert 2017 — 47 € — 92

Rouge : 29 hectares.
Cabernet-Sauvignon 78 %, Divers noir 4 %, Merlot 4 %, Petit Verdot 3 %, Tannat 3 %, Pinot noir 3 %, Cabernet franc 3 %, Malbec (cot) 2 %
Blanc : 13 hectares. Viognier 28 %, Petit Manseng 23 %, Chardonnay 20 %, Divers blanc 17 %, Chenin 12 %
Production moyenne : 120 000 bt/an

MAS DE DAUMAS GASSAC
Haute Vallée du Gassac, 34150 Aniane
04 67 57 71 28 •
www.daumas-gassac.com/ ?lang=fr •
Visites : sans RDV.
Propriétaire : Famille Guibert
Directeur : Samuel, Gaël, Roman et Basile Guibert

★ MAS DES CAPRICES

Anciens restaurateurs en Alsace, Pierre et Mireille Mann ont cédé à l'envie irrépressible de devenir vignerons, en s'installant en 2005 dans le secteur maritime de l'appellation Fitou. Après trois années en cave coopérative, le temps de convertir le vignoble en bio, ils démarrent en 2009 la production du Mas des Caprices. Le vignoble est situé en grande partie sur le plateau de Leucate, en bordure de falaises surplombant la mer, dans un environnement magnifique et préservé. Composant harmonieusement entre des cuvées de soif et d'autres plus ambitieuses, les vins font la part belle aux cépages locaux (carignan et grenache gris), associant maturité et fraîcheur du fruit. Voici une adresse à découvrir en priorité, une gamme particulièrement cohérente, où la liberté de ton s'allie à la précision des saveurs.

Les vins : une belle gamme chantante et bien calibrée qui va d'Avis d'Blanc Frais (macabeu et grenache blanc), franc, sans grande complexité mais qui fait saliver, au Blanc de l'Œuf, concentré de fenouil sauvage et de kumquat, un blanc énergique pur et salivant qui cache de fins amers en finale. Il faut aussi compter sur le muscat de Rivesaltes, marqué par la verveine et la mandarine au nez : un moelleux sans lourdeur, au profil ciselé et caillouteux en finale. En rouge, Ze Fitou offre une expression franche de mûre, de framboise et d'épices sur une trame solide mais très gourmande. Retour aux Sources se révèle un rouge accrocheur, basé sur cinq cépages sudistes, avec un caractère épicé et une bouche à la fois gourmande et expressive. Enfin, Confusion est tiré d'un grenache vendangé tardivement et vinifié en cuve béton, contenant de prédilection du domaine. Ses épices intenses et sa bouche ronde et suave, consistante, tendent vers une finale élancée.

- Corbières Le Blanc de l'Œuf 2020 — 15 € — 92
- Muscat de Rivesaltes 2020 — 18 € — 90
- VDF Avis D'Blanc Frais ! 2020 — 12 € — 89
- Fitou Retour aux Sources 2018 — 18 € — 92
- Fitou Ze Fitou 2019 — 14 € — 91
- VDF Confusion de Grenache 2018 — 24 € — 91

Rouge : 11,66 hectares. Grenache noir 33 %, Mourvèdre 26 %, Carignan 25 %, Syrah 12 %, Lladoner pelut 4 %
Achat de raisins.
Blanc : 3,8 hectares. Grenache blanc 35 %, Muscat à petits grains blancs 22 %, Macabeu 21 %, Grenache gris 17 %, Vermentino 5 %
Achat de raisins.
Production moyenne : 60 000 bt/an

MAS DES CAPRICES ☾
5-7, impasse de la Menuiserie,
11370 Leucate-Village
06 76 99 80 24 •
www.mas-des-caprices.com • Vente et visites : sur RDV.
Propriétaire : Mireille et Pierre Mann
Œnologue : Lucie Gauthier

★ MAS DES CHIMÈRES

Situé en bordure du plateau du Larzac, sur des terroirs argilo-sableux riches en oxyde de fer (la "ruffe") et basaltiques, non loin du lac du Salagou, ce domaine est une valeur sûre du secteur si divers des Terrasses du Larzac. Créée par Guilhem Dardé en 1993 à partir de vignes familiales qu'il a fallu désengager de la coopération, l'exploitation est aujourd'hui animée par l'ensemble de la famille. C'est en rouge que le domaine exprime tout son potentiel, avec des vins de haute expression. Nous recommandons fortement cette adresse, où de délicieux vieux millésimes sont toujours à la vente. La territorialité s'exprime depuis longtemps dans les cuvées de la famille Dardé ; la finesse des touchers de bouche a en revanche beaucoup progressé dans les derniers millésimes.

Les vins : Œillade charme avec ses notes de rose fraîche, qui ouvrent sur un vin franc et sans complexes, porté par des tanins très souples et une sensation juteuse. L'onctueux Nuit Grave apporte un air de garrigue, avec un fruit noir pulpeux et une structure qui soutient le vin sans en prendre le dessus. Caminarèm se fait encore discret : c'est un vin de patience, qui allie race et subtilité, fruit et épices, et qui nous offre une belle longueur salivante. À suivre !

- Terrasses du Larzac Caminarèm 2019 — 15 € — 92
- Terrasses du Larzac Nuit Grave 2019 — 13,50 € — 92

Le coup de ♥

- IGP Coteaux du Salagou Oeillade 2020 — 10,50 € — 91

Rouge : 17 hectares. Grenache noir 20 %, Mourvèdre 20 %, Syrah 20 %, Carignan 10 %, Cinsault 10 %, Counoise 10 %, Merlot 10 %
Blanc : 6 hectares. Viognier 25 %, Terret blanc (terret bourret) 25 %, Grenache blanc 20 %, Carignan 10 %, Chardonnay 10 %, Clairette 5 %, Roussanne 5 %
Production moyenne : 55 000 bt/an

MAS DES CHIMÈRES ♣
26, rue de la Vialle, 34800 Octon
04 67 96 22 70 • www.masdeschimeres.com • Vente et visites : sur RDV.
Propriétaire : Guilhem Dardé

★ DOMAINE DE MOUSCAILLO

Thomas et Camille représentent la nouvelle génération dans ce petit vignoble familial de Roquetaillade, le plus ferme des terroirs de Limoux. Sensibles à l'intégration du vignoble dans leur environnement naturel, ces jeunes vignerons conservent cette même volonté de produire des vins blancs fins et minéraux. Une belle destination pour les amateurs de bulles finement travaillées et de blancs capables de supporter une décennie en cave.

Les vins : la bulle du crémant de Limoux est franche et onctueuse, appuyée par un côté fruit confit, sur les fruits jaunes. Une cuvée sophistiquée élevée en demi-muid. Le limoux blanc est construit sur des vieilles vignes de chardonnay. Dans le verre, le vin est fin et enveloppant, avec des notes de tilleul et une finale sapide.

- Crémant de Limoux 2018 — 16 € — 89
- Limoux 2011 — 32 € — 91

Limoux 2019 | 16 € | 92

Rouge : 1,16 hectare. Pinot noir 100 %
Blanc : 5,56 hectares. Chardonnay 81 %, Mauzac Blanc 12 %, Chenin 7 %
Production moyenne : 30 000 bt/an

DOMAINE DE MOUSCAILLO
4, rue du Frêne, 11300 Roquetaillade
06 87 07 02 36 • www.mouscaillo.com •
Vente et visites : sur RDV.
Propriétaire : Thomas et Camille Fort

★ CHÂTEAU PECH-REDON

Christophe Bousquet est un vigneron dynamique et volontaire, qui se bat (parfois dans l'adversité) pour porter haut les couleurs de La Clape, secteur maritime (c'est une ancienne île) au fort potentiel. Il a fait le choix agronomique de la viticulture biologique, a progressivement affiné ses vinifications et ses élevages, amenant ses cuvées, autrefois robustes et généreuses en alcool, vers des expressions plus nuancées et équilibrées. Voici des vins au caractère très affirmé, ancrés dans leur territoire, structurés au sein d'une gamme aujourd'hui très cohérente. Ce magnifique travail, effectué dans des conditions homériques, sur un site en première ligne face aux canicules et aux sécheresses, le place dans l'élite de l'appellation.

Les vins : L'Épervier se décline dans les trois couleurs, le blanc est simple et digeste, le rosé pulpeux et coloré et le rouge rappelle le ciste, le romarin avec un beau support de fruit qui ramène de la gourmandise. Les Cades est un rouge au caractère méditerranéen avec une bouche souple et entraînante. Un carignan d'un bel entrain pour l'Éperon, à la trame acidulée. Et enfin une belle réussite avec La Centaurée, un vin profond et dense avec un grand potentiel de garde.

La Clape L'Epervier 2020	15 €	89
La Clape La Centaurée 2017	N.C.	92
La Clape La Centaurée 2019	21 €	92
Languedoc L'Epervier 2020	12 €	91
La Clape L'Épervier 2019	16 €	90
Languedoc Les Cades 2019	11 €	89
VDF L'Éperon 2018	15 €	90

Rouge : 26 hectares. Syrah 40 %, Grenache noir 25 %, Carignan 15 %, Mourvèdre 10 %, Cinsault 10 %
Blanc : 4 hectares. Bourboulenc 40 %, Grenache blanc 40 %, Picpoul blanc 4 %, Roussanne 4 %, Viognier 4 %, Clairette 4 %, Marsanne 4 %
Production moyenne : 70 000 bt/an

CHÂTEAU PECH-REDON ♣
Chemin de la Couleuvre, Route de Gruissan, 11100 Narbonne
04 68 90 41 22 •
www.chateaupechredon.wordpress.com •
Visites : sans RDV.
Propriétaire : Christophe Bousquet

★ DOMAINE DE LA PROSE

Au terme de ses études d'œnologie à Bordeaux, Bertrand de Mortillet a rejoint le domaine familial, bien équipé depuis son lancement à la fin des années 1990. Son terroir cultivé en biodynamie est situé sur Saint-Georges-d'Orques, aux portes occidentales de Montpellier, une zone à la géologie morcelée où l'on trouve des vins souvent massifs. Avec son style équilibré, il en est devenu le meilleur représentant, même si l'apparente simplicité de ses vins, à l'image des Cadières blanc, pourrait être interprétée par certains comme une forme de nonchalance. Convaincus par le niveau des blancs du domaine, nous trouvons également aux rouges beaucoup d'intérêt.

Les vins : en blanc, Cadières, à la robe teintée, est soumis à la nervosité de sa jeunesse qui la contient avec une bouche un peu chaleureuse. La cuvée Embruns apporte plus de sérénité, une harmonie aromatique entre l'amande fraîche, l'abricot et une finale bien alignée, offrant coffre et fraîcheur. En rouge, Embruns est porté par la syrah avec des notes de poivre sauvage et de pivoine. Les tanins sont bien intégrés, ils se manifestent en finale par un caractère épicé qui appelle un plat en sauce ou une viande grillée.

Coteaux du Languedoc Saint-Georges d'Orques Les Cadières 2020	10 €	88
Languedoc Embruns 2019	14 €	91
Languedoc Embruns 2018	14 €	90

Rouge : 10,2 hectares.
Blanc : 2,6 hectares.
Production moyenne : 20 000 bt/an

DOMAINE DE LA PROSE ☾
Route de Saint-George-d'Orques, 34570 Pignan
06 11 03 80 24 •
domaine-de-la-prose@wanadoo.fr • Pas de visites.
Propriétaire : Bertrand de Mortillet

★ DOMAINE JEAN-BAPTISTE SENAT

Vigneron et vinificateur doué, Jean-Baptiste Senat s'est installé en 1996 avec son épouse Charlotte sur le domaine familial, avec l'ambition de le reprendre sérieusement en main. Modèle pour les jeunes vignerons de la région, le couple Senat fait partie de cette génération fertile et dynamique qui donne au Languedoc ses lettres de noblesse, grâce à des vins de gourmandise (Arbalète et Coquelicots ou La Nine) et des cuvées d'artisan (Mais Où Est Donc Ornicar, Le Bois des Merveilles). Les grenaches, conduits pour obtenir de petits rendements, s'expriment tout en finesse. Avec d'énergiques mourvèdres, ils constituent les fondamentaux du domaine.

Les vins : Amalgame est un rouge à la couleur claire, au parfum floral et à l'expression de petits fruits rouges acidulés. Nous avons un faible pour Arbalète et Coquelicots, une expression fine, florale de grenache en vendange entière, un vin subtil et expressif aux tanins souples. Ornicar a encore un côté primeur sur ce 2019, des fruits noirs et rouges, de fines épices, à suivre... Vin à la structure plus ancrée, La Nine s'exprime autour d'un carignan épicé au fruit noir charnu. Il ne faudra surtout pas passer à côté du Bois des Merveilles, qui offre une onctuosité immédiate, soutenue par des épices et des notes de garrigue. Le fruit dense en fait le vin de patience du domaine qui se patine avec le temps.

IGP Aude Amalgame 2020	12 €	89
Minervois La Nine 2019	14 €	90
Minervois Le Bois des Merveilles 2018	25 €	93
Minervois Mais Où Est Donc Ornicar 2019	16 €	90

Le coup de ♥

IGP Aude Arbalète et Coquelicots 2020	10 €	90

Rouge : 16 hectares. Grenache noir 40 %, Carignan 30 %, Syrah 10 %, Cinsault 10 %, Mourvèdre 10 %
Blanc : 1 hectare. Grenache gris 70 %, Grenache blanc 30 %
Production moyenne : 70 000 bt/an

DOMAINE JEAN-BAPTISTE SENAT ♣
12, rue de l'Argent-Double,
11160 Trausse-Minervois
04 68 79 21 40 • www.domaine-senat.com •
Vente et visites : sur RDV.
Propriétaire : Charlotte et Jean-Baptiste Senat

★ DOMAINE LA TERRASSE D'ÉLISE

Fils de vigneron, Xavier Braujou s'est constitué depuis 1998 son domaine, partagé entre Aniane et Saint-Jean-de-Fos. Cet artisan-vigneron solitaire et résolu élabore des vins de grand caractère, fruits d'un énorme travail sur de vieilles vignes en gobelet aux rendements très faibles, de l'ordre de 20 hl/ha en moyenne. Son fil conducteur se résume en deux mots : finesse et fraîcheur. Loin des carcans de l'appellation, il travaille depuis toujours en mono-cépage et assemble ses différents terroirs. Tout est élevé en barriques, sauf les cuvées XB et Siclène. Une adresse confidentielle et indispensable, prisée des amateurs avertis comme des meilleurs sommeliers et cavistes.

Les vins : Siclène est un blanc pulpeux et aromatique qui mêle des notes de mandarine, de lilas et un fond de céréales en un équilibre remarquable. La bouche caressante emmène doucement vers une finale tonique. Porté par un nielluciu gourmand, le rouge PMG offre une approche croquante et fruitée, avec des notes de romarin et une finale qui rappelle la fraise.

IGP Pays d'Hérault Siclène 2020	21 €	91
IGP Pays d'Hérault PMG 2018	36 €	90

Rouge : 12 hectares. Cinsault 25 %, Syrah 25 %, Carignan 20 %, Mourvèdre 20 %, Grenache noir 5 %, Nielluciu 5 %
Blanc : 2 hectares. Roussanne 40 %, Marsanne 40 %, Chardonnay 20 %
Production moyenne : 50 000 bt/an

DOMAINE LA TERRASSE D'ÉLISE
1320, Chemin de Capion, 34150 Aniane
06 22 91 81 39 • terrassedelise@gmail.com •
Vente et visites : sur RDV.
Propriétaire : Xavier Braujou

★ DOMAINE VAÏSSE

Installé dans les Terrasses du Larzac sur des terroirs de galets et d'argiles rouges, Pierre Vaïsse est un jeune vigneron qui a débuté avec seulement 2 hectares de vignes en 2007. Parrainé par Frédéric Pourtalié (Montcalmès) et Laurent Vaillé (Grange des Pères), il s'attache à élever longuement ses vins (24 mois pour les rouges) afin de leur apporter un velouté de chair et un soyeux de tanins peu communs. Nous plaçons beaucoup d'espoir dans ce jeune domaine dont la production, encore confidentielle, est appelée à augmenter, et qui fait déjà preuve d'une maîtrise impressionnante, en rouge comme en blanc.

Les vins : Hasard est un viognier qui trouve le ton juste, entre floral, épices et garrigue, la bouche est enveloppante, avec du relief et une finale salivante. Une déclinaison mono-cépage pour les rouges, avec le gourmand et structuré Pitchot, aux notes intenses de fruits rouges et les incontournables Pur et L'Aphyllante. Le premier est un carignan profond et intense, avec des notes d'orange sanguine, de rose et une texture fine en bouche, qui le rend déjà accessible, tandis que le second est plus compact, complètement épicé et sanguin avec une belle densité en bouche et des notes de laurier pour finir. Construit sur la syrah et le mourvèdre avec une touche de cabernet sauvignon, Galibaou du Russe offre des notes de romarin, avec une touche fumée, qui servent un caractère méditerranéen affirmé.

- IGP Pays d'Hérault Hasard 2020 — 27 € — 90
- IGP Pays d'Hérault Galibaou du Russe 2018 — 27 € — 93
- IGP Pays d'Hérault L'Aphyllante 2018 — 26 € — 92
- IGP Pays d'Hérault Pitchot 2018 — 26 € — 91
- IGP Pays d'Hérault Pur 2018 — 26 € — 93

Rouge : 14,5 hectares.
Blanc : 1,5 hectare.

DOMAINE VAÏSSE
271, chemin bas d'Aniane, 34150 Aniane
04 67 57 28 86 • domaine.vaisse@orange.fr
• Vente et visites : sur RDV.
Propriétaire : Pierre Vaïsse

★ LES VIGNES OUBLIÉES

Jean-Baptiste Granier, jeune ingénieur agronome, a démarré le projet des Vignes Oubliées avec Olivier Jullien. La démarche est singulière autant que méritoire : elle est née du désir de conserver de vieilles parcelles sur la commune de Saint-Privat (un bout du monde comme le Languedoc en possède tant) condamnées par la logique économique coopérative, désormais cultivées en partenariat avec leurs propriétaires. Les vins sont élevés au frais dans une grotte, ancien moulin à huile. Le terrasses-du-larzac s'affirme depuis ses débuts, en 2007, comme un vin soigné et expressif, fidèle messager du terroir. Dans un style pimpant et digeste, la cuvée déclarée en Languedoc est un pur bonheur. Basé sur la clairette, le blanc est adroitement cadré par l'élevage en bois. Dans cette zone très dynamique, ce domaine est en constante progression.

Les vins : le blanc est complexe et fringuant, avec une immédiateté de fruits blancs, de bruyère, d'agrumes, un beau volume en bouche tout en gardant une trame fraîche... Bref, il a tout pour plaire ! Autour d'un cinsault franc et fruité, le languedoc rouge se montre pulpeux, avec une trame sur les fruits rouges et des tanins caressants et soyeux. Un vin chantant et gai. Terrasses du Larzac assume ses tonalités de garrigue, sa profondeur et son charnu. On garde en bouche les épices douces et le soyeux des tanins. Un vin complexe et raffiné.

- Languedoc 2019 — 20 € — 92
- Languedoc 2019 — 14 € — 91
- Terrasses du Larzac 2019 — 20 € — 93

Rouge : 10 hectares. Grenache noir 50 %, Carignan 20 %, Cinsault 15 %, Syrah 15 %
Achat de raisins.
Blanc : 0,5 hectare. Grenache blanc 70 %, Roussanne 15 %, Clairette 15 %
Achat de raisins.
Production moyenne : 40 000 bt/an

LES VIGNES OUBLIÉES
3, rue de la Fontaine,
34700 Saint-Jean-de-la-Blaquière
06 72 77 38 88 • lesvignesoubliees.com •
Vente et visites : sur RDV.
Propriétaire : Jean-Baptiste Granier

DOMAINE GUILHEM BARRÉ

Ce jeune domaine s'affirme comme l'un des moteurs du renouveau du Cabardès, transition entre le monde méditerranéen et le monde atlantique, avec une personnalité singulière. Sur le terroir argilo-calcaire de Ventenac-Cabardès, tout près de Carcassonne, ne sont pour l'heure cultivés que des cépages rouges (syrah, merlot, cabernet-sauvignon). Dès la création du domaine, en 2008, la viticulture très soigneuse mise en œuvre par Guilhem Barré, labellisée en bio, a permis d'élaborer des vins qui respirent le fruit et reflètent la valeur éthique d'un vrai travail vigneron. Un micro-négoce a été créé en 2017 pour l'élaboration du blanc Depuis le Temps.

Les vins : simple et rafraîchissant, le blanc offre des notes de mandarine et de fenouil. La Peyrière est un merlot plein de fruit, gouleyant et léger. Corsé par la syrah, Sous le Bois est plus épicé et structuré, avec un fruit éclatant en finale et des tanins fondus. Merlot, cabernet sauvignon et syrah en grappes entières s'amalgament dans Fantaisie Singulière, un vin pulpeux qui goûte la myrtille avec un aspect gourmand et des tanins caressants. La version en amphore du cabardès est une belle initiative, qui renforce l'impression salivante et le caractère océanique du vin, tandis que Natural Mystic est plus posé, patiné, oscillant entre les fruits frais et le thym. Une expression précise de Cabardès.

- VDF Depuis le Temps 2020 — 12 € 88
- Cabardès Amphore 2019 — 24 € 91
- Cabardès Natural Mystic 2019 — 16 € 90
- Cabardès Sous le Bois 2019 — 12 € 89
- VDF Fantaisie Singulière 2019 — 12 € 90
- VDF La Peyrière 2020 — 9 € 89

Rouge : 6,5 hectares. Merlot 53 %, Syrah 39 %, Cabernet-Sauvignon 8 %
Achat de raisins.
Blanc : Chardonnay 50 %, Viognier 50 %
Achat de raisins.
Production moyenne : 30 000 bt/an

DOMAINE GUILHEM BARRÉ ♣
Chemin de Montolieu,
11610 Ventenac-Cabardès
06 32 38 72 55 •
www.domaineguilhembarre.com • Vente et visites : sur RDV.
Propriétaire : Guilhem Barré

GÉRARD BERTRAND

En un peu plus d'une décennie, l'ancien rugbyman international Gérard Bertrand a construit une entreprise d'un dynamisme exceptionnel en Languedoc. Il a pour cela été élu meilleur négociant de l'année par La Revue du vin de France en 2016. Partant du vignoble familial de Villemajou, dans les Corbières, sur le terroir de Boutenac, son empire se compte en millions de bouteilles vendues chaque année et comprend désormais plusieurs centaines d'hectares répartis sur plusieurs sites, de Malepère aux Terrasses du Larzac. À partir des meilleures parcelles, Gérard Bertrand a produit plusieurs cuvées triées et vinifiées comme des "vins de garage" : Le Viala et le Clos d'Ora en Minervois, La Forge en Corbières, et Hospitalitas à La Clape. Le domaine est partiellement passé en biodynamie.

Les vins : pour les rouges, la cité-de-carcassonne offre un style rond et gourmand, à la puissance modérée. À La Clape, Château l'Hospitalet est une valeur sûre ; ce 2018 est onctueux et trouve son équilibre avec des notes de quetsche, d'épices et une finale de fruits noirs. Né dans les terroirs de Corbières, Cigalus est un vin massif aux notes de tabac blanc et de fruits secs, à accorder avec des fromages affinés. Dans cette appellation, le blanc est basé sur la roussanne : il est rond et gras, mais sans opulence. Il exprime avec justesse des notes de tilleul et fruits blancs. Un équilibre réussi !

- Corbières Château de Villemajou Grand Vin 2020 — 25 € 91
- IGP Aude Hauterive Cigalus 2019 — 31 € 89
- IGP Cité de Carcassonne Domaine de l'Estagnère 2019 — 11 € 89
- La Clape Château l'Hospitalet Grand Vin 2018 — 39 € 90

GÉRARD BERTRAND ☾
Château l'Hospitalet, Route de Narbonne-Plage, 11100 Narbonne
04 68 45 28 50 • www.gerard-bertrand.com
• Visites : sans RDV.
Propriétaire : Gérard Bertrand

DOMAINE BERTRAND-BERGÉ

Avec l'aide de l'œnologue Claude Gros, Jérôme Bertrand produit des fitous parmi les plus complets de l'appellation, reflets des terroirs spécifiques de Paziols. Si le domaine n'est sorti de la coopération qu'en 1993, l'histoire familiale est depuis six générations intimement liée à celle de la vigne dans cette partie de l'Aude qui confine au Roussillon. Intenses, francs, les vins font honneur à une appellation qui redéfinit actuellement son identité avec bonheur et audace. La gamme est vaste et bien structurée, avec de brillants points forts dans les rouges.

Les vins : une belle réussite pour le lledoner Le Perqué Pas, aux notes florales et herbacées avec ce côté incisif en bouche, signature du cépage. Dans les fitous, Les Mégalithes est charmeur et accessible, doté d'un équilibre frais en bouche avec une persistance de fruits ; Origines est un peu plus strict et fermé, avec une générosité de fruits noirs et d'épices et une belle mâche. La Boulière confirme son caractère racé dans une approche élégante, aux notes de girofle et de fruits noirs : un vin profond qui se tiendra dans le temps, tout comme Jean Sirven, la grande cuvée de patience qui digère encore son élevage sur ce 2018. En blanc, Le Méconnu est un muscat sec au nez expressif, doté d'une bouche longiligne et fraîche. La Boulière blanche rappelle les grenaches catalans, avec des notes de fleurs d'oranger, une bouche bien construite, épicée vive. Des moelleux qui se distinguent avec Proposition Tardive, muscat passerillé subtil aux notes exotiques et Ma-Ga, un rivesaltes grenat aux notes torréfiées et de cacao sans lourdeur.

- IGP Vallée du Torgan La Boulière 2019 — 16 € 90
- IGP Vallée du Torgan Le Méconnu 2020 — 9,50 € 88
- Proposition Tardive N°19 — 26 € 91
- Fitou Ancestrale 2017 — 15,50 € 91

- Fitou La Boulière 2017 — 20 € — 92
- Fitou Les Mégalithes 2019 — 15 € — 92
- Fitou Origines 2019 — 10 € — 89
- Rivesaltes Ma-Ga 2018 — 19,50 € — 91
- VDF Le Perqué Pas 2020 — 10 € — 89

Rouge : 38,4 hectares.
Blanc : 3,2 hectares.
Production moyenne : 100 000 bt/an

DOMAINE BERTRAND-BERGÉ ♣

38, avenue du Roussillon, 11350 Paziols
04 68 45 41 73 • www.bertrand-berge.com •
Visites : sans RDV.
Propriétaire : Jérôme Bertrand
Œnologue : Claude Gros et Lucie Gautier

BORIE LA VITARÈLE

Ces cuvées, reflets de la diversité des terroirs de l'appellation Saint-Chinian, constituaient de formidables leçons sur les saveurs de ce sol. Le duo que formait Jean-François Izarn, décédé en 2014, avec Cathy Planès œuvrait depuis le début des années 1990 pour faire vivre ces particularismes, avec une sensibilité vigneronne de plus en plus fine et une grande attention portée au vivant. L'aventure continue grâce à la volonté de Cathy et de sa fille Camille, désormais revenue au domaine.

Les vins : Le Grand Mayol est un blanc définitivement méditerranéen avec ses fines notes de verveine, de garrigue et de fruits blancs, mais sa structure demeure salivante et élancée. Les rouges en 2019 demanderont un peu de temps pour détendre leur structure tannique. Des vins à garder en cave. Les Terres Blanches séduit par son aspect gourmand et son côté poivré, tandis que Les Schistes demandera un peu plus de temps pour s'ouvrir, mais sa texture onctueuse au grain fin de tanins se démarque déjà. Les Crès offre une impression englobante en bouche, les tanins suaves appuient une épice généreuse qui allonge la finale. Enfin, tiré de la zone de Roquebrun, Midi Rouge est un vin dense aux notes de figue de barbarie et de bois de cade. La bouche est intense avec des tanins bien fondus et une puissance maîtrisée avec élégance.

- Languedoc Le Grand Mayol 2019 — 14,20 € — 90
- Saint-Chinian Les Crès 2017 — 21,60 € — 90
- Saint-Chinian Les Schistes 2019 — 16,90 € — 90
- Saint-Chinian Les Terres Blanches 2019 — 11,20 € — 89
- Saint-Chinian Roquebrun Midi Rouge 2018 — 40 € — 92

Rouge : 15 hectares.
Blanc : 3 hectares.
Production moyenne : 70 000 bt/an

BORIE LA VITARÈLE ♣

Lieu dit Borie La Vitarèle,
34490 Causses-et-Veyran
0467895043 • www.borielavitarele.fr •
Vente et visites : sur RDV.
Propriétaire : Catherine Izarn
Œnologue : Alix Jojot

DOMAINE MYLÈNE BRU

Depuis son premier millésime, en 2008, Mylène Bru fait entendre dans le paysage languedocien une petite musique très personnelle. Une quinzaine de parcelles perdues dans la garrigue, du côté de Saint-Pargoire (comme Marlène Soria), des vignes bichonnées, des raisins choyés, qu'elle laisse s'exprimer avec un minimalisme quasi-mystique... Découlent de ce rapport très affectif à son métier de vigneronne des vins au charme exubérant, auxquels les petits rendements dont ils sont issus confèrent assise et densité.

Les vins : Rita est un pur carignan, comme le produisait le grand-père de Mylène dans les Corbières. Il est intensément parfumé et raconte la garrigue avec un bouquet de violettes. En bouche, la densité dotée d'un joli grain de tanins livre une impression sanguine assortie d'une épatante tonicité en finale. Plein phare sur la garrigue avec Far-Ouest, la cuvée d'assemblage ; les notes de poivre sauvage, de pivoine promettent un pur vin de plaisir qui offre race, épices et fraîcheur, avec un grain de tanin fin.

- Languedoc Far-Ouest 2018 — 25 € — 90
- VDF Rita 2019 — 25 € — 92

Rouge : 6 hectares. Carignan 40 %, Grenache noir 30 %, Syrah 15 %, Cinsault 5 %, Marselan 5 %, Tempranillo 5 %
Blanc : 1 hectare. Chasselas 50 %, Marsanne 50 %
Production moyenne : 15 000 bt/an

DOMAINE MYLÈNE BRU ♣

Le Fon de Lacan, 34230 Saint-Pargoire
06 83 08 97 30 •
www.domainemylenebru.fr/ • Vente et visites : sur RDV.
Propriétaire : Mylène Bru

DOMAINE DE CABROL

Dans une appellation Cabardès en plein renouveau, Claude Carayol a fait de son domaine une référence, avec des cuvées dont le profil flamboyant a su rapidement se dépouiller de toute rusticité. Les deux vins principaux évoluent lentement et témoignent de la dualité qui anime ce vignoble, tourné presque autant vers l'Atlantique que vers la Méditerranée : Vent d'Ouest, plus animal dans les millésimes chauds, à dominante de cabernet-sauvignon ; Vent d'Est, à dominante de syrah. La grande cuvée La Dérive associe cabernet-sauvignon et syrah des plus belles parcelles ; l'harmonie de ce vin s'est considérablement accrue depuis que les deux cépages sont cofermentés.

Les vins : le blanc est frais et gourmand, porté par des notes de fruits blancs et de céréales. Vent d'Ouest manifeste son caractère océanique par ses fruits noirs et une bouche aux tanins encore fermes. Vent d'Est exprime une syrah dense, florale et épicée, soutenue par une bouche encore massive, mais sa finale longiligne lui augure de belles années en bouteille ! Une franche réussite pour La Dérive, avec ses notes de graines de coriandre, son beau floral et des tanins fins à la finale gourmande.

- VDF Blanc 2019 — 13,50 € — 90
- Cabardès Vent d'Est 2018 — 16 € — 91
- Cabardès Vent d'Ouest 2017 — 12,50 € — 89

Le coup de ♥

- Cabardès La Dérive 2017 — 19 € — 92

Rouge : 21 hectares. Syrah 40 %, Cabernet-Sauvignon 30 %, Grenache noir 20 %, Cabernet franc 10 %

Blanc : 2 hectares. Gros Manseng 40 %, Chenin 30 %, Grenache blanc 20 %, Viognier 10 %

Production moyenne : 60 000 bt/an

DOMAINE DE CABROL

Domaine de Cabrol, D118 11600 Aragon

06 81 14 00 26 • www.domainedecabrol.fr • Visites : sans RDV.

Propriétaire : Claude Carayol

Maître de chai : Hervé Riva

Œnologue : George Febvre

DOMAINE DE CAZABAN

C'est désormais Emmanuel Taillez qui reste seul maître à bord du domaine. La culture est menée en biodynamie (certifiée en 2013), complétée par une partie d'achat de raisins. Servis par des élevages de grande qualité, ces vins au style très soigné développent une belle diversité de saveurs : en rouge, ce sont parmi les cuvées les plus enjouées et raffinées de l'appellation. Nous signalons également l'existence de belles chambres d'hôtes au domaine.

Les vins : en rouge, le séducteur et fin Parti Pris est un pinot noir aux notes de fraise confite, conclu sur une finale encore un peu sèche. Une alchimie opère entre la syrah et le merlot dans Cabardès, cuvée solidement construite avec des notes de fruits noirs et d'épices et une finale marquée par l'orange sanguine. Les Petites Rangées dégage des notes chocolatées, d'herbes aromatiques et un fruité franc et enveloppant. La bouche charnue est marquée par une accroche onctueuse et fruitée. Avec sa robe légère et translucide, Jours de Vigne est finement floral avec un jus de groseille qui apparaît, un vin frais et gouleyant. Belle signature en rosé, Hors Série Nº 1 est mordant, sur les fruits frais et une bouche pure. En blanc, Coup de Foudre est large et gourmand, avec une finale au fruité généreux.

- IGP Aude Coup de Foudre 2018 — 13 € — 87
- IGP Aude Hors Série Nº 1 2020 — 10 € — 90
- Cabardès 2018 — 20 € — 9[illegible]
- Cabardès Les Petites Rangées 2019 — 15 € — 90
- IGP Aude Jours de vigne 2019 — 10 € — 89
- IGP Aude Parti Pris 2019 — 18 € — 89

Rouge : 18 hectares.

Blanc : 4 hectares.

Production moyenne : 75 000 bt/an

DOMAINE DE CAZABAN ♣

Chemin des Eclauzes, 11600 Conques-sur-Orbiel

04 68 72 11 63 • www.domainedecazaban.com • Vente et visites : sur RDV.

Propriétaire : Emmanuel Taillez

Maître de chai : Emmanuel Taillez

DOMAINE PIERRE ET ESTELLE CLAVEL

Pierre Clavel a démarré en 1986, sur le secteur de la Méjanelle, rejoint rapidement par sa femme Estelle, d'origine bretonne, qui vinifie les vins depuis 2014. Au fil du temps se sont ajoutés les terroirs de Pic Saint-Loup et des Terrasses du Larzac. Aujourd'hui, leurs deux fils, Antoine et Martin, prennent peu à peu le relais, avec l'intention de continuer dans cette voie. Certifié en agriculture biologique depuis 2007, cet ensemble agricole soudé autour du mas dispose de 20 hectares comptant oliviers, chênes truffiers, céréales ; un maraîcher cultive une partie des terres.

Les vins : Cascaille est un blanc sudiste complet, des notes d'amande et de fruits jaunes avec une touche de verveine. La bouche est équilibrée et longiligne, sans manquer de volume. Les Garrigues est un rouge explosif qui porte bien son nom, il est franc et plein de fruits, souple et suave, une belle entrée en matière ! Dense, épicé et lardé, Copa Santa est très gourmand avec une générosité de fruits en bouche et des tanins bien intégrés. Un vin intense et profond qui peut patienter en bouteille.

- Languedoc Cascaille 2019 — 16,50 € — 90
- Languedoc Copa Santa 2018 — 21 € — 91
- Les Garrigues 2020 — 12 € — 90

Rouge : 29,98 hectares. Syrah 76 %, Grenache noir 17 %, Mourvèdre 7 %
Blanc : 3,84 hectares. Roussanne 27 %, Viognier 25 %, Grenache blanc 18 %, Clairette 10 %, Vermentino 10 %, Marsanne 10 %
Production moyenne : 120 000 bt/an

DOMAINE PIERRE ET ESTELLE CLAVEL ♣
Mas de Perié, Route de Sainte-Croix, 34820 Assas
04 99 62 06 13 • www.vins-clavel.fr • Visites : sans RDV.
Propriétaire : Estelle et Pierre Clavel

CLOS DE LA BARTHASSADE

Duo tout terrain, le couple formé par Hélène et Guillaume a produit son premier millésime en 2014 dans ce projet personnel qui s'étend désormais sur 13,25 hectares. Après des expériences en Bourgogne et en Provence, ils ont pu trouver quelques parcelles, et surtout une adéquation entre le terroir et les cépages plantés. Leur beau patrimoine de vieilles vignes se situe dans les Terrasses du Larzac et en Languedoc-Montpeyroux pour l'essentiel. Nous sommes emballés par l'équilibre général des vins, une nouvelle proposition dans le paysage très en vue des Terrasses du Larzac !

Les vins : Les Cargadous est un blanc ample, aux notes d'abricot et de romarin, avec un toasté assez présent en bouche. Cuvée H est un rouge élancé et friand qui est marqué par les fines épices et les plantes fraîches de la garrigue. Le grain de tanin est fin, expression harmonieuse de syrah, avec un petit support de grenache et mourvèdre. Dans les parcellaires, Les Ouvrées offre un nez de cerise confite. Le boisé marque une certaine raideur mais le fruit reste pulpeux et l'ensemble est raffiné. Les Gravettes est d'un équilibre subtil, avec une belle franchise de fruits, une touche sudiste, tout en rondeur.

- Languedoc Les Cargadous 2019 — 19,50 € — 89
- Terrasses du Larzac Les Gravettes 2019 — 17,80 € — 92
- Terrasses du Larzac Les Ouvrées 2019 — 19,80 € — 90

Le coup de ♥
- Languedoc Cuvée H 2020 — 12 € — 91

Rouge : 11,6 hectares. Syrah 34 %, Cinsault 23 %, Grenache noir 21 %, Mourvèdre 11 %, Carignan 11 %
Blanc : 1,6 hectare. Chenin 40 %, Vermentino 15 %, Roussanne 15 %, Carignan 15 %, Chardonnay 15 %
Production moyenne : 60 000 bt/an

CLOS DE LA BARTHASSADE ♣
Chemin du Mas-de-Cambon, 34150 Aniane
06 61 41 19 69 • www.closdelabarthassade.fr • Vente et visites : sur RDV.
Propriétaire : Guillaume et Hélène Baron

CLOS DES REBOUSSIERS

Une nouvelle page s'écrit pour ce domaine, situé sur les hauteurs de l'appellation, le seul sur le village de Cazevieille. Racheté en 2019 par Jean-Pierre Girard (déjà propriétaire d'un domaine à Valflaunès), le Clos des Reboussiers restera dans la même ligne que le domaine précédemment nommé Christophe Peyrus, dessinée depuis le premier millésime, en 2013. Christophe Peyrus assure la continuité et reste présent pour que ce petit joyau (aux terroirs uniques de silex à dolomie et calcaire rose) poursuive son développement. Jean Vallon, l'artiste génial qui est à la source du projet, élabore chaque année une étiquette originale pour le rouge ; Spoutnik, la fameuse cuve béton à l'allure spatiale reste bien en place dans le chai carré !

Les vins : le blanc est frais et juteux, avec des notes de menthe poivrée et une finale qui rappelle les agrumes et la fleur d'oranger. En rouge, le 2018 demande un peu de temps avant de s'ouvrir sur des notes de poivre, de violette. La bouche est plus compacte avec une belle matière et toujours très parfumée. Enfin, Spoutnik s'exprime autour de la syrah croquante au caractère acidulé complété par le fruité franc du grenache.

VDF 2019	20 €	90
Pic Saint-Loup 2018	22 €	92
Pic Saint-Loup Spoutnik 2017	35 €	91

Rouge : 7,5 hectares. Syrah 80 %, Grenache noir 20 %
Blanc : 1 hectare. Chenin 30 %, Clairette 30 %, Grenache blanc 20 %, Tourbat 20 %
Production moyenne : 28 000 bt/an

CLOS DES REBOUSSIERS ♣
Lieu-dit Le Sauzet, 11, route du Pic Saint-Loup 34270 Cazevieille
04 67 91 20 12 • jp.girard@closdesreboussiers.fr • Vente et visites : sur RDV.
Propriétaire : Jean-Pierre Girard

LA CROIX GRATIOT

Anaïs Ricôme se révèle comme la nouvelle référence à Picpoul de Pinet, appellation méconnue des amateurs français. Pourtant, c'est ici que naissent quelques grands blancs du Languedoc, avec pour vedette l'ancien cépage piquepoul. Après des études viti-oenologiques et une expérience dans un vignoble néo-zélandais, son père, Yves, lui a proposé de reprendre en main ce vignoble proche de Marseillan. Anaïs s'est alors orientée vers une diminution de la superficie, à 33 hectares, et une culture bio, avec de plus en plus de pratiques biodynamiques. Cette trentenaire mélomane travaille en sélection parcellaire pour ses meilleures cuvées. Surtout, elle a su capter l'élégance et le toucher unique de ce cépage avec des élevages en grès, foudre et inox.

Les vins : Rouge Cerise est une friandise de fruits aux tanins onctueux, de la griotte et du zan pour un moment convivial. Le Chant des Dolia se décline en rouge avec des notes de fruits noirs et des épices, une bouche aux tanins affûtés dans une minéralité gourmande ; en blanc, un côté pulpeux qui rappelle la chair de fruits blanc et le gingembre avec un équilibre entre gras et vivacité qui opère en bouche. Les Zazous est un assemblage de piquepoul blanc et roussanne tout à fait irrésistible, servi par une aromatique intense de fruits exotiques, de fleurs blanches et d'épices. La bouche offre tout autant de relief avec une certaine puissance et une finale briochée. À Picpoul de Pinet, le 2020 annonce une pureté de fruits – la poire Williams – vers une bouche fraîche et cristalline. Bréchallune offre davantage de volume, sur une précision longiligne épatante !

IGP Pays d'Hérault Les Zazous 2019	13 €	91
Languedoc Le Chant de Dolia 2019	21 €	92
Picpoul de Pinet 2020	7,60 €	89
Picpoul de Pinet Bréchallune 2020	12 €	92
IGP Pays d'Hérault Rouge Cerise 2020	8,40 €	89

Le coup de ♥

Languedoc Le Chant des Dolia Rouge 2019	21 €	91

Rouge : 11 hectares.
Blanc : 24 hectares.
Production moyenne : 190 000 bt/an

LA CROIX GRATIOT
Domaine de Sainte Croix, 34530 Montagnac
04 67 25 27 88 • croix-gratiot.com/ •
Visites : sans RDV.
Propriétaire : Anaïs et Yves Ricome

NOUVEAU DOMAINE

DOMAINE DES DEUX CLÉS

Gaëlle et Florian se sont rencontrés en Bourgogne et ont décidé de s'installer dans le Languedoc au début des années 2010. Après quelques années de recherches, c'est à Fontjoncouse que le couple franco-allemand sinstalle et cultive des parcelles de vieilles vignes. Un bel élan dans ce secteur sauvage et caillouteux des Corbières que nous saluons en intégrant dans le Guide cette année.

Les vins : une belle réussite pour le blanc, souligné par un élevage en bois délicat, apportant des notes de céréales avec une expression de thym citron et une bouche équilibrée et savoureuse. En rouge, le corbières est pulpeux et franc, avec du fruit et des tanins friands. Les vieilles vignes de la Vallée du Paradis montre un caractère sudiste travaillé avec élégance et fraîcheur, le grain de tanins est fin, porté par une belle allonge de garrigue.

Corbières 2020	18 €	92
Corbières 2019	15,90 €	90

IGP Vallée du Paradis 2019 19,90 € 91

Rouge : 10,25 hectares.
Blanc : 3,5 hectares.
Production moyenne : 30 000 bt/an

DOMAINE DES DEUX CLÉS

1, avenue Saint-Victor 11360 Fontjoncouse
04 34 44 23 55 •
info@domaine-des-deux-cles.com • Vente et visites : sur RDV.
Propriétaire : Gaëlle et Florian Richter

DOMAINE LES EMINADES

Implanté sur une géologie très variée, représentative de la diversité des terroirs de Saint-Chinian, ce domaine a été créé en 2002 par Patricia et Luc Bettoni. Les propriétaires cultivent avec soin un vignoble en majorité planté de très vieux carignans, complétés de grenache, de syrah et de cinsault. Ce sont des vins soignés, gourmands, qui veulent rester proches du fruit. Le domaine est devenu une belle référence de l'appellation. Sortent du lot un magnifique Vieilles Canailles, issu de carignans centenaires, et un étonnant blanc de sauvignon, Silice.

Les vins : dans les blancs, Silice est percutant, marqué par la vivacité et les beaux amers en finale. Une expression originale et réussie de sauvignon blanc dans la région, alors que Montmajou (non noté) se trouve dans une réduction sulfitique. En rouge, La Pierre Plantée est un vin facile et gourmand, une explosion de fruits rouges et noirs en bouche. Cebenna est plus serré, avec des tanins encore rigides et une finale un peu sèche. Sortilège est une belle réussite, il allie un fumé noble à la précision du calcaire, le tout dans une enveloppe gourmande et salivante. Dans Vieilles Canailles, le carignan offre d'emblée des parfums de thym frais sur un fond d'épices. Sa structure est plus opulente, dotée d'un côté quetsche et fruits cuits en bouche, mais cette densité est bien balancée par sa sapidité tranchante.

- IGP Coteaux de Fontcaude Silice 2019 18 € 91
- Saint-Chinian Cebenna 2019 14 € 89
- Saint-Chinian La Pierre Plantée 2019 9,50 € 89
- Saint-Chinian Sortilège 2018 17,50 € 93
- Saint-Chinian Vieilles Canailles 2018 29 € 91

Rouge : 15,5 hectares.
Blanc : 3 hectares.
Production moyenne : 70 000 bt/an

DOMAINE LES EMINADES ♣

9, rue Saint-Baulery, 34360 Cébazan
04 67 36 14 38 • www.leseminades.fr •
Vente et visites : sur RDV.
Propriétaire : Patricia et Luc Bettoni
Œnologue : Luc Bettoni

DOMAINE LUDOVIC ENGELVIN

Discret et sensible, Ludovic Engelvin produit des vins sincères, aux personnalités affirmées. Passionné depuis son plus jeune âge par la vigne, une expérience "industrielle" dans le vignoble au nord de l'Espagne a failli le détourner de la filière. Heureusement, à tout juste vingt ans, il enchaîne avec deux années passées auprès de Didier Dagueneau en Loire, qui le marqueront à vie. Amoureux du vin, il se forme un palais aux grands vins comme sommelier à Beaumanière. Avec ces différentes approches en tête, il décide finalement de se lancer à 25 ans dans son Sud natal, où il confectionne des vins certifiés bio, dans un élan biodynamique. Chacune de ses cuvées dévoile une personnalité différente.

Les vins : la production de rosé n'est pas systématique au domaine. The Radiant est une expression de mourvèdre juste infusée, avec une touche de cinsault pour le croquant, et toujours cette emprise aromatique de rose. Cru-elles est un cinsault pur en 2019 avec de la densité mais beaucoup d'élégance, un toucher de bouche onctueux et une impression de chair de fruit rouge juteuse avec un beau parfum de ciste. Clausus est un grenache pulpeux et gourmand, expression pure de fruits noirs et d'épices douces. Il laisse une impression veloutée en bouche. Enfin, le blanc 45°9 (température relevée dans la vigne le 28 juin 2019) est une adaptation réussie à cette journée brûlante. Ce grenache blanc sur calcaire offre des notes de mirabelle et de bruyère blanche. Une douceur amenée par un restant de sucres délicat et bien intégré . Celui-ci renforce les beaux amers et les épices en finale, sans aucune puissance alcoolique. On l'imagine à table avec des fromages de brebis secs ou un curry indien. Un petit ovni comme sait les maîtriser ce vigneron de talent !

- IGP GardThe Radiant 2020 13 € 91
- IGP GardClausus 2019 Épuisé - 24 € 90
- IGP Gard Cru-elles 2019 16 € 92

Le coup de ♥

- IGP Gard 45°9 2019 18 € 91

Rouge : 7,88 hectares. Grenache noir 63 %, Mourvèdre 20 %, Cinsault 17 %
Blanc : 1 hectare. Grenache blanc 100 %
Production moyenne : 17 000 bt/an

DOMAINE LUDOVIC ENGELVIN ♣

Chemin du Gour-du-Cuisinier,
30260 Vic-le-Fesq

06 29 18 23 86 • www.ludovicengelvin.com/ • Vente et visites : sur RDV.

Propriétaire : Ludovic Engelvin

CHÂTEAU DE GAURE

L'industriel belge Pierre Fabre a réalisé son rêve en rachetant, en 2004, un vignoble perdu aux confins du Limouxin et de la Malepère, proche du village de Cépie, puis quelques parcelles en Roussillon (dans le secteur de Latour-de-France). Devenu vigneron-artiste (il dessine lui-même ses étiquettes), Pierre Fabre s'est engagé dans la voie de l'agriculture biologique pour que la biodiversité s'exprime pleinement. Les vignes sont entourées de champs et de forêts dans un environnement exceptionnel. Les blancs du secteur de Limoux et les rouges du Roussillon conjuguent caractère aromatique généreux et volume de bouche.

Les vins : des notes de romarin et d'épices pour le languedoc rouge. La bouche est charnue, mais les tanins sont discrets et la finale reste gourmande. Le limoux blanc est floral, s'appuyant sur un bel axe fruité, du gras en bouche et une finale bien vive. Oppidum est plus toasté, avec une impression ligneuse en milieu de bouche, conclu par une bouche équilibrée et gourmande.

- Limoux 2019 — 14 € — 90
- Limoux Oppidum 2019 — 22 € — 90
- Languedoc 2019 — 14 € — 90

Rouge : 32 hectares. Carignan 41 %, Grenache noir 27 %, Syrah 27 %, Mourvèdre 5 %

Blanc : 35 hectares. Chardonnay 72 %, Chenin 17 %, Mauzac vert 8 %, Macabeu 3 %

Production moyenne : 120 000 bt/an

CHÂTEAU DE GAURE ♣

Domaine de Gaure, 11250 Rouffiac-d'Aude

06 74 44 64 23 • www.chateaudegaure.fr • Vente et visites : sur RDV.

Propriétaire : Pierre Fabre

LA GRANGE DE QUATRE SOUS

D'origine suisse-allemande, la propriétaire Hildegard Horat et son compagnon Alioune Diop n'ont cessé de progresser dans l'élaboration de vins de pays très personnels, sans tapage, avec méticulosité et passion. Sur un terroir assez frais (Assignan, non loin de Saint-Chinian), le domaine a été entièrement replanté avec un large éventail de cépages, majoritairement atlantiques pour les rouges. Le blanc Jeu du Mail (marsanne et viognier) possède un fort caractère, dans un esprit mûr et précis : il faut le boire entre deux et cinq ans. Il ne faut pas avoir peur d'oublier les rouges en cave quelques années.

Les vins : la cuvée éponyme au domaine donne une impression brute, la bouche est rugueuse et dense. Le nez nous place directement sur les cabernets pour Lo Molin. En bouche, une certaine générosité de fruits s'associe à des tanins encore anguleux. Il mérite un peu de repos ou un passage en carafe. Les Serrottes est plus abouti. Le vin est suave avec l'accroche du malbec en bouche, allié aux épices d'une syrah du sud.

- IGP Pays d'Oc 2018 — 20 € — 88
- IGP Pays d'Oc Les Serrottes 2018 — 15,50 € — 90
- IGP Pays d'Oc Lo Molin 2018 — 17,50 € — 89

Rouge : 5 hectares. Syrah 39 %, Malbec (cot) 27 %, Cinsault 12 %, Cabernet-Sauvignon 10 %, Cabernet franc 7 %, Grenache noir 5 %
Blanc : 2,9 hectares. Arvine 38 %, Chardonnay 22 %, Marsanne 22 %, Viognier 18 %
Production moyenne : 25 000 bt/an

LA GRANGE DE QUATRE SOUS ♣

assignan 34360 Assignan
04 67 38 06 41 • www.quatresous.eu • Vente et visites : sur RDV.
Propriétaire : Hildegard Horat

DOMAINE HENRY

Issu d'une vieille famille vigneronne, François Henry travaille, avec son épouse Laurence, le terroir historiquement réputé de Saint-Georges-d'Orques depuis 1992. Une curiosité gustative rare le pousse à des expériences originales qui relient le Languedoc à ses racines agronomiques et culturelles. En se penchant ainsi sur le passé, le domaine ouvre de passionnantes voies vers l'avenir. N'hésitez pas à carafer certaines cuvées qui demandent parfois un peu de patience.

Les vins : du côté de Saint-Geroges-d'Orques, le 2018 se montre charnu, avec des tanins solides mais fondus, et conclu sur une finale caillouteuse. Il ne faut pas hésiter à carafer le vin vermeil, ce "rosé" qui rappelle la groseille bien juteuse et qui cache bien ses 14° d'alcool sous une vivacité franche. Le blanc interpelle avec sa robe jaune dorée intense ; l'orange sanguine et le fenouil se partagent le nez. Volumineux et charnu, du relief et de beaux amers.

- IGP Collines de la Moure 2019 20 € 90
- Languedoc Saint-Georges-d'Orques Vin Vermeil 2019 20 € 90
- Languedoc Saint-Georges-d'Orques 2018 23 € 91

Rouge : 9,2 hectares.
Blanc : 1,8 hectare.
Production moyenne : 30 000 bt/an

DOMAINE HENRY ♣
6, avenue d'Occitanie,
34680 Saint-Georges-d'Orques
04 67 45 57 74 • www.domainehenry.fr •
Vente et visites : sur RDV.
Propriétaire : François et Laurence Henry
Directeur : François Henry
Œnologue : ICV

MAISON LORGERIL

La dynamique et exigeante Miren de Lorgeril, et son époux Nicolas, gèrent avec brio le vaste vignoble familial du château de Pennautier à Cabardès, vaisseau amiral autour duquel gravite une large production de vins développée ces dernières années. Les cuvées classiques, à moins de 8 €, sont tout à fait remarquables et prouvent que qualité et quantité peuvent aller de pair. La gamme Terroirs d'Altitude comprend des vins plus profonds tandis que Les Grands Vins sont plus ambitieux et habillés de boisés parfois robustes. Le style de la maison s'efforce de préserver finesse et fraîcheur de fruit. Une valeur sûre, équipée d'un bel outil œnotouristique.

Les vins : Ô de Rosé est frais, d'une belle accroche fruitée, la bouche est friande, sans trop de puissance formant une cuvée très rafraîchissante. Château de Pennautier, épicentre de la famille situé en Cabardès, allie avec brio les cépages atlantiques aux méditerranéens. Son élevage élégant lui confère de la rondeur et des notes d'encens. À Saint-Chinian, on perçoit des notes de cerise bien mûre, une bouche enveloppante et équilibrée tandis qu'à Faugères, le vin se démarque par ses notes subtiles de romarin, des tanins bien intégrés et une finale gourmande et dynamique. Encore très jeune, le minervois-la-livinière est onctueux et rond, profitant d'une intense présence de fruits noirs et ponctué d'une finale enrobée par un élevage bien dosé.

- Languedoc Ô de Rosé 2020 8,50 € 88
- Cabardès Château de Pennautier Terroirs d'Altitude 2018 10,80 € 90
- Faugères Château de Ciffre Terroirs d'Altitude 2019 13,20 € 90
- Minervois-La-Livinière Domaine de la Borie Blanche 2019 23,70 € 91
- Saint-Chinian Château de Ciffre Terroirs d'Altitude 2019 11,60 € 89

Rouge : 190 hectares.
Blanc : 30 hectares.
Production moyenne : 2 500 000 bt/an

MAISON LORGERIL ♣
BP 4 11610 Pennautier
04 68 72 65 29 • www.lorgeril.wine •
Visites : sans RDV.
Propriétaire : Nicolas et Miren de Lorgeril
Maître de chai : Pauline Matéo

LE LOUP BLANC

Domaine créé en 2002 par quatre associés, passionnés de vin et originaires de Saumur, Le Loup Blanc propose des vins du Minervois à la trame fraîche et pure, avec un joli décor languedocien. Le travail dans le vignoble a été axé immédiatement sur l'agriculture biologique et biodynamique. L'expression de chaque cuvée reste précise : on trouve ici des vins à boire sur le fruit, mais aussi de belles cuvées de garde. La propriété abrite deux gîtes confortables et décorés avec goût.

Les vins : Soif est un rouge gouleyant, qui allie cinsault et grenache avec un dynamisme fruité. Tout aussi gouleyant, Le Régal apporte un petit éclat fruité supplémentaire, avec une chair juteuse. On quitte le registre du fruit pur avec Les Trois P'tits C, qui offre un nez de ciste et de romarin, avec une belle accroche d'épices et de myrtille en bouche, des tanins bien fondus et cette fraîcheur qui est la signature du domaine ! Un parfait vin de table... Issue de vieilles vignes de carignan et grenache, La Mère Grand est un minervois à la trame svelte, avec un beau bouquet de garrigue au nez. En blanc, Le Régal retransmet des notes caillouteuses, avec un nez de fleurs blanches et de poire Williams. La bouche est longiligne et juteuse, avec une finale salivante.

- VDF Le Régal 2019 18,80 € 91
- IGP Pays d'Oc Soif Rouge 2019 10 € 89

- Minervois La Mère Grand 2018 — 20,50 € — 92
- Minervois Le Régal 2020 — 14 € — 90

Le coup de ♥

- IGP Aude Les Trois P'tits C 2019 — 16 € — 92

Rouge : 14 hectares. Grenache noir 55 %, Carignan 40 %, Syrah 5 %
Achat de raisins.
Blanc : 2 hectares. Carignan 50 %, Terret blanc (terret bourret) 20 %, Grenache blanc 20 %, Grenache gris 10 %
Achat de raisins.
Production moyenne : 70 000 bt/an

LE LOUP BLANC ☾
Hameau de la Roueyre, 11120 Bize-Minervois
04 67 38 00 15 • www.vignobleduloupblanc.com • Vente et visites : sur RDV.
Propriétaire : Carine Farre et Nicolas Gaignon
Maître de chai : Nicolas Gaignon

DOMAINE LA MADURA

Après des études poussées en biogénétique, en ampélographie et en œnologie, Cyril Bourgne a débuté sa carrière à Bordeaux (château de Fieuzal) avant d'entamer, avec son épouse Nadia, une aventure viticole plus personnelle dans le Languedoc. Le vignoble est entretenu avec rigueur et permet, lors des vinifications désormais menées dans la nouvelle cave immergée dans le paysage saint-chinianais, l'extraction de matières longues et fines. La précision de l'élevage en fût, mis en place sur la cuvée Grand Vin à dominante de syrah et de mourvèdre, ambitionne de renouveler l'expression contemporaine de Saint-Chinian.

Les vins : les rouges constituent des valeurs sûres à Saint-Chinian, dans un style friand et méditerranéen pour la cuvée Classic ; avec un élevage plus structurant et enveloppant pour Grand Vin, sans manquer d'éclat, un vin à garder patiemment. LM est le résultat d'un tri rigoureux à la vigne, un vin plus concentré dont l'accroche de tanins en finale nous rappelle qu'il faut l'oublier en cave pour un moment. En blanc, Classic séduit par sa légèreté et son entrain et possède une jolie finale soulignée par le fenouil frais. Canopé offre un peu plus de volume et de complexité, conférés par une vinification en barrique très bien intégrée. Un beau vin de table qui fait saliver.

- IGP Pays d'Oc Canopé 2019 — 20 € — 91
- IGP Pays d'Oc Classic 2019 — 14 € — 89
- Saint-Chinian Classic 2019 — 14 € — 90
- Saint-Chinian Grand Vin 2017 — 21 € — 92
- Saint-Chinian LM 2018 — 52 € — 92

Rouge : 11 hectares.
Blanc : 1,5 hectare.
Production moyenne : 45 000 bt/an

DOMAINE LA MADURA
Route de Salabert, 34360 Saint-Chinian
04 67 38 17 85 • www.lamadura.com • Vente et visites : sur RDV.
Propriétaire : Cyril et Nadia Bourgne
Œnologue : Cyril Bourgne

MAS FOULAQUIER

Situé au nord du cru Pic Saint-Loup, ce domaine est constitué d'une grande parcelle de coteau exposée sud-ouest sur des éboulis calcaires, plantée majoritairement en grenache et syrah. C'est le terroir de Foulaquier proprement dit, auquel se joint dans l'exploitation le terroir plus limoneux des Tonillières, exposé nord-est. Cette aventure, débutée en 1998, est menée par le couple formé par Pierre Jequier, ancien architecte, et Blandine Chauchat, ex-fonctionnaire parlementaire. Ces vignerons passionnés ont restructuré le domaine, dont les origines sont très anciennes, en l'orientant vers une certification en agriculture biodynamique. Nous sommes dans l'attente d'une plus grande homogénéité dans les cuvées.

Les vins : Violetta est une pure cuvée de plaisir où la gourmandise du fruit est de mise. Le nez a besoin d'aération pour faire disparaître son caractère volatile. La bouche s'avère juteuse avec un bel appui de fruits et d'épices. Les Calades est davantage construit sur une base de fruits mûrs (figue fraîche et mûre) et d'épices avec une finale qui ouvre l'appétit.

- IGP Saint-Guilhem-le-Désert Les Amours Vendangeurs 2017 — 40 € — 92
- IGP Saint-Guilhem-le-Désert Violetta 2019 — 16 € — 89
- Pic Saint-Loup Les Calades 2019 — 25 € — 90

Rouge : 12 hectares. Syrah 50 %, Grenache noir 40 %, Pinot noir 33 %, Cinsault 10 %, Lladoner pelut 10 %, Divers noir 8 %, Cabernet-Sauvignon 6 %, Carignan 5 %, Mourvèdre 5 %
Achat de raisins.
Blanc : 1,5 hectare. Terret blanc (terret bourret) 95 %, Picpoul blanc 62 %, Roussanne 60 %, Bourboulenc 35 %, Vermentino 35 %, Clairette 30 %, Sauvignon blanc 30 %, Viognier 14 %, Grenache blanc 8 %,

Grenache gris 7 %, Chardonnay 5 %, Marsanne 5 %, Muscat à petits grains blancs 1 %
Achat de raisins.
Production moyenne : 65 000 bt/an

MAS FOULAQUIER
Mas Foulaquier, Route des Embruscalles, 34270 Claret
04 67 59 96 94 • www.masfoulaquier.com • Vente et visites : sur RDV.
Propriétaire : Blandine Chauchat, Pierre Jequier et Anne-Marie Fallot
Directeur : Blandine Chauchat et Pierre Jequier

MAS LOU

Après plusieurs voyages, dont l'un au Pérou qui inspire les noms des différentes cuvées, Adèle Arnaud et son compagnon Olivier Gil ont posé leurs valises à Faugères. Depuis 2013, ils proposent avec leurs différents vins rouges une définition franche et juste des terroirs de schiste. Leurs vignes, âgées en moyenne de plus de 30 ans (majoritairement syrah et carignan) se nichent entre 200 et 400 mètres d'altitude. Les différents styles de vins sont le résultat d'un travail parcellaire assidu ; une conversion en bio a été entamée en 2019. Nous espérons beaucoup de ce jeune couple qui incarne la nouvelle génération de Faugères.

Les vins : le rosé Selva peut s'imposer à table grâce à ses notes de rose et de fruits des bois, désaltérant avec un petit support tanins. De la pureté pour le blanc en 2020, Ïnti offre des notes de verveine citronnée, une bouche salivante et un beau volume. Angaco aux reflets violines évoque la framboise, la griotte. C'est un vin friand et gouleyant disposant d'une belle persistance fruitée, tandis qu'Aksou est clairement marqué par une syrah aux notes finement lardées, supportées par le fruit noir du grenache et cette touche de graphite caractéristique du schiste.

IGP Côtes de Thongue Ïnti 2020	12 €	91
Faugères Selva 2020	8 €	89
Faugères Aksou 2019	13 €	93
Faugères Angaco 2020	10 €	91

Rouge : 8 hectares. Syrah 45 %, Grenache noir 35 %, Carignan 30 %, Cinsault 16 %, Mourvèdre 10 %, Sangiovese 5 %, Malbec (cot) 2 %, Petit Verdot 2 %
Blanc : 0,5 hectare. Grenache blanc 40 %, Vermentino 36 %, Chardonnay 35 %, Ugni blanc (trebbiano) 19 %, Clairette 11 %, Roussanne 5 %, Grenache gris 3 %, Carignan 3 %, Marsanne 2 %
Production moyenne : 20 000 bt/an

MAS LOU
4, rue du Portail-d'Amont, 34600 Faugères
06 77 81 06 44 • www.mas-lou.com • Vente et visites : sur RDV.
Propriétaire : Adèle Arnaud et Olivier Gil

MAS D'ESPANET

Ce beau domaine se situe sur la commune de Saint-Mamert-du-Gard, à mi-chemin entre Uzès et Sommières, à la limite de la nouvelle appellation Duché d'Uzès. La culture mise en œuvre par Agnès et Denys Armand est biodynamique, l'environnement sauvage, à l'orée d'un vaste bois de plus de 8 000 hectares. Il s'agit d'un terroir très frais, ce qui explique que la moitié de la production soit dévolue aux blancs, remarquablement savoureux et tendus. Les rouges expriment la même fraîcheur gourmande, entièrement au service de la finesse du fruit. Cette production fait souffler un vent de fraîcheur sur l'image du vin languedocien.

Les vins : en rouge, Pinôt est un jus croquant, soutenu par un fruité pulpeux et des tanins soyeux. Dans les blancs, Freesia est rafraîchissant et floral. Signature du domaine, Eolienne dessine avec grâce un profil à la fois charnu et frais, doté d'une aromatique complexe de bruyère blanche et de fruits jaunes. On monte d'un cran avec Camille, un vin tout en dentelle : une rencontre clairement réussie entre le piquepoul et le grenache. Une bouche complexe et élancée, avec des notes de camomille et de céréales.

IGP Cévennes Freesia 2020	8 €	89
Languedoc Camille 2018	25 €	93
IGP Cévennes Pinôt 2019	16 €	91

Le coup de ♥

Languedoc Eolienne 2019	14 €	92

Rouge : 10 hectares. Cinsault 50 %, Grenache noir 10 %, Pinot noir 10 %, Ribeyrenc 10 %, Syrah 10 %, Carignan 10 %
Blanc : 11 hectares. Sauvignon blanc 20 %, Viognier 20 %, Grenache blanc 20 %, Picpoul blanc 10 %, Chenin 10 %, Petit Manseng 5 %, Rolle 5 %, Roussanne 4 %, Marsanne 3 %, Riesling 3 %
Production moyenne : 80 000 bt/an

MAS D'ESPANET

Chemin de Robiac,
30730 Saint-Mamert-du-Gard
04 66 81 10 27 • www.masdespanet.com •
Vente et visites : sur RDV.

Propriétaire : Denys Armand

LE MAS DE MON PÈRE

Si la jeune appellation Malepère peine à se faire connaître dans le vaste paysage languedocien, son visage qualitatif doit aujourd'hui beaucoup à Frédéric Palacios, vigneron passionné et intuitif, qui a accompli en très peu de temps un travail considérable. Très exigeant à la vigne, ne négligeant aucun soin, il vinifie séparément les différents cépages en petites cuves et positionne son domaine, situé sur les sols argilo-calcaires d'Arzens, parmi l'élite des nouveaux producteurs de l'Aude. Il faut découvrir ces vins d'artisan, au style élancé et fin qu'il est très facile d'adopter !

Les vins : Tu m'intéresses est un rouge friand, dont le caractère océanique ressort par des notes de fougère et de fruits rouges, sans perdre de vue son style sudiste, plus aromatique. M Comme Je Suis ! est un digne représentant de l'appellation Malepère, composé uniquement de cépages océaniques qui lui donnent un aspect tranchant. Si la rondeur pulpeuse de la bouche reste un atout, on lui trouve une légère raideur en finale.. Une belle réussite pour Cause Toujours, un 100 % malbec floral, épicé et fruité qui envoûte. Le bouche est svelte avec une finale qui rappelle la rose séchée. C'est certainement ce que le terroir de sable du massif de la Malepère est capable de faire de plus fin et élégant ! Dans ce même esprit de finesse florale, Red de Toi est un merlot gourmand et souple porté par une bouche ronde et glissante. Le blanc allie le floral et les céréales avec une bouche ample et équilibrée qui ne manque pas de fraîcheur.

VDF Quitte ou Double 2020	17 €	88
Malepère M Comme Je Suis ! 2019	13 €	90
VDF Cause Toujours 2020	17 €	92
VDF Red de Toi 2020	17 €	91
VDF Tu m'intéresses 2020	10 €	90

Rouge : 4,5 hectares.
Blanc : 1,75 hectare.
Production moyenne : 18 000 bt/an

LE MAS DE MON PÈRE

18, chemin du Roudel, 11290 Arzens
06 83 48 12 73 •
www.lemasdemonpere.wixsite.com • Vente et visites : sur RDV.

Propriétaire : Frédéric Palacios

NOUVEAU DOMAINE

DOMAINE MIRABEL

On trouvera les 14,5 hectares des frères Feuillade tout au nord de Pic Saint-Loup, à Brouzet-lès-Quissac, dans un petit cocon lové dans les collines, avec vue imprenable sur le massif de Coutach. Depuis le début des années 2000, Samuel et son frère cadet Vincent imposent leur identité avec des vins délicieux et équilibrés. Leur priorité se trouve à la vigne, avec une restructuration du vignoble, toujours en agriculture biologique (avec des essais biodynamiques dès l'été 2019).

Les vins : Les Bancels est un pic-saint-loup friand, avec une expression de fruits rouges et de cade, les tanins sont souples et sans rigueur. Un vin parfait pour accompagner une viande rouge grillée. Le Chant du Sorbier est axé sur le grenache, avec un élan de fraise et framboise sauvage, des tanins souples et onctueux, et une finale qui rappelle le café. Les Éclats est plus structuré et pourra patienter quelques années en bouteille : un vin suave et épicé, sans perdre de son éclat en finale. Côté blanc, Le Loriot est aromatique et gras, avec une bouche élancée qui rappelle l'acacia et les fleurs blanches.

IGP Pays d'Oc Le Loriot 2020	14 €	90
Languedoc Le Chant du Sorbier 2019	Épuisé - 15 €	91
Pic Saint-Loup Les Éclats 2019	18 €	92

Le coup de ♥

Pic Saint-Loup Les Bancels 2019	14 €	90

Rouge : 13,1 hectares. Syrah 55 %, Mourvèdre 20 %, Grenache noir 15 %, Cinsault 10 %
Blanc : 1,9 hectare. Viognier 50 %, Roussanne 35 %, Sauvignon blanc 10 %, Petit Manseng 5 %
Production moyenne : 40 000 bt/an

DOMAINE MIRABEL

261, route du Brestalou,
30260 Brouzet-lès-Quissac
06 22 78 17 47 • domainemirabel@neuf.fr •
Vente et visites : sur RDV.

Propriétaire : Famille Feuillade
Directeur : Samuel et Vincent Feuillade

CHÂTEAU OLLIEUX ROMANIS

Pierre Bories a repris cette vaste propriété familiale, agrandie en 2006 par le vignoble voisin, Les Ollieux. Une belle diversité de terroirs entre l'argilo-calcaire, les galets roulés et le terroir de Boutenac (grès rouges et calcaire) où le domaine s'impose comme un incontournable. Il a su façonner au fil des ans une gamme complète, faite de vins de négoce artisan-partisan bien ficelés, Les Murailles, dans une zone sensiblement plus fraîche de l'appellation et un projet plus personnel avec son domaine éponyme. Toujours avec des projets plein la tête, Pierre s'est lancé dans de gros travaux dans les bâtiment originels, qui permettront un accueil optimisé aux visiteurs.

Les vins : déclinées dans les trois couleurs, les cuvées classiques offrent une bonne base et ces 2020 sont digestes. Le travail sur le rosé paie avec Alba, tout en dentelle, délicat avec des notes légèrement épicées et de pêche blanche. Bel étendard de Boutenac, la cuvée Prestige est onctueuse, aux notes de fruits à noyau, avec une belle patine et une finale poivrée. Il est déjà prêt, mais saura s'affiner en cave. Atal Sia est plus dense et concentré, il faut lui laisser le temps de se dévoiler, au-delà des fruits noirs, du moka et de cette belle trame tannique. Premier millésime pour Alba en rouge, cet assemblage de grenache et cinsault donne un vin agréable et fluide, sur des notes de romarin et de fruits rouges.

Corbières Alba 2020	15 €	91
Corbières Alba 2017	30 €	90
Corbières Classique 2020	11 €	89
Corbières-Boutenac Atal Sia 2018	23 €	92
Corbières-Boutenac Prestige 2019	16 €	91

Rouge : 41 hectares.
Blanc : 26 hectares.
Production moyenne : 400 000 bt/an

CHÂTEAU OLLIEUX ROMANIS ♣

RD 613, TM 26, 11200 Montseret
04 68 43 35 20 • www.chateaulesollieux.com • Vente et visites : sur RDV.
Propriétaire : Famille Bories
Directeur : Pierre Bories
Maître de chai : Yannick Desert

ROMAIN PORTIER

Romain Portier commence son aventure de vigneron en 2012 avec une "petite parcelle" de mourvèdre, tout en étant caviste à la Cave des Arceaux à Montpellier. Cet ancien sportif devenu chef de culture exploite maintenant 5 hectares de vignes, et fait partie des nouveaux arrivants de la très dynamique appellation Terrasses du Larzac. Il se voue pleinement à son domaine depuis 2019, pratiquant une culture de la vigne sans intrant et brillant par ses vinifications lentes et précises. Il fait partie des jeunes arrivants de cette appellation en mouvement.

Les vins : le VDF La Petite Parcelle de Cinsault repose sur ce cépage expressif, aux notes florales et de fruits rouges avec une touche de garrigue. La bouche est onctueuse, avec du relief, en demi-puissance. Déjà dégusté l'an dernier, le terrasses-du-larzac 2018 s'affine, doté d'une trame épicée, l'arbouse et le genévrier prennent place sur la longueur. Le blanc est pulpeux, avec des notes de fleur d'oranger, de thym, la bouche est enveloppante tout en offrant du dynamisme et de la fraîcheur.

VDF La Petite Parcelle 2020	13 €	91
Terrasses du Larzac La Petite Parcelle 2018	20 €	92
VDF La Petite Parcelle de Cinsault 2020	13 €	91

Rouge : 4,3 hectares. Cinsault 35 %, Carignan 27 %, Mourvèdre 25 %, Grenache noir 25 %, Syrah 15 %, Grenache gris 7 %

Blanc : 0,7 hectare. Muscat à petits grains blancs 96 %, Marsanne 70 %, Sauvignon blanc 60 %, Picpoul blanc 40 %, Grenache blanc 30 %, Roussanne 29 %, Macabeu 26 %, Grenache gris 1 %

Production moyenne : 10 000 bt/an

ROMAIN PORTIER ♣

7, route de Jonquières,
34725 Saint-Saturnin-de-Lucian

06 20 65 21 75 • romainportier@free.fr • Vente et visites : sur RDV.

Propriétaire : Romain Portier

PRIEURÉ DE SAINT-JEAN-DE-BÉBIAN

Enfin, ce haut lieu de l'histoire viticole languedocienne ressuscite ! Depuis le rachat de l'industriel Alexander Pumpyanskiy, une nouvelle cave a été construite en 2015 et surtout, le travail de Benoît Pontenier dans les vignes et une politique de récolte plus précoce (mais mûre !) se ressentent depuis le millésime 2017. Ce patrimoine de vieilles vignes tout à fait exceptionnel, morcellé sur 40 parcelles de moins de 1 hectare reprend donc ses droits : les galets roulés, le calcaire mais surtout le précieux basalte s'expriment à nouveau dans un style originel, élégant et fin, comme l'avait dessiné le fondateur du domaine Alain Roux dans les années 1970.

Les vins : le cap pointé par l'élégant 2017 est tenu cette année ! Ce 2018 mérite une aération douce pour faire apparaître des notes florales et de menthe poivrée, et des arômes de thym-citron. De la gourmandise en bouche pour ce vin équilibré à la structure gracile. Une main de fer dans un gant de velours.

Languedoc 2018	40 €	92

Rouge : 14 hectares. Grenache noir 40 %, Mourvèdre 20 %, Syrah 20 %, Cinsault 15 %, Counoise 5 %
Blanc : 5 hectares. Roussanne 45 %, Grenache blanc 20 %, Vermentino 15 %, Clairette 10 %, Chardonnay 5 %, Grenache gris 5 %
Production moyenne : 80 000 bt/an

PRIEURÉ DE SAINT-JEAN-DE-BÉBIAN ♣
Route de Nizas, 34120 Pézenas
04 67 98 13 60 • www.bebian.com •
Visites : sans RDV.
Propriétaire : Alexander Pumpyanskiy
Directeur : Benoit Pontenier
Maître de chai : Benoit Pontenier

CHÂTEAU RIVES-BLANQUES

Le domaine est situé à 350 mètres d'altitude, sur un plateau dominant la vallée de l'Aude d'un côté et offrant de l'autre une vue en cinémascope sur les Pyrénées enneigées. Dans la région depuis le début des années 2000, la famille Panman fait désormais partie du paysage et la génération suivante arrive au domaine. Ici, le mauzac est roi : c'est dans ce domaine que l'on trouvera la plantation de ce cépage la plus diversifiée au monde, avec pas moins de 40 clones !

Les vins : parmi les vins tranquilles, Le Limoux est dominé par le mauzac, il est gras avec une petite pointe vive qui arrive en milieu de bouche. Suit une déclinaison en trois étapes : le chenin (Dédicace), d'approche vive et croquante ; le chardonnay (Odyssée) plus enveloppant ; enfin, Occitania, pur avec des notes de fleurs de printemps et une grande gourmandise en bouche. Pour plus de simplicité, Aude à la Joie est un chenin frais et croquant, parfait pour mettre en appétit avec ses notes d'agrumes et fleur d'oranger. Les bulles sont réjouissantes, avec cette blanquette généreuse qui fait saliver, portée par un bel élan et des notes de fruits blancs. Des noces de saphir pour les propriétaires leur a inspiré cette cuvée de crémant millésimée, légèrement toastée. Les bulles sont fines et perçantes et s'accompagnent d'une longueur fruitée.

Blanquette de Limoux 2018	13,65 €	89
Crémant de Limoux Saphir 2016	15 €	91
IGP Haute Vallée de l'Aude Aude à la Joie 2019	10 €	89
Limoux Dédicace 2019	Épuisé - 13,65 €	89
Limoux Le Limoux 2018	10 €	90
Limoux Occitania 2019	13,65 €	91
Limoux Odyssée 2019	13,65 €	88

Blanc : 20 hectares. Chardonnay 50 %, Mauzac Blanc 30 %, Chenin 20 %
Production moyenne : 80 000 bt/an

CHÂTEAU RIVES-BLANQUES ♣
Chateau Rives-Blanques, Domaine Rives-Blanques 11300 Cépie
0468314320 • www.rives-blanques.com •
Vente et visites : sur RDV.
Propriétaire : Caryl & Jan Panman
Directeur : Caryl & Jan Panman
Maître de chai : Jan Panman
Œnologue : Pierre Roque

DOMAINE DE LA RÉSERVE D'O

Le domaine a été créé en 2004 par Frédéric et Marie Chauffray, vignerons passionnés et autodidactes, dans un des secteurs les plus hauts, et donc les plus frais, des Terrasses du Larzac. L'approche agronomique est biodynamique. Comme la viticulture, la vinification se veut très proche des cycles naturels – comprenez peu interventionniste. Les vins se sont très vite singularisés par leur gourmandise enjouée, loin du sérieux parfois ascétique de certains vins de cette jeune et si dynamique appellation. Le style est reconnaissable et, en peu d'années, le domaine a fait ses preuves, de la délicieuse cuvée sans sulfites SanSSoo, qui reprend le dénomination Saint-Saturnin, menacée de désuétude, à des exercices d'élevages plus longs qui évoluent avec bonheur.

Les vins : le blanc est rond, mais sans lourdeur, avec des notes de fruits jaunes et une belle finale épicée. Bilbo est un vin au fruité franc, des tanins fins et une finale qui rappelle la framboise. En 2019, la cuvée éponyme est massive, on lui trouve un grain de tanin fin, des fruits noirs et une finale encore stricte. Une majorité de syrah pour La Côte d'Arboras avec un élevage en amphore. Le nez est ouvert sur un registre de garrigue et de baies sauvages, la bouche est très élancée, avec une finale minérale qui se rapproche du caillou. Hissez O est dense et compact, un vin à la texture épaisse et à la finale réglissée qu'il va falloir attendre patiemment en cave. Octo Anni est une vendange tardive de grenache qui a évolué en barrique et qui s'est enfoui sous son voile pendant huit ans. Un nez de rancio avec des notes de fruits séchés, de tabac blond et une bouche qui se situe entre le sec et le moelleux. Un ovni !

- IGP Saint-Guilhem-le-Désert La Réserve d'O 2020 — 21 € — 90
- Languedoc Bilbo 2020 — 17 € — 90
- Terrasses du Larzac La Côte d'Arboras 2019 — 35 € — 93
- Terrasses du Larzac La Réserve d'O 2019 — 21 € — 91
- Terrasses du Larzac Hissez O 2019 — 27 € — 92

Le coup de ♥

- VDF Octo Anni 2010 — 47 € — 92

Rouge : 11 hectares. Syrah 45 %, Grenache noir 45 %, Cinsault 10 %

Blanc : 1,1 hectare. Chenin 34 %, Grenache blanc 33 %, Roussanne 33 %

Production moyenne : 30 000 bt/an

DOMAINE DE LA RÉSERVE D'O ☾

Rue du Château, 34150 Arboras

06 70 05 69 81 • www.lareservedo.fr • Vente et visites : sur RDV.

Propriétaire : Marie et Frédéric Chauffray

DOMAINE SAINTE CROIX

Depuis leur premier millésime dans ce paysage très minéral, il y a maintenant plus de dix ans, Elizabeth et Jon Bowen ont peu à peu pris la mesure des connivences existant entre leurs parcelles aux sols complexes et la multiplicité des cépages locaux. La volonté d'expérimenter, en réinterprétant au passage un patrimoine local quasiment abandonné (notamment ampélographique), nous impressionne très favorablement. Le style s'est déjà considérablement affiné et la marge de progression, au vu de la sensibilité des vignerons et de la puissance des terroirs, demeure importante.

Les vins : duo de grenache, La Serre est un blanc ample, aux notes de de pêche blanche et de céréales, porté par une belle énergie ! Des notes de cassis au nez pour Le Fournas. S'ensuit une bouche dense et gourmande. Pourboire Nature est fluide, avec un côté légèrement perlé qui partira avec une mise en carafe. Un jus de groseille en bouche. Magneric est une version svelte et gracile des Corbières, un vin aux notes légèrement poivrées, avec un regain de baies de genièvre et de fruits noirs. Le grenache noir apporte à Celèstra une rondeur de fruits et une touche de lladoner pelut qui twiste l'ensemble. Des notes d'orange sanguine, très digestes, lui confèrent un relief supplémentaire. À laisser poser quelques années. Enfin, le carignan offre à la fois structure et aspect juteux. Il se plaît dans un style élancé aux fins tanins. Un très bel exercice de style.

- VDF La Serre 2018 — 14 € — 90
- Corbières Celèstra 2018 — 20 € — 91
- Corbières Le Fournas 2018 — 10 € — 89
- IGP Vallée du Paradis Pourboire Nature 2019 — 12 € — 89
- VDF Carignan 2017 — 20 € — 91

Le coup de ♥

- Corbières Magneric 2016 — 14 € — 91

Rouge : 10 hectares. Carignan 55 %, Grenache noir 20 %, Syrah 20 %, Mourvèdre 5 %
Blanc : 1 hectare. Grenache gris 50 %, Grenache blanc 50 %
Production moyenne : 30 000 bt/an

DOMAINE SAINTE CROIX ♣

7, avenue des Corbières,
11360 Fraïssé-des-Corbières
06 85 67 63 88 • www.saintecroixvins.com • Vente et visites : sur RDV.
Propriétaire : Elizabeth et Jon Bowen

DOMAINE DE SAUMAREZ

Robin Williamson est anglais, Liz néo-zélandaise. C'est en 2004 qu'ils ont trouvé ce domaine dans les Grès de Montpellier pour commencer leur nouvelle vie de vignerons. Un domaine rapidement certifié en bio, dont la diversité des cuvées, entre bulles, blancs et rouges, est proprement réjouissante ! Du dynamisme avec des nouvelles cuvées qui apparaissent et des prix doux. Ils ont fait progresser la superficie du domaine, de 6,5 hectares lors de leur installation à 14 hectares aujourd'hui.

Les vins : simple et floral, le Joli Petit Chardonnay désaltère avec une finale qui rappelle le fenouil. S de Saumarez offre un peu plus d'allonge, toujours avec une belle trame, des fruits blancs et une petite touche de buis. S rouge est une belle expression de fruits noirs, des notes de romarin, il est bien planté dans son paysage, pulpeux et sans complications. Volume et onctuosité caractérisent Trinitas, une expression délicieuse des Grès de Montpellier, avec une belle accroche de garrigue en finale et des tanins suaves. Puis une exploration variétale réussie avec un malbec en finesse et en onctuosité, et toujours cette belle sélection de sangiovese italien au relief de garrigue du littoral, vitaminée par ses notes de citronnelle et ses tanins fins et frais.

- IGP Pays d'Oc Joli Petit Chardonnay 2020 — 7,50 € — 88
- Languedoc S de Saumarez 2020 — 9 € — 90
- Languedoc S de Saumarez 2019 — 8,50 € — 90
- Languedoc Trinitas 2018 — 11 € — 92
- VDF Malbec 2018 — 16 € — 91
- VDF Sangiovese 2018 — 16 € — 91

Rouge : 10,5 hectares.
Blanc : 3,5 hectares.
Production moyenne : 40 000 bt/an

DOMAINE DE SAUMAREZ ♣

Metairie de Bouisson
34570 Murviel-les-Montpellier
06 24 41 56 20 •
www.domainedesaumarez.com • Vente et visites : sur RDV.
Propriétaire : Robin et Liz Williamson
Œnologue : Nicolas Dutour

LA TRAVERSÉE

L'aventure de Gavin Crisfield, Irlandais de Belfast, sommelier et œnologue, est emblématique du renouveau languedocien. Après dix ans passés au domaine de la Sauvageonne, il s'installe en 2009, toujours à Saint-Privat, où il démontre très vite la pertinence de ses ambitions. Avec un peu plus de 4 hectares de vignes et une géologie mouvementée (schistes, basalte, grès, calcaire), il livre un travail artisanal très précis pour exprimer sa vision du terroir. À l'image des étiquettes, la gamme est on ne peut plus sobre. Elle tend vers l'essentiel, avec un pur cinsault qui exalte la finesse native du cépage et un rouge d'assemblage en appellation Terrasses du Larzac, élevé en cuve ovoïde de béton, profond, épuré, d'une grande droiture.

Les vins : la gourmandise immédiate du 2018 frappe d'entrée avec ses arômes de fruits à noyau et une épice enveloppante. Les tanins onctueux ouvrent sur une persistance incroyable qui rappelle le piment.

- Terrasses du Larzac 2018 — 26 € — 93

Rouge : 4,5 hectares.
Production moyenne : 10 000 bt/an

LA TRAVERSÉE ♣

6, rue des Deux-Ponts, Hameau Les Salces, 34700 Saint-Privat
06 11 23 72 73 • www.latraversee.fr • Vente et visites : sur RDV.
Propriétaire : Gavin Crisfield

DOMAINE TURNER PAGEOT

Depuis son installation en 2002 à Gabian, aux portes ouest de l'appellation Pézenas, Emmanuel Pageot reste fidèle à sa ligne directrice, en opérant des petits changements qui font que ce domaine mérite le détour ! Ses expériences passées l'ont amené à appliquer un style plus continental (orientation des vignes nord-nord ouest, belle présence des vins blancs dans sa gamme, etc.), sans en perdre le goût chantant méditerranéen. Sur les sept types de sols qu'il travaille, il a fait le choix d'une macération partielle ou totale sur les blancs, selon les cuvées, avec une aisance et une maîtrise sans conteste. En rouge, plusieurs cépages sont à l'honneur mais c'est le grenache qui tire son épingle du jeu. Jusqu'en 2020, les élevages se faisaient en bois ; place maintenant à l'inox ou la terre cuite, toujours dans une recherche de pureté et d'équilibre.

Les vins : parfaits pour faire connaissance avec le domaine, Lucette (blanc fruité au caractère méditerranée) et Marcel (rouge fruité et gouleyant aux tanins gourmands, finale sur la quetsche) sont deux nouvelles cuvées admirablement efficaces issues d'un petit négoce. Le blanc 2020 offre un nez éclatant de pamplemousse, avec du gras en bouche et une finale pure, tandis que La Rupture 2017 évolue tranquillement avec des notes d'orange amère, de baie de coriandre et de verveine. La bouche est structurée, avec un léger apport tannique du sauvignon blanc en macération. Les Choix est une marsanne de macération à la couleur jaune doré, dans un registre d'amande et d'herbes séchées, mais surtout, en bouche, un vin dense, sec avec une fine approche tannique. Belle alliance de syrah et mourvèdre, Carmina Major livre un rouge juteux avec des notes épicées et une sensation poudrée en bouche.

VDF La Rupture 2017	16 €	92
VDF Les Choix 2019	26 €	92
Languedoc Pézenas Carmina Major 2016	16 €	90
VDF Marcel 2018	9,50 €	89

Le coup de ♥

VDF Lucette 2019	9,50 €	89

Rouge : 6 hectares. Grenache noir 56 %, Mourvèdre 27 %, Syrah 17 %
Blanc : 3 hectares. Sauvignon blanc 55 %, Picpoul blanc 17 %, Marsanne 14 %, Roussanne 14 %
Production moyenne : 35 000 bt/an

DOMAINE TURNER PAGEOT ♣

3 avenue de la Gare, 34320 Gabian
04 67 00 14 33 • www.turnerpageot.com •
Vente et visites : sur RDV.
Propriétaire : Emmanuel Pageot

La Loire et ses vins

Par Alexis Goujard,
en charge des vins de la Loire au sein
du comité de dégustation de La Revue du vin de France

LES APPELLATIONS

Le vignoble de la Loire est l'un des plus complexes de France en raison de la diversité des terroirs, des cépages et des appellations qui s'égrainent le long des 600 kilomètres du fleuve. Pour s'y retrouver, le mieux est encore de commencer en partant de son embouchure (le Muscadet) et de remonter son cours.

LE PAYS NANTAIS

Muscadet Sèvre-et-Maine, Muscadet Coteaux de la Loire, Muscadet Côtes de Grandlieu, Muscadet et crus du Muscadet : ces appellations contrôlées, très cousines, livrent des vins blancs secs, légers et souvent perlants, élaborés à partir du cépage melon de Bourgogne, localement appelé muscadet.

En principe, la première des quatre, de loin la plus vaste, définit les meilleurs terroirs, ce qui n'exclut pas, France oblige, les nombreuses exceptions. Ces vins se boivent jeunes et sans trop de modération, étant donné la louable modestie de leurs prix. Le gros-plant est également un blanc sec nantais, de plus petite envergure, issu du cépage folle blanche. Malgré une crise ininterrompue depuis quinze ans, une poignée de vignerons nantais se bat et séduit toujours de nouveaux amateurs avec des vins aux notes océanes et minérales exemplaires.

Depuis 2011, trois crus communaux chapeautent l'ensemble des appellations du Muscadet. Les crus de Clisson, Gorges et Le Pallet désignent les meilleures parcelles de ces villages.

LES FIEFS VENDÉENS

Le vignoble des Fiefs vendéens s'étend principalement au sud-ouest de la Vendée. Cette appellation a été créée en 2011. Aujourd'hui, plusieurs vignerons de talent mettent en avant les terroirs océaniques de ce secteur.

L'ANJOU

L'Anjou possède un patrimoine viticole d'une grande richesse, produisant toute la gamme possible de vins : blancs, rouges, rosés, secs, demi-secs, liquoreux, effervescents.

Anjou, Anjou-Villages et Anjou-Villages Brissac : la première de ces trois appellations est la plus vaste du Maine-et-Loire et désigne des vins blancs secs à dominante de chenin, des rosés secs légers à base de grolleau (les rosés demi-secs de cabernet franc ont droit à l'appellation Cabernet d'Anjou) et des rouges souvent simples, de gamay ou de cabernet.

La deuxième est réservée aux meilleurs terroirs de rouges (souvent sur schistes), à base de cabernet franc et de cabernet-sauvignon.

La troisième concerne dix communes entre la Loire et le Layon réputées pour leurs rouges de garde.

Savennières : à la porte occidentale d'Angers, la région privilégiée de Savennières donne des blancs secs (plus rarement demi-secs) issus du cépage chenin, corsés et pouvant merveilleusement vieillir. Cette appellation recense deux crus, la Roche-aux-Moines (19 ha) et la Coulée-de-Serrant (7 ha). Cette dernière appartient à un seul producteur.

Coteaux de l'Aubance, Coteaux du Layon, Coteaux du Layon-Villages (six communes), Bonnezeaux et Quarts de Chaume : ces appellations donnent naissance à des vins moelleux ou à des liquoreux somptueusement parfumés, lorsqu'ils sont sincèrement faits, issus de pourriture noble associée, suivant les terroirs, aux raisins passerillés (Chaume, Bonnezeaux). L'amateur se fera un plaisir d'apprendre à saisir les innombrables nuances qui distinguent les villages et les vinificateurs.

LE SAUMUROIS

Saumur : cette appellation produit des blancs secs de chenin, issus de sols calcaires, légers et plus fins que les anjous et d'un inégalable rapport qualité-prix. Certains terroirs, tel Brézé, sont réputés de longue date, et dignes de premiers crus. Les saumurs rouges manquent souvent de profondeur.

Saumur Puy-Notre-Dame : cette AOC créée en 2008 couvre 17 communes et produit exclusivement des vins rouges puissants grâce à quelques producteurs ambitieux.

Saumur-Champigny : les vins, uniquement rouges, de cette appellation bénéficient d'un terroir plus solaire, argileux, et d'une forte émulation au sein d'une nouvelle génération de vignerons passionnés.

Coteaux de Saumur : cette appellation désigne des moelleux fort rares, qui se montrent parfois extraordinaires.

Saumur Mousseux et Crémant de Loire : une vieille tradition de vins mousseux, à base de chenin, de chardonnay et de cabernet franc, a fait la fortune de quelques négociants de la région de Saint-Florent.

LA TOURAINE

Le cœur de la vallée de la Loire illustre à merveille la polyvalence du vignoble, avec trois séries d'appellations.

Touraine : elle regroupe des rouges primeurs de gamay, des rouges de demi-garde avec l'appoint de cabernet franc et de côt (nom local du malbec), des blancs de sauvignon et de chenin, des rosés de pineau d'Aunis, de gamay, de pinot gris et de pinot noir. Les appellations Touraine-Amboise et Touraine-Mesland, récemment rejointes par l'AOC Touraine-Chenonceau, bénéficient d'une réputation plus affirmée.

Chinon, Bourgueil et Saint-Nicolas-de-Bourgueil : ces appellations communales produisent essentiellement des vins rouges à base de cabernet franc, souples, fruités et de demi-garde, capables cependant, dans les grands millésimes, d'atteindre des sommets.

Montlouis-sur-Loire et Vouvray : ces appellations se consacrent exclusivement au vin blanc de chenin qui prend ici toutes les formes possibles, du pétillant au liquoreux de légende, selon les millésimes. Longtemps distancée, Montlouis est aujourd'hui l'une des plus dynamiques appellations de Loire.

LES VIGNOBLES DU CENTRE

Sancerre, Pouilly-Fumé, Menetou-Salon, Quincy et les vignobles du Massif Central : les magnifiques coteaux marno-calcaires sont voués au sauvignon, qui se montre ici d'une finesse extrême, pour peu que l'on sache le récolter à maturité. Certains microclimats sont favorables au pinot noir, qui donne des vins rouges plus légers qu'en Côte-d'Or mais bien plus accomplis que dans l'Yonne ou en Champagne. En remontant encore vers la source de la Loire, les appellations Saint-Pourçain et Côtes d'Auvergne sont en pleine émulation grâce à des cuvées d'artistes.

LES CÉPAGES

LES PRINCIPAUX CÉPAGES BLANCS :

Le chenin : ce cépage local surnommé "plant d'Anjou" vers le Xe siècle a été popularisé sous le nom de chenin par Rabelais. Ce cépage tardif s'adapte à merveille aux différents microclimats de l'Anjou et de la Touraine. Récolté en début de vendanges, il permet d'élaborer des vins blancs secs et racés (Savennières, Saumur, Vouvray, Montlouis) ou pétillants (Saumur, Vouvray, Montlouis). Ramassé en fin de vendanges, après le développement du *botrytis cinerea* ou un passerillage, il donne naissance à de grands vins demi-secs, moelleux et liquoreux

(Coteaux du Layon, Chaume, Bonnezeaux, Vouvray, Montlouis). Sous cette forme et dans les grands millésimes, le chenin présente une aptitude de garde exceptionnelle.

Le sauvignon : cépage ligérien devenu une star mondiale, produit notamment en Nouvelle-Zélande et surtout à Bordeaux, dans les Graves. Dans la Loire, il est cultivé de la Touraine au Sancerrois, où il a acquis ses lettres de noblesse grâce au sancerre et au pouilly-fumé. Il s'exprime avec une extrême finesse sur ces terroirs de silex, de marne et de calcaire.

LES AUTRES CÉPAGES BLANCS

De nombreux autres cépages blancs participent à l'identité des vins de Loire. Le **chardonnay**, originaire de Bourgogne, est connu sous le nom d'auvernat blanc. Il est utilisé pour l'élaboration du crémant de Loire et du saumur brut.

Le melon de Bourgogne : il est le cépage unique de l'AOC Muscadet. Originaire de Bourgogne, il a été introduit dans la région par les moines vers 1635. Les roches cristallines du sud-est de Nantes lui communiquent plus de finesse que les zones des roches sédimentaires.

La folle blanche : elle est originaire du Sud-Ouest de la France mais reste utilisée aujourd'hui pour produire le gros-plant du Pays nantais. Ce cépage rustique, implanté dans la région au Moyen Âge, s'adapte à une grande variété de climats et de sols.

LES PRINCIPAUX CÉPAGES ROUGES

Le cabernet franc : ce cépage est aux vins rouges d'Anjou et de Touraine ce que le chenin est aux vins blancs de la région. Il serait originaire du Pays basque. Le cabernet franc est généralement vinifié seul. Premier cépage rouge de la Loire, il est utilisé à Chinon, Bourgueil, Saint-Nicolas-de-Bourgueil, Saumur, Saumur-Champigny, ainsi qu'en Anjou et Anjou-Villages. Il permet en outre de réaliser des vins rouges d'assemblage en appellation Touraine. Il est généralement utilisé seul pour le cabernet d'Anjou et le cabernet de Saumur, et en assemblage pour certains rosés de l'appellation Touraine. Ses arômes de fruits noirs et de poivron, sa structure tannique le prédestinent aux vins de garde.

Le gamay : originaire du Beaujolais, ce cépage est particulièrement répandu en Touraine où il est souvent vinifié seul, ainsi qu'en Anjou. Plus à l'aise sur des sols argilo-siliceux et granitiques que calcaires, il peut donner des résultats surprenants, notamment lorsqu'il est utilisé en assemblage avec le cabernet ou le côt (malbec). Ce qui est le cas dans la région de Blois, où les grands millésimes de l'AOC Touraine-Mesland permettent d'élaborer des vins de semi-garde.

LES AUTRES CÉPAGES ROUGES

Le grolleau (ou groslot) : apprécié pour son rendement, il donne des rosés faciles à boire et fruités. Après le cabernet franc et le gamay, c'est le cépage rouge le plus planté en Val de Loire, bien qu'il ne permette pas d'élaborer de grands vins de garde.

Le cabernet-sauvignon : ce cépage du Bordelais s'exprime sur les schistes des AOC Anjou-Villages et Anjou-Villages Brissac, et permet d'obtenir une structure tannique intéressante. Il constitue un bon complément du cabernet franc.

Le pineau d'Aunis (ou chenin noir) : comme le grolleau, il a été cultivé pour ses rendements importants.

Le pinot noir : il est le cépage rouge prépondérant du Centre-Loire (20 % de l'encépagement). Il est employé à Sancerre, Menetou-Salon, Reuilly, et entre, avec le gamay, dans les assemblages des vins des Coteaux du Giennois et de Châteaumeillant.

Le côt (ou malbec) : il a trouvé sa zone de prédilection en Touraine et, plus précisément, dans la vallée du Cher et à Amboise, où il a sérieusement concurrencé le grolleau.

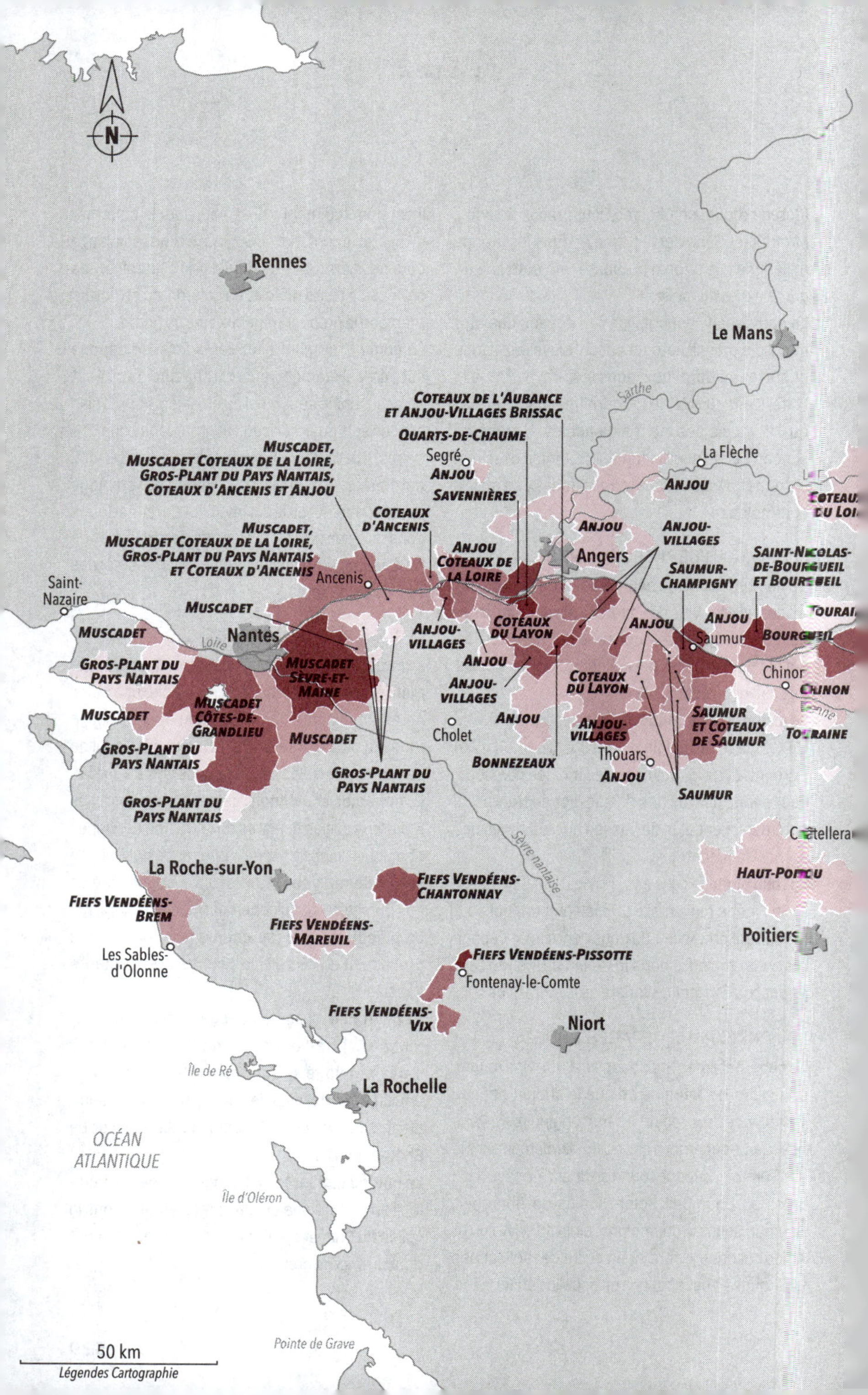
N
Rennes
Le Mans
Sarthe
COTEAUX DE L'AUBANCE
ET ANJOU-VILLAGES BRISSAC
QUARTS-DE-CHAUME
La Flèche
Segré
ANJOU
SAVENNIÈRES
ANJOU
MUSCADET,
MUSCADET COTEAUX DE LA LOIRE,
GROS-PLANT DU PAYS NANTAIS,
COTEAUX D'ANCENIS ET ANJOU
COTEAUX
D'ANCENIS
MUSCADET,
MUSCADET COTEAUX DE LA LOIRE,
GROS-PLANT DU PAYS NANTAIS
ET COTEAUX D'ANCENIS
ANJOU
ANJOU-
VILLAGES
ANJOU
COTEAUX DE
LA LOIRE
Angers
SAUMUR-
CHAMPIGNY
Ancenis
Saint-
Nazaire
MUSCADET
ANJOU
ANJOU
COTEAUX
DU LAYON
Saumur
MUSCADET
Nantes
Loire
ANJOU-
VILLAGES
GROS-PLANT DU
PAYS NANTAIS
MUSCADET
SÈVRE-ET-
MAINE
ANJOU
Chinon
MUSCADET
CÔTES-DE-
GRANDLIEU
ANJOU-
VILLAGES
COTEAUX
DU LAYON
MUSCADET
ANJOU
Cholet
SAUMUR
ET COTEAUX
DE SAUMUR
GROS-PLANT DU
PAYS NANTAIS
MUSCADET
ANJOU-
VILLAGES
Thouars
BONNEZEAUX
ANJOU
GROS-PLANT DU
PAYS NANTAIS
SAUMUR
GROS-PLANT DU
PAYS NANTAIS
Sèvre nantaise
La Roche-sur-Yon
FIEFS VENDÉENS-
CHANTONNAY
FIEFS VENDÉENS-
BREM
FIEFS VENDÉENS-
MAREUIL
Poitiers
Les Sables-
d'Olonne
FIEFS VENDÉENS-PISSOTTE
Fontenay-le-Comte
FIEFS VENDÉENS-
VIX
Niort
Île de Ré
La Rochelle
OCÉAN
ATLANTIQUE
Île d'Oléron
Pointe de Grave
50 km
Légendes Cartographie

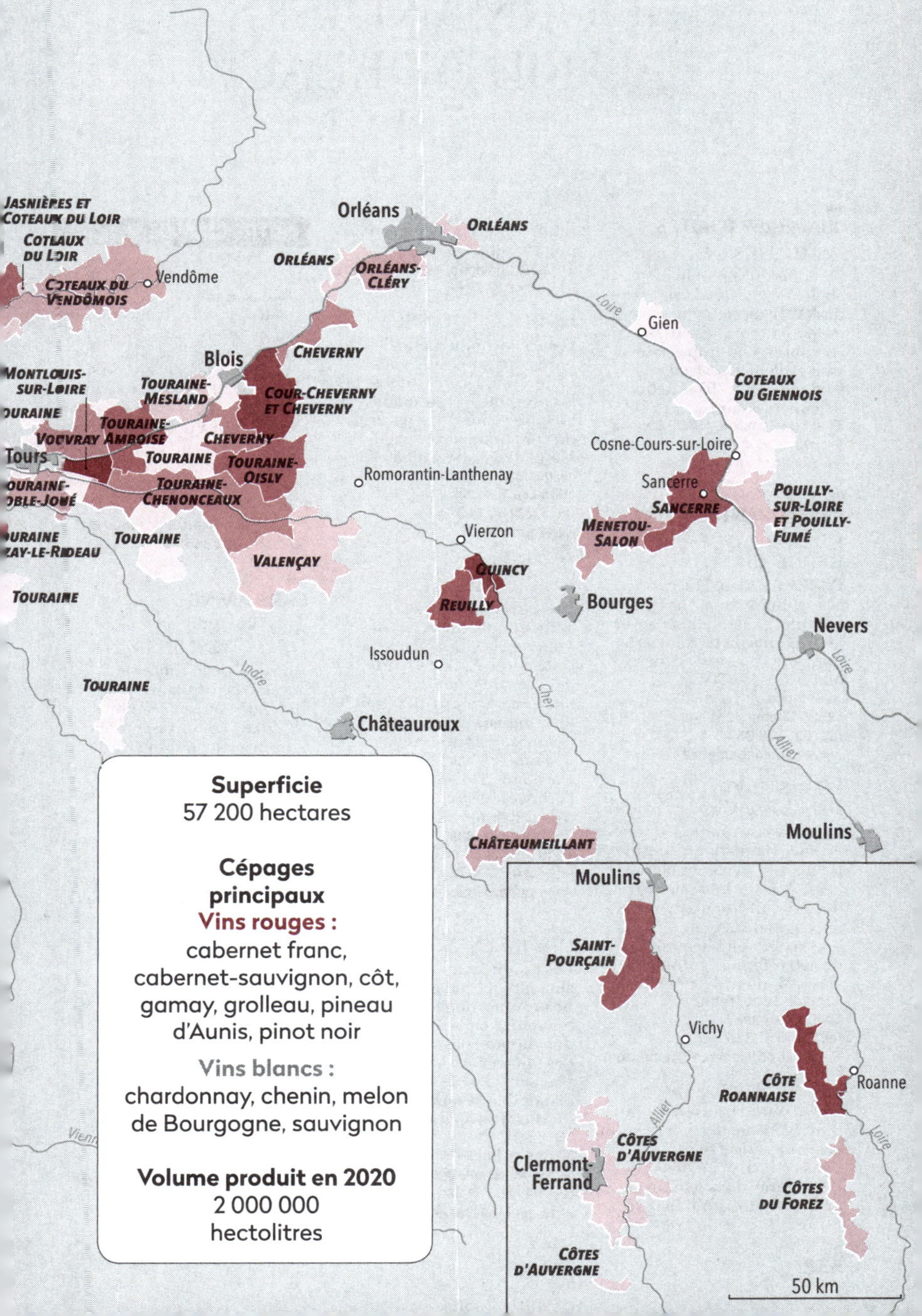

Superficie
57 200 hectares

Cépages principaux

Vins rouges :
cabernet franc, cabernet-sauvignon, côt, gamay, grolleau, pineau d'Aunis, pinot noir

Vins blancs :
chardonnay, chenin, melon de Bourgogne, sauvignon

Volume produit en 2020
2 000 000 hectolitres

GOURMANDISES AU FIL DE L'EAU

CHAMBRES D'HÔTES

L'AMI CHENIN

Au cœur du vignoble, cette ancienne maison de vigneron du XVIIIe siècle semi-troglodytique abrite trois chambres. Les propriétaires sont également cavistes. Chambres : 75 - 95 €, petits-déjeuners compris.

37, rue de Beaulieu, 49400 Saumur
Tél. : 02 41 38 13 17
www.amichenin.com

RESTAURANTS

LA TABLE DE LA BERGERIE

Passé chez Alain Ducasse et Joël Robuchon, David Guitton, étoilé, s'illustre avec les produits du terroir sur le domaine viticole de la Bergerie. Menus de 23 à 70 €.

La Bergerie,
49380 Champ-sur-Layon
Tél. : 02 41 78 85 43
www.domainebergerie.fr

LE BISTROT DE LA PLACE

Une terrasse ombragée sur la place Saint-Pierre, entre les maisons à colombages et l'église. Dans les assiettes, des produits du marché, des fromages de la région ; dans les verres, une sélection fine de 400 références, dont 40 au verre. Menus à 17,80 et 22,90 €.

16, place Saint-Pierre,
49400 Saumur
Tél. : 02 41 51 13 27
www.bistrotdelaplace-saumur.com

AU P'TIT GOÛTER

Envie d'une friture de Loire, d'un fromage de chèvre, d'un verre de sancerre ? C'est dans ce bistrot au décor à l'ancienne, dans le bourg de Chavignol, qu'il faut se rendre. Comptez environ 25 € pour le repas.

876-878, Chavignol, 18300 Sancerre
Tél. : 02 48 54 01 66

LA ROUTE DU SEL

Dans cette guinguette des bords de Loire, avec vue panoramique, on s'attable pour les produits locaux maniés avec précision. Vins naturels du coin pour accompagner. Menu de 17,50 € à 33,50 €.

55, quai des Mariniers,
49350 Le Thoureil
Tél. : 02 41 45 75 31
www.authoureil.fr

L'AUBERGE DU CROISSANT

Une cuisine simple et authentique à deux pas de Vouvray ; la grande force de cette adresse, c'est sa carte des vins, qui comprend les plus grands noms du vignoble ligériens, mais aussi de nombreuses autres régions de France, à des prix très alléchants. De nombreux flacons sont stockés en cave troglodytique. Menu à 23 €.

53, quai de la Loire,
37210 Rochecorbon
Tél. : 02 47 37 16 72
www.laubergeducroissant.com

L'AUBERGE DES ISLES

Les producteurs locaux alimentent la table de David Beaufreton, non loin de Saumur. Un havre de paix dont la carte des vins est l'une des plus riches de la région. Une sélection de cuvées est disponible à emporter à prix cavistes. Les menus sont à 17, 19, 23 et 29 €.

312, rue du Boëlle,
49260 Montreuil-Bellay
Tél. : 02 41 50 37 37
www.auberge-des-isles.com

NOTRE COUP DE ♥

MOMENTO SANCERRE

Jouissant de l'une des plus belles vues du Sancerrois, le Momento domine les toits du village de Bué. Tenue par Thomas Jacquet, enfant du pays, et Mariana Mateos, née au Mexique, la carte est sobre et efficace. Vins de Sancerre, de France et du monde pour accompagner. Menus déjeuner à 25 €, à la carte pour le soir.

Ruelle des Tonneliers, 18300 Bué
Tél. : 02 48 78 07 99

BARS À VINS

AUX SAVEUR DE LA TONNELLE

Au cœur de la ville, une adresse de confiance pour boire un coup et grignoter (10-20 €). Le tout-Saumur s'y retrouve pour ouvrir de grandes bouteilles.

4, rue de la Tonnelle,
49400 Saumur
Tél. : 02 41 52 86 62

LA COMÉDIE DES VINS

400 bouteilles dont 21 vins au verre, charcuterie et fromages bien sentis : une référence.

4, rue Suffren, 44000 Nantes
Tél. : 02 40 73 11 68

CAVISTE

WINE NOT

Caviste indépendant depuis 1999, Wine Not est le spécialiste des bouteilles de vin naturel de la ville. 800 références de toutes les régions sont inscrites à sa carte, à consulter en ligne.

9-11, avenue Patton, 49000 Angers
Tél. : 02 41 48 15 09
www.winenot.fr

PAYS NANTAIS

★★ DOMAINE DE BELLE-VUE

Enfant du pays nantais, Jérôme Bretaudeau s'est installé dans son domaine situé à Gétigné en 2001. Ce vigneron curieux fait partie des têtes chercheuses du Muscadet, aussi bien à la vigne, cultivée en biodynamie (certification en 2016), où le classique melon de Bourgogne côtoie le chardonnay et le savagnin (cuvée La Justice), le pinot noir (Statera) et le merlot (Ornaté), qu'en cave, où cuve inox, foudre, barrique, œuf béton et amphore forment un parc expérimental de vinification et d'élevage. Les vins font leur fermentation malolactique. Les derniers millésimes ont atteint un haut niveau. La détente et l'énergie que déploient les vins sont absolument revigorants : ils proposent une définition moderne des grands muscadets, brillant par un équilibre juste entre la maturité du fruit et l'expression minérale.

Les vins : débutons la gamme avec un admirable muscadet-sèvre-et-maine 2020, au gras scintillant de fruit, extrêmement détendu avec une allonge revigorante. Un modèle de muscadet contemporain. Dans un registre plus réduit, Granit 2019 impressionne par son éclat et sa liberté de ton. Il sera bon de le laisser reposer encore au moins un an pour qu'il puisse révéler son intensité pleine de vitalité florale et ses nuances subtiles. Issu d'un terroir de gabbro et élevé en œuf béton, Gaïa 2019 va plus loin dans la définition minérale, saline et amère d'un grand muscadet. Un vin clair comme de l'eau de roche, profilé par une finale lumineuse. Quel vin ! Le pinot noir Statera 2019 nous envoûte par ses notes de menthe et sa matière joliment infusée. Un vin poussé par un énergie vivifiante jusqu'à une finale froide, typique de son terroir septentrional.

Muscadet Gaïa 2019	29 €	95
Muscadet Granit Les Perrières 2019	20 €	93
Muscadet Sèvre et Maine 2020	15 €	92
VDF La Justice 2020	29 €	93
VDF Statera 2019	42 €	93

Rouge : 5 hectares. Pinot noir 50 %, Cabernet franc 25 %, Merlot 25 %
Blanc : 10 hectares. Melon de Bourgogne 80 %, Chardonnay 12 %, Pinot gris 5 %, Savagnin 3 %
Production moyenne : 65 000 bt/an

DOMAINE DE BELLE-VUE
1, boulevard d'Alatri, 44190 Gétigné
06 12 85 19 62 • jbretaudeau@free.fr • Vente et visites : sur RDV.
Propriétaire : Jérôme Bretaudeau

★★ DOMAINE PIERRE LUNEAU-PAPIN

Monique et Pierre Luneau ont complètement laissé les rênes de ce domaine emblématique à leur fils, Pierre-Marie, et à leur sémillante belle-fille, Marie, en 2018. La transmission de ce patrimoine de 40 hectares de vignes, réparties entre Le Landreau, la Chapelle-Heurlin et Vallet, s'est faite avec sérénité et toujours la même vision : tailler de beaux muscadets de terroir en passant par une viticulture biologique (certification en 2016) et biodynamique (2019). La gamme foisonnante est parfois difficilement lisible mais la cohérence et la régularité des vins sont sans faille, aussi bien la vivifiante folle blanche que les magnifiques blancs de garde des schistes de Goulaine. Voilà un domaine exemplaire et inspirant, révélateur des terroirs et des grands blancs de garde du Pays nantais.

Les vins : vive, joyeuse et citronnée, Folle Blanche nous aiguisera les papilles et l'esprit à l'apéritif. Une gamme de superbes muscadets s'annonce dès Le Verger, un blanc salin, épuré avec une énergie revigorante. Un beau gras, ciselé par un relief de saveurs florales et salines anime La Grange, un blanc plein et extrêmement revigorant. Une touche lactée adoucit le panache de Clos des Allées, un vin dense, typique de son année, tout en générosité, idéal à présenter avec un beau poisson cet automne. Sur un terroir singulier de serpentinite de la splendide butte de la Roche à Goulaine, Terre de Pierre prend une tournure plus réservée avec une profondeur magnifiquement sculptée. D'une belle austérité qui séduira les amoureux de grands blancs septentrionaux. Sur les gneiss de la Chapelle Heulin, Les Pierres Blanches nous subjugue par son énergie pierreuse et la structure amère-acide stimulante, tout à fait dans l'air du temps. En 2018, Excelsior interprète avec brio ce millésime solaire. Il en livre le gras sans excès, dynamisé par une sensation énergique revigorante. Un blanc armé pour plus de quinze ans de garde. Établi tout en puissance, Vera Cruz 2019 fait jaillir un blanc saillant, porté par des amers robustes et une finale salivante. L'éclat final lui apporte beaucoup de vitalité. Douze ans après, le 2009 de L d'Or n'a rien perdu de sa tenue, posée, à la fois soyeuse et granuleuse, ponctuée d'une note caramel en finale. Un beau blanc automnal à ouvrir au coin du feu.

Gros Plant du Pays nantais Folle Blanche 2020	11 €	89
Muscadet Sèvre et Maine Goulaine Gula-Ana 2017	24 €	93
Muscadet Sèvre et Maine Vera Cruz 2019	18 €	93

- Muscadet Sèvre et Maine sur lie Clos des Allées 2019 — 18 € — 92
- Muscadet Sèvre et Maine sur lie L d'Or 2009 — 28 € — 92
- Muscadet Sèvre et Maine sur lie La Grange Vieilles Vignes 2020 — 11,50 € — 91
- Muscadet Sèvre et Maine sur lie Le Verger 2020 — 11,50 € — 89
- Muscadet Sèvre-et-Maine Cru Communal Goulaine Excelsior 2018 — 26 € — 95
- Muscadet Sèvre-et-Maine sur Lie Les Pierres Blanches 2019 — 18 € — 94
- Muscadet Sèvre-et-Maine sur Lie Terre de Pierre 2019 — 18 € — 93

Rouge : Gamay noir à jus blanc 100 %
Blanc : 37 hectares. Melon de Bourgogne 96 %, Folle blanche 4 %
Production moyenne : 180 000 bt/an

DOMAINE PIERRE LUNEAU-PAPIN ♣
3, La Grange, 44430 Le Landreau
02 40 06 45 27 • www.domaineluneaupapin.com • Vente et visites : sur RDV.
Propriétaire : Pierre-Marie et Marie Luneau

★ ↗ DOMAINE BONNET-HUTEAU

Les frères Bonnet, Jean-Jacques et Rémi, héritiers de la propriété familiale située à La Chapelle-Heulin, ont converti les 40 hectares de vignes à l'agriculture biologique en 2005. Quatre terroirs ont été vinifiés séparément pour dégager leur plus belle expression. Sur Les Dabinières, un sol chaud de gneiss et de micaschistes, le fruit s'exprime en rondeur. Sur l'amphibolite et les micaschistes des Gautronnières, le melon devient minéral et tendu. Les sols pauvres et granitiques des Laures donnent un vin plus dense et complet. Uniquement élaboré les belles années, élevé 18 mois sur lies (minimum requis), le cru communal Goulaine se livre en profondeur et semble armé pour la garde. L'énergie et l'éclat spontané que dégagent ces vins leur valent de retrouver leur étoile.

Les vins : Les Bonnets Blancs 2020 annonce un bon muscadet, citronné, franc du collier que nous attendons. Clos Moulin Chartrie 2020 s'annonce épuré, ciselé, particulièrement revigorant. Le 2019 affiche avec un peu plus de richesse qui invite à le servir dès cet automne. Plus retenu, Les Gautronières séduit par ses amers robustes salivants, un blanc énergique, à saveur citronnée en finale. Un grain fin et énergique structure Les Laures 2020, un blanc un peu plus austère d'approche mais qui s'avère particulièrement revigorant. Tout comme le 2019, plus intense avec une densité saillante et une concentration qui l'emmèneront paisiblement à table. Parmi les crus communaux, Goulaine exprime le caractère confortable de ce millésime solaire tout en rondeur. De beaux amers élancent toutefois l'ensemble et l'invitent à table. Élevé en œuf béton, Medolia conserve un éclat, étiré par une fine fermeté en finale. Belle réussite en 2020, Ordolia est un pinot gris de macération, finement sauvage, avec un gras dynamique pour le marier avec des anchois.

- Muscadet Medolia 2018 — 25 € — 91
- Muscadet Sèvre et Maine Clos Moulin Chartrie 2020 — 13 € — 90
- Muscadet Sèvre et Maine Goulaine 2018 — 18 € — 92
- Muscadet Sèvre et Maine Les Bonnets Blancs 2020 — 9 € — 89
- Muscadet Sèvre et Maine sur lie Les Gautronnières 2020 — 12 € — 9[illegible]
- Muscadet Sèvre et Maine sur lie Les Laures 2019 — 15 € — 92
- Muscadet Sèvre et Maine sur lie Les Laures 2020 — 15 € — 9[illegible]
- VDF Ordolia 2020 — 28 € — 9[illegible]

Rouge : 2 hectares. Cabernet franc 60 %, Malbec (cot) 30 %, Gamay noir à jus blanc 10 %
Blanc : 38 hectares. Melon de Bourgogne 80 %, Pinot gris 10 %, Chardonnay 7 %, Folle blanche 3 %
Production moyenne : 200 000 bt/an

DOMAINE BONNET-HUTEAU ♣
La Levraudière, 44330 La Chapelle-Heulin
02 40 06 73 87 • www.bonnet-huteau.com • Visites : sans RDV.
Propriétaire : Jean-Jacques Bonnet et Vincent Pineau

★ DOMAINE DE LA CHAUVINIÈRE

Jérémie Huchet reprend en 2001 le domaine familial à son père Yves, vigneron déjà estimé. Avec l'acquisition du clos Les Montys du château de Goulaine (vignes plantées en 1914), il étend son vignoble de Château-Thébaud et, depuis 2006, exploite en fermage le château de la Bretesche sur les coteaux de la Sèvre (gneiss). Au total, 57 hectares sur lesquels Jérémie déploie toute son énergie. Dans les caves d'un ancien monastère, l'élevage se fait partiellement en foudre et en fût. Des cuvées parcellaires aux entrées de gamme, tout est recommandable dans ce domaine en pleine forme qui vient de se doter d'un nouvel espace de dégustation. Associé à Jérémie Mourat, Jérémie Huchet développe et approfondit une excellente petite gamme de négoce, sous le nom des Bêtes Curieuses, qui s'applique à mettre en avant les crus communaux.

Les vins : le muscadet-sèvre-et-maine appelle les crustacés ou un apéritif iodé. C'est un blanc bien ficelé et appétent. Sur les granites de Château-Thébaud, Le Chemin des Prières s'exprime en finesse avec un grain soyeux et vibrant. Extrêmement salivant... Les Quinze Hommées est plus accessible en s'établissant plus en rondeur, avec une finale vivement citronnée. Un réel plaisir rafraîchissant. Issu de vignes plantées en 1914, Clos Les Montys dévoile naturellement plus de profondeur saline, sans aucune agressivité. Un beau vin de chèvre frais. La gamme Les Bêtes Curieuses débute avec une folle blanche non greffée, d'une vivacité cinglante qui éveillera les papilles. Passons ensuite à Clisson, d'une superbe vinosité mûre et posée. D'une fraîcheur impressionnante dans ce millésime solaire, qui va également à ravir à Château-Thébaud, dont la densité est domptée par une fraîcheur saillante. Le monnières-saint-fiacre semble plus évolué avec une douceur miellée étirée par une amertume déroutant pour les palais en quête de suavité. Un profil plus automnal qu'estival. Évidemment, 2014, millésime froid, annonce un Goulaine musclé, à la fermeté vigoureuse parfaite pour une sole meunière.

- Muscadet Le Chemin des Prières 2019 — 11,90 € — 89
- Muscadet Les Quinze Hommées 2019 — 11,90 € — 90
- Muscadet Sèvre et Maine 2020 — 7,80 € — 87
- Muscadet Sèvre et Maine Les Bêtes Curieuses Château-Thébaud 2015 — 16 € — 92
- Muscadet Sèvre et Maine Les Bêtes Curieuses Clisson 2018 — 15 € — 92
- Muscadet Sèvre et Maine Les Bêtes Curieuses Goulaine 2014 — 16 € — 9[illegible]
- Muscadet Sèvre et Maine Les Bêtes Curieuses Monnières-Saint Fiacre 2015 — 15 € — 91
- Muscadet Sèvre et Maine sur Lie Clos Les Montys Vigne de 1914 2019 — 16 € — 92
- VDF Folle Blanche Franc de Pied 2019 — 12 € — 89

Rouge : 0,35 hectare. Pinot noir 100 %
Blanc : 57 hectares. Melon de Bourgogne 98 %, Folle blanche 2 %
Production moyenne : 295 000 bt/an

DOMAINE DE LA CHAUVINIÈRE ♣
La Chauvinière, 44690 Château-Thébaud
0240065190 •
www.jeremie-huchet-vigneron.fr •
Visites : sans RDV.
Propriétaire : Jérémie Huchet

★ DOMAINE HAUTE FÉVRIE

Claude Branger a débuté avec son père, en travaillant "derrière le cheval" sur 7 hectares. Il en possède désormais 26,5. Son fils, Sébastien, arrivé officiellement en 2007 au domaine, le seconde activement. Ces vignerons consciencieux (pratiquant les vendanges manuelles) n'ont jamais cédé aux sirènes de la facilité. Ils aiment les muscadets mûrs mais bien secs. Les Gras Moutons (vignes de 40 ans) est issu des bords de Maine ; les raisins du Clos Joubert, un hectare planté de vignes âgées de 35 ans dominant la Sèvre, sont vinifiés et élevés en fût. Les monnières-saint-fiacre et château-thébaud sont de très brillants ambassadeurs de ces crus d'exception. On trouvera chez les Branger des muscadets précis et complets, qui font honneur à leur région.

Les vins : les 2020 s'affichent davantage en souplesse et légèreté que les 2019, plus concentrés et intenses, à l'image de Pont Caffino, tonique et rafraîchissant, ou le Moulin de la Gustais, un brin plus austère. Clos de la Févrie, quant à lui, offre une chair plus savoureuse. À partir du Clos Joubert, bien mûr et à la patine d'oxydation ménagée, les vins plus profonds se destinent à la table, à l'image de Gras Moutons 2019, à la fougue musclée et aux amers insistants. Idéal pour une cuisine iodée, mais à ne pas mettre entre toutes les mains. Tout comme le monnières-saint-fiacre, issu du millésime solaire 2015 et porté par une bouche traçante. Le chateau-thébaud 2016 s'affirme avec une intensité plus douce. Deux vins taillés pour la garde.

- Muscadet Sèvre et Maine Monnières-Saint-Fiacre 2015 — 14 € — 91
- Muscadet Sèvre et Maine sur lie 2020 — 7,50 € — 88
- Muscadet Sèvre et Maine sur lie Clos de la Févrie 2019 — 9 € — 90
- Muscadet Sèvre et Maine sur lie Clos de la Févrie 2020 — 9 € — 89
- Muscadet Sèvre et Maine sur lie Gras Moutons 2019 — 10 € — 91
- Muscadet Sèvre et Maine sur lie Pont Caffino 2020 — 7,70 € — 87
- Muscadet Sèvre-et-Maine sur Lie Clos Joubert 2019 — 9,40 € — 91

➭ Muscadet Sèvre-et-Maine sur Lie Moulin de la Gustais 2020 7,60 € 88

Le coup de ♥

➭ Muscadet Sèvre et Maine Château-Thébaud Coteau de l'Ébeaupin 2016 14 € 92

Blanc : 29,15 hectares. Melon de Bourgogne 100 %
Production moyenne : 170 000 bt/an

DOMAINE HAUTE FÉVRIE ♣
109, La Févrie 44690 Maisdon-sur-Sèvre
02 40 36 94 08 • www.lahautefevrie.com •
Vente et visites : sur RDV.
Propriétaire : Sébastien Branger

★ DOMAINE LANDRON

Les cuvées de Jo Landron, figure vigneronne essentielle de la région, sont devenues des références dans la petite famille des muscadets de terroir. Les vins sont commercialisés de manière décalée avec, d'abord, Amphibolite, léger, à boire sur le fruit – très prisé des bars à vins. Puis, selon le cas, les cuvées issues des sols argilo-sableux ou les grès, l'âge des vignes interférant dans le bel ordonnancement des terroirs. Dans les meilleures années, l'Hermine d'Or allie maturité et fraîcheur, et le Fief du Breil offre une très belle complexité. Avec le passage de plus de 50 hectares en biodynamie en 2011 (une prouesse !) , les vins ont gagné en expression minérale et pureté de fruit.

Les vins : le célèbre Amphibolite nous séduit toujours par son élan, illustration parfaite du muscadet moderne, détendu et vivifiant. Le Clos la Carizière séduira les amoureux de muscadets ciselés et filiformes. Le 2019 se montre un peu plus charnu que le 2020. Tout comme Les Houx, doté d'un gras tonifiant et porté par de beaux amers salivants. En 2018, année solaire manquant parfois de fraîcheur, le Haute Tradition pousse plus loin la perception saline fondue dans une matière saine et posée dans les 7-8 ans. Le Fief du Breil monte d'un cran avec un 2016 à la sensation salée et une floralité délicate. D'une superbe matière profondément intense et extrêmement salivante. Quelle émotion ! Le 2017 se montre plus compact.

➭ Muscadet Sèvre et Maine Le Fief du Breil 2016 21 € 94

➭ Muscadet Sèvre et Maine Le Fief du Breil 2017 20 € 90

➭ Muscadet Sèvre et Maine sur lie Amphibolite 2020 14 € 90

➭ Muscadet Sèvre et Maine sur lie Clos La Carizière 2019 11 € 91

➭ Muscadet Sèvre et Maine sur lie Clos La Carizière 2020 11 € 90

➭ Muscadet Sèvre et Maine sur lie Haute Tradition 2018 23 € 93

➭ Muscadet Sèvre et Maine sur lie Les Houx 2019 12 € 91

➭ Muscadet Sèvre et Maine sur lie Les Houx 2020 12 € (c) 91

➭ Vin Mousseux Atmosphères 14 € 87

Rouge : 1,6 hectare. Pinot noir 100 %
Blanc : 49 hectares. Melon de Bourgogne 96 %, Folle blanche 4 %
Production moyenne : 260 000 bt/an

DOMAINE LANDRON ♣
3, impasse du Fief-du-Breil, Les Brandières, 44690 La Haye-Fouassière
02 40 54 83 27 • www.domaines-landron.fr •
Vente et visites : sur RDV.
Propriétaire : Jo Landron

★ DOMAINE DE LA PÉPIÈRE

Associé depuis 2010 à Rémi Branger et Gwénaëlle Croix, Marc Ollivier a créé ce domaine en 1984 à partir des vignes familiales et l'a peu à peu agrandi en sélectionnant les meilleures parcelles et les plus vieilles vignes, essentiellement situées sur des sols granitiques. Le domaine est certifié en bio depuis 2010, et tout converge vers le respect de l'intégrité des raisins, avec vendanges manuelles, débourbages légers, absence de levurage comme d'enzymage. De croquants rouges de merlot, de côt et de cabernet franc servent d'introduction aux exceptionnelles cuvées Domaine de la Pépière et Clos des Briords (issues de vignes plantées en 1930), d'une rare intensité et d'une grande sincérité de saveurs. Les crus communaux Clisson, Château-Thébaud et Monnières-Saint-Fiacre viennent brillamment compléter la gamme. 2018 est le premier millésime certifié en biodynamie.

Les vins : le "simple" muscadet nous vivifie les papilles par sa salinité et sa discrétion pure. Un régal dans les deux à trois ans. Dans le même registre, Briords 2020 s'affirme avec un gras ciselé et une amertume plus prégnante. Les Gras Moutons 2020 offre une salinité inimitable avec un volume extrêmement énergique jusqu'à une persistance florale et finement citronnée. Trois crus communaux sont déclinés en 2017, trois beaux blancs destinés à des plats raffinés à base de poisson. Château-Thébaud s'étend avec vinosité et le grain fin, presque soyeux, de sa texture. Le monnières-saint-fiacre, quant à lui, prend une tournure musclée, ébouriffante, presque rocailleuse qu'il faudra apaiser à table, après un passage en carafe. Clisson est le plus en place avec une étoffe voluptueuse, tissée jusqu'à une finale savoureuse, livrant une sensation saline douce. Un très beau vin à ouvrir maintenant à ou garder une dizaine d'années en cave.

- Muscadet Sèvre et Maine Château-Thébaud 2017 15,50 € 93
- Muscadet Sèvre et Maine Monnières-Saint Fiacre 2017 15,50 € 93
- Muscadet Sèvre et Maine sur lie 2020 8,50 € 90
- Muscadet Sèvre et Maine sur lie Briords 2020 11 € 91
- Muscadet Sèvre et Maine sur lie Les Gras Moutons 2020 11 € 92

Le coup de ♥

- Muscadet Sèvre et Maine Clisson 2017 15,50 € 94

Rouge : 2,5 hectares. Cabernet franc 45 %, Malbec (cot) 43 %, Merlot 12 %
Blanc : 39,5 hectares. Melon de Bourgogne 100 %
Production moyenne : 200 000 bt/an

DOMAINE DE LA PÉPIÈRE

36, La Pépière, 44690 Maisdon-sur-Sèvre
09 62 33 15 03 •
www.domainedelapepiere.com • Vente et visites : sur RDV.
Propriétaire : Rémi Branger et Gwénaëlle Croix

★ DOMAINE SAINT-NICOLAS

Thierry Michon, épaulé par ses fils, Antoine et Mickaël, dirige le seul domaine de stature internationale en Vendée. Sur le terroir atlantique de Brem, il possède des vignes cultivées intégralement en biodynamie, dont les rendements sont hélas globalement très faibles ces dernières années. Sous l'influence de l'océan, le vignoble produit des blancs de chenin et de chardonnay (fruits jaunes à noyau et finale saline), et des rouges de pinot noir longuement élevés (Jacques, La Grande Pièce), mais aussi de gamay, négrette et cabernet franc. Nous sommes enthousiasmés par ses blancs salins, finement menés par des élevages un peu démonstratifs, mais nous émettons des réserves sur les rouges, rudement charpentés par une maturité très poussée et une extraction appuyée.

Les vins : bon blanc printanier, le Vin de Thierry 2020, assemblage de chenin et grolleau, enchantera les papilles avant de passer aux Clous (chenin, chardonnay), appétant et à la rondeur légèrement beurrée. Les blancs, plus ambitieux, sont marqués par l'empreinte moderne de leur élevage en foudres en dégageant une énergie vivifiante et une expression très franche du fruit. L'influence atlantique se traduit par des trames salines particulièrement saisissantes dans le Fief Boire 2019. Le rosé Coup de Foudre 2019, pinot noir à la belle patine épicée et vineuse, séduit par son intensité complexe, loin des standards exubérants contemporains. Côté rouge, le Vin d'Antoine assume une concentration robuste qui ne fait pas de lui un simple vin de soif. En 2017, Jacques reste campé sur des tanins saillants. Il ne faudra pas hésiter à la carafer. Le Haut des Clous propose une signature mentholée et fumée de l'élevage en foudres. Ce dernier marque encore généreusement ce chenin dynamique de haute concentration. Beaux amers salins en finale. Nous avons écarté La Grande Pièce 2011, blessé par un caractère végétal prégnant.

- IGP Val de Loire Les Clous 2020 14 € 89
- VDF Fief Boire 2019 34 € 93
- VDF Rochais 2019 34 € 91
- VDF Vin de Thierry 2020 12 € 88
- Fiefs Vendéens Coup de Foudre 2019 14 € 90
- VDF Jacques 2017 21 € 90
- VDF Vin d'Antoine 2020 12 € 87

Le coup de ♥

- VDF Le Haut des Clous 2019 26 € 92

Rouge : 24 hectares. Pinot noir 58 %, Gamay noir à jus blanc 21 %, Négrette 17 %, Cabernet franc 4 %

Blanc : 16 hectares. Chenin 69 %, Chardonnay 19 %, Grolleau gris 12 %

Production moyenne : 100 000 bt/an

DOMAINE SAINT-NICOLAS

Les Clous, 85340 L'Île-d'Olonne

02 51 33 13 04 •
www.domainesaintnicolas.com/ • Vente et visites : sur RDV.

Propriétaire : Thierry, Antoine et Mickaël Michon

★ DOMAINE DE L'ÉCU

Frédéric Niger est arrivé en 2009 au domaine de l'Écu. L'ancien propriétaire, l'emblématique biodynamiste Guy Bossard, lui a transmis son savoir précieux et précis de la vigne et du vin jusqu'en 2013. Depuis lors, Frédéric poursuit le travail biologique (depuis 1975) et biodynamique (certifiée en 1998) de la vigne et s'astreint à une vinification la plus naturelle possible. L'éclat du fruit et l'ouverture aromatique sincère de ses vins sans artifice s'en ressentent. Au-delà des flamboyants muscadets Classic, Granite, Orthogneiss et Taurus, le vigneron audacieux expérimente avec vingt-huit cuvées en Vin de France vinifiées en amphore. Ces vins réellement vivants nous font sortir de notre zone de confort gustative.

Les vins : le vigneron ne manque pas de créativité et délivre des cuvées virevoltantes élevées en amphore, à l'image de Carpe Diem 2018, expression énergique et vivante du melon de Bourgogne et rythmé par une texture granuleuse. Nous l'aimons beaucoup à ce stade, il n'est pas nécessaire de le faire vieillir. Taurus 2018 offre une version plus élevée et polie. On aimerait davantage de fraîcheur aérienne et d'élan pour Matris 2018, plus compact. Toutefois, aucune cuvée ne remplace le souffle salin et la pureté de la cuvée historique et plus classique Granite 2018, interprétation vivifiante des grands blancs du Muscadet.

- Muscadet Sèvre et Maine Granite 2018 — de 12 à 14,50 € (c) — 92
- VDF Carpe Diem 2018 — de 32 à 36 € (c) — 92
- VDF Matris 2018 — de 32 à 34 € (c) — 89
- VDF Taurus 2018 — de 28 à 29 € (c) — 92
- VDF Méphisto 2016 — 30 € — 89

Rouge : 3,5 hectares. Cabernet franc 40 %, Pinot noir 40 %, Cabernet-Sauvignon 20 %

Blanc : 23,5 hectares. Melon de Bourgogne 50 %, Chenin 20 %, Chardonnay 20 %, Folle blanche 10 %

Production moyenne : 120 000 bt/an

DOMAINE DE L'ÉCU ☾

Clos de l'Ecu, 44430 Le Landreau

02 40 06 40 91 • www.domaine-ecu.com • Vente et visites : sur RDV.

Propriétaire : Frédéric Niger

NOUVEAU DOMAINE

DOMAINE MICHEL BRÉGEON

Frédéric Lailler a conservé le nom du domaine Brégeon, en hommage à son ancien propriétaire Michel Brégeon qui, en 2011, lui a transmis ses vignes, de 65 ans de moyenne, réparties dans les secteurs de Clisson (granite) et Gorges (gabbro). Deux crus communaux mis en valeur dans des blancs goûteux, détendus, que le gras dynamique rend revigorants. Pour notre grand plaisir, la personnalité sincère de la gamme nous éloigne des muscadets bridés et serrés.

Les vins : la gourmandise s'annonce dès Original, un muscadet d'une rondeur fringante, au capital fraîcheur garanti. Réserve évolue tranquillement en exhalant un bouquet légèrement exotique d'ananas, une matière pourvue d'un joli gras dynamique. D'emblée, Clisson revigore par ses saveurs mûres et son gras particulièrement sapide. Déjà très ouvert, il semble avoir la force et le fond pour évoluer tranquillement dans les dix ans. Des notes originales de fenouil et d'anis se dégagent de Gorges Les Vigneaux, à l'attaque détendue et ample, joliment recadrée en finale par un élan salin revigorant. Une noble expression du Muscadet qui sera appréciée des plus réfractaires.

- Muscadet Sèvre et Maine Clisson 2019 — 15 € — 92
- Muscadet Sèvre et Maine Gorges Les Vigneaux 2015 — 16 € — 92
- Muscadet Sèvre et Maine sur lie Clisson 2019 — N.C. — 92
- Muscadet Sèvre et Maine sur lie Original 2020 — 9,90 € — 89
- Muscadet Sèvre et Maine sur lie Réserve 2017 — 12 € — 90

Blanc : 10 hectares. Melon de Bourgogne 90 %, Folle blanche 10 %

Production moyenne : 30 000 bt/an

DOMAINE MICHEL BRÉGEON ♣

1 bis, Les Guisseaux 44190 Gorges

02 40 06 93 19 • www.domainebregeon.com • Vente et visites : sur RDV.

Propriétaire : Frédéric Lailler

DOMAINE BRUNO CORMERAIS

Il y a maintenant plus de dix ans, Marie-Françoise et Bruno Cormerais ont laissé es rênes du domaine à leur fils Maxime, déjà à l'œuvre avec ses parents depuis 2001. Dans le secteur de Clisson, il bénéficie d'un patrimoine intéressant de vieilles vignes allant de 30 à 70 ans qui lui permet de vinifier des muscadets classiques, les ramenant vers la fine austérité du granite. Ces vins offrent un excellent rapport qualité-prix.

Les vins : Gros Plant du Pays nantais 2020 s'avère classique, vif et citronné, en tout simplicité. En 2019, Chambaudière renoue avec une belle fraîcheur et une concentration pleine de saveurs citronnées mûres. D'une belle salinité en finale. Vieilles Vignes épouse avec fraîcheur la richesse du millésime 2018, aux amers citronnés. Un beau blanc de table. Prestige 2017 s'affirme avec un certaine étoffe en conservant une trame carrée typique de son millésime. Clisson 2016 reste fidèle à son millésime dans l'expression austère de son fruit et les amers d'une finale robuste. Pour les amateurs de chablis ciselés. Dix ans plus tard, Bruno 2010 s'affirme avec une densité saillante et une allonge revigorante. Sans esbroufe, il s'affirmera lors d'un repas d'automne autour d'un beau poisson.

- Gros Plant du Pays nantais 2020 — 7,90 € — 86
- Muscadet Sèvre et Maine Bruno 2010 — de 15,60 à 18,85 € (c) — 90
- Muscadet Sèvre et Maine Chambaudière 2019 — 8,70 € — 89
- Muscadet Sèvre et Maine Clisson 2014 — 13 € — 91
- Muscadet Sèvre et Maine Maxime 2016 — de 16,10 à 19,90 € (c) — 90
- Muscadet Sèvre et Maine sur lie Prestige 2017 — 10,20 € — 90
- Muscadet Sèvre et Maine sur lie Vieilles Vignes 2018 — 9,90 € — 89

Rouge : 3,9 hectares. Gamay noir à jus blanc 42 %, Merlot 39 %, Cabernet franc 13 %, Abouriou 6 %
Blanc : 27 hectares. Melon de Bourgogne 92 %, Folle blanche 4 %, Sauvignon gris 2 %, Pinot gris 2 %
Production moyenne : 80 000 bt/an

DOMAINE BRUNO CORMERAIS
41, La Chambaudière,
44190 Saint-Lumine-de-Clisson
02 40 03 85 84 •
www.domaine-bruno-cormerais.com • Vente et visites : sur RDV.
Propriétaire : Maxime Cormerais

DOMAINE LE FAY D'HOMME

Les Caillé sont propriétaires de vignes depuis cinq générations. Installé à Monnières, Vincent Caillé travaille depuis 1986 avec exigence, dans le respect de la vie, de la biodiversité et des sols. Labours, enherbement, culture bio depuis une vingtaine d'années, doublée d'essais en biodynamie : tout est fait pour obtenir des vins sains et sincères, dont les saveurs expressives dessinent la voie du renouveau pour la jeune génération du Muscadet. Des plus simples (Gros Plant) jusqu'aux crus Gorges et Monnières-Saint-Fiacre, la gamme est remarquable et variée, puisqu'elle intègre une cuvée d'abouriou, cépage confidentiel du Sud-Ouest.

Les vins : la folle blanche de La Part du Colibri 2020 aiguise les papilles avec une certaine liberté de ton. La chair vive et salivante des muscadets nous enchante, les vins assument une approche libre et singulière dans le paysage atlantique, tout en respectant l'identité tonique de son lieu. L'approche virevoltante de Terre de Gabbro (en amphore) et Terre de Gneiss (œuf béton) 2019 s'éloignent bien des classiques. Il ne faut pas avoir peur de sortir des sentiers battus pour explorer des melons de bourgogne nébuleux et goûteux. Deux belles identités se dessinent parmi les crus, un Gorges 2018 à la puissance austère revigorante et un monnières-saint-fiacre 2018, plus dense et contenu par une réduction plus marquée. Deux beaux blancs taillés pour la garde. L'acidité ébouriffante de l'abouriou déroutera les amateurs de suavité.

- Muscadet Sèvre et Maine Clos de la Févrie 2020 — 12,50 € — 89
- Muscadet Sèvre et Maine Fief Seigneur 2019 — 10,50 € — 90
- Muscadet Sèvre et Maine Fief des Coteaux 2020 — 10,50 € — 90
- Muscadet Sèvre et Maine Gorges 2018 — 17 € — 92
- Muscadet Sèvre et Maine Monnières-Saint-Fiacre 2018 — 17 € — 91
- Muscadet Sèvre et Maine Terre de Gabbro 2020 — 23,50 € — 91
- Muscadet Sèvre et Maine Terre de Gneiss 2019 — 24 € — 90
- VDF La Part du Colibri Folle Blanche 2020 — 7,50 € — 88

VDF La Part du Colibri Abouriou 2020 9,50 € 88

Rouge : 2 hectares. Gamay noir à jus blanc 30 %, Cabernet franc 30 %, Abouriou 20 %, Malbec (cot) 20 %
Blanc : 23 hectares. Melon de Bourgogne 90 %, Folle blanche 10 %
Production moyenne : 100 000 bt/an

DOMAINE LE FAY D'HOMME
3, Les Coteaux, 44690 Monnières
02 40 54 62 06 • www.lefaydhomme.fr •
Vente et visites : sur RDV.
Propriétaire : Vincent Caillé

VIGNOBLES GÜNTHER-CHÉREAU

Le négociant Bernard Chéreau avait acquis, en 1973, le château du Coing, restauré sous le Directoire. C'est sa fille, Véronique, qui en a hérité, désormais aidée de sa propre fille, Aurore. Situé à la pointe formée par le confluent de la Sèvre et de la Maine, le vignoble de coteaux du château du Coing donne, sur les gneiss et orthogneiss, des vins gras qui évoluent avec majesté sur quinze ans et plus. Impliquée dans la reconnaissance des crus communaux, Véronique Günther-Chéreau possède également La Gravelle, propriété située à Gorges, qui produit des vins plus frais et minéraux dans leur jeunesse, ainsi que le domaine du Grand Fief de la Cormeraie, aux vins plus enrobés mais équilibrés, sur la commune de Monnières.

Les vins : Queue de Morue 2019, voici un blanc qui nous éveillera les papilles à l'apéritif, citronné et tonique ! Château du Coing de Saint-Fiacre s'avère plus classique et serré. Le 2020 séduira les amateurs de blancs austères, plutôt traditionnels dans le secteur. Le 2019 se montre plus en rondeur citronnée. Un bel élan salin se dégage de Château de la Gravelle 2020, classique, effilé par une finale citronnée. À boire bien frais dans la prime jeunesse. Le 2019 accuse un peu le caractère solaire du millésime. Comte de Saint-Hubert 2019 se montre naturellement plus étoffé avec des amers serrés en finale. Amateurs de vins doucereux, passez votre chemin ! Dans le millésime froid, le 2013 affiche un équilibre plus austère tout en conservant une note miellée de son élevage sur lie. Il paraît infatigable. Le 2010 prend une tournure tertiaire, enveloppé par une rondeur miellée. Il est à boire avec un poisson crémé cet automne. Parmi les crus communaux, Gorge 2019 impressionne par ses notes exotiques et sa structure saillante qui donne du tonus à ce millésime solaire. Un vin à mettre en scène à table, tout comme le monnières-saint-fiacre 2017, marqué par un caractère végétal au nez et une allonge robuste. Un peu dissocié.

- Muscadet Sèvre et Maine Château du Coing de Saint-Fiacre l'Ancestrale Monnières-Saint-Fiacre 2017 13,50 € 88
- Muscadet Sèvre et Maine sur Lie Château du Coing de Saint-Fiacre Comte de Saint-Hubert 2013 13 € 91
- Muscadet Sèvre et Maine sur lie Château de la Gravelle 2019 10,50 € 88
- Muscadet Sèvre et Maine sur lie Château de la Gravelle 2020 10,50 € 89
- Muscadet Sèvre et Maine sur lie Château du Coing de Saint Fiacre Comte de Saint Hubert Vieilles Vignes 2019 11,50 € 90
- Muscadet Sèvre et Maine sur lie Château du Coing de Saint-Fiacre 2019 9,50 € 89
- Muscadet Sèvre et Maine sur lie Château du Coing de Saint-Fiacre 2020 9,50 € 88
- Muscadet Sèvre et Maine sur lie Queue de Morue 2019 9 € 88

Blanc : 75 hectares. Melon de Bourgogne 94 %, Chardonnay 4 %, Folle blanche 2 %
Production moyenne : 350 000 bt/an

VIGNOBLES GÜNTHER-CHÉREAU ♣
Château du Coing,
44690 Saint-Fiacre-sur-Maine
02 40 54 85 24 • www.vgc.fr • Visites : sans RDV.
Propriétaire : Véronique Günther-Chéreau

STÉPHANE ORIEUX

Dans le secteur de Vallet, l'un des dix crus communaux situé à l'Est du Muscadet, le discret Stéphane Orieux cultive son vignoble en bio depuis 1991. Sur un terroir principalement composé de micaschistes (folle blanche, La Grand Pièce et Vallet) et partiellement de granite (Clos de la Coudray), les vins trouvent ici une chair pulpeuse, dessinée tout en finesse, sans aucune austérité grâce à des élevages soignés en cuve souterraine. La folle blanche, l'une des plus gourmandes de la région, ne doit pas être manquée.

Les vins : quel plaisir revigorant de goûter à la folle blanche, vivement citronnée et croquante à souhait ! Tout comme La Bregeonnette 2020, un muscadet sans esbroufe, pimpant et rafraîchissant. Eonios 2019, un muscadet sans soufre ajouté, plus libre, se montre tout en rondeur avec des saveurs chaudes de pomme au four. À boire dans la jeunesse. Clos de La Coudray

2018 s'avère plus classique, encore carré, il se livrera à table sur des poissons grillés. En rouge, l'assemblage de cabernet franc et de merlot se montre franc du collier, sans grande complexité mais avec une réelle recherche plaisante du fruit. Il est à ouvrir dans les deux ans.

- Gros Plant du Pays nantais Folle Blanche 2020 — 8,30 € — 88
- Muscadet Sèvre et Maine Clos de La Coudray 2018 — 11,80 € — 89
- Muscadet Sèvre et Maine La Bregeonnette 2020 — 8,90 € — 89
- VDF Eonios 2019 — 19 € — 89
- IGP Val de Loire Cuvée Joseph 2019 — 10,50 € — 88

Rouge : 2 hectares. Cabernet franc 70 %, Merlot 30 %
Blanc : 16 hectares. Melon de Bourgogne 77 %, Chardonnay 12 %, Folle blanche 5 %, Pinot gris 3 %, Sauvignon blanc 3 %
Production moyenne : 90 000 bt/an

STÉPHANE ORIEUX ♣

La Touche, 44330 Vallet
02 40 46 68 41 • www.muscadet-orieux.com
• Vente et visites : sur RDV.
Propriétaire : Stéphane Orieux

ANJOU - SAUMUR

★★★ CLOS ROUGEARD

Une histoire de huit générations de la famille Foucault à la tête du Clos Rougeard s'éteint. Ce domaine mythique situé à Chacé a été racheté en 2017 par l'homme d'affaires Martin Bouygues. Sous l'impulsion de Jean-Louis Foucault, dit Charly, décédé en 2015, et son frère Bernard, alias Nady, le clos Rougeard s'est bâti une solide réputation auprès des amateurs de grands cabernets francs ligériens. Une sélection pointue du matériel végétal, une viticulture méticuleuse et des affinages longs de 18 à 30 mois en barrique, donnent naissance à de gracieux saumur-champigny qui se révèlent avec le temps : Le Clos (assemblage de deux parcelles), Les Poyeux (2,9 hectares, parcelle de sol sableux ; allonge, finesse, fraîcheur), Le Bourg (parcelle plus calcaire, moins de 4 000 bouteilles ; dense, ferme, solaire). Plus confidentiel, un blanc issu d'à peine 1,5 hectare, sur le grand cru calcaire de Brézé.

Les vins : Antoine Foucault, le fils de Charly, s'est chargé avec tact des vinifications de ces splendides 2016 qui viennent de quitter les caves de Chacé. Le Clos incarne magnifiquement les cabernets francs texturés et aériens que le domaine produit dans les grands millésimes. Un vin déjà très affriolant, avec du fond et d'une aisance à boire irrésistible. Le grain velouté et la floralité naturelle des Poyeux 2016 est particulièrement perceptible cette année. Pur, intense, d'une longueur élégante admirable, il devrait prendre des allures de pinot noir bourguignon dans les vingt prochaines années. Encore contenu par son élevage lardé-fumé signature, Le Bourg annonce un avenir radieux, d'une densité en extraits secs supérieure avec une puissance veloutée rayonnante. Un grand vin d'émotion à mettre en cave au moins dix ans.

- Saumur-Champigny Le Bourg 2016 — N.C. — 96
- Saumur-Champigny Le Clos 2016 — N.C. — 93
- Saumur-Champigny Les Poyeux 2016 — N.C. — 96

Rouge : 9 hectares. Cabernet franc 100 %

Blanc : 1 hectare. Chenin 100 %

Production moyenne : 20 000 bt/an

CLOS ROUGEARD ♣

15, rue de l'Église, 49400 Chacé
02 41 52 92 65 • contact@clos-rougeard.com
• Vente et visites : sur RDV.
Propriétaire : Martin Bouygues

★★★ DOMAINE DU COLLIER

Les progrès accomplis par Antoine et Caroline Foucault depuis leur installation en 1999 sont prodigieux. À l'époque, le jeune couple coupe le cordon avec le Clos Rougeard familial pour voler de ses propres ailes. Ils créent le domaine, baptisé du nom de la place du Collier situé dans le village de Chacé, proche des racines d'Antoine. Dès lors, ils prennent leurs marques et affinent leur chenins et cabernets francs principalement venus des coteaux de Brézé, élevés pendant deux à trois ans en fût. Les rouges, dont le fameux lieu-dit Charpentrie, où les vignes centenaires donnent naissance à des cabernets francs profonds, offrent une texture d'une extraordinaire douceur, un bouquet subtil, mené par la touche d'austérité presque sauvage que l'on attend des grands vins du Saumurois. Ils ne sont pas sans rappeler le velouté infini des plus grands millésimes sculptés par les frères Foucault au Clos Rougeard. La salinité mûre des blancs nous plonge dans un lien étroit avec le tuffeau ; la réduction grillée du Charpentrie devrait s'estomper dans le temps. En à peine vingt ans, ce couple de quadragénaires doté d'une sensibilité touchante et d'une rigueur pointilleuse a atteint l'excellence.

Les vins : le nez rassurant du cabernet franc bien mûr et posé se dégage immédiatement de La Ripaille 2017, sublime interprétation des calcaires de tuffeau, infiniment velouté, texturé, profond comme jamais on ne l'a connu. Sublime de concentration et de densité, le rouge La Charpentrie 2017 est à ce stade plus contenu par son élevage, mais se livrera avec sérénité et lumière dans les prochaines décennies, avec la sensation crayeuse inimitable du tuffeau. Une révélation du cabernet franc saumurois. En blanc, le constat est tout aussi brillant, avec un saumur 2017 svelte et d'une chair vineuse d'une grande pureté. Un magnifique 2017 de La Charpentrie se dessine, un chenin profond, parfaitement mûr avec une densité en extraits secs minutieusement affinée, la plénitude de ce qu'on peut attendre d'un blanc de Saumur, à la fois serein et vivifiant. Paré pour une longue garde.

Saumur 2017 (blanc)	40 €	94
Saumur La Charpentrie 2017 (blanc)	60 €	96
Saumur La Charpentrie 2017 (rouge)	60 €	96
Saumur La Ripaille 2017 (rouge)	44 €	95

Rouge : 2,5 hectares. Cabernet franc 100 %
Blanc : 5 hectares. Chenin 100 %
Production moyenne : 22 000 bt/an

DOMAINE DU COLLIER ♣

11, montée des Roches, Saumoussay, 49260 Bellevigne-les-Châteaux
02 41 52 69 22 • domaineducollier@wanadoo.fr • Vente et visites : sur RDV.
Propriétaire : Antoine et Caroline Foucault

★★★ LA FERME DE LA SANSONNIÈRE

Mark Angeli était maçon avant de devenir vigneron dans sa ferme de la Sansonnière, à Thouarcé en 1989. Au fil des années, il appréhende son vignoble de 7,8 hectares qu'il découpe par type de terroirs : schistes argileux, schistes carbonifères, phtanites pour La Lune, argiles rouges sur schistes pour Les Fouchardes et schistes de Saint-Georges pour les Vieilles Vignes des Blanderies, un joyau géologique planté de pieds de 70 ans. Avec une maturité optimale du chenin, un pressurage doux dans un pressoir vertical en bois, des élevages d'un à deux ans en barrique usagée, des doses minimes de soufre volcanique et une intuition sensible hors du commun, les blancs insufflent une mâche saline extraordinaire. Au-delà de la régularité, du très haut niveau objectif de la production, ces vins diffusent une sensation de bien-être, à la fois apaisante et énergisante, à chaque gorgée. La troisième étoile décernée l'année dernière est amplement méritée.

Les vins : le grolleau gris Rosé d'un Jour 2020 nous épate par la sérénité du bouquet dans sa jeunesse, qui prend des airs alsaciens, une onctuosité fruitée fascinante. Il rebutera les détracteurs de sucres résiduels. Sous une sucrosité fine, la Lune Noire 2018 nous envoûte de ses saveurs chaudes infinies de pierres et de marmelade, de poivre blanc et une matière sincère et généreuse, d'une immense délicatesse. Encore contenu de jeunesse, il rayonnera dans les vingt prochaines années. Une énergie radieuse se dégage de Fouchardes aux parfums purs de poire Comice et de sorbet, porté par une puissance majestueuse en bouche. Les sucres résiduels se fondent merveilleusement. La finale est lumineuse. N'hésitez pas à attendre 2025 afin que tous les éléments se mettent en place. Pour le chenin hors du commun La Lune 2019, sa sucrosité pure se fondra admirablement dans les dix ans et révèlera pleinement sa fraîcheur. À la fois extrêmement énergique et apaisant. D'une sérénité que nous trouverons rarement dans une bouteille.

- VDF Fouchardes 2018 — 40 € — 95
- VDF La Lune 2019 — 30 € — 93
- VDF La Lune Noire 2018 — Épuisé - 50 € — 95
- VDF Rosé d'un Jour 2020 — Épuisé - 20 € — 92

Rouge : 1,3 hectare. Grolleau 100 %
Blanc : 6,5 hectares. Chenin 100 %
Production moyenne : 18 000 bt/an

LA FERME DE LA SANSONNIÈRE ♣
La Sansonnière, 49380 Thouarcé
• fermedelasansonniere@orange.fr •
Visites : sur RDV aux professionnels.
Propriétaire : Mark et Martial Angeli

★★★ DOMAINE DES ROCHES NEUVES

Le charismatique Thierry Germain a défini une approche stylistique contemporaine de saumur-champigny qui articule la juste maturité des cabernets et leur élevage en bois dans différents contenants, tout en pérennisant un fruité ligérien infusé, floral et croquant. L'énorme travail entrepris dans les vignes (en biodynamie, certaines labourées au cheval) s'illustre dès la simple cuvée du domaine, tout en fruit pur et digeste. La gamme est désormais irréprochable, entre l'admirable Franc de Pied et La Marginale, si séduisant et aujourd'hui parfaitement calé dans son élevage. En suivant le même chemin, le chenin blanc s'est construit une identité distincte, à la maturité épurée, en tension et en fermeté, bien traduite dans la cuvée Insolite. Après le blanc Clos Romans en 2011, de confidentielles et nouvelles cuvées de sélections parcellaires de haute volée, Les Mémoires (vignes centenaires en rouge) et le Clos de l'Échelier (en rouge et blanc), voient le jour en 2012, éclatantes de race : une montée en gamme éblouissante et un souci de qualité sans faille.

Les vins : d'un nez étincelant, L'Échelier 2019 s'étire sur des saveurs d'agrumes persistantes et une allonge extrêmement ciselée. Le chenin s'exprime plus en épure qu'en ampleur radieuse. À ouvrir à partir de l'année prochaine. Tout comme Clos Romans 2019 au floral inimitable, d'une envergure supplémentaire et à l'allonge revigorante de beaux amers profilés. Brillante et profonde interprétation du chenin saumurois. Après une belle aération, Terres 2019, un chenin macéré quatre mois en amphore puis en fût, a considérablement gagné en précision. Il s'exprime en nuances avec une élégante structure tannique sans excès, ravissante finale calcaire. Débutons les rouges avec un 2020 délicieux, juteux et fringant. Franc de Pied 2019 séduit toujours par son panache floral et sa délicatesse de texture. Terres Chaudes 2019 se dévoile avec l'étoffe généreuse et rassurante du cabernet franc. La Marginale 2019 se montre plus classique dans sa construction pour séduire des palais plus convenus, tout en respectant la sève fraîche du tuffeau. Clos de l'Échelier 2019 pousse plus loin le curseur de la salinité avec un éclat étincelant du fruit. Les vignes centenaires des Mémoires 2019, à son habitude, délivrent une puissance hors du commun et une profondeur éclatante. Un rouge poétique encore un peu austère à ce stade mais paré à une longue garde.

- Saumur Clos Romans 2019 — 57 € — 95
- Saumur L'Échelier 2019 — 50 € — 94
- Saumur Terres 2019 — 52 € — 93
- Saumur-Champigny 2020 — 15 € — 90
- Saumur-Champigny Clos de l'Échelier 2019 — 39 € — 94
- Saumur-Champigny Franc de Pied 2019 — 38 € — 94
- Saumur-Champigny La Marginale 2019 — 37 € — 93
- Saumur-Champigny Les Mémoires 2019 — 45 € — 95
- Saumur-Champigny Terres Chaudes 2019 — 26 € — 93

Rouge : 26 hectares. Cabernet franc 100 %
Blanc : 2,5 hectares. Chenin 100 %
Production moyenne : 120 000 bt/an

DOMAINE DES ROCHES NEUVES ♣
56, boulevard Saint-Vincent, 49400 Varrains
02 41 52 94 02 • www.rochesneuves.com •
Vente et visites : sur RDV.
Propriétaire : Thierry Germain

★★ COULÉE DE SERRANT

L'exceptionnel vignoble de la Coulée de Serrant s'étend en lisière d'une falaise schisteuse tombant directement dans la Loire, près d'Angers. La nature du lieu et la qualité de son exposition lui permettent de sortir du lot depuis des siècles. Restauré par Denise Joly dans les années 1960, le domaine a été repris par son fils Nicolas. Ce brillant agitateur d'idées est un fondamentaliste de la culture biodynamique, qu'il a fait sienne à la Coulée de Serrant depuis 1981, date de la première certification. La fille de Nicolas Joly,

Virginie, s'occupe du domaine. Si les derniers millésimes sont dotés d'une énergie intrinsèque vaillante, des déviances aromatiques peuvent gâcher la pureté que pourraient révéler ces terroirs mythiques de la Loire.

Les vins : le 2019 restera dans les annales de la Coulée de Serrant ; c'est un chenin doté d'une force flamboyante et d'une note végétale noble. Il combine une sensation unique d'amer avec une sucrosité rassurante, et culmine en une merveilleuse finale encore robuste, qui s'affinera dans les prochaines décennies. Une aération de quelques heures sera nécessaire. Les Vieux Clos 2019 n'offre pas la même précision, marqué par une note de pomme blette. Il reprendra de l'assurance dans sa finale riche saillante. Nous en attendons une définition plus fine.

- Savennières Coulée-de-Serrant 2019 65 € 95
- Savennières Les Vieux Clos 2019 29 € 91

Blanc : 15 hectares. Chenin 100 %
Production moyenne : 42 000 bt/an

COULÉE DE SERRANT

7, chemin de la Roche-aux-Moines
49170 Savennières
02 41 72 22 32 • coulee-de-serrant.com/ •
Visites : sans RDV.
Propriétaire : Nicolas Joly

★★ DOMAINE RICHARD LEROY

Depuis son installation au milieu des années en 1990, Richard Leroy vise une quête perpétuelle de vérité dans ses vins. Dans le ravissant village de Rablay-sur-Layon, ce fin dégustateur n'a qu'une seule obsession : y faire entrer des raisins sains parfaitement mûrs pour en faire jaillir l'expression la plus fidèle de ses deux terroirs, les Roulliers sur schistes et gréseux et la pente douce des Noëls de Montbenault, un terroir exceptionnel composé de roches volcaniques rhyolite. Depuis 2008, les vins ne sont plus produits en appellation Anjou, mais en Vin de France. D'une densité en extraits secs hors du commun et élaborés avec un minimum de soufre, ces vins ne se livrent pas immédiatement. Quelques années de bouteille sont indispensables pour que tous leurs éléments se mettent en place. Ces chenins ont une résonance profonde que peu de blancs, tous confondus, peuvent nous offrir. Malheureusement, trop peu d'amateurs peuvent se procurer les bouteilles de cette minuscule production.

Les vins : une fois de plus, le gel a frappé le vignoble de Richard Leroy en 2019. Malgré une production homéopathique que le monde entier s'arrache, ce vigneron sensible et généreux nous présente sa seule et unique cuvée cette année-là : Les Noëls de Montbenault. Un vin d'une floralité profonde exceptionnelle rythmée par un relief de saveurs encore très discrètes. Sa matière de grande concentration se lie parfaitement et s'élance avec une puissance aérienne, joliment fumée et caillouteuse. Attendez cinq, dix, quinze ans voire davantage pour profiter pleinement de son panache.

- VDF Les Noëls de Montbenault 2019 50 € 96

Blanc : 2,7 hectares. Chenin 100 %
Production moyenne : 8 000 bt/an

DOMAINE RICHARD LEROY ♣

52, Grande-Rue, 49750 Rablay-sur-Layon
02 41 78 51 84 • sr.leroy@wanadoo.fr •
Visites : sur RDV aux professionnels.
Propriétaire : Sophie et Richard Leroy

★★ CHÂTEAU DE VILLENEUVE

Villeneuve représente historiquement un grand terroir pour le chenin blanc sec et parfois liquoreux (appellation Coteaux de Saumur), au remarquable potentiel de vieillissement. Jean-Pierre Chevallier dirige avec exigence et passion le vignoble familial, partiellement situé sur la spectaculaire côte de Souzay. Traduisant au plus près l'expression de cette côte calcaire, cet œnologue formé à l'école bordelaise donne naissance à des rouges homogènes, colorés, à la matière fraîche. Il a su affiner progressivement les élevages et s'affirmer avec régularité comme un des grands stylistes du paysage saumurois. Les vins sont parfaitement calibrés et livrent des interprétations sensuelles du cabernet franc, sans renier leur origine.

Les vins : destiné à être bu dans les trois ans, le saumur blanc, offre une fraîche et avenante expression de fruit, sans une grande épaisseur en bouche. Dans la même veine, Les Cormiers affiche plus de profondeur et une salinité saillante dont la fermeté serait domptée à table avec des poissons grillés. Une expression primaire et gourmande se dégage de la jeunesse de Clos de la Bienboire. Le saumur-champigny offre naturellement plus d'étoffe avec ce fruit charnu aux tanins policés qui demande encore six à sept années de garde. La profondeur calcaire et la réserve du Vieilles Vignes nous emmènent dans un très beau terroir, qui lui promet un avenir serein au-delà de quinze ans À la fois civilisé et crayeux, Le Grand Clos impressionne par sa concentration majestueuse. Des années en cave lui feront le plus grand bien.

- Saumur 2020 — 13 € — 89
- Saumur Les Cormiers 2019 — 21 € — 91
- Saumur-Champigny 2019 — 13 € — 91
- Saumur-Champigny Clos de la Bienboire 2020 — 13,50 € — 89
- Saumur-Champigny Le Grand Clos 2018 — 26 € — 94
- Saumur-Champigny Les Vieilles Vignes 2018 — 17 € — 93

Rouge : 20 hectares. Cabernet franc 100 %
Blanc : 5 hectares. Chenin 100 %
Production moyenne : 120 000 bt/an

CHÂTEAU DE VILLENEUVE ♣
3, rue Jean-Brevet,
49400 Souzay-Champigny
02 41 51 14 04 •
www.chateaudevilleneuve.com •
Visites : sur RDV aux professionnels.
Propriétaire : Jean-Pierre Chevallier

★★ CHÂTEAU YVONNE

Cette magnifique propriété des terroirs froids de Parnay a connu plusieurs amours, Françoise Foucault puis Bernard Pontonnier, avant que Mathieu Vallée ne s'en entiche en 2007. Cet enfant de Saint-Nicolas-de-Bourgueil (il est le frère de Gérald, du domaine de la Cotelleraie) bénéfice d'un vignoble cultivé en bio depuis 1997. Au fil des années, ce vigneron intuitif appréhende ses vignes, plantées sur des sables éoliens et des tuffeaux. Le style historique des rouges, qui étaient élevés intégralement en fût neuf jusqu'en 2004, change. Ils patientent aujourd'hui entre 12 et 24 mois en barrique (10 % de bois neuf) puis en cuve bois. Le Beaumeray (parcelle de vignes de 60 ans plantées sur sables éoliens) est devenu un grand classique, que tout amateur de cabernet franc doit avoir dans sa cave. Jamais les vins n'ont atteint un tel raffinement et un éclat sensible du fruit. Un domaine en pleine forme.

Les vins : un bouquet éclatant de fruit parfume La Folie 2020, un cabernet joyeux sans excès de puissance, et doté d'une chair croquante élégante. Nous sommes subjugués par l'élégance et la réserve du 2018, un millésime solaire dompté avec brio. Superbe finale crayeuse persistante. Un vin taillé pour une garde paisible de plus de quinze ans. Le Beaumeray 2018 pousse plus loin l'intensité de saveurs et la profondeur aromatique froide si chère aux amoureux de cabernet ligérien. Un vin rayonnant et paré pour traverser le temps. N'hésitez pas à ouvrir les blancs à l'avance pour laisser jaillir leur trame cristalline, transpirant le tuffeau. Un 2019 nuancé, à la fois crayeux et floral, avec une finale rebondissant sur une salinité revigorante. Une grande expression saumuroise.

- Saumur 2019 — 26 € — 94
- Saumur Le Gory 2018 — 42 € — 94
- Saumur-Champigny 2018 — 24 € — 94
- Saumur-Champigny La Folie 2020 — 17 € — 91
- Saumur-Champigny Le Beaumeray 2018 — 42 € — 96

Rouge : 9,5 hectares. Cabernet franc 100 %
Blanc : 3,5 hectares. Chenin 100 %
Production moyenne : 55 000 bt/an

CHÂTEAU YVONNE ♣
12, rue Antoine-Cristal, 49730 Parnay
02 41 67 41 29 • chateau.yvonne@wanadoo.fr
• Vente et visites : sur RDV.
Propriétaire : Mathieu Vallée

★ DOMAINE PATRICK BAUDOUIN

Idéaliste pour certains, trublion pour d'autres, Patrick Baudouin ne laisse aucun amoureux de vins angevins indifférent. Ardent défenseur de grand liquoreux naturels dans les années 1990, dans la mouvance de Jo Pithon et Philippe Delesvaux, cet ancien libraire parisien revenu sur les terres de ses aïeux oriente sa production vers davantage de blancs secs à partir de 2001. Patrick Baudouin pratique une viticulture biologique sans dogmatisme et préfère agir en agroécologie pour favoriser la biodiversité autour de ses vignes, comme en témoigne son superbe coteau de Princé, un lieu paisible protégé par une flore et une faune riches et généreuses. Ses vins parviennent en même temps à offrir un fruit très gourmand tout en exprimant avec droiture l'identité de chaque terroir. Militant pour une reconnaissance des crus d'Anjou, le sexagénaire sémillant consacre aussi une énergie immense à la promotion et à la compréhension du chenin, notamment par la création en 2019 du Congrès international du chenin, appelé à se tenir une année sur deux.

Les vins : une note de rose se dégage d'Effusion 2019, un chenin sec, au gras plein d'entrain, digne ambassadeur de l'Anjou noir. La sensation d'acidité volatile donne du relief au solaire Le Cornillard, 2018 un chenin d'une belle densité en extraits secs accessible dès maintenant après un bon passage en carafe. Superbe nez poétique de vin liquoreux dans Les Gâts 2015, d'une superbe intensité de saveurs mûres et chaudes. Encore contenu de jeunesse, Le Clos des Bruandières 2019 promet un avenir fin et floral. Tout comme Ronceray 2019, un nouveau blanc extrêmement énergique, venu des Quarts-de-Chaume, doté d'une légère sucrosité enveloppante. Le savennières Bellevue 2019 s'étire avec un éclat et une tension enveloppée, jusqu'à un superbe élan final. Savant mélange de suavité et d'énergie dans le Coteaux du Layon 1896 2018, une gourmandise transpirant l'identité débordante de son lieu. En rouge, La Fresnaye 2017 souffre d'une animalité qui entache sa pureté. Les Coteaux d'Ardenay 2018 se montre plus net avec des nuances torréfiées et une rugosité finale typique des rouges sur schistes du secteur.

Anjou Clos des Bruandières 2019	35 €	93
Anjou Effusion 2019	19,20 €	90
Anjou Le Cornillard 2018	32 €	92
Anjou Les Gâts 2015	35 €	93
Anjou Ronceray 2019	50 €	93
Coteaux du Layon 1896 2018	33 €	93
Savennières 2019	37 €	93
Anjou La Fresnaye 2017	17 €	88
Anjou Les Coteaux d'Ardenay 2018	18,50 €	89

Rouge : 2,5 hectares. Cabernet franc 80 %, Cabernet-Sauvignon 18 %, Grolleau 1 %

Blanc : 11,5 hectares. Chenin 100 %

Production moyenne : 35 000 bt/an

DOMAINE PATRICK BAUDOUIN ♣

Princé, 49290 Chaudefonds-sur-Layon

02 41 74 95 03 • www.patrick-baudouin.com • Vente et visites : sur RDV.

Propriétaire : Patrick Baudouin

Directeur : Patrick Baudouin Nadège Pignot Renevey

Maître de chai : Christophe Durand

★ DOMAINE STÉPHANE BERNAUDEAU

Dans le secteur de Martigné-Briand, en Anjou, Stéphane Bernaudeau produit en petite quantité des vins entiers qui impressionnent par leur mâche minérale en bouche. Ce vigneron-artisan a beaucoup progressé dans la précision de ses vinifications pour sublimer Les Onglés, issu d'une parcelle de 2 hectares exposée au sud-ouest, et Les Nourrissons, une petite parcelle dont les vignes ont été plantées en 1910, qui donne l'un des chenins les plus singuliers de Loire. Aujourd'hui, le domaine s'étend sur 3,5 hectares que le vigneron formé chez Mark Angeli (la Ferme de la Sansonnière) cultive seul, courageusement.

Les vins : le domaine ne nous ayant pas fait parvenir ses vins, nous sommes amenés à reconduire les notes de l'année dernière.

VDF Les Coqueries 2019	N.C.	92
VDF Les Onglés 2019	N.C.	95

Blanc : 3 hectares. Chenin 100 %

Production moyenne : 6 000 bt/an

DOMAINE STÉPHANE BERNAUDEAU ♣

14, rue de l'Abondance,
49540 Martigné-Briand
09 62 13 51 28 •
stephane.bernaudeau@orange.fr • Vente et visites : sur RDV.

Propriétaire : Stéphane Bernaudeau

★ CLAU DE NELL

Christian Jacques, solidement épaulé par Sylvain Potin, poursuit l'aventure initiée en 2008 par son épouse, emblématique figure de la Bourgogne, Anne-Claude Leflaive, pour faire renaître le Clau de Nell. Tout naturellement, les 10 hectares de vignes d'un seul tenant plantées sur argilo-calcaires, grès rouges et silex, sont cultivés en biodynamie depuis les années 2000. Des élevages longs de 12 à 18 mois en fût ancien ont été adoptés. Les derniers millésimes de ce charmant domaine que nous suivons depuis plusieurs années se révèlent particulièrement éclatants, profonds, avec une droiture franche, chez leur blanc (chenin) comme leurs rouges : Violette, un assemblage de cabernet franc avec du cabernet-sauvignon ; le pur cabernet franc ; et le grolleau. Ces vins séduiront les amateurs de grands anjous.

Les vins : déjà dégusté l'année dernière, le blanc 2018 se montre en pleine forme, à la fois savoureux et tiré avec éclat par une fraîcheur saillante, sans aucun stigmate d'opulence que beaucoup de blancs ont rencontré dans ce millésime solaire. Le cabernet franc 2018 se montre d'une certaine constitution élevée avec justesse mais doté d'une finale un peu ferme, à attendrir à table. N'hésitez pas à détendre en carafe Grolleau 2018, dont les notes florales typiques parfument une trame en demi-puissance, d'un bel élan serré en finale. Une superbe floralité se dégage de Violette 2018 (cabernet-sauvignon et cabernet franc), bien concentré, avec une densité aux airs bordelas qui demande encore un an de garde pour se poser tranquillement à table.

IGP Val de Loire Chenin 2018	34,80 €	93
Anjou Cabernet Franc 2018	28 €	91
Anjou Violette 2018	29,50 €	92
IGP Val de Loire Grolleau 2018	31 €	91

Rouge : 8,5 hectares. Cabernet franc 80 %, Cabernet-Sauvignon 20 %
Blanc : 1,5 hectare. Chenin 100 %
Production moyenne : 35 000 bt/an

CLAU DE NELL

9 bis, rue des Noyers, 49700 Tuffalun
02 41 59 35 29 • www.claudenell.com •
Vente et visites : sur RDV.
Propriétaire : Christian Jacques
Directeur : Sylvain Potin

★ CLOS DE L'ECOTARD

Michel Chevré donne progressivement les rênes de ce petit domaine de 3 hectares à son fils Thibaud, qui termine son apprentissage du métier de vigneron. Trois saumurs blancs sont produits avec la volonté de sculpter de magnifiques chenins sveltes, épurés de tout artifice. De La Haie Nardin (sablo-argileux) jusqu'au Pentes (un coteau où le calcaire affleure), en passant par la cuvée emblématique du Clos de l'Écotard (plantée à 8 000 pieds/ha et élevé en différents fûts et jarres de grès), ces blancs s'inscrivent déjà parmi les plus grands du Saumurois.

Les vins : découvrons la nouvelle bulle Les Quarts Saint-Vincent 2017, une définition délicatement fumée et énergique du chenin effervescent, précis et revigorant. Encore sur la réserve la jeunesse, le saumur 2019 évoque des notes de fruits blancs. Un chenin sec mené avec subtilité, mêlant une maturité juste et une expression éclatante du tuffeau. Dans la même veine, L'Enroulée 2019, développe un plus haut relief de saveurs avec une accroche en bouche qui lui confère une superbe salinité. Magnifique interprétation du blanc de Saumur. Une gamme en pleine forme.

Saumur 2019	21,70 €	93
Saumur L'Enroulée 2019	21,70 €	93
Saumur Les Quarts Saint-Vincent 2017	23,40 €	92

Blanc : 3 hectares. Chenin 100 %
Production moyenne : 20 000 bt/an

CLOS DE L'ECOTARD ♣

182, rue des Ladres,
49260 Artannes-sur-Thouet
02 41 38 20 32 • closdelecotard@laposte.net
• Vente et visites : sur RDV.
Propriétaire : Michel Chevré
Directeur : Thibaud Chevré

★ TERRE DE L'ÉLU

Impossible de rester insensible aux audacieux vins de Terre de l'Élu (anciennement clos de l'Élu avant l'abandon de l'AOP Anjou en 2019). Certains palais classiques en sont, d'ailleurs, parfois déroutés. Mais qu'importe. Car depuis leur installation en 2008 à Saint-Aubin-de-Luigné, Charlotte et Thomas Carsin se sont révélés parmi les vignerons les plus créatifs de l'Anjou noir, et de toute la vallée de la Loire. Plus de 25 hectares de vignes, des variations de sols schisteux, sept cépages... De cette diversité d'éléments qui effraierait n'importe quel nouveau vigneron, le couple en a fait une force pour cultiver avec précision et une intuition revigorante les identités de cuvées singulières de ce terroir découlant du Massif armoricain. C'est le cas de L'Aiglerie, un cabernet franc vinifié en grappes entières, d'Ephata, un chenin élevé en amphore de grès puis jarre de terre cuite, ou encore de l'envoûtant Espérance, fruit d'un pineau d'aunis devenu si rare en Anjou... Cette prise de risque mesurée dans les assemblages et les vinifications en levures indigènes – et cadrées par des doses faibles de sulfites – contribue sans aucun doute à l'émotion ressentie lors de nos dégustations.

Les vins : Roc'h Avel 2019 séduit toujours par son assemblage audacieux – dominante de chenin, de sauvignon et de grolleau gris – et très expressif. C'est un blanc à la fois mûr et acidulé, loin des canons angevins, mais tellement délicieux pour l'apéritif ! Bastingage 2019 se montre extrêmement énergique, tout en offrant la maturité attendue, ponctuée de notes fumées d'un chenin angevin. Ephata est naturellement marqué par la générosité solaire du millésime 2018 et livre une matière consistante, mais un toucher et des saveurs pleines de finesse rebondissant sur de beaux amers. N'hésitez pas à ouvrir ces blancs un heure à l'avance. Capsule 2019 est un ravissant rouge ligérien, à boire dans les deux ans, au fruité primaire plaisant, sans pour autant manquer de chair. Espérance nous enchante par sa vitalité et son parfum de menthe fraîche et d'épices. Ce rouge délié, profond, sans excès possède une identité angevine que l'on ne rencontre que trop rarement. L'Aiglerie 2016 est plus percutant dans la matière tannique, tout en exhalant un nez fin, loin des stigmates austères que l'on peut reprocher aux cabernet francs du secteur. Magellan 2018 est établi plus en finesse, avec toutefois une densité de matière qu'il faudra assagir table.

VDF Bastingage Terre de l'Elu 2019	19 €	92
VDF Ephata Terre de l'Elu 2018	46 €	91
VDF Ephata Terre de l'Elu 2019	46 €	92
VDF Roc'h Avel Terre de l'Elu 2019	13,50 €	90
VDF Capsule 2019	N.C.	89
VDF Espérance 2019	26 €	93
VDF L'Aiglerie Terre de l'Elu 2016	19 €	90
VDF L'Aiglerie Terre de l'Elu 2018	19 €	92
VDF Magellan Terre de l'Elu 2019	38 €	91

Rouge : 10,35 hectares. Cabernet franc 57 %, Gamay noir à jus blanc 21 %, Grolleau 13 %
Blanc : 9,19 hectares. Chenin 79 %, Sauvignon blanc 15 %, Grolleau gris 6 %
Production moyenne : 60 000 bt/an

TERRE DE L'ÉLU ♣
Route de Bellevue,
49190 Saint-Aubin-de-Luigné
02 41 78 39 97 • www.terredelelu.com •
Vente et visites : sur RDV.
Propriétaire : Charlotte et Thomas Carsin

★ DOMAINE DU CLOSEL - CHÂTEAU DES VAULTS

Évelyne de Pontbriand ne ménage pas ses efforts pour valoriser son domaine angevin, qui entretient, en surplomb de la Loire, l'un des plus beaux patrimoines de vignes de Savennières. La gamme se décline par terroir, ce qui aboutit à une expression plus nuancée des vins du cru, servi par une démarche en biodynamie. Savennières d'initiation, la cuvée La Jalousie est fine, à boire jeune, alors que le plus minéral Les Caillardières évolue bien sur cinq à six ans. Suivant la richesse du millésime, Clos du Papillon peut conserver des sucres résiduels. Le domaine étant certifié en biodynamie depuis 2015, nous espérons que les vins développeront encore davantage d'énergie. À cause des incidents climatiques, la gamme manque de cohérence. Nous espérons que le domaine reviendra à un meilleur niveau.

Les vins : à cause du gel de 2017, une gamme de négoce a vu le jour : Belle-Dame est élaboré avec des chenins achetés en Anjou, bien doré et tout en rondeur, il est l'archétype du blanc gourmand du coin ; la bulle Demoiselle a fléchi. Du côté des vins de la propriété, La Jalousie dompte admirablement son millésime solaire en livrant une puissance contenue par de beaux amers qui lui confère beaucoup de relief. Les Caillardières s'étend davantage en force avec sa profondeur baroque pleine de saveurs. Un blanc généreux taillé pour une garde de plus de quinze ans. Rosalia, un cabernet-sauvignon infusé est toutefois marqué par une animalité prégnante. Est-ce le bon cépage pour faire des rouges légers ? L'Anjou Une Émotion se montre bien gourmand et pimpant dans sa prime jeunesse.

Savennières La Jalousie 2018	27 €	91
Savennières Les Caillardières 2018	35 €	92
VDF Belle-Dame 2017	14 €	89
VDF Demoiselle sous la pluie 2020	17 €	88
Anjou Une Emotion 2020	15 €	88
VDF Rosalia 2019	13 €	86

Rouge : 2 hectares. Cabernet franc 50 %, Cabernet-Sauvignon 50 %

Blanc : 12 hectares. Chenin 98 %, Verdelho de Madère 2 %

Production moyenne : 35 000 bt/an

DOMAINE DU CLOSEL - CHÂTEAU DES VAULTS ☾

1, place du Mail, 49170 Savennières

02 41 72 81 00 • www.savennieres-closel.com • Visites : sans RDV.

Propriétaire : Famille Bazin de Jessey

Directeur : Évelyne de Pontbriand

Maître de chai : Bruno Perray

★ DOMAINE DELESVAUX

Depuis leur installation en 1978, Philippe et Catherine Delesvaux nous émeuvent avec ces vins d'une grande vitalité. Viticulture en biodynamie (certification en 2000), vendanges manuelles, vinifications douces, élevages en barrique ancienne... Tout est mis en œuvre pour traduire l'élégante retenue austère des schistes carbonifères et de poudingue dans des chenins à la pureté de fruit incroyable. Le couple décline ses coteaux-du-layon suivant la richesse de tries : lorsque l'année le permet, les différentes parcelles attenantes sont vinifiées ensemble pour obtenir une sélection de grains nobles (en première trie), et la cuvée Les Clos (en seconde trie). Une troisième trie, le Passerillé, sauve la mise certaines années durant lesquelles les deux tries précédentes sont inexistantes... Les anjous rouges vinifiés en cuve offrent un caractère entier intense. Un exemple de domaine biodynamique.

Les vins : la pureté et la sincérité de Feuille d'Or 2019 aiguisent les papilles : un chenin sec, toujours mesuré et jamais dans la démonstration, qui nous offre un rapport prix-plaisir imbattable. Issu d'une vigne non greffée plantée en 2000, Franc de Pied 2018 s'exprime avec plus de réserve dans la jeunesse, mais ses beaux amers transpirent de ce sol de schistes carbonifères. Une brillante interprétation de ce millésime solaire. Passerillé 2019 est un moelleux charmant et revigorant. Les Clos, d'une richesse vivifiante et sans excès, est un moelleux rayonnant de saveurs mûres. La sélection de grain nobles (100 % botrytis) atteint naturellement une concentration majestueuse. C'est un vin d'une poésie sublime mêlant une liqueur grandiose, d'une sérénité apaisante. Un grand blanc de méditation qui s'épanouira dans les prochaines décennies. Toujours marqué par une note animale, le cabernet-sauvignon de La Montée de l'Épine 2019 séduit par sa franchise de fruit et son extraction modérée qui en font un rouge juteux pour le quotidien.

Anjou Feuille d'Or 2019	13 €	91
Anjou Franc de Pied 2018	20 €	92
Coteaux du Layon Les Clos 2018	14 €	92
Coteaux du Layon Passerillé 2019	12,50 €	90
Coteaux du Layon SGN 2018	30 €	96
Anjou La Montée de l'Epine 2019	10 €	89

Rouge : 1,9 hectare. Cabernet-Sauvignon 75 %, Cabernet franc 25 %

Blanc : 7 hectares. Chenin 100 %

Production moyenne : 1 bt/an

DOMAINE DELESVAUX ☾

Chemin des Essarts, La Haie Longue, Saint-Aubin-de-Luigné, 49190 Val-du-Layon

02 41 78 18 71 • instagram : domainedelesvaux • Vente et visites : sur RDV.

Propriétaire : Catherine et Philippe Delesvaux

★ DOMAINE DAMIEN LAUREAU

Damien Laureau reprend en 1999 ce domaine viticole aux portes d'Angers. Il abandonne en 2006 une partie du vignoble en appellation Anjou, et se recentre sur l'appellation Savennières, dont 25 ares de Roche-aux-Moines. Les vins proviennent de vignes assez jeunes du secteur de Beaupréau, en début de plateau pour Les Genêts, et dans la pente (meilleur drainage) pour Le Bel Ouvrage (élevé à 50 % en barrique). Les vins sont en pleine forme, scintillants de minéralité.

Les vins : dégusté en cours d'élevage, L'Alliance 2020 s'avère sauvignonnant à ce stade, droit, pas d'une haute concentration mais fringant et digeste. Le Bel Ouvrage 2018 développe une matière précise, soigneusement élevée. La puissance du millésime est bien contenue dans la finale, portée par de beaux amers revigorants puisés dans un sol de rhyolites. À aérer tranquillement. Plus de dix ans de garde.

Savennières L'Alliance 2020	21 €	89
Savennières Le Bel Ouvrage 2018	48 €	93

Blanc : 6 hectares. Chenin 100 %

Production moyenne : 30 000 bt/an

DOMAINE DAMIEN LAUREAU ♣

Chemin du Grand-Hamé, Épiré, 49170 Savennières

09 64 37 02 57 • www.domainelaureau.fr • Vente et visites : sur RDV.

Propriétaire : Damien et Florence Laureau

★ DOMAINE AUX MOINES

Monique Laroche, qui dirigeait cette magnifique propriété depuis 1981, nous a quittés en juin 2020. Sa vision des grands blancs de la Roche-aux-Moines, au sommet des bords de Loire, voisin de la Coulée de Serrant, est perpétuée et affinée depuis plusieurs années par sa fille, Tessa. L'expression de ce terroir magistral, peu productif, se transmet avec nuance à travers un fruit lumineux qui irrigue des blancs secs et précis portés par d'insistantes saveurs minérales. Le statut de grand domaine de Loire se trouve confirmé par des vins chaque année plus aboutis.

Les vins : Le Berceau des Fées nous éveille toujours par son fruit fringant et dénué d'esbroufe, moins étoffé que le 2019. Le savennières Roche-aux-Moines 2019 atteint un haut de niveau de concentration, une épure des saveurs et une puissance amère subtile. D'un superbe élan final. Il n'a plus qu'à se débarrasser de ses notes d'élevage contemporain de bois blond dû au renouvellement du parc de fûts. Un blanc taillé pour la garde, tout comme le 2018, plus riche et solaire, et parfumé de notes de fruits jaunes.

- Savennières Roche-aux-Moines 2018 — 35 € — 93
- Savennières Roche-aux-Moines 2019 — 35 € — 94
- VDF Le Berceau des Fées 2020 — 22 € — 89

Rouge : Cabernet franc 70 %, Cabernet-Sauvignon 30 %

Blanc : 12 hectares. Chenin 100 %

Production moyenne : 40 000 bt/an

DOMAINE AUX MOINES ♣

5, chemin de la Roche-aux-Moines, 49170 Savennières

02 41 72 21 33 • www.domaine-aux-moines.com • Vente et visites : sur RDV.

Propriétaire : Tessa Laroche

★ DOMAINE MÉLARIC

Baptisé à partir de la contraction des noms de Mélanie et d'Aymeric Hillaire, ce petit domaine a été créé par un jeune couple, en 2006, sur le vignoble du Puy-Notre-Dame. Mélanie, œnologue, a travaillé dans de nombreux vignobles français et étrangers avant de s'ancrer en terre ligérienne. Construite sur de longs élevages, la qualité des vins s'est affinée, la gamme s'est élargie : beau parcours pour un couple travailleur et humble, qui a signé en peu de temps une cave bicolore lisible, savoureuse et personnalisée. Sur la butte du Clos de la Cerisaie, cabernet franc et chenin s'imprègnent du goût profond du lieu. Les expressions se rendent de plus en plus fidèles à leur terroir, et acquièrent une énergie et un éclat de plus en perceptible. Quel souffle ! "Vigneron, un métier pour moi ?" Mélanie et Aymeric Hillaire proposent une formation indispensable pour ceux qui voudraient changer de vie.

Les vins : Tandem se montre joyeusement fruité et épicé, bien juteux et aérien avec le verbe du cabernet franc et l'accent floral du grolleau. Délicieux. Le Clos Rousseau 2019 nous enchante d'un grolleau à la fois concentré et aux notes acidulées de réglisse et de cassis. Il est rare de rencontrer des rouges de ce cépage atteignant ce niveau. Les cabernets ont considérablement gagné en finesse et sont toujours dotés d'une belle densité d'extraits secs, à l'image du Billes de Roche 2018, élevé deux ans, avant de révéler de fines notes cacaotées et une chair pulpeuse. À ouvrir dans les dix ans. Clos de la Cerisaie 2018 pousse plus loin le curseur de la finesse et de la sensation crayeuse avec une finale campée sur des tanins vigoureux. Ne soyez pas pressés. Deux blancs admirablement frais dans ce millésime solaire : l'éclatant Billes de Roche 2018 et son chenin mûr et cristallin, mais aussi la rayonnante expression du Clos de la Cerisaie 2018, au dynamisme vivifiant, dont la finale évoque un chenin bien doré et sain. Coté liquoreux, interprétation passionnante du chenin botrytisé, élevé trois ans et demi en fût, sur une gamme aromatique sensible de pot pourri, de rose fraîche et de raisin de Corinthe. Grand blanc de méditation.

- Saumur Billes de Roche 2018 — 16 € — 92
- Saumur Clos de la Cerisaie 2018 — 20 € — 93
- VDF Liquoreux de la Cerisaie 2010 — 25 € — 95
- Saumur Puy Notre Dame Billes de Roche 2018 — 16 € — 92
- Saumur Puy Notre Dame Clos de la Cerisaie 2018 — 20 € — 93
- VDF Le Clos Rousseau 2019 — 18 € — 92
- VDF Le Tandem 2020 — 11 € — 90

Rouge : 2,2 hectares. Cabernet franc 70 %,

Grolleau 30 %
Achat de raisins.
Blanc : 1,8 hectare. Chenin 100 %
Achat de raisins.
Production moyenne : 25 000 bt/an

DOMAINE MÉLARIC ♣
2 bis, rue Saint-Hilaire,
49700 Doué-la-Fontaine
02 41 50 70 96 • www.vins-melaric.com •
Vente et visites : sur RDV.
Propriétaire : Aymeric Hillaire

★ DOMAINE OGEREAU

Vincent Ogereau est associé à son fils Emmanuel, doté d'une solide formation internationale, bien décidé à poursuivre la voie des grands chenins de terroirs, en sec comme en liquoreux. Le domaine récolte avec rigueur des raisins sains (sans botrytis sur les secs) et offre une large gamme tricolore et homogène, reflet de la mosaïque des schistes. Citons le terroir des Bonnes Blanches, qui donne l'un des coteaux-du-layon les plus complets et onctueux, se bonifiant sur quinze ans minimum. Le Clos Le Grand Beaupréau (sur les sables éoliens au sommet de la butte d'Épiré) et L'Enthousiasme (veine de grès en haut de la butte d'Épiré) s'inscrivent parmi les blancs les plus ambitieux de l'appellation. Une parcelle de chenin a été plantée en 2017 sur un coteau de roche carbonifère à Ardenay, afin d'explorer une nouvelle expression de blanc angevin.

Les vins : ouvrons la dégustation avec En Chenin 2020 : le vin se montre bien sec, sans grande envergure, mais mené avec précision pour en faire jaillir un fruit ciselé et gourmand. Vent de Spilite 2019 nous électrise le nez et le palais avec sa trame légèrement rugueuse et sapide. Une belle sensation élancée dessine la finale identitaire de Bonnes Blanches 2019, exubérant et charmeur de tendresse. La richesse s'accentue dans Clos le Grand Beaupréau 2019, vif et précis, qui pourrait toutefois nous offrir un peu plus d'épaisseur de chair. L'Enjouée 2020 reste fidèle à son profil de rouge ligérien, gouleyant, marqué par les notes de poivron mûr du cabernet franc. Le finesse du cabernet franc de la cuvée Les Tailles 2019 se révèle avec cette note fumée typique des rouges du secteur. Tout comme Côte de la Houssaye 2018, un cabernet-sauvignon saillant, d'une maturité juste et à l'extraction modérée. Ces deux derniers rouges sont parés pour une dizaine d'années de garde. À son habitude, Quarts de Chaume 2018 brille par sa profondeur et sa réserve, tout en exprimant le charme complexe du chenin botrytisé. Un grand vin de méditation taillé pour une longévité sereine.

Anjou Bonnes Blanches Sec 2019	22 €	92
Anjou En Chenin 2020	13,80 €	88
Anjou Vent de Spilite 2019	22 €	93
Coteaux du Layon Saint-Lambert 2018	17 €	92
Quarts de Chaume Grand Cru La Martinière 2018	40 €	95
Savennières Clos le Grand Beaupréau 2019	25 €	92
Anjou-Villages Côte de la Houssaye 2018	19,80 €	91
Anjou-Villages Les Tailles 2019	14,90 €	90
VDF L'Enjouée 2020	11,90 €	87

Rouge : 7,5 hectares. Cabernet franc 45 %, Cabernet-Sauvignon 40 %, Gamay noir à jus blanc 6 %, Grolleau 6 %
Blanc : 16,3 hectares. Chenin 99 %, Chardonnay 1 %
Production moyenne : 70 000 bt/an

DOMAINE OGEREAU ♣
44, rue de la Belle-Angevine,
Saint-Lambert-du-Lattay, 49750 Val-du-Layon
02 41 78 30 53 • domaineogereau.com •
Vente et visites : sur RDV.
Propriétaire : Famille Ogereau
Directeur : Vincent et Emmanuel Ogereau

★ DOMAINE NICOLAS REAU

Sans origine viticole, Nicolas Reau bifurque sur le tard vers la viticulture. Remarqué en Anjou dès 2002, il vinifie ensuite quelques excellents vins à Chinon mais perd les vignes. Ses terroirs sont situés à Sainte-Radegonde, au sud de l'Anjou, dans le Thouarsais, où Nicolas élabore les rouges Pompois et L'Enfant Terrible. Le blanc Victoire naît sur du calcaire du jurassique zébré par une veine de schistes roses, des quartz, des sables et des limons. Les rouges ont gagné en précision sans rien perdre en générosité de saveurs ni en richesse de matière, et les blancs conjuguent puissance et droiture.

Les vins : en 2019, Victoire nous enchante par sa sincérité de saveurs et ses extraits secs extrêmement salivants. Voici un chenin libre avec une vitalité revigorante. Une approche vivifiante du blanc angevin. Nous sommes toujours charmés par la sensation de croquer le raisin que procure Pompois. En 2019, voici un cabernet franc bien mûr, concentré mais extrait avec douceur. Un beau rouge déjà abordable. Montons en intensité et finesse avec L'Enfant Terrible 2018, d'une fraîcheur calcaire enthousiasmante dans ce millésime solaire. Parée pour une dizaine d'années sereines.

Anjou Victoire 2019	30 €	93
Anjou L'Enfant Terrible 2018	30 €	93
Anjou Pompois 2019	20 €	92

Rouge : 5 hectares. Cabernet franc 100 %
Blanc : 2 hectares. Chenin 100 %
Production moyenne : 30 000 bt/an

DOMAINE NICOLAS REAU ♣
19, route de Sainte-Verge, Sainte-Radegonde, 79100 Thouars
06 24 63 20 75 • nicolasreau@yahoo.fr •
Vente et visites : sur RDV.
Propriétaire : Nicolas Reau

★ DOMAINE ANTOINE SANZAY

Formé au lycée de Montreuil-Bellay, Antoine Sanzay a repris le vignoble de ses grands-parents coopérateurs à la cave de Saint-Cyr-en-Bourg. Installé en 1999, il a livré lui aussi durant trois années toute sa vendange à la coopération, avant de se lancer en vinifiant petit à petit les vignes du domaine (vignoble enherbé et cultivé sous le rang). Son potentiel est enviable, avec notamment 4 hectares sur le cru Les Poyeux. "Mon grand-père s'étonne de voir son petit-fils recultiver ses terres, comme avant-guerre ; moi, je veux lui prouver qu'il peut me faire confiance", explique-t-il. Les derniers millésimes offrent davantage de justesse dans les élevages et dans l'expression du fruit ; le blanc s'affirme comme un des meilleurs de la nouvelle école des chenins saumurois.

Les vins : derrière une réduction généreuse à l'ouverture, Les Salles Martin 2019 s'ouvre avec une belle étoffe énergique, un chenin mûr et dynamique. Les Essarts 2019 se montre plus posé avec une enveloppe généreuse et goûteuse, sculptée par une fraîcheur crayeuse svelte. Deux beaux chenins ambitieux pour la table. Nous apprécions les matières franches des rouges qui méritent toutefois d'être affinées et abouties en élevage. Le saumur-champigny 2019 nous enchante par sa spontanéité juteuse. De bonne concentration, un peu rustique, La Haye Dampierre 2019 est marqué par une forte réduction qui mérite un passage en carafe. Des notes florales (part de vinification en grappes entières) apportent un côté plus aérien à Terres Rouges, sans lui ôter sa trame serrée. Les Salles Martin 2019 se montre bien plus délié avec une sève revigorante pour la garde et la table. Les Poyeux 2018 montre un fond de vin fin mais marqué par une animalité entêtante.

Saumur Les Essarts 2019	36 €	93
Saumur Les Salles Martin 2019	25 €	91
Saumur-Champigny 2019	16 €	89
Saumur-Champigny La Haye Dampierre 2019	24 €	90
Saumur-Champigny Les Poyeux 2018	34 €	89
Saumur-Champigny Les Salles Martin 2019	26 €	92
Saumur-Champigny Les Terres Rouges 2018	25 €	92

Rouge : 10,7 hectares. Cabernet franc 100 %
Blanc : 1,3 hectare. Chenin 100 %
Production moyenne : 45 000 bt/an

DOMAINE ANTOINE SANZAY ♣
19, rue des Roches-Neuves, 49400 Varrains
02 41 52 90 08 • antoine-sanzay@wanadoo.fr
• Vente et visites : sur RDV.
Propriétaire : Antoine Sanzay

★ TERRA VITA VINUM

Luc Briand et Bénédicte Petit, tous deux originaires de Nantes, ont repris avec panache le domaine Richou dans le secteur des Coteaux d'Aubance. Ce couple fou de vin a tout lâché pour se consacrer à ces 34 hectares de vignes désormais cultivées en biodynamie. Les 2019 premier millésime depuis la reprise, gardent la précision que l'on connaît, tout en offrant un fruit un peu plus libre. Des élevages ambitieux sous bois demandent à être calés mais nous sentons une sensibilité pour affiner la déclinaison de blancs secs de chenin à travers une myriade de lieux-dits.

Les vins : dominé par le chardonnay, voici Dom Nature 2014, franc du collier, digeste, et doté d'une trame ronde joliment fruitée. Terre de 3 assemblage des chenins de schistes, rhyolites et quartz, se révèle droit et épuré dans cette année solaire. Pavillon 2019 est à ce stade marqué par un boisé imposant, probablement inspiré par certains modèles bourguignons, une matière tendue et généreuse, aux saveurs un peu redondantes. Un blanc taillé pour la table. Grand Vau 2019 se montre plus épuré et fringant, avec un jus détendu, évoquant les agrumes frais. Laissez-vous séduire par la floralité aérienne et profonde du Bigottière, un savennières très équilibré dans un millésime solaire ressenti dans la finale généreuse. Chant de la Pierre 2019 nous enchante par son éclat et sa densité fruitée et des tanins acidulées évoquant un gamay-saint-romain de Côte Roannaise. Cabernet franc et cabernet-sauvignon composent un duo saillant, de bonne concentration dans Rouge de Schiste 2018, à la trame tannique, ferme, si typique du coin mais sans dureté. Un rouge plutôt automnal qu'estival.

Anjou Grand Vau 2019	18 €	92
Anjou Pavillon 2019	25 €	90
Anjou Terre de 3 2018	14 €	90
Savennières Bigottière 2018	30 €	92
VDF Dom nature 2014	16 €	89
VDF Large Soif 2020	10 €	86
Anjou Gamay Chant de la pierre 2019	18 €	91
Anjou-Villages Brissac Rouge de Schiste 2018	13 €	90
VDF Grosse Soif de Groslot 2020	Épuisé - 10 €	87

Rouge : 13 hectares. Cabernet franc 42 %, Gamay noir à jus blanc 35 %, Cabernet-Sauvignon 20 %, Grolleau 3 %
Blanc : 16 hectares. Chenin 78 %, Chardonnay 22 %
Production moyenne : 110 000 bt/an

TERRA VITA VINUM ♣
Chauvigné 49610 Mozé-sur-Louet
02 41 78 72 13 • www.terravitavinum.fr • Vente et visites : sur RDV.
Propriétaire : Luc Briand & Bénédicte Petit
Maître de chai : Romain Nicolas

NOUVEAU DOMAINE

THOMAS BATARDIÈRE

Après avoir appris le métier de vigneron avec Mathieu Vallée au Château Yvonne, Thomas Batardière a quitté le tuffeau de Saumur pour retrouver les schistes d'Anjou où il parvient à acheter quatre hectares à Rablay-sur-Layon en 2012. Dès le départ, le jeune homme volubile vise des chenins sans fard élaborés avec peu d'intrants, si bien que ces prises de risques ont conduit parfois à des blancs confus. Mais sa rigueur et sensibilité amènent Thomas à affiner son travail ; il signe aujourd'hui de merveilleux chenins purs et bourrés d'énergie. Parmi ses futurs projets : allonger ses élevages pour diminuer encore les doses de soufre. Nous fondons beaucoup d'espoir sur ce vigneron dont les 2019 marchent dans les pas des chenins du brillant Mark Angeli de la Ferme de la Sansonnière.

Les vins : la vitalité des vins de Thomas Batardière est annoncée dès L'Esprit Libre, un chenin d'une grande pureté, à la fois précis, d'une matière pleine d'extraits et une salinité fraîche que l'on rencontre rarement sur les schistes angevins. Contenu par une fine réduction, Les Cocus 2019 va plus loin. Une sensation solidement amère et naturellement acide dynamise une bouche concentrée et sculptée par une finale vivifiante. Deux chenins parfaitement secs et énergiques. Il ne faudra pas hésiter à passer en carafe Amor Fati, un grolleau très réduit, dont l'élan ferme illustre le caractère ligérien, sa franchise goûteuse et sa fraîcheur croquante de tanins.

VDF L'Esprit Libre 2019	Épuisé - 20 €	92
VDF Les Cocus 2019	Épuisé - 28 €	94
VDF Amor Fati 2019	Épuisé - 20 €	89

Rouge : 0,5 hectare. Grolleau 100 %
Blanc : 3,5 hectares. Chenin 100 %
Production moyenne : 12 000 bt/an

THOMAS BATARDIÈRE ♣
64, Grande Rue, Rablay sur Layon
49750 Bellevigne-en-Layon
06 83 20 56 97 • @thomasbatardiere • Pas de visites.
Propriétaire : Thomas Batardière

DOMAINE DE LA BERGERIE

L'arrivée des filles d'Yves Guégniard, Anne et Marie, a initié une nouvelle impulsion dans ce domaine historique du Layon, autrefois réputé pour ses vins classiques, mais un peu dépassé par une jeune génération de vignerons angevins débridés. Sur leur mosaïque de terroirs répartis entre Anjou, Savennières, Coteaux du Layon, Chaume et Quarts de Chaume, les deux sœurs opèrent depuis quelques années une transition en douceur, tant en viticulture (certification en bio en 2016, tris méticuleux...) que dans le style des vins. Le millésime 2017 est un tournant, avec des blancs au fruit plus pur et détendu. Leur ambition de ciseler des grands secs sur des terroirs de liquoreux a commencé avec Les Zerzilles (schistes houillers et grès, barriques de 400 litres) à Chaume, et Vauchaumier (schistes du Briovérien, jarres de grès de 1000 litres) en Coteaux du Layon.

Les vins : un peu old school, Evanescence 2017 est cabernet-sauvignon qui a subi une macération longue avant un élevage en fût. Un rouge aux notes de cendre et de tabac, de bonne concentration, avec une finale anguleuse qui demande à être assouplie à table après un passage en carafe. Deux savennières sont à découvrir : La Croix Picot 2017, un chenin au fruité plaisant, bien mûr, quasi surmûr au nez. Mais sa finale carrée lui donne du relief. Il est à ouvrir dans les cinq ans. Le Clos du Grand Beaupréau en 2018 exprime la richesse du millésime, un peu enveloppé par un élevage boisé grillé qui lui donne des airs bourguignons. Typiquement le blanc généreux qui ravira un repas d'hiver dans les quinze prochaines années. Sous une robe dorée séduisante, le Clos de la Girardière 2018 en Coteaux du Layon exhale un bouquet riche et intense de fruits rôtis. Une sensation que nous retrouvons en bouche dans une matière de haute concentration bénie par la pourriture noble. Un beau vin de méditation à boire au coin de la cheminée. Dans un style plus épuré et ciselé, le coteaux du Layon Chaume 2016. Ce liquoreux se définit autour de notes caillouteuses et de fruits secs. Une sensation minérale relance avec brio la finale.

- Coteaux du Layon Chaume 2016 23 € 93
- Coteaux du Layon Clos de la Girardière 2018 15,40 € 91
- Savennières Clos du Grand Beaupréau 2018 22 € 90
- Savennières La Croix Picot 2017 19,80 € 89
- Anjou-villages Evanescence 2017 15,40 € 87

Rouge : 15 hectares.
Blanc : 21 hectares.
Production moyenne : 150 000 bt/an

DOMAINE DE LA BERGERIE ♣
Champ-sur-Layon,
49380 Bellevigne-en-Layon
02 41 78 85 43 •
www.domainebergerie.fr/nos-vins/ • Vente et visites : sur RDV.
Propriétaire : Famille Guégniard
Directeur : Anne et Marie Guégniard

CHÂTEAU DU HUREAU

Ce terroir de la côte de Saumur donne des tanins frais à ses rouges et de belles acidités de garde aux blancs de chenin, secs (appellation Saumur) et liquoreux (Coteaux de Saumur). En Saumur-Champigny, le sommet est souvent atteint par la cuvée Lisagathe, une sélection de vieilles vignes. Dans un style plus abordable, Les Fevettes se montre très plaisant et exprime à merveille la sève fraîche du tuffeau saumumois. Depuis 2006, le saumur-champigny du domaine porte le nom de Tuffe ; une nouvelle parcelle a été isolée : Fours à Chaux. Les vins de Philippe Vatan s'avèrent savoureux et policés, sans pour autant manquer de concentration, et séduiront le plus grand nombre.

Les vins : Argile 2020 offre une expression mûre du chenin, sans grande acidité mais très savoureux pour ravir les palais amoureux de blancs ligériens. Admirable de fraîcheur et d'éclat, Tuffe se révèle plein d'entrain et de chair, un vin idéal pour comprendre le caractère du cabernet sur tuffeau à prix doux. En 2019, Les Fevettes se montre pulpeux jusqu'à une finale énergique. 2018 se présente dans un registre plus riche, d'une suavité accessible, et se prête à la table dès à présent. Lisagathe évolue vers davantage d'austérité, un peu giboyeux, typique de la Loire, tout en dévoilant la réelle densité séveuse du cabernet. Il est paré pour plus de dix ans de garde.

- Saumur Argile 2020 14 € 90
- Saumur-Champigny Les Fevettes 2018 18 € 90
- Saumur-Champigny Les Fevettes 2019 18 € 91
- Saumur-Champigny Lisagathe 2017 25 € 91
- Saumur-Champigny Tuffe 2019 12,50 € 90

Rouge : 18 hectares. Cabernet franc 100 %
Blanc : 1,6 hectare. Chenin 100 %
Production moyenne : 110 000 bt/an

CHÂTEAU DU HUREAU ♣
Montée des Hureaux Dampierre-sur-Loire
49400 Saumur
02 41 67 60 40 •
www.chateauduhureau.com • Vente et visites : sur RDV.
Propriétaire : Philippe Vatan

ARNAUD LAMBERT

En 2005, Arnaud Lambert a rejoint son père Yves, qui avait créé cette propriété en 1996 sous le nom de domaine de Saint-Just. Il s'occupe désormais avec ambition des 50 hectares en bio (certification en 2011) répartis sur les communes de Brézé et Saint-Cyr-sur-Loire. Dans cette myriade de cuvées de lieux-dits se dessinent des vins finement stylisés. Les rouges sont des interprétations contemporaines du cabernet franc, extraits avec justesse pour offrir une douceur fraîche de Saumur et Saumur-Champigny. Les blancs gagnent en éclat avec des élevages bien moins démonstratifs que les millésimes précédents. Ce n'est que le début de l'ascension !

Les vins : Terres Rouges ouvre le bal des rouges avec un 2020 pimpant et éclatant de fruit, qui offre une expression joyeuse et digeste du cabernet franc. À Brézé, au Clos Tue-Loup 2019, le cabernet franc s'affirme avec un bel éclat floral et un peu plus de densité juteuse. Un beau vin éclatant de vitalité. Montée des Roches 2019 présente une belle étoffe crayeuse, mais il est malheureusement marqué par une note animale qui gâche un peu la pureté de fruit. Si vous n'êtes pas très sensible à ce phénomène, prenez-le, vous vous régalerez. Côté blanc, Brézé Bourguenne 2018 exhale un gras extrêmement beurré et toastée qui fait penser à un blanc de Bourgogne ancienne génération. Les Perrières 2019 incarne l'identité saumuroise d'un chenin sec et ciselé, à boire jeune à l'apéritif. Clos David 2019 dompte admirablement le caractère solaire de son millésime et conserve un élan fringant et une allonge savoureuse. Un beau chenin de table. Tout comme Clos de la Rue 2018, qui étire encore davantage la dimension calcaire : un blanc épuré, porté par de beaux amers.

Blanc	Saumur Brézé Bourguenne 2018	44 €	88
Blanc	Saumur Clos David 2019	22 €	91
Blanc	Saumur Clos de la Rue 2018	34 €	92
Blanc	Saumur Coulée Saint Cyr 2018	24 €	91
Blanc	Saumur Les Perrières 2019	16 €	89
Rouge	Saumur Clos Tue-Loup 2019	18 €	91
Rouge	Saumur-Champigny Montée des Roches 2019	20 €	90
Rouge	Saumur-Champigny Terres Rouges 2020	13 €	89

Rouge : 20 hectares. Cabernet franc 100 %

Blanc : 30 hectares. Chenin 100 %

Production moyenne : 100 000 bt/an

ARNAUD LAMBERT ♣

12, rue de la Prée, Mollay,
49260 Saint-Just-sur-Dive

02 41 51 62 01 • infos@st-just.net • Vente et visites : sur RDV.

Propriétaire : Arnaud Lambert

TOURAINE

★★★ DOMAINE FRANÇOIS CHIDAINE

Depuis ses débuts en 1989, François Chidaine est devenu un acteur majeur des blancs de Loire, un styliste hors pair désormais vénéré par de nombreux autres vignerons. Il fait partie de ceux qui ont révélé Montlouis, son fief d'origine. Au début des années 2000, il s'est agrandi à Vouvray, avec en particulier la reprise du clos Baudoin à la famille Poniatowski. Aidé par son épouse Manuéla, François n'a eu de cesse d'affiner les vinifications et les élevages, en menant un travail très exigeant dans les vignes certifiées en biodynamie depuis 1999. Nous ne tarissons pas d'éloges sur le niveau atteint par les vins de ce vigneron d'exception. Les vins de France sont en réalité les vouvrays qui, vinifiés hors de leur zone d'appellation, ne peuvent la revendiquer. La gamme se compose d'assemblages de parcelles (Choisilles, Argiles, Tuffeaux, Moelleux) et de lieux-dits uniques (Clos du Breuil, Les Bournais, Clos Habert, Baudoin). Le fruit scintillant de ces vins recquiert quelques années de cave pour s'ouvrir et se révéler pleinement. Un domaine incontournable pour tout amoureux des grandes expressions ligériennes du chenin.

Les vins : la gamme commence magnifiquement avec une méthode traditionnelle de 2008, où le chenin s'est nourri pendant plus de dix ans sur lattes pour dévoiler d'intenses nuances grillées, de fruits jaunes animant une trame savoureuse, pleine de relief salivant. Il n'a rien à envier aux champagnes. Clos du Breuil 2019 incarne une belle définition du chenin sec représentatif du domaine, mené tout en douceur de texture, où on ne garde que l'essentiel. Très accessible pour un apéritif de haut niveau. Un fruit étincelant se dégage des Grillonnières, vinifié par Alice Chidaine, la fille de François ; un sec de haut niveau particulièrement énergique. Encore sur la réserve, Les Bournais promet en 2019 une immense vitalité avec une sensation calcaire inimitable et époustouflante, laissant une sensation crayeuse extrêmement salivante en bouche. Un chenin rayonnant, poétique, taillé pour la garde. Issus de vignes non greffées, Les Bournais Franc de Pied 2019 joue comme un exhausteur de goûts et de saveurs avec une finale brillamment étirée. En version demi-sec, Clos Habert 2019 intègre à merveille ses sucres résiduels, en exprimant avec suavité l'éclat du chenin, velouté et plein de vitalité. Déjà avenant, il évoluera paisiblement dans les quinze ans. Dans un style plus effilé, Les Tuffeaux 2019 se montre vivifiant de fraîcheur, avec une sucrosité parfaitement intégrée qui nous fait irrésistiblement saliver. Du côté de Vouvray, Les Argiles 2019 séduit par sa douceur de texture, plein de vitalité avec de beaux amers revigorants. Baudoin 2019 s'inscrit parmi les plus grands blancs de Loire. La dimension du tuffeau transcende avec brio ce chenin venu de ce terroir mythique, doté d'une mâche et d'une densité de grande envergure jusqu'à une finale lumineuse. Le demi-sec du Bouchet 2019 virevolte, structuré par des amers robustes. Laissez-le encore deux ans pour que sa structure se pose tranquillement.

- Montlouis-sur-Loire Brut Nature Méthode Traditionnelle 2008 25 € 93
- Montlouis-sur-Loire Clos du Breuil 2019 21 € 92
- Montlouis-sur-Loire Demi Sec Clos Habert 2019 24,20 € 93
- Montlouis-sur-Loire Demi Sec Les Tuffeaux 2019 21 € 92
- Montlouis-sur-Loire Les Bournais Franc de Pied 2019 78 € (c) 96
- Montlouis-sur-Loire Les Grillonnières 2019 28,50 € 93
- Montlouis-sur-Loire Sec Les Bournais 2019 28,50 € 95
- VDF Baudoin 2019 28,50 € 96
- VDF Bouchet 2019 24,20 € 94
- VDF Les Argiles 2019 21 € 93

Blanc : 40 hectares. Chenin 100 %
Achat de raisins.
Production moyenne : 180 000 bt/an

DOMAINE FRANÇOIS CHIDAINE ☾
5, Grande-Rue, 37270 Montlouis-sur-Loire
02 47 45 19 14 • www.francois-chidaine.com
• Visites : sans RDV.
Propriétaire : François et Manuéla Chidaine

★★★ DOMAINE DU CLOS NAUDIN

En dégustant les vouvrays de Philippe Foreau, tout devient clair, lisible dans le chenin ; ce qui est complexe est aussi gourmand, ce qui est bien mûr reste en conséquence tendu, ce qui est précocement bon se confirme et s'amplifie au cours des décennies. Purs, longs en bouche, d'une persistance proverbiale, les vouvrays du Clos Naudin ont la régularité d'un métronome malgré les variations du climat ligérien. Les perruches (sols d'argiles à silex) donnent de la typicité aux vins du domaine, tout aussi à l'aise dans les sucres que dans les secs ; même les effervescents sont élaborés avec un soin extrême. Le style est souvent assez riche, plus baroque qu'au domaine Huet, et pas moins puissant dans les persistances de bouche. Les derniers millésimes sont menés avec brio par Vincent, le fils de Philippe Foreau. Leur précision légendaire s'allie à un fruit un soupçon plus ouvert. Ce qui n'est pas pour nous déplaire. Un avenir radieux est promis à ce domaine vouvrillon.

Les vins : comme dans de nombreux 2020, une touche végétale marque le bouquet des vins à l'image du sec, au gras encadré par une trame saillante. Un beau vin de repas qu'il faudra laisser encore quelques années en cave. Le 2019 se développe quant à lui avec plus d'intensité et une matière dense en extraits secs. Il est promis à une garde de plus de dix ans. Le demi-sec 2016 rayonne de ses saveurs d'agrumes et de crème brûlée, porté par une sucrosité lumineuse, saline. Un vin majestueux taillé pour une longue garde, plus de vingt ans. Le moelleux 2017 enchante par sa gourmandise, une douceur toutefois structurée par une fermeté revigorante. Encore un nourrisson, le moelleux Réserve 2020 annonce une superbe longévité. Un vin splendide, d'une richesse envoûtante, qu'il sera honorable de laisser s'apaiser en cave pour profiter pleinement de son expression. Le 2018 va plus loin, en dévoilant une concentration majestueuse, énergique, digne des plus grands liquoreux du monde.

- Vouvray Demi-Sec 2016 27 € 95
- Vouvray Moelleux 2017 27 € 95
- Vouvray Moelleux Réserve 2018 47 € 98
- Vouvray Moelleux Réserve 2020 49 € 96
- Vouvray Sec 2019 21 € 93
- Vouvray Sec 2020 24 € 92

Blanc : 12 hectares. Chenin 100 %

Production moyenne : 50 000 bt/an

DOMAINE DU CLOS NAUDIN

14, rue de la Croix-Buisée, 37210 Vouvray

02 47 52 71 46 •
leclosnaudin.foreau@orange.fr • Vente et visites : sur RDV.

Propriétaire : Vincent Foreau

★★★ DOMAINE HUET

Ce domaine historique a été progressivement converti à la culture biodynamique par Noël Pinguet (parti en 2012), convaincu des bienfaits de la méthode, seul moyen d'exprimer dans un vin toutes les données du terroir. Rachetée en 2004 par la famille Hwang, la propriété a conservé exactement les mêmes orientations. Après des fermentations à froid en fût usagé, la mise se fait rapidement, au printemps qui suit la vendange, à contre-courant de la mode œnologique. Quelle que soit la nature du millésime, ou des vins (pétillants compris), la qualité se montre toujours extraordinaire, en adéquation avec l'excellence des terroirs. Les cuvées de lieux-dits (Haut-Lieu, Le Mont, Clos du Bourg) sont déclinées en sec, demi-sec et moelleux selon les millésimes. Des vins toujours fins, nuancés, jamais dans la démonstration ou l'excès. La verticale réalisée en novembre 2019 illustre parfaitement le potentiel de de ces vins qui, aussi bien jeunes qu'après dix, quinze ou vingt-cinq ans de garde, se révèlent en finesse avec une énergie phénoménale, comme en témoignent Le Mont moelleux 1997 ou Le Mont 1995. L'homme clef du domaine, Jean-Bernard Berthomé, tire sa révérence après plus de trente ans de maison et laisse les rênes de la vigne et du vin à Benjamin Joliveau, qui l'épaule solidement depuis plusieurs années.

Les vins : l'année 2020 n'a pas donné naissance à des vins secs. Débutons par les demi-secs avec Le Haut-Lieu (argiles), au bouquet fruité juvénile extrêmement fringant et nuancé. Délicieux à ce stade et dans les quatre ou cinq ans. Clos du Bourg (calcaire) se montre naturellement plus étoffé tout en respectant une épure crayeuse magnifique. Les trois lieux-dits sont déclinés en Première Trie, des moelleux toujours nuancés et jamais dans l'excès : Le Haut-Lieu, au nez limpide comme de l'eau de roche, est d'une rondeur fruitée en bouche absolument séduisante. Plus anguleux, Le Mont semble moins en place aujourd'hui mais, admirable, il révèlera une structure plus anguleuse dans le temps. Il embaume la poire fraîche et sa texture enveloppe la langue d'une douceur électrique jusqu'à laisser une sensation de sel en finale. Son étoffe magnifique est portée par une allonge vivifiante. Clos du Bourg déploie un gras enrobant des saveurs extrêmement pures et une finale plus généreuse et enveloppante. Un moelleux d'une dimension incroyable. Envoûtant !

- Vouvray Demi Sec Clos du Bourg 2020 — 31,60 € — 93
- Vouvray Demi Sec Le Haut-Lieu 2020 — 25,40 € — 92
- Vouvray Moelleux Le Haut-Lieu 2020 — 29,30 € — 95
- Vouvray Moelleux Le Mont 2020 — 34,90 € — 95
- Vouvray Moelleux Première Trie Clos du Bourg 2020 — 55,80 € — 96
- Vouvray Moelleux Première Trie Le Haut-Lieu 2020 — 45,80 € — 94
- Vouvray Moelleux Première Trie Le Mont 2020 — 55,80 € — 95

Blanc : 30 hectares. Chenin 100 %
Production moyenne : 120 000 bt/an

DOMAINE HUET ☾
11, rue de la Croix-Buisée, 37210 Vouvray
02 47 52 78 87 • www.domainehuet.com •
Vente et visites : sur RDV.
Propriétaire : Famille Hwang
Maître de chai : Benjamin Joliveau

★★ DOMAINE PHILIPPE ALLIET

Les discrets Claude et Philippe Alliet se sont fait remarquer en créant un style nouveau à Chinon, dans les années 1990. Leurs cuvées Vieilles Vignes (graviers), L'Huisserie (haut de coteau et plateau d'argiles à silex) et surtout Coteau de Noiré (pente abrupte d'argilo-calcaire exposée au sud), ont séduit les amoureux du cabernet franc avec leur couleur sombre et leur incroyable densité. Mais aucune recette n'est établie chez ce fin dégustateur et vinificateur hors-pair, épaulé par son fils, Pierre, depuis 2005, qui l'aide à façonner des vins toujours plus profonds, stylisés avec tact. À partir de 2010, les barriques bordelaises disparaissent au profit de fûts de 500 l et la part de bois neuf diminue largement.

Les vins : sans excès, le chinon 2020 se montre fringant et droit, abordable dès l'année prochaine. Trois 2019 à l'expression éclatante sont à découvrir : Vieilles Vignes parvient à civiliser l'austérité naturelle du cabernet de Chinon sans en renier l'identité fraîche avec une réelle finesse de texture. Il évoluera avec panache ces quinze prochaines années. Plus contenu et compact à ce stade, L'Huisserie, passé deux ans en élevage (un an en fût suivi d'un an en cuve béton), à la concentration finement stylisée pourra s'épanouir dans les prochaines décennies. D'un équilibre admirable. Le Coteau du Noiré est d'une carrure plus tannique avec une sensation calcaire structurant une allonge profonde et savoureuse. Une référence parée pour une longue garde.

- Chinon 2020 — 12 € — 90

Chinon Coteau de Noiré 2019	25 €	95
Chinon L'Huisserie 2019	20 €	95
Chinon Vieilles Vignes 2019	16 €	92

Rouge : 17 hectares. Cabernet franc 100 %
Blanc : 1 hectare.
Production moyenne : 70 000 bt/an

DOMAINE PHILIPPE ALLIET
L'Ouche-Monde, 37500 Cravant-les-Coteaux
02 47 93 17 62 • philippe.alliet@wanadoo.fr •
Vente et visites : sur RDV.
Propriétaire : Philippe Alliet

★★ DOMAINE YANNICK AMIRAULT

Benoît arrive au domaine familial de Bourgueil en 2003 pour poursuivre l'aventure familiale initié par son père Yannick en 1997. Le vignoble est réparti à Bourgueil (pour les deux tiers) et dans l'appellation voisine Saint-Nicolas-de-Bourgueil. On sent le perfectionnisme des vignerons et leur volonté de restituer l'expression des terroirs à travers des cabernets francs très soyeux et civilisés sans pour autant perdre l'éclat de leur fruit. Le domaine est certifié en bio depuis 2009 et les vins gagnent chaque année en pureté grâce à des vinifications en cuve tronconique en bois et en fût de plus en plus justes.

Les vins : délicieux Rosé d'Equinoxe 2020, à la jolie patine vineuse. Un belle cuvée repas. Le jeune chenin de Bâtard-Princesse 2019, avec sa maturité poussée et son boisé important, n'est pas encore calé. Source ouvre le bal des cabernets francs bien mûrs et minutieux. Haut en couleur en 2020, il conserve un fruit extrêmement juteux et appétent. Un peu réservé et plus carré à ce stade, Cote 50 est porté par une trame anguleuse qu'il faudra fondre à table dès l'année prochaine. Il faudra attendre 2023 pour ouvrir Les Malgagnes 2019, construit sur une concentration saillante et finement élevé en fût avec une partie de jarres de grès. Un beau vin de garde. Tout comme Le Grand Clos 2019, intensément fruité, porté par une structure pulpeuse et une finale à la fois riche et fraîche. Encore contenu par sa jeunesse et son élevage, La Petite Cave 2018 s'oriente davantage vers un équilibre solaire, moins frais, mais qui conserve toutefois un velouté de texture séduisant. Plus de quinze ans de garde le révèleront.

IGP Val de Loire Bâtard-Princesse 2019	22 €	87
Bourgueil Rosé d'Equinoxe 2020	15 €	89
Bourgueil Cote 50 2020	12 €	90
Bourgueil La Petite Cave 2018	22 €	93
Bourgueil Le Grand Clos 2019	18 €	94
Saint-Nicolas-de-Bourgueil Les Malgagnes 2019	22 €	93
Saint-Nicolas-de-Bourgueil Source 2020	12 €	90

Rouge : 19 hectares. Cabernet franc 100 %
Blanc : 0,3 hectare.
Production moyenne : 90 000 bt/an

DOMAINE YANNICK AMIRAULT ♣
1, route du Moulin Bleu 37140 Bourgueil
02 47 97 78 07 • www.yannickamirault.fr •
Vente et visites : sur RDV.
Propriétaire : Yannick Amirault
Directeur : Benoît Amirault

★★ DOMAINE BERNARD BAUDRY

Bernard Baudry recherche la dimension soyeuse et civilisée des chinons, tout en restant au plus près de leur expression de terroir. Cette démarche, qu'il poursuit désormais avec son fils Matthieu, se double d'une certification bio. Une philosophie qui leur inspire aussi la plantation de vignes non greffées, franches de pied depuis dix ans (à la suite des plantations des années 1980 de Charles Joguet), et l'implantation sur de nouveaux terroirs oubliés, tel l'excellent Clos Guillot à Chinon. Leur Croix Boissée (terroir argilo-calcaire de Cravant-les-Coteaux), bâti pour la garde, possède un supplément de velouté et parfois de sucrosité dans les années chaudes, ce qui n'est pas pour déplaire aux grands amateurs de vins de Saint-Émilion. Cette cuvée prend naturellement la tête des grands rouges de Touraine.

Les vins : toujours finement élevé et grillé, le chinon blanc dévoile un beau gras avec un relief calcaire appétent. À servir dès l'année prochaine à table. La cuvée "domaine" 2020 annonce un rouge libre, texturé, précis et extrêmement savoureux pour rencontrer le Chinonais. Les Grézeaux 2019 dessine un relief de saveurs salivantes, graphites jusqu'à une bouche fondante et une finale pleine de vitalité. Le Clos Guillot 2019 prend une dimension plus florale, une sensation de framboise mûre et une structure plus pointue en bouche mais d'une détente et liberté de ton absolument revigorante. Un vin d'une magnifique énergie. Terminons avec le radieux La Croix Boissée 2018, un panache frais extraordinaire, d'une mâche admirable en bouche. Les aspérités du millésime sont magnifiées. Une profondeur sensationnelle. Bienvenue dans l'éden du cabernet franc.

▭	Chinon La Croix Boissée 2020	22,50 €	91
▬	Chinon Domaine 2020	12,50 €	91
▬	Chinon La Croix Boissée 2018	26 €	96
▬	Chinon Le Clos Guillot 2019	19,50 €	95
▬	Chinon Les Grézeaux 2019	15,50 €	92

Rouge : 30 hectares. Cabernet franc 100 %
Blanc : 2 hectares. Chenin 100 %
Production moyenne : 140 000 bt/an

DOMAINE BERNARD BAUDRY ♣
9, coteau de Sonnay,
37500 Cravant-les-Coteaux
02 47 93 15 79 • www.bernardbaudry.com •
Vente et visites : sur RDV.
Propriétaire : Bernard et Matthieu Baudry

★★ DOMAINE DE BELLIVIÈRE

Éric et Christine Nicolas ont été les premiers, au milieu des années 1990, à relever avec panache le flambeau bien éteint des vins de la Sarthe. Avec la même sensibilité et rigueur, leur fils Clément les a rejoints au domaine familial de Lhomme. Leurs cuvées montrent le potentiel immense de ces terroirs discrets. Les raisons du succès sont les mêmes que partout ailleurs en France : une viticulture élitiste, en biodynamie, et une vinification la plus naturelle possible, mais scrupuleuse. Le coteaux-du-loir Vieilles Vignes Éparses illustre à merveille le caractère unique, élégamment austère, de ces vins qui évoluent vers une sensation saline extraordinaire avec quelques années en bouteille. Calligramme, issue de vignes de 70 ans, est un autre monument, oscillant entre le sec et le demi-sec selon les millésimes, que tout amateur de grand blanc de Loire doit avoir dans sa cave. Avec leur haut niveau de concentration, les rouges de pineau d'Aunis sont parmi les plus aboutis de ce cépage. Pour survivre aux ravages du gel en 2016 et 2017, la famille Nicolas a créé Les Arches de Bellivière, une activité de négoce bio de chenin d'Anjou et de rouges d'ailleurs : des cuvées gourmandes à découvrir.

Les vins : Rouge-Gorge 2019 est une quintessence de pineau d'aunis, bien mûr et dense aux contours saillants et poivrés. Laissez-le se poser encore trois à quatre ans en cave pour assagir sa fougue naturelle. Prémices 2012 s'apprécie comme une belle entrée en matière du chenin du domaine, en version demi-sec, d'une très belle gourmandise. Les sucres résiduels soulignent l'énergie des Rosiers 2019, un chenin pur, gras et extrêmement savoureux. Quelle finale saline ! Tout comme L'Effraie, à l'approche plus austère mais tellement excitant pour les amoureux de blancs saillants. Dans un registre plus baroque et confortable, Calligramme 2018 (demi-sec) nous envoûte de son gras de texture et de la sérénité qu'il dégage dans ce millésime solaire. Une cuvée taillée par de beaux amers parée pour une garde de plus de vingt ans. Vieilles Vignes Éparses 2018 (demi-sec) affiche quant à lui un équilibre plus minéral, d'une densité emmenée par une force crayeuse hors du commun. Lui aussi mérite quelques années d'apaisement. Quel souffle ! Terminons avec Discours de Tuf, un moelleux de botrytis, dont le dernier millésime remonte à... 1997 ! Le 2020 dévoile une note végétale et un élan aérien particulièrement vivifiant où le sucre se fond admirablement dans la matière.

▭	Coteaux du Loir L'Effraie 2019	Épuisé - 22 €	94
▭	Coteaux du Loir Vieilles Vignes Éparses 2018	42 €	96
▭	Jasnières Calligramme 2018	Épuisé - 42 €	96
▭	Jasnières Discours de Tuf 2020	60 €	93
▭	Jasnières Les Rosiers 2019	25 €	93
▭	Jasnières Prémices 2019	16 €	91
▬	Coteaux du Loir Rouge-Gorge 2019	22 €	92

Rouge : 5 hectares.
Blanc : 12 hectares. Chenin 100 %
Production moyenne : 42 000 bt/an

DOMAINE DE BELLIVIÈRE ☾
lieu-dit Belliviere, 72340 Lhomme
02 43 44 59 97 • www.belliviere.com •
Vente et visites : sur RDV.
Propriétaire : Éric, Christine et Clément Nicolas

★★ DOMAINE DE LA CHEVALERIE

Qui mieux que l'attachante Stéphanie Caslot incarnait le panache et la joie du vignoble de Bourgueil ? Elle nous a tragiquement quitté en février dernier. Son frère Emmanuel et sa sœur Laurie continuent avec amour le travail de treize générations de ce domaine historique de Bourgueil. Le cabernet franc y est vinifié avec une réelle douceur pour exprimer de façon nuancée les terroirs de sables, d'argiles et de calcaires de bas, mi et hauts coteaux. Chaque étiquette s'habille judicieusement d'une couleur traduisant l'intensité et la complexité du vin : du rouge vif pour le Peu Muleau jusqu'au violet profond pour le Grand-Mont. Ces références absolues de Bourgueil mettent en lumière la fine austérité froide du cabernet franc en revêtant une texture douce magnifique.

Les vins : commençons avec le bon Franco de Porc, un cabernet franc simple, goûteux et plein d'entrain. Noms d'Oiseaux affiche naturellement plus de fraîcheur et de vitalité dans ce beau millésime 2019. Le Peu Muleau est en pleine forme et nous enchante par son jus joyeux, plein et porté par une élan final rafraîchissant. Bretêche revêt une touche animale qui gâche la pureté aromatique de ce 2017 tout en chair. À son habitude, Grand-Mont nous séduit de son raffinement crayeux et son élégance terrienne. Un beau vin élancé qui conservera un éclat frais et radieux dans ce millésime solaire. Il est au début d'une vie pleine de panache.

- Bourgueil Bretêche 2017 — 18 € — 89
- Bourgueil Busardières 2018 — 26 € — 93
- Bourgueil Franco de Porc 2018 — 11,50 € — 89
- Bourgueil Grand-Mont 2015 — 32 € — 94
- Bourgueil Noms d'Oiseaux 2019 — 14 € — 90
- Bourgueil Peu Muleau 2018 — 13 € — 91

Rouge : 33 hectares. Cabernet franc 100 %
Production moyenne : 150 000 bt/an

DOMAINE DE LA CHEVALERIE
14, route du Peu-Muleau 37140 Restigné
02 47 97 46 32 •
www.domainedelachevalerie.fr • Vente et visites : sur RDV.
Propriétaire : Emmanuel et Laurie Caslot

★★ DOMAINE LA GRANGE TIPHAINE

Depuis leur vignoble de 15 hectares répartis en Montlouis-sur-Loire, en Touraine et en Touraine-Amboise, Coralie et Damien Delecheneau se sont hissés parmi les références du secteur. Dans le plus grand respect de la nature et de leurs terroirs, le couple bichonne en biodynamie (certification en 2014) leurs vieilles vignes. Plusieurs pieds de côt sont même centenaires et font jaillir une cuvée d'une profondeur et d'une subtilité remarquables. En cave, les deux œnologues accompagnent avec talent et sensibilité des raisins sains récoltés à parfaite maturité. Des vinifications aux élevages en cuve béton et fût ancien, tout est absolument juste et mesuré, et ces grands vins nuancés ne basculent jamais dans l'exubérance. À l'ouverture de chaque bouteille, les blancs de chenin se dévoilent avec une pureté et une délicatesse rares ; les rouges envoûtent par leur subtilité et leur éclat floral.

Les vins : Nouveau Nez demeure un pétillant naturel de référence à Montlouis. Ce 2019 ondule sur des saveurs mûres de fruits jaunes avec une bulle qu'il faudra apaiser tranquillement dans le verre pour goûter au gras juteux. Encore un peu contenu par son élevage, Clef de Sol 2019 mérite d'attendre 2022 pour digérer sa richesse et laisser place à son grain fin et savoureux. Admirable fraîcheur dans Les Épinays 2018, un millésime solaire qui contribue à la douceur élégante, étirée par une finale éclatante. Un grand chenin identitaire de Montlouis. En version demi-sec, Les Grenouillères 2019 nous réveille les papilles et l'âme. C'est un vin d'une douceur intime menée avec une minutie magnifique. Un soin tout aussi méticuleux est aussi apporté aux rouges (à carafer), à commencer par Bécarre 2019, un cabernet franc savoureux, d'une chair alerte pour les cinq, six ans. Le côt Vieilles Vignes 2019 n'a jamais atteint un tel niveau de concentration et de fraîcheur. La myrtille, le thé noir, le floral... Une myriade de saveurs embaume ce vin splendide et élancé qui séduira les amoureux de grande mondeuse de Savoie.

- Montlouis-sur-Loire Les Grenouillères 2019 — 22 € — 94
- Montlouis-sur-Loire Les Épinays 2018 — N.C. — 93
- Montlouis-sur-Loire Nouveau Nez 2019 — de 17 à 18 € (c) — 91
- Montlouis-sur-Loire Sec Clef de Sol 2019 — 20 € — 92
- Touraine Amboise Côt Vieilles Vignes 2019 — de 26 à 27 € (c) — 94
- Touraine Bécarre 2019 — de 17 à 18 € (c) — 92

Rouge : 7 hectares. Malbec (cot) 42 %, Cabernet franc 30 %, Gamay noir à jus blanc 28 %
Blanc : 9 hectares. Chenin 95 %, Sauvignon blanc 5 %
Production moyenne : 80 000 bt/an

DOMAINE LA GRANGE TIPHAINE
1407, rue du Clos-Chauffour, Lieu-dit La Grange Tiphaine, 37400 Amboise
02 47 30 53 80 • www.lagrangetiphaine.com • Vente et visites : sur RDV.
Propriétaire : Coralie et Damien Delecheneau

★★ DOMAINE DE LA TAILLE AUX LOUPS

Vigneron entreprenant et commerçant hors pair, Jacky Blot a énormément fait pour Montlouis-sur-Loire, où il a été le premier à élever longuement les vins en fût. Installé depuis 1989, il a ensuite pris pied à Vouvray sur de beaux terroirs qu'il a parfaitement su valoriser. Comme François Chidaine, ses derniers vins ont été déclassés en vin de France, car vinifiés en dehors de la zone d'appellation. La gamme des vins est complète : Triple Zéro est une bulle de référence. La gamme des secs, bien élevés et civilisés, est déclinée par terroirs. Ceux-ci sont exposés au sud et donnent naissance à des chenins qui séduisent par leur suavité et leur tendresse à l'image des Clos Michet et Mosny ; le Clos du Hochet (fine couche d'argiles sur calcaire) et Les Hauts de Husseau s'affirment avec une minéralité ferme plus prononcée. La réduction grillée plus ou moins marquée dans les vins les rend très charmeurs. Jacky Blot transmet sereinement ses domaines de la Taille aux Loups et de La Butte (Bourgueil) à son fils Jean-Philippe.

Les vins : dans la gamme des effervescents, Triple Zéro, joliment grillé et à la bulle calibrée, est le plus réussi. Débutons ensuite la série des blancs secs 2019 avec Rémus, rond, séduisant et savoureux malgré un manque de fond. Clos du Hochet s'affirme avec des arômes boisés et davantage de chair. Plus limpide, Les Hauts de Husseau prend des airs bourguignons par son élégance et sa franchise. Clos Michet est plus contenu à ce stade, encore serré par ses amers. Clos de Mosny est le plus complexe : profond, abouti, avec une finale calcaire insistante, il est prêt pour une dizaine d'années de garde. Les deux blancs de Vouvray, en VDF, sont en pleine forme à l'image de Clos de la Bretonnière, qui mérite encore deux ans de bouteille pour digérer son grillé-boisé et révéler son panache calcaire. Tout comme Clos de Venise, encore plus intense, et doté d'une force calcaire revigorante. Finissons en beauté avec le moelleux de Montlouis, un chenin tout en finesse, savoureux jusqu'à une finale élancée.

- Montlouis-sur-Loire Brut Tradition 14 € 89
- Montlouis-sur-Loire Clos Michet 2019 18 € 91
- Montlouis-sur-Loire Clos Mosny 2019 22 € 93
- Montlouis-sur-Loire Clos du Hochet 2019 22 € 91
- Montlouis-sur-Loire Les Hauts de Husseau 2019 22 € 92
- Montlouis-sur-Loire Moelleux 2019 30 € 94
- Montlouis-sur-Loire Sec Rémus 2019 16 € 90
- Montlouis-sur-Loire Triple Zéro 18 € 90
- VDF Clos de Venise 2019 28 € 95
- VDF Clos de la Bretonnière 2019 24 € 93

Blanc : 45 hectares. Chenin 100 %
Production moyenne : 180 000 bt/an

DOMAINE DE LA TAILLE AUX LOUPS ♣
8, rue des Aitres, 37270 Montlouis-sur-Loire
02 47 45 II II • www.jackyblot.fr • Vente et visites : sur RDV.
Propriétaire : Jacky Blot

★ DOMAINE DU BEL AIR

Pierre Gauthier a signé son premier millésime en 1995. La grande majorité des vignes est située sur les terroirs de tuffeau de Benais, le secteur le plus argilo-calcaire de Bourgueil, capable de donner des vins admirables de volume et de profondeur, mais parfois longs à se faire. Aujourd'hui aidé de son fils Rodolphe, Pierre Gauthier s'attache à mener une viticulture très attentive, avec en particulier un travail complet des sols. La reprise d'un terroir historique du secteur, le Clos Nouveau (une des dernières parcelles véritablement ceinte de murs) ajoute à la gamme le grand vin qu'elle méritait. Avec beaucoup de sagesse, le domaine se donne les moyens de ne commercialiser ses trois grandes cuvées de rouge qu'au bout de cinq années de vieillissement.

Les vins : c'est toujours un plaisir de déboucher une bouteille de Jour de Soif, un 2020 joyeux et gouleyant sans pour autant manquer de concentration. Dans un registre plus gras, Les Vingt Lieux Dits 2019 mérite encore un an de cave pour assagir sa finale ferme et se montrer plus savoureux. Une animalité ternit malheureusement Les Marsaules 2017. Grand-Mont 2017 tient quant à lui son rang de cabernet au caractère ligérien bien trempé, un fin grillé qui se fondra dans le temps. Très beau vin de garde. Tout comme Clos Nouveau 2017, un vin terrien, solaire, d'une densité incroyable et d'un soyeux puissant qui l'amènera dans les prochaines décennies.

- Bourgueil Clos Nouveau 2017 Épuisé - 56 € 94
- Bourgueil Grand-Mont 2017 Épuisé - 29 € 93
- Bourgueil Jour de Soif 2020 12,50 € 90
- Bourgueil Les Marsaules 2017 Épuisé - 19 € 89

Bourgueil Les Vingt Lieux Dits 2019 Épuisé - 14 € 91

Rouge : 20 hectares. Cabernet franc 100 %
Production moyenne : 80 000 bt/an

DOMAINE DU BEL AIR ♣
7, rue de la Motte, 37140 Benais
02 47 97 41 06 • www.domainedubelair-bourgueil.fr • Pas de visites.
Propriétaire : Pierre Gauthier
Maître de chai : Rodolphe Gauthier

★ DOMAINE CATHERINE ET PIERRE BRETON

Depuis plus de vingt ans, Catherine et Pierre Breton creusent avec succès leur sillon de vin bio en Touraine. Leur fils Paul les a rejoints au domaine et vinifie notamment le vouvray Pierres Rousses. Les tanins très fins et doux des longues macérations se retrouvent dès les délicieuses cuvées de soif Trinch et Avis de Vin Fort, peu protégées en soufre, destinées à être bues jeunes. Les vins de terroir (Clos Sénéchal, Les Perrières et Nuits d'Ivresse, composées de vignes de Grand-Mont et Busardières), plus intenses, n'ont jamais présenté autant de finesse et de précision que dans les derniers millésimes, tout en conservant une trame un peu sauvage qui leur confère beaucoup de relief. Ils savent aussi très bien vieillir.

Les vins : une belle vitalité se dégage du vouvray Pierres Rousses 2019, signé Paul Breton, les beaux amers évoquant le pomelos lui confèrent un bel élan sain. À boire dans les deux ans. Grolleau 2019 incarne avec joie l'expression d'un rouge fringant de fruit, juteux, à boire légèrement frais, à la régalade. En version cabernet franc, La Dilettante 2019 remplit la mission gourmande avec une note animale qui fait perdre de son éclat. Tout comme Trinch 2020, un peu terni. Servi bien frais dans l'année, Avis de Vin Fort 2020 tient quant à lui ses promesses de nous rafraîchir le palais et l'esprit. Un magnifique éclat floral et précis se dégage du cabernet Franc de Pied 2019, aérien et élancé. Une définition élégante du bourgueil. La richesse du millésime 2018 marque Nuits d'Ivresse 2018, un cabernet franc sauvé par la fraîcheur calcaire de son terroir. Clos Sénéchal 2018 s'affirme avec sincérité, richesse et robustesse, avec des airs sudistes. Un millésime à servir lors d'un repas d'automne, tout comme Les Perrières 2015, d'une ampleur inhabituelle, fameux avec un lièvre à la royale.

Vouvray Pierres Rousses 2019	16 €	90
Bourgueil Avis de Vin Fort 2020	10 €	88
Bourgueil Clos Sénéchal 2018	18 €	91
Bourgueil Franc de Pied 2019	22 €	92
Bourgueil La Dilettante 2019	14 €	88
Bourgueil Les Perrières 2015	22 €	91
Bourgueil Nuits d'Ivresse 2018	16 €	90
Bourgueil Trinch 2020	12 €	87
IGP Val de Loire Grolleau 2020	10 €	88

Rouge : 15 hectares. Cabernet franc 95 %, Grolleau 5 %
Blanc : 6 hectares. Chenin 100 %
Production moyenne : 100 000 bt/an

DOMAINE CATHERINE ET PIERRE BRETON ♣
8, rue du Peu-Muleau, 37140 Restigné
02 47 97 30 41 • www.domainebreton.net • Vente et visites : sur RDV.
Propriétaire : Pierre et Catherine Breton

★ DOMAINE SÉBASTIEN BRUNET

Sébastien Brunet reprend en 2006 les 3 hectares de sa famille, qu'il a progressivement réussi à agrandir jusqu'à 15 hectares de vignes aujourd'hui, répartis entre les communes de Vernou et de Chançay. Ce travailleur, discret et exigeant, cultive manuellement ses vignes dans le plus grand respect de l'environnement. Il a installé une nouvelle cave pour vinifier en douceur toute la gamme des expressions du chenin vouvrillon, de la bulle aux moelleux, lorsque l'année le permet. Les expressions parcellaires sont favorisées, Arpent provenant des sols de silex, et Renaissance des argilo-calcaires.

Les vins : quelle joie de déboucher Le Naturel, un pétillant naturel, juteux et franc du collier ! En 2019, Arpent offre un jus joliment concentré et fruité, expression franche du chenin vouvrillon, à boire dans la jeunesse. Le 2020 se montre bien plus léger. Issu des argilo-calcaires, Renaissance, tiré de vignes de 50 ans, établit un blanc tout en finesse, laissant une sensation crayeuse en finale. Dans un registre plus solaire, Fosse Rouge 2018 séduit par son gras ample et sa sensation minérale persistante. Un beau blanc de repas ponctué par des amers stimulants. La Folie 2020 est dissocié par sa marque végétale tout en conservant une trame fine. On demande à le revoir plus tard. Tout comme Moelleux 2020, à la trame délié et à la texture très digeste. La Folie Première Trie 2018 s'es posé avec une superbe texture liquoreuse, débridée et d'une grande gourmandise en finale. Quel régal !

Vouvray Arpent 2019	Épuisé - 13 €	89
Vouvray Arpent 2020	13 €	88
Vouvray Fosse Rouge 2018	24 €	92
Vouvray La Folie 2020	16 €	89
Vouvray La Folie Première Trie 2018	33 €	93
Vouvray Le Naturel 2019	14 €	89
Vouvray Moelleux 2020	25 €	90
Vouvray Renaissance 2019	16,50 €	91

Blanc : 17 hectares. Chenin 100 %
Production moyenne : 90 000 bt/an

DOMAINE SÉBASTIEN BRUNET ♣
La Côte, 37380 Reugny
02 47 56 73 52 • www.sebastienbrunet.fr • Vente et visites : sur RDV.
Propriétaire : Sébastien Brunet

★ DOMAINE DE LA BUTTE

Ce domaine, repris en 2002, appartient à Jacky Blot, propriétaire de la Taille aux Loups à Montlouis. Entrepreneur soucieux d'excellence, ce vinificateur de chenins charmeurs bouleverse le ronron rustique du cabernet bourgueillois. L'option d'isoler les parcelles à la vinification (en suivant le sens du coteau) et d'apporter une touche de sophistication dans l'élevage a immédiatement payé. Le Haut de la Butte exprime la fraîcheur et la finesse des terres pauvres, Mi-Pente est la plus grande cuvée de terroir créée à Bourgueil depuis longtemps, et Pied de la Butte joue la simplicité précoce. Enfin, Perrières, lieu-dit réputé, s'intercale entre Haut de la Butte et Mi-Pente, accordant le charme fruité du cabernet à la fraîcheur agreste typique du sol argilo-calcaire du cru. Les élevages se révèlent parfaitement adaptés et les vins offrent un visage contemporain et très abouti des différentes expressions des vins de Bourgueil. Admirables, les 2019 s'émancipent de la marque de l'élevage prégnant qui enrobait les vins. La deuxième étoile est proche.

Les vins : Pied de la Butte 2019 dégage une richesse de fruit suave et offre un cabernet franc contemporain, bien élevé et sans rusticité. Une nouvelle cuvée voit le jour : Les Coteaux du Levant 2019, issu d'une parcelle exposée au sud, séduit par sa carrure saillante et riche, sans basculer dans l'excès. Un vin plein qu'il sera bon d'attendre encore un an. Derrière une réduction prégnante, Haut de la Butte 2019 révèle la concentration crayeuse du cabernet, porté par des tanins moelleux et bien affinés pendant l'élevage. Perrières 2019 se déploie avec densité et file vers une trame calcaire insistante en finale. Sur le même coteau orienté plein sud mais avec moins d'argiles dominant le tuffeau, Mi-Pente 2018 s'annonce naturellement plus gras. Pour autant, une sensation calcaire structure le vin et donne de la fraîcheur à cette riche allonge.

Bourgueil Haut de la Butte 2019	22 €	93
Bourgueil Les Coteaux du Levant 2019	20 €	91
Bourgueil Mi-Pente 2018	28 €	93
Bourgueil Perrières 2019	26 €	94
Bourgueil Pied de la Butte 2019	15 €	90

Rouge : 16 hectares. Cabernet franc 100 %
Production moyenne : 60 000 bt/an

DOMAINE DE LA BUTTE ♣
La Butte, 37140 Bourgueil
02 47 97 81 30 • www.jackyblot.fr • Vente et visites : sur RDV.
Propriétaire : Jacky Blot

★ DOMAINE VINCENT CARÊME

Le discret Vincent Carême, également producteur de steen (le nom local du chenin) en Afrique du Sud sous le nom Terre Brûlée (40 000 bouteilles par an) fait désormais partie des ténors de l'appellation Vouvray. Sur les 17,5 hectares de chenin répartis sur les argiles à silex de Vernou-sur-Brenne et Nozay, le travail méticuleux en bio (certification en 2007) permet d'obtenir des raisins sains et éclatants en cave. Ce quadragénaire tend vers des vins de plus en plus secs mais ses Le Peu Morier et Tendre intègrent avec énergie les sucres résiduels, offrant des blancs salins et sapides. L'exigence est poussée encore plus loin avec le démarrage des traitements biodynamiques ; les élevages en fût ancien (400 l) sont de plus en plus précis.

Les vins : il faudra apaiser le vouvray brut pour s'imprégner de ce joli vin goûteux et bien juteux à l'apéritif. Plaisir Ancestral 2018 se montre plus doré, dessin d'un chenin savoureux et posé. Les blancs tranquilles commencent fort avec un Sec 2019 mené avec minutie pour préserver l'éclat frais ligérien, doté d'un gras savoureux, sans austérité. Dans la même veine, Le Peu Morier offre toutefois plus d'intensité et un grain fin de texture. Une belle profondeur pour évoluer sereinement sur une dizaine d'années. Davantage sur la réserve, Le Clos exprime pleinement l'élégante austérité vouvrillonne. Un très beau sec d'envergure à mettre en cave. Le moelleux 2018 se montre équilibré, sans excès de richesse mais un peu confiné à ce stade. Laissons-le encore tranquille deux années.

Vouvray Brut 2019	14,60 €	90
Vouvray Le Clos 2019	25,50 €	94
Vouvray Le Peu Morier 2019	22,50 €	93
Vouvray Moelleux 2018	27 €	91
Vouvray Plaisir Ancestral 2018	17,50 €	91
Vouvray Sec 2019	16 €	91

Blanc : 17 hectares. Chenin 100 %
Production moyenne : 70 000 bt/an

DOMAINE VINCENT CARÊME ♣

1, rue du Haut-Clos, 37210 Vernou-sur-Brenne
02 47 52 71 28 • www.vincentcareme.fr •
Visites : sans RDV.
Propriétaire : Vincent Carême

★ DOMAINE PATRICE COLIN

Patrice Colin, viticulteur passionné, s'est attaché à faire connaître, à travers ses vins du Vendômois (vallée du Loir), la capacité de ce vignoble sur le déclin à produire des vins certes rustiques, mais de goût et de terroir. Sur sa propriété entièrement cultivée à haute densité (7 500 pieds à l'hectare), on trouve des vignes de pineau d'Aunis (rouge) vieux d'une centaine d'années, ainsi que des chenins qui approchent les 80 ans. Les blancs sont les plus accessibles : ils se révèlent vifs, équilibrés, exprimant des saveurs de rhubarbe et de groseille. Les rouges (pineau d'Aunis, cabernet franc, pinot noir) se montrent plus sauvages dans les arômes : ils ont besoin d'un carafage. Nous saluons le long et minutieux travail d'artisan d'art de ce vigneron méritant, solidement épaulé par son fils Pierre-François, avec lequel il a entrepris la conversion du domaine à la biodynamie.

Les vins : une délicieuse bulle rosée de pineau d'aunis dans Les Perles Grises, un pétillant naturel plein d'entrain et de joie. Les deux rosés 2020 virevoltent toujours de saveurs poivrées, finement acidulées et d'une franchise bluffante. Issu de vieilles vignes, Gris Bodin se montre plus charnu, étoffé et long. Un chenin bien mûr s'exprime dans Pierre à Feu, expression saillante avec de belles notes fumées et racinaires, un blanc goûteux et franc du collier. Vieilles Vignes (de 50 à 80 ans) offre un équilibre bien mûr plus accessible, toujours ponctué de cette finale fumée. Une note de cendre froide de cheminée anime Pente des Coutis 2020, chenin d'une densité en extraits secs séduisante. Il manque un peu de fraîcheur. De superbes rouges s'annoncent, à l'image de Pierre-François 2020, un vin mûr, tout en chair épicée, presque acidulée. Un régal dès maintenant. L'élevage boisé prend un peu le dessus de la cuvée Vieilles Vignes. Dommage, car le vin offre une réelle densité de matière, structurée par des tanins saillants. Les Vignes d'Emilien Colin 2019, issu de très vieux pieds, est quant à lui impressionnant de concentration et de complexité. La matière intense est structurée par des tanins vigoureux. Ouvrez ces vins à partir de l'hiver 2022, ils seront plus apaisés.

Coteaux du Vendômois Pente des Coutis 2020	12,50 €	90
Coteaux du Vendômois Pierre à Feu 2020	10 €	91
Coteaux du Vendômois Vieilles Vignes 2020	12,50 €	92
VDF Les Perles d'Anne Sophie	9,50 €	86
Coteaux du Vendômois Gris Bodin 2020	9,50 €	90
Coteaux du Vendômois Gris Jeunes Vignes 2020	8 €	88
Vin de France Pétillant Naturel Les Perles Grises 2011	7,50 €	89
Coteaux du Vendômois Les Vignes d'Emilien Colin 2019	14 €	92
Coteaux du Vendômois Pierre-François 2020	9,50 €	90
Coteaux du Vendômois Vieilles Vignes 2019	11 €	89

Rouge : 16 hectares. Pinot noir 13 %, Cabernet franc 12 %, Gamay noir à jus blanc 12 %

Blanc : 13 hectares. Chenin 88 %, Chardonnay 12 %

Production moyenne : 130 000 bt/an

DOMAINE PATRICE COLIN ♣

5, rue de la Gaudetterie,
41100 Thoré-la-Rochette

02 54 72 80 73 • www.domaine-colin.fr •
Vente et visites : sur RDV.

Propriétaire : Pierre François Colin

★ CHÂTEAU DE COULAINE

La propriété est dans la famille Bonnaventure depuis le Moyen Âge, durant lequel ont été plantées les vignes du clos historique du château de Turpenay. En 1988, Étienne et Pascale de Bonnaventure entreprennent l'agrandissement du domaine. Ils font revivre l'esprit des grands vins de Beaumont, la première marche de l'appellation Chinon, côté Loire, là où les cabernets sous influence plus océanique gagnent en dentelle et en finesse de fruit, comparés à ceux de l'est de l'appellation. Le château de Coulaine produit aujourd'hui une brillante gamme de chinons bio, qui conjuguent fruit frais et élégance de texture. Les millésimes ne gomment pas l'expression des terroirs : la souplesse (argile et silice de Beaumont) dans le Château de Coulaine et la fermeté fraîche des terres argilo-calcaires dans Les Picasses, Clos de Turpenay (plein sud) et La Diablesse (dans sa version vieilles vignes, exposées au nord). Depuis janvier 2017, Jean de Bonnaventure, le fils d'Étienne et de Pascale, est aux commandes du domaine.

Les vins : le blanc Les Pieds Rôtis offre un éclat juteux, plein de vitalité et porté par des amers stimulants. La mâche pleine et la concentration du raisin de Bonnaventure enchante les sens par cette sensation crayeuse extrêmement insistante qui se mariera avec une viande rouge bien juteuse. Encore marqué par une touche de son élevage, Clos de Turpenay 2019 brille par la pureté retenue de son fruit et cette fine austérité que l'on attend d'un cabernet de Chinon. Laissez évoluer son incroyable densité encore une dizaine d'années. Le 2018 exhibe des tanins bombés et une trame tout en richesse, qui intime encore une bonne année de garde. Malgré un élevage encore perceptible, Les Picasses révèle une mâche crayeuse et nourrissante. Serré à ce stade, il développera son panache en finesse dans les quinze ans et au-delà. Bien plus réservé à ce stade, La Diablesse 2019 séduit par sa magnifique étoffe de cabernet exposé au nord avec une fine austérité bourrée d'énergie. Une très belle cuvée revigorante taillée pour la garde.

Chinon Les Pieds Rôtis 2019	de 13 à 15 € (c)	90
Chinon 2020	de 11 à 12 € (c)	90
Chinon Bonnaventure 2019	de 15 à 16 € (c)	92
Chinon Clos de Turpenay 2018	de 17 à 19 € (c)	91
Chinon Clos de Turpenay 2019	de 17 à 19 € (c)	92
Chinon La Diablesse 2018	de 23 à 25 € (c)	92
Chinon La Diablesse 2019	de 23 à 27 € (c)	93
Chinon Les Picasses 2019	de 18 à 20 € (c)	91

Rouge : 16,5 hectares. Cabernet franc 100 %
Blanc : 3 hectares. Chenin 100 %
Production moyenne : 80 000 bt/an

CHÂTEAU DE COULAINE ♣
2, rue de Coulaine,
37420 Beaumont-en-Véron
02 47 98 44 51 •
www.chateaudecoulaine.com • Vente et visites : sur RDV.
Propriétaire : Jean de Bonnaventure

★ DOMAINE DE LA GARRELIÈRE

Aux portes du Poitou, Pascale et François Plouzeau cultivent la vigne en biodynamie depuis 1993. Les raisins sont récoltés à parfaite maturité pour livrer des vins dénués de tout artifice œnologique. Gorgés de fruit, les blancs en monocépage de chenin et de sauvignon offrent une grande sincérité de saveurs. La chair du rouge Cinabre (cabernet franc) est avenante ; il peut se mesurer, par sa concentration, à certains chinons. Les vins dégagent énergie et harmonie.

Les vins : ah, Cendrillon ! Voilà un beau sauvignon 2020, qui exprime un fruit mûr, franc, sans rien d'entêtant. Un bon blanc juteux à ouvrir dans les deux ans. Nous sommes enchantés par le caractère chinonais de Cinabre 2018, un cabernet franc finement sauvage élevé avec un respect libre et détendu du fruit. Un beau classique pour les amoureux de cabernets francs pleins de vitalité.

Touraine Cendrillon 2020	13 €	89
Touraine Cinabre 2018	17 €	92

Rouge : 8 hectares. Gamay noir à jus blanc 60 %, Cabernet franc 40 %, Pinot noir 1 %
Blanc : 12 hectares. Sauvignon blanc 60 %, Chenin 30 %, Chardonnay 10 %
Production moyenne : 80 000 bt/an

DOMAINE DE LA GARRELIÈRE ☾
La Garrelière, 37120 Razines
02 47 95 62 84 • www.garreliere.com •
Vente et visites : sur RDV.
Propriétaire : François Plouzeau

★ DOMAINE GROSBOIS

Les pentes douces homogènes de la commune de Panzoult sont composées en majorité de millarge, des sables jaunes quartziens sur lesquels le cabernet franc produit des chinons moins tanniques que sur l'argilo-calcaire. "Ce terroir solaire a besoin d'être théâtralisé", explique Nicolas Grosbois, arrivé au domaine familial en 2008, après dix ans passés en tant que "flying winemaker". De la Nouvelle-Zélande et du Chili, ce trentenaire est revenu vacciné contre le bois. Il ne vinifie et n'élève ses rouges qu'en cuve. Sa cuvée Clos du Noyer donne la priorité à l'expression entière d'un raisin de goût, tout en misant sur la finesse. La nouvelle création née sur une dalle calcaire, Montet, est l'un des grands rouges de Chinon. Nicolas Grosbois est également gérant associé au domaine des Hauts Baigneux (Azay-le-Rideau).

Les vins : comme à son habitude, La Cuisine de Ma Mère 2020, issu d'achat de raisins de cabernet franc en conversion bio à un vigneron, séduit par sa rondeur gourmande et fraîche. Une note animale marque malheureusement Gabare 2019, de bonne constitution affriolante. Clos du Noyer 2019 se montre plus précis, avec un fruit plus éclatant et un gras séduisant tout en relief. Nous sommes séduits par la fraîcheur de Montet 2018, d'une belle densité, extraite avec douceur. Une allonge savoureuse destinée à une garde de plus de dix ans.

- Chinon Clos du Noyer 2019 — 29 € — 92
- Chinon Gabare 2019 — 19,50 € — 88
- Chinon La Cuisine de Ma Mère 2020 — 9,50 € — 88
- Chinon Montet 2018 — 32 € — 93

Rouge : 12 hectares. Cabernet franc 100 %
Achat de raisins.
Production moyenne : 40 000 bt/an

DOMAINE GROSBOIS ♣
Le Pressoir, 37220 Panzoult
02 47 58 66 87 • www.domainegrosbois.fr •
Visites : sans RDV.
Propriétaire : Nicolas Grosbois

★ DOMAINE DES HUARDS

Michel Gendrier et son épouse Jocelyne sont les fers de lance d'une viticulture artisanale de qualité en Sologne, notamment autour du cépage blanc romorantin en appellation Cour-Cheverny, qu'ils ont grandement contribué à valoriser. Un travail sérieux est mené dans le vignoble (certifié en biodynamie) et permet la naissance de vins francs, droits, revigorants, qui évoluent bien sur cinq ou sept ans, notamment la cuvée François Ier, pur romorantin de Cour-Cheverny aux notes de cire d'abeille et d'herbe fraîche. Les derniers millésimes ont considérablement gagné en éclat.

Les vins : après Amiral 2015, une bulle (chardonnay et pinot noir) non dosée et bien typée par les épices et la structure pour la table, Pure (sauvignon et chardonnay) tient son rang de blanc sec, ciselant une matière riche en 2019. Bien plus que l'image d'un vin de comptoir qu'on colle à Cheverny. Plongeons pleinement dans les expressions du romorantin dès Romo 2018, qui absorbe avec brio le profil solaire de l'année, un blanc savoureux de repas, profilé par des amers saillants. Plein feux également sur Envol 2019, un pinot noir-gamay, juteux et éclatant à souhait dans les cinq ans. Deux 2016 : découvrez Le Vivier, une évolution dense et épicée du pinot-gamay, un peu extrait mais toujours doté d'un fruité pimpant ; Ouvrage va plus loin dans la structure et délivre une sensation boisée plus marquée. Buvez-les sans attendre.

- Cheverny Pure 2019 — 15 € — 90
- Cour-Cheverny Romo 2018 — 16 € — 91
- Crémant de Loire Brut Nature Amiral 2015 — 25 € — 90
- Cheverny Prose 2020 — 14,50 € — 83
- Cheverny Envol 2019 — 13 € — 91
- Cheverny Le Pressoir 2018 — 16,50 € — 88
- Cheverny Le Vivier 2016 — 16,50 € — 90
- Cheverny Ouvrage 2016 — 20 € — 90

Rouge : 18 hectares. Pinot noir 70 %, Gamay noir à jus blanc 30 %

Blanc : 21 hectares. Romorantin 50 %, Sauvignon blanc 42 %, Chardonnay 8 %

Production moyenne : 180 000 bt/an

DOMAINE DES HUARDS ☾

30, voie des Huards, 41700 Cour-Cheverny

02 54 79 97 90 •
www.domainedeshuards.com • Vente et visites : sur RDV.

Propriétaire : Jocelyne et Michel Gendrier

★ DOMAINE CHARLES JOGUET

Fondé en 1957 par Charles Joguet à Sazilly, sur la rive gauche de la Vienne, ce domaine est revenu au sommet de l'appellation Chinon. C'est une forme de consécration pour l'équipe en charge des vinifications et des vignes, choisie par le propriétaire Jacques Genet. Ils travaillent de concert dans un haut niveau d'excellence, compte tenu de la grandeur du domaine. Ils ont surtout fait revivre un vibrant esprit de fraîcheur dans de grands cabernets, qui ont l'originalité de naître exposés au nord-est. Peu de domaines de Loire possèdent de grandes cuvées aussi incontournables : Clos de la Dioterie (2 hectares de vignes octogénaires sur sols argilo-calcaires, exposés nord-est, à Sazilly), Clos du Chêne Vert (2 hectares dans la ville de Chinon), Les Varennes du Grand Clos (4,5 hectares à Sazilly). De plus en plus proches de leurs terroirs, les derniers millésimes se sont affinés. Il manque un soupçon de relief pour affirmer pleinement leur potentiel.

Les vins : Silènes incarne le joli chinon souple, tout en rondeur, à ouvrir au comptoir dans la prime jeunesse. Les Petites Roches montre plus d'étoffe, soigné, avec une fine fermeté revigorante en finale. À partir de La Cure 2019, nous captons l'élégante austérité d'un beau cabernet franc de Chinon : dense, enveloppé par un élevage présent, mais un peu compact à ce stade. Attendez 2023 pour en profiter pleinement. Les Charmes impressionne par son intensité, soigneusement élevé pour respecter un éclat frais en finale. Un vin qui se révèlera dans les quinze ans. Patience... Les Varennes du Grand Clos est doté d'une élégante froideur avec une magnifique texture de matière, élancée et saillante, parée pour une très longue garde. L'élevage imposant et la richesse solaire du millésime 2018 dominent l'identité de Clos du Chêne Vert, un vin savoureux, au gras séduisant et persistant. Même ressenti pour Clos de la Dioterie, puissamment solaire avec une réelle recherche de texture soyeuse. Laissez-le tranquille encore au moins cinq ans.

Chinon Clos de la Dioterie 2018	44 €	92
Chinon Clos du Chêne Vert 2018	40 €	91
Chinon La Cure 2019	19 €	91
Chinon Les Charmes 2019	22 €	92
Chinon Les Petites Roches 2019	14 €	90
Chinon Les Varennes du Grand Clos 2019	34 €	94
Chinon Silènes 2019	12 €	88

Rouge : 32 hectares. Cabernet franc 100 %
Blanc : 2 hectares. Chenin 100 %
Production moyenne : 120 000 bt/an

DOMAINE CHARLES JOGUET ♣

La Dioterie, 37220 Sazilly

02 47 58 55 53 • www.charlesjoguet.com • Visites : sans RDV.

Propriétaire : Famille Genet

Directeur : Anne-Charlotte Genet

★ DOMAINE AURÉLIEN REVILLOT

Originaire du Mâconnais, ingénieur agronome et œnologue, Aurélien a travaillé dans l'Oregon au domaine Drouhin et comme chef de culture à partir de 2013 à l'excellent domaine de la Chevalerie à Bourgueil. Il a pu reprendre (essentiellement en location) sept petites parcelles à Bourgueil et Saint-Nicolas-de-Bourgueil. Il a signé en 2012 son premier millésime. Saluons la recherche de matière veloutée dans ces cabernets francs séduisants et identitaires.

Les vins : en 2018, une légère animalité marque et ternit l'éclat de Sur les Hauts, un cabernet franc d'une bonne concentration, extrait en douceur mais manquant de précision. Les Aubuis 2018 se distingue par une approche plus concentrée. Il est défini plus finement avec un réel velouté dans la texture. Une lecture contemporaine, gourmande et profonde de Bourgueil.

Bourgueil Les Aubuis 2018	19 €	92
Bourgueil Sur les Hauts 2018	14,50 €	89

Rouge : 2,8 hectares. Cabernet franc 100 %

Production moyenne : 10 000 bt/an

DOMAINE AURÉLIEN REVILLOT ♣

7, route de Haut-Champ, 37140 Restigné

06 71 59 43 56 • www.aurelien-revillot.fr • Vente et visites : sur RDV.

Propriétaire : Aurélien Revillot

★ DOMAINE LE ROCHER DES VIOLETTES

Xavier Weisskopf a découvert à Chablis le métier de vigneron. Formé à Beaune, vinificateur à Gigondas, il s'installe à Montlouis-sur-Loire en 2005. Il dispose d'une très bonne cave troglodyte au cœur de la ville d'Amboise. En culture totale, sans apport d'engrais ni produits chimiques, son vignoble âgé et très morcelé, sur la commune de Saint-Martin-le-Beau, s'étend sur 13 hectares, dont 9 en appellation Montlouis et 4 en Touraine. Les vendanges sont manuelles, le raisin est transporté en petites caisses pour préserver l'intégrité des baies et limiter l'oxydation. La pureté et la précision des vins, dans les deux couleurs, n'ont aujourd'hui que peu d'équivalents dans la région. Les blancs nous procurent l'émotion d'un domaine deux étoiles ; les rouges s'affinent encore.

Les vins : le pinot noir 2019 est doté d'un bel éclat fruité et floral (part de grappes entières en vinification) soulignant une matière en demi-puissance. Un rouge élégant mené avec précision et sincérité. Tout comme le côt 2019, aux contours saillants, fait preuve d'une réelle franchise de saveurs florales et de concentration. Quel équilibre pimpant se dégage du Touche Mitaine 2019, un chenin délicat et d'une bonne énergie ! Il se montre déjà très digeste, d'une chair appétente pour les cinq ans. Le Grand Clos 2019 (anciennement Négrette) rayonne par sa pureté et la dimension minérale puisée dans le tuffeau. Un vin plein et vivifiant, l'une des cuvées les plus en forme la vallée de la Loire. Plantées en 1905, Les Vignes de Michel suivent une évolution paisible avec une belle finesse de texture dynamisée par une finale profonde, menée par de brillants amers. Une interprétation éclatante de ce millésime solaire.

- Montlouis-sur-Loire Le Grand Clos 2019 — 20 € — 94
- Montlouis-sur-Loire Les Vignes de Michel 2018 — 30 € — 94
- Montlouis-sur-Loire Touche Mitaine 2019 — 17 € — 91
- IGP Val de Loire Pinot Noir 2019 — 19 € — 90
- Touraine Côt Vieilles Vignes 2019 — 15 € — 91

Rouge : 3 hectares. Malbec (cot) 50 %, Pinot noir 25 %, Cabernet franc 25 %

Blanc : 15 hectares. Chenin 100 %

Production moyenne : 90 000 bt/an

DOMAINE LE ROCHER DES VIOLETTES ♣

34, rue de la Roche, 37150 Dierre

06 25 07 22 70 • www.lerocherdesviolettes.com • Vente et visites : sur RDV.

Propriétaire : Xavier Weisskopf

MICHEL AUTRAN

L'énigmatique Michel Autran officiait comme médecin urgentiste à l'hôpital de Tours dans une autre vie. Il décide un jour de rendre sa blouse blanche et récupère 3,6 hectares de vieux chenin, aujourd'hui âgés de 50 à 85 ans, dans le secteur de Noizay, en appellation Vouvray. Ses raisins parfaitement mûrs fermentent en fût (228 et 400 litres) où ils maturent pendant un an, avant de passer un an en cuve. En quête de blanc sec, le sémillant quinquagénaire offre une interprétation très personnelle du chenin vouvrillon, si personnelle qu'il a quitté l'appellation Vouvray en 2017. Sous les noms poétiques Enfers Tranquilles (argiles à silex) et Ciel Rouge (argilo-calcaire) se cachent des vins profonds, dotés d'une incroyable densité en extraits secs et d'une mâche saline vivifiante. Des blancs identitaires d'une grande sensibilité que l'on a envie de laisser venir paisiblement dans le verre. Ce vigneron mérite nettement sa place dans le guide.

Les vins : le domaine ne nous ayant pas fait parvenir ses vins, nous sommes amenés à reconduire les notes de l'année précédente.

- VDF Ciel Rouge 2018 — 25 € — 94
- VDF Les Enfers Tranquilles 2018 — 20 € — 93

Rouge : 0,1 hectare.

Blanc : 3,5 hectares. Chenin 100 %

Production moyenne : 10 000 bt/an

MICHEL AUTRAN ♣

169, rue du 11-Novembre, 37210 Noizay • michel.autran@free.fr • Vente et visites : sur RDV.

Propriétaire : Michel Autran

DOMAINE DES CORBILLIÈRES

Installé dans le village d'Oisly, réputé pour ses sauvignons, Dominique Barbou maîtrise son vignoble, en culture totale, aux rendements limités. Les vinifications sont peu interventionnistes. Le domaine produit un solide Angeline qui sort le touraine rouge de son image "fruitée et gouleyante", auquel il adjoint une version plus délicate en tanins, la cuvée Les Dames. Les sauvignons recèlent un beau gras, surtout les sélections Fabel et Justine, qui se révèlent à leur meilleur avant deux années en bouteille. Une adresse et des valeurs sûres.

Les vins : en 2019, Les Griottines s'avère pulpeux, bien mûr et livre un caractère extrêmement juteux et épicé, caractéristique du gamay. Pour une cuisine de comptoir. Les Dames accusent la richesse solaire de 2018 en affichant un fruit compoté. La cuvée Angéline se montre quant à elle un peu plus saillante tout en offrant des allures sudistes. À son habitude, Fabel Barbou 2020 séduit pour le caractère franc du sauvignon assorti d'un certain volume acidulé. À ouvrir à partir de 2022. Passé en fût, Justine Barbou 2019 se montre plus démonstratif avec une ampleur exotique fédératrice. Les XVI Rangs, issu d'une sélection de vieilles vignes, accepte les années chaudes avec plus de fraîcheur et une sensation minérale plus marquée. Un sauvignon à apaiser à table.

Touraine Fabel Barbou 2020	13 €	89
Touraine Justine Barbou 2019	14 €	89
Touraine Oisly Les XVI Rangs 2019	17 €	91
Touraine Angeline 2018	13 €	88
Touraine Les Dames 2018	15 €	85
Touraine Les Griottines 2019	9 €	89

Rouge : 8 hectares. Malbec (cot) 30 %, Gamay noir à jus blanc 30 %, Pinot noir 30 %, Cabernet franc 10 %
Blanc : 18 hectares. Sauvignon blanc 97 %, Chardonnay 3 %
Production moyenne : 170 000 bt/an

DOMAINE DES CORBILLIÈRES
1, Les Corbillières, 41700 Oisly
02 54 79 52 75 • www.domainedescorbillieres.com • Vente et visites : sur RDV.
Propriétaire : Dominique Barbou

NOUVEAU DOMAINE

DOMAINE MATHIEU COSME

Depuis qu'il a repris le domaine familial (anciennement domaine de Beaumont) de Noizay en 2005, Mathieu a entamé une réflexion profonde en quête de grands chenins vouvrillons. Il réduit de 14 hectares (dont 70 % alimentaient la cave coopérative) à 9 hectares qu'il cultive seul avec quelques saisonniers. Hormis Fines Bulles, un pétillant extrêmement goûteux, chacune cuvée naît sous un nom de lieu-dit visant à mettre en lumière l'expression de nuances de terroirs et d'âges des vignes. Les vins fermentent et séjournent dans des fûts de 300 à 400 litres. Tous ces efforts donnent des blancs sincères et francs du collier, laissant une sensation nourrissante fraîche. Saluons le négoce de qualité de Mathieu Cosme, Le Facteur su'l'Vélo, qu'il partage avec son associé Fabien Brutout, un autre vigneron plein d'avenir.

Les vins : une très belle bulle vouvrillonne se dessine dans la cuvée Fines Bulles. Un chenin élevé deux ans, crémeux, mûr avec une finale nourrissante, saupoudré de fines notes fumées. À la fois apaisée et pleine de vitalité. Quel régal ! D'une légère réduction, Les Promenards 2019 affiche une sérénité malgré sa jeunesse. Élevé sans esbroufe, il s'établit tout en finesse, relevé par une sensation minérale revigorante, sans aucune agressivité. L'un des chenins secs les plus ambitieux de l'appellation. En 2019, Les Enfers, né en tendre, séduit par sa puissance pierreuse, presque austère, qui s'équilibre en toute honnêteté avec les sucres résiduels. D'un équilibre revigorant dans les prochaines années.

Vouvray Fines Bulles	13 €	91
Vouvray Les Enfers 2019	18,50 €	93
Vouvray Les Promenards 2019	15 €	92

Blanc : 10 hectares. Chenin 100 %

Production moyenne : 23 000 bt/an

DOMAINE MATHIEU COSME
86, rue du Bois de l'Olive 37210 Noizay
02 47 52 15 44 • www.domainedebeaumont.com • Vente et visites : sur RDV.
Propriétaire : Mathieu Cosme

DOMAINE DE LA COTELLERAIE

Le méticuleux Gérald Vallée ne laisse rien au hasard dans ses vinifications en cuve bois et ses élevages en barrique. Il donne naissance à des cabernets francs amples, séduisants, sertis de tanins suaves qui les rendent accessibles dès la jeunesse, mais dotés d'un bon potentiel de garde. Dans un registre civilisé, les derniers millésimes ont considérablement gagné en éclat de fruit, les rapprochant du goût frais de leur terroir.

Les vins : toute la franchise fraîche du cabernet franc ligérien s'offre dans La Croisée 2020, de haute maturité mais toutefois goûteux. Bien enveloppé par un boisé à ce stade, L'Envolée 2018 nous charme par sa concentration, pleine et savoureuse. Espérons qu'il conservera son panache jusqu'à la fin de son élevage. Un vin taillé pour la garde, tout comme Le Vau Jaumier 2018, haut en richesse, serti de tanins soignés. Un beau rouge destiné à la table dans les quinze prochaines années. Marqué par une note végétale au nez, Postumus 2018 (cabernet franc macéré en grappes entières) se recentre dans une bouche saillante et fraîche. Il faut le servir avec une viande juteuse pour l'assouplir.

- Saint-Nicolas-de-Bourgueil L'Envolée 2018 — 25 € — 92
- Saint-Nicolas-de-Bourgueil La Croisée 2020 — 12 € — 89
- Saint-Nicolas-de-Bourgueil Le Vau Jaumier 2018 — 20 € — 91
- Saint-Nicolas-de-Bourgueil Postumus 2018 — 35 € — 90

Rouge : 27 hectares. Cabernet franc 100 %

Production moyenne : 100 000 bt/an

DOMAINE DE LA COTELLERAIE ♣

2, La Cotelleraie,
37140 Saint-Nicolas-de-Bourgueil

02 47 97 75 53 • www.domaine-cotelleraie.fr • Vente et visites : sur RDV.

Propriétaire : Gérald Vallée

DOMAINE FABRICE GASNIER

Depuis quatre générations, la famille Gasnier exploite ce domaine de Cravant-les-Coteaux. Fabrice travaille 29 hectares entièrement cultivés sur des terres légères. Nous retrouvons dans ses cuvées les notes florales, les textures délicates, jamais très longues, mais si digestes, qui ont fait la légende des chinons rabelaisiens. Queue du Poëlon, qui met en valeur une parcelle de vignes de 60 ans, est élevé en cuve béton. Si les prochains millésimes sont aussi éclatants que les 2019, le domaine décrochera son étoile.

Les vins : deux blancs séduisent toujours par cette note exotique qui fait penser aux secs de Jurançon. Il est temps de boire Coteau de Sonnay. Le bal des rouges débute avec Les Graves, un chinon extrêmement joyeux, juteux, précis et éclatant d'un rapport prix-plaisir imbattable. La cuvée Vieilles Vignes 2019 s'inscrit dans un registre plus classique et austère du chinon, sans démonstration et avec une allonge finement tendue. Bravo pour ces 2019 éclatants ! Les 2018 souffrent en revanche du caractère solaire du millésime avec La Queue du Poëlon, enveloppé mais malheureusement touché par une animalité malvenue. Plus dense et contenu, Signature est encore complètement fermé mais sa structure longue le taille pour la garde.

- Chinon Coteau de Sonnay 2018 — 17 € — 88
- Chinon Le Clos de la Cure 2020 — 11 € — 89
- Chinon 2020 — 8,35 € — 86
- Chinon La Queue de Poëlon 2018 — 15,50 € — 87
- Chinon Les Graves 2019 — 9 € — 89
- Chinon Signature 2018 — 14 € — 91
- Chinon Vieilles Vignes 2019 — 11 € — 90

Rouge : 31,4 hectares. Cabernet franc 100 %

Blanc : 1,6 hectare. Chenin 100 %

Production moyenne : 150 000 bt/an

DOMAINE FABRICE GASNIER ☾

1, Chezelet, 37500 Cravant-les-Coteaux

02 47 93 11 60 • www.domainefabricegasnier.com • Vente et visites : sur RDV.

Propriétaire : Fabrice Gasnier

DOMAINE DES HAUTS BAIGNEUX

Nicolas Grosbois, vigneron entreprenant de Chinon, et Philippe Mesnier, également importateur de vins en Belgique, ont acheté le domaine des Hauts Baigneux pour mettre sur le devant de la scène un vignoble dans l'ombre : Touraine-Azay-le-Rideau. Leur force vient d'un terroir d'argile à silex, qui parvient à livrer des blancs mûrs, encore un peu enrobés par leur élevage mais qui recèlent une tension appétente.

Les vins : duo de grolleau et gamay, La Surprise 2020 s'invite comme un rosé joyeusement épicé et fringant. Sur les argiles à silex, Les Chênes 2020 prend une tournure tonique et gourmande, en toute simplicité. Deux cuvées sympathiques à ouvrir dans l'année. Clos des Brancs va plus loin dans la concentration et la finesse grâce à un élevage sous bois, encore marqué mais qui met en lumière une concentration bien mûre du raisin et une finale riche, un brin rustique. Une cuvée à servir à table dans les six à sept ans. La note de rose et de groseille qu'exprime le sauvignon 2019, associée à sa chair dense et acidulée le rend particulièrement alerte et dynamique pour la table. Le caractère primaire du cabernet franc jaillit d'emblée dans Sanguine, doté d'une chair d'un bel éclat, sans artifice. Pour les amoureux de fermeté ligérienne.

- Touraine Azay-le-Rideau Clos des Brancs 2019 — 25 € — 90
- Touraine Azay-le-Rideau Les Chênes 2020 — 12 € — 88
- Touraine Sauvignon 2019 — 11,50 € — 90
- Touraine Azay-le-Rideau La Surprise 2020 — 9,90 € — 87
- Touraine Sanguine 2019 — 14 € — 89

Rouge : 4 hectares. Cabernet franc 50 %, Grolleau 30 %, Gamay noir à jus blanc 20 %

Blanc : 8 hectares. Chenin 100 %

Production moyenne : 40 000 bt/an

DOMAINE DES HAUTS BAIGNEUX ♣

Le Pressoir, 37220 Panzoult

02 47 58 66 87 • hautsbaigneux@gmail.com • Visites : sans RDV.

Propriétaire : Nicolas Grosbois et Philippe Mesnier

DOMAINE DE MONTCY

Avec le départ de l'Italienne Laura Semeria, une nouvelle page s'ouvre au domaine de Montcy. Vincent Hayer, ingénieur agronome et ouvrier viticole du domaine, en devient responsable, accompagné par une famille d'investisseurs d'Orléans pour mener à bien l'avenir de cette propriété de Cheverny, cultivée en biodynamie. Les vins présentés conservent une sincérité de matière et des arômes, sans esbroufe. Ils respectent l'élevage et l'identité du sauvignon et du chardonnay pour les blancs ; du pinot noir et du gamay pour les rouges. Observons la transition...

Les vins : la cuvée Tradition fait figure de blanc joyeux à l'expression proche de son fruit. Un bon duo de sauvignon et chardonnay pour le zinc. La franchise mûre des saveurs et le gras dynamique de Clos des Cendres nous enchante. C'est un blanc puissant qui respecte l'identité fraîche de la Loire. Lucé 2019 incarne une expression mesurée du romorantin, dessiné par un relief finement austère. Deux beaux blancs puissants et structurés pour une table automnale. Nous écartons le rouge Cabriole, que nous trouvons un peu terne en 2019. Nous lui préférons Louis de la Saussaye, délicieusement juteux, épicé à souhait, avec des tanins croquants qui se fondent dans la chair fruitée. Une note manquant de pureté marque toutefois la finale.

- Cheverny Clos des Cendres 2019 — 12 € — 91
- Cheverny Tradition 2020 — 10 € — 88
- Cour-Cheverny Lucé 2019 — 13 € — 91
- Cheverny Louis de la Saussaye 2019 — 12 € — 90

Rouge : 15 hectares. Pinot noir 60 %, Gamay noir à jus blanc 35 %, Malbec (cot) 5 %

Blanc : 15 hectares. Sauvignon blanc 70 %, Chardonnay 25 %, Romorantin 5 %

Production moyenne : 70 000 bt/an

DOMAINE DE MONTCY ♣

32, Route de Fougères, 41700 Cheverny

0681113330 • www.domainedemontcy.com • Vente et visites : sur RDV.

Propriétaire : Hayer Vincent

NOUVEAU DOMAINE

DOMAINE PERRAULT-JADAUD

Le domaine Perrault-Jadaud naît en 2009 de la rencontre entre Anne-Cécile Jadaud, une œnologue-consultante qui officiait dans le sud de la France, et Tanguy Perrault, étudiant en philosophie, converti à la vigne. La série de vouvrays, précis et savoureux, élaborés avec un grand soin, mérite de rentrer le Guide.

Les vins : Débutons une joyeuse gamme de chenin avec Hauts les Choeurs ! 2018, dont la bulle vivace mérite d'être assagie pour révéler une pulpe nourrissante pour l'apéritif. Établi en retenue et en rondeur, Les Hauts Bois 2019 s'avère séduisant pour entrer dans l'univers vouvrillon des chenins enveloppés par une touche de sucrosité. Dans un registre plus sec et minéral, les Grives Soûles 2018 incarne parfaitement l'expression du chenin mûr, suave, souligné par un élan calcaire revigorant. Un bel équilibre dans ce millésime solaire. Cette sensation est renforcée dans La Grande Grive 2018, un beau chenin voluptueux, étiré par la droiture du tuffeau. En Vin de France, Bestiaire 2019 assemble chenin et chardonnay dans ce blanc discret, savoureux. Un profil sec sans aucune agressivité. Un délicieux demi-sec à boire avec une terrine de canard à l'orange. Le moelleux Les Ménades 2018 séduit pour sa douceur et sa gourmandise spontanée, irrésistible à l'apéritif.

VDF Bestiaire 2019	11 €	89
Vouvray Haut les Choeurs 2018	14 €	89
Vouvray Les Grives Soûles 2018	13,50 €	91
Vouvray Les Hauts Bois 2019	12 €	89
Vouvray Les Ménades 2018	16 €	91

Le coup de ♥

Vouvray La Grande Grive 2018	19 €	93

Rouge : 0,75 hectare. Malbec (cot) 70 %, Gamay noir à jus blanc 30 %
Blanc : 6,25 hectares. Chenin 90 %, Chardonnay 10 %
Production moyenne : 25 000 bt/an

DOMAINE PERRAULT-JADAUD ♣
15, rue des Acacias, 37210 Chancay
06 16 87 80 40 • perrault.jadaud@gmail.com
• Vente et visites : sur RDV.
Propriétaire : Tanguy Perrault / Anne-Cécile Jadaud

DOMAINE FRANÇOIS PINON

Vigneronne depuis le XVIIIe siècle, la famille Pinon est bien connue à Vouvray pour son domaine situé dans la ravissante vallée de Cousse, à Vernou-sur-Brenne. À la suite de la disparition tragique de François Pinon en 2021, Julien, son fils, perpétue un style très classique et dynamique, un brin serré, de blancs vouvrillons élevés sans artifices en fût ancien. La conversion en bio en 2003 a contribué à révéler les nuances des terroirs dans chacune des cuvées, élevées en fût et en cuve tronconique. Issu de vignes septuagénaires plantées sur calcaire, Les Déronnières se hisse parmi les secs les plus racés de l'appellation.

Les vins : il est temps d'ouvrir le brut non dosé 2017 évoluant rapidement vers des notes de caramel et de la rondeur. La version rosée (côt-grolleau) se montre plus simple et rustique. La cuvée Le Bon Pinon 2020 incarne le blanc ligérien digeste et léger à boire au comptoir. Le sec 2020 s'avère équilibré et fringant sans exubérance ni excès de richesse. Un peu plus profond et ciselé, Les Déronnières n'a pas l'étoffe de son prédécesseur 2019. En version demi-sec 2020, le sucre donne un certain confort à Silex Noir, encore austère à ce stade mais d'une grande sincérité. Les Trois Argiles 2020 se montre plus large avec une sensation de sucrosité plus marquée. Laissez ces vins se poser encore deux ans en cave. De belles saveurs d'agrumes animent une fine amertume du moelleux 2018, équilibré et saillant. Une belle bouteille de garde.

Vouvray Brut Non Dosé 2017	14 €	88
Vouvray Demi Sec Les Trois Argiles 2020	13 €	89
Vouvray Demi Sec Silex Noir 2020	13 €	91
Vouvray Le Bon Pinon 2020	13 €	88
Vouvray Moelleux 2018	17 €	91
Vouvray Sec 2020	12 €	89
Vouvray Sec Les Déronnières 2020	14 €	92
VDF Pétillant Naturel 2019	12 €	87

Rouge : 0,38 hectare. Grolleau 50 %, Malbec (cot) 50 %
Blanc : 13,6 hectares. Chenin 100 %
Production moyenne : 60 000 bt/an

DOMAINE FRANÇOIS PINON ♣
55, rue Jean Jaurès Vallée de Cousse
37210 Vernou-sur-Brenne
02 47 52 16 59 •
www.francois-pinon-vouvray.com • Vente et visites : sur RDV.
Propriétaire : François et Julien Pinon

DOMAINE DE L'R

Après une expérience espagnole (Ribera del Duero avec Bertrand Sourdais), Frédéric Sigoneau revient dans sa région d'origine et reprend en 2007 quelques parcelles à Cravant-les-Coteaux. Il revendique une conduite du vignoble et des vinifications les plus naturelles possibles. Le domaine trouve aujourd'hui sa vitesse de croisière avec plusieurs cuvées de caractère. Le sens aigu du fruit de Frédéric se révèle dès la cuvée Les 5 Éléments. Essayez donc de dénicher une des rares bouteilles des Mains Sales, pour une expérience voluptueuse.

Les vins : il ne faudra pas hésiter à aérer Le Canal des Grandes Pièces 2020 dont le gaz carbonique protège une expression pimpante du cabernet franc. Sans soufre ajouté, la cuvée So2 est construite sur des tanins un peu bruts, animée par une belle note vigoureuse de framboise. Pour les palais de vins libres. Une sensation acétique gâche la pureté de la cuvée Les 5 Éléments 2019, au fruit tendre mais souffrant d'une finale rigoureuse. Issu d'une vigne de 140 ans, Les Mains 2019 (anciennement Les Mains Sales) dévoile naturellement une saveur calcaire profonde avec un toucher de bouche tout en douceur. Un vin plein de vitalité, sphérique et d'une persistance admirable. Les Folies du Noyer Vert accuse un peu la richesse du millésime solaire 2018 ; un cabernet onctueux ponctué d'une finale coquette. Les Houttes 2019 s'est affiné en 2019 avec bien plus d'éclat. Voilà un chenin bien mûr stimulé par de belles saveurs accrocheuses. À boire dans la jeunesse.

Chinon Les Houttes 2019	22 €	90
Chinon Le Canal des Grandes Pièces 2020	12 €	89
Chinon Les 5 Eléments 2019	14 €	88
Chinon Les Folies du Noyer Vert 2020	20 €	91
Chinon Les Mains 2019	37 €	92
VDF So2 2020	16 €	89

Rouge : 9,35 hectares. Cabernet franc 100 %
Blanc : 0,25 hectare.
Production moyenne : 40 000 bt/an

DOMAINE DE L'R ♣
14, Le Coteau-de-Sonnay,
37500 Cravant-les-Coteaux
02 47 98 03 57 • www.domainedelr.com •
Vente et visites : sur RDV.
Propriétaire : Frédéric Sigonneau

DOMAINE VINCENT RICARD

Après avoir travaillé chez son vigneron modèle Philippe Alliet à Chinon, le discret Vincent Ricard s'est installé au domaine familial de Thésée en 1998. Ce bon vivant, féru d'engins agricoles, dispose d'une myriade de parcelles sur 42 hectares, essentiellement plantés de sauvignon (90 %). Une aubaine pour produire un blanc sympathique de soif, Le Petiot, et composer avec les plus belles parcelles argilo-calcaires, des sauvignons élevés en fût (400 litres) avec le plus grand soin. Les Trois Chênes et la cuvée Le ? sont deux blancs identitaires de cette vallée du Cher par leur gras subtil, leur saveur d'eau de rose et leur fine amertume s'intensifiant après quelques années. En témoigne une verticale où la plénitude arrive en huit et douze ans.

Les vins : croquant, léger, bouqueté de notes d'agrumes, Le Petiot 2020 ouvre avec franchise dans l'année la série de blancs. Pierre à Feu 2020 montre un peu plus de chair gourmande avec une note expressive de fruits exotiques. Plus ambitieux, Les Trois Chênes 2019 s'affirme avec une richesse généreuse dans ce millésime. De bonne constitution pour la table, il pourra se garder de huit à dix ans. Finement élevée, la cuvée Le ? va plus loin dans l'intensité de saveurs (ananas, truffe blanche...) avec une ampleur exotique rebondissant sur de beaux amers en finale. Elle est parée pour une dizaine d'années de garde. Les sucres résiduels apportent de la gourmandise à Cuvée Armand. Un peu bridée, elle n'en reste pas moins plaisante à l'apéritif.

Touraine Le Petiot 2020	8,50 €	87
Touraine Les Trois Chênes 2019	12,50 €	90
Touraine Pierre à Feu 2020	10 €	88
VDF Cuvée Armand 2019	17,50 €	88
Touraine Le Vilain P'tit Rouge 2019	12 €	87

Le coup de ♥

Touraine Le ? 2017	25 €	92

Rouge : 3 hectares. Malbec (cot) 100 %
Blanc : 33 hectares. Sauvignon blanc 100 %
Production moyenne : 180 000 bt/an

DOMAINE VINCENT RICARD ♣
19, rue de la Bougonnetière, 41140 Thésée
02 54 71 00 17 • www.domainericard.fr •
Vente et visites : sur RDV.
Propriétaire : Vincent Ricard

DOMAINE DE LA ROCHE BLEUE

Dans les discrètes appellations de la Sarthe Jasnières et Coteaux du Loir, Sébastien Cornille fait parler de lui depuis plusieurs millésimes. Après une aventure viticole sur l'île de la Réunion, le trentenaire atterrit dans ce vignoble, le plus septentrional de la vallée de la Loire en 2007. Il passe progressivement ses 6,50 hectares en bio pour faire des vins le plus naturellement possible. Ceux-ci sont issus de chenins plantés sur des argiles à silex, qui traversent des pressurages longs en grappes entières, des fermentations et des élevages en fût ancien. Les blancs de Jasnières s'affirment avec beaucoup de vigueur et une amertume noble et austère en bouche, venue de leur terroir. Les rouges offrent une approche fine et savoureuse du pineau d'aunis, tout en exprimant un beau bouquet poivré.

Les vins : le jasnières 2020 trouve son équilibre entre une fraîcheur finement amère et une touche de sucrosité. Un caractère épuré et vineux typique du chenin de Sarthe. Récolté en légère surmaturité, Orée de la Berterie 2020 nous cajole avec sa sucrosité fine, parfaitement stimulée par des amers appuyés, austères pour les uns, revigorants pour les autres. L'ensemble livre un bel éclat. En 2019, Le Clos des Molières a choisi l'équilibre demi-sec pour livrer une expression dense et saillante du chenin, avec une carrure qui mérite encore deux à trois ans de cave pour se poser tranquillement et s'épanouir au moment du fromage. Une note de bourbon whisky de son élevage en fût marque fortement le moelleux 2018, c'est dommage car son coeur de bouche plein et long en fait un bel ambassadeur de la région. À ouvrir à partir de 2023. Délicieuse interprétation d'un pineau d'aunis élevé deux ans en barriques dans L'Unique 2018, d'une concentration hors normes pour ce cépage, aux contours anguleux et aux saveurs généreusement épicées qu'il faudra dompter à table.

Coteaux du Loir Orée de la Berterie 2020	19 €	91
Jasnières 2020	22 €	91
Jasnières Le Clos des Molières 2019	30 €	92
Jasnières Moelleux 2018	60 €	89
VDF L'Unique 2020	36 €	91

Rouge : 3 hectares. Gamay noir à jus blanc 15 %, Cabernet franc 5 %

Blanc : 3,5 hectares. Chenin 100 %

Production moyenne : 20 000 bt/an

DOMAINE DE LA ROCHE BLEUE ♣

La Roche, 72340 Marcon

02 43 46 26 02 • domainedelarochebleue@ymail.com • Vente et visites : sur RDV.

Propriétaire : Sébastien Cornille

VIGNOBLES DU CENTRE

★★★ DOMAINE DIDIER DAGUENEAU

Louis-Benjamin Dagueneau mène de main de maître ce domaine d'exception dédié au sauvignon blanc depuis la disparition de son père, en septembre 2008. L'usage de levures sélectionnées dans leur vignoble, les débourbages serrés et les élevages longs sur lies sans soutirage demeurent la base d'une quête absolue de l'expression cristalline du sauvignon, rehaussée d'un élevage millimétré sous bois, dans des fûts de volume supérieur aux barriques, des "cigares" (320 l) ou des "tonnes" (600 l). Sept cuvées composent la gamme : Blanc Etc..., assemblage de quatre parcelles ; Pur Sang, assemblage du secteur de la Folie ; Buisson Renard, une parcelle de Saint-Andelain, plus compact ; Silex, qui expose la pureté cristalline des argiles à silex ; sans oublier le rarissime Clos du Calvaire (20 ares plantés à 14 000 pieds à l'hectare, arrachés en 2009 et replantés dans un autre sens à 10 000 pieds par hectares), et Astéroïde, issu d'un vignoble franc de pied vendangé toujours très mûr. Le sancerre de Chavignol est issu du cœur du grand cru de la côte des Monts Damnés. Écœuré que l'un de ses 2017, pourtant superbe, ait été retoqué aux dégustations d'agrément de l'appellation Pouilly-Fumé, Louis-Benjamin Dagueneau a décidé de reclasser sa production sous la dénomination vin de France. Rappelons que les passionnés de l'épure des sauvignons maison doivent découvrir les précieux jurançons que la famille produit aux Jardins de Babylone (voir la partie Sud-Ouest).

Les vins : Blanc Etc... 2019 préserve une admirable fraîcheur dans ce millésime solaire Son volume admirable et énergique est ponctué de fines saveurs exotiques. À ouvrir à partir de 2024. Il faudra être patient pour cerner le saillant Buisson Renard, à l'équilibre dense, structuré par une austérité compacte qui demandera dix ans pour nous offrir son éclat cristallin. Le Mont Damné exhale de subtiles notes de fruits blancs bien mûrs et de poivre blanc. D'emblée, un grain soyeux et une énergie stylisent Pur Sang. Il conjugue la délicatesse de texture avec une structure énergique, portée par des amers ciselés. Encore très contenu, il sera bon d'attendre au moins 2025 pour le déguster. Toujours marqué par une expression variétale du sauvignon dans la jeunesse, Silex demandera une dizaine d'années avant d'assagir son gras solaire et son inimitable note de coriandre fraîche. Sa grande puissance annonce quelques décennies de garde. Astéroïde est une fabuleuse expression d'un sauvignon non greffé où la légère réduction couvre un bouquet d'une immense pureté (mangue, fruits exotiques, chlorophylle...). Sa densité particulière en extraits secs et sa sensation vibrante le rendent à part dans l'univers du sauvignon. À ouvrir à partir de 2030.

VDF Asteroïde 2019	N.C.	98
VDF Blanc Etc... 2019	66 € (c)	92
VDF Buisson Renard 2019	110 € (c)	95
VDF Le Mont Damné 2019	130 € (c)	94
VDF Pur Sang 2019	110 € (c)	95
VDF Silex 2019	N.C.	95

Blanc : 11 hectares.
Production moyenne : 50 000 bt/an

DOMAINE DIDIER DAGUENEAU
Le Bourg, 58150 Saint-Andelain
03 86 39 15 62 •
louis.benjamin.dagueneau@gmail.com •
Vente et visites : sur RDV.
Propriétaire : Louis-Benjamin Dagueneau

★★ DOMAINE GÉRARD BOULAY

Les Boulay disposent à Chavignol d'un des plus beaux terroirs du village, le Clos de Beaujeu. Cette parcelle, à la pente de 70 %, se situe dans le secteur des Culs de Beaujeu, en orientation est/sud-est, tandis que la parcelle des Monts Damnés, qui partage la même nature crayeuse des sols, est exposée plein sud. Cette exposition au levant apporte une élégance et un raffinement rares aux sauvignons, qui ne s'expriment qu'au bout de cinq ans. Sur vingt ans, ils évoluent vers des senteurs de truffe blanche. Ils sont toujours dominés par l'expression pierreuse de leur terroir et non par le caractère variétal du cépage. Les vins sont entiers, généreux, d'une concentration exemplaire pour la garde, en particulier le très pur Comtesse et l'admirable rouge Oriane, capables à plus de vingt ans d'âge de se montrer éblouissants.

Les vins : avec ses belles saveurs dynamiques d'agrumes et une chair précise et appétente, le sancerre 2020 constitue une excellente approche des terroirs de Chavignol. Une magnifique puissance amère se dégage de La Côte, un blanc taillé pour la garde, encore contenu, qu'il faudra attendre quatre-cinq ans en cave. Tout comme Comtesse, sur les bas des Monts Damnés, qui impressionne par son ampleur et son envergure. En 2018, Monts Damnés s'est complètement refermé avec une trame stricte qu'il faudra laisser se détendre. Sur la pente vertigineuse du kimméridgien, le Clos de Beaujeu 2017 commence à muter vers une expression chablisienne, aux saveurs de sureau. Promis à une garde de plus de vingt ans, il commence à peine à se détendre.

- Sancerre 2020 — 16 € — 90
- Sancerre Clos de Beaujeu 2017 — 27 € — 94
- Sancerre Comtesse 2019 — Épuisé - 33 € — 94
- Sancerre La Côte 2018 — 26 € — 94
- Sancerre Monts Damnés 2018 — 26 € — 93

Rouge : 2 hectares. Pinot noir 100 %
Blanc : 11 hectares. Sauvignon blanc 100 %
Production moyenne : 65 000 bt/an

DOMAINE GÉRARD BOULAY
Chavignol, 18300 Sancerre
02 48 54 36 37 • boulayg-vigneron@wanadoo.fr • Vente et visites : sur RDV.
Propriétaire : Gérard Boulay
Directeur : Thibaut Boulay

★★ DOMAINE VINCENT PINARD

Dans le village vigneron de Bué, la famille Pinard a fait de son domaine l'un des plus emblématiques de Sancerre. Au fil des millésimes, les frères Florent et Clément repoussent sans cesse leurs limites pour dessiner un relief de saveurs toujours plus proche de leur terroirs, tant en viticulture (conversion en bio, maîtrise des rendements, maturité optimale des raisins...) qu'en cave (travail sur des souches de levures de leur vignoble pour les fermentations, allongement des élevages en demi-muid, réduction des doses de sulfites...). Florès s'avère une excellente entrée en matière pour comprendre l'approche stylisée et parfaitement calibrée des blancs. L'intensité monte ensuite avec des cuvées identitaires de lieux-dits, du salin et ciselé Petit Chemarin à la puissance austère et élégante du Chêne Marchand, en passant par Le Château, d'une densité réconfortante. Les rouges ne sont pas en reste avec des matières de haute concentration de plus en plus pures. Les vins montent encore d'une marche cette année.

Les vins : Florès commence fort avec une expression intense et extrêmement savoureuse du sauvignon. Nuance se montre plus étirée grâce à son allonge ciselée. Harmonie se révèle magnifiquement, récolté à une maturité précise pour en livrer un blanc rayonnant de saveurs, avec un relief caillouteux particulièrement sapide. Le Château, dans un caractère plus sudiste nous enchante par sa structure saillante et son ampleur profonde. Un souffle frais et vivifiant élance avec une force phénoménale le Grand Chemarin, un blanc alliant finesse et éclat du terroir. Le Petit Chemarin va plus loin dans la définition saline et calcaire du sauvignon. Un vin remarquable déjà si séduisant et en même temps taillé pour une longue garde. Tout comme Chêne Marchand, parfaitement sculpté par une fine amertume et son élégante austérité légendaire. Pinot Noir est une explosion de fruits rouges, extrait tout en douceur avec une réelle profondeur qui lui permettra d'évoluer tranquillement dans les dix ans. En 2018, Charlouise n'accuse pas l'excès de richesse du millésime et s'avère un pinot noir intense d'une concentration magnifique. Vendanges Entières atteint un haut raffinement de matière, tant au niveau de la maturité de raisins que de l'élégance profonde de sa structure. Un grand rouge de garde.

- Sancerre Chêne Marchand 2019 — 32,30 € — 95
- Sancerre Florès 2019 — 15,80 € — 91
- Sancerre Grand Chemarin 2019 — 32,30 € — 94
- Sancerre Harmonie 2019 — 26,10 € — 93
- Sancerre Le Château 2019 — 32,30 € — 94
- Sancerre Nuance 2019 — 18,50 € — 91
- Sancerre Petit Chemarin 2019 — 32,30 € — 95
- Sancerre Charlouise 2018 — 30 € — 94
- Sancerre Pinot Noir 2019 — 21 € — 93
- Sancerre Vendanges Entières 2018 — 37 € — 95

Rouge : 4,5 hectares. Pinot noir 100 %
Blanc : 12,5 hectares. Sauvignon blanc 100 %
Production moyenne : 100 000 bt/an

DOMAINE VINCENT PINARD
42, rue Saint-Vincent, 18300 Bué
02 48 54 33 89 • www.domaine-pinard.com • Vente et visites : sur RDV.
Propriétaire : Famille Pinard

★★ ↗ DOMAINE SÉROL

Carine et Stéphane Sérol n'ont jamais autant fait briller le gamay saint-romain et la Côte Roannaise. Sur les terroirs de sables et de granite en altitude (de 380 à 520 mètres), les rouges puisent une expression délicatement fumée, florale et aérienne du cépage. Issus de vignes plantées à haute densité (de 8 000 à 10 000 pieds/ha), les raisins sont partiellement voire totalement égrappés avant d'être vinifiés en douceur. La progression de ces dix dernières années s'avère fulgurante, et les vins n'ont jamais aussi bien retranscrit l'identité de leurs terroirs. Cette année, les vins confirment notre impression sur l'excellence du domaine à qui nous attribuons la deuxième étoile.

Les vins : le tempo d'énergie et de pureté est donné dès Les Originelles 2020, léger et fringant, et Eclat de Granite 2020, juteux à souhait, avec une sensation de croquer dans le raisin frais. Les Blondins 2020 se montre toujours un peu plus contenu, élancé avec fraîcheur et un peu léger en finale. Passons ensuite aux intenses 2019 : Les Millerands, d'une densité à la fois séveuse et gourmande, structurée par des tanins saillants ; Oudan, plus dense et compact avec une fermeté haletante et une finale délicatement poivrée. Plus réservé, Perdrizière révèle toutefois une race profonde et une austérité cendrée remarquables. Des vins identitaires de leur terroir pour lesquels il ne faudra pas se presser. À découvrir aussi, trois versions de gamay-saint-romain macérées six mois en amphores : Chez Blondin, plus étiré et éclatant que la cuvée classique ; Chez Muron, à la réduction tenace qui devra s'estomper pour laisser place à une superbe sensation séveuse ; enfin, Chez Coste, le cœur de Perdrizière, en plus sanguin et avec une sensation musclée profonde et longue. Quel éclat !

- Côte Roannaise Chez Blondin 2019 — Épuisé - 29 € — 93
- Côte Roannaise Chez Coste 2019 — Épuisé - 29 € — 94
- Côte Roannaise Chez Muron 2019 — 29 € — 92
- Côte Roannaise Eclat de Granite 2020 — 11,50 € — 91
- Côte Roannaise Les Blondins 2019 — Épuisé - 14 € — 90
- Côte Roannaise Les Millerands 2019 — 16 € — 92
- Côte Roannaise Les Originelles 2020 — 10 € — 89
- Côte Roannaise Oudan 2019 — 16 € — 92
- Côte Roannaise Perdrizière 2019 — 19 € — 93

Rouge : 31 hectares. Gamay Saint-Romain 100 %
Blanc : 4 hectares. Chenin 50 %, Viognier 50 %
Production moyenne : 240 000 bt/an

DOMAINE SÉROL

1, montée des Estinaudes, 42370 Renaison
04 77 64 44 04 • www.domaine-serol.com •
Vente et visites : sur RDV.
Propriétaire : Stéphane et Carine Sérol

★★ DOMAINE VACHERON

Jean-Dominique Vacheron et son cousin Jean-Laurent ont opéré une véritable révolution culturelle au sein de ce domaine familial. Certifié en biodynamie depuis 2006, il produit aujourd'hui pas moins de six cuvées parcellaires de blancs. Ces déclinaisons, aussi légitimes que celles effectuées par climats dans les crus bourguignons, rappellent que Sancerre possède une grande variété de sols argileux d'un niveau remarquable, empreints de silex pour moitié et de calcaires. Citons l'emblématique Les Romains, premier lieu-dit à dominante de silex, isolé en 1997 dans un blanc vigoureux et finement austère ; en 2010, c'est un sol crayeux pauvre, orienté au nord, qui est magnifié dans un sauvignon ciselé et salin, Guigne-Chèvres. Des blancs exprimant avec éclat leur origine et qui promettent de faire résonner d'irrésistibles saveurs d'agrumes sous le palais. Les rouges n'ont jamais atteint un tel niveau de finesse, de douceur de tanins et d'éclat.

Les vins : en blanc, le sancerre 2019 séduit par son fruité croquant. Il est facile d'accès et sa finale est marquée par les agrumes. En 2019, les cuvées de lieux-dits atteignent un bel équilibre saillant, avec une fraîcheur particulièrement préservée dans ce millésime solaire. Chambrates se montre à son habitude séducteur avec un cœur de bouche souple, étiré avec éclat en finale. Le Paradis révèle une sensation calcaire issue de son terroir avec une allonge épurée pleine de vitalité. Un très beau classique pour comprendre l'appellation. Coup de cœur pour le Guigne-Chèvres qui s'élance avec précision dans une expression svelte, élégamment posée et portée par de fines saveurs d'agrumes. Toujours plus contenu dans la jeunesse, Les Romains promet un sauvignon d'une carrure ferme qui épouse joliment le caractère solaire de l'année. Très belle réussite en 2018 du Pavé (marnes du crétacée), une expression mûre et extrêmement savoureuse du sauvignon avec une réelle vitalité. Un souffle revigorant fera remuer vos papilles. Le rouge 2019 se montre pur, fruité, infusé, sans démonstration dans la jeunesse avec une réelle finesse de texture. En 2018, Belle Dame incarne une réelle finesse sur silex, terroir si délicat pour le pinot noir, doté d'un expression fruitée et juteuse avec une élégante austérité finale. Un vin raffiné qui ne cesse de gagner en volupté.

- Sancerre Chambrates 2019 — 40 € — 93
- Sancerre Le Paradis 2019 — 40 € — 94
- Sancerre Les Romains 2019 — 40 € — 94
- Sancerre Pavé 2018 — de 60 à 90 € (c) — 94
- Sancerre 2019 — 30 € — 91

Sancerre Belle Dame 2018 45 € 94

Le coup de ♥

Sancerre Guigne-Chèvres 2019 40 € 95

Rouge : 12,34 hectares. Pinot noir 100 %
Blanc : 37,74 hectares. Sauvignon blanc 100 %
Production moyenne : 350 000 bt/an

DOMAINE VACHERON

1, rue du Puits-Poulton, 18300 Sancerre
02 48 54 09 93 • vacheron.sa@wanadoo.fr •
Vente et visites : sur RDV.
Propriétaire : Jean-Louis, Denis, Jean-Dominique et Jean-Laurent Vacheron

★ ↗ DOMAINE DES BÉRIOLES

Jean Teissèdre s'est imposé en peu de temps comme l'incarnation du renouveau de Saint-Pourçain. En 2011, il reprend les vignes familiales qui approvisionnaient la cave coopérative. Son style précis et nerveux se retrouve dans ses rouges (pinot noir et gamay) et ses blancs (chardonnay et tressallier, vieux cépage local auquel il redonne ses lettres de noblesse). La salinité des blancs et la finesse des rouges s'affinent à chaque millésime grâce à une précision accrue de la viticulture et des vinifications. Des vins de plus en plus éclatants qui méritent leur première étoile cette année.

Les vins : une remarquable salinité, une belle droiture et beaucoup de fraîcheur se dégagent de Tressaille 2020, un blanc revigorant et épuré, incarnant la renaissance de Saint-Pourçain. Le chardonnay de L'Intrépide est quant à lui enveloppé par un élevage séduisant, tout en offrant une allonge énergique et svelte de son terroir. Auvernat 2020 (90 % pinot noir, le reste en gamay) se montre fortement réduit à l'ouverture tout en laissant une belle bouche, un peu serré en finale. À ouvrir dès la fin d'année. Le pinot noir de La Chabanne 2019 se montre nettement plus posé et pulpeux et parvient à assouplir la finale ferme que l'on retrouve couramment dans les rouges du secteur.

IGP Val de Loire Tressaille 2020 13,50 € 90
VDF L'Intrépide 2019 19,50 € 91
IGP Val de Loire La Chabanne 2019 19,50 € 91
Saint-Pourçain Auvernat 2020 12,50 € 89

Rouge : 7 hectares. Gamay noir à jus blanc 50 %, Pinot noir 50 %
Blanc : 8 hectares. Tressalier 60 %, Chardonnay 40 %
Production moyenne : 65 000 bt/an

DOMAINE DES BÉRIOLES ♣

Place de l'Église, 3500 Cesset
04 70 47 09 15 • www.lesberioles.com •
Vente et visites : sur RDV.
Propriétaire : Famille Teissèdre-Roux
Directeur : Jean Teissèdre
Maître de chai : Jérôme Roux

★ DOMAINE DANIEL CROCHET

Sur les sols de terres blanches et de caillottes de la commune de Bué, le discret Daniel Crochet, cousin de François, conduit ce domaine familial de qualité depuis 1996. Le travail est ici d'un grand sérieux, avec des vignes enherbées, des élevages sur lies et des vinifications soignées. Le domaine a la chance de profiter des plus belles parcelles du secteur, en particulier Plante des Prés et Chêne Marchand. Nous sommes impressionnés par la précision et la profondeur des rouges depuis quelques millésimes et saluons le travail méticuleux de Daniel Crochet.

Les vins : en 2020, le sancerre blanc se montre toujours aussi précis et croquant, sans exubérance ni en même temps de grande profondeur. Prestige se montre naturellement plus concentré en 2019 tout en conservant une sensation mûre et acidulée du fruit. Plante des Prés 2019 est un vin toujours nourrissant avec une élégance épurée. Un sancerre sans démonstration. Chêne Marchand 2019 impressionne davantage par sa carrure plus austère et taillée pour la garde. Les blancs ne sont pas les plus émouvants mais sont toujours techniquement irréprochables et accessibles pour le plus grand nombre. D'une belle concentration, sans démonstration, le sancerre rouge nous séduit par sa finesse et sa touche d'austérité typiquement ligérienne. Vinifié en grappes entières, Sur le Clou 2019 se montre plus aérien avec un supplément de relief. Une très belle allonge fine et calcaire.

Sancerre 2020 13 € 90
Sancerre Chêne Marchand 2019 20 € 91
Sancerre Plante des Prés 2019 20 € 92
Sancerre Prestige 2019 17 € 91
Sancerre 2019 14 € 91
Sancerre Sur le Clou 2019 30 € 92

Rouge : 3,4 hectares. Pinot noir 100 %
Blanc : 6,4 hectares. Sauvignon blanc 100 %
Production moyenne : 70 000 bt/an

DOMAINE DANIEL CROCHET
61, rue de Venoize, 18300 Bué
02 48 54 07 83 • daniel-crochet@orange.fr •
Vente et visites : sur RDV.
Propriétaire : Daniel Crochet

★ DOMAINE FRANÇOIS CROCHET

En vingt ans, François Crochet s'est imposé comme l'un des plus talentueux vignerons du Sancerrois. Sous sa silhouette de gaillard et ses paluches imposantes d'ancien rugbyman se cache en réalité une grande sensibilité, ce qui donne des vins tout en finesse, insistant sur la définition saline du sauvignon sancerrois. Dans son vignoble bio principalement situé dans le secteur argilo-calcaire de la commune de Bué, le blanc "classique" donne le tempo d'une gamme équilibrée et épurée par un élevage en cuve tronconique en bois, révélant les nuances de chaque terroir : Amoureuses, Grand Chemarin, Petit Chemarin, Chêne Marchand, Vallon et Exils, issu des silex de Thauvenay. Les rouges, partiellement égrappés et affinés en demi-muid, méritent toujours un bon passage en carafe pour estomper la réduction et révéler avec finesse le caractère septentrional des pinots noirs du Berry.

Les vins : équilibré, éclatant et tout en finesse, le sancerre 2020 ouvre le bal de blancs d'un très bon niveau. Les Amoureuses 2019 assemble deux parcelles de Bué dans ce blanc savoureux jusqu'à une finale fraîche, ponctuée de beaux amers. Le Grand Chemarin 2019 se distingue par une belle épure mettant en lumière de fines saveurs d'agrumes, sans aucun excès de richesse. Quant au Petit Chemarin 2019, il rayonne par sa puissance ciselée et ses beaux amers. Exils se montre un brin plus rustique, tout en restant très appétant. En 2019, les rouges offrent de belles concentrations mûres, à l'image du sancerre classique au fruit saillant. Un peu plus réduit et dense, Réserve de Marcigoué 2019 mérite d'attendre fin 2022 pour se détendre. Patientons aussi pour Les Marnes, élancé et éclatant avec sa trame calcaire insistante.

Sancerre 2020	22 €	91
Sancerre Exils 2019	29 €	91
Sancerre Le Chêne Marchand 2019	32 €	93
Sancerre Le Grand Chemarin 2019	29 €	92
Sancerre Le Petit Chemarin 2019	31 €	93
Sancerre Les Amoureuses 2019	28 €	92
Sancerre 2019	26 €	91
Sancerre Les Marnes 2019	34 €	93
Sancerre Réserve de Marcigoué 2019	34 €	92

Rouge : 3,5 hectares. Pinot noir 100 %
Blanc : 8 hectares. Sauvignon blanc 100 %
Production moyenne : 80 000 bt/an

DOMAINE FRANÇOIS CROCHET ♣
Marcigoué, 18300 Bué
02 48 54 21 77 •
francoiscrochet@wanadoo.fr • Vente et visites : sur RDV.
Propriétaire : François Crochet

★ DOMAINE VINCENT GAUDRY

D'une écoute intime des anciens, le discret Vincent Gaudry a tiré une volonté de renouer avec un goût qu'il estime perdu du blanc de Sancerre. Les sauvignons cultivés en biodynamie poussent sur onze hectares répartis sur trois types de sol, les caillottes à Sancerre, les silex à Saint-Satur et les argilo-calcaires ; ils rejoignent ensuite cuves tronconiques en bois et inox dans la cave du ravissant village vigneron de Sury-en-Vaux, "sourire dans la vallée" en berrichon. Un réel naturel d'expression se dégage de ses vins, loin des canons stylistiques de l'appellation où la technique a souvent pris le dessus. Une sincérité précise et une vision identitaire des vins de Sancerre.

Les vins : nous sommes impressionnés par le soin apporté à Tournebride 2019 (60 % de la production). Un sancerre élevé dix-huit mois, d'une belle maturité de raisin, qui livre un gras énergique et étirée tout en fraîcheur, sans aucun artifice. Plus discret et retenu, Mélodie de Vieilles Vignes 2019 vient d'argilo-calcaires, d'une ampleur goûteuse extrêmement saillante. Il s'affirme sur une finale bien détaillée par des notes poivrées et de beaux amers. À carafer ou à garder une dizaine d'années. Sur les silex, Constellation du Scorpion 2019 se présente étonnamment rond en attaque. Un mouvement tranchant vient retendre le tout et nous faire saliver d'un éclat vivifiant. Pour Vous a passé paisiblement deux ans en fût avant de livrer un jus d'une magnifique densité en extraits secs. Un beau gras épuré est ciselé par une austérité radieuse en finale, donnant une sensation vibrante du fruit. Un grand blanc identitaire. Dans la commune de Saint-Satur, les silex ont sculpté À Mi-Chemin 2019, un blanc déroutant dont la matière s'ouvre en douceur en bouche en laissant un fruit à la fois scintillant, et une carrure forte, puissante : complètement déstabilisant. Un caractère singulier et bien trempé à ne pas mettre entre toutes les mains. Côté rouges, la vinification en grappes entières se montre judicieuse pour rafraîchir le millésime solaire 2019 ; comme pour Vincentgétorix, un pinot noir dense, richement épicé, qui a besoin de détendre encore deux ans sa structure. Les Garennes, issu de pinots fins de cinquante ans, se montre quant à lui plus svelte avec un toucher plus pulpeux. Les blancs nous procurent l'émotion d'un domaine deux étoiles.

- Sancerre Constellation du Scorpion 2019 — 28 € — 94
- Sancerre Mélodies de Vieilles Vignes 2019 — 21 € — 93
- Sancerre Pour Vous 2017 — 84 € — 95
- Sancerre Tournebride 2019 — 18 € — 92
- Sancerre À Mi-Chemin 2019 — 110 € — 95
- Sancerre Les Garennes 2019 — 48 € — 92
- Sancerre Vincentgétorix 2019 — 21 € (c) — 90

Rouge : 2 hectares. Pinot noir 100 %
Blanc : 9 hectares. Sauvignon blanc 100 %
Production moyenne : 75 000 bt/an

DOMAINE VINCENT GAUDRY ☾
14, rue des Champs-des-Près,
18300 Sury-en-Vaux
02 48 79 49 25 • www.vincent-gaudry.com •
Vente et visites : sur RDV.
Propriétaire : Vincent Gaudry

★ DOMAINE PHILIPPE GILBERT

Philippe Gilbert contribue depuis des années à cultiver l'identité des terroirs de Menetou-Salon pour y puiser des identités singulières du sauvignon et pinot noir par une viticulture biodynamique et une myriade d'expérimentations en vinification. Des prises de risques qui peuvent aussi bien nuire à la précision du fruit qu'en révéler sa vitalité. Les deux blancs de marnes kimméridgiennes, le clos des Treilles (2,2 ha à Parassy) et les Chandelières (4 ha à Menetou-Salon dont la moitié en sauvignon) révèlent les interprétations profondes du sauvignon ligérien.

Les vins : le blanc 2020 affirme un fruité sain avec une certaine souplesse croquante, à boire dans la jeunesse. Passionnantes explorations du sauvignon dans Clos des Treilles 2018, d'une superbe intensité saline enveloppée par une richesse et des saveurs fondues dans une matière dense, et dont l'élan calcaire est marqué par une touche d'oxydation. On retrouve cette oxydation dans Les Chandelières 2018, plein de dynamisme, avec une volonté de préserver une expression naturelle. Nous émettons toutefois des doutes sur le potentiel de garde de ces vins. Hors-Sujet 2019, sauvignon de macération, a basculé dans la rusticité et mérite d'être affiné. Côté rouge, le 2019 se dévoile avec une gourmandise malgré une certaine rigidité en finale. Très bel exercice que celui de Hors-Série, un pinot noir juteux à souhait, franchement fruité et débridé.

- Menetou-Salon 2020 — 18 € — 89
- Menetou-Salon Clos des Treilles 2018 — 28 € — 91
- Menetou-Salon Les Chandelières 2018 — 28 € — 92
- VDF Hors-Sujet 2019 — 35 € — 86
- VDF L'Émoustillant 2019 — 20 € — 87
- Menetou-Salon 2019 — 20 € — 89
- Menetou-Salon 35 Rangs 2017 — 35 € — 90
- Menetou-Salon Hors-Série 2019 — 24 € — 92
- Menetou-Salon Préambule 2020 — 18 € — 88

Rouge : 15 hectares. Pinot noir 100 %
Blanc : 15 hectares. Sauvignon blanc 100 %
Production moyenne : 120 000 bt/an

DOMAINE PHILIPPE GILBERT ☾
9, Les Faucards, 18510 Menetou-Salon
02 48 66 65 90 •
www.domainephilippegilbert.fr • Vente et visites : sur RDV.
Propriétaire : Philippe Gilbert
Maître de chai : François Leupe

★ DOMAINE JONATHAN DIDIER PABIOT

Porteur d'un patronyme courant à Pouilly-sur-Loire, Jonathan Pabiot est le fils de Didier, vigneron aux Loges. Il a repris les vignes de son grand-père en 2005. Cet ex-champion local de motocross a su remettre en cause la routine dans laquelle se complaisent trop de vignerons locaux. Décidé à remettre le vignoble à l'honneur, avec des pratiques exigeantes et hautement qualitatives (faibles rendements, agriculture bio depuis 2006), il a affiné son style et progresse rapidement, méritant nos éloges. Aubaine (caillottes) et Prédilection (terres blanches) sont, selon nous, les blancs les plus identitaires et les plus transparents avec leur terroir de toute la gamme. Saluons également le chasselas de Pouilly-sur-Loire, à l'identité florale affirmée. Le domaine est certifié en biodynamie (Demeter) depuis 2016.

Les vins : toujours fringant et peu alcoolisé (11°), le chasselas offre une sensation croquante du raisin avec une touche lactée en 2020, très digeste. Prélude 2019 séduit toujours par son caractère détendu, tout en chair et joliment exotique. Florilège est un peu plus marqué par le caractère solaire du millésime 2018, peu d'acidité mais une trame savoureuse. Aubaine 2018 conserve, quant à lui, une élégance fraîche à la belle dimension de son terroir. Il est plus équilibré qu'Eurythmie 2018, qui digère tranquillement son élevage pour livrer une vinosité confortable, légèrement exotique. Sur les terres blanches, Prédilection 2018 est le vin en forme du moment, plus subtil et nuancé, avec une profondeur sensible et dynamique. Utopia explore un univers passionnant, entre oxydation ménagée et profondeur exotique des vieilles vignes, avec une énergie et une vitalité folles. Une cuvée loin des standards du secteur qui séduira les amoureux de vins libres.

- Pouilly-Fumé Aubaine 2018 — 30 € — 91
- Pouilly-Fumé Eurythmie 2018 — 40 € — 91
- Pouilly-Fumé Florilège 2018 — 23 € — 89
- Pouilly-Fumé Prédilection 2018 — 34 € — 92
- Pouilly-Fumé Prélude 2019 — 18 € — 89
- Pouilly-Fumé Utopia 2018 — 48 € — 93
- Pouilly-sur-Loire 2020 — 23 € — 89

Blanc : 20 hectares. Sauvignon blanc 85 %, Chasselas 15 %
Production moyenne : 90 000 bt/an

DOMAINE JONATHAN DIDIER PABIOT

1, rue Saint-Vincent, Les Loges,
58150 Pouilly-sur-Loire
03 86 39 01 32 • jonathanpabiot.fr • Vente et visites : sur RDV.
Propriétaire : Jonathan Didier Pabiot

★ DOMAINE PELLÉ

Paul-Henry Pellé, fils d'Anne, est en charge du vignoble et des vinifications : ce vigneron exigeant, qui n'a de cesse d'affiner le travail des sols et les élevages, est pleinement engagé dans une recherche de maturité optimale et d'expression variée des terroirs. Les vinifications méticuleuses donnent des blancs nets et rafraîchissants (Morogues), mais aussi des vins plus profonds traduisant la singularité de chaque terroir : Le Carroir (vieilles vignes sur silex), Vignes de Ratier (terroir solaire de marnes kimméridgiennes), Les Blanchais (marnes kimméridgiennes exposées au nord-est). De bonne constitution, les rouges peuvent accuser quelques écarts.

Les vins : une fois de plus, Morogues en blanc est un sauvignon, net et précis avec une rondeur accessible dans ce millésime. L'exotisme traduit la générosité solaire de 2019 dans Vignes de Ratier, un blanc tout en précision, sans pas de côté et qui conserve une finale fraîchement fruitée. La fine retenue austère du Carroir illustre bien la droiture des silex, renforcée par une amertume ferme en finale. Un sauvignon bien ancré dans son sol, toutefois moins fédérateur. Les Blanchais renoue avec une sensation plus fraîche d'une chair bien riche, un peu serrée par une sensation citrique à ce stade. Derrière une légère réduction, Morogues 2019 se montre bien plus gourmand avec un fruité plus éclatant. En 2018, le pinot noir du Carroir accuse une richesse soutenue de la matière, heureusement rafraîchie par le caractère anguleux des silex. À détendre en carafe. En 2016, Les Cris révèle une superbe concentration du pinot, avec une fraîcheur typiquement ligérienne. Une belle cuvée taillée pour la table et quelques années de garde. La cuvée Macération exprime des notes de citrus, de thé et de fin végétal du sauvignon. Une amertume insistante en finale retend ce millésime solaire.

- Menetou-Salon Les Blanchais 2019 — 20 € — 91
- Menetou-Salon Macération 2018 — 16,60 € — 90
- Menetou-Salon Morogues 2019 — 13,30 € — 89
- Menetou-Salon Vignes de Ratier 2019 — 16,60 € — 91
- Sancerre La Croix au Garde 2019 — 15,10 € — 86
- Menetou-Salon Le Carroir 2018 — 18,50 € — 90
- Menetou-Salon Les Cris 2016 — 20 € — 93
- Menetou-Salon Morogues 2019 — 14,90 € — 90
- Sancerre La Croix au Garde 2018 — 15 € — 86

Rouge : 12 hectares. Pinot noir 100 %

Blanc : 30 hectares. Sauvignon blanc 100 %

Production moyenne : 250 000 bt/an

DOMAINE PELLÉ ♣

Route d'Aubinges, 18220 Morogues

02 48 64 42 48 • www.domainepelle.com • Vente et visites : sur RDV.

Propriétaire : Famille Pellé

Directeur : Paul-Henry Pellé

★ ↗ DOMAINE DES POTHIERS

Proche de la source de la Loire, l'appellation Côte roannaise s'étend sur les premiers contreforts du Massif central, entre 400 et 500 mètres d'altitude. Ce vignoble confidentiel est installé sur des sols sableux d'origine granitique. Le cépage rouge local est le gamay saint-romain, une variante du gamay que l'on retrouve seulement ici. Le blanc, en IGP d'Urfé, provient du chardonnay et parfois du pinot gris. Passionné par la vigne, Georges Paire, issu d'une famille d'éleveurs, commence à planter son vignoble dans les années 1970. En 2005, son fils Romain le rejoint. Les plantations continuent, le cuvage est modernisé et l'exploitation se tourne vers la culture biologique. Aujourd'hui, le domaine a principalement une vocation viticole, même s'il conserve un petit élevage de vaches limousines. Nous apprécions ses vins soignés et sincères, de belle facture. Une incarnation moderne et dynamique de la Côte roannaise à qui nous décernons la première étoile.

Les vins : en chardonnay, Fou de Chêne séduit par son gras fringant. Un beau blanc vineux pour la table. Tout comme le pinot gris Hors Pistes, dans un registre plus exotique. Les rouges demeurent les plus enthousiasmants. Comme entrée de gamme, la cuvée domaine se montre gorgée de fruit, souple et friande, facile à boire, légèrement fraîche. Le Nº 6 offre une belle sensation charnue en finale. Perchée à 520 mètres d'altitude, la Chapelle dévoile un fruit pulpeux bien cadré, une fine austérité salivante. Le Clos du Puy nous charme par son éclat de fruit délié avec une touche cendrée fraîche de son terroir. Diogène, macéré six mois en amphore, un peu moins bien défini que le 2018, est doté d'une finale saillante et d'un fruit net et revigorant. Étonnante expression de la négrette dans Urfé Les Grenettes, venue de Fronton, vivement poivrée et portée par une trame musclée. Un peu brut de décoffrage mais une réelle identité.

IGP d'Urfé Fou de Chêne 2019	16,40 €	90
IGP d'Urfé Hors Pistes 2019	16,40 €	89
Côte Roannaise Clos du Puy 2019	16,40 €	92
Côte Roannaise Diogène 2019	30 €	92
Côte Roannaise La Chapelle 2019	15 €	91
Côte Roannaise Nº 6 2020	12,50 €	88
IGP d'Urfé Les Grenettes 2019	16,40 €	89

Rouge : 18,5 hectares. Gamay Saint-Romain 98 %, Négrette 2 %
Blanc : 3,5 hectares. Chardonnay 60 %, Pinot gris 40 %
Production moyenne : 120 000 bt/an

DOMAINE DES POTHIERS
332, chemin des Pothiers, 42155 Villemontais
04 77 63 15 84 • www.domainedespothiers.com • Vente et visites : sur RDV.
Propriétaire : Romain Paire

★ LES POËTE

La volonté de Guillaume Sorbe de faire naître de grands vins à Quincy et Reuilly est incontestable. Le projet mûri par ce vigneron dans ces deux appellations discrètes du Centre est remarquable. Après une sélection précise des terroirs, il a planté en 2001 des sauvignons blancs, pinots noirs et pinots gris qu'il a patiemment laissés s'acclimater à leur environnement avant de produire les premières bouteilles sous l'étiquette des Poëte en 2011. Aucun vin du secteur n'atteint ce niveau de précision et d'étoffe, si bien que ce vigneron écarté de l'appellation a reclassé sa production en Vin de France. Élevés 18 mois en cuve et en fût (400 et 600 litres), ils s'inscrivent parmi les blancs les plus ambitieux de la vallée de Loire.

Les vins : encore un peu exubérant, le blanc de touraine S 2019 n'en est pas moins ciselé avec précision et éclat, livrant une allonge vineuse. Un délicieux sauvignon. Derrière une touche d'oxydation étonnante, Argos 2017 (quincy) révèle une texture limpide dotée d'un gras précis sans débords jusqu'à une finale savoureuse et finement amère. Orphée (reuilly) se montre quant à lui posé, avec grande précision, tout en étant détendu avec une certaine sérénité. Un très beau blanc pour la table. Une touche végétale se dégage d'Odyssée 2018, un pinot noir de Reuilly, extrait avec une réelle sensibilité pour offrir une matière douce, pulpeuse et mesurée du cépage.

Touraine Sauvignon Le S des Poëte 2019	13,50 €	89
VDF Argos 2017	24 €	92
VDF Orphée 2017	26 €	92
VDF Odyssée 2018	26 €	91

Rouge : 1,35 hectare. Pinot noir 100 %
Blanc : 5,1 hectares. Sauvignon blanc 90 %, Pinot gris 10 %
Production moyenne : 30 000 bt/an

LES POËTE
9, route de Boisgisson, 18120 Preuilly
06 61 62 88 52 • www.lespoete.com • Pas de visites.
Propriétaire : Guillaume Sorbe

★ ↗ DOMAINE PAUL PRIEUR ET FILS

Philippe Prieur et son neveu, Luc, poursuivent le travail de dix générations dans ce domaine de Verdigny. Les vignes sont réparties sur les caillottes et les terres blanches de Verdigny et de Chavignol (notamment sur le coteau légendaire des Monts Damnés) et sur les silex de Thauvenay, près de la Loire. Ces vignerons méticuleux mettent tout en œuvre pour affiner la définition de leurs sauvignons et pinots noirs (conversion en bio depuis 2019, diminution des sulfites dans les vins, levures indigènes pour les rouges...). Un discours en accord avec des vins soignés et précis, sans le caractère exotique, moderne et ennuyeux, que nous retrouvons dans de nombreux blancs de la nouvelle génération sancerroise. Le "simple" sancerre est un exemple. Ce jeune talent attelé à 19 hectares de vignes mérite nettement sa première étoile.

Les vins : dès le Sancerre 2019, la gamme se montre d'un très bon niveau, avec un sauvignon mûr, précis et énergique. Sur les silex des Pieuchauds, le sauvignon dévoile une ampleur bien sculptée et précise. Un très beau blanc de caractère sapide et dense. La puissance des Monts Damnés s'exprime dans un très beau 2019, serti d'une fraîcheur haletante. Il est promis à plus dix ans de garde. La Pitaude impressionne par sa concentration et sa densité en extraits secs et son allonge revigorante. Une identité sancerroise racée se dégage avec une force magnifique. La couleur sombre et l'intensité aromatique de Vinification en Grappes Entières 2019 nous fait immédiatement saliver. Un rouge dense et d'une vitalité éclatante, parmi les plus aboutis de Sancerre. Probablement vendangé à très haute maturité, Les Pichons (non noté) prend des airs de syrah rhodanienne, toutefois bien mené par un élevage précis. C'est le bémol d'une gamme de très bon niveau. Bravo.

Sancerre 2019	19 €	90
Sancerre La Pitaude 2016	66 €	94
Sancerre Les Monts Damnés 2019	30 €	93
Sancerre Pieuchaud Silex 2019	27 €	93
Sancerre 2020	17 €	87
Sancerre Vinification en Grappes Entières 2019	27 €	93

Rouge : 5 hectares. Pinot noir 100 %

Blanc : 14 hectares. Sauvignon blanc 100 %

Production moyenne : 150 000 bt/an

DOMAINE PAUL PRIEUR ET FILS
Route des Monts-Damnés, 18300 Verdigny
02 48 79 35 86 • www.paulprieur.com •
Visites : sans RDV.
Propriétaire : Luc et Philippe Prieur

★ DOMAINE MICHEL REDDE ET FILS

Ce grand domaine historique est dirigé avec sérieux et passion par Thierry Redde et ses deux fils, Sébastien et Romain. Ce producteur est l'un des rares à posséder, et à planter encore, des vignes de chasselas (cuvée Gustave Daudin). À côté de vins assez classiques mais jamais enzymés ni levurés (La Moynerie ou encore le très mûr Majorum), la gamme se décline, à l'initiative de la nouvelle génération, par terroir : Les Bois de Saint-Andelain (argiles à silex rouges), Les Cornets (marnes du kimméridgien), Champs des Billons (calcaire Portlandien), Barre à Mine (vignes en haute densité plantées à la barre à mine dans une ancienne carrière de silex) et, dernièrement, les Toupées (calcaires oxfordiens). Les derniers millésimes s'avèrent élaborés avec minutie et précision, mais demeurent toutefois contenus par une emprise technique forte.

Les vins : débutons la gamme par le Petit F et La Moynerie, des pouilly-fumé croquants, précis et établis en légèreté. Place ensuite aux expressions des lieux-dits en 2019 avec Les Bois de Saint-Andelain, aux nuances anisées et à l'allonge à la fois tendre et précise ; Les Cornets, à l'ampleur finement exotique et d'une puissance veloutée ; Les Champs des Billons, très intense, tant par son ampleur en bouche que la sensation de salinité qu'il laisse. Une belle épure pour la table et la garde ; Les Toupées, d'une richesse plus marquée, avec une sensation d'acidité volatile qui donne du relief, et une finale chaude. Barre à Mine, enveloppé par un élevage sous bois plus moderne, est marqué d'une touche lactée, heureusement emportée par la puissance fraîche du millésime. N'hésitez pas à ouvrir ces 2019 à partir de la fin 2022. Majorum 2017 se montre plus accessible avec sa trame exotique ronde et son profil plus démonstratif. Enfin, Gustave Daudin est un chasselas plein de saveurs et craquant de fruits blancs. Unique !

Pouilly-Fumé Barre à Mine 2019	47 €	91
Pouilly-Fumé La Moynerie 2019	18,50 €	88
Pouilly-Fumé Les Bois de Saint-Andelain 2019	35,50 €	91
Pouilly-Fumé Les Cornets 2019	35,50 €	92

- Pouilly-Fumé Les Toupées 2019 — 35,50 € — 90
- Pouilly-Fumé Majorum 2017 — 60,90 € — 90
- Pouilly-Fumé Petit F... 2020 — 15,90 € — 86
- Pouilly-sur-Loire Gustave Daudin 2019 — 22,90 € — 90

Le coup de ♥

- Pouilly-Fumé Les Champs des Billons 2019 — 35,50 € — 92

Blanc : 40 hectares. Sauvignon blanc 97 %, Chasselas 3 %
Production moyenne : 240 000 bt/an

DOMAINE MICHEL REDDE ET FILS
RN 7, La Route Bleue, La Moynerie, 58150 Saint-Andelain
03 86 39 14 72 • www.michel-redde.com •
Visites : sans RDV.
Propriétaire : Sébastien et Romain Redde

★ ↗ DOMAINE CLAUDE RIFFAULT

Stéphane Riffault affine considérablement les vins venus des terroirs du ravissant village de Sury-en-Vaux – "sourire dans la vallée" en berrichon – au nord de l'appellation Sancerre. Grâce à un beau patrimoine de vignes héritées de sa famille, le méticuleux quadragénaire s'attache à mettre en valeur les différentes expositions et parcelles de marnes kimméridgiennes (Boucauds, Denisottes, La Noue), calcaires lités (Chasseignes) et silex (Chailloux). Après le passage en bio (certification en 2016) des 15,30 hectares, la conversion à la biodynamie a naturellement constitué l'étape suivante. Ces vins parfaitement calibrés en cuve béton et tronconique en bois, techniquement admirables, grandissent en s'apaisant deux à trois ans en cave. Nous saluons ce talent en attribuant au vigneron sa première étoile.

Les vins : une définition épurée et précise du sauvignon s'inscrit dès le sancerre 2020. Les Boucauds 2020 poursuit ce style, mêlant fraîcheur ligérienne et une matière qui se pose tranquillement. En 2019, les Chasseignes offrent un certain confort, savoureux sans exubérance. Les Denisottes livre quant à lui une définition plus exotique et large du sauvignon, avec une allonge plus profonde et savoureuse. Les Chailloux prend des airs floraux de chardonnay, minutieux et élégant, doté d'une finale sapide énergisante avec une note de menthe fraîche. Monoparcelle 469 (vignes de 60 ans sur marnes kimméridigiennes) s'affirme avec une grande délicatesse et des nuances aromatiques. Le 538 va plus loin dans la définition calcaire, laissant une sensation crayeuse en bouche et une longue d'une floralité subtile. Exploration passionnante de sauvignon sur silex mené dans la cuvée Echalas, dans un registre plus détendu et libre. Un passage en carafe lui fera le plus grand bien. Saluons la recherche de texture soyeuse dans les rouges qui atteignent en 2019 une richesse un peu entêtante mais mené avec minutie, comme dans La Noue MT2019, à l'élevage prolongé à 32 mois, offrant une densité de chair supérieure et une allonge vivante revigorante.

- Sancerre 2020 — 19 € — 90
- Sancerre Les Boucauds 2020 — 21 € — 91
- Sancerre Les Chailloux 2019 — 27 € — 93
- Sancerre Les Chasseignes 2019 — 23 € — 91
- Sancerre Les Denisottes 2019 — 27 € — 92
- Sancerre Monoparcelle 469 2019 — 30 € — 93
- Sancerre Monoparcelle 538 2019 — 30 € — 94
- VDF Echalas 2020 — 30 € — 92
- Sancerre M.T La Noue 2019 — 27 € — 91

Rouge : 2,3 hectares. Pinot noir 100 %
Blanc : 13 hectares. Sauvignon blanc 100 %
Production moyenne : 90 000 bt/an

DOMAINE CLAUDE RIFFAULT ♣
Maison Sallé, 18300 Sury-en-Vaux
02 48 79 38 22 • www.clauderiffault.com •
Vente et visites : sur RDV.
Propriétaire : Famille Riffault
Directeur : Stéphane Riffault

★ LES VINS DE LA MADONE

Les Vins de la Madone constituent l'une des plus passionnantes expériences des Côtes du Forez, une appellation discrète située entre Saint-Étienne et Clermont-Ferrand, aux portes du parc naturel du Livradois-Forez. Gilles Bonnefoy s'attache à capter la pureté scintillante du fruit, aussi bien dans ses rouges de gamay que dans ses blancs (IGP d'Urfé), une roussanne et un assemblage de sauvignons blanc et gris. Cet éclat puisé dans des sols de granite et volcaniques passe par une conduite de la vigne en biodynamie (certification en 2008) et des vinifications partiellement en grappes entières et élevages uniquement en cuve. L'étoile de ce domaine est solidement accrochée.

Les vins : nous apprécions l'éclat des deux blancs établis tout en finesse en cuve pour en faire jaillir des nuances fruitées et fraîches, sans excès de richesse. Ils sont construits plus en souplesse en 2020 qu'en 2019. Côté rouge,

Dacite est une belle entée en matière sur la vivacité d'un gamay croquant. On monte en concentration acidulée du fruit et en nuances à partir du Gamay sur Volcan ou particulièrement de Mémoire de Madone, séveux et profondément stimulant. Migmatite se montre plus difficile d'abord pour les palais en quête de suavité, mais sa trame aiguisée et sanguine ravira les amoureux des vins à tempérament volcanique. Les Rougeots du Clos, assemblage de gamay noir, de chaudenay, de bouze et gamaret, impressionne par sa couleur, mais se montre plus compact et un peu court.

- IGP d'Urfé Roussanne de Madone 2020 — 19,50 € — 90
- IGP d'Urfé Sauvignon's de Madone 2020 — 14,50 € — 89
- Côtes du Forez Dacite 2020 — 12,50 € — 89
- Côtes du Forez Gamay sur Volcan 2020 — 12,50 € — 91
- Côtes du Forez Migmatite 2020 — 15,50 € — 92
- Côtes du Forez Mémoire de Madone 2020 — 17,50 € — 92
- IGP d'Urfé Les Rougeots du Clos 2020 — 14,50 € — 89

Rouge : 11 hectares. Gamay noir à jus blanc 85 %, Gamay de Bouze 9 %, Gamay de Chaudenay 3 %, Gamaret 3 %
Blanc : 1,4 hectare. Roussanne 50 %, Sauvignon gris 30 %, Sauvignon blanc 20 %
Production moyenne : 60 000 bt/an

LES VINS DE LA MADONE ♣

1581, chemin de Jobert, 42600 Champdieu
04 77 97 07 33 • www.lesvinsdelamadone.fr
• Vente et visites : sur RDV.
Propriétaire : Gilles Bonnefoy

NOUVEAU DOMAINE

DOMAINE DU BOUCHOT

L'appellation Pouilly-Fumé s'était faite discrète dans notre guide ces dernières années. Nous sommes donc ravis d'accueillir le domaine du Bouchot. Après avoir roulé sa bosse dans plusieurs villes du monde dans le commerce du vin, Antoine Gouffier voulait revenir à ses racines de la Nièvre pour devenir vigneron. Le trentenaire prend alors la relève de Rachel et Pascal Kerbiquet en 2018, au domaine de 10,2 hectares situés dans sur le versant sud-ouest de la commune de Saint-Andelain. On est loin des caricatures de sauvignons légers et insipides. Bien au contraire, les belles maturités de raisins, les vinifications sans soufre avec les levures indigènes et des filtrations légères contribuent à l'expression franche et détendue. On retrouve une certaine liberté de ton du fruit dans chacune des cuvées précises et pleines de vitalité. Certifié bio depuis 2019, le domaine a entamé une conversion à la biodynamie.

Les vins : la franchise d'expression naturelle nous séduit dès Terres Blanches 2019, un sauvignon intègre, au fruité libre, joliment exotique et d'une bouche goûteuse et rafraîchissante. La sensation granuleuse et ronde de la finale le rend extrêmement appétent. Dans un registre aromatique similaire, Caillottes 2019 offre à la fois plus de gras et d'intensité de saveurs. Une sensation saline donne une virgule finale appétente à ce blanc plein de vitalité. Un brin plus expressif, MCMLV 2019 a subi une macération pelliculaire, renforçant la sensation d'extraits secs et l'équilibre crayeux de sauvignon au gras envoûtant extrêmement sapide.

- Pouilly-Fumé MCMLV 2019 — 29 € — 93
- Pouilly-Fumé Terres Blanches 2019 — 22 € — 91

Le coup de ♥

- Pouilly-Fumé Caillottes 2019 — 25 € — 92

Blanc : 10 hectares. Sauvignon blanc 100 %
Production moyenne : 50 000 bt/an

DOMAINE DU BOUCHOT ♣

25, route de l'Abbaye, 58150 Saint-Andelain
03 86 39 13 95 •
www.domaine-du-bouchot.com •
Visites : sur RDV aux professionnels.
Propriétaire : Antoine Gouffier

CLOS SAINT-FIACRE

Bénédicte Montigny-Piel et Hubert Piel, entreprenants vignerons, sont installés à onze kilomètres d'Orléans. Ils ont repris, avec leur oncle Jacky Montigny, le domaine familial en 2001. Ce dernier est situé sur deux petites appellations méconnues, Orléans (80 hectares, blanc, rouge, rosé) et Orléans-Cléry (28 hectares de rouge), ainsi qu'en IGP Val de Loire. Le vignoble est enherbé et le travail de la vigne réalisé de manière à obtenir le meilleur équilibre entre une maturité optimale des raisins et l'expression du terroir : ébourgeonnage, dédoublage (systématique sur les cépages rouges), effeuillage (selon les années), suppression des grappes de seconde génération, vendange en vert (selon les années). Les blancs sont issus de chardonnay et d'un peu de sauvignon ; les rouges et rosés de pinot meunier et d'un soupçon de pinot noir.

Les vins : toujours pimpant, digeste et délicatement citronné, Orléans 2020 est en pleine forme pour l'apéritif. Excellence 2019 cisèle un chardonnay très élégant, équilibré entre une maturité juste et un élan frais. Promis à une belle évolution d'une dizaine d'années. Le 2018 s'exprime plus en richesse tout en conservant un beau tonus final. Côté rouge, le 2020 (dominé par le pinot meunier) affiche un registre fruité primaire, précis, une froideur d'arômes que nous connaissons de moins en moins ces dernières années solaires. Le 2019 revêt une chair plus épicée et plaisante, avec une légère fermeté en finale. Excellence 2018 subit un peu l'excès de maturité du millésime, une corpulence qu'il faudra assagir à table.

Orléans 2020	9,50 €	88
Orléans Excellence 2018	19 €	91
Orléans Excellence 2019	19 €	92
Orléans 2019	9,50 €	89
Orléans 2020	9,50 €	89
Orléans Excellence 2018	19 €	89

Rouge : 9,43 hectares. Pinot noir 38 %, Pinot meunier 38 %, Cabernet franc 24 %
Blanc : 8,24 hectares. Chardonnay 80 %, Pinot gris 20 %
Production moyenne : 80 000 bt/an

CLOS SAINT-FIACRE
560, rue de Saint-Fiacre,
45370 Mareau-aux-Près
02 38 45 61 55 • www.clossaintfiacre.fr •
Vente et visites : sur RDV.
Propriétaire : Bénédicte Montigny-Piel et Hubert Piel

NOUVEAU DOMAINE

DOMAINE VINCENT DELAPORTE ET FILS

Qu'il est passionnant pour un dégustateur d'assister à la mutation d'une propriété. En 2010, l'arrivée de Matthieu Delaporte a fait bouger les lignes de ce domaine historique de la charmante commune de Chavignol. Du haut de ses 23 printemps, il convainc son père Jean-Yves d'entreprendre le travail des sols, l'arrêt des herbicides, la baisse des rendements sur les 33 hectares et d'investir dans la vinification en fûts. Les vignes et les vins se métamorphosent vers un style précis, de plus en plus soigné. La gamme lisible, déclinée en blanc et en rouge, invite à découvrir les terroirs de caillottes et terres blanches dans les cuvées Chavignol et les silex de Sancerre à travers les cuvées Silex. Deux lieux-dits de Chavignol sont à l'honneur, le mythique coteau exposé plein-sud des Monts Damnés, ainsi que les Culs de Beaujeu, célèbre ailleurs pour ses blancs, ici planté de pinot noir. Bienvenue dans le guide à ce domaine plein d'avenir, fraîchement converti au bio.

Les vins : il n'est pas courant de trouver un rosé de Sancerre aussi pulpeux, franc du collier, à la trame sincèrement épicée. Un réel plaisir pour l'été et au-delà. Si jeune, le sancerre blanc 2020 se montre toutefois déjà très plaisant. Un millésime solaire traduit par une rondeur généreuse et une trame exotique rafraîchie par une finale pimpante. Un bel exemple de sancerre net et précis. La cuvée Silex 2019 illustre finement le caractère de ce type de sols, d'une belle suavité en attaque, ciselé en finale par une trame anguleuse, finement citronnée. Un beau sauvignon mené avec un savoir-faire minutieux. Dans un registre plus dense, Monts Damnés 2019 est élevé soigneusement sous bois, bois qui souligne la sensation minérale rafraîchissant la puissante mâche de ce vin de table ou/et de garde. Un bel ambassadeur de ce célèbre terroir de Chavignol. Le caractère solaire du millésime 2020 donne de l'allure au sancerre rouge 2020 en laissant une sensation juteuse de cerise. Un vin sincère, plus automnal qu'estival. Silex 2019 dompte admirablement l'austérité de son sol en offrant un caractère bien juteux du pinot tout en bénéficiant d'une finale légèrement ferme pour donner un bel élan. Plus réduit, Culs de Beaujeu 2019 est plus rude d'approche et a besoin de passer tranquillement en carafe. Il détendra ses tanins pour laisser place à une matière à la fois pulpeuse et saillante, joliment étirée par des notes saveurs florales. Une expression originale du pinot noir de Chavignol.

Sancerre 2020	16 €	90
Sancerre Monts Damnés 2019	24 €	93
Sancerre Silex 2019	20 €	92
Chavignol 2020	Épuisé - 16 €	89
Sancerre 2020	16 €	89
Sancerre Culs de Beaujeu 2019	24 €	93
Sancerre Silex 2019	20 €	91

Rouge : 8 hectares.
Blanc : 25 hectares.
Production moyenne : 290 000 bt/an

DOMAINE VINCENT DELAPORTE ET FILS
Chavignol, 18300 Sancerre
02 48 78 03 32 •
www.domaine-vincent-delaporte.com •
Vente et visites : sur RDV.
Propriétaire : Jean-Yves et Matthieu Delaporte

DOMAINES MINCHIN

Vigneron énergique et entreprenant, Bertrand Minchin est implanté à Morogues, cru de Menetou-Salon, avec le domaine La Tour Saint-Martin, et également à Valençay (Claux Delorme) – deux exploitations regroupées au sein des domaines Minchin. Les valençays (sauvignon et chardonnay) s'avèrent joyeux et droits ; les cuvées de Menetou-Salon sont vinifiées avec précision. De l'intense Honorine, élevée en fût, au finement austère Fumet, exposé au nord-ouest, les sauvignons reflètent l'expression de leur lieu grâce à la patte soignée de leur vinificateur. On retrouve cette signature dans des rouges habilement façonnés. La régularité est au rendez-vous de ce domaine berrichon.

Les vins : côté Valençay, le blanc 2020 affiche la légèreté expressive, simple et séduisante du sauvignon. Le rouge 2019 s'offre tout aussi en gourmandise, porté par des tanins croquants, haut en concentration mais équilibré. Dirigeons-nous maintenant à Menetou-Salon, avec un blanc Morogues 2019 solaire aux notes d'agrumes, mûr, tout en richesse, manquant un brin de peps dans ce millésime. Honorine 2018 évolue paisiblement et commence à truffer en laissant de belles saveurs d'agrumes mûrs. Peu d'acidité mais un confort de bouche très séduisant à table dès maintenant. Fumet est lui aussi profond, savoureux, techniquement irréprochable, avec un contrôle de vinification bridant la matière. En rouge, Pommerais 2019 se montre de bonne constitution gourmande. Célestin 2018 déroule une matière plus concentrée avec une fraîcheur, modelée par un élevage soigné. À boire dans les cinq à six ans.

- Menetou-Salon La Tour Saint Martin Fumet 2018 — 17 € — 91
- Menetou-Salon La Tour Saint Martin Honorine 2018 — 19,90 € — 91
- Menetou-Salon La Tour Saint Martin Morogues 2019 — 12,90 € — 89
- Valençay Le Claux Delorme 2020 — 9,10 € — 87
- Menetou-Salon La Tour Saint Martin Célestin 2018 — 21 € — 91
- Menetou-Salon La Tour Saint Martin Pommerais 2019 — 13,80 € — 90
- Valençay Le Claux Delorme 2019 — 9,10 € — 88

Rouge : 15 hectares. Pinot noir 55 %, Gamay noir à jus blanc 25 %, Malbec (cot) 13 %, Cabernet franc 7 %
Blanc : 15 hectares. Sauvignon blanc 100 %
Production moyenne : 210 000 bt/an

DOMAINES MINCHIN
Saint-Martin 18340 Crosses
0248250295 • www.domaines-minchin.com
• Vente et visites : sur RDV.
Propriétaire : Bertrand Minchin

DOMAINE BENOÎT MONTEL

Parmi les vignerons les plus talentueux du secteur, Benoît Montel a constitué en vingt ans un vignoble de 10 hectares répartis entre Riom et Clermont-Ferrand. La variété de sols, argilo-calcaires (Bourrassol et Chanturgue), basaltiques (Châteaugay), sablos-marneux (Madargue), est un terrain de jeu formidable pour ciseler des rouges de gamay dotés d'une forte personnalité. Ils sont bien colorés, avec une trame tannique ferme et une touche fumée légèrement austère qui leur donne un réel tempérament auvergnat. Les blancs de chardonnay sont aussi fringants, mais plus académiques. Cette Loire volcanique n'a jamais été aussi dynamique ! Un nouveau merlot fringant vient de voir le jour, en partenariat avec le joueur international de rugby Rémi Lamerat, qui prépare sa future carrière de vigneron.

Les vins : le chardonnay se plaît sur les argilo-calcaires, près des volcans, à l'image du Bourrasol 2020, un blanc tout en rondeur, à la note beurrée généreuse et à la rondeur charmante. On l'appréciera bien frais dans les deux ans. Du côté des rouges, le Madargue 2020 ne fait ni dans l'esbroufe ni dans la démonstration. Son jus franc du collier et juteux ravira les casse-croûtes, dans la jeunesse. Sur le basalte de Châteaugay, le 2020 prend des airs cendrés et trace un chemin concentré sur des tanins fermes qu'il sera bon d'attendrir lors d'un passage en carafe. Sur un coteau exposé plein sud, le Chanturgue se présente plus compact, richeme, réglissé, à la sensation solaire plus marquée avec un beau fond structuré. Ouvrez à partir de début 2022. Le Bourrasol 2020 reste le plus contenu à ce stade. Il déroule une trame sanguine et une austérité calcaire. Plein, saillant et puissant, il a besoin encore d'un an de cave pour polir ses contours. Profitez-en ensuite jusqu'en 2026-2027.

- Côtes d'Auvergne Bourrasol 2020 — de 10 à 11 € (c) — 88
- Côtes d'Auvergne Chanturgue 2020 — de 9 à 10 € (c) — 90
- Côtes d'Auvergne Châteaugay 2020 — de 8 à 9 € (c) — 89
- Côtes d'Auvergne Châteaugay Bourrasol 2020 — de 10 à 11 € (c) — 91

Côtes d'Auvergne Madargue 2020 de 9 à 10 € (c) 89

Rouge : 8 hectares. Gamay noir à jus blanc 76 %, Syrah 11 %, Pinot noir 10 %, Gamaret 3 %
Blanc : 2 hectares. Chardonnay 85 %, Sauvignon blanc 15 %
Production moyenne : 40 000 bt/an

DOMAINE BENOÎT MONTEL
6, rue Henri-et-Gilberte Goudier, 63200 Riom
04 73 64 96 14 • www.benoit-montel.fr •
Vente et visites : sur RDV.
Propriétaire : Benoît Montel

DOMAINE DU PRÉ SEMELÉ

La famille Raimbault, emmenée par les frères Julien et son cadet Clément, incarne la nouvelle génération ambitieuse du vignoble sancerrois. Rien n'est laissé au hasard pour tisser des vins limpides, modernes et sans aspérité, un rien policés, élevés en cuve pour le sancerre classique, en foudre et demi-muid pour les cuvées parcellaires. Le style des rouges est affiné à chaque millésime. Ils atteignent de belles concentrations et présentent une réserve tannique qui leur promet un avenir serein. Des paramètres sont à ajuster pour que les vignerons s'émancipent de ce cadre techniquement irréprochable et offrent une définition plus vibrante de Sancerre.

Les vins : le sancerre 2020 demeure un bon blanc consensuel, élaboré avec soin. Sur les calcaires portlandiens de Sury-en-Vaux, Le Cotelin 2019 s'affirme avec une droiture salivante et une précision de saveurs poussée par une sensation calcaire en finale. Les Chasseignes 2019 est expressif, avec une chair plus exotique. Il est facile d'approche. Nous aimons particulièrement la fraîcheur élancée et les beaux amers finement austères de La Montée de Saint Romble 2019, qui offre une identité intense et svelte du Sancerrois. Le rouge est de bonne constitution, porté par des tanins soignés. Camille 2019 se montre plus profond avec une trame tannique qui demande à se détendre encore deux ans en cave.

Sancerre 2020 de 14 à 17 € (c) 88
Sancerre La Montée de Saint Romble 2019 de 22 à 25 € (c) 92
Sancerre Le Cotelin 2019 de 22 à 25 € (c) 91
Sancerre Les Chasseignes 2019 de 22 à 25 € (c) 91
Sancerre 2020 de 14 à 17 € (c) 86
Sancerre 2019 de 16,50 à 19 € (c) 90
Sancerre Camille 2019 de 22 à 25 € (c) 92

Rouge : 4,5 hectares. Pinot noir 100 %
Blanc : 17,5 hectares. Sauvignon blanc 100 %
Production moyenne : 150 000 bt/an

DOMAINE DU PRÉ SEMELÉ
Maimbray, 18300 Sury-en-Vaux
02 48 79 33 50 • www.rjc-raimbault.com •
Vente et visites : sur RDV.
Propriétaire : Julien et Clément Raimbault

DOMAINE PASCAL ET NICOLAS REVERDY

Pascal Reverdy et sa belle-sœur Sophie Reverdy signent dans ce très bon domaine un peu excentré une gamme parcellaire de blancs fiables, de caractère, à l'expression fruitée et finement minérale, dotés de finales fumées. Ces derniers millésimes, les rouges ont progressé, notamment sur l'élevage en bois, désormais plus civilisé, mais ils peuvent encore gagner en éclat. Une nouvelle cuvée, La Grande Rue, issue des caillottes de Sury-en-Vaux, a vu le jour en 2019. Une approche sincère et enthousiasmante du sauvignon.

Les vins : Terre de Maimbray 2020 définit parfaitement ce que nous attendons d'un bon sancerre, classique et sans exubérance. Un blanc délicieux à ouvrir dans les trois à quatre ans. La Grand Rue s'exprime en 2019 avec une belle pureté élancée, marquée par une trame calcaire revigorante en finale. Belle réussite ! Élevé un an en cuve en bois (85 %) et demi-muid, Les Anges Lots offrent une ampleur avenante, assortie du goût franc et vineux du sauvignon. Très savoureux et sans démonstration. Le rouge offre un beau classicisme du pinot noir sancerrois 2019, avec une froideur noble. À déboucher dans les cinq ans. A Nicolas 2019 reste un peu lacté et compact, nous attendons davantage de finesse de style.

Sancerre La Grand Rue 2019 17,50 € 92
Sancerre Les Anges Lots 2019 17,50 € 92
Sancerre A Nicolas 2019 19 € 89
Sancerre Terre de Maimbray 2019 12 € 90

Le coup de ♥
Sancerre Terre de Maimbray 2020 11 € 90

Rouge : 5 hectares. Pinot noir 100 %
Blanc : 11,7 hectares. Sauvignon blanc 100 %
Production moyenne : 120 000 bt/an

DOMAINE PASCAL ET NICOLAS REVERDY
Maimbray, 1 route de Chaudenay
18300 Sury-en-Vaux
02 48 79 37 31 • pascal-nicolas-reverdy.com
• Visites : sans RDV.
Propriétaire : Pascal et Sophie Reverdy

DOMAINE FLORIAN ROBLIN

Dans l'ombre des appellations voisines Pouilly-Fumé et Sancerre, Florian Roblin fait rayonner les Coteaux du Giennois. Deux terroirs se dessinent dans ce petit domaine : Champ Gibault (argiles à silex) et Coulée des Moulins (terres blanches). Ils donnent naissance à des sauvignons blancs sans esbroufe, et des rouges, issus de pinot noir et de gamay, bien juteux.

Les vins : un caractère bien gourmand et mûr se dégage du Champ Gibault 2019, délicieux sauvignon sans esbroufe qu'on boira à la régalade dans la jeunesse. Dans un registre un peu plus austère, la Coulée des Moulins 2019 séduit par une énergie plus calcaire, mettant en valeur une belle dimension du terroir. La trame affriolante et fraîche, joliment réglissée, se dégage du généreux Champ Gibault 2019, un rouge de bonne constitution. À boire dans la jeunesse. Une gamme cohérente, charmante et d'un excellent rapport prix/plaisir.

- Coteaux du Giennois Champ Gibault 2019 — 10 € — 89
- Coteaux du Giennois Coulée des Moulins 2019 — 12 € — 91
- Coteaux du Giennois Champ Gibault 2019 — 12 € — 89

Rouge : 1 hectare. Pinot noir 80 %, Gamay noir à jus blanc 20 %
Blanc : 2 hectares. Sauvignon blanc 100 %
Production moyenne : 20 000 bt/an

DOMAINE FLORIAN ROBLIN
11, rue des Saints-Martin, Maimbray,
45630 Beaulieu-sur-Loire
06 61 35 96 69 •
domaine.roblin.florian@orange.fr • Vente et visites : sur RDV.
Propriétaire : Florian Roblin

LES TERRES D'OCRE

Reprenant une partie des vignes de son oncle coopérateur, le jeune Florent Barichard a vinifié en 2013 son premier millésime. Avec son associé Éric Nesson, ils effectuent un travail parcellaire sérieux. Levures indigènes et élevages en cuve béton font naître des blancs mûrs et frais, dynamiques, qui contribuent à renouveler le paysage local. Nous émettons quelques doutes quant à la précision des derniers millésimes de rouge mais sommes convaincus que les vignerons rectifieront le tir.

Les vins : le fruité enchanteur et fringant du rosé Instan T, un gamay, ouvre joyeusement la gamme. En blanc, Tressallier offre une version gourmande et détendue, jusqu'à la franche salinité finale que l'on attend du cépage. Dans Instan T 2020, chardonnay et tressallier (65 %) forment un duo extrêmement juteux et franc du collier, légèrement rustique mais si vivifiant ! Les Gravoches (70 % chardonnay, le reste en tressallier) évolue sur des notes affriolantes de miel avec une certaine patine suave. Un beau blanc vineux pour la table. Côté rouge, Instan T (75 % gamay) dévoile une matière juteuse à l'extraction mesurée, mais marquée par une note animale qui gâche le fruit jusqu'à une finale sèche. Il faudra bien aérer Les Cailloux 2019 pour estomper la réduction; et laisser place à un jus vinifié en douceur et une matière particulièrement charnue et équilibrée, toujours marquée par une légère fermeté tannique en finale.

- Saint-Pourçain Instan T 2020 — de 10 à 11 € (c) — 90
- Saint-Pourçain Les Gravoches 2015 — de 19 à 21 € (c) — 91
- VDF Tressallier 2020 — de 13,50 à 14 € (c) — 90
- Saint-Pourçain Instan T 2020 — de 8 à 8,50 € (c) — 89
- Saint-Pourçain Instan T 2019 — de 10 à 11 € (c) — 87
- VDF Les Cailloux 2019 — de 13,50 à 14 € (c) — 91

Rouge : 7 hectares. Gamay noir à jus blanc 38 %, Pinot noir 25 %
Blanc : 7 hectares. Chardonnay 23 %, Tressalier 14 %
Production moyenne : 65 000 bt/an

LES TERRES D'OCRE ♣
Les Vignes, 3500 Châtel-de-Neuvre
04 70 43 12 71 • lesterresdocre@orange.fr •
Vente et visites : sur RDV.
Propriétaire : Éric et Valérie Nesson, Florent Barichard
Directeur : Éric Nesson
Maître de chai : Florent Barichard

La Provence et ses vins

Par Alexis Goujard,
en charge des vins de Provence au sein
du comité de dégustation de La Revue du vin de France

PROVENCE

LES APPELLATIONS

La Provence s'étend sur trois départements, le Var, les Bouches-du-Rhône et les Alpes-Maritimes. Son vignoble se divise en quatre catégories : IGP (anciennement Vin de pays), appellations régionales, appellations sous-régionales et appellations communales.

LES VINS D'IGP

Les vins d'Indication géographique protégée (IPG) représentent un tiers de la production, répartie sur deux départements, les Bouches-du-Rhône (IGP Alpilles) et le Var (IGP du Mont-Caume, des Maures, d'Argens, des Coteaux du Verdon et de la Sainte-Baume). Enfin l'IGP Méditerranée couvre l'ensemble du vignoble provençal.

LES APPELLATIONS RÉGIONALES

Elles regroupent les trois plus vastes appellations de la région : Côtes de Provence (20 100 hectares) dans le Var, les Bouches-du-Rhône et les Alpes-Maritimes (87 % de rosé) ; coteaux d'Aix-en-Provence (4 127 hectares) ; et les Coteaux varois en Provence (2 633 hectares).

LES APPELLATIONS SOUS-RÉGIONALES

Reconnues en 2005, elles englobent les appellations Côtes de Provence Sainte-Victoire, entre les villes d'Aix-en-Provence, Rians et Trets, et Côtes de Provence Fréjus, autour des communes de Fréjus, Saint-Raphaël, La Londe, Pierrefe, Callas, dans l'arrière-pays, et Notre-Dame-des-Anges. La production de rosé domine très largement.

LES APPELLATIONS COMMUNALES

Palette : appellation de 50 hectares située au sud d'Aix-en-Provence et ne comptant que trois producteurs. Les blancs et les rosés sont d'une grande race, en particulier ceux du Château Simone.

Cassis : vignoble du littoral couvrant 200 hectares et pouvant produire des blancs finement aromatiques, équilibrés et de belle fraîcheur.

Bandol : le plus reconnu des vignobles de Provence (1700 hectares), en particulier pour son rouge, issu en majorité du cépage mourvèdre, à la fois puissant, structuré, élégant, finement épicé et poivré. Les domaines élaborent aussi des rosés typés et des blancs plus simples, sauf exception.

Bellet : petite appellation (50 hectares) située sur les hauteurs de Nice et qui tire son nom de la commune de Saint-Roman-de-Bellet. Elle produit des vins rouges (42 %), des rosés (23 %) et des vins blancs (35 %).

Baux-de-Provence : cette appellation au cœur du massif des Alpilles (300 hectares) produit des vins charmeurs d'influence plus rhodanienne que provençale.

LES CÉPAGES

Grenache : cépage principal pour l'élaboration des vins rosés, le grenache représente près de 40 % de l'encépagement régional.

Syrah : répandue au nord du vignoble (14 %), ses baies noires donnent des vins solides, riches en tanins, particulièrement aptes à vieillir.

Carignan : représentant 13 % de l'encépagement, le carignan est bien adapté aux sols pauvres.

Mourvèdre : il fait la réputation des vins rouges de Bandol, et offre des vins musclés, bâtis pour la garde.

Tibouren : authentique cépage provençal, certainement importé par les Romains. Il est délicat, sert surtout à l'élaboration de rosés clairs et intervient également dans les assemblages.

Ugni blanc : utilisé dans le Gers et en Charente pour l'élaboration des eaux-de-vie, l'ugni blanc est particulièrement intéressant pour sa fraîcheur.

La clairette est aussi présente, comme **le sémillon**, qui sert à Bordeaux à l'élaboration de grands vins blancs floraux et minéraux. En Provence, le sémillon entre en faible proportion dans les vins blancs, mais apporte une certaine rondeur.

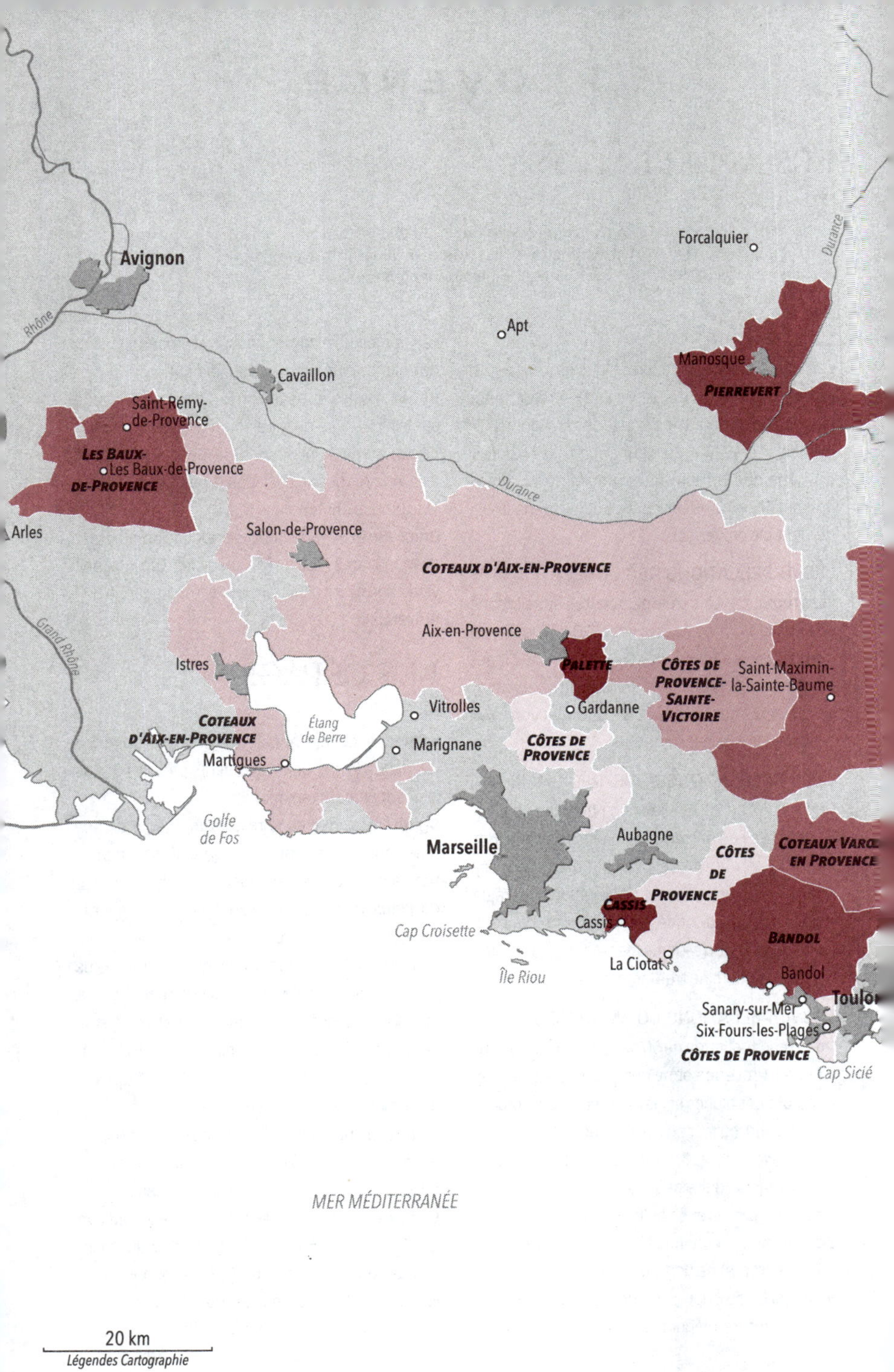

Avignon
Rhône
Forcalquier
Durance
Apt
Cavaillon
Manosque
PIERREVERT
Saint-Rémy-de-Provence
LES BAUX-DE-PROVENCE
Les Baux-de-Provence
Durance
Arles
Salon-de-Provence
COTEAUX D'AIX-EN-PROVENCE
Grand Rhône
Aix-en-Provence
Istres
PALETTE
CÔTES DE PROVENCE-SAINTE-VICTOIRE
Saint-Maximin-la-Sainte-Baume
Vitrolles
Gardanne
COTEAUX D'AIX-EN-PROVENCE
Étang de Berre
Marignane
CÔTES DE PROVENCE
Martigues
Golfe de Fos
Marseille
Aubagne
CÔTES DE PROVENCE
COTEAUX VAROIS EN PROVENCE
CASSIS
Cassis
Cap Croisette
BANDOL
La Ciotat
Île Riou
Bandol
Toulon
Sanary-sur-Mer
Six-Fours-les-Plages
CÔTES DE PROVENCE
Cap Sicié
MER MÉDITERRANÉE
20 km
Légendes Cartographie

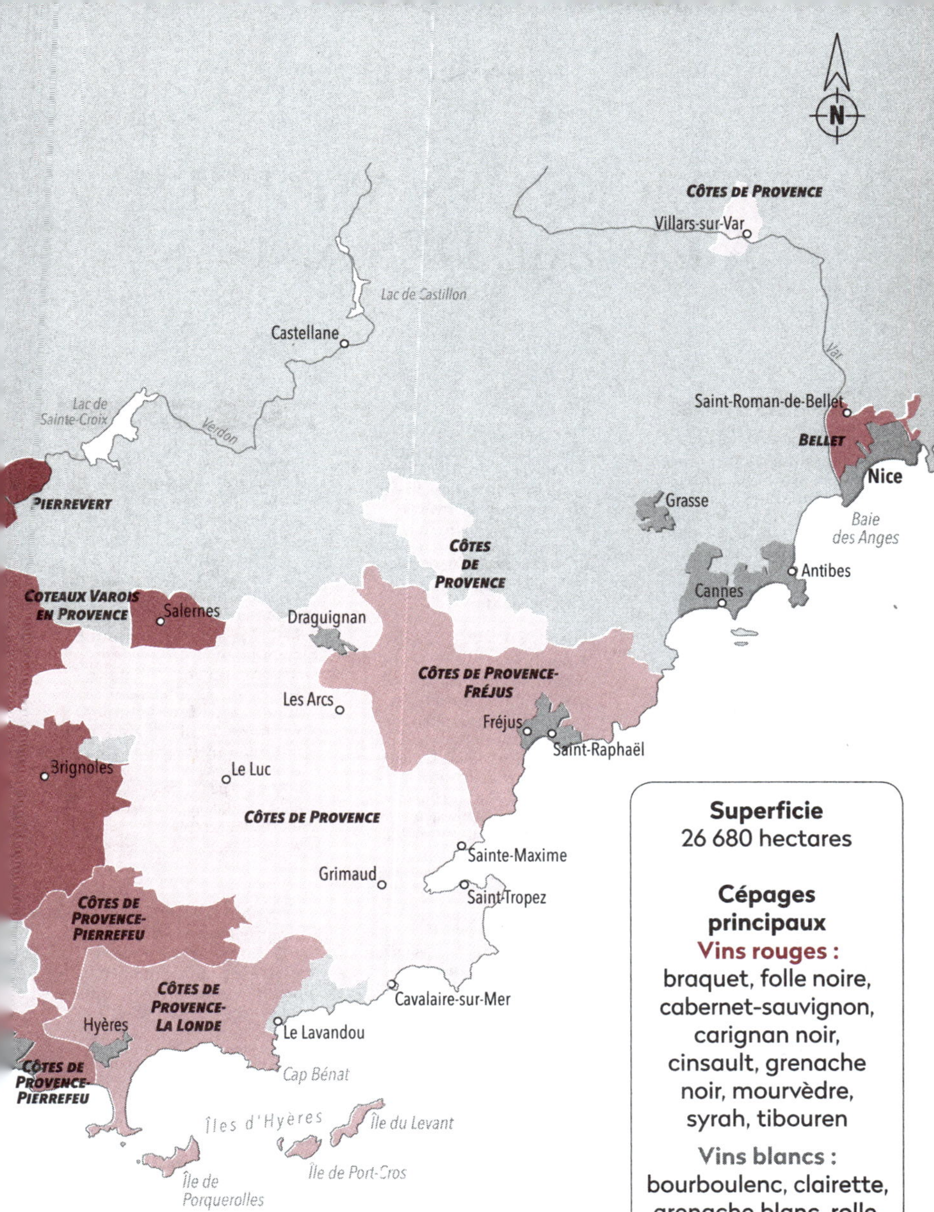

Superficie
26 680 hectares

Cépages principaux

Vins rouges :
braquet, folle noire, cabernet-sauvignon, carignan noir, cinsault, grenache noir, mourvèdre, syrah, tibouren

Vins blancs :
bourboulenc, clairette, grenache blanc, rolle, sémillon, sauvignon, ugni blanc

Volume produit en 2020
1 317 960 hectolitres

DÉLICES DES ALPILLES À LA BAIE DES ANGES

CHAMBRES D'HÔTES

VILLA BEAULIEU

Cette somptueuse propriété, érigée par les comtes de Provence au XVIe siècle à Rognes, toise la Provence à 400 mètres d'altitude. Un havre luxueux témoin d'un art de vivre raffiné au milieu de collections de meubles Louis XIV et Napoléon III. À partir de 340 € la nuit. Les vins du domaine jouent dans la même cour d'excellence.

Route de Beaulieu, 13840 Rognes
Tél. : 04 42 60 39 40
www.villabaulieu.com

DOMAINE LES FOUQUES

Yves Gros est un pionnier de la biodynamie en Provence. Il a aménagé dans son domaine trois gîtes ruraux (800 € la semaine) pour cinq à huit personnes, avec vue sur la mer, l'île de Porquerolles et les vignes.

1405, chemin des Borrels,
83400 Hyères
Tél. : 04 94 65 68 19
www.fouques-bio.com

RESTAURANTS

LE PIED DE NEZ

Envie de goûter une savoureuse cuisine bistrotière de Méditerranée ? Mettez le cap sur le petit village médiéval du Castellet. Ici, les assiettes sont dynamiques et précises (moules gratinées au beurre provençal, filet de dorade rose locale) soutenues par une carte des vins d'une quarantaine de références d'artisans locaux et d'ailleurs. Comptez 30 à 40 € à la carte.

8, rue Montée-Saint-Eloi,
83330 Le Castellet
Tél. : 04 94 29 72 26
www.lepieddenez.com

LE CANON

Des coups de canon naturels fusent dans ce bistrot en pleine forme de la French Riviera. Un coup de jeune dans le vieux Nice avec déco *seventies*, tables en formica, pêche locale et gigots de chevreau d'à côté.

23, rue Meyerbeer, 06000 Nice
Tél. : 04 93 79 09 24
www.lecanon.fr

CAFÉ DE LA PLACE

Une adresse incontournable à Saint-Rémy : escargots des Alpilles, daurade en portefeuille, salades… Et une grande terrasse pour prendre ses aises. La carte des vins est très recommandable. Comptez 20 € à la carte.

17, place de la République,
13210 Saint-Rémy-de-Provence
Tél. : 04 90 92 02 13
www.cafedelaplace-saintremy.com

L'OUSTAU DE BAUMANIÈRE

L'une des plus belles caves de France (des dizaines de milliers de trésors), une cuisine de haute volée, une partie des produits cultivés sur place, à côté de la bastide du XVIe siècle, face aux Alpilles : le chef breton Glenn Viel régale. De 100 à 220 €.

Mas de Baumanière,
13520 Les Baux-de-Provence
Tél. : 04 90 54 33 07
www.baumaniere.com

CAVISTES

LA CAVE DU VIGNERON

Cette cave des Bouches-du-Rhône a fait de l'éclectisme son principe : au compteur, plus de 1800 références.

855, chemin Albert-Guigou,
13290 Les Milles
Tél. : 04 42 39 98 18
www.cave-vigneron.fr

NOTRE COUP DE ♥

CHÂTEAU SAINT-ROUX

Ce magnifique domaine a été restauré avec les pierres locales dans le but de devenir un petit village entièrement bio. Trente hectares de vignes, potager de 3000 m², élevage de chèvre et fromagerie pour la ferme-auberge, boutique remplie de produits de producteurs finement sélectionnés, gîtes pour séjourner… Tout pour des vacances douillettes, en autarcie, au cœur de la plaine des Maures.

RD17, route de la Garde-Freinet,
83340 Le-Cannet-des-Maures
Tél. : 04 98 10 02 61
www.chateausaintroux.com

DA VINI CODE

Autoproclamée *« the largest wine cellar in riviera »*, cette cave tropézienne annonce plusieurs milliers d'étiquettes. Signatures prestigieuses à profusion.

4 bis, avenue Augustin-Grangeon,
83990 Saint-Tropez
Tél. : 04 94 56 27 90
www.davinicode.com

ŒNOUTOURISME

COMMANDERIE DE PEYRASSOL

90 œuvres d'art au milieu de 100 hectares de vignes, elles-mêmes entourées de 1 000 hectares de forêt, d'oliviers. On y déambule et on admire les Arman, Buren, Folon, en calèche, en voiturette électrique, à pied… Prix de l'Œnotourisme 2019 de La RVF.

RN7, 83340 Flassans-sur-Issole
Tél. : 04 94 69 71 02

★★★ DOMAINE HAUVETTE

Dans son domaine situé sur le versant nord des Alpilles, la discrète Dominique Hauvette est une vigneronne de premier plan. Depuis son installation en 1988 sur les sols argilo-calcaires de Saint-Rémy-de-Provence, elle n'a eu de cesse d'élaborer de grands vins rouges et blancs. Exigeante dans ses choix de viticulture (biodynamie depuis 2003), de vinification (éraflage et infusion des baies) et d'élevage (cuve, foudre, fût, œuf en béton), elle respecte comme personne les origines des sols et l'authenticité de ses terroirs pour produire de magnifiques rouges. La sensibilité de la vigneronne s'exprime au travers de cuvées pleines de vie, racées, tout en relief à l'image de l'intense Cornaline (grenache, syrah et cabernet-sauvignon) et d'Améthyste (à dominante de cinsault, complété de carignan et de grenache), parfumée et d'une finesse remarquable. Pressés délicatement en grappes entières, les superbes blancs gras aux amers nobles détonnent dans un paysage provençal où la sous-maturité et les vins acidulés font la loi du marché. Une remontée dans l'histoire des vins du domaine nous confirme leur fine évolution dans le temps. C'est à l'âge de quinze ans que ces vins ont le plus de choses à nous raconter. En 2020, nous avons décerné à Dominique Hauvette le prix de Vigneron de l'année.

Les vins : Dolia 2015 mérite un bon passage en carafe pour révéler tout son panache serein. Sous de douces notes d'infusion de tilleul, une matière déliée se déploie avec sagesse, comme un gras envoûtant. Un blanc posé, d'un grand confort, à ouvrir dès maintenant. Petra 2019 n'est ni du rosé ni du blanc ni du rouge, mais un assemblage poétique de ces trois couleurs. D'une suavité et d'une sensation d'extraits secs hors norme, ce rosé se hisse parmi les plus harmonieux qui existent. Améthyste 2019 est une merveille florale où les notes de roses anciennes se marient à la fraise écrasée. Laissons les tanins s'affiner tranquillement. Quel superbe vin vibrant de vitalité. Comme le reste des vins, Cornaline 2016 a besoin d'une aération douce pour détendre l'ensemble. La texture d'une magnifique douceur fraîche est emplie de saveurs de garrigue et de notes fumées. Son tempérament, à la fois rocailleux et savoureux, l'ancre parfaitement dans son terroir argilo-calcaire. Un avenir radieux lui est réservé.

- IGP Alpilles Dolia 2015 — 40 € — 94
- IGP Alpilles Petra 2019 — 25 € — 94
- IGP Alpilles Améthyste 2019 — 62 € — 95
- Les Baux-de-Provence Cornaline 2016 — 34 € — 93

Rouge : 6,81 hectares. Grenache noir 40 %, Syrah 30 %, Cinsault 20 %, Cabernet-Sauvignon 10 %
Achat de raisins.
Blanc : 3,27 hectares. Roussanne 50 %, Clairette 30 %, Marsanne 20 %
Achat de raisins.
Production moyenne : 40 000 bt/an

DOMAINE HAUVETTE ♣
2946, voie Aurélia,
13210 Saint-Rémy-de-Provence
04 90 92 08 91 •
domainehauvette@orange.fr • Visites : sur RDV aux professionnels.
Propriétaire : Dominique Hauvette

★★★ DOMAINE TEMPIER

Tempier est aujourd'hui le cru de référence du vignoble de Bandol. Tout a été mis en œuvre par la famille Peyraud pour se hisser au sommet d'une hiérarchie régionale et surtout locale. Daniel Ravier, l'actuel directeur du domaine, a amorcé cette reconquête. Il a pu lancer un important programme d'investissement dans la cave, avec un outil de vinification moderne, suivi d'une rénovation complète du parc des foudres. Puis, bien entendu, il a porté une attention toute particulière à un patrimoine viticole exceptionnel composé de très vieilles vignes de mourvèdre, carignan, cinsault et grenache, qui produisent, entre autres, trois célèbres cuvées. La Migoua (10 hectares au Beausset-Vieux, la moitié de mourvèdre complétée par du grenache, du cinsault et de la syrah), La Tourtine (5,5 hectares en restanques du Castellet exposées plein sud avec une large dominante de mourvèdre, du grenache et du cinsault) et Cabassaou (1,5 hectare exposée plein sud, 95 % de mourvèdre avec une pointe de syrah et de cinsault). Les derniers millésimes atteignent un très haut niveau. Le domaine a acquis les 22 hectares de vignes du domaine de La Laidière, à Sainte-Anne-d'Évenos, destinés principalement à la production de rosés, ce qui conduit Tempier à en produire désormais davantage que de rouges.

Les vins : les notes exotiques du blanc 2020 lui confèrent une séduction immédiate. Le gras y est sympathique mais nous attendons bien davantage de race dans un blanc de Provence. Dans un registre moderne et exubérant de notes de pamplemousse, le rosé 2020 est tout aussi charmeur et équilibré mais nous aimerions qu'il montre plus de franchise et de complexité. Ah ! Nous retrouvons le panache de Bandol dans les rouges avec un magnifique millésime 2019 taillé pour la garde, à l'image du bandol pleinement concentré et stylisé avec brio. La Migoua pousse plus loin le curseur de la floralité, d'une puissance aérienne, à la finale vibrante vaillamment épicée. Plus austère et sauvage à l'ouverture, La Tourtine ne lésine pas sur sa concentration. Sa force tannique demandera au moins six à sept ans pour se poser tranquillement. Sur le coteau frappé par le soleil, Cabassaou impressionne par sa concentration monumentale. La masse tannique se fondra et la fraîcheur profonde se révèlera.

Bandol 2020	28 €	89
Bandol 2020	23 €	90
Bandol 2019	30 €	92
Bandol Cabassaou 2019	83 €	95
Bandol La Migoua 2019	55 €	95
Bandol La Tourtine 2019	55 €	94

Rouge : 55 hectares. Mourvèdre 74 %, Grenache noir 13 %, Cinsault 9 %, Carignan 3 %, Syrah 1 %
Blanc : 5 hectares. Clairette 64 %, Ugni blanc (trebbiano) 25 %, Bourboulenc 5 %, Marsanne 3 %, Rolle 3 %
Production moyenne : 230 000 bt/an

DOMAINE TEMPIER

1082, chemin des Fanges, 83330 Le Castellet
04 94 98 70 21 • www.domainetempier.com
• Visites : sans RDV.
Propriétaire : Famille Peyraud
Directeur : Daniel Ravier

★★★ DOMAINE DE TERREBRUNE

Dans la commune d'Ollioules, le vignoble bio de 30 hectares bénéfice d'un sol de marnes argilo-calcaires du trias unique à Bandol qui lui confère un style à part. Ici, le rouge prend naturellement son expression la plus fine et la plus fraîche, sans jamais être exubérant. Si bien que l'on peut parfois être surpris par sa retenue profonde si on le compare à certains de ses voisins, monstres de puissance. Georges Delille, fondateur du domaine, nous a quitté au printemps 2021. L'année précédente, son fils, Reynald, solidement épaulé par Patrick Aparicio, avaient repris le flambeau. Ils sont les garants de ce style dont la tenue dans le temps est incontestable. En témoigne un 1989, au relief de saveurs maritimes et à l'étoffe d'une salinité argileuse. Un monument de la Provence viticole. Il y a aussi, le rosé où le mourvèdre domine légèrement les assemblages, et le blanc (clairette, ugni et bourboulenc), dans des volumes moindres. Tous deux sont en retrait dans la jeunesse. À cinq ans de bouteille, ils respirent. Après dix ans, leurs épaules s'élargissent, le fruité juvénile contenu laisse place aux parfums méditerranéens de leur terroir et révèlent une ampleur que peu de vins de la région peuvent égaler. À l'image de ses vins, la réputation du domaine de Terrebrune s'est construite avec discrétion et tranquillité. Ce domaine couronné de trois étoiles a ouvert une nouvelle page de son histoire avec l'arrivée dans le capital de l'homme d'affaires Jean d'Arthuys qui compte faire rayonner Terrebrune bien plus encore.

Les vins : de subtiles notes de fenouil et de fleurs d'acacia se dégagent du blanc 2020, gracieux, encore sur la réserve de la jeunesse. Il se déliera dans les quinze ans. Quelle délicatesse se dégage du rosé 2020, qui annonce un millésime plus floral qu'épicé. Pas aussi concentré que le 2019, il évoluera avec une élégance saline dans les quinze prochaines années. Pour notre plus grand plaisir, le domaine remet un rosé 2017 sur le marché. Il évoluera admirablement et mute tranquillement dans un registre poivré et de marmelade d'orange. Le bouquet complexe, en parfaite harmonie avec une matière de plus en plus détendue, dynamise par sa finale fraîche et saline. Nous sommes impressionnés par la capacité de ce terroir à s'adapter au millésime pour que les rouges trouvent ainsi leur harmonie. Le pluvieux et ardu 2018 en témoigne. Là où de nombreux rouges de la région se trouvent décharnés, Terrebrune atteint un très bel équilibré, aux nuances épicées, en demi-corps, sans aucun excès de richesse ni de fermeté en finale. Il ne traversera peut-être pas les décennies mais se montre irrésistiblement gourmand et séduira plusieurs années. À l'opposé, le 2011 semble insubmersible, bien plus puissant et solaire. Il est encore enfermé dans sa carapace mais livrera ses tonalités poivrées et sa matière majestueuse dans les trente ans voire davantage. Un grand vin de Méditerranée.

Bandol 2020	22 €	92
Bandol 2017	23 €	94
Bandol 2020	20 €	93
Bandol 2011	42 €	95
Bandol 2018	34 €	94

Rouge : 27 hectares. Mourvèdre 73 %, Grenache noir 15 %, Cinsault 12 %

Blanc : 3 hectares. Clairette 50 %, Bourboulenc 20 %, Ugni blanc (trebbiano) 20 %, Rolle 5 %, Marsanne 5 %

Production moyenne : 120 000 bt/an

DOMAINE DE TERREBRUNE ♣

724, chemin de la Tourelle, 83190 Ollioules
04 94 74 01 30 • www.terrebrune.fr • Vente et visites : sur RDV.
Propriétaire : Reynald Delille et Jean d'Arthuys
Directeur : Reynald Delille

★★ ↗ CHÂTEAU DE PIBARNON

Henri de Saint-Victor crée le château de Pibarnon en 1978, et l'inscrit en quelques décennies parmi les propriétés emblématiques de Bandol. Son fils Éric est depuis 2000 aux commandes du domaine, et n'a de cesse que d'affiner l'expression de ses vins venus les terroirs calcaires datant du trias de La Cadière-d'Azur, jusqu'à trois cents mètres d'altitude. Le rosé s'avère un excellent ambassadeur du bandol classique. Deux rouges sont produits : une cuvée "château" (92 % de mourvèdre et 8 % de grenache) armée pour la garde, et Les Restanques, accessible plus jeune, issu de jeunes vignes (70 % mourvèdre, 30 % grenache). Conçus avec un réel sens esthétique, ces rouges au caractère soyeux et concentré, trouvent leur équilibre entre une quête d'ampleur veloutée et une expression hautement civilisée du fruit. La verticale de millésimes remontant à 2004, réalisée au printemps dernier, manifeste les efforts fournis. En matière de viticulture, sur les 52 hectares, mais aussi en cave, porteuse de vins s'affinant vers plus d'éclat et de profondeur minérale. Nous décernons, par conséquent, la deuxième étoile au domaine.

Les vins : dégusté après un an de bouteille, le blanc 2019 a gagné en ampleur et sa matière se cisèle fraîchement en finale, signature du bourboulenc qui accompagne la clairette avec une touche de marsanne. Chaque année, le rosé gagne en naturel, à l'image du 2020, et accentue l'expression saillante du mourvèdre, en oscillant entre notes de pomelo et d'épices, d'une vinosité fraîche et appétente. Jouant sur une partition plus poivrée, le rosé Nuances 2019 nous love dans la réconfortante densité du mourvèdre. L'un des plus beaux rosés de Provence dégustés cette année. Du côté des rouges, Les Restanques 2017 épouse avec une tendresse fruitée ce millésime sec. Tout comme le "château" 2017, d'un très bel éclat, porté par une matière dense, au velouté parfaitement défini, et qui semble promis à une garde de plus de vingt ans. D'une puissance modérée, le 2018 sort avec brio de ce millésime dont la météo a donné du fil à retordre aux vignerons. Un équilibre déjà très digeste du rouge de Bandol, où les épices douces servent de fil rouge jusqu'à une finale fine et élégante.

Bandol 2019	27 €	89
Bandol 2020	21 €	91
Bandol Nuances 2019	28 € (c)	92
Bandol 2017	35 €	94
Bandol 2018	35 €	93
Bandol Les Restanques de Pibarnon 2017	25 €	91

Rouge : 47 hectares. Mourvèdre 70 %, Cinsault 20 %, Grenache noir 10 %
Blanc : 5 hectares. Clairette 50 %, Bourboulenc 25 %, Ugni blanc (trebbiano) 20 %, Marsanne 5 %
Production moyenne : 170 000 bt/an

CHÂTEAU DE PIBARNON ♣

410, chemin de la Croix-des-Signaux, 83740 La Cadière-d'Azur
04 94 90 12 73 • www.pibarnon.com • Vente et visites : sur RDV.
Propriétaire : Éric de Saint-Victor

★★ CHÂTEAU PRADEAUX

Château Pradeaux, à Saint-Cyr-sur-Mer, est un monument de l'appellation. La famille Portalis est propriétaire des lieux depuis 1752 et son descendant, Cyrille Portalis, en assume aujourd'hui la direction, épaulé depuis 2011 par son fils Étienne qui oriente les vins vers plus de finesse et de tension. À eux deux, ils défendent une vision très traditionnelle des bandols. Les amateurs avertis ont sans doute des souvenirs extraordinaires quant à la race et à l'aptitude au vieillissement de ces vins. Même s'ils se définissent difficilement dans leur jeunesse, leur potentiel est latent. Si l'on prend le risque de les comparer aux bandols de la nouvelle génération, comme les actuels vins produits par les domaines Tempier ou La Bégude, les vins de Pradeaux peuvent être distancés par des cuvées au style plus moderne, coloré, boisé et avantageux, se dégustant avec davantage de facilité dans leur jeunesse. Or, loin de toute dérive flatteuse, Pradeaux reste tel qu'il a toujours été : un rouge très classique, recherchant son épanouissement dans le temps, en renforçant sa puissance et sa singularité grâce à une vinification en grappe entière (rarissime à Bandol) et à des élevages très longs (jusqu'à 48 mois) en vieux foudres âgés de 40 à 80 ans ! C'est aussi ce qui explique leur profil à part. Continuez à les mettre au moins dix ans en cave, ils vous surprendront toujours.

Les vins : d'emblée Le Lys 2016 nous fait découvrir la poésie du mourvèdre méditerranéen (94 %), de ses belles tonalités poivrées, de violette, de mûre... Un vin d'une force tannique sanguine magnifique et d'un tempérament hors norme. Amoureux de rouges doucereux et infusés, passez votre chemin. D'une dimension supérieure, le bandol 2016 exhale une florarité et une note de cerise à la manière bourguignonne que nous rencontrons rarement. Sa matière musclée nous prend la langue dès l'attaque et la stimule avec une profondeur extrêmement vibrante et racée. Un grand vin loin de tous les glouglous légers à la mode. Il traversera les prochaines décennies. Nous avons dans ce millésime l'émotion d'un domaine trois étoiles.

Bandol Le Lys de Château Pradeaux 2016 — 16,50 € — 92

Le coup de ♥

Bandol 2016 — 28,50 € — 96

Rouge : 18 hectares. Mourvèdre 80 %, Grenache noir 15 %, Cinsault 5 %
Production moyenne : 40 000 bt/an

CHÂTEAU PRADEAUX
676, chemin des Pradeaux, 83270 Saint-Cyr-sur-Mer
04 94 32 10 21 • www.chateau-pradeaux.com • Vente et visites : sur RDV.
Propriétaire : Cyrille Portalis
Directeur : Étienne Portalis

★★ CHÂTEAU REVELETTE

Situé dans un terroir frais des hauteurs de l'appellation, sur la commune de Jouques, et voisin du château de Vignelaure, ce somptueux domaine est entre les mains du talentueux Peter Fischer depuis le millésime 1985. Les vignes sont certifiées bio depuis 1998. La gamme se décline sur deux niveaux : outre les vins portant le nom de "Château" (ou "Domaine" pour le blanc), deux autres cuvées, étiquetées Le Grand Blanc et Le Grand Rouge, font référence en Provence. Depuis 2010, vous pouvez aussi déguster la cuvée Pur, en blanc et en rouge, produite en vin de France. Peter Fischer effectue désormais un travail de précision sur les élevages, avec notamment des cuves de béton en forme d'œuf pour les blancs. Les rouges apparaissent fermes dans leur jeunesse, mais s'épanouissent ensuite avec grâce dans les six à sept ans. La plantation de counoise et de carignan blanc, des cépages oubliés, semble indispensable à Peter Fischer pour apporter de la fraîcheur aux vins dans les prochaines années. Avant le retour de son fils dans quelques années, Clara Fischer épaule désormais son père au domaine.

Les vins : le blanc 2020 éclate de notes citronnées et florales. Il est d'une légèreté revigorante et à boire dans les deux ans. Pur 2020 explore un univers plus libre du blanc provençal. Doté d'un joli gras, il est plein de relief jusqu'à une finale rocailleuse extrêmement sapide. Le rosé 2020 ne manque ni de matière ni de franchise de saveurs de fraise écrasée. Il laisse en bouche le croquant du raisin. Un réel plaisir à découvrir à l'été ou à l'automne. On est loin des caricatures de rosés provençaux. Le Grand Blanc 2019 offre d'emblée une richesse beurrée séduisante, d'une formidable densité en extraits secs, élevée avec subtilité. Il concentre et libère sereinement la matière. Ce blanc fait la part belle au chardonnay (70 %), accompagné de roussanne, sauvignon, ugni et rolle, mais trouve une superbe identité en Provence. En rouge, Pur 2020 à base de grenache, vinifié le plus naturellement possible, s'avère juteux et extrêmement franc du collier. Nous écartons le "château" qui n'est pas au sommet de sa forme en 2019. La météo de 2018 n'a pas rendu évident de construire Le Grand Rouge, d'une concentration en demi-corps, structuré par des tanins vigoureux. Il sera bon de le boire dans les cinq ans.

Coteaux d'Aix-en-Provence 2020 — 14,50 € — 90

IGP Méditerranée Le Grand Blanc 2019 — 30 € — 94

VDF Pur 2020 — 18,50 € — 91

Coteaux d'Aix-en-Provence 2020 — 13,50 € — 90

IGP Méditerranée Le Grand Rouge 2018 — 30 € — 91

VDF Pur Grenache 2020 — 18,50 € — 91

Rouge : 22,5 hectares. Grenache noir 37 %, Syrah 37 %, Cabernet-Sauvignon 21 %, Cinsault 5 %

Blanc : 7,5 hectares. Chardonnay 34 %, Ugni blanc (trebbiano) 34 %, Rolle 15 %, Sauvignon blanc 12 %, Roussanne 5 %

Production moyenne : 100 000 bt/an

CHÂTEAU REVELETTE ♣

Chemin de Revelette, 13490 Jouques

04 42 63 75 43 • www.revelette.fr • Vente et visites : sur RDV.

Propriétaire : Peter Fischer

★★ CHÂTEAU SIMONE

Du haut des coteaux du château Simone, une toile de Cézanne se dessine : on admire les vignes centenaires accrochées sur les calcaires de Langesse s'ouvrir au nord vers la montagne Sainte-Victoire. "La Simone", comme la famille Rougier aime l'appeler, est certainement le cru le plus célèbre aux yeux des amateurs de grands vins blancs méditerranéens. Il est vrai que René et Jean-François Rougier cultivent ce blanc loin de toute technicité, affichant une race, un équilibre et une plénitude incroyables. L'un des secrets réside dans le pressurage lent et l'élevage de vingt mois en foudre, puis en barrique. C'est aussi le fruit d'une parcelle de 8 hectares, complantée de plusieurs cépages, principalement de clairette (avec 2 % de muscat qui font la différence !), vendangés et vinifiés assemblés. Le rosé, l'autre atout de Simone, apparaît toujours coloré, avec un fruité intense. Sa bouche, d'une grande concentration, présente un potentiel de garde. Le rouge atteint désormais la dimension de certains grands vins du sud de la vallée du Rhône. Le grenache et le mourvèdre lui concèdent un esprit incarné par un niveau de maturité et un cœur de bouche plus aboutis que dans les anciens millésimes.

Les vins : haut en couleur, le rosé 2020 est un peu austère à ce stade et mérite encore un an de bouteille pour détendre ses saveurs de groseille et de myrtille, ainsi que sa trame finement tannique. N'hésitez pas à carafer ce rosé bien goûteux, à la saveur franche du raisin, avec une structure saillante qui l'invite à table en toutes saisons. La sérénité se dégage étonnamment du 2018, toujours aussi majestueux par ses notes grillées, ses fruits jaunes, son poivre blanc. À noter que son cœur de bouche s'avère moins démonstratif que le 2017, ce qui le rend déjà très élégant. Sa puissance calcaire emplit une finale nourrissante très rassurante. Pas de doute, nous avons affaire au plus beau blanc de Provence. La météo capricieuse de 2018 n'a pas rendu évidente la concentration de matière du rouge. Il s'affirme cette année-là dans un profil en demi-corps, protégé par une réduction fine, un bouquet épicé et une structure élégante. Un vin équilibré, plus aérien que terrien. N'hésitez pas à l'ouvrir dans les dix ans.

Palette 2018 (blanc)	de 35 à 40 € (c)	95
Palette 2020 (rosé)	de 29,50 à 35 € (c)	93
Palette 2018 (rouge)	de 35 à 40 € (c)	91

Rouge : 12 hectares. Grenache noir 40 %, Mourvèdre 20 %, Cinsault 10 %, Syrah 10 %, Cabernet-Sauvignon 10 %, Divers noir 10 %
Blanc : 11,7 hectares. Clairette 80 %, Grenache blanc 10 %, Bourboulenc 5 %, Divers blanc 5 %
Production moyenne : 100 000 bt/an

CHÂTEAU SIMONE
Chemin de la Simone, 13590 Meyreuil
04 42 66 92 58 • chateau-simone.fr/ • Pas de visites.
Propriétaire : Jean François Rougier

★★ DOMAINE DE LA TOUR DU BON

La famille Hocquard est à la tête de ce domaine depuis 1968. Au Castellet, La Tour du Bon bénéficie d'un terroir particulier de souches calcaires et sableuses jouissant d'expositions variées, qui font de lui l'un des plus précoces de Bandol. Dès le milieu des années 1980, le domaine se fait remarquer avec notamment la création, en 1987, de la cuvée Saint-Ferréol, un rouge solaire et fin issu de trois parcelles plantées autour d'une colline âgée de vingt millions d'années. Puis c'est à partir de 1990 et avec l'arrivée, à la tête de la propriété, d'Agnès Hocquard-Henry, que le vin prend une dimension supérieure ! Entourée de vinificateurs ligériens (Thierry Puzelat et Antoine Pouponeau), elle a su tenir le cap de l'excellence avec des vins conservant une grande personnalité et vieillissant harmonieusement dans un profil délicat sans jamais d'excès de maturité, d'extraction ou d'élevage. Depuis 2013, la vigneronne curieuse isole des mourvèdres pour la cuvée En Sol, macérés six mois en amphore. Une pratique ancestrale mais périlleuse (les vins peuvent tomber dans la lourdeur et manquer de précision) magnifiquement maîtrisée dans un rouge fin pourvu d'une rare sensation iodée.

Les vins : comme à son habitude, le blanc (clairette, ugni blanc, rolle) 2020 s'exprime sans exubérance, avec des notes de fenouil et d'anis typiques de ce coin. Il est d'un équilibre tout en légèreté, très rafraîchissant. Le rosé 2020 s'avère digeste avec de belles notes mais manque nettement d'étoffe cette année. On retrouve pleinement la grâce des vins dans les rouges 2019 à l'image du bandol classique, d'une matière pulpeuse saine et d'une sérénité pure des saveurs. Il laisse une inimitable sensation fine de chocolat noir. Quelle vitalité ! Dans un profil plus dense et saillant Saint-Ferréol 2019 rappelle un nebbiolo italien avec une puissance solaire qui a besoin de se poser quelques années. Une pointe de sécheresse en finale. Un grande poésie florale se dégage d'En Sol 2019, un pur mourvèdre mené avec tact et selon une intuition sensible. Ce vin conjugue avec brio la gourmandise et la profondeur aérienne.

Bandol 2020 (blanc)	19 €	89
Bandol 2020 (rosé)	17 €	88
Bandol Saint-Ferréol 2019 (rouge)	39 €	93

PROVENCE

IGP Méditerranée En Sol 2019 44 € 94

Le coup de ♥

Bandol 2019 22 € 93

Rouge : 14 hectares. Mourvèdre 59 %, Grenache noir 23 %, Cinsault 13 %, Carignan 5 %
Blanc : 1 hectare. Clairette 67 %, Ugni blanc (trebbiano) 22 %, Rolle 11 %
Production moyenne : 50 000 bt/an

DOMAINE DE LA TOUR DU BON ♣
714, chemin de l'Olivette, 83330 Le Brûlat-du-Castellet
04 98 03 66 22 • www.tourdubon.com • Vente et visites : sur RDV.
Propriétaire : Famille Hocquard
Directeur : Agnès Hocquard-Henry

★★ DOMAINE DE TRÉVALLON

Bâtisseur du domaine de Trévallon à Saint-Étienne-du-Grès, dès 1973, Éloi Dürrbach est devenu une figure emblématique de la Provence. Sur son terroir argilo-calcaire, exposé sur le versant nord des Alpilles, il a cru au cabernet-sauvignon et à la syrah pour produire de grands rouges. Il travaille son vignoble en agriculture biologique. Vigneron attentif et méticuleux, il produit des vins en IGP Alpilles d'une belle définition de terroir et d'une parfaite maturité de raisin, conjuguées à la justesse de la vinification en grappe entière et de l'élevage (jusqu'à deux ans en foudre). Ces méthodes permettent d'élaborer des vins à la fois denses, tendus et raffinés. À travers leur complexité aromatique (notes d'épices, de garrigue et de truffe noire), les rouges de Trévallon expriment une grande typicité méditerranéenne, tout en conservant une fraîcheur septentrionale. Sur 2 hectares de cépages blancs (marsanne, roussanne, chardonnay et grenache), naissent des blancs en retenue, vineux et sertis de fins amers et de doux parfums floraux. Ostiane et Antoine, les enfants d'Éloi Dürrbach, incarnent depuis quelques années la relève de ce domaine exemplaire.

Les vins : saluons la progression du blanc avec des maturités et des élevages plus justes à l'image de ce 2019, mené avec minutie pour faire jaillir une texture intense, à la générosité sudiste retendue par une sensation calcaire persistante. Un très belle expression méditerranéenne de blanc rappelant de belles cuvées rhodaniennes. En 2018, il n'a pas été évident pour les vignerons de trouver une grande concentration. L'assemblage de cabernet-sauvignon et syrah manque de concentration avec un caractère végétal de la vinification en grappe entière qui persiste jusqu'en finale. Le 2019 qui arrivera dans quelques mois s'annonce d'un tout autre calibre.

IGP Alpilles 2019 90 € 94

IGP Alpilles 2018 70 € 91

Rouge : 15 hectares. Cabernet-Sauvignon 50 %, Syrah 50 %
Blanc : 2 hectares. Marsanne 39 %, Roussanne 33 %, Grenache blanc 11 %, Clairette 9 %, Chardonnay 8 %
Production moyenne : 58 000 bt/an

DOMAINE DE TRÉVALLON ♣
Avenue Notre-Dame-du-Château, 13103 Saint-Étienne-du-Grès
04 90 49 06 00 •
www.domainedetrevallon.com • Vente et visites : sur RDV.
Propriétaire : Éloi Dürrbach

★ ↗ BARAVÉOU

Né en Bourgogne et arrivé sans un lopin de terre à Bandol, le discret Jean-Philippe Fourney a initié une nouvelle approche de rouges à dominante de mourvèdre. Tout en s'occupant des vignobles du château Vannières, du domaine La Suffrene et, aujourd'hui, de Tempier, il a mûri un projet idéaliste. Dès 2011, le trentenaire entreprend un travail titanesque : déboiser, défricher, et restructurer de vieilles restanques à La Cadière-d'Azur pour y planter de la vigne en sélections massales puis les cultiver quatre hectares en biodynamie. L'approche infusée du mourvèdre (venu du Castellet, le village voisin) nous enchante et permet la production de rouges profonds et pulpeux. La recherche de tanins veloutés confère une approche aimable aux vins dans leur jeunesse, tout en les sculptant pour la garde. La rigueur et la sensibilité que le vigneron transmet à son rouge nous conduisent à lui décerner la première étoile. Un bémol, toutefois, pour le rosé doté d'une belle matière mais encore trop marqué par une exubérance aromatique moderne. La différence de sensibilité est telle que nous avons l'impression que ces deux vins ne sont pas faits par la même personne.

Les vins : encore marqué par des notes entêtantes et juvéniles de pomélos, le rosé 2020 s'est détendu par rapport aux années précédentes en gagnant en ampleur, nuancé de saveurs finement poivrées. Comme tous les bons bandols, il sera en pleine forme avec un supplément d'âme au printemps 2022. Le vigneron signe en 2019 son plus beau millésime de rouge : un vin d'une intensité remarquable, encore sur une retenue profonde qui promet une évolution majestueuse. Une saveur de cerise mûre et un toucher de bouche d'une suavité inimitable rendent accessible le bandol tout en étant fidèle à la plus pure expression de ce rouge méditerranéen. Un grand vin d'émotion.

Bandol 2020	de 18 à 20 € (c)	91
Bandol 2019	de 27 à 30 € (c)	95

Rouge : Mourvèdre 90 %, Grenache noir 10 %
Production moyenne : 7 000 bt/an

BARAVÉOU
Chemin de Baravéou, 83740 La Cadière-d'Azur
06 22 93 42 71 • contact@baraveou.com • Vente et visites : sur RDV.
Propriétaire : Jean-Philippe Fourney

★ LA BASTIDE BLANCHE

Ce domaine acheté en 1973 par Louis et Michel Bronzo produit des vins sérieux dans les trois couleurs, alliant puissance et finesse. Morcelé, le vignoble de 47 hectares, essentiellement aménagé en restanques, permet de couvrir les diversités géologiques du terroir de Bandol. Stéphane Bourret, en charge des vinifications, produit des rouges musclés, plus terriens que maritimes, à l'image des deux grandes cuvées : Fontanéou (4 000 bouteilles par an), né de terroirs d'argile rouge, exposé plein est à La Cadière-d'Azur, sur un assemblage de mourvèdre et de grenache, est racé ; Estagnol (5 000 bouteilles par an), provient de sols argilo-calcaires mêlés de zones graveleuses, et offre une matière très mûre et opulente. Issu principalement de clairette et d'ugni blanc, le blanc est sans aucun doute le plus régulier et le plus harmonieux de l'appellation. Les vieux millésimes disponibles à la vente permettent de profiter du potentiel indéniable des vins du domaine.

Les vins : deux cuvées viennent avec joie rompre le classicisme de la gamme des rouges. Contrechamps, cuvée unique dont l'assemblage diffère chaque année en fonction de l'intuition des vignerons et de leurs coups de cœur côté cépages. En 2020, le trio cinsault-syrah-grenache chante une chair pulpeuse et ensoleillée, sertie de tanins croquants. Un vin jovial d'une certaine corpulence qu'on aimera boire dans les quatre, cinq ans. En 2018, on revient sur un assemblage classique : une certaine puissance compose ce millésime difficile, avec une recherche soyeuse des tanins. Une interprétation contemporaine plus accessible du bandol. Le bandol 2019 est d'une très belle constitution, d'une concentration solaire développant une fraîcheur inattendue. Un beau vin saillant à ouvrir à partir de 2022 jusqu'à 2035. Dans un profil très mûr, Estagnol 2016 s'affirme plus en corpulence épicée, saupoudré de fruits noirs sur-mûrs. Il faudra adoucir sa richesse naturelle avec une viande rouge juteuse en sauce. Le 2006 a fortement évolué sur des notes de chocolat noir et d'épices. Il est d'une concentration puissante avec une extraction certainement plus appuyée à l'époque. Un vin loin des glouglous à la mode qu'il faudra boire avec un lièvre à la royale cet automne. Nous préférons nettement la fraîcheur racée de Fontanéou 2015. Sur une bande d'argile, ce vin s'ouvre sur un très beau gras, structuré par des tanins bien bâtis. Le rosé n'atteint pas sa concentration habituelle en 2020 mais il est fidèle au caractère épicé et aux notes de pamplemousse du bandol. Allonge ample en finesse. En 2019, le blanc reste une référence à Bandol. Il a même gagné en complexité en raffinement. Sans exubérance, il se pare d'anis et d'herbes aromatiques. D'un bel éclat salin en finale. Quel plaisir de le retrouver après un an de bouteille sur le marché ! Plus doré et évoluant sur des notes exotiques, Estagnol 2017 est un peu plus puissant et structuré.

Bandol 2019	17,50 €	91
Bandol Cuvée Estagnol 2017	20 €	91
Bandol 2020	16 €	90
Bandol 2019	19,50 €	91
Bandol Contrechamps 2018	19,50 €	90
Bandol Contrechamps 2020	N.C.	91
Bandol Cuvée Estagnol 2006	80 €	93
Bandol Cuvée Estagnol 2016	27 €	92
Bandol Cuvée Fontanéou 2015	27 €	94

Rouge : 41,8 hectares. Mourvèdre 62 %, Cinsault 21 %, Grenache noir 15 %, Divers noir 2 %
Blanc : 5,2 hectares. Ugni blanc (trebbiano) 52 %, Clairette 24 %, Divers blanc 24 %
Production moyenne : 205 000 bt/an

LA BASTIDE BLANCHE ♣
367, route des Oratoires, 83330 Sainte-Anne-du-Castellet
04 94 32 63 20 • www.bastide-blanche.fr • Visites : sans RDV.
Propriétaire : Michel, Julien et Nicolas Bronzo
Directeur : Stéphane Bourret

★ DOMAINE DE LA BÉGUDE

Les Bordelais Guillaume et Soledad Tari sont à la tête de cette propriété de 500 hectares, au milieu de laquelle se nichent 20 hectares de vignes cultivées en bio. L'une des principales caractéristiques de ce domaine viticole réside dans sa situation en altitude. À 410 mètres, La Bégude bénéficie d'un climat très différent de celui proche du littoral. Avec des amplitudes de température importantes entre le jour et la nuit, et un secteur venteux, les mourvèdres mûrissent doucement mais sûrement. Et le grenache prend sur ce terroir de "caillasses" une dimension que l'on trouve rarement à Bandol. Avec des arômes puissants de fruits noirs, d'olive noire, les rouges (50 % du volume) offrent toujours un esprit chaleureux, en limite supérieure de maturité ! Le rosé est toujours remarquable par sa singulière vinosité. Les rouges demeurent encore contenus par un élevage luxueux.

Les vins : après un blanc 2019 (clairette, rolle et ugni) au gras solaire, le 2020 s'ouvre avec un certain charme mais sans grand fond ni matière. Tout comme la cuvée Amphore 2020, où l'acidité semble plus faible. L'année 2020 n'a pas été évidente non plus pour les rosés, joliment épicés mais qui manquent terriblement de consistance. Espérons que la nature sera plus clémente avec les vignerons en 2021. Une expérimentation intéressante se dessine avec Thyrsus 2020, un mourvèdre élevé en amphore, mettant en lumière un fruit éclatant, digeste mais qui termine son chemin sur des tanins vigoureux. 2018 a donné naissance à des rouges en demi-corps habillés par un élevage enrobant, à l'image du bandol classique. Il faudra le boire dans les cinq ans. L'élevage est mieux intégré dans La Brûlade 2018, de plus belle constitution.

Bandol Amphore 2020	28 €	88
Bandol Saint Louis 2020	18 €	88
Bandol 2020	18 €	88
Bandol L'Irréductible 2020	25 €	88
Bandol 2018	28 €	89
Bandol La Brûlade 2018	70 €	91
IGP Méditerranée Thyrsus 2020	25 €	89

Rouge : 28,5 hectares. Mourvèdre 88 %, Grenache noir 8 %, Cinsault 4 %
Blanc : 2,5 hectares. Clairette 80 %, Rolle 15 %, Ugni blanc (trebbiano) 5 %
Production moyenne : 55 000 bt/an

DOMAINE DE LA BÉGUDE ♣
Route des Garrigues, 83330 Le Camp-du-Castellet
04 42 08 92 34 •
www.domainedelabegude.fr • Visites : sans RDV.

Propriétaire : Guillaume Tari
Maître de chai : Julian Cornu

★ CLOS CIBONNE

Après le phylloxéra, le tibouren avait quasiment disparu de Provence. Dans les années 1930, André Roux retrouva quelques pieds qu'il développa en sélections massales au fil des années. Une démarche qui signera la singularité de ce domaine du Pradet, aujourd'hui entre les mains de sa petite-fille, Brigitte, de son mari Claude Deforges, et de leur fils Olivier. Le tibouren domine les assemblages et les marque d'une empreinte forte. Nous avons été éblouis par le caractère profond, à la fois maritime et provençal, des rosés, le point fort du domaine. Pour notre plus grand plaisir, ils s'affirment hors des normes et des codes de la région. Pour la plupart issus de vieilles vignes (cuvée des Vignettes), élevés un an en foudre ou en barrique (Caroline), ils traversent les années en remplaçant, sans rougir, un beau blanc méditerranéen à table. Plus classiques et rigides, les rouges n'atteignent pas encore le niveau de finesse des rosés.

Les vins : Ah ! Le tibouren s'exprime déjà avec panache dans le rosé 2019, aux saveurs de marmelade d'orange et de pain d'épices. Un vin posé déjà très séduisant, hors des canons modernes locaux. La cuvée Prestige Caroline 2019 est malheureusement marquée par un boisé grillé prégnant. De fines notes de safran, de poivre et d'épices douces jaillissent mais une note lactée survient, due à l'élevage trop appuyé. Château Cibon 2018 nous enchante de sa complexité déroutante de safran et fruits à noyaux, ainsi que de sa texture vineuse séduisante. Une superbe persistance de bouche soulignée par son élevage en foudres. Il paraît plus vieux que son âge mais nous avons le sentiment qu'il évoluera avec finesse comme un beau blanc méditerranéen. En rouge, c'est toujours un enchantement de goûter Tibouren 2020, joliment épicé, gouleyant à souhait avec une finale poivrée inimitable, déliée. D'une identité à part en Provence. La cuvée Olivier 2019 (syrah/tibouren/grenache) reste campée sur un style plus classique, extrait et boisé. Il faudra le détendre en hiver avec un plat concentré.

Côtes de Provence Château Cibon Marius 2018	35 €	92
Côtes de Provence Tibouren 2019	18 €	90
Côtes de Provence Tibouren Prestige Caroline 2019	23 €	91
Côtes de Provence Prestige Olivier 2019	23 €	89

Côtes de Provence Spéciale Tibouren 2020 | 22 € | 91

Rouge : 3,5 hectares. Tibouren 90 %, Grenache noir 5 %, Syrah 3 %, Cinsault 2 %
Blanc : 13,5 hectares.
Production moyenne : 100 000 bt/an

CLOS CIBONNE

Chemin de la Cibonne, 83220 Le Pradet
04 94 21 70 55 • www.clos-cibonne.com •
Vente et visites : sur RDV.
Propriétaire : Famille Deforges
Directeur : Claude Deforges
Maître de chai : Olivier Deforges

★ ↗ CLOS MIREILLE

Avec 140 hectares de terres, dont 50 plantés en vignes (à parts égales entre blanc et rouge), cette propriété, située sur le terroir de La Londe, est considérée comme un cru historique de la région. Durant plus de cent ans, la famille Ott en a été l'heureuse propriétaire, jusqu'à son rachat par Louis Roederer, en 2004. Ce changement a permis d'insuffler une nouvelle dynamique, en particulier des investissements dans un nouvel outil de vinification, et la replantation d'un vignoble qui commençait sérieusement à vieillir. Au bout des rangs de vignes, il y a la mer : une situation qui a toujours favorisé la maturation des blancs, en particulier sur un choix d'encépagement original à dominante de sémillon, avec du rolle planté sur un sol argilo-siliceux et de schistes. La précision et l'élégance des vins dégustés méritent d'obtenir la première étoile.

Les vins : toujours sur la retenue, le blanc 2019 met du temps à révéler des nuances florales, de garrigue. Un passage en carafe d'une heure détendra sa texture et mettra en lumière son raffinement de texture. Un vin précis, typé de Méditerranée sans excès de richesse. Dans un style tout aussi élégant, le rosé 2020 nous séduit par la subtilité de ses arômes d'épices, de fruits blancs, avec une matière posée, s'élançant sans démonstration et avec une profondeur gracieuse qui lui promet un bel avenir. Deux bouteilles pleines d'avenir à mettre en cave.

Côtes de Provence 2019 | de 25 à 27 € (c) | 92
Côtes de Provence 2020 | de 26 à 28 € (c) | 92

Rouge : 29 hectares. Grenache noir 68 % Cinsault 22 %, Syrah 10 %
Blanc : 24 hectares. Sémillon 70 %, Rolle 30 %
Production moyenne : 180 000 bt/an

CLOS MIREILLE

Route du Fort-de-Brégançon 83250 La Londe-les-Maures
04 94 01 53 50 • www.domaines-ott.com •
Vente et visites : sur RDV.
Propriétaire : Famille Rouzaud
Directeur : Jean-François et Christian Ott

★ CLOS SAINT-VINCENT

Gio Sergi et son fils, Julien, cultivent avec passion et rigueur ce micro-vignoble de 10 hectares. Les vignes, plantées en terrasses sur la colline de Saquier, sont travaillées avec soin en biodynamie. Les vinifications se font en grande partie sous bois (muid et demi-muid), et sont suivies d'élevages ambitieux. Le rosé de braquet, unique en Provence, reste le plus abouti de l'appellation avec ses notes poivrées et de rose. Revigorant ! Hormis les rosés où une réelle expression sincère du cépage se dégage, les blancs et les rouges peuvent gagner en naturel d'expression avec des élevages et des réductions moins marquées. L'étoile est en jeu.

Les vins : débutons par les blancs. Un bel équilibre se dessine dans le bellet 2019, un rolle d'une belle fraîcheur avec toutefois une certaine exubérance de jeunesse qui mériterait d'être contenue. Dans un registre plus élevé et lacté, le Vino di Gio 2018 possède une ampleur de texture que nous aimerions plus épurée pour l'emmener à table. Le braquet reste la spécialité du domaine avec le rosé 2020, bien poivré et à la note de rose. Un vin établi davantage sur le gras que la tension. Le Vino di Gio 2019 se distingue nettement par sa concentration et une matière profonde joliment poivré. On arrive ici dans les rosés les plus ambitieux de Provence. Marqué par une note de caoutchouc, le bellet 2019 rouge retrouve une belle finesse épicée en conservant une fraîcheur finale. Une bonne entrée en matière pour comprendre la folle noire (90 %). Le Vino di Gio 2019 est comme à son habitude plus réduit, avec une trame tannique un peu abrupte à laquelle on aimerait trouver plus chair et de charme.

Bellet 2019 | 30 € | 89
Bellet Vino di Gio 2018 | 60,60 € | 89
Bellet 2020 | 30 € | 89
Bellet Vino di Gio 2019 | 32 € | 92
Bellet 2019 | 30 € | 89
Bellet Vino di Gio 2019 | 60,60 € | 90

Rouge : 6 hectares. Folle noire 63 %, Braquet (brachet) 33 %, Grenache noir 4 %
Blanc : 4 hectares. Rolle 100 %
Production moyenne : 30 000 bt/an

CLOS SAINT-VINCENT ☾

516, chemin de Cremat, 6200 Nice
04 92 15 12 69 • www.clos-st-vincent.fr •
Vente et visites : sur RDV.
Propriétaire : Joseph Sergi
Maître de chai : Julien Sergi

★ DOMAINE MILAN

Dans le quartier de la Galine à Saint-Rémy-de-Provence, petite ville des Alpilles très prisée d'une clientèle bourgeoise, l'iconoclaste Henri Milan, épaulé par son fils, Théo, demeure fidèle aux vins audacieusement libres qu'il a initiés dans les années 1990. Les vinifications éloignées des standards académiques, menées à bien avec peu de soufre, mettent en lumière des expressions virevoltantes de fruits venus principalement d'éboulis calcaires et de marnes bleues. Issus de macération courte de grenache, syrah, merlot, cinsault et cabernet-sauvignon, les rouges s'avèrent goûteux, des cuvées de fruits jusqu'aux ambitieux S&X, Eliott et le Clos. L'identité des blancs La Carrée (pure roussanne) et Le Grand Blanc (grenache blanc, rolle, roussanne, chardonnay, muscat petit grains) s'affirme avec un haut relief de saveurs franches. Les millésimes présentées manquent de cohérence où de superbes expressions du Grand Blanc 2016 et du Vallon 2019 côtoient les cuvées plus sèches du Jardin 2018 et SX 2017.

Les vins : du côté des rouges, Le Papillon 2020 nous enchante de sa franchise de saveurs et de sa matière infusée, toutefois marquée par une note végétale dans ce millésime. Le Premier voit le jour en 2018, un pinot noir fermenté en grappes entières. Ce vin original est marqué par son élevage en demi-muid neuf. Il exhale la garrigue et le chocolat. La finale serrée, sanguine, a besoin de se détendre en carafe puis avec une viande rouge de caractère. Le merlot du Jardin 2018 manque nettement de matière pour absorber sa fermeté tannique. Il est aussi touché par une animalité. Le grenache de S&X s'avère un peu cuit et a perdu la douceur que nous lui connaissons. Nous préférons nettement une expression typiquement provençale du grenache, syrah, cinsault et nielluccio dans Le Vallon 2019, aux senteurs libres de garrigue et de tapenade d'olive noire. Un vin plein, sans esbroufe et avec des aspérités garantes de son relief. De belle constitution pour vieillir huit à dix ans. Nous sommes bien plus convaincus par Le Grand Blanc 2018, à l'expressivité florale animant un cœur de bouche détendu et une finale qui se recadre avec fermeté. Un blanc généreux qu'il faudra mettre en scène à table. En version 2016, Le Grand Blanc, plus réduit à l'ouverture, est plus complet avec une matière pleine d'ampleur et de saveurs (zestes, fenouil, chocolat blanc...). D'une superbe persistance généreuse. Dans la roussanne de La Carrée 2018, la sensation d'acidité volatile dynamise la bouche difficilement concentrée dans ce millésime.

Blanc – VDF La Carrée 2018	42 €	90
Blanc – VDF Le Grand Blanc 2016	30 €	93
Blanc – VDF Le Grand Blanc 2018	28 €	92
Rouge – VDF Le Jardin 2018	42 €	88
Rouge – VDF Le Papillon 2020	22 €	89
Rouge – VDF Le Premier 2018	50 €	89
Rouge – VDF S&X 2017	30 €	87

Le coup de ♥

Rouge – VDF Le Vallon 2019	20 €	93

Rouge : 8 hectares. Grenache noir 40 %, Syrah 30 %, Mourvèdre 30 %
Blanc : 7 hectares. Chardonnay 33 %, Grenache blanc 25 %, Rolle 17 %, Roussanne 17 %, Muscat à petits grains blancs 8 %
Production moyenne : 60 000 bt/an

DOMAINE MILAN ♣

941 ancienne voie Aurélia
13210 Saint-Rémy-de-Provence
04 90 92 12 52 • www.domaine-milan.com •
Vente et visites : sur RDV.
Propriétaire : Famille Milan
Directeur : Henri et Théophile Milan
Maître de chai : Sebastien Xavier

★ DOMAINE RAY-JANE

Alain Constant aime prendre son temps pour vendanger, il est d'ailleurs souvent le dernier de l'appellation. Dans son bandol rouge, il fait entrer des raisins uniquement issus de vieilles vignes centenaires du Castellet : les plus âgées ont 130 ans ! Les autres vignes, plus jeunes (moins de 100 ans...), servent à produire son vin de pays, avec une large dominante de mourvèdre, voire en pur mourvèdre dans certains millésimes, comme le 2010. Les vins, d'un classicisme intemporel et d'un style à part, sont vinifiés en grappe entière. En cave, l'utilisation de soufre s'avère modérée et les élevages longs, jusqu'à deux ans en foudre.

Les vins : commençons par les blancs. Exubérant et comprimé dans la jeunesse, le 2020 réserve suffisamment d'ampleur, de saveurs finement exotiques et de fraîcheur pour vieillir quelques années. Il est essentiel d'attendre 2022 pour l'ouvrir, il aura calmé ses ardeurs et gagnera en salinité. Dans la même veine, la Cuvée de la ville de Sanary 2020 adopte une identité plus minérale. Nous sommes sceptiques sur la nouvelle cuvée L'insolite 2019, un blanc à l'élevage sous bois caricatural qui masque l'expression du fruit en laissant des saveurs lactées et de bourbon. N'hésitez pas à garder encore un an en bouteille le rosé 2020. Encore contenu, son gras suave et ses élégantes saveurs anisées en font un vin posé, dont l'ampleur séduisante s'étire en finale. Indéniablement un rosé de table. Nous sommes bien plus séduits par les rouges. Dans le millésime très pluvieux 2018, le vin exhale la trame végétale de la vinification de la grappe entière : il s'exprime en demi-corps, en finesse, mais sans dureté tannique en finale. Il sera bon de le boire dans dix ans. Le 2017 est bien plus équilibré et conserve une discrétion sanguine très appréciable à ce stade, d'une poésie aromatique délicatement épicée. Sa matière déliée et noblement végétale confère à ce vin un équilibre terrien dans les saveurs et aérien en finale. Une grande expression de Bandol. Le 2015 se referme et est touché par une animalité prégnante. Cela dit, il offre une densité sanguine déliée et sertie de tanins vibrants. Dans un registre plus tardif et austère, le 2013 évolue paisiblement vers des notes de sang et de tabac, en développant une matière svelte, un peu froide mais tellement rassurante avec une daube de sanglier. Un vin profond, terrien, extrêmement salivant et salin. Plus abordable que le 2015, la Cuvée du Falun 2017, issue de vignes centenaires, nous envoûte de sa floralité et de son fruit pulpeux, bien sculpté par des tanins revigorants en finale. Un magnifique vin taillé pour une garde de plus de vingt ans.

Bandol 2020	16 €	91
Bandol Cuvée de la ville de Sanary 2020	16 €	90
Bandol L'insolite 2019	25,50 €	86
Bandol 2020	13,80 €	90
Bandol 2013	20,50 €	93
Bandol 2015	18,50 €	91
Bandol 2017	17,50 €	93
Bandol 2018	17 €	91
Bandol Cuvée du Falun 2017	29 €	94

Rouge : 7,87 hectares. Mourvèdre 90 %, Cinsault 5 %, Grenache noir 5 %
Blanc : 2,65 hectares. Clairette 90 %, Ugni blanc (trebbiano) 10 %
Production moyenne : 80 000 bt/an

DOMAINE RAY-JANE ♣

353, avenue du Bosquet, 83330 Le Castellet
04 94 98 64 08 • www.ray-jane.fr • Vente et visites : sur RDV.
Propriétaire : Alain Constant

★ DOMAINE RICHEAUME

Ce domaine magnifiquement situé sur la commune de Puyloubier, au pied de la montagne Sainte-Victoire, a pour décor naturel des terres rouges. Son histoire remonte à maintenant plus de quarante ans. Henning Hoesch, d'origine allemande et professeur à Yale, aux États-Unis, quitte le campus américain en 1972 et achète ce domaine de 65 hectares alors vierge de toute culture. Il y plante 3 hectares de vignes qu'il cultive en expérimentant le bio. Très rapidement, les vins se distinguent par leur intensité de corps et leur chair. Comme chez les plus grands vignerons, le respect des sols et la non-intervention dans la vigne s'associent à des outils de vinification modernes. Les 2018 renouent avec un fruit d'une intensité éclatante, d'un magnifique velouté, étiré par la sensation caillouteuse de ce terroir prodigieux. Dans un profil aromatique exubérant, le blanc demeure plus enrobé par une vinification technique.

Les vins : le blanc ne contient que 25 % de viognier, mais c'est lui qui domine l'aromatique expressive de cet assemblage avec le grenache blanc, le vermentino et le sauvignon. Un brin exubérant mais d'une bouche épurée et dotée d'un gras élancé par de beaux amers. À ouvrir à partir de 2025 si vous aimez les blancs moins démonstratifs. Les rouges commencent avec un très beau Tradition 2018, pulpeux, joliment épicé avec une matière concentrée portée par la fraîcheur calcaire de la finale. Belle interprétation de rouge de Méditerranée. En 2019, le pur grenache est une merveille florale, extraite avec un tact et une douceur séduisante. La chair mûre ne dispense aucune fermeté de tanins. Il est rare qu'un rouge de Provence atteigne ce niveau de finesse. Le carignan 2019 est lui aussi d'une sensualité apaisante, d'une attaque douce et doté de tanins fermes, juste ce qu'il faut. L'éclat floral élève magnifiquement ce vin en finale. Columelle 2018 renoue avec un style plus classique, un assemblage de syrah, merlot et cabernet-sauvignon, enrobé par un élevage prégnant, mais déroulant une matière texturée à la finale plus roborative. Nous l'aimerions toutefois un peu plus aérien.

IGP Méditerranée Tradition 2020	20 €	91
IGP Méditerranée Carignan 2019	20 €	93
IGP Méditerranée Columelle 2018	40 €	91
IGP Méditerranée Grenache 2019	25 €	93
IGP Méditerranée Tradition 2018	20 €	91

Rouge : 22 hectares.
Blanc : 4 hectares.
Production moyenne : 60 000 bt/an

DOMAINE RICHEAUME ♣
RD57B, 13114 Puyloubier
04 42 66 31 27 •
www.domaine-richeaume.com • Vente et visites : sur RDV.
Propriétaire : Sylvain Hoesch
Œnologue : Pascal Lenzi

★ CHÂTEAU DE ROQUEFORT

Raimond de Villeneuve a totalement relancé ce domaine familial. Situé au pied du massif de la Sainte-Baume, à Roquefort-la-Bédoule, le vignoble au terroir argilo-calcaire, niché à 380 mètres d'altitude, jouit d'une bonne amplitude thermique entre le jour et la nuit, facteur favorable à la maturité lente des baies. Les influences maritimes régulatrices (Cassis est à 5 kilomètres) jouent également leur rôle. Bourré d'énergie et toujours prêt à remettre en question les contraintes imposées par les décrets d'appellation, à la vigne comme en cave, Raimond de Villeneuve a depuis longtemps opté pour une culture bio fondée sur le travail des sols (certifié Ecocert en 2014). Les blancs nuancés et fringants, ainsi que les rouges au frais et beau caractère méditerranéen, sont d'un excellent niveau. Une approche gourmande et profonde qu'on aimerait voir plus souvent dans la région.

Les vins : le nouveau rosé Le Bonvivant 2020 enchantera l'apéritif de sa simplicité fraîche et fruitée. Une aubaine à 9 euros. Naturellement, Corail 2020 s'affirme avec plus de chair et une finale ponctuée de saveurs d'agrumes. Un rosé moderne techniquement irréprochable. Les blancs sont particulièrement revigorants en 2020 avec Petit Salé (clairette et vermentino), tonifiant, délicatement citronné et d'une chair extrêmement rafraîchissante. À dominante de vermentino, Les Genêts 2020 nous séduit de son gras très appétant et par son équilibre caillouteux et sapide. N'hésitez pas à le garder quelques années. Il se minéralisera dans les prochaines années. Gueule de Loup 2020 est un rouge de soif gourmand, tout en souplesse, d'une réduction qui s'estompera dans les prochains mois. Un remarquable Les Mûres voit le jour en 2019 : pleine, sa chair s'allonge selon une structure revigorante. Une très belle interprétation provençale.

- IGP Bouches-du-Rhône Petit Salé 2020 — 13 € — 90
- Côtes de Provence Corail 2020 — 13 € — 89
- Côtes de Provence Le Bonvivant 2020 — 9 € — 88
- Côtes de Provence Les Mûres 2019 — 15,50 € — 93
- IGP Bouches-du-Rhône Gueule de Loup 2020 — 10,50 € — 89

Le coup de ♥

- Côtes de Provence Les Genêts 2020 — 15,50 € — 92

Rouge : 21,6 hectares. Grenache noir 30 %, Syrah 27 %, Carignan 23 %, Cinsault 15 %, Mourvèdre 5 %
Blanc : 8,7 hectares. Rolle 52 %, Clairette 48 %
Production moyenne : 200 000 bt/an

CHÂTEAU DE ROQUEFORT ♣
Quartier des Bastides,
13830 Roquefort-la-Bédoule
04 42 73 20 84 •
www.chateauderoquefort.com • Pas de visites.
Propriétaire : Raimond de Villeneuve
Directeur : Gentile Margaux

★ DOMAINE DE LA RÉALTIÈRE

Pierre Michelland poursuit l'aventure du domaine familial, perché à 450 m d'altitude, à Rians, au nord des coteaux d'Aix-en-Provence. Ce vigneron quadragénaire cultive les vignes en bio depuis 1994, et en biodynamie depuis 2012. Il produit des vins de grande fraîcheur et de forte personnalité : des entrées de gamme digestes au fruit dénué de tout artifice, et deux grandes cuvées sous le nom Cante Gau. Avec les habituels syrah, grenache et cabernet-sauvignon, le rouge intègre une part importante de carignan noir dans l'assemblage. En blanc, un cépage oublié est remis au goût du jour : le carignan blanc, issu de vieux ceps (une parcelle de 75 ares de 92 ans). Il est désormais assemblé avec des sémillon et ugni blanc, en demi-muid, jarre en grès et dolium. Un magnifique blanc à l'identité sudiste et à la fraîcheur septentrionale.

Les vins : le rosé Cuvée Pastel 2020 est toujours digeste, croquant : un archétype de rosé délicieusement rafraîchissant. Le Cante Gau 2019 montre une belle sagesse épicée et une vinosité réconfortante. Le Blanc Public 2020 nous enchante de sa fraîcheur septentrionale, revigorante, acidulée et vive. Un blanc vivifiant pour l'apéritif. Toujours surprenant par son équilibre et ses notes d'herbes sèches, le blanc 2019 Cante Gau (à dominante de carignan blanc) s'étire avec persistance, sans exubérance, et dans une fraîcheur naturellement tonique. Des canons hors des sentiers provençaux. Passons aux rouges. Dans cet esprit de vin désaltérant, Cul-Sec ! 2020 nous séduit par son côté gouleyant, fringant, très facile à boire. Le cinsault Caillette 2019, à l'équilibre digeste et aérien, est malheureusement marqué par une note animale prégnante. Tout comme Terroyas, un carignan infusé mais souffrant d'un caractère sauvage qui ternit la matière sincère. En version grenache, Sauvedes 2019 offre un fruit pulpeux, aérien avec une tension ferme rafraîchissante. Quelle pureté ! L'original Les Bardouines 2019 présente un degré en alcool peu élevé et propulse une matière serrée, un brin austère mais d'un bel éclat épicé. Très réduit à l'ouverture et possédant une touche animale, le Cante Gau 2018 a besoin d'un passage en carafe d'une heure pour révéler son profil plus classique, généreusement épicé et sa trame tannique ferme.

IGP Var Blanc Public 2020	13,50 €	89
VDF Cante Gau 2019	27 €	93
Coteaux Varois en Provence Cuvée Pastel 2020	12,50 €	89
VDF Cante Gau 2019	18 €	89
Coteaux d'Aix-en-Provence Cante Gau 2018	25 €	89
Coteaux d'Aix-en-Provence Cul-Sec ! 2020	12,50 €	89
IGP Var Caillette 2019	21 €	90
VDF Les Bardouines 2019	21 €	91
VDF Sauvedes 2019	21 €	92
VDF Terroyas 2019	21 €	89

Rouge : 10,5 hectares. Carignan 45 %, Grenache noir 20 %, Syrah 18 %, Cinsault 10 %, Cabernet-Sauvignon 5 %, Aramon 2 %
Blanc : 2,5 hectares. Carignan 80 %, Sémillon 15 %, Ugni blanc (trebbiano) 5 %
Production moyenne : 7 498 bt/an

DOMAINE DE LA RÉALTIÈRE

Route de Jouques, 83560 Rians
04 94 80 32 56 •
michelland.pierre0303@gmail.com • Vente et visites : sur RDV.
Propriétaire : Pierre Michelland

★ CHÂTEAU SAINTE-ANNE

Une petite quinzaine d'hectares, sur la commune de Sainte-Anne-d'Évenos, constitue le vignoble de ce cru connu des amateurs de bandols bio. Dès les années 1970, François Dutheil de la Rochère, puis son épouse Françoise, ont été des pionniers de la viticulture biologique puis de vinifications naturelles en Provence. Aujourd'hui, leur fils Jean-Baptiste perpétue le style "Sainte-Anne" influencé par le climat particulièrement frais de ce secteur oriental de l'appellation. Nous sommes toujours impressionnés par la finesse du toucher des rouges et la douceur de leurs tanins, qui leur offrent un équilibre savoureux après trois à quatre ans, tout en leur promettant un potentiel de garde de plus de vingt ans. Bien coloré, le rosé est loin des standards œnologiques de la région et révèle un fort caractère. Certainement le plus abouti de l'appellation, le blanc assemblé de clairette et d'ugni peut se révéler d'une incroyable race après cinq à six ans de garde, et vieillir magnifiquement une vingtaine d'années.

Les vins : les raisins de jeunes vignes de clairette et ugni ne pouvant revendiquer l'appellation Bandol, ils sont déclassés en Vin de France dans le délicieux blanc La Cuve à JB 2020, franc du collier, libre et extrêmement gourmand. Une approche naturelle précise du fruit. Tout comme le rouge 2020, d'une maturité et d'une matière faibles mais gouleyantes. Le bandol blanc 2020 nous séduit par sa liberté de ton goûteuse (ananas, fenouil...) : un beau blanc au gras structuré par une finale vivante et des amers posés. Une définition libre de blanc provençal comme on en trouve rarement. Du côté des rosés, le côtes-de-provence 2020 n'est pas une référence de précision, mais son absence d'artifice fait ressortir un caractère sincère bien juteux. Comme à son habitude, le bandol 2020 a besoin d'un an de bouteille pour se canaliser et faire sortir une expression poivrée, capable d'animer une matière détendue et pleine. Un beau rosé de table. Le côtes-de-provence rouge 2019 ne manque pas de fraîcheur ni de concentration de fruit. Pour autant une sensation acétique sèche un peu l'ensemble. À Bandol, 2018 s'annonce un peu mince mais reste fidèle au caractère épicé du mourvèdre. Un peu serré, il sera à boire dans les quatre ans. On sent la sécheresse du millésime dans le 2017, un peu sauvage. Il sera bon d'apaiser sa trame tannique fougueuse avec une viande rouge juteuse. La cuvée Collection 2016, composée très nettement par le mourvèdre, se montre bien plus éclatante et posée. D'une floralité et d'un bouquet épicé enivrants, ce vin s'affirme avec un équilibré délié et une finale revigorante. Un très beau rouge libre taillé pour une garde de vingt ans.

Bandol 2020	26 €	92
VDF La Cuve à JB 2020	14 €	89
Bandol 2020	18 €	92
Côtes de Provence 2020	18 €	88
Bandol 2017	28 €	92
Bandol 2018	27 €	90
Côtes de Provence 2019	18 €	88
VDF La Cuve à JB 2020	14 €	87

Le coup de ♥

Bandol Collection 2016	35 €	95

Rouge : 11 hectares. Mourvèdre 60 %, Grenache

noir 20 %, Cinsault 20 %
Blanc : 3 hectares. Clairette 50 %, Ugni blanc (trebbiano) 50 %
Production moyenne : 40 000 bt/an

CHÂTEAU SAINTE-ANNE ♣
RN 8, 83330 Sainte-Anne-d'Évenos
04 94 90 35 40 • chateausteanne@free.fr • Vente et visites : sur RDV.
Propriétaire : Jean-Baptiste Dutheil de la Rochère

★ DOMAINE LES TERRES PROMISES

Jean-Christophe Comor est installé depuis 2004 en Provence. Cet Aixois de naissance, ancien conseiller politique, est aujourd'hui à la tête d'un vignoble de près de 10 hectares répartis dans deux appellations : Coteaux Varois en Provence et Bandol. Dès son premier millésime, il opte pour une viticulture bio dans la mouvance des vins naturels, aux expressions percutantes de fruits d'une grande sincérité de goût, avec "la vérité du caillou dans le verre" comme il aime le dire. Il défend une façon originale d'exprimer l'origine d'un terroir, d'un climat. Doté d'un sens créatif, il n'hésite jamais à créer à chaque millésime, selon son inspiration, des cuvées surprenantes, comme le carignan blanc de macération Analepse, ou un rouge profond et savoureux, issu de vieux cinsaults, Autrement et Encore.

Les vins : qu'il est vivifiant de croiser des blancs comme À Bouche que Veux Tu 2020, assemblage franc et sincère de vermentino, clairette et clairette rose. Un vin établi sur un gras gourmand relancé par une fine amertume qu'il sera bon de boire dans les trois ans. L'équilibre est plus délicat cette année avec Analepse 2019 : il a besoin d'air pour estomper la réduction et la sensation acétique. Ce carignan blanc macéré trois semaines s'avère pleinement concentré et sertis de tanins saillants. Il est très salivant lorsqu'il est accompagné d'anchois ou d'une côte de veau. Apostrophe 2020 est l'un des rares rosés à faire sa fermentation malolactique, ce qui confère une suavité de texture et des saveurs apaisantes de yaourt à la fraise. Amateurs de rosés acidulés, passez votre chemin ! L'ampleur du rosé La Chance 2020 l'invite naturellement à table. Sa chair pulpeuse lui donne de la sérénité. En 2020, L'Antidote soufre d'une note acétique qui ternit un fruit juteux et sèche la bouche en finale. Nous l'avons connu plus en forme. Une animalité gâche l'éclat d'Âme qui vive 2019 (non noté) qui s'intensifie malheureusement à l'aération. Quel dommage, car une matière mûre est extraite en douceur.

Coteaux Varois À Bouche que Veux Tu 2020	14 €	90
VDF Analepse 2019	23 €	91
Bandol La Chance 2020	18 €	91
Coteaux Varois en Provence Apostrophe 2020	13 €	90
Coteaux Varois en Provence Autrement et Encore 2020	42 €	91
IGP Sainte-Baume L'Antidote 2020	14 €	88

Rouge : 11,5 hectares. Carignan 30 %, Grenache noir 25 %, Cinsault 20 %, Mourvèdre 15 %, Syrah 10 %
Blanc : 3 hectares. Vermentino 40 %, Clairette 30 %, Carignan 20 %, Ugni blanc (trebbiano) 10 %
Production moyenne : 68 000 bt/an

DOMAINE LES TERRES PROMISES ♣
Chemin de la Persévérance, 83136 La Roquebrussane
06 81 93 64 11 •
jean-christophe.comor@wanadoo.fr • Vente et visites : sur RDV.
Propriétaire : Jean-Christophe Comor

★ VILLA BAULIEU

Pierre Guénant, qui a fait fortune dans la distribution automobile, a acquis en 2001 cette sublime propriété du XVIIe siècle, située à Rognes. Un peu moins de 12 hectares ont été isolés sur un terroir bien particulier, argilo-calcaire et marneux, exposé nord et nord-est, à 400 mètres d'altitude dans le seul volcan de Provence, pour produire deux rouges et deux blancs en Coteaux d'Aix-en-Provence. Les cuvées Bérengère (baptisées du nom de la fille de Pierre Guénant) affichent leur douceur. Les grands vins de Villa Baulieu sont particulièrement soignés et raffinés. Dans le blanc, le rolle joue avec le sauvignon et leur union nous emmène loin des standards de la région. Le rouge tire son épingle du jeu. Issus de faibles rendements, les syrahs, grenaches et cabernet-sauvignon égrappés subissent un double tri en cave avant de fermenter en cuve béton puis d'être mis en barrique (35 % neuves) pour dix mois : ils donnent un vin qui s'inscrit, depuis le 2013, parmi les meilleurs de Provence.

Les vins : issu des jeunes vignes, la gamme Baulieu affiche un très bon niveau, à l'image du blanc 2017 (65 % rolle, le reste en sauvignon), qui évolue tranquillement sur des notes pétrolées, joliment citronnées. La texture fraîche affiche un gras séduisant. De beaux amers signent une finale équilibrée. En rouge, Baulieu 2017, assemblage de syrah (60 %) et cabernet-sauvignon, conjugue avec finesse un fruit pulpeux et une délicate fraîcheur. Sa grande gourmandise incite à le boire dès maintenant. Le coteaux-d'aix-en-provence blanc 2018 (60 % rolle, le reste en sauvignon) offre comme à son habitude finesse et complexité florale, joliment fumée. Un blanc gracieux, élégant, sans exubérance, mené avec une grande précision. Pour autant, sa concentration en demi-corps le rend déjà accessible et invite à le boire dans les sept-huit ans.

- Coteaux d'Aix-en-Provence 2018 29 € 93
- Coteaux d'Aix-en-Provence Baulieu 2017 15,50 € 90
- Coteaux d'Aix-en-Provence Baulieu 2017 15,50 € 91

Rouge : 8 hectares. Syrah 70 %, Cabernet-Sauvignon 20 %, Grenache noir 10 %
Blanc : 4 hectares. Rolle 60 %, Sémillon 20 %, Sauvignon blanc 20 %
Production moyenne : 30 000 bt/an

VILLA BAULIEU
Domaine de Beaulieu, 13840 Rognes
04 42 50 20 19 •
www.villabaulieuvignoble.com •
Visites : sans RDV.
Propriétaire : Pierre Guénant
Directeur : Bérengère Guénant
Maître de chai : Michel Fabre

★ VILLA MINNA VINEYARD

Ce domaine familial a été repris en 1987 par Minna et Jean-Paul Luc. Par étape, différentes cuvées sont nées de ce vignoble situé à Saint-Cannat : en 1999 Minna Vineyard rouge, en 2004 Villa Minna rouge puis en 2005 Minna Vineyard blanc. Labellisé bio depuis 2012, le vignoble est tenu avec soin, les tailles courtes générant de faibles rendements sur un terroir pauvre de roche calcaire. Les vinifications en petits contenants et les élevages en fût bordelais donnent des vins d'une grande constitution, offrant beaucoup de style et de personnalité, loin de tout caractère technologique. Les élevages ont aussi la particularité d'être longs ! En effet, les bouteilles ne sont commercialisées qu'au bout de cinq ans pour les rouges et de trois ans pour les blancs. Tous les vins du domaine ont besoin de longues aérations.

Les vins : Villa Minna 2020, voici un blanc provençal que l'on aimerait croiser plus souvent dans la région. Un vermentino accompagné de 10 % de roussanne. Un vin plein de panache, aux notes d'herbes aromatiques, de fenouil et un gras de texture extrêmement séduisant. Ravissant pour une table avec un beau poisson de Méditerranée. Le Minna 2019, assemblé de vermentino, roussanne et marsanne, peut encore gagner en pureté mais il nous emmène dans un bel univers aromatique d'herbes sèches, de badiane et de garrigue, en conservant une belle fraîcheur sur ce gras solaire. En rouge, Villa Minna 2019 se montre mâché par une animalité prégnante qui gâche la pureté de ce vin pourtant concentré et doté d'un belle matière. Minna 2016 (syrah, cabernet-sauvignon et mourvèdre) est quant à lui plus précis en exprimant un caractère méditerranéen de garrigue, un peu goudronné et une structure saillante des tanins. Un rouge dense qu'il faudra apaiser à table.

- IGP Bouches du Rhône Minna 2019 24 € 93
- IGP Bouches du Rhône Villa Minna 2020 15 € 91
- Coteaux d'Aix-en-Provence Villa Minna 2019 15 € 89
- IGP Bouches du Rhône Minna 2016 24 € 91

Rouge : 10,98 hectares.
Blanc : 2,5 hectares.
Production moyenne : 40 000 bt/an

VILLA MINNA VINEYARD ♣
Roque-Pessade, D17, Route de Pélissanne
13760 Saint-Cannat
04 42 57 23 19 • www.villaminna.fr •
Visites : sans RDV.
Propriétaire : Famille Jean-Paul Luc
Directeur : Meryl Straupe-Luc
Maître de chai : Arno Straupe-Luc

DOMAINE DU BAGNOL

La petite (215 hectares) appellation de Cassis a construit sa réputation sur ses blancs de marsanne, clairette, pascal blanc et ugni. Peu de cuvées reflètent le caractère méditerranéen profond que l'on attend d'elles. Au domaine du Bagnol, la famille Genovesi s'attèle justement à renouer avec des vins plus ambitieux et à redorer l'image de ce vignoble resplendissant. Sous l'impulsion de Sébastien, les vignes ont été converties en bio en 2014 et des vinifications modernes et précises permettent de ciseler des vins droits, techniquement irréprochables. Nous sommes convaincus qu'un soupçon de maturité supplémentaire des raisins feraient résonner davantage les saveurs salines et la chair profonde de ces vins.

Les vins : Un peu trop exubérant au nez, le rosé 2020 affirme son charnu gourmand dans une bouche bien ficelée avec un fruité épicé très plaisant. Dans la même veine, le blanc 2020 séduit, avec des nuances de fruits blancs et de poivre blanc. Il sera bon de l'attendre encore un an pour qu'il perde son expressivité. Il ne faudra pas hésiter à carafer Caganis 2019 pour le détendre et faire jaillir un caractère plus pierreux et rafraîchissant. Élevé en fût, Marquis de Fesques 2019 prend une tournure plus exotique et onctueuse, avec une fine amertume en finale qui porte le vin avec allonge. Il appelle le loup grillé et la bouillabaisse, le bar en croûte de sel... Bien empli de saveurs poivrées, le rouge 2019 affiche d'emblée le caractère dominant du mourvèdre, suivi par une bouche concentrée et extraite en douceur. Une belle progression pour cette cuvée gorgée de soleil, d'un bon tempérament méditerranéen.

- Cassis 2020 — 16 € — 89
- Cassis Caganis 2019 — 20 € — 89
- Cassis Marquis de Fesques 2019 — 25 € — 91
- Cassis 2020 — 16 € — 88
- Cassis Marquis de Fesques 2019 — 25 € — 91

Rouge : 8 hectares. Grenache noir 40 %, Mourvèdre 35 %, Cinsault 20 %, Carignan 5 %
Blanc : 15 hectares. Marsanne 40 %, Clairette 35 %, Ugni blanc (trebbiano) 15 %, Bourboulenc 5 %, Grenache blanc 5 %
Production moyenne : 90 000 bt/an

DOMAINE DU BAGNOL ♣
12, avenue de Provence, 13260 Cassis
04 42 01 78 05 • www.domainedubagnol.fr •
Vente et visites : sur RDV.
Propriétaire : Lisa & Sébastien Genovesi
Maître de chai : Sébastien Genovesi
Œnologue : Daniel Abrial

CHÂTEAU BARBEYROLLES

C'est au château de Barbeyrolles, à Gassin, que la Provençale Régine Sumeire a initié un rosé très pâle avec sa fameuse cuvée Pétale de Rose dans les années 1980. Depuis, beaucoup ont suivi ce style mais elle reste la référence en la matière. L'un de ses secrets ? Le pressurage doux des raisins en grappe entière, dont découle un jus parfumé à la texture délicate. Sur les schistes près de la Méditerranée, un blanc (sémillon, rolle et ugni) gras et savoureux et un rouge (syrah principalement) à la structure légère naissent des vignes conduites en bio. Ce domaine est sans aucun doute le plus intéressant du golfe de Saint-Tropez.

Les vins : toujours séduisant par sa texture et ses arômes floraux et de fraise mûre, le rosé 2020 se montre serein et posé, loin des caricatures thiolées de la côte. Bravo ! Le rouge 2019 se présente en deux temps : d'abord par son charme suave et plein de fruit, puis par sa finale qui se resserre sur des tanins vigoureux. Un vin solaire qu'il faudra carafer avant de le servir lors d'un repas d'hiver avec une viande rouge mijotée ou une daube de sanglier.

- Côtes de Provence Pétale de Rose 2020 — 23 € — 90
- Côtes de Provence 2019 — 23 € — 90

Rouge : 10,63 hectares. Grenache noir 39 %, Mourvèdre 31 %, Cinsault 16 %, Syrah 9 %, Cabernet-Sauvignon 5 %
Blanc : 1,37 hectare. Ugni blanc (trebbiano) 37 %, Sémillon 34 %, Rolle 29 %
Production moyenne : 35 000 bt/an

CHÂTEAU BARBEYROLLES ♣
2065, route de la Berle, 83580 Gassin
04 94 56 33 58 • www.barbeyrolles.com •
Vente et visites : sur RDV.
Propriétaire : Régine Sumeire

DOMAINE LES BASTIDES

Cette discrète propriété a été achetée en 1967 par Anne-Marie et Jean Salen, décédé en décembre 2015. Après avoir livré leurs raisins à la cave coopérative durant dix ans, ils décident en 1975 de vinifier eux-mêmes leur production. Sur le terroir du Puy-Sainte-Réparade, le vignoble, cultivé en bio depuis plus de quarante ans, donne des vins d'un classicisme rare. Aujourd'hui, la propriété est dirigée par Carole Salen, et le style des vins se maintient dans la plus pure tradition du domaine. Jamais trop extraits ni en surmaturité (sans syrah dans son encépagement), le grenache et le cabernet-sauvignon prennent des arômes délicats de garrigue et de fruits macérés, non sans rappeler l'esprit de certains châteauneuf-du-pape. Les élevages se font en foudre, sur la durée, de façon à dompter et assouplir les tanins avec douceur, en créant une micro-oxydation qui se fait à peine sentir.

Les vins : généreusement coloré, le rosé 2020 impressionne par le caractère primaire du jus de raisin. Un assemblage cinsault-grenache extrêmement pulpeux, juteux, sans aucun artifice. Amateurs de rosés pâlichons et légers, ne vous arrêtez pas ! Une touche animale ternit malheureusement le rouge 2017, au fruit charnu, plein, mais asséché en finale. Toujours aussi enthousiasmant, le bouquet magique du vin cuit nous transporte dans l'univers de fruits secs, de marmelade d'orange, de poivre... Le vin, doté d'une chair sucrée extrêmement affriolante, s'invitera volontiers avec les treize desserts de Noël ou même seul à l'apéritif au coin de la cheminée.

- Coteaux d'Aix-en-Provence 2020 — de 9 à 10 € (c) — 90

Coteaux d'Aix-en-Provence 2017 de 11 à 13 € (c) 88

Vin Cuit Vieille Tradition Provençale de 28 à 32 € (c) 93

Rouge : 20 hectares. Grenache noir 60 %, Cabernet-Sauvignon 21 %, Cinsault 15 %, Mourvèdre 3 %, Counoise 1 %
Blanc : 3 hectares. Rolle 50 %, Clairette 35 %, Ugni blanc (trebbiano) 10 %, Sauvignon blanc 5 %
Production moyenne : 80 000 bt/an

DOMAINE LES BASTIDES ♣
98, chemin des Bastides, route de Saint-Canadet, 13610 Le Puy-Sainte-Réparade
04 42 61 97 66 • carolesalen@domainelesbastides.fr • Vente et visites : sur RDV.
Propriétaire : Carole Salen
Directeur : Idem

DOMAINE BORRELY-MARTIN

Le domaine Borrely-Martin est une propriété discrète, bien loin des marques convoitées pour leurs rosés fluorescents, cachée dans un coin paisible des Mayons, là où le massif des Maures commence son ascension. En 1996, les frères Claude et Jacques Martin ont choisi de faire leur vin. Naturellement, ils produisent du rosé, il faut bien répondre à la demande. Mais leur spécialité, c'est le rouge (entre 60 % et 80 % des volumes). Aux Mayons et à Puget-Ville, deux communes généreusement ensoleillées où sont plantées leur vignes, les vignerons parviennent à capter de subtiles senteurs de garrigue, une douceur de texture et un grain de tanin délicat.

Les vins : le rosé Carré de Laure 2020 séduit toujours par ses notes expressives d'agrumes et sa texture gourmande. Voilà un bon rosé légèrement acidulé à boire dans la jeunesse. Pour garder l'équilibre et une certaine fraîcheur, plusieurs millésimes sont assemblés dans Léandre, un rouge généreusement épicé, franc du collier, solaire tout en restant digeste, avec toutefois une marque d'alcool en finale. À l'inverse, Collet 2017 (syrah, grenache, mourvèdre) affiche une haute concentration : pulpeux, sincère, dense ; de cette richesse qu'il convient d'assagir avec un civet de sanglier cet hiver.

Côtes de Provence Carré de Laure 2020 11 € 88

Côtes de Provence Le Collet 2017 18 € 90

Côtes de Provence Léandre 12 € 89

Rouge : 5,95 hectares. Mourvèdre 40 %, Syrah 21 %, Cinsault 16 %, Grenache noir 10 %, Cabernet-Sauvignon 8 %, Carignan 5 %
Blanc : 0,35 hectare. Roussanne 100 %
Production moyenne : 25 000 bt/an

DOMAINE BORRELY-MARTIN
Place de la Victoire 83340 Les Mayons
04 94 60 09 39 • www.borrely-martin.fr • Vente et visites : sur RDV.
Propriétaire : Claude et Jacques Martin

CLOS SAINT-JOSEPH

Niché sur les hauteurs de la vallée du Var, le Clos Saint-Joseph est le seul domaine du département des Alpes-Maritimes à bénéficier de l'appellation Côtes de Provence. Sur les contreforts des Alpes, Constance Malangé et Roch Sassi cultivent ce petit vignoble familial, planté essentiellement de vieilles vignes, dont quelques cépages autochtones, comme le barbaroux. Dix variétés composent ainsi les assemblages du blanc, du rouge et du rosé : ce sont des vins de fort caractère avec une recherche d'expression naturelle des raisins. La nouvelle cuvée issue du vieux cépage provençal rouge, le grassenc, nous enchante !

Les vins : déjà dégusté l'année dernière, le blanc 2019 assemblé de rolle, ugni blanc, sémillon et clairette prend une trame suave, tout en nuances anisées, illustrant à merveille son caractère sudiste, ponctué par de beaux amers. Jamais dans la démonstration, il évoluera tranquillement dans les dix prochaines années. À son habitude, le rosé 2020 s'affiche en nuances épicées et florales, sans aucune exubérance, avec une matière extrêmement savoureuse. D'un bel élan sincère. On aimerait voir en Provence plus de rosés authentiques, comme celui-ci. Le rouge 2019 transpire le caractère poivré de la syrah (50 %), accompagné de grenache, de mourvèdre et de cabernet-sauvignon. Un vin extrait avec douceur et d'une concentration de fruit mesurée. Sa structure sertie de tanins saillants confirme sa trempe méditerranéenne. Tout comme la Syrah 2019, sans grande envergure : un rouge généreusement épicé mais marqué d'une note animale dans ce millésime, qui gâche sa pureté. Une identité singulière, généreusement poivrée à la manière d'un pineau d'Aunis de Loire, constitue le grassenc 2019. Un délicieux rouge, faible en alcool, infusé partiellement en grappes entières, et construit sur des tanins serrés. Sa finale est sanguine. Le retour d'un vieux cépage qui mérite encore de belles explorations.

Côtes de Provence 2020	20 €	92
Côtes de Provence 2019	25 €	91
Côtes de Provence Syrah 2019	40 €	89
IGP Alpes-Maritimes Grassenc 2019	35 €	91

Rouge : 3 hectares. Syrah 50 %, Mourvèdre 20 %, Divers noir 10 %, Grenache noir 10 %, Cabernet-Sauvignon 10 %
Blanc : 2 hectares. Rolle 50 %, Ugni blanc (trebbiano) 30 %, Sémillon 15 %, Clairette 5 %
Production moyenne : 20 000 bt/an

CLOS SAINT-JOSEPH
168, route du Savel, 6710 Villars-sur-Var
04 93 05 73 29 • clossaintjoseph@orange.fr
• Vente et visites : sur RDV.
Propriétaire : Roch Sassi et Constance Malengé

NOUVEAU DOMAINE

CLOS DE L'OURS

Fabienne et Michel Brotons ont quitté leur vie marseillaise et misé toutes leurs économies pour devenir vignerons dans ce ravissant domaine de Cotignac dans le Haut-Var. Un projet passionnant si bien que leurs enfants qui se destinaient à faire carrière dans le commerce les ont rejoints dans cette aventure. Fabien s'attèle alors à la vigne et au vin tandis qu'Émilie s'occupe de la vente. Leur arrivée a fait du bien aux Côtes de Provence car la famille s'attache à exprimer la franchise des grenache, mourvèdre, syrah, cinsault, rolle, clairette et ugni, loin des diktats œnologiques modernes qui font la réputation de la région. La compréhension de leur vignoble, passant notamment par le passage en bio puis à la biodynamie, mène les Brotons à produire des vins de plus en plus sincères qu'ils ne cesseront d'affiner dans les prochaines années. Longue vie au Clos de l'Ours !

Les vins : le blanc Milia 2020 (rolle, ugni, clairette) s'élance en finesse, sans grande concentration, mais avec un éclat du fruit fringant et des notes de poivre blanc. Un équilibre digeste et très rafraîchissant. Un an de cave a fait le plus grand bien au 2019, au caractère de garrigue, dans un registre plus concentré et qui dévoile une fine tension en finale. Cette cuvée peut encore gagner en intensité et profondeur. Le rosé L'Accent 2020 se montre plus charnu avec une maturité aboutie du fruit laissant une sensation pulpeuse et finement épicée. Commençons à l'apéritif et poursuivons joyeusement avec les grillades ! Du côté des rouges, L'Agachon 2019 s'annonce en fruit et en épices dans une attaque suave du cinsault et une finale musclée du carignan. Sa finale a la fermeté musclée du carignan. Un rouge du Sud gai et pimpant. N'hésitez pas à passer en carafe Le Chemin 2019 pour détendre sa force tannique : un joli rouge hautement concentré d'arômes kirschés. Une définition provençale qui ne demande qu'à s'affiner. Venue d'une superbe parcelle protégée de forêts, la syrah Ursus, accompagnée d'une touche de mourvèdre, impressionne par sa couleur sombre et sa carrure sudiste riche et concentrée, tout en conservant une fraîcheur appréciable.

Côtes de Provence Milia 2019	20 €	90
Côtes de Provence Milia 2020	20 €	89
Côtes de Provence L'Accent 2020	16 €	90
Côtes de Provence L'Agachon 2019	22 €	89
Côtes de Provence Le Chemin 2019	24 €	90
Côtes de Provence Ursus 2019	39 €	91

Rouge : 11,2 hectares. Syrah 33 %, Grenache noir 23 %, Cinsault 19 %, Mourvèdre 14 %, Carignan 11 %
Blanc : 4,3 hectares. Rolle 49 %, Ugni blanc (trebbiano) 36 %, Clairette 15 %
Production moyenne : 65 000 bt/an

CLOS DE L'OURS ♣
4776, chemin du Clos de Ruou
83570 Cotignac
0494047769 • www.closdelours.com •
Visites : sur RDV aux professionnels.
Propriétaire : Famille Brotons

CHÂTEAU CRÉMADE

Sophie et Philippe Moquet font à nouveau rayonner ce domaine historique, doté d'un patrimoine passionnant de vieilles vignes de 25 cépages complantés (grenache, mourvèdre, cinsault, manosquin, durif, brun-fourcat, terret gris, tibouren, clairette, ugni, muscat d'alexandrie, panse muscade...) et taillées en gobelet. Tout est ensuite mis en œuvre pour refléter leur terroir au fameux calcaire de Langesse, loin des techniques œnologiques modernes actuelles, via des vinifications en cuve tronconique et un élevage en barrique usagée. Les trois couleurs assument un caractère terrien, une certaine force tranquille. Nous sommes convaincus qu'avec la puissance de ce terroir merveilleux, les vins ont une importante marge de progression, tant en termes de pureté que de vibration.

Les vins : une touche de sucres résiduels donne un caractère séducteur au rosé 2019 dont l'aromatique fruité de la jeunesse mute vers une trame plus épicée. D'une belle vinosité et un fond de vin caillouteux. Un rosé ambitieux adapté à un apéritif automnal ou à une table. Le blanc 2019, où la clairette, le grenache blanc, et l'ugni sont accompagnés par 15 % de vieilles variétés, mérite encore un an de cave pour apaiser son expressivité juvénile de pêche et d'agrumes. Son gras intense et sa finale caillouteuse sapide lui promettent une évolution pleine d'ampleur et de panache. Comptez plus de quinze ans de garde. Un beau blanc méditerranéen savoureux bien ancré dans son terroir de Palette. Tout comme le superbe 2010, au parfum de réglisse et d'herbes aromatiques : un vin posé, porté par un gras à la structure doucement amère. Le loup grillé s'invite tout naturellement. Une animalité marque malheureusement le rouge 2015, gâchant le charme épicé de ce vin concentré, bâti sur des tanins saillants. Le 2011 prend quant à lui de belles notes de truffe et de tapenade d'olive noire avec une puissance modérée dans ce millésime solaire. Il est à boire avec un beau gibier cet hiver. N'hésitez pas à passer en carafe tous ces vins.

Palette 2010	27 €	92
Palette 2019	17 €	91
Palette 2011	27 €	91
Palette 2015	22 €	87

Rouge : 7 hectares.
Blanc : 2 hectares.
Production moyenne : 42 000 bt/an

CHÂTEAU CRÉMADE

649, route de Langesse, 13100 Le Tholonet
06 62 07 00 70 • www.chateaucremade.fr •
Vente et visites : sur RDV.
Propriétaire : Famille Moquet
Œnologue : Sophie Moquet

DOMAINE DU DEFFENDS

Ce domaine a fait figure de pionnier dans les années 1960. À l'époque où la culture des grands vins était totalement inexistante en Coteaux Varois, Jacques de Lanversin, professeur de droit à la faculté d'Aix-Marseille, a entièrement planté le vignoble du Deffends. La volonté de produire un vin de référence l'a immédiatement animé. Son épouse Suzel, puis leurs enfants Emmanuel et Anne ont désormais les rênes de la propriété située sur les contreforts du mont Aurélien. Les rouges sont de bonne constitution, quoiqu'un peu serrés cette année. Ils s'ancrent avec tempérament sur leur terroir argilo-calcaire. Le style trop éloigné du caractère naturel des rosés et des blancs nous a conduit à enlever l'étoile au domaine l'an dernier.

Les vins : commençons la gamme avec la note expressive du Viognier de Jacques 2019, un blanc au gras sapide qui reste frais. Plus retenu, le Champ du Sesterce 2020 séduit par son équilibre digeste, aux notes de pêche et d'agrumes, en toute simplicité. Il sera bon de le boire dans les deux ans. Deux rosés modernes s'offrent en légèreté : Rosé d'une Nuit 2020, plaisant, plutôt orienté sur les fruits rouges que les épices ; et Rosé des Filles 2020, qui dévoile un peu plus de gras et de rondeur. En rouge, Champs du Bécassier 2020 (grenache, cinsault et syrah) ne recherche pas la puissance mais une approche souple du rouge provençal en exprimant un joli fruit gouleyant. Servi légèrement, frais, c'est un régal pour des grillades. Champs de la Truffière 2017 (syrah, cabernet-sauvignon) se déroule en deux temps : une attaque tout en chair fruitée et un cœur concentré qui se replie sur des tanins serrés. N'hésitez pas à carafer une demi-heure ce bon classique provençal. Marie-Liesse 2019 (95 % grenache) se présente en demi-corps, avec d'étonnantes notes d'agrumes. Une légèreté plaisante qui manque de matière. La trame ferme, un peu rigide, sur le cœur plaisant des Pointes 2019 montre les limites de la culture de la syrah dans ce secteur.

IGP Sainte-Baume Champ du Sesterce 2020	13,90 €	87
IGP de la Sainte-Baume Viognier de Jacques 2019	17 €	89
Coteaux Varois en Provence Rosé d'une Nuit 2020	12,90 €	87
Coteaux Varois en Provence Rosé des Filles 2020	13,90 €	87
Coteaux Varois Le Champs de la Truffière 2017	15,90 €	90
Coteaux Varois en Provence Champs du Bécassier 2020	12,90 €	89
Coteaux Varois en Provence Les Pointes 2019	18,50 €	89
Coteaux Varois en Provence Marie-Liesse 2019	18,50 €	88

Rouge : 12 hectares. Grenache noir 38 %, Syrah 30 %, Cabernet-Sauvignon 20 %, Cinsault 12 %
Blanc : 3 hectares. Vermentino 53 %, Viognier 35 %, Clairette 12 %
Production moyenne : 60 000 bt/an

DOMAINE DU DEFFENDS ♣

Chemin du Deffends,
83470 Saint-Maximin-la-Sainte-Baume
04 94 78 03 91 • www.deffends.com •
Visites : sans RDV.
Propriétaire : Famille de Lanversin
Maître de chai : Franck Alazard

DOMAINE GAVOTY

La famille Gavoty est établie à Cabasse, un coin précieux du Centre-Var, principalement composé d'argiles et de calcaire, où le vermentino (rolle) trouve l'une de ses définitions les plus profondes et précises. La cuvée Clarendon est le symbole de ce que peut être un beau blanc provençal. Ne vous fiez pas à ses allures modernes dans la jeunesse et attendez six à sept ans pour voir les nuances minérales et la structure élégamment amère prendre forme. Les rosés, majeure partie de la production, sont modernes et bien constitués. Les rouges à dominante de syrah sont plus classiques, avec des structures carrées. Ils se détendent après quelques années. Le domaine est certifié en bio depuis l'an dernier.

Les vins : un grain soyeux anime le rosé Grand Classique 2020. Plein de charme, il prend des nuances florales savoureuses et une trame sans aucune agressivité. Quel plaisir ! Clarendon 2020 se montre plus ambitieux, avec un peu plus de gras et de confort. Un bon rosé moderne, séduisant pour tous. Les blancs ont aussi gagné en grâce et en finesse, à l'image du Grand Classique 2020, un rolle expressif (agrumes, fleurs blanches...) sans pour autant basculer dans l'exubérance. Un vin délié, équilibré et rafraîchissant. En somme, une bonne entrée en matière pour comprendre le cépage. Il est toujours passionnant de parcourir une verticale de Clarendon. À commencer par le 2020, sans excès, déjà subtilement anisé et enveloppé par un gras séduisant et une finale marquée en douceur par les agrumes. Un peu plus contenu, le 2019 s'affirme toutefois avec une densité qui l'invite à table avec des beaux poissons de Méditerranée. De beaux amers en finale lui donnent de la persistance. Un beau potentiel de garde s'annonce. Le 2015 commence son évolution sur les notes d'hydrocarbures, de garrigue avec une belle enveloppe vineuse. Moins concentré mais dans un stylé fin et élégant, le 2013 prend de beaux airs pétrolés et se montre en pleine forme aujourd'hui. Premier Rôle 2019 est fermé et technique à ce stade. On aimerait qu'il se détende. Attendons encore un an. Quel plaisir de goûter à Storia 2019, une infusion de vieilles vignes de carignan avec du cabernet-sauvignon et de la syrah. Un rouge friand, sans grande profondeur mais avec le réelle sincérité d'un fruit glissant, sans aucune dureté. Voilà le type de rouge que nous aimerions rencontrer plus souvent dans la région. Clarendon 2018 s'expose quant à lui en demi corps. Généreusement épicé, il se montre déjà accessible et gourmand. Il sera bon de le boire dans les quatre-cinq ans dans la force du fruit.

- Côtes de Provence Cuvée Clarendon 2013 — 29 € — 91
- Côtes de Provence Cuvée Clarendon 2015 — 35 € — 92
- Côtes de Provence Cuvée Clarendon 2020 — 20 € — 90
- Côtes de Provence Cuvée Grand Classique 2020 — 11,90 € — 90
- Côtes de Provence Premier Rôle 2019 — 41 € — 89
- Côtes de Provence Cuvée Clarendon 2020 — 17,70 € — 89
- Côtes de Provence Grand Classique 2020 — 11,90 € — 89
- Côtes de Provence Cuvée Clarendon 2018 — 20 € — 89
- Côtes de Provence Storia 2019 — 17 € — 90

Le coup de ♥

- Côtes de Provence Cuvée Clarendon 2019 — 19 € — 92

Rouge : 41 hectares. Cinsault 40 %, Grenache noir 35 %, Syrah 15 %, Cabernet-Sauvignon 5 %, Carignan 5 %
Blanc : 9 hectares. Rolle 90 %, Clairette 6 %, Ugni blanc (trebbiano) 4 %
Production moyenne : 250 000 bt/an

DOMAINE GAVOTY ♣
Le Grand Campdumy, 83340 Cabasse
04 94 69 72 39 • www.gavoty.com • Vente et visites : sur RDV.
Propriétaire : Roselyne Gavoty
Maître de chai : Alain Laurette
Œnologue : Bernadette Tourrel

NOUVEAU DOMAINE

DOMAINE LA SUFFRÈNE

Pendant longtemps, la famille Gravier-Piche apportait le fruit de son travail à la cave coopérative. Lorsque Cédric Gravier revient sur les terres familiales en 1996, il décide de faire ses propres vins et mettre en bouteille l'expression de vieux mourvèdres venus essentiellement le la Cadière d'Azur. Au fil des années, son esprit d'entrepreneur l'amène à vinifier les 58 hectares. Davantage marqué par des saveurs de fraise que d'agrumes, les rosés ne lésinent ni sur la couleur, ni la concentration. On retrouve ce gras et cette richesse de texture de ces terroirs précoces dans des rouges denses, aux tanins séduisants, illustration de la douceur argileuse de son terroir. Un classique consensuel qui pour autant n'a pas vendu son âme méditerranéenne.

Les vins : les deux rosés sont de bons ambassadeurs de Bandol. Le 2020, haut en couleur avec une matière ample et très épicée, est la cuvée signature de ces terroirs d'argiles. Sainte-Catherine 2016, quant à lui, pousse les curseurs de la puissance aromatique et de la concentration. Un délicieux vin avec une carrure profonde, en plein épanouissement, gras avec une finale sapide si caractéristique de ce terroir. Il permet de découvrir tranquillement le rouge 2017, au fruité charmeur et gras de texture, comme une sensation argileuse, réconfortante. Un beau vin tout en richesse suave qui permet d'appréhender le bandol. Une petite part de carignan (10 %) accompagne un mourvèdre de haute concentration solaire, sombre comme de l'encre, à la note de chocolat et de cerise noire. Il se fondra à merveille autour d'une bonne table hivernale où le gibier sera roi.

Bandol 2020	15 €	89
Bandol Sainte Catherine 2016	25 €	91
Bandol 2017	17,50 €	91
Bandol Les Lauves 2017	30 €	91

Rouge : 46 hectares. Mourvèdre 60 %, Grenache noir 20 %, Cinsault 13 %, Carignan 6 %
Blanc : 2 hectares. Clairette 50 %, Ugni blanc (trebbiano) 50 %
Production moyenne : 180 000 bt/an

DOMAINE LA SUFFRÈNE
1066, chemin de Cuges 1066 Chemin de Cuges 83740 La Cadière D'Azur
04 94 90 09 23 • www.domaine-la-suffrene.com • Vente et visites : sur RDV.
Propriétaire : Cédric Gravier
Maître de chai : Valentin Rubio
Œnologue : Danile Abrial

DOMAINE LAFRAN-VEYROLLES

Dans la même famille depuis 1405, en des temps où Louis II d'Anjou, époux de Yolande d'Aragon, régnait sur le comté de Provence, Lafran-Veyrolles se revendique à juste titre propriété historique de Bandol. Le vigneron, Jean-Marie Castell, perpétue un style traditionnel de rouges à dominante de mourvèdre (jusqu'à 95 % dans les Hauts de Lafran, anciennement la Cuvée Spéciale), élevé plus de dix-huit mois en foudre, pour dompter la concentration puisée dans les sols d'argiles de La Cadière-d'Azur. Le renouvellement des foudres provoque des boisés insistants et des finales un peu sèches des derniers millésimes des Hauts de Lafran nous contraignent à retirer l'étoile au domaine. Nous espérons que les élevages s'affineront à l'avenir.

Les vins : les beaux arômes d'agrumes du rosé 2020 se transforment peu à peu en épices et prennent une dimension vineuse et fine. Équilibré, dynamique et persistant, il sera à son meilleur au printemps 2022. On sent la difficulté du millésime dans le rouge 2018, bien poivré mais qui manque de concentration. Ses tanins serrés marquent le point final de ce rouge qu'il faudra boire dans cinq, six ans. Opérons maintenant une verticale des Hauts de Lafran : un vin généreusement typé par le mourvèdre, dont les derniers millésimes sont empreints de leur élevage boisé et de finales un peu sèches. Le 2019 nous ancre immédiatement dans son terroir d'argiles de bord de mer avec une densité fraîche de la matière. Mais il subit l'empreinte boisée en bruit de fond. Attendez 2024 que l'ensemble se fonde. Le 2017 offre un cœur de bouche charnu dans un esprit plus fruité. Le 2015 dévoile une texture crémeuse avec un corpulence pour évoluer plus de quinze ans. En plein épanouissement épicé, le 2013 se développe avec intensité et ce gras de texture si caractéristique des argiles. Un beau classique de Bandol pour un gibier.

Bandol 2020	17 € (c)	89
Bandol 2018	20 € (c)	89
Bandol 2019	N.C.	91
Bandol Les Hauts de Lafran 2013	32 €	92
Bandol Les Hauts de Lafran 2015	29 €	90
Bandol Les Hauts de Lafran 2017	de 23 à 25 € (c)	90
Bandol Les Hauts de Lafran 2019	N.C.	89

Rouge : 6 hectares. Mourvèdre 80 %, Cinsault 9 %, Grenache noir 8 %, Carignan 3 %
Blanc : 1 hectare. Clairette 60 %, Ugni blanc (trebbiano) 40 %
Production moyenne : 55 000 bt/an

DOMAINE LAFRAN-VEYROLLES ♣
2115, chemin de l'Argile, 83740 La Cadière-d'Azur
04 94 98 72 59 • www.lafran-veyrolles.com • Vente et visites : sur RDV.
Propriétaire : Claude-Marie Jouve-Férec
Directeur : Jean-Marie Castell

DOMAINE DE SULAUZE

Lorsqu'ils se sont rencontrés, Guillaume Lefèvre travaillait au domaine des Masques, du côté d'Aix-en-Provence, et Karina arrivait du Brésil. Peu de temps après, en 2004, ils ont repris les vignes familiales du domaine de Sulauze, à Miramas, près de l'étang de Berre. Le couple pratique la polyculture, avec un vignoble de 30 hectares conduit en biodynamie, du blé pour la farine et de l'orge pour leur délicieuse bière. Ils bénéficient d'une douzaine de cépages pour composer des vins proches de l'expression naturelle de leur fruit, aussi bien l'étonnant Cochon que la douce La Chapelle Laïque. Les Amis sera le meilleur allié des amateurs de vins plus classiques. Une approche saine et pleine de vitalité des vins de Provence. Une petite déception est à noter quant à la précision des vins.

Les vins : le rosé Pomponette 2020, autrefois si sincère et revigorant, se montre dans ce millésime plus moderne et un peu contenu. On retrouve toutefois, un cœur de bouche plaisant. Le blanc Galinette (assemblage d'ugni, rolle, clairette et grenache blanc) est bien plus spontané. Le vin est un peu acide mais plein d'entrain gourmand, animé par de fines notes de garrigue. La Chapelle Laïque 2018 perd peu à peu sa réduction et laisse place à une texture déliée qui manque de concentration mais garde toutefois sa franchise de saveurs citronnées et d'herbes aromatiques. Dégustons les rouges en commençant par un très original Pinzutu, un sciaccarellu naturellement floral et sans excès de concentration. Un rouge du Sud digeste, serti de tanins sanguins. La Chapelle Laïque 2019, cinsault, manque un peu de précision. C'est dommage car la texture de ce vin s'avère charmante. Lauze 2016 met en lumière une dominante de grenache, travaillée vraisemblablement avec peu d'intervention, concentrée, généreuse mais marquée d'une animalité en finale. Un vin de gibier pour l'hiver.

- Coteaux d'Aix-en-Provence Galinette 2018 — 13 € 89
- Coteaux d'Aix-en-Provence La Chapelle Laïque 2018 — 25 € 89
- Coteaux d'Aix-en-Provence Pomponette 2020 — 11 € 88
- Coteaux d'Aix-en-Provence La Chapelle Laïque 2019 — 25 € 89
- Coteaux d'Aix-en-Provence Lauze 2016 — 19 € 88
- VDF Pinzutu 2020 — 20 € 90

Rouge : 22 hectares. Grenache noir 39 %, Cabernet-Sauvignon 19 %, Syrah 18 %, Cinsault 11 %, Caladoc 6 %, Mourvèdre 5 %, Carignan 1 %, Marselan 1 %
Blanc : 6,5 hectares. Vermentino 37 %, Grenache blanc 28 %, Clairette 19 %, Ugni blanc (trebbiano) 16 %
Production moyenne : 140 000 bt/an

DOMAINE DE SULAUZE
Chemin du Vieux-Sulauze, D569,
13140 Miramas
04 90 58 02 02 •
www.domainedesulauze.com • Visites : sans RDV.
Propriétaire : Guillaume et Karina Lefèvre

CHÂTEAU VIGNELAURE

Ce domaine au passé prestigieux, précurseur dans la plantation sur une majorité de son vignoble de cabernet-sauvignon au début des années 1970, appartient depuis 2007 au Suédois Bengt Sundstrom. Avec Philippe Bru, le directeur technique, ils souhaitent exprimer au mieux tout le caractère de ce terroir argilo-calcaire d'altitude (de 350 à 480 mètres), en optimisant un vignoble désormais âgé et ayant connu, depuis son rachat, une phase importante de renouvellement ! Ce qui explique, entre autres, la création de cuvées d'entrée de gamme, vinifiées pour une consommation rapide (Le Page et La Source en rosé et en rouge). Les airs bordelais du rouge sont indéniables, tant dans la texture suave que par la fraîcheur du cabernet-sauvignon et du terroir. La verticale réalisée jusqu'au magnifique 1985 témoigne de la longévité de ces vins dans le temps. Les rouges méritent l'étoile ; les blancs, et surtout les rosés, peuvent gagner en naturel.

Les vins : les deux rosés s'inscrivent dans la veine des rosés modernes, à la robe pâle et à l'expressivité séduisante. Le "château" a suffisamment de fond pour évoluer deux à trois ans. En blanc, La Source 2020 se montre joliment citronné, léger et facile d'accès. Il manque toutefois un peu de consistance. Le Page de Vignelaure 2020 offre un gras plaisant en exhalant des notes de pêche et de fruits blancs. Deux blancs à boire dans l'année. Vignelaure 2019 (assemblage de sauvignon, roussanne et viognier) prend des airs aromatiques de condrieu, enveloppé par un élevage sous bois richement toasté. Un blanc plein, enrobé avec une générosité plutôt rhodanienne que provençale. N'hésitez pas l'ouvrir dans les dix ans. Exercice de style, L'Or de Vignelaure, un sauvignon blanc touché par la pourriture noble, est une liqueur dorée enveloppée par un boisé séduisant et une belle fraîcheur que nous n'attendions pas forcément en Provence. Un vin de méditation à boire au coin du feu. Nous sommes bien plus convaincus par les rouges, à l'image du 2016, d'une très belle intensité savoureuse. Vin de matière, finement élevé en barriques il conjugue la fraîcheur de l'altitude et du millésime. Il vieillira avec grâce dans les vingt ans. Le 2015 évolue tranquillement dans un registre plus sauvage qu'il sera bon d'apaiser lors d'un passage en carafe. Une très belle densité structurée par des tanins civilisés. Il est temps de boire La Source de Vignelaure 2017 dont le fruit se tanne et laisse une matière un peu décadente. C'est dommage car on sent un fruit charnu en cœur de bouche.

- Coteaux d'Aix-en-Provence La Source 2020 — 12,90 € — 87
- IGP Méditerranée Le Page de Vignelaure 2020 — 10,90 € — 88
- IGP Méditerranée Vignelaure 2019 — 22,90 € — 90
- VDF L'Or de Vignelaure 2019 — 26 € — 90
- Coteaux d'Aix-en-Provence 2020 — 16 € — 88
- IGP Méditerranée Le Page de Vignelaure 2020 — 8,50 € — 87
- Coteaux d'Aix-en-Provence 2015 — 25 € — 92
- Coteaux d'Aix-en-Provence La Source de Vignelaure 2017 — 12,90 € — 89

Le coup de ♥

- Coteaux d'Aix-en-Provence 2016 — 24 € — 93

Rouge : 47 hectares. Cabernet-Sauvignon 32 %, Syrah 30 %, Grenache noir 26 %, Merlot 6 %, Cinsault 4 %, Carignan 2 %

Blanc : 8 hectares. Rolle 33 %, Sauvignon blanc 26 %, Sémillon 16 %, Roussanne 15 %, Viognier 10 %

Production moyenne : 240 000 bt/an

CHÂTEAU VIGNELAURE ♣

Route de Jouques, 83560 Rians

04 94 37 21 10 • www.vignelaure.com • Visites : sans RDV.

Propriétaire : Bengt Sundstrom

Directeur : Philippe Bru

PROVENCE

Le Rhône nord et ses vins

Par Olivier Poels,
en charge des vins du Rhône septentrional
du comité de dégustation de La Revue du vin de France

N
CÔTES DU RHÔNE
Superficie
5 787 hectares
Cépages principaux
Vins rouges :
syrah
Vins blancs :
viognier, marsanne, roussanne
Volume produit en 2020
236 153 hectolitres
Vienne
CÔTE RÔTIE
Ampuis
CONDRIEU
Condrieu
CHÂTEAU-GRILLET
Chavanay
Rhône
CONDRIEU ET SAINT-JOSEPH
Limony
Roussillon
Charnas
Serrières
Peyraud
Champagne
Saint-Désirat
Annonay
Andance
Talancieux
Sarras
SAINT-JOSEPH
Arras-sur-Rhône
Sécheras
CROZES-HERMITAGE
HERMITAGE ET CROZES-HERMITAGE
Vion
Crozes-Hermitage
Tain-l'Hermitage
Tournon-sur-Rhône
Mauves
CROZES-HERMITAGE
Romans-sur-Isère
Châteaubourg
CORNAS
Cornas
Valence
Saint-Péray
SAINT-PÉRAY
Toulaud
SAINT-JOSEPH
Rhône
CÔTES DU RHÔNE
CÔTES DU RHÔNE
Livron-sur-Drôme
Saint-Julien-en-Saint-Alban
Loriol-sur-Drôme
Drôme
Crest
Die
COTEAUX DE DIE, CLAIRETTE DE DIE ET CRÉMANT DE DIE
Châtillon-en-Diois
CHÂTILLON-EN-DIOIS
Privas
Rhône
Montélimar
20 km
Légendes Cartographie

LES APPELLATIONS

Le vignoble septentrional de la vallée du Rhône compte seulement huit appellations communales et une appellation régionale, qui demeure très marginale.

L'AOC RÉGIONALE

Côtes-du-Rhône : si dans le sud de la vallée du Rhône, cette appellation couvre 32 000 hectares, elle n'en représente que 50 dans sa partie septentrionale. Elle est néanmoins utilisée par quelques vignerons.

LES AOC SEPTENTRIONALES DE LA VALLÉE DU RHÔNE

Côte-Rôtie : ces vins rouges issus de la syrah, parfois assemblée au viognier, sont produits sur les terrasses escarpées dominant Ampuis, sur la rive droite du Rhône. L'AOC ne couvre que 308 hectares. On reconnaît souvent son style fin, mais intense et suave, à ses parfums de violette. C'est aujourd'hui l'une des appellations les plus chères du Rhône.

Condrieu : voisin de la Côte Rôtie, Condrieu (192 hectares) produit des vins blancs issus du viognier, très aromatiques, gras mais frais, appréciés pour leur fruit gourmand. Ils peuvent être bus jeunes, mais les cuvées les plus passionnantes affichent une minéralité qui confère aux vins beaucoup de complexité et un potentiel de garde intéressant.

Château-Grillet : la plus petite AOC du Rhône s'étend sur seulement 3,5 hectares. Propriété de François Pinault depuis 2011, son vignoble planté en amphithéâtre domine le Rhône entre 165 et 250 mètres d'altitude. Il donne un vin blanc qui vieillit admirablement.

Saint-Joseph : cette longue appellation qui s'étend sur près de 80 kilomètres, mais ne représente au total que 1 231 hectares de vignes, est située presque uniquement sur les coteaux abrupts bordant la rive droite du Rhône. Saint-Joseph produit des rouges assez fermes issus de syrah, et des blancs élaborés à partir de marsanne, avec quelquefois un peu de roussanne, qui peuvent être de grande qualité. Le niveau est variable selon les terroirs.

Crozes-Hermitage : la plus vaste des appellations du nord (1 683 hectares) et la seule, avec Hermitage, située sur la rive gauche. Plusieurs producteurs de talent ont fait progresser l'appellation ces dernières années. Les rouges sont des vins de moyenne garde ; les blancs demeurent, à ce jour, moins intéressants.

Hermitage : sans conteste, ces 137 hectares forment l'un des plus exceptionnels crus de France, grâce à un terroir et à une exposition remarquables. Les vins rouges, issus de syrah, sont propices à une longue garde. Les blancs, plus confidentiels, issus de marsanne et de roussanne, doivent absolument vieillir en cave pour dévoiler leur plénitude aromatique. D'une qualité exceptionnelle, les hermitages sont aujourd'hui parmi les vins les plus onéreux de France.

Cornas : située sur la rive droite du Rhône, dans le prolongement de Saint-Joseph, Cornas (145 hectares) ne produit que des vins rouges, puissants et épicés, issus de syrah. C'est actuellement l'une des appellations qui montent grâce à une génération de vignerons talentueux.

Saint-Péray : cette petite appellation de 85 hectares est la plus méridionale des AOC du nord de la vallée du Rhône. Elle produit uniquement des vins blancs, tranquilles et effervescents.

LES CÉPAGES

Dans la partie septentrionale de la vallée du Rhône, quatre cépages sont principalement utilisés, seuls ou en assemblage.

LA SYRAH

Cépage rouge emblématique des appellations septentrionales de la vallée du Rhône, la syrah dessine la forte personnalité de ces vins. Colorée, résistante à l'oxydation, tannique, aromatique (framboise, cassis, violette, poivron...), la syrah peut être employée seule, comme dans l'appellation Cornas ou assemblée avec une petite quantité de cépages blancs. Ainsi, en Côte Rôtie, on emploie 80 % minimum de syrah et 20 % de viognier ; en Crozes-Hermitage et en Hermitage, au moins 85 % de syrah et jusqu'à 15 % de marsanne ou de roussanne. Enfin, en Saint-Joseph, on peut réaliser un vin avec au moins 90 % de syrah et jusqu'à 10 % de marsanne et de roussanne.

LA MARSANNE

La marsanne est un cépage rustique très vigoureux et généreux, implanté sur des terrains peu fertiles de coteaux. Il se plaît sur les sols chauds et caillouteux des appellations septentrionales de la vallée du Rhône. Ce cépage donne des vins puissants, d'acidité moyenne, qui s'expriment par des arômes de fleurs et de noisette, lesquels se développent particulièrement au vieillissement. La marsanne est le plus souvent employée en assemblage avec la roussanne, autre cépage blanc, que l'on rencontre dans les mêmes appellations. Elle est ainsi utilisée dans l'élaboration des vins blancs de Crozes-Hermitage, d'Hermitage, de Saint-Joseph et de Saint-Péray. Elle peut éventuellement entrer dans l'assemblage des vins rouges des AOC Crozes-Hermitage, Hermitage et Saint-Joseph.

LA ROUSSANNE

C'est en quelque sorte le pendant de la marsanne mais leurs caractéristiques ne sont pas tout à fait les mêmes. La roussanne s'avère moins vigoureuse : délicate et d'une grande finesse, elle donne des vins d'une grande élégance, fins et complexes. Elle développe des notes plutôt florales (chèvrefeuille, iris...), très complémentaires des expressions aromatiques de la marsanne. Tout comme cette dernière, la roussanne entre dans la composition des vins blancs de Crozes-Hermitage, d'Hermitage, de Saint-Joseph et de Saint-Péray. Et tout comme la marsanne, elle peut éventuellement intégrer l'assemblage des vins rouges des appellations Crozes-Hermitage, Hermitage et Saint-Joseph.

LE VIOGNIER

Unique cépage blanc de la région à entrer seul dans la composition de certaines appellations (Condrieu et Château-Grillet), le viognier aime les sols secs et caillouteux. S'il est riche en alcool, il peut donner aux vins à la fois de la rondeur et des parfums floraux (violette, aubépine, acacia), et leur conférer une certaine opulence en bouche. Il peut aussi développer des arômes minéraux, comme à Château-Grillet. Avec l'âge, les parfums du viognier évoluent vers des notes de miel, de musc, de pêche et d'abricot sec. Ce cépage peut éventuellement entrer dans l'assemblage des vins de Côte Rôtie, jusqu'à hauteur de 20 %, en complément de la syrah.

ENTRE VIEILLES PIERRES ET CUISINE MODERNE

CHAMBRES D'HÔTES

LE CARRÉ D'ALETHIUS

Ancien second d'Anne-Sophie Pic, Olivier Samin a franchi le Rhône pour créer cette adresse avec son épouse Stéphanie à une dizaine de minutes au sud de Saint-Péray. Chambres simples et agréables, harmonie des mets et vins, comme ces asperges de Provence qu'on associera à un saint-péray, ou ces cannellonis de bœuf confit qui méritent bien un cornas. Menus de 24 à 150 €. Chambres entre 85 et 125 € la nuit.

4, rue Paul-Bertois,
07800 Charmes-sur-Rhône
Tél : 04 75 78 30 52
www.lecarredalethius.com

LES GÎTES DE MICHEL CHAPOUTIER

Six très beaux gîtes dans d'anciennes maisons en pierre sur les hauteurs de Saint-Joseph, à Crozes-Hermitage et sur la colline d'Hermitage. À partir de 220 € le week-end. Au-delà de la vue, des balades à vélo électrique permettent de découvrir le vignoble.

18, avenue du Docteur-Paul-Durand,
26600 Tain-l'Hermitage
Tél. : 04 75 08 92 61
www.chapoutier-gites.com

RESTAURANTS

LE CHAUDRON

Amateurs de ris de veau et de bons canons, courez-y ! À côté de cette cuisine d'esprit bistrot, on trouve une carte des vins bien fournie : 350 références, dont plus de 250 pour la vallée du Rhône. Comptez de 25 à 57 €.

7, rue Saint-Antoine,
07300 Tournon-sur-Rhône
Tél. : 04 75 08 17 90

ANNE-SOPHIE PIC

Art de vivre et gastronomie au sommet dans le restaurant trois étoiles d'Anne-Sophie Pic : *« Comme une bulle hors du temps, intime et douillette. »* Mille références de vins dont 70 % de la vallée du Rhône nord. L'épicerie et le bistrot André sont également recommandables. Menus de 110 (déjeuner) à 330 €. Chambres de 280 à 600 € la nuit.

285, avenue Victor-Hugo,
26000 Valence
Tél. : 04 75 44 15 32
www.anne-sophie-pic.com

CAVE À MANGER

MICRO SILLON

C'est LA grande actu à Lyon : Mathieu Rostaing-Tayard, accompagné de la sommelièreJoanna Figuet, a ouvert en juin cet établissement mi-caviste, mi bar à vins. Plaisir garanti.

6, place Fernand-Rey,
69001 Lyon
Tél. : 09 84 23 52 47

BAR À VINS

LE MANGEVINS

450 références sont proposées ici pour satisfaire les palais fins et leur faire découvrir les pépites de la région. Côté cuisine, un service au déjeuner (33 €) et au dîner (35 €) régalent tout autant, à ne pas manquer.

7, rue des Herbes,
26600 Tain-l'Hermitage
Tél. : 04 75 08 00 76

ŒNOTOURISME

CAVE DE TAIN TERRES DE SYRAH

Marie-Josée Faure, Master of Wine, et la Cave de Tain, se sont associées pour organiser des visites et dégustations dans le vignoble. Au programme, balade en gyropode, atelier vin et chocolat, des cours... De 10 à 40 € par personne.

22, route de Larnage,
26600 Tain-l'Hermitage
Tél. : 04 75 08 91 86
Tél. : 06 33 31 51 98
www.terresdesyrah.com

NOTRE COUP DE ♥

DE L'OR EN CÔTE-RÔTIE

Depuis 2017, cette cave située au cœur d'Ampuis, dans le vignoble de Côte-Rôtie, a trouvé un nouveau souffle grâce à Laure Amoroso, compagne de Stéphane Ogier. La cave regorge des beaux classiques des appellations voisines, mais aussi de pépites d'autres régions dont elle est allocataire, Ramonet par exemple. L'établissement fait aussi office de bar à vins proposant un grand choix de flacons au verre et des parcours initiatiques au travers de formules de dégustation. D'excellents produits locaux accompagnent le tout.

98, boulevard des Allées,
69420 Ampuis
Tél. : 04 74 56 72 29

FÊTE VIGNERONNE

DU 10 AU 12 SEPTEMBRE 2021, À TAIN-L'HERMITAGE

Dans le village de Tain-l'Hermitage, rendez-vous à l'espace Charles-Trenet, pour célébrer en fanfare la fin des vendanges. Concerts et festivités de toutes sortes prévus.

www.comite-fetes-tain.fr

★★★ CHAPOUTIER - SÉLECTIONS PARCELLAIRES

Depuis 2007, nous isolons ici les vins provenant des sélections parcellaires (en propriété) des vignes de la maison dirigée par Michel Chapoutier. Malgré ses multiples obligations et diversifications, le cœur de sa maison bat toujours en Hermitage. Elle dispose du plus grand patrimoine foncier sur le cru (30,63 hectares) et fait également des achats en raisins et en vins sur l'appellation. En Hermitage, De l'Orée est uniquement blanc : cette marsanne du secteur des Murets, berceau des blancs sur l'Hermitage, affiche un chic et une pureté superbes. Le Greffieux (lieu-dit) n'existe qu'en rouge. Il est issu d'un terroir sédimentaire des alluvions du Rhône, un terroir plus argileux qui marque les syrahs par leur générosité et leur donne un côté gourmand et friand. Le Méal (rouge et blanc) provient d'un illustre coteau orienté plein sud, limons éoliens sur le haut du coteau, galets roulés et sédiments dans le bas. Les syrahs y sont opulentes, suaves ; les marsannes puissantes en alcool et miellées. L'Ermite (rouge et blanc) est le terroir le plus bourguignon de l'Hermitage, plus Conti que la Tâche. La Tâche serait plutôt Le Pavillon (rouge), plus riche, qui n'est pas un lieu-dit cadastré mais la sélection du grand secteur des Bessards : les syrahs sont plantées sur des micro-terrasses exposées sud et sud-est, offrant au soleil le moindre cep. Sol granitique, cristallin, il confie au plus patient dégustateur ses notes de graphite, d'encre de Chine, typique des Bessards. Nous touchons ici à ce que la vallée du Rhône produit de plus grand. Hélas, les quantités produites sont infimes et les prix excessivement élevés.

Les vins : il ne faut certainement pas négliger les blancs qui offrent de belles définitions et beaucoup de profondeur, à commencer par Les Granits qui n'usurpe pas son nom ou L'Ermite d'une définition cristalline superbe. Les rouges sont très bien définis, juteux et savoureux, mais requièrent du temps pour se dévoiler. Les Varonniers est dense, intense et encore un peu serré en finale. Le saint-joseph est porté par davantage de fraîcheur et d'énergie en bouche, avec une belle trame longiligne. Juteux et floral, Neve est joliment équilibré et plein en saveurs. En Ermitage, Les Greffieux est large, mûr, encore très serré. Plus engoncé à ce stade, Le Méal offre beaucoup d'intensité, de profondeur et de potentiel... Il faudra s'armer de patience. De la patience il en faudra aussi avec Le Pavillon, dense, savoureux, mais très fermé à ce stade.

Ermitage De l'Orée 2019	290 €	95
Ermitage L'Ermite 2019	880 €	97
Saint-Joseph Les Granits 2019	85 €	93
Châteauneuf-du-Pape Croix de Bois 2019	100 €	94
Crozes-Hermitage Les Varonniers 2019	65 €	91
Côte-Rôtie Neve 2019	170 €	95
Ermitage Le Méal 2019	350 €	94
Ermitage Le Pavillon 2019	550 €	94
Ermitage Les Greffieux 2019	210 €	95
Saint-Joseph Les Granits 2019	85 €	93

Rouge : 32 hectares. Syrah 100 %
Blanc : 11 hectares. Marsanne 91 %, Viognier 9 %
Production moyenne : 10 000 000 bt/an

CHAPOUTIER - SÉLECTIONS PARCELLAIRES ♣
18, avenue du Docteur-Paul-Durand,
26600 Tain-l'Hermitage
04 75 08 28 65 • www.chapoutier.com •
Vente et visites : sur RDV.
Propriétaire : Michel Chapoutier
Maître de chai : Clément Bartschi

★★★ DOMAINE JEAN-LOUIS CHAVE

Jean-Louis Chave représente la seizième génération de vignerons de ce domaine créé en 1841. Le rencontrer, lui et son père Gérard, reste un moment qui marque à jamais. Les blancs proviennent de différentes parcelles ; puissants et fermes à la fois, ils sont vinifiés sous bois avec précision (jamais plus de 20 % de fût neuf). En rouge, l'assemblage est fait d'abord autour des Bessards, puis avec les terroirs de Beaume, Ermite, Meal, Diognères, Péléat. Le vin brille par sa finesse et sa sapidité. La fameuse cuvée Cathelin (hommage au peintre Bernard Cathelin) n'est produite que dans les millésimes exceptionnels. Et que dire du fabuleux vin de paille, si rare mais si bon ! Jean-Louis Chave a entrepris des travaux importants depuis une vingtaine d'années, avec la replantation de deux coteaux pentus (125 et 280 mètres d'altitude) au lieu-dit Bachasson, sur le village de Lent, non loin du berceau de la famille.

Les vins : l'hermitage blanc 2018 est bouleversant, d'une définition incroyable et d'une profondeur inouïe. La bouche est à la fois grasse, intense, énergique et se retend en finale. Très grande allonge pour une garde éternelle. Comment résister à l'incroyable profondeur et au côté vivant de l'hermitage rouge qui explose en bouche et se déploie avec grâce et force. Précis, très pur dans l'expression du fruit. Plus qu'un grand vin, un vin émouvant !

Hermitage 2018 — Épuisé - 185 € — 100

Le coup de ♥

Hermitage 2018 — Épuisé - 185 € — 100

Rouge : 21 hectares. Syrah 100 %
Blanc : 5 hectares. Marsanne 80 %, Roussanne 20 %
Production moyenne : 56 000 bt/an

DOMAINE JEAN-LOUIS CHAVE ♣

37, avenue du Saint-Joseph, 7300 Mauves
04 75 08 24 63 • domaine@domainejlchave.fr • Pas de visites.
Propriétaire : Gérard et Jean-Louis Chave
Directeur : Jean-Louis Chave

★★★ DOMAINE GONON

La régularité de cette propriété de Mauves atteint un niveau d'excellence auquel peu de domaines peuvent prétendre en appellation Saint-Joseph, en blanc comme en rouge. Il faut dire que les deux frères, Pierre et Jean Gonon, sont de fins viticulteurs et vinificateurs. Une viticulture exemplaire en coteaux (en bio) engendre des vins puissants, aux saveurs extrêmes et sans maquillage, dans la plus grande pureté des syrahs septentrionales et des roussannes et marsannes issues de sélections massales de vieilles vignes, donnant des blancs (Les Oliviers) incroyablement parfumés. Ces derniers possèdent de surcroît un étonnant potentiel de garde. Dix ans de vieillissement en bouteille ne leur font pas peur. Les rouges, jamais dans l'esbroufe, expriment un caractère charnel et long avec toutes les nuances que peut restituer la syrah sur les plus belles pentes de Saint-Joseph.

Les vins : les blancs affichent, comme les rouges, une personnalité à part, signature du domaine qui excelle millésime après millésime. Les Oliviers 2019 est d'une définition superbe, avec du gras, mais aussi beaucoup de peps, et une réserve aromatique qui le promet à un très bel avenir. Le 2018 se déguste toujours aussi bien, avec une bouche ample et complexe aux notes de fruits jaunes bien mûrs, mais avec une fraîcheur parfaitement calée. Le rouge 2018 s'inscrit comme un fort beau classique qui a su préserver une fraîcheur remarquable. Les notes de poivre, de jus de viande et de violette demeurent bien marquées ; 2019 est tout en fruit à ce stade, avec une profondeur superbe et une persistance irrésistible. Un vin au velouté admirable et au toucher tout en élégance.

Saint-Joseph Les Oliviers 2018 — Épuisé - 48 € — 93

Saint-Joseph Les Oliviers 2019 — Épuisé - 48 € — 94

Saint-Joseph 2018 — Épuisé - 40 € — 96

Saint-Joseph 2019 — Épuisé - 44 € — 96

Rouge : 8 hectares. Syrah 100 %
Blanc : 2 hectares. Marsanne 80 %, Roussanne 20 %
Production moyenne : 38 000 bt/an

DOMAINE GONON ♣

34, avenue Ozier, 7300 Mauves
04 75 08 45 27 • gonon.pierre@wanadoo.fr • Pas de visites.
Propriétaire : Famille Gonon
Directeur : Pierre et Jean Gonon

★★★ CHÂTEAU-GRILLET

Quel travail effectué depuis l'achat en 2011 de ce domaine emblématique par François Pinault ! Tous les moyens ont été mis en œuvre pour redonner à ce vignoble la place qu'il doit occuper. Nous saluons le dynamisme de Frédéric Engerer et la qualité du travail effectué par Alessandro Noli, parti au Clos de Tart après la vendange 2018. Après dix ans au domaine d'Eugénie, autre propriété bourguignonne de François Pinault, Jaeok Chu Cramette va désormais veiller à la continuité du domaine. Château-Grillet propose un second vin, le côtes-du-rhône Pontcin, depuis 2011 ; il a produit en 2017 son premier condrieu, issu d'une parcelle de 0,25 ares au lieu-dit Carterie. L'ensemble du domaine est certifié en biodynamie depuis décembre 2016. Dans l'amphithéâtre exposé au sud de cette appellation-monopole, les raisins bénéficient d'un microclimat exceptionnel, chaud et ensoleillé, protégé des vents du nord. Les vignes, d'un âge moyen de 45 ans, sont plantées sur des pentes parfois vertigineuses, situées entre 150 et 250 mètres d'altitude, sur 76 terrasses appelées "chaillées" ; elles sont travaillées au treuil et à la pioche.

Les vins : le trio est éblouissant. Le « simple » côtes-du-rhône est admirable de pureté et d'éclat, avec une bouche ample et très persistante. Un vin à la très belle allonge. Le condrieu ajoute un supplément de profondeur et de persistance. Quant au château-grillet, dont le fin boisé marque encore le milieu de bouche, il fait montre d'un équilibre admirable, d'une définition et d'une finesse de référence pour la région, dans un millésime opulent parfaitement géré.

Château Grillet 2018 — 300 € — 97

Condrieu 2019 — 140 € — 94

Côtes du Rhône 2019 70 € 93

Blanc : 3,5 hectares. Viognier 100 %

CHÂTEAU-GRILLET ♣

Château Grillet, 42410 Verin
04 74 59 51 56 • www.chateau-grillet.com •
Visites : sur RDV aux professionnels.
Propriétaire : Artémis Domaines
Directeur : Frédéric Engerer
Maître de chai : Jaeok Chu Cramette

★★★ DOMAINE JAMET

Le domaine Jamet est une icône de la vallée du Rhône. Jean-Paul Jamet a toujours défendu un modèle de vin où le style, l'équilibre et la pureté du fruit sont primordiaux. L'art de l'assemblage des terroirs est ici sublimé. Loïc, le fils aîné, a rejoint en août 2015 Corinne et Jean-Paul au domaine. En Côte Rôtie, la cuvée Côte Brune provient uniquement du lieu-dit éponyme. La proportion de vendange entière varie en fonction des millésimes (en dehors de la Côte Brune, soit 6 % de la production du domaine, qui n'est jamais éraflée) et la présence de bois neuf est homéopathique. Cela n'empêche pas le domaine de signer des cuvées exceptionnelles qui offrent des touchers de bouche gracieux et de grandes capacités de vieillissement. En 2015, les Jamet ont acquis 50 ares en Condrieu.

Les vins : peu de domaines en France peuvent se prévaloir d'avoir à ce point développé un style, une patte qui leur confère un statut un peu à part dans leur appellation. Le domaine Jamet fait partie de ces exceptions qui affirment millésime après millésime leur caractère inimitable pour le plus grand bonheur de tous ceux qui ont la chance d'en déguster. Il est donc difficile de cacher notre enthousiasme et celui-ci démarre dès la syrah en IGP Collines Rhodaniennes, un vin gourmand, juteux et ultraplaisant. Le trio des côte-rotie est un modèle, avec une nouvelle venue, une Landonne qui combine élégance, raffinement et profondeur et que l'on ouvrira avant l'immense Côte Brune, à la bouche explosive. Il ne faudrait pas non plus négliger les blancs du domaine, dont un condrieu qui a su trouver son style, privilégiant la pureté et la finesse au volume.

Condrieu Vernillon 2019 70 € 95

Côtes du Rhône 2019 23 € 92

Côte-Rôtie 2018 105 € 94

Côte-Rôtie Côte Brune 2018 Épuisé - 210 € 98

Côte-Rôtie La Landonne 2018 Épuisé - 170 € 97

Côtes du Rhône 2019 23 € 92

Côtes du Rhône Équivoque 2018 45 € 92

IGP Collines Rhodaniennes Syrah 2019 18 € 90

Rouge : 14 hectares.
Blanc : 3 hectares.
Production moyenne : 70 000 bt/an

DOMAINE JAMET

4600, route Recru, Le Vallin, 69420 Ampuis
04 74 56 12 57 • www.domainejamet.fr •
Vente et visites : sur RDV.
Propriétaire : Corinne, Jean-Paul et Loïc Jamet

★★★ DOMAINE GEORGES VERNAY

En prenant les rênes de ce domaine historique, en 1996, Christine Vernay n'a pas fait que succéder à son père, l'extraordinaire et charismatique Georges Vernay. Elle a insufflé énormément au domaine, tant au niveau de la viticulture que des vinifications, en partant de son héritage comme de ses propres réflexions. Les vins de Condrieu atteignent aujourd'hui, avec une richesse et une puissance intactes, une énergie et une sapidité qu'ils ne possédaient pas encore il y a une dizaine de millésimes. Les rouges arborent des élevages beaucoup plus fins et poudrés ; leurs textures sont délicates et infusées. Toujours très digestes, ils ont gagné en profondeur.

Les vins : le domaine démontre sa maîtrise des grands blancs avec la cuvée Le Pied de Samson. À la fois aromatique et dynamique, sans les notes variétales, c'est un délicieux vin de fruit. Le trio de condrieu est une fois encore remarquable : la pureté du Coteau de Vernon est bluffante. Un vin vertical, très éclatant et complexe qui ouvre large le spectre des saveurs. Les Chaillées de l'Enfer assume un côté plus solaire avec davantage d'épices en bouche, mais pas la moindre lourdeur confite. Au sein de la série des rouges, savourons la printanière et juteuse cuvée Fleurs de Mai au profil très digeste. La Blonde du Seigneur joue la délicatesse et la finesse en bouche, avec un très joli soyeux ; Maison Rouge est, comme toujours, plus en muscle et en intensité, avec une force contenue admirable. Le cœur de bouche est plein et juteux et la finale est soyeuse. Nous comprenons, en revanche, un peu moins le boisé qui ressort de la cuvée La Dame Brune, serrée, mais engoncée à ce stade.

Condrieu Coteau de Vernon 2019 Épuisé - 105 € 98

Condrieu Les Chaillées de l'Enfer 2019 75 € 95

- Condrieu Les Terrasses de l'Empire 2019 — 52 € — 92
- IGP Collines Rhodaniennes Le Pied de Samson 2019 — Épuisé - 26 € — 90
- Côte-Rôtie La Blonde du Seigneur 2018 — 55 € — 94
- Côte-Rôtie Maison Rouge 2018 — Épuisé - 110 € — 96
- IGP Collines Rhodaniennes Fleurs de Mai 2019 — Épuisé - 20 € — 89
- IGP Collines Rhodaniennes Sainte-Agathe 2019 — Épuisé - 23 € — 91
- Saint-Joseph La Dame Brune 2018 — Épuisé - 48 € — 90
- Saint-Joseph Les Terres d'Encre 2019 — 35 € — 91

Rouge : 12 hectares. Syrah 100 %
Blanc : 12 hectares. Viognier 100 %
Production moyenne : 120 000 bt/an

DOMAINE GEORGES VERNAY ♣
1, RN 86, 69420 Condrieu
04 74 56 81 81 • www.georges-vernay.fr •
Vente et visites : sur RDV.
Propriétaire : Christine Vernay

★★ DOMAINE FRANCK BALTHAZAR

Casimir Balthazar fonde le domaine au début des années 1920, et achète la parcelle des Chaillots en 1931. Le domaine, dirigé depuis 2002 par Franck Balthazar, est en culture biologique depuis 2010. Tous les sols sont travaillés à la pioche et au treuil. En 2013, il acquiert une petite parcelle de Saint-Péray, située sur des argiles sur socle granitique. Les vinifications sont classiques : uniquement de la vendange entière, une fermentation courte en cuve béton. Les élevages ne connaissent pas le bois neuf. Nous aimons le style des vins du domaine, qui exprime avant tout le terroir, sans aucun artifice.

Les vins : le cornas sans soufre est encore dans la retenue, avec une puissance de fruit réjouissante et beaucoup de fond. À l'air, il s'ouvre et libère alors une matière superbe et une grande distinction. Chaillot est impressionnant de puissance et de raffinement à la fois. Un très grand vin pur et précis à la bouche lumineuse qu'il faudra attendre. Casimir est à la fois épicé et juteux, avec de la tension et un bel éclat en finale, il s'ouvrira un peu plus vite.

- Cornas Casimir Balthazar 2019 — 45 € — 93
- Cornas Chaillot 2019 — 60 € — 96
- Cornas Sans Soufre Ajouté 2019 — 60 € — 93

Rouge : 4 hectares. Syrah 100 %
Blanc : 0,5 hectare. Roussanne 100 %
Production moyenne : 15 000 bt/an

DOMAINE FRANCK BALTHAZAR ♣
8, rue des Violettes, 7130 Cornas
06 20 05 41 79 •
balthazar.franck@akeonet.com • Vente et visites : sur RDV.
Propriétaire : Franck Balthazar

★★ DOMAINE AUGUSTE CLAPE

Les vins de ce domaine représentent, avec force et conviction, une vision traditionnelle, au bon sens du terme, de l'appellation Cornas. Grâce à un fabuleux patrimoine de vignes et à une approche simple et intelligente de la vinification, Pierre, accompagné de son fils Olivier, poursuit, dans la lignée de son père Auguste Clape, l'élaboration de vins droits et racés qui s'imposent comme des références, dans l'appellation et dans tout le nord de la vallée du Rhône. Ici, on privilégie les vinifications en grappes entières et l'élevage en foudre ancien. De quoi donner des vins sobres, qui défient les années et expriment le terroir de Cornas avec force et brio. Un modèle pour l'appellation.

Les vins : nous avons dégusté le seul Cornas 2018, mais comment résister à cette cuvée qui incarne ce que l'appellation peut produire de meilleur ? Avec une bouche un peu plus charnue qu'en 2017, elle offre néanmoins un équilibre souverain, porté par une acidité bien calée et des tanins toujours très subtils.

- Cornas 2018 — Épuisé - 75 € — 96

Rouge : 7,8 hectares. Syrah 100 %
Blanc : 1 hectare. Marsanne 60 %, Roussanne 40 %
Production moyenne : 35 000 bt/an

DOMAINE AUGUSTE CLAPE
146, avenue du Colonel-Rousset, 7130 Cornas
04 75 40 33 64 • pierre.clape@wanadoo.fr •
Pas de visites.
Propriétaire : Olivier Clape

★★ DOMAINE COMBIER

Laurent Combier, homme du ciel (fin aviateur) et de la terre, réalise sur le domaine familial qu'il a fait prospérer des syrahs d'une grande finesse, avec une tout aussi grande régularité. Le niveau qualitatif n'a cessé de progresser en parallèle d'une compréhension ajustée de son vignoble (en bio depuis 1970) sur le plateau argilo-calcaire avec galets roulés de Pont-d'Isère. Sans posséder des terroirs de premier ordre, il a su révéler – comme son voisin Alain Graillot – le potentiel des crozes-hermitage. Son Clos des Grives figure parmi les plus séduisantes et profondes syrahs du Rhône. Son aptitude au vieillissement s'avère remarquable dans les grands millésimes. Tous les vins sont désormais de haute volée.

Les vins : toute la gamme se tient, qu'il s'agisse des cuvées les plus simples, comme les crozes Laurent Combier, au naturel de fruit très expressif ou, bien sûr, les vins plus ambitieux, toujours exprimés avec justesse. En blanc, le crozes est séduisant, rond et déjà très gourmand, tandis que le Clos des Grives, aux notes plus exotiques, s'invite à table autour des épices. Les rouges sont à la fête en 2019, dotés de fruits très gourmands. Nous louons l'admirable définition et la grande fraîcheur du crozes Cap Nord, le côté plus suave et immédiat du crozes classique et le volumineux Clos des Grives, armé pour la garde. Le saint-joseph Cap Nord est admirable, il combine une texture finement poudrée, la fraîcheur de fruit et surtout un grand équilibre qui le portera loin.

- Crozes-Hermitage 2019 — 23 € — 90
- Crozes-Hermitage Clos des Grives 2019 — 40 € — 92
- Crozes-Hermitage Laurent Combier 2019 — 16 € — 88
- Crozes-Hermitage 2019 — 23 € — 91
- Crozes-Hermitage Cap Nord 2019 — 32 € — 92
- Crozes-Hermitage Clos des Grives 2018 — 40 € — 94
- Crozes-Hermitage Clos des Grives 2019 — 40 € — 94
- Crozes-Hermitage Laurent Combier 2019 — 16 € — 88
- Saint-Joseph 2019 — 23 € — 92
- Saint-Joseph Cap Nord 2019 — 32 € — 93

Rouge : 55 hectares.
Blanc : 5 hectares.
Production moyenne : 300 000 bt/an

DOMAINE COMBIER ♣
1440, route de Lyon, 26600 Pont-de-l'Isère
04 75 84 61 56 • www.domaine-combier.com • Vente et visites : sur RDV.
Propriétaire : Famille Combier
Directeur : Laurent, Julien, David Combier

★★ DOMAINE DU COULET

Mathieu Barret est à la tête de ce domaine depuis 1998. Son vignoble, cultivé en biodynamie, est réparti sur différents terroirs de coteaux, assez frais et venteux, de Cornas. Le vigneron est également à la tête d'un négoce qui porte son nom. Peu interventionniste, Mathieu Barret produit des vins bien maîtrisés, peu extraits, aux fruits très séduisants. Des cuvées au style bien marqué, où puissance ne rime pas avec dureté. Le domaine qui a inauguré une nouvelle cave en 2020 est en pleine forme et les vins sont d'une régularité exemplaire à très haut niveau !

Les vins : encore une belle série très homogène. Du Quinquin, appétant assemblage de chardonnay et sauvigon, aux très maîtrisés cornas, nous sommes sous le charme de la justesse des extractions et de la qualité des jus. Vilain est l'archétype de la syrah de fruit, poivrée et juteuse ; admirable saint-joseph au délié remarquable et à la texture fine. La bouche, déjà très plaisante, demeure croquante et savoureuse. Très loin de l'image des cornas durs et rustiques, Brise Cailloux mise sur une très belle élégance de bouche et un beau registre de parfums en bouche, avec une finale très soyeuse. Irrésistible, Billes Noires offre un touché de taffetas, une incroyable délicatesse en bouche et une finale tout en fraîcheur. Un régal !

- IGP Ardèche Quinquin 2019 — 15 € — 89
- Cornas Billes Noires 2017 — 70 € — 95
- Cornas Brise Cailloux 2018 — 38 € — 94
- Côtes du Rhône Petit Ours 2019 — 14 € — 92
- Saint-Joseph 2019 — de 22,50 à 25 € (c) — 93
- VDF Vilain 2019 — 15 € — 91

Rouge : 16,3 hectares. Syrah 100 %
Achat de raisins.
Blanc : 3,7 hectares. Viognier 45 %, Marsanne 45 %, Grenache blanc 5 %, Roussanne 5 %
Achat de raisins.
Production moyenne : 200 000 bt/an

DOMAINE DU COULET ♣
3, impasse de la Mûre, 7130 Cornas
04 75 77 20 48 • domaineducoulet.com • Vente et visites : sur RDV.
Propriétaire : Matthieu Barret
Œnologue : Gérald Laffont

★★ DOMAINE DUCLAUX

Le domaine Duclaux a été créé en 1928. David et Benjamin continuent à le faire grandir. Ils ont produit leur premier condrieu en 2014, dénommé Les Caillets, en hommage à leur arrière-grand-père Frédéric Caillet, fondateur du domaine. La Chana se dévoile sur un style fruité et peu extrait. Nous aimons les vins du domaine qui reflètent bien l'élégance et la finesse des sols de gneiss de la partie sud de l'appellation Côte-Rôtie. Il faut noter également la parfaite maîtrise des élevages : les boisés sont toujours bien fondus.

Les vins : encore bravo au domaine pour la gestion tout en finesse des cuvées présentées. Le condrieu est d'une élégance et d'un équilibre remarquables, avec une bouche fine et des notes très florales. Le quatuor de côte-rôtie brille par sa définition, à commencer par la plus accessible, le juteuse et gourmande La Chana. Issu du sud de l'appellation, La Germine est solide et admirablement construit, avec une bouche profonde et des notes de graphite qui lui confèrent un admirable caractère ; vinifié en grappes entières, Coteaux du Tupin offre une bouche vibrante, tramée par un végétal noble très rafraîchissant.

Condrieu Les Caillets 2019	40 €	93
Côte-Rotie Coteaux du Tupin 2019	117 €	96
Côte-Rôtie La Chana 2019	40 €	92
Côte-Rôtie La Germine 2019	46 €	94
Côte-Rôtie Maison Rouge 2019	66 €	95

Rouge : 5,8 hectares.
Production moyenne : 35 000 bt/an

DOMAINE DUCLAUX
34, route de Lyon, 69420 Tupin-et-Semons
04 74 59 56 30 •
www.coterotie-duclaux.com • Vente et visites : sur RDV.
Propriétaire : Benjamin et David Duclaux

★★ DOMAINE ALAIN GRAILLOT

Antoine et Maxime Graillot, les fils d'Alain, supervisent désormais l'ensemble des vinifications de cette propriété, qui compte plus d'une vingtaine d'hectares et illustre depuis de nombreuses années le potentiel de l'appellation Crozes-Hermitage, longtemps réduite à la production de vins simplement fruités. Installé au cœur de la plaine alluviale de purs galets et de graves de La Roche-de-Glun, le domaine produit des syrahs plus fines et plus structurées que la plupart de celles du secteur. La force des vins réside dans le plaisir immédiat qu'ils procurent, même s'ils sont capables de vieillir avec complexité sur dix ans.

Les vins : s'ils sont souvent déjà délicieux dans leur jeunesse, les vins du domaine sont aussi capables d'affronter le temps. La dégustation de millésimes anciens de La Guiraude le confirme. Nulle urgence donc de succomber au plaisir qu'offrent déjà ces 2019. Avec ses notes de tapenade et de fruits noirs, le saint-joseph déroule une bouche gourmande et fraîche ; les crozes-hermitage demeurent des références pour l'appellation, avec La Guiraude ample et actuellement fermé, mais très prometteur.

Crozes-Hermitage 2019	Épuisé - 26 €	92
Crozes-Hermitage La Guiraude 2018	Épuisé - 40 €	94
Saint-Joseph 2019	Épuisé - 27 €	92

Rouge : 19 hectares. Syrah 100 %
Achat de raisins.
Blanc : 3 hectares. Marsanne 80 %, Roussanne 20 %
Achat de raisins.
Production moyenne : 100 000 bt/an

DOMAINE ALAIN GRAILLOT
105, chemin des Chênes-Verts, 26600 Pont-de-l'Isère
04 75 84 67 52 • www.domainegraillot.com
• Vente et visites : sur RDV.
Propriétaire : Antoine et Maxime Graillot

★★ DOMAINE BERNARD GRIPA

Fabrice Gripa poursuit l'œuvre de son père dans le seul domaine de Mauves qui produit autant de blancs que de rouges. Les blancs s'illustrent dans quatre cuvées : deux saint-péray et deux saint-joseph. En Saint-Péray, Les Figuiers est une marque principalement issue des vignes du secteur des Putiers. Son acidité originale provient de son sol calcaire, et de l'assemblage à 70 % de roussanne, vinifié et élevé en fût (15 % de neuf). Les Pins (80 % marsanne), vinifié en cuve, est plus fruité, direct, à boire jeune. En Saint-Joseph, à côté de la cuvée classique, Le Berceau est une marsanne pure, plantée en 1920 sur la colline de Tournon, qui a conservé 50 % de pieds d'origine. Les saint-joseph rouges sont compacts, serrés et expressifs, associant sans mollesse ni lourdeur un corps plein à une palette aromatique savoureuse.

Les vins : le domaine est en très grande forme tant en blanc qu'en rouge. Maîtrise des élevages et gestion de l'équilibre sont les points forts de ce vigneron très habile. Les blancs sont lumineux et cristallins, sans la moindre lourdeur expression majeure de l'appellation, conjuguant profondeur et grande fraîcheur. Le saint-péray Les Pins, issu d'un sol calcaire, est d'une précision admirable et d'une grande définition. Les saint-joseph possèdent une énergie magnifique, avec juste ce qu'il faut d'enrobage. En rouge, Le Berceau est une cuvée majeure de l'appellation, d'une superbe dimension, avec une bouche juteuse et poivrée. Tendu et énergique, il fait montre d'un équilibre superbe.

Saint-Joseph 2019	22 €	93
Saint-Joseph Le Berceau 2019	33 €	94
Saint-Péray Les Figuiers 2019	24 €	92
Saint-Péray Les Pins 2019	19 €	93
Saint-Joseph 2019	20,60 €	93

Le coup de ♥

Saint-Joseph Le Berceau 2019	38 €	95

Rouge : 9 hectares. Syrah 100 %
Blanc : 8 hectares. Marsanne 70 %, Roussanne 30 %
Production moyenne : 80 000 bt/an

DOMAINE BERNARD GRIPA

5, avenue Ozier, 7300 Mauves
04 75 08 14 96 • gripa@wanadoo.fr •
Visites : sans RDV.
Propriétaire : Fabrice Gripa

★★ DOMAINE GUIGAL

Cette très belle propriété, acquise et rénovée par Marcel Guigal, réunit les vins les plus fameux de l'appellation Côte-Rôtie : La Mouline, La Turque et La Landonne ; les deux premières sont des marques, la dernière un terroir cadastré. Il faut aussi citer Fongeant, un terroir de la Côte Brune sur lequel Marcel et Philippe Guigal effectuent un travail pharaonique de terrassement. S'y ajoutent la cuvée Château d'Ampuis, ainsi que le condrieu La Doriane. Outre ces crus stars, on trouve la cuvée Vignes de l'Hospice, saint-joseph situé sur un magnifique terroir, ainsi que quelques grandes parcelles en Hermitage dont est issue la cuvée Ex-Voto. Marcel Guigal est solidement épaulé par son fils Philippe.

Les vins : Guigal, c'est avant tout un style, une vision intemporelle des grands vins de la vallée du Rhône, taillés pour la garde. Et si l'on peut reprocher à quelques cuvées des élevages un peu appuyés, il ne faut pas oublier que ces vins ne sont pas destinés à être bus dans leur jeunesse. Le temps est leur allié. Moins connus que les rouges, les blancs sont loin de manquer d'intérêt et gagnent même en précision. Qu'il s'agisse de la profonde et intense Doriane, d'Ex-Voto ou même du saint-joseph, tous possèdent énergie et "digestibilité". En rouge, le millésime 2017 a engendré des vins très racés et équilibrés. La Turque s'impose comme le cru le plus spectaculaire dans son équilibre, promis à un très long avenir. Ex-Voto est flamboyant et juteux, d'un équilibre admirable. Enfin, le saint-joseph, cuvée plus abordable, ne manque ni de charme, ni de potentiel.

Condrieu La Doriane 2019	de 62 à 67 € (c)	93
Hermitage Ex-Voto 2017	de 139 à 160 € (c)	96
Saint-Joseph Lieu-dit 2019	Épuisé - de 29 à 31 € (c)	93
Côte-Rôtie Château d'Ampuis 2017	de 79 à 85 € (c)	92
Côte-Rôtie La Landonne 2017	Épuisé - de 255 à 299 € (c)	96
Côte-Rôtie La Mouline 2017	Épuisé - de 255 à 299 € (c)	96
Côte-Rôtie La Turque 2017	Épuisé - de 255 à 299 € (c)	97
Hermitage Ex-Voto 2017	de 238 à 260 € (c)	96
Saint-Joseph Vignes de l'Hospice 2018	de 53 à 57 € (c)	93

Rouge : 50 hectares. Syrah 100 %
Achat de raisins.
Blanc : 25 hectares. Marsanne 60 %, Viognier 33 %, Roussanne 7 %
Achat de raisins.
Production moyenne : 8 000 000 bt/an

DOMAINE GUIGAL

Château d'Ampuis, 69420 Ampuis
04 74 56 10 22 • www.guigal.com •
Visites : sur RDV aux professionnels.
Propriétaire : Famille Guigal
Œnologue : Philippe Guigal

★★ STÉPHANE OGIER

Depuis 2014, Stéphane Ogier vinifie dans un chai ultracontemporain à Ampuis et donne libre cours à son talent créatif. Sur les 18 hectares qu'exploite ce domaine, 3,5 hectares sont situés sur de très belles parcelles de Côte-Rôtie. Stéphane a rejoint son père Michel, en 1997, après ses études d'œnologie à Beaune, dont il a conservé un goût pour l'élégance et la finesse. Les vins sont issus de raisins partiellement éraflés (50 % de vendange entière dans la cuvée Lancement). La précision des derniers millésimes, l'exigence dans la sélection des cuvées parcellaires et le style qu'affichent désormais les vins placent le domaine parmi l'élite.

Les vins : le domaine possède une très large palette d'expressions de la Côte-Rôtie qui se décline en pas moins de neuf cuvées d'assemblages ou de lieux-dits isolés. Toutes possèdent une vraie personnalité et défendent un style toujours élégant et digeste que nous saluons. Mon Village, cuvée "signature" du domaine, offre un très bon niveau, avec de l'équilibre, un fruit juteux et une belle douceur de tanins ; But de Mont joue sur un registre très fruité et fin, avec une bouche moelleuse et une finale qui s'étire bien. Montmain, vinifié en vendange entière, se montre plus ferme à ce stade et serré en finale, mais possède un très grand potentiel. Patience. La Belle Hélène, issu de la côte brune, porte à la fois une très grande finesse et beaucoup d'énergie et de profondeur. Une cuvée qui se déploie en bouche et augure de beaucoup de plaisir d'ici une petite décennie. La Côté Blonde affiche une maturité de fruit plus confite et chaleureuse en finale.

- Condrieu La Combe de Malleval 2019 — 40 € — 93
- Côte-Rôtie But de Mont 2017 — 100 € — 93
- Côte-Rôtie Côte Bodin 2017 — 100 € — 94
- Côte-Rôtie La Belle Hélène 2017 — 350 € — 96
- Côte-Rôtie La Côte Blonde 2017 — 350 € — 94
- Côte-Rôtie La Viallière 2017 — 100 € — 94
- Côte-Rôtie Lancement 2017 — 350 € — 96
- Côte-Rôtie Mon Village 2018 — 45 € — 92
- Côte-Rôtie Montmain 2017 — 100 € — 93
- VDF Seyssuel L'Âme Soeur 2018 — 45 € — 93

Rouge : 27 hectares.
Blanc : 8 hectares.
Production moyenne : 200 000 bt/an

STÉPHANE OGIER
97, route de la Taquière, 69420 Ampuis
04 74 56 10 75 • www.stephaneogier.fr •
Vente et visites : sur RDV.
Propriétaire : Stéphane Ogier

★★ DOMAINE ANDRÉ PERRET

André Perret exploite un beau domaine situé à la fois en Condrieu et dans le nord de Saint-Joseph, sur les rudes coteaux de Chavanay. Cette propriété, spécialiste des vins blancs, a nettement progressé ces dernières années, grâce à un effort important dans le travail des sols. Ne manquez pas ses deux cuvées vedettes en Condrieu, qui proviennent de deux des plus beaux lieux-dits du cru, le Coteau de Chéry et le Clos Chanson. Les rouges sont recommandables, particulièrement Les Grisières.

Les vins : le domaine excelle dans l'expression des terroirs de Condrieu, avec une très grande justesse de définition et surtout un côté toujours digeste que nous devons saluer. Chéry est admirable d'intensité et d'équilibre, avec une grande persistance en bouche conclue par une finale salivante. Clos Chanson est plus large, mais aussi très énergique et intense. Bel éclat en finale. Les rouges sont de forme classique, serrés et aptes à une belle évolution. Séveux, juteux, épicé, Les Grisières est bien construit, une belle cuvée au profil très digeste et juteux.

- Condrieu 2019 — 29 € — 93
- Condrieu Chéry 2019 — 49 € — 94
- Condrieu Clos Chanson 2019 — 49 € — 94
- Saint-Joseph 2019 — 18,50 € — 91
- Saint-Joseph 2019 — 17 € — 91
- Saint-Joseph Les Grisières 2018 — 28 € — 94

Rouge : 5,8 hectares. Syrah 90 %, Merlot 10 %
Blanc : 6,8 hectares. Viognier 86 %, Marsanne 7 %, Roussanne 7 %
Production moyenne : 60 000 bt/an

DOMAINE ANDRÉ PERRET
17, RN 86, Verlieu, 42410 Chavanay
04 74 87 24 74 • www.andreperret.com •
Vente et visites : sur RDV.
Propriétaire : André Perret

★★ DOMAINE MARC SORREL

C'est désormais Guillaume Sorrel, le fils de Marc, qui est aux commandes. Il poursuit le travail de son père, vigneron discret et appliqué qui a su produire des vins de très grande race qui savent s'exprimer avec le temps. Quatre cuvées d'hermitage sont produites, deux classiques en blanc et rouge, et deux cuvées de prestige issues des plus vieilles vignes. Moins typés par le granite que chez Chave, moins stricts, les généreux vins de Sorrel demandent aussi souvent dix ans pour s'épanouir. Les hermitages rouges (parfois agrémentés de 10 % de marsanne) sont vinifiés en vendange entière depuis 2012. Comme les syrahs sont ici d'une extrême maturité (Le Méal surtout), avec une pointe de sucrosité confite, la vendange entière apporte de l'éclat et une précision dans les arômes qui font défaut au domaine dans les millésimes très chauds.

Les vins : les blancs affichent une signature vraiment remarquable, à commencer par le crozes, digeste et sapide à souhait, avec une pointe d'amertume très agréable en finale. L'admirable volume de l'hermitage blanc et son équilibre sont tout simplement bluffants, avec des notes racinaires, une pointe de génépi et une sublime allonge. Les rouges ne sont pas en reste : le crozes, ultradigeste, croque sous la dent et libère une énergie superbe et des notes de fleurs et de poivre blanc qui lui confèrent une grande classe. D'une élégance absolue, l'hermitage est au sommet, avec une finesse de texture et une précision de bouche qui le classent parmi les perles de l'appellation. Un vin intemporel.

Crozes-Hermitage 2019	Épuisé - de 24 à 45 € (c)	93
Hermitage 2019	Épuisé - de 70 à 150 € (c)	93
Hermitage Les Rocoules 2019	Épuisé - de 130 à 250 € (c)	98
Crozes-Hermitage 2019	de 22 à 45 € (c)	94
Hermitage 2019	de 70 à 150 € (c)	96
Hermitage Le Gréal 2019	de 130 à 250 € (c)	98

Rouge : 3 hectares. Syrah 100 %
Blanc : 1 hectare. Marsanne 90 %, Roussanne 10 %
Production moyenne : 12 500 bt/an

DOMAINE MARC SORREL
128 bis, avenue Jean-Jaurès, 26600 Tain-l'Hermitage
04 75 07 10 07 • www.domainemarcsorrel.fr
• Vente et visites : sur RDV.
Propriétaire : Guillaume Sorrel

★★ DOMAINE DU TUNNEL

Stéphane Robert conduit son domaine avec brio et élabore des vins modernes, précis, qui s'imposent comme des références au sein des appellations Saint-Péray et Cornas. Ces cuvées renouvellent le style, parfois rustique et solaire, de ces deux petites appellations. Stéphane apporte à ses syrahs opaques des touches de raffinement gagnées dans la précision de maturité du raisin, dans l'extraction et dans l'élevage. Les vins vieillissent par ailleurs très bien.

Les vins : en blanc, le saint-péray Prestige est une des très belles expressions de ce terroir, avec une bouche charnue, dotée d'un fruit pulpeux, mais portée par une finale brillante et bien nette. Pur Blanc est un peu plus enveloppé, avec une belle définition, mais une touche de chaleur en finale. Les rouges sont taillés pour la garde et il serait dommage de se précipiter. Le plus abordable est le saint-joseph, droit et sérieux, à ouvrir d'ici deux ans. Les cornas sont encore verrouillés, mais prometteurs, avec des matières imposantes et des élevages qui se calent bien. Pur Noir est un bloc très concentré et impressionnant, avec une très grande allonge, mais, pour l'heure, il manque de charme. Nous aimerions juste un peu plus de gourmandise.

Saint-Péray Prestige 2019	25 €	93
Saint-Péray Pur Blanc 2019	35 €	92
Saint-Péray Roussanne 2019	22 €	92
Cornas Pur Noir 2019	90 €	93
Cornas Vin Noir 2019	45 €	94
Saint-Joseph 2019	26 €	91

Rouge : 8 hectares. Syrah 100 %
Blanc : 4 hectares. Marsanne 60 %, Roussanne 40 %
Production moyenne : 50 000 bt/an

DOMAINE DU TUNNEL
20, rue de la République, 7130 Saint-Péray
04 75 80 04 66 • www.domaine-du-tunnel.fr
• Visites : sans RDV.
Propriétaire : Stéphane Robert

★★ DOMAINE PIERRE-JEAN VILLA

Créé en 2008, ce domaine s'affirme d'année en année. Il s'est progressivement agrandi sans perdre sa philosophie : produire des vins identitaires. En rouge, la proportion de vendange entière varie en fonction des cuvées. Les élevages de grande qualité soulignent et patinent les vins sans les pommader. Les blancs gardent de la finesse. La qualité et l'homogénéité de l'ensemble de la production sont remarquables.

Les vins : Esprit d'Antan est une cuvée immédiate, florale et charmeuse, sans être lourde. Le condrieu offre du gras et de la richesse, avec une pointe exotique et une finale finement saline. En rouge, le crozes-hermitage est un vin juteux à l'équilibre gourmand et au fruité très réjouissant. Le saint-joseph Tildé est vraiment délicieux, avec un fruité franc et gourmand ainsi qu'une très jolie douceur en finale, agrémentée d'une note de poivre blanc. Carmina offre une bouche pulpeuse, avec une grande maturité de fruit et une pointe confite et chaude en finale.

Condrieu Jardin Suspendu 2019	47 €	92
IGP Collines Rhodaniennes Esprit d'Antan 2019	37 €	90
Saint-Joseph Saut de l'Ange 2019	37 €	92
Crozes-Hermitage Accroche Coeur 2019	23 €	92
Côte-Rôtie Carmina 2018	50 €	93

- Côte-Rôtie Fongeant 2018 — 95 € — 94
- Saint-Joseph Tildé 2018 — 37 € — 93

Rouge : 12 hectares.
Blanc : 5 hectares.
Production moyenne : 60 000 bt/an

DOMAINE PIERRE-JEAN VILLA
5, route de Pélussin, 42410 Chavanay
04 74 54 41 10 • www.pierre-jean-villa.com •
Vente et visites : sur RDV.
Propriétaire : Pierre-Jean Villa

★★ DOMAINE FRANÇOIS VILLARD

Ce n'est pas parce que le trublion François Villard ne se prend pas au sérieux qu'il ne faut pas considérer son travail avec l'attention que méritent les plus grands. Cet autodidacte aime les vendanges concentrées et tardives, pour aller chercher, non pas la surmaturité, mais la parfaite maturité. En rouge, La Brocarde en Côte-Rôtie et Reflet en Saint-Joseph s'affirment souvent parmi les plus grandes réussites du secteur. Ces derniers millésimes, les blancs ont gagné en précision et en fraîcheur. Nous nous en réjouissons.

Les vins : les blancs sont dans leur ensemble scintillants, avec une belle précision en bouche, à l'image du saint-péray, net et tendu en finale malgré un joli volume de bouche. Version Longue ajoute encore de la profondeur et de la minéralité. Le quatuor de condrieu joue avec une grande justesse sa partition. Très bel éclat dans Les Terrasses du Palat qui contient parfaitement sa belle maturité ; Villa Pontciana joue quant à lui la carte de la finesse absolue. Superbe ! Les rouges ne manquent pas de fraîcheur, ni de caractère. L'Appel des Sereines est une syrah juteuse et friande, un délicieux vin de plaisir ; en Crozes, Certitude joue une belle partition entre finesse et "jutosité" en bouche, avec un joli poivré ; le saint-joseph Reflet demeure une très grande cuvée de la maison, plein, ample et moelleux en finale, il se pose admirablement. Équilibre et éclat du fruit, la côte-rôtie Gallet Blanc est bien bâtie, avec de l'ampleur et une finale juteuse et soyeuse.

- Condrieu Les Terrasses du Palat 2019 — 35 € — 93
- Condrieu Villa Pontciana 2019 — 67 € — 94
- Saint-Péray Version 2019 — 18 € — 91
- Saint-Péray Version Longue 2018 — 23,50 € — 94
- Cornas Jouvet 2019 — 34 € (c) — 95
- Crozes-Hermitage Certitude 2018 — 17 € (c) — 91
- Côte-Rôtie Le Gallet Blanc 2018 — 42 € (c) — 96
- Côte-Rôtie Montlys 2018 — 70 € (c) — 96
- IGP Collines Rhodaniennes L'Appel des Sereines 2019 — 10 € — 89
- Saint-Joseph Reflet 2018 — 32 € (c) — 94

Rouge : 24 hectares.
Blanc : 16 hectares.
Production moyenne : 400 000 bt/an

DOMAINE FRANÇOIS VILLARD
330, route du Réseau-Ange,
42410 Saint-Michel-sur-Rhône
04 74 56 83 60 • www.domainevillard.com/
• Vente et visites : sur RDV.
Propriétaire : François Villard

★ DOMAINE BONNEFOND

Les deux frères Bonnefond ont repris au début des années 1990 le domaine familial, qui dispose d'un vignoble de qualité, avec des terroirs majeurs en Côte-Rôtie et Condrieu. Les côtes-rôties parcellaires sont très typées Côte Brune avec de la matière et du potentiel de vieillissement. Le condrieu s'affine d'année en année laissant plus de place au fruit et à l'équilibre de bouche. Les élevages un peu luxueux qui fardaient les vins il y a quelques années ont bien disparu.

Les vins : les quatre cuvées de côte-rôtie présentées sont solides et bien travaillées, avec des élevages en cours d'intégration. Le temps sera leur allié, même si nous ne pouvons nous empêcher de penser qu'un rien de bois en moins ne nuirait pas. Côte-Rozier possède son charme habituel, avec un très beau fruit juteux ; Les Rochins brille par sa classe plus minérale et très définie.

- Condrieu Côte-Chatillon 2020 — 32 € — 9[illegible]
- Côte-Rôtie Colline de Couzou 2019 — 34 € — [illegible]
- Côte-Rôtie Côte-Rozier 2019 — 45 € — 9[illegible]
- Côte-Rôtie Dans les Vignes de mon Père 2019 — 50 € — [illegible]
- Côte-Rôtie Les Rochins 2019 — 50 € — [illegible]

Rouge : 8,5 hectares. Syrah 100 %
Blanc : 1,5 hectare. Viognier 100 %
Production moyenne : 45 000 bt/an

DOMAINE BONNEFOND
250, chemin de Mornas, 69420 Ampuis
04 74 56 12 30 •
www.domaine-pcbonnefond.fr • Vente et visites : sur RDV.
Propriétaire : Patrick, Christophe et Lea Bonnefond

★ DOMAINE LES BRUYÈRES – DAVID REYNAUD

L'aventure a commencé lorsque David Reynaud a sorti son vignoble de la cave coopérative de Tain. En signant son premier millésime, il découvre la biodynamie et entame la certification du domaine dès 2005. Sa cave est conçue autour du déplacement du raisin et du vin par gravité. Sa production de rouges vivants, issus de terres assez profondes, se fait remarquer avec brio dans les dégustations. La gamme s'étoffe de quelques achats de raisins de bonne source en Cornas et en Saint-Joseph. Les vins affichent un style mûr et charnu qui, après quelques excès de jeunesse et de surextraction, gagne en finesse.

Les vins : nous avons dégusté une trilogie de crozes-hermitage de belle facture. Beaumont est un pur bonheur de fruit juteux et gourmand. Une cuvée immédiate dont une gorgée appelle une autre ! Georges y ajoute un supplément de profondeur et une très belle fraîcheur en finale. La texture demeure fine et élégante. Issu d'un millésime solaire, Les Croix conserve néanmoins une très belle énergie, avec des notes de fruits noirs frais, un cœur de bouche musclé et une finale qui déroule longuement. Une des cuvées les plus sérieuses de l'appellation.

- Crozes-Hermitage Beaumont 2020 — 14,50 € — 91
- Crozes-Hermitage Georges 2019 — 18,50 € — 92
- Crozes-Hermitage Les Croix Vieilles Vignes 2018 — 25 € — 94

Rouge : 18,5 hectares. Syrah 100 %
Achat de raisins.
Blanc : 8,5 hectares. Marsanne 60 %, Roussanne 40 %
Achat de raisins.
Production moyenne : 200 000 bt/an

DOMAINE LES BRUYÈRES - DAVID REYNAUD ♣
12, chemin du Stade,
26600 Beaumont-Monteux
04 75 84 74 14 • www.domainelesbruyeres.fr • Vente et visites : sur RDV.
Propriétaire : David Reynaud

★ DOMAINE CHAMBEYRON

Le domaine Chambeyron est né en 1895. Mathieu Chambeyron en a pris les rênes en 2010. Ce jeune vigneron appliqué produit des vins sans esbroufe. Les matières sont digestes et les boisés ne fardent pas. Ce petit domaine comprend de beaux terroirs : Chavaroche, Les Moutonnes, Lancement, ainsi que le terroir de Vernon, en Condrieu. Nous sommes séduits par ces vins qui associent puissance et finesse.

Les vins : les fruités sont généreux, mûrs et charnus. Le côtes-du-rhône est plein et juteux, encore un peu serré. Chavaroche est concentré, dense, avec des tanins qui devront se fondre à l'élevage ; La Chavarine est plus élancée, avec un toucher suave et élégant. L'Angeline est très habilement construite avec un élevage fondu et une belle élégance de fruit, qui profitent d'un toucher soyeux et fin.

- Condrieu Vernon 2020 — 30 € — 92
- Côte-Rôtie Chavaroche 2019 — 50 € — 93
- Côte-Rôtie L'Angeline 2019 — 40 € — 95
- Côte-Rôtie La Chavarine 2019 — 35 € — 94
- Côtes du Rhône Vieilles Vignes 2020 — 13 € — 89
- IGP Collines Rhodaniennes 2020 — 10 € — 89

Rouge : 4 hectares. Syrah 100 %
Blanc : 1 hectare. Viognier 100 %
Production moyenne : 20 000 bt/an

DOMAINE CHAMBEYRON
197, impasse de la Mine, 69420 Ampuis
04 74 56 15 05 •
www.cote-rotie-chambeyron.com • Vente et visites : sur RDV.
Propriétaire : Mathieu Chambeyron

★ MAISON M. CHAPOUTIER

Michel Chapoutier est un des plus brillants négociants-vignerons de France. Implantée à Tain, depuis plus de 200 ans, son entreprise familiale M. Chapoutier rayonne dans le Rhône (Ferraton Père et fils), dans le Beaujolais (Maison Trénel), en Provence (château de Ferrages), dans le Roussillon (domaine Bila-Haut), en Australie (cinq domaines), en Alsace (domaine C5 Altenberg) et même en Champagne (Sténopé, cuvée cosignée avec Devaux) sans oublier le domaine Pinta Vera au Portugal. Sous l'adresse Maison M. Chapoutier, nous regroupons les vins issus de la gamme provenant de l'activité de négoce, toujours bien réalisés et qui, depuis quelques millésimes, à l'instar des cuvées parcellaires, ont progressé dans le registre de la finesse et de l'élevage.

Les vins : la maison offre une fois encore une belle homogénéité, avec une gamme large et respectueuse des terroirs. Très réjouissante et rafraîchissante, La Muse de RW est une bulle de Saint-Péray à vocation apéritive. Un brut nature tendu et salivant. Le condrieu Invitare offre de la largeur, du gras, mais se tend bien en finale. Chante-Alouette est un grand blanc, équilibré et énergique, avec de la rondeur, mais surtout de l'énergie. En rouge, le baromètre qu'est la cuvée Belleruche donne le bon tempo. Le vin est dense, un peu strict, mais fruité et digeste. Le cornas impose sa profondeur et sa définition, avec un cœur de bouche marqué par les fruits noirs frais et une finale scintillante. Avec du nerf et de l'énergie en bouche, La Sizerane impose sa classe et son potentiel, derrière un bois encore un peu présent. Oubliez-le en cave au moins cinq ans.

Condrieu Invitare 2019	40,05 €	91
Hermitage Chante-Alouette 2019	57,55 €	92
Saint-Péray La Muse de RW 2015	18,75 €	88
Châteauneuf-du-Pape Pie VI 2018	39,90 €	92
Côte-Rôtie Quatuor 2019	65,80 €	93
Côtes du Rhône Belleruche 2020	8,90 €	87
Hermitage Monier de La Sizeranne 2019	63,85 €	93
Saint-Joseph Deschants 2019	18,55 €	89
Saint-Joseph Les Granilites 2019	26,15 €	89

Le coup de ♥

Cornas Temenos 2018	39 €	92

Rouge : 221 hectares. Syrah 70 %, Grenache noir 30 %
Achat de raisins.
Blanc : 64 hectares. Marsanne 90 %, Viognier 10 %
Achat de raisins.
Production moyenne : 10 000 000 bt/an

MAISON M. CHAPOUTIER ♣

18, avenue du Docteur-Paul-Durand, 26600 Tain-l'Hermitage
04 75 08 28 65 • www.chapoutier.com • Vente et visites : sur RDV.
Propriétaire : Michel Chapoutier
Maître de chai : Clément Bartschi

★ DOMAINE PIERRE ET JÉRÔME COURSODON

La famille Coursodon est vigneronne depuis la fin du XIXe siècle. Le domaine possède des vignes dans les secteurs réputés de Mauves, Tournon, Saint-Jean-de-Muzol et Glun. Les blancs affichent une belle personnalité, sans excès de bois. En rouge, L'Olivaie provient du cœur de la Sainte-Épine, dans le village de Saint-Jean-de-Muzols. Les derniers millésimes nous sont toutefois apparus très démonstratifs, avec des boisés très marqués. Il en résulte des vins qui ne sont pas toujours très digestes. Nous sommes au regret de retirer une étoile au domaine.

Les vins : les blancs possèdent une belle définition. Derrière une petite réduction qui disparaît assez vite, Silice révèle un bel éclat, avec une bouche précise et une très belle allonge. Il faut lui laisser deux à trois ans. Le Paradis Saint-Pierre est plus large, chaud et presque exotique, mais avec une grande définition et une belle noblesse dans la finale aux notes de menthol. Affichant tous plus de 15 degrés, les rouges sont riches et puissants. Le plus souple demeure Silice, avec un bois qui se fait discret et une bouche aux notes de fruits noirs. Olivaie et Paradis Saint-Pierre peinent à trouver leur équilibre : la combinaison bois et matières très mûres n'est pas des plus digestes.

Saint-Joseph Le Paradis Saint-Pierre 2019	33 €	94
Saint-Joseph Silice 2020	23 €	92
VDF Etincelle 2020	18 €	88
Saint-Joseph Le Paradis Saint-Pierre 2019	45 €	91
Saint-Joseph L'Olivaie 2019	33 €	91
Saint-Joseph Silice 2019	23 €	90

Rouge : 14 hectares. Syrah 100 %
Blanc : 3 hectares. Marsanne 70 %, Roussanne 20 %, Viognier 10 %
Production moyenne : 60 000 bt/an

DOMAINE PIERRE ET JÉRÔME COURSODON

3, place du Marché, 7300 Mauves
04 75 08 18 29 • www.domaine-coursodon.com • Vente et visites : sur RDV.
Propriétaire : Pierre et Jérôme Coursodon
Directeur : Jérôme Coursodon

★ CAVE YVES CUILLERON

Yves Cuilleron possède un dynamisme rare. Il n'a eu de cesse de compléter et d'étendre son domaine qui représente aujourd'hui 90 hectares en Saint-Péray, Condrieu, Saint-Joseph, Côte

Rôtie et Cornas. Cette expansion se complète d'une activité de négoce. Les meilleurs vins de la gamme, notamment les blancs, savent exprimer une réelle finesse.

Les vins : 2019 a engendré ici des vins de grande maturité, avec des fruits parfois à la limite du confit. Ripa Sinistra est riche, très mûr, un peu cuit. Il manque un peu de fraîcheur ; le saint-joseph est plus tendu, avec une bouche de bonne intensité, toujours dans un registre très mûr. Le Cornas est solide, massif et taillé pour la garde, avec une bonne énergie en finale et un bois qui le couvre encore.

Condrieu La Petite Côte 2019	30,70 €	91
Condrieu Les Chaillets 2019	34,90 €	93
Condrieu Vernon 2019	57,50 €	92
Saint-Joseph Le Lombard 2019	21,40 €	91
Saint-Péray Biousse 2019	20,20 €	91
Cornas Les Côtes 2019	47,50 €	92
Côte-Rôtie Bonnivières 2019	56,20 €	92
IGP Collines Rhodaniennes Ripa Sinistra 2019	33,80 €	89
Saint-Joseph Les Serines 2019	32,10 €	92

Rouge : 50 hectares. Syrah 100 %
Blanc : 40 hectares. Viognier 56 %, Roussanne 24 %, Marsanne 20 %
Production moyenne : 5 400 000 bt/an

CAVE YVES CUILLERON

58 RD, 1086 Verlieu, 42410 Chavanay
04 74 87 02 37 • www.cuilleron.com • Vente et visites : sur RDV.
Propriétaire : Yves Cuilleron

★ CHRISTOPHE CURTAT

Christophe Curtat s'est installé en 2004 à Tournon. Son vignoble morcelé de 7 hectares est situé dans le centre et le sud de l'appellation Saint-Joseph et met à l'honneur des sols granitiques qu'il vinifie avec une belle habilité, en respectant les matières. Nous sommes séduits par le fond et la finesse des vins.

Les vins : épuré, frais et intense, le saint-joseph blanc est un modèle de définition pour l'appellation. Les Gros est un vin de fraîcheur et de gourmandise, avec un côté fluide et digeste dont on profitera dans la jeunesse. Derrière une petite réduction, le saint-joseph rouge offre une bouche de belle envergure, avec une élégance presque bourguignonne et un toucher velouté. Délicieux.

Saint-Joseph Sous l'Amandier 2019	Épuisé - 23 €	94
Saint-Joseph Nomade 2018	22 €	93
VDF Les Gros 2020	9,80 €	88

Rouge : 6,6 hectares. Syrah 100 %
Blanc : 1,9 hectare. Roussanne 60 %, Viognier 35 %, Marsanne 5 %
Production moyenne : 50 000 bt/an

CHRISTOPHE CURTAT

228, route de Lamastre, 7300 Tournon-sur-Rhône
04 75 07 85 67 • christophecurtat@orange.fr • Vente et visites : sur RDV.
Propriétaire : Christophe Curtat
Maître de chai : Alexandre Riou

★ MAISON DELAS FRÈRES

Dans le giron du champagne Deutz depuis 1977, lui-même dans le groupe Louis Roederer, Delas est une maison sérieuse. La priorité a été donnée aux vignobles avec beaucoup de plantation en sélection massale. Elle exploite en propre 30 hectares, dont 10 très bien placés en Hermitage : 8 sur Les Bessards et 2 sur L'Ermite. La maison complète sa gamme avec des achats de moûts ou de raisins. Elle défend un style de syrah ferme, marqué par le caillou, le granite. Si les entrées de gamme sont parfois "un peu justes", les cuvées issues des grands terroirs sont bien plus intéressantes.

Les vins : le côtes-du-rhône est assez simple, juteux, mais plutôt court en bouche. Le crozes-hermitage est un vin techniquement bien fait, mais sans âme. Il termine sur une note brûlée et fumée, mais ne décolle pas. Du côté des saint-joseph, Francois de Tournon offre une belle profondeur, mais le bois serre le vin à ce stade et la bouche qui ne manque pas de volume s'ouvrira d'ici quelques années. La côte-rôtie est d'un autre calibre, avec une matière de belle ampleur, un fruité juteux et un boisé qui se fond doucement. Belle persistance, tout comme le joli châteauneuf, très en place et gourmand. L'Hermitage nous laisse quant à lui dubitatif, dominé par son bois et des notes éthérées.

Châteauneuf-du-Pape Haute Pierre 2018	40 €	93
Crozes-Hermitage Domaine des Grands Chemins 2018	24 €	88
Côte-Rôtie Seigneur de Maugiron 2018	56 €	93
Côtes du Rhône Saint-Esprit 2019	9 €	86
Hermitage Domaine des Tourettes 2017	53 €	89

- Saint-Joseph François de Tournon 2018 — 26,52 € — 91
- Saint-Joseph Les Challeys 2019 — 19 € — 90

Rouge : 30 hectares. Syrah 100 %
Achat de raisins.
Blanc : 2 hectares. Viognier 80 %, Marsanne 18 %, Roussanne 2 %
Achat de raisins.
Production moyenne : 2 000 000 bt/an

MAISON DELAS FRÈRES
40, rue Jules-Nadi, 26600 Tain-l'Hermitage
04 75 08 92 97 • www.delas.com • Vente et visites : sur RDV.
Propriétaire : Famille Rouzaud
Directeur : Fabrice Rosset
Maître de chai : Jacques Grange

★ FERRATON PÈRE ET FILS

Refait "du sol au plafond" : l'expression tombe à pic pour introduire la renaissance de Ferraton et de sa nouvelle cave, sise à l'adresse historique du négociant, acquis par la Maison M. Chapoutier en 2004, dans une petite rue du centre de Tain-l'Hermitage. En Hermitage, la maison possède des vignes dans la partie basse des Dionnières, juste en-dessous des Murets. Une partie des vieilles vignes est destinée à la cuvée Les Dionnières, le reste part dans la cuvée Les Miaux, assemblé avec du Méal. La maison possède deux parcelles sur Le Méal, dont les jus sont aussi isolés ou assemblés. Côté Hermitage blanc, cap à l'est, vers Les Beaumes, avec des blancs issus de marsanne et de roussanne, souvent plantés en foules, qui entrent dans la cuvée Le Reverdy. Vendangées toujours en maturité poussée, les syrahs sont égrappées, élevées en barrique et en demi-muid : Les Dionnières avec 20 % de bois neuf, et 40 % pour Le Méal. Les élevages durent de 16 à 18 mois. Le style des vins, amples et expressifs, avantage jusqu'à présent les rouges.

Les vins : en blanc, l'ermitage retrouve tout son lustre dans le millésime 2018 qui offre un vin serré, équilibré et très pur, à l'élevage bien calé. Les Oliviers joue cette fois sur un registre plus mûr et exotique. Les rouges 2019 sont de bel équilibre. Le saint-joseph Paradis est charmeur, avec des notes de fruits noirs et une touche de bois qui l'enrobe. Un boisé que l'on retrouve dans les cuvées parcellaires et dont nous ne pouvons nous empêcher de penser qu'il est un peu trop présent. Le lieu-dit Saint-Joseph possède une belle matière et de l'énergie, mais la barrique le toaste. L'ermitage Les Dionnières semble manquer de précision, avec un côté animal au nez et en bouche. Le Méal est bien plus convaincant : très dense et richement fruité, c'est un coureur de fond qu'il faudra attendre.

- Ermitage Le Reverdy 2018 — 85 € — 94
- Saint-Joseph Les Oliviers 2018 — 51 € — 92
- Crozes-Hermitage Calendes 2019 — 18 € — 89
- Ermitage Le Méal 2018 — 113 € — 94
- Ermitage Les Dionnières 2018 — 85 € — 89
- Saint-Joseph Lieu-dit Bonneveau 2019 — 34 € — 91
- Saint-Joseph Lieu-dit Paradis 2019 — 34 € — 90
- Saint-Joseph Lieu-dit Saint-Joseph 2018 — 48 € — 92

Rouge : 14 hectares. Syrah 100 %
Achat de raisins.
Blanc : 2,5 hectares. Viognier 100 %, Marsanne 50 %, Roussanne 50 %
Achat de raisins.
Production moyenne : 450 000 bt/an

FERRATON PÈRE ET FILS ☾
13, rue de la Sizeranne,
26600 Tain-l'Hermitage
04 75 08 59 51 • www.ferraton.fr •
Visites : sans RDV.
Propriétaire : Michel Chapoutier
Directeur : Damien Brisset
Maître de chai : Damien Brisset

★ DOMAINE GARON

Les fils Garon mettent bien en valeur la diversité des terroirs de l'appellation Côte Rôtie. Nous sommes séduits par le style des vins du domaine, qui se distinguent par leur finesse de texture. Les fruits sont précis, les élevages montent en puissance en fonction des terroirs et de leur capacité à gérer le bois. Parmi les différentes cuvées, La Sybarine évoque l'expression des sols granitiques. Les Triotes, situé sur la Côte Blonde, à côté de Lancement, est issu des schistes. Les Rochins naît sur le schiste brun de la Côte Brune.

Les vins : en blanc comme en rouge, les vins sont très bien gérés. Les Grandes Parcelles ne manque pas de charme, avec une bouche délicieusement fruitée et une finale bien tonique. Le saint-joseph est d'une admirable fraîcheur de bouche dans un registre de fruits blancs. En rouge, le côtes-du-rhone assume un style bien mûr et légèrement sudiste, mais sans lourdeur. La bouche est structurée et puissante, un vin qu'on pourra boire sur son fruit ou garder un peu. Avec ses notes de fruits noirs, d'épices, de poivre et sa touche lardée en finale, le saint-joseph rouge est vraiment très séduisant. La texture est belle et soyeuse en finale, comme la côte-rôtie à la matière délicate et très élégante.

- IGP Collines Rhodaniennes Les Grandes Parcelles 2019 — Épuisé - 16 € — 89
- Saint-Joseph 2019 — Épuisé - 22 € — 92
- Côte-Rôtie La Sybarine 2019 — Épuisé - 37 € — 93
- Côtes du Rhône La Part des Vivants 2019 — 8,50 € — 89
- IGP Collines Rhodaniennes Syrah 2019 — Épuisé - 16 € — 89
- Saint-Joseph 2019 — Épuisé - 22 € — 92

Rouge : 9,5 hectares. Syrah 100 %
Achat de raisins.
Blanc : 2 hectares. Viognier 80 %, Roussanne 20 %, Marsanne 10 %
Achat de raisins.
Production moyenne : 80 000 bt/an

DOMAINE GARON
58, route de la Taquière, RD
386 69420 Ampuis
04 74 56 14 11 • www.domainegaron.fr •
Vente et visites : sur RDV.
Propriétaire : Jean-François, Kévin, Carmen et Fabien Garon

★ MAISON E. GUIGAL

Nous regroupons sous cette adresse les vins de négoce de la célèbre maison d'Ampuis. La rigueur des sélections dans les approvisionnements de Marcel Guigal et de son fils Philippe n'a d'égal que leur souci d'amener chaque vin au bout d'un cycle complet d'élevage. Pour comprendre cette démarche, qui ne s'est pas construite en un millésime, il suffit de déboucher une bouteille du simple côtes-du-rhône rouge Guigal, assemblage d'achats en Côtes-du-Rhône, Côtes-du-Rhône-Villages et même de crus dans les petits millésimes. La qualité de cette appellation fourre-tout est vraiment rehaussée. Dans les crus rouges, l'élevage en fût et en foudre dure généralement 24 mois et au-delà, avec peu de fûts neufs (20 % dans les grands millésimes).

Les vins : les cuvées sont en place et la palette des crus sonne juste. Les amateurs de condrieu exubérants et généreux seront comblés par cette cuvée qui tapisse le palais de ses notes de fruits exotiques, de violette et de fines épices. L'hermitage blanc ne manque ni de profondeur ni d'ampleur, mais la bouche est enrobée par un élevage qui apporte un petit côté lacté à ce stade à la cuvée, qui devrait toutefois très bien évoluer. Les rouges sont gourmands à l'image du crozes, juteux et poivré. Emblème de la maison, la côte-rôtie, derrière un boisé encore un peu marqué, livre un fruit et une matière de belle constitution pour une bouche déliée et fraîche. L'hermitage, plus serré et intense, déploie une jolie matière étirée. Notons aussi le délicieux gigondas aux notes de fraises, de garrigue et d'olives.

- Condrieu 2019 — de 33 à 36 € (c) — 91
- Hermitage 2018 — de 36 à 40 € (c) — 92
- Saint-Joseph 2019 — de 17 à 19 € (c) — 90
- Châteauneuf-du-Pape 2017 — de 28 à 31 € (c) — 91
- Crozes-Hermitage 2018 — de 15 à 17 € (c) — 89
- Côte-Rôtie Brune et Blonde 2017 — de 41 à 45 € (c) — 92
- Gigondas 2018 — de 19 à 21 € (c) — 91

Le coup de ♥
- Hermitage 2017 — 40 € — 93

Rouge : 50 hectares. Syrah 100 %
Achat de raisins.
Blanc : 25 hectares. Viognier 60 %, Marsanne 33 %, Roussanne 7 %
Achat de raisins.
Production moyenne : 8 000 000 bt/an

MAISON E. GUIGAL
Château d'Ampuis, 69420 Ampuis
04 74 56 10 22 • www.guigal.com •
Visites : sur RDV aux professionnels.
Propriétaire : Famille Guigal
Œnologue : Philippe Guigal

★ VIGNOBLES LEVET

Ce domaine créé en 1929 à Ampuis dispose d'un vignoble en Côte-Rôtie, composé de différentes parcelles situées sur des lieux-dits à fort potentiel. Agnès Levet perpétue le travail réalisé par son père Bernard. Les vins sont destinés à la garde, grâce à une partie des vinifications en vendange entière, suivie de macération longue, avec des élevages d'une durée de deux ans. Le faible pourcentage de bois neuf permet à ces vins d'exprimer le fruit et la touche de graphite des sols. La qualité est très régulière et le style intemporel et classique, au sens noble du terme, nous ravit... La seconde étoile est en vue.

Les vins : la série des côte-rotie en 2019 est très sérieuse, elles ne sont pas encore tout à fait en place mais, dotées de beaucoup de fond, elles absorbent très bien l'élevage qui se fait support et jamais dominateur. Améthyste est droite, serrée et d'une minéralité traçante. La Péroline est plus raffinée, juteuse et très équilibrée, avec un côté floral et lardé en finale. D'une grande élégance, Maestria explose en bouche, avec un fruit intense, des notes fumées et une texture fine. On perçoit la touche Côte Blonde dans la cuvée.

Condrieu 2019	38 €	92
Côte-Rôtie Améthyste 2018	40 €	94
Côte-Rôtie Améthyste 2019	42 €	93
Côte-Rôtie La Péroline 2019	51 €	96
Côte-Rôtie Maestria 2019	49 €	95

Rouge : 4,3 hectares. Syrah 100 %
Blanc : 0,3 hectare. Viognier 100 %
Production moyenne : 12 000 bt/an

VIGNOBLES LEVET
26, boulevard des Allées, 69420 Ampuis
04 74 56 15 39 • www.coterotielevet.fr •
Vente et visites : sur RDV.
Propriétaire : Agnès Levet

★ DOMAINE LIONNET

Le domaine Lionnet est petit en taille, mais la qualité des vins et la diversité des terroirs qu'il exploite nous séduisent beaucoup. Corinne Lionnet et son compagnon Ludovic Izerable pratiquent une viticulture de qualité. Les vins rouges, issus de vendange entière, relèvent d'un style très classique. Les élevages se font en demi-muid de 600 l avec très peu de bois neuf. Les derniers millésimes sont des réussites absolues et le domaine s'approche de la seconde étoile !

Les vins : l'émotion est au rendez-vous. Le saint-joseph blanc se révèle très séduisant, mûr, mais tendu et avec une très belle allonge sur des notes de fruits jaunes. Admirables de classicisme, marqués par une vendange entière très maîtrisée, les rouges ont beaucoup de caractère et de profondeur. Ils sont taillés pour la garde, surtout les cornas, dont Pur Granit à la minéralité ciselée et énergique. De très grands vins.

Saint-Joseph Pierre Blanche 2019	28 €	92
Cornas Pur Granit 2019	35 €	95
Cornas Terre Brulée 2019	35 €	95
Saint-Joseph Terre Neuve 2019	28 €	92

Rouge : 3,4 hectares. Syrah 100 %
Blanc : 0,8 hectare. Chenin 75 %, Roussanne 25 %
Production moyenne : 15 000 bt/an

DOMAINE LIONNET ♣
160-162, avenue Colonel-Rousset,
7130 Cornas
06 24 39 02 84 • www.domainelionnet.fr •
Vente et visites : sur RDV.
Propriétaire : Corinne Lionnet et Ludovic Izerable
Maître de chai : Ludovic Izerable

★ DOMAINE DU MONTEILLET - STÉPHANE MONTEZ

Stéphane Montez cultive depuis 1997 un vignoble planté sur de très beaux coteaux situés à moins de 2 kilomètres de sa cave. Une rare unité qui produit 40 % de blancs. En rouge, le domaine possède une superbe parcelle de vieilles syrahs en Saint-Joseph, qui produit une généreuse et gourmande Cuvée du Papy. En Côte Rôtie, les élevages sont souvent exubérants mais donnent de la chair aux vins.

Les vins : la gamme des condrieu est diverse Les Grandes Chaillées est exotique et ample Chanson, plus droit et longiligne, est le plus équilibré. Du côté des rouges, Cuvée du Papy est une valeur sûre, doté d'un très beau fruit exubérant et d'une finale juteuse. Fortis est une côte-rôtie solide mûre mais raffinée. Les Grandes Places, dégusté juste avant mise, fait montre d'un volume imposant, avec un élevage de 43 mois qui devra se fondre. À oublier en cave.

Condrieu Chanson 2018	de 36 à 38 € (c)	93
Condrieu La Grillette 2017	de 50 à 70 € (c)	92
Condrieu Les Grandes Chaillées 2019	de 29,50 à 35 € (c)	9[illegible]
IGP Collines Rhodaniennes Le Petit Viognier 2019	17 €	88
Saint-Joseph 2019	de 21 à 24 € (c)	89
Côte-Rôtie Bons Arrêts 2018	70 €	94
Côte-Rôtie Fortis 2018	de 47 à 55 € (c)	92
Côte-Rôtie Les Grandes Places 2017	de 122 à 140 € (c)	95
Saint-Joseph Cuvée du Papy 2018	24 €	92

Rouge : 21 hectares. Syrah 100 %
Blanc : 17 hectares. Viognier 70 %, Roussanne 18 %, Marsanne 12 %
Production moyenne : 200 000 bt/an

DOMAINE DU MONTEILLET - STÉPHANE MONTEZ
7, Le Montelier, 42410 Chavanay
04 74 87 24 57 • www.montez.fr • Vente et visites : sur RDV.
Propriétaire : Stéphane Montez

★ JULIEN PILON

Cette petite structure est spécialisée dans les blancs secs du nord de la vallée du Rhône, élaborés à partir d'achat de vins et surtout de raisins, vinifiés et élevés sous bois avec maestria. Une production destinée aujourd'hui aux cavistes et à la restauration. Julien Pilon possède également une parcelle en Côte-Rôtie et en Condrieu.

Les vins : le style des blancs privilégie avec succès la fraîcheur et le côté digeste des vins : le saint-péray est gourmand, très ouvert et charnu ; le crozes est enrobé par un élevage un rien sucrant, il possède moins d'énergie que le saint-joseph. L'hermitage a du volume, des notes de menthe et d'eucalyptus, plein en bouche et déroulant une longue finale. En rouge, avec une agréable touche de violette en bouche, le saint-joseph peut se boire sur son fruit et son côté juteux. Le cornas est un peu plus en retrait et serré à ce stade.

Condrieu Lône 2019	37 €	91
Crozes-Hermitage On The Rhône Again 2019	20 €	88
Hermitage Prisme 2019	55 €	93
IGP Collines Rhodaniennes Mon Grand-Père Etait Limonadier 2019	15,50 €	89
Saint-Joseph Dimanche à Lima 2019	22 €	91
Saint-Péray Les Maisons de Victor 2019	21 €	89
Cornas L'Elégance du Caillou 2019	38 €	92
Côte-Rôtie La Porchette 2019	42 €	93
Saint-Joseph Rue des Poissonniers Paris XVIII 2019	23 €	90

Rouge : 2,5 hectares. Syrah 100 %
Achat de raisins.
Blanc : 10 hectares. Viognier 50 %, Marsanne 35 %, Roussanne 15 %
Achat de raisins.
Production moyenne : 60 000 bt/an

JULIEN PILON
Jassoux, 42410 Chavanay
04 74 48 65 38 • www.julienpilon.fr • Vente et visites : sur RDV.
Propriétaire : Julien Pilon
Œnologue : Egor Paladin

★ DOMAINE ALAIN VOGE

En retrait depuis déjà quelques millésimes, le grand Alain Voge s'en est allé en 2020. Artisan du renouveau des appellations Cornas et Saint-Péray, il avait su transmettre sa passion et sa vision à toute une génération de vignerons. Albéric Mazoyer qui a géré le domaine entre 2004 et 2018 a désormais passé la main à Lionel Fraisse qui poursuit le travail d'excellence sur les 12 hectares du domaine. La conversion en biodynamie est le nouveau chantier engagé ici. Les vins sont de très dignes représentants de ce que ces deux appellations peuvent produire à leur meilleur niveau.

Les vins : on se met en bouche avec les Bulles d'Alain, au profil agréable, tonique et finement enrobé. Mais le point fort du domaine demeure les rouges au profil puissant et armés pour la garde. Le côtes-du-rhône Les Peyrousses est solide dense et mérite au moins deux années de cave. D'une belle définition et ne manquant pas de nerf, les cornas auront aussi besoin de temps, à l'image du superbe Les Vieilles Fontaines, au fruit dense, à la bouche serrée et persistante, mais encore ferme. Les Chailles joue dans un registre fin plus accessible. Le saint-péray Harmonie est floral, apéritif et finement anisé, tandis que Fleur de Crussol, puissant, très riche, commence à évoluer et manque un peu de nerf en finale.

Saint-Péray Fleur de Crussol 2018	33 €	89
Saint-Péray Harmonie 2019	20 €	90
Saint-Péray Les Bulles d'Alain 2015	20 €	90
Cornas Les Chailles 2018	33 €	91
Cornas Les Vieilles Fontaines 2018	83 €	94
Cornas Les Vieilles Vignes 2018	48 €	92
Côtes du Rhône Les Peyrouses 2019	14,50 €	90

Rouge : 8 hectares. Syrah 100 %
Blanc : 5 hectares. Marsanne 100 %
Production moyenne : 80 000 bt/an

DOMAINE ALAIN VOGE ♣
4, impasse de l'Équerre, 7130 Cornas
04 75 40 32 04 • www.alain-voge.com • Visites : sans RDV.
Propriétaire : Famille Voge
Directeur : Lionel Fraisse
Maître de chai : Laurent Martin

DOMAINE DE BONSERINE

Ce domaine possède de très beaux terroirs en Côte Rôtie et deux parcelles en Condrieu : Les Eyguet, à Chavanay et La Garde, sur la commune de Saint-Michel-sur-Rhône. L'ensemble des vignobles est travaillé et labouré, les levures indigènes sont de rigueur. Ludovic Richard gère ce domaine acheté en 2006 par la maison Guigal, mais le domaine de Bonserine possède sa propre personnalité : ses vins sont bien différents tant dans les styles que dans les textures.

Les vins : Le condrieu est d'une belle définition, avec des notes de fruits jaunes, un côté savoureux et un bon équilibre. Pour ce qui est des rouges, La Sarrasine est d'une très belle élégance, avec une bouche de jolie fluidité et un côté déjà très aimable. La Vilallière est plus serré et ferme, avec une finale qui durcit un peu à ce stade. Il faudra l'attendre.

Condrieu 2019	de 37 à 40 € (c)	92
Côte-Rôtie La Sarrasine 2018	de 37 à 40 € (c)	92
Côte-Rôtie La Viallière 2018	de 58 à 60 € (c)	92

Rouge : 11 hectares. Syrah 100 %
Blanc : 1 hectare. Viognier 100 %
Production moyenne : 50 000 bt/an

DOMAINE DE BONSERINE
2, chemin de la Viallière, Verenay
69420 Ampuis
04 74 56 14 27 •
www.domainedebonserine.fr • Visites : sans RDV.
Propriétaire : Famille Guigal
Directeur : Ludovic Richard
Maître de chai : Étienne Beguin

DOMAINE GRAEME ET JULIE BOTT

L'histoire vigneronne de ce couple formé par Julie et Graeme Bott commence en 2015 avec l'achat d'une parcelle en Condrieu située sur le village de Verin. Petit à petit, le domaine s'est agrandi pour atteindre aujourd'hui 6,5 hectares. Au-delà du labeur abattu et de la ténacité manifestée par ces jeunes producteurs, nous sommes attentifs aux sensations très intéressantes que procurent ces vins qui progressent millésime après millésime. Il faut les suivre de près.

Les vins : banco pour les blancs au profil droit et très défini, sans aucun excès d'élevage. Le condrieu est superbe de pureté et d'éclat avec une finale saline et tendue. Kamaka est d'approche gourmande et franche, avec un côté juteux. On retrouve ce caractère dans le crozes avec évidemment un peu plus d'intensité et d'allonge. La côte-rotie est magnifique, d'une très belle pureté de fruit, tout en équilibre et juteuse en finale. Elle ne pourra que bien évoluer.

Condrieu 2019	45 €	93
Saint-Joseph 2019	27 €	9
Crozes-Hermitage 2019	20 €	9
Côte-Rôtie 2019	58 €	94
IGP Collines Rhodaniennes Kamaka 2019	42 €	89
Saint-Joseph 2019	27 €	92

Rouge : 4 hectares. Syrah 100 %
Achat de raisins.
Blanc : 2,5 hectares. Viognier 70 %, Marsanne 15 %, Roussanne 15 %
Achat de raisins.
Production moyenne : 25 000 bt/an

DOMAINE GRAEME ET JULIE BOTT
19, rue du Pont-Royal, 69420 Ampuis
06 12 73 27 51 • www.domainebott.fr • Vente et visites : sur RDV.
Propriétaire : Graeme et Julie Bott

DOMAINE YANN CHAVE

Pour faire plaisir à ses parents qui ne voulaient surtout pas qu'il devienne paysan, Yann Chave a fait de longues études d'économie et de gestion. Passé par Paris et les cabinets d'audit, l'inspection bancaire lui a ouvert les yeux : « J'ai compris loin de chez moi que mes deux passions ont toujours été le rugby et les vins, et c'est ici que ça se passait. » Les vins ont gagné en personnalité, en intensité, privilégiant l'expression naturelle du fruit et du terroir, tant en rouge qu'en blanc. Les progrès sont nets ces dernières années. Et pour les élevages, le vigneron cite Marcel Guigal : « Un vin, c'est comme un enfant : ça doit être bien élevé. »

Les vins : avec des notes d'anis, de fleurs et de fruits jaunes, le crozes blanc impose une très belle définition et du volume. Doté d'une belle matière et d'un fruit juteux, le crozes rouge est équilibré, avec une finale fumée et un côté toujours classique qui lui va à merveille. Une belle référence. Autant dire tout de suite que l'hermitage nécessitera une longue patience. Un monstre de 15,8° d'alcool, puissant, massif et serré, mais qui semble bien digérer son élevage.

Crozes-Hermitage 2019	22 €	91
Crozes-Hermitage 2019	19 €	90

Crozes-Hermitage Le Rouvre 2019 — 28 € — 91

Hermitage 2019 — 100 € — 93

Rouge : 17,5 hectares.
Blanc : 1,5 hectare.
Production moyenne : 120 000 bt/an

DOMAINE YANN CHAVE ♣

1170, chemin de la Burge,
26600 Mercurol-Veaunes
04 75 07 42 11 • www.yannchave.com • Pas de visites.
Propriétaire : Yann Chave

NOUVEAU DOMAINE

VIGNOBLES CHIRAT

Quatre générations de vignerons se sont succédées à la tête de ce vignoble fondé en 1925 et qui s'est élargi au fil des ans. Aurélien et son père Gilbert exploitent aujourd'hui un peu plus de huit hectares essentiellement sur Condrieu et Saint-Joseph (plus une petite parcelle de Côte Rotie) dont ils déclinent plusieurs cuvées parcellaires. Le style de vin est classique, avec une belle recherche d'élégance et de fraîcheur.

Les vins : les blancs affichent un profil aromatique intéressant, avec une jolie fraîcheur préservée. En condrieu, Sous L'église est équilibré et fin, très digeste. Plus large, Les Chays est doté d'un joli gras, mais reste précis. Les rouges sont gourmands et juteux, avec une expression épicée de la syrah. Or Piste est un vin frais et estival, Les Côtes en saint-joseph dévoile une belle fraîcheur et un côté digeste ; Soliste est plus dense et aussi un peu plus serré, avec un joli fond minéral qui lui promet une belle évolution.

Condrieu Clos Poncins 2019 — 35 € — 93

Condrieu Les Chays 2019 — 28 € — 92

Condrieu Lieu-dit Sous L'église 2020 — 26 € — 91

Saint-Joseph Les Côtes 2019 — Épuisé - 18 € — 89

VDF Or Piste 2020 — 14 € — 87

Côte-Rôtie La Rose Brune 2019 — 38 € — 94

Saint-Joseph Soliste 2019 — 21 € — 93

VDF Or Piste 2019 — 12 € — 89

Le coup de ♥

Saint-Joseph Les Côtes 2019 — 16,50 € — 92

Rouge : 3,9 hectares.
Blanc : 4,8 hectares.
Production moyenne : 45 000 bt/an

VIGNOBLES CHIRAT

125, rue du Piaton,
42410 Saint-Michel-sur-Rhône
04 74 56 68 92 • www.vignobles-chirat.com
• Vente et visites : sur RDV.
Propriétaire : Gilbert et Aurélien Chirat
Directeur : Aurélien Chirat

DOMAINE EMMANUEL DARNAUD

L'énergique Emmanuel Darnaud s'est taillé une solide réputation avec une production de vins de Crozes-Hermitage mûrs, à boire sur le fruit. Ses syrahs se répartissent sur des alluvions à galets sur Mercurol, Pont-de-l'Isère et La Roche-de-Glun. Depuis 2011, il poursuit l'œuvre de son beau-père et mentor Bernard Faurie, auquel il a racheté les vieilles vignes de Saint-Joseph, sur le lieu-dit escarpé La Dardouille ("où le soleil tape"), des coteaux abrupts qui prolongent Les Oliviers.

Les vins : ils affichent une belle concentration et parfois une petite marque d'élevage, mais ils conservent un côté digeste et séduisant. Mise en Bouche peut être encore attendu un an, Les Trois Chênes évolue gardant ce côté sanguin et ses élégantes notes grillées et lardées. Au Fil du Temps nous laisse un peu plus circonspect : le fruit est cuit et le bois l'étouffe. Le saint-joseph est quant à lui bien en place, juteux et cendré, sans lourdeur.

Crozes-Hermitage Au Fil du Temps 2018 — 32 € — 87

Crozes-Hermitage Les Trois Chênes 2018 — 20 € — 91

Crozes-Hermitage Mise en Bouche 2019 — 17 € — 89

Le coup de ♥

Saint-Joseph La Dardouille 2018 — 32 € — 92

Rouge : 16,25 hectares. Syrah 100 %
Blanc : 0,45 hectare. Marsanne 100 %
Production moyenne : 75 000 bt/an

DOMAINE EMMANUEL DARNAUD

21, rue du Stade, 26600 La Roche-de-Glun
04 75 84 81 64 • www.domainedarnaud.com
• Vente et visites : sur RDV.
Propriétaire : Emmanuel Darnaud

DOMAINE ÉRIC ET JOËL DURAND

Ce domaine, situé au sud de l'appellation Saint-Joseph, est tenu par les frères Durand. Éric et Joël produisent des vins en Cornas et Saint-Joseph. Ils sont connus pour leurs rouges ciselés et tracés par le granite. Depuis peu, ils vinifient des blancs en Saint-Joseph et Saint-Péray, au style précis. Les derniers millésimes sont ici très réussis et la première étoile approche.

Les vins : dans les deux couleurs, la maîtrise des frères Durand est remarquable. Les blancs sont à la fois précis, fruités et ciselés en finale, avec des élevages discrets. Bravo pour ce bel équilibre. Les rouges sont solides et promis à une belle garde. Évidemment, les saint-joseph affichent un peu plus de souplesse, mais sans manquer de profondeur. En Cornas, Prémices est le plus ouvert, son fruit reste éclatant et il s'équilibre parfaitement. Confidence est le plus ambitieux, avec un fruit mûr et un boisé encore marqué. Il faut lui laisser un peu de temps encore.

Saint-Joseph 2019	21 €	91
Saint-Péray 2019	20 €	90
Cornas Confidence 2018	55 €	93
Cornas Empreintes 2018	35 €	91
Cornas Prémices 2018	27 €	91
Saint-Joseph Lautaret 2019	25 €	92
Saint-Joseph Les Coteaux 2019	22 €	90

Rouge : 17 hectares. Syrah 100 %
Blanc : 2,5 hectares. Roussanne 50 %, Marsanne 50 %
Production moyenne : 90 000 bt/an

DOMAINE ÉRIC ET JOËL DURAND
2, impasse de la Fontaine,
7129 Châteaubourg
04 75 40 46 78 • ej.durand@wanadoo.fr •
Vente et visites : sur RDV.
Propriétaire : Éric et Joël Durand

DOMAINE FRANÇOIS ET FILS

Ce petit vignoble est implanté sur les communes de Saint-Cyr-sur-Rhône et d'Ampuis. Plantées par le père de Yoann François, au début des années 1980, les vignes étaient destinées jusqu'au millésime 1990 au négoce. Depuis, tout a changé, et le domaine ne cesse de progresser, affinant les vins et les élevages. C'est désormais une valeur sûre de l'appellation et la première étoile est en vue.

Les vins : le nouveau venu dans la gamme, le condrieu, bien que riche, est très réussi, avec une belle complexité aromatique et surtout une finale qui ne manque pas de peps. Chaque millésime affine le style des côte-rôtie avec des 2019 très énergiques. Les Rochins offre une admirable finesse et une tension minérale qui lui promet un bel avenir. Rozier exprime un côté plus large et ample, avec bois un rien plus marqué, mais beaucoup d'allonge.

Condrieu Veauvignère 2020	32 €	93
Côte-Rôtie 2019	34 €	93
Côte-Rôtie Les Rochins 2019	60 €	94
Côte-Rôtie Rozier 2019	42 €	94

Rouge : 4,25 hectares.
Blanc : 0,25 hectare.
Production moyenne : 20 000 bt/an

DOMAINE FRANÇOIS ET FILS
451, Mornas 69420 Ampuis
04 74 56 15 51 •
www.coterotie-francoisetfils.com • Vente et visites : sur RDV.
Propriétaire : Yoann et Erwan François
Directeur : Yoann François

DOMAINE JOLIVET

Ce petit domaine de Saint-Jean-de-Muzols produit du vin depuis bien longtemps, mais a pris une nouvelle route lorsque Bastien Jolivet a succédé à son père en 2014, et décidé d'arrêter de fournir ses raisins à la coopérative. Son vignoble est établi sur de beaux coteaux ; les vins qui en sont issus sont vinifiés en levure indigène, fermentés en barrique usagée. Les rouges comportent une part de vendange entière et sont élevés en demi-muid.

Les vins : le blanc est un vin très séduisant, avec un côté enrobé en bouche, des notes de fuits jaunes bien mûrs et un bel équilibre gourmand. Le rouge affiche le profile type de ce que nous recherchons dans l'appellation : un vin digeste, franc, juteux et proche du fruit. Il possède toutefois suffisamment de densité pour bien évoluer.

Saint-Joseph Clef de Sol 2019	Épuisé - 27 €	91
Saint-Joseph L'instinct 2019	24 €	93

Rouge : 8 hectares.
Blanc : 3 hectares.
Production moyenne : 40 000 bt/an

DOMAINE JOLIVET
8, route de Lyon, 7300 Saint-Jean-de-Muzols
06 78 39 30 33 • bastien@domainejolivet.fr
• Vente et visites : sur RDV.
Propriétaire : Bastien Jolivet

NOUVEAU DOMAINE

LES TERRIENS

Ce petit domaine installé à Chavanay propose une gamme assez complète en blanc et en rouge. Conseillé par Pierre-Jean Villa, il élabore des vins de belle profondeur, avec une expression de fruit préservée, dans un style plutôt moderne et accessible, mais avec un bon potentiel de vieillissement. Le côtes-du-rhône Brézème est indiscutablement le vin phare de la gamme, expression aboutie et méconnue de ce terroir.

Les vins : toute la gamme est cohérente, avec de belles expressions des terroirs, des fruits plutôt mûrs et charmeurs, comme dans la cuvée Ainsi Soit-Il, très avenante. Les blancs sont charnus et lumineux à l'image du délicieux saint-joseph, ou d'un condrieu très équilibré. Brézème est un vin au potentiel étonnant pour un côtes-du-rhône, avec beaucoup de profondeur.

Condrieu 2019	de 37 à 42 € (c)	92
Saint-Joseph 2019	de 25 à 28 € (c)	91
Cornas 2018	de 34 à 38 € (c)	93
Côte-Rôtie 2018	de 45 à 50 € (c)	93
Côtes du Rhône Ainsi Soit-Il 2018	de 15 à 17 € (c)	89
Côtes du Rhône Brézème 2019	de 18 à 23 € (c)	91
Saint-Joseph 2018	de 25 à 28 € (c)	92

Rouge : 5,5 hectares. Syrah 100 %
Achat de raisins.
Blanc : 3 hectares. Viognier 80 %, Marsanne 10 %, Roussanne 10 %
Achat de raisins.
Production moyenne : 35 000 bt/an

LES TERRIENS
103 RD 1086 Luzin 42410 Chavanay
06 58 42 90 47 • www.les-terriens.fr/ •
Vente et visites : sur RDV.
Propriétaire : Pierre Jandros
Directeur : Loic Moula

DOMAINE NIERO

Le domaine Niero est dirigé par Rémi, revenu en 2004 et ingénieur de formation, qui fabrique parallèlement des cuves destinées à la fermentation des vins. Le cœur de la production se situe en Condrieu avec 4 hectares divisés en six parcelles. Le domaine produit deux côtes-rôties provenant du terroir des Viallières et du terroir de Bassenon, ainsi qu'une cuvée de saint-joseph, Bois Prieur.

Les vins : le domaine maîtrise la palette des terroirs de Condrieu et en exprime bien les nuances au travers des différentes cuvées. Chéry joue dans le registre de la richesse : le vin impressionne par son volume et sa puissance, mais on perçoit une petite chauffe en finale. Les Ravines, plus abordable, offre des notes de fruits jaunes mûrs, moins d'intensité, mais aussi un côté plus délié. La cuvée la plus aboutie est Héritage, qui trace et délivre une belle précision, avec une expression minérale et précise superbe. En rouge, Vire de Serine ne cache pas ses ambitions, mais une fois encore, nous trouvons l'élevage trop marqué. Il sucre la finale et étouffe le souffle du fruit. C'est dommage. Éminence s'avère plus souple et plus gourmand, avec un fruit respecté.

Condrieu Chéry 2019	39 €	92
Condrieu Cœur de Roncharde 2019	35 €	93
Condrieu Héritage 2019	45 €	94
Condrieu Les Ravines 2019	30 €	90
Côte-Rôtie Vires de Serine 2018	65 €	90
Côte-Rôtie Éminence 2019	37 €	92

Rouge : 5 hectares. Syrah 100 %
Blanc : 4 hectares. Viognier 100 %
Production moyenne : 40 000 bt/an

DOMAINE NIERO
3, impasse du Pressoir, rue de la Mairie, 69420 Condrieu
04 74 56 86 99 • www.vins-niero.com/fr/ •
Vente et visites : sur RDV.
Propriétaire : Rémi Niero
Directeur : Adrien Encontre
Maître de chai : Jérôme Andriot
Œnologue : Olivier Roustang

NOUVEAU DOMAINE

DOMAINE DE LA PETITE GALLÉE

Quel plaisir d'accueillir dans ce guide un domaine des trop méconnus Coteaux du Lyonnais. Ce terroir, situé aux portes de Lyon, fait la part belle au gamay qui trouve ici, lorsqu'il est bien travaillé, une expression typique de fraîcheur et de profondeur. Installé à Millery, nul doute que le domaine de La Petite Gallée fait partie de l'élite. Patrice Thollet exploite en biodynamie une dizaine d'hectares de galets roulés et propose des vins abordables et franchement délicieux qu'il serait dommage de ne pas découvrir.

Les vins : nous louons le style tout en gourmandise des vins du domaine, les rouges, issus de gamay sont digestes, frais et subtilement épicés. La cuvée 1896 offre un très joli jus, avec de la densité, un côté très savoureux et une jolie allonge sur le fruit. Le blanc chardonnay est fringant, frais et délicieusement apéritif. Une jolie bouteille de copains avec ce qu'il faut de rondeur.

- Coteaux du Lyonnais Les Moraines 2019 — 13 € — 88
- Coteaux du Lyonnais Cuvée 1896 2019 — 18 € — 92
- Coteaux du Lyonnais Vieilles Vignes 2019 — 13 € — 90

Rouge : 6 hectares.
Blanc : 4,5 hectares.
Production moyenne : 50 000 bt/an

DOMAINE DE LA PETITE GALLÉE

9, Rue de la Petite Gallée, 69390 Millery
0661863851 • www.domainethollet.com •
Vente et visites : sur RDV.
Propriétaire : Patrice Thollet

DOMAINE CHRISTOPHE PICHON

Le domaine de Christophe Pichon dispose de certains terroirs prestigieux comme Roche Coulante en blanc, ou Côte Blonde en rouge. Les vins, que nous trouvions marqués par des excès de surmaturité et de boisé, ont gagné en équilibre et en harmonie, même si nous regrettons toujours des élevages un peu trop appuyés.

Les vins : en blanc, le saint-joseph, bien construit, offre une belle définition et de la précision en bouche. Mûr et sans lourdeur, Caresse trouve son équilibre malgré un boisé qui ne s'est pas encore totalement effacé. L'ensemble devrait bien évoluer. Diapason Blanc semble en revanche plus travaillé, exubérant et finalement moins digeste. Les rouges sont de belle facture, un peu sur la retenue, mais ne manquant pas de fond. Allégorie brille par un joli fruit séveux et une belle touche d'épices en finale. Rozier est un vin taillé pour la garde, retenu, mais intense et profond, avec une jolie maturité du fruit. D'une belle élégance, La Comtesse en Côte Blonde offre une belle trame fine enrobée par un élevage qui le marque encore.

- Condrieu 2019 — 34 € — 91
- Condrieu Caresse 2019 — 55 € — 92
- IGP Collines Rhodaniennes Viognier 2019 — 28 € — 87
- Cornas Allégorie 2019 — 35 € — 93
- Côte-Rôtie La Comtesse en Côte Blonde 2017 — 110 € (c) — 93
- Côte-Rôtie Promesse 2019 — 42 € — 93
- Côte-Rôtie Rozier 2019 — 55 € — 93
- Saint-Joseph 2019 — 20 € — 90

Rouge : 10 hectares. Syrah 100 %
Achat de raisins.
Blanc : 10 hectares. Viognier 100 %
Achat de raisins.
Production moyenne : 120 000 bt/an

DOMAINE CHRISTOPHE PICHON

36, Le Grand Val, 42410 Chavanay
04 74 87 06 78 • www.domaine-pichon.fr •
Vente et visites : sur RDV.
Propriétaire : Famille Pichon

DOMAINE DES PIERRES SÈCHES

Ce fils de vigneron mosellan perpétue le métier familial dans la vallée du Rhône septentrionale, où il s'est installé après ses études, travaillant chez Chapoutier, puis chez Stéphane Robert. En 2009, Sylvain Gauthier s'installe à Cheminas, sur un petit vignoble, qu'il fait grandir au fil du temps. Il a eu la chance de commencer avec une parcelle de vieilles vignes de syrah et de marsanne sur le terroir de la Sainte-Épine, à Saint-Jean de Muzol. Ses autres vignes sont plantées à Arras-sur-Rhône, Vion, Ozon et jusqu'à Sarrat.

Les vins : la gamme est vraiment au point, avec une belle identité de vins. La cuvée Syrah est croquante et poivrée en finale, répondant à ce que l'on attend de ce type de vin : de la gourmandise et du fruit. Le viognier est fruité et floral, avec du gras et une certaine rondeur. La série des saint-joseph est le point fort du domaine, les vins sont sérieux et énergiques, tout en trouvant leur équilibre. Saint-Joseph 1930 est issu des plus vielles vignes du domaine, un vin intense, dense et qui doit encore se mettre en place. Le potentiel est là.

- Saint-Joseph 2019 — 22 € — 91
- IGP Ardèche Syrah 2019 — 12 € — 89
- IGP Ardèche Viognier 2019 — 15 € — 89
- Saint-Joseph 2019 — 22 € — 92
- Saint-Joseph Rouge Cuvée 1930 2019 — 55 € — 94
- Saint-Joseph Rouge Revirand 2019 — 35 € — 93

Rouge : 4 hectares. Syrah 100 %
Blanc : 2 hectares.
Production moyenne : 20 000 bt/an

DOMAINE DES PIERRES SÈCHES
425, Impasse de Laussas, 7370 Ozon
06 89 42 37 09 •
domainedespierresseches@orange.fr •
Vente et visites : sur RDV.
Propriétaire : Sylvain Gauthier

ÉRIC TEXIER

Installé à Charnay, dans le sud du Beaujolais, Éric Texier a jeté son dévolu et sa passion sur le vignoble de Brezème. Ce terroir de belle qualité possède la particularité de pouvoir revendiquer son nom derrière l'appellation Côtes-du-Rhône, sans être un côtes-du-rhône-villages. Les sols argilo-calcaires nous révèlent des expressions bien différentes de celles des granites qui dominent les sols du Rhône septentrional. Éric Texier possède un style bien à lui. Les vins sont proches du fruit tout en étant libres. Si tous les vins sans soufre pouvaient avoir le même rendu que ceux du domaine...

Les vins : le blanc est un vin aussi atypique qu'intéressant. Issu d'une oxydation ménagée bien maîtrisée, il déploie des notes de fruits secs, d'épices et de fruits blancs, mais brille surtout par le beau tranchant de sa finale saline. Le rouge est juteux, croquant et poivré à souhait, avec toutefois une belle générosité, du volume et une finale très fraîche.

- Côtes du Rhône Roussette Vieilles Vignes Domaine de Pergaud 2017 — 28 € — 91
- Côtes du Rhône Brézème 2018 — 18 € — 91

Rouge : 8,5 hectares. Syrah 100 %
Achat de raisins.
Blanc : 1,5 hectare. Roussanne 100 %
Achat de raisins.
Production moyenne : 70 000 bt/an

ÉRIC TEXIER ♣
205, impasse Bel-Air 69380 Charnay
04 72 54 45 93 • www.eric-texier.com •
Vente et visites : sur RDV.
Propriétaire : Éric Texier

LES VINS DE VIENNE

Le trio Villard, Cuilleron et Gaillard a commencé l'aventure des Vins de Vienne à la fin des années 1990. Au départ, il s'agissait de redonner vie aux superbes terroirs oubliés de Seyssuel, l'un ces premiers vignobles de la vallée du Rhône : sur les 16 hectares de vignes, 11 y ont été plantés entre 1996 et 2001. Au fil des ans, la gamme s'est étoffée avec des achats de raisins. Si les vins issus des terroirs de Seyssuel demeurent admirables et signent le domaine, les autres cuvées nous apparaissent moins convaincantes, ce qui nous conduit à retirer l'étoile au domaine cette année.

Les vins : les blancs ne sont pas tous satisfaisants : le condrieu est riche et mûr, un peu mou, comme le saint-joseph, plus rond que dynamique. Pur marsanne, le saint-péray offre un joli volume, un côté crémeux en bouche et des notes de fruits jaunes. Taburnum est plus énergique, malgré une bouche qui évolue dans un registre de fruits jaunes confits. Nous sommes déçus par un crozes 2017 déjà usé et trop simple ; la côte-rotie est fumée, ronde, mais un peu simple. On change de dimension avec Héluicum, une cuvée juteuse, épicée et séduisante, et avec Sotanum qui ajoute encore un peu plus de volume et de concentration.

- Condrieu La Chambée 2019 — de 35 à 37 € (c) — 89
- IGP Collines Rhodaniennes Taburnum 2019 — de 35,50 à 37,50 € (c) — 91
- Saint-Joseph Le Biez 2019 — de 25 à 27 € (c) — 89
- Saint-Péray Les Faures 2018 — de 22,50 à 24,50 € (c) — 91
- Crozes-Hermitage Les Grappiats 2017 — de 24 à 26 € (c) — 86
- Côte-Rôtie Le Plomb 2019 — de 45,50 à 47,50 € (c) — 91
- IGP Collines Rhodaniennes Héluicum 2019 — de 22,50 à 24,50 € (c) — 93
- IGP Collines Rhodaniennes Sotanum 2019 — de 35,50 à 37,50 € (c) — 93

Rouge : 15 hectares. Syrah 100 %
Achat de raisins.
Blanc : 5 hectares. Viognier 40 %, Marsanne 30 %, Roussanne 30 %
Achat de raisins.
Production moyenne : 600 000 bt/an

LES VINS DE VIENNE
1, ZA de Jassoux, 42410 Chavanay
04 74 85 04 52 • www.lesvinsdevienne.fr •
Vente et visites : sur RDV.
Propriétaire : Yves Cuilleron, Pierre Gaillard et François Villard
Directeur : Marie-Mélodie Condette
Maître de chai : Nicolas Loppin
Œnologue : Pascal Lombard

Le Rhône sud et ses vins

Par Olivier Poussier,
en charge des vins du Rhône méridional
du comité de dégustation de La Revue du vin de France

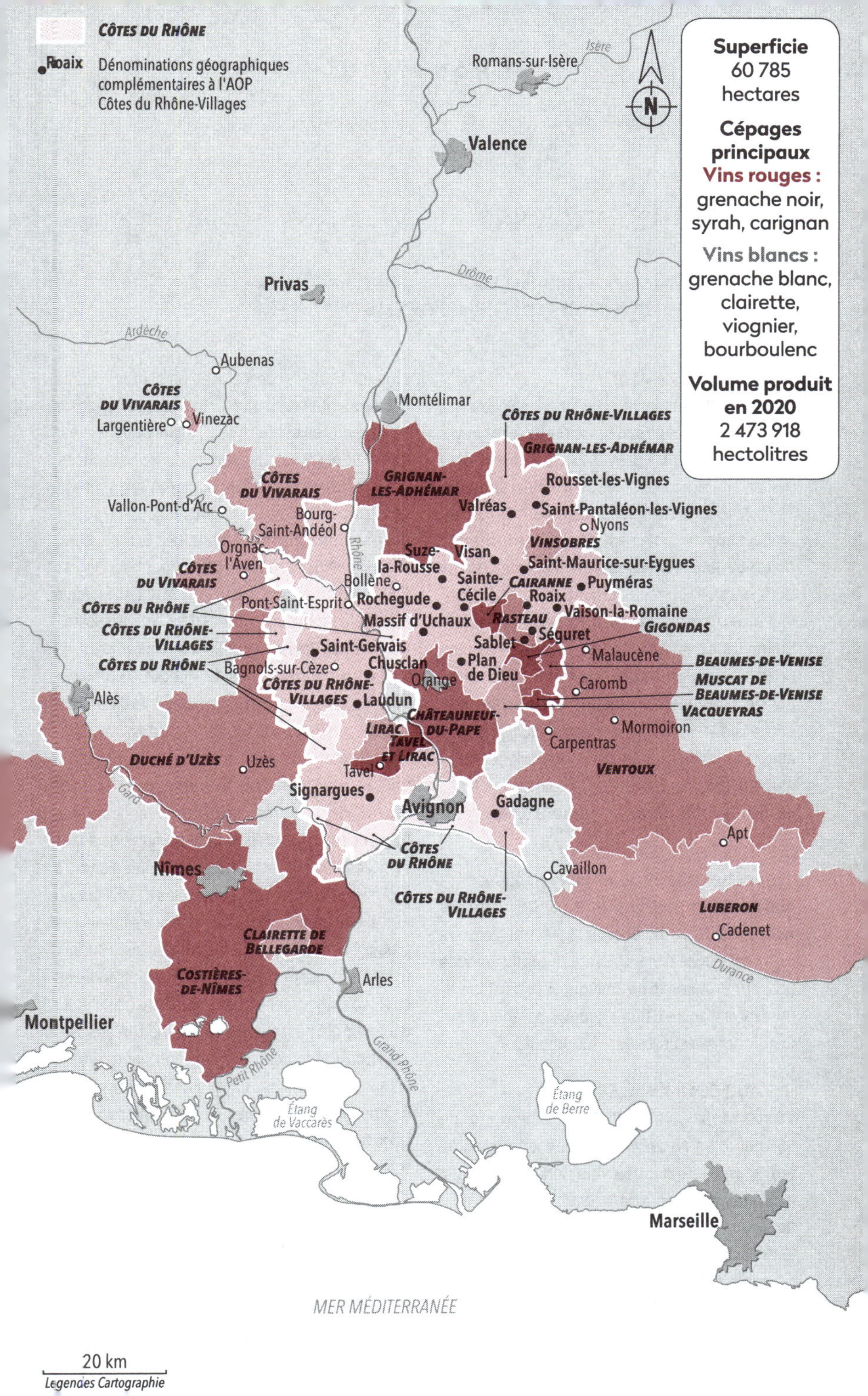

CÔTES DU RHÔNE
Roaix Dénominations géographiques complémentaires à l'AOP Côtes du Rhône-Villages
Superficie
60 785 hectares
Cépages principaux
Vins rouges :
grenache noir, syrah, carignan
Vins blancs :
grenache blanc, clairette, viognier, bourboulenc
Volume produit en 2020
2 473 918 hectolitres
Isère
Romans-sur-Isère
Valence
Privas
Drôme
Ardèche
Aubenas
CÔTES DU VIVARAIS
Largentière
Vinezac
Montélimar
CÔTES DU RHÔNE-VILLAGES
GRIGNAN-LES-ADHÉMAR
Rousset-les-Vignes
Saint-Pantaléon-les-Vignes
Valréas
Nyons
Vallon-Pont-d'Arc
Bourg-Saint-Andéol
Orgnac-l'Aven
Rhône
Suze-la-Rousse
Visan
VINSOBRES
Saint-Maurice-sur-Eygues
Bollène
Sainte-Cécile
CAIRANNE
Puyméras
Roaix
Pont-Saint-Esprit
Rochegude
RASTEAU
Vaison-la-Romaine
CÔTES DU RHÔNE
Massif d'Uchaux
GIGONDAS
CÔTES DU RHÔNE-VILLAGES
Saint-Gervais
Sablet
Séguret
Malaucène
Bagnols-sur-Cèze
Chusclan
Plan de Dieu
BEAUMES-DE-VENISE
Orange
Caromb
MUSCAT DE BEAUMES-DE-VENISE
Laudun
VACQUEYRAS
Alès
CHÂTEAUNEUF-DU-PAPE
LIRAC
Mormoiron
TAVEL ET LIRAC
Carpentras
DUCHÉ D'UZÈS
Uzès
Tavel
VENTOUX
Gard
Signargues
Avignon
Gadagne
Apt
Nîmes
Cavaillon
LUBERON
Cadenet
CLAIRETTE DE BELLEGARDE
COSTIÈRES-DE-NÎMES
Durance
Arles
Montpellier
Petit Rhône
Grand Rhône
Étang de Vaccarès
Étang de Berre
Marseille
MER MÉDITERRANÉE
20 km
Legendes Cartographie

LES APPELLATIONS

La partie méridionale de la vallée du Rhône compte deux appellations régionales, sept appellations sous-régionales et huit appellations communales.

LES AOC RÉGIONALES

Côtes-du-Rhône : cette appellation régionale est la plus importante en superficie puisqu'elle couvre 32 036 hectares, soit près de la moitié du vignoble rhodanien méridional. Si elle peut donner un peu de blanc, le rouge et le rosé représentent 95 % de la production, principalement issue de grenache noir.

Côtes-du-Rhône-Villages : cette dénomination de 8 600 hectares correspond aux terroirs de 95 communes du Gard, du Vaucluse, de l'Ardèche et de la Drôme, avec des règles de production plus strictes qu'en Côtes-du-Rhône. La qualité peut être remarquable à des prix souvent intéressants. Dix-huit villages peuvent accoler leur nom à celui de l'appellation : ce sont les Côtes-du- Rhône-Villages communaux comme Vaison-la-Romaine (Vaucluse), Laudun (Gard) et, Suze-La-Rousse (Drôme).

LES AOC SOUS-RÉGIONALES

Sous cette dénomination sont regroupées les **AOC Costières de Nîmes** (4 091 ha), **Grignan-Les-Adhémar** (1 730 ha), **Luberon** (3 362 ha), **Ventoux** (5 774 ha), **Duché d'Uzès** (271 ha), **Côtes du Vivarais** (220 ha) et **Clairette de Bellegarde** (8 ha). Elles ne présentent guère d'homogénéité dans leurs terroirs, ni dans la qualité des vins produits.

LES AOC COMMUNALES

Vinsobres : promue en 2005, cette appellation de 583 hectares, située au nord-ouest de la Drôme provençale, produit des vins riches et amples, mais manque encore de locomotives fortes.

Rasteau : en AOC depuis 2010, cette appellation (949 hectares) produit des vins rouges de constitution solide, mais au beau potentiel de vieillissement. On y trouve aussi de jolis vins doux naturels.

Gigondas : sur les coteaux et les pentes douces descendant vers la plaine, cette appellation de 1 208 hectares est faite pour le grenache. Elle est reconnue pour ses rouges élégants et très nuancés. Les plus belles cuvées sont aptes à la longue garde. Ce cru recèle de très belles affaires.

Vacqueyras : assez comparable à Gigondas par son exposition et son encépagement, Vacqueyras (1 412 hectares) livre des vins plus musclés, mais moins élégants que ceux de l'appellation voisine.

Beaumes de Venise : l'appellation, réputée pour ses vins doux naturels issus de muscat, s'étend sur 635 hectares, sur trois types de terroirs différents. On y produit des rouges corpulents, principalement issus de grenache et de syrah.

Châteauneuf-du-Pape : très étendue (3 133 hectares), l'appellation couvre cinq communes et des types de sols très différents (galets roulés, sables et calcaire). La qualité est loin d'être la même d'un cru à l'autre, d'autant que plusieurs styles de vinification et d'élevage cohabitent. Les meilleurs domaines produisent des vins rouges extraordinaires par leur richesse et leur tenue. Il faut savoir les attendre en cave. Les blancs, en net progrès depuis quelques années, n'ont pas toujours le génie des rouges.

Tavel : ce vignoble de la rive droite (911 hectares) est uniquement consacré au rosé. Le style est vineux, charnu, aromatique, agréable, et la qualité variable.

Lirac : voisin gardois de Tavel, il représente 771 hectares. Les rouges sont assez fins, les rosés presque comparables aux tavels, les blancs parfois remarquables et les prix souvent compétitifs.

Cairanne : l'appellationde 760 hectares propose des vins dans les trois couleurs. Les rouges, de grande garde, se dégustent avec du gibier.

LES CÉPAGES

Contrairement au vignoble septentrional de la vallée du Rhône, où seulement quatre cépages sont autorisés, ils sont bien plus nombreux dans les vignobles méridionaux, à l'image du plus célèbre d'entre eux, Châteauneuf-du-Pape, où l'on en utilise traditionnellement treize.

LES CÉPAGES ROUGES

Le plus courant de tous est incontestablement **le grenache noir**. Il représente à lui seul 65 % de l'encépagement rouge du vignoble rhodanien. Cépage très vigoureux et fertile, il est présent dans la majeure partie des appellations de la région, comme à Gigondas (cépage principal, 50 % minimum de l'encépagement), en Côtes-du-Rhône (40 % minimum), en Côtes-du-Rhône-Villages (50 % minimum), et entre même dans la composition du célèbre vin de Châteauneuf-du-Pape.

On retrouve aussi **la syrah**, cépage emblématique de la vallée du Rhône qui, majoritaire dans le nord, représente dans le sud moins de 20 % de l'encépagement. De plus en plus utilisée dans les appellations méridionales (Gigondas, Grignan-les-Adhémar, Côtes du Luberon, Côtes du Ventoux), elle ne concurrence pas encore le grenache.

Le carignan, plus minoritaire encore, représente seulement 8 % de l'encépagement rouge. En revanche, il entre dans l'assemblage de nombreux crus, comme les côtes-du-rhône rouges et rosés (30 % maximum de l'encépagement), les côtes-du-rhône-villages rouges et rosés (20 % maximum de l'encépagement), mais aussi les costières-de-nîmes, les vins de Grignan-les-Adhémar, du Luberon et du Ventoux.

Enfin, le vignoble sud-rhodanien compte également 5 % de **cinsault** et 3 % de **mourvèdre**, lequel entre de manière significative dans l'assemblage du gigondas et des côtes-du-rhône-villages. On trouve aussi un peu de **counoise noire**, de **muscardin noir**, les **camarèse** et **vaccarèse noirs** ou **le picpoul noir**.

LES CÉPAGES BLANCS

La conception de vins blancs est extrêmement marginale dans le vignoble rhodanien, et ne représente que 6 % du total produit. Pour autant, certains cépages employés ne sont pas destinés à une production secondaire. Les blancs de Châteauneuf-du-Pape sont ainsi remarquables.

Le cépage blanc le plus répandu est **le grenache blanc** (26 % de l'encépagement). Il est à l'origine de vins assez corsés et ronds. Il partage toutefois sa suprématie avec **la clairette** (27 % de l'encépagement). On retrouve ces deux cépages dans les principales appellations produisant du blanc comme Châteauneuf-du-Pape, Lirac, Tavel, Vacqueyras, Côtes-du-Rhône-Villages blancs (associés au grenache, au bourboulenc, à la marsanne et à la roussanne pour 80 % minimum de l'encépagement), Côtes-du-Rhône blancs (dans l'assemblage), Costières de Nîmes, Grignan-les-Adhémar, Luberon et Ventoux.

De manière plus marginale, on compte ensuite **le viognier** (12 %). Riche en alcool, il peut donner aux vins à la fois de la rondeur et des parfums floraux (violette, aubépine, acacia), et leur conférer une certaine opulence en bouche.

On retrouve ensuite **le bourboulenc** (9 % de l'encépagement) qui, à l'inverse du viognier, donne des vins frais et peu alcoolisés. Enfin, il existe des cépages secondaires comme **l'ugni blanc** ou **la marsanne** et **la roussanne**, tous les deux emblématiques de la vallée du Rhône, mais moins utilisées dans le sud et enfin, **le muscat**, employé dans l'élaboration des vins doux naturels de Beaumes de Venise.

LA ROUTE DU SUD DE LA DRÔME AUX COSTIÈRES

CHAMBRES D'HÔTES

MAS DE LA LUCIOLE

Des vieilles pierres, un hameau perdu dans la forêt et une ferme superbe aux quatre chambres d'hôtes charmantes. Le lieu au calme vaut le détour et incite à la méditation. Comptez 95 à 135 € la nuit.
Hameau de Bruguier,
765, route du Saut-de-l'âne,
07150 Orgnac-l'Aven.
Tél. : 06 18 68 04 00
www.masdelaluciole.fr

LA GRANGE DU KAOLIN

Un superbe gîte pour dix personnes, entre vignes et chênes truffiers. Beau jardin et grande piscine à votre disposition. De 900 à 2 500 € la semaine.
650, chemin du Kaolin,
26130 Saint-Restitut
Tél. : 06 70 70 61 15
www.la-grange-du-kaolin.com-

RESTAURANTS

LE P'TIT BISTROT

C'est à la bonne franquette qu'on vient goûter une cuisine facile, préparée avec des produits de saisons, arrosée de vins parmi les meilleures cuvées du Vivarais. Le menu complet est à 24 €.
Le Village, 07220 Saint-Montan.
Tél. : 04 75 00 15 79.
www.leptitbistrot.fr

ALEXANDRE

Doublement étoilé au Michelin, Michel Kayser vous accueille dans un cadre de rêve. Sa belle carte de 400 vins compte de grands noms du Sud. Menus de 52 € à 178 €.
2, rue Xavier-Tronc,
30128 Garons
Tél. : 04 66 70 08 99
www.michelkayser.com

LA MÈRE GERMAINE

Vénérable institution de Châteauneuf-du-Pape, La Mère Germain est installée en plein cœur du village depuis 1922. On y élabore une jolie cuisine efficace, à savourer en profitant de la vue imprenable sur Avignon et le Palais des Papes. Menus de 15 € à 45 €.
3, rue Commandant-Lemaître,
84230 Châteauneuf-du-Pape
Tél. : 04 90 22 78 34
www.lameregermaine.fr

LA TABLE DE SORGUES

Une cuisine savoureuse et inventive, et de très beaux accords en prévision avec les vins locaux (belle sélection de châteauneuf-du-pape et de côtes-du-rhône) et d'ailleurs. Menus de 33 à 67 €.
Avenue du 19-Mars-1962,
84700 Sorgues
Tél. : 04 90 39 11 02
www.latabledesorgues.fr

CAVISTES

WINE BAR LE CHEVAL BLANC

Le sommelier franco-canadien Michel Hermet propose une très belle sélection fréquemment renouvelée de 320 références, dont une quinzaine de vins au verre.
1, place des Arênes, 30000 Nîmes
Tél. : 04 66 76 19 59
www.winebar-lechevalblanc.com

L'AVEN D'ORGNAC

Un sentiment de plénitude teinté d'une pointe d'angoisse nous prend aux tripes lors de la desecente vers la cave située au centre de la terre (120 mètres de profondeur). Spectacle son et lumière sublimantdes personnages fantomatiques : stalactites et stalagmites de calcaire. Les Vignerons Ardéchois y élèvent 10 000 bouteilles.
2240, route de l'Aven,
07150, Orgnac-l'Aven.
Tél. : 04 75 38 65 10.
www.orgnac.com

NOTRE COUP DE ♥

CHEZ MON JULES

Au milieu des vignes, de la lavande et des oliviers, Alexandra et Jules proposent une halte bienvenue. La cuisine à partir des produits bio des producteurs locaux ainsi que quatre chambres d'hôtes (avec petits-déjeuners) assurent sans aucun doute une étape réussie dans la Drôme. Menus à 33 €, 45 € et 57 €. Chambres de 80 à 100 €.
5, rue Étienne-de-Vesc,
26220 Vesc
Tél. : 04 75 04 20 74
www.chezmonjules.com

COURS DE DÉGUSTATION

UNIVERSITÉ DU VIN DE SUZE-LA-ROUSSE

Créée en 1978, cette école de dégustation est une référence. Elle propose une kyrielle de formations pour s'initier au vin, perfectionner ses connaissances, de la découverte des cépages aux mystères des accords mets et vins. Tous les mardis matins, en juillet et en août, on peut s'initier à la dégustation des vins de la vallée du Rhône (55 € par personne).
Château de Suze,
26790 Suze-la-Rousse
Tél. : 04 75 97 21 30
www.universite-du-vin.com

★★★ CLOS DES PAPES

Ce très beau domaine de Châteauneuf-du-Pape n'a pas quitté la famille Avril depuis le XVIe siècle. Fort d'un vignoble parsemé sur divers sols de l'appellation, le domaine compte 24 parcelles (citons La Crau, Bois Dauphins, Les Gallimandes, etc.) sur 35 hectares de vignes. Quel chemin parcouru par Paul-Vincent Avril qui, après un exil en Bourgogne, chez Mouton Rothschild et dans la Yarra Valley, en Australie, est revenu au domaine en 1987. Le style et la cohérence des cuvées n'ont pas changé. Et l'élevage s'est encore peaufiné. Le blanc traverse les années en gardant une très belle fraîcheur. Le rouge, issu de vendange éraflée, séduit par sa texture concentrée en finesse, l'équilibre primant sur l'extraction. Les vins ne surjouent jamais.

Les vins : le blanc, pourtant issu d'une mise précoce, séduit par la fraîcheur de son style, porté par des arômes d'anis, de fenouil sauvage, d'aneth. Une belle énergie anime ce vin à la bouche équilibrée et sapide. Le rouge 2019 est certainement un des plus beaux dans ce millésime sur l'appellation. Le vin présente une grâce et une finesse rares sur une année solaire et de haut degré, et nous ne pouvons que saluer la gestion de la texture et son harmonie d'ensemble.

- Châteauneuf-du-Pape 2020 — 55 € — 95

Le coup de ♥

- Châteauneuf-du-Pape 2019 — 65 € — 93

Rouge : 29 hectares. Grenache noir 50 %, Mourvèdre 35 %, Syrah 10 %, Divers noir 5 %
Blanc : 3 hectares. Roussanne 20 %, Bourboulenc 16 %, Picpoul blanc 16 %, Grenache blanc 16 %, Clairette 16 %, Picardan 16 %
Production moyenne : 80 000 bt/an

CLOS DES PAPES ♣
13, avenue Pierre-de-Luxembourg, BP 8, 84231 Châteauneuf-du-Pape
04 90 83 70 13 • www.clos-des-papes.fr • Pas de visites.
Propriétaire : Paul-Vincent Avril

★★★ CLOS DU MONT-OLIVET

Malgré son nom, ce domaine est très morcelé et rassemble à peu près tous les types de sols de l'appellation. Élaborés traditionnellement, les châteauneuf-du-pape rouges se montrent souvent réservés dans leur jeunesse. Ils sont construits pour se révéler dans le temps. Thierry Sabon a, depuis plusieurs millésimes, apporté finesse et raffinement à l'ensemble de la gamme, du simple côtes-du-rhône jusqu'à la grande cuvée de châteauneuf-du-pape. Nous suivons les progrès de ce domaine depuis de longues années. Les vins, à dix ans, s'expriment avec grâce. À vingt ans, ils franchissent un nouveau cap, et livrent leur véritable potentiel : on apprécie alors pleinement leurs arômes de truffe, de sous-bois, mais aussi de fruit comme infusé par le temps. Le châteauneuf-du-pape blanc est fougueux et distingué. Dans les bons millésimes, la propriété propose la Cuvée du Papet, dense et profonde, taillée pour la garde et qui atteint souvent un niveau exceptionnel. Tous les vins affichent un grand potentiel de garde.

Les vins : le millésime 2019 ne passera pas inaperçu, l'année solaire servira les vins. Cependant, nous constatons ces dernières années que la lecture de bouche et la gestion de la puissance ont évolué, notamment sur les châteauneufs. Les vins demeurent de noble constitution, mais attention de ne pas aller trop loin au détriment de la finesse. Le lirac possède une mâche supplémentaire par rapport au 2018, son relief tannique est salutaire. Le côtes-du-rhône Vieilles Vignes est chaleureux. Les blancs du domaine sont superbes : le côtes-du-rhône blanc est tout sauf un vin de plaisir immédiat, sa complexité, son volume et sa matière le feront évoluer sur dix ans ; le châteauneuf-du-pape nous séduit par sa dimension et sa fraîcheur, il offre un jus équilibré, ample mais sans dissociation. Cette cuvée met en évidence toute la diversité variétale de l'appellation. Une réussite.

- Côtes du Rhône 2020 — 12 € — 91
- Châteauneuf-du-Pape 2019 — 29 € — 92
- Châteauneuf-du-Pape La Cuvée du Papet 2019 — 50 € — 94
- Côtes du Rhône Vieilles Vignes 2019 — 12 € — 90
- IGP Gard Rive Droite 2019 — 6 € — 90
- Lirac 2019 — 15 € — 91

Le coup de ♥

- Châteauneuf-du-Pape 2020 — 29 € — 95

Rouge : 46,4 hectares. Grenache noir 63 %, Syrah 13 %, Mourvèdre 12 %, Divers noir 6 %, Cinsault 5 %, Merlot 1 %
Blanc : 3,6 hectares. Grenache blanc 39 %, Clairette 33 %, Roussanne 15 %, Bourboulenc 6 %, Grenache gris 3 %, Picardan 2 %, Clairette rose 1 %, Divers blanc 1 %
Production moyenne : 180 000 bt/an

CLOS DU MONT-OLIVET
3, chemin du Bois-de-la-Ville, 84230 Châteauneuf-du-Pape
04 90 83 72 46 • www.clos-montolivet.com • Visites : sans RDV.
Propriétaire : Thierry, David et Céline Sabon
Maître de chai : Thierry Sabon
Œnologue : Philippe Cambie

★★★ CHÂTEAU RAYAS

Plus qu'un mythe, Château Rayas est une réalité, celle d'un terroir unique sur l'appellation Châteauneuf-du-Pape, où le sable joue un rôle déterminant dans le profil du vin. Emmanuel Reynaud a repris en main le domaine au décès de son oncle, Jacques. Il a remis sur pied un vignoble qui en avait besoin, sans pour autant dévier de l'esprit qui y régnait : des grenaches très mûrs, vinifiés simplement en grappes entières puis élevés dans de vieux foudres. Difficile à comprendre jeune, Rayas prend toute son ampleur avec l'âge. Loin de produire des vins surconcentrés aux boisés démonstratifs, Emmanuel Reynaud perpétue la singularité du domaine en étant encore plus précis dans la définition du cru. Dans la continuité de cet effort, Château de Fonsalette est davantage qu'un simple côtes-du-rhône ; il prolonge cet état d'esprit, à l'image d'un "petit Rayas", mais que l'on boira plus rapidement. Quant à Pignan, châteauneuf-du-pape plus classique dans sa forme, il correspond davantage à l'idée que l'on se fait des vins de cette appellation. Ici, on produit des crus comme il en existe peu en France. Et si certains amateurs sont tentés de cultiver la nostalgie des vins de Jacques Reynaud, Emmanuel produit sans l'ombre d'un doute des cuvées de toute beauté.

Les vins : cette année, place aux commentaires du millésime 2020. Les assemblages finaux des blancs étaient réalisés et nous les avons dégustés sur masse, la mise se fera en mars 2022. Fonsalette séduit par sa fraîcheur et sa trame vraiment sapide. Le grenache blanc est bien géré et les amers fins de la marsanne apportent un joli relief en fin de bouche. Le châteauneuf-du-pape impose plus de gras et de volume tout en restant un vin équilibré. En rouge, le grenache se dévoile sur une aromatique solaire et plus épicée : les fruits restent scintillants. Le vin est exubérant, la bouche se montre ample, dotée d'une jolie puissance. Voilà la signature du millésime 2020 : les rendements cohérents de l'année permettent d'apporter un peu de fluidité et de sapidité à la générosité en alcool. Déguster les trois terroirs de Château Rayas est un exercice ludique et fort intéressant pour comprendre le squelette de ce vin : du cœur de Rayas transpire toute la finesse des saffres, où la grenache infusée apporte de la grâce ; le terroir au couchant est un tantinet plus solaire dans les arômes, le fruit reste précis mais il est plus confit ; le grenache de la partie au levant amène la chair et l'opulence du vin.

Côtes du Rhône Château Fonsalette 2020 N.C. 93

Châteauneuf-du-Pape Pignan 2020 de 300 à 350 € (c) 96

Le coup de ♥

Châteauneuf-du-Pape 2020 N.C. 95

Rouge : 11 hectares. Grenache noir 100 %
Blanc : 1 hectare. Clairette 50 %, Grenache blanc 50 %
Production moyenne : 100 000 bt/an

CHÂTEAU RAYAS
ays 84230 Châteauneuf-du-Pape
04 90 83 73 09 • chateaurayas.fr/ • Vente et visites : sur RDV.
Propriétaire : Emmanuel Reynaud

★★★ DOMAINE DU VIEUX DONJON

Les vins du domaine du Vieux Donjon comptent parmi les plus fins, les plus élégants et les plus réguliers de l'appellation Châteauneuf-du-Pape. Cette production devrait servir de modèle aux jeunes vignerons qui souhaitent produire des châteauneuf-du-pape raffinés et pas uniquement imposants. Vigneron méticuleux et talentueux, Lucien Michel a cédé peu à peu la place à ses deux enfants, Claire, arrivée en 2007, et François, ingénieur agronome de formation, en 2012. Cette nouvelle génération poursuit avec harmonie le style qui a fait la réputation du domaine, avec deux cuvées de très haute volée. Les vins sont vinifiés en cuve béton, les élevages effectués en gros foudres. Le blanc est composé à parts égales entre clairette et roussanne. Les rouges ne sont que partiellement éraflés, ce qui ne les empêche pas d'être délicats. Le domaine possède des vignes dans de très beaux terroirs de l'appellation (8 hectares à Pied Long, de belles parcelles à Cabrières, Rayas, Cristia, achetées en 2013, Pied de Baud, Bois de Boursan, Le Mourre de Gaud...). Il faut noter que le domaine s'agrandit de 0,5 hectare sur le bas de Cabrières, sur des vignes blanches de clairettes blanche et rose.

Les vins : le rouge 2019 séduit et le scintillant du fruit opère de façon immédiate. La bouche n'impose aucun excès de richesse et en fait un vin certes ample, mais tactilement velouté. Bien que puissant et apte à bien vieillir, le vin ne déborde pas et reste sur cette finesse qui fait la réputation des rouges du domaine. Le blanc 2020 exprime les fleurs blanches, la pêche et le fenouil. C'est un vin sapide, où la clairette joue son rôle et dompte formidablement la richesse de la roussanne.

Châteauneuf-du-Pape 2019 — de 38 à 40 € (c) — 97

Le coup de ♥

Châteauneuf-du-Pape 2020 — de 35 à 38 € (c) — 94

Rouge : 16 hectares. Grenache noir 70 %, Mourvèdre 15 %, Syrah 15 %
Blanc : 1,5 hectare. Clairette 50 %, Roussanne 50 %
Production moyenne : 50 000 bt/an

DOMAINE DU VIEUX DONJON
Route de Courthézon, BP 66,
84232 Châteauneuf-du-Pape
04 90 83 70 03 • www.levieuxdonjon.fr •
Pas de visites.
Propriétaire : Claire et François Michel

★★ CHÂTEAU DE BEAUCASTEL

Avec son terroir si particulier de galets roulés, le château de Beaucastel est l'un des emblèmes de Châteauneuf-du-Pape. Ce domaine peut s'enorgueillir d'être l'un des seuls à faire appel aux treize cépages autorisés pour élaborer son rouge. Le château de Beaucastel demeure, sous la conduite efficace de la famille Perrin, propriétaire depuis 1909, une référence pour les vins du sud de la France. Chacun des sept enfants de Jean-Pierre et François œuvrent aujourd'hui au domaine. La rarissime et remarquable cuvée Hommage à Jacques Perrin, issue à grande majorité de mourvèdre et produite uniquement dans les grandes années, demeure une référence, tout comme le somptueux blanc de roussanne Vieilles Vignes, qui se révèle avec le temps. La dégustation récente des vins issus de vendanges entières et vinifiés en amphore sur la vendange 2020 montre la volonté de rester parmi les parangons de l'appellation.

Les vins : nous sommes conquis par le niveau des rouges 2019, le château de Beaucastel affiche une parfaite gestion de ce millésime solaire, bien tempéré par une maturité juste, où le fruit scintillant et les notes graphites apportent beaucoup de fraîcheur. La cuvée Hommage à Jacques Perrin laisse une belle place aux arômes et aux saveurs du mourvèdre. Le nez complexe doit digérer son élevage, et la bouche se montre cossue, séveuse et bâtie pour la garde. En blanc, la générosité du millésime se fait davantage sentir : nous affichons notre préférence pour la cuvée domaine pour son harmonie gustative et sa palette définie par les fruits jaunes et les ajoncs. La diversité des cépages utilisés amène une sapidité et de jolis amers de fin de bouche. Roussanne Vieilles Vignes impressionne par sa patte exotique, sur l'ananas et la papaye, mais le cœur de bouche demeure un peu riche.

Châteauneuf-du-Pape Roussanne Vieilles Vignes 2019 — N.C. — 93

Châteauneuf-du-Pape Château de Beaucastel 2019 — N.C. — 94

Châteauneuf-du-Pape Hommage à Jacques Perrin 2019 — N.C. — 96

Le coup de ♥

Châteauneuf-du-Pape 2019 — N.C. — 94

Production moyenne : 300 000 bt/an

CHÂTEAU DE BEAUCASTEL ♣
Chemin de Beaucastel 84350 Courthézon
04 90 70 41 15 • www.beaucastel.com •
Vente et visites : sur RDV.
Propriétaire : Famille Perrin
Directeur : François Perrin et César Perrin
Maître de chai : Claude Gouan

★★ DOMAINE DES BERNARDINS

Cette propriété assume une vision traditionnelle du vin, sans technologie ni modernisme excessifs. Pas étonnant que les muscats à petits grains donnent un nectar à la texture inégalée et à la richesse en liqueur équivalente à celle des plus grands sauternes. Le domaine des Bernardins, reconnu pour la qualité de ses magnifiques muscats de beaumes-de-venise, produit aussi un très joli rouge, à forte personnalité, qui nous enchante. Romain Hall vinifie avec son père depuis 2007. Si le rouge représente 30 % de la production, il a toujours été présent, le plus vieux millésime répertorié datant de 1847. Le domaine vinifie à partir de raisins noirs, en grappes entières, auxquels sont ajoutés 10 % de blanc lors de l'assemblage. Ce dernier joue un rôle important en apportant du gras, selon Romain. Les vins sont très aromatiques, et s'ils ont longtemps été un rien fougueux dans leur jeune âge, les derniers millésimes sont bien plus sages, précis, et d'une grâce magistrale, toujours aptes à une belle évolution dans le temps. Surtout, ce domaine produit des muscats renversants, dont on se régalera dès la jeunesse. Mais avec l'âge, dix ans, vingt ans et plus, ils acquièrent une complexité incroyable.

Les vins : nous sommes rassurés par les rouges en 2019. Le niveau de maturité et la gestion de vendanges non éraflées sont bien plus convaincants que sur le millésime 2018. Le côtes-du-rhône reste friand, porté par sa matière équilibrée. Le beaumes-de-venise impose plus de puissance et une mâche supplémentaire, mais les tanins présents s'opposent à sa richesse sans dureté. En blanc, Doré exprime un muscat croquant, avec un soupçon d'alcool supplémentaire dans le cœur de bouche, mais les fines amertumes sont là. Du côte des vins mutés, le niveau reste exceptionnel avec Muscat de Baumes de Venise, complexe sur ses notes de mandarine, d'orange confite et d'abricot. La bouche gère la douceur avec brio, sans jamais saturer. Que dire de la cuvée Hommage, qui dépasse la dimension d'un vin doux naturel : il s'ouvre sur la bigarade, l'orangette, l'abricot, en plus d'une pointe mentholée-poivrée qui souligne l'aromatique. La bouche se dévoile sur une parfaite gestion de la douceur qui donne presque l'impression d'une absence de sucre due à la patine du temps et aux beaux amers finaux.

- IGP Vaucluse Doré des Bernardins 2020 — 8,30 € — 89
- Muscat de Beaumes de Venise 2020 — 14,80 € — 92
- Beaumes de Venise 2019 — 12,20 € — 90
- Côtes du Rhône Les Balmes 2019 — 9,80 € — 89

Le coup de ♥

- Muscat de Beaumes de Venise Hommage — 17,80 € — 95

Rouge : 8,2 hectares. Grenache noir 68 %, Syrah 25 %, Mourvèdre 5 %, Cinsault 2 %
Blanc : 17 hectares. Muscat à petits grains blancs 70 %, Muscat à petits grains noirs 20 %, Grenache blanc 5 %, Marsanne 5 %
Production moyenne : 100 000 bt/an

DOMAINE DES BERNARDINS
138, avenue Gambetta,
84190 Beaumes-de-Venise
04 90 62 94 13 •
www.domaine-des-bernardins.com •
Visites : sans RDV.
Propriétaire : Andrew et Elisabeth Hall, Renée Castaud-Maurin
Directeur : Romain Hall

★★ DOMAINE BOSQUET DES PAPES

Le vignoble du domaine est très morcelé. Composé d'une quarantaine de parcelles réparties dans différents secteurs de l'appellation, il s'appuie essentiellement sur le grenache et donne naissance à des vins au style classique, qui vieillissent fort bien. Avec la complicité de l'œnologue Philippe Cambie, ce domaine a amorcé un changement de style en produisant des vins plus élégants, sans perdre de leur personnalité. Ce travail a porté ses fruits : les vins s'imposent comme des références, grâce à leur magnifique pureté de fruit et la finesse de leur grain.

Les vins : sur les blancs 2020, nous affirmons notre préférence pour la cuvée Tradition qui respire la fraîcheur attendue des blancs de cette appellation. La cuvée Chante le Merle Blanc est certes plus large et enrobée, mais le boisé toasté-lardé ne lui convient pas du tout. Nous ne sommes pas contre le boisé mais il doit rester à sa place. Sur les rouges, le côtes-du-rhône s'avère accessible dès sa prime jeunesse, mais nous sommes assis sur une belle puissance. La série rouge des châteauneuf-du-pape 2019 est convaincante. La cuvée Tradition reste dans son jus, avec une matière équilibrée et sapide, sans artifice. La Chante le Merle est pulpeuse avec un cœur de bouche veloutée et aimable. La puissance de la cuvée La Folie nous indique que nous ne sommes qu'aux prémices de sa lecture de bouche. Il faudra absolument garder cette bouteilles de côté avant de commencer à l'ouvrir.

- Châteauneuf-du-Pape Chante le Merle Vieilles Vignes 2020 — 75 € — 9[illegible]
- Châteauneuf-du-Pape Tradition 2020 — 29,50 € — 93
- Châteauneuf-du-Pape La Folie 2019 — 90 € — 95
- Châteauneuf-du-Pape Tradition 2019 — 29 € — 92
- Châteauneuf-du-Pape À la Gloire de mon Grand-Père 2019 — 40 € — 93
- Côtes du Rhône Domaine Nicolas Boiron 2019 — 10 € — 89

Le coup de ♥

- Châteauneuf-du-Pape Chante Le Merle Vieilles Vignes 2019 — 45 € — 96

Rouge : 30,5 hectares. Grenache noir 75 %, Syrah 11 %, Mourvèdre 11 %, Vaccarèse 1 %, Cinsault 1 %, Counoise 1 %
Blanc : 1,5 hectare. Grenache blanc 25 %, Clairette 25 %, Bourboulenc 20 %, Clairette rose 20 %, Grenache gris 10 %
Production moyenne : 80 000 bt/an

DOMAINE BOSQUET DES PAPES
18 Route d'Orange BP
50 84232 Châteauneuf-du-Pape
04 90 83 72 33 •
www.bosquetdespapes.com • Visites : sur RDV aux professionnels.
Propriétaire : Nicolas Boiron
Œnologue : Philippe Cambie

★★ VIGNOBLES ANDRÉ BRUNEL

Peu connu en France, André Brunel fait pourtant partie de l'élite de l'appellation Châteauneuf-du-Pape. Il produit des vins racés, qui ont pour atouts majeurs la minéralité et le raffinement. Toute la gamme est d'une grande régularité. Le châteauneuf-du-pape classique est une force tranquille, tout en finesse et en nuance. Les grandes années, le domaine produit en petite quantité une magnifique cuvée issue de vignes plantées en 1889 sur le plateau de Farguerol, baptisée Cuvée Centenaire, qui a vu le jour en 1989. Elle a connu un succès mondial rapide, amplement mérité. André Brunel possède encore quelques rares et magnifiques flacons anciens, des 1947 et 1967 ou, plus récents, des 1978, qui montrent un indéniable savoir-faire, que l'on retrouve dans la qualité des vins actuels.

Les vins : le côtes-du-rhône rouge se montre gourmand avec une matière souple et facile à boire. C'est un vin que l'on peut déguster dans sa jeunesse. Les Cailloux 2018 rouge est plus détendu et plus facile d'accès que le 2017. Certains y verront moins de mâche et de consistance, mais les optimistes se régaleront avec cette palette florale et épicée et de cette bouche veloutée et élégante. Le blanc Les Cailloux 2020 dévoile une belle complexité avec une bouche certes plus légère et moins riche que le 2019 mais une tonalité fraîche. C'est un vin équilibré avec une belle acidité et une fine amertume.

- Châteauneuf-du-Pape Domaine Les Cailloux 2018 — 35 € — 93
- Côtes du Rhône Sommelongue 2020 — 12 € — 87

Le coup de ♥

- Châteauneuf-du-Pape Domaine Les Cailloux 2020 — 35 € — 93

Rouge : 85,3 hectares. Grenache noir 65 %, Mourvèdre 20 %, Syrah 10 %, Divers noir 5 %
Blanc : 4,7 hectares. Roussanne 50 %, Grenache blanc 30 %, Clairette 20 %
Production moyenne : 200 000 bt/an

VIGNOBLES ANDRÉ BRUNEL
2648, chemin de l'Oiselay, 84700 Sorgues
04 90 83 72 62 •
www.domaine-les-cailloux.fr • Vente et visites : sur RDV.
Propriétaire : André Brunel
Directeur : Fabrice Brunel
Maître de chai : Romain Pitaud
Œnologue : Philippe Cambie

★★ DOMAINE CHARVIN

Situé dans les quartiers frais de Châteauneuf-du-Pape, le domaine produit des vins de facture très classique, sans éraflage, élevés en cuve béton. Sans perdre une certaine puissance, les vins ont depuis quelques millésimes gagné en finesse. La production s'appuie sur de vieux grenaches. Le simple côtes-du-rhône, une vraie gourmandise, nécessite quelques années de cave pour être à son meilleur, tout comme le châteauneuf-du-pape, dont le potentiel ne s'exprime qu'après une garde d'au moins cinq ans. Depuis quelques millésimes, le blanc se montre plus juste en maturité et en énergie.

Les vins : en rouge, le 2019 est une belle réussite ; le millésime impose plus de mâche et de puissance, sans pour autant changer la notion d'équilibre qui est la marque de ce domaine. Le châteauneuf possède l'amplitude et la trame de tanins nécessaires pour bien vieillir. Le côtes-du-rhône est une réussite, comme chaque année, quoique moins porté sur la séduction qu'en 2018 mais davantage sur la matière. L'IGP présente une meilleure maîtrise, avec un merlot abouti. Le rosé est savoureux, sur une belle recherche d'équilibre. Chez les blancs, le côtes-du-rhône reste une valeur sûre de l'appellation. Le bourboulenc séduit par sa tension – les amoureux de vin gras et volumineux doivent passer leur chemin. Le châteauneuf présente davantage de rondeur dans son cœur de bouche, mais reste d'une précision et d'une fraîcheur indéniables. Un vin capable de bien évoluer lors de la prochaine décennie.

- Châteauneuf-du-Pape 2020 — 34 € — 93
- Côtes du Rhône 2020 — 14 € — 90
- Côtes du Rhône 2020 — 10,50 € — 90
- Châteauneuf-du-Pape 2019 — 33 € — 96
- Côtes du Rhône 2019 — 12 € — 92
- IGP Principauté d'Orange À Côté 2019 — 8,20 € — 89

Rouge : 31,4 hectares. Grenache noir 85 %, Mourvèdre 5 %, Syrah 5 %, Vaccarèse 5 %
Blanc : 0,6 hectare. Bourboulenc 45 %, Roussanne 20 %, Clairette 20 %, Grenache blanc 15 %
Production moyenne : 100 000 bt/an

DOMAINE CHARVIN ♣
Chemin de Maucoil, 84100 Orange
04 90 34 41 10 • domaine.charvin@free.fr •
Vente et visites : sur RDV.
Propriétaire : Laurent Charvin

★★ DOMAINE JÉRÔME GRADASSI

Ancien chef étoilé, Jérôme Gradassi s'est reconverti dans le vin en 2004. Un retour aux sources pour ce descendant d'une famille installée dans le vignoble châteauneuvois depuis des décennies, Jérôme étant petit-fils de négociant par son père et de vigneron par sa mère. Il exploite un tout petit domaine qu'il cultive seul avec le plus grand soin. Sa philosophie : faire du mieux qu'il peut avec les moyens dont il dispose. Il choisit une approche traditionnelle, des raisins peu ou pas éraflés et des fûts usagés – pas de bois neuf ! Jérôme Gradassi aime les raisins sains, riches et bien mûrs qu'il vinifie sans artifices. Ses blancs comme ses rouges se révèlent des valeurs sûres.

Les vins : le blanc 2020 possède cette classe avec cette prépondérance de la clairette qui lui donne une palette très particulière, sur des notes d'amandes et d'écorces d'agrumes. Belle tenue de bouche. Le rouge 2019 nous conforte dans ce que nous disions par le passé. Nous atteignons, avec une année supplémentaire, l'harmonie attendue entre matière et finesse.

- Châteauneuf-du-Pape 2020 — 29 € — 93

Le coup de ♥

- Châteauneuf-du-Pape 2019 — 25 € — 94

Rouge : 4,8 hectares. Grenache noir 80 %, Mourvèdre 20 %
Blanc : 0,2 hectare. Clairette 95 %, Grenache blanc 5 %
Production moyenne : 10 000 bt/an

DOMAINE JÉRÔME GRADASSI
23, rue Alphonse Daudet
84230 Châteauneuf-du-Pape
06 74 91 79 46 • dom.jerome.gradassi@wanadoo.fr • Vente et visites : sur RDV.
Propriétaire : Jérôme Gradassi

★★ DOMAINE DE LA JANASSE

Cette grande propriété, qui appartient depuis des générations à la famille Sabon, fait partie de l'élite châteauneuvoise. Les vignes de Châteauneuf-du-Pape sont majoritairement réparties sur la commune de Courthézon, avec un morcellement de parcelles et de sols que l'on retrouve à travers les diverses cuvées. Le domaine produit également de splendides cuvées de côtes-du-rhône (et importantes en volume), provenant de vignes jouxtant l'appellation Châteauneuf-du-Pape. Avec des maturités souvent très élevées, les vins sont d'un style opulent, parfois un peu trop chaleureux lors des millésimes solaires. En contrepartie, les tanins et les textures sont toujours d'une grande finesse. Depuis quelques millésimes, les vins sont moins portés sur la richesse et se montrent légèrement plus digestes.

Les vins : les rouges 2019 séduisent par leurs fruits et leur fraîcheur. Dès le côtes-du-rhône du domaine, nous sommes sur le fruit et les épices dans les arômes. La trame s'avère accessible avec une belle fraîcheur de style. Le village est de bon niveau : amplitude de bouche et soyeux de tanin délicieux. C'est reposant d'avoir un vin sudiste mais aimable de texture. Le châteauneuf du domaine est un modèle d'équilibre pour l'appellation, charnu sans être extrait avec une bouche veloutée et digeste. Chaupin, bien que plus haut en degrés, se montre caressant avec une bouche fine et gracieuse. La cuvée Vieilles Vignes assume son rang. C'est un vin plus serré dans sa prime jeunesse par la dimension tannique, mais le potentiel est grand. Sur les blancs, si le côtes-du-rhône reste sur le fruit et la simplicité, le châteauneuf-du-pape assume sa richesse. Une belle floralité et des notes d'aubépines, de glycine, s'en dégagent.

- Châteauneuf-du-Pape 2019 — 33 € — 93
- Côtes du Rhône 2020 — 10 € — 86
- Côtes du Rhône 2020 — 7 € — 87
- IGP Méditerranée 2020 — 6 € — 88
- Châteauneuf-du-Pape Chaupin 2019 — 56 € — 95
- Châteauneuf-du-Pape Tradition 2019 — 33 € — 92
- Châteauneuf-du-Pape Vieilles Vignes 2019 — 76 € — 96
- Côtes du Rhône 2019 — 10 € — 89
- Côtes du Rhône-Villages Terre d'Argile 2019 — 15 € — 91
- IGP Principauté d'Orange Terre de Bussière 2018 — 10 € — 87

Rouge : 78 hectares. Grenache noir 70 %, Carignan 10 %, Mourvèdre 10 %, Divers noir 5 %, Syrah 5 %
Blanc : 12 hectares. Grenache blanc 60 %, Roussanne 20 %, Clairette 20 %
Production moyenne : 300 000 bt/an

DOMAINE DE LA JANASSE
27, rue du Moulin 84350 Courthézon
04 90 70 86 29 • www.lajanasse.com • Vente et visites : sur RDV.
Propriétaire : Aimé, Christophe et Isabelle Sabon

★★ DOMAINE DE MARCOUX

Dirigé par Catherine et Sophie Armenier, le domaine de Marcoux s'impose au sommet des vins de l'appellation Châteauneuf-du-Pape. Il s'est orienté très tôt vers la culture biodynamique (non certifiée). Les vins possèdent un naturel et une profondeur rares, une énergie et une puissance de bouche qui ne s'appuient sur aucun artifice d'élevage. Ces grands vins classiques, marqués par l'empreinte des grenaches mûrs, vieillissent à merveille. Malgré ce fortes maturités, toutes les cuvées ont trouvé leur équilibre et paraissent moins chaudes que par le passé. Les blancs s'imposent régulièrement parmi les plus beaux de l'appellation ; le travail des sols y est pour beaucoup. Les vins ont gagné en minéralité et en salinité. Année après année, le lirac devient une valeur incontournable.

Les vins : le côtes-du-rhône est juteux dans un style très sudiste, sur les herbes du maquis, le menthol et les épices. Le lirac 2019 est une valeur sûre du domaine, plaisant à déguster. Sa dimension de fruit et son envergure de bouche sont sans commune mesure avec le 2018. Voici un vin charpenté, doté d'un fruit chatoyant et d'une belle harmonie gustative. Le châteauneuf 2018 est une version assez fine et digeste. La patine du bois avec ce côté fumé est souligné par le millésime plus maigre. Le vin manque légèrement de précision. La bouche est assez rassemblée avec une trame plus facile. Le blanc 2019 est superbe, tant dans la maturité du fruit que dans la finesse de ses expressions. Il est pourvu d'une roussanne qui ne déborde pas avec des côtés genêts, fenouil et citron confit. Un joli vin à la fois gras, ample et sans lourdeur de style.

- Châteauneuf-du-Pape 2018 — 44 € — 92
- Côtes du Rhône 2019 — 15 € — 89
- Lirac La Lorentine 2019 — 17 € — 91

Le coup de ♥

- Châteauneuf-du-Pape 2019 — 45 € — 96

Rouge : 17 hectares. Grenache noir 80 %, Mourvèdre 10 %, Syrah 10 %
Blanc : 1 hectare. Roussanne 65 %, Divers blanc 25 %, Bourboulenc 10 %
Production moyenne : 20 000 bt/an

DOMAINE DE MARCOUX ♣

198, chemin de la Gironde, 84100 Orange
04 90 34 67 43 •
www.domainedemarcoux.com • Vente et visites : sur RDV.
Propriétaire : Sophie Armenier et Vincent Estevenin

★★ DOMAINE DE L'ORATOIRE SAINT-MARTIN

Frédéric et François Alary, arrivés en 1984, ont cédé leur place à la tête de cette propriété qui appartenait à la famille Alary depuis le XVIIe siècle. Sous l'action des deux frères et de leur travail colossal, le domaine a atteint le sommet, grâce à une agriculture respectueuse et des vins précis aussi bien en blanc qu'en rouge sur ce beau terroir de Cairanne. Sans personne pour reprendre le flambeau, le domaine a été vendu en 2020 à la famille Abeille-Fabre, les propriétaires du Château Mont-Redon à Châteauneuf-du-Pape.

Les vins : les deux blancs présentés adoptent des styles opposés : le côtes-du-rhône révèle un profil moderne dans l'aromatique. Réserve des Seigneurs impose plus de mâche et de terroir. Dans cette cuvée, où le duo dominant roussanne-marsanne impose son gras, ce dernier est bien contrebalancé par le minéral de la clairette qui confère une bonne tension. En rouge, Réserve des Seigneurs possède l'empreinte aromatique que nous sommes en droit d'attendre après une année d'évolution. La bouche est charnue, une sève de tanins serre la finale avec des amertumes bloquantes. Les Douyes est un beau duo entre grenache et mourvèdre. Le vin est plein, plus pulpeux avec une bien meilleure gestion des tanins. C'est plus concentré et à la fois plus harmonieux.

- Cairanne Réserve des Seigneurs 2020 — 15 € — 89
- Côtes du Rhône Les P'tits Gars 2020 — 12 € — 86
- Cairanne Les Douyes 2019 — 24 € — 92
- Cairanne Réserve des Seigneurs 2019 — 16 € — 90

Rouge : 20 hectares. Grenache noir 55 %, Mourvèdre 25 %, Syrah 10 %, Carignan 7 %, Cinsault 2 %, Counoise 1 %
Blanc : 5 hectares. Clairette 30 %, Roussanne 24 %, Grenache blanc 23 %, Marsanne 23 %
Production moyenne : 80 000 bt/an

DOMAINE DE L'ORATOIRE SAINT-MARTIN ♣

570, route de Saint-Roman, 84290 Cairanne
04 90 30 82 07 •
www.oratoiresaintmartin.com • Visites : sur RDV aux professionnels.
Propriétaire : Famille Abeille-Fabre
Directeur : Pierre Fabre
Maître de chai : Geoffrey Guigue

★★ DOMAINE MARCEL RICHAUD

Il existe bien peu de vignerons aussi exigeants et complets en France, de la vigne au chai, que Marcel Richaud. Il est arrivé au sommet de son art depuis qu'il dispose d'un chai de vinification et d'élevage à la hauteur de ses ambitions. Pour l'amateur, le travail de ce producteur est une bénédiction. Toute sa gamme atteint un niveau remarquable et séduit immédiatement. Les vins gagnent année après année en finesse et en précision, tout en respectant l'équilibre et la maturité méridionales.

Les vins : nous confirmons la belle réussite des rouges 2019, les deux côtes-du-rhône présentés affichent des aromatiques et textures de bouche différentes. Nous aimons Terre d'Aigles pour son fruit juteux et scintillant, presque septentrional dans sa définition. Terre de Galets est plus provençal dans ses arômes, avec ses notes de maquis et d'épices. Cairanne 2019 est une superbe bouteille au fruit juteux et épicé. Le vin s'avère encore jeune, certes, mais la bouche est dotée d'un très beau potentiel. L'Ebrescade 2017 se montre avec le temps de plus en plus solaire, avec ses fruits macérés et une touche plus automnale qui pointe son nez, ainsi qu'une légère note volatile. La bouche garde puissance et richesse dans une osmose totale. En revanche, nous rencontrons un problème sur le blanc 2019, laiteux, chargé de carbonique avec ce côté pomme à cidre. Le vin est en souffrance : la refermentation en bouteille est due à une trop faible protection.

Cairanne 2019 (blanc)	17 €	85
Cairanne 2019 (rouge)	16 €	93
Cairanne L'Ebrescade 2017 (rouge)	Épuisé - 22 €	93
Côtes du Rhône Terre d'Aigles 2019 (rouge)	8,50 €	92
Côtes du Rhône Terre de Galets 2019 (rouge)	11 €	91

Rouge : 63,1 hectares. Grenache noir 50 %, Mourvèdre 25 %, Syrah 10 %, Carignan 5 %, Cinsault 5 %, Counoise 5 %
Achat de raisins.
Blanc : 4,3 hectares. Bourboulenc 30 %, Clairette 30 %, Grenache blanc 10 %, Marsanne 10 %, Roussanne 10 %, Viognier 10 %
Achat de raisins.
Production moyenne : 200 000 bt/an

DOMAINE MARCEL RICHAUD ♣
470, route de Vaison-la-Romaine,
84290 Cairanne
04 90 30 85 25 • info@domaine-richaud.fr •
Visites : sans RDV.

Propriétaire : Marcel Richaud

Maître de chai : Claire Richaud

★★ ↗ DOMAINE SAINT-PRÉFERT

Isabel Ferrando déploie une énergie incroyable sur son domaine depuis 2002. Situé dans la partie sud du village de Châteauneuf-du-Pape, Saint-Préfert possède à peu près toutes les géologies que l'appellation affiche. Ce puzzle de terroirs lui permet d'élaborer des cuvées fort différentes en termes de style. On ne peut pas évoquer le domaine sans parler des vins blancs, dont l'infime cuvée clairette spéciale, épurée à souhait et capable de traverser les années avec brio. Les vins se sont affinés ces dernières années et les élevages sont de mieux en mieux intégrés. Tous ces efforts, notamment dans les extractions ainsi que sur les élevages des rouges, nous amènent à décerner une deuxième étoile cette année. Les blancs restent d'un très bon niveau et ce, dès la cuvée domaine.

Les vins : nous avions signalé l'année passée que les rouges gagnaient en finesse. Le millésime 2019 est parfaitement géré et nous conforte dans cette idée. Classique, le châteauneuf rouge du domaine dévoile une matière charnue mais tapisse la bouche avec une certaine élégance. La cuvée Charles Giraud est la plus solaire, dans le bon sens du terme : le fruit noir y est précis et les nuances de maquis et d'herbes sèches contribuent à parfaire cette définition méditerranéenne. C'est un vin de garde qui doit être mis en cave. Dans un style plus pulpeux, avec une trame assez sapide dès sa prime jeunesse, Colombis met en évidence toute la grâce du grenache. Sa puissance diffuse nous emmène sur des tanins veloutés. La cuvée Auguste Favier est un bon compromis entre les deux : le cinsault donne une bouche plus délitée mais n'ôte rien à la puissance. Chez les blancs, la cuvée domaine nous enchante par son équilibre et sa dimension. La roussanne est parfaitement domptée par la clairette, le vin a gagné en finesse et le millésime 2019 lui apporte une belle sapidité.

Châteauneuf-du-Pape 2020 (blanc)	59 €	[illegible]
Châteauneuf-du-Pape Classique 2019 (rouge)	39 €	[illegible]
Châteauneuf-du-Pape Collection Charles Giraud 2019 (rouge)	99 €	[illegible]

- Châteauneuf-du-Pape Réserve Auguste Favier 2019 59 € 94

Le coup de ♥

- Châteauneuf-du-Pape Colombis 2019 99 € 96

Rouge : 30 hectares. Grenache noir 70 %, Cinsault 12 %, Mourvèdre 10 %, Syrah 5 %, Counoise 3 %
Blanc : 2 hectares. Clairette 70 %, Roussanne 30 %
Production moyenne : 60 000 bt/an

DOMAINE SAINT-PRÉFERT ♣
425, chemin Saint-Préfert, 84230 Châteauneuf-du-Pape
04 90 83 75 03 • www.st-prefert.com • Vente et visites : sur RDV.
Propriétaire : Isabel Ferrando

★★ MAISON TARDIEU-LAURENT

Cette petite maison de négoce haut de gamme a été créée au début des années 1990 par Michel Tardieu et Dominique Laurent, dans la vallée du Rhône. Grâce à de très beaux approvisionnements et un sens aigu de la vinification et de l'élevage, Michel Tardieu produit une gamme de vins réguliers, dans un esprit moderne. Un négoce de pointe, aux approvisionnements léchés dans le Sud comme dans le Nord de la vallée du Rhône.

Les vins : nous saluons la qualité de l'hermitage, concentré en finesse, et dont la texture veloutée dévoile la qualité de terroir. La côte-rôtie possède de la race et de l'étoffe, mais il faut l'oublier en cave. Le saint-joseph est plus sur les notes de bacon et speck fumé, avec une bouche plus longiligne que le crozes-hermitage. Ce dernier possède une belle matière mais qui demeure plus rassemblée. Au sud, la générosité du millésime se fait sentir : la cuvée Les Becs Fins est la plus immédiate, grâce à son grenache dominant. Nobles Origines est bâti pour la garde avec ce mourvèdre qui amène sa touche maquis ainsi que sa sève de tanin. Le chateauneuf-du-pape est charnu, ample, tout en conservant une trame assez pulpeuse en bouche. A contrario, le gigondas impose un jus ample et vineux sans finesse pour le moment. Le vacqueyras gère mieux sa puissance, qui équilibre une matière plus raffinée.

- Châteauneuf-du-Pape 2019 30 € 93
- Crozes-Hermitage Vieilles Vignes 2019 25 € 91
- Côte-Rôtie Vieilles Vignes 2019 65 € 95
- Côtes du Rhône Les Becs Fins 2019 10 € 88
- Côtes du Rhône Nobles Origines 2019 17 € 89
- Gigondas Vieilles Vignes 2019 28 € 91
- Saint-Joseph Vieilles Vignes 2019 30 € 92
- Vacqueyras Vieilles Vignes 2019 25 € 92

Le coup de ♥

- Hermitage 2019 65 € 96

Production moyenne : 200 000 bt/an

MAISON TARDIEU-LAURENT
Les Grandes Bastides, Route de Cucuron, 84160 Lourmarin
04 90 68 80 25 • www.tardieu-laurent.com • Vente et visites : sur RDV.
Propriétaire : Famille Tardieu
Directeur : Michel Tardieu
Œnologue : Bastien Tardieu

★★ CHÂTEAU DES TOURS

Cette propriété située en bas de l'appellation Vacqueyras, dans le secteur de Sarrians, appartient à Emmanuel Reynaud, qui dirige aussi, depuis 1997, Rayas et Fonsalette. Elle est principalement dédiée à l'exaltation du cépage grenache en rouge comme en blanc. Le soin apporté à la viticulture et les risques pris lors des vendanges – les raisins sont les plus mûrs possibles – offrent une qualité de production très régulière. Les vins proposent une expression singulière du grenache, reconnaissable à l'aveugle au milieu de tous, jamais très fort en couleur mais toujours profond, élancé et épicé, avec un fruit exceptionnel. Ils nous servent de référent en matière d'équilibre et surtout de complexité, et montrent le potentiel de garde des vins du secteur. D'ailleurs, du simple vin de pays jusqu'au vacqueyras, ils sont toujours vendus après quelques années de vieillissement au domaine : c'est ainsi qu'ils s'affirment le mieux.

Les vins : du côté des blancs, la clairette Domaine des Tours se livre avec un grand classicisme de style sur le blanc, épurée, ciselée, avec cette belle salinité finale. Le grenache blanc côtes-du-rhône est plus large d'épaule et impose un joli gras et du volume, pour ce vin précis et minéral sur la fin de bouche. En rouge, l'IGP présente un jus infusé et qui nous séduit par ses notes florales. Le côtes-du-rhône arbore plus de chair et de volume, et présente lui aussi une aromatique sur le pot-pourri, le bois de rosé et la cerise à noyau. La bouche reste bien harmonieuse. Le vacqueyras 2012 est un vin qui se livre dès aujourd'hui : les notes florales sont soulignées par des arômes de maquis et d'herbes sèches et une pointe de sous-bois qui montre son nez. La bouche affiche davantage de puissance, mais le temps lui a permis de bien patiner cette richesse.

Côtes du Rhône 2017	N.C.	92
IGP Vaucluse Domaine des Tours 2017	N.C.	91
Côtes du Rhône 2017	N.C.	92
IGP Vaucluse Domaine des Tours 2017	N.C.	89
Vacqueyras 2012	N.C.	93

Rouge : 36 hectares. Grenache noir 45 %, Cinsault 35 %, Counoise 10 %, Merlot 5 %, Syrah 5 %
Blanc : 3 hectares.
Production moyenne : 120 000 bt/an

CHÂTEAU DES TOURS
Quartier des Sablons, 84260 Sarrians
04 90 65 41 75 •
chateaurayas.fr/vinsdestours.php •
Visites : sans RDV.
Propriétaire : Emmanuel Reynaud

★★ VIEUX TÉLÉGRAPHE

Sous le nom de Vieux Télégraphe, nous avons regroupé les domaines du Vieux Télégraphe, Piedlong ainsi que Les Pallières, en Gigondas, le tout appartenant aux frères Brunier. Les splendides galets de la Crau, terroir chaud, sont à l'origine de la typicité des vins. Des raisins peu ou pas éraflés, élevés dans de vieux foudres, donnent un vin riche, ayant besoin d'une longue garde pour dissiper son énergie. Dès lors, ils retrouvent toute la minéralité de ce superbe terroir. Situé au centre du village de Châteauneuf-du-Pape, le vignoble est majoritairement planté sur le plateau de Pied Long et dans le quartier, plus sableux, de Pignan. Les vins sont toujours droits et purs, plus élégants qu'imposants. Le reste de la production est déclassé dans la cuvée Télégramme. Enfin, le domaine Les Pallières, magnifique vignoble de Gigondas, est situé en terrasses sous les Dentelles de Montmirail. Le vin s'exprime dans un style profond, structuré et sans lourdeur.

Les vins : les 2019 blancs sont une réussite. Pureté et tension salutaire pour Clos La Roquète. Nourrissant, sans tomber dans la mollesse, le châteauneuf-du-pape est large et offre une bouche enrobée et maîtrisée. Parmi les rouges, Pigeoulet est plus cossu qu'en 2018 : il reste un vin assez juteux mais sa mâche est plus développée. Sa vocation a changé : de glou-glou, il est devenu plus esthétique. Le Ventoux est un vin qui respire la fraîcheur d'un terroir d'altitude, mais la bouche affiche une certaine puissance. Concernant les gigondas, Racines se montre étoffé, la patine du temps lui donne une aromatique évoluée avec cette pointe cacao amer et pruneaux .Les Palières Terrasse du Diable possède la fraîcheur et la facilité gustative du millésime. Les châteauneuf-du-pape rouges sont aboutis. Avec sa finesse immédiate, Télégramme est le plus accessible ; le 2018 offre une définition ouverte et une texture équilibrée ; gracieux et savoureux, Piedlong profite de son terroir, le jus est finement fruité avec un aspect pivoine et pot-pourri.

Châteauneuf-du-Pape 2019	60 €	92
Châteauneuf-du-Pape 2018	69 €	92
Châteauneuf-du-Pape Télégramme 2019	30 €	91
Gigondas Les Pallières Les Racines 2017	34 €	88
Gigondas Les Pallières Terrasse du Diable 2018	26 €	89
IGP Vaucluse Le Pigeoulet des Brunier 2019	11 €	89

Le coup de ❤

Châteauneuf-du-Pape Clos La Roquète 2019	35 €	94
Châteauneuf-du-Pape Piedlong 2019	48 €	95

Rouge : 137 hectares. Grenache noir 65 %, Mourvèdre 15 %, Syrah 15 %, Divers noir 5 %
Blanc : 10 hectares. Clairette 40 %, Grenache blanc 25 %, Roussanne 20 %, Bourboulenc 15 %
Production moyenne : 540 000 bt/an

VIEUX TÉLÉGRAPHE
3, route de Châteauneuf-du-Pape
84370 Bédarrides
04 90 33 00 31 • www.vieux-telegraphe.fr •
Vente et visites : sur RDV.
Propriétaire : Famille Brunier
Maître de chai : Famille Brunier

★ LA BARROCHE

Julien et Laetitia Barrot possèdent un joli vignoble comportant une part importante de vieilles vignes installées principalement dans la partie nord de l'appellation, sur les terroirs de Bois des Dauphins, Pied Long et Cabrières. La cuvée Pure est issue de grenaches, dont certains plus que centenaires, plantés dans les secteurs de Grand Pierre, Le Pointu et Rayas. La quête de la fraîcheur est affirmée : cuvier en ciment, élevage dans une majorité de gros contenant en bois, le domaine va dans le bons sens.

Les vins : Julien Barrot nous gratifie de beaux vins bien sapides sur le millésime 2018. Liberty est convaincant et nous réaffirmons que ce millésime n'a pas fini de nous surprendre, car malgré sa fraîcheur, il est tellement gracieux ! Julien Barrot 2018 épouse bien le millésime. C'est un vin harmonieux, doté d'une belle allonge de bouche et parfaitement digeste : un vrai vin de gastronomie. Pure, en 100 % grenache, séduit par sa bouche, pulpeuse, veloutée sans dureté de matière. Belle version de ce cépage, avec toute la précision aromatique que nous aimons. Le blanc Pure est un joli vin issu de la clairette, mais la réduction grillée lui enlève un peu de sa fraîcheur initiale. La bouche est cristalline mais le bois marque sur des amers finaux.

- Châteauneuf-du-Pape Pure 2019 66 € 91
- Châteauneuf-du-Pape Julien Barrot 2018 35 € 92
- VDF Liberty 2018 19 € 93

Le coup de ♥

- Châteauneuf-du-Pape Pure 2019 95 € 96

Rouge : 15 hectares. Grenache noir 62 %, Mourvèdre 17 %, Syrah 13 %, Cinsault 5 %, Divers noir 3 %
Blanc : 0,3 hectare. Clairette 100 %
Production moyenne : 35 000 bt/an

LA BARROCHE
16, chemin du Clos,
84230 Châteauneuf-du-Pape
0982311100 • www.domainelabarroche.com
• Visites : sans RDV.
Propriétaire : Julien et Laetitia Barrot

★ DOMAINE DE BEAURENARD

Il faut avoir goûté les vieux châteauneuf-du-pape des années 1950 et 1960 du domaine Beaurenard pour comprendre à la fois le potentiel et l'évolution de la production de ce domaine emblématique. Sans renier leur héritage, les frères Coulon ont évolué vers plus de modernité. Les rouges sont devenus sombres, denses, avec une certaine recherche de puissance, voire une pointe d'austérité. Dans les deux couleurs, les élevages sont marqués par un boisé prégnant, notamment Boisrenard. Depuis quelques millésimes, leurs vins semblent trouver de meilleurs équilibres : ils sont plus dynamiques et vivants. Absorbant mieux leur élevage, ils restituent avec plus de justesse un fruit prometteur dès le jeune âge et une belle énergie puisée dans le sol, qui les accompagnera dans le temps.

Les vins : le domaine suit sa ligne de conduite, les vins expriment un certain classicisme. Sur les blancs 2020, la différence se fait sentir entre la cuvée domaine et Boisrenard. Le premier est très frais, avec ses fleurs blanches, mais un peu timide sur le cœur de bouche. Boisrenard est plus étoffé, il arbore davantage de volume et de profondeur. Sur les rouges de Rasteau, nous saluons la matière, qui peut d'ailleurs impressionner sur Les Argiles Bleues, mais le vin nous semble un peu fardé par son élevage, perdant la sapidité que nous sommes en droit d'attendre d'un millésime plus froid. Rasteau 2019 est équilibré, avec un rapport entre volume de bouche et densité tannique très bon. Nous aimons la fraîcheur du millésime chez les châteauneuf-du-pape, le poivre, les épices. Même si, dans la cuvée domaine, le vin nous semble contenu et demande à se fondre. Beaurenard Le Lieu-dit est plus accessible, et séduit par son fruit, sa matière plus légère, qui permet davantage d'harmonie dès sa prime jeunesse.

- Châteauneuf-du-Pape 2020 37 € 90
- Châteauneuf-du-Pape Boisrenard 2020 59 € 93
- Châteauneuf-du-Pape 2019 37 € 92
- Châteauneuf-du-Pape Beaurenard Le Lieu-dit 2018 67 € 92
- Rasteau 2019 17,50 € 91
- Rasteau Les Argiles Bleues 2018 27 € 90

Rouge : 63 hectares. Grenache noir 70 %, Syrah 10 %, Mourvèdre 10 %, Cinsault 6 %, Counoise 1 %, Terret noir 1 %, Vaccarèse 1 %, Muscardin 1 %
Blanc : 3 hectares. Clairette 30 %, Bourboulenc 25 %, Roussanne 22 %, Grenache blanc 20 %, Picpoul blanc 3 %
Production moyenne : 250 000 bt/an

DOMAINE DE BEAURENARD ☾
C'e 84230 Châteauneuf-du-Pape
04 90 83 71 79 • www.beaurenard.fr • Vente et visites : sur RDV.
Propriétaire : Famille Coulon

★ DOMAINE BOIS DE BOURSAN

Le domaine Bois de Boursan a été créé au milieu des années 1950 par le père de Jean-Paul Versino. Ce dernier l'a rejoint en 1983, après avoir quitté l'université. Sa seule formation, il l'a puisée dans les livres et en suivant l'expérience de son père qui travaille depuis toujours en viticulture biologique. Ici, on produit de très beaux châteauneuf-du-pape dans un style classique, à dominante de grenache non éraflé, élevé en foudre. En 1995, le domaine s'agrandit de quelques parcelles de très vieilles vignes et, parallèlement, le marché est en demande de vins plus puissants. Ainsi naît la cuvée Félix, élevée dans des barriques usagées avec 25 % de mourvèdre, vers laquelle se dirigeront les amateurs de vins plus structurés.

Les vins : Jean-Paul Versino excelle dans la capacité de faire des rouges gracieux. Le 2019 ne déroge pas à la règle avec ce fruit tout évanescent, floral. Le millésime 2019 impose plus de vinosité mais elle est fondue dans la masse, les tanins sont tactilement élégants. Nous ne noterons pas cette année la cuvée Félix 2019, l'assemblage final n'est pas encore défini et l'échantillon brut de tonneau donné à sentir souffre d'un manque de fraîcheur.

- Châteauneuf-du-Pape 2019 — de 24 à 28 € (c) — 94

Rouge : 15 hectares. Grenache noir 65 %, Mourvèdre 17 %, Divers noir 10 %, Syrah 8 %
Blanc : 1 hectare.
Production moyenne : 40 000 bt/an

DOMAINE BOIS DE BOURSAN ♣
44, chemin du Clos, Quartier Saint-Pierre, 84230 Châteauneuf-du-Pape
04 90 83 73 60 • boisdeboursan.fr • Vente et visites : sur RDV.
Propriétaire : Famille Versino
Directeur : Jean et Jean-Paul Versino

★ DOMAINE LA BOUÏSSIÈRE

Le domaine La Bouïssière fait partie des références de l'appellation Gigondas. Son vignoble, bien situé sur les hauteurs des Dentelles de Montmirail, à 400 mètres d'altitude, donne des vins minéraux et intenses. Vendange égrappée dans sa quasi-totalité, élevage de douze mois en fût neuf pour partie et cuvaison longue donnent naissance à des vins fins et précis. Ces vins profonds et racés développent avec les années une belle complexité.

Les vins : la cuvée Les Amis de la Bouïssière se montre la plus facile d'accès dès sa prime jeunesse. Le merlot qui le compose à 30 % lui apporte de la rondeur et l'ensemble séduit par son côté pulpeux. La dimension terroir prend tout son sens avec le vacqueyras, qui arbore une trame concentrée et serrée mais sans aucune dureté. Laissez-lui le temps de s'affiner encore un peu. Le beaumes-de-venise est certainement un des meilleurs que le domaine ait produit ces dernières années : il n'est pas emporté par le côté solaire de l'année et conserve un fond concentré et un fruit gourmand. Le gigondas 2018 se montre plus accessible tout en conservant une matière digne de l'appellation. C'est simplement plus tendre et moins serré sur Tradition ; Font de Tonin épouse davantage les notes de cacao et d'herbes du maquis avec la présence significative du mourvèdre. Tradition 2019 est un joli vin de garde à ranger dans votre cave.

- Beaumes de Venise 2019 — 14 € — 90
- Gigondas Font de Tonin 2018 — 26 € — 92
- Gigondas Tradition 2018 — 18 € — 91
- Gigondas Tradition 2019 — 18 € — 92
- VDF Les Amis de la Bouïssière 2020 — 8 € — 88
- Vacqueyras Tradition 2019 — 16 € — 91

Rouge : 20 hectares. Grenache noir 61 %, Syrah 23 %, Merlot 9 %, Mourvèdre 7 %
Production moyenne : 60 000 bt/an

DOMAINE LA BOUÏSSIÈRE
15, rue du Portail, 84190 Gigondas
04 90 65 87 91 • www.labouissiere.com • Pas de visites.
Propriétaire : Gilles et Thierry Faravel
Œnologue : Laboratoire Philis

★ DOMAINE DE LA CHARBONNIÈRE

Acheté en 1912 par Eugène Maret, ce domaine est aujourd'hui aux mains de ses descendants, Michel Maret et ses deux filles, Caroline et Véronique. L'approche du travail des sols est clairement bio. Le domaine possède de nombreuses parcelles. Les différents châteauneuf mettent en évidence des assemblages ou des dominantes de cépages différentes. Les 6 hectares de Vacqueyras produisent des vins de bon niveau. Le style est assez classique : ces vins bien constitués ne basculent jamais dans le déséquilibre.

Les vins : nous aimons le côtes-du-rhône rouge pour sa justesse de fruit et sa trame gourmande. Le millésime 2018 est parfaitement géré ici. Nous sommes séduits par la finesse et la fraîcheur des 2018, le vacqueyras est typé dans les arômes et les saveurs, tout en étant gracieux dans le toucher de bouche. Il pourra s'apprécier dès sa prime jeunesse. Le châteauneuf-du-pape 2018 est dans la même ligne. La gestion de l'élevage est délicate, le vin affirme plus de gras mais reste peu extrait et sapide. Une belle réussite pour un millésime pas des plus faciles ! Le 2019 associe la maturité et la fraîcheur, le cœur de bouche est plus plein, la trame de tanins nous transporte plus loin, sans faire preuve d'aucune austérité. Mourre des Perdrix affiche cette sucrosité naturelle du grenache, mais reste un vin sensuel et harmonieux.

- Châteauneuf-du-Pape 2019 | 27 € | 90
- Châteauneuf-du-Pape 2018 | 27 € | 92
- Châteauneuf-du-Pape 2019 | 27 € | 93
- Châteauneuf-du-Pape Mourre des Perdrix 2018 | 39 € | 93
- Côtes du Rhône 2020 | 8,60 € | 89
- Vacqueyras 2018 | 17,80 € | 91

Rouge : 26,21 hectares. Grenache noir 66 %, Syrah 21 %, Mourvèdre 9 %, Cinsault 3 %, Counoise 1 %
Blanc : 1,44 hectare. Grenache blanc 40 %, Roussanne 40 %, Clairette 20 %
Production moyenne : 90 000 bt/an

DOMAINE DE LA CHARBONNIÈRE
26, route de Courthézon,
84230 Châteauneuf-du-Pape
04 90 83 74 59 •
www.domainedelacharbonniere.com •
Vente et visites : sur RDV.
Propriétaire : Michel Maret et Filles
Directeur : Famille MARET
Œnologue : Philippe Cambie

★ DOMAINE CHAUME-ARNAUD

Ce vaste domaine se situe à cheval sur les vignobles de Saint-Maurice et de Vinsobres. Dès 1997, date des dernières cultures maraîchères, le domaine a abandonné la polyculture pour se consacrer uniquement au vin. Les vins produits sont intenses et pleins de vie, sans effet de style, et expriment à merveille les terroirs de Saint-Maurice et de Vinsobres. Ces beaux vins du Rhône méridional lorgnent vers le nord.

Les vins : en blanc, La Cadène révèle un très joli compromis entre la marsanne et le viognier, tant dans les arômes que dans les saveurs. Le viognier est parfaitement dompté dans sa définition, et nous apprécions d'autant plus les côtés cristallin et minéral que la marsanne amènent. Le côtes-du-rhône subit un peu plus la richesse en bouche, il est à boire dans sa jeunesse. En rouges, les vinsobres ont des fortunes diverses : La Cadène 2015 nous semble un peu fatiguée et bascule dans le fruit cuit et cacao. Nous lui préférons le 2017, qui rayonne davantage sur le fruit et possède une évolution positive en bouche. Les amateurs de cuvées glou-glou seront servis avec le côtes-du-rhône. Saint-Maurice sera un beau vin de semi-garde, le raisin du 2019 est bien au-dessus du millésime précédent, le vin affiche une jolie matière rassemblée.

- Côtes du Rhône 2020 | 9,50 € | 88
- Côtes du Rhône-Villages La Cadène 2020 | 13 € | 91
- Côtes du Rhône 2019 | 9,50 € | 90
- Côtes du Rhône Le Petit Coquet 2019 | 8,50 € | 89
- Côtes du Rhône-Villages Saint-Maurice 2019 | 11,50 € | 91
- IGP Méditerranée Pontias 2020 | 7,50 € | 87
- Vinsobres La Cadène 2015 | 18 € | 89

Le coup de ♥
- Vinsobres 2017 | 12,50 € | 93

Rouge : 31 hectares. Grenache noir 50 %, Syrah 30 %, Cinsault 10 %, Mourvèdre 10 %
Blanc : 4 hectares. Viognier 45 %, Marsanne 45 %, Roussanne 10 %
Production moyenne : 150 000 bt/an

DOMAINE CHAUME-ARNAUD
Les Paluds, 26110 Vinsobres
04 75 27 66 85 •
chaume-arnaud@wanadoo.fr • Visites : sans RDV.
Propriétaire : Philippe Chaume et Valérie Chaume-Arnaud

★ LE CLOS DES GRILLONS

Nicolas Renaud était professeur d'histoire avant de devenir vigneron en 2007, en reprenant des vignes à Rochefort-du-Gard. À l'origine de cette passion, des visites dans ses jeunes années dans le vignoble et la mémoire d'un vin en particulier, et pas n'importe lequel : celui d'Henri Bonneau, célèbre producteur de Châteauneuf-du-Pape. Il fait son apprentissage au domaine de la Vieille Julienne. Proche de l'esprit des vins sans soufre, il propose dès ses premiers millésimes des bouteilles magnifiques dans les trois couleurs. Nicolas Renaud est une valeur montante du sud de la vallée du Rhône.

Les vins : le domaine ne nous ayant pas fait parvenir ses vins cette année, nous sommes amenés à reconduire les notes de notre édition précédente.

- VDF Le Pic Gris 2018 | de 16 à 18 € (c) | 89
- VDF Les Grillons 2018 | de 12 à 14 € (c) | 92
- VDF Prime Senso 2018 | de 12 à 14 € (c) | 90
- Tavel 2018 | de 18 à 20 € (c) | 92
- VDF Primo Senso 2018 | de 12 à 14 € (c) | 91
- VDF Calcaires 2018 | de 18 à 20 € (c) | 91
- VDF Esprit Libre 2018 | de 16 à 18 € (c) | 91

VDF Oeillet Rouge 2018 de 20 à 22 € (c) 90

Rouge : 9,3 hectares.
Blanc : 4,6 hectares.
Production moyenne : 40 000 bt/an

LE CLOS DES GRILLONS ♣
25, rue du Grand-Pont,
30650 Rochefort-du-Gard
06 09 36 97 73 • closdesgrillons@yahoo.fr •
Vente et visites : sur RDV.
Propriétaire : Nicolas Renaud

★ DOMAINE DE LA FERME SAINT-MARTIN

Situé dans le secteur de Suzette, juste au pied des Dentelles de Montmirail, le domaine pratique une agriculture biologique. Les vins sont vinifiés par terroir et par origine des sols. Le soufre n'est utilisé qu'à la mise en bouteille. Brillant et discret vigneron de l'appellation Beaumes de Venise, Guy Jullien cède peu à peu les rênes du domaine à son fils, qui travaille depuis 2010 dans le même esprit, avec un rien de délicatesse en plus. Les vins produits sont fins, précis, intenses avec, pour fil conducteur, une minéralité qui n'est pas sans évoquer les Dentelles au pied desquelles ils prennent naissance. Toutes les cuvées s'imposent comme des valeurs sûres, du ventoux aux beaumes-de-venise.

Les vins : la partie ventoux se montre vraiment à l'image de la fraîcheur que nous sommes en droit d'attendre de cette appellation. La recherche de fraîcheur n'est pas un vain mot, et pour autant les vins ne sont pas dépouillés. Difficile de départager La Gérine et Sur le Caillou, les deux affichent des styles différents : le premier séduit par son côté floral et sa trame digeste tandis que le second se montre plus charnu, doté d'une sève qui nous emmène sur une matière plus étirée. Les Estaillades est plus sec sur la finale de bouche. Le blanc Carlina est vrai vin solaire du Rhône et sans mollesse. Le blanc Austral est bien plus précis que le 2015, c'est un vin de macération qui reste cohérent. Sur les beaumes-de-venise, Costancia se révèle juste, avec une palette complexe. Les Terres Jaunes est tout aussi réussi, avec une allonge sérieuse. La cuvée Saint Martin 2017 reste complexe, le vin mangera un peu son gras avec une année supplémentaire.

Côtes du Rhône Austral 2019 18,20 € 90
Côtes du Rhône Carlina 2019 11,80 € 90
Ventoux Sur la Rose 2020 7,70 € 87
Beaumes de Venise Costancia 2018 16,80 € 92
Beaumes de Venise Les Terres Jaunes 2018 11,10 € 91
Beaumes de Venise Saint-Martin 2017 15,30 € 91
Côtes du Ventoux Les Estaillades 2019 9,20 € 89
Ventoux Les Vins de Thomas Sur le Caillou 2019 9,50 € 90
Ventoux Les Vins de Thomas Sur le Fil 2020 8 € 89

Le coup de ♥
Côtes du Ventoux La Gérine 2020 8,50 € 90

Rouge : 17 hectares. Grenache noir 50 %, Syrah 25 %, Cinsault 8 %, Mourvèdre 7 %, Counoise 5 %, Terret noir 3 %, Carignan 2 %
Blanc : 2 hectares. Clairette 45 %, Roussanne 45 %, Grenache blanc 10 %
Production moyenne : 90 000 bt/an

DOMAINE DE LA FERME SAINT-MARTIN ♣
Quartier Saint-Martin, 84190 Suzette
04 90 62 96 40 •
www.fermesaintmartin.com • Visites : sans RDV.
Propriétaire : Thomas Jullien

★ CHÂTEAU DE LA FONT DU LOUP

Le domaine, situé sur un terroir froid exposé plein nord, est aussi appelé dans la région "la glacière". Naissant sur un point culminant de l'appellation, les vins ne souffrent jamais de surmaturité mais les vignes peuvent subir le gel. Le blanc, assemblage de quatre cépages, est élevé entre béton, inox et bois (30 %). Les textures de bouche des différents rouges sont bien représentatives de ce terroir frais. Nous avouons un faible pour Puy Rolland, qui séduit par son velouté et sa finesse de style.

Les vins : le millésime 2019 est à la hauteur de nos espérances. La série des châteauneufs nous charme, Les Demoiselles est tactilement gracieux avec son jus velouté. Ce n'est pas un vin qui passe en force. La cuvée "domaine" nous fait monter en puissance et en support de tanins, le mourvèdre amène sa sève et son allonge. Le Puy Rolland est une très belle expression d'un grenache pur. C'est un vin qui possède le fond et la puissance pour bien vieillir, toujours en gardant ce côté frais et velouté en bouche. Le côtes-du-rhône rouge est un vrai vin de soif aimable dès sa jeunesse. Le côtes-du-rhône blanc possède une palette aromatique assez exubérante, dans un registre un peu simple et moderne. Le châteauneuf blanc est plus ample, la gestion du bois est bonne, le vin reste cohérent en termes d'équilibre.

- Châteauneuf-du-Pape 2020 de 37 à 47 € (c) 91
- Côtes du Rhône Signature by la Font du Loup 2020 de 13 à 22 € (c) 87
- Châteauneuf-du-Pape 2019 de 32 à 45 € (c) 93
- Châteauneuf-du-Pape Les Demoiselles 2019 de 27 à 35 € (c) 91
- Côtes du Rhône Signature by la Font du Loup 2020 de 13 à 22 € (c) 90

Le coup de ♥

- Châteauneuf-du-Pape Le Puy Rolland 2019 de 42 à 55 € (c) 95

Rouge : 18,5 hectares. Grenache noir 60 %, Mourvèdre 20 %, Syrah 15 %, Cinsault 5 %
Blanc : 1,5 hectare. Grenache blanc 35 %, Roussanne 35 %, Bourboulenc 15 %, Clairette 15 %
Production moyenne : 50 000 bt/an

CHÂTEAU DE LA FONT DU LOUP
Route de Châteauneuf-du-Pape, 84350 Courthézon
04 90 33 06 34 • www.lafontduloup.com • Vente et visites : sur RDV.
Propriétaire : Anne-Charlotte Mélia-Bachas
Directeur : Laurent Bachas
Maître de chai : Stéphane Dupuy d'Angeac

★ DOMAINE FÉRAUD ET FILS

Ce domaine possède un petit et très beau vignoble implanté sur des safres et des grès sablonneux. Il n'est séparé des fameux sables de Rayas que par quelques rangées d'arbres. Le jeune et très prometteur Yannick Féraud a rejoint en 2012 son père Eddie dans ce domaine familial, où l'on travaille avec des raisins non égrappés et sans levures exogènes. Les vins sont élevés dans de vieux foudres. Si l'approche reste traditionnelle, Yannick a fait évoluer les vins vers davantage de finesse.

Les vins : nous sommes heureux de constater que le millésime compliqué qu'est 2018 fut bien géré au domaine. Sur les châteauneufs, la cuvée domaine est assise sur une bouche savoureuse qui associe maturité et fraîcheur. Le vin intègre l'aromatique de l'appellation et la puissance diffuse de l'alcool. C'est encore plus flagrant sur la cuvée Raisins Bleus, qui possède le toucher de bouche délicat du grenache. Il est ici associé à une pointe de clairette, dans un ensemble élégant, pourvu d'une belle allonge de tanins, qui façonne sans dureté. Le blanc 2019 se livre sur des notes de fenouil et d'aubépine. C'est un vin jeune qui ne demande qu'à prendre un peu d'âge pour gagner en complexité. Le P'tit Plaisir porte bien son nom tant il est fringant et nous ravit par sa trame désaltérante.

- Châteauneuf-du-Pape 2020 de 35 à 45 € (c) 91
- VDF Le P'tit Plaisir 2020 de 10 à 12 € (c) 89
- Châteauneuf-du-Pape 2018 de 34 à 40 € (c) 91

Le coup de ♥

- Châteauneuf-du-Pape Raisins Bleus 2018 de 50 à 65 € (c) 93

Rouge : 5,1 hectares. Grenache noir 86 %, Mourvèdre 10 %, Cinsault 2 %, Clairette rose 2 %
Blanc : 0,25 hectare. Clairette 50 %, Grenache blanc 40 %, Muscat à petits grains blancs 10 %
Production moyenne : 13 000 bt/an

DOMAINE FÉRAUD ET FILS
9, avenue du Général-de-Gaulle, 84230 Châteauneuf-du-Pape
06 03 61 26 84 • www.domaineferaudetfils.fr • Visites : sans RDV.
Propriétaire : Eddie et Yannick Féraud
Directeur : Yannick Feraud

★ DOMAINE DU GOUR DE CHAULÉ

Loin des vins riches et très ouverts qu'on rencontre avec plaisir dans le Rhône méridional, les cuvées de ce domaine sont au contraire légèrement introverties. Mais, dès qu'elles prennent de l'âge, ou que vous les aérez, elles font ressortir tout leur raffinement. Stéphanie Fumoso produit des vins depuis 2007 dans le cœur historique de Gigondas. Les dosages en soufre sont modérés, l'agriculture respectueuse de l'environnement. En cave, les foudres affinent les vins vinifiés en grappe entière.

Les vins : les 2019 dégustés sont plus riches que les 2018, logique au regard de l'identité du millésime. La finesse que nous avons toujours perçue reste toutefois bien la signature des vins du domaine. La cuvée Tradition possède l'envergure d'un millésime solaire dans ses arômes mais aussi dans sa corpulence, et sa trame de bouche tapisse avec finesse. La gestion de la vendange entière est superbe. Numéro Huit 2019, que nous avions adoubé l'année passée, reste un joli vin avec une texture veloutée et sapide. On reconnaît bien la finesse d'un grenache sur sable. Une petite pointe d'éthanol se fait cependant sentir dans les arômes.

Gigondas Cuvée Tradition 2019 — de 19 à 21 € (c) — 92

Gigondas La Numéro Huit 2019 — de 37 à 40 € (c) — 93

Rouge : 10,5 hectares. Grenache noir 76 %, Syrah 10 %, Mourvèdre 10 %, Cinsault 4 %
Production moyenne : 35 000 bt/an

DOMAINE DU GOUR DE CHAULÉ ♣
6, route Neuve, 84190 Gigondas
06 60 43 77 61 • www.gourdechaule.com •
Vente et visites : sur RDV.
Propriétaire : Stéphanie Fumoso
Œnologue : Laurent Philis

★ VIGNOBLES MAYARD

Les vignobles Mayard possèdent un grand domaine en appellation Châteauneuf-du-Pape. Les principales cuvées sont Clos du Calvaire, beau vin classique, plein et riche, d'une belle complexité ; la cuvée Domaine du Père Pape, plus solide et plus ambitieuse, destinée à la garde. Enfin, issue du terroir de la Crau, une très belle cuvée qui mérite le détour : La Crau de ma Mère. Un vin solaire, comme son terroir, à la fois puissant et racé.

Les vins : Clos du Calvaire 2019 est très bien géré sur ce millésime solaire. Cette cuvée représentative des différents terroirs de l'appellation brille par sa finesse de fruit et son harmonie de bouche. C'est notre cuvée préférée car elle exprime l'idée d'un châteauneuf non bodybuildé, où le charme et la volupté sont plus importants que l'hyper-concentration. La Crau de ma Mère évolue sur des notes de maquis et de tapenade ; les amateurs de vins puissants sont servis. La cuvée du Père Pape séduit par son côté pivoine et violette. Ses notes mentholée et de poivre du Sichuan apportées par la syrah lui donnent une lecture plus septentrionale. La puissance est modérée sur ce millésime 2018, mais la trame est lisible dès aujourd'hui. Le blanc 2019 gagne en profondeur avec une année d'évolution, la fraîcheur est au rendez-vous et les beaux amers tendent le vin.

Châteauneuf-du-Pape La Crau de ma Mère 2020 — 37 € — 92

Châteauneuf-du-Pape Domaine du Père Pape 2018 — 36 € — 91

Châteauneuf-du-Pape La Crau de ma Mère 2018 — 48 € — 92

Le coup de ♥

Châteauneuf-du-Pape Clos du Calvaire 2019 — 29 € — 93

Rouge : 41 hectares. Grenache noir 70 %, Syrah 13 %, Mourvèdre 10 %, Cinsault 5 %, Counoise 2 %
Blanc : 2 hectares. Clairette 40 %, Grenache blanc 30 %, Bourboulenc 20 %, Roussanne 10 %
Production moyenne : 100 000 bt/an

VIGNOBLES MAYARD ♣
24, avenue Baron-le-Roy,
84231 Châteauneuf-du-Pape
04 90 83 70 16 •
www.vignobles-mayard.com • Vente et visites : sur RDV.
Propriétaire : Famille Mayard
Directeur : Françoise Roumieux
Maître de chai : Arthur Mayard
Œnologue : Philippe Cambie

★ MOULIN DE LA GARDETTE

Ce domaine de Gigondas est depuis longtemps une valeur sûre de l'appellation. Il est exploité par Jean-Baptiste Meunier depuis 1990 et compte 10 hectares répartis en 25 parcelles situées entre 100 et 330 mètres d'altitude, où les vignes atteignent en moyenne l'âge respectable de 50 ans.

Les vins : ce domaine nous dévoile toujours des vins de Gigondas qui arborent beaucoup de fraîcheur. Le millésime 2018 est bien plus frais que l'année précédente, mais montre aussi les marqueurs aromatiques de la vendange entière de façon plus affirmés. Tradition, bien que velouté et sapide, dévoile cette aromatique coincée entre la pyrazine et le floral. Le jus reste digeste et cohérent en bouche. Sur Ventabren les notes de pepperoni et de pimenton fumé se montrent plus nuancées dans les arômes. Le fruit et le côté rose fanée amènent de la complexité. La bouche séduit par sa texture diffuse et sa facilité. La Petite Gardette joue bien son rôle de cuvée de soif, tout en se montrant bien plus abouti que l'année passée.

Gigondas La Petite Gardette 2019 — 16 € — 90

Gigondas Tradition 2018 — 24 € — 9

Le coup de ♥

Gigondas Ventabren 2018 — Épuisé - 33 € — 92

Rouge : 10 hectares. Grenache noir 70 %,

Syrah 17 %, Cinsault 7 %, Mourvèdre 6 %
Production moyenne : 25 000 bt/an

MOULIN DE LA GARDETTE ♣
11, place Gabrielle-Andéol, 84190 Gigondas
04 90 65 81 51 •
www.moulindelagardette.com •
Visites : sans RDV.
Propriétaire : Jean-Baptiste Meunier

★ DOMAINE L'OR DE LINE

Ingénieur agronome de formation, Gérard Jacumin a travaillé dans la finance à Paris avant de revenir au domaine familial en 1989. Sa formation d'ingénieur l'a poussé vers le bio. Mais cet homme dynamique aime les défis et explore la biodynamie. Ses vins sont charnus, gracieux et soyeux. Ici, on érafle peu ou pas les raisins.

Les vins : le 2020 nous conforte dans l'idée que le style des blancs a changé et perdu en fraîcheur. En rouge, Adoption met en évidence le mourvèdre et affiche un fruit noir primaire avec une pointe de cacao et quelques effluves d'olive noire. La bouche est certes concentrée, mais l'ensemble se montre massif avec un tanin un peu décalé. Nous devons lui laisser le temps. Paule Courtil nous séduit davantage, grâce à sa juste maturité, sa fraîcheur, sa façon de faire passer la puissance avec un tactile gracieux. Un vin abouti.

- Châteauneuf-du-Pape 2020 — 26 € — 88
- Châteauneuf-du-Pape Adoption 2019 — 41 € — 91

Le coup de ♥

- Châteauneuf-du-Pape Paule Courtil 2019 — 39 € — 95

Rouge : 6 hectares. Grenache noir 55 %, Mourvèdre 15 %, Syrah 15 %, Divers noir 10 %, Clairette rose 5 %
Blanc : 3 hectares. Grenache blanc 27 %, Picardan 24 %, Roussanne 20 %, Picpoul blanc 14 %, Clairette 10 %, Bourboulenc 5 %
Production moyenne : 20 000 bt/an

DOMAINE L'OR DE LINE ♣
28 rue Porte Rouge
84230 Châteauneuf-du-Pape
04 90 83 74 03 • www.chateauneufbio.com
• Vente et visites : sur RDV.
Propriétaire : Laureline Jacumin

★ DOMAINE PIQUE-BASSE

Originaire de Franche-Comté, Olivier Tropet est œnologue de formation. En 1998, il récupère l'exploitation et les vignes de son grand-père dans la vallée du Rhône, à Roaix, au pied du massif de Ventabren et à l'est du terroir de Rasteau, vignoble orienté est/sud-est, face au mont Ventoux. À ses débuts, il livre ses raisins à la cave coopérative. En 2007, il décide de produire son premier millésime au domaine. Le vin est issu de parcelles vendangées manuellement, cultivées de façon naturelle, sans désherbant ni engrais chimique. Nous suivons Olivier Tropet depuis plusieurs millésimes et ses vins ne manquent jamais de nous séduire par leur justesse de ton, que ce soit sur le trop méconnu terroir de Roaix qu'il valorise à merveille, ou avec son somptueux rasteau.

Les vins : en blanc, L'Atout de Pique se montre limpide, avec une définition épurée et une richesse contenue. Une belle prouesse pour un 100 % grenache blanc. Le rosé est quant à lui finement poivré, sapide. Du côté des rouges, Le Chasse-Cœur 2019 est un jus précis, au milieu de bouche plein tout en restant gourmand. Moins étoffé, Brusquembille 2019 reste un jus qui égaiera vos papilles. Rasteau 2018 reste fidèle à ce millésime puissant. Même s'il n'est pas le vin le plus énergique de l'appellation, mais il n'en demeure pas moins savoureux. Au Cœur du Ventabren, qui d'habitude nous ravit, nous laisse ici perplexes. Nous gênés par une pointe de phénol confirmée par des tanins secs en bouche.

- Côtes du Rhône-Villages Roaix L'Ambigu 2020 — 9 € — 88
- Côtes du Rhône La Brusquembille 2019 — 8 € — 88
- Côtes du Rhône-Villages Le Chasse-Coeur 2019 — 9 € — 90
- Côtes du Rhône-Villages Roaix Au Coeur du Ventabren 2018 — 18 € — 87
- Côtes du Rhône-Villages Roaix L'As du Pique 2018 — 12 € — 87
- Rasteau 2018 — 13 € — 91

Le coup de ♥

- Côtes du Rhône-Villages Roaix L'Atout du Pique 2019 — 17 € — 92

Rouge : 33 hectares. Grenache noir 70 %, Syrah 20 %, Carignan 5 %, Mourvèdre 5 %
Blanc : 3,7 hectares.
Production moyenne : 75 000 bt/an

DOMAINE PIQUE-BASSE ♣
445, route de Buisson, 84110 Roaix
04 90 46 19 82 • www.pique-basse.com •
Pas de visites.
Propriétaire : Olivier Tropet

★ DOMAINE DU PÈRE BENOÎT

C'est en juin 2005 qu'Anne-Sophie Palayer-Bodson et Benoît Bodson ont acquis un petit mazet à l'abandon, entouré d'une dizaine d'hectares de vignes et terres, à Saint-Hilaire d'Ozilhan, près du pont du Gard. Ils plantent en complément des cépages blancs en 2006 et des arbres au milieu des parcelles. Ces parcelles sont cultivées en bio depuis 2009. Bien que le terroir argilo-calcaire ne soit pas en altitude, la fraîcheur est au rendez-vous. Les fermentations malolactiques ne sont pas pratiquées en blanc, sauf exceptions ; en rouge, le carignan est vinifié la plupart du temps en vendange entière. On peut se restaurer sur place (sur réservation) et déguster, avec les vins, des coquillages et des crustacés.

Les vins : en blanc, Gavroche, comme à son habitude, surprend par sa fraîcheur. Le vermentino souligne les arômes avec ces notes de fleurs blanches et anis, tandis que la bouche est tracée par le chenin en une trame ciselée. Psaume revendique davantage un côté sudiste, avec des notes de pêche et d'abricot. La bouche est aussi plus large. Côté rouge, les fortunes sont diverses. Le grenache pur Gnome séduit par son fruité et sa floralité. La bouche tapisse sans excès et séduit par sa gourmandise. Le carignan est juteux avec un côté olive noire et herbes du maquis. Sylphe est une belle association de cépages et se révèle le jus le plus concentré de la cave. Salamandre, merlot fluet et pas très précis, nous a en revanche déçus. La syrah nous semble peu identitaire et un soupçon diluée. L'étoile du domaine est en danger...

VDF Gavroche 2019	de 27 à 37 € (c)	92
VDF Psaume 2019	de 25 à 35 € (c)	91
VDF Benefactum 2019	28 €	89
VDF Gnome 2019	de 31 à 41 € (c)	91
VDF Ondine 2019	de 31 à 41 € (c)	87
VDF Salamandre 2019	de 31 à 41 € (c)	86
VDF Sylphe 2019	de 31 à 41 € (c)	92

Rouge : 6 hectares. Carignan 41 %, Grenache noir 25 %, Syrah 20 %, Merlot 14 %
Blanc : 3 hectares. Viognier 33 %, Chardonnay 33 %, Vermentino 17 %, Muscat à petits grains blancs 9 %, Chenin 8 %
Production moyenne : 18 000 bt/an

DOMAINE DU PÈRE BENOÎT ♣
1, route de Saint-Hilaire, RD 792 Lieu-dit : Peyre Plantade 30210 Saint-Hilaire-d'Ozilhan
06 08 05 63 57 • www.domaineduperebenoit.com • Vente et visites : sur RDV.
Propriétaire : Anne-Sophie Palayer-Bodson et Benoît Bodson
Directeur : Anne-Sophie Palayer-Bodson

★ DOMAINE ROGER SABON

Les Sabon font partie des plus anciennes familles de Châteauneuf-du-Pape. Les générations se suivent et ne se ressemblent pas : autrefois les vins de ce domaine étaient issus de vendanges non égrappées ; aujourd'hui elles le sont partiellement. Entre classicisme et modernité les vins font la part belle au grenache. Toute la gamme montre une cohérence surprenante axée sur la recherche de grandes maturités. Ici plus le vin est grand, plus il se doit d'être fin, et ce, avec beaucoup de naturel.

Les vins : Le côtes-du-rhône 2020 est légèrement réduit mais le jus est équilibré et la bouche se montre gourmande. Le lirac est assis sur un déséquilibre en alcool, c'est un vin nourrissant mais plus massif. Côté châteauneuf, Réserve subit la maturité et la richesse du millésime 2019. Prestige se montre plus avenant : malgré le haut degré d'alcool, le vin parvient à garder dans les arômes et les saveurs une fraîcheur qui s'oppose à la richesse. Les Olivets 2019 est réussi, avec une belle dimension sudiste, sur l'olive noir et les épices, et doté d'une bouche de caractère. Le Secret des Sabon s'inscrit dans les belles expressions de grenache, avec un aspect oriental sur l'eau de rose et l'ispahan, mélangé aux épices. Une belle concentration, avec l'harmonie gustative que nous sommes en droit d'attendre de cette cuvée.

Châteauneuf-du-Pape Les Olivets 2019	18,50 €	94
Châteauneuf-du-Pape Réserve 2019	24,50 €	91
Côtes du Rhône Rhône by Roger Sabon 2020	8,20 €	88
Lirac Lirac by Roger Sabon 2019	10,50 €	88

Le coup de ♥

Châteauneuf-du-Pape Le Secret Des Sabon 2019	90 €	[illegible]
Châteauneuf-du-Pape Prestige 2019	36 €	[illegible]

Rouge : 45 hectares. Grenache noir 70 %, Syrah 10 %, Mourvèdre 10 %, Cinsault 5 %, Muscardin 2 %, Terret rouge 2 %, Counoise 1 %
Blanc : 3 hectares. Roussanne 30 %, Grenache blanc 25 %, Clairette 25 %, Bourboulenc 20 %
Production moyenne : 150 000 bt/an

DOMAINE ROGER SABON
Le 84230 Châteauneuf-du-Pape
04 90 83 71 72 • www.roger-sabon.com •

Vente et visites : sur RDV.
Propriétaire : Famille Sabon
Directeur : Didier Negron

★ DOMAINE LE SANG DES CAILLOUX

Ce beau domaine de Vacqueyras dispose d'un magnifique terroir sur un plateau de galets roulés. Certifiée biologique dès 2010, en biodynamie depuis 2012, avec des rendements strictement contrôlés, la propriété produit des vacqueyras imposants qui demandent du temps pour se révéler pleinement : ce sont des vins souvent très structurés et d'une grande richesse, aux maturités élevées, même si, sur les derniers millésimes, ils ont tendance à s'affiner. La cuvée Lopy est le vin le plus riche et dense du domaine mais, sur certains millésimes, nous préférons l'équilibre des entrées de gamme. Le blanc s'impose comme un joli référent dans le secteur.

Les vins : le blanc est parfaitement maîtrisé, malgré une trame aromatique encore engoncée par sa jeunesse. L'assemblage est réussi, il comporte le côté nourrissant d'un vin de sud sans en présenter les inconvénients, car il reste long et sans mollesse. Le rouge Floureto est certes plus facile d'accès en bouche par rapport à la cuvée Lopy, mais manque un peu de précision, avec une pointe animale et une finale de tanins qui sèche. Lopy est plus abouti, et présente davantage de mâche et de consistance. Sa matière vieillira bien.

Vacqueyras Floureto 2019	17 €	87
Vacqueyras Lopy 2019	26 €	92

Le coup de ♥

Vacqueyras Un Sang Blanc 2019	26 €	92

Rouge : 16,2 hectares. Grenache noir 70 %, Syrah 20 %, Mourvèdre 7 %, Cinsault 3 %
Blanc : 1,2 hectare. Clairette 25 %, Grenache blanc 25 %, Marsanne 15 %, Roussanne 15 %, Bourboulenc 15 %, Viognier 5 %
Production moyenne : 50 000 bt/an

DOMAINE LE SANG DES CAILLOUX ♣
4653, route de Vacqueyras, 84260 Sarrians
04 90 65 88 64 • www.sangdescailloux.com • Visites : sans RDV.
Propriétaire : Serge et Frédéric Férigoule

★ CHÂTEAU DES TOURETTES

Le château des Tourettes possède un joli vignoble sur le plateau d'Apt. Maine et Jean-Marie Guffens ont restructuré en quasi-totalité le vignoble en affirmant leur volonté de créer un joli terroir, grâce à des replantations de sélections massales. Les vins sont fidèles au style de Jean-Marie Guffens, offrant toujours l'adéquation entre une maturité aboutie du raisin et une tension minérale en finale. Jean-Marie et Maine recentrent la production sur les blancs, et mettent un terme au négoce Guffens du Sud.

Les vins : Rouge d'une Nuit s'avère un vrai vin de gastronomie et de plaisir immédiat, c'est un rouge infusé, sapide. Tinus 2019 est un vin dense et charnu avec une belle trame de tanins qui lui assure une allonge de bouche. Il ne possède pas l'élégance du millésime 2017, mais il est de bon niveau. Côté blanc, le chardonnay s'affirme avec une belle réduction grillée et une bonne maturité. La bouche est enveloppée, et affublée d'une bonne mâche qui s'exprime sans lourdeur de style. La roussanne peut paraître plus joufflue dès la phase aromatique avec ces notes jaunes et d'ajonc mais il n'en est rien. La bouche sphérique et large délivre une belle fraîcheur finale. Chez Pure Nature, certains retrouveront le côté taquin de Jean-Marie Guffens, mais il faut avouer que cette cuvée représentative d'un vin sans intrant est parfaitement gérée. Sa complexité aromatique conjuguée à sa trame à la fois ample et tannique en fait un vin de caractère.

VDF Pure Nature 2020	N.C.	91
VDF Tinus Chardonnay Plateau de l'Aigle 2020	N.C.	91
VDF Tinus Rousanne Côteau de l'Aigle 2020	N.C.	90
VDF Rouge d'une Nuit 2020	N.C.	90
VDF Tinus Grand Rouge 2019	N.C.	92

Rouge : Grenache noir 41 %, Syrah 30 %, Cabernet franc 29 %
Blanc : Chardonnay 37 %, Marsanne 30 %, Viognier 19 %, Roussanne 14 %
Production moyenne : 100 000 bt/an

CHÂTEAU DES TOURETTES
Les Tourettes, 84400 Apt
03 85 51 66 00 • www.verget-sa.fr • Pas de visites.
Propriétaire : Jean-Marie Guffens

DOMAINE DU BANNERET

Ce petit domaine de 5 hectares ne produit que deux vins. Le blanc provient du terroir des Terres Blanches, situé à la sortie nord du village, les calcaires y traçant l'identité du vin. Le rouge est issu principalement des terroirs de Grand Pierre, Bois de Boursan, Les Marines. Levures indigènes, vinification en grappes entières et cofermentation sont les principes de vinification utilisés ici. Le rouge est élevé 24 mois en fût ancien et en foudre.

Les vins : le châteauneuf-du-pape rouge se montre réussi dans un style assez fidèle au domaine. La texture est infusée et le vin monte en puissance ; la bouche sapide laisse place à un cœur coulant et tout en finesse. En blanc, le châteauneuf est séducteur : il laisse les notes de fenouil et de fleurs blanches s'exhaler. La bouche n'est pas emportée par la richesse du millésime 2019, et le vin, très digeste, évoluera bien pendant cinq à six années.

Châteauneuf-du-Pape Secret 2019 — de 39 à 40 € (c) — 92

Le coup de ♥

Châteauneuf-du-pape 2018 — de 39 à 40 € (c) — 93

Rouge : 4,42 hectares.
Blanc : 0,41 hectare.
Production moyenne : 12 000 bt/an

DOMAINE DU BANNERET

35, rue Porte-Rouge,
84230 Châteauneuf-du-Pape
04 90 83 72 04 • www.domaine-banneret.fr
• Vente et visites : sur RDV.
Propriétaire : Audrey et Jean-Claude Vidal
Œnologue : Serge Mouriesse

BASTIDE DU CLAUX

Sylvain Morey est natif de Chassagne-Montrachet. Pour ce fils de Bourguignon, les vins blancs ont peu de secrets. Après des études d'œnologie, il part dans le Luberon en 1995 et y loue de vieilles vignes. Il a dû s'adapter à une culture multicépage et à des terroirs diversifiés qu'il assemble en cave, unique condition pour des vins de bonne facture. Ce domaine produit des cuvées digestes et complexes, bien équilibrées. Les blancs sont remarquables ; les rouges parlent haut et fort de leur terre d'origine.

Les vins : les trois blancs restent fidèles à l'expression des blancs du sud tout en possédant une belle fraîcheur de style. De toute évidence, le plus accessible est le chardonnay. Barraban assume son accent sudiste avec ses notes de fleurs blanches et de citron confit. L'Odalisque séduit par sa profondeur et sa cristallinité ; c'est large en bouche, mais les amers sont délicieux. Sur les rouges, Malacare est la cuvée la plus immédiate. Nous préférons Capriers, étoffé sans être massif. 2018 se dévoile comme un millésime avec une certaine distinction et une bonne sapidité en bouche. Saint Jean est le plus gracieux, avec ce toucher de bouche infusé et soyeux, qui parvient à conserver un joli potentiel d'évolution.

IGP Vaucluse Chardonnay 2019	14 €	89
Luberon Barraban 2019	13,50 €	90
Luberon L'Odalisque 2019	25 €	9[illegible]
Luberon Poudrière 2020	11 €	88
Luberon Capriers 2018	25 €	[illegible]
Luberon Le Claux 2018	23 €	[illegible]
Luberon Malacare 2019	13,50 €	8[illegible]
Luberon Saint Jean 2018	30 €	9[illegible]

Rouge : 10 hectares. Syrah 50 %, Grenache noir 30 %, Carignan 15 %, Mourvèdre 5 %
Blanc : 6 hectares. Grenache blanc 30 %, Vermentino 20 %, Chardonnay 15 %, Ugni blanc (trebbiano) 10 %, Clairette 7 %, Bourboulenc 6 %, Viognier 4 %, Marsanne 4 %, Roussanne 4 %
Production moyenne : 70 000 bt/an

BASTIDE DU CLAUX

401, RD 37, Le Claux 84240 La Motte-d'Aigues
04 90 77 70 26 • www.bastideduclaux.fr • Visites : sur RDV aux professionnels.
Propriétaire : SCEA SCB
Directeur : Sylvain Morey

DOMAINE DU BIENHEUREUX

Le petit domaine de la jeune Eugénie Avi[illegible] installé à la pointe sud de l'appellation Châteauneuf-du-Pape, produit des vins très fins à partir de raisins récoltés en vendange entière dans un style parfaitement maîtrisé. Les terroirs oscillent entre sable et galets roulés. Les jus sont pulpeux et présentent des textures délicates.

Les vins : Le châteauneuf-du-pape 2019 reste dans le pur style du domaine, il possède néanmoins plus de mâche et de consistance que l'élégant 2018. La matière posée, peu extraite, tisse la bouche vers une jolie persistance. Il faudra juste l'attendre encore un peu. La cuvée N° 20 reste dans le jus avec ce fruité jovial sans retenue. Peu de complexité dans les dimensions pour ce vin à vocation de soif et de plaisir.

VDF Le Bienheureux N° 20 2020 — 7 € — [illegible]8

Le coup de ♥

Châteauneuf-du-Pape 2019 — 25 € — [illegible]3

Rouge : 7 hectares. Grenache noir 70 %, Carignan 20 %, Cinsault 8 %, Syrah 2 %
Blanc : 0,5 hectare. Clairette 50 %,

Roussanne 30 %, Marsanne 20 %
Production moyenne : 7 000 bt/an

DOMAINE DU BIENHEUREUX
1904, route de Sorgues, Quartier Condorcet, 84230 Châteauneuf-du-Pape
06 23 63 55 60 • domainedubienheureux@gmail.com • Vente et visites : sur RDV.
Propriétaire : Eugénie Avias

DOMAINE CALENDAL

Cette petite exploitation comporte une proportion importante de vieux mourvèdres et grenaches. Elle réunit deux amis, Gilles Ferran, propriétaire du domaine des Escaravailles, et Philippe Cambie, œnologue et conseiller des plus beaux domaines de la vallée du Rhône méridionale.

Les vins : nous avions évoqué l'impact des millésimes sur cette zone du Plan de Dieu. De toute evidence, nous revenons à une certaine normalité avec le 2019. Du moins, nous retrouvons la mâche et la puissance que nous sommes en droit d'attendre de ce type de terroir ; sans dénigrer toutefois le 2018, qui reste un vin plus abordable dès sa prime jeunesse et qui deviendra certainement un vrai vin de gastronomie. Il nous semble cependant que le 2019 monte en puissance dans le cœur de bouche.

- Côtes du Rhône-Villages Plan de Dieu 2019 — 19 € — 91

Rouge : 4 hectares. Grenache noir 70 %, Mourvèdre 30 %
Production moyenne : 11 500 bt/an

DOMAINE CALENDAL
111, combe de l'Eoune Les Escaravailles
84110 Rasteau
04 90 46 14 20 • domaine.escaravailles@rasteau.fr • Vente et visites : sur RDV.
Propriétaire : Philippe Cambie et Gilles Ferran

CAVE DES VIGNERONS D'ESTÉZARGUES

Cette cave coopérative gardoise dispose de très bons terroirs dans la zone de Tavel et démontre une réelle volonté de les laisser s'exprimer en toute honnêteté. On trouvera ici, à des prix défiant toute concurrence, une belle collection de cuvées intéressantes, aux caractères et aux expressions variés, qui devraient faire le bonheur du plus grand nombre.

Les vins : les cuvées dégustées ne manquent pas d'une belle identité sudiste, mais les registres aromatiques de certaines nous paraissent un peu trop modernes. C'est le cas d'Ephémère, en blanc, défini par ces nuances amyliques et de vinification à basse température. En rouge, Domaine de Pierredon nous semble marqué par le coté carbo, son fruit juteux fait penser à un vin primeur. Nous sommes plus sensibles au Domaine de la Coudette pour son fruit et son épice : la bouche est rassemblé et l'ensemble gourmand. Les deux cuvées les plus à même de se bonifier dans le temps sont Domaine de Grès Saint Vincent, juteux et charnu en bouche, et Les 40e Rugissants, qui s'exprime sur les fruits noirs et les épices, à la matière pleine et harmonieuse.

- Côtes du Rhône Ephémère 2020 — 9,90 € — 86
- Côtes du Rhône Domaine de Pierredon 2020 — 8,90 € — 87
- Côtes du Rhône-Villages Signargues Domaine Grès Saint Vincent 2020 — 9,90 € — 89
- Côtes du Rhône-Villages Signargues Domaine de Périllière 2020 — 9,50 € — 82
- Côtes du Rhône-Villages Signargues Domaine de la Coudette 2020 — 9,50 € — 87
- Côtes du Rhône-Villages Signargues Les 40e Rugissants 2019 — 14,50 € — 89

Rouge : 535 hectares. Grenache noir 48 %, Syrah 24 %, Cinsault 10 %, Carignan 8 %, Mourvèdre 6 %, Counoise 2 %, Divers noir 2 %
Blanc : 20 hectares. Grenache blanc 47 %, Bourboulenc 21 %, Viognier 16 %, Clairette 8 %, Picpoul blanc 5 %, Divers blanc 3 %
Production moyenne : 1 800 000 bt/an

CAVE DES VIGNERONS D'ESTÉZARGUES ♣
478, route des Grès 30390 Estézargues
04 66 57 03 64 • www.vins-estezargues.com • Pas de visites.
Propriétaire : Frédéric Vincent
Directeur : Armelle Rouault

DOMAINE DU CAYRON

Avec des vignes âgées de quarante ans en moyenne et un vignoble bien exposé sur les coteaux de Gigondas, le domaine du Cayron bénéficie de tous les atouts pour produire un très bon vin. On retrouve ici l'archétype du gigondas vigoureux mais élégant, élevé en foudre et en cuve, issu de raisins non éraflés.

Les vins : nous avions évoqués le coté gracieux du millésime 2018, le 2019, lui, est digne de son année. En revanche, il est à oublier en cave. Le vin affiche une matière et une consistance de qualité, la puissance est au rendez-vous, le fond du vin sérieux, mais il faut lui laisser le temps. La vendange entière prend tout son sens sur ce type de millésime, c'est une judicieuse opposition à sa richesse.

- Gigondas 2019 — 18,50 € — 91

Rouge : 17 hectares. Grenache noir 78 %, Syrah 14 %, Cinsault 6 %, Mourvèdre 2 %
Production moyenne : 25 000 bt/an

DOMAINE DU CAYRON

59, rue de la Libération Scea Michel Faraud 84190 Gigondas
04 90 65 87 46 •
www.domaineducayron.com • Visites : sur RDV aux professionnels.
Propriétaire : Faraud Michel
Directeur : Faraud Roseline
Maître de chai : Faraud Roseline
Œnologue : Philis Laurent

NOUVEAU DOMAINE

CLOS DES CENTENAIRES

Le Clos des Centenaires est le projet commun de deux vignerons voisins : Luc Baudet et Bruno François. Dans leur volonté de réaliser des vins les plus identitaire possible, ils ont installé leur domaine sur 7 hectares sur les galets roulés du villafranchien situés à deux kilomètres des réserves naturelles de la Petite Camargue. Nous ressentons une vraie quête de fraîcheur sur les deux couleurs. Les élevages sur les rouges sont encore à peaufiner, mais l'ensemble demeure de bon niveau.

Les vins : les blancs du domaine sont précis sans tomber dans le coté techno. Simple mais plaisant et maîtrisé, La Bergerie des Centenaires est vinifié en cuve et parvient à garder fraîcheur et tension. Roussanne, d'ailleurs assemblé avec 10 % de marsanne, se montre plus solaire, avec une pointe d'abricot, mais la bouche garde une belle mâche et une vive énergie minérale en finale. Art' est certes sérieux avec du gras et de l'allonge, mais la gestion du boisé nous y semble moins aboutie. Les rouges sont plus hétérogènes : nous aimons le pur grenache Vieilles Vignes qui se montre floral et digeste en bouche, la parfaite gestion de la vendange entière étire la finale. L'assemblage Cinsault Syrah dévoile une palette plus animale sans pour autant être dénué de fruit. Art' rouge nous laisse sur notre faim. Le vin est étoffé, porté par un beau volume, mais le boisé utilisé, caricatural, sucre le vin.

- Costières de Nîmes La Bergerie des Centenaires 2020 — 10,60 € — 89
- Costières de Nîmes Roussanne 2019 — 19,80 € — 9
- IGP Pays d'Oc Art' 2019 — 33,80 € — 90
- Costières de Nîmes La Bergerie des Centenaires 2020 — 10,60 € — 87
- Costières de Nîmes La Bergerie des Centenaires 2018 — 10,60 € — 88
- IGP Coteaux du Pont du Gard Cinsault Syrah 2017 — 15,80 € — 90
- IGP Gard Art' 2018 — 36,20 € — 90
- IGP Gard Luxe, Calme et Volupté 2018 — 15,20 € — 87

Le coup de ♥

- Costières de Nîmes Grenache Vieilles Vignes 2019 — 19,80 € — 9

Rouge : 18 hectares. Grenache noir 30 %, Syrah 30 %, Carignan 10 %, Mourvèdre 10 %, Cinsault 10 %, Cabernet-Sauvignon 10 %
Blanc : 4 hectares. Roussanne 70 %, Grenache gris 10 %, Viognier 10 %, Grenache blanc 10 %
Production moyenne : 100 000 bt/an

CLOS DES CENTENAIRES

Chemin des Salines 30600 Vauvert
06 62 41 66 30 • clos-des-centenaires.com •
Vente et visites : sur RDV.
Propriétaire : Luc Baudet

NOUVEAU DOMAINE

CLOS DU CAILLOU

Le Clos du Caillou revient dans le Guide cette année. Ce domaine de 53 hectares, situé sur la commune de Courthézon, est certifié en bio depuis 2010. Sylvie Vacheron et ses enfants Marilou et Axel, revenus sur la propriété récemment, ont fait évoluer les vins vers davantage de finesse et de profondeur. Clos du Caillou a fait l'acquisition en 2020 du domaine voisin le Château de Panisse, qui vient rajouter 6,5 hectares de plus en Châteauneuf-du-Pape et 7,5 hectares de Côtes du Rhône. Des vieilles vignes de cinsault plantées dans les années 1950 et des grenaches des années 1920 sont également du lot.

Les vins : les blancs sont de bon niveau avec un côtes-du-rhône La Réserve qui bénéficie de la fraîcheur du millésime et d'une belle salinite sur la fin de bouche. Le châteauneuf-du-pape blanc se montre plus opulent, tout en gardant de la profondeur et de la rectitude. Les rouges se livrent de façon différente en fonction des terroirs. Esprit Nature est une belle expression de grenache floral et délicat. Les Quartz est plus engoncé à ce stade. Sur les châteauneuf-du-pape rouges, Les Safres présente la particularité d'être marqué par le mourvèdre dans les arômes et les saveurs. La bouche se montre plus décalée avec une finale séveuse. Nous préférons Réserve, qui affirme plus encore le mourvèdre, avec une meilleure gestion des tanins. La cuvée a cette noble perception tannique qui ne déstabilise pas l'équilibre du vin.

- Châteauneuf-du-Pape Les Safres 2020 — 40 € — 93
- Côtes du Rhône Bouquet des Garrigues 2019 — de 14 à 15 € (c) — 87
- Côtes du Rhône La Réserve 2018 — 26 € — 91
- Châteauneuf-du-Pape Les Quartz 2019 — 55 € — 92
- Châteauneuf-du-Pape Les Safres 2019 — 36 € — 91
- Châteauneuf-du-Pape Réserve 2019 — 98 € — 93
- Côtes du Rhône Bouquet des Garrigues 2018 — de 14 à 15 € (c) — 87
- Côtes du Rhône Esprit Nature 2020 — 15 € — 90
- Côtes du Rhône Les Quartz 2018 — 18 € — 88
- Côtes du Rhône Réserve 2018 — 26 € — 89

Rouge : 48 hectares. Grenache noir 70 %, Mourvèdre 10 %, Syrah 10 %, Counoise 4 %, Cinsault 3 %, Carignan 3 %
Blanc : 5 hectares. Grenache blanc 60 %, Bourboulenc 10 %, Clairette rose 9 %, Viognier 7 %, Clairette 7 %, Roussanne 7 %
Production moyenne : 200 000 bt/an

CLOS DU CAILLOU ♣

1600, Chemin Saint-Dominique,
84350 Courthézon
04 90 70 73 05 • www.closducaillou.com •
Vente et visites : sur RDV.
Propriétaire : Sylvie Vacheron
Directeur : Marilou Vacheron
Maître de chai : Bruno Gaspard
Œnologue : Philippe Cambie

DOMAINE FONT DE COURTEDUNE

Situé dans le nord de l'appellation Châteauneuf, sur le village de Courthezon, ce domaine riche en vieilles vignes appartient à la famille Charrier depuis trois générations. Les lieux-dits Cristia, Pointu, La Guigasse donnent le châteauneuf-du-pape rouge, composé à 99 % de grenache vendangé entier et élevé en cuve béton. Caroline est en charge des vinifications, son frère Frédéric des vignes. Du l'IGP Vaucluse au châteauneuf, le style des vins nous convainc.

Les vins : les marqueurs de la vendange entière peuvent montrer leurs limites. C'est le cas sur le côtes-du-rhône 2018, où une pointe de végétal ressort. Sur le villages, l'harmonie et l'intégration sont bien plus réussies, le nez est plus séduisant et la bouche tapisse sans excès. L'IGP Vaucluse est un vrai vin de soif et de plaisir à boire à coup de grandes rasades. Le châteauneuf-du-pape se livre avec une belle finesse de style, sa puissance diffuse tapisse la bouche avec une certaine volupté.

- Côtes du Rhône Vieilles Vignes 2018 — 9 € — 87
- Côtes du Rhône-Villages Vieilles Vignes 2018 — 11 € — 90
- IGP Vaucluse 2019 — 6,50 € — 88

Le coup de ♥

- Châteauneuf-du-Pape 2018 — 25 € — 93

Rouge : 38 hectares.
Blanc : 1 hectare.
Production moyenne : 50 000 bt/an

DOMAINE FONT DE COURTEDUNE

1198, chemin des Sourcières,
84350 Courthézon
04 90 70 20 69 •
domaine.font.de.courtedune@orange.fr •
Vente et visites : sur RDV.
Propriétaire : Famille Charrier
Directeur : Caroline et Frédéric Charrier
Maître de chai : Caroline Charrier

DOMAINE GEORGES-LOMBRIÈRE

Voici une adresse confidentielle (10 000 bouteilles produites chaque année), dont le premier millésime a été le 2014, en rouge, et le 2016, en blanc. Le style des rouges met en évidence le grenache ; 15 à 20 % de mourvèdre dans l'assemblage amènent de la sève au vin. Les élevages, qui se font en foudre de chêne et cuve béton (et demi-muid pour le blanc) sont très bien digérés. Les vinifications sont suivies par Pierre-Jean Villa.

Les vins : le blanc 2019 nous semble plus frais que le 2018, la roussanne se montre bien mûre, mais elle est mieux gérée dans son équilibre, avec une bonne amertume de fin de bouche. Sur les rouges, le millésime 2018 se montre assez facile d'accès en termes d'équilibre de bouche. En revanche, la touche boisée se traduit par un toast qui ébranle le fruit. Le 2017 confirme, après une année supplémentaire, qu'il est gracieux et qu'il conserve de la fraîcheur, sans passer trop en puissance.

Châteauneuf-du-Pape Cuvée Thaïs 2019 — 45 € — 91

Châteauneuf-du-Pape Cuvée Marie 2017 — 38 € — 92

Châteauneuf-du-Pape Cuvée Marie 2018 — 38 € — 90

Rouge : 5 hectares. Grenache noir 70 %, Mourvèdre 15 %, Syrah 15 %
Blanc : 0,3 hectare. Roussanne 60 %, Grenache blanc 40 %
Production moyenne : 10 000 bt/an

DOMAINE GEORGES-LOMBRIÈRE ♣
620, route de Bedarrides,
84230 Châteauneuf-du-Pape
06 84 55 48 41 •
www.georges-lombriere.com • Pas de visites.
Propriétaire : Marie et Benoit Lombrière, Alaric de Portal
Directeur : Benoit Lombrière
Maître de chai : Franck Ferraton
Œnologue : Guenhaël Kessler

MARTINELLE

Originaire d'Allemagne, Corinna Faravel découvre le vin en famille, puis à l'école hôtelière. Si elle débute avec le riesling allemand, elle est vite attirée par le vignoble français. Un stage en 1997 à Suze-la-Rousse, suivi d'un séjour chez le célèbre Marcel Richaud, précéderont son implantation dans le Ventoux en 2001. Elle partage la même passion pour le raisin que son époux, Thierry Faravel, vigneron à Gigondas, et élabore des vins distincts mais avec le même panache. Ses ventoux et le beaumes-de-venise sont devenus des valeurs sûres.

Les vins : nous sommes séduits par les rouges ; le beaumes-de-venis confirme tout le bien que l'on en pensait l'année passée. Une année supplémentaire lui donne encore plus de grâce et de finesse. Le ventoux 2019 est au-dessus du 2018 dans sa chair et sa dimension, et son fruit reste bien scintillant. Le blanc porte plus à controverse : la maturité des raisins est bonne, mais la définition du vin demeure assez fragile.

IGP Vaucluse 2019 — 13 € — 86

Beaumes de Venise 2018 — 17 € — 92

Ventoux 2019 — 12 € — 91

Rouge : 11,5 hectares. Grenache noir 60 %, Syrah 30 %, Mourvèdre 10 %
Blanc : 0,5 hectare. Clairette 100 %
Production moyenne : 45 000 bt/an

MARTINELLE ♣
120, chemin Font-Valet, 84190 Lafare
04 90 65 05 56 • www.martinelle.com •
Vente et visites : sur RDV.
Propriétaire : Corinna Faravel

DOMAINE DE LA MONARDIÈRE

Christian Vache a passé le relais à son fils Damien pour diriger cette maison importante de Vacqueyras. La maîtrise des rendements et un travail plus attentif à la vigne caractérisent la production du domaine. La gamme se décline du simple vin de pays jusqu'aux vacqueyras colorés et structurés.

Les vins : nous sommes séduits par les blancs La cuvée Le Jeu de Gàrri livre une définition limpide et profonde de Vacqueyras, tout en épure avec ses notes de fleurs blanches et d'aubépine. Galéjade se montre plus ample. La roussanne lui donne des épaules plus larges et un caractère vineux qui n'empêche pas une belle harmonie. Puissant, le rosé manque un peu d'élégance. VDP reste un vin juteux. Le rouge C945 monte en puissance, avec son fruit scintillant et sa matière peu extraite. Quelques amertumes tanniques écourtent tout de même la finale. En 2018 comme en 2019, Les 2 Monardes porte haut la belle identité de l'appellation. Un vin cossu, dense, à la trame plus serrée, qu'il faut attendre.

Vacqueyras Galéjade 2019 — 19 € — 9[illegible]

Vacqueyras Le Jeu de Gàrri 2020 — 13,50 € — 92

Vacqueyras Le Rosé 2020 — 10 € — 88

VDP du Vaucluse Grenache 2020 — 7 € — 88

Vacqueyras C945 2019 — 19 € — 90

Vacqueyras Les 2 Monardes 2018 — 13,50 € — 92

Vacqueyras Les 2 Monardes 2019 — 13 € — 92

Rouge : 19 hectares. Grenache noir 60 %, Syrah 20 %, Mourvèdre 10 %, Cinsault 4 %, Carignan 3 %, Counoise 3 %
Blanc : 2 hectares. Roussanne 40 %, Clairette 30 %, Grenache blanc 30 %
Production moyenne : 80 000 bt/an

DOMAINE DE LA MONARDIÈRE ♣
930, chemin des Abreuvoirs,
84190 Vacqueyras
04 90 65 87 20 • www.monardiere.fr •
Visites : sans RDV.
Propriétaire : Damien Vache

DOMAINE DE MONTVAC

Transmis de mère en fille depuis sa création, le domaine est une histoire de femmes. Nous avons été convaincus par le style des vins rouges et blancs de Cécile Dusserre, qui nous montre que les beaux crus de la vallée du Rhône méridionale, comme Gigondas et Vacqueyras, peuvent exprimer puissance et densité tout en restant sapides et fins. En rouge, les raisins sont éraflés et élevés en cuve béton, sauf Vincila et Adage qui subissent un élevage en demi-muid. Nous vous recommandons les blancs, notamment Complicité, qui nous conforte dans notre attachement à la fabuleuse clairette. Mélodine est plus méridional, mais une dégustation récente d'un 2014 nous indique qu'elle peut évoluer avec pureté et finesse.

Les vins : les blancs 2019 sont plus enrobés que les 2018 et expriment plus de largeur. La cuvée Mélodine en est un parfait exemple. Son nez s'inscrit davantage sur des notes mellifères et d'amande, ainsi qu'une légère touche de cire à bois. La bouche se montre elle aussi plus puissante, mais sans posséder l'éclat du 2018. C'est moins marqué chez la pure clairette Complicité, où le cépage réussit à conserver la délicatesse, grâce à ses amers et ses notes salines de fin de bouche. Les rouges sont bien gérés. Nous aimons Variation, élégant et fin.

Vacqueyras Complicité 2018	30 €	94
Vacqueyras Complicité 2019	30 €	93
Vacqueyras Mélodine 2018	15 €	91
Vacqueyras Mélodine 2019	15 €	89
Gigondas Adage 2019	17 €	90
Vacqueyras Arabesque 2019	13,50 €	91
Vacqueyras Vincila 2017	16 €	90

Le coup de ♥

Vacqueyras Variation 2018	20 €	93

Rouge : 21 hectares. Grenache noir 70 %, Syrah 25 %, Mourvèdre 5 %
Blanc : 2 hectares. Clairette 45 %, Roussanne 40 %, Bourboulenc 10 %, Viognier 5 %
Production moyenne : 70 000 bt/an

DOMAINE DE MONTVAC ♣
900, route de Vaison, 84190 Vacqueyras
04 90 65 85 51 • www.domainedemontvac.fr
• Visites : sans RDV.
Propriétaire : Cécile Dusserre

DOMAINE MOULIN-TACUSSEL

Le domaine Moulin-Tacussel est dirigé par Didier Latour. Sans se revendiquer en agriculture biologique, ses sols sont travaillés sans produits chimiques depuis plus de dix ans. Bénéficiant d'un terroir unique (un sol argilo-calcaire, protégé par des galets roulés et favorisé par un climat ensoleillé) les presque 7,5 hectares du domaine sont répartis sur dix parcelles situées dans les lieux-dits Palestor, Colombis, Le Lac, Coste Froide, Mont-Pertuis, Grand Pierre et Le Mourre du Gaud.

Les vins : le blanc 2020 s'exprime dans un grand classicisme avec des notes florales et de fenouil. Sur les rouges, le 2019 du domaine est ample et velouté, la trame est accessible dans sa jeunesse. La bouche séduit par sa fraîcheur. La cuvée Hommage à Jean Tacussel livre un vin cossu et charpenté. C'est une version vineuse et puissante d'un pur grenache sur galets roulés. Attention au boisé qui sucre un peu les contours des vins.

Châteauneuf-du-Pape 2020	27 €	91
Châteauneuf-du-Pape 2019	24 €	92
Châteauneuf-du-Pape Hommage à Henry Tacussel 2019	40 €	93

Rouge : 6,71 hectares. Grenache noir 60 %, Mourvèdre 10 %, Syrah 10 %, Vaccarèse 5 %, Cinsault 5 %, Counoise 5 %, Muscardin 5 %
Blanc : 0,56 hectare. Grenache blanc 40 %, Roussanne 30 %, Bourboulenc 10 %, Clairette 10 %, Picardan 5 %, Picpoul blanc 5 %
Production moyenne : 13 000 bt/an

DOMAINE MOULIN-TACUSSEL
10, avenue des Bosquets,
84230 Châteauneuf-du-Pape
04 90 83 70 09 •
www.domainemoulintacussel.fr • Vente et visites : sur RDV.
Propriétaire : Famille Moulin
Directeur : Didier Latour
Œnologue : Serge Mouriesse

CHÂTEAU PESQUIÉ

L'histoire de ce domaine commence dans les années 1970, quand les grands-parents Chaudière restaurent le château et une partie du vignoble. Paul et Edith donnent ensuite l'élan en quittant la coopération et en favorisant la sélection des terroirs. Depuis 2000, ce sont leurs enfants, Frédéric et Alexandre, qui veillent à la destinée de ce vaste vignoble. Nous sommes séduits par le virage stylistique des vins : ils ont vraiment gagné en finesse et en sapidité, et représentent dignement la fraîcheur du terroir.

Les vins : nous commençons à percevoir sur les rouges des terrasses la bonne gestion de la matière, avec une fraîcheur de fruit plus attractive ainsi qu'une texture qui a gagné en sapidité. Silica est une très belle expression de grenache, dotée d'un toucher de bouche voluptueux et fin. Le degré d'alcool est maitrisé et offre un ensemble tout à fait agréable. Artemia laisse place à une syrah bien plus septentrionale dans ses arômes et ses saveurs ; ce qui est plutôt bon signe, ici, dans le Ventoux. Quintessence se montre très réussi et concentré : il lui faudra quelques années pour se détendre, mais le fruit juste ne bascule pas. La gestion du bois, bien intégré, n'a rien à voir avec le passé. Une légère déception pointe avec Ascensio, le grenache manque de sapidité et ne sert pas ce vin solaire, presque chaud.

Ventoux Juliette 2019	30 €	93
Ventoux Les Terrasses 2020	10 €	88
Ventoux Artemia 2019	30 €	92
Ventoux Ascencio 2018	60 €	89
Ventoux Les Terrasses 2019	10 €	88
Ventoux Quintessence 2019	18 €	93
Ventoux Silica 2019	30 €	92

Rouge : 90 hectares. Grenache noir 47 %, Syrah 40 %, Cinsault 5 %, Carignan 4 %, Marselan 3 %, Mourvèdre 1 %
Blanc : 10 hectares. Viognier 40 %, Roussanne 25 %, Clairette 25 %, Chardonnay 10 %
Production moyenne : 600 000 bt/an

CHÂTEAU PESQUIÉ ♣
1365 bis, route de Flassan, 84570 Mormoiron
04 90 61 94 08 • www.chateaupesquie.com
• Vente et visites : sur RDV.
Propriétaire : Alexandre et Frédéric Chaudière
Directeur : Frédéric Chaudière
Maître de chai : Alexandre Chaudière
Œnologue : Emmanuel Gagnepain

DOMAINE RABASSE-CHARAVIN

Propriété historique du Rhône sud, à cheval entre Cairanne et Rasteau, Rabasse-Charavin est dirigé par Laure Couturier depuis 2014. Le domaine laboure ses sols et n'utilise ni pesticide ni désherbant. Ici, les raisins sont ramassés à haute maturité et toujours vinifiés de façon à en retirer le plus de finesse possible. Les vins sont parfumés, élégants et généreux, avec des tanins d'une grande souplesse. Chaque année, le domaine propose en décembre des vins plus âgés en magnum. Une belle occasion de boire des vins à maturité.

Les vins : Laure répond à nos attentes sur le millésime 2020 ; la fraîcheur supplémentaire apportée par la clairette rend le vin plus digeste qu'en 2019. En ce qui concerne les côtes-du-rhône-villages, nous avons une préférence pour le 2016. Le fruit est scintillant, le vin moins emporté par le degré : la belle acidité du millésime lui donne une lecture différente de celle du 2017. Sur le terroir de Rasteau, nous sommes surpris par la fraîcheur au nez et en bouche du 2016. L'identité du fruit est moins impactée que sur les 2017, quand le côté solaire fait basculer le raisin, et le degré d'alcool ressort davantage. Les deux cairannes tirent leur épingle du jeu en 2017. Ils offrent des fruits plus juteux et des volumes de bouche cohérents, sans excès de richesse. Cuvée d'Estevenas est une bouteille qu'il faut garder de côté.

Côtes du Rhône Laure 2020	10 €	[illegible]
Cairanne 2017	15,50 €	[illegible]
Côtes du Rhône-Villages N°1 by Couturier 2017	11 €	88
Côtes du Rhône-Villages Plan de Dieu Les Cailloux 2016	13,50 €	[illegible]
Côtes du Rhône-Villages Plan de Dieu Les Cailloux 2017	14 €	[illegible]
Rasteau 2016	15 €	[illegible]
Rasteau Abel Charavin 2016	19 €	[illegible]
Rasteau Abel Charavin 2017	20 €	[illegible]

Le coup de ♥

Cairanne Cuvée d'Estevenas 2017	20 €	94

Rouge : 35 hectares. Grenache noir 60 %, Mourvèdre 15 %, Syrah 15 %, Cinsault 5 %, Carignan 5 %
Blanc : 5 hectares. Clairette 50 %, Roussanne 45 %, Bourboulenc 5 %
Production moyenne : 100 000 bt/an

DOMAINE RABASSE-CHARAVIN ♣
1030, chemin des Girard, 84290 Cairanne
04 90 30 70 05 • www.rabasse-charavin.com
• Vente et visites : sur RDV.
Propriétaire : Famille Couturier
Directeur : Laure Couturier
Œnologue : Olivier Roustang

DOMAINE RASPAIL-AY

Le vin de la propriété représente l'archétype du bon gigondas, plein, vigoureux, sans esbroufe. De constitution ferme et serrée, les meilleurs millésimes demandent quatre à cinq ans de garde pour s'ouvrir pleinement. Dès lors, ils acquièrent une belle complexité dans le temps et se bonifient sur dix à vingt ans.

Les vins : le millésime 2017 se bonifie avec le temps et gagne en finesse. Le 2018 est certes plus mat. Le niveau de maturité tannique et l'envergure de bouche sont davantage décalées. La bouche est moins riche que celle du 2017, entre autres parce que la finale laisse ressortir une amertume bloquante. Loin de toute technicité, le rosé exprime la maturité du grenache. C'est un vin de caractère qui trouvera sa place à table.

- Gigondas 2019 — 14 € — 89
- Gigondas 2018 — de 18 à 21 € (c) — 90

Le coup de ♥

- Gigondas 2017 — de 18 à 20 € (c) — 93

Rouge : 19 hectares. Grenache noir 70 %, Syrah 20 %, Mourvèdre 10 %
Production moyenne : 60 000 bt/an

DOMAINE RASPAIL-AY
737, route des Princes-d'Orange,
84190 Gigondas
04 90 65 83 01 • www.gigondas-vin.com •
Vente et visites : sur RDV.
Propriétaire : Dominique Ay
Directeur : Anne-Sophie Ay
Maître de chai : Christophe Ay

DOMAINE LA ROUBINE

Ce domaine produit des vins charmeurs et charnus. Éric Ughetto a signé son premier millésime en 2000. Il cultive ses vignes en bio ; une pratique en adéquation avec ses vins profonds et généreux, issus de raisins vendangés bien mûrs. Ce domaine a deux axes majeurs : le bon sens, comme les grands-parents lorsqu'ils travaillaient la vigne, et la rigueur en cave. Voici une valeur sûre pour les amateurs de vins hédonistes.

Les vins : sur le millésime 2019, notre préférence se porte sur le vacqueyras. Il séduit par sa finesse et sa gestion de la puissance, à travers un cœur de bouche pulpeux aux tanins bien intégrés. Le gigondas est défini par un fruit juteux et primaire, mais la trame de bouche finale est marquée par un léger décalage tannique. Il évoluera bien cependant. Sablet possède la mâche et l'étoffe de son appellation, mais conserve une pointe de chaleur qui l'alourdit.

- Côtes du Rhône-Villages Sablet La Grange des Briguières 2019 — 10,50 € (c) — 89
- Gigondas 2019 — 16 € — 91
- Vacqueyras 2019 — 16,50 € (c) — 92

Rouge : 15,7 hectares. Grenache noir 80 %, Syrah 10 %, Mourvèdre 5 %, Cinsault 5 %
Blanc : 0,8 hectare.
Production moyenne : 40 000 bt/an

DOMAINE LA ROUBINE ♣
613, chemin du Goujar, 84190 Gigondas
04 90 28 15 67 •
www.domainelaroubine.com • Vente et visites : sur RDV.
Propriétaire : Éric et Sophie Ughetto
Maître de chai : Éric Ughetto
Œnologue : Philis Laurent

DOMAINE SALADIN

À mi-chemin entre Montélimar et Avignon, sur la rive droite du Rhône, Élisabeth et Marie-Laurence Saladin sont à la tête de la propriété familiale transmise depuis 1422. Elles y cultivent onze cépages en bio et proposent une gamme d'une finesse rare pour des côtes-du-rhône, qui peuvent se mesurer à bien des crus.

Les vins : notre préférence va à Fan dé Lune. Le mourvèdre trace ce vin et lui apporte densité et profondeur. Son fruit coincé entres les épices et le laurier séduit, la bouche est bien gérée, sans aucune sévérité de tanin. Paul est un grenache noir presque pur, et ne possède pas le charme et la rondeur escomptés, les tanins assèchent la finale. Le blanc, issu d'un assemblage complexe, offrent des arômes plaisants, avec ses notes de fleurs blanches et d'abricot, même si la bouche est moins digeste.

- Côtes-du-Rhône Per Èl 2019 — 22 € — 88
- Côtes du Rhône Tralala ! 2020 — 18 € — 87
- Côtes du Rhône Paul 2019 — 20 € — 88

Le coup de ♥

- Côtes du Rhône-Villages Fan dé Lune 2019 — 22 € — 91

Rouge : 14 hectares. Grenache noir 58 %, Syrah 18 %, Carignan 12 %, Cinsault 6 %, Mourvèdre 6 %
Blanc : 3 hectares. Clairette 20 %, Grenache blanc 20 %, Viognier 20 %, Roussanne 14 %, Bourboulenc 13 %, Marsanne 13 %
Production moyenne : 50 000 bt/an

DOMAINE SALADIN ♣
235, chemin de Coulet
7700 Saint-Marcel-d'Ardèche
04 75 04 63 20 • www.domaine-saladin.com
• Vente et visites : sur RDV.
Propriétaire : Elisabeth et Marie-Laurence Saladin
Œnologue : Véronique David

Le Roussillon et ses vins

Par Caroline Furstoss,
en charge des vins du Roussillon au sein
du comité de dégustation de La Revue du vin de France

Superficie
19 674 hectares

Cépages principaux

Vins rouges :
carignan noir, lladoner pelut, grenache noir, mourvèdre, syrah

Vins blancs :
grenaches blanc et gris, macabeu, malvoisie, muscat, marsanne, roussanne, vermentino

Volume produit en 2020
622 319 hectolitres

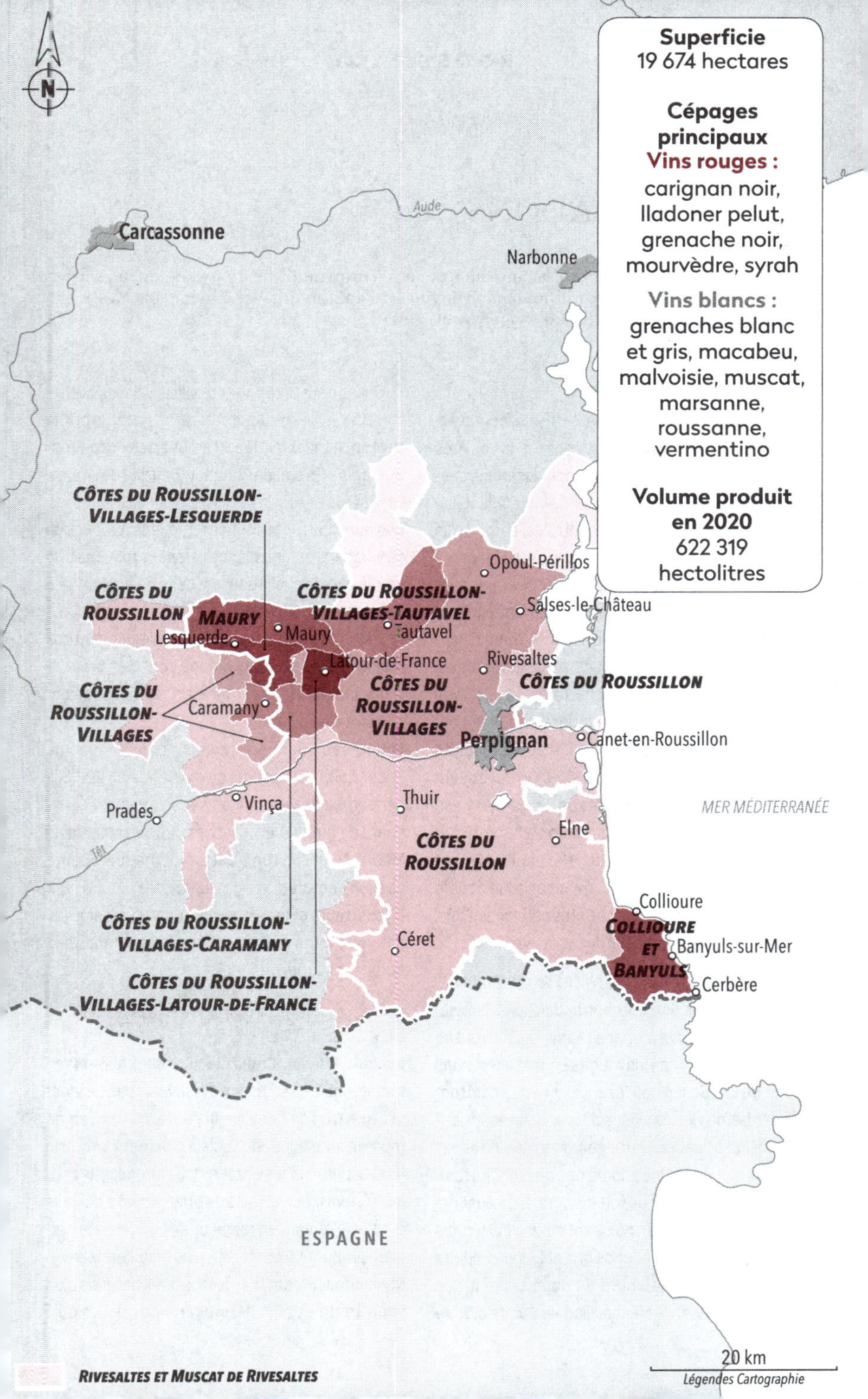

LES APPELLATIONS

Contrairement au Languedoc, le Roussillon ne conserve qu'une infime partie de ses superficies viticoles (1,6 %) consacrées à la production de vins sans indication géographique (anciennement vin de table). Par ailleurs, 85 % des vignes sont en AOC.

LES IGP DU ROUSSILLON

Cette catégorie, qui rassemble le pire, comme le meilleur puisque l'on y retrouve certaines cuvées de Gérard Gauby et d'autres grands vignerons roussillonnais, regroupe les vins qui ne bénéficient pas d'une appellation d'origine contrôlée, parce qu'ils ne sont pas produits sur une aire d'AOC, ou parce que leurs pratiques culturales ne correspondent pas à la réglementation fixée pour l'appellation. Cette production est majoritairement tenue par les caves coopératives roussillonnaises. Contrairement au Languedoc, le vignoble classé en IGP est minoritaire en Roussillon (34 %) par rapport aux AOC (66 %). Trois IGP sont produites dans la région. On retrouve l'IGP d'Oc qui couvre l'ensemble des départements de l'ancienne région Languedoc-Roussillon (qui comprenaient cinq départements : l'Aude, le Gard, l'Hérault, la Lozère et les Pyrénées-Orientales). La principale IGP dans le seul Roussillon est celle des Côtes catalanes. Enfin, on trouve l'IGP (marginale) de la Côte vermeille.

LES AOC DES VINS SECS DU ROUSSILLON

Côtes du Roussillon, Côtes du Roussillon-Villages : une production hétérogène. Quand ils s'avèrent de bonne facture, les vins rouges sont solides, sans trop de lourdeur alcoolisée. Il existe un important potentiel de vieilles vignes de grenache et de carignan (jadis destinées à l'élaboration de vins doux), qui permet aux jeunes domaines de produire rapidement des cuvées de fort caractère. On observe aussi une montée en puissance des vins blancs (à dominante de grenaches gris et blanc) produits sur les calcaires du nord du département des Pyrénées-Orientales (Fenouillèdes). Quatre crus se distinguent en Côtes du Roussillon-Villages avec la mention du village. Tous sont situés dans la partie septentrionale du département des Pyrénées-Orientales. Il s'agit de Caramany, Latour de France Lesquerde et Tautavel.

Collioure : cette appellation regroupe la production de vins secs rouges, blancs et rosés produits sur la même aire d'appellation que celle de Banyuls (vin doux naturel). D'un style équilibré et assez fin, les rouges sont en progrès, même s'ils ne justifient pas toujours leurs prix. Les blancs sont très prometteurs, les grenaches blanc et gris leur apportant un caractère affirmé.

Maury sec : dernière-née des appellations du Roussillon, l'AOC Maury sec a vu le jour en 2011. Elle concerne des vins rouges secs produits à dominante de grenache sur les terroirs de schistes de Maury. Pour l'instant, cette AOC ne représente que 185 hectares de vignes. Mais les débuts sont prometteurs et les vignerons locaux jouent le jeu pour que leurs meilleures cuvées sortent dans cette appellation.

LES AOC DES VINS DOUX NATURELS DU ROUSSILLON

Banyuls, Banyuls Grand Cru : vins doux naturels de remarquable qualité. Il existe deux types de vins : le style traditionnel, vieilli plusieurs années en foudres, qui affiche une couleur ambrée et un rancio fin et superbe, et les vintages (ou rimatges), de couleur plus vive, aux arômes de fruits noirs. Le banyuls peut être produit en rouge et en blanc, cette dernière production étant bien plus confidentielle.

Rivesaltes : production de vins doux naturels plus importante et plus hétérogène en qualité qu'à

Banyuls. Les meilleurs producteurs proposent cependant d'excellents rivesaltes traditionnels, très loin de certaines caricatures.

Muscat de Rivesaltes : quand il réussit à garder une certaine fraîcheur en bouche, le muscat de Rivesaltes est un vin aromatique et plein, idéal pour les desserts aux fruits. Il est produit à partir de deux cépages, le muscat à petits grains et le muscat d'Alexandrie. Cette très vaste AOC (4 400 ha) couvre les aires d'appellation de Rivesaltes, Banyuls et Maury. Elle représente à elle seule 59 % de la production de vins doux naturels du Roussillon.

Maury : vin doux naturel des contreforts pyrénéens, au style plus fougueux que les rivesaltes. Longtemps en retrait qualitativement par rapport à Banyuls, les meilleurs producteurs proposent des vins de très bon niveau dans cette appellation où le grenache est façonné par les sols de schistes.

LES CÉPAGES

Comme en Languedoc, les cépages rouges sont dominants en Roussillon. Toutefois, contrairement à son voisin, la syrah ne s'y impose pas face au grenache noir et au carignan noir. De même, le merlot et le cabernet-sauvignon sont marginaux et ne représentent que quelques centaines d'hectares. Voici les principaux cépages rouges par ordre d'importance.

À la différence du Languedoc, la proportion de cépages blancs est plus importante dans le vignoble (environ 40 % de l'encépagement total). Cela s'explique par le fait qu'une grande partie des surfaces viticoles consacrées aux muscats, au macabeu et aux grenaches sert à l'élaboration des vins doux naturels. Voici les principaux cépages blancs par ordre d'importance.

LES CÉPAGES ROUGES :

Grenache noir (5 971 ha)
Syrah (4 429 ha)
Carignan noir (3 324 ha)
Mourvèdre (926 ha)
Merlot (533 ha)
Cabernet-sauvignon (444 ha)
Lledoner Pelut (171 ha)
Marselan (138 ha)
Cabernet franc (78 ha)
Cinsault (73 ha)
Chenanson (27 ha)

LES CÉPAGES BLANCS :

Muscat à petits grains (2 680 ha)
Muscat d'Alexandrie (2 200 ha)
Macabeu blanc (1 627 ha)
Grenache blanc (1 277 ha)
Grenache gris (932 ha)
Chardonnay (477 ha)
Viognier (120 ha)
Vermentino (120 ha)
Roussanne (77 ha)
Sauvignon (72 ha)
Marsanne (32 ha)
Tourbat (31 ha)

TABLES CACHÉES EN TERRES OCRES

CHAMBRES D'HÔTES

LA COOPÉRATIVE

Au domaine Riberach, l'*ecolodge* conçu par Luc Richard et Karin Pühringer, architectes passionnés et propriétaires des lieux, propose des chambres "dans" et "au-dessus" des cuves de vinification de l'ancienne cave coopérative de 1925. Également spa, restaurant gastronomique étoilé, cave, piscine naturelle. Menus de 45 à 109 €. Chambres de 160 à 265 €.

2, route de Caladroy,
66720 Bélesta
Tél. : 04 68 50 30 10
www.relaisdestroismas.com

CHÂTEAU VALMY

Au pied du massif des Albères et surplombant la mer, le domaine de Valmy de 24 hectares reçoit à sa table et dans ses chambres d'hôtes. Parc, piscine de 25 mètres et jacuzzi. Comptez de 220 à 390 € la nuit.

Chemin de Valmy,
66700 Argelès-sur-Mer
Tél. : 04 68 81 25 70
www.chateau-valmy.com

CAVISTE

VINS D'AUTEURS

Plus de 200 références de vins à découvrir, avec un petit rayon épicerie fine qui peut sauver pour l'organisation d'un apéritif improvisé. Une adresse sûre, dotée de conseils avisés.

6, place Général-Leclerc,
66190 Collioure
Tél. : 04 68 55 45 22

RESTAURANTS

LE ZAZA CLUB

La meilleure paillote de toute la côte catalane ! On y mange face à la mer du poisson frais (selon les arrivages). À ne pas rater : les spaghettis et riz de la mer cuits minute, un plat pour deux personnes tout simplement divin, et, pour les chanceux, la paëlla de Claude, le patron ! La carte des vins est attrayante. Comptez de 36 à 50 €.

Village des Sables,
66440 Torreilles.
Tél. : 04 68 59 21 45
www.restaurant-lezazaclub.com

LE GARRIANE

"Garriane" pour Garry et Ariane. Le chef, Garry Wilson, change son menu tous les mois, au gré des saisons, et sa compagne Ariane est au service pour un résultat d'associations réussies. Les plats sont présentés sous forme de tapas. Ne vous arrêtez pas au cadre plutôt rustique, vous y croiserez les meilleurs vignerons de la région ! Menus à 18-21 € le midi ; 33, 44 ou 55 € le soir.

18, carrer Frédéric-Valette,
66000 Perpignan
Tél. : 04 68 67 07 44

VIA DEL VI

Cette cave-bistrot s'est imposée comme un passage obligé. La recette du succès : des produits de saison et une cuisine ultra fraîche arrosée de vins bio et biodynamiques. Terrasse très agréable. Ticket moyen autour de 25 €.

43, avenue du Maréchal-Leclerc,
66000 Perpignan.
Tél. : 04 68 67 84 96

YUM YUM

Cette adresse cachée au cœur d'une zone commerciale semble une étape facile pour les voyageurs de passage, mais elle est bien davantage que ça. Voici en fait une table bien connue des vignerons et des locaux. L'accueil y est chaleureux, l'assiette franche : poissons selon les arrivages, viandes de producteurs locaux. Les vins de la région sont bien sûr mis en avant, mais la sélection est ouverte au reste de la France. Comptez entre 15 et 21 €.

Centre commercial Canigou,
66240 Saint-Estève
Tél. : 04 68 29 01 36

NOTRE COUP DE ♥

CÔTÉ SAISONS

L'âme de cette ancienne maison de maître vigneronne revit grâce à Ingrid et son mari Nicolas, tous deux formés dans des palaces parisiens. Un nid douillet, restauré avec goût, au pied des Albères, et également restaurant ! La sélection de vins vous fera découvrir les pépites de la région. Comptez entre 75 et 120 € la nuit.

10, avenue de la Côte-Vermeille,
66740 Laroque-des-Albères
Tél. : 04 34 12 36 51

BAR À VINS

EL XADIC DEL MAR

Des étagères à bouteilles, une quinzaine de couverts… À deux pas de la plage et des superbes vignobles de Collioure et Banyuls, Manu Desclaux patronne avec une bonne humeur communicative cette jolie adresse de poche. La sélection de vins naturels est très pertinente.

11, avenue du Puig-del-Mas,
66650 Banyuls
Tél. : 04 68 88 89 20

★★★ DOMAINE GAUBY

Depuis ses débuts au milieu des années 1980, Gérard Gauby, vigneron d'une haute exigence, poursuit avec l'aide de son fils, Lionel, et de son épouse, Ghislaine, sa quête du grand vin à l'équilibre parfait. Il a connu plusieurs périodes de remise en question qui, progressivement, l'ont porté vers un style de vins rouges et blancs tendus et digestes, lesquels lui ont valu de nombreux admirateurs. Jamais exempte de prise de risques, cette recherche permanente, qui dans les derniers millésimes, sous l'impulsion de Lionel, redonne la primauté à l'expressivité et à la générosité du fruit, révèle la complexité du terroir, si varié géologiquement, de Calce. Par un travail sans relâche des sols et de la vigne, mais aussi par la replantation de nombreuses essences arborées en bordure des parcelles, les maturités phénoliques arrivent plus rapidement, permettant de modérer les degrés alcooliques. Nous rendons hommage au parcours exemplaire d'une famille qui a su ouvrir de nouvelles voies et continue de réinventer la viticulture du Sud.

Les vins : en blanc, le bal commence avec Les Calcinaires, aérien, cristallin et pur. De fines notes d'agrumes, de sureau et une fine acidité l'accompagnent. Vieilles Vignes est profond et complexe, aux notes de mandarine et de fleurs de printemps. La bouche au relief bien dessiné, avec de la consistance, affiche un léger côté pierreux dans un équilibre très réussi ! La Jasse est un muscat de macération qui arbore une belle couleur vieil or, un nez pommadé avec des notes de fruit de la passion et de camomille, complexe, et une bouche étonnamment fraîche et fluide, sans appui tannique et avec peu d'alcool. En rouge, Les Calcinaires est une expression pure et pimpante de rose, de framboise sauvage : un vin immédiat qui remportera tous les suffrages. Vieilles Vignes est plus dense mais ne manque pas de raffinement. La syrah, alliée au grenache, dialogue avec des fruits et des épices, les tanins sont polis. Ce vin est doté d'une belle tenue en bouche. On termine avec Muntada, une sélection parcellaire des plus beaux terroirs du domaine, qui exprime justement la profondeur des marnes schisteuses et calcaires. Un nez subtil de ciste et de mûre avec une bouche pulpeuse et profonde, des tanins qui soulignent le vin et le feront tenir dans le temps.

- (blanc) IGP Côtes Catalanes Les Calcinaires 2020 — 18 € — 91
- (blanc) IGP Côtes Catalanes Vieilles Vignes 2019 — 33 € — 94
- (rouge) IGP Côtes Catalanes Les Calcinaires 2020 — 18 € — 93
- (rouge) IGP Côtes Catalanes Muntada 2019 — 77 € — 96
- (rouge) IGP Côtes Catalanes Vieilles Vignes 2019 — 33 € — 94

Le coup de ♥

- (blanc) IGP Côtes Catalanes La Jasse 2020 — 18 € — 94

Rouge : 29 hectares. Grenache noir 46 %, Syrah 28 %, Mourvèdre 11 %, Carignan 10 %, Cinsault 3 %, Cabernet franc 2 %, Aramon 1 %
Blanc : 15 hectares. Grenache blanc 29 %, Macabeu 28 %, Muscat à petits grains blancs 18 %, Chardonnay 9 %, Grenache gris 9 %, Vermentino 3 %, Tourbat 2 %
Production moyenne : 80 000 bt/an

DOMAINE GAUBY ♣
La Muntada, 66600 Calce
04 68 64 35 19 • www.domainegauby.fr •
Vente et visites : sur RDV.
Le matin.
Propriétaire : Gérard et Lionel Gauby

★★ CLOS DU ROUGE GORGE

Ce petit domaine situé sur des terrasses de schistes et de gneiss de Latour-de-France repose entièrement sur Cyril Fhal. Ayant débuté en 2002, ce vigneron passionné avance dans une démarche rigoureuse et cohérente, extrêmement exigeante à la vigne (tenue en biodynamie avec un soin méticuleux, au prix de milliers d'heures de travail) comme en cave (levures indigènes, élevage en demi-muid et foudre). Les vignes de grenache qui avaient été replantées en 2014, sur un sol laborieusement revitalisé, donnent aujourd'hui naissance à une nouvelle et passionnante cuvée, Col du Loup. L'engagement moral et esthétique de Cyril Fhal constitue un modèle pour une nouvelle génération de vignerons. Distingués, d'un grand raffinement naturel, loin de tout artifice, ces vins d'artiste, hélas difficiles à trouver, sont vénérés par une clientèle de fidèles.

Les vins : le blanc 2020 est onctueux, avec des notes délicates de fleurs blanches, une bouche d'une minéralité sous-jacente, salivante, avec une belle matière. Jeunes Vignes est un vin rouge aux parfums de rose et de framboise sauvage, les tanins sont bien intégrés dans une structure fine et le grain est délicat, entre fruits rouges et thym. 2019 en rouge est frais, des notes de romarin et un végétal noble percent : un vin poudré, intense, avec une petite rugosité qui le placera à merveille à table. L'Ubac en rouge est intense, délicat, avec des tanins onctueux et lisses. Il est construit pour durer. Col du Loup est intensément aromatique. Il flirte avec le fruit, le tabac blond et les fines épices La bouche est tout aussi aromatique. Les tanins sont fins mais la structure soutient l'ensemble.

- IGP Côtes Catalanes 2020 28 € 93
- IGP Côtes Catalanes L'Ubac 2017 50 € 91
- IGP Côtes Catalanes 2019 28 € 92
- IGP Côtes Catalanes L'Ubac 2019 50 € 96
- Vin de pays des Côtes Catalanes Jeunes Vignes 2020 18 € 92

Le coup de ♥

- IGP Côtes Catalanes Col du Loup 2020 50 € 96

Rouge : 6 hectares. Carignan 42 %, Grenache noir 42 %, Cinsault 16 %
Blanc : 1,5 hectare. Grenache gris 50 %, Macabeu 36 %, Carignan 14 %
Production moyenne : 15 000 bt/an

CLOS DU ROUGE GORGE ♣

6, place Marcel-Vié, 66720 Latour-de-France
06 31 65 25 89 • cyrilfhal@gmail.com •
Vente et visites : sur RDV.
Propriétaire : Cyril Fhal

★★ DOMAINE DANJOU-BANESSY

Benoît et Sébastien Danjou travaillent ce vieux vignoble familial comme leur grand-père, en harmonie avec la faune et la flore locale. Reflets de différents terroirs et parcelles (principalement sur les schistes ou les argilo-calcaires), souvent issus de vignes âgées, les vins offrent caractère et originalité. Avec un travail respectueux du vivant à la vigne, non-interventionniste en cave, le domaine a rapidement progressé, outrepassant les espoirs des observateurs. Des élevages longs en barriques et demi-muids patinent ce style très fin, précis et ciselé, sans aucune lourdeur. Le patrimoine des vieux VDN et Rancio perdure également, et quelques vieux rivesaltes sont disponibles au compte-goutte. Le domaine est devenu un point focal indispensable du paysage viticole catalan.

Les vins : Coste est fin et vif, il est doté d'une fine enveloppe qui rend la bouche très agréable autour d'une aromatique de garrigue et de fleurs séchées. La Truffière est très marquée par les notes d'élevage sur lies, les arômes de pain grillé et d'épices. Notre préférence va au Clos des Escounils, un blanc très fin, sapide et complexe. Il nous désaltère avec sa bouche tout en relief, appuyée par des notes de foin frais et de fruits blancs. Du côté des rouges, Roboul est fin et gourmand. On y retrouve des notes de fruits des bois, soutenues par des tanins soyeux. La Truffière en rouge est une grande réussite : délicatement floral avec une petite touche fraîche de citronnelle. La bouche fine et précise présente une finale poivrée. Les Myrs est discret, floral sur des notes fines de rose. Il n'est pas dans la démonstration. La finale reste encore un peu serrée. Espurna, translucide et frais, évoque l'infusion de fleurs et les épices très délicates ; ses tanins sont effacés. Estaca offre une belle gourmandise de fruits, on retrouve la groseille et la framboise sauvage ainsi que des tanins très fins. Le rancio 2000 est envoûtant, avec ses notes de balsamique et de mirabelle confite. La bouche à la sucrosité bien gérée laisse une impression salée en finale.

- IGP Côtes Catalanes Coste 2019 20 € 91
- IGP Côtes Catalanes La Truffière 2019 42 € 89
- Rivesaltes Rancio 2000 80 € 94
- IGP Côtes Catalanes Espurna 2018 60 € 93
- IGP Côtes Catalanes Estaca 2018 60 € 92
- IGP Côtes Catalanes La Truffière 2019 28 € 93
- IGP Côtes Catalanes Les Myrs 2019 40 € 92
- IGP Côtes Catalanes Roboul 2019 19 € 91

Le coup de ♥

- IGP Côtes Catalanes Le Clos des Escounils 2019 34 € 93

Rouge : 10 hectares. Grenache noir 40 %, Mourvèdre 30 %, Carignan 20 %, Cinsault 5 %, Syrah 5 %
Blanc : 8 hectares. Macabeu 25 %, Muscat à petits grains blancs 25 %, Grenache blanc 20 %, Grenache gris 15 %, Carignan gris 10 %, Carignan 5 %
Production moyenne : 45 000 bt/an

DOMAINE DANJOU-BANESSY ♣

1 bis, rue Thiers, 66600 Espira-de-l'Agly
04 68 64 18 04 • bendanjou@hotmail.fr •
Vente et visites : sur RDV.
Propriétaire : Sébastien et Benoît Danjou

★★ DOMAINE GARDIÉS

Jean Gardiés travaille désormais à quatre mains avec son fils Victor. Tenant d'un style classique, unanimement respecté par ses pairs, Jean a repris le domaine familial en 1990. Il privilégie la production de vins rouges en appellation Côtes du Roussillon, diminuant ainsi fortement celle des vins doux, qui ne représentent plus que

4 hectares du parcellaire. Répartis sur différents types de sols, les rouges font partie des meilleurs de la région, avec un beau volume en bouche et des saveurs d'une grande précision. Notons les progrès réalisés sur les blancs, avec ces élevages désormais effectués en demi-muid de 600 l, préservant l'empreinte minérale. La régularité exemplaire, les soins constants apportés au vignoble comme au chai, et la finesse dont font désormais preuve tous les vins, garantissent au domaine une place de choix au sein de la petite élite de la région.

Les vins : en blanc, Clos des Vignes allie élégance et profondeur de bouche avec de beaux amers, des notes de tilleul, de fleurs séchées et une belle tenue d'orange amère. Les Glacières est un blanc complet et vibrant, profond et chantant, il est doté d'une grande tenue avec de fins amers et une finale fluide. Torreta allie malvoisie et macabeu dans un blanc à la fois subtil et racé, avec des arômes de fleur d'oranger, une belle persistance et une certaine onctuosité en bouche. En rouge, les Millères fait preuve de souplesse. Son fruité est juteux et plein, les tanins sont fins. Clos des Vignes s'est détendu en 2018, il nous livre une bouche finement épicée avec des tanins un peu plus rugueux. Enfin, La Torre est un très beau jus : intensité d'épices mais avec une belle souplesse de bouche. Le mourvèdre tient l'avantage dans un style très élancé.

- Côtes du Roussillon Les Glacières 2020 — 17 € — 91
- Côtes du Roussillon Torreta 2019 — 38 € — 92
- Côtes du Roussillon-Villages La Torre 2018 — 40 € — 94
- Côtes du Roussillon-Villages Les Millères 2019 — 15 € — 91
- Côtes du Roussillon-Villages Tautavel Clos des Vignes 2018 — 25 € — 91

Le coup de ♥

- Côtes du Roussillon Clos des Vignes 2019 — 26 € — 92

Rouge : 20 hectares. Grenache noir 40 %, Mourvèdre 20 %, Syrah 20 %, Carignan 15 %, Cinsault 5 %
Blanc : 15 hectares. Muscat à petits grains blancs 30 %, Grenache blanc 30 %, Grenache gris 10 %, Malvoisie 10 %, Macabeu 10 %, Roussanne 10 %
Production moyenne : 120 000 bt/an

DOMAINE GARDIÉS ♣

Chemin de Montpins, 66600 Espira-de-l'Agly
04 68 64 61 16 • www.domaine-gardies.fr •
Vente et visites : sur RDV.
De 9h à 17h.
Propriétaire : Jean et Victor Gardiés

★★ MAS AMIEL

Première pierre de l'édifice viticole d'Olivier Decelle (également présent à Saint-Émilion avec le château Jean Faure, en Haut-Médoc, en Bourgogne et dans la vallée du Rhône), ce vaste domaine, qui a été le fer de lance des grands vins doux naturels depuis sa création en 1816, évolue brillamment depuis son rachat en 1999. Posé sur une érosion calcaire dans le bassin schisteux de Maury, les 155 hectares ont été immédiatement convertis vers l'agriculture biologique et biodynamique. Nicolas Raffy, fidèle et talentueux directeur, produit aujourd'hui autant de mutés que de vins secs, avec une approche parcellaire passionnante depuis 2010 pour ces derniers. La gamme est impeccable, c'est une valeur sûre qui vaut le détour dans ce paysage idyllique !

Les vins : Altaïr est un blanc équilibré aux notes de fleurs blanches et poire Williams. La bouche est longiligne, sans manquer d'enveloppe. En rouge, une belle gourmandise de fruits pour Grenache, un vin friand et pulpeux, alors que Légende est une expression épicée avec des notes de cerise confite et d'amande fraîche, à la bouche pulpeuse et friande. Dans les parcellaires, Alt. 433, rouge élancé, s'avère fin et sapide. Il est fluide avec des notes de fruits rouges et de romarin. Vers le Nord est un maury sec aux beaux arômes de pivoine et de poivre sauvage. La bouche est encore étriquée et les tanins un peu secs en finale, mais frais. Dans les VDN, le maury blanc est fin : notes de fleur d'oranger et de mirabelle, douceur en bouche et finale bien nette sur le citron confit. Le maury Vintage 2019 est aromatique. Les notes cendrées et de fruits rouges confits emplissent la bouche, pleine, avec des tanins bien intégrés et un sucre plus épicé que collant. Charles Dupuy a une patine incroyable : notes intenses de figue fraîche et de cacao. La bouche onctueuse est appuyée par un mutage fin. Le 40 ans est tout en subtilité : agrumes confits et épices dans une bouche saline et sapide, à la persistance fumée et umami. Nez complexe de tabac blond et d'anchois pour le 1980 ; bel élan de citron confit en bouche et allonge saline.

- Côtes du Roussillon Altaïr 2020 — 19,90 € — 91
- Maury Vintage 2020 — 20 € — 91
- IGP Côtes Catalanes Grenache 2020 — 13,50 € — 90
- Maury 40 Ans d'Age — 77 € — 97
- Maury Alt. 433 M 2020 — 28 € — 93
- Maury Légende 2020 — 19,90 € — 91

- Maury Sec Vers le Nord 2020 — 28 € — 91
- Maury Vintage 2019 — 20 € — 92
- Maury Vintage Charles Dupuy 2018 — 37,60 € — 93

Le coup de ♥

- Maury 1980 — 70 € — 95

Rouge : 143 hectares. Grenache noir 75 %, Carignan 13 %, Syrah 10 %, Mourvèdre 2 %
Blanc : 12 hectares. Grenache gris 47 %, Macabeu 33 %, Muscat à petits grains blancs 10 %
Production moyenne : 400 000 bt/an

MAS AMIEL ♣
Domaine Mas Amiel, 66460 Maury
04 68 29 01 02 • www.masamiel.fr • Vente et visites : sur RDV.
De 8h30 à 12h30 et de 13h30 à 18h.
Propriétaire : Olivier Decelle
Directeur : Nicolas Raffy

★★ DOMAINE OLIVIER PITHON

C'est l'histoire d'un vigneron d'Anjou, passé par Bordeaux, qui tombe amoureux du village de Calce en 2000, dans cette région qui lui était alors inconnue. En 2001, il trouve 7 hectares et achète son premier dynamisateur pour finaliser une certification en biodynamie en 2010. Début des années 2020, ce passionné de polyculture cultive 22 hectares sur trois zones distinctes (schistes, marnes et argilo-calcaire), avec une moitié de vins blancs. Ayant construit un chai à l'extérieur du village en 2015, il a l'espace suffisant pour vinifier une bonne partie de sa gamme en vin de négoce (Mon P'tit Pithon), garnie par les raisins de la même poignée de vignerons d'une année à l'autre. Le savoir-faire d'Olivier Pithon s'étend de la vinification à la commercialisation. La régularité, la franchise d'expression et l'intensité de saveurs des vins le placent aujourd'hui parmi les meilleurs.

Les vins : Mon P'tit Pithon est un blanc immédiat, équilibré, avec des notes de fleurs blanches et une présence d'agrumes en bouche. Laïs a un caractère cristallin et frais, avec une sensation de cailloux et d'épices mais plus de coffre et de complexité. Il ne faudra pas rater La D18 : notes de fenouil sauvage et de fleurs pour ce blanc salivant et intense avec du relief ! En rouge, Mon P'tit Pithon offre des notes de fruits noirs, de violette, une bouche pulpeuse, un fruité franc, sans trop de puissance. Laïs est intense en 2019, un vin au caractère épicé avec des notes de poivre sauvage, de mûre et des tanins qui vont se fondre dans les mois à venir. Le Pilou, un vin expressif et racé, nous emballe avec ses notes de cuir de Russie et son envolée florale. Le soyeux en bouche est imparable. Un vin gracile à la longueur délicatement florale avec une belle chair de fruits et de thym.

- IGP Côtes Catalanes Laïs 2020 — 18 € — [illegible]
- IGP Côtes Catalanes Mon P'tit Pithon 2020 — 10 € — 8[illegible]
- Côtes du Roussillon Laïs 2019 — 18 € — [illegible]
- IGP Côtes Catalanes Le Pilou 2019 — 35 € — 9[illegible]
- IGP Côtes Catalanes Mon P'tit Pithon 2020 — 10 € — 8[illegible]

Le coup de ♥

- IGP Côtes Catalanes La D18 2019 — 35 € — 9[illegible]

Rouge : 11 hectares. Grenache noir 50 %, Carignan 40 %, Mourvèdre 10 %
Achat de raisins.
Blanc : 11 hectares. Macabeu 40 %, Grenache gris 40 %, Grenache blanc 20 %
Achat de raisins.
Production moyenne : 120 000 bt/an

DOMAINE OLIVIER PITHON ☾
Chemin de Montner, 66600 Calce
04 30 44 85 71 • www.olivierpithon.com •
Vente et visites : sur RDV.
De 9h à 12h et de 14h à 18h.
Propriétaire : Olivier Pithon et Sébastien Calmettes
Directeur : Olivier Pithon

★ ↗ DOMAINE DES CHÊNES

Situé au pied des magnifiques falaises de Vingrau, ce domaine est la propriété familiale d'Alain Razungles, ingénieur agro et œnologue qui a pris sa retraite de professeur à l'université de Montpellier en 2019. Très sensible aux terroirs qui l'entourent et fort de sa formation solide en vinification, il a commencé à mettre en bouteille avec le millésime 1988. Il s'est intéressé très tôt aux vins blancs secs et aux rancio, qu'il maîtrise parfaitement. Ses vins rouges nous transmettent avec justesse les nuances des sols argilo-calcaires. Les VDN, irréprochables, sont des exemples parfaits (et abordables) de la spécificité des vins du Roussillon. Une montée naturelle vers les domaines étoilés pour cette référence, qui offre des vins à prix très doux.

Les vins : Les Olivettes est un blanc aromatique qui rappelle la fleur d'oranger et la pêche de vigne. La bouche est entraînante, avec du volume et une force salivante ; tandis que Les Sorbiers est plus gras, centré autour de notes de fruits à noyau, à la fois ample et subtil. Les Magdaléniens est un blanc de garde, encore en peu serré par son élevage en bois, avec des notes toastées, une bouche grasse et épicée. L'Air du Temps est une expression juteuse et fruitée, avec un grain de tanins fins. Un vin pulpeux et dynamique. Les vieilles vignes de la cuvée Les Grands-Mères apportent un surplus de profondeur, de la finesse tout en étant solide, avec une finale subtilement épicée. Le Mascarou est profond et équilibré, avec des parfums de poivre sauvage et de mûre, et des tanins bien précis, un beau soyeux en bouche tout en gardant de la tenue.

- Côtes du Roussillon Les Magdaléniens 2019 — 14 € — 91
- Côtes du Roussillon Les Sorbiers Vieilles Vignes 2019 — 10,80 € — 92
- Côtes du Roussillon-Villages L'Air du Temps 2018 — 8,80 € — 90
- Côtes du Roussillon-Villages Les Grands-Mères Vieilles Vignes 2018 — 9,10 € — 92
- Côtes du Roussillon-Villages Tautavel Le Mascarou 2017 — 11,60 € — 92

Le coup de ♥

- IGP Côtes Catalanes Les Olivettes 2020 — 8,10 € — 91

Rouge : 20 hectares. Syrah 35 %, Grenache noir 30 %, Carignan 30 %, Mourvèdre 5 %
Blanc : 15 hectares. Grenache blanc 25 %, Muscat à petits grains blancs 25 %, Macabeu 24 %, Roussanne 12 %, Grenache gris 7 %
Production moyenne : 40 000 bt/an

DOMAINE DES CHÊNES ♣

7, rue du Maréchal-Joffre, 66600 Vingrau
04 68 29 40 21 • www.domainedeschenes.fr
• Vente et visites : sur RDV.
Du lundi au vendredi de 9h à 12h et de 14h à 18h. Sur rendez-vous le samedi et le dimanche.
Propriétaire : Alain Razungles
Œnologue : Isabelle Cutzach Billard

★ COUME DEL MAS

Amoureux de ses terroirs, Philippe Gard s'est installé dans le hameau de Cosprons, entre Banyuls-sur-Mer et Port-Vendres. Il exploite avec détermination un patrimoine de 13 hectares de vieilles vignes, remarquablement situées. Tous les vins sont fermentés en barrique et la connaissance de ses parcelles lui permet de s'adapter aux aléas de climats et micro-climats selon les années. Son savoir-faire en matière de vinification et d'élevage a rapidement placé sa production parmi les plus ambitieuses du secteur. Elle mérite d'ailleurs l'attention des aficionados des vins de la côte Vermeille : tous ses vins sont passionnants et dotés d'un beau potentiel de garde !

Les vins : Folio est un blanc équilibré, floral, avec de la consistance et une belle impression sapide en finale. Un vin complexe pour la table. Schistes est un rouge gouleyant, souligné par une belle pointe d'épices et des tanins fins. Un peu plus confit et concentré, avec un supplément d'épices, Quadratur rappelle le cacao en finale. Abysses est pour sa part très gourmand, avec un côté très toasté, sans trop assécher la bouche. On retient les notes de fruits noirs et une impression pimentée en finale. Le banyuls Ambre est complexe avec des notes de figue séchée et céréales finement torréfiées. Une sucrosité bien mesurée avec une finale finement épicée. Quintessence est une petite merveille, un banuyls au toucher de velours, sur des notes de moka jusqu'à une finale épicée.

- Banyuls Ambre — 69 € — 92
- Collioure Folio 2020 — 19,50 € — 93
- Banyuls Quintessence 2017 — 36 € — 95
- Collioure Abysses 2019 — 36 € — 91
- Collioure Quadratur 2018 — 25 € — 91

Le coup de ♥

- Collioure Schistes 2019 — 19,50 € — 91

Rouge : 8 hectares. Grenache noir 60 %, Carignan 15 %, Mourvèdre 15 %, Syrah 10 %
Blanc : 5 hectares. Grenache gris 85 %, Roussanne 5 %, Grenache blanc 5 %, Vermentino 5 %
Production moyenne : 35 000 bt/an

COUME DEL MAS

3, rue Alphonse-Daudet,
66650 Banyuls-sur-Mer
06 86 81 71 32 • www.coumedelmas.com • Vente et visites : sur RDV.
Propriétaire : Philippe Gard

★ DOMAINE BRUNO DUCHÊNE

Originaire du Loir-et-Cher, Bruno Duchêne a fait l'acquisition en 2002 de petites parcelles de vignes sur les coteaux escarpés surplombant Banyuls, à 300 mètres d'altitude. Dans cet environnement rude, où la pénibilité du travail est tout sauf une notion abstraite, l'homme accomplit un labeur acharné pour entretenir en agriculture biologique la plus grande partie de son vignoble, dont certaines parcelles sont bichonnées comme de petits jardins. À la cave, des vinifications douces (avec des doses minimes de soufre), donnent naissance à des vins qui dépassent le qualificatif trop réducteur de "naturel" : issus de vieux grenaches et carignans, ce sont avant tout des vins digestes, aux matières suaves mais innervées d'une fraîcheur gagnée à la vigne. Des vins ensoleillés, gourmands, qui semblent irradier la bonne humeur et la spontanéité de leur géniteur.

Les vins : Vall Pompo est une expression pure et sincère d'un grenache blanc sudiste, au nez de miel de tilleul et à la bouche fraîche et dense. La Luna rosé est subjuguant, fin et floral : c'est le coup de cœur rosé de toute la région ! En blanc, La Luna est de bonne composition. Sur des notes de fruits jaunes et dans un élan de fleurs séchées, la bouche oscille entre finesse des amers et fraîcheur. La Luna en rouge est expressif : notes de poivre et de myrtille sauvages, une bouche fluide et chantante. Pour terminer, La Pascole est un jus intense, alliant les fruits des bois, le cuir de Russie, la délicatesse de la fleur et l'orange amère en bouche. Les tanins sont souples et frivoles.

- Collioure Vall Pompo 2020 — 34 € — 92
- IGP Côte Vermeille La Luna 2020 — 19 € — 91
- Collioure La Pascole 2020 — 34 € — 94
- IGP Côte Vermeille La Luna 2020 — 19 € — 92

Le coup de ♥

- IGP Côte Vermeille La Luna 2020 — 16 € — 91

Rouge : 3,5 hectares. Grenache noir 90 %, Carignan 10 %
Achat de raisins.
Blanc : 0,5 hectare. Grenache blanc 100 %
Achat de raisins.
Production moyenne : 12 000 bt/an

DOMAINE BRUNO DUCHÊNE ♣

56, avenue Général-de-Gaulle,
66650 Banyuls-sur-Mer
06 09 74 28 39 • lapascole@orange.fr • Pas de visites.
Propriétaire : Bruno Duchêne

★ DOMAINE LES ENFANTS SAUVAGES

Carolin Bantlin, architecte de formation, et son mari Nikolaus venaient en vacances en famille dans la région depuis plusieurs années. Ils décidèrent en 1999 d'acquérir une bergerie en ruine entourée de vignes dans un secteur très isolé, aux confins de Fitou et d'Opoul. Définitivement installés à Fitou, en 2001, ils se forment chez Olivier Pithon, puis reprennent 12 hectares perdus au cœur de la garrigue. Ils font alors le choix de la biodynamie. Construits sur des matières franches et désaltérantes, leurs vins, Cool Moon en blanc (grenache gris, blanc, macabeu et vermentino), Enfant Sauvage, Noces de Lumière (mourvèdre) et Roi des Lézards en rouge (vieux carignan élevé en foudre) retranscrivent les saveurs de cet environnement exceptionnel. Une petite plantation de chenin en terrasses viendra bientôt élargir la palette.

Les vins : Cool Moon est un blanc frais, à base de menthe poivrée et de fruits blancs au nez. La bouche est vive et croquante avec une impression de noyau d'abricot en finale. Bouche du Soleil présente une robe plus soutenue, jaune doré, avec un nez assez discret qui tend vers des notes de mirabelle. Roussanne a la bouche racée, sans manquer de fraîcheur. Ché Chauvio est un rouge gouleyant, avec un nez réducteur mais des notes de cerise qui apparaissent avec l'aération. Nez de garrigue et de poivre pour Roi des Lézards, un vin à la suavité affirmée, frais et élancé avec une belle matière et des épices en finale. La cuvée Enfant Sauvage propose un nez de groseille et de thym. La bouche est fraîche et souple, avec une légère dureté des tanins en finale.

- IGP Côtes Catalanes Bouche du Soleil 2020 — 22 € — 91
- IGP Côtes Catalanes Cool Moon 2018 — 22 € — 91
- IGP Côtes Catalanes Ché Chauvio 2020 — 12 € — 88
- IGP Côtes Catalanes Enfant Sauvage 2019 — 15 € — 90
- IGP Côtes Catalanes Roi des Lézards 2017 — 20 € — 91

Rouge : 5,4 hectares. Carignan 35 %, Grenache noir 25 %, Cinsault 15 %, Mourvèdre 15 %, Syrah 10 %
Blanc : 2,6 hectares. Muscat à petits grains blancs 30 %, Grenache blanc 20 %, Grenache gris 20 %, Vermentino 15 %, Macabeu 10 %, Roussanne 5 %
Production moyenne : 25 000 bt/an

DOMAINE LES ENFANTS SAUVAGES ♣

10, rue Gilbert-Salamo, 11510 Fitou
04 68 45 69 75 •
www.les-enfants-sauvages.com • Vente et visites : sur RDV.
Propriétaire : Nikolaus et Carolin Bantlin

★ DOMAINE JEAN-PHILIPPE PADIÉ

Jean-Philippe Padié s'est installé en 2003 à Calce, village au nom minéral, qui fut fief et épicentre de la nouvelle vague de la "Catalogne Nord" fédérée autour de Gérard Gauby, chez qui il s'est formé après un passage au Mas Amiel. Trente parcelles sur 10 hectares, des rendements très faibles, un fruit croquant, un style ciselé et sobre, particulièrement limpide (et des cuvées désormais toutes déclarées en VDF). Les blancs étonnent par leur fraîcheur élancée ; les rouges, de plus en plus vinifiés en grappes entières, se montrent très proches du raisin, peu extraits et acidulés.

Les vins : Milouise est un blanc entraînant, aux notes de fenouil et d'anis, de citron confit et coté d'une belle allonge en bouche. Fleur de Cailloux est plus aérien. Les notes de sureau et d'agrumes frais le caractérisent. Il est très salivant. Le Tourbillon de la Vie convainc davantage en rouge qu'en blanc. Une expression simple et juteuse de grenache noir avec des notes de petit bonbon à la fraise. Petit Taureau est une belle infusion de mourvèdre, carignan et syrah : un vin souple et gouleyant avec une franchise de fruits rouges. Gibraltar est plus racé. Cette grenache sur marne bleue offre un nez de zan et de rose, une bouche fraîche et suave avec des tanins bien intégrés et une persistance marneuse.

VDF Fleur de Cailloux 2019	17 €	91
VDF Milouise 2019	30 €	92
VDF Gibraltar 2019	Épuisé - 20 €	92
VDF Le Tourbillon de la Vie 2020	12 €	87
VDF Petit Taureau 2019	16 €	90

Rouge : 9 hectares. Carignan 35 %, Grenache noir 32 %, Syrah 21 %, Mourvèdre 12 %
Blanc : 9 hectares. Grenache blanc 35 %, Grenache gris 34 %, Macabeu 31 %
Production moyenne : 40 000 bt/an

DOMAINE JEAN-PHILIPPE PADIÉ ♣
11, rue des Pyrénées 66600 Calce
04 68 64 29 85 • www.domainepadie.com •
Vente et visites : sur RDV.
Propriétaire : Jean-Philippe Padié

★ DOMAINE DE RANCY

Cet historique domaine de la vallée de l'Agly est aujourd'hui entre les mains de Jean-Hubert Verdaguer et de son épouse Brigitte, épaulés depuis 2006 par leur fille aînée Delphine. La famille Verdaguer a ajouté, dès 2001, une gamme de vins secs à celle des vieux rivesaltes, fleuron de la production du domaine. À la vigne comme en cave, le travail est très attentif. Si les vins rouges sont d'un niveau moyen, ce sont surtout les admirables vins doux naturels (dont une collection de vieux millésimes remontant jusqu'en 1919) qui assurent la renommée de cette adresse. Un domaine de référence qui mérite toute l'attention des amateurs, indispensable par la valeur mémorielle de ses vins, de ceux qui affirment avec le plus de panache la singularité de l'histoire viticole catalane.

Les vins : une belle dégustation de VDN qui transporte dans le temps. Le 2000 affiche des notes de tabac blond, d'orange confite, de beaux amers et un relief en bouche qui intègre très bien le sucre et laisse place aux épices en finale avec un côté presque salé. Le 1963 offre une couleur marron aux reflets or, le nez est très dense avec des notes de cacao et de datte. La bouche, d'une onctuosité extrême, tend vers le sel et un côté anchois très prononcé ; une pointe de citron confit lui redonne vie.

Rivesaltes 1963	200 €	97
Rivesaltes 2000	20 €	95

Rouge : 5 hectares. Grenache noir 47 %, Mourvèdre 32 %, Carignan 21 %
Blanc : 12 hectares. Macabeu 100 %
Production moyenne : 25 000 bt/an

DOMAINE DE RANCY ♣
8, place du 8-Mai-1945,
66720 Latour-de-France
04 68 29 03 47 • www.domaine-rancy.com •
Vente et visites : sur RDV.
De 10h à 13h et de 15h à 19h et le dimanche matin.
Propriétaire : Brigitte et Jean-Hubert Verdaguer

★ DOMAINE DE LA RECTORIE

De retour sur les terres familiales depuis 1984, les frères Parcé se sont d'abord illustrés dans l'élaboration de banyuls mutés sur grains de type vintage (millésimés, prêts à boire jeunes), auxquels ils ont apporté une précision de saveur et une intensité aromatique jusqu'alors inconnues. Jean-Emmanuel incarne le renouveau de la famille, arrivé en 2010. Il a réduit la taille du vignoble à 34 hectares de ce parcellaire très morcelé (50 parcelles). Les expositions solaires et les altitudes sont variées. Il s'est lancé le défi de l'agriculture biologique dans ce paysage aride qui vit au rythme des entrées maritimes. Les blancs et rouges secs font désormais partie des références, avec des expressions franches et intenses. Nous saluons la cohérence exceptionnelle de la gamme, dans les trois couleurs, comme en VDN.

Les vins : L'Argile en blanc offre un nez de fruits jaunes et d'épices et une belle tension en bouche. C'est un blanc salivant et profond. Côté Mer possède un beau relief, avec des tanins onctueux mais encore serrés et des notes de fruits noirs. L'Oriental est enveloppant, sur le cacao, les épices. Barlande incarne la finesse alliée à une structure ciselée, des épices et une allure sapide. Un rouge complet et frais. Nous saluons une belle envolée dans les VDN : sur des notes de figue et cannelle, le raisin surmûr et son sucre bien intégré concluent sur une finale épicée, pour Léon Parcé ; le rimage Thérèse Reig est quant à lui très axé sur le fruit rouge, il se fait charmeur et pulpeux avec un fruité franc et encore juvénile.

Collioure L'Argile 2019	24,50 €	91
Collioure Côté Mer 2020	15 €	88
Banyuls Thérèse Reig 2019	19 €	91
Collioure Barlande 2019	30 €	92
Collioure Côté Mer 2019	14,50 €	90
Collioure L'Oriental 2019	19,50 €	89

Le coup de ♥

Banyuls Léon Parcé 2019	24,50 €	92

Rouge : 30 hectares. Grenache noir 75 %, Syrah 10 %, Carignan 10 %, Counoise 3 %, Mourvèdre 2 %
Blanc : 5 hectares. Grenache gris 88 %, Grenache blanc 11 %
Production moyenne : 120 000 bt/an

DOMAINE DE LA RECTORIE
65, avenue du Puig-del-Mas
66650 Banyuls-sur-Mer
04 68 88 13 45 • www.rectorie.com •
Visites : sans RDV.
Du lundi au samedi de 10h à 13h et de 14h à 19h.
Propriétaire : Thierry et Jean-Emmanuel Parcé

★ RIBERACH

Voici l'un des projets les plus ambitieux que la région ait connu ces dernières années : enfant du pays, l'architecte Luc Richard, aidé de ses associés (un viticulteur, un maître de chai et un sommelier), a d'abord constitué, en 2006, un domaine sur le secteur d'altitude de Bélesta. Ils ont racheté les bâtiments de la coopérative locale, transformés en cave, mais aussi en un spectaculaire hôtel-restaurant. Déclinés pour mettre en avant les différents cépages de la région, les vins sont aboutis et soignés, avec quelques morceaux de bravoure, comme Hypothèse blanc, rare cuvée de pur carignan gris, ou son pendant Hypothèse rouge, basé sur un carignan noir de grand caractère. Le domaine a trouvé sa vitesse de croisière avec des vins intenses mais toujours sveltes, très nets et très frais, de faibles degrés, construits sur la tension mais sans verdeur.

Les vins : du côté des blanc, le très citronné Synthèse 2019 est construit sur une forte acidité. Hypothèse est un carignan gris sur schiste et granite, sa trame est serrée. Il demandera un peu de patience mais son équilibre est déjà bien présent. En rouge, Thèse est un grenache souple et épicé, au profil gouleyant. Antithèse offre un peu plus de fond, avec une trame florale et des fruits rouges pulpeux. Tout en délicatesse, Synthèse en rouge offre des notes de cerise avec un côté légèrement fumé, un point d'équilibre entre puissance et finesse.

IGP Côtes Catalanes Hypothèse 2018	28 €	83
IGP Côtes Catalanes Synthèse 2019	16 €	83
IGP Côtes Catalanes Antithèse 2015	19 €	[illegible]
IGP Côtes Catalanes Synthèse 2015	16 €	90
IGP Côtes Catalanes Thèse 2015	19 €	90

Rouge : 7 hectares. Carignan 50 %, Grenache noir 25 %, Syrah 25 %
Blanc : 4 hectares. Carignan gris 29 %, Macabeu 29 %, Grenache gris 29 %, Grenache blanc 13 %
Production moyenne : 40 000 bt/an

RIBERACH ♣
2, route de Caladroy, 66720 Bélesta
06 21 42 08 13 • www.riberach.com • Vente et visites : sur RDV.
Propriétaire : SARL Riberach

★ LE SOULA

Sur les belles terrasses granitiques d'altitude de la région des Fenouillèdes, au nord-ouest de Maury, Gérard Gauby et quelques associés ont acquis ce domaine certifié en agriculture biologique. En 2016, Wendy Wilson a remplacé Gerald Stanley, qui dirigeait l'exploitation depuis 2008. Les vins rouges et blancs sont vinifiés en barrique sur la base de principes très naturels : levures indigènes, aucune acidification, aucune chaptalisation. Jamais pris en défaut de fraîcheur ou d'élégance, les rouges ont su récemment gagner en structure et en chair. Mais dès le premier millésime, en 2001, Le Soula s'est distingué essentiellement par ses blancs, qui nous ont impressionnés par leur pureté et leur intensité : l'association du macabeu, du sauvignon blanc et de plusieurs autres cépages y fait merveille. Les vins méritent souvent d'être attendus pour profiter de leur meilleure expression.

Les vins : en blanc, Trigone rassemble sept cépages ; c'est un vin pur et aérien, aux notes délicatement florales, qui libère peu à peu de la menthe poivrée avec une bouche fraîche et désaltérante. Élevé pendant près de deux ans, l'IGP blanc affirme des notes miellées avec de la fleur d'oranger et du curcuma que l'on retrouve en bouche. Beaucoup de relief avec de la mélisse et de fins amers, qui en fait un joli vin de table. Côté rouge, Trigone est construit sur les fruits noirs et un caractère épicé. Malgré une bouche encore fermée, on décèle une sacrée energie dans cette bouteille. En 2015, l'IGP rouge est poudré, un vin délicatement floral avec le poivre sauvage qui vient titiller la bouche. Un vin longiligne qui diffuse des arômes de baie de genièvre et de santal.

- IGP Côtes Catalanes 2015 30 € 93
- VDF Trigone N°XX 18 € 91
- VDF Trigone N°XX 13 € 90

Le coup de ♥

- IGP Côtes Catalanes 2015 30 € 93

Rouge : 10 hectares. Syrah 50 %, Carignan 40 %, Grenache noir 10 %
Blanc : 10 hectares. Macabeu 36 %, Vermentino 25 %, Sauvignon blanc 23 %, Grenache blanc 4 %, Malvoisie 4 %, Marsanne 3 %, Roussanne 3 %, Chardonnay 2 %
Production moyenne : 30 000 bt/an

LE SOULA ☾

Pla d'en Dallen,
66220 Saint-Martin-de-Fenouillet
04 68 35 69 31 • www.le-soula.com • Vente et visites : sur RDV.
De 9h à 16h.
Propriétaire : Mark Walford
Directeur : Wendy Wilson
Maître de chai : Wendy Wilson

★ DOMAINE DES SOULANES

Installés à Tautavel, Cathy et Daniel Laffite ont repris, à la fin des années 1990, un vignoble situé au pied des pics rocheux que surmonte le château de Quéribus. Quinze années d'apprentissage aux côtés du précédent propriétaire leur ont permis d'acquérir l'expérience nécessaire. Rebaptisé en l'honneur des "soulanes", coteaux exposés sud/sud-est, le domaine propose une gamme de vins d'une précision et d'une netteté de saveurs rares, valorisant le caractère entier de matières premières pleines d'éclat. Le blanc Kaya (cépages traditionnels, en exposition nord cette fois) surprendra plus d'un dégustateur. Les maurys sont remarquables. Un domaine en grande forme, que les amateurs doivent absolument découvrir, d'autant que les tarifs demeurent très sages.

Les vins : Kaya est un blanc élancé avec des notes de noisette et de fruits blancs, doté d'une grande pureté. Le vieilles vignes est encore en construction, il affiche une matière mesurée, avec des notes d'amande fraîche et de tilleul. L'élevage lisse le vin et lui donne du gras. En rouge, Sarrat del Mas est une expression friande et épicée d'un grenache aux notes de fruits secs. Jean Pull est un vin concentré et robuste avec des notes de fruits noirs et de poivre sauvage, une bouche pulpeuse et gourmande, malgré les 15°. Du côté des VDN, Les Salines est un maury parcellaire qui met en avant un grenache pulpeux, des notes de mûre et de fraise confite. La bouche est équilibrée et met en appétit. Le maury Hors d'Âge offre des notes de tabac blond, de café torréfié et de vanille. Dès la deuxième gorgée, le vin se cale dans un équilibre salin. Une petite merveille !

- IGP Côtes Catalanes Kaya 2020 14,50 € 91
- IGP Côtes Catalanes Vieilles Vignes 2020 19 € 92
- Côtes du Roussillon-Villages Jean Pull 2020 9,60 € 90
- Côtes du Roussillon-Villages Sarrat del Mas 2019 14,50 € 90
- Maury Hors d'Age 27 € 96
- Maury sec Les Salines 2019 12,50 € 92

Rouge : 16 hectares. Grenache noir 50 %, Carignan 30 %, Syrah 15 %, Mourvèdre 5 %
Blanc : 1,8 hectare. Grenache gris 30 %, Carignan 25 %, Carignan gris 25 %, Grenache blanc 20 %
Production moyenne : 30 000 bt/an

DOMAINE DES SOULANES ♣

Mas de las Frédas, 66720 Tautavel
04 68 29 12 84 •
www.domaine-soulanes.com • Vente et visites : sur RDV.
Propriétaire : Cathy et Daniel Laffite
Directeur : Daniel Laffite

★ DOMAINE VIAL MAGNÈRES

La prédominance des grenaches blancs et gris, sur un domaine soumis à une forte influence maritime, explique l'importance de la production de banyuls blancs, mais aussi son antériorité (dès 1986), ainsi que celle des blancs secs, en VDP puis en AOC Collioure. Si les rimages s'avèrent tendres et savoureux, les matières se complexifient avec l'âge, allant vers des rancios remarquables de profondeur. La maison possède ses spécialités, dont le Ranfio Cino, cousin des blancs secs élevés sous voile de Jerez, ou le banyuls Al Tragou, rancio doux très subtil, toujours commercialisé en millésime ancien. La qualité des vins secs progresse, ce dont nous nous réjouissons.

Les vins : Le Petit Couscouril se décline dans les trois couleurs ; le rosé est frais et fruité, avec ses notes de fruits rouges croquants et sa finale gourmande, le blanc est floral, équilibré et salivant, et le rouge est fin, floral et délicat, avec ses tanins suaves, parfaite initiation au style du domaine. Armenn est un blanc un peu plus complexe avec un joli volume, soutenu par une belle minéralité, des notes légèrement toastées, de mirabelle et bruyère blanche. En rouge, Les Espérades est plus construit, il dévoile une belle patine en bouche, des notes épicées, sans trop de force. Dans les VDN, on est sur un registre infiniment café, avec de la cannelle et une sucrosité bien enrobée dans un filet d'épices indiennes pour le grand cru 2009. Al Tragou 1995 est fidèle à cette lignée de très vieux rancios de Banyuls. Son charme opère sur une belle palette de quinquina, tabac blond, fruits secs, et en bouche une sensation d'umami bien nette, qui vient supporter le sucre caramélisant.

Collioure Armenn 2018	20 €	92
Collioure Le Petit Couscouril 2020	13 €	90
Collioure Le Petit Couscouril 2020	11 €	90
Banyuls Al Tragou 1995	59 €	96
Banyuls Grand Cru André Magnères 2009	35 €	93
Collioure Les Espérades 2019	20 €	91

Le coup de ♥

Collioure Le Petit Couscouril 2020	13 €	90

Rouge : 7 hectares. Grenache noir 80 %, Carignan 10 %, Mourvèdre 5 %, Syrah 5 %
Blanc : 3 hectares. Grenache gris 60 %, Grenache blanc 40 %
Production moyenne : 25 000 bt/an

DOMAINE VIAL MAGNÈRES
Clos Saint-André, 14, rue Édouard-Herriot, 66650 Banyuls-sur-Mer
04 68 88 31 04 • www.vialmagneres.com •
Vente et visites : sur RDV.
De 9h à 12h et de 14h à 18h.
Propriétaire : Chrystel et Olivier Sapéras
Directeur : Laurent Dal Zovo
Œnologue : Laurent Dal Zovo

DOMAINE DU CLOT DE L'OUM

Installés sur les hauteurs de Bélesta, Éric et Lèia Monné sont à la tête d'un patrimoine important de vieilles vignes, réparti entre terroirs de granite, de schistes et de gneiss. Le domaine est certifié en agriculture biologique depuis 2003. À l'évidence, l'altitude contribue au caractère original et empreint de fraîcheur de ces vins, dont nous avons souvent apprécié le charme et l'élégance, soulignés par des tanins vifs. Il y a quelques écueils : les réductions en bouteille sont parfois insistantes et les textures austères mais le fond est là.

Les vins : Dolce & Gavatx est un blanc légèrement teinté, aux notes de lilas et de petits fruits rouges, avec une bouche fraîche et élancée et une accroche finement épicée. En rouge, Gavatx est sur le fil, très frais, on a une sensation de cranberries en bouche, avec des tanins fins à la finale légèrement accrocheuse. Carignan et syrah s'allient dans Genuino Clandestino, aux notes franches de genièvre et une bouche aérienne portée par des tanins souples. Des notes camphrées pour la syrah du Clot, un bel éclat de fruit et des tanins soyeux avec une allonge d'épices douces et de fruits noirs. Numero Uno est marqué par des arômes de genièvre et girofle, du romarin et une bouche friande et élancée.

Côtes du Roussillon Dolce & Gavatx 2019	16 €	89
Côtes du Roussillon-Villages Caramany Gavatx 2018	16 €	89
Côtes du Roussillon-Villages Caramany Genuino Clandestino 2018	12 €	89
Côtes du Roussillon-Villages Le Clot 2017	18 €	9
Côtes du Roussillon-Villages Numero Uno 2013	26 €	9

Rouge : 9 hectares. Syrah 40 %, Carignan 35 %, Grenache noir 15 %, Mourvèdre 10 %
Blanc : 2 hectares.
Production moyenne : 20 000 bt/an

DOMAINE DU CLOT DE L'OUM ♣
Clot de l'Oum, 66720 Bélesta
06 60 57 69 62 • www.clotdeloum.com •
Vente et visites : sur RDV.
Propriétaire : Lèia Obara Monné

DOMAINE DEPEYRE

Cette propriété, qui fait désormais partie des valeurs reconnues du Roussillon, oriente sa production vers des rouges d'une définition généreuse. Les vins de Serge Depeyre, également régisseur du Clos des Fées d'Hervé Bizeul, continuent de progresser et se rapprochent du niveau de leurs meilleurs voisins. On trouvera ici des vins enrobés, généreux, flatteurs et gourmands.

Les vins : Symphonie est un blanc frais et fringant avec de délicates notes de fruits jaunes et de fleurs. Le tradition est un rouge de plaisir immédiat aux arômes francs de violette, figue et framboise. La bouche est voluptueuse et fraîche. De la classe pour Sainte-Colombe qui offre un bouquet floral et des notes de myrtille, un velouté très agréable en bouche et des tanins fins. Toujours un fruité franc, additionné d'épices et de notes de cuir pour Tinctoria, un rouge plus massif ponctué d'une impression presque sucrante en finale.

- Côtes du Roussillon Symphonie 2020 — 16 € — 89
- Côtes du Roussillon-Villages Rubia Tinctoria 2019 — 18 € — 90
- Côtes du Roussillon-Villages Sainte-Colombe 2019 — 15,50 € — 91
- Côtes du Roussillon-Villages Tradition 2019 — 12 € — 90

Rouge : 11 hectares. Syrah 54 %, Grenache noir 25 %, Carignan 18 %, Mourvèdre 3 %
Blanc : 3 hectares. Grenache blanc 50 %, Grenache gris 50 %
Production moyenne : 17 000 bt/an

DOMAINE DEPEYRE
2, rue des Oliviers, 66600 Cases-de-Pène
04 08 28 32 19 •
www.domaine-depeyre-66.com • Vente et visites : sur RDV.
Propriétaire : Brigitte Bile et Serge Depeyre

DOMAINE JOREL

Manuel Jorel, vigneron plus que discret, travaille depuis 2000, avec beaucoup d'abnégation et de sensibilité; un petit patrimoine de vignes en agriculture biologique dispersées dans les Fenouillèdes, principalement entre Maury et Saint-Paul. Nous aimons sa philosophie, son esprit d'indépendance, que l'on retrouve dans une gamme d'une réelle profondeur. Sans effet de manche, ses vins transmettent le message de raisins sains, intenses, issus de tout petits rendements, reflet d'une mosaïque de terroirs très divers. L'élevage s'effectue dans l'un des souterrains qui parcourent le centre-ville de Saint-Paul-de-Fenouillet, dans des conditions de fraîcheur et d'hygrométrie qui évoquent les plus belles caves troglodytes ligériennes !

Les vins : Bande de Gypse affiche des notes oxydatives. La bouche s'ouvre les fruits jaunes, un côté légèrement confit, et la finale s'avère bien nette et fraîche. Cuvée Seconde se présente sur des arômes de camphre et de fruits noirs. Le vin est souple et friand. Une belle texture veloutée distingue le maury 2017, qui conserve un fruit pur et intact et une sucrosité bien intégrée.

- VDF Bande de Gypse 2019 — 11 € — 88
- Maury 2017 — 16 € — 92
- VDF Cuvée Seconde 2019 — 9 € — 89

Rouge : 4,3 hectares. Grenache noir 21 %, Mourvèdre 19 %, Carignan 15 %, Morrastel 15 %, Sangiovese 10 %, Cinsault 9 %, Syrah 7 %, Counoise 4 %
Blanc : 0,7 hectare. Malvoisie 35 %, Grenache blanc 25 %, Bourboulenc 10 %, Gros Manseng 10 %, Grenache gris 10 %, Picpoul blanc 10 %
Production moyenne : 8 000 bt/an

DOMAINE JOREL ♣
28, rue Arago,
66220 Saint-Paul-de-Fenouillet
04 68 59 19 31 • www.domainejorel.fr •
Vente et visites : sur RDV.
Propriétaire : Manuel Jorel

DOMAINE LAGUERRE

Éric Laguerre a fait ses armes chez Gérard Gauby, au domaine Le Soula. Depuis 2001, il vole de ses propres ailes à la tête du vignoble familial sis sur les hauteurs des Fenouillèdes. Formé à bonne école, il a repris à son compte avec brio les méthodes ayant mené au renouveau stylistique du Roussillon. Ses deux cuvées, déclinées en blanc et en rouge, cherchent à conjuguer fraîcheur et territorialité : Eos et Le Ciste. Les vins du domaine sont désormais certifiés en agriculture biologique. Après quelques fluctuations et approximations, le travail à la vigne et à la cave a gagné en maîtrise et les vins ont progressé en régularité ces dernières années.

Les vins : Eos est un vin blanc très croquant aux notes de buis. Le Ciste évolue tranquillement, avec des notes d'acacia et d'agrumes confits en bouche, même si sa finale reste un peu sèche. Oxy est un grenache blanc élevé sous voile cinq ans, il est épicé et grillé avec une belle énergie en bouche et une finale toastée. En rouge, Eos est gourmand aux arômes de girofle et de cassis. Le Passage est finement épicé, les tanins sont fondus avec un bel élan.

- Côtes du Roussillon EOS 2020 — de 10,90 à 11 € (c) — 88
- Côtes du Roussillon Le Ciste 2018 — 17,50 € — 89
- VDF Oxy — de 29 à 30 € (c) — 91
- Côtes du Roussillon EOS 2020 — de 10,90 à 11 € (c) — 88
- Côtes du Roussillon Le Passage 2019 — de 10,90 à 11 € (c) — 89

Rouge : 10 hectares. Grenache noir 55 %, Syrah 20 %, Mourvèdre 10 %, Carignan 10 %, Cabernet-Sauvignon 5 %
Blanc : 15 hectares. Grenache blanc 30 %, Rolle 25 %, Macabeu 20 %, Grenache gris 15 %, Marsanne 5 %, Roussanne 5 %
Production moyenne : 65 000 bt/an

DOMAINE LAGUERRE ♣
12, rue de la Mairie,
66220 Saint-Martin-de-Fenouillet
04 68 59 26 92 • www.domainelaguerre.com • Vente et visites : sur RDV.
Propriétaire : Éric Laguerre

DOMAINE LES TINES

La famille Cardoner travaille une dizaine d'hectares de vignes depuis cinq générations dans le hameau de Cosprons, où elle a accueilli comme voisin Coume del Mas il y a vingt ans. Thomas travaille (avec son père) des vignes en culture raisonnée, dont beaucoup ont été plantées par son grand-père, qui participe toujours à la vie du domaine du haut de ses quatre-vingts printemps ! Une gamme complète, composée de collioure dans les trois couleurs, banyuls blanc et rimage.

Les vins : le blanc est frais et sapide avec de l'enveloppe, une finale qui rappelle le chèvrefeuille et les agrumes confits. Le rouge déploie un nez épicé aux notes de cassis, une bouche parfumée et suave et des tanins bien intégrés. Il est à la fois gourmand et bien construit.

- Collioure 2020 — 17 € — 9
- Collioure 2018 — 20 € — 9

Rouge : 4 hectares. Syrah 50 %, Mourvèdre 30 %, Grenache noir 20 %
Blanc : 6 hectares. Grenache blanc 30 %, Grenache gris 30 %, Vermentino 30 %, Roussanne 10 %
Production moyenne : 20 000 bt/an

DOMAINE LES TINES
1, rue Madeloc, Hameau de Cosprons,
66600 Port-Vendres
06 27 61 25 59 • jmcardoner@gmail.com • Vente et visites : sur RDV.
Propriétaire : Yves, Jean et Thomas Cardoner
Directeur : Thomas Cardoner

MAS MUDIGLIZA

Girondin de naissance et de formation, Dimitri Glipa s'est installé très jeune au cœur du vignoble du Roussillon. Comme beaucoup de vignerons talentueux du secteur très qualitatif des Fenouillèdes, il produit, sur les meilleurs terroirs d'altitude, des vins issus de vieilles vignes qui séduisent par leur caractère concentré et gourmand. Cette adresse s'installe parmi les valeurs sûres de la région, avec un blanc toujours régulier et de grande allure, et de très beaux maurys.

Les vins : Coume des Loups est un rouge très friand, qui nous fait faire le plein de fruits noirs intenses, avec une délicate touche épicée. Carminé est une belle réussite en 2018, une expression fine et florale du grenache, alliée aux épices de la syrah et une touche de carignan qui le cadre dans sa structure sudiste fraîche. En blanc, Coume des Loups aborde des notes aromatiques de pêche blanche et romarin, un vin fin, frais et pulpeux qui laisse un subtil goût de coriandre. Caudalouis est un blanc bien construit, l'élevage lui apporte une rondeur gourmande et on lui trouve des notes d'herbes aromatiques en finale. Maury Grenat est une expression franche et délicieuse de fruits noirs confits, avec une petite touche de cacao ; la sucrosité est bien intégrée.

- IGP Côtes Catalanes Caudalouis 2019 — 16 € — 91
- IGP Côtes Catalanes Coume des Loups 2020 — 9 € — 89
- Côtes du Roussillon-Villages Coume des Loups 2020 — 9 € — 89

Maury Grenat 2018 16 € 92

Le coup de ♥

Côtes du Roussillon-Villages Carminé 2018 14 € 92

Rouge : 9 hectares. Grenache noir 55 %, Carignan 20 %, Syrah 20 %, Mourvèdre 5 %
Blanc : 3 hectares. Grenache gris 50 %, Macabeu 40 %, Grenache blanc 10 %
Production moyenne : 40 000 bt/an

MAS MUDIGLIZA
46, route de Cucugnan, 66460 Maury
06 79 82 03 46 • www.masmudigliza.fr • Vente et visites : sur RDV.
Propriétaire : Muriel et Dimitri Glipa

DOMAINE PAUL MEUNIER CENTERNACH

Le bourguignon Paul Meunier et sa compagne Lucile Morin se sont installés en 2014 dans l'ancienne coopérative de Saint-Arnac. Ils travaillent 10 hectares de vignes répartis sur plusieurs communes des Fenouillèdes. Affichant une vision très artisanale du métier de vigneron et une volonté forte de retranscrire le goût des lieux, ils font partie d'une jeune génération qui entend rebattre à nouveau les cartes du Roussillon viticole, et continuer de le tirer vers le haut. On sent en effet à la fois beaucoup de franchise et d'ambition dans leurs premiers millésimes (qui n'étaient pas les plus faciles à gérer du point de vue du climat), et l'ensemble des vins est cohérent, d'un beau niveau.

Les vins : Fragment 2018 est finement poivré, sur le fil, avec des notes d'agrumes en bouche. Chorèmes est très subtil, composé de macabeu complété d'un peu de grenache gris. Des parfums d'herbes aromatiques et une sensation d'agrumes en bouche. Quartier Libre est un rouge fruité et épicé, qui offre une belle gourmandise, sans trop de puissance. Le nez des Chorèmes en rouge offre des notes de chocolat et de fruits noirs avec une touche grillée. Un vin avec de l'élan et un côté pulpeux qui assagit la structure. Une cuvée parcellaire de vieilles vignes de syrah pour les côtes catalanes : un vin fin avec un caractère finement épicé et un beau juteux de fruits noirs. La trame est svelte. Falguayra Nord est un maury grenat hybride entre une approche classique catalane et portugaise. Le grain est fin et le sucre bien intégré dans une enveloppe de myrtille confite et de chocolat.

Côtes du Roussillon Chorèmes 2018 22 € 91

IGP Côtes Catalanes Fragment 2018 15 € 90

Côtes du Roussillon Quartier Libre 2018 15 € 88

Côtes du Roussillon-Villages Les Chorèmes 2018 22 € 90

IGP Côtes Catalanes 2018 45 € 91

Maury Falguayra Nord 2018 35 € 90

Rouge : 7 hectares. Grenache noir 49 %, Carignan 29 %, Syrah 15 %, Lladoner pelut 7 %
Blanc : 3 hectares. Macabeu 66 %, Muscat à petits grains blancs 20 %, Grenache gris 14 %
Production moyenne : 15 000 bt/an

DOMAINE PAUL MEUNIER CENTERNACH ♣
1, route de Lansac, 66220 Saint-Arnac
04 68 08 40 98 •
www.paulmeunier-centernach.com • Vente et visites : sur RDV.
Propriétaire : Paul Meunier
Directeur : Paul Meunier et Lucile Morin

DOMAINE PAETZOLD

Michael Paetzold, industriel et œnologue de formation bordelaise, a choisi les Fenouillèdes comme jardin secret. Créé en 2005, le domaine Mastrio devient le domaine Paetzold en 2015. Le vignoble de 17 hectares est majoritairement constitué de vignes centenaires de carignan, situées sur les communes de Belesta et Caramany. Les raisins sont vinifiés avec délicatesse et les vins élevés uniquement en cuve. En découle des interprétations modernes, sensibles et harmonieuses du patrimoine de vieilles vignes de ces hautes terres granitiques. Des vins qui forcent le respect et séduiront l'esthète sensible à l'épure.

Les vins : toujours dans un bel élan, le blanc Mastrio 2017 se tient dans un registre de fenouil sauvage. Une belle matière tout en équilibre. En rouge, Mastrio se révèle percutant, avec de l'épice et du fond, une bouche racée et des tanins bien intégrés. Le Cazotte 2017 affiche un caractère très poivré et présente un certain soyeux en bouche qui le rend très agréable. Louxar s'en va dans un registre plus lardé et floral avec une bouche fine et poudrée. Nagello est une syrah vive et fumée avec une belle persistance de poivre et de fruits rouges. La finale est un peu asséchante et alcooleuse.

IGP Côtes Catalanes Mastrio 2017 24 € 92

IGP Côtes Catalanes Le Cazotte 2017 15 € 89

IGP Côtes Catalanes Louxar 2017 24 € 90

IGP Côtes Catalanes Mastrio 2017 24 € 91

IGP Côtes Catalanes Nagello 2017 — 24 € — 88

Rouge : 13 hectares. Carignan 41 %, Syrah 30 %, Grenache noir 29 %
Blanc : 2 hectares. Carignan 80 %, Macabeu 20 %
Production moyenne : 33 000 bt/an

DOMAINE PAETZOLD ♣
Lieu-dit Lous Sarradets, Route de Caladroy, 66720 Bélesta
05 57 83 85 83 •
www.domainepaetzold.com • Pas de visites.
Propriétaire : Michael Paetzold

DOMAINE PUIG-PARAHŸ

Cette grande propriété historique de la région des Aspres est menée par Georges Puig, esthète de la mémoire catalane et sosie du peintre Hyacinthe Rigaud. La singularité du domaine réside dans son trésor inestimable de très vieux rivesaltes, grand-roussillon et rancios (jusqu'en 1875 !) : près de cinquante millésimes reposent sagement en foudre, dont une petite partie est régulièrement prélevée pour être mise en bouteille. Ils procurent à chaque fois des émotions inoubliables !

Les vins : le domaine ne nous ayant pas fait parvenir ses vins, nous sommes amenés à reconduire la note de l'année dernière.

Le coup de ♥

Grand Roussillon 1975 — N.C. — 97

Rouge : 45 hectares. Grenache noir 90 %, Carignan 10 %
Blanc : 41 hectares.
Production moyenne : 60 000 bt/an

DOMAINE PUIG-PARAHŸ ♣
1, Carrer Gran, 66300 Passa
04 68 38 88 77 • georgespuig71@gmail.com
• Vente et visites : sur RDV.
Propriétaire : Georges Puig

DOMAINE DES SCHISTES

Le domaine n'a pas usurpé son nom puisque l'essentiel de son vignoble se situe sur ces fameuses roches multicolores à la structure feuilletée, arrachées à la garrigue à coups de bulldozer. Jacques et Mickaël Sire tirent de ces sols pauvres des vins à la personnalité forte, et qui méritent de vieillir un peu. Les VDN (dont le remarquable et original muscat de Rivesaltes macéré Joïa) et rancios sont excellents, les rouges et blancs secs progressent. De nouvelles cuvées parcellaires, qui mettent en valeur l'encépagement historique du Roussillon, ouvrent de fort intéressantes perspectives.

Les vins : Illico est un macabeu floral et croquant, tandis qu'Essencial est un blanc qui a besoin d'ouverture pour exprimer son registre floral d'herbes aromatiques et de céréales. Un vin fin, robuste et salivant. Coup de cœur sur le parcellaire Casot d'en Gora aux notes de camomille, une bouche complète avec des notes de noisette torréfiée et une belle allonge. En rouge, Essencial est très friand, doté d'une structure tannique souple et une belle expression de fruits rouges, avec une touche épicée. La Coumeille est basé sur une syrah gourmande, fraîchement épicée. Caune d'en Joffre est un carignan (avec une touche de grenache) qui naît à Tautavel. Un vin élancé avec une belle tenue sapide. Devant le Mas est un Maury rouge enveloppant et large mais sans lourdeur. Algo est une solera aux arômes de curry, romarin, un blanc à la bouche pure et gourmande, parfait pour appréhender le monde des rancio. On monte en puissance avec le rancio sec aux notes d'amande et de noix avec un beau bouquet de fleurs blanches et une bouche grasse et puissante. Joïa est un muscat de Rivesaltes qui porte bien son nom, aux notes de pomme au caramel et de cardamome. Sa bouche est marquée par les fruits jaunes et les agrumes confits, avec un sucre présent mais intégré.

- Côtes du Roussillon Essencial 2020 — 11 € — 89
- IGP Côtes Catalanes Algo — 21 € — 91
- IGP Côtes Catalanes Illico 2020 — 7,50 € — 89
- Muscat de Rivesaltes Joïa 2018 — de 1 à 15 € (c) — 91
- VDT Rancio Sec — 20 € — 93
- Côtes du Roussillon-Villages Essencial 2019 — 11 € — 89
- Côtes du Roussillon-Villages La Coumeille 2019 — 16 € — 89
- Côtes du Roussillon-Villages Tautavel Caune d'en Joffre 2018 — 16 € — 91
- Maury Sec Devant le Mas 2018 — 16 € — 90

Le coup de ♥

Côtes du Roussillon Casot d'en Gora 2018 — 16 € — 91

Rouge : 28 hectares. Carignan 40 %, Lladoner pelut 20 %, Marselan 10 %, Syrah 10 %, Grenache noir 10 %, Merlot 5 %, Mourvèdre 5 %
Blanc : 20 hectares. Grenache gris 30 %, Grenache blanc 30 %, Macabeu 29 %, Muscat à petits grains blancs 5 %, Vermentino 5 %, Tourbat 1 %
Production moyenne : 105 000 bt/an

DOMAINE DES SCHISTES ♣
1, avenue Jean-Lurçat, 66310 Estagel
04 68 29 11 25 •
www.domaine-des-schistes.com • Vente et visites : sur RDV.
De 9h à 12h et de 14h à 18h.
Propriétaire : Jacques et Mickaël Sire

NOUVEAU DOMAINE

DOMAINE SEMPER

Discrète propriété familiale située à Maury, le domaine est entre les mains des deux frères Florent et Mathieu Semper depuis 2015. Les deux vignerons ont pour seul but de retranscrire dans les vins leur terroir et paysage d'origine : le schiste de Maury et les arènes granitiques de Lesquerde, que leurs parents avaient déjà repérés à la fin des années 1980. Ils défendent ce terroir d'altitude un peu délaissé, l'occasion pour eux de racheter des domaines voués à l'abandon. Ils ont désormais trouvé leur vitesse de croisière, avec un peu moins de 30 hectares et des cuvées d'un très bon niveau.

Les vins : le rosé est fin et énergique, avec une impression de fleur blanche en finale. Regain est un blanc voluptueux aux notes de fleur d'oranger et de fruits blancs. Dans les rouges de granite, Famae est une belle pépite, une explosion florale et fruitée, un côté friand en bouche, alors que Squerda est plus onctueux, avec des fruits rouges et des notes d'épices fines. Voluptas se montre plus enrobant, offrant une belle palette d'épices, sans manquer d'équilibre ni de punch. Du côté des schistes noirs, notes de poivre noir, de violette et de fruits rouges pour Clos Florent, un maury élégant et élancé avec une belle mâche et un côté onctueux. Le maury en VDN est frais : une belle expression de pruneau au nez et une bouche au sucre bien intégré.

IGP Côtes Catalanes Famae 2020	7,90 €	88
IGP Côtes Catalanes Regain 2019	11,50 €	91
IGP Côtes Catalanes Famae 2020	7,90 €	89
Côtes du Roussillon-Villages Lesquerde Famae 2018	8,90 €	90
Côtes du Roussillon-Villages Lesquerde Voluptas 2018	10,50 €	92
Maury Viatge 2019	13,50 €	92
Maury sec Clos Florent 2017	11,50 €	91

Le coup de ♥

Côtes du Roussillon-Villages Lesquerde Squerda 2020	5,90 €	91

Rouge : 22 hectares. Grenache noir 40 %, Syrah 40 %, Carignan 20 %
Blanc : 5 hectares. Grenache gris 55 %, Muscat à petits grains blancs 20 %, Macabeu 20 %, Carignan 5 %
Production moyenne : 80 000 bt/an

DOMAINE SEMPER
24, avenue Jean Jaures, 6, route de Cucugnan 66460 Maury
06 21 61 23 09 •
domaine.semper@wanadoo.fr • Vente et visites : sur RDV.
Propriétaire : Florent et Mathieu Semper
Œnologue : Agnes Graugnard

DOMAINE LA TOUR VIEILLE

Vincent Cantié s'emploie sans réserve à l'exigeante viticulture de la côte Vermeille. Il cherche à traduire, tant en vins secs qu'en vins mutés, l'expression des raisins (au premier rang desquels figurent les grenaches noirs) implantés sur argiles et sur schistes. Les vins secs sont désormais remarquablement fiables et les banyuls toujours très réussis.

Les vins : le collioure blanc se montre gras avec des notes de fleur d'oranger et de mandarine, un beau vin de table. En rouge, Puig Ambeille offre des notes de fruits rouges confits et de cannelle, une matière dense avec un beau support tannique et une impression de velours. En Banyuls, Rimage est parfaitement équilibré, son sucre s'intègre aux notes de pruneau et de cerise confite avec éclat, et sa finale rappelle la torréfaction. Plus maritime et charmeur avec son léger rancio, Reserva est fin, gourmand avec une bouche cacaotée et appuyée par de fines épices. Enfin, Vin de Méditation est un concentré de rancio appuyé par un air marin et une volatile qui nous pousse à patienter. La bouche offre un relief incroyable, à la fois nourrissante et fraîche, une expression umami très prenante : il est le fruit d'une solera débutée en 1952 !

Collioure Les Canadells 2020	15 €	89
Banyuls Reserva	de 18 à 19 € (c)	91
Banyuls Rimage Mise Tardive 2018	17 €	92
Banyuls Vin de Méditation	50 €	93
Collioure Puig Ambeille 2019	16 €	89

Rouge : 10 hectares. Grenache noir 65 %, Mourvèdre 15 %, Syrah 15 %, Carignan 5 %
Blanc : 2,5 hectares. Grenache gris 50 %, Grenache blanc 20 %, Macabeu 15 %, Roussanne 15 %
Production moyenne : 70 000 bt/an

DOMAINE LA TOUR VIEILLE

12, route de Madeloc, 66190 Collioure

04 68 82 44 82 • www.latourvieille.com • Visites : sans RDV.

Du lundi au vendredi de 9 à 12h et de 14h à 18h.

Propriétaire : Vincent Cantié

DOMAINE DU TRAGINER

Jean-François Deu mène depuis 1975 ce domaine artisanal de Banyuls, progressivement tourné vers l'agriculture biologique (certification depuis 1997) et biodynamique. La biodynamie est comprise ici comme un retour à l'empirisme ancestral, à l'observation de la nature et au respect du vivant. Le Traginer, c'est le muletier, et de fait le labour des vignes à la mule a ici encore cours. Si la production peut parfois sembler disparate, notamment à cause de la diversité des élevages, elle offre des vins d'une grande sincérité, issus de rendements très faibles, d'une profondeur aujourd'hui rare dans les appellations Banyuls et Collioure.

Les vins : le nez du collioure rouge rappelle l'anchois, avec une touche fumée. Sa bouche un peu stricte l'oriente vers la table. Rimage est en train de trouver son équilibre, il annonce une bouche d'épices, de garrigue et de fruits noirs, aux tanins affirmés.

- Banyuls Rimage 2019 — 23 € — 90
- Collioure Cuvée d'Octobre 2016 — 24 € — 88

Rouge : 10 hectares. Grenache noir 57 %, Carignan 17 %, Mourvèdre 13 %, Syrah 13 %

Blanc : 8 hectares. Grenache blanc 70 %, Grenache gris 30 %

Production moyenne : 30 000 bt/an

DOMAINE DU TRAGINER ☾

56, avenue du Puig Del Mas, 66650 Banyuls-sur-Mer

04 68 88 15 11 • www.traginer.fr • Vente et visites : sur RDV.

Propriétaire : Jean-François Deu

Œnologue : Daniel Bonin

DOMAINE VAQUER

Domaine historique du Roussillon, fondé en 1912 cette propriété est restée familiale est aujourd'hui entre les mains de Frédérique Vaquer bourguignonne et œnologue de formation. Sur les sols argilo-siliceux et caillouteux typiques des Aspres, elle mène une viticulture en troisième année de conversion biologique. Gérés avec brio, les élevages s'effectuent pour la plupart en cuve émaillée ou en cuve ciment. Ces vins énergiques, originaux, hors des modes, possèdent des équilibres préservant la fraîcheur même lorsque les degrés alcooliques sont élevés. Parfaitement conservés dans des caves d'altitude, de vieux millésimes (dont de somptueux blancs de macabeu) sont toujours à la vente au domaine, vinifiés par le légendaire Fernand Vaquer, qui fut parmi les premiers producteurs de la région à mettre son vin en bouteille dès les années 1960.

Les vins : Esquisse est un blanc gras et équilibré qui présente des notes de fleurs blanches et un registre finement céréalier. Simple et gourmand. Cuvée Bernard est un vin rouge alliant fruits et épices. Sur les Aspres, L'Exception offre une texture plus dense avec un joli grain de tanins, dans un contexte musqué avec une touche pimentée. Epsilon est plus épicé, avec ses notes de cuir et de zan mais un beau soyeux en bouche. En VDN, L'Extrait est parfumé : il rappelle la violette et la cerise, sans trop de sucre, dans un équilibre plutôt épicé. Son alcool se fond en douceur.

- Côtes du Roussillon Esquisse 2020 — 12 € — 83
- Côtes du Roussillon Cuvée Bernard 2019 — 9,50 € — 83
- Côtes du Roussillon Les Aspres Epsilon 2017 — 25 € — 90
- Rivesaltes Grenat L'Extrait 2020 — 13 € — 90

Le coup de ♥

- Côtes du Roussillon-Villages Cuvée L'Exception 2018 — 15 € — 90

Rouge : 11 hectares. Grenache noir 36 %, Carignan 33 %, Syrah 31 %

Blanc : 5 hectares. Macabeu 25 %, Muscat à petits grains blancs 25 %, Roussanne 22 %, Grenache blanc 10 %, Grenache gris 10 %

Production moyenne : 40 000 bt/an

DOMAINE VAQUER
1, rue des Écoles, 66300 Tresserre
04 68 38 89 53 • www.domaine-vaquer.com
• Vente et visites : sur RDV.
Tous les jours.
Propriétaire : Famille Vaquer
Directeur : Frédérique Vaquer
Œnologue : Hélène Grau et Frédérique Vaquer

CAVE L'ÉTOILE

Fondée en 1921, la plus ancienne cave coopérative de Banyuls se pose depuis près d'un siècle en incontournable référence de la viticulture catalane. Sa présence dans le Guide Vert est justifiée par l'incontestable qualité des banyuls traditionnels, soumis à des élevages oxydatifs en foudre et en bonbonne de verre, mais aussi par les réels progrès accomplis dans l'élaboration des vins secs, frais et expressifs, ainsi que dans celle des banyuls type rimage, privilégiant le croquant du fruit frais. Au-delà du folklore d'une cave citadine et de l'idiosyncrasie des cuvées emblématiques, la Cave L'Étoile regarde résolument vers l'avenir et aura sans nul doute un rôle à jouer dans la réflexion sur l'évolution de la viticulture de la Côte Vermeille, fragile car pratiquement impossible à mécaniser.

Les vins : alors que les Toiles Fauves sont des vins d'un assez bon niveau, notre attention se porte sur Montagne, velouté et délicatement poivré. Il se place comme une bonne référence dans les rouges de Collioure. Doux Paillé Hors d'Âge est un banyuls aux notes d'agrumes confits avec un côté fumé qui embaume la bouche. Dans les grands crus de Banyuls, le 2010 met en avant un côté anchois, des notes fumées et une sucrosité épicée et enveloppante, sans excès. On monte d'un cran avec la cuvée Réservée 1995, concentrée, aux notes de fleurs séchées et d'encens. La bouche est onctueuse et délicatement poivrée.

Banyuls Doux Paillé Hors d'Âge	40,40 €	90
Banyuls Grand Cru 2010	23,80 €	91
Banyuls Grand Cru Cuvée Réservée 1995	41,70 €	93

Le coup de ♥

Collioure Montagne 2019	14,90 €	90

Rouge : 130 hectares. Grenache noir 81 %, Syrah 8 %, Mourvèdre 6 %, Carignan 5 %
Blanc : 10 hectares. Grenache blanc 90 %, Macabeu 5 %, Vermentino 5 %
Production moyenne : 230 000 bt/an

CAVE L'ÉTOILE
26, avenue du Puig-del-Mas,
66650 Banyuls-sur-Mer
04 68 88 00 10 • www.banyuls-etoile.com •
Vente et visites : sur RDV.
Propriétaire : SARL L'Étoile
Directeur : Bruno Cazes
Maître de chai : Pascal Traïter
Œnologue : Agnès Piperno

La Savoie
et ses vins

Par Pierre Citerne,
en charge des vins de Savoie au sein
du comité de dégustation de La Revue du vin de France

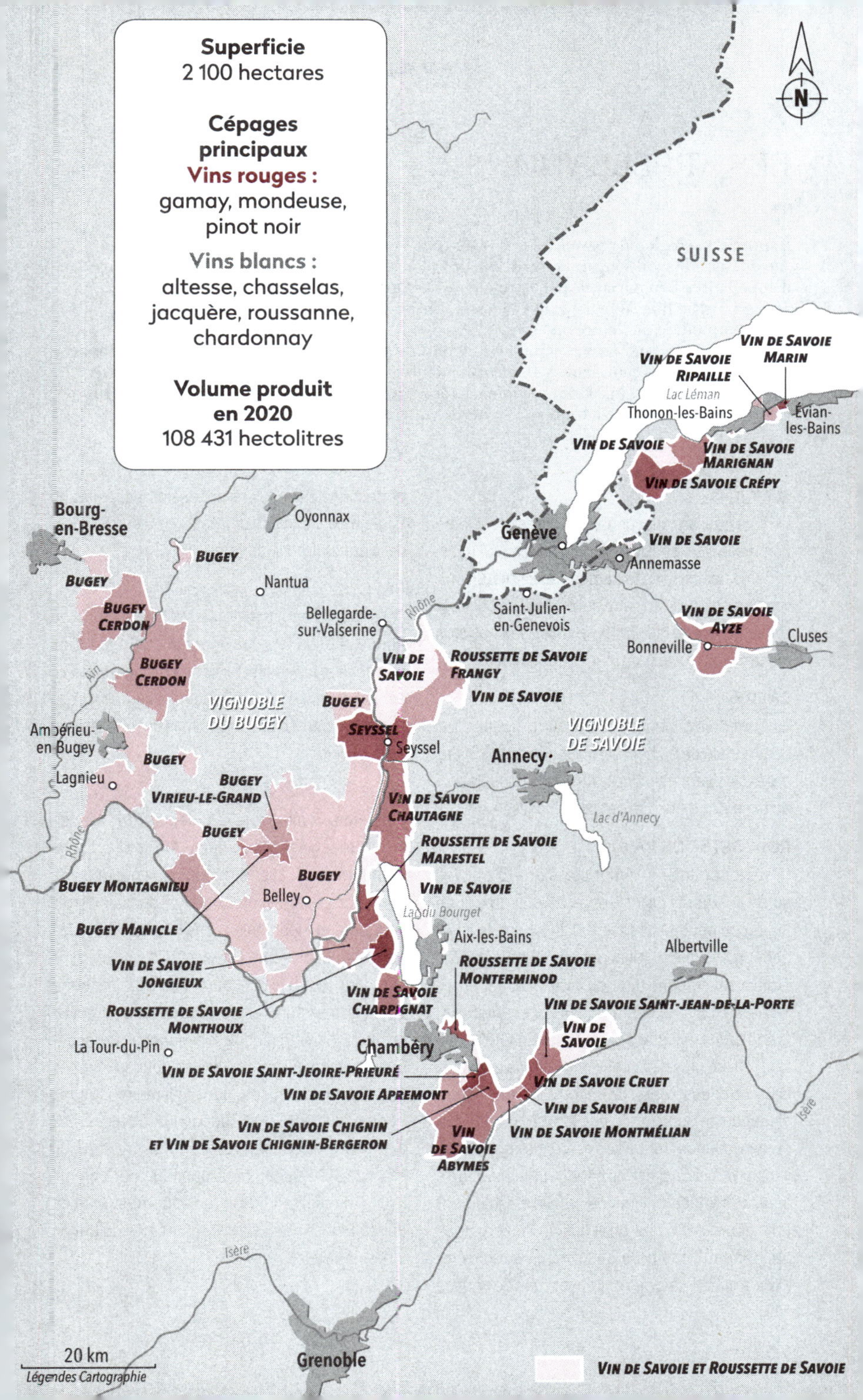

Superficie
2 100 hectares
Cépages principaux
Vins rouges :
gamay, mondeuse, pinot noir
Vins blancs :
altesse, chasselas, jacquère, roussanne, chardonnay
Volume produit en 2020
108 431 hectolitres
SUISSE
N
Vin de Savoie Marin
Vin de Savoie Ripaille
Lac Léman
Thonon-les-Bains
Évian-les-Bains
Vin de Savoie
Vin de Savoie Marignan
Vin de Savoie Crépy
Bourg-en-Bresse
Oyonnax
Genève
Vin de Savoie
Annemasse
Bugey
Bugey
Nantua
Bugey Cerdon
Bellegarde-sur-Valserine
Rhône
Saint-Julien-en-Genevois
Vin de Savoie Ayze
Cluses
Bonneville
Bugey Cerdon
Ain
Vin de Savoie
Roussette de Savoie Frangy
Vin de Savoie
Vignoble du Bugey
Bugey
Seyssel
Seyssel
Vignoble de Savoie
Ambérieu-en-Bugey
Annecy
Bugey
Lagnieu
Bugey Virieu-le-Grand
Vin de Savoie Chautagne
Lac d'Annecy
Bugey
Roussette de Savoie Marestel
Rhône
Bugey Montagnieu
Bugey
Vin de Savoie
Belley
Lac du Bourget
Bugey Manicle
Aix-les-Bains
Albertville
Vin de Savoie Jongieux
Roussette de Savoie Monterminod
Vin de Savoie Charpignat
Roussette de Savoie Monthoux
Vin de Savoie Saint-Jean-de-la-Porte
Vin de Savoie
La Tour-du-Pin
Chambéry
Vin de Savoie Saint-Jeoire-Prieuré
Vin de Savoie Cruet
Vin de Savoie Apremont
Vin de Savoie Arbin
Vin de Savoie Chignin et Vin de Savoie Chignin-Bergeron
Vin de Savoie Abymes
Vin de Savoie Montmélian
Isère
Isère
20 km
Légendes Cartographie
Grenoble
Vin de Savoie et Roussette de Savoie

LES APPELLATIONS

L'appellation régionale Savoie est très vaste : elle s'étend des rives du Lac Léman jusqu'au sud de Chambéry, le long de la rive droite de l'Isère. Au total, 52 communes intègrent l'aire d'appellation. L'AOC Savoie peut être suivie d'un nom de cru. Il en existe vingt : Ayse, Crépy, Marignan, Ripaille, Marin, Frangy, Seyssel, Chautagne, Marestel, Jongieux, Monthoux, Monterminod, Saint-Jeoire du Prieuré, Apremont, Les Abymes, Chignin-Bergeron, Montmélian, Arbin, Cruet et Saint-Jean-de-la-Porte. Mais seuls quinze sont répertoriés pour les vins tranquilles et un seul, Ayse, peut être employé pour la production de vins mousseux. Certains livrent des vins perlants comme Crépy. Chignin et Arbin sont aujourd'hui les crus et les villages où se situent le plus de vignerons intéressants.

SAVOIE

Célèbre pour sa roussanne, Chignin est considéré comme le plus beau cru de Savoie. Il ouvre aussi le défilé des crus de la combe de Savoie. En suivant les courbes de l'Isère qui coule au cœur de la vallée, on trouve les pentes ensoleillées des crus Montmélian et Arbin, où mûrit la mondeuse.

CRÉPY

Au bord du lac Léman, Cette micro-appellation communale de 90 hectares, proche de la Suisse, est exclusivement plantée de chasselas. Elle produit des vins blancs vifs et peu alcoolisés.

ROUSSETTE DE SAVOIE

Cette appellation régionale s'étend sur les bords du Rhône, entre Frangy et Jongieux, et en Bugey. Le cépage altesse est dominant, le chardonnay est aussi utilisé en appoint. Lorsqu'un cru est revendiqué (Frangy, Jongieux, Marestel, Monthoux, Bugey Montagnieu, Bugey Virieu-le-Grand), l'altesse doit être présente à 100 %. Ces vins offrent plus de finesse et d'allonge que ceux issus du chasselas ou de la jacquère. Pour revendiquer cette appellation au sein de l'AOC Savoie, ces vins blancs tranquilles doivent être élaborés exclusivement à partir du cépage altesse, appelé aussi roussette. Le nom de cru peut également être apposé à cette appellation si les vignes proviennent des crus de Frangy, Marestel et Monterminod. Les vins ont davantage de finesse et d'allonge que ceux de chasselas. L'appellation Roussette de Savoie représente aujourd'hui 9 % de la production savoyarde.

SEYSSEL

Cette petite enclave située sur la rive droite du Rhône, à proximité du vignoble de Bugey, plus portée vers la roussette, donne un vin tranquille corsé. L'appellation peut également produire un vin pétillant à partir d'un assemblage de roussette et de chasselas.

BUGEY

Reconnue comme une AOC depuis 2011, l'appellation Bugey est située dans l'Ain et s'étend sur 68 communes. Elle représente un peu plus de 250 hectares en exploitation, répartis en trois îlots (Cerdon, Montagnieu et Belley). Bugey produit des vins blancs tranquilles et pétillants à partir de chardonnay (50 % minimum). Les cépages complémentaires sont l'aligoté, l'altesse, la jacquère, le pinot gris et la mondeuse blanche ; l'appellation produit également des vins rouges et rosés à partir de gamay, de pinot noir, de mondeuse et de poulsard. L'AOC Bugey peut être accolée à l'un des deux microcrus identifiés (AOC Bugey Manicle, AOC Bugey Montagnieu), tout comme l'AOC Roussette du Bugey (AOC Roussette du Bugey Montagnieu et AOC Roussette du Bugey Virieu-le-Grand).

LES CÉPAGES

La Savoie compte 23 cépages différents et produit une infinité de petits crus, essentiellement des blancs faibles en alcool et riches en gaz carbonique naturel, cette dernière caractéristique leur donnant un aspect perlé, et même effervescent. Nerveux, acidulés, ils sont idéalement adaptés à la gastronomie de montagne.

Les blancs les plus fins proviennent du cépage **altesse**, également appelé roussette et qui donne son nom à l'AOC Roussette du Bugey. On compte aussi, parmi les cépages blancs, la **roussanne**, plantée dans le secteur de Chignin et qui prend ici le nom de **bergeron**.

Le principal cépage savoyard s'appelle la **jacquère** (50 % des surfaces plantées). On le retrouve surtout dans les crus des Abymes, d'Apremont, de Chignin, de Cruet et de Saint-Jeoire-du-Prieuré. Le **chasselas** est présent en Haute-Savoie dans les appellations de Crépy, de Marin ou de Ripaille. Assez commun lorsqu'il est vinifié en vin blanc sec, il donne de la saveur aux vins pétillants de la région. Plus confidentiel, le célèbre **chardonnay** est aussi présent dans certains crus, ainsi que le **pinot gris**. Parmi les autres cépages originaux cultivés en Savoie, on trouve la **malvoisie**, la **molette** et la **mondeuse blanche**.

Du côté des cépages rouges, le **gamay** est le plus employé. Il produit des vins gourmands et fruités. Il excelle notamment dans les crus de Jongieux et Chautagne. Le **pinot noir** s'est également bien adapté aux vallées alpines.

Mais pour beaucoup, la révélation provient des meilleurs rouges élaborés à partir du cépage **mondeuse**, originaire de la région et qui fait le succès des vins des domaines Trosset, Berlioz ou des Ardoisières. Merveilleusement désaltérants, les mondeuses égalent en couleur et en finesse les bonnes cuvées de **syrah**, au moins une année sur trois ou sur quatre, car les petits millésimes sont fréquents.

En Bugey, la diversité est moins importante : sont utilisés comme cépages rouges, le gamay, le pinot noir et la mondeuse ; en blanc, chardonnay, altesse, jacquère, mondeuse blanche et pinot gris sont privilégiés.

PAR VAUX ET PAR MONTS, LA PISTE AUX BONS PLANS

CHAMBRES D'HÔTES

CHÂTEAU DES ALLUES

Dans les Bauges, cette vaste bâtisse abrite cinq chambres d'hôtes très raffinées et des gîtes dans les dépendances. Autres points forts, le parc paysager, la proximité du vignoble et une table d'hôtes nourrie du potager bio. Comptez de 155 à 180 € la chambre.

335, rue Audibert,
73250 Saint-Pierre-d'Albigny
Tél. : 06 75 38 61 56
www.chateaudesallues.com

CHÂTEAU DE LA MAR

Au pied d'un impressionnant coteau planté de vignes, ce domaine viticole réputé (ses vins arrosent nombre de tables étoilées) a pour pièce maîtresse un château du XIIIe siècle. Table d'hôtes, espace bien-être, piscine, sauna, hammam… De 220 à 300 € la chambre.

73170 Jongieux
Tél. : 06 26 56 99 33
www.chateau-de-la-mar.com

CAVISTES

LES 400 CRUS

400 références : tous les vignobles de l'Hexagone, un choix large et acéré sur la Savoie, et une tendresse particulière pour les vins en bio, biodynamie ou nature.

11, place de l'Hôtel-de-Ville,
73000 Chambéry
Tél. : 04 79 85 61 65
www.400crus.com

LA CAVE

Coté cuisine, une jolie gastronomie de comptoir ; côté cave, quelques 450 références (90 % biodynamique) dont une cinquantaine au verre pour une sélection curieuse de toutes les régions, avec quelques points forts sur la Loire et la Savoie, des têtes d'affiche et des jeunes talents.

Passage des échoppes,
8, rue du Pâquier, 74000 Annecy
Tél. : 04 50 66 41 90

ENTRE METS & VINS

Dans une ancienne ferme, cette cave de 700 références organise aussi des dégustations thématiques, des rencontres avec des vignerons, des ateliers de cuisine, des repas, etc.

951, route des Tivillons,
74370 Charvonnex
Tél. : 04 50 24 10 63
www.vins-traiteur-annecy.fr

RESTAURANTS

AUBERGE DU PÈRE BISE

Jean et Magali Sulpice ont repris cette exceptionnelle institution, hôtel et table (deux étoiles au Michelin) les pieds dans le lac d'Annecy. Carte des vins XXL : une soixantaine d'étiquettes locales dont de vieux millésimes. Menus : de 105 à 225 €.

303, route du Crêt, 74410 Saint-Jorioz
Tél. : 04 50 60 72 01
www.perebise.com

ATMOSPHÈRES

Hôtel et restaurant dans les murs d'un vaste châlet avec vue plongeante sur le lac du Bourget. Gastronomie de haut niveau et livre de cave très profond sur les vins de l'arc alpin, en majorité savoyards. Menus à 50 € (le midi en semaine), 85 et 110 €. Environ 90 € à la carte.

618, route des Tournelles,
73370 Le Bourget-du-Lac
Tél. : 04 79 25 01 29
www.atmospheres-hotel.com

NOTRE COUP DE ♥

L'AUBERGE SUR-LES-BOIS

Philosophie de la maison ? Zéro produit industriel, poissons entiers, viandes travaillées en carcasses entières, pain au levain de semences paysannes… Une démarche d'artisan dont naît une cuisine gourmande au plus près du produit. Belle carte de vins de 300 références avec une tendresse particulière pour la Savoie et le Jura. Menu autour de 30 €.

79, route de Thônes,
74940 Annecy
Tél. : 04 50 64 00 08

FLOCONS DE SEL

Emmanuel Renaut, chef triplement étoilé de ce restaurant d'exception à Megève, présente sa grande cuisine : soupe de cèpes à l'oignon, bolognaise de cerf, biscuit de brochet du Léman, tarte inversée d'asperges vertes, autant de mets qui appellent de succulents accords avec les vins de la région (plus de 150 cuvées savoyardes à la carte).

1175 route de Lutaz, 74120 Megève
Tél. : 04 50 21 49 99
www.floconsdesel.com

ŒNOTOURISME

ALPES FLAVEURS

Bernard Vissoud est diplômé d'œnologie et guide de montagne certifié. Randonnées œnologiques, découverte du vignoble, dégustations chez les vignerons, initiation au vin, soirées œnologiques…

67, voie des Abymes,
73800 Les Marches
Tél. : 06 72 72 98 42

★★ DOMAINE DES ARDOISIÈRES

Le domaine est né de la replantation, entreprise en 1998 par Michel Grisard, du coteau de Cevins, 6 hectares de micaschistes en terrasses entre Albertville et Moutiers. Arrivé en 2003 pour seconder ce dernier, Brice Omont, ingénieur agricole champenois, s'est investi sans compter dans le projet et se retrouve depuis 2008 à la tête d'un domaine qui compte désormais 16 hectares. La viticulture en biodynamie est ici héroïque (la pente peut atteindre 70 %), les rendements sont très faibles, les vins majoritairement issus de cépages complantés et assemblés. Les résultats s'avèrent admirables : les vins sont éclatants, originaux, et creusent encore l'écart au vieillissement. Améthyste complète le persan par de la mondeuse ; Argile (issu du coteau de Saint-Pierre-de-Soucy) associe jacquère, chardonnay et mondeuse blanche ; Schiste se compose de jacquère, mondeuse blanche, roussanne et pinot gris. Seul Quartz est un monocépage, issu de l'altesse. S'il existe un domaine emblématique du renouveau qualitatif savoyard, et de son ambition, c'est bien celui-ci.

Les vins : les 2019 offrent peut-être davantage d'éclat encore que les 2018. Sensuel et dru, vif, typé gamay, Argile rouge 2019 se situe dans la veine du remuant 2018, avec toutefois une acidité volatile plus discrète. Améthyste offre un premier contact très boisé, épicé et balsamique ; cette empreinte forte de l'élevage s'estompe à l'aération, laissant apprécier le détail d'une matière très fine, tendue par un "trait de vert". Le frétillant Argile blanc répond par son esprit agreste à son parèdre rouge. Mentholé, beurré, complexe, l'assemblage Schiste est un vin nuancé, dont la matière travaillée par l'élevage en barrique développe une allonge sinueuse. Quartz s'impose avec autorité au sommet de cette production. Le vin associe un sentiment de forte maturité, un fruité abondant et généreux, éclatant, affriolant même, au développement tactile d'un corps vif, racé, aérien, étiré en longueur.

- IGP Vin des Allobroges Argile 2019 — 20 € — 90
- IGP Vin des Allobroges Schiste 2019 — 37 € — 91
- IGP Vin des Allobroges Améthyste 2019 — 60 € — 92
- IGP Vin des Allobroges Argile 2019 — 25 € — 90

Le coup de ♥

- IGP Vin des Allobroges Quartz 2019 — 75 € — 94

Rouge : 4 hectares. Persan 40 %, Gamay noir à jus blanc 40 %, Mondeuse noire 20 %
Blanc : 12 hectares. Jacquère 32 %, Altesse 20 %, Chardonnay 16 %, Mondeuse blanche 13 %, Roussanne 10 %, Pinot gris 9 %
Production moyenne : 60 000 bt/an

DOMAINE DES ARDOISIÈRES ♣
72, impasse de la Pierre-Marquée, Le Villard, 73250 Fréterive
06 76 94 58 78 •
www.domaine-des-ardoisieres.fr • Vente et visites : sur RDV.
Propriétaire : Brice Omont

★★ DOMAINE BELLUARD

Nous avons appris avec stupeur la disparition brutale de Dominique Belluard, qui a porté ce domaine si haut dans le cœur des amoureux des vins de montagne. Situé au cœur de la vallée de l'Arve, en Haute-Savoie, le vignoble historique d'Ayse, si clairsemé aujourd'hui, est planté sur des coteaux pentus nappés d'éboulis calcaires et de sédiments glaciaires. Le domaine Belluard a mis sous les feux de la rampe l'endémique cépage gringet. Le domaine est passé en culture biodynamique (non certifiée) à partir de 2000. Dominique Belluard s'est attaché à proposer des vins effervescents et tranquilles intenses et originaux, à l'identité irrépressible, dotés d'une personnalité aromatique originale mais aussi d'une grande finesse. Le domaine brille parmi la petite (mais croissante) élite des meilleurs domaines de la région, désormais d'une lueur particulière.

Les vins : voici peut-être la gamme la plus enthousiasmante dégustée cette année en Savoie ! Attardons-nous une fois de plus sur la qualité des effervescents. Le gringet donne la mesure de ses qualités dans ces bulles savoureuses, au caractère suret, un peu sauvage, à la générosité aromatique piquante, sui generis. Le brut zéro Mont Blanc 2016, déjà dégusté l'an passé, manifeste autant d'élégance que d'originalité ; avec sa longueur de bouche ciselée et son effervescence croquante, il fera immanquablement parler vos convives. Les blancs 2019 sont d'une qualité extraordinaire, aussi intenses qu'aériens, toujours exacts dans leur définition. Le Feu accentue encore les notes si originales d'ache et de carvi présente dans Les Alpes, offrant une expression vive, profonde, inspirée, sans facilité. La roussette a converti l'essai de macération de la cuvée 100 % pur jus 2018, avec une interprétation unique du cépage, qui ouvre un coffret d'épices : muscade, hélichryse, badiane... La bouche porte ce registre avec une tannicité très aboutie, sans aucune rudesse. Et que dire de la mondeuse 2019... si ce n'est qu'elle frise la perfection, svelte, extrêmement parfumée, adorablement juteuse, sérieuse et ingénue à la fois.

Vin de Savoie Altesse Grandes Jorasses 2019 20 € 94

Vin de Savoie Ayse Brut Les Perles du Mont-Blanc 2017 15 € 90

Vin de Savoie Ayse Mont-Blanc Brut Zéro 2016 20 € 92

Vin de Savoie Gringet Les Alpes 2019 17 € 92

Vin de Savoie Mondeuse 2019 25 € 94

Le coup de ♥

Vin de Savoie Gringet Le Feu 2019 30 € 95

Rouge : 0,8 hectare.
Blanc : 10 hectares.
Production moyenne : 50 000 bt/an

DOMAINE BELLUARD
283, Les Chenevaz, 74130 Ayse
04 50 97 05 63 • www.domainebelluard.fr •
Vente et visites : sur RDV.
Propriétaire : Dominique Belluard

★★ DOMAINE PARTAGÉ GILLES BERLIOZ

Fils d'ouvrier, Gilles Berlioz est un vigneron autodidacte et heureux. Paysagiste de formation, il démarre en 1990 avec 0,8 hectare sur le secteur de Chignin, aidé de sa compagne Christine. Il dispose aujourd'hui de 4,5 hectares, labourés à l'aide d'un cheval, et convertis en bio en 2005 puis en biodynamie (non certifiée). Du simple chignin jusqu'à la mondeuse, en passant par les exceptionnels chignin-bergeron vinifiés en sélections parcellaires, tous les vins offrent des expressions saines, sereines, d'une grande profondeur de saveur. Les amateurs avisés s'arrachent ces vins d'orfèvre, très limités en volume. L'accueil au domaine est chaleureux et passionné. Une adresse indispensable.

Les vins : le domaine ne nous ayant pas fait parvenir ses vins, nous sommes amenés à reconduire les notes de l'année dernière.

Roussette de Savoie El Hem 2018 30 € 92

Vin de Savoie Chignin-Bergeron Les Christine 2018 70 € 93

Le coup de ♥

Vin de Savoie Mondeuse La... Deuse 2018 34 € 93

Rouge : 1 hectare. Mondeuse noire 95 %, Persan 5 %
Blanc : 3,5 hectares. Roussanne 80 %, Jacquère 11 %, Altesse 9 %
Production moyenne : 20 000 bt/an

DOMAINE PARTAGÉ GILLES BERLIOZ ♣
25, chemin de la Source, Le Viviers, 73800 Chignin
04 79 71 58 80 •
www.domainepartagegillesberlioz.fr/ •
Vente et visites : sur RDV.
De 8h à 12h et de 15h à 18h.
Propriétaire : Gilles Berlioz

★★ DOMAINE DU CELLIER DES CRAY

Adrien Berlioz, jeune cousin de Gilles Berlioz, s'est installé en 2006. Vigneron exigeant et rigoureux, il travaille lui-même en bio toutes ses vignes, y compris celles situées sur les coteaux les plus abrupts. Avec 14 cuvées différentes sur un peu plus de 5 hectares, les quantités sont très limitées et ces vins d'artisan difficiles à dénicher. Nous sommes admiratifs de la diversité, de l'énergie et de la franchise de ces cuvées, contemporaines mais totalement enracinées dans l'identité savoyarde, qui progressent inexorablement chaque année et vieillissent avec grâce. Le domaine a obtenu sans peine sa première étoile il y a cinq ans et la seconde est aujourd'hui parfaitement justifiée.

Les vins : trois cuvées seulement nous ont été envoyées, mais elles sont bien choisies, donnant un aperçu du talent et de l'esthétique d'Adrien Berlioz. Déjà goûtée l'an dernier, la mondeuse (de Chignin) Marie Clothilde déploie à l'aération une sensualité florale éthérée ; sa chair acidulée et diaphane redevient stricte en milieu de bouche, étirant considérablement le vin. La roussette partage cette sensualité, adoptant des tonalités rassises, épicées, légèrement oxydatives ; le tranchant montagnard prend le relais en bouche d'une riche étoffe tactile. Onctueuse, organique, mais très fine, plus en tension qu'en largeur, la cuvée Albinum montre en 2017 le type d'évolution dont les meilleurs bergerons sont capables, synthétisée dans la longue rémanence florale (immortelle) que porte un grain minéral affirmé.

Roussette de Savoie Clémence 2019 24 € 90

Vin de Savoie Mondeuse Marie Clothilde 2019 28 € 92

Le coup de ♥

Vin de Savoie Chignin-Bergeron Albinum 2017 29 € 93

Rouge : 1,82 hectare.
Blanc : 4,49 hectares.
Production moyenne : 25 000 bt/an

DOMAINE DU CELLIER DES CRAY ☾
Le Viviers, Cedex 4000, 73800 Chignin
04 79 28 00 53 • adrienberlioz@hotmail.com
• Vente et visites : sur RDV.
Propriétaire : Adrien Berlioz

★★ LES FILS DE CHARLES TROSSET

Installé sur les beaux coteaux du village d'Arbin, terroir de prédilection de la mondeuse, Louis Trosset veille sur un petit vignoble de seulement 2,3 hectares. Les trois sélections de mondeuse, qui font la réputation du domaine et justifient sa position dans la hiérarchie de notre guide, sont vinifiées en grappes entières puis élevées en cuve inox, pendant huit à douze mois : Prestige des Arpents (jeunes vignes sur terres brunes très caillouteuses), Harmonie (vignes en gobelet âgées d'une trentaine d'années, sur terres rouges profondes, riches en hématite) et Confidentiel (les plus vieilles vignes, conduites en gobelet et sur échalas). Aristocrates, ces vins se distinguent par la vibration particulière de leur expression aromatique, ainsi que par leur capacité à retranscrire la spécificité de chaque millésime. Ils possèdent en outre une grande capacité de garde. Les très faibles volumes produits, moins de 20 000 bouteilles par an, font de cette référence une adresse trop confidentielle.

Les vins : nous n'adhérons toujours pas au bergeron 2018, au caractère aromatique trop végétal. Le 2019 en revanche nous a convaincu : primaire mais beaucoup plus net, il propose une chair miellée sans être grasse, dotée d'une tension bienvenue. Les mondeuses 2018 et 2019 sont des monuments à la gloire du cépage, des vins directs, sans fioritures ni prétentions déplacées, mais définitifs dans leur franchise et leur expressivité. Prestige des Arpents offre le plaisir le plus immédiat, le plus gourmand : si 2019 quintessencie le coulis de fruit, 2018 déroule une farandole d'épices. Dans les deux millésimes, Harmonie, également gorgé de fruit, est plus intériorisé, vigoureux, ferme, campé sur les tanins, réclamant davantage de patience. Confidentiel atteint des sommets, conjuguant subtilité des parfums (les plus floraux) et densité sculpturale de la matière, avec une finesse tannique accrue ; 2019 n'est pas loin du grandiose et presque exotique 2018.

- Vin de Savoie Chignin-Bergeron Symphonie d'Automne 2018 — de 14,50 à 22 € (c) — 86
- Vin de Savoie Chignin-Bergeron Symphonie d'Automne 2019 — de 14,50 à 22 € (c) — 89
- Vin de Savoie Arbin Mondeuse Confidentiel 2018 — de 16,50 à 26 € (c) — 96
- Vin de Savoie Arbin Mondeuse Harmonie 2018 — de 15 à 24 € (c) — 94
- Vin de Savoie Arbin Mondeuse Harmonie 2019 — de 15 à 24 € (c) — 92
- Vin de Savoie Arbin Mondeuse Prestige des Arpents 2018 — de 15 à 24 € (c) — 94
- Vin de Savoie Arbin Mondeuse Prestige des Arpents 2019 — de 15 à 24 € (c) — 92

Le coup de ♥

- Vin de Savoie Arbin Mondeuse Confidentiel 2019 — de 16,50 à 24 € (c) — 95

Rouge : 2 hectares.
Blanc : 0,3 hectare.
Production moyenne : 19 000 bt/an

LES FILS DE CHARLES TROSSET
280, chemin des Moulins, 73800 Arbin
06 82 36 82 62 •
lechaidesmoulins@gmail.com • Vente et visites : sur RDV.
Du lundi au samedi 12h.
Propriétaire : Louis Trosset

★ ↗ DOMAINE DE CHEVILLARD

Encore jeune mais déjà très expérimenté, Matthieu Goury s'est installé en 2013 ; il exploite aujourd'hui des vignes essentiellement situées sur le coteau de Saint-Jean-de-la-Porte, qui bénéficient d'une grande variété pédologique. La viticulture, biologique, attentive et appliquée, se veut respectueuse du végétal et de la vie des sols. La vinification, peu interventionniste, a pour objectif la production de cuvées fortement individualisées par les caractéristiques de leur terroir. Ces louables intentions se retrouvent dans des vins très bien constitués, d'une belle franchise et d'une palpable ambition, tant les mondeuses, qui manifestent une vraie intensité dramatique, que les blancs vigoureux et toniques - tout ceci mérite une première étoile. Une adresse à suivre, indéniablement.

Les vins : Les 2019 sont dans la lignée des 2018, des vins de grand caractère, originaux et personnels. Issus d'une ferme volonté vigneronne, ils ne peuvent laisser le palais indifférent ! Les mondeuses, totalement égrappées, sont peut-être un peu moins impressionnantes qu'en 2018. Plus pointues, elles conservent néanmoins un aplomb et une intensité hors pair, et ce dès la "petite" cuvée, serrée, mentholée, très confiture de fraise. La cuvée Saint-Jean-de-la-Porte, terrienne, "branchue", réglissée, possède le même esprit, avec une matière plus corsée encore, cadrée par un élevage bien maîtrisé. La parcellaire Le Bérillion pousse encore plus loin la densité structurelle, avec une puissance qui se manifeste davantage dans l'élan tannique que dans la largeur de la chair. C'est évidemment un vin d'attente ; sagement, le domaine n'a d'ailleurs pas débuté la commercialisation du millésime 2016. En blanc, la jacquère, élevée deux ans en foudre, ne manque pas de caractère, avec des tonalités lactiques et grillées, presque oxydatives. Le cru Apremont manifeste davantage de tension et d'allonge, tout en développant une ampleur rare pour le cépage. Nous avons beaucoup aimé l'échantillon de roussette, brut de foudre, un vin piquant, expressif, virevoltant, sucré-salé à souhait, en un mot : délicieux !

- Vin de Savoie Apremont 2019 14 € 90
- Vin de Savoie Jacquère 2019 9 € 88
- Vin de Savoie Mondeuse 2019 18 € 90
- Vin de Savoie Saint-Jean de la Porte 2019 24 € 92
- Vin de Savoie Saint-Jean de la Porte Le Bérillion 2019 32 € 92

Le coup de ♥

- Roussette de Savoie 2019 21 € 92

Rouge : 6,5 hectares.
Blanc : 5 hectares.
Production moyenne : 30 000 bt/an

DOMAINE DE CHEVILLARD ♣
433, rue des Chevillard,
73250 Saint-Pierre-d'Albigny
06 33 01 12 21 •
www.domainedechevillard.com • Vente et visites : sur RDV.
De 8h à 12h et de 14h à 18h.
Propriétaire : Matthieu Goury

★ DOMAINE LA COMBE DES GRAND'VIGNES

Fort d'une tradition viticole transmise de père en fils, ce domaine est géré par deux frères amoureux des beaux terroirs de coteaux. Nous apprécions particulièrement les vins blancs ; leur niveau de pureté et de finesse les place parmi les plus aboutis de la région. Plusieurs cuvées (Argile sur Schiste en Chignin, Les Salins et La Coulée de Proserpine en Chignin-Bergeron) valorisent les expressions parcellaires, et tous les vins sont désormais élevés un an au minimum. Les rouges quant à eux progressent ; les mondeuses sont vinifiées sans soufre depuis 2016. Le travail de la vigne, en conversion bio, est exigeant, d'une exemplaire probité dans des pentes héroïques. Au vu de toutes ces évolutions positives, de cet immense travail, on peut penser que la progression du domaine n'est pas terminée.

Les vins : la gamme s'articule au fil des nouvelles étiquettes qui capturent remarquablement l'esprit de droiture et la volonté de haute expression des cuvées. Très net, le chignin Vieilles Vignes affirme tout le grain et le goût de la jacquère. Argile sur Schistes 2019 montre davantage de richesse et surtout de salinité, une cuvée qui creuse un sillon d'excellence millésime après millésime. Parfumée, miellée, riche (4 g de sucre résiduel), la roussette 2020 se montre déjà très expressive. Parmi les bergerons, fer de lance du domaine, tous savoureux et droits, notre préférence va cette année (en l'absence de la magnifique cuvée parcellaire Les Salins) à la cuvée d'assemblage Exception 2019, conjuguant ananas et beurre salé dans une chair veloutée mais sans effusion ni pesanteur. Côté rouges, Sel de Marius (pinot et gamay) Et ma Goutte de... (mondeuse) proposent en 2019 un profil juteux, souple, défini par la fraîcheur et le caractère posé des arômes. Les Granges Tissot 2018 est une mondeuse civilisée, et même policée, par l'élevage, conservant un fruit limpide sans rien perdre de son relief. Le persan Arbyolâ, nouvelle cuvée, participe de cette approche tout en offrant le caractère contrasté du cépage : acidité soutenue et registre aromatique automnal, confit, chaleureux.

- Roussette de Savoie Baron Decouz 2020 17,40 € (c) 9
- Vin de Savoie Chignin Vieilles Vignes 2020 10 € 88
- Vin de Savoie Chignin-Bergeron Exception 2019 15,50 € 9
- Vin de Savoie Chignin-Bergeron Saint Anthelme 2017 18,70 € 89
- Vin de Savoie La Coulée de Proserpine 2019 11,50 € 89
- Vin de Savoie Arbyolâ 2019 22 € 89
- Vin de Savoie Mondeuse Et Ma Goutte de... 2019 13,30 € 89
- Vin de Savoie Mondeuse Les Granges Tissot 2018 20,30 € 90
- Vin de Savoie Sel de Marius 2019 11,70 € 89

Le coup de ♥

- Vin de Savoie Chignin Argile sur Schiste 2019 12,40 € 9

Rouge : 3,05 hectares.
Blanc : 8,45 hectares.
Production moyenne : 80 000 bt/an

DOMAINE LA COMBE DES GRAND'VIGNES
452, route des Enrayons, Le Viviers,
73800 Chignin
04 79 28 11 75 • www.chignin.com •

Visites : sans RDV.
Du lundi au samedi, de 9h30 à 12h et de 14h à 19h. Le dimanche de 9h30 à 12h30.
Propriétaire : Denis et Didier Berthollier

★ DOMAINE DES CÔTES ROUSSES

Après un master en aménagement des territoires ruraux, Nicolas Ferrand se rend compte qu'il préfère les faire vivre plutôt que de les observer. Il installe son domaine en 2013 dans les coteaux de la Combe de Savoie, sous le massif des Bauges, avec des parcelles situées jusqu'à 600 mètres d'altitude. Le domaine s'agrandit peu à peu avec quelques plantations ; le vigneron bannit vite les herbicides et vise une certification bio. Les vins sont vinifiés et parfois embouteillés sans soufre, les blancs sur lies totales, les rouges majoritairement vinifiés en grappes entières : la prise de risque est indéniable mais pleinement mesurée. Certifié Demeter en 2020, le domaine de Nicolas et Marielle Ferrand précise son propos millésime après millésime ; l'avenir lui appartient et une première étoile est d'ailleurs venue l'an dernier récompenser une gamme aussi personnelle qu'enracinée.

Les vins : les blancs 2019 explorent (et renouvellent) les typologies savoyardes dans un crescendo enthousiasmant. Tendre et amène, l'assemblage Mon Blanc peut se prévaloir cette année d'une belle tonicité en finale. Il en va de même avec La Pente, délicat et tranchant. La délicieuse jacquère Armenaz dépasse largement le registre du "vin de soif" pour offrir une profondeur et une tension supérieures, sans que le fil de l'acidité ne s'émousse. Riche au nez, fringante en bouche, Ensemble est un idéal de roussette, riche d'arômes électrisants, bondissant d'épices en fleurs puis en touches finement lactiques. Manifestant du fond et du rebond, mais encore marqué par l'élevage, Mon Tout mérite d'être attendu. Franchement doré, le bergeron impose une puissance qui n'est jamais statique. Les rouges possèdent beaucoup de personnalité, ce sont des vins pleins de naturel, marqués par un caractère sauvage, organique, qui ne plaira pas à tout le monde. Le sympathique Piste Rouge tend à s'oxyder rapidement dans le verre. Les Montagnes Rousses, mondeuse pointue mais sensuelle, nécessite une bonne aération. L'intensité, la profondeur et la finesse de Coteau de la Mort sont considérables. La matière est portée par une armada tannique exigeante ; l'abord de ce grand rouge de caractère est aujourd'hui ardu.

- Roussette de Savoie Mon Tout 2019 — de 33 à 34 € (c) — 91
- Vin de Savoie Armenaz 2019 — de 18 à 19 € (c) — 91
- Vin de Savoie Chignin-Bergeron Verre-Tige 2019 — de 33 à 34 € (c) — 92
- Vin de Savoie La Pente 2019 — de 14 à 15 € (c) — 89
- Vin de Savoie Mon Blanc 2019 — de 16 à 17 € (c) — 87
- Vin de Savoie Coteau de la Mort 2019 — de 33 à 34 € (c) — 93
- Vin de Savoie Montagnes Rousses 2019 — de 19 à 20 € (c) — 91
- Vin de Savoie Piste Rouge 2019 — de 15 à 16 € (c) — 87

Le coup de ♥

- Roussette de Savoie Ensemble 2019 — de 19 à 20 € (c) — 92

Rouge : 1,73 hectare.
Blanc : 3,77 hectares.
Production moyenne : 28 000 bt/an

DOMAINE DES CÔTES ROUSSES ♣
546, route de Villard-Marin, 73290 La Motte-Servolex
06 62 52 70 64 • www.lescotesrousses.com
• Vente et visites : sur RDV.
Propriétaire : Nicolas et Marielle Ferrand

★ DOMAINE GENOUX - CHÂTEAU DE MÉRANDE

Attachés aux petits rendements et aux vendanges manuelles, les frères André et Daniel Genoux ont repris, en 2001, les bâtiments du Château de Mérande. Engagé en biodynamie, ce domaine situé dans le cru Arbin propose une large gamme de vins provenant des sols de coteaux et de moraines glaciaires environnants. La mondeuse domine la production, occupant les deux tiers de la superficie du vignoble. Les vinifications s'effectuent désormais en levures indigènes et sans soufre, souvent en vendange entière. Les cuvées Latitude N45, La Noire, Le Comte Rouge et La Belle Romaine illustrent avec brio le renouveau actuel du vignoble savoyard et l'immense potentiel de son emblématique cépage rouge.

Les vins : il y a de l'aplomb et du panache dans les deux roussettes. La Comtesse Blanche, élevée en foudre, a gagné en cohérence et en tonicité en un an, avec une pointe pâtissière mais aussi beaucoup de relief et d'expressivité. Les mondeuses présentées illustrent le style affirmé du domaine, poussant parfois loin l'extraction du goût et de la structure. Déjà goûtée l'an dernier La Belle Romaine 2019 confirme son statut de cuvée de référence, avec une forte mâche, de la tension et heureusement tout le sourire fruité du cépage. L'Inté Graal 2019 marque un progrès notable ; si la chair est un peu sucrée par la vinification intégrale en barrique, le fruit est bien mieux préservé que dans la version précédente, conservant ampleur et élan. Très concentrée, serrée, opaque, N°45 semble en revanche encore dans les limbes, même si le jus possède les moyens de ses ambitions. Nous savons de quoi la cuvée est capable ! Si le message aromatique de l'intimidante La Noire 2017 s'est complexifié en un an, développant des notes empyreumatiques de suie et de cendres sur un fond mentholé, sa matière se montre encore très serrée, avec peut-être même une raideur tannique se faisant plus perceptible.

- Roussette de Savoie La Comtesse Blanche 2018 — 25 € — 90
- Roussette de Savoie Son Altesse 2019 — 17 € — 89
- Vin de Savoie Arbin La Noire 2017 — 32 € — 92
- Vin de Savoie Arbin Mondeuse L'Inté Graal 2019 — de 30 à 32 € (c) — 91
- Vin de Savoie Arbin Mondeuse Latitude N45°30.506' 2018 — 27 € — 91

Le coup de ♥

- Vin de Savoie Arbin Mondeuse La Belle Romaine 2019 — 16 € — 91

Rouge : 9 hectares.
Blanc : 3 hectares.
Production moyenne : 70 000 bt/an

DOMAINE GENOUX - CHÂTEAU DE MÉRANDE ♣

Chemin de Mérande, 73800 Arbin
04 79 65 24 32 • www.domaine-genoux.fr •
Vente et visites : sur RDV.
De 9h à 12h et de 14h à 18h.
Propriétaire : André et Daniel Genoux
Directeur : André Genoux
Maître de chai : Daniel Genoux

★ DOMAINE GIACHINO

Installés en 1988, David et Frédéric Giachino dirigent cette exploitation située à Chapareillan, face au massif des Bauges et surplombant la vallée de l'Isère. Certifié bio depuis 2008, le domaine suit les préceptes biodynamiques, vendange à la main, vinifie avec les levures indigènes et sans autre ajout de SO_2 qu'à la mise en bouteille. Le résultat ? D'excellentes matières premières vinifiées en douceur, qui donnent des vins sobres, sains et digestes, tant en blanc qu'en rouge. Le rare cépage persan offre à cette adresse l'un de ses plus beaux résultats ; d'autres cépages endémiques (la douce noire, la verdesse, la mondeuse blanche) sont également valorisés. La gamme est remarquablement homogène et monte en puissance avec les nouvelles cuvées issues des vignes de Michel Grisard (Prieuré Saint-Christophe), figure tutélaire de la viticulture savoyarde.

Les vins : seulement trois cuvées ont été présentées, dont un échantillon d'altesse 2020 pris sur cuve, encore en travail mais doté d'une bonne vivacité. Le blanc Monfarina 2020 se montre en revanche déjà très abouti, exprimant un caractère chlorophyllien de menthe mouillée : une très belle version de cette cuvée croquante et craquante qui complète la jacquère (90 %) par un peu de verdesse et de mondeuse blanche. La mondeuse 2018 a considérablement gagné en un an, sa trame s'est assagie et ses parfums se sont précisés ; possédant encore un bon potentiel d'évolution, elle s'exprime aujourd'hui avec beaucoup de naturel et de brio.

- Vin de Savoie Monfarina 2020 — 12 € — 90

Le coup de ♥

- Vin de Savoie Mondeuse Black Giac — 16 € (c) — 92

Rouge : 7,8 hectares.
Blanc : 7,2 hectares.
Production moyenne : 60 000 bt/an

DOMAINE GIACHINO ☾

Le Palud, 189 chemin des cotes,
38530 Chapareillan
04 76 92 37 94 • www.domaine-giachino.fr •
Vente et visites : sur RDV.
Propriétaire : David et Frédéric Giachino

★ DOMAINE LOUIS MAGNIN

Ce domaine artisanal a joué un rôle capital dans l'histoire contemporaine du vignoble savoyard. La surface exploitée a diminué mais le travail méticuleux, à la vigne comme au chai, permet à Louis Magnin d'atteindre des sommets d'expression en rouge comme en blanc. Perfectionniste, il montre à travers ses différents millésimes une constance que peu de producteurs atteignent dans cette région. Moins opulents que naguère, les blancs privilégient l'intensité minérale. Parmi les mondeuses, flamboyantes mais destinées à la garde, nous continuons à préférer les cuvées élevées en grand contenant à celles qui le sont en barrique.

Les vins : très bien dotés, lents à évoluer, les bergerons manifestent une tension singulière pour le cépage. Grand Orgue 2016 est ainsi animé par une acidité palpitante, qui offre un étonnant contraste avec le gras du vin. La mondeuse Fille d'Arbin poursuit en 2019 dans la voie tracée par le magnifique 2018, avec un fruit peut-être un peu moins dense mais jaillissant, purpurin, vigoureux et sain, évoluant entre le cadre réglissé des tanins et une délicieuse rémanence florale. Parmi les millésimes plus âgés La Brova 2015 séduit par sa complexité aromatique balsamique et épicée ; la forme reste svelte. Tout un Monde 2014 a digéré son élevage pour livrer un corps patiné, vertébré par une fraîche acidité qui permet au vin de dérouler ses notes de bois précieux et d'épices sur une grande longueur.

- Vin de Savoie Chignin-Bergeron 2017 — 22 € — 90
- Vin de Savoie Chignin-Bergeron Grand Orgue 2016 — 25 € — 91
- Vin de Savoie Arbin Mondeuse 2015 — 20 € — 90
- Vin de Savoie Arbin Mondeuse La Brova 2015 — 25 € — 91
- Vin de Savoie Arbin Mondeuse Tout un Monde 2014 — 30 € — 92

Le coup de ♥

- Vin de Savoie Arbin Mondeuse Fille d'Arbin 2019 — 30 € — 92

Rouge : 2 hectares.
Blanc : 1 hectare.
Production moyenne : 14 000 bt/an

DOMAINE LOUIS MAGNIN ♣

90, chemin des Buis, 73800 Arbin
04 79 84 12 12 •
www.domainelouismagnin.fr • Vente et visites : sur RDV.
Propriétaire : Louis et Béatrice Magnin
Directeur : Béatrice Magnin

★ ↗ DOMAINE JEAN MASSON ET FILS

Jean-Claude Masson est incontestablement le chantre de la jacquère. Fort d'une tradition familiale bien ancrée au Reposoir, merveilleuse banquette faisant face au massif des Bauges, au cœur du vignoble d'Apremont, il récolte mûr et isole les cuvées selon les terroirs et selon son humeur. En résultent des vins d'une ampleur et d'une richesse inhabituelles, vinifiés et élevés en cuve inox, capables d'évoluer en se complexifiant pendant plus d'une décennie, tout en conservant le caractère incisif et fluide de la jacquère. Une vision originale, attachante, indispensable au panorama des meilleures cuvées de Savoie, qui mérite amplement l'étoile que nous lui accordons cette année.

Les vins : après un millésime 2018 au profil inhabituellement rebondi, les jacquères de Jean-Claude Masson retrouvent en 2019 un élan incisif plus classique. Très expressive, immédiate, limpide, légèrement poivrée, la cuvée Nicolas offre une fraîche pointe de bourgeon de ronce. Caractéristique que l'on retrouve, amplifiée, dans La Déchirée, idéal de jacquère à la fois câline et cinglante. La cuvée Lisa est la plus dodue, comme en 2018. La cuvée Le Cœur, supérieurement intense et veloutée, tout en restant très vive, demande à être attendue. La Centenaire 2018, que nous avions particulièrement apprécié l'an dernier, le confirme pleinement : richesse des gammes épicées, un fruit qui tangente l'abricot et l'amande fraîche, gourmandise, douceur... et pourtant le tranchant alpin de l'acidité ne cède pas d'un pouce ! Très typée, de maturité poussée, crémeuse et saline, la roussette de haute expression est un modèle du genre en 2019.

- Rousette de Savoie 2019 — 16 € — 92
- Vin de Savoie Apremont Cuvée Lisa 2019 — 11 € — 88
- Vin de Savoie Apremont La Centenaire 2018 — 19 € — 92
- Vin de Savoie Apremont Le Coeur 2019 — 24 € — 91
- Vin de Savoie Apremont Nicolas 2019 — 10 € — 90

Le coup de ♥

- Vin de Savoie Apremont La Déchirée 2019 — 14 € — 91

Blanc : 10 hectares.
Production moyenne : 60 000 bt/an

DOMAINE JEAN MASSON ET FILS

Le Villard, 73190 Apremont
06 12 58 32 26 • www.domainemasson.com • Vente et visites : sur RDV.
Propriétaire : Jean-Claude Masson
Œnologue : Olivier Turlais

★ DOMAINE PASCAL ET ANNICK QUENARD

Ce domaine familial situé dans le village de Chignin s'attache à mettre en valeur un patrimoine de vieilles vignes (parfois plus que centenaires) grâce à des vendanges manuelles et des vinifications peu interventionnistes. Il en résulte une belle gamme de vins francs et expressifs, aux saveurs intègres, tant en blanc qu'en rouge, avec en particulier des mondeuses très abouties. Depuis 2016, les vins sont certifiés en agriculture biologique et le domaine s'essaie également à la biodynamie. Ce travail sérieux et régulier paie et les derniers vins sont de haute volée. La première étoile est venue récompenser en 2019 ces cuvées alliant grand charme et profondeur de caractère.

Les vins : Pascal Quenard nous a écouté, il a présenté des vins ayant eu le temps de digérer leur mise. Et quel éclat, quelle différence, notamment pour les mondeuses 2019 déjà goûtées l'an dernier ! L'Étoile de Gaspard brille de mille feux, c'est un vin d'une sensualité débordante, à la générosité presque sudiste, mais dont la fraîcheur et la tension ne peuvent être que savoyardes. Un peu plus claire, orientale et aérienne, Lunatique joue une partition plus éthérée, en dentelle, tout aussi séduisante. La Sauvage demeure en retrait, plus sèche et animale. Parfumé, joyeux, terrien, le gamay se pose en modèle. Les blancs sont en grande forme, avec des bergerons sensuels et majestueux, précis jusqu'au bout de leur richesse, notamment la cuvée Sève, issue de vendanges tardives, enivrante, décadente, mais parfaitement définie. Colorées, vivantes, sapides et sveltes, les jacquères emportent elles aussi l'adhésion. Une gamme qui cette année vaut deux étoiles !

- Vin de Savoie Chignin L'Epure 2020 — 10 € 89
- Vin de Savoie Chignin Vieilles Vignes 1903 2019 — 14 € 91
- Vin de Savoie Chignin-Bergeron Noé 2019 — 24 € 92
- Vin de Savoie Chignin-Bergeron Sous Les Amandiers 2019 — 15 € 90
- Vin de Savoie Chignin-Bergeron Sève 2019 — 27 € 92
- Vin de Savoie Gamay Les Beaux Jours 2020 — 14 € 90
- Vin de Savoie Mondeuse La Sauvage 2019 — 15 € 89
- Vin de Savoie Mondeuse Lunatique 2019 — 27 € 94

Le coup de ♥

- Vin de Savoie Mondeuse L'Etoile de Gaspard 2019 — 24 € 95

Rouge : 1,5 hectare.
Blanc : 5 hectares.
Production moyenne : 30 000 bt/an

DOMAINE PASCAL ET ANNICK QUENARD ♣

1, place du Lavoir, Le Villard, 73800 Chignin
04 79 28 09 01 •
www.quenard-chignin-bergeron.com •
Vente et visites : sur RDV.
Propriétaire : Pascal Quenard

★ DOMAINE J.-P. ET J.-F. QUÉNARD

Les Quenard et les Quénard sont nombreux dans le village de Chignin, mais Jean-François se distingue sans peine. Nous saluons la qualité du travail accompli et la cohérence de la vaste gamme, qui s'affine chaque année par petites touches. Les vins rouges ont beaucoup progressé et atteignent aujourd'hui un excellent niveau. Richement dotés, les blancs conservent un juste équilibre en bouche, ils sont désormais vinifiés avec les seules levures indigènes. Regardant vers l'avenir, Jean-François Quénard a restructuré son vignoble en vue du passage vers l'agriculture biologique (certification en cours) ; la transmission à sa fille Anne-Sophie est également programmée.

Les vins : une dégustation un peu frustrante, avec des 2020 parfois enthousiasmants mais encore en gestation. Bien typé, savoureux, le crémant non dosé, issu du millésime 2018, doit son cachet et ses notes de fleurs des champs à la jacquère (60 % de l'assemblage). On retrouve ce cépage dans la cuvée Anne de la Biguerne, dans une version bien mûre, en relief. Un peu moins vive qu'en 2017, la roussette 2018 affirme néanmoins un beau caractère, épicé et velouté, sur fond d'ananas frais. Parmi les bergerons, nous retiendrons Chez Les Béroux 2020, gras, intense, étiré par une suggestion d'amande amère, et le bergeron Comme Avant 2018, cadré par des notes de bois frais, qu'il faut encore attendre. Prometteuses mais encore très brutes, les mondeuses 2020 affichent une belle vigueur, de l'allant, du jus. Il en va de même pour le persan. La mondeuse La Déroutante 2019, sans soufre, offre l'éclat spontané d'un fruit primaire.

- Roussette de Savoie Anne-Sophie 2018 — 16 € 89
- Vin de Savoie Chignin Anne de la Biguerne 2020 — 11 € 89
- Vin de Savoie Chignin-Bergeron Chez Les Béroux 2020 — 16 € 90
- Vin de Savoie Chignin-Bergeron Comme Avant 2018 — 24 € 88
- Vin de Savoie Mondeuse Elisa 2020 — 17,50 € 90
- Vin de Savoie Mondeuse La Déroutante 2019 — 24 € 89
- Vin de Savoie Mondeuse Terres Rouges 2020 — 13 € 90

Vin de Savoie Persan Les 2 Jean 2020 20 € 89

Le coup de ♥

Crémant Brut Entre Amis 2018 14 € 90

Rouge : 4,9 hectares.
Blanc : 12,5 hectares.
Production moyenne : 120 000 bt/an

DOMAINE J.-P. ET J.-F. QUÉNARD

44, chemin de la Tour de Montagny, Le Villard, 73800 Chignin
04 79 28 08 29 • www.jfquenard.com • Visites : sur RDV aux professionnels.
Propriétaire : Jean-François Quénard

★ LES VIGNES DE PARADIS

L'aventure de Dominique Lucas à Pommard a pris fin pour cause d'aléas climatiques. Il se consacre désormais entièrement à son vignoble du Chablais, mené en biodynamie. Sorti de l'appellation Crépy, trop restrictive pour les vins auxquels il aspire, il a planté des cépages exogenes et envisage son travail de vigneron comme un véritable artisanat d'art. Il ne néglige pas pour autant le chasselas, loin s'en faut ! Ce dernier s'incarne dans Un P'tit Coin de Paradis, issu des bas de parcelle, mais aussi dans le profond Un Matin Face au Lac. Une cuvée C de Marin a vu le jour, en plus des originaux IGP, issus de cépages parfois inattendus. La qualité des cuvées place ce vigneron parmi les talents de la région à suivre absolument : jamais chaptalisées, vinifiées avec des doses minimes de soufre, elles comptent parmi les plus excitantes du paysage savoyard actuel.

Les vins : deux magnifiques chasselas en 2019. Un P'tit Coin de Paradis, vinifié et élevé en demi-muid, livre un vin doré, épicé, finement butyrique, patiné mais plein d'allant. Un Matin Face au Lac, vinifié et élevé en œuf béton, est à nouveau notre préféré, une expression subtile et intense du cépage, une matière tendre et taquine, au développement notable en bouche, d'une grande sensualité. Possédant un peu plus de tout (gras, ampleur, richesse alcoolique...), le pinot gris partage un air de famille avec les deux chasselas, notamment ce très beau grain de sel qui vient titiller la finale.

IGP Vin des Allobroges Pinot Gris 2019 17,50 € 91

IGP Vin des Allobroges Un P'tit Coin De Paradis 2019 14,50 € 90

Le coup de ♥

IGP Vin des Allobroges Un Matin Face au Lac 2019 18 € 92

Rouge : 0,14 hectare.
Blanc : 6,86 hectares.
Production moyenne : 35 000 bt/an

LES VIGNES DE PARADIS

167, route du Crépy Marcorens
74140 Ballaison
04 50 94 31 03 •
www.les-vignes-de-paradis.fr • Vente et visites : sur RDV.
Du lundi au samedi de 9h à 19h30.
Propriétaire : Dominique Lucas

L'AITONNEMENT

Maxime Dancoine, œnologue trentenaire, ne cultive qu'un tout petit vignoble, localisé à Aiton, à l'extrémité occidentale du massif de la Maurienne. La production qui en est issue commence néanmoins à attirer l'attention des amateurs. Très soignée, d'inspiration biodynamique et labellisée bio depuis 2017, elle s'inscrit dans la diversité et l'ambition qui caractérisent le renouveau générationnel de la viticulture savoyarde. Cette démarche prend tout son sens à la lumière des nouvelles plantations qui privilégient des cépages endémiques comme le jaubertin ou le blanc de Maurienne. Il faut aussi suivre de près – de très près – le jeune négoce que Maxime Dancoine a créé avec Guillaume Lavie, vigneron dans le Bugey (Les Vins de Lavie) : Des Vins d'Envie.

Les vins : Chasse au Dahu, assemblage de jacquère et d'altesse, illustre parfaitement l'esprit du négoce Des Vins d'Envie : un vin tendre, gourmand, vif cependant, ayant le sens du lieu, dont on savoure la petite pointe de crème fouettée à chaque gorgée. Genesis est une pure jacquère issue de trois parcelles de vieilles vignes (autour de 80 ans) situées à Aiton. Fermentée en jarres de grès, cette cuvée manifeste une densité, une rondeur inhabituelles, tout en conservant toute l'alacrité et l'éclat aromatique propres au cépage. Dans un contexte de résurgence de ce raisin, c'est une des jacquères les plus abouties qu'il nous ait été donné de goûter cette année ! Assemblage rouge (70 % douce noire et 30 % mondeuse), Nebula propose un jus frais et friand, très personnel, au fruit sensuel paré de quelques coquetteries organiques.

Vin de Savoie Chasse au Dahu 2019 12 € 90

IGP Vin des Allobroges Nebula 2019 Épuisé - de 2 à 26 € (c) 90

Le coup de ♥

IGP Vin des Allobroges Genesis 2019 Épuisé - 28 € 93

Rouge : 0,5 hectare. Mondeuse noire 60 %, Douce Noire 20 %, Joubertin 20 %
Blanc : 0,5 hectare. Altesse 50 %, Jacquère 50 %
Production moyenne : 4 000 bt/an

L'AITONNEMENT ♣
1145, rue des Mettanies, 38530 Pontcharra
06 60 19 41 49 • www.aitonnement.com/ •
Vente et visites : sur RDV.
Propriétaire : Maxime Dancoine

CELLIER DE LA BARATERIE

Julien Viana a produit son premier millésime à la Baraterie, hameau de Cruet, en 2014. Pratiquant une viticulture attentive, très manuelle, ce solide gaillard nous offre des cuvées tout en délicatesse, en subtilité de propos, des vins plus parfumés que structurés, pour la plupart élevés en cuve. Heureuse Savoie, qui possède aujourd'hui tant de jeunes talents, vignerons accomplis aux styles si personnels !

Les vins : Julien Viana ne nous a présenté que deux vins cette année, deux 2020 tout à fait dans la veine fine et expressive des millésimes précédents. L'assemblage rouge Paroxysme (pinot, gamay et mondeuse) développe une saveur joyeuse, terrienne et fruitée, feuillue aussi, au fil d'un corps souple mais plein d'entrain. La roussette s'exprime avec beaucoup de naturel, elle regorge de saveur et de panache tout en maintenant un équilibre sur la légèreté.

Vin de Savoie Paroxysme 2020 12 € 89

Le coup de ♥

Roussette de Savoie 2020 15 € 90

Rouge : 5 hectares.
Blanc : 5 hectares.
Production moyenne : 20 000 bt/an

CELLIER DE LA BARATERIE ♣
Chemin de la Baraterie 73800 Cruet
06 88 21 08 50 •
www.cellierdelabaraterie.com • Vente et visites : sur RDV.
Propriétaire : Julien Viana

DOMAINE DUPASQUIER

Installés près de Jongieux dans le pittoresque village d'Aimavigne, au pied du vertigineux coteau de Marestel, les Dupasquier se succèdent depuis cinq générations et cultivent avec sagesse leurs vignes (enherbement, absence de produits de synthèse). Partisans d'élevages longs en foudre, David et Véronique Dupasquier commercialisent les vins après quelques mois ou années de vieillissement en bouteille. Les vins les plus simples ne manquent ni de personnalité ni de saveur, même s'ils relèvent d'un style que certains jugeront daté. La roussette de Marestel est le grand vin du domaine, capable de se bonifier pendant trente ou quarante ans dans les millésimes favorables, développant une étonnante diversité de saveurs sans perdre sa fraîcheur.

Les vins : gamay terrien, tertiaire, à la robe déjà brunie, Le Joli Canon du Père Noël 2017 possède du parfum et du rebond, malgré une petite sécheresse. Le chardonnay 2016 s'est encore épanoui avec une année supplémentaire. Il surprend par sa tenue comme par sa saveur originale et généreuse, évoquant la confiture de pastèque et le cèpe frais. On est à l'opposé des chardonnays sous-mûrs, émaciés et fades sous prétexte d'"élégance" ! La roussette 2017 propose elle aussi une saveur intense, confite, mais son propos demeure encore un peu contraint, avec une pointe de rigidité. Il faut l'attendre.

Rousette de Savoie Altesse 2017 9,90 € 90

IGP Vin des Allobroges Le Joli Canon du Père Noël 2017 9,80 € 89

Le coup de ♥

Vin de Savoie Chardonnay 2016 9,20 € 90

Rouge : 6,3 hectares.
Blanc : 8,7 hectares.
Production moyenne : 80 000 bt/an

DOMAINE DUPASQUIER
25, impasse du Vieux-Pressoir, Aimavigne, 73170 Jongieux
04 79 44 02 23 •
www.domainedupasquier.over-blog.com •
Visites : sans RDV.
Propriétaire : David et Véronique Dupasquier

DOMAINE NICOLAS GONIN

Représentant de la vitalité de la viticulture isé-roise, Nicolas Gonin s'est installé en 2005 à Saint-Chef, non loin de Bourgoin-Jallieu, repre-nant les vignes de son oncle. Courageusement, il a d'emblée entrepris d'arracher le vignoble existant pour replanter des cépages patrimo-niaux de deuxième époque, éliminant ceux de première époque comme le pinot ou le gamay. Le jeune œnologue au parcours éclectique, féru d'ampélographie, a ainsi anticipé non seule-ment l'évolution du climat, mais aussi celle des modes de consommation ! Mondeuse, persan, mècle, altesse, viognier, verdesse et jacquère sont d'ores et déjà mis à contribution sur les coteaux du Bas Dauphiné ; servanin, salagnin et bia blanc devraient les rejoindre... Nous parions sur l'avenir de cette production idéaliste (certifiée bio depuis 2012), intelligente, métic-uleuse, qui va s'affiner avec l'âge des vignes et la confiance grandissante du vigneron.

Les vins : typés, originaux, expressifs, dotés d'une belle fraîcheur, les blancs confirment leur réussite en 2019. Nous retiendrons une Ver-desse de grand caractère, miellée et racinaire, riche, enveloppante et dynamique à la fois, qui montre, au-delà des accointances philologi-ques, une parenté d'esprit et de forme avec le verdanel gaillacois... Sanguin et fumé, le persan 2019, déjà goûté l'an passé, affirme son carac-tère plein de santé, dru, juteux, porté par une acidité vigoureuse. La mondeuse du même mil-lésime montre un profil plus léger, franc, genti-ment chlorophyllien. Nous continuons à suivre de près l'endémique mècle, dont l'échantillon 2020 s'avère fort prometteur.

- IGP Isère Balmes Dauphinoises Viognier 2019 — 15 € — 89
- IGP Isère Balmes Dauphinoises Altesse 2019 — 14 € — 90
- IGP Isère Balmes Dauphinoises Mondeuse 2019 — 15 € — 88
- IGP Isère Balmes Dauphinoises Persan 2019 — 16 € — 90

Le coup de ♥

- IGP Isère Balmes Dauphinoises Verdesse 2019 — 17 € — 91

Rouge : 2,2 hectares.
Blanc : 2,8 hectares.
Production moyenne : 25 000 bt/an

DOMAINE NICOLAS GONIN ♣
945, route des Vignes, 38890 Saint-Chef
04 74 18 74 81 • www.vins-nicolas-gonin.com
• Vente et visites : sur RDV.
Propriétaire : Nicolas Gonin

CHÂTEAU DE LUCEY

Créé en 1993, le vignoble du château, qui domine le Rhône, est très majoritairement voué au cépage emblématique de ce secteur de l'Avant-Pays savoyard, l'altesse. Le travail de Christophe Martin, arrivé en 2010 au château de Lucey, s'est rapidement porté sur l'agronomie ; la viticulture est certifiée biologique depuis 2016. On constate en parallèle une progression de la qualité des vins, qui méritent toute l'attention des amateurs d'authenticité et d'élégance.

Les vins : les roussettes 2017 brillent par un équilibre à la fois miellé et aérien. Plus ronde et rassise, la cuvée Pimpenan élevée sous bois joue la gourmandise, alors que Chapitre 17 vini-fiée et élevée en cuve béton ovoïde offre un profil plus tendu tout en restant très avenante. Attention en revanche au penchant oxydatif des deux roussettes 2018, L'Originel et Les Altesses (non notées) ! Il peut séduire mais dénature l'ex-pression que l'on attend du cépage sur son ter-roir historique. Indéniablement généreux, le pinot 2019 offre une agréable suggestion de confiture de fraise mais reste chaleureux et linéaire. Il en va autrement de la mondeuse, qui dans le même millésime déploie de magnifiques nuances de pivoine derrière la réduction initiale ; sa mâche déliée et grenue à la fois, légère (10,5°) et cepen-dant intense, est un vrai bonheur. Ce n'était pas un accident. Comme en 2018, voici une mon-deuse de l'Avant-Pays savoyard qui rivalise avec celles des crus de la Combe de Savoie !

- Roussette de Savoie Chapitre 17 2017 — 20,40 € (c) — 91
- Roussette de Savoie Pimpenan 2017 — 14 € — 90
- Vin de Savoie Pinot Noir 2019 — 14 € — 87

Le coup de ♥

- Vin de Savoie Mondeuse Sous le Sarrasin 2019 — 16 € — 91

Rouge : 1,5 hectare.
Blanc : 5,5 hectares.
Production moyenne : 23 000 bt/an

CHÂTEAU DE LUCEY ♣
292, route des Moulins, 73170 Lucey
06 69 99 82 87 • www.chateaudelucey.com
• Vente et visites : sur RDV.
De 9h à 12h et de 14 à 19h.
Propriétaire : Nicole Defforey
Directeur : Christophe Martin

NOUVEAU DOMAINE

MATHIEU APFFEL

Après quelques millésimes vinifiés en Savoie, c'est en 2017 que le Jurassien Mathieu Apffel reprend un domaine situé à Saint-Baldoph, entre Chambéry et Apremont. Là se trouve l'essentiel de ses vignes de jacquère. Un deuxième îlot, à Saint-Alban de l'autre côté de la préfecture, permet d'élaborer un lumineux blanc d'assemblage (jacquère-altesse). Également adossée au massif des Bauges, le demi-hectare de mondeuse livre un vin au charme floral envoûtant. Cinq hectares en tout. Toutes les cuvées, très soigneusement pensées et élevées, manifestent une sensibilité esthétique et un goût du plaisir qui les placent tout en haut des productions vigneronnes artisanales de Savoie.

Les vins : parfumée, multidimensionnelle, la cuvée d'assemblage Terroir de Saint-Alban offre, derrière une petite réduction initiale, un passage en bouche plein d'éclat. Croquant et sapide, c'est un vin d'une grande sensualité. On peut en dire autant de la jacquère Avant la Tempête 2018 (le vignoble de Saint-Baldoph a été ravagé par la grêle en 2019, donnant naissance à une très rare cuvée en macération, La Grêlée). De haute maturité pour une jacquère, patiemment et savamment élevé (2/3 cuve, 1/3 fût), voici un grand blanc tous cépages confondus, nuancé, naturel et salin.

- Vin de Savoie Terroir de Saint Alban 2019 — 15 € — 91

Le coup de ♥

- Vin de Savoie Avant la Tempête 2018 — 15 € — 92

Rouge : 0,5 hectare.

Blanc : 3,6 hectares.

Production moyenne : 40 000 bt/an

MATHIEU APFFEL

152, Chemin de la mairie,
73190 Saint-Baldoph

06 61 87 01 52 • mathieuapffel.com • Vente et visites : sur RDV.

Propriétaire : Mathieu Apffel

DOMAINE SAINT-GERMAIN

Créé en 1999, le domaine est situé dans le parc naturel régional du massif des Bauges, sur un terroir en coteaux exposés au sud, appartenant au village de Saint-Pierre-d'Albigny. L'interprétation engagée des grands classiques savoyards voisine avec une curiosité dynamique du patrimoine alpin dans le temps (les cépages anciens réhabilités) et dans l'espace (cuvées Par-delà les Versants qui intègrent des cépages valaisans comme la petite arvine ou le gamaret). Voici une adresse à suivre, une de celles où s'écrit le futur retrouvé du vignoble savoyard.

Les vins : la gamme illustre la vitalité d'un domaine en pleine forme qui, comme nous l'écrivions l'an dernier, est en train de devenir indispensable à qui veut découvrir l'originalité et le dynamisme des vins de Savoie. En blanc comme en rouge, les cuvées de soif (et d'assemblage) Crac Boum' Bu 2020 conjuguent avec constance glissant et saveur. Autres cuvées d'assemblage, Par-delà les Versants affiche un caractère plus soutenu, la piquante version blanche (majoritairement petite arvine et roussanne) manifestant à ce stade davantage d'harmonie que la rouge, poivrée et lactique. Le crémant, bien typé par l'altesse (60 % de l'assemblage), affiche davantage de profondeur et de cohérence que l'an dernier : une bulle originale, fraîche et nuancée. Nous aimons toujours autant la mondeuse blanche, mordante sans être sèche. Mention spéciale pour le bergeron, pointu, miellé, riche en extrait sec, aux notes intrigantes d'hélichryse et de curcuma. Si le persan 2020 se montre encore très juvénile, batailleur, la très parfumée et agile mondeuse Le Pied de la Barme 2019 confirme la grande qualité de la version 2018.

- Crémant de Savoie Les Bulles d'Hortense — 21,50 € — 90
- IGP Vin des Allobroges Par-delà les Versants 2019 — 21,50 € — 91
- Roussette de Savoie Altesse 2020 — 15,50 € — 88
- Vin de Savoie Crac Boum Bu 2020 — 13,50 € — 88
- Vin de Savoie Mondeuse Blanche 2020 — 16,50 € — 92
- IGP Vin des Allobroges Par-delà les Versants 2019 — 21,50 € — 89
- Vin de Savoie Crac Boum Bu 2020 — 13,50 € — 88
- Vin de Savoie Persan 2020 — 16,50 € — 89

- Vin de Savoie mondeuse Le Pied de la Barme 2019 — 15,50 € — 91

Le coup de ♥

- Vin de Savoie Chignin-Bergeron 2019 — 21,50 € — 93

Rouge : 7,92 hectares.
Blanc : 5,96 hectares.
Production moyenne : 70 000 bt/an

DOMAINE SAINT-GERMAIN ♣
65, route de Miolans,
73250 Saint-Pierre-d'Albigny
04 79 28 61 68 •
www.domainesaintgermain.com • Vente et visites : sur RDV.
Propriétaire : Raphaël Saint-Germain

DOMAINE FABIEN TROSSET

Fabien Trosset et sa compagne Chloé ont repris en 2011 le domaine de Jean-Louis Trosset, cousin germain de Louis et Joseph Trosset. En 2013, ils ont agrandi l'exploitation avec une partie des vignes du domaine Joseph Trosset. La plus grande partie du vignoble est plantée sur le terroir d'Arbin, mettant à l'honneur la mondeuse, dont les interprétations vont du coulant vin de fruit à la cuvée de garde ambitieusement élevée. Ce jeune domaine progresse chaque année ; les vins ont indéniablement gagné en franchise et en hauteur d'expression.

Les vins : les blancs 2020 confirment, et même amplifient, la progression constatée dans les deux millésimes précédents. Parfaitement définis, roussette et bergeron conjuguent caractère, ampleur et tonicité, éludant le caractère roboratif d'un millésime solaire. Deux cuvées viennent enrichir la gamme : un apremont tranchant et savoureux, suggérant avec bonheur le foin à peine fauché, et une très intéressante mondeuse blanche, intense, pointue, légèrement fumée, persistante. Parmi les mondeuses, rouges cette fois, notre préférence va cette année à la tendre et enjouée Terre d'Origine, plus en parfum qu'en matière. Dans des registres différents, les autres cuvées sont tout à fait dignes d'intérêt, notamment Hors-Piste, accrocheuse, "argileuse", et 1952 qui, sans trahir l'originalité de son cépage plaira aux amateurs de vins travaillés et articulés, patinés par le bois.

- Roussette de Savoie La Devire 2020 — 11 € — 90
- VDF Avalanche 2020 — 14,40 € — 90
- Vin de Savoie Chignin-Bergeron Les Cerisiers 2020 — 12,50 € — 90
- Vin de Savoie Le Roc 2020 — 9 € — 88
- Vin de Savoie Arbin Mondeuse 1952 2018 — 17,50 € — 90
- Vin de Savoie Arbin Mondeuse Avalanche 2019 — 13 € — 88
- Vin de Savoie Arbin Mondeuse Hors Piste 2019 — 14,50 € — 89

Le coup de ♥

- Vin de Savoie Terre d'Origine 2019 — 11,50 € — 90

Rouge : 13 hectares.
Blanc : 10 hectares.
Production moyenne : 120 000 bt/an

DOMAINE FABIEN TROSSET
Avenue Gambetta, ZA d'Arbin, 73800 Arbin
04 79 79 98 50 • www.domainetrosset.com
• Visites : sans RDV.
Du lundi au vendredi de 8h à 12h et de 14h à 17h. Samedi sur rendez-vous.
Propriétaire : Fabien Trosset
Œnologue : Olivier Turlais

Le Sud-Ouest et ses vins

Par Karine Valentin,
en charge des vins du Sud-Ouest au sein
du comité de dégustation de La Revue du vin de France

Superficie
55 462 hectares

Cépages principaux
Vins rouges :
cabernet-sauvignon, cabernet franc, duras, fer servadou, gamay, malbec, merlot, négrette, syrah, tannat

Vins blancs :
courbu, gros et petit manseng, loin de l'œil, mauzac, sauvignon, sémillon

Volume produit en 2020
3 600 000 hectolitres

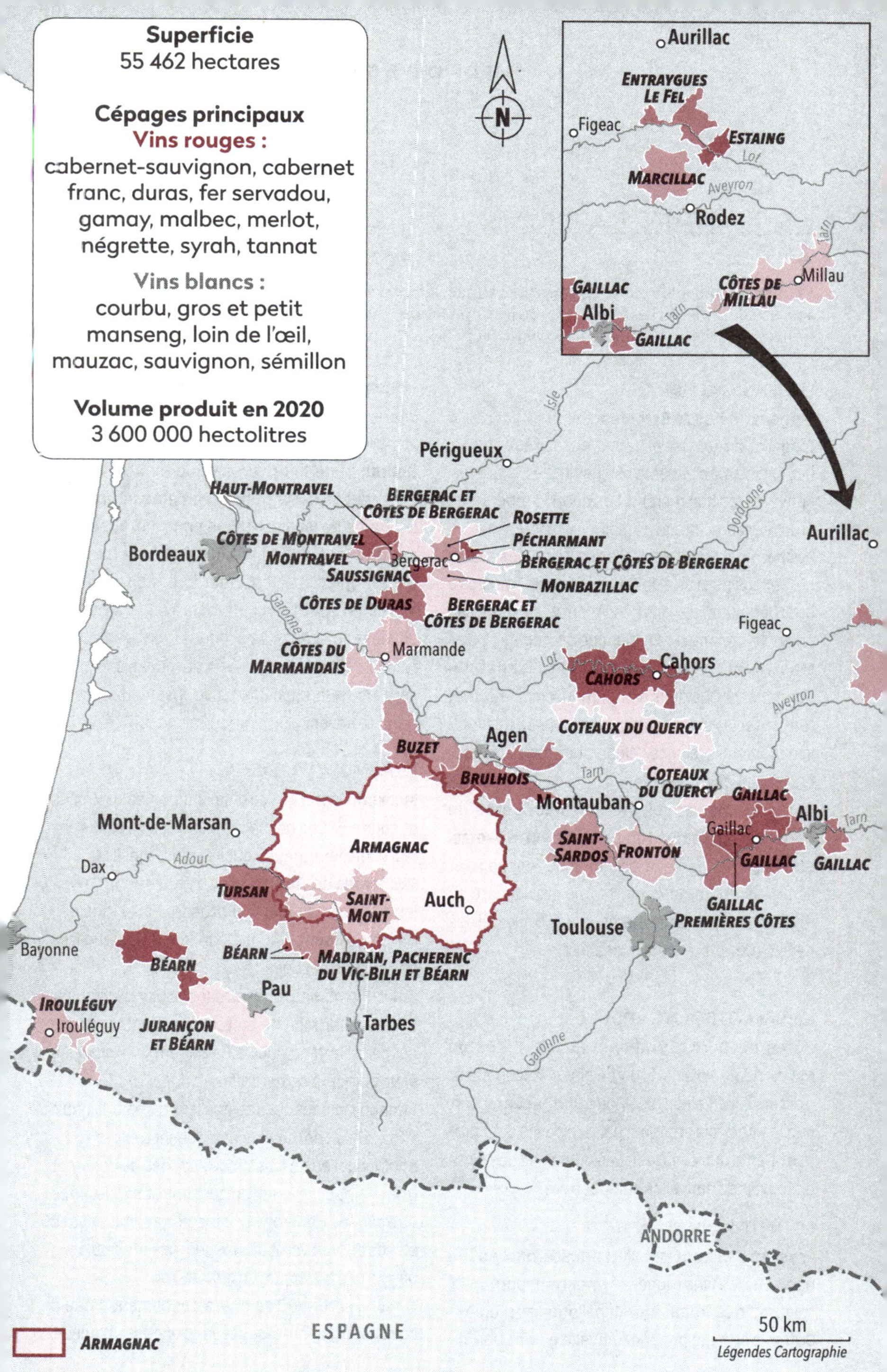

LES APPELLATIONS

Réparties sur le plus vaste territoire de France, allant de Bergerac au nord, à Irouléguy au sud et à Marcillac, à l'est, en Aveyron, les appellations du Sud-Ouest sont les représentantes d'identités très fortes, marquées par des cépages autochtones.

LE BERGERACOIS

Bergerac, Côtes de Bergerac : Bergerac constitue l'appellation de base en rouge, en rosé et en blanc. Ce sont majoritairement des vins simples, équilibrés, souvent très bon marché. Les côtes-de-bergerac proposent davantage d'ambition et d'intensité.

Pécharmant : petite appellation de rouges située au-dessus de la ville de Bergerac, sur la rive droite de la Dordogne. Les vins possèdent une expression originale, mais ce terroir manque de leader.

Montravel : appellation de vins blancs du Bergeracois. Quelques producteurs ambitieux font fermenter le vin en barrique à la manière des nouveaux bordeaux blancs. L'élaboration des rouges est également envisageable.

Côtes de Montravel, Monbazillac, Côtes de Bergerac moelleux, Haut-Montravel, Rosette, Saussignac : appellations de vins moelleux et liquoreux du Bergeracois. Même si la qualité se révèle beaucoup trop hétérogène, on trouve ici des perles à des prix encore sages.

LA VALLÉE DE LA GARONNE

Côtes de Duras, Brulhois, Buzet, Côtes du Marmandais : voisins du Bordelais, l'encépagement y est similaire. Ce sont des vins d'un très bon rapport qualité-prix, mis en valeur par des caves coopératives performantes. Quelques domaines de pointe ont ouvert de nouvelles perspectives.

LE HAUT-PAYS

Fronton : misant sur l'originalité du cépage négrette, les vins rouges s'y montrent parfumés, francs et très fruités. Une appellation en progrès.

Cahors : stimulé par une nouvelle génération, ce vignoble rouge réaffirme son identité autour du cépage malbec. La qualité s'améliore, avec des vins à la fois plus profonds et plus proches du fruit.

Gaillac : une élite vigneronne montre tout le potentiel de cette appellation présentant tous les types de vins autorisés en blanc, et surtout en rouge, ce qui ne facilite pas la perception d'une typicité de cru pour le consommateur.

Marcillac : petite appellation aveyronnaise en pleine renaissance. Les rouges, agrestes et parfumés, sont élaborés à partir du mansois, alias fer servadou ou braucol. On trouve aussi deux appellations en devenir : Estaing (ou Entraygues) et Le Fel.

LE PIÉMONT PYRÉNÉEN

Madiran : vins rouges colorés, charpentés, tanniques et capiteux. Une nouvelle génération de vignerons leur a fait perdre leur rusticité traditionnelle.

Pacherenc du Vic-Bilh : vins blancs secs et moelleux. Sans posséder la profondeur ni la race des meilleurs jurançons, ils bénéficient des qualités des mêmes cépages.

Saint-Mont : vins rouges, rosés et blancs simples, francs et bon marché, surtout représentés par une coopérative remarquable. De plus en plus d'ambition et une production qui s'affine.

Jurançon : blancs secs et moelleux racés, originaux, vifs et frais. Les moelleux vieillissent très bien.

Irouléguy : lieu de naissance supposé du cabernet franc, l'AOC basque est aujourd'hui reconnue grâce au travail de vignerons ambitieux qui élaborent des blancs de haut vol et des rouges massifs. Irouléguy affiche une envergure de grand terroir.

Tursan : cette AOC se révèle doucement grâce à quelques vignerons. Son cépage blanc est le baroque.

LES CÉPAGES

LES CÉPAGES ROUGES

La proximité de Bordeaux influence l'emploi des cépages comme le **merlot**, le **cabernet-sauvignon** et le **cabernet franc**, dans les vignobles de Bergerac, Duras, Marmande ou Buzet. Au-delà, les autres appellations favorisent la résurgence de cépages autochtones.

Cahors est le berceau du **malbec**, appelé aussi côt. Il produit un vin dense et anguleux, appelé autrefois le "vin noir". Plus au sud, à Madiran, c'est le **tannat** qui signe le style des vins rouges de l'appellation. Des crus charpentés qui peuvent s'avérer rustiques s'ils ne sont pas vinifiés avec précision.

À Fronton, la **négrette** est le cépage majoritaire, à l'origine d'un vin fruité et aromatique, alors qu'à Marcillac le **fer servadou**, que l'on retrouve aussi en cépage secondaire dans d'autres appellations, entre à 90 % dans l'assemblage des vins de l'appellation. Dans ces AOC du Haut-Pays, le **gamay** et la **syrah** sont également bien implantés. On retrouve aussi de manière plus anecdotique des cépages comme le **pinot noir**, le **jurançon noir**, le **mouyssaguès** (Entraygues et Le Fel), le **braucol**, le **prunelard** et le **duras**.

Enfin, il est un cépage planté dans tout le Sud-Ouest, mais aussi en Bordelais, qui viendrait du Pays basque (de l'appellation Irouléguy) et a trouvé ses lettres de noblesse sur les rives de la Garonne et de la Loire : le **cabernet franc**.

LES CÉPAGES BLANCS

On retrouve la même influence bordelaise dans l'implantation des cépages blancs. Le **sauvignon** et le **sémillon** sont plutôt présents dans le Bergeracois, à Duras et à Marmande, pour l'élaboration de vins blancs secs, mais surtout de beaux liquoreux (Monbazillac). Puis ces deux cépages cèdent le pas en direction de Toulouse et de Pau à des spécimens plus originaux.

Le cépage le plus intéressant de tous, pour l'élaboration de vins liquoreux, n'est autre que le **petit manseng**, accompagné de son frère, le **gros manseng**. Ils sont les artisans de la réussite des liquoreux de Pacherenc et de Jurançon. En compagnie de ces derniers, on retrouve généralement le **courbu**, dans des proportions moindres.

Dans le Gers, au pays des blancs secs, sont aussi plantés le **chardonnay**, le **colombard**, la **muscadelle**, la **folle blanche** et le **mauzac**. Ce dernier est lui aussi employé dans le Gaillacois à hauteur de 50 % minimum. N'oublions pas un cépage ligérien qui s'acclimate parfaitement en cette terre de cocagne : c'est le **chenin**, présent dans de nombreuses appellations.

Enfin, Gaillac emploie un cépage planté uniquement sur ses terroirs et qui porte le doux nom de **loin de l'œil**. Un nom donné par les anciens : le raisin possède un pédoncule très long qui le retient loin de la tige de la grappe et, donc, loin de l'œil.

MENUS HAUT PERCHÉS AU PAYS BASQUE

CHAMBRES D'HÔTES

DOMAINE LATAPY

Irène Guilhendou, vigneronne à Gan, productrice de vins et de tisanes bio, a ouvert deux charmants gîtes sur son domaine, qui jouissent d'une vue imprenable sur les Pyrénées. Pouvant accueillir deux à six personnes, ils sont disponibles à partir de 310 € par semaine. Un bon point de départ pour sillonner la région.

Chemin Berdoulou, 64290 Gan
Tél. : 06 23 22 07 29
www.domaine-latapy.com

MAS AZÉMAR

La demeure ancienne abrite plusieurs chambres décorées avec soin dans le respect de l'histoire des lieux, une piscine chauffée et une table d'hôtes. Chambres à partir de 127 € (petits-déjeuners inclus) et menu dîner à partir de 39 €.

Rue du Mas-de-Vinssou,
46090 Mercues
Tél. : 05 65 30 96 85
www.masazemar.com

BARS À VINS

WINE BAR

350 étiquettes françaises au générique de ce bar à vins de Pau qui prend place dans une boutique très branchée (barbier, coiffeur, tatoueur et coworking). Tous les soirs, 20 vins au verre, des planches de fromage et de charcuterie.

2 bis, rue Jean-Réveil,
64000 Pau
Tél. : 07 67 92 52 99

BAR DU MARCHÉ

Son adresse ne s'invente pas. Ce bar est une cave à vins et à manger ouverte du jeudi au samedi. Les vins présents sur la carte sont issus d'une agriculture raisonnée, avec une large place à la biodynamie. Le soir, tapas, soirées spéciales, concerts…

2, boulevard du général-Ballon,
32800 Eauze
Tél. : 06 75 24 57 65
www.bar-du-marche.fr

CHÉRI BIBI

Bouteilles saines des vignerons du coin et conserves de produits locaux habillent les étagères du lieu, à la déco rétro. Côté table, le menu est ancré dans son époque, avec des assiettes ensoleillées à base d'excellents produits. Fanny et François Lemarié proposent des planches pour l'apéro et un menu entrée-plat-dessert à 19 € le midi.

50, rue d'Espagne,
64200 Biarritz
Tél. : 05 59 41 24 75

RESTAURANTS

LA TOUR DES VENTS

Du côté de Monbazillac, voici une institution haut perchée, tant par sa position géographique dominante que par sa cuisine sensible dûment étoilée, récitée par l'excellent Damien Fagette. Pour l'accompagner, une carte des vins profonde, et pas seulement sur les appellations locales. Menus à 41 € (le midi du mercredi au vendredi), 51 et 72 €. La maison propose également des cours d'œnologie de septembre à juin.

Moulin de Malfourat,
24240 Monbazillac
Tél. : 05 53 58 30 10
www.tourdesvents.com

AUBERGE DE LAYOTTE

Dans cette ferme-auberge, perdue au milieu de la forêt, Régis Gagnadre donne le ton depuis plus de vingt ans. Le menu gargantuesque (la bouteille de 2 litres de vin sur la table dit tout des portions) met la Dordogne à l'honneur via un apéritif, une soupe, trois hors-d'œuvres, deux viandes, légume, fromage, dessert. Bon appétit ! Ouvert sur réservation.

24620 Tursac
Tél. : 05 53 06 95 91
www.aubergelayotte.com

LA TABLE – SÉBASTIEN GRAVÉ

Le long des rives de la Nive, sur les quais de la ville de Bayonne, les convives se régalent à cette table d'hôtes. Dans les assiettes, du pur Pays basque concocté par un chef du cru, Sébastien Gravé — qui a ouvert juste à côté Séquence(s), avec un menu unique en huit étapes et des fourneaux ouverts derrière le bar. Carte des vins sympathique. Bonne affaire à ne pas louper, le menu midi en semaine, entre 21 et 26 €.

21, quai Amiral-Dubourdieu,
64100 Bayonne
01 45 51 88 38
www.latable-sebastiengrave.fr

NOTRE COUP DE ♥

LA MAISON DES VINS DE JURANÇON

Dans le petit village de Lacommande, au cœur de l'appellation Jurançon et sur la route des vins, cet espace de dégustation-vente affiche 130 références de jurançons secs et moelleux. Portes ouvertes le deuxième dimanche de décembre.

64360 Lacommande
Tél. : 05 59 82 70 30
www.vins-jurancon.fr

★★★ CAMIN LARREDYA

Sois celui qu'il faut : c'est ainsi qu'on éduque dans le Béarn, et c'est ce que Jean-Marc Grussaute s'est attaché à faire, lorsqu'à la mort de son père il a repris la ferme et son vignoble embryonnaire, qu'il a depuis mené au sommet. Pendant dix ans, il a construit le socle de son apprentissage, abandonné le rugby, sa passion première, et s'en est forgée une autre pour la vigne, s'essayant à toutes les techniques jusqu'à passer en bio, changeant de camp, de réseau et d'interlocuteurs. Aujourd'hui en biodynamie, il plante des massales, affine ses maturités, ses assemblages et ses élevages. Dans cette même logique il se passionne pour les grands terroirs qu'il repère sur les cartes géographiques : Clos Joliette d'abord, exploité un temps avec la bande de A Bisto de Nas ; puis Côte Blanche, sa révélation. Pour elle, il dompte la pente, sécurise la côte, plante et, en six ans à peine, apporte la preuve de l'exceptionnelle qualité de ce terroir.

Les vins : Les Grains des Copains, ancienne cuvée Costat Darrer et seule cuvée non bio (certif. en 2022), s'autorise des raisins Grussaute épaulés de ceux de ses voisins ; simplement vibrant, ponctué d'amers, enrobé d'un sucre tout léger. Plaisir à tous les stades, depuis les prémisses d'un nez sur le confit d'orange amère à la tonicité saline, pour finir sur le toucher juteux du pomelo. Autre jurançon en expansion, Au Capcèu, flamboyant dans sa couleur, irradie d'un parfum pointé au coin du terroir. Il possède une énergie qui l'élève au-dessus de son sucre modéré, embarquant au passage les parfums floraux de rose, de jasmin et d'agrumes. La Virada, la combe sous les fondations de la ferme-cave, lance la gamme des secs : petit et gros mansengs victorieux, courbu aux ordres pour un nez safrané et équilibre lumineux entre vibration et verticalité. Toujours sans quitter les Pyrénées des yeux mais plus au levant, protégé du tout soleil, La Part Davant signe la fraîcheur et l'équilibre humique des sols du domaine. Encore dans les prémisses de sa longue vie, il ne se laisse pas manier si facilement. L'irradiance du lieu, dans un ensemble pointé d'agilité et de pureté suffit à laisser la finale en apostrophe. Parcelle singulière et précieuse, Costa Blanca, l'enfant terrible, est un défi à la gravité, au calcaire, au vigneron qui a su a comprendre, et surtout au petit manseng en place dans le 2018, d'un équilibre proche de la perfection, ce qui n'est pas encore le cas de 2019, massif, conquérant. Pour l'heure, le bois grillé prend le dessus sur le terroir. La bouche se met en place malgré la chaleur du millésime sur une amertume qui provient naturellement du petit manseng de l'ami Grussaute et puis, c'est la finale, où l'on devine la formidable personnalité du vin et la force du lieu. L'Iranja, cuvée macérée, couronne la gamme : l'éclat de l'oxydatif y pointe sur la face cachée d'un petit manseng enfermé deux ans à l'abri d'un demi-muid ; les tanins et les zestes de mandarine s'offrent dans une bouche gansée d'épices douces. Les six cuvées sont toutes liées par une lumineuse pureté ponctuée d'amers, subtilité de l'artiste Grussaute. Le millésime 2019 se révèle idéal pour souligner leur profondeur rayonnante.

- Jurançon sec La Virada 2019 — 26 € — 94
- Jurançon Au Capcèu 2019 — 29 € — 94
- Jurançon Sec Costa Blanca 2018 — Épuisé - 60 € — 97
- Jurançon Sec La Virada 2018 — 27 € — 95
- Jurançon moelleux Les Grains des Copains 2019 — Épuisé - 16 € — 91
- Jurançon sec Costa Blanca 2019 — 60 € — 98
- Jurançon sec La Part Davant 2019 — 18 € — 94
- VDF L'Iranja 2018 — 42 € — 95

Le coup de ♥

- Jurançon Au Capcèu 2018 — Épuisé - 30 € — 96

Blanc : 11,5 hectares. Petit Manseng 70 %, Gros Manseng 20 %, Courbu 5 %, Camaralet 3 %, Lauzet 2 %
Achat de raisins.
Production moyenne : 45 000 bt/an

CAMIN LARREDYA ☾
1901, chemin Larredya, La Chapelle-de-Rousse, 64110 Jurançon
05 59 21 74 42 • www.caminlarredya.fr •
Vente et visites : sur RDV.
Propriétaire : Jean-Marc Grussaute

★★ DOMAINE DOMINIQUE ANDIRAN

L'originalité et la démarche novatrice de Dominique Andiran sont un bonheur pour l'amateur. Les cuvées de cette propriété se démarquent clairement de tout ce que l'on peut trouver en Côtes de Gascogne, et en France en général tant dans les pratiques culturales, dans la taille réduite du domaine ou dans la maitrise de l'oxydation. Dominique Andiran s'affranchit de tout et ne s'interdit rien. Il utilise ainsi au mieux les cépages autochtones de son vignoble de Montréal-sur-Gers, conduit en agriculture biologique. C'est également dans les approches d'élevage que la créativité de cet autodidacte s'exprime : exposition à la lumière, sous voile... Ses vins proposent une expression originale, parfois déroutante, mais toujours aboutie. On notera une réelle affection pour les vins de type oxydatif, qu'il maîtrise parfaitement. Sa gamme séduit les amateurs comme les novices par sa pureté et sa profondeur.

Les vins : on ne s'ennuie jamais car Dominique Andiran travaille peu en cave... ou plutôt, ses vins travaillent pour lui, évoluant librement grâce à une matière première qui ne souffre aucun reproche. Après la complexité du bouquet de Magnus, on tombe sur le tanin, presque imperceptible tant il se cache dans les replis de la chair, et pourtant bien là, velouté, frais et pimpant. Chut ! est sur la résine, fruit secs, noix, brioche, et pose une bouche brillante sur une foule de parfums pour finir sur l'harmonie d'un toucher teinté d'une fluidité vibrante sous un sucre dont on ignore tout. Montis Regalis, oxydé par la lumière, est un chardonnay qui coiffe de pain d'épices un tanin gourmand. La délicatesse finaude du vin se tend sur une belle et bonne énergie. Andiran ne perd jamais de vue l'acidité de ses vins, celle qui domine dans Le Ruminant des Vignes : citron, quinquina, orange amère. Pur jus de fruit qui filtre malgré l'oxydation : Les Pissenlits surplombe l'ensemble de la gamme de son éloquence. La tourbe qui domine l'extrême complexité de cet oxydatif rappelle le scotch ; et l'Espagne en lui pousse un peu sa corne dans la puissance mi-andalouse mi-onduleuse de sa structure. Tout concourt à l'originalité. Cette cuvée hors norme est au mieux de sa forme. Enfin, dans Soyeux d'Hiver, c'est la tonicité exemplaire et la tension exceptionnelle de ce vin qui se veut liquoreux qui nous emportent. Les agrume - kumquat, orange sanguine, pamplemousse et citron confit - font la générosité et l'équilibre du vin.

VDF Chut ! 2019	18 € (c)	90
VDF Le Ruminant des Vignes 2015	30 € (c)	93
VDF Les Pissenlits 2009	50 €	95
VDF Montis Régalis 2018	14 €	93
VDF Soyeux d'Hiver 2014	22 €	92
VDF Vain de Rû 2020	11 €	89
VDF Magnus 2019	12 €	92

Rouge : 3 hectares. Merlot 100 %
Blanc : 4 hectares. Gros Manseng 40 %, Chardonnay 20 %, Colombard 20 %, Sauvignon rose 20 %
Production moyenne : 30 000 bt/an

DOMAINE DOMINIQUE ANDIRAN ♣
2, place de l'Hôtel-de-Ville,
32250 Montréal-du-Gers
0608303385 • hautcampagnau@aliceadsl.fr
• Vente et visites : sur RDV.
Propriétaire : Dominique Andiran

★★ DOMAINE ARRETXEA

Les Riouspeyrous du domaine Arretxea sont maintenant quatre. Il y a toujours Thérèse et Michel, mais ils passent le relais à Iban et Téo leurs fils. La vigne et la cave sont désormais leur domaine et la transmission se passe sous les meilleurs auspices du 2019 qui, enfin, remplit dolias, demi-muids, tonneaux et cuves inox d'une cave asséchée par un 2018 peu généreux. La nouvelle génération, qui a vinifié chez les meilleurs, a du répondant. L'expressivité des rouges marque une nouvelle étape dans l'évolution du domaine, grâce à des raisins en provenance d'un nouveau socle d'ophite, terre volcanique. Hegoxuri, la cuvée phare du domaine s'illumine toujours de l'assemblage des grès et schistes du domaine alors que les parcellaires sont de vraies curiosités montagnardes.

Les vins : le style, c'est l'homme, en l'occurence ici, trois hommes et une femme. Les Riouspeyrous, père, mère et fils, produisent un fruit qu'une attention particulière en cave révèle Les cuvées Grès et Schistes, bien qu'issues des mêmes assemblage et élevage, révèlent deux profils tout à fait distants et originaux. Grès se montre plus froid, doté d'une sévérité subtile, et Schistes, aux notes d'ananas et de mangue, présente un fondu soigné d'une chair bordée d'iode. Entre les deux, on ne sait lequel choisir, tant ils collent à la terre qui les nourrit. L'assemblage Hexoguri, symbiose entre les deux, met tout le monde d'accord. Les rouges s'expriment de mieux en mieux. Haitza 2019, sensible et croquant sur fruit juteux, révèle un muscle saillant, haut perché sur une note de graphite. L'irouléguy, plus sage mais tout aussi consistant, coche toutes les cases de l'équilibre.

Irouléguy Hegoxuri 2020	22 €	94
Irouléguy Schistes 2019	29 €	94
Irouléguy 2020	12 €	89
Irouléguy 2019	14,50 €	91
Irouléguy Haitza 2018	22 €	92

Le coup de ♥

Irouléguy Grès 2019	29 €	94

Rouge : 7,8 hectares. Tannat 65 %, Cabernet franc 25 %, Cabernet-Sauvignon 10 %
Achat de raisins.
Blanc : 3,45 hectares. Gros Manseng 55 %, Petit Manseng 35 %, Petit Courbu 10 %
Achat de raisins.
Production moyenne : 40 000 bt/an

DOMAINE ARRETXEA ♣
72, chemin de Pikatoreko, 64220 Irouléguy
05 59 37 33 67 •
www.domaine-arretxea.com • Vente et visites : sur RDV.
Propriétaire : Famille Riouspeyrous

★★ DOMAINE COSSE MAISONNEUVE

En 1999, Catherine Maisonneuve et Matthieu Cosse reprennent des vignes sur les éboulis-calcaires de Lacapelle-Cabanac, qu'ils développent au fur et à mesure jusqu'à atteindre 28 hectares aujourd'hui. La gamme, toutes cuvées confondues, se définit par un équilibre irréprochable, révélateur de fruits à la plus juste maturité. La nature, préservée par une agriculture en biodynamie depuis 18 ans, favorise une maturation lente et sereine des raisins, renforcée par la vision des vignerons, leur bon sens et la confiance qu'ils ont dans leurs terroirs. Ils ont un don pour dénicher la parcelle d'exception comme celle de la Marguerite et plus récemment de la cuvée Sidérolithe. Depuis 2017, toutes les cuvées sont produites à 100 % à partir des raisins du domaine. Le profil excessif du 2018 ne transparaît pas dans les vins, qui s'expriment en liberté, sans excès, rappelant l'extrême justesse de la viticulture. Des entrées de gamme jusqu'aux cuvées d'exception qui vieillissent avec brio, tout est parfaitement en place.

Les vins : à des degrés différents, l'ensemble de la gamme – hormis peut-être Le Combal et La Fage –, est de garde et parfois même de grande garde. Profondément attachés au cabernet franc, Catherine Maisonneuve et Matthieu Cosse en font toute une cuvée : Carmenet, curiosité du domaine intégrée dans l'univers du Sud-Ouest. Ils ont aussi soigné la minéralité des jus issus des vieilles vignes dans la cuvée Sidérolithe. Pur produit des troisièmes terrasses du Lot, Le Combal pose l'intense floralité du malbec stylé sur une chair rebondie. On grimpe d'un cran dans la masse du vin et la finesse des tanins avec La Fage issu des calcaires de la Capelle-Cabanac. Issu du cœur de la même parcelle, les vieux malbecs de soixante ans sur éboulis calcaires des Laquets se posent profonds, audacieux, caressants sur des parfums d'une expressivité folle et intense. Encore trop jeune pour offrir tout son potentiel dans la chaleur du 2018, la cuvée signe une finale sur le menthol et le zan. Enfin, les massales de malbec sur poche d'argile construisent la sensualité puissante de la cuvée gorgée de fruit La Marguerite. Le style des vins du duo Cosse-Maisonneuve fonde le rayonnement contemporain du malbec plaçant le cahors au panthéon des grands rouges de France. La profondeur irréprochable, soulignée d'une extraction artistique, donne aux différentes cuvées une pureté irréprochable et un panache irradiant.

Cahors Carmenet 2018	30 € (c)	90
Cahors La Fage 2018	18 €	94
Cahors La Fage 2019	16 € (c)	92
Cahors Le Combal 2018	13 €	93
Cahors Le Combal 2019	13 € (c)	92
Cahors Les Laquets 2018	32 €	95
VDF Sidérolithe 2018	60 €	93

Le coup de ♥

Cahors La Marguerite 2018	62 €	96

Rouge : 28 hectares. Malbec (cot) 80 %, Cabernet franc 20 %
Production moyenne : 100 000 bt/an

DOMAINE COSSE MAISONNEUVE ☾
Les Beraudies, 46700 Lacapelle-Cabanac
06 78 79 57 10 •
cossemaisonneuve@orange.fr • Vente et visites : sur RDV.
Propriétaire : Matthieu Cosse et Catherine Maisonneuve

★★ CHÂTEAU DU CÈDRE

Depuis plus de quinze ans, les frères Verhaeghe, Pascal à la vinification et Jean-Marc au vignoble, et maintenant Jules, le fils de Pascal, font du Cèdre la référence de l'appellation. Il faut dire qu'ils bénéficient d'un terroir exceptionnel : d'une part, un cône d'éboulis calcaires particulièrement pierreux et constamment en mouvement, le fameux "tran", qui donne des vins fins et élégants ; d'autre part, un sol de galets sur sables ferrugineux, conférant davantage de puissance aux vins. Issues de vendanges idéalement mûres et sélectionnées, les cuvées, toujours très colorées, atteignent un rare niveau de qualité et de régularité grâce à des tanins raffinés et des matières veloutées. Les cuvées Extra-Libre déclinent l'ensemble de la gamme en sans soufre.

Les vins : dans la gamme des sans-soufre, le malbec montre du souffle et de l'énergie même si les bouquets ne sont pas tout à fait en place. Les bouches ont des chairs profondes où la sève d'un fruit mûr s'offre dans une déclinaison parfaite de parfums légèrement poivrés. Les grandes cuvées coiffent l'ensemble des vins d'un panache qui met non seulement le malbec en majesté, mais aussi les cônes d'éboulis en évidence et la méthode Verhaegue en valeur. On aime toujours goûter à nouveau le cèdre blanc, en se souvenant que le domaine fut le premier à planter du blanc dans la région. On y retrouve le viognier taillé dans la masse d'un vin puissant, expansif, à la pointe de sucrosité tendue d'une touche citronnée en finale.

IGP Côtes du Lot Cèdre Héritage 2019	de 8,80 à 9 € (c)	89
IGP Côtes du Lot Le Cèdre Blanc 2019	Épuisé - 30 €	91
Cahors Extra-Libre 2020	15 €	90

- Cahors Extra-Libre Le Cèdre 2019 — de 34 à 35 € (c) — 92
- Cahors GC 2018 — 75 € — 93
- Cahors Le Cèdre 2018 — 35 € — 93

Rouge : 25 hectares. Malbec (cot) 95 %, Merlot 3 %, Tannat 2 %
Blanc : 2 hectares. Viognier 50 %, Sauvignon blanc 30 %, Sémillon 25 %, Muscadelle 5 %
Production moyenne : 110 000 bt/an

CHÂTEAU DU CÈDRE ♣
Bru, 46700 Vire-sur-Lot
05 65 36 53 87 • www.chateauducedre.com
• Visites : sans RDV.
Propriétaire : Pascal et Jean-Marc Verhaeghe

★★ LES JARDINS DE BABYLONE

Ce vignoble de 3,2 hectares, déniché par Didier Dagueneau est installé dans un cirque en terrasses sur les coteaux du village d'Aubertin, réputé pour la vivacité particulière des vins qu'on y produit. Avec l'aide précieuse d'une nouvelle équipe en place sur le domaine, Louis-Benjamin Dagueneau s'investit sans relâche pour porter au plus haut niveau la production confidentielle de ce domaine, auquel il prodigue les mêmes soins qu'à ceux de Pouilly et de Sancerre. Après des vendanges manuelles par tries successives, les fermentations s'effectuent sous bois neuf dans différents contenants, demi-muid et cigare entre autres. Peu alcoolisés, d'une grande finesse et d'une précision aromatique exceptionnelle, ces vins possèdent un esprit singulier, peut-être plus germanique que béarnais...

Les vins : le style est en butte à un nouvel ordre des liquoreux. Soumis au diktat, comme les autres, de l'affreux millésime 2013, Louis-Benjamin n'a pas cédé face à la chaptalisation. Sa visée est de conserver un maximum de précision : il n'aura pas recours au sucre, quitte à peiner à faire grimper ses vins à 10°. Retour de bâton : l'appellation n'en veut pas. Dagueneau est resté droit dans ses bottes et depuis, il produit régulièrement des épées au pied des Pyrénées, sans AOC ni artifice, si ce n'est celui d'un élevage qui ne consent qu'à la fraîcheur. Là où d'autres utilisent les petit et gros mansengs, Dagueneau, comme à son habitude, se pose là ou on ne l'attend pas, dans une maîtrise parfaite de raisins anciens conduits a la perfection. Son sec est composé d'un quadrilatère vertueux mais peu orthodoxe de camaralet, petit courbu, gros courbu et lauzet. Le carré, issu d'un millésime assagi, se dresse sur une pointe oxydative qui s'évapore puis se révèle d'une grande finesse sur une finale presque tannique aux amers délicieux. La parité est respectée, et le petit domine le gros dans l'assemblage du demi sec à 70 grammes qui fait mouche. Cette tension particulière de mansengs, adossée à un petit degré d'alcool, est la botte secrète de Dagueneau qui dégaine avec ses vins de France la fine lame du Jurançon. Avec ses 10,5° d'alcool, le moelleux 2016 à 135 grammes de sucre par litre s'éclaire plutôt du côté des vins d'Allemagne que du Sud-Ouest. Et puis, l'essentiel n'est-il pas que cela soit bu ? Le juste croquant du vin passe outre son sucre et l'acidité vibrante fait le reste.

- Jurançon sec 2016 — 55 € (c) — 93
- VDF Demi-Sec 2017 — N.C. — 93
- VDF Moelleux 2016 — 110 € (c) — 94

Blanc : 3,2 hectares. Petit Manseng 65 %, Camaralet 16 %, Gros Manseng 10 %, Petit Courbu 5 %, Lauzet 4 %
Production moyenne : 6 600 bt/an

LES JARDINS DE BABYLONE
Chemin de Cassioula, 64290 Aubertin
05 59 04 28 15 • silex@wanadoo.fr • Vente et visites : sur RDV.
Propriétaire : Louis-Benjamin Dagueneau et Guy Pautrat

★★ ↗ DOMAINE LABRANCHE-LAFFONT

Situé dans le secteur de Maumusson, Christine Dupuy exploite le domaine familial depuis 1993, mené en bio. Riche de vignes âgées, dont une préphylloxérique vinifiée à part, elle présente des vins de tannat toujours identitaires, droits et purs, qui mettent en avant ses beaux terroirs d'argiles et de galets. Les cuvées s'affinent de plus en plus, l'utilisation du bois est mesurée. La recherche constante de justesse et d'équilibre est évidente aussi bien sur les blancs que sur les rouges de Madiran et mérite le passage à la deuxième étoile.

Les vins : l'ensemble de la gamme s'offre avec franchise et sincérité, dans un équilibre juste où les tanins rudoyants du tannat sont assagis par un doigté de fée. Les élevages sont affûtés pour amoindrir le bois, dans un but de conservation durable du fruit. La paire de petit et gros mansengs du pacherenc en blanc sec s'accorde, malgré la chaleur de 2019, pour exprimer le plus clairement possible le tempérament du piémont Pyrénéen. En rouge, le tanin du Madiran est là, posé, ciselé et surtout très frais. Il a fallu trente mois de cuve pour venir à bout du tannat qui se révèle sacrément gourmand entre les mains de Christine Dupuy. Dans Vieilles Vignes, le nez est remarquable de franchise et de fruit, et le tannat éraflé à 100 % livre une sève particulière, sur un cassis à la pointe fumée, sanguin et juteux. La belle finesse exotique et l'amplitude du pacherenc en moelleux se pose dans un équilibre parfait où l'acidité du vin emporte toute la dégustation.

Pacherenc du Vic-Bilh Moelleux 2019	16 €	92
Pacherenc du Vic-Bilh Sec 2019	13 €	92
Madiran 2018	9 €	92
Madiran Préphylloxérique 2011	58 €	94
Madiran Vieilles Vignes 2017	de 15 à 16 € (c)	92
VDF Tannat 2020	12 € (c)	90

Rouge : 17 hectares. Tannat 80 %, Cabernet franc 10 %, Cabernet-Sauvignon 10 %
Blanc : 4 hectares. Petit Manseng 60 %, Gros Manseng 40 %
Production moyenne : 100 000 bt/an

DOMAINE LABRANCHE-LAFFONT ♣
Domaine Labranche-Laffont
32400 Maumusson-Laguian
05 62 69 74 90 • christine.dupuy@labranchelaffont.fr •
Visites : sans RDV.
Propriétaire : Christine Dupuy

★★ DOMAINE PLAGEOLES

La famille Plageoles a marqué de son empreinte l'histoire récente du vin à Gaillac. Robert, puis Bernard, qui a pris brillamment sa suite, ont été les pionniers de la défense des cépages locaux et des techniques de vinification ancestrales. La relève est assurée progressivement par les fils de Bernard, Florent et Romain, qui défendent corps et âme les douze variétés de leur vignoble dont le délicieux prunelart, le rarissime verdanel ou le quatuor de mauzac (vert, roux, rose et noir). Hors des modes et des sentiers battus, le domaine continue de produire avec exigence des vins exclusivement en monocépage, dotés de fortes personnalités. Ce travail de la tête, du cœur et des mains est pleinement traduit dans une gamme de cuvées visant la pureté, la droiture et l'originalité.

Les vins : c'est avec le mauzac Nature que l'on entre dans l'univers Plageoles ; on y profite d'une méthode ancestrale qui a fait depuis longtemps la preuve de la prise de mousse naturelle en bouteille et met tous les palais au diapason. Dans la série des mauzacs, Vert, d'ordinaire sur la pomme, est ici dominé par la chlorophylle qui perdure jusqu'à une finale plus acidulée que d'ordinaire. Effet millésime ou changement de style ? Verdanel affiche également une personnalité en expansion, beaucoup plus expressif et chaleureux. La gourmandise lui va comme un gant et la profondeur du vin s'installe en milieu de bouche. Le sucre est en majesté dans le moelleux Loin de L'Œil, cuvée où les notes de poire Williams et les épices se fondent dans un ensemble net. Vin de Voile, fraîchement mis en bouteille, a vécu sept années sous son voile avant d'afficher cette personnalité anticonformiste. Ses amers maîtrisés n'ont pas d'équivalent : il sent l'Orient, le coing et la noix, et désaltère malgré sa radieuse puissance, distillant ici son amertume, là son confit, ici encore son rancio.

Gaillac Doux Loin de L'Œil 2016	11,50 €	89
Gaillac Doux Vin d'Autan 2009	40 €	94
Gaillac Mousseux Mauzac Nature 2019	15,70 €	91
Gaillac Premières Côtes Vin de Voile 2008	35 €	92
Gaillac Sec Mauzac Vert 2019	13,50 €	90
IGP Côtes du Tarn Sec Ondenc 2019	13,50 €	89
VDF Sec Verdanel 2019	15,50 €	90
VDF Duras Moelleux 2018	19,90 €	89
Gaillac Braucol 2019	13,20 €	91
Gaillac Prunelart 2017	18,90 €	90

Rouge : 10 hectares. Duras 33 %, Braucol (fer servadou) 28 %, Prunelart 22 %, Syrah 17 %
Achat de raisins.
Blanc : 20 hectares. Mauzac vert 59 %, Muscadelle 12 %, Ondenc 12 %, Divers blanc 5 %
Achat de raisins.
Production moyenne : 100 000 bt/an

DOMAINE PLAGEOLES ♣
Chemin de Durantou, Très Cantous,
81140 Cahuzac-sur-Vère
05 63 33 90 40 • www.vins-plageoles.com •
Visites : sans RDV.
Propriétaire : Bernard, Myriam, Florent et Romain Plageoles

★★ CHÂTEAU TIRECUL LA GRAVIÈRE

Le botrytis est une religion pour Claudie et Bruno Bilancini, et leur domaine a placé très haut ses étiquettes liquoreuses au panthéon des vins sucrés de France. La concentration extrême d'une vendange pointue permet de servir un grain noblement pourri et concentré sur son acidité, botte secrète des grands monbazillacs. L'offre du domaine, passé en totalité en agriculture biologique, est très complémentaire. Une bulle a fait son apparition en 2016 et les blancs secs se révèlent. Aucun rouge n'a été goûté cette année.

Les vins : sémillon, chenin et muscadelle sur le plaisir et les amandes dans le mousseux brut nature. Puis la gamme s'ouvre sur un premier blanc sec, Ulma, frais et plaisant, assemblage de tous les raisins blancs du Sud-Ouest, cependant un ton en-dessous d'Andréa, plus sophistiqué par sa vinification en barriques et beaucoup plus ambitieux dans le duo muscadelle-sémillon. Le domaine est attendu au coin du sucre, c'est là qu'il excelle, à produire des monbazillacs d'une grande pureté, éclatants, sans fard. Les Pins, issu de jeunes vignes, pose un rôti élégant sur une finesse de pamplemousse dans une bouche claire et charnue. SGN est construit autour d'un sucre dominateur corseté d'un boisé prononcé. La bouche s'inscrit sur une liqueur où l'on aimerait un soupçon d'énergie pour remonter le vin. Cette puissance pointe plutôt sous les courbes avantageuses de Madame et renforce la perception de fraîcheur. Du grand art.

- IGP Périgord Andréa 2019 — 18 € — 91
- Monbazillac Les Pins 2019 — Épuisé - 11 € — 92
- Monbazillac Madame 2015 — 85 € — 93
- Monbazillac SGN 2017 — 26 € — 90
- Vin Mousseux Brut Nature Jo — 13 € — 88

Rouge : 6 hectares. Merlot 69 %, Cabernet franc 20 %, Cabernet-Sauvignon 11 %
Blanc : 9 hectares. Sémillon 50 %, Muscadelle 41 %, Chenin 6 %, Sauvignon blanc 3 %
Production moyenne : 45 000 bt/an

CHÂTEAU TIRECUL LA GRAVIÈRE ♣
Lieu-dit Tirecul, 24240 Monbazillac
05 47 77 07 60 • www.tirecul-la-graviere.fr • Visites : sans RDV.
Propriétaire : Claudie et Bruno Bilancini
Directeur : Bruno Bilancini

★★ CHÂTEAU TOUR DES GENDRES

Le domaine de 52 hectares a été fraîchement scindé entre les deux branches de la famille. Luc de Conti qui depuis vingt-cinq ans nous régale avec ses vins de Bergerac s'est séparé de son cousin et, avec ses enfants, construit un nouvel avenir pour le domaine. Le vignoble, entièrement conduit en agriculture biologique, produit des blancs sur la puissance, et des rouges conformes aux canons classiques du bergeracois. La Vigne d'Albert et le pétillant naturel défrisent avantageusement la gamme, insufflant de la frivolité dans la production classique de ce cacique de l'appellation. Deux nouvelles cuvées viennent gonfler la gamme cette année. L'une est blanche et se nomme Le Vif, c'est un IGP Périgord de savagnin, la nouvelle marotte de Luc ; l'autre est rouge, intitulé Cantalouette et coiffe les cuvées d'entrée de gamme. La bière, le whisky et la truffe seront aussi désormais au programme des réjouissance du label de Conti.

Les vins : si l'on peut donner un qualificatif unique aux blancs, ce sera savoureux, surtout dans les millésimes 2018 et 2019, chaleureux en diable. Le sémillon bien mûr de Cuvée des Conti est touché de verveine. L'éclat sensible de Moulin des Dames s'enrobe d'épices douces. Anthologia s'offre sur une chair voluptueuse et une sapidité crayeuse. Enfin, dans Conti-ne Périgourdine, la discrète muscadelle entonne le refrain du blanc salin. Davantage touchés par la rusticité, les rouges offrent un abord plus moderne, mais toujours empreints d'une ambiance périgourdine aux matières profondes et denses. La Vigne d'Albert est la cuvée la plus explosive en fruit ; Les Anciens Francs fait preuve d'un relief parfait ; La Gloire de Mon Père reste le classique entre les classiques ; enfin, la petite dernière, Cantalouette se montre racée et gorgée de fruit.

- Bergerac Sec Anthologia 2018 — 39 € — 92
- Bergerac Sec Conti-ne Périgourdine 2019 — 16 € — 93
- Bergerac Sec Cuvée des Conti 2019 — 10 € — 90
- Bergerac Sec Moulin des Dames 2019 — 19 € — 91
- Bergerac Cantalouette 2020 — 10 € — 90
- Bergerac La Vigne d'Albert 2019 — 10 € — 89
- Côtes de Bergerac La Gloire de Mon Père 2018 — 14 € — 91
- Côtes de Bergerac Les anciens Francs 2018 — 25 € — 93

Rouge : 32 hectares. Merlot 43 %, Cabernet franc 36 %, Malbec (cot) 16 %, Divers noir 5 %
Blanc : 27 hectares. Sauvignon blanc 48 %, Sémillon 34 %, Chenin 15 %, Savagnin 3 %
Production moyenne : 260 000 bt/an

CHÂTEAU TOUR DES GENDRES ♣
Les Gendres, 24240 Ribagnac
05 53 57 12 43 • www.chateautourdesgendres.com • Vente et visites : sur RDV.
Propriétaire : Famille de Conti
Directeur : Luc de Conti

★ DOMAINE L'ANCIENNE CURE

Un presbytère au faîte de la colline donne son nom au vignoble dont les rangs dévalent les coteaux jusqu'à la route où Christian Roche a installé son caveau de vente. Le vignoble, en bio depuis 2012, compte plusieurs appellations dont 3 hectares à Pécharmant et se divise en trois gammes : Jour de fruit, L'Extase et L'Abbaye, plus un vin sans soufre : Ça sulfit ! L'extraction un peu vieillotte, tant en rouge qu'en blanc, laisse un peu sur sa soif et les vins sont moins convaincants qu'auparavant, conservant un profil classique que l'on rencontre de moins en moins sur les rives de la Dordogne.

Les vins : les vins se présentent suivant quatre gammes. Ça Sulfit ! sans soufre ajouté, sans grand intérêt. Seul le rouge de Pécharmant paraît plus abouti dans le détail gourmand d'un fruit léger peu représentatif de l'appellation mais savoureux. Le blanc Jour de Fruit s'ouvre sans surprise sur une touche variétale, de buis et fruitée ; en rouge, la même étiquette présente un fruit noir plus posé, au tanin léger ; le pécharmant qui coiffe la gamme est plus construit mais aussi plus extrait. Dans la famille des L'Abbaye, c'est le pécharmant qui nous séduit, plus typé : son assemblage ultra classique de merlot, cabernet franc et sauvignon et malbec offre un fruit ample et un toucher velouté. L'Extase grimpe une marche dans l'extraction, avec son fruit épicé, sa pointe torréfiée et de cacao. Installé sur le confort d'un tanin plus moelleux, il offre un joli profil classique qu'on aime redécouvrir. De la même chapelle, le monbazillac est dans la culture du lieu, typé du botrytis et légèrement rôti dans le détail d'une finale liquoreuse.

Bergerac Sec Jour de Fruit 2018	8,50 €	87
Bergerac Sec Jour de Fruit 2020	9 € (c)	87
Bergerac Sec L'Extase 2018	24 € (c)	90
Bergerac Jour de Fruit 2018	8,50 €	89
Bergerac L'Abbaye 2019	15 €	89
Pécharmant L'Abbaye 2018	20 €	90
Pécharmant Ça Sulfit !	14 € (c)	89

Rouge : 17 hectares. Merlot 46 %, Cabernet franc 26 %, Cabernet-Sauvignon 19 %, Malbec (cot) 9 %

Blanc : 33 hectares. Sémillon 58 %, Sauvignon blanc 19 %, Muscadelle 8 %, Chenin 6 %, Sauvignon gris 5 %, Ondenc 4 %

Production moyenne : 180 000 bt/an

DOMAINE L'ANCIENNE CURE ♣
L'anceinne cure 24560 Colombier
05 53 58 27 90 •
www.domaine-anciennecure.fr •
Visites : sans RDV.
Propriétaire : Christian Roche
Maître de chai : Clément Torralba
Œnologue : Stéphane Seurin

★ ↗ DOMAINE JULIEN AUROUX

Bergerac, extrême sud-est de l'appellation : depuis ses parcelles sur le plateau calcaire et les coteaux aux argiles profondes, travaillés en bio, Julien Auroux aborde l'avenir avec sérénité. Ses vins ont tourné le dos au passé bergeracois qui voulait singer les rouges du Bordelais en oubliant le sol. Lui, au contraire, s'engage sur les chemins de la salinité, de l'expression aromatique franche et précise, en levure indigène, sans presque aucun ajout de soufre. Il réhabilite des raisins du passé pour un retour vers le futur. La gamme tire de l'acidité des sols une présence digeste et grimpe une marche cette année.

Les vins : avec son merlot et son cabernet franc assemblés, la cuvée Un Peu De Toi, Un Peu De Moi pourrait prétendre singer Saint-Émilion. Que nenni, c'est là le type de cuvées que les jeunes vignerons de Bergerac inventent : un profil de rouge qui colle à son sol, à son climat et à cette lumineuse créativité. Débarrassés du jugement des aînés, ils volent désormais de leurs propres ailes. Itou pour Cimes dans la Brume, cabernet sauvignon à la maturité parfaite, tendu d'un tanin sapide croquant et fumé. Le merlot juteux, juste infusé, livre le plus de fruit possible dans Blablabla. Sans Bois ni Loi est un grand blanc du Sud-Ouest qui réunit autour de sa chair juteuse une belle complexité et un croquant salin.

Bergerac 2020	de 9 à 10 € (c)	90
Bergerac Sans Bois ni Loi 2020	15 €	92
Bergerac 2019	10 €	90
Bergerac Blablabla 2020	10 €	89
Bergerac Un Peu de Toi, Un Peu de Moi 2019	14 €	92

Le coup de ♥

Bergerac Cimes dans la Brume 2019	20 €	93

Rouge : 7,8 hectares. Merlot 66 %, Malbec (cot) 13 %, Cabernet-Sauvignon 13 %, Cabernet franc 8 %
Blanc : 3,4 hectares. Sauvignon blanc 65 %, Sémillon 18 %, Sauvignon gris 9 %, Chenin 8 %
Production moyenne : 40 000 bt/an

DOMAINE JULIEN AUROUX ♣

Domaine Julien Auroux 24560 Boisse
06 49 87 45 16 • julien.auroux@orange.fr •
Vente et visites : sur RDV.
Propriétaire : Julien Auroux

★ DOMAINE BELMONT

Si le Lot est en passe d'être reconnu pour la grande qualité de ses blancs, ce domaine y est pour beaucoup. Dès 1993, année de la fondation, Christan Belmon a planté du chardonnay. Depuis son décès, c'est à Françoise Belmon, sa veuve, que revient la mission de pérenniser l'excellence de ces terroirs à blancs, épaulée par le couple Lydia et Claude Bourguignon. Pour les rouges, c'est Stéphane Derenoncourt et son équipe qui mettent la main à la pâte. Leur charme et leur précision s'améliorent à chaque millésime.

Les vins : les deux cuvées blanches nous séduisent par la qualité de leur équilibre et ce, malgré la richesse des millésimes. Dolmen s'ouvre sur un nez pâtissier, mais ciselé d'une tension acidulée qui rend la sapidité remarquable. Montaigne s'affirme dans le registre du chardonnay aérien, sa pointe de bois en finale reste acceptable, elle épice l'ensemble de la dégustation. Le cabernet franc de Belmont, sa rusticité et ses épices marquent la bouche d'un tanin poivré. La syrah vient enrober l'ensemble pour ce vin auquel trois ans de garde feront le plus grand bien. Mousse de fruit et fraise dans le bouquet de Syrah S. Le nez s'éclaircit en bouche et offre un équilibre bien plus frais que le nez ne le laissait envisager.

(blanc) IGP Côtes du Lot Dolmen 2019	28 €	91
(blanc) IGP Côtes du Lot Montaigne 2019	28 €	90
(rouge) IGP Côtes du Lot Belmont 2016	23 €	90
(rouge) IGP Côtes du Lot Syrah S 2019	15 €	90

Rouge : 4,6 hectares. Cabernet franc 50 %, Syrah 50 %
Blanc : 1,4 hectare. Chardonnay 100 %
Production moyenne : 25 000 bt/an

DOMAINE BELMONT

Le Gagnoulat, 46250 Goujounac
05 65 36 68 51 •
www.domaine-belmont.com • Vente et visites : sur RDV.
Propriétaire : M. Belmon
Maître de chai : T. Lefort
Œnologue : Simon Blanchard

★ BORDAXURIA

Sortis de la coopérative en 2014, Elorri Reca et Brice Robelet dirigent avec passion ce petit domaine situé dans une ancienne carrière. Le vignoble, certifié bio en 2018, s'étire sur plus de 350 mètres de dénivelé, dont 80 % en terrasses. Ces jeunes vignerons effectuent de nombreux travaux manuels afin de tirer le meilleur de ces terroirs très drainants de grès rouges. Brice s'occupe également d'une parcelle au nord de la Vallée du Rhône dont les raisins traversent la France et sont vinifiés à Irouléguy.

Les vins : les cuvées produites à partir de vignes d'une trentaine d'années possèdent à la fois du souffle et de l'énergie. Les courbes d'Errotik – "racine" en basque – sont marquées du sceau savoureux du petit manseng, sur une évolution racinaire qui tient dans le creux des amers salivants. Dans l'autre irouléguy, tout est complexe et pourtant tout est simple, franc et désaltérant. Le velours des rouges, que ce soit l'irouléguy ou la cuvée Kixka (une petite pointe de réduction à l'ouverture), est la signature du couple ; leur profondeur, celle du terroir de terrasses ; les parfums radieux, le fruit de leur talent. La fraîcheur, elle, appartient aux montagnes.

(blanc) Irouléguy 2019	de 18 à 22 € (c)	90
(blanc) Irouléguy Errotik 2019	de 24 à 28 € (c)	9[illegible]
(blanc) VDF L'Affranchi Viognier 2019	32 €	9[illegible]
(rouge) Irouléguy 2018	de 15 à 19 € (c)	9[illegible]
(rouge) Irouléguy Kixka 2018	de 20 à 24 € (c)	8[illegible]
(rouge) VDF L'Affranchi Syrah 2018	de 24 à 28 € (c)	9[illegible]

Rouge : 5,5 hectares. Tannat 70 %, Cabernet franc 25 %, Cabernet-Sauvignon 5 %
Blanc : 4,5 hectares. Petit Manseng 45 %, Gros Manseng 45 %, Petit Courbu 10 %
Production moyenne : 30 000 bt/an

BORDAXURIA ♣

Bordaxuria 64220 Ispoure
06 86 56 66 94 • www.ferme-larraldea.com
• Vente et visites : sur RDV.
Propriétaire : Elorri Reca et Brice Robelet

★ DOMAINE DE BRIN

Damien Bonnet intervient le moins possible en cave pour laisser les jus s'exprimer pleinement. Mais pour cela, encore faut-il rentrer les meilleurs raisins possible. À ce niveau, on peut faire confiance au vigneron, qui confirme son appartenance à la nouvelle génération qui fait du bien à l'appellation Gaillac. En onze ans de reprise de travail des sols, de culture bio et de vendanges manuelles, ce moteur de ladite appellation a réussi à conjuguer plaisir de dégustation et caractère du terroir. Les rouges apportent la preuve que Gaillac possède un terroir et de grands vignerons. Damien Bonnet frôle la seconde étoile : il manque encore un peu de spontanéité dans les vins.

Les vins : les blancs de Damien Bonnet forment un quadrilatère des plus beaux profils de Gaillac. Dans la cuvée Mauzac, le raisin expose sa touche de pomme et de menthe. Le lumineux assemblage de Pierres Blanches signe à la fois le terroir et le style irréprochable du vigneron. Le blanc macéré est radieux de salinité et enfin le liquoreux, gras à souhait, vif en diable. C'est dans la profondeur des rouges qu'on va chercher la signature des raisins, comme dans la cuvée Amphore, braucol et duras associés. On y trouve aussi la sapidité vibratoire qui sourde dans le terroir et émane de la cuvée Anthocyane. Et, c'est enfin dans le souffle gaillard de Brin de Temps que le vigneron marque son talent.

Gaillac Sec Mauzac 2019	16 €	92
Gaillac Sec Pierres Blanches 2020	12 €	92
VDF Loin de l'Œil 2017	18 €	92
VDF Mauzac Macération 2019	14 €	90
VDF Méthode Ancestrale D Bulles 2020	13 €	88
Gaillac Amphore 2019	16 €	91
Gaillac Anthocyanes 2019	11 €	93
Gaillac Brin de Temps 2019	14 €	92
Gaillac Vendemia 2019	8 €	88

Rouge : 8 hectares. Braucol (fer servadou) 32 %, Duras 29 %, Merlot 12 %, Cabernet-Sauvignon 10 %, Prunelart 9 %, Syrah 8 %
Blanc : 4 hectares. Mauzac Blanc 47 %, Mauzac Rose 19 %, Ondenc 11 %
Production moyenne : 60 000 bt/an

DOMAINE DE BRIN ♣
Lieu-dit Brin, 81150 Castanet
05 63 56 90 60 • www.domainedebrin.com
• Visites : sans RDV.
Propriétaire : Damien Bonnet

★ DOMAINE LA CALMETTE

Très respectueux du malbec, le couple formé par Maya Sallée et Nicolas Fernandez parvient à lui donner des tonalités variant au gré des bouts de terroir qui composent leur domaine au nord de Trespoux (Trespotz, d'où est tiré le nom de la cuvée). Les jus restent pénétrants et conservent le caractère pulpeux des malbecs modernes. On voyage à travers les différents sols de Cahors tout en conservant la fraîcheur, l'équilibre et le fruit. Le domaine offre une belle image de l'appellation, bien qu'une partie des cuvées soit en Vin de France.

Les vins : le couple a trouvé sa vitesse de croisière, et le style est maintenant défini : on reconnaît la signature de La Calmette à ses vins énergiques et enjoués. Si les nez paraissent parfois un peu tourmentés, les bouches sont d'une belle harmonie et d'une grande pureté. Le merlot s'invite à la fête dans Serpent à Plumes – même si le malbec reste péremptoire – et confère au vin un bouquet floral et graphite, au jus digeste, prouvant combien le raisin a plus d'un tour dans sa besace. Dans la foulée de Trespotz, pas aussi précis qu'on le souhaite, on goûte parfaitement à la minéralité des sols dans Butte Rouge (2017 et 2018 assemblés) qui donne un vin radieux malgré un nez perfectible. Vignes Noires invente un style dans le style, où le fruit et la masse du vin s'harmonisent sur la tension du terroir.

Cahors Bois Grand 2018	29 €	93
Cahors Butte Rouge	39 €	93
Cahors Trespotz 2019	14,50 €	90
Cahors Vignes Noires 2017	22 €	90
VDF Nyctalope 2019	14 €	87
VDF Serpent à Plumes 2019	13 €	91

Rouge : 7,5 hectares. Malbec (cot) 85 %, Merlot 15 %
Blanc : 0,5 hectare. Divers blanc 100 %
Production moyenne : 25 000 bt/an

DOMAINE LA CALMETTE ♣
390, chemin du Colombier,
46090 Trespoux-Rassiels
06 02 09 00 17 • www.domainelacalmette.fr
• Vente et visites : sur RDV.
Propriétaire : Maya Sallée et Nicolas Fernandez

★ DOMAINE CASTÉRA

La ferme familiale de Franck Lihour a le profil classique de Jurançon : 55 hectares de prairies, bois et céréales. À l'exception du cheptel d'ânesses produisant du lait pour la cosmétique, la polyculture a cédé le pas au vignoble de 12 hectares. Dans l'intervalle entre un BTS viti-œno et sa reprise du domaine, Franck Lihour a vinifié en Corse, en Bourgogne, en Champagne, dans la Napa Valley et en Afrique du Sud. La qualité de ses pressurages à la champenoise apprise chez Sélèque ou Larmandier donne un début d'explication à la lumineuse tension de ses jurançons. Levure indigène, peu de soufre, arrivée des petit courbu et camaralet, labellisation bio en 2020 ; des cigares de bois pour l'allonge, des demi-muids plus réducteurs et bientôt des œufs en grès... Un domaine qu'il faut continuer de suivre !

Les vins : une seule et unique méthode : les jurançons sont bien élevés en bois et grès. Les deux assemblages, sec et moelleux, sont des classiques portés par un fruit loin des thiols mais proche du miel et de l'écorce d'agrume. Dans les parcellaires, le fruit domine sans forfanterie. Si le pamplemousse débarque comme dans Memòria, un mi-doux mi-sec, c'est pour servir d'arbitre entre la tension et la profondeur. La matière se verticalise et la pulpe de fruit ressort dans Tauzy, aux amers délicieux. Caubeigt est la dernière venue du petit manseng, mené à terme sur une micro-parcelle. Fondu dans un trait de miel, exposé sur l'orange sanguine, le raisin s'enfuit dans les dédales d'un palais exotique sur un sucre léger.

Jurançon Caubeigt 2018	19,80 €	92
Jurançon Moelleux 2017	11,20 €	90
Jurançon Sec 2019	9,80 €	88
VDF Memòria 2019	15,80 €	92

Le coup de ♥

Jurançon Sec Tauzy 2019	16,80 €	92

Blanc : 12 hectares. Petit Manseng 50 %, Gros Manseng 40 %, Petit Courbu 7 %, Camaralet 3 %
Production moyenne : 40 000 bt/an

DOMAINE CASTÉRA
Quartier Ucha, 64360 Monein
05 59 21 34 98 • www.domainecastera.fr •
Vente et visites : sur RDV.
Propriétaire : Franck Lihour

★ CHÂTEAU DE CHAMBERT

Après un passé dans la nouvelle économie et l'électronique, Philippe Lejeune a repris il y a douze ans ce domaine historique de Cahors et l'a converti en biodynamie. Aujourd'hui, c'est le plus grand domaine de l'appellation certifié Biodyvin et Demeter, pour la totalité de ses 65 hectares répartis sur les trois terroirs du plateau : les calcaires sidérolithiques, les argiles brunes et les calcaires blancs du kimméridgien. La parcelle de chardonnay plantée de fraîche date n'a pas encore donné de résultat probant. En attendant le blanc 2019, les amoureux de la région pourront découvrir un vaisseau de verre, à main droite du classique château et en surplomb des vignes : une construction récente, dédiée à l'œnotourisme et à la recherche.

Les vins : l'association des terroirs, épaulée par un élevage de quinze mois en foudre, patine les vins et donne son cachet aux vins du château. Le 2017, tout juste sorti du bois, n'a pas encore trouvé sa place. Si le nez reste sanguin, c'est en bouche que le fruit se livre, enrobé d'une texture pulpeuse richement dotée d'épices. Un bémol : la présence aromatique un peu cadenassée. Un ton en dessous question puissance, mais supérieur en gourmandise, Le Causse pousse un jus sanguin sur une chair profonde : l'éclat du malbec du Causse, animé de cette tension parfaite donnée par des calcaires, distille le fruit noir sur des notes de cédrat, associé à la floralité délicate du raisin.

Cahors 2017	18 €	9[illegible]
Cahors Le Causse 2018	12 €	9[illegible]

Rouge : 60 hectares. Malbec (cot) 85 %, Merlot 15 %
Blanc : 2 hectares. Chardonnay 100 %
Production moyenne : 180 000 bt/an

CHÂTEAU DE CHAMBERT ☾
Les Hauts-Coteaux, 46700 Floressas
05 65 31 95 75 • www.chambert.com •
Visites : sans RDV.
Propriétaire : Philippe Lejeune
Directeur : Nicolas Carron

★ CLOS JOLIETTE

Joliette, plus vieux vignoble de Jurançon, ne couvre qu'un hectare et demi, planté de sélections massales de petits mansengs, dans la pente, en haut, et en terrasses, sur le bas. Une personnalité extrême, un vin flamboyant, émouvant, qui s'explique par la nature du sol : argile sur le dessus, galets par dessous, sur une veine ferrugineuse. Les vieux millésimes ont vieilli en tonneaux dans les caves du domaine et proposent des vins aux évolutions diverses, aux équilibres hors-normes, marqués par des acidités fortes. Les mises en bouteilles se font individuellement et portent le numéro du tonneau ou du casier. Après la famille Migné, puis Michel Renaud, Joliette a été vinifié en 2016 et 2017 dans la cave de Jean-Marc Grussaute par l'équipe de A Bisto de Nas. Puis, Lionel Osmin a repris la parcelle, épaulé par Franck Lihour, du domaine Castéra. Chaque année, les millésimes sortent au compte-gouttes.

Les vins : une partie des vins a été rachetée par le négociant Lionel Osmin, qui met en vente chaque année une caisse panachée de plusieurs casiers. D'une constitution unique, 2012 est construit autour d'une variation de fruits exotiques et de pâte de coing, de safran, d'épices douces qui ne semble jamais s'arrêter d'évoluer. En bouche, il expose la race du petit manseng sur une liqueur au amers tendus. La gentiane, a menthe, l'écorce d'orange sont là qui se répandent au petit bonheur la chance. L'énergie et l'acidité terriennes sont encore en pleine expressivité et concourent à la complexité de la bouteille. Dans le 2015 à la puissance irradiante, on sent la race de la pente et la personnalité exceptionnelle des massales dans la flamboyance lumineuse du petit manseng. Si le terme queue de paon peut encore être utilisé, c'est certainement pour ce millésime qui semble immortel.

VDF 2012	N.C.	96
VDF 2015	N.C.	97

Blanc : 1,5 hectare. Petit Manseng 100 %
Production moyenne : 2 000 bt/an

CLOS JOLIETTE
Chemin Joliette, 64110 Jurançon
05 59 05 14 66 • www.osmin.fr • Pas de visites.
Propriétaire : Famille Renaud
Directeur : Lionel Osmin
Maître de chai : Franck Lihour
Œnologue : Damiens Sartori

★ CLOS LAPEYRE

Jean-Bernard Larrieu produit avec une régularité exemplaire des jurançons, secs et moelleux, de grande tenue. Les secs sont proposés avec une touche d'évolution louable et constituent une expression fidèle des terroirs de cette région. Les moelleux, toujours d'une belle stature, témoignent d'une réelle maîtrise des équilibres. Un domaine de référence qui propose des vins classiques, profonds et puissants qui méritent d'être aérés pour profiter de leur belle envergure.

Les vins : la cuvée Vitatge Vielh nous offre un aperçu parfait du style Larrieu : un vin expansif, mais qui sait garder dans sa finale une tension minérale. L'oxydatif, l'écorce d'orange et le pain d'épice se combinent dans le 2017 et terminent sur une finale citronnée. La cuvée Mantoulan est radieuse, dotée d'une belle tension au jus franc, fin et tendu. Son gras profond et sa pointe fumée se bordent d'une finale aux amers tendres. Le jurançon sec est un ton en dessous. Quant au moelleux, sa fraîcheur bien calibrée s'harmonise avec les petits amers restés en finale.

Jurançon Moelleux 2019	15,30 €	91
Jurançon Sec 2019	11,10 €	89
Jurançon Sec Mantoulan 2015	21,20 €	91
Jurançon Sec Vitatge Vielh de Lapeyre 2017	16,10 €	91

Blanc : 18 hectares. Petit Manseng 60 %, Gros Manseng 40 %
Production moyenne : 80 000 bt/an

CLOS LAPEYRE ♣
257, chemin du Couday, La Chapelle-de-Rousse, 64110 Jurançon
05 59 21 50 80 • www.jurancon-lapeyre.fr • Vente et visites : sur RDV.
Propriétaire : Jean-Bernard Larrieu

★ CLOS DE GAMOT

Situé à Preyssac, le Clos de Gamot, mené depuis des siècles par la famille Jouffreau, cultive les deuxième et troisième terrasses de Cahors avec une grande singularité. Ce sont aujourd'hui les époux Hermann-Jouffreau, Martine et Yves, qui définissent la philosophie du domaine, une valeur sûre de la région. Les élevages se font en cuve béton, voire en foudre, avec une réelle quête de profondeur et, surtout, le respect d'une intense expression fruitée. D'une régularité sans faille, leurs vins se dégustent avec plaisir, sans boisé extravagant.

Les vins : il faut saluer la distinction exceptionnelle du 2018 qui ennoblit l'ensemble du vignoble cadurcien : la sapidité de sa bouche, cet équilibre courtois entre une mâche profonde, un fruit délicat et une finale auréolée d'une longueur épicée. Du grand ouvrage classique qu'on adore re-découvrir ! Vignes Centenaires se goûte sur un fruit mûr, cuit, dense, à la pointe lardée. Le nez n'est qu'un léger aperçu de l'ampleur de ce cahors touché par la grâce de la minéralité, compte tenu de l'âge des vignes. Le palais est en place sur une matière riche d'une sincérité de fruit exceptionnelle, dont le tanin soyeux se fond dans une finale encore fraîche. Un phare qui éclaire les malbecs d'exception.

Cahors 2018	14 €	91

Le coup de ♥

Cahors Vignes Centenaires 2018	30 €	94

Rouge : 25 hectares. Malbec (cot) 95 %, Merlot 5 %
Blanc : 0,2 hectare. Sauvignon blanc 50 %, Chardonnay 40 %, Sauvignon gris 10 %
Production moyenne : 80 000 bt/an

CLOS DE GAMOT

Clos de gamot 46220 Prayssac
05 65 22 40 26 • www.famille-jouffreau.com
• Vente et visites : sur RDV.
Propriétaire : Martine et Yves Hermann-Jouffreau

★ LA COLOMBIÈRE

Formant un couple de jeunes vignerons déterminés et enthousiastes, Diane et Philippe Cauvin ont fait le choix de conduire leur vignoble en biodynamie (certification en 2012). Toujours en ébullition, ils se sont affirmés avec une offre œnotouristique de premier plan. Décliné en plusieurs cuvées, le style des vins est équilibré, sincère, fin et subtil, sans artifice ni maquillage. Exemplaire, cette vision personnelle constitue un repère précieux dans la progression actuelle de l'appellation Fronton.

Les vins : le cœur de Fronton bat pour le nouveau chouchou du coin, le bouysselet vieux raisin qui vient marcher sur les rangs de la négrette. Original en diable, il est ici assemblé aux chenin et sauvignon pour construire Les Jacquaires, blanc riche, profond et rafraîchissant. Les Frontons Flingueurs issu des boulbènes est un négrette malicieusement extraite pour donner du tempérament sur un nez un peu crémeux de fruits rouges mûrs. Pour la complexité, c'est Coste Rouge qui reprend les codes du raisin, mais pas que... La cerise s'immisce dans le bouquet poivré avant que la structure florale ne grandisse et que l'ossature de la bouche ne s'enrobe d'une chair juteuse, étoffée sur une allonge salivante.

- VDF Les Jacquaires 2020 — 11,50 € — 90
- Fronton Les Frontons Flingueurs 2020 — 11,50 € — 87

Le coup de ♥

- Fronton Coste Rouge 2016 — 14,50 € — 91

Rouge : 11 hectares. Négrette 57 %, Syrah 13 %, Malbec (cot) 10 %, Negret Pounjut 10 %, Cabernet franc 4 %, Gamay noir à jus blanc 4 %, Cabernet-Sauvignon 2 %
Blanc : 4 hectares. Bouysselet 75 %, Sauvignon blanc 12 %, Chenin 12 %
Production moyenne : 60 000 bt/an

LA COLOMBIÈRE ☾

190, route de Vacquiers, 31620 Villaudric
05 61 82 44 05 •
www.chateaulacolombiere.com • Vente et visites : sur RDV.
Propriétaire : Diane et Philippe Cauvin

★ COMBEL-LA-SERRE

Julien Illbert et son épouse Sophie portent la nouvelle destinée de ce vignoble dont l'existence est attestée depuis 1900. Rompant avec le modèle de son père, Julien a pris le virage de la mise en bouteille ; il est parti à la recherche d'une nouvelle identité pour ce domaine, posant sur ses différentes cuvées des étiquettes éloquentes et modernes. Ses cuvées, un temps immédiates et fruitées, prennent de plus en plus d'envergure. Il tire le meilleur des 23 hectares plantés en auxerrois, nom local du malbec, et de l'unique hectare de vermentino, raisin méridional qui trouve ici un socle à sa mesure. Il a isolé trois terroirs : le Lac aux Cochons, au sol calcaire riche en fer ; Au Cerisier, sur des argiles rouges ; et, surtout, Les Peyres Levades, terroir calcaire qui se démarque année après année.

Les vins : dans les débuts de gamme, on s'amuse de la carbo de malbec du Pur Fruit du Causse qui révèle un équilibre séveux et digeste. Les choses sérieuses commencent avec Cuvée Château qui défrise le malbec de papa profilé sur les épices et le fruit. À ouvrir d'ici peu. Les trois cuvées parcellaires ressemblent à la terre qui les a vus naître. La poche d'argiles ferrugineuses du Lac aux Cochons donne du velouté à sa structure qui manque toutefois d'une soupçon de fraîcheur dans la finale. Attendons... Rien à voir avec le sérieux de la cuvée Les Peyres Levades, distingué et presque austère, sur la réserve d'un malbec mûr de calcaire ; ni avec le profond Au Cerisier, qui répand sa minéralité sur un jus dense. On finit dans l'éclat d'un raisin sudiste, le vermentino, qui tonifie de sa note citronnée la belle personnalité du blanc De la Terre à la Lune.

- VDF De la Terre à la Lune 2020 — 15,50 € — 90
- Ratafia La Machine à Fruit — 17,60 € — 90
- Cahors Au Cerisier 2019 — 18 € — 91
- Cahors Cuvée Château 2019 — 14 € — 89
- Cahors Le Lac aux Cochons 2018 — 32 € — 92
- Cahors Le Pur Fruit du Causse 2020 — 9,50 € — 89
- Cahors Les Peyres Levades 2018 — 32 € — 90
- IGP Côtes du Lot La Vigne juste derrière chez Carbo 2020 — 10,70 € — 88

Rouge : 22 hectares. Malbec (cot) 100 %
Achat de raisins.
Blanc : 1 hectare. Vermentino 100 %
Achat de raisins.
Production moyenne : 110 000 bt/an

COMBEL-LA-SERRE ♣

Lieu-dit Cournou, La Serre,
46140 Saint-Vincent-Rive-d'Olt
05 65 21 04 09 • www.combel-la-serre.com •
Vente et visites : sur RDV.
Propriétaire : Julien et Sophie Ilbert

★ DOMAINE ELIAN DA ROS

Adepte de la biodynamie, Elian Da Ros, qui a fait ses classes au domaine Zind-Humbrecht en Alsace, s'est installé dans les Côtes du Marmandais en 1998. La qualité des vins et la forte personnalité de leur géniteur ont permis au domaine de se hisser rapidement au plus haut niveau de l'appellation et de manifester une identité moderne loin des standards. Blancs, rouges ou même rosés, du vin de soif gourmand aux bouteilles ambitieuses travaillées et élevées sous bois, chacune des cuvées expose un fruit radieux et raconte un terroir clairement défini.

Les vins : expressif en diable, crémeux avec une touche de verveine et d'abricot confit, sur la rondeur avec le grain particulier d'un élevage en foudre et œuf béton : c'est Coucou Blanc qui ouvre la gamme. Son pendant en rouge : Chante Coucou, fraicheur et tanin ciselé. Complexe et savoureux, le vieux cépage en massales Abouriou est construit par Elian Da Ros sur une chair qui met tout le monde d'accord. Une année de gagnée pour la grande cuvée Clos Baquey qui arrive à point pour être bue sur la complexité de ses quatre cépages vinifiés séparément et assemblés ensuite. Très Sud-Ouest dans le dessin, très Da Ros dans le style, les tanins ressortent dans une finale libérée, suie et âtre de cheminée, tenus par son cabernet franc.

(blanc) Côtes du Marmandais Coucou Blanc 2018	20 €	89
(rouge) Côtes du Marmandais Abouriou 2019	13,50 €	89
(rouge) Côtes du Marmandais Chante Coucou 2017	18,50 €	91
(rouge) Côtes du Marmandais Clos Baquey 2014	30 €	92
(rouge) Côtes du Marmandais Le Vignoble d'Elian 2018	13,50 €	91

Rouge : 17 hectares.
Blanc : 2 hectares.
Production moyenne : 100 000 bt/an

DOMAINE ELIAN DA ROS ♣

La Clotte, 47250 Cocumont
05 53 20 75 22 • www.eliandaros.fr • Vente et visites : sur RDV.
Propriétaire : Elian Da Ros

★ CHÂTEAU HAUT-MONPLAISIR

Le château est conduit par Cathy et Daniel Fournié depuis 1998, et les vignes sont cultivées en bio depuis 2009. Les rouges ont le panache des troisièmes terrasses du Lot. Le respect des sols pointe sous chacune des étiquettes, la gamme devient de plus en plus précise et même les cuvées classiques offrent à goûter un malbec délié, plein de panache.

Les vins : l'ensemble de la gamme expose une chair intense dans les rouges. Tradition allie un jus profond et sanguin au tanin d'un 2016 carré et frais. Prestige marie son profil classique avec la tendance moderne qui lui permet de conserver sa fraîcheur florale quatre ans après. La bouche complexe est tramée d'un tanin qui deviendrait presque moelleux sans le poivre qui l'épice. Mais le panache revient à Pur Plaisir : croquant, généreux, lisse, soyeux et irradiant d'un tanin affûté sur la fraîcheur carrée du 2016. La sanguine et juteuse syrah de Les Cadettes est digeste et précise. L'Envie met le sans soufre tout à la joie d'un malbec épicé. Chaque cuvée est en place.

(blanc) IGP Côtes du Lot Monplaisir 2020	8 €	87
(rouge) Cahors L'Envie (Sans soufre ajouté) 2019	14 €	88
(rouge) Cahors Prestige 2016	13 €	93
(rouge) Cahors Prestige	13 € (c)	91
(rouge) Cahors Pur Plaisir 2016	28 €	91
(rouge) Cahors Tradition 2019	8 €	90
(rouge) IGP Côtes du Lot Les Cadettes 2019	8 €	89

Rouge : 27 hectares. Malbec (cot) 100 %
Blanc : 3 hectares. Chardonnay 60 %, Viognier 40 %
Production moyenne : 150 000 bt/an

CHÂTEAU HAUT-MONPLAISIR ♣

Lieu-dit Monplaisir,
46700 Lacapelle-Cabanac
05 65 24 64 78 •
chateauhautmonplaisir.com • Vente et visites : sur RDV.
Propriétaire : Cathy et Daniel Fournié

★ DOMAINE ILARRIA

Situé au cœur du village d'Irouléguy, ce domaine appartient à la famille de Peio Espil depuis plusieurs siècles. Singularité et identité ne sont pas de vains mots au Pays basque. La conduite en agriculture biologique des vignes renforce l'expression des terroirs et des cépages locaux. Cet enracinement se révèle pourtant tout sauf statique pour Peio Espil, ce pèlerin de l'idéal vineux, véritable tête chercheuse de l'appellation. Charnus, profonds, libres dans leur expression, les vins ont désormais atteint un niveau de qualité qui en fait des modèles stylistiques propres à interroger les vignerons bien au-delà d'Irouléguy.

Les vins : charnu et profond sur des tanins sculptés, le rouge a des proportions à faire réfléchir les vignerons au-delà des courbes de la montagne de Jara. Le trio tannat, cabernet franc et cabernet sauvignon distille ses formes arrondies sur la fraîcheur d'un tanin de graphite. Même signature vibratoire sur le blanc savoureux, association de petit manseng et petit courbu, issu d'une macération pelliculaire et de l'énergie des calcaires. Enfin, Bixintxo propose le meilleur équilibre en rouge entre le fruit, la profondeur et la fraîcheur. Grande bouteille qui passe avec beaucoup d'aisance du classicisme à la tendance. Un vin harmonieux et dans l'air du temps.

Irouléguy 2018	20 €	90
Irouléguy 2018	16 €	92
Irouléguy Bixintxo 2019	23 € (c)	93

Rouge : 7 hectares. Cabernet franc 48 %, Tannat 34 %, Cabernet-Sauvignon 18 %
Blanc : 3 hectares. Petit Manseng 68 %, Petit Courbu 32 %
Production moyenne : 30 000 bt/an

DOMAINE ILARRIA ♣
Bourg, 64220 Irouléguy
05 59 37 23 38 • www.domaine-ilarria.fr • Vente et visites : sur RDV.
Propriétaire : Peio Espil

★ LE JONC-BLANC

Situé sur un terroir argilo-calcaire dominant la rive droite de la Dordogne, ce domaine s'impose comme l'une des locomotives du renouveau de Bergerac. Isabelle Carles et Franck Pascal vinifient des vins vivants et purs, aux expressions intenses et d'une grande fraîcheur, qu'ils proposent à des prix très abordables. Les rouges sont sans soufre et sans intrant, même à la mise en bouteille. Cette approche est maîtrisée : les vins, après aération, restent nets et de belle tenue, avec des acidités parfaites et naturelles.

Les vins : les vins de cépages ont retenu toute notre attention. Ces cuvées de terroir sont mises en valeur par des vinifications au plus proche du raisin. Le gros manseng fermenté en foudres puis élevé en amphores révèle un style très particulier ; il rayonne d'une lumineuse tension dans la solera de 18, 19 et 20 de Pure M. Pure S offre un sémillon vinifié en macération, il possède du coffre et du souffle. À peine extrait et gorgé de sève, Fruit ouvre la gamme rouge. Le merlot de Pure T, travaillé avec soin, offre l'ampitude d'un bouquet intense et puissant, sur les épices et les fleurs. Quant au malbec à la sève poivrée, il nous enchante. Pour couronner la gamme, la célèbre cuvée Racine délivre une pointe sanguine dans une chair juteuse, concentrée en fruits rouges et notes de réglisse ; à peine entachée à l'ouverture d'une pointe d'animalité qui s'estompe à l'air.

VDF Fleur 2020	12 €	88
VDF Pure M	30 €	91
VDF Pure S 2019	25 €	90
VDF Bulle Rose 2020	14 €	88
VDF Fruit 2019	12 €	90
VDF Pure M 2018	25 €	92
VDF Pure T 2018	25 €	91
VDF Racine 2018	16 €	95

Rouge : 12 hectares. Cabernet-Sauvignon 44 %, Merlot 44 %, Malbec (cot) 12 %
Blanc : 5 hectares. Sémillon 43 %, Sauvignon blanc 25 %, Sauvignon gris 19 %, Gros Manseng 13 %
Production moyenne : 80 000 bt/an

LE JONC-BLANC ☾
Le jonc blanc 24230 Vélines
05 53 74 18 97 • www.joncblanc.fr • Vente et visites : sur RDV.
Propriétaire : Isabelle Carles et Franck Pascal

★ CHÂTEAU LAMARTINE

La destinée de la propriété de la famille Gayraud est désormais entre les mains de Benjamin et Lise, les enfants d'Alain. Ce domaine classique livre des vins justes, équilibrés et fidèles à l'image de Cahors. La nouvelle génération apporte davantage de tonus et de modernité aux cuvées qui prennent le fruit pour ligne de mire.

Les vins : dans le style purement fruité du domaine, Tandem, pur malbec sans soufre élevé en œuf béton, offre un jus séduisant au bouquet sensuel. Le cahors tel qu'on l'attend : de facture assez moderne, bien tannique, qui se pose sur une bouche droite et franche, florale et tendrement acidulée en finale, juste pour adoucir l'effet malbec. Bon vin de garde, un peu froid, de cette froideur louable en ce moment. Cuvée Particulière mise sur un fruit net adouci de fleur et de zan. Son ambiance graphite se précise ensuite sur un tanin frais, épicé et ciselé, presque crayeux, qui le promet à une belle garde. Expression, encore sous l'emprise d'un bois dominant, s'installe sur un fruit un peu mat et des tanins structurants. La matière est posée et le crayeux du vin remonte la pente.

Cahors 2018	10,50 €	91
Cahors Cuvée Particulière 2018	14 €	90
Cahors Expression 2018	26,50 €	89
Cahors Tandem 2020	11 €	90

Rouge : 35 hectares. Malbec (cot) 93 %, Tannat 4 %, Merlot 3 %
Blanc : 2,5 hectares. Chardonnay 55 %, Chenin 30 %, Viognier 15 %
Production moyenne : 220 000 bt/an

CHÂTEAU LAMARTINE
Lamartine, 46700 Soturac
05 65 36 54 14 • www.cahorslamartine.com • Vente et visites : sur RDV.
Propriétaire : Famille Gayraud
Directeur : Benjamin Gayraud

★ LESTIGNAC

En 2008, Mathias et Camille reprennent les 17 hectares de la ferme familiale de Sigoulès. Ils ont, durant dix ans, dirigé ce domaine vers la biodynamie, analysant les terroirs, prêchant le non-interventionnisme en cave, tentant différents contenants pour l'élevage. Ils ont ainsi largement participé au regain d'intérêt pour Bergerac. Depuis 2018, le couple a réduit la voilure et ne s'occupe désormais plus que de 9 hectares. Un domaine rétréci, travaillé comme un jardin, avec traction animale, emploi accru de tisanes ou replantation d'une partie des surfaces en échalas. Une activité d'agroforesterie renforce la biodiversité du vignoble.

Les vins : en blanc, Comète se construit sur une ribambelle de raisins : sauvignon, chenin, sauvignon gris, petit manseng, merlot blanc, rafiat de moncade, courbu et listan, plantés sur un sol de marnes à la veine d'huîtres fossilisées. Plus détendu sur un profil bourguignon, Tempête se dote d'un petit tanin fluide, en équilibre sur un fruité tendre. Enfin, la sucrosité d'une macération en grappe entière bordée d'un élevage de trois ans en terre cuite dessine les contours d'une cuvée Golgoth hors normes.

VDF Comète 2018	50 €	91
VDF En Blanc 2018	20 €	88
VDF Golgoth 2018	50 €	90
VDF Tempête 2019	24 €	92

Rouge : 3,5 hectares.
Blanc : 4,5 hectares.
Production moyenne : 20 000 bt/an

LESTIGNAC ♣
4, route de Sigoulès, 24240 Sigoulès
05 24 10 20 29 • www.lestignac.com • Vente et visites : sur RDV.
Propriétaire : Camille et Mathias Marquet

★ MAS DEL PÉRIÉ

Installé en bio sur les coteaux de Trespoux, secteur le plus élevé de l'appellation, Fabien Jouves propose une gamme de vins épurés, qui respectent l'identité des terroirs jusqu'à revendiquer l'origine géologique sur l'étiquette de ses bouteilles bourguignonnes. Offrant une approche actuelle, les cuvées possèdent le double atout de la précision et de la fraîcheur ; toutefois selon le type d'élevage, on peut rencontrer une certaine froideur dans la définition des matières.

Les vins : inspiré par diverses techniques, Fabien Jouve élève parfois les mêmes vins en foudre, barrique, jarre, œuf, sans jamais perdre de vue l'expression unique du malbec. Les profils de sol sont respectés et s'adaptent aux différents contenants. Commençons par les blancs, Les Pièces Longues est un chenin qui s'allonge sur le miel. Un ton au-dessus, Orange Voilée, macéré en jarres, pose ses notes d'agrumes et de racines sur une belle circonférence. Les cuvées terroir, Escures, Amphores et Les Acacia, dansent en farandole autour d'un malbec soigné aux petits oignons, extrait dans la douceur et élevé dans le contenant ad hoc pour chaque parcelle. Si l'œuf en béton serre un peu la matière de la cuvée B763, on sent bien le tempérament sous-jacent et l'intensité profonde du malbec juteux. Autochtones est la curiosité locale : issue d'un conservatoire de cépages anciens rouges et blancs, c'est une belle cuvée de soif, juste et digeste.

VDF Les Pièces Longues 2019	21 €	89
VDF Orange Voilée 2019	31 €	90
Cahors Amphore 2020	30 €	91
Cahors B763 2019	55 €	90
Cahors La Roque 2020	19 €	88
Cahors Les Acacias 2019	30 €	91
Cahors Les Escures 2020	14 €	90
VDF Autochtones 2019	20 €	89

Rouge : 24,3 hectares. Malbec (cot) 100 %
Blanc : 2,7 hectares. Chenin 100 %
Production moyenne : 100 000 bt/an

MAS DEL PÉRIÉ ☾
Le Bourg, 46090 Trespoux-Rassiels
05 65 30 18 07 • www.masdelperie.com • Vente et visites : sur RDV.
Propriétaire : Fabien Jouves

★ ↗ DOMAINE MATHA

Les méthodes de Jean-Luc Matha sont bio car la vigneron aime les vins qui roulent les "r". Proches du fruit et de leur terroir particulier quasi montagnard de Marcillac, les vignes offrent des maturités de fruits idéales. Toutes les cuvées sont éraflées car Matha n'aime pas le goût de "poivron". Avec du recul, force est de constater que le fer servadou dans les mains de Matha a besoin de temps. Un magnum de 2011 nous convainc que le domaine, après une entrée dans le Guide remarquée en 2020, mérite une première étoile cette année.

Les vins : le rosé, tiraillé entre sa sucrosité et la vivace tension de son bouquet de fruits rouges fondus à la pointe anisée, s'étoffe en bouche pour finir sur un tanin gras. Laïris est construit autour d'une belle maturité qui a su préserver sa fraîcheur. La cerise touchée d'épices, une pointe de cacao, des notes de prune juteuse et une sève particulière dessinent le vin jusqu'à une finale rebondie. Plerafi, fer servadou encore jeune, s'exprime sur un fruit généreux à la pointe sanguine, dans le déroulé d'un tanin ciselé qui attend son heure. Goûtée en magnum et en 2011, la même cuvée est le reflet de pratiques culturales archi-respectueuses des équilibres. Elle conserve ce fruit vif où le cassis entonne sa mélopée qui se solde sur une chair juteuse et sur un minéral particulier.

Marcillac Vignou 2019	9 €	88
Marcillac Laïris 2018	9 €	91
Marcillac Peïrafi 2011	39 €	94
Marcillac Peïrafi 2015	14 €	92

Rouge : 12,17 hectares. Braucol (fer servadou) 100 %
Blanc : 0,65 hectare.
Production moyenne : 70 000 bt/an

DOMAINE MATHA ♣
Rue de la Pantarelle, Bruejouls,
12330 Clairvaux-d'Aveyron
05 65 72 63 29 • www.matha-vigneron.fr •
Vente et visites : sur RDV.
Propriétaire : Jean-Luc et Françoise Matha
Maître de chai : Jean-Luc Matha

★ DOMAINE MOUTHES LE BIHAN

Jean-Mary et Catherine Le Bihan, en reprenant la ferme familiale, ont misé sur les coteaux de Duras. Bien leur en a pris, car ils ont hissé le domaine parmi les meilleurs du Sud-Ouest. Dans cette appellation qui peine à émerger, ce domaine, à partir d'un encépagement commun, élabore des cuvées originales, agréables à boire jeunes ou taillées pour la garde comme le superbe Pérette et les Noisetiers. Clémence, l'une de leurs filles, les a rejoints.

Les vins : la fraîcheur est venue rejoindre le style du domaine, en particulier sur le superbe 2017 Les Apprentis, la cuvée de merlot, à l'attaque pleine, riche, mûre et aux tanins raffinés, qui laisse une bouche tonique et bien construite. La froideur de la finale lui va comme un gant. Un cran en dessous mais tout aussi vivifiant, le rouge Vieillefont poursuit sa douce évolution vers une chair lumineuse. En blanc, la même cuvée issue de vieilles vignes de sémillon offre une bonne patine, sur un ensemble sphérique et profond. Enfin et en blanc aussi, Pérette et Les Noisetiers développe un exotisme savamment orchestré au nez, sur une chair armée d'une densité profonde, déployant ainsi un style éloigné des standards de l'appellation. Parmi les cuvées avec lesquelles on papote gentiment, on aime La Pie Colette, blanc facile avec sa pointe de sucrosité, ou L'Aimé Chai, rouge volubile et diable sur un fruit frais.

Côtes de Duras La Pie Colette 2018	9 €	88
Côtes de Duras Sec Pérette et Les Noisetiers 2015	29 €	91
Côtes de Duras Sec Vieillefont 2017	14 €	90
Côtes de Duras L'Aimé Chai 2016	7 €	88
Côtes de Duras Les Apprentis 2017	20 €	92
Côtes de Duras Vieillefont 2017	14 €	[illegible]

Rouge : 12 hectares. Merlot 50 %, Cabernet-Sauvignon 20 %, Malbec (cot) 15 %, Cabernet franc 15 %
Blanc : 10 hectares. Sémillon 50 %, Sauvignon blanc 34 %, Muscadelle 8 %, Chenin 8 %
Production moyenne : 80 000 bt/an

DOMAINE MOUTHES LE BIHAN ☾
Mouthes, 47120 Saint-Jean-de-Duras
05 53 83 06 98 •
www.mouthes-le-bihan.com • Vente et visites : sur RDV.
Propriétaire : Catherine et Jean-Mary Le Bihan

★ DOMAINE PLAISANCE PENAVAYRE

Moteur du renouveau du Frontonnais depuis plus de vingt ans, Marc Penavayre donne une lecture et une interprétation identitaire du cépage local, la négrette. Certifié en bio depuis 2011 et rejoint par son fils Thibaut. Le profil des vins reste juteux et avenant, les cuvées aux noms parfois imprononçables sans l'aide d'un dico occitan définissent maintenant l'identité de Fronton. En évolution permanente et travaillée sans intrants, la gamme permettra à chacun de trouver le vin qui correspond à son style de dégustation.

Les vins : l'ensemble des vins possède une forte personnalité, qui nous fait découvrir la négrette sous toutes ses faces. Attention toutefois à certaines cuvées qui manquent de précision, même si les boulbènes de Fronton marquent souvent la négrette d'une touche d'animalité. Rend son Jus et Negret Ponjut sont des coquetteries à goûter. Il faudra attendre encore un peu le fronton 2019, réunion des deux jumelles négrette et syrah, qui donnent le ton, suivies par le gamay et une pincée de cabernet franc. Un vin qui vieillit admirablement dans les grands millésimes. Alabets est simplement vieilli en cuve béton et se pose sans cérémonie sur du fruit et des épices. Le sans soufre Serr Da Beg pourrait être plus précis. Tot Co Que Cal, floral et concentré en diable, offre une finale des plus gourmandes. Enfin, les trois blancs sautillent sur une acidité dominante. Bouysselet est le plus charmant et sphérique ; le chenin de Cruchinet est bien tendu sur la poire ; le sauvignon de l'Ahumat offre une tension particulière et une minéralité sous-jacente.

VDF Bouysselet 2020	19 €	88
VDF Cruchinet 2020	13 €	89
VDF L'Ahumat 2020	13 €	88
Fronton 2019	9 €	90
Fronton Alabets 2019	12 €	90
Fronton Le Pitchou 2019	11 €	89
Fronton Serr Da Beg 2020	15 €	91
Fronton Tot Co Que Cal 2019	19 €	92
VDF Negret Pounjut 2020	11 €	88
VDF Rend Son Jus 2020	9 €	88

Rouge : 22 hectares. Négrette 57 %, Syrah 19 %, Gamay noir à jus blanc 8 %, Cabernet franc 5 %, Cabernet-Sauvignon 3 %, Divers noir 3 %, Jurançon noir 3 %, Negret Pounjut 2 %
Blanc : 4 hectares. Muscat à petits grains blancs 25 %, Chenin 25 %, Sauvignon blanc 25 %, Sémillon 15 %, Bouysselet 10 %
Production moyenne : 100 000 bt/an

DOMAINE PLAISANCE PENAVAYRE ♣
102, place de la Mairie, 31340 Vacquiers
05 61 84 97 41 • plaisancepenavayre.fr/ •
Visites : sans RDV.
Propriétaire : Marc et Thibaut Penavayre

★ DOMAINE LE ROC

À la faveur de l'installation des jeunes, Grégoire et Anne, la famille Ribes a intégré au Roc les vignes du château Flotis, propriété voisine, dont elle était déjà exploitante. La syrah et la négrette sur un coteau de cailloux viennent ainsi grossir les rangs du domaine. Le bouysselet surgreffé et vinifié en barriques donne un blanc ambitieux ; à côté, les négrettes restent sur leur trente-et-un grâce à des vinifications soignées et de plus en plus modernes.

Les vins : Bouysselet, gonflé avec du gras et du volume, ne se départit pas de sa trame dynamique. Si Noire, produit sur les cailloux de Flotis, est construit sur un fruit noir et un tanin vibrant. Il faut aller chercher le fruit de La Folle Noire d'Ambat qui est l'un des frontons les plus aboutis malgré son abord sévère. Les douze mois passés en vieux foudre ont assagi la sauvage négrette pour donner toute sa sucrosité et sa délicatesse précieuse à la cuvée Haut du Bois. Enfin, c'est un Don Quichotte en pleine forme qui nous revient en 2020 : pimpant, courtois, il porte l'estocade d'une pointe lardée dans une terminaison zélée.

VDF Bouysselet 2020	18 €	89
Fronton Don Quichotte 2020	15 €	90
Fronton La Folle noire d'Ambat 2020	9 €	91
Fronton Négrette Haut du Bois 2020	18 €	92
Fronton Si Noire 2019	10 €	91

Rouge : 37 hectares. Négrette 60 %, Syrah 30 %, Cabernet-Sauvignon 10 %
Blanc : 3 hectares. Chardonnay 40 %, Sémillon 40 %, Viognier 10 %, Muscadelle 10 %
Production moyenne : 160 000 bt/an

DOMAINE LE ROC
1605 C, route de Toulouse, 31620 Fronton
05 61 82 93 90 • www.leroc-fronton.com •
Vente et visites : sur RDV.
Propriétaire : Famille Ribes

DOMAINE BRU-BACHÉ

Le domaine se situe dans la bonne moyenne des jurançons de Monein, terroir au climat plus solaire. Claude Loustalot étire ses vins en y mettant l'exigence du terroir. Affinés en bois pour la plupart, ils respectent les tonalités classiques de blancs au profil élancé, directs et pointés d'agrumes.

Les vins : du classique sous la simplicité des assemblages. Les cuvées dominées par le petit manseng sont les plus mûres et les plus séduisantes. Les Castérasses possède la salinité scintillante en sec et le coffre charnu des moelleux de Monein. Les liquoreux élancés à la pointe oxydative dégagent de beaux volumes, notamment la cuvée Eminence, un petit manseng fumé et très porté sur les agrumes.

- Jurançon 2019 — 10 € — 89
- Jurançon Les Castérasses 2018 — 14 € — 89
- Jurançon Moelleux La Quintessence 2018 — 21 € — 89
- Jurançon Moelleux l'Eminence 2018 — 50 € — 90
- Jurançon Sec 2019 — 8 € — 88
- Jurançon Sec Les Castérasses 2018 — 12 € — 88

Blanc : 11 hectares. Petit Manseng 75 %, Gros Manseng 25 %
Production moyenne : 40 000 bt/an

DOMAINE BRU-BACHÉ ♣

39, rue Barada, 64360 Monein
05 59 21 36 34 • www.jurancon-bio.com • Vente et visites : sur RDV.
Propriétaire : Claude Loustalot

NOUVEAU DOMAINE

VIGNOBLES ALAIN BRUMONT

Les châteaux Montus et Bouscassé sont les phares qui éclairent l'éventail des étiquettes d'Alain Brumont. C'est à Bouscassé que la propriété familiale que Brumont découvre la vigne, la terre et ses potentialités ; et à Montus qu'il développe sa personnalité à travers un style qui fait courir les vins depuis Madiran à travers le monde. Sorti du guide depuis deux ans par défaut d'échantillonnage, les vins y reviennent. Souvent à contre-courant des idées reçues, les cuvées Brumont signent sa grande liberté dans l'interprétation des terroirs.

Les vins : sur prés de 20 kilomètres de galets, d'argiles rouge, blanche et grise et de graves, les parcelles des vignobles Bumont composent un patchwork de sols propice à stimuler l'inspiration du vigneron. La recherche de la meilleur exposition, dans le respect des équilibres naturels indispensables à la visée Brumont, conduit à des vins souvent hors-norme. Une visite récente des caves témoigne d'une évolution dans le style des élevages, avec des contenants et des durées d'élevage moins radicaux que par le passé. La découverte de Montus ne peut se passer du blanc : petit courbu, duquel on extrait gras et finesse pour un ensemble à la fois tonitruant et élégant. La puissance et l'éclat sur une touche de bois affiné de fruits secs. Montus rouge en 2016 expose 80 % de tannat et le reste en cabernet sauvignon pour un beau jus sanguin, puissant mais très affable, sur un tanin flamboyant et boisé sérieux. Un millésime superbe pour un vin de grande garde. Dans un millésime moins excessif Prestige est précis sur un muscle saillant, à la touche fumée, pointe de tabac et finale kirchée. La Tyre commence à livrer une certaine minéralité du sol dans un tanin soyeux, frais, profond. Une bouteille à la tenue remarquable issue d'une pente haut perchée et récipiendaire de la vision particulière d'Alain Brumont.

- Madiran Château Montus — N.C. — 90
- Madiran Château Montus 2016 — N.C. — 93
- Madiran Château Montus La Tyre — N.C. — 94
- Madiran Château Montus Prestige 2017 — N.C. — 93

Rouge : 225 hectares. Tannat 70 %, Cabernet-Sauvignon 24 %, Cabernet franc 4 %, Pinot noir 2 %
Blanc : 45 hectares. Courbu 80 %, Petit Manseng 20 %
Production moyenne : 1 100 000 bt/an

VIGNOBLES ALAIN BRUMONT

Montus 32400 Maumusson-Laguian
05 62 69 74 67 • www.brumont.fr • Vente et visites : sur RDV.
Propriétaire : Alain Brumont

CAUSSE MARINES

Patrice Lescarret a une vision très personnelle des cépages et des terroirs de Gaillac que l'on perçoit dans une gamme de vins au style particulier. Il met en valeur, sur l'étiquette et en bouteille, les différents raisins cultivés sur ses 12 hectares de vignes greffées sur place ou en massales. Émancipé des règles de l'appellation, la majorité des vins n'ont pas le label Gaillac mais sont vendus en vin de France. La plupart des vins sont à dose réduite de soufre, voir en sont exemptes.

Les vins : la production de Patrice Lescarret reste en dents de scie. Toutes les cuvées sont sans ou avec peu de sulfite et respectent le fruit de leur cépage. Pour le reste, tout suit la libre inspiration de l'auteur ; on adhère ou pas. Les deux cuvées phares Les Greilles, en blanc, et Peyrouzelles, en rouge, révèlent leur nature typique du Sud-Ouest, assistée d'une frivolité qui leur va bien. Toujours sur l'oxydatif, Et Caetera 2016 désaltère, et Zacmau respecte son raisin, le mauzac et ses parfums de pomme et de menthe. Le plus déroutant reste Zacm orange, décoction de mauzac rose, à la couleur rose orangé, au bouquet très délicat et à l'énergie iodée en bouche.

Gaillac Les Greilles 2018	14 €	87
Gaillac Les Greilles 2019	14,50 € (c)	89
VDF Et Caetera 2016	35 € (c)	89
VDF Zacm'orange 2020	N.C.	89
VDF Zacmau 2017	18 € (c)	90
VDL Peyrouzelles 2019	13,50 € (c)	90

Rouge : 5 hectares.
Blanc : 5 hectares.
Production moyenne : 60 000 bt/an

CAUSSE MARINES

Le Causse, 81140 Vieux
05 63 33 98 30 • www.causse-marines.com
• Vente et visites : sur RDV.
Propriétaire : Patrice Lescarret

CLOS LARROUYAT

Qui aime l'acidité et la tension en trouvera dans les vins de Maxime (œnologue diplômé de Bordeaux) et Lucie Salharang (ingénieure en conception mécanique), mais aussi de quoi discourir sur les précisions affutées des petits et gros mansengs du Béarn en altitude. Au-delà la consistance première, il faut aller chercher loin la profondeur, sans oublier qu'au-delà de la chair, il y a d'abord l'esprit. L'esprit Larrouyat, c'est celui d'un lieu, un vignoble d'à peine 3 hectares, ceux du grand-père, plantés à partir de 2011 de petit manseng, à Gan, sur un sol de marnes sur trias, exposé au levant, privé du soleil couchant qui fait le degré. Le Clos Larrouyat a ainsi le privilège unique d'être seul maître d'un terroir où le raisin peine à frôler les 13°, et de produire les vins les plus digestes de l'appellation.

Les vins : le vignoble froid compose des jurançons d'une résonance particulière : sur le souffle pur permis par des vinifications sans levure, les vins sont assis sur un élevage en barrique qui étoffe les milieux de bouche. Les trois cuvées du domaine sont parfaitement à leur place. Comète raconte la vie d'un petit manseng soigné et rehaussé de camaralet qui distille une fraîcheur inouïe pour finir sur des amers sapides qu'on loue pour leur tonicité. Pour Météore, c'est le gros manseng qui s'exprime, construit sous un boisé précieux qui raconte les agrumes de jurançon. Pour finir, juteux et jubilatoires, les moelleux ne titrent pas plus de 70 grammes de sucre, de quoi réjouir à la fois les becs sucrés et ceux qui tordent le nez face au vin doux. Eux aussi portent la signature et l'éclat vibrant des vins Salharang.

Jurançon Phœnix 2019	17 €	92
Jurançon Phœnix 2020	17 €	91
Jurançon Sec Comète 2020	26 €	92
Jurançon Sec Météore 2019	17 €	92
Jurançon Sec Météore 2020	17 €	91

Le coup de ♥

Jurançon Sec Comète 2019	26 €	92

Blanc : 3 hectares. Petit Manseng 70 %, Gros Manseng 20 %, Camaralet 10 %
Production moyenne : 17 000 bt/an

CLOS LARROUYAT ♣

129, chemin de Lannegrand, 64290 Gan
06 89 27 26 51 •
maxime.salharang@hotmail.fr • Vente et visites : sur RDV.
Propriétaire : Maxime et Lucie Salharang

CLOS THOU

Ce domaine est situé sur l'un des terroirs les plus expressifs de l'appellation, du côté de la Chapelle-de-Rousse. Certifié en agriculture biologique depuis 2010, il s'évertue, en plus des traditionnels petit et gros mansengs, de faire vivre de vieux cépages : le lauzet, le camaralet et le petit courbu. Ce secteur produit des jurançons toujours plus vifs et plus tendus que ceux du reste de l'appellation, qui vieillissent avec une grâce et une intensité rares. Il est souvent dommage de les boire jeunes car l'on manque toute la complexité aromatique qu'ils gagnent au vieillissement.

Les vins : le jus sérieux à la pointe de gentiane de Guilhouret pose le style d'Henri Lapouble-Laplace, fait de richesse des bouquets infusés, floraux. Style dont on se délecte surtout dans Suprême de Thou, le jurançon tel qu'on se l'imagine, pourvu d'un fruit confit planqué dans les replis d'un vin finement ciselé. La vendange d'automne apporte son lot de parfum sur l'orange sanguine, et la finale aux amers tendres est de belle envergure. En milieu de gamme, on trouve Délice de Thou, qui associe le volume du gros manseng à la délicatesse du petit ; la paire de raisins donne du tonus à une cuvée croquante et sapide, dotée d'une chair tonifiée par le climat pyrénéen.

Jurançon Moelleux Suprême de Thou 2018	19 €	92
Jurançon Sec Délice de Thou 2019	10 €	88

Jurançon Sec Guilhouret 2019 — 13 € — 89

Rouge : 0,11 hectare.
Blanc : 9 hectares. Petit Manseng 60 %, Gros Manseng 25 %, Petit Courbu 8 %, Camaralet 5 %, Lauzet 2 %
Achat de raisins.
Production moyenne : 32 000 bt/an

CLOS THOU ♣
245, chemin Larredya, EARL THOU
64110 Jurançon
05 59 06 08 60 • www.clos-thou.fr • Vente et visites : sur RDV.
Propriétaire : Henri Lapouble-Laplace

CLOS TRIGUEDINA

Jean-Luc Baldès fut un porte-étendard du malbec cadurcien, en s'efforçant d'exprimer le potentiel de son vignoble situé sur les deuxième, troisième et quatrième terrasses du Lot. Gardien de l'histoire du vignoble, le "black wine" et la cuvée Probus ont fait pendant un temps la renommée de Cahors. La propriété s'oriente aujourd'hui vers l'œnotourisme et tente de produire des cuvées plus modernes, sans réellement y parvenir. Nous enlevons donc l'étoile cette année.

Les vins : une parcelle exceptionnelle de très vieilles vignes produit la cuvée Probus dans un registre ultra-classique qui a ses adeptes mais ne se révèlera qu'après une très longue garde. Nous comprenons de moins en moins la curiosité qu'est le "black wine", un monument du vignoble, mais qui le boit ? Les boisés restent encore dominants et les extractions trop appuyées dans les cuvées parcellaires – Les Galets, Au coin du Bois et Les Petites Cailles – mais elles sont des marqueurs de terroir. Nous aimerions trouver plus de fruit dans la gamme et surtout dans les récentes cuvées lancées par le domaine, comme La Part des Biches et Malbec du Clos, censés insuffler au domaine un souffle de modernité, mais qui manquent de charme.

IGP Comté Tolosan Viognier Chardonnay 2019 — 14,95 € — 86
Cahors 2019 — 19,95 € — 88
Cahors Au Coin du Bois 2019 — 32 € — 90
Cahors La Part des Biches 2018 — 6 € — 86
Cahors Les Galets 2019 — 32 € — 89
Cahors Les Petites Cailles 2019 — 32 € — 90
Cahors Malbec du Clos 2018 — 8,95 € — 87
Cahors Probus 2019 — 39 € — 90

Cahors The New Black Wine 2019 — 85 € — 89

Rouge : 61 hectares. Malbec (cot) 89 %, Merlot 10 %, Tannat 1 %
Blanc : 4,4 hectares. Chardonnay 40 %, Viognier 40 %, Chenin 20 %
Production moyenne : 400 000 bt/an

CLOS TRIGUEDINA
Les Poujols, 46700 Vire-sur-Lot
05 65 21 30 81 • www.jlbaldes.com • Vente et visites : sur RDV.
Propriétaire : Jean-Luc Baldès
Directeur : Sabine Baldès
Maître de chai : Damien Beck

NOUVEAU DOMAINE

VALÉRIE COURRÈGES

Le berceau du malbec attire de nouveaux talents curieux de se mesurer aux coteaux du Lot. Parmi les nouveaux venus sur le causse, l'œnologue Valérie Courrèges. Originaire de Tarbes, Valérie s'est perdue dans le Var au domaine Fontainebleau et à la Caves du Commandeur. En 2019, elle investit deux ilots dans le Lot pour un total de 23 ha en Cahors et coteaux du Quercy, qu'elle convertit d'entrée de jeu en bio et biodynamie. Premier millésime prometteur avec dès à quatre cuvées parcellaires dont une issue des vieilles vignes de la parcelle de Sauzet.

Les vins : à partir d'une vendange éraflée mais non foulée, pour en préserver l'intégrité, le malbec sans levure est vinifié en petites cuves béton. Il est dans Bois Carmin 2019, élevé un an en petites cuves ou en jarres de grès, et expose le profil salin, réglissé, floral : celui des malbecs modernes de Cahors. La fraicheur est au rendez-vous dans Ocrement Dit : après la légère réduction du début on goûte un malbec qui n'en est pour l'instant qu'à ses balbutiements. Il faudra attendre que l'amplitude racée et tannique du raisin s'assagisse et laisse vivre la formidable race de ce raisin. En vin de France, Zinzolin, assemblage de malbec et syrah, s'expose avec précision et profondeur sur une structure aromatique amplifiée par l'élevage en cuve béton.

Cahors Bois Carmin 2019 — 19 € — 91
Cahors Ocrement Dit 2019 — 15 € — 90
VDF Zinzolin 2019 — 12 € — 92

Rouge : 21,5 hectares. Malbec (cot) 50 %, Cabernet franc 18 %, Merlot 17 %, Gamay noir à jus blanc 9 %, Syrah 4 %, Tannat 2 %
Blanc : 0,5 hectare. Sauvignon blanc 100 %
Production moyenne : 65 000 bt/an

VALÉRIE COURRÈGES

2018, Chemin De La Colle, 83570 Cotignac
06 21 51 71 32 • valerie.courreges@hotmail.fr
• Vente et visites : sur RDV.
Propriétaire : Valérie Courrèges

DOMAINE DU CROS

Philippe Teulier est un peu le "patron" de Marcillac. Moteur de l'appellation, il traîne dans son sillage les producteurs aveyronnais fiers de ce raisin particulier, le mansois (ou fer servadou). Julien, son fils, tient avec lui la barre du domaine. La fluidité de leurs assemblages naît d'une parfaite maîtrise des qualités particulières de leur vignoble, installé en terrasse dans le vallon de Marcillac, terroir assimilé à la montagne à cause des journées chaudes et des nuits fraîches de l'automne. Leurs trois cuvées principales font honneur à l'ensemble des vins du Sud-Ouest.

Les vins : Lo Sang del Païs introduit la gamme et nous propose un mansois simple et franc, construit sur la rusticité et la fraîcheur des pentes. Plus sanguin, Vieilles Vignes est un concentré de Marcillac qui offre un ensemble profond enrobé d'un tanin mûr, confit et intense, bien construit autour de ses épices, source de rusticité. De celle qu'on aime aussi dans le Rougiers, sanguin sur un jus frais, doté d'un bel équilibre sans grande amplitude. Juste un beau fruit issu des mansois des pentes des terroirs rouges.

Marcillac Rosé 2020	N.C.	87
Marcillac Cuvée N°25 2020	9,50 €	88
Marcillac Les Rougiers 2016	18 €	89
Marcillac Lo Sang Del Païs 2019	de 8 à 8,50 € (c)	92
Marcillac Vieilles Vignes 2018	12 €	91

Rouge : 31 hectares. Braucol (fer servadou) 100 %
Blanc : 2 hectares.
Production moyenne : 165 000 bt/an

DOMAINE DU CROS

Le Cros, 12390 Goutrens
05 65 72 71 77 • www.domaine-du-cros.com •
Visites : sans RDV.
Propriétaire : Philippe et Julien Teulier

DOMAINE L'ENCLOS DES BRAVES

"La folie qui m'accompagne / Et jamais ne m'a trahi / Champagne" : la chanson de Jacques Higelin, c'est la madeleine de Nicolas Lebrun ; il avait onze ans quand le titre est sorti. Cela donne aujourd'hui Tombé du Ciel, une cuvée aussi émouvante que le titre du chanteur. Cette étiquette, comme l'ensemble de la gamme, signe la relation entre l'homme, la terre et le cosmos, soit les principes de la biodynamie appliqués par le vigneron natif d'Eauze, où ses grands-parents produisaient de l'armagnac. Installé à Gaillac avec son épouse, ils rachètent ensemble le domaine en 2005, passent en bio en 2008 puis en biodynamie en 2011.

Les vins : sensible au terroir et au climat, suivant la philosophie de la biodynamie, la gamme ne perd pas pour autant de vue l'essentiel : la pureté des vins. On prend l'apéritif avec Sors de ta bulle, qui tire sa simplicité réjouissante d'une méthode ancestrale. Les trois cuvées Tombé du Ciel sont issues d'une première trie de vendange pour extraire le simple fruit de Gaillac. Ces trois vins diserts et sapides ont été conçus avec le plus grand soin, afin d'extraire dans la douceur le jus le plus précis possible. Cette volonté de saisir les maturités les plus justes pour chaque cuvée atteint son paroxysme avec les massales de duras de la cuvée Duras' en passer, qui nous rend accro à la chair pulpeuse du fruit. Sans oublier Faut pas s'en FER qui déroule le tapis rouge à un raisin tellement original : le fer servadou au galbe parfait.

VDF Tombé du ciel 2020	11 €	89
Gaillac Tombé du Ciel 2020	10 €	88
Vin Mousseaux Sors de ta bulle 2020	12 €	88
Gaillac Duras' en passer 2019	16,50 €	90
Gaillac Tombé du Ciel 2019	de 9,50 à 10,50 € (c)	89

Le coup de ♥

Gaillac Faut pas s'en FER 2019	de 16 à 16,50 € (c)	91

Rouge : 4,8 hectares. Braucol (fer servadou) 50 %, Duras 37 %, Prunelart 13 %
Blanc : 2,6 hectares. Sauvignon blanc 38 %, Mauzac Rose 20 %
Production moyenne : 35 000 bt/an

DOMAINE L'ENCLOS DES BRAVES

4371, route de Saurs, Vertus, 81800 Rabastens
06 08 30 27 81 • www.lenclosdesbraves.com
• Visites : sans RDV.
Propriétaire : Nicolas Lebrun

NOUVEAU DOMAINE

SANDRINE FARRUGIA

Sandrine Farrugia, ayant acquis quelques parcelles qui, mises bout à bout, couvrent 4 hectares, a lancé sa propre production sous un nom qui signe la fraîcheur de ses vins : La Vague. Tout en travaillant au côté d'Elian Da Ros, son compagnon, la jeune femme se pique de vinif' et lorsqu'en 2012 un vigneron lui propose un fermage, elle surfe sur le projet. L'énergie qu'elle déploie tant sur le domaine Elian Da Ros que pour sa propre production signe la détermination de cette autodidacte formée par un maître d'exception, et lui vaut d'intégrer notre guide. Les cuvées déclinent une précision enthousiasmante.

Les vins : 52 ares est un vin au charme séducteur, ponctué d'une touche de silex. La Vague, dans sa grande mansuétude, expose un fruit mûr, franc, délicieux et vif, construit sur une structure en dentelle au tanin follement original, à la fois sablé et soyeux. Rien de clinquant mais une vraie, belle et bonne franchise, derrière une pointe de réduction qui disparaît à l'aération. Le vin qui respire, c'est Epiphyte, arrivé à sa belle maturité. Son fruit s'est posé, et nous sommes conquis par la minéralité du vin et sa floralité jusqu'en finale. Très belle évolution.

- Côtes du Marmandais 52 Ares 2018 — 14 € — 89
- Côtes du Marmandais Epiphyte 2017 — 20 € — 92
- Côtes du Marmandais La Vague 2019 — 12 € — 92

Rouge : 3,48 hectares. Abouriou 33 %, Cabernet franc 33 %, Merlot 20 %, Cabernet-Sauvignon 14 %
Blanc : 0,52 hectare. Sémillon 65 %, Sauvignon blanc 35 %
Production moyenne : 7 000 bt/an

SANDRINE FARRUGIA ♣
Lieu-dit Baquey, 47250 Cocumont
05 53 20 75 22 •
sandrine.farrugia@gmail.com • Vente et visites : sur RDV.
Propriétaire : Sandrine Farrugia

CHÂTEAU LES HAUTS DE CAILLEVEL

Il y a de belles énergies à Bergerac, tant dans les sols que dans le tempérament des néo-vignerons, souvent jeunes, qui découvrent et interprètent le terroir sans regarder dans le rétroviseur. Pierre-Étienne et Charlotte Serey, qui viennent de reprendre Les Hauts de Caillevel, appartiennent à cette nouvelle génération. Arrivé avant les vendanges 2018, le couple maintient le niveau de qualité atteint par les anciens propriétaires, Sylvie Chevallier et Marc Ducrocq, le dépassant parfois. Les parcelles agencées en un panorama superbe entourent le domaine à 180 degrés sur un sol d'argile noir et de calcaire parfois affleurants. Le rapport qualité-prix est toujours aussi excellent.

Les vins : un mélange d'argiles noires et de calcaires affleurants apporte sa tension à la vieille vigne des Terres Chaudes. Son fruit assagi par un élevage dans des foudres de 400 litres appuie là ou ça fait du bien : du côté d'un tanin légèrement fumé, croquant et presque sablé. Le sol du rocher de Pomport, l'un des points majeurs du Bergeracois, permet au chenin de l'Atypique de prendre une allure ligérienne. Il se pare d'une dimension sapide mâtinée d'une touche de salinité très séduisante. Fleur de Roches, né sur les calcaires du plateau, tire de ses sauvignon, sémillon et ugni blanc l'éclat de son nez de fleurs blanches et diffuse une fraîcheur alerte jusqu'à une finale haut perchée.

- Bergerac Fleur de Roches 2019 — 8 € — 9
- Bergerac Sec Atypique 2019 — 12 € — 9

Le coup de ♥

- Côtes de Bergerac Les Terres Chaudes 2018 — 12 € — 9

Rouge : 9,4 hectares. Merlot 50 %, Cabernet-Sauvignon 25 %, Cabernet franc 20 %, Malbec (cot) 5 %
Blanc : 8,05 hectares. Sémillon 54 %, Sauvignon blanc 20 %, Muscadelle 10 %, Sauvignon gris 10 %, Chenin 5 %, Ugni blanc (trebbiano) 1 %
Production moyenne : 50 000 bt/an

CHÂTEAU LES HAUTS DE CAILLEVEL ♣
Caillevel Est, 24240 Pomport
06 67 47 75 56 •
www.chateauleshautsdecaillevel.com •
Visites : sans RDV.
Propriétaire : Pierre-Étienne Serey
Œnologue : Thierry Heydon

NOUVEAU DOMAINE

LAROQUE D'ANTAN

Peu à peu, les massales se mettent en place sur ce tout jeune domaine. Lydia et Claude Bourguignon ont posé la première pierre de leur tout petit édifice il y a des années. Il leur a fallu du temps pour bichonner un coin de paradis pour leur vignes issues de massales des copains vignerons des alentours et d'ailleurs. Au fil des millésimes, les vignes prennent du galon sur ces calcaires du kimméridgien exposés à l'est et Emmauel, leur fils, veille au bon grain de raisin. Les sauvignons blanc et gris, mauzac et vercanelle construisent le blanc nommé Néphèle. Quant au rouge, il est constitué de malbec, cabernet franc, prunelard, cot à pied rouge et négrette. Chaque année, la qualité des raisins fonde la race de ce terroir exceptionnel mais trop longtemps oublié.

Les vins : une série de raisins venus d'ailleurs composent une unité quasi-parfaite sur ce sol calcaire. La roche transpire dans la bouche volumineuse et carrée de Néphèle 2019, dotée d'un sens du fruit précis et intense. Le rouge Nigrine est texturé sur une matière concentrée, on sent bien la construction du vin étagée en différentes strates, mais c'est si bien orchestré que la bouche se fond dans un moelleux tendre et juteux. L'aromatique oscille entre les fruits et les fleurs avec en finale une touche sanguine qui reste en mémoire.

IGP Côtes du Lot Néphèle 2019 — de 38 à 39 € (c) — 91
IGP Côtes du Lot Nigrine 2019 — 38 € — 91

Rouge : 3 hectares. Malbec (cot) 48 %, Cabernet franc 31 %, Prunelart 14 %, Négrette 7 %
Blanc : 1 hectare. Sauvignon blanc 54 %, Sauvignon gris 21 %, Verdanel 14 %, Mauzac vert 11 %
Production moyenne : 5 000 bt/an

LAROQUE D'ANTAN
215, rue du Porche, 46090 Laroque des Arcs
06 80 62 17 06 • www.laroquedantan.com • Pas de visites.
Propriétaire : Claude et Lydia Bourguignon
Maître de chai : Emmanuel Bourguignon

CHÂTEAU MONESTIER LA TOUR

En janvier 2012, le Suisse Karl-Friedrich Scheufele, propriétaire des montres Chopard, reprend la propriété sur un coup de cœur et lance la conversion en biodynamie. La production a connu des hauts et des bas, mais les deux derniers millésimes nous ont séduits. Comptant 30 hectares, ce prestigieux domaine conseillé par l'équipe de Stéphane Derenoncourt revient dans le peloton de tête des propriétés bergeracoises.

Les vins : la bioynamie cultive l'art du fruit radieux conservé dans la cuvée sans soufre et sans élevage M. Le juste parfum du cassis réglissé pointe sans maquillage ni extravagance, avec dans le tanin cette force domptée du malbec et cette précieuse acidité. En biodynamie également – source de la précision du fruit qui se construit dès la viticulture –, le côtes-de-bergerac révèle une structure large mais délicate, une chair racée et des tanins élégants et épicés. Rien de bien original, mais beaucoup de plaisir, et à ce titre, Cadran est lui aussi une réussite, avec ses agrumes et ses fleurs blanches rehaussés d'une dose d'acidité à même de réveiller le palais. Le sémillon est en revanche la source de la finesse du bergerac blanc, avec un nez de poire Williams relevé d'une touche d'anis. La finale se détend sur des notes de fleurs et une allonge sapide que l'on approuve.

Bergerac 2018 — 16,90 € — 90
Bergerac Sec Cadran 2020 — 10,30 € — 88
IGP Périgord M 2020 — 17 € — 88

Le coup de ♥
Côtes de Bergerac 2018 — 19,50 € — 92

Rouge : 17,4 hectares. Merlot 63 %, Cabernet franc 30 %, Cabernet-Sauvignon 5 %, Malbec (cot) 2 %
Blanc : 12,6 hectares. Sémillon 61 %, Sauvignon blanc 30 %, Muscadelle 9 %
Production moyenne : 90 000 bt/an

CHÂTEAU MONESTIER LA TOUR ♣
Lieu-dit La Tour, 24240 Monestier
05 53 24 18 43 •
www.chateaumonestierlatour.com • Vente et visites : sur RDV.
Propriétaire : Famille Scheufele
Directeur : Karl-Friedrich Scheufele
Maître de chai : Mathieu Eymard
Œnologue : Derenoncourt Consultants

PRODUCTEURS PLAIMONT

Issu du regroupement de plusieurs structures coopératives dans les années 1970, Plaimont est aujourd'hui l'un des acteurs incontournables du Sud-Ouest. Cette mégastructure s'affirme depuis quelques années au travers de vins de niche, reflets des terroirs, et de cuvées haut de gamme, beaucoup plus plaisantes que naguère. La cave dispose d'un conservatoire pour réhabiliter de vieux cépages oubliés.

Les vins : le Faîte de Saint-Mont, issu de l'assemblage de parcelles de qualité et de de vignes âgées – en majorité de gros mansengs vinifiés en fûts –, possède du coffre, avec une dominante boisée qui termine sur une finale tonique. La chair du pacherenc Saint-Albert, bien qu'assagie par les années, possède encore du volume et donne de la voix sur des effluves de miel de rhubarbe. En rouge, Château Arricau-Bordes se place en bonne position parmi les madirans. Pour Géoglyphe, madiran aussi, les sols de galets roulés apportent au tannat une personnalité juteuse, les argiles bigarrées contribuent à la profondeur et les gravettes sont source de fraîcheur. Le fruit vient réunir ces trois fondamentaux. Le Monastère de Saint-Mont séduira les amateurs de classicisme. Dans la famille des IGP Côtes de Gascogne, le manseng noir, variété de raisin réhabilitée par la cave grâce à son conservatoire ne titrant que 11,8°, reste sur des notes un peu végétales de feuilles de ronce. Enfin, La Madeleine, au bouquet tendu de fruits très mûrs, est de belle et bonne envergure.

- Pacherenc du Vic-Bilh Moelleux Saint-Albert 2016 — 24,50 € — 90
- Saint-Mont Le Faîte 2018 — 18,30 € — 88
- IGP Côtes de Gascogne Le Manseng Noir 2019 — 9,20 € — 87
- Madiran Château Arricau-Bordes 2016 — 13,80 € — 88
- Madiran Géoglyphe 2014 — 10,80 € — 89
- Saint-Mont Château Saint-Go 2016 — 10,60 € — 87
- Saint-Mont L'Absolu des Trois Terroirs 2014 — 14,50 € — 89
- Saint-Mont La Madeleine 2017 — 32 € — 90
- Saint-Mont Monastère de Saint-Mont 2017 — 17 € — 89
- Saint-Mont Vieilles Vignes 2016 — 8,80 € — 89

Rouge : 2 200 hectares. Tannat 58 %, Cabernet-Sauvignon 13 %, Merlot 12 %, Pinenc 7 %, Cabernet franc 6 %, Manseng noir 2 %
Blanc : 2 800 hectares. Colombard 47 %, Gros Manseng 20 %, Sauvignon blanc 13 %, Ugni blanc (trebbiano) 7 %, Petit Manseng 5 %, Chardonnay 3 %, Petit Courbu 1 %
Production moyenne : 40 000 000 bt/an

PRODUCTEURS PLAIMONT ♣
199, route de Corneillan, 32400 Saint-Mont
05 62 69 62 87 • www.plaimont.com •
Vente et visites : sur RDV.
Propriétaire : Joël Boueilh
Directeur : Olivier Bourdet-Pees
Œnologue : Christine Cabri

CHÂTEAU PONZAC

Matthieu Molinié et sa femme Virginie portent toujours plus haut le message de leurs vignes plantées sur des sols argilo-calcaires. Depuis 2000, ils ne cessent de faire avancer les vins du domaine vers davantage d'identité. Le couple se tourne ainsi vers des cuvées parcellaires : Les Peyrières, issu des terrasses de la vallée, et la Temperadou, originaire des terroirs sidérolithiques du Causse.

Les vins : l'ensemble de la gamme séduit par son style profond et gourmand et ses cuvées d'une grande régularité. Soulignons la cuvée Maintenant ou Jamais, cahors de printemps à boire dans son immédiateté de fruit libéré, ainsi que le Côt en Dolia, onctueux et posé, magistralement élevé en jarres. Les cuvées terroir La Temperadou, très mûr et de belle allonge, ainsi que Les Peyrières, plus en finesse sur la fraîcheur, ne sont pas en reste. L'ensemble témoigne de la dynamique du domaine.

- Cahors 2020 — 11 € — 8[illegible]
- Cahors La Temperadou 2020 — 18 € — 8[illegible]
- Cahors Les Peyrières 2020 — 18 € — 90
- Cahors Maintenant ou Jamais 2020 — 7 € — 87

Le coup de ♥
- Cahors Côt en Dolia 2020 — 19 € — 91

Rouge : 22 hectares. Malbec (cot) 90 %, Merlot 10 %
Blanc : 0,8 hectare. Chenin 40 %, Chardonnay 30 %, Viognier 30 %
Production moyenne : 60 000 bt/an

CHÂTEAU PONZAC
Le Causse, 46140 Carnac-Rouffiac
05 65 31 99 48 • www.chateau-ponzac.fr •
Visites : sans RDV.
Propriétaire : Virginie et Matthieu Molinié

DOMAINE DE SOUCH

Jean-René Hegoburu dirige sous la tutelle bienveillante de sa mère, Yvonne Hegoburu, cette propriété historique, de Laroin. Un site exceptionnel à 300 mètres d'altitude qu'Yvonne a fait rayonner après le décès de son époux. Épaulé par Emmanuel Jecker, maître de chai, Jean-René Hegoburu maintient la tradition de la culture bio. Le millésime 2017 après une année a repris le sens du fruit et de la précision, le domaine récupère son étoile.

Les vins : la tension de la cuvée Monplaisir en sec confère au vin une salinité particulière. La même en moelleux propose un croquant salin et se signe d'un fruit tendre et d'un bon équilibre.

L'éclat profond du jurançon sec 2017 le tire vers l'élégance ; ses notes légèrement oxydatives concourent à sa remarquable finesse saline. Le miel marque l'éclat de Moelleux 2017, construit en cuve à parts égales du petit et du gros manseng. Produit uniquement lorsque le raisin est amené à maturité, le Vendanges Tardives 2017, petit manseng sur argiles rouges, est une jeune recrue dans l'univers des excellents liquoreux. La légendaire Marie Kattalin, produit à partir du petit manseng sur poudingues, s'offre soyeux, construit sur la tension d'un fruit très mûr à la pointe.

Jurançon Moelleux 2017	24 €	91
Jurançon Moelleux Monplaisir 2019	15 €	88
Jurançon Sec 2017	19 €	90
Jurançon Sec Monplaisir 2019	14 €	88
Jurançon moelleux VT 2017	70 €	92

Le coup de ♥

Jurançon Moelleux Cuvée de Marie Kattalin 2017	35 €	92

Blanc : 6,78 hectares. Petit Manseng 70 %, Gros Manseng 20 %, Petit Courbu 10 %
Production moyenne : 17 000 bt/an

DOMAINE DE SOUCH ♣
805, chemin de Souch, 64110 Laroin
05 59 06 27 22 • www.domainedesouch.com • Vente et visites : sur RDV.
Propriétaire : Yvonne et Jean-René Hegoburu
Directeur : Jean-René Hegoburu

CHÂTEAU VIELLA

Château Viella fait partie des domaines de pointe de l'appellation, pour le vin comme pour l'œnotourisme. Ses 25 hectares d'un seul tenant, situés sur des pentes et des coteaux exposés au sud, donnent des vins concentrés et d'un velouté rare. D'un excellent rapport qualité-prix, les vins de Viella affichent une bonne régularité. Charmeurs sans être racoleurs, ils sont approchables dès leur prime jeunesse grâce à la richesse d'un fruit très mûr, bien équilibré.

Les vins : Séraphin, blanc sec, par son équilibre souplesse-acidité, révèle la fraicheur de ce vignoble du piémont pyrénéen, alors que la cuvée Louise d'Aure offre sa franche acidité sur une vigoureuse tension. Le tannat s'expose velouté dans la cuvée sans soufre Symbiose où le fruit reste vibrant. Le Tradition au tanin granuleux permet au raisin un moyen d'expression ferme et séveux. Enfin, Prestige signe le style Viella : bon même jeune. Nous ajoutons à la gamme Vinosolis, vieilli en bonbonnes aux quatre vents, originale déclinaison du tannat.

Pacherenc du Vic-Bilh Louise d'Aure 2020	9 €	90
Pacherenc du Vic-Bilh Séraphin 2020	9 €	88
Madiran Prestige 2018	14 €	90
Madiran Symbiose 2018	11 €	89
Madiran Tradition 2019	7,50 €	89
VDL Vinosolis	13 €	88

Rouge : 20 hectares. Tannat 65 %, Cabernet franc 25 %, Cabernet-Sauvignon 10 %
Blanc : 5 hectares. Petit Manseng 50 %, Gros Manseng 35 %, Arrufiac 15 %
Production moyenne : 150 000 bt/an

CHÂTEAU VIELLA
54, chemin Delalariou, 32400 Viella
05 62 69 75 81 • www.chateauviella.com • Visites : sans RDV.
Propriétaire : Famille Bortolussi

INDEX DES APPELLATIONS

Retrouvez les vins sélectionnés grâce à leurs appellations.

Alsace Grand Cru Kaefferkopf

Alsace Grand Cru Sélection de Grains Nobles

Alsace Grand Cru Vendanges Tardives

Alsace Muscat

Alsace Muscat Grand Cru

Alsace Muscat Vendanges Tardives

Alsace Pinot Blanc

Alsace Pinot Gris

Alsace Pinot Gris Grand Cru

Alsace Pinot Gris Grand Cru Vendanges Tardives

Alsace Pinot Gris Sélection de Grains Nobles

Alsace Pinot Gris Vendanges Tardives

Alsace Pinot Noir

Alsace Riesling

Alsace Riesling Grand Cru

Alsace Riesling Grand Cru Vendanges Tardives

Alsace Riesling Sélection de Grains Nobles

Alsace Riesling Vendanges Tardives

Alsace Sélection de Grains Nobles

Alsace Sylvaner

Champagne

Chapelle-Chambertin Grand Cru

Charmes-Chambertin

Charmes-Chambertin Grand Cru

Chassagne-Montrachet

Chassagne-Montrachet Premier Cru

Montrachet Grand Cru

Morey-Saint-Denis

Morey-Saint-Denis Premier Cru

Morgon

Moselle

Moulin-à-Vent

Moulis

Muscadet

Muscadet Sèvre et Maine

Muscat de Beaumes-de-Venise

Muscat de Rivesaltes

Muscat de Saint-Jean-de-Minervois

Muscat du Cap Corse

Musigny Grand Cru

Nuits-Saint-Georges

INDEX DES DOMAINES, MAISONS ET CAVES

Ce premier index répertorie tous les producteurs cités par ordre alphabétique du nom du château, de la cave ou de la maison de négoce. Comme pour le guide, c'est le nom de la marque ou de la propriété qui détermine l'ordre alphabétique, et non les mots "Château" ou "Domaine".

A

B

C

D

E

F

G

H

I

J

M

INDEX DES PROPRIÉTAIRES

Certains domaines ou maisons sont plus connus sous le patronyme de celui qui les anime que sous leur nom officiel. On retient également sans effort le nom d'un propriétaire tout en recherchant vainement celui de sa propriété. L'objet de cet index est donc de vous permettre de retrouver le vin de vos rêves grâce au nom de celui qui l'a créé ou inspiré.

A

B

C

D

M

N

O

P

Q

R

S

INDEX DES DOMAINES BIO OU BIODYNAMIQUES

♣ ☾

D

E

F

G

Imprimé en Italie
Par ROTOLITO
Dépôt légal : août 2021
ISBN 979-10-323-0650-5